Karl-Josef Kuschel
Jesus im Spiegel der Weltliteratur

W0064093

Karl-Josef Kuschel

Jesus im Spiegel der Weltliteratur

Eine Jahrhundertbilanz
in Texten und Einführungen

Patmos

Bibliografische Information der Deutschen Nationalbibliothek
Die Deutsche Nationalbibliothek verzeichnet diese Publikation
in der Deutschen Nationalbibliografie; detaillierte bibliografische Daten
sind im Internet über http://dnb.d-nb.de abrufbar.

INHALT

PROLOG

»Jesus? . . . Jesus von Nazareth? Ich erinnere mich nicht mehr!« – –
»Christi Platz ist bei den Dichtern!«
Aus extrem verschiedenen Welten kommen die Zeichen auf
der Schwelle zum 20. Jahrhundert. Da ist der Text eines großen
Franzosen aus dem Jahr 1891, *Anatole France,* der in eine
Erzählung über den »Statthalter von Judäa«, Pontius Pilatus, die
ganze historische Distanz zur Gestalt des Nazareners hinein-
legt: all die in 200 Jahren historisch-kritischer Aufklärung und
skeptischem Rationalismus erzeugte Relativierung der Gestalt
Christi: »Jesus? . . . Jesus von Nazareth? Ich erinnere mich nicht
mehr«: Das ist die Absage an den Gründer des Christentums –
1900 Jahre danach; das ist die Rücknahme seiner Bedeutung
als Erlöser und Gottessohn, ersetzt durch die Haltung eines
unfanatischen Skeptizismus in der geistigen Tradition eines
Montaigne und Voltaire.
Doch nur wenige Jahre später, 1897, schreibt in einer englischen Gefängniszelle einer der berühmtesten Schriftsteller seiner Zeit, *Oscar Wilde,* verurteilt, verhöhnt und »gekreuzigt«
von einer bigotten Gesellschaft wegen homoerotischer Beziehungen, in einem großen Briefmanifest »De Profundis« den
Satz auf: »Christi Platz ist bei den Dichtern«. Nicht Distanz wie
bei France, sondern Identifikation, aber vorgetragen in raffiniert
inszenierter Zwiespältigkeit von Selbstbeschuldigung und
Selbstglorifizierung, Zerknirschung der Seele und Zergliederung des Innern, Verfluchung des Leidens und Genuß des Leidens, Demut und Hochmut, von zu Tränen rührendem Pathos,
das man als Leser im selben Moment als eitles Posieren zu
durchschauen meint.

Eine literarische Bilanz des Jahrhunderts

Skeptische Distanz zu Christus – Identifikation mit Christus: Die
Position der Künstler des 20. Jahrhunderts schwankt zwischen
diesen beiden Extremen. Aufregend zu sehen, daß sich – im
bilanzierenden Vergleich des Jahrhunderts – Bezüge zwischen
den Kontinenten und Kulturen ergeben, Geisterdialoge zwi-

schen Hüben und Drüben. Wer die Texte der großen Autorinnen und Autoren dieses Jahrhunderts auf sich wirken läßt, wird einige Schlüsselszenen nicht vergessen, Szenen von sprachlicher Brillanz und symbolischer Dichte, wie sie nur in der Literatur des 20. Jahrhunderts möglich sind:

– Da erzählt der Russe *Ilja Ehrenburg* in seinem Roman vom »Bewegten Leben des Lasik Roitschwantz« die Geschichte von einem armseligen jüdischen Schneider, der während der Karnevalszeit in Rom zur Belustigung des päpstlichen Hofstaates gezwungen wird, dreimal nackt um die »ewige Stadt« zu laufen. Und diesem bedauernswertesten aller Juden kommt niemand anderer als der Zimmermann Jehosua aus Nazareth zu Hilfe, will an dessen Stelle laufen, zum Gespött des Stellvertreters Christi. Jesus kann nicht anders, er muß unruhig über die Erde rennen, weil die Verhöhnung seines Namens ihn immer wieder zu grotesken »Auferstehungen« aus dem Grabe zwingt. Und der jüdische Schneider umarmt den noch ärmeren Zimmermann, bietet ihm Hilfe an, damit dieser endlich Ruhe finde, ein Angebot, das Jehosua ruhig abschlagen kann. Er kann ja nicht anders in einem »christlichen« Rom, er muß über die Erde rennen. Und so sehen wir in der Geschichte des Ilja Ehrenburg Jehosua als Verspotteten und Verhöhnten vor der Tribüne des Papstes, des »rechtmäßig Bevollmächtigten des barmherzigen Christus« ...

– Da schreibt der Grieche *Nikos Kazantzakis* die Geschichte des Gekreuzigten in unerhört provokativer Weise fort. Dieser stirbt nicht am Kreuz, sondern lebt ein bürgerliches Leben weiter, im Zeichen von Frau, Familie und Haus. Und zugleich muß Jesus mit ansehen, wie in seinem Namen eine Erlöser-Religion propagiert und weltweit verbreitet wird, die nicht seinen Intentionen entspricht. Er wollte den Menschen kein Alibi-Erlöser sein, sondern sie auffordern, die Erlösung, verstanden als Prozeß der Verwandlung des Materiellen ins Geistige, des Irdischen ins Göttliche, selber in Angriff zu nehmen nach der Devise: »Jeder Mensch ist ein Gottmensch«. Als Jesus aber merkt, was in seinem Namen angerichtet wird, geht er zurück ans Kreuz. Er wenigstens will den Weg konsequent zu Ende gehen. Der Traum des ungekreuzigten Jesus zerplatzt ...

– Da erfindet *Anna Seghers* die Geschichte von einem Kommunisten, der aus einem Konzentrationslager flieht und seine erste Nacht – aus Furcht vor den Häschern – in einem Dom verbringt. Und während er in nächtlichen Wanderungen durch diese Kirche streift, stößt er auf einen Teppich aus Licht und Farben: die Bilder von Kirchenfenstern, die durch Laternenlicht von außen in die Kirche hineinprojiziert werden, Nacht für Nacht. Und obwohl dieser Kommunist längst der religiösen Tradition entfremdet ist, beginnt er, die in diesen Lichtteppich eingeschriebenen, auf die Fliesen des Domes hingeworfenen biblischen Geschichten als seine eigenen zu lesen: Ist er nicht verjagt wie das erste Menschenpaar seinerzeit aus dem Paradies? Ist er nicht wie das Kind in der Krippe, für das es ebenfalls »keinen Raum« gab? Ist er nicht wie der Nazarener beim Abendmahl, der ebenfalls »verraten« wurde und dem die Soldaten anschließend den Todesstoß versetzten? Ist er nicht auf dem besten Wege, gekreuzigt zu werden? Der Verfolgte und Verratene von heute stellt Beziehungen her zu den Verfolgten und Verratenen von gestern, dem Nazarener zumal, der die Solidaritätsgestalt aller Verfolgten ist . . .

– Da erzählt die Amerikanerin *Toni Morrison* von einer schwarzen Frau im Cincinnati des 19. Jahrhunderts, die – noch unmittelbar unter dem Eindruck der dramatischen Erlebnisse der Sklaverei – für ihre »black community« Heilerin, Schamanin, Trösterin, Erlöserin ist. Die Rolle Christi übernehmend, beschwört sie ihre Brüder und Schwestern, den Selbsthaß aufzugeben und endlich zu lernen, sich zu lieben:

»Hier, an diesem Ort hier, sind wir Fleisch; Fleisch, das weint und lacht. Fleisch, das barfuß im Gras tanzt. Liebt es. Liebt es nach Kräften. Dort drüben lieben sie euer Fleisch nicht. Sie verachten es. Sie lieben eure Augen nicht; sie würden sie euch am liebsten auskratzen. Genauso wenig lieben sie die Haut auf euerm Rücken. Dort drüben peitschen sie sie aus. Und oh, mein Volk, sie lieben deine Hände nicht. Deine Hände benützen sie nur, sie binden, fesseln sie, schlagen sie ab und lassen sie leer. Liebt eure Hände! Liebt sie. Erhebt sie und küßt sie. Berührt andere damit, klatscht in die Hände, streichelt euer Gesicht damit, denn auch das lieben sie nicht. Ihr müßt es lieben, ihr!«

Vergegenwärtigung Christi in unserer Zeit heißt die Devise vieler Schriftsteller dieses Jahrhunderts. Angesichts einer rechtlich-dogmatisch verfestigten, auf die Tradition und nichts als die Tradition pochenden Kirche. Kritische Überprüfung der Ansprüche des Christentums auf Universalität und Authentizität. Unnachsichtig ist der Blick der Schriftstellerinnen und Schriftsteller auf das real existierende Christentum. Der Wind der Kritik weht scharf, manchmal eisig. *André Gides* »Christus gegen das Christentum« gehören hierher und seine bittere Parabel auf den katholischen Proselyteneifer »Die Rückkehr des verlorenen Sohnes«. Der Ton wird bisweilen sarkastisch, satirisch. Er wird hörbar in der Ballade vom »Juxer Jesus«, die *James Joyce* seinem Buck Mulligan schon im ersten Kapitel des »Ulysses« in den Mund legt:

»Ein komischer Knabe singt euch dies Lied:
mein Paps ist ein Vogel, meine Mamma 'ne Jid!
Mit Joseph dem Zimmermann komm' ich nicht klar –
drum Prosit die Jünger und Golgatha!«

Auch der Dialog mit Gips-Jesus, den *Günter Grass* seinen Oskar Matzerath in der Danziger Herz-Jesu-Kirche führen läßt:

»Liebst du mich, Oskar?
Nicht daß ich wüßte.
Er darauf mit derselben Stimme ohne jede Steigerung:
Liebst du mich, Oskar?
Unwirsch gab ich zurück: Bedaure, nicht die Spur!
Da ödete er mich zum dritten Mal an: Oskar, liebst du mich?
Jesus bekam mein Gesicht zu sehen: Ich hasse dich, Bürschchen, dich und deinen ganzen Klimbim!«

Die Fragen sind schonungslos, entsprechen der Freiheit eines Poeten-Menschen. Ist Christus überhaupt eine Figur, die den Vergleich mit anderen großen Gestalten aushält? In der Rückschau des Jahrhunderts sind wir Zeugen von Werkstattgesprächen, Figuren-Proben, konzeptionellen Grundentscheidungen. Unvergessen der Dialog, den Frank Budgen mit *James Joyce* führte und überlieferte:

»Sie scheinen viel gelesen zu haben, Herr Budgen. Ist Ihnen von irgendeinem Dichter ein lückenloser Allroundcharakter bekannt? Christus.
Er war Junggeselle und lebte nie mit einer Frau zusammen. Das Zusammenleben mit einer Frau ist aber zweifellos etwas vom Schwierigsten, was ein Mann tun muß, und das hat er nie getan.«

Stattdessen wählt Joyce die Figur des Odysseus, des Vielgeprüften und Listenreichen, nimmt aber die Bezüge zu Christus in seinem »Ulysses« in den mythischen Kreislauf hinein. Statt konkreter Jesus-Gestalt mythische Strukturen von Tod und Auferstehung, Vater und Sohn. Ähnlich *Thomas Mann,* der ebenfalls mit der Gestalt des geschichtlichen Jesus nie etwas anfangen konnte, aber den Christus-Mythos literarisch aufgreifen und mit anderen Mythen verschmelzen konnte. Er, Thomas Mann, erfindet im »Zauberberg« eine der erregendsten »Abendmahls«-Szenen in der Literatur des Jahrhunderts, inszeniert von Kranken im Sanatorium zu Davos rund um die Gestalt von Mynheer Peeperkorn. Dionysos, kombiniert mit dem Gekreuzigten! Unvergessen, was Thomas Mann 1940 dem Theologen Kuno Fiedler schrieb:

»Doch Nietzsche . . . unterschrieb nicht umsonst die späten Zettel abwechselnd mit ›Dionysos‹ und ›Der Gekreuzigte‹. Ich bin überzeugt, daß Sie mit jedem Wort recht haben, das Sie über Jesus und gegen seine dogmatischen Verballhorner sagen. Wenn es nun aber nicht darauf ankäme, was einer war, sondern darauf, was aus einem gemacht worden ist? Nicht auf den historischen Jesus also, sondern auf das historische Christentum. Ich frage nur.«

Die unbegreifliche Fremdheit Jesu

Einspruch gegen diese mythische Ungeschichtlichkeit Jesu! Denn die Historizität des Nazareners wird gebraucht, um sie als kritisches Instrument in der Auseinandersetzung mit kirchlichen Machtstrukturen zu benutzen. Der Portugiese *José Saramago* steht für viele, wenn er seinen Jesus-Roman so schreibt, daß er den Sohn eine leidenschaftliche Auseinandersetzung mit Gott-Vater führen läßt. Sein Interesse ist es, die unbegreifliche Fremdheit Jesu zurückzugewinnen, besser: die unheimliche Fremdheit des Gottes, der sich seines Sohnes als Opferlamm bedient. Der Jesus-Roman wandelt sich zum Theodizee-Roman. Wie kein anderer Autor der Weltliteratur breitet Saramago in obsessiver Detailgenauigkeit aus, was die Leidensgeschichte der Menschheit nach Jesus sein wird. Sein Blick »von außen« ist schonungslos, weil er keine Antwort bekommt auf seine Urfrage: Warum mußte die christliche »Heilsgeschichte«

mit so vielen Opfern bezahlt werden? Gab es für Gott keine andere Weise der Selbstdurchsetzung in der Geschichte als diesen Strom von Leiden?

Eine Szene in der Literatur unseres Jahrhunderts verdichtet diese Erfahrung in besonderer Weise. Sie findet sich in Günter Grass' »Blechtrommel«. Es ist der verkrüppelte Zwerg Oskar, der von allen verlachte und verstoßene Narr, der sich ein tiefes Mitgefühl für die Gedemütigten seiner Zeit behalten hat, eine Fähigkeit zur Solidarität mit den Geschlagenen und Verachteten. Keine Szene ist dafür ergreifender als die Beerdigung von Oskars Mutter Agnes. Am Grabe steht auch die traurige Gestalt des Danziger Juden Sigismund Markus, aber von den deutschnationalen Judenhassern wird dieser Trauernde aus der Gemeinde verwiesen und selbst vom Friedhof vertrieben. Oskar nimmt den Juden »bei seiner schweißnassen Hand« und führt ihn durchs schmiedeeiserne offenstehende Friedhofstor, und an diesem Tor steht niemand anderer als Suger-Leo, ein verrücktgewordener ehemaliger Priesteramtskandidat, der »gleich uns ans Paradies glaubte«. Welch eine Szene: Während die deutschnationalen Antisemiten – unter Assistenz von Hochwürden Wiehnke, mit Meßdienern und Weihrauch – ihr Beerdigungsritual abspulen, nimmt Oskar den vertriebenen Juden an die Hand, den die Deutschen auf ihrem Friedhof nicht dulden und dem der Vertreter der Amtskirche nicht beispringt . . .

Dies sind nur einzelne Skizzen aus dem großen Welt-Drama »Jesus von Nazaret«. Aber wenn sich hier eine Grundstruktur durchhält, dann ist es die: Der Jesus der Literaten ist nicht eine Gestalt, die man schulterklopfend vereinnahmen kann, mit der man Arm in Arm durchs Leben kommt, die man »schon verstanden« hat, von der man somit genau weiß, wie sie einzuordnen wäre. Der Jesus der Literaten ist im Gegenteil der Fremde, der Unheimliche, der Unverstehbare, der Geheimnishafte – und zugleich unser Bruder, unsere Identifikations- und Solidaritätsgestalt. Wie schrieb doch *Gerhart Hauptmann*, als er – soeben war sein Roman »Der Narr in Christo Emanuel Quint« erschienen – im November 1910 vom Tode Leo Tolstojs erfährt:

»Viele haben Tolstoi für einen Narren gehalten. Auch Jesus, den Heiland, hielt man dafür. Er war ein Mensch. Er war unser Bruder.«

16

Diese Rückgewinnung der Fremdheit Jesu ist zugleich *Ausdruck eines Respektes* vor dessen letzter »Unbegreiflichkeit«. Es sind gerade die Künstler, die – einem jahrhundertelangen theologischen Deutungs- und Vereinnahmungsprozeß zum Trotz – auf dieser letzten Geheimnishaftigkeit insistieren. Unvergessen, was der Autor des »Alexis Sorbas«, der Grieche *Kazantzakis,* schrieb, als er seinen großen Christus-Roman »Die letzte Versuchung« abgeschlossen hatte:

»Es ist nicht einfach ein ›Leben Christi‹ – es ist ein mühevoller, heiliger Versuch, das Wesen Christi leibhaft darzustellen, unter Beiseiteschiebung aller Verdunklungen, Verfälschungen, Unwichtigkeiten, mit denen ihn bepackt und entstellt haben alle Kirchen und alle Kuttenträger der Christenheit. Oftmals war mein Manuskript, wenn ich schrieb, verwischt, weil ich meine Tränen nicht zurückhalten konnte.«

Unvergessen auch, was *Max Frisch,* viel nüchterner und sachlicher als der Grieche, zur Frage der Darstellbarkeit Christi im Raum der Kunst durchdacht hat. Sein erstes »Tagebuch 1946–49« eröffnet der Schweizer mit Szenen um einen Marionettenspieler namens Marion, der unter seinen Puppen auch Jesus Christus hat:

»Ein Christus aus Lindenholz, wie Marion ihn macht: man denke an ein Kruzifix, und auch dort wird es nicht als Lästerung empfunden; die Puppe, im Gegensatz zum leiblichen Schauspieler, begegnet uns von vornherein als Gestalt, als Bild, als Geschöpf des Geistes, der allein das Heilige vorstellen kann. Der Mensch, auch wenn er im Bild spielt, bleibt immer noch aus Fleisch und Blut. Die Puppe ist Holz, ein ehrliches und braves Holz, das nie den verfänglichen Anspruch erhebt, den wirklichen Christus vorzustellen, und wir sollen sie auch nicht dafür halten; sie ist nur ein Zeichen dafür, eine Formel, eine Schrift, die bedeutet, ohne daß sie das Bedeutete sein will. Sie ist Spiel, nicht Täuschung, sie ist geistig, wie nur das Spiel sein kann . . .«

Das will sagen: So wie bei einem antiken Maskenspiel durch das Tragen der Maske (die so von vornherein die Realität des Schauspielers übersteigt) eine Göttin auch heute noch als Göttin glaubhaft wird (im Gegensatz zu einer von Menschen gespielten Göttin-Rolle), so kann bei einem Puppenspiel durch die Puppe (die von vornherein nicht den »wirklichen Christus« vorgeben will) auf eine andere Wirklichkeit in dieser Gestalt verwiesen werden. Das »Geistige«, »Geheimnishafte« an dieser Figur, kann nur auf diese Weise aufscheinen – durch die Puppe als bloßes Zeichen, welches das Bedeutete nicht sein will. Dem Zuschauer wird auf diese Weise bewußt, daß »Christus« stets geheimnisvoller, geistiger, »göttlicher« ist.

Die Kunst nimmt sich zurück und durchbricht selbst die Illusion, Christus sei in ihrem Raum adäquat darstellbar. Durch diese ihre Selbstzurücknahme aber vertreibt die Kunst nicht das Geheimnis Christi, sondern öffnet es, macht es ahnbar. Solche Kunst weist von sich weg in dieses Geheimnis hinein. Der Künstler weiß, daß er vor einer Gestalt wie Jesus mit seinen Mitteln nur scheitern kann. Er kann nur Zeichen setzen, die das Bedeutete nicht bedeuten. Gerade die größten unter den Autoren haben sich ein *Bewußtsein ihrer Grenzen* bewahrt. Unvergessen, was *Heinrich Böll* mir selber in einem Gespräch zu der Frage sagte, ob er in der Lage sei, den Christus-Roman des 20. Jahrhunderts für die deutsche Literatur zu schreiben:

»Versucht habe ich es immer wieder, wie Sie ja auch sagen, gelungen ist es nicht. Und natürlich ist ›Der Idiot‹ von Dostojewski ein ungeheurer Roman, der einzige Christus-Roman, den ich kenne. Es ist ein kühner, fast gelungener Versuch, Jesus literarisch einzufangen ... Und genau hier liegt die Schwierigkeit. Ich glaube also nicht, daß ich fähig bin, einen solchen Roman zu schreiben. Es gibt immer wieder Annäherungsversuche, aber mehr ist da nicht möglich.«

Weltliterarisch denken

Jesu Geheimnis leuchtet vor allen Dingen im Ensemble anderer großer Gestalten der Weltliteratur auf. Es gibt nur wenige archetypische, also in Raum und Zeit universale Gestalten der Literatur der Welt: Don Juan gehört dazu, Hamlet, Hiob, Odysseus, Ödipus, Faust, aber auch Antigone und Kassandra. Sie alle deuten Grundsituationen der conditio humana: erzählen etwas von der Verführbarkeit des Menschen; seiner Angewiesenheit auf Liebe und Hoffnung; seiner unablässigen Sinnsuche; seinem rastlosen Streben nach Heimat; seiner Tragik der Wahrheitsfindung; seiner das Selbstopfer nicht scheuenden Widerstandsbereitschaft; seinen Ahnungen von Katastrophen. In dieser Reihe steht auch Jesus. Auch er ist eine solch universale Menschheitsgestalt mit *unverwechselbarem Profil*.

Die weltweite Bedeutung der Gestalt Jesu zwingt, *weltliterarisch* zu denken, ein Postulat, das seit Goethes Zeiten explizit gefordert und seither viel und kontrovers diskutiert wird. Ich verweise auf den großen Essay von Walter Jens »Nationalliteratur und Weltliteratur – von Goethe aus gesehen« (1988) sowie auf den neuesten literaturwissenschaftlichen Diskussionsband »Weltliteratur heute. Konzepte und Perspektiven«, herausgegeben von M. Schmeling (1995). Weltliterarisch denken ist das Gegenteil von Fixierung auf einen abgeschlossenen Kanon klassischer Werke von angeblich zweifelsfreier Überzeitlichkeit und Allgemeingültigkeit. Weltliterarisch denken meint einen Selbstanspruch an Weltwahrnehmung – und zwar in dreifacher Hinsicht.

(1) In allen Kulturen der Welt gibt es literarische Zeugnisse. Literatur ist ein universales Menschheitsphänomen. »Weltliteratur« signalisiert damit den raum- und zeitübergreifenden universalen Charakter literarischer Selbstauslegung des Menschen.

(2) Durch die Leserinnen und Leser treten Kulturen untereinander in Austausch. Sie stellen die Gleichzeitigkeit der verschiedenen Nationalliteraturen her. Partikulare Perspektiven werden auf diese Weise durchbrochen, kulturelle Verengungen überwunden. Vielperspektivität der Wirklichkeit wird bewußt, die Pluralität der Kulturen, die Koexistenz der verschiedenen, kulturell je anders strukturierten Deutungsmuster. Es entsteht so etwas wie ein *globales ästhetisches Bewußtsein,* wenn der Ägypter Machfus in Deutschland genauso gelesen wird wie in Marokko, der Deutsche Thomas Mann in Argentinien genauso wie in Japan, der Amerikaner William Faulkner in Schweden genauso wie in Australien, der Argentinier Jorge Luis Borges in Israel genauso wie in Island, der Portugiese Saramago in Paris genauso wie in Bangkok, die Amerikanerin Toni Morrison in Oxford/Mississippi wie in Oxford/England. Synchronität ist das Ideal, nicht unter Preisgabe der konkreten Zeit- und Ortsgebundenheit von Literatur, sondern gerade durch sie hindurch. Das Dublin des James Joyce, konkreter, ortsgebundener könnte es nicht sein. Aber was dieses Dublin bedeutet, wird in der ganzen Welt verstanden.

(3) In der Rezeption der Leserinnen und Leser kristallisieren sich *literarische Leitfiguren* heraus, die weltweite Anerkennung

finden, Nobelpreis hin oder her. Dabei ist Ungleichzeitigkeit zu veranschlagen. Autorinnen und Autoren können in der Gegenwart eine Bedeutung haben, die sie eine Generation später verlieren. Unbekannte und Vergessene können eine ungeahnte weltliterarische Wirkung entfalten. Was »Weltliteratur« ist, ist Ergebnis eines lebendigen, geschichtlich prinzipiell nicht abschließbaren kreativen ästhetischen Rezeptionsprozesses. Weltliterarisch denken heißt deshalb im Ensemble der Weltliteratur das *spezifische Profil Jesu* bestimmen. Und da gilt: In Jesu Geschichte kommt es zu einer einzigartigen Verbindung von Utopie, Untergang und neuer Utopie; von Liebesbotschaft, Hinrichtung und Aufrichtung; von Hoffnung, Ausrottung und unausrottbarer Hoffnung. Diese Trias macht die spezifische Grundstruktur des Jesus-Dramas aus. Niemand in der Weltliteratur verkörpert wie er die Dialektik von Ohnmacht und Macht, Scheitern und Sieg, Niederlage und Größe. Niemand ist wie er – um eine Formulierung William Faulkners aufzugreifen – »the matchless example of suffering and sacrifice and the promise of hope«. Niemand verkörpert wie er das Faktum, daß man für eine Idee gekreuzigt wird und dies den Menschen für immer verzeiht (um mit Aitmatow zu reden). Die Gestalten, unter denen er in unserem Jahrhundert wieder auftritt, haben deshalb alle etwas Gemeinsames. Sie zeigen die *Macht des Untatsächlichen*. Sie zeigen, daß bei allem Scheitern die in Jesus verkörperte Idee des Menschen nicht widerlegt ist. Gerade die großen russischen Schriftsteller dieses Jahrhunderts, Michail Bulgakow und Boris Pasternak, zeigen, wie sehr Christus als die große Erinnerung an Würde, Freiheit und Liebe notwendig ist, gerade wenn die politischen Verhältnisse dies alles verraten oder die gesellschaftlichen Zustände dies alles verdrängen.

Der Wettstreit der Poeten auf einem Konzil

Auf dem großen Symposion 1984 in Tübingen, bei dem wir Literaten, Theologen und Literaturwissenschaftler miteinander ins Gespräch bringen konnten, stellte *Walter Jens* uns in seiner Eröffnungsrede ein faszinierendes Modell vor Augen: Was geschähe, wenn die Poeten, Bildhauer und Maler sich zu einem Konzil versammelten? Was hätten die Künstler zu sagen, wenn sie eingeladen würden, auf einer ökumenischen Versammlung von ihren Erfahrungen mit Jesus, dem Christus, zu berichten? Was wäre dies für ein Schauspiel, wenn die großen Schriftsteller dieses Jahrhunderts auf jenem imaginären Konzil aufstünden und aus ihren Werken vorläsen, in denen sie den Nazarener deuteten? Wenn sie sich in eine Runde setzten und miteinander ins Gespräch gerieten:

Anatole France, seinen müden und alt gewordenen Pilatus verteidigend.

André Gide, der die »Falschmünzerei« der bürgerlichen Gesellschaft im Frankreich seiner Zeit wie kein anderer messerscharf analysierte und doch ein geheimer Christus-Mystiker blieb (Lest meine Notizen, Meditationen, Aufzeichnungen, Tagebücher), im Disput mit *Norman Mailer,* der die Widersprüche des »american way of life« lautstark attackiert, aber in dem Moment leise wird, wo er von seinem Jesus-Buch zu erzählen beginnt.

James Joyce im Gespräch mit *Oscar Wilde* über ihre Erfahrung mit dem irischen Katholizismus.

Thomas Mann, der Mythen-Zauberer, im Streit mit *Ignazio Silone,* der darauf insistiert, daß Christus kein Mythos, sondern ein geschichtliches Modell ist, auf das man sich heute beziehen kann, wenn man zum Beispiel für die Würde armer Landbauern in den Abruzzen eintritt.

Der blinde *Jorge Luis Borges,* eine vierte Fassung von Judas vortragend und sie intelligent verteidigend gegen die Einwände der Schriftgelehrten, der Theologen und Kirchenvertreter.

Anna Seghers Arm in Arm mit ihrer amerikanischen Schwester *Toni Morrison*: Gerechtigkeit für die Schwarzen! Gerechtigkeit für die Frauen! Der Kampf gegen Rassismus und Sexismus ist noch nicht ausgestanden.

Günter Grass, von seinem verkrüppelten Zwerg Oskar Matzerath erzählend, dessen Geschichte dem Schicksal Jesu zum Verwechseln ähnelt und der doch letztlich als Anti-Christus-Figur entworfen ist.

Max Frisch, der von seinem Marionettenspieler Marion berichtet und die Kolleginnen und Kollegen auffordert, in aller Nüchternheit über die Frage nachzudenken, wie Christus überhaupt in der Kunst darstellbar sei.

Walter Jens, Argumente für sein Plädoyer sammelnd, Judas endlich von der Rolle des Verräters zu befreien und das Denken frei zu machen von Angstprojektionen, Sündenbock-Ideologien und Ausgrenzungsschemata.

Friedrich Dürrenmatt, der den unangefochtenen Christen die Unheimlichkeit ihres Christus als des »ganz anderen Gottes« vor Augen hält: Habt ihr meinen »Pilatus« immer noch nicht verstanden?

Tschingis Aitmatow, Muslim und Kirgiese, der im Gespräch zwischen Christus und Pilatus die Frage nach der Macht und ihrer Bändigung verhandelt.

José Saramago, der von der Gottesfrage nicht loskommt: Wie kann angesichts des Kreuzes Jesu und der Leidensgeschichte nach Jesu Tod Gott noch gerechtfertigt werden?

Ilja Ehrenburg, Gerhart Hauptmann und *Mario Vargas Llosa* von ihren Narrenfiguren erzählend, Lasik Roitschwantz, Emanuel Quint und Antonio Conselheiro. Leuchtet nicht in solchen Gestalten das Geheimnis Christi auf eine »verrückte«, aber zugleich radikal-glaubwürdige Weise auf?

Roa Bastos und *Nagib Machfus* im Gespräch über die Frage von Macht und Gegenmacht, der eine auf seinen Rifaa verweisend, der andere auf Gaspar Morar, den Holzschnitzer, der mit Leprahänden einen Christuskörper schuf.

Hemingway und *Bulgakow* im Gespräch über die Feigheit als schlimmste Sünde der Menschheit. Ja, ich habe davon in »Heute ist Freitag« erzählt. Aber was ist das gegen das Gespräch Jesus – Pilatus in »Meister und Margarita«?

Und ich stelle mir vor, wie auch die Theologen sich einmischen, die Großen des 20. Jahrhunderts, die Schriftsteller anhörend, und ihre Jesus-Deutungen mit ihren Erfahrungen, ihren Ur-Kunden vergleichend. Die Texte lesend und sich von ihnen provozieren lassend. Einspruch! So steht es nicht geschrieben! Mit Jesus kann man nicht beliebig verfahren, theologisch nicht, aber auch literarisch nicht. Da gibt es Grenzen, welche die Geschichte setzt, welche ein zweitausendjähriger Deutungsprozeß aufgibt. Ja, es wäre nicht die schlechteste Frage – *Hans Küng* hat sie uns auf dem genannten Symposium in Tübingen aufgegeben –, es wäre nicht die schlechteste Frage, die Theologen sich stellen könnten, »ob ihr Denken und Reden Bestand hätte vor dem Werk eines Thomas Mann, eines Hermann Hesse, eines Robert Musil oder Bert Brecht«. Aber auch umgekehrt gilt, wenn Theologie und Literatur ein gegenseitig kritisches Gespräch sein soll: »Es wäre die schlechteste Frage nicht, die Schriftsteller sich stellen könnten, ob ihr Reden vom Menschen, vom Ethos, von Religion bestand hätte vor dem Werk eines Nikolaus von Kues, eines Pascal, eines Kierkegaard, aber auch eines Karl Barth und Paul Tillich.«

Und ich stelle mir schließlich vor, wie am Ende eines langen Disputes ein bis dahin schweigsamer Russe auftritt, seinen Roman »Doktor Shiwago« hervorholt und das letzte Kapitel aufschlägt, das die Überschrift trägt »Die Gedichte Juri Shiwagos«. Und dann trägt er das erste Gedicht »Hamlet« vor: Boris Pasternak, der Jude, der mit seinem Judentum leidenschaftlich haderte. Und dann schaut er in die Runde, betrachtet seine Kolleginnen und Kollegen und sagt: Hamlet und Christus? Haben wir nicht beide in uns? Wir Künstler, schwankend, suchend, ringend um unsere Identität – und zugleich uns ausstreckend »nach oben«, und zugleich der Schrei nach »Gott«? Kennen wir nicht beides: die Lust nach der Bühne und den Fluch der Bühne? Sind wir nicht darin dem Nazarener so verwandt? Kennen wir nicht die Einsamkeit, wenn wir unsere Sache sagen? Kennen wir nicht den Widerstand all der Pharisäer um uns herum? Das Unverstandensein? Die Ablehnung? Den Spott? Und doch gehen wir unseren Weg, hoffen auf Auferstehung. Hier in meinem Gedicht habe ich beide miteinander verbunden: Hamlet und Christus:

»Der Lärm verebbt. Ich trete auf die Bühne.
Und gelehnt ans Pfostenholz der Tür,
Erlausche ich im Nachhall ferner Töne,
Was im Leben noch geschieht mit mir.

Durchs Visier von tausend Operngläsern
Starrt auf mich des Raumes Dunkelheit.
Abba, Vater, wenn es möglich wäre,
Lenke diesen Kelch an mir vorbei.

Zwar liebe ich dein eigensinnig Planen
Und bin, meinen Part zu spielen, gewillt.
Dieses aber ist ein andres Drama,
Diesmal, bitte, schon dein Ebenbild.

Fest gewickelt ist die Handlungsspule,
und die Tore sind aufs End gestellt.
Ich bin allein: im Pharisäerrudel.
Leben ist kein Gang durch freies Feld.«

I.
Aus der Distanz

1. KEINE ERINNERUNG AN JESUS

Zur Einführung

Der französische Schriftsteller Jacque-François Anatole Thibault, der sich *Anatole France* nannte (geb. 1844 in Paris, gest. 1924 auf Gut Béchellerie bei Tours), ist eine der literarischen Schlüsselfiguren im Frankreich der Jahrhundertwende, viel gelesen, viel angefeindet, viel geehrt. 1896 wird der Sohn eines Buchhändlers und Antiquars, der lange Jahre als Lektor, Bibliothekar und Literaturkritiker gearbeitet hatte, in die Académie Française aufgenommen. 1921, im Alter von 77 Jahren, erhält er für sein Gesamtwerk den Nobelpreis für Literatur.

In France' Leben spiegeln sich Krisen, Wandlungen und Widersprüche, wie sie für eine Jahrhundertwende, ein Fin de Siècle, charakteristisch sind. France ist ein glänzender Repräsentant dieser Endzeit-Stimmung, der die bewußte Wahrnehmung einer Zeitenwende zu verbinden versteht mit skeptisch-pessimistischen Ideen von der Nichtigkeit der Welt und dem Verfall der Kultur. Durch einen stets eleganten, an klassischen Vorbildern geschulten Stil verleiht er der »Götterdämmerung« einen trügerischen Glanz, der aber die Gebrochenheit des Weltvertrauens nie ganz verdecken kann.

Äußerlich verläuft das Leben dieses Autors in großbürgerlich gesicherten Bahnen. 1877 erhält er in Paris die Stelle eines Senatsbibliothekars, die ihm wirtschaftliche Unabhängigkeit sichert und die nötige Zeit, das Leben eines homme de lettres zu führen. 1881 erscheint denn auch ein erster Roman, dessen Thema überrascht und den Autor bekannt macht: »Le crime de Sylvestre Bonnard« (»Die Schuld des Professors Bonnard«). Es ist die Geschichte eines Gelehrten, der in einem Waisenkind die Enkelin seiner unvergessenen Jugendliebe erkennt. Ihretwillen begeht der bürgerlich Gesicherte ein »Verbrechen«: Er nimmt sich des Mädchens an, arrangiert dessen Flucht aus dem repressiven Internat und entgeht den rechtlichen Konsequenzen nur dadurch, daß der bisherige Vormund aufgrund von Unregelmäßigkeiten das Weite sucht. Bonnard, jetzt Vormund geworden, zieht sich aufs Land zurück und erfährt Glück und

Unglück »seines« Kindes über eine längere Lebensperiode hinweg. Schon in diesem Roman hat France eine Figur entworfen, der er im Verlauf seines weiteren Lebens immer ähnlicher werden sollte: die Figur eines Mannes, dessen lächelnde Skepsis zwar eine illusionsfreie, aber letztlich doch versöhnte Einstellung zur Wirklichkeit spiegelt, eines Mannes zwischen resignativer Weltabgekehrtheit und eingreifendem Engagement.

Zu einer Zäsur in France' Leben wird eine politische Affäre des Jahres 1894, die das Frankreich der Jahrhundertwende erschüttern sollte: der Fall des jüdischen Hauptmanns Dreyfus, der von einem Militärgericht wegen Spionage für Deutschland zur unehrenhaften Entlassung aus der Armee und zur Verbannung auf die Teufelsinsel verurteilt wird. In Wahrheit aber war Dreyfus das unschuldige Opfer einer antisemitisch eingefärbten Militär- und Justizintrige. Durch den Prozeß und die anschließenden Revisionskämpfe, mit ausgelöst durch den nachmals weltberühmten Artikel »J'accuse« des Schriftstellers Emile Zola, kommt es zu einem nicht mehr für möglich gehaltenen Ausbruch des Antisemitismus in Frankreich – gut hundert Jahre nach der Französischen Revolution und der rechtlichen Gleichstellung der Juden in Frankreich. Für viele Beobachter, darunter der geistige Vater des heutigen Staates Israel, Theodor Herzl (1860–1904), als Wiener Journalist Zeuge des Dreyfus-Prozesses, ist damit der endgültige Beweis erbracht, daß alle Assimilierungsversuche von Juden in nichtjüdischen Staaten auf fataler Selbsttäuschung beruhen und Juden ihr politisches Schicksal würden selber in die Hand nehmen müssen. Der Dreyfus-Prozeß – er wird zu einem mächtigen Schub für die »zionistische Bewegung«. Herzls Programmschrift, mit der er die politischen Konsequenzen aus den Ereignissen in Frankreich zieht, trägt denn auch den wegweisenden Titel »Der Judenstaat« (1896). Ein Jahr später tritt der erste »Zionistische Weltkongreß« in Basel zusammen, der Theodor Herzl zu seinem Präsidenten wählt.

Neben Emile Zola wird Anatole France künftig zu einem der profiliertesten sozialkritischen und antiklerikalen Schriftsteller Frankreichs – in der Tradition französischer Aufklärung (Voltaire) und des sehr spezifischen französischen Skeptizismus (Montaigne). Die Dreyfus-Affäre hatte auch ihn aus bürgerlichem Konformismus herausgerissen, und zwar so sehr, daß

France unter dem Einfluß des Politikers Jean Jaurès sogar mit dem Sozialismus sympathisiert. Von nun an ist das vielschichtige Werk dieses Autors immer auch eine kritische Auseinandersetzung mit reaktionären Tendenzen in Kirche, Staat und Armee.

Das spiegelt zum einen sein *zeitgeschichtliches Werk,* etwa der vielbändige Roman »Histoire contemporaine« (»Die Romane der Gegenwart«), erschienen zwischen 1897 und 1901, in dem France mit erzählerischer Brillanz und aufklärerischem Mut sich mit den verschiedensten politischen Strömungen in Kirche, Militär und Politik auseinandersetzt.

Das dokumentiert auch der 1901 erschienene Band »L'affaire Crainquebille«, in dessen Titelnovelle France die Geschichte eines armen Gemüsehändlers erzählt, der Dreyfus gleich einem Justizirrtum zum Opfer fällt. Ja, die Imaginationskraft dieses Autors führt auch zu einem *utopischen Werk* wie dem Roman »Ile des Pingouins« (»Die Insel der Pinguine«) von 1908, in dem France in leichtem Plauderton und mit ätzender Ironie zugleich ein Land namens Alka imaginiert, dessen entzauberte Geschichte zum satirischen Gleichnis für das Frankreich seiner Zeit wird.

Von besonderer Bedeutung aber ist das *historische Werk,* so zum Beispiel ein Roman aus der Zeit der Französischen Revolution: *»Les dieux sont soif«* (»Die Götter dürsten«), erschienen 1912. Der Autor greift bewußt das Jahr der Jakobinerherrschaft (1793/94) heraus. Die »dürstenden Götter« damals? Es sind die Greuel der Schreckensherrschaft, die Massenverhaftungen, die willkürlichen Rechtssprechungen, die eifernden Inquisitoren, die Verkehrung der Zeugenaussagen ins Gegenteil, die angeblich freiwilligen Schuldbekenntnisse der Angeklagten. Diese Greuel der Geschichte werden vom Autor so transparent nacherzählt, daß Entsprechungen zur Gegenwart sich geradezu aufdrängen, ja, die Verachtung des Autors für jeglichen politischgeistigen Fanatismus und Totalitarismus unmißverständlich durchscheint.

Ihren Höhepunkt findet diese Art der Geschichtsschreibung in einer *kritischen Biographie* von Frankreichs Nationalheiliger *Jeanne d'Arc* (1908). France hatte erkannt, daß der Mythos von Jeanne d'Arc eine verhängnisvolle politische Funktion bekommen hatte. In Kompensation ihrer nationalen »Schande« nach der militärischen Niederlage gegen Deutschland (1870) hatte sich im Bürgertum ein katholisch aufgeladener Nationalismus entwickelt, und Jeanne d'Arc, Schutzheilige insbesondere der Offiziere und Unteroffiziere, war zur mythischen Gallionsfigur geworden. Diese Figur also entmythologisierend in ihrer Menschlichkeit und Zeitbedingtheit zeigen, hieß zugleich, sie der Verfügung durch klerikal-nationale Ideologen zu entziehen.

France ist insbesondere in diesem Werk der Methode des Religionswissenschaftlers und Orientalisten *Ernest Renan* (1823–1892) verpflichtet, einem Mann, der zu den umstrittensten Persönlichkeiten seiner Zeit gehörte. 1863 hatte er – zum Auftakt eines großen Projektes über die Ursprünge des Christentums (8 Bände: 1863–1883) – eine Lebensbeschreibung Jesu vorgelegt (»Vie de Jésus«). Durch ihren romanhaften Stil und das romantisch-verklärende Bild vom einfachen Wanderprediger Jesus (»Galiläischer Frühling«) hatte es eine enorme Wirkung auf die Öffentlichkeit, provozierte aber zugleich den erbitterten Widerstand der Kirche. France bewundert Renan, ja erblickt in ihm seinen »Lehrmeister«, dem er persönlich die Festrede hält, als für Renan posthum 1903 in dessen Geburtsort Tréguier feierlich ein Denkmal enthüllt wird.

Zum historischen Werk von Anatole France gehört auch die hier ausgewählte Erzählung »*Der Statthalter von Judäa*«, erstmals veröffentlicht Weihnachten 1891 in der Zeitung »Le Temps«, dann aufgenommen in den 1892 publizierten Erzählungen-Band »L'Étui de Nacre« (Hintergründe im Kommentar der Édition Gallimard, 1984, S. 1387–1405). Mit antiken Stoffen hatte sich France immer wieder beschäftigt. So war im Jahr zuvor, 1890, sein Roman »Thais« erschienen, in dem die Praxis der christlichen Askese und des erotischen Verzichtes in die Tradition »Leibfeindlichkeit« gestellt wird, ein Werk, in dem sich auch France' Liebesaffäre mit Madame de Caillavet spiegelt, die drei Jahre später zur Scheidung seiner Ehe führen wird. Die Reaktion der Amtskirche auf diesen Roman ist wiederum scharf, wie die katholische Hierarchie überhaupt den Nobelpreis für France 1921 dadurch feiert, daß sie sein gesamtes Werk auf den »Index der verbotenen Bücher« setzt.

Auch die Erzählung um den Statthalter von Judäa spielt in frühchristlicher Zeit, im 1. Jahrhundert. Es ist die Geschichte von zwei altgewordenen römischen Bürgern, die sich zufällig in einem Kur- und Badeort Italiens wiedertreffen. Der eine ist Lucius Aelius Lamia, der andere Pontius Pilatus. Beide hatten sich vor 30 Jahren in Cäsarea kennengelernt; beide hatten zusammen in Jerusalem gelebt, wo Lamia zehn Jahre lang Gast im Hause des Pilatus gewesen war; beide waren vor längerer Zeit nach Italien zurückgekehrt. Lamia, der wegen einer Ehebruch-Geschichte aus Rom verbannt worden war, konnte zurückkehren und hatte ein zurückgezogenes Leben im Geiste Epikurs zu führen begonnen. Pilatus, der aufgrund einer politischen Intrige von seinem Posten abgelöst worden war, lebt seither auf seinen Gütern in Sizilien. Rheuma hatte Lamia, eine schmerzhafte Gicht den früheren Statthalter in denselben Bade- und Kurort getrieben. Hier nun treffen die alten Bekannten zufällig wieder aufeinander und beginnen, Erinnerungen auszutauschen.

Die Erzählung ist denkbar einfach strukturiert und wäre in ihrer narrativen Schlichtheit der Erwähnung kaum wert, wenn sie nicht eine Spannung aufbaute und eine Pointe setzte, die zu ungewöhnlichen Leselüsten und Leseerkenntnissen führte. Welch ein ironisches Spiel mit uns Lesern. Seite für Seite wird unsere Neugierde geweckt, was wohl ein Mann wie Pilatus im Rückblick auf seine Rolle im Prozeß Jesu preisgeben mag, verwickelt in das Schicksal dessen, der das Antlitz der Erde stärker verändern sollte als alle römischen Konsule und Kaiser zusammen. Aber während Hunderte von Millionen von Christen überall auf dem Globus seit Jahrhunderten Gottesdienst für Gottesdienst sich an den Statthalter von Judäa erinnern: »Gelitten unter Pontius Pilatus ...«, läßt France in meisterlicher erzählerischer Verzögerungstechnik buchstäblich im letzten Satz all unsere Erwartungen in Pilatus wie einen angestochenen Luftballon zerplatzen: »Jésus? ..., Jésus le Nazaréen? – Je ne me rappelle pas.«

Die ironischen Effekte in dieser Erzählung aber entstehen sowohl zwischen den beiden Figuren wie zwischen uns Lesern und diesen Römern. Man achte bei der Lektüre darauf, wie kunstvoll France die Reden der Hauptperson durch den Gesprächspartner brechen läßt. Denn Pilatus wird ja als ein Mann mit unbändigem Rechtfertigungsdrang beschrieben. Aus verletztem Stolz besteht er noch im Alter darauf, während seiner Amtszeit nichts als Weisheit und Mäßigung geübt und nicht ein einziges Mal die Gesetze und die Gerechtigkeit verletzt zu haben. Pflichterfüllung, ja Liebe im Amt spricht er sich zu. Aber derselbe Mann hat Aufstände im Land gewaltsam niederschlagen und die Rädelsführer unnachsichtig hinrichten lassen. Und wir erfahren durch die skeptisch-ironischen Nachfragen seines Gesprächspartners, daß des Pilatus' Handlungen keineswegs bloß der Weisheit und Mäßigungen entsprangen. Lag im Handeln gegenüber den Juden nicht auch viel »ungestümer Tatendrang«? Hat Pilatus die Juden nicht gereizt, indem er ihre Gesetze umstoßen und ihnen »andere Sitten aufzwingen« wollte? Hat der Statthalter immer den »rechten Weg« eingeschlagen oder nur schlecht seine »Verachtung« für den jüdischen Glauben und dessen religiöse Zeremonien verborgen? Weisheit, Mäßigung, Liebe im Amt – sie sehen anders aus.

Die bizarrsten ironischen Effekte in dieser Erzählung aber entstehen durch den vom Autor bewußt inszenierten Zusammenprall zwischen den Reden der Figuren und dem Wissen von uns Lesern. Denn wir Leser kennen ja die weitere Geschichte und wissen, was die Bewegung um den Nazarener weltgeschichtlich ausgelöst hat. Äußerungen insbesondere des Statthalters können wir auf diese Weise gleich überprüfen, relativieren, ja falsifizieren. Wir erkennen den Grad der Verblendung in einem Mann, der offensichtlich nichts zu bereuen hat:

– Lächerlich klingt dieser Machthaber, wenn er noch im Alter behauptet, sein Geist sei noch ungebrochen, sein Gedächtnis habe nicht gelitten. Denn ausgerechnet bei der Figur, bei der unsere Erwartung am höchsten ist, versagt sein Gedächtnis. Ebenso ironisch wirkt auf uns die Tatsache, daß Pilatus Jesus beinahe hätte wahrnehmen können, als man ihm mitteilte, »irgendein rasender Mensch« habe Verkäufer in den Vorhallen des Tempels samt ihren Tischen umgestoßen.

– Von tiefer Ironie ist auch die »komische Idee«, die Lamia im Verlauf des Gesprächs einmal äußert: daß der Gott der Juden »eines Tages nach Rom kommen« und Pontius Pilatus »mit seinem Haß verfolgen« werde. Denn wir Leser wissen ja, daß diese »komische Idee« in ihrer Komik deshalb kaum zu überbieten ist, weil ausgerechnet sie Wirklichkeit wurde.

– Von bitterster Ironie sind vor allem die *antijüdischen Passagen* in diesem Text. France erweist sich dabei als geradezu »prophetisch« im Blick auf die Dreyfus-Affäre, die ja drei Jahre nach der Veröffentlichung des »Statthalters« in Paris aufbrechen sollte. Denn seinen beiden Gesprächspartnern legt France je eine Variante des antijüdisch-antisemitischen Komplexes in den Mund, wobei er im Fall des Pilatus ziemlich exakt den antiken jüdischen Quellen folgt, die im Gegensatz zum hier anders interessierten Neuen Testament Pilatus als gewaltsamen Tyrannen gegen das jüdische Volk porträtieren: Flavius Josephus' »Der jüdische Krieg« (II/9, 2–6) und »Jüdische Altertümer« (XVIII/3, 1–3; 4, 1–6).

Aber für den Pilatus des Anatole France sind die Juden nicht nur ein Volk von rohen »Barbaren«, sondern mehr und grundsätzlich: »Feinde der Menschheit«. Keiner Herrschaft würden sie sich unterwerfen; statt Rom als »Mutter aller Völker« zu akzeptieren, trotzten und haßten sie die Römer; Juden hätten nun einmal »keine gründliche Kenntnis von dem Wesen der Götter«, seien überdies in der Auslegung ihrer »heiligen Gesetze« hoffnungslos miteinander im Streit, aufgespalten in »mindestens zwanzig Sekten«. Zerstritten, fanatisch, unduldsam, so erlebt der Statthalter »die Juden«. Obendrein noch laut, chaotisch, rechthaberisch. Und seine antijüdische Abscheu gipfelt in der Prognose, daß man die Juden »früher oder später vernichten« müsse, weil man sie »nicht beherrschen« könne. Und dann folgt der ungeheure Satz: »On ne viendra pas à bout de ce peuple. Il faut qu'il ne soit plus. Il faut detruire Jérusalem de fond en comble«, was man noch deutlicher so übersetzen kann: »Man wird mit diesem Volk nicht fertig werden. Es muß aufhören zu existieren. Jerusalem muß bis auf den Grund zerstört werden.«

Und Lamia? Er vertritt eine nicht ganz so brutale, dafür aber raffiniertere Form des Antijudaismus. Denn dieser zunächst tolerant klingende Verteidiger des Judentums (gäbe es nicht auch »manche Tugenden« bei Juden; gäbe es nicht »milde, gütige Juden« mit schlichten Sitten und gutem Herzen?) erweist sich im Grunde als frivoler Bewunderer von »Jüdinnen«. Seinen

Hang für Frauen dieser Art gibt Lamia denn auch unumwunden zu. Ja, seine erotischen Schilderungen gipfeln in der Erwähnung einer jüdischen Tänzerin (unschwer als Maria Magdalena zu erkennen), die ihm den Kopf verdrehte und der er überall hin folgte – bis sie verschwand und Lamia erfuhr, daß diese Frau sich »einer kleinen Zahl von Männern und Frauen angeschlossen« habe, die einem »jungen Galiläer« gefolgt sei, einem, der umherzog und Wunder tat. Zum zweiten Mal in dieser Geschichte blitzt im Spiegel dieser beiden Römer ein Stückchen der Jesus-Geschichte auf:

– »irgend ein rasender Mensch« (Pontius Pilatus);
– »ein junger Galiläer«, der umherzieht und Wunder tut, und Männer und Frauen um sich schart, darunter auch Frauen von zweifelhaftem Lebenswandel (L. Aelius Lamia).

Nach all dem wird die Frage um so dringender: Was mag die *Erzählstrategie* dieses Textes sein? Gibt es ein eindeutig identifizierbares Schreib-Programm, eine Aussage-Intention? Sie müßte doch unschwer namhaft zu machen sein, da diese Erzählung doch angeblich so schlicht strukturiert ist. Doch bei präziser Analyse ist dieser Text keineswegs simpel. Im Gegenteil. Komplexe Sinndimensionen zeichnen sich ab.

Auf *einer Ebene* erscheint dieser Text als klare Anti-Pilatus-Erzählung. Die Erzählstrategie scheint darauf hinauszulaufen, diesen einst machtvollen Statthalter durch die spätere Geschichte als widerlegt bloßzustellen, als getäuschten Enttäuschten, als verblendet Resignierenden. Jesus wird damit zu einer Art Rache-Dämon für diesen Römer. Unnachsichtig hatte dieser Hunderte von »Verbrechern« während seiner Amtszeit liquidieren lassen, an die er ebenso keinen Gedanken mehr verschwendet wie an den einen aus Nazaret. Warum auch? Pilatus hat doch stets Weisheit, Mäßigung und Liebe in seinem Amt praktiziert! Dieser eine aber, Jesus aus Nazaret, so scheint die Erzählung klarmachen zu wollen, wird zu Pilatus' Schicksal. Er steht gewissermaßen nach seinem Tode als Zeuge gegen ihn auf, so wie auch wir Leser von France raffiniert in die Rolle von Zeugen, Anklägern und Richtern gegenüber Pilatus versetzt werden. Wir sollen offensichtlich in diesem »Statthalter« den Vertreter einer entlarvten Machtelite verurteilen, die nicht weiß, was sie tat, und durch die spätere Geschichte ins Unrecht gesetzt ist. Der damalige Richter wird so zum nachträglich Gerichteten! Eine Anti-Pilatus-Geschichte hat France erzählt – mit machtkritischer Pointe und uns Lesern als seinen Komplizen.

Aber man kann dieselbe Erzählung auch ganz anders lesen. Unabweisbar enthält sie ja – eine *zweite Sinnebene* – eine *christentums- und kirchenkritische Komponente*. Es ist ja mit Händen zu greifen, daß France in seinen Pilatus das hineinprojiziert, was er selber an christentumskritischen Überzeugungen in sich trägt – insbesondere im Blick auf das christliche Gottesverständnis und die Beanspruchung Jesu für eine machtvolle Institution wie die Kirche. Hier ist einer France-Rezeption zuzustimmen, die mit dieser Geschichte vor allem »das dogmatische Fundament des Christentums« erschüttert glaubt (A. Gier, S. 139). Denn in diesem Punkt steht der Autor auch inhaltlich hinter seiner erfundenen Figur. France ist ein Anhänger des antik-modernen Skeptizismus (von Epikur bis Montaigne), und so entspricht es durchaus seinen Überzeugungen, daß Jesus von Nazaret im Kontext der antiken Kultur- und Geistesgeschichte so bedeutend nicht war, als daß er unbedingt hätte »erinnert« werden müssen. Soll man einem Römer von der Kultiviertheit des Pilatus, der seinen »Geist an den Grundsätzen des göttlichen Augustus gebildet« hat, vorwerfen, sich nicht an einen »rasenden Menschen« aus Galiläa zu erinnern? Soll man einem Römer wie Lucius Aelius Lamia, der das friedliche, beschauliche Leben »unter dem emsigen Studium der Schriften Epikurs« liebt, vorwerfen, in Jesus nicht mehr gesehen zu haben als einen »jungen Galiläer«, der »umherzog und Wunder tat«? Was ist denn dieser Provinz-Jude gegen die römische Welt-Kultur? Sollen diese Römer gegenüber einem, der ob »irgendeines Verbrechens gekreuzigt« wurde, Schuldgefühle hegen? Soll man ihnen vorwerfen, das Dogma der Kirche und die Geschichte des Christentums nicht gekannt zu haben?

Nein, die Erzählstrategie des Textes läuft auf dieser Sinnebene auf die *Rehabilitierung des Pilatus* hinaus und damit auf eine historische Relativierung des Christentums nach der Devise: Gemessen an den Maßstäben der damaligen Zeit war Jesus von Nazaret eine vernachlässigbare Randfigur, der geschichtlichen Erinnerung buchstäblich nicht wert. In seinem Pilatus spiegelt

France also die Grundhaltung einer historisch-kritischen Betrachtungsweise der frühen Christentumsgeschichte im Geiste eines modern-nachchristlichen und zugleich antik-vorchristlichen Skeptizismus. Was auf den ersten Blick eine Anti-Pilatus-Geschichte zu sein schien, ist – so gesehen – eine entschiedene Geschichte zugunsten des Pilatus, dessen christentumskritische Spitze denkbar scharf ist. Denn wenn ein Schriftsteller im Frankreich des Jahres 1891 historisch-kritisch zeigt, daß der Stifter des Christentums niemand anderer war als ein Wanderprediger mit einer »kleinen Zahl von Männern und Frauen« in seinem Gefolge, dann ist dies ein Demonstrationsakt höchsten Grades. Dann will er zeigen, daß die Diskrepanz zwischen dieser Gestalt und dem, was 1900 Jahre christlicher Kultur unter dem Einfluß einer klerikalen Institution aus ihm gemacht haben, grotesk ist. Die Erzählstrategie des Textes gleicht auf dieser Ebene der Enthüllungsstrategie im berühmten Märchen von des »Kaisers neuen Kleidern«. Im Geiste Renans lösen sich auch hier die Behauptungen der Kirche buchstäblich in »nichts« auf.

Daraus aber ergibt sich konsequent, daß dieser Text – eine dritte Sinndimension – die schärfstmögliche milieukritische Spitze besitzt. Insbesondere dann, wenn im kirchlichen Milieu ausgerechnet auch noch das eine verdrängt wird, was in Sachen Jesus historisch gesichert ist: daß er ein Jude war. Denn der im kirchlichen Milieu gehätschelte Antijudaismus und Antisemitismus ist nichts anderes als Jesus-Vergessenheit. In der vorchristlichen Figur des Pilatus spiegelt France damit seinem christlich-nachchristlichen Publikum, was Jesu Schicksal innerhalb der eigenen Christenheit sein wird: daß man ausgerechnet in seinem Namen, im Namen eines jungen Juden aus Galiläa, Judendiskriminierung und Judenhaß praktiziert wie schon bestimmte Römer damals. Hier ist der Satz des Pilatus, eines Tages »gerechtfertigt« dazustehen, wenn Jerusalem untergegangen sei, von einer kaum zu steigernden Unheimlichkeit, haben doch die weiteren Jahrhunderte des christlichen Antijudaismus und Antisemitismus diesen Römer auf schaurige Weise bestätigt. Im antijüdischen Liquidierungswahn dieses römischen Militärgouverneurs ist bereits die kriminelle Energie veranschaulicht, die sich später auch in Christen als Praxis der Ausrottung des jüdischen Volkes austoben sollte.

Hier macht der Autor seinen Pilatus zur Spiegelfigur des »juste milieu« seiner eigenen Zeit. In Pilatus ist ein christlich-säkularer Typus mitporträtiert, der Jesus Christus längst aus seiner Erinnerung verbannte und christusvergessen sein »christliches« Leben lebt. Die Ironie erreicht hier ihren tiefsten Punkt: Nach 1900 Jahren Christentumsgeschichte ist die Jesus-Erinnerung im Christentum zerplatzt. Der Nazarener ist am Ende des 19. Jahrhunderts in Frankreich so vergessen, wie er es im 1. Jahrhundert bei den Römern war.

Und zugleich drängt sich – *vierte Sinndimension* – der Eindruck auf, daß in Pilatus Anatole France eine Figur vorausentworfen hat, der er selber in Grundzügen immer ähnlicher werden sollte. Denn in der Resignation seines Statthalters, in der Abscheu vor jeglichem politischen und religiösen Fanatismus, in der Zurückgezogenheit aus den Schlachten des Lebens hat dieser Autor auch ein Stück seiner eigenen Sehnsüchte und Bedürfnisse preisgegeben. Wie Pilatus wird sich denn auch sein Autor später auf ein Landgut zurückziehen, nachdem er ein Leben lang beides zu verbinden trachtete, ohne beides je versöhnen zu können: die Verfechtung politisch engagierter Ideen *und* die illusionsfreie Distanz zu den Dingen; die lächelnde Skepsis *und* das Betroffensein von den geschichtlichen Entwicklungen; die Weisheit des Epikur *und* den Esprit eines Voltaire.

Nachwort I: Vor dem Ersten Weltkrieg wird den altgewordenen Anatole France ein damals junger russischer Schriftsteller mit Respekt beobachten: *Ilja Ehrenburg,* der in Paris sich damals aus politischen Gründen aufhält und dort – inmitten der Maler und Schriftsteller – ein aufregendes Leben führt (siehe Einführung zu Ilja Ehrenburg in diesem Buch). Während er in alten Bücherkisten am Seinequais wühlt, trifft er auf einen älteren Herrn und erkennt ihn: »Er nahm die Bücher in die Hand, wie ein Gärtner eine Birne anfaßt: leidenschaftlich und zugleich nüchtern. Es war Anatole France. Ich bin ihm später nie mehr begegnet, sein Begräbnis im Jahr 1924 ausgenommen, als Senatoren und Arbeiter, Akademiemitglieder und Halbwüchsige dem alten Epikureer und Kommunisten das letzte Geleit gaben. Im Jahr 1946 führte mich Anatole France' Enkel durch das Haus des Schriftstellers in La Béchellerie bei Tours. Da sah ich, daß der Epikureer kein Bücherwurm und Ästhet, sondern ein lebendiger Mensch gewesen war. Nicht Kollektionen füllten das Haus, sondern jene Trümmer, die ein an Reisen, Leidenschaften und Begegnungen reiches Leben zurückläßt. Im Bücherschrank standen wohl auch jene Bände, die Anatole France in meiner Gegenwart erstanden hatte.« (Menschen – Jahre – Leben. Autobiographie, München 1962, S. 114)

Nachwort II: Am 11. Februar 1907 wird ein damals 25jähriger Schriftsteller aus Irland, von dessen Namen, *James Joyce,* noch kaum jemand unter den Literaturkennern gehört hatte, aus Rom an seinen Bruder Stanislaus schreiben, er sei zu seinen Erzählungen »Efeutag im Sitzungszimmer« und »Die Toten« (später veröffentlicht in »Dubliners« 1914) durch die Lektüre von Anatole France »Der Statthalter von Judäa« angeregt worden. In beiden Texten von Joyce geht es denn auch um eine Person, die nie in Erscheinung tritt; sie ist abwesend, weil tot. Aber ohne den Toten wären die Geschichten nicht lebendig . . .

Ausgabe: A. France, Le Procurateur de Judée (1891), in: Oeuvre, hrsg. v. M.-C. Bancquart, Paris 1984, S. 877–890 (Éditions Gallimard). Der Statthalter von Judäa. Deutsch von O. H. Mittler, in: A. France, Der Statthalter von Judäa. Erzählungen, München o. J., S. 5–18 (Goldmann-TB 2337).

Literatur zur Vertiefung

1. *Zur Lebens- und Werkgeschichte:*
   D. Bresky, The Art of Anatole France, The Hague – Paris 1969.
   M.-C. Bancquart, Anatole France. Un Sceptique Passionné, Paris 1984.
2. *Zum Text:*
   M.-C. Bancquart, Notes et Variantes (»Le Procurateur de Judée«), in: A. France, Oeuvres, Paris 1984, S. 1405–1413 (Éditions Gallimard).
   A. Gier, Der Skeptiker im Gespräch mit dem Leser. Studien zum Werk von Anatole France und zu seiner Rezeption in der französischen Presse 1879–1905, Tübingen 1985, bes. S. 138–151.

Anatole France
Der Statthalter von Judäa

L. Aelius Lamia stammte aus einer vornehmen römischen Familie. Er ging schon in jungen Jahren nach Athen, um dort Philosophie zu studieren. Dann kehrte er nach Rom zurück und führte in seinem Hause auf dem Esquilin mit anderen jungen Wüstlingen ein ausschweifendes Leben.

Eines Tages wurde er angeklagt, mit Lepida, der Frau des Konsulars Sulpicius Quirinus, sträfliche Beziehungen zu unterhalten, und da er schuldig befunden wurde, schickte Tiberius Caesar ihn in die Verbannung. Er war damals gerade vierundzwanzig Jahre alt. Während der achtzehn Jahre, die seine Verbannung dauerte, bereiste er Syrien, Palästina, Kappadokien, Armenien und hielt sich lange in Antiochia, Caesarea und Jerusalem auf. Als Tiberius gestorben und Gaius römischer Kaiser geworden war, setzte er es durch, wieder nach Rom zurückkehren zu dürfen. Sogar ein Teil seines Vermögens wurde ihm wieder ausgeliefert.

Das Unglück hatte ihn weise gemacht. Er mied jeden Verkehr mit Frauen von zweifelhaftem Ruf, bewarb sich nicht um öffentliche Ämter und Auszeichnungen und lebte völlig zurückgezogen in seinem Hause auf dem Esquilin. Er begann alles, was er auf seinen vielen Reisen gesehen und erlebt hatte, aufzuzeichnen, um, wie er zu sagen liebte, in den Leiden der Vergangenheit eine Zerstreuung für die Gegenwart zu finden. Unter diesem friedlichen, beschaulichen Leben, unter dem emsigen Studium der Schriften Epikurs, fühlte er allmählich mit schmerzlichem Erstaunen, daß er alt wurde. In seinem zweiundsechzigsten Jahr begann er an Rheumatismus zu leiden und suchte die Bäder von Baiae auf, die damals von den reichen vergnügungssüchtigen Römern viel besucht wurden.

Er hatte etwa eine Woche einsam und zurückgezogen inmitten dieser glänzenden Gesellschaft gelebt, als er eines Tages Lust bekam, die Hügel zu durchstreifen, die, mit Weinlaub bekränzt wie Bacchantinnen, sich am Flusse entlang ziehen. Auf einer Höhe angelangt, setzte er sich am Rande eines schmalen Weges unter einem Baum nieder und ließ seinen Blick über die herrliche Landschaft schweifen. Zur Linken dehnten sich endlose graue Felder bis zu den Ruinen von Cumae hin, zur Rechten ragte das Kap Misenum wie ein spitzer Dorn ins Meer hinein. Vor ihm, gegen Westen, lag das reiche Baiae mit seinen Gärten und Villen. Die Säulenhallen und weißen Marmorterrassen reichten bis an das blaue Meer hinab, in dessen Fluten Delphine spielten.

Lamia zog eine Pergamentrolle aus den Falten seiner Toga, streckte sich auf dem Boden aus und begann zu lesen. Plötzlich schreckte ihn der Zuruf eines Sklaven, der ihn aufforderte, einer vorüberkommenden Sänfte Platz zu machen, auf. Als die Sänfte näher kam, sah er auf ihren Kissen einen Greis ruhen. Er hatte den Kopf mit der mächtigen Adlernase und dem vorspringenden Kinn auf die Hand gestützt und blickte stolz und finster um sich.

Lamia wußte auf den ersten Blick, daß er dies Gesicht kannte. Aber des Namens konnte er sich nicht gleich entsinnen. Dann plötzlich stürzte er voll freudiger Überraschung auf die Sänfte zu und rief: »Pontius Pilatus, den Göttern sei Dank, daß sie mir die Gnade gewähren, dich wiederzusehen.«

Der Greis gab seinen Sklaven ein Zeichen, zu halten, und blickte Lamia durchdringend an.

»Pontius, mein treuer Gastfreund«, fuhr dieser fort, »haben die zwanzig Jahre mein Haar so gebleicht und meine Wangen so gefurcht, daß du deinen Aelius Lamia nicht wiedererkennst?«

Bei diesem Namen stieg Pilatus aus der Sänfte, so rasch es ihm die Schwerfälligkeit seines Alters erlaubte. Dann küßte er Lamia zweimal auf die Wange.

»Es ist mir eine große Freude, dich wiederzusehen«, sagte er. »Ach, dein Anblick erinnert mich an jene längst vergangenen Zeiten, da ich Statthalter von Judäa war. Es sind jetzt dreißig Jahre, daß ich dich zum erstenmal in Caesarea sah. Ich freute mich, dir die Leiden deiner Verbannung etwas erleichtern zu können, und du, Lamia, folgtest mir aus Freundschaft in jenes trostlose Jerusalem, wo die Juden mir das Leben verbitterten. Über zehn Jahre warst du mein Gast, wir sprachen zusammen von Rom und trösteten einander, ich dich über dein Unglück, du mich über meine glänzende Stellung.«

Lamia schloß ihn von neuem in die Arme: »Du hast nicht alles gesagt, Pontius: Du sprichst nicht davon, daß du deinen Einfluß bei Herodes Antipas zu meinen Gunsten aufbotest und mir deine Börse freigebig zur Verfügung stelltest.«

»Laß uns davon nicht mehr weiter sprechen«, entgegnete Pontius,

»du sandtest mir später von Rom aus eine Summe, durch die deine Schuld mit Wucherzinsen getilgt war.«

»Pontius, was du an mir getan hast, kann nicht mit Gold aufgewogen werden, Aber jetzt sage mir: Haben die Götter deine Wünsche erfüllt? Ist dir das Glück zuteil geworden, das du verdienst? Erzähle mir von deiner Familie, deinem Vermögen, deiner Gesundheit!«

»Ich habe mich auf meine Güter in Sizilien zurückgezogen, wo ich jetzt Getreide baue und es verkaufe. Meine älteste Tochter, meine treue Pontia, lebt bei mir, seit sie Witwe geworden ist, und führt mir den Haushalt. Mein Geist ist immer noch ungebrochen, den Göttern sei Dank, mein Gedächtnis hat nicht gelitten. Aber das Alter bringt mancherlei Schmerzen und Gebrechen mit sich. Eine schmerzhafte Gicht quält mich schon lange. Deshalb bin ich hierher gekommen, um auf den phlegräischen Feldern Linderung für meine Leiden zu suchen. Die Ärzte wenigstens behaupten, daß von dieser glühenden Erde scharfe Schwefeldämpfe aufsteigen, die beruhigend auf die Schmerzen wirken und den Gliedern ihre Geschmeidigkeit wiedergeben.«

»Mögen sie dich von deinen Leiden befreien, Pontius! Aber trotz deiner Gicht und ihren qualvollen Beschwerden siehst du kaum älter aus als ich, obgleich ich in Wirklichkeit um zehn Jahre jünger bin. Es freut mich, dich so rüstig zu sehen. Aber warum, du Teurer, hast du vor der Zeit der öffentlichen Tätigkeit entsagt? Warum hast du dich, nachdem du Judäa verließest, in diese freiwillige Verbannung auf deine Güter zurückgezogen? Erzähle mir deine Schicksale von jener Zeit an, als ich aufhörte, der Zeuge deiner Taten zu sein. Du bereitetest dich damals darauf vor, einen Aufstand der Samariter zu unterdrücken. Seitdem habe ich dich nicht wiedergesehen. Erzähle mir, wie jener Feldzug verlief; mich interessiert alles, was dich betrifft.«

Pontius Pilatus schüttelte traurig das Haupt.

»Mein angeborenes Pflichtgefühl«, sagte er, »trieb mich dazu, mein Amt nicht nur mit Fleiß, sondern auch mit Liebe zu verwalten. Aber der Haß verfolgte mich, Ränke und Verleumdungen haben mein Leben in der Fülle seiner Kraft gebrochen und seine Früchte verdorren lassen, ehe sie gereift waren. Du fragst nach dem Aufstand der Samariter. Komm, wir wollen uns hier auf den Hügel setzen. Ich will dir alles in kurzen Worten erzählen. Es steht alles noch so deutlich vor mir, als ob es gestern gewesen wäre. Ein Mann aus dem Pöbel, der die Gabe der Rede besaß, die übrigens in Samaria nicht selten ist, bewog die Samariter, sich bewaffnet auf dem Berge Gazim zu versammeln, der in diesem Lande für eine geheiligte Stätte gilt. Er versprach, ihnen die geheiligten Gefäße zu zeigen, die in alten Zeiten ein Heros oder Halbgott namens Moses hier vergraben haben sollte. Auf diese Verheißung hin empörten sich die Samariter. Aber ich war gerade noch zur rechten Zeit benachrichtigt worden, um ihnen zuvorzukommen, und ließ den Berg von meinen Soldaten besetzen.

Diese Vorsichtsmaßregel war sehr notwendig, denn die Rebellen belagerten schon den Flecken Tyrathaba am Fuße des Berges Gazim. Ich trieb sie auseinander, und damit war der Aufruhr im Entstehen unterdrückt. Um mit möglichst wenigen Opfern ein Exempel zu statuieren, ließ ich die Rädelsführer hinrichten. Aber du weißt ja, Lamia, was für einen Druck Vitellius, der Prokonsul von Syrien, auf mich ausübte. Er regierte seine Provinz nicht für Rom, sondern gegen Rom, er war der Ansicht, daß die Provinzen nur dazu da seien, um von den Tetrarchen ausgenützt zu werden. Die Samariter beklagten sich bei ihm. Sie sprachen so, als ob ihnen nichts ferner läge, als dem Caesar nicht gehorchen zu wollen. Ich hatte sie gereizt, und nur um sich gegen meine Gewalttätigkeit zu wehren, hatten sie sich bei Tyrathaba versammelt. Vitellius lieh ihren Klagen sein Ohr, übertrug die Verwaltung von Judäa seinem Freunde Marcellus und befahl mir, mich vor dem Kaiser zu rechtfertigen. Mit zorn- und haßerfülltem Herzen schiffte ich mich ein. Als ich an der italischen Küste landete, erfuhr ich, daß Tiberius plötzlich auf Kap Misenum gestorben sei. Ich wandte mich nun an Gaius, seinen Nachfolger. Er war ein klarer Kopf und kannte die syrischen Angelegenheiten. Aber jetzt, Lamia, magst du mit mir die hartnäckige Grausamkeit des Schicksals bewundern, das meinen Untergang beschlossen hatte. Gaius' bester Freund und beständiger Gefährte, schon von Kindheit an, war der Jude Agrippa, der immer in seiner Umgebung lebte. Gaius liebte ihn über alles, und Agrippa begünstigte Vitellius, weil Vitellius der Feind des Antipas war, den Agrippa mit seinem Haß verfolgte. Der Kaiser gehorchte seinem geliebten Ratgeber und weigerte sich sogar, mir Audienz zu gewähren. Ich bezwang meinen Schmerz und zog mich auf meine Güter in Sizilien zurück, wo ich gewiß vor Gram gestorben wäre, wenn meine geliebte Pontia mich nicht getröstet hätte. Ich habe meine Äcker bebaut und das üppigste Getreide der ganzen Provinz erzeugt. Mein Leben geht zur Neige. Die Nachwelt wird über mich und Vitellius richten.«

»Pontius«, antwortete Lamia, »ich bin überzeugt, daß du nach bestem Gewissen und ausschließlich im Interesse Roms gegen die Samariter vorgegangen bist. Aber hast du dich bei dieser Gelegenheit nicht vielleicht doch allzu sehr von deinem ungestümen Tatendrang hinreißen lassen, der dich von jeher beseelte? Du weißt doch, daß damals in Judäa ich, der Jüngere, dich oftmals zur Milde und Nachsicht ermahnt habe.«

»Milde gegen die Juden!« rief Pontius Pilatus. »Du hast lange unter ihnen gelebt, aber du kennst sie dennoch nicht, diese Feinde der Menschheit. Sie sind stolz und dabei von niederer Gesinnung, sie verbinden die schmachvollste Feigheit mit einer unbesiegbaren Hartnäckigkeit, man vermag auf die Länge weder Liebe noch Haß für sie zu empfinden. Ich habe meinen Geist an den Grundsätzen des göttlichen Augustus gebildet, Lamia. Ich war mir über meine Pflichten klar, ich habe mich von Anfang an bemüht, Weisheit und Mäßigung zu üben. Ich rufe die Götter zu Zeugen an, daß ich nie in meiner Milde starrköpfig war. Aber was hat es mir geholfen? Ich schwöre dir bei den unsterblichen Göttern, während meiner ganzen Regierung habe ich nicht ein einziges Mal die Gesetze und die Gerechtigkeit verletzt. Aber jetzt bin ich ein alter Mann. Meine Feinde, meine Ankläger sind tot. Ich werde ungerächt sterben, und wer wird mich der Nachwelt gegenüber verteidigen?«

Er schwieg und seufzte tief. Lamia entgegnete: »Was braucht es uns zu kümmern, was die Menschen von uns denken? Wir haben keine anderen Zeugen und keine anderen Richter als uns selbst. Pontius Pilatus, begnüge dich mit dem Zeugnis, das du selbst für dich ablegst, begnüge dich mit deiner eigenen Achtung und der Achtung deiner Freunde. Übrigens kann man ein Volk nicht nur durch Milde beherrschen.«

»Lassen wir jetzt das«, sagte Pontius. »Ich muß mich beeilen, die Schwefeldämpfe sind nur wirksam, solange die Erde noch von den Sonnenstrahlen durchwärmt ist. Leb wohl. Aber da ich nun endlich einen Freund wiedergefunden habe, möchte ich diesen glücklichen Zufall auch ausnützen. Aelius Lamia, gewähre mir die Freude, morgen abend mein Gast zu sein. Mein Haus liegt am äußersten Ende der Stadt am Meeresufer. Du wirst es leicht an der Säulenhalle erkennen, die mit einem Gemälde geschmückt ist, welches Orpheus mit seiner Lyra unter den wilden Tieren des Waldes darstellt. Also auf morgen, Lamia!« Damit bestieg er wieder seine Sänfte. »Morgen wollen wir weiter über Judäa plaudern.«

Am nächsten Tage um die Abendzeit begab sich Lamia zu dem Hause des Pontius Pilatus. Es waren nur zwei Lagerstätten für das Gastmahl bereitet. Auf dem Tisch standen silberne Schüsseln mit gebratenen Vögeln, Austern vom Lukrinersee und Lampreten aus Sizilien. Beim Essen unterhielten Pontius und Lamia sich über ihre Krankheiten, deren Symptome sie ausführlich aufzählten, und über die verschiedenen Heilmittel, die man ihnen empfohlen hatte. Dann sprachen sie ihre Freude über das Zusammentreffen in Baiae aus und rühmten die Schönheit des Strandes und die milde Luft. Lamia war entzückt von der Anmut der Kurtisanen, die mit langen, gestickten Schleiern und reichem Goldschmuck am Ufer wandelten. Aber der alte Statthalter beklagte es, daß für diesen eitlen Prunk und diese von Menschenhand gewirkten Spinnengewebe, die aus den Ländern der Barbaren kamen, soviel römisches Geld unter fremde Völker, ja selbst unter die Feinde des Reiches hinausgeworfen wurde. Dann sprachen sie von den großen Bauten, die hier in der Gegend aufgeführt worden waren, von der gewaltigen Brücke, die Gaius zwischen Puteoli und Baiae errichtet, und von den Kanälen, die Augustus hatte graben lassen, um das Wasser vom Meere in den Lukriner- und den Avernersee zu leiten.

»Auch ich«, sagte Pontius seufzend, »auch ich wollte einmal das Wohl des Landes durch nützliche Bauten fördern. Als mir zu meinem Unheil die Regierung von Judäa übertragen wurde, entwarf ich den Plan zu einem Aquädukt von zweihundert Stadien Länge, der Jerusalem mit reinem Wasser versorgen sollte. Ich hatte alles berechnet und ausgedacht, die Arbeiter und Architekten waren schon bestellt, und die Arbeit sollte beginnen. Aber weit entfernt davon, sich über dieses gewaltige Werk zu freuen, das zur Gesundung ihrer Stadt beitragen sollte, stießen die Bewohner von Jerusalem ein entsetzliches Geheul aus. Sie rotteten sich zusammen, sie erhoben ein großes Geschrei über Gotteslästerung und Schändung, dann stürzten sie sich auf die Arbeiter und rissen die eben gelegten Grundsteine wieder auseinander. Hast du, Lamia, jemals ein Volk von roheren Barbaren gesehen? Und doch gab Vitellius ihnen recht, und ich mußte das Werk unvollendet lassen.«

»Es ist eine große Frage«, sagte Lamia, »ob man die Menschen zu ihrem Glücke zwingen darf.«

Aber Pontius Pilatus fuhr fort, ohne auf ihn zu hören: »Einen Aquädukt auszuschlagen – welch eine Torheit. Aber die Juden verabscheuen alles, was von den Römern herrührt. Wir gelten in ihren Augen für unreine Wesen, jede Berührung mit uns betrachten sie wie eine Beschmutzung. Du weißt ja, sie wagten nicht, meine Behausung zu betreten, aus Angst, sich dadurch zu besudeln, und ich mußte alle gerichtlichen Handlungen unter freiem Himmel ausüben. Sie fürchten und verachten uns. Aber ist Rom nicht die Mutter aller Völker, ruhen sie nicht alle an ihrem Busen wie saugende Kinder? Unsere Adler haben Frieden und Freiheit bis in die äußersten Enden der Welt getragen. Wir sehen in den Besiegten nicht unsere Feinde, wir lassen ihnen ihre Sitten und ihre Gesetze. Ist Syrien nicht erst zu Ruhe und Wohlstand gelangt, seit Pompeius es unterworfen hat? Die Römer hätten ihre Wohltaten um Geld verkaufen können; haben sie aber jemals die Schätze aus den goldstrotzenden Tempeln der Barbaren fortgeführt? Haben sie etwa den Jupiter in Marimänien oder Kilikien beraubt oder den Judengott in Jerusalem? Antiochia und Palmyra brauchen ihre Schätze nicht mehr vor den Arabern der Wüste zu hüten, und sie bauen jetzt der göttlichen Majestät des Caesar Tempel. Nur die Juden hassen uns und trotzen uns. Man muß ihnen den Tribut gewaltsam entreißen, und sie verweigern den Heeresdienst.«

»Die Juden«, entgegnete Lamia, »hängen fest an ihren alten Gebräuchen. Sie vermuteten – ohne allen Grund, das gebe ich zu –, daß du ihre Gesetze umstoßen und ihnen andere Sitten aufzwingen wolltest. Wenn es dir auch Schmerz bereitet, Pontius, daß ich so rede: Aber du hast nicht immer den rechten Weg eingeschlagen, um diesen unseligen Irrtum von ihnen zu nehmen. Ohne daß du es wolltest, hast du mit Vorliebe ihren Argwohn erregt, mehr als einmal habe ich selbst gesehen, wie schlecht du deine Verachtung ihrem Glauben und ihren religiösen Zeremonien gegenüber verbargst. Die Juden haben sich nicht wie wir zu einer hohen Anschauung der göttlichen Dinge aufgeschwungen, aber man muß anerkennen, daß etwas Ehrwürdiges in diesen von Urzeiten herstammenden Mysterien liegt, die sie feiern.«

Pontius Pilatus zuckte die Achseln. »Nein«, sagte er. »Sie haben keine gründliche Kenntnis von dem Wesen der Götter. Sie beten zu

Jupiter, aber ohne ihm Namen oder Gestalt zu geben. Sie wissen nichts von Apollo, von Neptun, Mars, Pluto oder von irgendeiner Göttin. Und doch glaube ich, daß sie früher einmal Venus verehrt haben, denn heute noch bringen die Frauen Tauben zum Opfer dar, und du weißt ja ebenso gut wie ich, daß die Verkäufer in den Vorhallen des Tempels solche Vögel paarweise feilbieten. Man teilte mir sogar einmal mit, daß irgendein rasender Mensch diese Verkäufer samt ihren Käfigen umgestoßen habe. Die Priester beklagten sich darüber, wie über eine Heiligtumsschändung. Ich denke mir, der Brauch, Turteltauben zu opfern, muß ursprünglich Venus zu Ehren eingeführt worden sein. Warum lachst du, Lamia?«

»Ich lache«, sagte Lamia, »über eine komische Idee, die mir eben unwillkürlich durch den Kopf schoß. Ich dachte, wenn nun dieser Jupiter der Juden eines Tages nach Rom kommen und dich mit seinem Haß verfolgen würde! Warum auch nicht? Wir haben von Asien und Afrika schon viele Götter übernommen. Es sind in Rom schon Tempel zu Ehren der Isis und des bellenden Anubis erbaut worden. Und weißt du nicht, daß unter des Tiberius Regierung ein junger Adliger sich für den gehörnten Jupiter der Ägypter ausgab und auf diese Weise die Gunst einer vornehmen Dame gewann, die zu fromm war, um den Göttern irgend etwas zu verweigern? Wer weiß, Pontius, ob der unsichtbare Jupiter der Juden nicht eines Tages in Ostia landet.«

Bei dem Gedanken, daß von Judäa ein Gott kommen könnte, glitt ein flüchtiges Lächeln über die strengen Züge des Statthalters. Dann antwortete er ernst: »Wie sollten die Juden es fertigbringen, ihre heiligen Gesetze anderen Völkern aufzuzwingen, da sie sich doch selbst untereinander um die Auslegung dieser Gesetze willen zerfleischen. Sie spalten sich in mindestens zwanzig Sekten; du hast es ja selbst gesehen, Lamia, wie sie sich auf den öffentlichen Plätzen, jeder mit seiner Schriftrolle in der Hand, gegenseitig beschimpfen und sich an den Bärten reißen, oder wie sie irgendeine von prophetischem Wahnsinn ergriffene Jammergestalt umringen und zum Zeichen der Trauer ihre schmutzigen Kleider zerfetzen. Sie begreifen nicht, daß man in aller Ruhe über göttliche Dinge disputieren kann, obgleich sie für uns alle immer dunkel und verhüllt bleiben. Denn das Wesen der Unsterblichen ist verborgen, und wir vermögen es nicht zu erkennen. Ich halte es immerhin für weise, an die Vorsehung der Götter zu glauben. Aber die Juden haben keine Philosophie und dulden keine andere Meinung. Im Gegenteil, wenn jemand über die Gottheit eine Ansicht äußert, die nicht mit ihren Gesetzen übereinstimmt, so verdient er in ihren Augen die jämmerlichste Todesstrafe, und weil, seit sie unter römischer Herrschaft stehen, kein Urteil ohne Zustimmung des Prokonsuls oder des Statthalters vollzogen werden darf, drängen sie den römischen Magistrat, jeden Augenblick ihre Todesurteile zu unterschreiben, sie erfüllen das Prätorium mit ihrem blutdürstigen Geschrei. Hundertmal habe ich sie so gesehen, wie sie sich haufenweise, reich und arm durcheinander, einmütig um ihre Priester geschart, wie Rasende um meinen elfenbeinernen Sessel drängten, mich an der Toga oder nur an den Riemen meiner Sandalen zerrten, um den Tod irgendeines Unglücklichen von mir zu verlangen, dessen Schuld ich nicht einsehen konnte und den ich höchstens für ebenso wahnsinnig hielt wie seine Verfolger. Was sage ich, hundertmal! Jeden Tag kam es vor, zu allen Stunden. Aber ich mußte ihr Gesetz erfüllen wie das unsere, denn Rom hatte mich nicht zum Zerstörer, sondern zum Hüter ihrer Gebräuche eingesetzt. In der ersten Zeit suchte ich ihnen Vernunft beizubringen, ihre unglücklichen Opfer dem Tode zu entreißen. Aber meine Milde erbitterte sie nur noch mehr, sie kämpften um ihre Beute wie hungrige Geier. Ihre Priester berichteten dem Caesar, daß ich ihre Gesetze verletze, und ihre Beschwerden, die Vitellius noch unterstützte, zogen mir strenge Rügen zu. Wie oft habe ich Lust gehabt, wie die Griechen sagen, Kläger und Angeklagte gemeinschaftlich zu den Raben zu schicken. Glaube nicht, Lamia, daß meine Gefühle gegen dieses Volk nur ohnmächtige Rache und greisenhafter Zorn sind. In mir haben sie Rom und den Frieden besiegt. Ich sehe es kommen, daß wir sie früher oder später vernichten müssen, weil wir sie nicht beherrschen können. Glaube mir, sie sind immer noch nicht unterworfen, der Aufruhr gärt in ihren erhitzten Seelen, und eines Tages wird ihr Haß gegen uns losbrechen, ein Haß, gegen den die Wut der Numider und die Drohungen der Parther nur Kinderlaunen sind. Sie hegen im stillen die unsinnigsten Hoffnungen und grübeln in ihrer Verblendung darüber nach, wie sie uns verderben können. Und das wird niemals anders werden, solange sie auf Grund ihrer Weissagungen an den Fürsten glauben, der aus ihrer Mitte hervorgehen und die Welt beherrschen soll. Man wird mit diesem Volk nicht fertig werden, bis es aufhört zu existieren. Jerusalem muß von Grund auf zerstört werden. Vielleicht wird es mir, trotz meines Alters, gegeben sein, den Tag zu erleben, da seine Mauern in Staub sinken, seine Häuser in Flammen aufgehen und Salz gestreut wird an dem Platz, wo der Tempel gestanden hat. An diesem Tag werde ich gerechtfertigt dastehen.«

Lamia machte einen Versuch, dem Gespräch eine mildere Wendung zu geben.

»Pontius«, sagte er, »ich verstehe deinen unauslöschlichen Grimm und deine düsteren Vorahnungen vollkommen. Gewiß, du hast den Charakter der Juden von seiner schlimmsten Seite kennengelernt. Aber ich habe als unbefangener Beobachter in Jerusalem gelebt, mich unter das Volk gemischt, und glaube mir, ich habe manche Tugenden bei diesen Menschen gefunden, die dir verborgen geblieben sind. Ich habe milde, gütige Juden kennengelernt mit schlichten Sitten und gutem Herzen. Ja, du selbst, Pontius, hast mehr als einmal gesehen, wie einfache Männer aus dem Volke unter den Knüppeln deiner Soldaten den Geist aufgaben und wie sie, ohne ihren Namen zu nennen, für eine Sache starben, die sie für die richtige hielten. Solche Menschen haben unsere Verachtung nicht verdient. Ich spreche so zu dir, weil ich finde, daß man in allen Dingen maßhalten soll; aber ich gestehe, daß ich niemals besondere Sympathie für die Juden empfunden habe. Die Jüdinnen hingegen gefielen mir sehr. Ich war jung damals, und die schönen Syrerinnen brachten mein Blut in heftige Wallung. Ihre roten Lippen, ihre feuchtschimmernden Augen, ihre langen, verschleierten Blicke durchschauerten mich bis ins Mark. Mit ihrem gemalten und geschminkten Gesicht, ihrem nach Myrrhe und Narde duftenden Körper bieten sie den Männern seltene und köstliche Genüsse.«

Ungeduldig hörte Pontius ihm zu. Dann sagte er: »Ich war nicht der Mann dazu, in die Netze der Jüdinnen zu geraten, und da du mich darauf gebracht hast, Lamia – ich habe dein ausschweifendes Leben niemals gebilligt. Wenn ich es dich damals nicht fühlen ließ, daß ich dein Vergehen mit der Frau des Konsulars für eine schwere Schuld ansah, so geschah es nur, weil du deinen Fehltritt schwer genug büßen mußtest. Die Ehe gilt bei den Patriziern für heilig, diese Institution ist eine der wichtigsten Stützen Roms. Was Sklavinnen oder ausländische Frauen betrifft, so haben die Beziehungen, die man mit ihnen anknüpft, keine weitere Bedeutung, wenn der Körper dadurch nicht an eine schmachvolle Weichlichkeit gewöhnt wird. Du hast zuviel den niederen Priesterinnen der Venus geopfert, Lamia, und was ich dir vor allem zum Vorwurf mache, ist, daß du nicht nach dem Gesetz geheiratet und dem Staate Kinder geschenkt hast. Das ist die Pflicht jedes guten Bürgers.«

Aber der einst Verbannte hörte längst nicht mehr auf den alten Statthalter. Er leerte den Becher Falernerweines und lächelte irgendeinem unsichtbaren Bilde zu. Dann sprach er in sehr gedämpftem Tone, der sich allmählich belebte: »Es liegt etwas so Schmachtendes in dem Tanz dieser syrischen Frauen. Ich habe in Jerusalem eine Jüdin gekannt, die in einer elenden Spelunke, beim Schein einer kleinen qualmenden Lampe, auf einem elenden Teppich tanzte. Dabei reckte sie die Arme empor, um ihre Zimbeln zu schlagen. Die Hüften schön geschwungen, den Kopf zurückgeworfen, gleichsam niedergezogen von der Last des schweren, rötlichen Haares, den wollustverschleierten Augen, glühend, begehrlich und schlank, hätte sie Kleopatra selbst vor Neid erblassen machen können. Ich bewunderte ihre barbarischen Tänze, ihren etwas rauhen und doch so wohlklingenden Gesang. Sie duftete nach Weihrauch und schien in einem beständigen Halbschlaf zu leben. Ich folgte ihr überall hin. Ich mischte mich unter die rohe Menge von Soldaten, Strolchen und Maklern, die sie zu umringen pflegten. Dann verschwand sie eines Tages, und ich habe sie nie wiedergesehen. Lange Zeit suchte ich nach ihr in allen verdächtigen Straßen und Spelunken. Es war schwerer, sich ihrer zu entwöhnen, als des griechischen Weins. Ein paar Monate später erfuhr ich zufällig, daß sie sich einer kleinen Zahl von Männern und Frauen angeschlossen hatte, die einem jungen Galiläer folgten, der umherzog und Wunder tat. Er hieß Jesus und war aus Nazareth. Später wurde er wegen irgendeines Verbrechens gekreuzigt. Ich weiß nicht mehr, was es war. Erinnerst du dich noch an diesen Mann, Pontius?«

Pontius Pilatus runzelte die Brauen. Er fuhr mit der Hand über die Stirn, als ob er sich auf etwas zu besinnen suchte. Dann, nach einer kurzen Pause, murmelte er: »Jesus? Jesus – aus Nazareth? – Nein, ich erinnere mich nicht mehr.«

2. VERWIRRTER RESPEKT

Zur Einführung

Der amerikanische Erzähler *Ernest Hemingway* (geb. 1899 in Oak Park bei Chicago, gest. 1961 in Ketchum/Idaho) gehört zu den größten Schriftstellern der englischsprachigen Literatur unseres Jahrhunderts mit einer kaum zu unterschätzenden internationalen Wirkung. 1954 erhält er den Nobelpreis für Literatur. Seine Prosa-Skizze, um die es hier geht, »Heute ist Freitag«, entsteht 1926 und wird ein Jahr später veröffentlicht. Um sie zu verstehen, müssen wir Hemingways Geschichte bis dahin erzählen und Spuren freilegen, die zu dieser Geschichte geführt haben könnten.

Hemingways literarische Anfänge stehen im Zeichen des *Journalismus*. Mit 18 Jahren, 1917, arbeitet er zunächst als Nachwuchs-Reporter beim »Kansas City Star«. Es ist das Jahr, in dem die Vereinigten Staaten in den Ersten Weltkrieg eintreten. Hemingway will dabei sein, meldet sich freiwillig, wird dem Sanitätsdienst zugeteilt. Er kommt nach Europa, gelangt nach Mailand und lernt schon am ersten Tag das Grauen des Krieges kennen: Eine Munitionsfabrik explodiert, und massenhaft müssen Leichenteile eingesammelt werden. Ein Schock für den 19jährigen, der noch nie zuvor mit dem Tod in Berührung gekommen ist, dazu noch mit einem Tod dieser Quantität und gräßlichen Obszönität. Da wird Anfang Juli 1918 Hemingway selber an der österreichisch-italienischen Front bei Fossalta von Granatsplittern getroffen. Schwer verwundet kann er sich retten. Die nächsten Monate liegt er in einem Mailänder Lazarett; den Rest des Jahres verbringt er bei einer italienischen Infanterie-Einheit; dann ist der Krieg zu Ende. Der gesamte Komplex Verwundung, Rettung, Operation und Genesung wird einerseits zum Ausgangspunkt einer Helden-Stilisierung, an der Hemingway nicht unbeteiligt ist, dringt andererseits aber traumatisch in Tiefenschichten der Seele. Unruhe, Angst, innere Verletzung kann Hemingway künftig nur schwer durch schnoddrige Distanz und gespielte Lässigkeit verbergen.

Seine Texte jedenfalls sprechen eine andere Sprache, so etwa der 1929 erschienene Roman »A Farewell to Arms« (»In einem anderen Land«). Er verarbeitet die Ereignisse in Italien schon aus der Distanz fiktiv, aber die Kritik ist sich einig, daß der Autor sein Erlebnis vom 8. Juli 1918 hier wahrheitsgetreu wiedergegeben hat. Hemingway macht uns hier zu betroffenen Zeugen des Sterbens eines italienischen Soldaten sowie der Verwundung des Erzählers. Eine Szene, die dokumentiert, daß dieser Autor Passionen von Menschen mit einzigartiger Intensität wahrnehmen und beschreiben konnte – für uns eine *erste Spur* mit Blick auf »Heute ist Freitag«:

»Es gab ein großes Aufspritzen, und ich sah Leuchtkugeln aufsteigen und Bomben losgehen, all dies in einem einzigen Moment, und dann hörte ich dicht neben mir jemand sagen: ›Mamma mia! O mamma mia!‹ Ich zog und wand mich und bekam schließlich meine Beine frei und drehte mich um und berührte ihn. Es war Passini, und als ich ihn berührte, brüllte er auf. Seine Beine lagen mir zugekehrt, und ich sah im Dunkel und Licht, daß beide überm Knie zerschmettert waren. Ein Bein war weg, das andere nur durch einige Sehnen und einen Teil der Hose gehalten, und der Stumpf zuckte, als ob er nicht zu ihm gehörte. Er biß sich in den Arm und stöhnte: ›O mamma mia, mamma mia‹, dann ›Dio ti salvi, Maria, Dio ti salvi, Maria. O Jesus, schieß mich tot, o Christus, schieß mich tot, mamma mia, mamma mia, o reinste schönste Jungfrau Maria, schieß mich tot. Halt, hör auf, hör auf, o Jesus, herrliche Maria, laß das. Oh, oh, oh, oh‹, dann erstickend: ›Mamma, mamma mia.‹ Dann war er still, biß sich in den Arm, während der Stumpf seines Beines krampfhaft zuckte …
Ich setzte mich aufrecht, und als ich es tat, bewegte sich etwas in meinem Kopf wie die Gewichte an den Augen in einem Puppenkopf, und ich spürte hinter meinen Augäpfeln einen Schlag. Meine Beine fühlten sich warm und naß an, und in meinen Schuhen war es auch warm und naß. Ich wußte, daß ich verwundet war, und ich beugte mich vornüber und faßte mit der Hand nach meinem Knie. Mein Knie war nicht da. Meine Hand ging hinein, und mein Knie war unten, wo mein Schienbein war. Ich wischte meine Hand an meinem Hemd ab, und wieder kam eine Leuchtkugel sehr langsam herunter, und ich besah mir mein Bein und hatte furchtbare Angst. O Gott, sagte ich, hilf mir hier heraus.« (GW II, 48 f.)

Es dürfte während der Monate in Mailand gewesen sein, daß Hemingway in der dortigen Pinacoteca di Brera Bilder des italienischen Renaissance-Malers *Andrea Mantegna* (1431–1506) sieht, darunter ein klassisches Sujet unter dem Titel

»Beweinung Christi«. Hemingway ist offensichtlich von dieser Arbeit besonders beeindruckt. Es ist auch eine ungewöhnlich realistische Darstellung des toten, vom Kreuz abgenommenen Christus-Körpers *(s. Abb.)*. Für uns ist Mantegnas Bild eine *zweite Spur*. Nicht zufällig begegnet denn auch in Hemingways Texten schon früh eine Anspielung auf diesen italienischen Maler, so in der nur eine Seite umfassenden Skizze »Der Revolutionär« (1923), in welcher der Name des Malers gleich dreimal auftaucht. So auch sechs Jahre später im genannten Roman »A Farewell to Arms«. Hier liest man gegen Ende des Buches einen Dialog zwischen den beiden Hauptfiguren des Romans, Frederic Henry und Catherine Barkley:

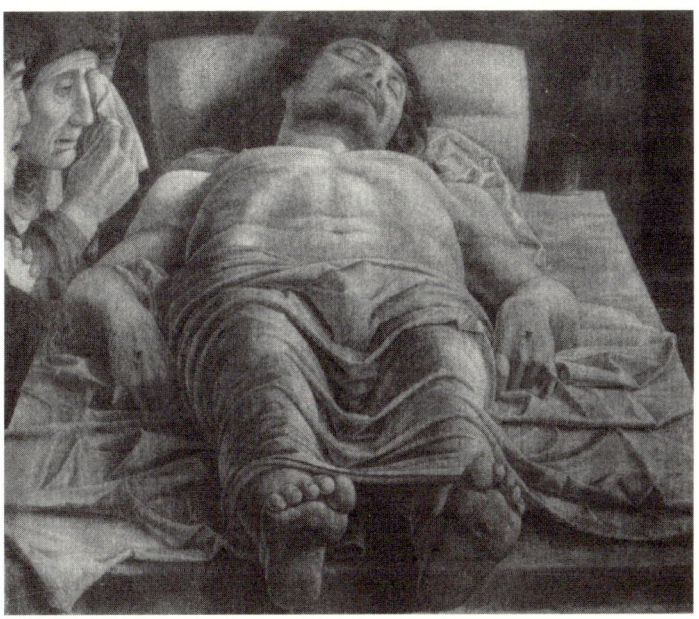

Mantegna, Beweinung Christi, um 1480. Mailand. Pinacoteca di Brera.

»Weißt du was über Kunst?
Rubens, sagte Catherine.
Groß und fett, sagte ich.
Tizian, sagte Catherine.
Tizianrot, sagte ich. Wie steht's mit Mantegna?

Nicht so schwer fragen, sagte Catherine. Aber ich kenne ihn –
sehr streng.
Sehr streng, sagte ich. Eine Menge Nagellöcher.« (GW II, 216)

In typischer Hemingway-Manier wird bei diesem Gespräch
mehr ausgespart als mitgeteilt. Doch das Verschwiegene gibt
dem Dialog erst seine Prägnanz. Die Distanz zu Mategna ist
deutlich spürbar. Der Grund aber liegt offensichtlich in dessen
zu großer Strenge – insbesondere beim Christusbild, auf das ja
die Erwähnung der »Nagellöcher« verweist. Die Brücke zwischen Mantegnas Bild und Hemingways späterer Karfreitags-
Geschichte ist denn auch ohne weiteres zu schlagen, wenn
man einen Blick auf die Mailänder »Beweinung« wirft. Zwei
Dinge sind ganz und gar auffällig:
Erstens die Intensitätssteigerung durch die Perspektivenwahl
des Künstlers. Der tote Christuskörper ist auf der Bahre so pla-
ziert, daß perspektivisch ein Tiefeneindruck entsteht und wir
den Körper als ganzen schräg von oben sehen können. Unser
Blick also erfaßt die ganze »Landschaft« des Körpers, und
unwillkürlich will man sich als Betrachter noch weiter vorbeu-
gen, noch näher hinsehen. Außerdem sind die Körperpropor-
tionen perspektivisch so verknappt, daß dieser Corpus optisch
noch gedrungener und massiger wirkt.
Zweitens ist die Virilität dieses Christus offenkundig. Dies ist
kein Körper von zarter Konstitution. Massig sind Schädel und
Brustkorb; muskulös die Arme, und selbst unter dem Leichen-
tuch zeichnet sich eine athletische Beinmuskulatur ab. Gesicht
und Füße, die wir bis in alle Details frontal sehen, lassen nicht
an einen ätherischen Schönling oder fragilen Jüngling denken,
sondern an einen Mann von kraftvoller, mächtiger Präsenz.
Noch in der Agonie hat er nichts von seiner Männlichkeit verlo-
ren. Nicht ein gebrochener, ausgemergelter und geschundener
Leichnam liegt hier vor uns, sondern ein Körper, dem man die
Kraft und Stärke noch ansieht. Ein Körper jedenfalls, der sein
Leiden ertragen und durchgestanden haben muß. Hände und
Füße sind durch die Nagellöcher nicht zerrissen, sondern nur
verwundet.
Selbstverständlich muß man davon ausgehen, daß Mantegnas
Zeitgenossen in diesem Bild nicht bloß nur den realistisch ge-

zeichneten Leichnam zur Kenntnis nahmen. Die Kritik hat darauf zu Recht hingewiesen: »Für Mantegnas Generation war das,
was auf dem Bild dargestellt wird, ein Zeitmoment im biblischen
Bericht von Christus zwischen der Kreuzigung und der Auferstehung drei Tage später. In einem Zeitalter des Glaubens diente
das Bild wahrscheinlich der kraftvollen Erinnerung an die Auferstehung, denn Christus selbst hatte ja, nach seiner Auferstehung
von den Toten, aber noch vor seiner Himmelfahrt, seinen verwirrten und verängstigten Aposteln versichert, sie hätten keinen
Geist gesehen, indem er auf die Nagellöcher verwies: ›Seht meine Hände und Füße, ich bin es selbst‹ (Lk 24,39). Kurz: Für eine
Generation von Gläubigen war dieses Gemälde des Porträt des
Sohnes Gottes. Aber eine ›verlorene Generation‹ (wie die
Hemingways), die vor dem toten Christus des Mantegna verweilt, würde natürlich nur das Bild eines gequälten Menschensohnes sehen, eine akute Erinnerung daran, daß das Leben qualvoll und qualvoll kurz ist.« (K. G. Johnston, S. 87 f.)
Im Januar 1919 kehrt Hemingway als »Kriegsheld« in seine Heimat zurück. Wieder verdingt er sich als Journalist, diesmal für
den »Toronto Star«, zieht nach Chicago, heiratet im September
1921 die aus St. Louis stammende Hadley Richardson, und beide fassen den kühnen Plan, nach Europa zurückzukehren.
Hemingway läßt sich vom »Star« zum Auslandskorresponden-
ten machen, und ab Ende 1921 sieht man ihn in *Paris,* der Stadt,
die für die nächsten zehn Jahre seinen Lebensmittelpunkt bilden
wird. In Europa entstehen nun seine ersten Kurz-Geschichten
und Romane. 1925 wird ein erster Prosaband unter dem Titel »In
Our Time« veröffentlicht, 1926 folgen die Romane »The Torrents
of Spring« (»Die Sturmfluten des Frühlings«) und »The Sun Also
Rises« (»Fiesta«). Hemingway wird zu einem vielbeachteten und
schließlich auch erfolgreichen literarischen Repräsentanten seiner Generation, der desillusionierten Nachkriegs-Generation,
für die Hemingway selber das Wort von Gertrude Stein benutzte:
»lost generation«, die »verlorene«, die »hoffnungslose« Generation (Motto zum Roman »Fiesta«).
Doch nach nur wenigen Jahren gerät die Ehe mit Hadley in eine
Krise, widergespiegelt in Erzählungen wie »Das Ende von
Etwas« oder »Drei Tage Sturm«. Zur Zuspitzung kommt es 1925
durch die Bekanntschaft mit der Modejournalistin *Pauline*

Pfeiffer, einer begüterten Amerikanerin mit festen katholischen Überzeugungen, die sich zunächst mit Hadley angefreundet hatte. Ein Besuch bei den Hemingways im österreichischen Skiort Schruns im Winter 1925/26 macht alles noch schlimmer. Es ist ein Lesewinter für Hemingway. Er vertieft sich etwa in Turgenjews »Vater und Söhne«, in Thomas Manns »Buddenbrooks«, in Wilkie Collins »Der Monddiamant«. Aber die privaten Spannungen belasten ihn offensichtlich so stark, daß die Krise bis ins Religiöse durchschlägt wie seit den Kriegserfahrungen nicht mehr. Im Blick auf »Heute ist Freitag« liegt hier eine *dritte Spur.*

Denn es fällt auf, daß Hemingway in einem *Brief vom Weihnachtabend 1925* an den Schriftstellerkollegen F. Scott Fitzgerald nicht nur mitteilt, daß Pauline Pfeiffer für den nächsten Tag erwartet werde, um »über Weihnachten und Neujahr« zu bleiben, sondern auch dies von seiner inneren Verfassung preisgibt: »Scheine heute morgen in einer Stimmung zu sein wie Christi Leiden«, eine Stimmung, die noch Monate später erinnert wird, als Hemingway im September 1926 demselben Kollegen gegenüber bekennt:

»Unser Leben ist völlig im Eimer, und mehr kann man wohl von einem guten Leben auch nicht erwarten. Unnötig zu sagen, daß Hadely sich prächtig verhalten hat und alles in jeder Hinsicht vollkommen meine Schuld gewesen ist. Das ist die Wahrheit, und keine höfliche Geste. Trotz alledem fühlte und fühle ich mich seit Weihnachten wie in der Hölle, und die vielen schlaflosen Nächte, die mir wenigstens den Weg erhellen, um das Terrain zu sondieren, an das ich mich schon irgendwie gewöhne und sogar anfange, es zu mögen, wahrscheinlich würde es mir Spaß machen, es den Leuten zu zeigen. Da wir uns unsere Hölle selber schaffen, sollte sie uns wenigstens gefallen.« (Briefe, S. 171)

Es sind offensichtlich Schuldgefühle seiner Frau gegenüber, die Hemingway quälen. Auffällig ist jedenfalls, daß er in derselben Krisenperiode einem Freund zum erstenmal in dieser Deutlichkeit gesteht, daß er »katholisch« geworden sei. Inhaltlich besagt dies zwar wenig (und Hemingway gibt auch später nichts Genaueres von seinem »Katholizismus« preis), aber als atmosphärisches Detail ist es sprechend. Der Einfluß von Pauline Pfeiffer hatte sich offensichtlich ausgewirkt, wie denn auch die Ehe zwischen ihr und Hemingway am 10. Mai 1927 nach katholischem Ritus in der Pariser Kirche Saint-Honoré d'Eylau geschlossen wird.

Bei dieser *religiös aufgeladenen Krisenstimmung des Winters 1925/26 in Schruns* wird man denn auch annehmen können, daß noch einmal Erinnerungen an die erste große Krise vom Herbst 1918 wach werden. In der umfangreichen Biographie von Kenneth S. Lynn jedenfalls liest man über die Zeit in Schruns: »Anders als die von Dr. Barton in Oak Park (Hemingways Geburtsstadt) gepredigte Religion hatte Paulines Glaube die Erinnerung an das Kreuz bewahrt. Und gerade diese Tatsache machte den Katholizismus für Hemingway reizvoll. Wie schon lange vorher seine Faszination von Mantegnas *Beweinung Christi* angedeutet hatte, war er von der Idee des gekreuzigten Christus sehr angetan. Der Katholizismus beschwor aber nicht nur eine Gemeinschaft der Leidenden, sondern bot zugleich auch Vergebung der Sünden im Diesseits an, und dies mußte für einen von Schuldgefühlen zerrissenen Mann von entscheidender Bedeutung sein. Höchstwahrscheinlich hat Pauline ihn etwa seit Beginn des Sommers in Kirchen geführt und hinterher mit ihm über das Beten gesprochen, wobei sie die Belohnung hervorhob und er die Wirksamkeit bezweifelte... Hemingways Freunde in Paris kannten seit Jahren seine Behauptung, in der Nacht seiner Verwundung habe ein Priester Worte aus dem Taufbekenntnis über ihn hingemurmelt. Aber erst am 2. Januar 1926 nannte er sich in einem Brief aus Schruns an Ernest Walsh, der selbst katholisch war, zum erstenmal rundheraus einen Katholiken. Die gleichen geistigen Qualen also, in die ihn seine Affäre mit der Frau gestürzt hatte, die ihm zugleich den Weg zur Linderung dieser Qualen gewiesen hatten, veranlaßten ihn auch zur Annahme ihres Glaubens. Eine weitere Ironie dabei ist, daß Paulines Bekehrungserfolg ihr einen weiteren Vorteil in ihrem erbitterten, unerklärten Krieg gegen Hadley verschaffte: Der Katholizismus war ein Band zwischen *ihr* und Ernest, und Hadley blieb ausgeschlossen.« (S. 394 f.)

Im Frühjahr des Jahres 1926 will Hemingway noch mit Hadley gemeinsam nach Spanien reisen. Doch er fährt allein, zunächst nach Madrid, um Stierkämpfe anzuschauen. Hier freilich ist es so kalt, daß es am Samstag, 15. Mai, zu schneien beginnt; die

Stierkämpfe werden abgesagt. Um sich in seinem unbeheizten Zimmer warmzuhalten, bleibt Hemingway auch den folgenden Tag über im Bett und schreibt bis tief in die Nacht. Es entstehen drei Erzählungen:

»Die Geschichten schrieb ich an einem Tag in Madrid, am 16. Mai, als die San-Isidro-Stierkämpfe zugeschneit wurden. Zuerst schrieb ich ›Die Killer‹, die ich zuvor schon vergeblich zu schreiben versucht hatte. Dann nach dem Mittagessen ging ich ins Bett, um warm zu bleiben, und schrieb ›Heute ist Freitag‹. Ich hatte noch so viel Saft, daß ich dachte, ich würde vielleicht verrückt, und ich hatte noch ungefähr sechs andere Geschichten zu schreiben. So zog ich mich an und ging zu Fornos, dem alten Café der Stierkämpfer, und trank Kaffee, und dann kam ich zurück und schrieb die ›Zehn Indianer‹. Das machte mich sehr traurig, und ich trank einigen Brandy und ging schlafen. Ich hatte vergessen zu essen, und einer der Kellner brachte mir etwas Bacalao herauf und ein kleines Steak und Bratkartoffeln und eine Flasche Valdepeñas.« (zit. bei G. Plimpton, S. 170)

Wir halten das Faktum fest: Der Text, um den es uns hier geht, »Heute ist Freitag«, wurde am 16. Mai 1926 in Madrid geschrieben zusammen mit den Prosatexten »Die Killer« und »Zehn Indianer«. Alle drei Texte finden dann Eingang in den 1928 publizierten Erzählungen-Band »Men without Women«.

Werfen wir zunächst einen Blick auf die gleichzeitig entstandenen Texte und auf den merkwürdig klingenden Titel »Männer ohne Frauen«. Er provoziert ja verschiedene Assoziationen und Spekulationen, und Hemingway ist selbstbewußt genug, solche nicht nur in Kauf zu nehmen, sondern selber damit zu spielen. Man lese eine ironische, augenzwinkernde, Mißverständnisse bewußt provozierende Stelle in einem Brief an Scott Fitzgerald (ca. 15. Sept. 1927), in dem – unter Anspielung auf seinen Lektor beim New Yorker Verlag Scribner, Maxwell Perkins – die Titelsuche (u. a. auch in der Bibel, im Buch Ecclesiastes = Kohelet) so parodiert wird:

»Wie findest Du den Titel ›Männer ohne Frauen‹? Ich konnte keinen Titel finden, Fitz, obwohl ich den ganzen Ecclesiastes durchwühlt habe. Perkins, den Du vielleicht getroffen hast, wollte einen Titel für das Buch. Perkins ist mir vielleicht einer, hab ich gedacht, was für eine drollige Vorstellung! Er will einen Titel für das Buch. Äußerst merkwürdig. Ich war damals gerade in Gstaad, und so ging ich in alle Buchhandlungen und versuchte, eine Bibel zu kaufen, um einen Titel zu finden. Aber alles, was die Mistkerle zu verkaufen hatten, waren kleine geschnitzte braune Holzbären. So dachte ich eine Zeitlang daran, das Buch ›Kleiner Geschnitzter Holzbär‹ zu nennen und dann den Deutungen der Kritiker zu lauschen. Zum Glück war zufällig ein anglikanischer Geistlicher im Städtchen, der am nächsten Tag abreiste und Pauline seine Bibel lieh, nachdem sie versprochen hatte, sie ihm am selben Abend zurückzugeben, denn es war die Bibel, mit der er ordiniert worden war. Also, Fitz, ich suchte in dieser Bibel herum, die sehr schön gedruckt war, und stieß auf dieses große Buch Ecclesiastes und las es laut allen vor, die es hören wollten. Ich war bald allein und begann auf diese dämliche Bibel zu fluchen, weil keine Titel drin waren – obwohl ich den Ursprung praktisch aller guten Titel, von denen man je gehört hat, dort gefunden habe. Aber die Jungs, besonders Kipling, sind vor mir dagewesen und haben sämtliche brauchbaren geklaut, und daher nannte ich das Buch ›Männer ohne Frauen‹, in der Hoffnung, es würde sich damit an Schwule und alte Vassar-Girls enorm gut verkaufen lassen.« (Briefe, S. 208 f.)

Sehen wir von diesen witzigen Parodien ab, so ist der gewählte Titel nicht ohne inhaltlichen Sinn für die hier versammelten Arbeiten. Denn jede dieser Arbeiten spiegelt eine Facette des Komplexes Mann – Frau. So auch die gleichzeitig mit »Heute ist Freitag« entstandenen Stories. Ein Text wie »Die Killer« erzählt von nichts anderem als einem Männer-Ritual ganz besonderer Art. Angesiedelt im Verbrechermilieu, schildert es den vergeblichen Versuch zweier Gangster, einen Mitgangster in einem Lokal öffentlich zu liquidieren. In der Tat eine Welt der Männer – ganz ohne Frauen. Und die Geschichte »Zehn Indianer« erzählt von einem jungen Mann, der in ein Indianer-Mädchen verliebt ist, sich aber von diesem betrogen sieht. Der Liebeskummer bricht ihm fast das Herz, so daß die übertrieben-scherzhaft gemeinte Äußerung eines älteren Mannes in der Erzählung durch die Geschichte des Jungen fast bestätigt wird: Die »Mädels haben noch keinem Mann Glück gebracht«.
Unser Text »Heute ist Freitag« ist auch in dieser Hinsicht noch einmal anders. Ohnehin ist auffällig, daß es sich hier nicht um ausgeschriebene Prosa, sondern mehr um eine Gesprächsskizze handelt. Die ausschließliche Konzentration auf das zwischen den Figuren Gesprochene läßt mehr an einen Einakter denken. Da aber lakonische Dialoge ohnehin zum Stilprinzip der Hemingway'schen Prosa gehören, konnte der Autor auch

diesen Text ohne weiteres unter »Stories« subsumieren. Auffällig ist auch, daß Hemingway zum ersten (und einzigen) Mal in seinem Werk direkt eine neutestamentliche Szene aufgreift und auf seine Weise neu gestaltet: die *Szene um die Kreuzigung Jesu*. Kein Zufall, wie die private Lebenskrise zeigt, die Hemingway noch viele Jahre später (12. Juli 1938) im Kontext von »Heute ist Freitag« unzweideutig erinnert: »Während der Zeit in Madrid, als ich ›Die Killer‹ und ›Heute ist Freitag‹ schrieb, war ich in Pauline verliebt.« (Selected Letters, S. 470) Der 16. Mai 1926 in Madrid also verweist zurück auf die Jahreswende 1925/26 in Schruns und diese wiederum auf die Passionsszene am 8. Juli 1918 bei Fossalta und den Kriegsverwundeten in Mailand. Auch auf Mantegna, den Hemingway offensichtlich nicht vergessen konnte ...

Der Text beginnt zunächst wie eine reine Männer-Geschichte. Drei römische Soldaten stehen spät abends in der Kneipe eines jüdischen Wirtes, betrinken sich, reden miteinander. Männer unter sich. Und Hemingway tut auch hier alles, um möglichst realistisch diese Soldaten über ihre Sprache zu verlebendigen. Denkbar knapp sind auch hier die Dialoge, alltagsnah der Jargon, realistisch gezeichnet das Macho-Gehabe. Der Job dieser Soldaten sind Hinrichtungen. Als Henker kennen sie sich aus, wissen, welche Qualen die Opfer auszuhalten haben. Sie haben ja auch schon eine »Menge« gesehen. Wenn's ernst wird, will jeder »vom Kreuz runter«. Wenn die Opfer nicht nur angenagelt, sondern auch hochgehißt werden, wenn also das Gewicht der Körper an den angenagelten Händen zu reißen beginnt, dann ist das »der Moment, wo's sie packt«. Die Soldaten wissen das. Das ist ihr Job.

An diesem Abend aber, an diesem Freitag, ist alles anders. Und Hemingways ganze Erzählstrategie beruht auf diesem einen Einfall: die *Andersheit dieses Freitags* in seinen Figuren zu spiegeln. Wieder haben die Soldaten eine Kreuzigung hinter sich; es ist die eines gewissen Jesus Christus. Aber bei diesem einen haben sie zum ersten Mal erlebt, daß sich jemand anders verhielt. Dieser eine wollte »nicht vom Kreuz runter«. Das beschäftigt die Henker noch am Abend, wo der Alkohol ohnehin die Zunge löst. Verwirrt sind sie, und diese ihre Verwirrung spiegelt sich in allen drei auf verschiedene Weise. Es ist vor allem der erste Soldat, der sich vor Staunen und Bewunderung kaum fassen kann. Der dritte Soldat muß ihm zustimmen, ist aber ansonsten mehr mit seinen Magenproblemen beschäftigt. Der zweite Soldat dagegen ist eher der nüchterne Beobachter, der ganz genau mitbekommen hat, wie sich Gekreuzigte normalerweise benehmen.

Die überraschende Andersheit Jesu bringt der erste Soldat auf die Formel: »Der hat sich heute da recht ordentlich benommen«, eine eher betuliche deutsche Übersetzung des englischen Originals: »He was pretty good in there today«. Auf dem Sprachniveau dieser Soldaten wäre eher zu übersetzen: »Der heute da war nicht schlecht« oder »Der heute da war verdammt gut«. Sechsmal wird dieser eine Satz ritualmäßig wiederholt. Ein stupider Refrain aus der Betroffenheit. Solche Männertypen haben keine andere Sprache. Diese aber genügt, um Fassungslosigkeit und Respekt zugleich zu artikulieren, ein Respekt, der sich auch darin ausgedrückt hatte, daß der erste Soldat mit einem Speerstoß in den Körper Jesu Leiden abkürzte.

Die *Erzählstrategie* dieser Skizze? Auch hier wird man sich auf verschiedene Sinn-ebenen einstellen müssen. Ganz gewiß geht es auf *einer Ebene* des Textes um eine bewußte *Vermenschlichung als Vermännlichung Jesu.* Das ist im Zusammenhang von »Men without Women« auch gar nicht anders zu erwarten. Jesus wird von Hemingway bewußt in eine Männer-Welt hineingezogen mit all den typischen körperlichen und sprachlichen Ritualen und Signalen. Genial rasant ist die erste Bezugnahme auf den Gekreuzigten, die erste Erwähnung von Jesu Namen überhaupt – und zwar in einem Fluch, nachdem der dritte Soldat gerade ein Glas heruntergekippt hat:

»Jesus Christ!« *(He makes a face)*

Und schon sind die Soldaten beim Thema, und wir Leser mit ihnen:

»That false alarm!«

Knapper und zugleich psychologisch genauer kann man in dieser Männerwelt kaum »zur Sache« kommen. Ganze fünf Worte genügen, und schon ist ein Raum aufgerissen, kann eine Geschichte nun eingespielt werden: die Geschichte dieses konkreten Gekreuzigten. Hemingway hat von jeher durch solch brillante Sprachführung die Kritiker fasziniert: »Er lieferte dem Publikum, wonach es sich sehnte«, schreibt etwa *Marcel Reich-Ranicki,* »sentimentale Geschichten von harten, doch scheiternden Männern. Nur wußte er diese Sentimentalität konsequent zu tarnen. Er machte die Innerlichkeit genießbar durch Trockenheit, die Lamoryanz durch Arroganz und die Empfindsamkeit durch Rauhbeinigkeit. Er verbarg menschliche und allzu menschliche Gefühle hinter unmenschlicher Grausamkeit. Reduktion heißt das Geheimnis seines Stils: Er beschränkt sich auf sehr wenige Gedanken und Konflikte, sehr wenige Figuren und Konstellationen und – zumindest in seinen besten Arbeiten – auf sehr wenige Worte. Er ist der Meister des hochdramatischen Schweigens, der Erfinder des schreienden Understatements. Und er erzählt immer – auch das hat zu seinem Erfolg beigetragen – von elementaren und fundamentalen Gefühlen und Situationen: von Geburt und Tod, Liebe und Kampf, Treue und Verrat.«

Ja, Hemingway wurde gerade auch wegen seiner Stories (weniger wegen seiner Romane) von den großen Kollegen bewundert, so vom kolumbianischen Nobelpreisträger *Gabriel García Márquez.* Dessen Kompliment ist bezeichnenderweise verbunden mit dem 16. Mai 1926, der auch für uns von besonderem Interesse ist. 10 Jahre nach Hemingways Tod nennt Márquez die Hemingway'schen Erzählungen, die »aus augenblicklicher Inspiration« entstanden seien, »unverwundbar«: »Wie jene drei, die er am Abend eines 16. Mai in einer Madrider Pension schrieb, als ein Schneesturm zur Absage des Stierkampfs auf dem Markt San Isidro zwang. Diese Erzählungen – wie er es selber George Plimpton erzählte – ›Die Killer‹, ›Zehn Indianer‹ und ›Heute ist Freitag‹ sind alle drei meisterhaft.«

Jesus im Milieu von Männern, von Todes-Handwerkern: Das ist ein typisch Hemingway'scher Schauplatz. Und Jesu Männlichkeit wird denn auch in diesem Text noch dadurch verstärkt, daß die übrigen Männer in dieser Geschichte samt und sonders kontrastiv als Schwächlinge konzipiert sind. Die männlichen Mitglieder seiner »Bande« ohnehin; sie hatten sich »verdrückt«, als es ernst wurde. Und auch der Wirt ist offensichtlich bewußt als *jüdische* Kontrastfigur zum Juden Jesus eingesetzt. Denn es ist *erstens* auffällig, daß Hemingway *römische* Soldaten in einer *jüdischen* Kneipe auftreten läßt. Und es ist *zweitens* auffällig, daß dieser Hebräer sich als beflissener Diener der Soldaten entpuppt: Den ersten Soldaten hat er einmal kuriert; in ein kontroverses Gespräch mischt er sich übervorsichtig nicht ein; die Zeche wagt er von den Soldaten nicht einzutreiben. Der Hebräer »George« ist also der Typ des Schwächlings, der vor den Mächtigen kuscht und buckelt – ganz im Kontrast zu Jesus.

Hinzu kommt die *Erwähnung der Frauen* in dieser Story. Den Soldaten ist nicht verborgen geblieben, daß bei dem Gekreuzigten ein »Mädel«, »eine richtige Schönheit« ausgeharrt habe. Eine Frau, die man auch vorher schon »häufig in der Stadt« gesehen habe. Auch dieses Detail unterstreicht nur die Männlichkeit des Mannes am Kreuz, soll sie unterstreichen. Ihm gilt die Bewunderung anderer Männer auch deshalb, weil Frauen »bei ihm geblieben« sind. Frauen, schöne Frauen, haben ihm die Treue gehalten, während die Freunde das Weite suchten. Damit ist mit Händen zu greifen, daß auf dieser Sinnebene der Mann Jesus in eine Reihe mit anderen Hemingway-Helden gehört. Und für diese gilt nun einmal die Formel: Sie kämpfen, leiden, aber halten durch.

So auch dieser Jesus. Die Bewunderung gilt ihm, der angesichts seines Leidens und Todes nicht davonlief, sondern ertrug, was ihm widerfuhr. Der durchstand, ohne »weich« zu werden. Diese Karfreitags-Geschichte ist also eine neue Variation von Hemingway'schen Helden-Geschichten: Leiden bleibt niemandem erspart; es kommt darauf an, daß und wie man es durchsteht: ohne Gejammer, ohne Drückebergerei, ohne Selbstmitleid. Die Kritik hat hier eine durchgehende Motivstruktur im Werk dieses Autors namhaft gemacht – von »In our Time« bis »The Old Man and the Sea«: »Der Gekreuzigte steht für die Hinnahme der Qual, sogar bis zum Tod, mit allem möglichen Mut und aller Ausdauer, so daß sie eine Sache von Bitterkeit und Würde wird.« (M. Backman, S. 135)

Die Frage drängt sich nun erst recht auf: Läuft die Erzählstrategie auf eine simple Reduktion hinaus? Jesus – nichts als ein »richtiger Mann«? Hart, leidensfähig? Damit wäre das Jesus-Bild nicht frei von Banalität und stieße an die Grenze zur Parodie. Doch biographische und erzähltechnische Gründe sprechen gegen eine solche Vermutung. Die persönliche Krisensituation Hemingways war wohl doch zu ernst, sein Wissen um das, was Passion und Sterben bedeuten, doch wohl zu intensiv, sein Respekt vor der Religion (bei aller lebenslangen Distanz und letzten Nicht-Identifikation) doch wohl zu tief, als daß ihm ausgerechnet zu Christus nichts anderes eingefallen sein sollte, als ihn auf dessen Männlichkeit zu reduzieren und ihn so gewissermaßen schulterklopfend für einen Männer-Club à la Hemingway zu vereinnahmen. Eine zweite, tiefere Sinnebene wird unter der ersten sichtbar.

Denn mit der »Vermännlichung« Jesu drückt Hemingway auf seine sehr persönliche, nun einmal durch sein Männerbild gefärbte Weise *Respekt gegenüber dem Gekreuzigten* aus. Wer Jesus ins Soldaten-Milieu zieht, hätte andere Möglichkeiten gehabt, wenn er mit dem Nazarener hätte unernsthaft umgehen wollen. Respekt aber vor dem Gekreuzigten ist kein Bekenntnis zum christlichen Credo; Hemingway ist für keinen kirchlichen Glauben zu vereinnahmen. Wohl aber bedeutet dies eine Absage an die Identifikation von Christsein mit Schwächlichkeit, Weichheit, Süßlichkeit, vergeistigter Körperlosigkeit. Hemingways Jesus-Bild ist das radikale Gegenteil zu einer Nazarener- und Herz-Jesu-Ästhetik des 19. Jahrhunderts.

Respekt vor echten Christen ist denn auch in fiktiven und autobiographischen Texten des Autors immer wieder anzutreffen. Er blitzt auf im Roman »A Farewell to Arms« (1929), und zwar im Gespräch zwischen dem kriegsverwundeten Helden und einem von ihm geschätzten italienischen Priester, der sich nach seinem Dorf in den Abruzzen sehnt:

»Wenn möglich gehe ich zurück in die Abruzzen. Sein braunes Gesicht strahlte plötzlich.
Sie lieben die Abruzzen?
Ja, sehr.
Dann sollten Sie zurückgehen.
Ich wäre nur zu glücklich, wenn ich da leben könnte, um Gott zu lieben und ihm zu dienen!
Und geachtet zu werden.
Ja, und geachtet zu werden. Warum nicht?
Es spricht nichts dagegen. Sie sollten geachtet werden.
Das ist gleichgültig. Aber da in meiner Heimat ist es selbstverständlich, daß man Gott liebt. Es ist kein dreckiger Witz.
Ich verstehe.

Er sah mich an und lächelte.
Sie verstehen, aber Sie lieben Gott nicht.
Nein.
Lieben Sie ihn gar nicht? fragte er.
Nachts habe ich manchmal vor ihm Angst.
Sie sollten ihn lieben.
Ich liebe überhaupt nicht viel.« (GW II, 61 f.)

Dieser Respekt findet sich bereits in einem Brief vom 16. Januar 1918 an die Mutter, in dem Hemingway sich verteidigt gegen den Vorwurf, »kein guter Christ« zu sein – und zwar mit dem bezeichnenden Satz: »Du weißt, ich schwärme nicht gerade für Religion, aber ich bin ein so aufrichtiger Christ, wie ich kann«. Zugleich werden im selben Brief die Freunde Bill und Carl verteidigt:

»Carl ist ein Prinz und so ziemlich der aufrichtigste und echteste Christ, den ich je kennengelernt habe, und er hat auf mich einen besseren Einfluß gehabt als jeder andere, den ich kennengelernt habe. Ihm trieft die Religion nicht aus dem Mund wie Peaslee, aber er ist ein grundaufrichtiger Christ und ein Gentleman.
Ich habe Bill nie gefragt, in welche Kirche er geht, weil das nicht wichtig ist. Wir beiden glauben an Gott und Jesus Christus und hoffen auf ein Leben nach dem Tod, und Glaubensbekenntnisse sind nicht wichtig.« (Briefe, S. 40)

Respekt aber und Bewunderung löst bei Hemingway nur die Fähigkeit von Personen aus, das im Leben nun einmal unvermeidliche Leiden klaglos, tapfer durchzustehen. Diese seine Grundüberzeugung projiziert Hemingway auch in die Gestalt Jesu. Auch der ist für ihn kein Schwächling gewesen, kein Feigling, kein Drückeberger. Auch er ist seinen Weg tapfer zu Ende gegangen, selbst bis ans Kreuz, und hat auf eine Weise durchgehalten, daß selbst die Henker beeindruckt sind. Welch ein Kontrast zu all den anderen Männer-Typen in diesem Text, und wir dürfen ebenso folgern: Welch ein Kontrast auch zu all denen aus dem bürgerlichen Christentum, denen Hemingway in Oak Park, Illinois, im Umkreis seiner Mutter begegnet sein wird. Dies ist eine sehr eigenwillige Art der Respektbezeugung, gewiß. Aber sie verhindert, den Hemingway'schen Text reduktionistisch zu lesen.

Auch die *Wahl der Form* läßt eine simple Reduktion nicht zu.

Hemingway wählt ja für seine Darstellung die *Spiegel-Technik*. Jesus selber kommt in dieser ganzen Story bewußt als Person nicht vor; er tritt nicht direkt auf; kein Wort wird ihm in den Mund gelegt. Präsent ist er nur in der Spiegelung der Soldaten. Auf diese Weise ist er anwesend-abwesend, was noch durch die Wahl sprachlicher Mittel verstärkt wird. Die lakonische Redeweise der Soldaten eröffnet ja erst einen Raum des Ungesagten, Unsagbaren. Rücknahme der Sprache auf ritualisierte Formelhaftigkeit oder lakonische Kürze eröffnet für den Leser ja überhaupt erst einen Freiraum des Denkens. Hemingway erweist sich auch hier als ein Meister in der Technik der Aussparung, des Vielsagens durch Nicht-Mehr-Sagen.

Dadurch aber wird das Geheimnis um die Person überhaupt erst wahrnehmbar. Nicht simpel reduziert auf einen »ganzen Mann« wird Jesus, um ihn dann als solchen »verstanden« zu haben. Im Gegenteil. Durch die Spiegelung in Männer-Figuren und die Lakonie der gewählten Sprache scheint Jesu Geheimnis stärker auf als durch alle religiöse Symbolik. Denn dem Leser wird ja in der Konfrontation mit der Erzählung erst recht die Frage aufgedrängt: Was muß das für einer sein, der sich anders, ganz anders verhielt als die meisten, die ans Kreuz gingen? Was ist das Geheimnis dieser Figur? Warum war dieser eine so verschieden? Die Poetik dieser Erzählung erweist sich somit als eine *Poetik der Andersheit und Geheimnishaftigkeit Jesu*. Nach diesem Text ist nichts mehr mit Jesus »klar« (außer der Tatsache, daß er sich nicht wie andere Gekreuzigte »benommen« hat). Das Gespräch über den Nazarener ist eröffnet.

Ausgabe: E. Hemingway, Today is Friday, in: ders., Men without Women. Stories, New York 1928, S. 198–204. Heute ist Freitag, in: Sämtliche Erzählungen. Deutsch von A. Horschitz-Horst, Hamburg 1966, S. 291–295. Auch in: Gesammelte Werke (= GW) Bd. VI (Stories 1), Hamburg 1977, S. 302–305.

Literatur zur Vertiefung

1. Zur Lebensgeschichte:
E. Hemingway, Selected letters, 1917–1961, hrsg. v. C. Baker, New York 1981. Eine gekürzte Fassung liegt in deutscher Übersetzung

vor: Ausgewählte Briefe 1917–1961, hrsg. von C. Baker. Deutsch von W. Schmitz, Hamburg 1984.

K. S. Lynn, Hemingway. New York 1987. Hemingway. Eine Biographie. Deutsch von W. Schmitz, Hamburg 1989.

D. Sanderson, Ernest Hemingway, London 1999.

H.-P. Rodenberg, Ernest Hemingway, Hamburg 1999 (Rowohlt-Monographien).

2. Zur Werkgeschichte:

M. Reich-Ranicki, Freude durch Kraft. Über Ernest Hemingway und die Deutschen aus gegebenem Anlaß, in: DIE ZEIT vom 19. November 1971.

G. Plimpton, The Art of Fiction. Ernest Hemingway (1958), in: Hemingway, hrsg. v. H. Weber, Darmstadt 1980, S. 157–176.

G. García Márquez, Mein Hemingway, in: DIE ZEIT vom 7. August 1981.

H. Bloom (Hrsg.), Ernest Hemingway, New York 1985.

L. E. Grimes, The Religious Design of Hemingway's Early Fiction, Ann Arbor 1985.

P. Smith, A Reader's Guide to the Short Stories of Ernest Hemingway, Boston 1989.

3. Zum Text:

M. Backman, Hemingway, The Matador and the Crucified, in: Ernest Hemingway: Critiques of Four Major Novels, hrsg. v. C. Baker, New York 1962, S. 135–143.

W. Bennett, Hemingway's »Today is Friday« as a Ballad of the Goodly Fere, in: Hemingway Up in Michigan Perspectives, hrsg. v. F. J. Svoboda – J. J. Waldmeier, East Lansing, Mi. 1995, S. 203–211.

4. Zum Verhältnis Mantegna – Hemingway:

K. G. Johnston, Hemingway and Mantegna. The Bitter Nail Holes, in: Journal of Narrative Technique 1 (1971), S. 86–94.

E. S. Watts, Ernest Hemingway and the Arts, Chicago – London 1971, bes. S. 132–139.

F. Thürlemann, Mantegnas Mailänder Beweinung. Die Konstitution des Betrachters durch das Bild, Konstanz 1989.

Th. Hermann, »Quite a Little About Painters«. Art and Artists in Hemingway's Life and Work, Tübingen – Basel 1997, bes. S. 107–113.

Ernest Hemingway
Heute ist Freitag

Drei römische Soldaten sind um elf Uhr abends in einer Kneipe. Rings an den Wänden sind Fässer. Hinter dem hölzernen Schanktisch ist ein hebräischer Weinverkäufer. Die drei römischen Soldaten sind ein bißchen blau.

ERSTER SOLDAT: Hast du den Roten probiert?

ZWEITER SOLDAT: Nein, ich hab 'n nicht probiert.

ERSTER SOLDAT: Du solltest 'n probieren.

ZWEITER SOLDAT: Also gut, George, schmeißen wir 'ne Runde vom Roten.

DER HEBRÄISCHE WEINVERKÄUFER: Hier, meine Herren. Der wird Ihnen schmecken. (*Er setzt einen irdenen Krug, den er aus einem der Fässer gefüllt hat, vor sie hin.*) Das ist ein nettes, kleines Weinchen.

ERSTER SOLDAT: Na, trink auch 'n Glas von. (*Er wendet sich an den dritten römischen Soldaten, der an einem Faß lehnt.*) Was ist denn mit dir los?

DRITTER SOLDAT: Hab Bauchweh.

ZWEITER SOLDAT: Kommt vom Wassertrinken.

ERSTER SOLDAT: Probier mal den Roten.

DRITTER SOLDAT: Ich kann das verdammte Zeugs nicht trinken. Kriege Magensäure von.

ERSTER SOLDAT: Warst zu lange hier draußen.

DRITTER SOLDAT: Zum Teufel, wem sagst du das?

ERSTER SOLDAT: Sag mal, George, kannst du dem Herrn da nicht was geben, um seinen Magen zu kurieren?

DER HEBRÄISCHE WEINVERKÄUFER: Hier schon parat.

(*Der dritte Soldat probiert, was der Weinverkäufer für ihn gemischt hat.*)

DRITTER SOLDAT: He, du, was hast du da reingetan, Kameldreck?

WEINVERKÄUFER: Trinken Sie's nur 'runter, Herr Leitnant. Wird Sie wieder ins Lot bringen.

DRITTER SOLDAT: Na, schlimmer kann's nicht werden.

ERSTER SOLDAT: Riskier 's mal. George hat er neulich tadellos wieder ins Lot gebracht.

WEINVERKÄUFER: Waren in schlechter Verfassung, der Herr Leitnant. Ich weiß schon, was einen verdorbenen Magen kuriert. (*Der dritte römische Soldat trinkt das Glas runter.*)

DRITTER SOLDAT: Jesus Christus! (*Er schneidet ein Gesicht.*)

ZWEITER SOLDAT: Alles falscher Alarm!

ERSTER SOLDAT: Ach, ich weiß nicht. Der hat sich heute da recht ordentlich benommen.

ZWEITER SOLDAT: Warum ist er nicht vom Kreuz runter gestiegen?

ERSTER SOLDAT: Weil er nicht vom Kreuz runter steigen wollte. Das gehört nicht zu seiner Rolle.

ZWEITER SOLDAT: Na, den Kerl möcht ich sehen, der nicht vom Kreuz runter will.

ERSTER SOLDAT: Zum Teufel, davon verstehst du nichts. Frag mal George. Wollte er vom Kreuz steigen, George, oder nicht?

WEINVERKÄUFER: Wissen Sie, meine Herren, ich war nicht mit draußen. Das ist eine Angelegenheit, die mich nicht interessiert hat.

ZWEITER SOLDAT: Wißt ihr, ich hab schon 'ne Menge von denen gesehen, – hier und auch anderswo. Ich sage euch, wenn ihr mir einen zeigt, der nicht vom Kreuz runter will, wenn's ernst wird – ich meine, wenn's wirklich ernst wird –, dann will ich zu ihm rauf-klettern.

ERSTER SOLDAT: Ich muß sagen – der hat sich heute da recht ordentlich benommen.

DRITTER SOLDAT: Der war tadellos.

ZWEITER SOLDAT: Ihr Jungen wißt nicht, wovon ich rede. Ich sag nicht, ob er sich gut benommen hat oder nicht. Was ich sagen will, ist, wenn's ernst wird. Wenn sie mit dem Annageln anfangen, daß es dann wohl keinen gibt, der nicht halt sagen würde, wenn er könnte.

ERSTER SOLDAT: Hast du's nicht verfolgt, George?

WEINVERKÄUFER: Nein. Hab mich gar nicht für interessiert, Herr Leitnant.

ERSTER SOLDAT: Ich war überrascht, wie der sich benommen hat!

DRITTER SOLDAT: Was ich nicht mag, ist, wenn sie sie annageln. Wißt ihr, das muß einem furchtbar an die Nieren gehen.

ZWEITER SOLDAT: Das ist nicht so schlimm, als wenn sie sie hoch-hissen. (*Er macht, beide Handflächen aneinandergepreßt, eine Hebe-bewegung.*) Wenn ihr Gewicht an ihnen zieht, das ist der Moment, wo's sie packt.

DRITTER SOLDAT: Manche packt's verdammt schlimm.

ERSTER SOLDAT: Hab ich sie denn nicht gesehen? Ich hab 'ne Masse gesehen. Ich sag euch, der hat sich heute da recht ordentlich benommen.

(*Der zweite römische Soldat lächelt den hebräischen Weinverkäufer an.*)

ZWEITER SOLDAT: Du bist 'n regelrechter Christe, alter Freund.

ERSTER SOLDAT: Na klar, mach nur weiter und veräppel ihn. Aber paß auf, was ich dir jetzt sage. Der hat sich heute da recht ordentlich benommen.

ZWEITER SOLDAT: Wie wär's mit noch 'm bißchen Wein?

(*Der Weinverkäufer sieht erwartungsvoll auf. Der dritte römische Soldat sitzt mit gesenktem Kopf da. Er sieht elend aus.*)

DRITTER SOLDAT: Ich will nicht mehr.

ZWEITER SOLDAT: Bloß für zwei, George.

(*Der Weinverkäufer stellt einen Krug, eine Größe kleiner als vorher, hin. Er lehnt sich über den hölzernen Schanktisch.*)

ERSTER SOLDAT: Hast du sein Mädel gesehen?

ZWEITER SOLDAT: Hab ich nicht direkt neben ihr gestanden?

ERSTER SOLDAT: 'ne richt'ge Schönheit.

ZWEITER SOLDAT: Ich kannte sie vor ihm. (*Er zwinkert dem Weinverkäufer zu.*)

ERSTER SOLDAT: Ich hab sie häufig in der Stadt gesehen.

ZWEITER SOLDAT: Der ging's früher glänzend. Aber er hat ihr kein Glück gebracht.

ERSTER SOLDAT: Ach, der hat kein Glück. Aber ich muß sagen, er hat sich heute da recht ordentlich benommen!

ZWEITER SOLDAT: Was ist denn aus seiner Blase geworden?

ERSTER SOLDAT: Na, die haben sich verdrückt. Nur die Frauen sind bei ihm geblieben.

ZWEITER SOLDAT: Das waren feine Drückeberger! Als sie ihn hochgehn sahen, hatten sie genug.

ERSTER SOLDAT: Die Frauen sind bei ihm geblieben.

ZWEITER SOLDAT: Sicher, die sind geblieben.

ERSTER SOLDAT: Hast du gesehen, wie ich ihm den ollen Speer reingestoßen habe?

ZWEITER SOLDAT: Wirst schon noch mal Unannehmlichkeiten kriegen, wenn du so was machst.

ERSTER SOLDAT: Das war doch das wenigste, was ich für ihn tun konnte. Ich sag euch, der war schon recht ordentlich heute.

DER HEBRÄISCHE WEINVERKÄUFER: Die Herren wissen, daß ich schließen muß.

ERSTER SOLDAT: Wir trinken noch eine Runde.

ZWEITER SOLDAT: Wozu denn? Das Zeugs taugt ja doch nichts. Kommt, wir wollen fortmachen.

ERSTER SOLDAT: Na, nur noch eine Runde.

DRITTER SOLDAT: (*Steht vom Faß auf.*) Nein, kommt man. Wir wollen gehen. Ich fühl mich heute abend verdammt schlecht.

ERSTER SOLDAT: Nur noch eine!

ZWEITER SOLDAT: Nein, los. Wir gehn jetzt. Gute Nacht, George. Schreib's an.

WEINVERKÄUFER: Gut Nacht, die Herren. (*Er sieht ein wenig bedrückt aus.*) Sie könnten mir wohl nicht 'ne kleine Anzahlung geben, Herr Leitnant?

ZWEITER SOLDAT: Zum Teufel noch mal, George. Mittwoch ist Zahltag.

WEINVERKÄUFER: Schon recht, Herr Leitnant. Gut Nacht, die Herren.

(*Die drei römischen Soldaten geben zur Tür raus auf die Straße.*) (*Auf der Straße.*)

ZWEITER SOLDAT: George is 'n Schwein, genau wie die ganze übrige Bande.

ERSTER SOLDAT: Ach, George ist 'n netter Kerl.

ZWEITER SOLDAT: Bei dir ist heute abend jeder ein netter Kerl.

DRITTER SOLDAT: Los, wir wollen in die Baracke machen. Ich fühl mich heute verdammt schlecht.

ZWEITER SOLDAT: Du bist schon zu lange hier draußen.

DRITTER SOLDAT: Nein, das ist es nicht allein. Ich fühl mich verdammt schlecht.

ZWEITER SOLDAT: Du bist schon zu lange hier draußen. Das ist alles.

Vorhang

3. EIN GEGENSTÜCK ZUM VERLORENEN SOHN

Zur Einführung

Der französische Schriftsteller *André Gide* (geb. 1869 in Paris, dort gestorben 1951) gehört zu den prägenden Gestalten der französischen Literatur der ersten Jahrhunderthälfte, dessen Werk auch große internationale Resonanz erfuhr. 1947 erhält er den Nobelpreis für Literatur.

Kaum ein Werk ist so von Spannungen durchzogen wie das von Gide, Spannungen gerade auch im Blick auf die geistig-religiöse Selbstorientierung. Kaum ein Werk enthält so große Kontraste zwischen Skeptizismus, Immoralismus und Nihilismus auf der einen Seite und der Suche nach Moral, dem Ringen mit Gott, ja der Nachfolge Christi auf der anderen. Bewegungen – Gegenbewegungen kennzeichnen diesen Autor. Aus großbürgerlich-protestantischem Hause stammend, versteht sich Gide freilich nie als Protestant im konfessionellen Sinn. Aber seinem ganzen Wesen nach gilt er als »der Protestant« schlechthin, der in keiner Phase seines Lebens geistig »angekommen« ist, vielmehr der Versuchung zur Identifikation mit Konfessionen, Parteien oder Ideologien stets aufs Neue widerstand – zugunsten der Suche nach der Wahrheit in Wahrhaftigkeit.

1902 überrascht Gide mit dem Roman »L'Immoraliste« (»Der Immoralist«). Es geht um die Geschichte eines Mannes, Michel, der sich im Verlauf seines Lebens von der herkömmlichen Moral befreit, um allein nach dem Kompaß seines Ich zu leben. Während seiner Hochzeitsreise nach Algerien (eine konventionelle Ehe ohne Leidenschaft) erkrankt er an Schwindsucht, und seine junge Frau pflegt ihn voll Aufopferung. Nach Überwindung der Krankheit aber hat sich in Michel ein solch mächtiger Lebenshunger aufgestaut, daß er künftig alle Rücksichten fallen läßt – gerade auch im Bereich der Sexualität. Mit Pächterstöchtern auf seinem Landgut läßt er sich ein; auf der Algerienreise war ihm überdies seine bisher verborgene Homosexualität beim Anblick halbwüchsiger Araberjungen bewußt geworden.

Und so taumelt Michel von einem »Erlebnis« in ein anderes. In seiner neuen Lebensgier schleppt er seine Frau durch halb Europa und kann auch dann nicht aufhören, als sie eine Fehlgeburt erleidet und wenig später selber an Schwindsucht erkrankt. Unbedingt muß er noch einmal nach Algerien, dorthin, wo seine Genesung einst begann. Doch für beide ist es das Land des Todes. Der »Immoralist« – ein Roman im Geiste Nietzsches, ohne daß es zu einer simplen Nietzsche-Identität bei Gide käme. Sein Buch ist vielmehr so etwas wie ein fiktiver Wirklichkeits-Test – im Bewußtsein eigener Lebenskrisen. Denn die eigene Ehe (1895 mit der Cousine Madeleine Rondeaux) steht im Schatten eines erschütternden Dramas. Gide versuchte beides zu vereinbaren: seine Liebe zu Madeleine genauso wie seine homoerotisch-pädophile Veranlagung, die selbst der eigenen Frau viele Jahre verborgen blieb. Als sie davon erfährt, kommt es 1918 zum Zusammenbruch ihrer Beziehung: Madeleine verbrennt alle Briefe ihres Mannes an sie.

Bewegung – Gegenbewegung. Sieben Jahre später, 1909, überrascht derselbe Autor die Öffentlichkeit mit dem Buch »La porte étroite« (»Die enge Pforte«). Nach seinem Immoralisten schafft Gide hier die reinste Frauengestalt, die denkbar ist: Alissa, die ihr irdisches Glück ganz Gott aufopfern will, um durch die »enge Pforte« (Lukas 13,24) ins Paradies zu gelangen. Der Roman beruht denn auch auf dem einen Grundeinfall: Ohne psychologisch plausible Gründe verzichtet Alissa auf ihren Geliebten – aus reiner Gnade, aus einem »acte gratuit«. Das Buch beschreibt zwar auf brillante Weise die geheimen Seelenerregungen dieser Frau, ihre Ängste, ihren ganzen inneren Kampf, aber ihr letztes Geheimnis kann es nicht entschlüsseln, will es nicht entschlüsseln: das Geheimnis nämlich, warum ein Mensch Glückseligkeit erlangen will, die jede menschliche Liebe übersteigt. Die Kritik hat in diesem Werk (das erste kommerziell erfolgreiche von Gide) zunächst eine Liebesgeschichte mit christlicher Lösung sehen wollen, dabei aber übersehen, daß Gide sich hier noch einmal kritisch mit seinem protestantischen, nie ganz verlöschten Erbe auseinandersetzt. Er hatte die »Enge Pforte« eher als Satire auf eine weltlose christliche Opfergesinnung verstanden, als Versuch der Ausleuchtung eines rätselhaft bleibenden Entschlusses im Menschen, sich ganz »Gott« auszuliefern.

Bewegung – Gegenbewegung. Im Verlauf seiner Werkgeschichte setzt sich Gide in weiteren Texten mit diesem Problem der »Gnade« auseinander. Aber im Roman »Les caves du Vatican« (»Die Verliese des Vatikan«) aus dem Jahre 1914 taucht derselbe »acte gratuit« bereits im Rahmen einer reinen Farce auf. Was in der »Engen Pforte« noch mit einem gewissen Respekt gezeichnet ist, ist hier schon Teil einer frivolen, kriminellen Story. Denn einer der fragwürdigen Helden dieses Romans, der dubiose Intellektuelle Lafcadio, vollzieht eben einen solchen »acte gratuit«, indem er völlig unmotiviert einen ihm unbekannten Spießer namens Fleurissoire aus dem zwischen Mailand und Rom verkehrenden Schnellzug stößt. Der ganze Roman ist konzipiert als Satire auf die Hohlheit und Falschheit der bürgerlichen Gesellschaft, ein Grundthema bei Gide, das die folgenden Arbeiten weiter entfalten, so etwa die 1919 erschienene »La symphonie pastorale« (»Die Pastoralsymphonie«) oder der große 1925 publizierte Roman »Les faux-monnayeurs« (»Die Falschmünzer«).

Aber derselbe Autor veröffentlicht 1922 *Tagebuchaufzeichnungen* aus den Jahren 1916–1919 unter dem Titel »Numquid et tu...?«. Es sind Notizen von großer Wahrhaftigkeit, von denen es viele, auch bewußt publizierte, in Gides Werkgeschichte geben wird: »Croydon« (1920); »Si le grain ne meurt« (1924); »Et nunc manet in te« (1951), um nur die wichtigsten zu nennen, die neben den drei großen »Journalen« (Aufzeichnungen im Zeitraum von 1898 bis 1949) stehen.

Schon der frühe autobiographische Text von 1922 läßt eine bohrende religiöse Selbstbefragung Gides erkennen, ein Ringen mit Gott, eine verzweifelte Liebe zu Christus. So wird man Zeuge von kritischen Auslegungen neutestamentlicher Stellen, die unmittelbar auf die existentielle Situation angewandt werden. Gebetsstücke finden sich, die an Schreie zu Gott erinnern. Vertrauensbekundungen zu Christus, die aber immer wieder durch innere Selbstzweifel gebrochen werden. 16. Juni 1916:

»Ich verstehe es nicht mehr, zu Gott zu beten, noch auch, ihn anzuhören. Vielleicht spricht er noch zu mir, aber ich höre ihn nicht mehr. Bin ich doch für seine Stimme vollständig unempfindlich geworden. Und doch verachte ich meine Weisheit, und mit dem Verlust der Freude, die Er mir gab, ist mir auch jede andere genommen.

Herr! Wenn Du mir helfen willst, worauf wartest Du? Ich kann es nicht, so ganz alleine. Ich kann nicht.
Aller Abglanz von Dir, der in mir war, trübt sich. Es ist Zeit, daß Du kommst. Oh, laß den Bösen nicht Deinen Platz in meinem Herzen ein-nehmen!« (GW II, S. 562)

Im Vorwort zur Neuausgabe von »Numquid et tu...?« (1926) erklärt Gide seinen Lesern:

»Es geht um eine Angelegenheit zwischen Gott und mir. Das ist zumindest meine persönliche Ansicht; und ich will damit keineswegs gewisse Konversionen, die Aufsehen erregt haben, kritisieren.
Als Konvertit würde ich wohl nicht so sprechen. Als Konvertit würde ich, durch Schrift und Tat, zu bekehren versuchen, ganz wie unsere berühm-ten Konvertiten auch. Ich bin aber nicht konvertiert. Ich bin weder Prote-stant noch Katholik; ich bin ganz einfach Christ.« (GW II, S. 570)

Diese kritischen Äußerungen zur Konversion weisen zurück auf eine große, für das 20. Jahrhundert exemplarische Ausein-andersetzung Gides mit Freunden zum Thema Freiheit oder Bindung im Glauben, Christus oder Kirche, Gott oder Institu-tion. Ihr verdanken wir auch die Entstehung des Textes, um den es hier geht: »*Die Rückkehr des verlorenen Sohnes*«. Er wird geschrieben im Jahre 1907, als Gide 38 Jahre alt ist, und gilt als »die knappste und in der Knappheit schönste Parabel für Gides Weg, für den Entwurf, nach dem er lebte« (W. Weber, S. 35), ja, für »eine der formal geschlossensten, vollendetsten Dichtun-gen André Gides« überhaupt (R. Theis, GW VII, S. 580). Unter beiden Gesichtspunkten wollen wir in dieses Werk einführen, ohne es hier bis ins Detail interpretieren zu können: biogra-phisch-problemgeschichtlich und sprachlich-literarisch.
Ende Januar 1907 ist Gide von einer Reise nach Berlin zurück-gekehrt, wo er eine Aufführung seines Dramas »König Kandau-les« erlebte und wo er im Kunstmuseum Werke großer Maler bewundern konnte, darunter Madonnenbilder, Christusbilder. Zu einem Christus-Maria-Magdalena-Bild des holländischen Malers *Dierck Bouts* (ca. 1410–1475) hatte er sich in sein Tage-buch notiert:

»Eine Magdalena, die Füße Christi salbend. Sie ist auf der äußersten lin-ken Seite des Bildes. An der Ecke eines Tisches Christus, der in Gesell-schaft dreier Jünger Brot und Fische ißt. Ein Stifter bildet, in der rechten Ecke kniend, ein Gegenstück zur Magdalena.« (GW II, S. 144)

Eine Notiz, die aufhorchen macht, wenn man den Beginn des »Verlorenen Sohnes« noch einmal überliest. Offenbar unmittelbar inspiriert von dem Berliner Bild, versetzt sich Gide auch in seinem Text einerseits in die Rolle eines Malers, um wie »bei den alten Altartafeln« das biblische Gleichnis auszumalen, andererseits in die Rolle des »Stifters in der Ecke des Gemäldes«, der in seiner Bescheidenheit nichts als »ein Gegenstück zum verlorenen Sohn« abgeben will.

Am 30. Januar in Paris zurück, beginnt Gide einen Tag später, den »Verlorenen Sohn« zu schreiben, und schon am 6. Februar bestimmt er im Tagebuch den Charakter seiner neuen Arbeit so:

>*Ich arbeite ein* Enfant prodigue *aus, worin ich versuche, die Hemmungen und Aufschwünge meines Geistes in Dialogform zu bringen.« (GW II, S. 145)*

Und als das Werk abgeschlossen ist, heißt es am 16. März 1907:

>*Vor einigen Tagen* L'Enfant prodigue *beendet. Als mir die Komposition der Dichtung plötzlich in Berlin aufgegangen war, habe ich mich sogleich ans Werk gemacht; zum erstenmal ist die Ausführung unmittelbar der Konzeption gefolgt. Ich hatte Angst, der Gegenstand würde, wenn ich länger über ihn brütete, zu wuchern anfangen und sich verformen; schließlich war ich auch des Nicht-mehr-Schreibens müde geworden, und alle anderen Themen, die ich mit mir herumtrug, boten zu große Schwierigkeiten, um unmittelbar bearbeitet zu werden.« (GW II, S. 148 f.)*

Noch während er am »Verlorenen Sohn« arbeitet, hatte ihm sein Bekannter *Paul Claudel* geschrieben und sich wieder einmal »voll von heiligem Zorn gegen die Epoche« geäußert, wie Gide ungehalten notiert (6. Februar). »Was für eine traurige Zeit! Nie hatte man Gott nötiger, und nie stieß man ihn entschiedener zurück. Der Mund verweigert, wonach der Magen verlangt«, hatte Claudel geschrieben (BW Gide-Claudel, S. 28). Ertragen kann Gide diese Mischung aus Selbstgerechtigkeit und Kulturlamoryanz kaum noch. Diese Art Zorn täte seinem Geiste ebenso weh »wie das Bellen eines Hundes meinem Ohr«, notiert er sich. Wenn es noch einer Bestätigung bedurft hätte, wie dringend nötig die Schrift ist, an der er gerade arbeitet, so offensichtlich dieser neueste Brief.

Man muß wissen: Der ein Jahr ältere Paul Claudel war 1890

bereits zur katholischen Kirche konvertiert, nachdem er vier Jahre zuvor während der Weihnachtsmesse in Notre Dame zu Paris eine »Offenbarung« erlebt hatte. Von 1890 an war Claudel im diplomatischen Dienst tätig, trieb aber gleichzeitig sein literarisches Werk voran. Seit 1899 mit Gide im Briefwechsel, ist es der ganze Ehrgeiz des Neu-Konvertiten, auch einen Mann wie Gide zur Bekehrung zu überreden, wie dies bei zahlreichen anderen französischen Intellektuellen schon gelungen war. Doch die allzu selbstsichere Art Claudels (»*Ich* habe meinen Gott«) stößt Gide schon früh ab, wie die Distanzierungen von Claudel im Tagebuch vom 1. bis 18. Dezember 1905 erkennen lassen. Und die endgültige Antwort auf den Proselyteneifer Claudels ist die Gegen-Parabel vom »Verlorenen Sohn«.

In der Tat könnte kein neutestamentlicher Stoff geschickter für Anknüpfung und Widerspruch gewählt sein, wenn es um das Problem von Verlorenheit und Rettung geht. Denn das im Lukas-Evangelium überlieferte *Gleichnis vom verlorenen Sohn* (15, 11–32) hat bekanntlich eine eindeutige Pointe. Es erzählt die Geschichte eines jüngeren Sohnes, der sich mit seinem Erbanteil aus dem Vaterhaus verabschiedet, um ein lockeres Leben in der Welt zu führen. Ins Elend geraten, bereut er seinen Schritt, macht sich auf den Heimweg, wird von seinem Vater in die Arme geschlossen, bringt sein Schuld- und Reuebekenntnis vor und wird mit einem Freudenfest wieder aufgenommen, nicht ohne Neidgefühle beim zuhause gebliebenen älteren Bruder auszulösen. Die Pointe auf der theologischen Sachebene des Gleichnisses ist eindeutig: Wer als Verlorener reuevoll umkehrt, wird von Gott nicht auf seine Vergangenheit behaftet, sondern mit zuvorkommender Gnade empfangen und mit festlicher Freude wieder aufgenommen. Für den biblischen Text ist denn auch das Reuebekenntnis entscheidend. Danach hört dieser Sohn auf, der verlorene zu sein.

Ganz anders bei Gide. Er verknappt die biblische Vorlage und erweitert sie zugleich. Sein Text setzt sofort mit dem Entschluß des Sohnes ein, nach Hause zurückzukehren; die Vorgeschichte setzt er als bekannt voraus. Gide kommt alles auf die Rückkehr an: deren Selbstwahrnehmung durch den Sohn und deren Fremdwahrnehmung durch die Familie. Gide hat dabei das

Familienpersonal erheblich erweitert: Neben dem Vater tritt jetzt auch die Mutter auf, und neben dem älteren und dem »Verlorenen« gibt es noch einen jüngeren Bruder. Der »Verlorene« steht also in dieser Geschwisterkonstellation in der Mitte, eine Stellung von symbolisch entscheidender Bedeutung.

Die Spannung der Erzählung beruht auf einem einzigen Grundeinfall: Nach der Rückkehr verwickelt der »Verlorene« alle Familienangehörigen in ein Gespräch. Man beachte bei der Lektüre, daß in jedem Dialog eine neue Facette des Auszugs-Rückkehr-Problems aufgedeckt wird. Wichtig ist hier vor allem, daß der »Vater« (auf der Sachebene unschwer als Gott, der Weltschöpfer, erkennbar) sich durch den älteren Bruder (unschwer als päpstlicher Ordnungshüter und Interpretationsmonopolist Gottes erkennbar) gegängelt, ja eingeengt fühlt. Es ist dieser Sohn, der jetzt »das Gesetz« im Hause macht...

Die für Gide entscheidende Pointe ist: Während im biblischen Gleichnis der »verlorene Sohn« nach Rückkehr und Reue aufhört, der Verlorene zu sein, hat sich die Verlorenheit des »Verlorenen« bei Gide durch die Rückkehr verschärft. Denn der mittlere Sohn ist nun erst recht im Elend, denn er hat jetzt auch das verloren, was er vor dem Aufbruch noch besaß: die Hoffnung, daß der Auszug etwas änderte. Sein potenziertes Elend besteht jetzt in einem dreifachen Wissen: Die Fremde hält viel Elend bereit; die Rückkehr ist eine demütigende Niederlage und Ausdruck der eigenen Schwäche; im Vaterhaus ist nach der Rückkehr keines der Probleme gelöst, die einstmals zum Auszug zwangen. Nein: Der Zustand nach der Rückkehr ist schlimmer als der Zustand vor dem Weggang. Denn verloren ist der Sohn jetzt erst recht. Er hat *sich* verloren, aber auch die Hoffnung, daß sich sein Zustand noch einmal ändern wird. Was bleibt ihm anderes übrig, als so zu werden wie der ältere Bruder?

Deshalb ist das Gespräch mit dem jüngeren Bruder so wichtig. Mental ist dieser ja in der gleichen Verfassung wie einst sein Bruder vor dessen Auszug. Doch im Wissen, was die Welt da draußen bereithält (Dienst bei »schlimmen Herren»), zögert der »Verlorene« zunächst, seinen jüngeren Bruder zu ermutigen. Doch je länger ihr Gespräch dauert, desto stärker keimt im »Verlorenen« doch wieder Hoffnung auf. Für ihn selber besteht diese Hoffnung nicht mehr. Ein Auszug war genug. Aber der jüngere Bruder verkörpert die Chance, daß die Enge des Vaterhauses doch noch unwiderruflich sprengbar ist.

Und Gide selber? Welche Figur vertritt ihn? Zur Beantwortung dieser komplexen Frage nur einige Hinweise. Noch einmal sei in Erinnerung gerufen, was Gide selber schon früh im Arbeitsprozeß signalisierte: Seine neue Schrift sollte »die Hemmungen und Aufschwünge« seines Geistes »in Dialogform« bringen. Der Autor Gide also ist das ganze Werk, nicht nur eine der Figuren. Alle Argumente und Gegenargumente, Positionen und Gegenpositionen sind in Gide präsent. Trotzdem gibt es eine erkennbare Erzählstrategie.

(1) Der Text signalisiert (im Vorspann und zu Beginn des zweiten Kapitels), daß Gide sich als »Gegenstück zum verlorenen Sohn« versteht. Beziehen kann sich dies freilich nicht auf die Rückkehr (die Gide je länger desto entschiedener ablehnt), sondern nur auf den Zwiespalt, den der »Verlorene« tief durchlebt. Nur in der »Tiefe seiner großen Not« sieht er sich mit dem »Verlorenen« identisch, im Wissen also darum, daß außerhalb des gesicherten Vaterhauses keineswegs Freiheit und Glück warten. Wer sich auf die Suche nach dem eigenen Ich macht, der erfährt die Welt in all ihrer Schönheit, aber auch in all ihrem Schrecken; der kennt die schmerzliche Sehnsucht nach Rückkehr ins Geborgene, Versorgte, Geordnete. Vom biblischen Sprachspiel der Verlorenheit ist also allein dies übrig geblieben, und der ganze Text ist ein einziges dialektisches Spiel mit dem Wort Verlorenheit. Gide sieht sich als »verloren« gewissermaßen noch im Sprachspiel der anderen, aber nur, um dies dialektisch umzukehren.

(2) Denn seinen Konversions-Freunden gegenüber begreift sich Gide keineswegs als »verloren«. Im Gegenteil. Hier macht er im fiktiven Modell seiner Gegen-Parabel klar, um welchen Preis er die Rückkehr hätte vollziehen müssen: um den Preis wirklicher Verlorenheit nämlich, den Preis der Selbstaufgabe, der Selbstdemütigung, der Selbstverachtung. Dann wäre er wirklich »verloren«, weil er sich selber verraten hätte. Im dialektischen Gegenspiel versetzt Gide damit seine kirchlich gesinnten Freunde in die Position der »Verlorenen«.

(3) Die Gegenparabel Gides' ist also als kritischer *Spiegel für*

die ins Vaterhaus Zurückgekehrten oder die im Vaterhaus treu Ausharrenden gedacht. Unschwer zu erkennen, daß die Figuren des Gleichnisses auf der Sachebene die Konstellation Gott – Papst – fromme Laiin – rebellischer Laie symbolisieren. Konkret heißt das: Da der Vater erklärt, im eigenen Haus (= Kirche) von seinem ältesten Sohn entmachtet zu sein (»hier macht er das Gesetz«), und der älteste Bruder zugleich unbekümmert erklärt, er sei das einzige Sprachrohr des Vaters und der einzige Hüter über die Ordnungen, bedeutet dies im Klartext, daß Gide Gott, den Weltschöpfer, im Haus der Kirche vom Papst entmachtet sieht und die Kirche dies so wenig merkt wie die fromme Mutter, deren einzige Sorge darin besteht, daß alle im Hause sich geborgen fühlen. Der jüngste Bruder schließlich ist der Typus des kritischen katholischen Laien, der wegen der Amtsanmaßung des Papstes nur noch das Ziel hat, die Kirche zu verlassen. Man achte deshalb bei der Lektüre genau auf das Gottes-, Kirchen- und Christusbild dieses Textes:

– *Gott* erweist sich überraschenderweise als die *Energie der Lebendigkeit,* die letztlich alle Beschränkungen durchstoßen und überwinden will:

»C'est moi qui t'ai formé; ce qui est en toi, je le sais. Je sais ce qui te poussait sur les routes; je t'attendais au bout. Tu m'aurais appelé... j'étais là.« (in diesem Buch S. 87)

– *Christus* ist in diesem Werk die *Orientierungs- und Appellationsinstanz.* Die im Vorspann zum »Verlorenen Sohn« auftauchende Redeweise von »unserem Herrn Jesus Christus« ist ernst zu nehmen genauso wie die Gottes-Anrede zu Beginn des 2. Abschnitts. Gide sieht sich Zeit seines Lebens als Christus-Gläubigen, aber so, daß er seinen Christus aus der Vergewaltigung durch die kirchliche Tradition befreien will. Lange Zeit trägt er sich mit dem Plan, ein Werk über »Le Christianisme contre le Christ« zu schreiben. Verstreute Bemerkungen in den Tagebüchern und Briefen sowie zahlreiche Erörterungen in den Werken vermitteln ein anschauliches Bild seiner Überzeugung, daß Christus in der Christenheit bisher grotesk mißverstanden wurde. Und mit der »Kirche« wird jede Institutionalisierung des Christlichen abgelehnt, sei sie nun katholischer, protestantischer oder anderer Provenienz. Im Tagebuch heißt es einmal (7. Febr. 1912): »Le catholicisme est inadmissible. Le protestantisme est intolérable. Et je me sens profondément chrétien.« (GW II, S. 294)

– Die *Kirche* fällt im »Verlorenen Sohn« unter das schärfste Verdikt. Was ihre Verteidiger an ihr lieben (erlösende Ordnung gegen das Chaos, Stärkung des Geistes gegen die Triebe, klärende Orientierung gegen die Anarchie), betrachtet der »Verlorene« (zusammen mit seinem Autor) als einen Ort der falschen Ruhe, einen Ort der Müden und für die Müden. Die Müdigkeitsmetapher ist hier besonders sprechend und mußte für die Freunde besonders bitter klingen. In ihr steckt die verletzende Behauptung, die Kirche stelle den Menschen ruhig, schläfere ihn ein, nehme ihm die Verantwortung ab und erspare das eigene Denken. Claudel wehrt sich denn auch an diesem Punkt aus seiner Sicht völlig zu Recht. Als er den »Verlorenen Sohn« endlich Anfang März 1908 erhält (als Diplomat im Französischen Konsulat der chinesischen Stadt Tientsin tätig), reagiert er denn auch vornehm, aber entschieden:

»Warum das Vaterhaus fliehen und verwünschen? Es gibt ein Vaterhaus, das zu verlassen manchmal gesund und notwendig ist, wie es die Bibelstellen beweisen . . . Aber dieses Vaterhaus ist nicht die Kirche, die nichts ist als die sichtbare Form des Wortes . . . Die Kirche ist nur deshalb exklusiv, weil sie katholisch, d. h. universal ist, und weil sie absolut nichts draußen läßt. Wer nicht in dem Gebäude Gottes beschlossen ist, der ist in die entsetzlich engen Grenzen der Eigenliebe eingeschlossen wie in das kleine Verlies, mit dem die heilige Theresa die Hölle vergleicht. Am meisten Religion ist da, wo am meisten Liebe ist, am meisten Liebe ist da, wo am meisten Einheit ist. Die, welche Christus ähnlich sind, sind mit einer großartigen Mannigfaltigkeit untereinander ähnlich.« (BW Gide-Claudel)

Die Versuchung, katholisch zu werden, blieb nicht die einzige Versuchung in Gides Leben. Und seine grundsätzliche Distanz zu solchen »Häusern« sollte im Verlauf einer langen Lebensgeschichte noch öfter geprüft werden. Jahrzehnte später ist es die Versuchung durch den Sozialismus. Eine neue Konversionsaufforderung ist im Gang, zumal Gide wie viele europäische Intellektuelle der 20er und 30er Jahre für den sowjetischen Kommunismus große Sympathien hegt. Im Juni/Juli 1936 sieht man Gide auf Einladung des Moskauer Regimes sechs Wochen lang durch die Sowjetunion fahren. Ja, auf dem Roten Platz, an der Seite Stalins und Molotows, sieht man ihn eine Totenrede für Maxim Gorki halten. Sein im November 1936 erschienenes Buch »Retour de l'URSS« freilich enthält schon erste kritische Wahrnehmungen der Diskrepanzen von Ideal und Wirklichkeit, eine Distanz, die sich in weiteren Veröffentlichungen noch verschärfen sollte. »Retour« ist auch in diesem Fall mehr als nur ein biographisches Ereignis. Auch im Fall des Kommunismus – wie im Fall des Katholizismus – mußte Gide »zurück« zu sich selber, zur Wahrheit in Wahrhaftigkeit.

Sein *Christus-Verständnis* gab ihm dafür die notwendige Orientierung, wie einer der Herausgeber der deutschen Gide-Ausgabe, Raimund Theis, treffend herausgestellt hat: »Unter der Verdinglichung bürgerlicher Ordnung und unter dem Dogmatismus der Kirchen und der rechten, nationalkonservativen Parteien hatte Gide bereits gelitten, bevor er *Le retour de l'enfant prodigue* schrieb. Daß auch die linke Ideologie der Gerechtigkeit und des Fortschritts der Gedankenfreiheit und der Selbstbestimmung das Heimatrecht in ihrem Haus verweigert, wird während der 30er Jahre vor dem Krieg Gides bitterste Lebenserfahrung sein. Gide wird daraus lernen, daß die Anstrengung, Christus zu folgen, ihm kein Ausruhen in irgendeiner Heimstatt dieser Erde erlaubt. Wer Christus folgt, bestimmt sich dazu, in seiner Einsamkeit Gott zu schaffen.« (GW VII, S. 580)

Nachwort: Der Text von Gide hat eine kongeniale Verdeutschung erfahren durch einen nicht weniger bedeutenden Schriftsteller: Rainer Maria Rilke. Die Übersetzung und deren Veröffentlichung erfolgt im Jahre 1914 nach intensiver Zusammenarbeit beider Dichter in Paris. All das kann hier nicht weiter verfolgt werden. Deshalb sei wenigstens verwiesen *erstens* auf: Rainer Maria Rilke – André Gide, Briefwechsel 1909–1926, hrsg. v. W. Peters, Stuttgart – Wiesbaden 1957. Sowie *zweitens* darauf, daß Rilke seinen eigenen, für die deutsche Literatur dieses Jahrhunderts bahnbrechenden Roman »Die Aufzeichnungen des Malte Laurids Brigge« (der zwischen 1904 und 1910 in Paris entsteht) ebenfalls mit einer sehr provokativen, aber völlig andersartigen Auslegung des Gleichnisses vom verlorenen

Sohn enden läßt. Das letzte Kapitel des »Malte« beginnt mit den berühmten Sätzen: »Man wird mich schwer davon überzeugen, daß die Geschichte des verlorenen Sohnes nicht die Legende dessen ist, der nicht geliebt werden wollte.«

Ausgabe: A. Gide, Le Retour de l'Enfant Prodigue (1907). Die Rückkehr des verlorenen Sohnes. Deutsch v. R. M. Rilke, Leipzig 1914, 7. Auflage 1994. Auch in: Gesammelte Werke in 12 Bänden, hrsg. v. R. Theis – P. Schnyder, Bd. VII, Stuttgart 1991, S. 483–506 (Nachwort *R. Theis,* S. 575–580). Auch in: R. M. Rilke, Sämtliche Werke Bd. VII, hrsg. vom Rilke-Archiv, besorgt durch W. Simon, K. Wais, E. Zinn, Frankfurt/M. – Leipzig 1997, S. 238–287.

Literatur zur Vertiefung

1. *Zur Lebensgeschichte:*
   A. Gide, Journal 1889–1939, Paris 1939. Daraus: Tagebuch 1903–1922, hrsg. v. P. Schnyder. Deutsch von M. Schäfer-Rümelin, in: Gesammelte Werke in 12 Bänden, Bd. II, Stuttgart 1990, S. 142–149 sowie S. 548–571 (»Numquit et tu . . .?«)
   A. Gide – P. Claudel, Correspondance 1899–1926, hrsg. v. R. Mallet, Paris 1949. Briefwechsel 1899–1926. Deutsch von Y. Gräfin Kanitz, Stuttgart 1952.
   C. Martin, André Gide mit Selbstzeugnissen und Bilddokumenten, Hamburg 1963, [9]1995.
2. *Zur Werkgeschichte:*
   C. H. Savage, André Gide. L'Evolution de sa Pensée Religieuse, Paris 1962.
   G. W. Ireland, André Gide. A Study of His Creative Writings, Oxford 1970.
   R. Theis, André Gide, Darmstadt 1974 (Erträge der Forschung).
3. *Zum Text:*
   K. Seibt, Studien zu André Gides »Retour de l'Enfant prodigue«, in: Pädagogische Provinz 15 (1961), S. 414–424.
   W. Weber, Forderungen. Bemerkungen und Aufsätze zur Literatur, Zürich – Stuttgart 1970, S. 33–38.
   A. Roggenkamp-Kaufmann, Der Protestant André Gide und die Bibel, Göttingen 1993, bes. S. 218–327.

4. *Zum Verhältnis Gide – Rilke:*
K. Hamburger, Die Geschichte des verlorenen Sohnes bei Rilke (1970/71), in: dies., Kleine Schriften, Stuttgart 1976, S. 213–230.
H. Schlienger-Stähli, Rainer Maria Rilke – André Gide. Der verlorene Sohn: Vergleichende Betrachtung, Zürich 1974.
W. Brettschneider, Die Parabel vom verlorenen Sohn. Das biblische Gleichnis in der Entwicklung der europäischen Literatur, Berlin 1978.
M. Schmeling, Verlorene Söhne. Rilke und Gide im übersetzerischen Dialog, in: D. Lamping – M. Engel (Hrsg.), Rilke und die Weltliteratur, Düsseldorf – Zürich 1999, S. 123–148.

André Gide
Die Rückkehr des verlorenen Sohnes

Ich habe hier, wie man es bei den alten Altartafeln tat, zu meiner verschwiegenen Freude, das Gleichnis gemalt, das unser Herr Jesus Christus uns erzählt hat. Die zwiefältige Eingebung habe ich verteilt gelassen und zusammengefaßt, wie sie mich antrieb; ich suche nicht, den Sieg irgendeinen Gottes über mich zu erweisen – auch keinen meinigen Sieg. Wenn aber der Leser einige Frömmigkeit von mir fordert, es möchte sein, daß er sie gleichwohl in meinem Bilde fände, da ich mich, gleich einem Stifter in der Ecke des Gemäldes, darin angebracht habe, auf den Knieen, ein Gegenstück zum verlorenen Sohn, wie er zugleich lächelnd und mit von Tränen triefendem Antlitz.

Der verlorene Sohn

Wenn der verlorene Sohn, nach einer langen Abwesenheit und wie am Ende seiner Neigung zu sich selbst, auf dem Grunde dieser Entbehrnis, die er suchte, an das Antlitz seines Vaters denkt, an das nicht beengte Zimmer, wo seine Mutter sich über sein Bett beugte, an den Garten, getränkt von fließendem Wasser, aber umschlossen und aus dem zu entweichen er immer begierig war, an den sparsamen älteren Bruder, den er nie geliebt hat, der aber, abwartend, noch den Teil seiner Güter zurückhält, den er, im Verschwenden, nicht los werden konnte –:

So gesteht sich der Sohn, daß er das Glück nicht gefunden hat, ja, daß er nicht einmal imstande war, jene Trunkenheit lange auszudehnen, die er an Glückes Statt suchte. Ah, denkt er, wenn mein Vater, erst so gereizt gegen mich, mich tot geglaubt hat, vielleicht, trotz meiner Sünde, wär er froh, mich wiederzusehn; ah, zurückkehrend zu ihm, ganz unterwürfig, die Stirne gesenkt und Asche darauf, wenn ich, mich beugend vor ihm, sagte: »Mein Vater, ich habe gesündigt wider den Himmel und wider dich«, was würde ich tun, wenn er dann, mit der Hand mich aufhebend, antwortete: »Tritt ein in das Haus, mein Sohn«? – Und schon, andächtig, macht der Sohn sich auf.

Da die Hügel fort sind, und er endlich Rauch von den Dächern des Hauses sieht, ist es Abend. Aber er erwartet die Schatten der Nacht, daß sie ein wenig sein Elend verschleiern. Er hört in der Ferne die Stimme seines Vaters; seine Knie geben nach. Er fällt und bedeckt mit den Händen sein Gesicht, denn er schämt sich für seine Scham, im Bewußtsein, der rechtmäßige Sohn zu sein, trotzdem. Er hat Hunger; und hat höchstens in einer Falte seines zerschlissenen Mantels eine Handvoll süßer Eicheln, solche, wie sie ihm zur Nahrung wurden, genau wie den Schweinen, die er hütete. Er erkennt die Vorbereitungen zum Abendessen. Er unterscheidet seine Mutter, wie sie heraustritt auf den Vorplatz ... es hält ihn nicht länger, laufend stürzt er den Hügel hinab, tritt in den Hof, angebellt von seinem Hund, der ihn nicht erkennt. Er will zu den Leuten sprechen, die aber ziehn sich mißtrauisch zurück, gehn dem Herrn sagen ...

Kein Zweifel, er hat den verlorenen Sohn erwartet, denn er erkennt ihn sofort. Seine Arme öffnen sich; da kniet sich das Kind vor ihm hin und verbirgt mit dem einen Arm seine Stirn und schreit zu ihm und hebt, auf die Verzeihung zu, die rechte Hand empor:

– Mein Vater! Mein Vater, ich habe mich schwer vergangen gegen den Himmel und gegen dich. Ich bin nicht mehr würdig, daß du mich beim Namen nennest; aber wenigstens, als deiner Knechte einen, den letzten, in einem Winkel unseres Hauses, laß mich leben ...

Der Vater hebt ihn auf und faßt ihn fest:

– Mein Sohn! Mein Sohn! Sei der Tag gesegnet, da du mir wieder-
kehrst! – Und seine Freude, aus dem Herzen überfließend, weint.
Er hebt das Haupt von der Stirn seines Sohns, der geküßten, und
wendet sich an die Leute:
– Bringt das schönste Kleid, tut ihm Schuhe an seine Füße und
einen kostbaren Ring an seinen Finger. Sucht in den Ställen das
fetteste Kalb aus und tötet es. Richtet ein Freudenfest, denn der
Sohn, den ich totgesagt habe, lebt.
Und wie die Nachricht schon herumkommt, läuft er. Er will nicht
zugeben, daß ein anderer sage:
– Mutter, der Sohn, um den wir weinten, ist uns wiedergegeben.
Die allgemeine Freude wird zur Sorge für den ältesten Sohn. Wenn
er sich wirklich an den gemeinsamen Tisch setzt, so geschiehts auf
die Aufforderung des Vaters hin, gedrängt von ihm, fast gezwungen. Er allein unter allen Tischgenossen (denn bis zum Geringsten,
alle sind geladen) trägt Zorn zur Schau auf seiner Stirn: Warum für
den reuigen Sünder mehr Ehre als für ihn, der nie gesündigt hat? Er
hält von geregelter Ordnung mehr als von der Liebe. Sein Erscheinen beim Fest will nur sagen, daß er dem Bruder Kredit gibt und
ihm Freude borgt für einen Abend; auch haben Vater und Mutter
ihm versprochen, dem Ausbund morgen ins Gewissen zu reden,
und er selbst ist entschlossen, ihn strenge vorzunehmen.
Das Mahl ist zu Ende. Die Leute haben abgeräumt. Und jetzt in
der Nacht, in der nicht ein Hauch sich rührt, wird das müde Haus
schlafen.

Der Verweis des Vaters

Mein Gott, wie ein Kind knie ich heute vor dir, das Gesicht trie-
fend von Tränen. Ich besänne mich nicht auf dein dringendes
Gleichnis und schriebe es nicht hier auf, wenn ich nicht wüßte, wer
dein verlorner Sohn war; wenn ich mich nicht sähe in ihm; wenn
ich die Worte nicht manchmal in mir hörte und sie heimlich wiederholte, diese Worte, die du ihn schreien läßt aus der Tiefe seiner
großen Not:
– Wieviel Tagelöhner meines Vaters haben bei ihm Brot im Über-
fluß, und ich sterbe vor Hunger!
Ich stelle mir vor, wie die Umarmung des Vaters ist; an der Wärme

einer solchen Liebe löst sich mein Herz. Ich stelle mir die Not vor vorher, ja, ich bin bereit, mir vorzustellen, was es auch sei; ich glaube es; ich fühle es; ich bin es selbst, dessen Herz aufschlägt, wenn die Hügel fort sind und er die blauen Dächer sieht des Hauses, das er verlassen hat. Auf was wart ich denn? Was stürz ich nicht zu der Wohnung hin? Was tret ich nicht ein? Man erwartet mich. Ich sehe schon, wie man das gemästete Kalb zubereitet ... Halt! Rüstet nicht zu rasch das Fest! Verlorener Sohn, ich denke an dich. Sag mir vorerst, was dir der Vater gesagt hat, am anderen Tag, nach der Feier des Wiedersehens. Ah, wenn auch der älteste Sohn einflüstert, dürfte ich doch dann und wann deine Stimme hören, Vater, durch seine Worte.

– Mein Sohn, warum hast du mich verlassen?

– Hab ich dich wirklich verlassen? Vater, bist du nicht überall? Ich habe nie aufgehört, dich zu lieben.

– Streiten wir nicht um Worte. Ich hatte ein Haus, das dich einschloß. Es war aufgerichtet um deinetwillen. Damit deine Seele darin eine Unterkunft hätte, eine ihrer würdige Verwöhnung, einen Beistand, einen Dienst: haben ganze Geschlechter gearbeitet. Du, der Erbe, der Sohn, bist aus dem Hause entwichen, warum?

– Weil das Haus mich einschloß. Das Haus, das bist nicht du, mein Vater.

– Ich habe es erbaut, für dich erbaut.

– Ah, das hast du nicht gesagt. Das sagt mein Bruder. Du, du hast die ganze Erde erbaut, das Haus und was außer dem Hause ist. Das Haus haben andere gebaut als du; in deinem Namen, ich weiß, aber andere als du.

– Der Mensch bedarf eines Daches, unter dem er sein Haupt ruhe. Hochmütiger! Meinst du, du kannst bei den Winden schlafen?

– Gehört dazu soviel Hochmut? Ärmere als ich haben das getan.

– Das sind die Armen. Arm bist du nicht. Niemand kann seinem Reichtum absagen. Ich habe dich reich gemacht unter allen.

– Mein Vater, du weißt wohl, da ich fortging, nahm ich von meinen Reichtümern mit, was sich mitnehmen ließ. Was kümmern mich die Güter, die man nicht mit sich tragen kann?

– Dieses ganze Vermögen hast du unsinnig vergeudet.

– Ich habe dein Gold in Ergötzen umgewechselt, deine Maßregeln ins Spielende, meine Keuschheit in Singen und mein strenges Leben in Sehnsucht.

– Dafür also waren deine Eltern haushälterisch und strengten sich an, in dir lauter Tugend auszubilden?

– Ja, daß ich mit um so schönerer Flamme brenne, wenn etwa eine neue Inbrunst mich entzünden kommt.

– Denk an die reine Flamme, die Moses sah im geheiligten Busch; sie strahlte, aber ohne zu verzehren.

– Ich habe die Liebe kennengelernt, die verzehrt.

– Die Liebe, die ich dich lehren will, ist Erquickung. Da die kurze Zeit um war, was ist dir, verlorener Sohn, geblieben?

– Die Erinnerung an jene Genüsse.

– Und die Leere, die ihnen nachfolgt.

– In dieser Leere hab ich mich dir nah gefühlt, Vater.

– Mußte das Elend kommen, dich zu mir zurückzutreiben?

– Ich weiß nicht; ich weiß nicht. In der Dürre der Wüste liebte ich am meisten meinen Durst.

– Dein Elend ließ dich besser den Preis deiner Reichtümer fühlen.

– Nein, nicht das. Verstehst du mich nicht, mein Vater? Mein Herz, leer von allem, füllte sich mit Liebe an. Um den Preis aller meiner Güter hatte ich die Inbrunst erkauft.

– Du warst also glücklich fern von mir?

– Ich fühlte mich dir nicht fern.

– Was hat dann bewirkt, daß du wiederkamst? Sprich.

– Ich weiß nicht. Die Trägheit vielleicht.

– Die Trägheit, mein Sohn! Was du sagst! Nicht die Liebe?

– Vater, ich habe es dir gesagt, ich liebte dich niemals mehr als in der Wüste. Aber ich war es müde, meinem Unterhalt nachzugehen, jeden Morgen. Man ißt gut in dem Hause.

– Ja, da sorgen die Leute dafür. So ist es also der Hunger, der dich zurückgeführt hat?

– Vielleicht auch Feigheit, Krankheit... Auf die Dauer schwächte mich diese Nahrung, die der Zufall mir bot, denn ich nährte mich von wilden Früchten und Heuschrecken und Honig. Immer schlechter ertrug ich die Beschwerlichkeiten, die zuerst nur dazu gemacht schienen, mich anzueifern. Nachts, wenn mich fror, dachte ich an mein Bett bei meinem Vater, wie sorgfältig seine Decken eingesteckt waren. Wenn ich fasten mußte, so fiel mir ein, wie sehr bei meinem Vater immer die Fülle der aufgetragenen Gerichte meinen Hunger übertraf. Ich habe nachgegeben. Ich hatte nicht den Mut, länger zu kämpfen, nicht die Kraft. Und doch...

– Das gemästete Kalb gestern hat dir also geschmeckt? Der verlorene Sohn wirft sich schluchzend hin, das Antlitz an der Erde:

– Mein Vater, mein Vater, der wilde Geschmack der süßen Eicheln bleibt trotzdem in meinem Mund; nichts kann ihn auflösen, daß ich ihn nicht schmecke.

– Armes Kind! erwidert der Vater und hebt ihn auf, – ich habe vielleicht zu hart zu dir gesprochen. Dein Bruder hat es so gewollt; hier macht er das Gesetz. Er hat mir nicht Ruhe gelassen, daß ich dir sage: Außerhalb des Hauses ist kein Wohlergehn für dich. Aber hör mich an: Ich, ich habe dich geschaffen; alles was in dir ist, ich weiß es. Ich weiß, was dich trieb auf deinen Wegen, und ich wartete auf dich an ihrem Ausgang. Hättest du mich gerufen – ich war da.

– Mein Vater, so hätte ich dich wiederhaben können, ohne umzukehren?

– Wenn du dich schwach gefühlt hast, so hast du gutgetan, umzukehren. Geh jetzt. Geh in die Kammer, die ich dir habe bereiten lassen. Genug für heute; ruh dich aus; morgen kannst du mit deinem Bruder reden.

Der Verweis des älteren Bruders

Der verlorene Sohn versucht zuerst, ihn von oben herab zu nehmen.

– Mein großer Bruder, beginnt er, wir haben nicht viel Ähnlichkeit miteinander. Wir sind uns gar nicht ähnlich, mein Bruder.

– Das ist dein Fehler.

– Weshalb meiner?

– Weil ich in der Ordnung bin; alles was sich von ihr abhebt, ist Frucht und Same des Hochmuts.

Müssen es durchaus Fehler sein, was sich abhebt bei mir?

– Du solltest gute Eigenschaften nur die nennen, die dich zur Ordnung führen; was den Rest angeht, so mußt du ihn bezwingen.

– Gerade diese Verstümmelung fürchte ich. Auch das, was du unterdrückt haben willst, kommt vom Vater.

– Nein, nicht unterdrückt, bezwungen, sagte ich.

– Ich versteh dich schon. Auf diese Weise habe ich eben meine guten Seiten bezwungen.

– Und darum finde ich sie auch jetzt wieder. Du mußt sie in die

Höhe treiben. Versteh mich recht: was ich dir da vorschlage, ist keine Herabsetzung, sondern eine Steigerung deiner selbst, zu der die verschiedenartigsten und ununterworfensten Elemente deines Fleisches und deines Geistes in großen Einklängen zusammenwirken sollen, eine Steigerung, in der das Ärgste, was in dir steckt, Nährstoff liefert für das Beste, und das Beste selbst abhängig sein soll von dem . . .

– Eine Steigerung ist auch das, was ich suchte und in der Wüste fand, – vielleicht nicht einmal sehr verschieden von der, die du vorschlägst.

– Die ich dir, offen gestanden, vor*schreiben* möchte.

– Unser Vater hat nicht mit solcher Härte gesprochen.

– Ich weiß nicht, was der Vater dir gesagt hat. Etwas Vages. Er drückt sich nicht sehr klar aus; man kann ihm in den Mund legen, was einem beliebt. Ich aber, ich kenne seine Gedanken wohl. Bei den Leuten hier bleibe ich immer der einzige, der sie auszulegen weiß, und wer den Vater verstehen will, hat auf mich zu hören.

– Ich verstand ihn sehr leicht ohne dich.

– Das schien dir so. Aber du hast falsch verstanden. Es gibt nicht mehrere Arten, den Vater zu verstehn; es gibt nicht mehrere Arten, ihn zu hören; es gibt nicht mehrere Arten, ihn zu lieben; auf daß wir Eines seien in seiner Liebe.

– In seinem Hause.

– Diese Liebe führt dahin zurück. Das kannst du wohl sehen, da du wieder hier bist. Jetzt sage mir, was hat dich damals hinausgetrieben?

– Ich fühlte zu stark, daß das Haus nicht das Weltall ist. Ich selbst, ich bin ja nicht völlig in dem, was ich, nach deinem Willen, zu sein habe. Ob ich wollte oder nicht, ich sah andere Kulturen vor mir, andere Länder; und Wege, die man wandern konnte, noch gar nicht vorhandene Wege. Ich begriff das neue Wesen in mir und spürte, wie es dorthin stürzte. Da brach ich aus.

– Denk, was geworden wäre, wenn ich, wie du, das Haus des Vaters verlassen hätte. Die Dienstleute und Räuber hätten unser Hab und Gut geplündert.

– Was lag mir damals daran. Ich hatte andere Güter im Sinn . . .

– Die dir dein Hochmut herrlich ausmalte. Mein Bruder! Die Zuchtlosigkeit liegt hinter uns. Aus welchem Chaos der Mensch hervorgegangen ist, das wirst du erfahren, wenn du es noch nicht weißt. Er ist schlecht daraus hervorgegangen; mit dem ganzen Gewicht seiner Einfalt fällt er hinein zurück, wenn ihn der Geist nicht oben hält. Sieh zu, daß du's lernst, ohne es teuer zu bezahlen: die geordneten Elemente, aus denen du bestehst, warten nur auf eine Einwilligung deinerseits, auf dein Schwachwerden, um in Anarchie zurückzutaumeln ... Schwerlich wirst du je wissen, welche Zeit es gebraucht hat, bis der Mensch den Menschen fertigbrachte. Jetzt, da eine Norm erreicht ist, halten wir uns daran. »Halte fest, was du hast«, spricht der Geist zum Engel der Kirche, und er fügt hinzu: »damit niemand deine Krone nehme«. Was du hast, das ist deine Krone, diese Königsgewalt über die anderen und über dich selbst. Deine Krone, der Thronräuber lauert auf sie; er ist überall. Er streift herum um dich und in dir. Halt fest, mein Bruder, halt fest.

– Ich bin seit zu lange gewohnt, loszulassen; ich kann die Hand nicht mehr schließen um mein Gut.

– Doch, doch. Ich werde dir helfen. Ich habe, während du fort warst, über dein Gut gewacht.

– Und dann, dieses Wort des Geistes, ich kenne es. Du hast es nicht ganz angeführt.

– In der Tat, es heißt weiter: »Wer überwindet, den will ich machen zum Pfeiler in dem Tempel meines Gottes und soll nicht mehr hinausgehn«.

– »Und soll nicht mehr hinausgehn.« Davor gerade habe ich Angst.

– Wenn es zu seinem Glück ist.

– O, ich verstehe wohl. Aber in diesem Tempel war ich ...

– Und es hat dir nicht gutgetan, draußen zu sein, da du dich entschlossen hast, wieder einzutreten.

– Ich weiß; ich weiß. Ich bin zurück. Das kann ich nicht leugnen.

– Welches Gut könntest du auch anderwärts suchen, das du hier nicht in Fülle fändest? Oder besser: hier und nirgends sonst sind alle deine Güter.

– Ich weiß, du hast mir Schätze aufbewahrt.

– Das, was du von deinen Gütern nicht verschleudert hast, das heißt denjenigen Teil, der uns allen gemeinsam zukommt: den Grundbesitz.

– So gehört mir nichts mehr zu eigen?

– Doch; ein besonderer Anteil an den Schenkungen, den unser Vater dir möglicherweise zuerkennt.

– Daran allein ist mir gelegen. Es ist mir recht, nichts zu besitzen als dies.

– Hochmütiger! Man wird dich nicht fragen. Unter uns gesagt, dieser Anteil ist Glückssache; ich rate dir, lieber darauf zu verzichten. Schon einmal hat ein solcher Anteil an persönlichen Schenkungen dir Unheil gebracht. Das sind ja doch die Güter, die du auf der Stelle verschleuderst.

– Die andern konnte ich ja nicht mit mir nehmen.

– So wirst du sie auch unberührt wiederfinden. Genug für heute. Füg dich in die Ruhe des Hauses.

– Gern, weil ich müde bin.

– So sei deine Müdigkeit gesegnet. Schlafe jetzt. Morgen wird deine Mutter mit dir reden.

Die Mutter

Sohn, verlorener, der sich im Geiste noch sträubt gegen die Reden des Bruders, laß nun dein Herz sprechen. Wie tut es dir gut, während deine Mutter dasitzt, halb liegend zu ihren Füßen, die Stirn zu verstecken an ihren Knieen und zu fühlen, wie unter ihrer Hand dein aufgelehnter Nacken nachgibt.

– Warum hast du mich so lange verlassen?

Und da du keine Antwort hast, als Tränen:

– Warum jetzt weinen, mein Sohn? Du bist mir wiedergegeben. Ich habe im Warten auf dich alle meine Tränen ausgegossen.

– Du hast mich noch erwartet?

– Ich habe nie aufgehört, auf dich zu hoffen. Jeden Abend, vor dem Einschlafen, dachte ich: Wenn er diese Nacht kommt, wird er wissen, wie man die Türe öffnet? Und es dauerte, eh ich einschlief. Jeden Morgen, bevor ich noch ganz wach war, dachte ich: Kommt er nicht heute? Und dann betete ich; ich habe soviel gebetet, schließlich mußtest du wohl kommen.

– Deine Gebete sind schuld an meiner Rückkehr.

– Lächle nicht über mich, mein Kind.

– O Mutter, ich komme zu dir ganz demütig. Sieh, meine Stirn ist niedriger als dein Herz. Keiner meiner gestrigen Gedanken, der heute nicht nichtig würde. Bei dir begreif ich kaum noch, warum ich aus dem Hause fortgegangen bin.

– Du gehst nicht wieder fort?

– Ich kann nicht mehr fortgehn.

– Was hat dich denn nur da draußen angezogen?

– Ich will nicht mehr daran denken. Nichts . . . Ich selbst.

– Hast du denn gedacht, du könntest fern von uns glücklich sein?

– Ich suchte nicht das Glück.

– Was suchtest du?

– Ich suchte . . . wer ich war.

– O, Sohn deiner Eltern, Bruder unter deinen Brüdern.

– Ich hatte nichts mit meinen Brüdern gemein. Sprechen wir nicht davon. Hier bin ich wieder.

– Doch, laß uns noch sprechen: glaube nicht, daß deine Brüder so verschieden sind von dir.

– Von nun an wird es meine einzige Sorge sein, euch allen zu gleichen.

– Du sagst das, als gäbest du damit alles auf.

– Nichts macht mehr müde, als das durchzusetzen, worin man anders ist. Diese Reise hat mich am Ende ganz erschöpft.

– Das ist wahr, du bist förmlich gealtert.

– Ich habe gelitten.

– Mein armes Kind! Dein Bett war gewiß nicht gemacht jeden Abend und dein Tisch nicht immer gedeckt für die Mahlzeiten.

– Ich aß, was ich fand, und das waren oft nur grüne oder verdorbene Früchte, die sich mein Hunger irgendwie nahrhaft machte.

– Hast du wenigstens nur Hunger gelitten?

– Die Sonne mitten am Tag, der kalte Wind vom Herzen der Nacht her, die Wüste mit ihrem wechselnden Sand, das Gestrüpp, an dem ich mir die Füße blutig riß, – nichts von alledem konnte mich aufhalten, aber – meinem Bruder hab ichs nicht gesagt – ich mußte dienen . . .

– Warum hast du's verschwiegen?

– Böse Herren sind mit meinem Stolz fertig geworden; sie mißhandelten meinen Körper und gaben mir kaum satt zu essen. Da dacht ich schließlich: Wenn ich doch einmal dienen soll . . . Im Traum sah ich das Haus: und kam zurück.

Der verlorene Sohn senkt wieder seine Stirn, die die Mutter sanft streichelt.

– Was wirst du jetzt tun?

– Ich habe es dir gesagt: mir Müh geben, meinem großen Bruder ähnlich zu werden; unsere Güter verwalten; eine Frau nehmen, wie er.

– Sicher denkst du an jemanden, wenn du das sagst.

– Einerlei, wenn du erst eine gewählt hast, so wird sie es auch sein. Tu, wie du's für meinen Bruder getan hast.

– Ich hätte sie gerne nach deinem Herzen gewählt.

– Was liegt daran. Mein Herz hat ja seine Wahl gehabt. Ich entsage einem Stolz, der mich so weit von dir weggeführt hat. Leite meine Entschließung. Ich unterwerfe mich, sage ich dir. Auch meine Kinder werden dir genau so unterworfen sein; so wird mir, was ich da unternehme, wenigstens nicht ganz umsonst scheinen.

– Höre. Es ist schon ein Kind da, dessen du dich annehmen könntest.

– Was willst du sagen? Von wem sprichst du?

– Von deinem jüngeren Bruder. Als du fortgingst, war er noch nicht zehn Jahre; du hast ihn kaum wiedererkannt, und doch er . . .

– Sprich zu Ende, Mutter. Welchen Grund hast du jetzt, unruhig zu sein?

– In ihm hättest du dich eigentlich erkennen müssen, denn er gleicht ganz dem, der du warst, als du weggingst.

– Gleicht mir?

– Dem, der du *warst*, sag ich, leider noch nicht dem, der du geworden bist.

– Und der er werden wird.

– Man muß ihn dazu machen, so bald als möglich. Sprich mit ihm; auf dich wird er gewiß hören, auf den Verlorenen. Beschreib ihm die Ermüdung unterwegs. Erspar ihm . . .

– Aber was ängstigt dich denn so an meinem Bruder? Vielleicht einfach etwas Verwandtes in seinen Zügen . . .

– Nein, nein; die Ähnlichkeit zwischen euch beiden geht tiefer. An ihm beunruhigt mich jetzt das, was mich zuerst, an dir, nicht genügend beunruhigt hat. Er liest zu viel, und das sind nicht immer die guten Bücher, die er bevorzugt.

– Weiter nichts?

– Oft klettert er da hinauf auf die höchste Stelle des Gartens, von wo man ins Land sieht, du weißt, über die Mauern fort.

– Ich kann mich erinnern. Ist das alles?

– Er ist viel weniger hier bei uns als auf dem Meierhof.

– So! Was tut er dort?

– Nichts Schlimmes. Aber er geht nicht zu den Pächtersleuten, sondern zu dem Volk, mit dem wir am wenigsten zu tun haben mögen, und zu denen, die nicht von hier sind. Einer besonders ist da, von weit her, der ihm Geschichten erzählt.

– Ah, der Schweinehirt.

– Ja. Du hast ihn gekannt? Um dem zuzuhören, geht dein Bruder ›ihm‹ jeden Abend in den Schweinestall nach. Erst zum Essen kommt er zurück, ohne Hunger, und die Kleider voller Geruch. Da helfen keine Vorstellungen; der Zwang macht ihn nur noch eigensinniger. Manchen Morgen, bei Tagesanbruch, eh einer von uns auf ist, läuft er schon hin und begleitet diesen Schweinehirten bis ans Tor, wenn er seine Herde auf die Weide treibt.

– Er weiß, weiter hinaus darf er nicht.

– Du hast das auch gewußt. Eines Tages wird er sich mir fortstehlen. Ich bin sicher. Eines Tages wird er auf und davon gehn ...

– Nein; ich will mit ihm reden, Mutter. Mach dir keine Sorgen.

– Von dir wird er sich viele Dinge sagen lassen, das weiß ich. Hast du bemerkt, wie er dich ansah, den ersten Abend? Was für ein Zauber ging für ihn von deinen Lumpen aus! Und dann das purpurne Kleid, das dir der Vater umtat. Ich fürchtete, das eine vermischte sich in seinem Geist ein wenig mit dem anderen, und daß das, was ihn da zunächst anzieht, die Lumpen sind. Aber der Gedanke kommt mir einfach wahnsinnig vor; denn wenn du, mein Kind, soviel Elend hättest voraussehen können, nicht wahr, du würdest uns nicht verlassen haben?

– Ich verstehe nicht mehr, wie ich dich habe verlassen können, meine Mutter.

– Gut, gut. Sag ihm das alles.

– Alles das werd ich ihm morgen abend sagen. Küß mich jetzt auf die Stirn, wie damals, da ich ein kleines Kind war und du zusahst, wie ich einschlief. Ich bin schläfrig.

– Geh schlafen. Ich werde beten für euch alle.

Das Zwiegespräch mit dem jüngeren Bruder

Es ist die Kammer neben der des Verlorenen, nicht gerade klein, mit leeren Wänden. Eine Lampe in der Hand, nähert sich der Verlorene dem Bett, wo sein jüngerer Bruder ruht, das Gesicht gegen die Wand gekehrt. Er beginnt mit leiser Stimme, um das Kind, wenn es schläft, nicht in seinem Schlummer zu stören.

– Ich möchte mit dir sprechen, mein Bruder.

– Was hindert dich daran?

– Ich glaubte, du schliefst.

– Man braucht nicht zu schlafen, um zu träumen.

– Du träumtest; wovon denn?

– Was kümmerts dich. Wenn schon ich meine Träume nicht versteh, so wirst du, glaub ich, kaum imstande sein, sie mir auszulegen.

– Sie sind also sehr eigen. Wenn du sie mir erzählst, ich wills versuchen.

– Kannst du dir deine Träume wählen? Die meinen sind, was ihnen einfällt, und haben mehr Freiheit als ich . . . Was willst du übrigens hier? Was störst du mich in meinem Schlaf?

– Du schläfst nicht, und ich komme im Guten mit dir sprechen.

– Was hast du mir zu sagen?

– Nichts, wenn du diesen Ton anschlägst.

– Dann lebwohl.

Der Verlorene geht auf die Türe zu, aber er stellt nur die Lampe auf die Erde, die das Zimmer so nur noch schwach erleuchtet, dann kommt er zurück, setzt sich auf den Bettrand, im Halbdunkel, und streichelt lange die abgewendete Stirn des Kindes.

– Du antwortest mir schärfer, als ich je deinem Bruder geantwortet habe. Und ich war doch auch voller Widerspruch gegen ihn.

Das trotzige Kind hat sich heftig aufgerichtet.

– Sag: schickt dich unser Bruder?

– Nein, mein Kleiner, nicht er, unsere Mutter.

– Ah, von selbst wärst du nicht gekommen.

– Aber ich komme dennoch als Freund.

Halb aufgesetzt in seinem Bett, starrt das Kind den Verlorenen an.

– Wie brächte es einer von den Meinigen zuwege, mein Freund zu sein?

– Du irrst dich in unserem Bruder . . .

– Sprich mir nicht von ihm. Ich hasse ihn . . . Von ganzem Herzen ist er mir zuwider. Er ist der Grund, daß ich dir hart geantwortet habe.

– Aber wie denn?

– Du wirst das nicht begreifen.

– Trotzdem, sprich . . .

Der Verlorene zieht den Bruder an sich und wiegt ihn leise, und das halberwachsene Kind hält sich nicht länger zurück:

– Am Abend, da du heimkehrtest, war es mir nicht möglich zu schlafen. Die ganze Nacht dachte ich: Ich hatte noch einen Bruder und ich wußte es nicht . . . Deshalb hat mir das Herz so stark geklopft, als ich dich hereinkommen sah, in den Hof des Hauses, ruhmbedeckt.

– Ach! bedeckt mit Lumpen, wie ich war.

– Ja, ich habe dich gesehen, und doch schon ruhmvoll. Und ich habe gesehen, was unser Vater tat: er hat an deinen Finger einen Ring gesteckt, einen solchen, wie ihn unser Bruder nicht besitzt. Ich wollte niemanden über dich befragen. Ich wußte nur, daß du von sehr weit kamst, und dein Blick, bei Tisch . . .

– Warst du denn dabei?

– O, ich weiß wohl, daß du mich nicht gesehen hast. Während des ganzen Essens war dein Blick in der Ferne, ohne etwas zu sehen. Auch, daß du am zweiten Abend mit dem Vater gesprochen hast, war gut, – aber am dritten . . .

– Sprich . . .

– Ach, wenn nur *ein* liebes Wort gewesen wäre, du hättest wohl kommen können und es mir sagen.

– Hast du mich denn erwartet?

– Und wie! Glaubst du, ich würde unseren Bruder so hassen, wenn du nicht an jenem Abend so endlos mit ihm gesprochen hättest? Was könnt ihr euch denn zu sagen gehabt haben? Du weißt wohl, wenn du Ähnlichkeit mit mir hast, so kannst du mit ihm nichts gemein haben.

– Ich hatte schweres Unrecht gegen ihn begangen.

– Ist es möglich?

– Wenigstens gegen unseren Vater und unsere Mutter. Du weißt, daß ich aus dem Haus geflohen war.

– Ja, ich weiß. Es ist lange her, nicht wahr?

– Ungefähr als ich so alt war wie du.

95

– So. Und das nennst du dein Unrecht.

– Ja, das war mein Unrecht, meine Sünde.

– Als du weggingst, fühltest du da, daß du schlecht handeltest?

– Nein; ich fühlte in mir etwas wie eine Verpflichtung, fortzugehen.

– Und was ist denn seither geschehen, daß aus deiner Wahrheit von
damals Irrtum wurde?

– Ich habe gelitten.

– Und deshalb sagst du: ich hatte unrecht?

– Nein, nicht gerade deshalb; aber das hat mich zur Besinnung
gebracht.

– Früher also bist du nie zur Besinnung gekommen?

– Doch, aber meine schwache Vernunft war nachgiebig gegen meine Begierden.

– Wie später gegen das Leiden. So daß du heute zurückkehrst . . .
überwunden.

– Nein, nicht eigentlich; – ergeben.

– Mit einem Wort, du hast darauf verzichtet, der zu sein, der du
sein wolltest.

– Der, der ich, meinem Hochmut nach, zu sein glaubte.

Das Kind verharrt eine Weile schweigend, dann schluchzt es auf
und schreit:

– *Mein Bruder, ich bin der, der du warst, als du weggingst.* O, sag:
War alles Trug auf deinen Wegen? Meine Ahnung von dem da
draußen, das anders ist als das hier, ist also nichts als Täuschung?
Was ich Neues in mir fühle – Wahnsinn? Sprich: *Was* hast du denn
so völlig Entmutigendes auf deinem Weg getroffen? Was war
Schuld, daß du umkehrtest?

– Die Freiheit, die ich suchte, ging mir verloren: einmal in Gefangenschaft, mußte ich dienen.

– Ich bin hier in Gefangenschaft.

– Ja, aber schlimmen Herren dienen. Hier dienst du deinen
Eltern.

– Ach, dienen ist dienen: hat man nicht wenigstens die Freiheit,
sich seine Knechtschaft zu wählen?

– Das hoffte ich. So weit meine Füße mich trugen, wanderte ich,
auf der Suche nach meiner Sehnsucht, wie Saul auf der Suche nach
seinen Eselinnen. Aber dort, wo ein Königreich auf ihn wartete,
dort hab ich das Elend gefunden. Und dennoch . . .

– Hast du auch nicht den Weg verfehlt?

– Mein Ich ging vor mir her.

– Bist du sicher? Und doch gibt es andere Königreiche und Länder ohne König, die noch zu entdecken sind.

– Wer hat dir das gesagt?

– Ich weiß es. Ich fühle es. Ich seh mich schon dort herrschen.

– Hochmütiger!

– Sieh, da ist das Wort, das dir unser Bruder gesagt hat. Wie kommst du jetzt dazu, es mir zu sagen? Hättest du dir nur diesen Hochmut bewahrt! Du wärst nicht zurückgekehrt.

– Dann hätte ich dich nie gekannt.

– Doch, doch, dort draußen, wohin ich dir nachgekommen wäre, dort würdest du mich schon erkannt haben als deinen Bruder. Ja, mir ist noch jetzt zumut, als wärs, um dich wiederzufinden, daß ich fortgehe.

– Daß du fortgehst?

– Hast du es nicht begriffen? Ermutigst du mich nicht selbst, fortzugehen?

– Ich möchte dir die Rückkehr sparen ... aber dadurch, daß ich dir den Aufbruch erspare.

– Nein, nein, sag mir das nicht; nein, das willst du ja gar nicht sagen. Du bist doch auch – nicht wahr? – du bist wie ein Eroberer ausgezogen?

– Darum empfand ich meine Knechtschaft nur um so härter.

– Warum hast du dich dann unterworfen? Warst du schon müde?

– Nein, noch nicht; aber ich war im Zweifel.

– Was meinst du damit?

– Im Zweifel an allem, an mir selbst. Ich wollte bleiben, mich irgendwo anschließen. Der Halt, den mir dieser Meister versprach, war eine Versuchung für mich. Ja, jetzt sehe ich es wohl ein; ich bin schwach gewesen.

Der Verlorene neigt das Haupt und verbirgt den Blick in seinen Händen.

– Aber im Anfang?

– Ich war lange gewandert über die große, noch ungebändigte Erde.

– Die Wüste?

– Nicht immer war es die Wüste.

– Was hast du da gesucht?

– Ich versteh es selber nicht mehr.

– Steh auf von meinem Bett. Sieh auf den Tisch dort hinter meinem Kissen, bei dem altmodischen Buch.

– Ich seh einen offenen Granatapfel.

– Den hat mir der Schweinehirt gebracht neulich abends; drei Tage war er nicht nach Haus gekommen.

– Ja, das ist ein wilder Granatapfel.

– Ich weiß. Er ist von einer Bitterkeit, beinah furchtbar; und doch, ich fühle, wenn ich nur genügend Durst hätte, ich würde hineinbeißen.

– Ah, so kann ich es dir jetzt sagen: Was ich suchte in der Wüste, war dieser Durst.

– Ein Durst, den nur diese Frucht löscht, die ohne Süße ist . . .

– Nein, aber man liebt diesen Durst um ihretwillen.

– Weißt du, wo man sie holt?

– Ein kleiner verlassener Garten ist da; man kommt gegen Abend hin. Keine Mauer schließt ihn mehr ab nach der Wüste. Ein Bach floß dort vorbei. Ein paar Früchte, halbreif, hingen an den Zweigen.

– Was für Früchte?

– Die gleichen wie in unserm Garten, nur wild. Es war den ganzen Tag über sehr heiß gewesen.

– Hör zu. Weißt du, warum ich dich heute abend erwartete? Eh die Nacht um ist, geh ich. Diese Nacht; diese Nacht, sowie sie anfängt zu verblassen . . . Mein Gürtel ist geschnallt, ich habe die Sandalen anbehalten.

– Was! Du willst tun, was ich nicht konnte?

– Du hast mir den Weg aufgetan. Der Gedanke an dich wird mir beistehn.

– Ich kann dich nur bewundern. Du dagegen mußt mich vergessen. Was nimmst du mit?

– Du weißt wohl, ich, als der Jüngere, habe keinen Anteil am Erbe. Ich gehe ohne alles.

– Besser so.

– Was siehst du denn nach dem Fenster?

– Den Garten seh ich, wo unsere Toten ruhen.

– Mein Bruder . . . (und das Kind, das vom Bett aufgestanden ist, schmiegt den Arm um den Hals des Verlorenen, und es legt dieselbe Zärtlichkeit in diese Gebärde und in seine Stimme) ... komm mit mir!

– Laß mich, laß mich; ich will bleiben und unsere Mutter trösten. Ohne mich wirst du tapferer sein. Es ist Zeit jetzt. Der Himmel bleicht. Geh, ohne Lärm. Komm! Küß mich, mein junger Bruder. Du nimmst alle meine Hoffnungen mit dir. Sei stark. Vergiß uns, vergiß mich. Mögst du nicht wiederkommen ... Steig leise hinab. Ich halte die Lampe.

– Gib mir wenigstens noch die Hand bis an die Tür.

– Achtung bei den Stufen auf dem Vorplatz ...

II.
Die Brechung der großen Geschichten

1. »DRUM PROSIT DIE JÜNGER UND GOLGATHA«

Zur Einführung

Paris 1922: Anatole France sollte noch zwei Jahre leben, Gide hatte drei Jahre zuvor die Novelle »Pastoralsymphonie« geschrieben und im selben Jahr seine autobiographischen Bekenntnisse »Numquid et tu...« publiziert, Hemingway war soeben in Paris eingetroffen und noch nichts weiter als ein Reporter des »Toronto Star«, da veröffentlicht in der französischen Hauptstadt ein bis dahin nur Eingeweihten der Literaturszene bekannter 40jähriger Schriftsteller aus Irland einen Roman mit dem Titel »Ulysses«. In England und den Vereinigten Staaten war die Buchveröffentlichung wegen angeblicher pornographischer Stellen abgelehnt worden; selbst die Vorabdruckserie in der Chicagoer avantgardistischen literarischen Zeitschrift »The Little Review« (März 1918 bis Spätsommer 1920) fiel schließlich der Zensur zum Opfer. Eine Amerikanerin in Paris, Sylvia Beach, wagt unter großem finanziellem Einsatz eine Veröffentlichung und sollte damit weltberühmt werden.

Sylvia Beach betreibt die nachmals legendäre Buchhandlung »Shakespeare and Company« und bietet darin die damals in Frankreich weithin unbekannte zeitgenössische angloamerikanische Literatur an. Zugleich ist ihr Laden eine Mischung aus Künstlertreffpunkt, Kreditinstitut, Touristenauskunft, Zimmervermittlung, Gerüchtebörse und »literarischem Wohlfahrtsdienst«. Das Kundenverzeichnis liest sich wie ein Index zur modernen amerikanischen Literatur: John Dos Passos, Scott Fitzgerald, Ernest Hemingway, Henry Miller, Ezra Pound, Gertrude Stein. Nicht zu reden von den französischen Stammkunden: Aragon, Claudel, Gide, Giraudoux und Valéry. »Shakespeare and Company« – das ist ein Treffpunkt der »lost generation« der 20er Jahre, die zugleich die literarische Avantgarde ihrer Zeit war. Und einer, der zur zentralen Figur dieser Avantgarde werden sollte, ist der 1882 in Rathmines, einem Stadtviertel von Dublin, geborene *James Joyce* (gest. 1941 in Zürich).

Erst seit zwei Jahren lebt Joyce in Paris, nachdem er 1904 Irland verlassen und sich seither die meiste Zeit als Sprachlehrer in Triest und (kriegsbedingt dann auch) in Zürich mehr schlecht als recht zusammen mit seiner Lebensgefährtin Nora Barnacle durchgeschlagen hatte. 1907 war der Gedichtband »Chamber Music« erschienen, 1914 erstmals Prosaarbeiten. Denn nach vielen Schwierigkeiten gelingt es Joyce, seine bis dahin unpublizierten Prosa-Manuskripte zu veröffentlichen: den Roman »A Portrait of the Artist as a Young Man« und die Erzählungen »Dubliners«. Überdies hatte er im März 1914 mit seinem »Ulysses« begonnen. Jetzt wird dieser große Roman erstmals veröffentlicht – und zwar bei »Shakespeare and Company«. Ernest Hemingway, der Joyce durch Sylvia Beach kennenlernt und genauso wie Gide zu den ersten Subskribenten gehört, ahnt wohl, was er in der Hand hält, als er in einem Brief dem irischen Kollegen auf diese seine unnachahmliche Weise auf die Schulter klopft: »Joyce hat ein äußerst gottverdammt wunderbares Buch«, wobei Hemingway es sich nicht verkneifen kann, gleich im übernächsten Satz diesen potentiellen Konkurrenten sozial ins Zwielicht zu setzen:

»Inzwischen geht die Kunde, daß er und seine ganze Familie am Verhungern sind, aber man kann den ganzen keltischen Verein jeden Abend bei Michaud's *antreffen, was* Binney (Hemingways Frau) *und ich uns nur einmal in der Woche leisten können.« (9. März 1922 an* Sherwood Anderson)

Was Leute wie Hemingway (der den »Ulysses« nachweislich nie zu Ende las) damals nur ahnen, hat sich heute als Urteil unumstößlich festgesetzt: »Ulysses« ist eines der größten Literaturdokumente dieses Jahrhunderts, ein Romanwerk, das an Vielschichtigkeit der Sinnebenen, an Differenziertheit der Erzähltechniken, an Motiv- und Symbolfülle, an überquellendem Reichtum der Sprache in der Literatur des 20. Jahrhunderts seinesgleichen sucht: eine Collage aus Epos, Chronik, Drama, Reportage, Essay und Entwicklungsroman. Vordergründig realistisch handelt es sich um eine relativ banale Alltagsgeschichte. In drei Teilen zu 18 Kapiteln wird ein einziger Tag dreier Einwohner Dublins nacherzählt – der 16. Juni 1904, von 8 Uhr früh bis zum nächsten Morgen gegen 3 Uhr: die Geschichte des jüdischen Anzeigenagenten Leopold Bloom, seiner Frau Marion (»Molly«) sowie des jungen Lehrers und Schriftstellers Stephen Dedalus, der schon die Hauptfigur von Joyces Roman »Portrait of the Artist as a Young Man« war.

Wer aber nur auf den vordersten Vordergrund der Handlung blickt, übersieht gerade das Spezifikum dieses Romans. Nicht die äußerlich ablaufenden Episoden der beiden Hauptfiguren Bloom und Dedalus sind hier das Entscheidende; nicht die einzelnen Stationen ihres Verfehlens und Zusammentreffens im letzten Drittel des Romans, sondern die durch das äußerliche Handlungsgerüst hindurch dem Leser ermöglichte Tiefe der Zeiten, der Räume, der Kulturen, hergestellt durch nichts anderes als Sprachmaterial. Das Entscheidende an diesem Roman ist der *sprachliche Totalitätsanspruch* durch einen Autor, der von einem einzigen Tag in Dublin so zu erzählen weiß, daß er zum »Welt-Alltag der Epoche« (H. Broch) und diese Stadt zu einem »Weltmodell« werden kann.

»Ulysses« ist deshalb eines der größten Dokumente der Weltliteratur, weil er ein bis heute unerhörtes, unvergleichliches *Sprachereignis* ist – und zwar von einer solchen Komplexität der intratextuellen und extratextuellen Bezüge, daß die Forschung nicht darum herum kam, umfassende Kommentare zu produzieren, um dem Leser all die Anspielungen überhaupt zu entschlüsseln (W. Thornten, D. Gifford). Hans Wollschläger, der geniale Übersetzer dieses Romans ins Deutsche, hat deshalb zu Recht einmal davon gesprochen: Dies ist ein Roman, »dessen Held die Sprache ist, dessen Stoff die Sprache ist und in dessen Handlung das Eigenleben der Sprache selbst beschrieben wird« (Der Spiegel 13/1976).

Ich habe hier *einen* Text exemplarisch ausgewählt: die erste Episode des ersten Teils von »Ulysses«. Und selbst bei diesem Text kann es schon aus Raumgründen im folgenden Kommentar nicht darum gehen, alle Anspielungen und Wortspiele namhaft zu machen, alle Sinndimensionen und Verweise auf Künftiges auch nur zu nennen, alle sprachlichen Finessen und Vernetzungen aufzudecken. Ich habe ihn ausgewählt, weil er *erstens* den »Introitus« in diesen Roman bildet und Gelegenheit gibt, ihn als eine Art von »Ouverture« zu lesen, in der schon Grundstimmungen, Grundthemen und Grundmuster des ganzen Roman-Werkes anklingen. Und *zweitens* begegnet in diesem Text sprachlich schon fast alles, was zur Technik dieses Autors gerade auch in Sachen Religion gehört. Denn schon nach drei Sätzen sind wir ja in der Welt des Christlichen. Die allererste wörtliche Rede in diesem Buch, ein Satz des Freundes von Stephen Dedalus, Buck Mulligan, ist ein Zitat aus der katholischen Messe: »Introibo ad altare Dei« (»Zum Altare Gottes will ich treten«). Eine schrill-verzerrte Auftaktfanfare für diesen Roman. Am Anfang steht eine Parodie auf die katholische Messe durch einen mephistophelischen Zyniker, der seinen Spaß daran hat, nicht nur den Introitus, sondern auch die priesterliche Gewandung, den Segensgestus, die rituellen Verneigungen, die Kreuzzeichen, den Predigerton clownesk zu verfremden.

Dieser Umgang mit dem religiösen Sprachmaterial aber ist nicht zu verstehen ohne die *Exodus-Geschichte des Autors* aus der Welt des Katholizismus, wie er sie im Irland der Jahrhundertwende erlebt hatte. Selbstverständlich ist ein solches Sprachkunstwerk nicht einfach biographistisch zu reduzieren. Aber gerade weil die sprachartistischen Kunststücke in Sachen Religion so kenntnisreich inszeniert sind, verweisen sie zurück auf die Erfahrungsgeschichte des Autors. Die Joyce-Forschung ist denn auch hier in reichem Maße fündig geworden. Was sich an Eindrücken und Brüchen schon früh in der Lebensgeschichte dieses jungen Iren abzeichnet, ist in der bis heute maßgebenden monumentalen Biographie von *Richard Ellmann* (letzte Ausgabe 1982) reichlich dokumentiert.

Man lese nur das Kapitel über den Aufenthalt des jungen Joyce im Jesuiten-College »Belvedere« in den Jahren 1894–1898 sowie über das Studium von Joyce am katholischen University College (wo der junge Dubliner englische, französische und italienische Literatur studiert), und man erfährt geistesgeschichtlich nicht unbedingt Originelles an Religions- und Kirchenkritik (bei Voltaire, Heine, Feuerbach und Nietzsche las man es früher), aber eben für den jungen Joyce lebens- und werkgeschichtlich Unverzichtbares. Man erfährt, wie dieser Ire der Welt eines moralisch disziplinierten und zugleich bigotten, eines dogmatisch verobjektivierten und zugleich erstarrten, eines liturgisch-mystischen und zugleich die Seelen verwundenden Katholizismus verhaftet ist. Tief hatte Joyce diese ganze katholisch-jesuitische Welt aus Mystik und Disziplin, aus Macht und Metaphysik in sich aufgesogen: die Welt der katholischen Messen und der Ohrenbeichten, der Mariengebete und Jungfräulichkeitskulte, der Exerzitien, Rosenkränze und Maiandachten, die Welt der Höllenpredigten, Sexualtabus, Selbstkasteiungen und Schuldgefühle. Aber aus all dem hatte Joyce sich spätestens im Alter von 16 Jahren zu verabschieden begonnen – weniger im Akt äußerlicher Rebellion als durch einen Prozeß innerer Entfremdung. Das Erwachen der eigenen Sexualität, die Erfahrung »sündhafter« Regungen und das Ausüben entsprechender Praktiken hatten hier katalysatorische Wirkungen.

Auch seine intellektuelle Bekanntschaft mit der katholisch-scholastischen Tradition, insbesondere in Gestalt des Thomas von Aquin, ändert an Joyce' Einstellung kaum etwas, im Gegenteil: Als er das Belvedere-College mit 16 Jahren verläßt und ins University College überwechselt, hat »eine Gleichgültigkeit gegenüber dem katholischen Glauben« von ihm Besitz genommen, »weniger Gottlosigkeit, abgesehen von sporadischen Zornesausbrüchen« (R. Ellmann, S. 99). Ein solcher Ausbruch erfolgte zum Beispiel gegenüber der späteren Lebensgefährtin *Nora Barnacle,* die Joyce 1904 kennenlernt. Unter Anspielung auch auf die miserable soziale Situation in einem weitgehend zerrütteten Elternhaus (Joyce war das erste von zehn überlebenden Kindern, erlebt den Tod der eigenen Mutter, erlebt den Vater als mittellosen Bonvivant und Trinker), heißt es unmißverständlich am 29. August 1904:

»Ich habe Dich heute abend vielleicht gequält mit dem, was ich sagte, aber bestimmt ist es gut, daß Du erfährst, was ich über die meisten Dinge denke. Mein Denken lehnt die ganze gegenwärtige soziale Ordnung und das Christentum ab – das Elternhaus, die anerkannten Tugenden, Klassenunterschiede und religiöse Doktrinen. Wie sollte mir der Gedanke ans Elternhaus Freude machen? Meins war nichts als eine Mittelstands-Geschichte, heruntergewirtschaftet durch einen Hang zur Verschwendung, den ich geerbt habe. Meine Mutter wurde, wie ich glaube, durch die Mißhandlung von meinem Vater, durch Jahre der Sorgen und durch die zynische Offenheit meines Betragens langsam umgebracht. Als sie im Sarg lag und ich ihr Gesicht sah – ein Gesicht, grau und von Krebs zerstört – begriff ich, daß ich auf das

*Gesicht eines Opfers sah, und ich verfluchte das System, das sie zu
einem Opfer gemacht hatte. Wir waren siebzehn in der Familie. Meine
Brüder und Schwestern bedeuten mir nichts. Nur einer meiner Brüder
ist fähig, mich zu verstehen.*
*Vor sechs Jahren trat ich aus der katholischen Kirche aus, die ich glü-
hend haßte. Es war mir aufgrund der Regungen meiner Natur unmöglich, in ihr zu bleiben. Ich führte einen geheimen Krieg gegen sie, als
ich Student war, und schlug die Stellungen aus, die sie mir anbot. Ich
machte mich dadurch zum Bettler, aber ich behielt meinen Stolz. Jetzt
führe ich einen offenen Krieg gegen sie, durch das, was ich schreibe
und sage und tue.«*

Literarisch gespiegelt ist dies alles bereits in *Publikationen vor
dem »Ulysses«*. In einzelnen Kapiteln von »Dubliners«, insbesondere in »Arabia« und »Gnade«. In einzelnen Kapiteln des
»Portrait des Künstlers als junger Mann« (vor allem in Kapitel III
über die Exerzitien). Kein Wunder, daß die »Ketzer« des Christentums Joyce zu faszinieren beginnen: *Giordano Bruno* vor
allem. Zwischen den Religionsabtrünnigen und den Künstlerre-
bellen sieht Joyce geistige Verwandtschaft, ja, der Jesuiten-Schü-
ler weiß intellektuell genau, was Orthodoxie und Heterodoxie
ist. Ein eindrucksvolles frühes Zeugnis dafür ist der Essay über
ein *Christusbild des ungarischen Malers Michael Munkacsy* (s.
Abb.), der 1899 in der Königlich Irischen Akademie drei seiner
Christus-Gemälde ausstellt (in: J. Joyce, Kleine Schriften, Frank-
furt/M. 1974, S. 90–98). Für Joyce' Umgang mit der Gestalt Jesu
ist dies ein Schlüsseltext, der dokumentiert, wie bewußt und
kenntnisreich er gerade in Sachen Christus-Dogma der Kirche zu
schreiben wußte. Er kennt das christologische Problem des Verhältnisses von Gott-Vater und Gott-Sohn, was wichtig ist, um die
Virtuosität bei der Beherrschung der Häresiegeschichte würdi-
gen zu können, die Joyce im ersten Abschnitt von »Ulysses« in
Stephens Erinnerung aufsteigen läßt. Namen wie Photius, Arius,
Valentinus, Sabellius stehen für die Erzketzer in der Geschichte
der alten Kirche und für eine jeweils nichtorthodoxe Verhältnisbestimmung der göttlichen Personen, die nach dem orthodoxen
Bekenntnis (Konzil von Nikaia 325) »eines Wesens« sind
(griech.: Homousie; lat.: Konsubstantialität). Der Sohn – eines
Wesens mit dem Vater? Im ersten Abschnitt von »Ulysses« werden wir den Beginn einer Gegengeschichte vernehmen.

Christus vor Pilatus (Photo: AKG Berlin/Erich Lessing).

Joyce kennt also das katholische Häresiologicum und kann deshalb das Christusbild des Ungars Munkacsy in seiner ganzen Zwiespältigkeit durchschauen. Zunächst macht er in genauer Detailbeschreibung klar, warum dies ein Bild von künstlerischer Meisterschaft ist. Der Maler habe nämlich die berühmte »Ecce homo«-Szene so realistisch gemalt, so intensiv, so dramatisch, daß man sich als Betrachter unmittelbar in dieses Bild hineinversetzt fühle. Hier kann Joyce den Maler nur loben:

»Aus all dem wird deutlich, daß das Ganze ein wunderbares Bild ergibt, intensiv, von stummer Dramatik, die nur auf die Berührung eines Zauberstabes wartet, um in Wirklichkeit, Leben und Konflikt auszubrechen. Von daher kann man dem Bild gar nicht genügend Tribut zollen, denn es ist eine furchtbar realistische Darstellung aller niedrigen Leidenschaften der Menschheit, beiderlei Geschlechts, in jeglicher Abstufung, ans Licht geholt und aufgepeitscht zu einem dämonischen Karneval. Insofern muß es gelobt werden.« (S. 95)

Doch auf dieses Kompliment folgt die Beobachtung, daß der Ansatz dieses Künstlers bei Christus nur »menschlich« sei, »zutiefst und machtvoll menschlich«. Nichts »Göttliches«,

nichts »Übermenschliches« habe dieser Christus mehr. Dargestellt sei die »Revolte der Menschheit gegen einen großen Lehrer«; dargestellt sei »Christus als der Schmerzensmann«, groß, nobel, tragisch. Das Problem jedoch? Eine solche Darstellung »macht den Begründer des Christentums zu nichts Höherem als zu einem großen sozialen und religiösen Reformator, zu einer Persönlichkeit, in der sich Majestät und Stärke vereinen, zum Protagonisten eines Weltdramas« (S. 97). Joyce durchschaut das alles. Aber worauf wollte er hinaus? Zweifellos nicht auf eine Verteidigung des christologischen Dogmas gegenüber dessen säkularen Verwässerern, wie sie unter dem Eindruck des »Lebens Jesu« von David Friedrich Strauß (1835/36) und Ernest Renan (»La Vie de Jésus«, 1863) bereits im intellektuellen Europa gängig geworden war. Nein, man kann bei Joyce schon in dieser Phase kein affirmatives Verhältnis zum Christus-Dogma der Kirche voraussetzen, später ohnehin nicht, als er in seinem Wohnort Pola (bei Triest) 1905 Strauß und Renan selber liest. Wohl aber signalisiert dieser Text *zum einen* die Fähigkeit zur kritischen Durchschauung selbstverständlich gewordener Grundvoraussetzungen in der Gesellschaft, konnte Joyce doch in diesem Essay Leute kritisieren, die sich mit einer solchen Christus-Darstellung identifizieren, ohne deren Prämissen zu hinterfragen. »Der Glaube an die göttliche Natur Christi ist kein hervorstechender Charakterzug des säkularen Christentums«, meint Joyce denn auch sarkastisch (S. 98). *Zum andern* signalisiert Joyce schon hier ein Christus-Verständnis, dessen »Wurzeln letztlich in die Romantik zurückreichen«: nämlich die Gleichsetzung des Künstlers mit dem leidenden und heilbringenden Messias (W. Füger, S. 75).
In der Tat ist damit etwas Entscheidendes benannt. Denn der Abschied aus der Welt des Katholizismus geht bei Joyce von Anfang an zusammen mit der *Neubestimmung seiner Rolle als Künstler* und der Beerbung der gesamten religiösen Symbolwelt zur Selbstdeutung eben dieses Künstler-Auftrags. Noch einmal Wilhelm Füger: »Diese schrittweise Lösung aus dem Glauben wird begleitet, mitverursacht und kompensiert durch eine sich gleichzeitig damit vollziehende Hinwendung zu neuen Ideen und Vorbildern. Resultat dieses geistigen Umorientierungsprozesses ist die bekannte Selbsternennung des jugendli-

chen Apostaten zum Priester der eigenen Kunst, die schließlich zum Religionsersatz wird. Die Begrifflichkeit des kirchlichen Dogmensystems dient ihm fortan nur noch als Quelle für sakrale Metaphern im Dienste dieser Selbststilisierung«. (S. 39) Joyce' Haltung zum Katholizismus ist denn auch wie bei den meisten Abtrünnigen die der Haßliebe. *Glühender Haß* hieß es im Brief an Nora Barnacle. Dazu gehört nicht nur die Remythologisierung seiner selbst in der Rolle des Künstlers als unerlöstem Erlöser der Worte und Zeichen, dazu gehört auch die Beerbung der religiösen Symbolwelt für die eigene Poetik. Fast ebenso berühmt wie für die Verwendung des »inneren Monologs« (etwa im letzten Kapitel des »Ulysses«) ist Joyce ja für die Beschreibung von »Epiphanien«. Solche hatte er sich schon früh, ab dem Jahre 1900, aufgeschrieben. Epiphanie ist für Joyce inhaltlich zwar nicht die Manifestation einer Gottheit, etwa die Sichtbarwerdung des göttlichen Sohnes wie bei den Weisen aus dem Morgenland (christliches Fest der »Epiphanie«), aber strukturell will er von ähnlichen »Erfahrungen« mit der Wirklichkeit berichten. Epiphanie ist für ihn die plötzliche Offenbarung der »Washeit« eines Dinges, der Augenblick, in dem »die Seele« eines gewöhnlichsten Gegenstandes erstrahlen kann. Dem Künstler sind solche »Epiphanien« anvertraut: Tiefenblicke in das Innerste der Wirklichkeit mitten im Alltag der Welt; jähe geistige Manifestation des Innersten eines Objektes, völlig unabhängig von dessen bisheriger Bedeutung.

Wir sind nun genügend vorbereitet, um auch die sprachlichen Strategien im ersten Kapitel des »Ulysses« besser verstehen zu können. Eine Bemerkung von Richard Ellmann über Joyce' ästhetische Beerbung des Religiösen hilft uns hier weiter:

»Das Christentum hatte sich in seinem Geist aus einer Religion unmerklich zu einem Metaphernsystem entwickelt, das als bildlicher Ausdruck auf seine unbedingte Ergebenheit rechnen konnte. Die äußerliche Auflehnung seines Bruders Stanislaus, die sich in der Form von Grobheit gegen seine Lehrer in Belvedere und in Trotz zu Hause äußerte – er trug seinen Atheismus wie das Kreuz eines Kreuzritters –, konnte James' Teilnahme nicht erwecken. Er zog die Verachtung dem Kampfe vor, selber war er zwar nicht mehr Christ, aber er gestaltete den Tempel nur zu anderer Verwendung um, ohne zu versuchen, ihn

niederzureißen. Darin erblickte er eine höhere Form menschlicher Tor-
heit, und zwar eine, worin die Deutung eines weltlichen Künstlers noch
verdunkelte Wahrheitsbruchstücke entdecken konnte.« (S. 114)

Das Christentum als »Metaphernsystem«; die Umgestaltung des »Tempels«; die »verdunkelten Wahrheitsbruchstücke« – diese Stichworte helfen uns, um die Grunderfahrung der Joyce-schen Poetik beschreiben zu können. Indem Joyce den christli-chen Glauben fallen läßt, aber gleichzeitig die Symbolik der christlichen Welt ästhetisch beerbt (wie andere Symbole aus der Welt der Mythologie, der Literatur und der Kunst auch), haben sich die religiösen Metaphern in seiner Prosa buchstäb-lich verselbständigt. Sie sind wie fallende, schwebende Ele-mente im großen Welten-Raum. Da für Joyce die Welt des Glaubens von innen heraus gesprengt ist, kommt es in seinen Texten zu einer ästhetisch ungemein produktiven Fragmentie-rung bestehender Sinnstrukturen. Wo der Glaube aufgehört hat, alles zu einer sinnvollen Symbolwelt zu ordnen, kann die Welt des Christentums nur noch präsentiert werden in einer Fülle von verselbständigten Zitaten, Bildsplittern, Motivfetzen, können die christlichen Rituale nur noch auftauchen als Fassa-den, Maskeraden, als Posen, als Schaustellerei.

Das heißt umgekehrt: Jetzt schlägt die Stunde des Wortakroba-ten und Metaphernartisten James Joyce, der wie kaum ein anderer in der europäischen Literatur fähig ist, vorgegebene Prä-Texte in neue Kon-Texte hineinzukomponieren, Sprach-räume von schier unendlicher Tiefe und intertextuelle Gewebe von einzigartiger Dichte und Vielbezüglichkeit herzustellen. Kaum eine Wahrnehmung, die nicht eine Kette von Reflexio-nen, Assoziationen und Tagträumen auslösen würde, die den Leser nicht auf Gedankenbahnen und Wortschienen rund um den Globus und quer durch die Menschheitsgeschichte schick-te. Genial nutzt Joyce die Erkenntnis, daß der bodenlose Welt-innenraum des labyrinthischen Unterbewußtseins genauso unendlich ist wie die äußere Welt der modernen Physik. Auch aus dem Sprach- und Symbol-Reservoire des Christlichen weiß sich dieser Autor im Übermaß zu bedienen. Sein ästhetisches Verhältnis zur religiösen Tradition ist das einer bewußten Frag-mentierung vorgegebener »katholischer« Totalität und zugleich das »spielerische« Zusammensetzen neuer Sinnstrukturen.

Konkret heißt das schon für das *erste Kapitel:* Der vorderste Vordergrund des Geschehens ist auch hier denkbar banal. Während Buck Mulligan, ein Medizinstudent mit Paris-Erfahrungen, auf dem Dach des Martello-Tower in Dublin vor dem Frühstück seine Rasur buchstäblich zelebriert, verwickelt er seinen Jugendfreund Stephen Dedalus in ein provozierend witziges bis beleidigendes Rededuell, in dem er ständig auf die gemeinsame Vergangenheit anspielt, insbesondere auf Stephens »verfluchten Jesuitenzug« und dessen Schuldgefühle gegenüber seiner verstorbenen Mutter, der Stephen am Totenbett den Kniefall verweigerte. Anschließend setzt man sich mit dem dritten Kumpan, dem englischen Oxford-Studenten Haines, zum Frühstück und empfängt eine alte Milchfrau. Danach begeben sich die drei Herren nach draußen: Haines will in die Nationalbibliothek, Mulligan geht schwimmen, und Stephen ist auf dem Weg in die Schule von Mr. Deasy, in der er Lehrer ist.

Aber in diesen banalen Ablauf sind äußerst kunstvoll nicht nur zahlreiche kulturgeschichtliche und gegenwartspolitische Anspielungen und Verweise eingebaut (etwa auf die gegenwärtige literarische Szene in Irland), sondern auch »mythische« Strukturen eingelassen, die für den Gesamtverlauf des Romans prägend bleiben werden. Man beachte, was allein Urworte wie Meer, Mutter und Milch an Assoziationen und Wortspielen auslösen. Man beachte, welch überquellende Fülle von Sprachmaterial allein aus der Welt des Katholischen stammt: nicht nur ständige Anspielungen auf den Jesuitenorden und die katholische Messe, sondern ganze Zitate lateinischer Gebete, so des Trauergebets von Angehörigen am Bett eines Toten: »Liliata rutilantium ...« (»Mögen die glänzenden Heerscharen der Bekenner, hell wie Lilien, sich um dich versammeln. Möge der glorreiche Chor der Jungfrauen dich empfangen.«). Vor allem Buck Mulligan führt ständig Bibelzitate im Mund (wobei dieses Zitatenmonster auch noch raffiniert kalkuliert im Vornamen an den letzten Propheten des Alten Testamentes, »Malachi«, erinnern soll), dessen mephistophelischer Spott sich insbesondere an der Parodie in der Christus-Rolle austobt: »Mulligan wird seiner Kleider beraubt«; »und er ging hinaus und weinte Buttermilch«. Keine Frage: Vom ersten Satz des Romans an sind wir – auf eine zum Lachen reizende Weise – in die Welt des Katholischen hineingezogen. Wie sollte auch ein Tag in Dublin beginnen ohne katholische Messe, ohne das »Introibo ad altare Dei«? Ein mehrdeutiges Zitat, wie vieles bei Joyce. Es hat nicht bloß eine verfremdend-parodistische Bedeutung. Auf einer tieferliegenden Sinnebene bedeutet es auch eine Selbst-stilisierung des jetzt beginnenden Kunstwerks zum »Altar Gottes«; möglicherweise auch die Aufnahme der Stufenmetapher (Das »Introibo« ist das »Stufengebet« der traditionellen tridentinischen Messe, nach dem der Priester die Stufen zum Altar hinaufschreiten kann), da ja der ganze Roman auch als eine Art Stufenfolge der Erkenntnis für Stephen Dedalus angelegt ist.

Von konzeptioneller Bedeutung sind auch die Namen der auftretenden Personen. So hat Joyce den Namen *Stephen Dedalus* wegen der Möglichkeit gewählt, heidnische und christliche Elemente in einer Figur zu verschmelzen. Die Bedeutung des Künstlers sollte dadurch aufgewertet werden, daß auf die Figur des ersten christlichen Märtyrers verwiesen ist (Stephen = Stephanus; der Künstler als Schmerzensmann). Und zugleich sollte die Welt des Heidentums evoziert werden, ist doch Daedalus der größte Erfinder der »heidnischen« Antike, der für den Menschen zum Beispiel Flügel zum Fliegen erfand. Weil also dieses *vor*christlich-altheidnische Element in *nach*christlicher-neuheidnischer Zeit stark gemacht werden sollte, läßt Joyce Buck Mulligan vom »neuen Heidentum« reden, schreibt er demselben Mulligan die Fähigkeit zu, griechisch zu sprechen, und die Absicht, Stephen in Griechisch zu unterrichten und mit ihm »unbedingt mal nach Athen« zu gehen. Ein Signal für den ganzen Roman: Nicht Rom, sondern Athen heißt die Richtung. Die *homerische Odyssee* ist das Gegenprogramm zur Welt des katholischen Totalitarismus. Vorchristliches und Nachchristliches korrespondieren.

Ähnliches trifft auch für die Gestalt des *Leopold Bloom* zu. Daß Joyce ihn, seinen »Odysseus«, biographisch *Jude* sein läßt, ist wiederum Ausdruck einer gewollten Distanz zur katholischen Welt Irlands und möglicherweise auch eine kritische *Distanz zur Stifter-Figur des Christentums*. Richard Ellmann jedenfalls überliefert Äußerungen von Joyce gegenüber Freunden wie

Frank Budgen, die Odysseus in seiner Menschlichkeit nicht nur von Hamlet, Don Quichote, Dante oder Faust abgrenzen (s. Seite 623), sondern auch von Jesus Christus:

>*Sie scheinen viel gelesen zu haben, Herr Budgen, sagte er (Joyce). Ist Ihnen von irgendeinem Dichter ein lückenloser Allroundcharakter bekannt?*
Als Budgen Christus nannte, wandte Joyce ein:
Er war Junggeselle und lebte nie mit einer Frau zusammen. Das Zusammenleben mit einer Frau ist aber zweifellos etwas vom Schwierigsten, was ein Mann tun muß, und das hat er nie getan.
Und wie steht's mit Faust, fragte Budgen, oder Hamlet?
Faust ist weit davon entfernt, ein ganzheitlicher Mensch zu sein; er ist überhaupt kein Mensch. Ist er ein alter oder ein junger Mann? Wo ist sein Heim, wo seine Familie? Wir wissen es nicht. Und er kann nicht ganzheitlich sein, weil er nie allein ist. Immer ist ihm Mephistopheles an der Seite oder auf den Fersen. Wir bekommen viel von ihm zu sehen, das ist aber auch alles.
Ihr ganzheitlicher Mensch in der Literatur ist wohl Odysseus, nehme ich an?
Ja. Der alterslose Faust ist kein Mensch. Aber Sie haben eben Hamlet erwähnt. Hamlet ist ein Mensch, aber er ist nur ein Sohn. Odysseus ist der Sohn von Laertes; aber er ist auch der Vater Telemachs, der Gatte der Penelope, der Geliebte Calypsos, der Waffengefährte der griechischen Helden vor Troja und der König von Ithaka. Er hatte viele Schicksalsschläge zu erdulden, überwand sie aber alle durch Weisheit und Mut. Vergessen Sie nicht, daß er ein Drückeberger war, der sich dem Militärdienst durch vorgeschützten Irrsinn zu entziehen versuchte.« (S. 652)

Odysseus als *homo vere humanus* – gespiegelt in einem Juden: Das gab Joyce auch die Möglichkeit, den latenten oder offenen Antisemitismus des katholischen Irland schonungslos zu zeigen (Kapitel 3 und 12). Sein Bloom ist zwar getaufter Jude, sich aber der eigenen Zwiespältigkeit nur allzu bewußt, ein Jude also, »der weiß« – wie Wolfgang Hildesheimer, selber jüdischer Provenienz, in einem hellsichtigen und bewegenden Essay über das »Jüdische an Mister Bloom« schrieb –, »daß es durch seine Konversion zwar einen Christen mehr gibt, aber keinen Juden weniger« (VII, S. 199). Dem Vorchristlichen bei Dedalus entspricht also das Nichtchristliche bei Bloom.
Und auch bei dieser Wahl des jüdischen Elementes dürften persönliche politische Erfahrungen von Joyce im Hintergrund gestanden haben. Dreyfus, Zola und France werfen auch hier

ihre Schatten (siehe die Einführung zu Anatole France in diesem Buch): »Bei der Gestaltung seines Helden Leopold Bloom anerkannte Joyce implizit – wovon er oft genug sprach – seine Verwandtschaft mit den Juden als einem wandernden, verfolgten Volk. ›Manchmal glaube ich‹, sagte er später zu Frank Budgen, ›es sei von ihnen ein heroisches Opfer gewesen, sich zu weigern, die christliche Offenbarung anzunehmen. Man schaue sie an. Sie sind bessere Ehemänner als wir, bessere Väter und bessere Söhne.‹ Zweifellos hat ihn die Widersinnigkeit, aus einem guten Dubliner einen Juden zu machen, und dazu noch einen, der allen religiösen Formen so gleichgültig gegenübersteht, daß er (ohne sie anzunehmen) sowohl den Protestantismus als auch den Katholizismus ausprobierte, mit all ihren satirischen Möglichkeiten angezogen. Er muß aber auch vom Dreyfus-Skandal in Paris dazu bewogen worden sein, der sich von 1892 bis 1906 hinzog; im September 1902 hatte er seinen kritischen Punkt erreicht, kurz vor Joyce' Ankunft in Paris, als Anatole France, ein Schriftsteller, den er achtete, beim Begräbnis Zolas, dessen *J'accuse* noch immer ganz Europa aufwühlte, seine sprachgewaltige Rede hielt. Eine Verbindung zwischen dem Juden und dem Künstler-Verteidiger mag sich in Joyce' Vorstellung durch die Beziehung zwischen Zola, France und Dreyfus gebildet haben. Als er 1903 nach Dublin zurückkehrte, kam er zur rechten Zeit, um eine der seltenen Manifestationen des Antisemitismus in Irland miterleben zu können, den Boykott der jüdischen Kaufleute in Limerick, der von einigen Gewaltakten begleitet war.« (R. Ellmann, S. 559 f.)

Im Roman blitzt dieser auch in Irland tief eingewurzelte *katholische Antisemitismus* vor allem im 12. Kapitel auf: in Barney Kienans Pub, in dem Leopold Bloom ein Gespräch mit einem Dubliner führt, dem »Bürger«, einem irischen Nationalisten der Sinn-Fein-Bewegung und Antisemiten, das damit endet, daß dieser mit einer Teebüchse nach Bloom wirft. In der europäischen Literatur dürfte es kaum eine knappere und zugleich erschreckend hellsichtigere Szene über den christlichen Antisemitismus geben:

»– *He, Mister! Ihr Stall ist offen, Mister!*
Und sagt er (Bloom):
– *Mendelssohn war Jude und Karl Marx und Mercadante und Spinoza.*

Und der Erlöser war Jude und sein Vater war Jude. Euer Gott.
– Er hat gar keinen Vater gehabt, sagt Martin. So, und jetzt reichts. Ab geht's.
– Wem sein Gott? sagt der Bürger.
– Nun, sein Onkel war Jude, sagt er. Ihr Gott war Jude. Christus war Jude wie ich.
Bei Gott, der Bürger stürzt in den Laden zurück.
– Jesus, sagt er, ich schlag dieser Judensau das Hirn raus, weil der Kerl den heiligen Namen gebraucht hat. Jesus, ich werd ihn kreuzigen. Das werd ich, jawohl. Gib mir die Keksdose da.«

Zu den bewußt kalkulierten *mythischen Strukturen* in der ersten Episode gehört der Komplex *Vater – Sohn – Mutter.* Und hier spielt die christologische Problematik, von der bereits die Rede war, eine entscheidende Rolle. Joyce beerbt das dogmatische Problem der Verhältnisbestimmung von Vater und Sohn als psychologisches. Denn das Grundthema der ersten Episode, strukturbildend für den gesamten weiteren Verlauf, ist das Vater-Mutter-Problem des Sohnes, so wie der ganze Roman eine einzige Suche von Stephen Dedalus nach einem geistigen, spirituellen Vater ist, eine Rolle, die dann Leopold Bloom für Stephen spielen wird. Deshalb beachte man bei der Lektüre:
– daß das *Thema Mutter* schon früh eingeführt wird: Das irische Meer wird als »unsere große liebe Mutter« bezeichnet, und assoziativ wird von dort übergeblendet auf die Mutter von Stephen. Ihr gegenüber hegt er bohrende Gewissenszweifel, da er sich weigerte, an ihrem Totenbett niederzuknien und für sie zu beten. Die Szene am Bett der toten Mutter wird denn auch im Verlauf der ersten Episode traumatisch immer wieder von Stephen erinnert;
– daß der *Turm,* in dem die drei Helden hausen, unter Anspielung auf die griechische Mythologie »omphalos« genannt wird: *Nabel,* an dem ja bekanntlich die Schnur hängt, die einen mit der Mutter verbindet;
– daß das Mutterthema auch beim Auftritt der *alten Milchfrau* wiederkehrt. Es gehört zum archetypischen Mutter-Ritual, Milch auszuteilen, was denn auch in Stephen erotische Mutter-Assoziationen auslöst;
– daß das Thema Mutterbindung, gegen die sich Stephen vehement wehrt (eigene Mutter – Irland – katholische Kirche), dem

Thema *Vater-Suche* entspricht. Anspielungen darauf enthält unser Text ebenfalls reichhaltig.

Da ist *zum einen* der von Joyce durch Selbstdeutungen verbürgte Bezug zum Personal der Homerischen »Odyssee« (s. R. Ellmann, S. 661). Diese beginnt bekanntlich mit der Geschichte von Odysseus' Sohn Telemach, der zu Hause seit Jahren vergeblich auf die Rückkehr des Vaters wartet, dann aber von der Göttin Pallas Athene auf die Reise geschickt wird, um seinen Vater zu suchen. Das erste Kapitel des Romans (obendrein mit Brückenfunktion zum »Portrait«) heißt denn auch nicht zufällig »Telemachus«, weil es analog zu Homer ausschließlich um den Sohn kreist, der sich dann ebenfalls (bei Joyce zunächst unbewußt) auf die Suche nach einem Vater macht. *Zum zweiten* ist schon in der ersten Episode von Shakespeares Hamlet die Rede, der als Sohn bekanntlich vom Geist seines toten Vaters heimgesucht wird. Joyce aber hat Stephen obendrein noch eine eigene Shakespeare-Theorie in den Kopf gesetzt, die darauf hinausläuft, »daß Hamlets Enkel Shakespeares Großvater ist und er selber der Geist seines eigenen Vaters«, und diese Hamlet-Anspielung weist voraus auf Kapitel 9, wo in der Dubliner Nationalbibliothek ein hochgescheiter Disput über den ganzen Vater-Sohn-Komplex (wieder unter Einbeziehung der christologischen Metaphorik) geführt wird. *Zum dritten* wird mit der Wendung »Japhet auf der Suche nach einem Vater« nicht nur angespielt auf einen 1836 erschienenen gleichnamigen Roman des englischen Schiffsoffiziers Frederick Marryat (1792–1848), in dem die Geschichte von einem Findling erzählt wird, der auf der Suche nach seinem Vater ist (der sich schließlich als rauhbeiniger alter Offizier der Ost-Indien-Kompanie erweist), sondern auch auf den biblischen Jafet, den Sohn des Noah, einen der Stammväter der Völker der Erde (vgl. Genesis 9, 18–28).

So vorbereitet, kann im Text nun übergeleitet werden auf die »theologische Interpretation«, die »Vater-Sohn-Idee«: der »Sohn im Kampf um Versöhnung mit dem Vater«. Und in diesem Kontext ist nun auch die »ballad of joking Jesus« (der Übersetzer hat um der Alliteration willen daraus »Juxer Jesus« gemacht) zu sehen, die zweifellos den Höhepunkt dieses letzten Textdrittels bildet. Man halte sich bei der Lektüre nicht lange bei der satirisch-blasphemischen Form dieser drei Strophen auf. Es handelt sich erkennbar um ein Trinkerlied (»Drum Prosit die Jünger und Golgatha!«), und Jesus erscheint zum einen in der Rolle eines verzweifelt-lässig-schnoddrigen Trinkers, zum anderen in der eines präpotenten Wundermannes, der seine Fähigkeit, Wasser in Wein zu verwandeln, als Druckmittel für die Anerkennung seines »göttlichen Seins« benutzt. Man beachte vielmehr auch hier die tieferliegende Struktur, die Repetition des »mythischen« Grundmusters: der Sohn zwischen Vater und Mutter. Jesus erscheint ja in diesem Lied wie ein alkoholisierter junger Katholik, verzweifelt darüber, daß seine Abstammung unsicher ist. Die Vaterschaft ist unklar (war es der »Heilige Geist« in Gestalt eines »Vogels« oder Joseph der Zimmermann?), und auch die Mutter ist als »Jid«, als Jüdin, im Zwielicht. Dies alles zeigt schon, daß es sich hier nicht um eine Auseinandersetzung mit dem geschichtlichen Jesus handelt; daß dieses Lied vielmehr eine Projektionsfolie für die psychischen Konflikte der Figuren im Roman ist.

In Ellmanns Biographie kann man überdies nachlesen, daß Joyce diese Ballade nicht erfunden, sondern gefunden hat. Im September 1904 hatte sich Joyce selber im Martello-Turm zu Dublin für einige Tage aufgehalten, und zwar zusammen mit seinem Freund Oliver St. John Gogarty (der in der Gestalt des Buck Mulligan transformiert wiederkehrt). Als 1905 in Triest Joyce' Sohn Giorgio geboren wird, schreibt ihm ein anderer irischer Freund, Vincent Cosgrave, einen Brief über die nun erfolgte »Ménage à Triest«, legt ein neunstrophiges Gedicht von Gogarty bei und nennt Joyce bei dieser Gelegenheit ironisch einen »Schmerzensmann«, einen Schmerzensmann von Triest:

»Zu Weihnachten gab mir ›jetzt ein Fremder Dir‹ (Gogarty) das folgende ›kleine Lied‹ und erklärte, daß die Zeit Christi auf wenige Augenblicke an Weihnachten begrenzt sei, und da er nicht gegen die Einstellungen von Jahrhunderten ankämpfen könne, bliebt ihm nichts übrig, als zu grinsen und es zu tragen. Er fügte auch eine lange Ansprache über die Tugenden des Kreuzes bei – das den Protagonisten mit einem Rückgrat versehen und das Zeichen sei, in dem er gesiegt habe. Das Gelingen der ménage à Triest, der Stadt des Schmerzenmannes, schreibt er zum großen Teil sich zu. Das beigegebene Lied des J. (The Song of the Cheerful – but slightly sarcastic – Jesus) stammt natürlich

von Gogarty. Er bittet mich, es Dir zu schicken. Er wünscht, Du wärst wieder in Dublin.« (zit. bei Ellmann, S. 318–320)

Zwei von Gogartys Strophen baut Joyce Jahre später in seinen »Ulysses« ein, die dritte Strophe komponiert er aus Elementen anderer Strophen noch hinzu. Sie lautet im Originaltext (vom Übersetzer sehr frei wiedergegeben):

»Goodbye, now, goodbye! Write down all I said
And tell Tom, Dick and Harry I rose from the dead.
What's bred in the bone cannot fail me to fly
And Olivet's breezy – Goodbye, now, goodbye!«

Deutlich wird: Das dogmatische Drama der Verhältnisbestimmung von Vater und Sohn wird bei Joyce zu einem psychologischen. Seinen Helden Stephen läßt der Autor ja unmißverständlich erklären, er sei einerseits ein »grausiges Beispiel für die Freigeisterei«, andererseits aber »Diener zweier Herren«: eines »Engländers und einer Italienerin«, wobei auch hier wieder das Vater-Mutter-Thema wiederholt wird: Der Vater ist der »imperiale groß-britannische Staat«, und die Mutter ist die »heilige römische katholische und apostolische Kirche«. Und diese »una sancta catholica et apostolica ecclesia« hat bekanntlich die Konsubstantialität von Vater und Sohn dogmatisch definiert (der Sohn ist »eines Wesens« mit dem Vater) und alle zu Häretikern gestempelt und ausgeschieden (Arius, Valentinus, Photius, Sabellius), die – bei allen Unterschieden im Detail – diese Konsubstantialität leugneten. Indem Stephen aber diese »häretische« Tradition erinnert, vollzieht er auf der psychologischen Ebene eben diesen Leugnungsvorgang. Er ist auf der Suche nicht nach der »Konsubstantialität« mit seinem eigenen Vater (Kapitel 3 enthält dazu noch mehr parodistisches Material), sondern nach einem freigewählten geistig-spirituellen Vater. Bloom wird diese Rolle für ihn spielen.

Der englische Schriftsteller *Anthony Burgess* hat in seiner Einführung zu Joyce auf diesen wichtigen Aspekt in der ersten Episode hingewiesen: »Wenn man die Familie – die von der Mutter zusammengehalten wird – ebenso zurückweist wie die Bindungen an Kirche und Staat, bleibt einem da noch irgendetwas? Es bleibt die Kunst, doch die Kunst muß genährt werden, und die irische Kunst ist der ›geborstene Spiegel eines Dienstmädchens‹. Stephen, so vollkommen enterbt, weiß noch nicht, wo er die Sicherheit und das Material für jene große Literatur finden wird, die er schaffen muß. Er verachtet seinen Vater, wenn er ihn auch nicht fürchtet: Es ist seine Mutter, nicht sein Vater, die mit dem bärtigen Ungeheuer namens Gott in Verbindung gebracht werden muß. Was er braucht, obwohl er darauf erst noch aufmerksam werden muß, ist ein spiritueller oder mystischer Vater, ein Vater, der nicht ›konsubstantiell‹ ist. Dieser Vater wird gleichzeitig eine Mutter sein, und wir bekommen einen Hinweis darauf, wo er zu finden ist. Mulligan sieht ›die Leute jeden Tag abkratzen im Mater‹ (ein Dubliner Krankenhaus), und das Mater befindet sich am Ende der Eccles Street, wo Leopold Bloom wohnt. ›*Et unam sanctam catholicam et apostolicam ecclesiam*‹ schallt es Stephen durch den Kopf. ›Eccles‹ ist darin. In *Finnigans Wake* wird der *Ulysses* ›Blaubuch von Eccles‹ genannt.« (S. 117 f.)

Das Wechselspiel von Vordergrund und Hintergrund ist somit bei Joyce den ganzen Roman hindurch ein Spiel mit sprachlichen und mythischen Assoziationen und Variationen. Durch die Einbeziehung in ein komplexes Netz von Korrespondenzen lösen sich die festen Konturen der Romanfiguren auf. Jafet – Telemach – Christus – Hamlet: Ein ständiger Rollenwechsel und Gestaltwandel wird möglich. Es kommt zu mythischen Wieder-Holungen in ein und derselben Figur, zu immer neuen Verwandlungen, die im Prozeß der jeweiligen Individuation zwar nicht alle verwirklicht werden, aber doch ursprünglich angelegt sind. Indem die Vordergrund-Figuren aber in den Prozeß mythischer Wieder-Holungen großer Lebensmuster hineingenommen sind, entsteht ein raffiniertes Wechselspiel von Lokal und Universal, Ort und Welt, Zeit und Ewigkeit. Die mythischen Figuren werden »humanisiert«, »geerdet«, selbst um den Preis ihrer parodistischen Brechung. Zugleich aber werden Vordergrund und Gegenwart ihrer Zufälligkeit beraubt und zum Allgemeinen, zum Typischen aufgewertet. Ein Vorgang, den man mit Thomas Mann einen »Schritt vom Bürgerlich-Individuellen zum Mythisch-Typischen« nennen kann. Mythos und Psychoanalyse berühren sich schon bei Joyce, sie berühren sich später aber auch bei Thomas Mann und noch später bei Günter Grass. Die gebrochene Beerbung der großen

Geschichte Christi in der europäischen Literatur des 20. Jahrhunderts geht weiter.

Ausgabe: J. Joyce, Ulysses, New York 1961 (Random House). Ulysses. Deutsch von H. Wollschläger, Frankfurt/M. 1975, Taschenbuch-Ausgabe Frankfurt/M. 1981, S. 7–34 (es 1100).

Literatur zur Vertiefung

1. *Zur Lebensgeschichte:*
   R. Ellmann, James Joyce. New and revised edition, Oxford 1982. James Joyce. Revidierte und ergänzte Ausgabe. Deutsch von F. Senn u. a., Frankfurt/M. 1994, Taschenbuch-Ausgabe Frankfurt/M. 1996 (st 2577).
2. *Zur Werkgeschichte:*
   A. Burgess, Here comes everybody. An Introduction to James Joyce for the Ordinary Reader, London 1965. Joyce für jedermann. Eine Einführung in das Werk von James Joyce. Deutsch von F. Rathjen, Frankfurt/M. 1994.
   W. Füger, James Joyce. Epoche – Werk – Wirkung, München 1994.
3. *Zum Text:*
   W. Thornton, Allusions in Ulysses. An Annotated List, Chapel Hill, N. C. 1968.
   S. Gilbert, J. Joyce's »Ulysses«. A study (1930). Erweiterte Ausgabe New York 1952. Das Rätsel Ulysses. Eine Studie. Deutsch von G. Goyert, Zürich 1960. Neuausgabe Frankfurt/M. 1969.
   F. Budgen, James Joyce and the Making of »Ulysses«, London 1934, Neuausgabe London 1972.
   Th. Fischer-Seidel (Hrsg.), James Joyce »Ulysses«. Neuere deutsche Aufsätze, Frankfurt/M. 1977.
   W. Hildesheimer, Das Jüdische an Mr. Bloom (1984), in: Gesammelte Werke, hrsg. v. Ch. Lucas – H. Nibbrig – V. Jehle, Bd. VII, Frankfurt/M. 1991, S. 196–210.
   D. Gifford – R. J. Seidman, »Ulysses« annotated. Notes for James Joyce's »Ulysses«, Berkeley – Los Angeles – London [2]1988.
4. *Joyce und Religion:*
   W. T. Noon, Joyce and Aquinas, New Haven 1957.
   V. Moseley, Joyce and the Bible, Northern Illinois University Press 1967.

U. Schneider, Alttestamentarische Anspielungen im »Ulysses«, in: James Joyce »Ulysses«. Neuere deutsche Aufsätze, hrsg. v. Th. Fischer-Seidel, Frankfurt/M. 1977, S. 198–212.

S. Brivic, Joyce The Creator, Madison, Wi. 1985.

E. Hughes, Joyce and Catholicism, in: Irish Writers and Religion, hrsg. v. R. Welch, Buckinghamshire 1992, S. 116–137.

N. R. Davison, James Joyce »Ulysses« and the Construction of Jewish Identity, Cambridge 1996.

5. Zur Odysseus-Rezeption:

W. B. Stanford, The Ulysses Theme. A Study in the Adaptability of a Traditional Hero, Oxford 1954, [2]1968.

W. Jens, Odysseus: Das Doppelgesicht des Intellektuellen, in: ders., Mythen der Dichter. Modelle und Variationen, München 1993, S. 11–37.

G. Fuchs (Hrsg.), Lange Irrfahrt – große Heimkehr. Odysseus als Archetyp – zur Aktualität des Mythos, Frankfurt/M. 1994.

James Joyce
Ulysses, »Telemachus«

Stattlich und feist erschien Buck Mulligan am Treppenaustritt, ein Seifenbecken in Händen, auf dem gekreuzt ein Spiegel und ein Rasiermesser lagen. Ein gelber Schlafrock mit offenem Gürtel bauschte sich leicht hinter ihm in der milden Morgenluft. Er hielt das Becken in die Höhe und intonierte:

– *Introibo ad altare Dei.*

Innehaltend spähte er die dunkle Wendeltreppe hinunter und kommandierte grob:

– Komm rauf, Kinch! Komm rauf, du feiger Jesuit!

Feierlich schritt er weiter und erstieg das runde Geschützlager. Dort machte er kehrt und segnete würdevoll dreimal den Turm, das umliegende Land und die erwachenden Berge. Dann gewahrte er Stephen Dedalus, verneigte sich vor ihm und schlug rasche Kreuze in die Luft, kehlig glucksend dabei und den Kopf schüttelnd. Stephen Dedalus, mißlaunig und schläfrig, lehnte die Arme auf den Rand der Treppenmündung und betrachtete kalt das sich schüttelnde, glucksende, in seiner Länge pferdehafte Gesicht, das ihn segnete, und das helle untonsurierte Haar, das fleckig getönt war wie matte Eiche.

Buck Mulligan lugte kurz unter den Spiegel und deckte dann mit pfiffiger Miene das Becken zu.

– Huschhusch ins Körbchen, sagte er streng.

Und im Ton eines Predigers fügte er hinzu:

– Denn dies, o geliebte Gemeinde, ist der wahre eucharistische Jakob: Leib und Seele, potz Blut und Wunden. Getragene Musik, wenn ich bitten darf. Die Augen zu, Herrschaften. Einen Moment. Kleine Panne mit den weißen Korpuskeln. Silentium, alle!

Er spähte schräg in die Höhe und stieß einen langen leisen rufenden Pfiff aus, dann verhielt er eine Weile in gespannter Aufmerksamkeit, und seine ebenmäßigen weißen Zähne glitzerten hier und da golden gepunktet. Chrysostomos. Zwei starke schrille Pfiffe antworteten durch die Stille.

– Danke, alter Freund, rief er munter. Das reicht dicke. Stell den Strom ab, ja?

Er hopste vom Geschützlager und blickte ernst auf seinen Beobachter, die losen Falten seines Schlafrocks um die Beine raffend. Das feiste verschattete Gesicht mit dem grämlich ovalen Kinn erinnerte an einen Prälaten, Patron der Künste im Mittelalter. Ein freundliches Lächeln brach gelassen über seine Lippen.

– So was Komisches, sagte er heiter. Dein absurder Name, ein oller Grieche.

Er hob gutmütig scherzhaft den Finger und ging, vor sich hinlachend, hinüber an die Brustwehr. Stephen Dedalus kam heraufgestiegen, folgte ihm müde den halben Weg und setzte sich auf die Kante des Geschützlagers, still weiter beobachtend, wie er seinen Spiegel auf die Brustwehr stellte, den Pinsel in das Becken stippte und sich Wangen und Hals einseifte.

Buck Mulligans heitere Stimme plauderte fort.

– Mein Name ist genauso absurd: Malachi Mulligan, zwei Daktylen. Aber er hat was Hellenisches im Klang, oder? Flott und sonnig wie Buck, der Bock und Lebemann, höchstselbst. Wir müssen unbedingt mal nach Athen. Kommst du mit, wenn ich's schaffe, daß die Tante zwanzig Pfündchen rausrückt?

Er legte den Pinsel beiseite und schrie, vor Vergnügen lachend:

– Kommt er mit, der jecke Jesuit?

Abbrechend begann er sich mit Sorgfalt zu rasieren.

123

– Hör mal, Mulligan, sagte Stephen ruhig.

– Ja, mein Schatz?

– Wie lange will Haines eigentlich hier noch mit im Turm bleiben?

Buck Mulligan zeigte eine rasierte Wange über die rechte Schulter.

– Gott, ja, ein gräßlicher Kerl, gelt? sagte er freimütig. Ein schwerfälliger Angelsachse. Du bist kein Gentleman für ihn. Gott, diese verdammten Engländer. Platzen vor Geld und vor Blähungen. Denn er kommt von Oxford. Und weißt du, Dedalus, du hast ja nun die richtige Oxford-Art. Er wird nicht schlau aus dir. Ah, mein Name für dich ist doch der beste: Kinch, die Messerklinge!

Er schabte sich behutsam das Kinn.

– Die ganze Nacht hat er von einem schwarzen Panther gefaselt, sagte Stephen. Und wo sein Gewehr wäre.

– Ein armer Irrer, sagte Mulligan. Hattest du Schiß?

– Hatte ich, sagte Stephen mit Überwindung und wachsender Furcht. Hier draußen im Dunkeln mit einem Menschen, den ich nicht kenne und der vor sich hin phantasiert und stöhnt, er will einen schwarzen Panther schießen. Du hast schon Menschen vorm Ertrinken gerettet. Aber ich, ich bin kein Held. Wenn er hier bleibt, verschwinde ich.

Buck Mulligan blickte mißmutig auf den Seifenschaum an seinem Rasiermesser. Er sprang herunter von seinem hohen Sitz und begann hastig seine Hosentaschen zu durchsuchen.

– Sauerei! schrie er dumpf.

Er kam herüber zum Geschützlager, fuhr Stephen mit der Hand in die obere Tasche und sagte:

– Gestatten der Herr mal die Rotzfahne, daß ich mein Messer abwischen kann.

Stephen litt es, daß er ihm das schmutzige zerknüllte Taschentuch herauszog und es hoch an einem Zipfel zur Schau hielt. Buck Mulligan wischte säuberlich das Messer ab. Dann betrachtete er das Taschentuch und sagte:

– Des Barden Rotzfahne. Eine neue Kunstfarbe für unsere irischen Poeten: Rotzgrün. Kann man fast schmecken, was?

Er stieg wieder auf die Brustwehr und blickte hinaus auf die Bai von Dublin, sein helles eichenmattes Haar regte sich leicht.

– Mein Gott, sagte er still. Ist die See nicht genau was Algy sie nennt: eine graue liebe Mutter? Die rotzgrüne See. Die skrotumzusammenziehende See. *Epi oinopa ponton.* Ah, Dedalus, die Griechen! Ich muß dir Unterricht geben. Du mußt sie im Original lesen. *Thalatta! Thalatta!* Sie ist unsere große liebe Mutter. Komm her und sieh.

Stephen stand auf und ging hinüber an die Brustwehr. Sich darauf lehnend, blickte er hinab auf das Wasser und auf das Postboot, das sich eben aus der Hafeneinfahrt von Kingstown löste.

– Unsere mächtige Mutter, sagte Buck Mulligan.

Er wandte abrupt die großen suchenden Augen ab von der See und Stephens Gesicht zu.

– Die Tante ist der Meinung, du hast deine Mutter umgebracht, sagte er. Deswegen will sie auch nicht, daß ich mit dir verkehre.

– Irgendwer hat sie umgebracht, sagte Stephen düster.

– Du hättest dich ja verdammtnochmal auch hinknien können, Kinch, als deine sterbende Mutter dich darum bat, sagte Buck Mulligan. Ich bin genauso ein Hyperboreer wie du. Aber wenn ich denke, daß deine Mutter dich mit ihrem letzten Atemzug anbettelt, du sollst doch niederknien und für sie beten! Und du sagst nein! Mensch, du hast was Unheimliches in dir . . .

Er brach ab und seifte wieder leicht die entferntere Wange ein. Seine Lippen kräuselte ein nachsichtiges Lächeln.

– Aber ein reizender Komödiant, murmelte er bei sich. Kinch, der reizendste Komödiant von allen.

Er rasierte sich gleichmäßig und mit Sorgfalt, schweigend, ernst.

Stephen, einen Ellbogen auf den schartigen Granit gestützt, lehnte die Stirn gegen die Handfläche und starrte auf den sich abnutzenden Rand seines glänzenden schwarzen Rockärmels. Schmerz, der noch nicht der Schmerz der Liebe war, fraß ihm am Herzen. Still, im Traum, war sie zu ihm gekommen nach ihrem Tode, ihr ausgezehrter Leib in seinen losen braunen Grabkleidern einen Duft verströmend von Wachs und Rosenholz, ihr Atem, der sich über ihn gebeugt hatte, stumm, vorwurfsvoll, ein schwacher Duft von feucht gewordener Asche.

Über den fadenscheinigen Stulpenrand sah er die See, begrüßt als große liebe Mutter von der wohlgenährten Stimme neben ihm. Der Ring aus Bai und Horizont umschloß eine träge trübgrüne Masse Flüssigkeit. Ein Becken aus weißem Porzellan hatte neben ihrem Totenbett gestanden, darin die grüne zähe Gallenmasse, die sie unter lautem Stöhnen in Brechanfällen ihrer verfaulenden Leber entrissen hatte.

Buck Mulligan wischte wieder sein Rasiermesser ab.

– Ach du armes Hundeaas, sagte er mit freundlicher Stimme. Ich muß dir mal ein Hemd schenken und ein paar Rotzfahnen. Wie sind denn die gebrauchten Hosen?

– Sie passen ganz gut, antwortete Stephen.

Buck Mulligan ging gegen die Grube unter seiner Unterlippe vor.

– Zweiterhand nennt man das, so was Komisches, sagte er zufrieden. Dabei müßte es doch eigentlich zweitenbeins heißen. Weiß der liebe Gott, was für ein syphilitischer Saufkopp da den Hintern drin gehabt hat. Ich hab noch ein hübsches Paar, mit einem Haarstreifen, grau. Würde dir klasse stehen. Das mein' ich im Ernst, Kinch. Du siehst verdammt gut aus, wenn du angezogen bist.

– Danke, sagte Stephen. Aber wenn sie grau sind, kann ich sie nicht tragen.

– Dann kann er sie nicht tragen, teilte Buck Mulligan seinem Gesicht im Spiegel mit. Etikette bleibt Etikette. Seine Mutter bringt er um, aber graue Hosen kann er nicht tragen.

Er klappte sein Rasiermesser säuberlich zusammen und prüfte mit streichenden Fingerfühlern die glatte Haut.

Stephen wandte den Blick von der See und richtete ihn auf das feiste Gesicht mit den rauchblauen flinken Augen.

– Der Bursche, mit dem ich im Ship zusammen war gestern abend, sagte Buck Mulligan, also der sagt, du hast die A.P.V. Er sitzt in Deppenstedt mit Conolly Norman. Allgemeine Paralyse der Verrückten.

Er schwang den Spiegel im Halbkreis durch die Luft, um die Nachricht hinauszublitzen im Sonnenlicht, das jetzt leuchtend auf dem Meere lag. Seine sich kräuselnden rasierten Lippen lachten und die Schneiden seiner weißen schimmernden Zähne. Gelächter packte seinen ganzen starken wohlgestalteten Leib.

– Guck dich doch mal an, sagte er, du gräßlicher Barde!

Stephen beugte sich vor und lugte in den Spiegel, der ihm hingehalten wurde, von krummem Riß gespalten, Haar zu Berge. Wie er und die andern mich sehen. Wer hat dies Gesicht für mich ausgesucht? Dies Hundeaas, aus dem man erstmal die Schmarotzer kratzen müßte. Es fragt's mich auch.

– Hab ihn mir im Zimmer der Dienstzibbe geklemmt, sagte Buck Mulligan. Für die ist er grade richtig. Tantchen hält stets nur häßliche Dienstmädchen wegen Malachi. Führe ihn nicht in Versuchung. Und dann heißt sie auch noch Ursula.

Erneut auflachend zog er Stephen den Spiegel vor den lugenden Augen weg.

– Calibans Wut beim Nicht-Erblicken seines Gesichts in einem Spiegel, sagte er. Wenn doch Wilde bloß noch lebte, daß er dich sehen könnte.

Stephen lehnte sich zurück, zeigte auf den Spiegel und sagte mit Bitterkeit:

– Symbol der irischen Kunst. Der geborstene Spiegel eines Dienstmädchens.

Buck Mulligan hakte sich plötzlich bei Stephen ein und schritt mit ihm auf dem Turm in die Runde, Rasiermesser und Spiegel klappernd in der Tasche, in die er sie gesteckt hatte.

– Nicht gerade fair, dich derart aufzuziehn, Kinch, was? sagte er freundlich. Weiß Gott, du hast mehr Grips als die andern alle.

Wieder pariert. Er fürchtet die Lanzette meiner Kunst, wie ich die der seinen fürchte. Die kalte Stahlfeder.

– Der geborstene Spiegel eines Dienstmädchens. Erzähl das doch mal dem ochsigen Schnösel da unten und hau ihn um eine Guinee an. Der stinkt doch vor Geld, und für einen Gentleman hält er dich sowieso nicht. Sein alter Herr hat den Zulus Jalapen angedreht oder sonst einen dreckigen Schwindel und damit sein Moos gemacht. Gott, Kinch, wenn wir beide bloß zusammenarbeiten könnten, wir würden vielleicht was tun für die Insel! Sie hellenisieren.

Cranlys Arm. Sein Arm.

– Und wenn ich denke, daß du auch noch betteln mußt bei diesen Schweinehunden! Ich bin der einzige, der weiß, was du bist. Wieso hast du eigentlich nicht mehr Vertrauen zu mir? Dir stinkt doch irgendwas an mir, oder? Ist es wegen Haines? Also wenn der hier nur einen Mucks macht, bring ich Seymour mit, und wir veranstalten ein Tänzchen mit ihm, schlimmer als was Clive Kempthorpe abgekriegt hat.

Junge Schreie begelderter Stimmen in Clive Kempthorpes Zimmern. Bleichgesichter: sie halten sich die Rippen vor Lachen, einer klammert sich an den andern, Mensch ich sterbe! Bring ihr die Nachricht schonend bei, Aubrey! Ich sterbe! Die zerschlitzten Fetzen seines Hemdes flitzen durch die Luft, er hopst und humpelt um den Tisch, die Hosen heruntergerutscht auf die Hacken, gejagt von Ades vom Magdalen mit der Schneiderschere. Ein verängstigtes Kalbsgesicht, verschönert mit Marmelade. Ich will nicht ausgehost werden! Spielt doch nicht den beschwipsten Ochs mit mir! Schreie aus dem offenen Fenster, den Abend aufschreckend im Hofgeviert. Ein tauber Gärtner, beschürzt, maskiert mit Matthew Arnolds Gesicht, schiebt seinen Mäher auf dem düsteren Rasen, vertieft ins Betrachten der tanzenden Halmenspreu.

Für uns selbst . . . neues Heidentum . . . omphalos.

– Laß ihn nur bleiben, sagte Stephen. An sich ist ja nichts einzuwenden gegen ihn, außer bloß nachts.

– Also, was ist es dann? fragte Buck Mulligan ungeduldig. Hust' es raus. Ich bin doch auch ganz offen zu dir. Was hast du denn jetzt schon wieder gegen mich?

Sie blieben stehen und blickten zur stumpfen Kuppe des Bray Head hinüber, der auf dem Wasser lag wie die Schnauze eines schlafenden Wals. Stephen machte ruhig seinen Arm frei.

– Willst du wirklich, daß ich's dir sage? fragte er.

– Ja, komm schon, was ist es? antwortete Buck Mulligan. Ich kann mich an nichts erinnern.

Er sah Stephen ins Gesicht, als er sprach. Ein leichter Wind strich ihm über die Stirn, fächelte sanft sein helles ungekämmtes Haar und weckte Silberpunkte von Angst in seinen Augen.

Stephen, bedrückt von der eigenen Stimme, sagte:

– Erinnerst du dich an den Tag, wo ich das erstemal wieder zu euch ins Haus kam nach dem Tod meiner Mutter?

Buck Mulligan runzelte behende die Stirn und sagte:

– Was? Wo? Ich kann mich an gar nichts erinnern. Ich behalte nur Ideen und Empfindungen. Wieso? Was ist denn da passiert, um alles in der Welt?

– Du warst gerade am Teemachen, sagte Stephen, und ich ging über den Flur, um noch etwas heißes Wasser zu holen. Deine Mutter kam mit irgendeinem Besuch aus dem Salon. Sie fragte dich, wer da bei dir im Zimmer wäre.

– Ja? sagte Buck Mulligan. Und was hab ich geantwortet? Ich weiß es nicht mehr.

– Deine Antwort, sagte Stephen, lautete: *Och, das ist bloß Dedalus, dessen Mutter dreckig verreckt ist.*

Eine Röte, die ihn jünger erscheinen ließ und anziehender, stieg Buck Mulligan in die Wangen.

– Hab ich das gesagt? fragte er. Na und? Was soll denn so schlimm daran sein?

Er schüttelte seine Befangenheit nervös von sich ab.

– Und was ist denn der Tod, fragte er, der deiner Mutter oder deiner oder mein eigener? Du hast bloß deine Mutter sterben sehen. Ich seh' die Leute jeden Tag abkratzen im Mater und Richmond, seh' wie man ihnen in den Kutteln rumschneidet im Seziersaal. Eine Dreckerei ist das und nichts sonst. Hat einfach gar nichts zu besagen. Du wolltest nicht niederknien, um zu beten für deine Mutter an ihrem Sterbebett, als sie dich bat. Warum? Weil du den verfluchten Jesuitenzug in dir hast, bloß daß er dir verkehrtherum eingeimpft worden ist. Für mich ist das alles urkomisch und dreckig. Ihre Gehirnlappen funktionieren nicht mehr. Sie nennt den Doktor Sir Peter Teazle und pflückt sich Butterblümchen von der Steppdecke. Halt sie bei Laune, bis es vorbei ist. Ihren letzten Wunsch im Tode hast du durchkreuzt, und trotzdem schmollst du mit mir, weil ich nicht flenne wie irgendein gedungener Sargschlepper von Lalouette. Absurd! Kann ja sein, daß ich's gesagt hab. Aber ich wollte damit nicht das Andenken deiner Mutter beleidigen.

Er hatte sich in Mut geredet. Stephen verbarg die klaffenden Wunden, die jene Worte in seinem Herzen hinterlassen hatten, und sagte sehr kalt:

– Ich denke auch nicht an die Beleidigung meiner Mutter.

– Woran denn dann? fragte Buck Mulligan.

– Daß du *mich* beleidigt hast, antwortete Stephen.

Buck Mulligan schwang sich auf dem Absatz herum.

– Also so ein unmöglicher Mensch! stieß er hervor.

Er entfernte sich rasch und ging an der Brustwehr rundum. Stephen blieb auf seinem Posten und blickte über die ruhige See zur Landzunge hinüber. See und Landzunge wurden jetzt blaß. Pulse klopften ihm in den Augen, verschleierten ihre Sicht, und er spürte das Fiebern seiner Wangen.

Eine Stimme im Innern des Turms rief laut:

– Bist du da oben, Mulligan?

– Ich komme, gab Buck Mulligan zur Antwort.

Er wandte sich Stephen zu und sagte:

– Sieh dir die See an. Was scheren sie Beleidigungen? Gib Loyola einen Tritt, Kinch, und komm mit runter. Unser Patentsachse will seine morgendlichen Speckschnitten.

Sein Kopf verhielt wieder einen Augenblick an der Treppenmündung, auf gleicher Höhe mit dem Dach.

129

– Nun blas' mal nicht den ganzen Tag Trübsal deswegen, sagte er.
Ich bin eben inkonsequent. Laß das launische Sinnen.
Sein Kopf verschwand, doch seine niedersteigende Stimme drang
brummend aus dem Treppenschacht herauf:

Und nimmer geh beiseit' und sinn'
Der Liebe bitterm Rätsel nach,
Denn Fergus lenkt die erz'nen Wagen...

Waldschatten fluteten still vorbei durch den Morgenfrieden, nach
See hinaus, wohin er vom Treppenaustritt blickte. Landwärts und
weiter draußen weißte sich der Wasserspiegel, gespornt von licht-
beschuhten eilenden Füßen. Die weiße Brust der blassen See.
Verschmelzende Hebungen, zwei und zwei. Eine Hand, zupfend
die Harfensaiten, die ihre verschmelzenden Klänge ineinander
schlangen. Wellweiß umwundene Worte, schimmernd auf blasser
Flut.
Eine Wolke begann langsam die Sonne zu bedecken, die Bucht ver-
schattend in tieferem Grün. Da lag es hinter ihm, ein Becken voll
bitterer Wasser. Fergus' Lied: ich sang es allein im Hause, dehnend
die langen dunklen Klänge. Ihre Tür stand offen: sie wollte meine
Musik hören. Still vor Scheu und Mitleid trat ich an ihr Bett. Sie
weinte auf ihrem Elendslager. Um dieser Worte willen, Stephen:
der Liebe bittres Rätsel.
Wo jetzt?
Ihre Geheimnisse: alte Federfächer, quastengeschmückte Tanzkar-
ten, mit Moschus bestäubt, ein Schmuck aus Bernsteinperlen in
ihrer verschlossenen Schublade. Ein Vogelkäfig hing im sonnigen
Fenster ihres Hauses, als sie ein Mädchen war. Sie hat noch den
alten Royce gehört, in der Pantomime von Turko dem Schrecklichen, und mit den andern gelacht, wenn er sang:

Ich alter Knabe
Habe die Gabe
Der Unsichtbarkeit...

Phantome von Freude, abgelegt: moschusduftend.

Und nimmer geh beiseit' und sinn'...

Abgelegt im Gedächtnis der Natur mitsamt ihrem Spielzeug. Erinnerungen durchdrangen sein sinnendes Hirn. Ihr Glas Wasser aus dem Küchenhahn, wenn sie zum heiligen Sakrament gegangen war. Ein ausgehöhlter Apfel, gefüllt mit braunem Zucker, auf dem Kaminrost schmorend für sie an einem dunklen Herbstabend. Ihre schöngeformten Fingernägel, rötlich vom Blut zerquetschter Läuse aus den Kinderhemden.

Im Traum, ganz still, war sie zu ihm gekommen, ihr ausgezehrter Leib in seinen losen Grabkleidern einen Duft verströmend von Wachs und Rosenholz, ihr Atem, über ihn gebeugt mit stummen geheimen Worten, ein schwacher Ruch von feucht gewordener Asche.

Ihre verglasenden Augen, anstarrend aus dem Tode, um meine Seele zu erschüttern und zu beugen. Nur mich allein. Die Geisterkerze, die ihrem Todeskampf leuchtete. Gespenstisches Licht auf dem gequälten Antlitz. Ihr heiser lautes Atmen, rasselnd voll Grauen, während alle auf den Knien beteten. Ihre Augen auf mir, mich niederzuzwingen. *Liliata rutilantium te confessorum turma circumdet: iubilantium te virginum chorus excipiat.*

Ghul! Leichenkauer!

Nein, Mutter. Laß mich in Ruhe und laß mich leben.

– Kinch, ahoi!

Buck Mulligans Stimme sang drinnen im Turm herauf. Sie kam näher im Treppenschacht, abermals rufend. Stephen, immer noch zitternd vom Aufschrei seiner Seele, hörte warmes laufendes Sonnenlicht und in der Luft hinter sich freundliche Worte.

– Dedalus, komm runter, sei kein Spielverderber! Frühstück ist fertig. Haines entschuldigt sich vielmals, daß er uns letzte Nacht geweckt hat. Also alles in Ordnung.

– Ich komme, sagte Stephen und wandte sich um.

– Tu das, um Jesu willen, sagte Buck Mulligan. Um meinet- und um unser aller willen.

Sein Kopf verschwand und erschien wieder.

– Ich hab ihm von deinem Symbol der irischen Kunst erzählt. Er findet's sehr gescheit. Hau ihn um ein Pfund an, ja? Eine Guinee, mein' ich.

– Ich bekomme mein Geld heute morgen, sagte Stephen.

– Von der Penne? fragte Buck Mulligan. Wieviel? Vier Pfund? Da könnten der Herr eins leihen.

– Wenn du's brauchst, sagte Stephen.

– Viele blanke Sovereigns! schrie Buck Mulligan voll Entzücken. Da werden wir uns so glorios besaufen, daß sämtlichen druidischen Druiden die Spucke wegbleibt. Vier allmächtige Sovereigns! Er warf die Hände empor und stampfte die Steintreppe wieder hinunter, mißtönig singend dabei mit Cockney-Akzent:

Ei ja, warum nicht heiter sein,
Whisky trinken, Bier und Wein,
Am Krönungstag,
Am schönen Krönungstag?
Ei ja, warum nicht heiter sein
Am schönen Krönungstag?

Warmer Sonnenschein, heiternd über die See. Das Rasierbecken aus Nickel glänzte, vergessen, auf der Brustwehr. Also was, sollte ich's runterbringen? Oder es dort stehen lassen den ganzen Tag, vergessene Freundschaft?

Er ging hinüber und hielt es eine Weile in Händen, und er fühlte die Kühle und roch den klebrigen Sabber des Seifenschaums, in dem der Pinsel steckte. So hab ich das Weihrauchschiffchen getragen damals in Clongowes. Ich bin ein anderer jetzt und doch derselbe. Ein Diener auch. Bediensteter eines Dieners.

Im gewölbten düsteren Wohnraum des Turms bewegte sich Buck Mulligans schlafrockige Gestalt behende vor dem Herd hin und her, dessen gelbes Glühen verdeckend und wieder freigebend. Zwei Pfeile sanften Taglichts fielen aus den hohen Schießscharten über den Fliesenboden: und wo sich ihre Strahlenhelle traf, flutete quirlend eine Kohlenqualmwolke und schwadiger Dampf von gesottenem Fett.

– Wir werden noch glatt ersticken, sagte Buck Mulligan. Haines, mach doch mal die Tür auf, sei so freundlich.

Stephen stellte das Rasierbecken auf das Schränkchen. Eine hochgewachsene Gestalt erhob sich aus der Hängematte, in der sie gesessen hatte, ging zum Eingang und zog die Innentüren auf.

– Hast du den Schlüssel? fragte eine Stimme.

– Dedalus hat ihn, sagte Buck Mulligan. Janey Mack, ich krieg' keine Luft mehr! Er heulte, ohne vom Feuer aufzusehen:

– Kinch!

– Er steckt im Schloß, sagte Stephen, näherkommend.

Der Schlüssel kratschte zweimal grell herum, und als die schwere Tür halb geöffnet war, drang willkommenes Licht und klare Luft herein. Haines stand im Eingang und blickte hinaus. Stephen holte seinen hochkant stehenden Koffer an den Tisch und ließ sich nieder, um zu warten. Buck Mulligan stieß das Gebratene auf die Schüssel neben sich. Dann trug er die Schüssel und einen großen Teetopf hinüber an den Tisch, setzte beides gewichtig nieder und seufzte erleichtert auf.

– Ich schmelze, sagte er, wie die Kerze sehr richtig bemerkte, als sie ... Aber Schwamm drüber. Kein Wort mehr zu diesem Thema. Kinch, wach auf. Brot, Butter, Honig. Haines, komm rein. Der Fraß ist fertig. Segne uns, Herr, und diese deine Gaben. Wo ist der Zucker? O je, wir haben keine Milch.

Stephen holte den Brotlaib, den Honigtopf und den Butterkühler aus dem Schränkchen. Buck Mulligan setzte sich in einem plötzlichen Anfall von schlechter Laune hin.

– Was ist das hier bloß für ein Saftladen! murrte er. Ich hab' ihr doch ausdrücklich gesagt, sie soll gleich nach acht kommen!

– Wir können ihn ja schwarz trinken, sagte Stephen. Im Schrank ist auch noch eine Zitrone.

– Verdammtnochmal, du und deine Pariser Marotten, sagte Buck Mulligan. Ich will Sandycove-Milch!

Haines kam vom Eingang herein und sagte ruhig:

– Die Frau kommt schon herauf mit der Milch.

– Gottes Segen über dich! schrie Buck Mulligan, vom Stuhl aufspringend. Setz dich hin. Schenk den Tee da ein. Der Zucker ist in der Tüte. Hier, ich kann nicht erst lange noch rummurksen an den verdammten Eiern. Er hackte in dem Gebratenen auf der Schüssel herum, klatschte es auf drei Teller und sagte:

– *In nomine Patris et Filii et Spiritus Sancti.*

Haines setzte sich, um den Tee einzuschenken.

– Ich gebe euch jedem zwei Stücke, sagte er. Aber das muß ich schon sagen, Mulligan, du machst ja den Tee ganz schön stark, was?

Buck Mulligan, eben dabei, dicke Scheiben vom Brotlaib zu säbeln, sagte mit der Schmeichelstimme einer alten Frau:

– Wenn ich Tee mache, dann mache ich Tee, wie die olle Mutter Grogan sagte. Und wenn ich Wasser mache, dann mache ich Wasser.

– Beim Jupiter, es ist Tee, sagte Haines.

Buck Mulligan fuhr fort zu säbeln und zu schmeicheln:

– Das mach' ich, jawoll, Mrs. Cahill sagt sie. *Ach Herrjeh, Ma'am,* sagt da Mrs. Cahill, *dann geb's nur der liebe Gott, daß Sie's nicht beides in denselben Topf machen!*

Mit einem Stoß seines Messers schnellte er seinen Tischgenossen je eine aufgespießte dicke Scheibe Brot zu.

– Das ist das richtige Völkchen, sagte er ganz ernsthaft, für dein Buch, Haines. Fünf Zeilen Text und zehn Seiten Anmerkungen über das Volk und die Fischgötter von Dundrum. Gedruckt bei den Unheilsschwestern im Jahre des großen Winds.

Er wandte sich Stephen zu und fragte mit geziert verwirrter Stimme, die Brauen hebend:

– Entsinnst du dich, Bruderherz, kommt der besagte Tee- und Wassertopf von Mutter Grogan nun eigentlich in den Mabinogion vor oder in den Upanischaden?

– Das möchte ich bezweifeln, sagte Stephen ernst.

– Ach wirklich? sagte Buck Mulligan im nämlichen Ton. Deine Gründe, bitte?

– Es dürfte ihn, sagte Stephen, während er aß, weder in den noch außerhalb der Mabinogion gegeben haben. Mutter Grogan war, nimmt man an, eine Verwandte von Mary Ann.

Buck Mulligans Gesicht lächelte vor Vergnügen.

– Charmant, sagte er mit affektiert süßer Stimme, die weißen Zähne zeigend und wonnig mit den Augen plinkernd. Meinst du wirklich, das war sie? Sehr charmant.

Dann plötzlich überwölkten sich all seine Züge, und während er wieder heftig auf den Brotlaib einsäbelte, grölte er mit verheiserter kratzender Stimme:

– Die Mary Ann, oho,
Die ist ja gar nicht so:
Wenn die mal ihre Röcke hißt . . .

Er stopfte sich den Mund mit Gebratenem voll und mampfte und brummte.

Der Türgang wurde von einer eintretenden Gestalt verdunkelt.

– Die Milch, Sir.

– Komm' Sie rein, Ma'am, sagte Buck Mulligan. Kinch, angel dir mal den Krug.

Eine alte Frau trat heran und blieb neben Stephen stehen.

– Ein herrlicher Morgen heute, Sir, sagte sie. Ehre sei Gott.

– Wem? sagte Buck Mulligan mit einem raschen Blick auf sie. Ah ja, natürlich.

Stephen langte hinter sich und nahm den Milchkrug vom Schränkchen.

– Die Insulaner, sagte Mulligan beiläufig zu Haines, reden oft und gern vom Sammler der Vorhäute.

– Wieviel, Sir? fragte die alte Frau.

– Ein Quart, sagte Stephen.

Er sah ihr zu, wie sie zuerst in das Maß, dann in den Krug die fette weiße Milch goß, nicht ihre. Alte verschrumpelte Titten. Sie goß ein zweites Maß, gab noch ein Quentchen zu. Alt und heimlich war sie eingetreten aus einer Morgenwelt, vielleicht eine Botin. Sie pries die Güte der Milch, während sie goß. Kauernd neben einer geduldigen Kuh bei Tagesanbruch im saftigen Feld, eine Hexe auf ihrem Giftpilz, die verrunzelten Finger behend an den sprudelnden Zitzen. Sie umbrüllten sie, die sie kannten, tauseidiges Vieh. Seide der Kühe und arme alte Frau, Namen, ihr einst vor Zeiten gegeben. Eine ewige Schlumpe, niedrig Gehäus' von Unsterblichem, ihrem Eroberer dienend und ihrem heiteren Verräter, ihre gemeinsame Bettgenossin, eine Botin aus dem heimlichen Morgen. Zu dienen oder zu schelten, was davon, konnte er nicht sagen: doch er verschmähte es, um ihre Gunst zu buhlen.

– Ja, in der Tat, Ma'am, sagte Buck Mulligan und goß Milch in ihre Tassen.

– Kosten Sie mal, Sir, sagte sie.

Er trank auf ihr Geheiß.

– Wenn wir man immer so leben könnten, mit sowas Gutem im Magen, sagte er zu ihr etwas laut, dann hätten wir nicht das ganze Land voll verfaulter Zähne und verfaulten Gedärms. Aber da lebt man in einem Schlammpfuhl, frißt mieses Zeug, und die Straßen sind gepflastert mit Abfällen, Pferdemist und dem Auswurf von Schwindsüchtigen.

– Sind Sie Medizinstudent, Sir? fragte die alte Frau.

– Bin ich, Ma'am, antwortete Buck Mulligan.

Stephen hörte in verächtlichem Schweigen zu. Sie beugt ihr altes Haupt vor einer Stimme, die laut zu ihr spricht, vor ihrem Knochenflicker, ihrem Medizinmann; mich schätzt sie gering. Vor der Stimme, die lossprechen wird und ölen fürs Grab alles, was an ihr ist, bis auf ihre weibsunreinen Lenden, aus Mannes Fleisch gemacht und nicht nach Gottes Bilde, der Schlange Raub. Und vor der lauten Stimme, die sie nun schweigen heißt, mit staunenden unsteten Augen.

– Verstehen Sie, was er sagt? fragte Stephen sie.

– Ist das Französisch, was Sie sprechen, Sir? sagte die alte Frau zu Haines.

Haines hielt ihr wieder eine längere Rede, selbstsicher und zuversichtlich.

– Irisch, sagte Buck Mulligan. Nichts mit Gälisch bei Ihnen?

– Ich dachte mir schon, daß es Irisch ist, sagte sie, dem Klang nach. Sind Sie aus dem Westen, Sir?

– Ich bin Engländer, antwortete Haines.

– Er ist Engländer, sagte Buck Mulligan, und er findet, in Irland sollten wir Irisch sprechen.

– Sollten wir bestimmt, sagte die alte Frau, und ich schäme mich, daß ich die Sprache selber nicht kann. Ich hab mir sagen lassen, es wäre eine ganz großartige Sprache, von Leuten, die sich auskennen.

– Großartig ist gar kein Ausdruck, sagte Buck Mulligan. Einfach rundum wundervoll. Gieß mal noch etwas Tee ein, Kinch. Möchten Sie vielleicht eine Tasse, Ma'am?

– Nein, vielen Dank, Sir, sagte die alte Frau, streifte den Henkel der Milchkanne über ihren Unterarm und wandte sich zum Gehen.

Haines sagte zu ihr:

– Haben Sie die Rechnung dabei? Wir sollten doch lieber gleich zahlen, Mulligan, was meinst du?

Stephen füllte die drei Tassen.

– Rechnung, Sir? sagte sie, stehen bleibend. Nun, das wären siebenmal morgens eine Pinte zu zwo Pence macht siebenmal zwo macht einen Schilling und zwo und dann jetzt dreimal morgens ein Quart zu vier Pence macht drei Quart macht einen Schilling und einen und zwo macht zwo und zwo, Sir.

Buck Mulligan seufzte, und nachdem er sich den Mund mit einem dick auf beiden Seiten bebutterten Brotkanten vollgestopft hatte, streckte er die Beine von sich und fing an, in seinen Hosentaschen herumzuwühlen.

– Mach reinen Tisch und ein freundlich Gesicht, sagte Haines feixend.

Stephen schenkte eine dritte Tasse ein, und ein Löffelvoll Tee färbte schwach die satte fette Milch. Buck Mulligan brachte ein Zweischillingstück zum Vorschein, drehte es zwischen den Fingern und schrie:

– Ein Wunder!

Er ließ es der alten Frau über den Tisch zutrudeln und sagte:

– Verlang nicht mehr von mir, mein Schatz. Denn was ich geben kann, das gab ich hin.

Stephen legte ihr die Münze in die ungierige Hand.

– Dann schulden wir noch zwei Pence, sagte er.

– Das hat Zeit genug, Sir, sagte sie, die Münze nehmend. Zeit genug. Guten Morgen, Sir.

Sie knickste und ging hinaus, gefolgt von Buck Mulligans zärtlichem Gesang:

– Hätt' ich nur mehr, mein Herz,
Gern legt' ich auch mehr dir zu Füßen . . .

Er drehte sich zu Stephen herum und sagte:

– Im Ernst, Dedalus. Ich bin pleite. Saus mal zu deiner Penne raus und bring uns ein bißchen Kleingeld mit. Heut müssen die Barden saufen und feiern. Irland erwartet, daß heute mal jedermann seine Pflicht tut.

– Da fällt mir ein, sagte Haines und stand auf, daß ich heute noch eure Nationalbibliothek aufsuchen muß.

– Erst wird aber geschwommen, sagte Buck Mulligan. Er wandte sich Stephen zu und fragte sanft:

– Ist nicht heute dein monatliches Bad fällig, Kinch? Dann sagte er zu Haines:

– Der unreinliche Barde legt nämlich Wert darauf, sich einmal monatlich zu waschen.

– Ganz Irland wäscht der Golfstrom, sagte Stephen, während er Honig auf eine Scheibe Brot tröpfeln ließ.

Aus der Ecke, wo er sich eben ein Halstuch locker um den weichen Kragen seines Tennishemds knotete, sprach Haines:

– Ich habe die Absicht, eine Sammlung Ihrer Aussprüche zu veranstalten, wenn Sie mir die Erlaubnis geben.

Er meint mich. Sie baden, sie rubbeln sich und schrubben sich. Dere gewizzede biz. Gewissens. Doch da ist noch ein Fleck.

– Der etwa, daß der geborstene Spiegel eines Dienstmädchens das Symbol der irischen Kunst sei, ist verteufelt gut.

Buck Mulligan trat Stephen unter dem Tisch auf den Fuß und sagte mit Wärme in der Stimme:

– Da warte erstmal, bis du ihn über Hamlet reden hörst, Haines!

– Also ich meine das ganz im Ernst, sagte Haines, immer noch zu Stephen. Ich machte mir gerade Gedanken darüber, als dieses arme alte Geschöpf da hereinkam.

– Würde Geld für mich dabei herausspringen? fragte Stephen.

Haines lachte, und während er seinen weichen grauen Hut vom Haken der Hängematte nahm, sagte er:

– Also das weiß ich nun wieder nicht.

Er schlenderte zum Türweg hinaus. Buck Mulligan beugte sich zu Stephen hinüber und sagte mit grobem Nachdruck:

– Das ging ja mitten ins Fettnäpfchen. Konntst du dir das nicht verkneifen?

– Wieso? sagte Stephen. Das Problem ist doch, wie man Geld kriegt. Von wem? Von der Milchfrau oder von ihm. Ist ein reines Zufallsspiel, finde ich.

– Da mach' ich mich bei ihm werweißwie stark für dich, sagte Buck Mulligan, und dann kommst du daher mit deinen tristen Jesuitenwitzen und schielst ihm derart lausig in die Tasche!

– Ich seh' auch wenig Hoffnung, was rauszuholen, sagte Stephen, aus ihr so wenig wie aus ihm.

Buck Mulligan seufzte tragisch auf und legte Stephen die Hand auf den Arm.

– Aus mir, Kinch, sagte er.

Und in jäh verändertem Ton fügte er hinzu:

– Also um ganz ehrlich zu sein, eigentlich hast du ja recht. Bis auf das eine Bißchen können sie mir auch alle gestohlen bleiben. Warum nimmst du sie nicht ebenso auf die Schippe wie ich? Zur Hölle mit ihnen allen. Machen wir, daß wir wegkommen aus dem Puff.

Er stand auf, löste feierlich den Gürtel, entkleidete sich seines Schlafrocks und sagte dabei ergeben:

– Mulligan wird seiner Kleider beraubt.

Er leerte seine Taschen auf den Tisch.

– Da ist deine Rotzfahne, sagte er.

Und während er sich den steifen Kragen umlegte und den widerspenstigen Schlips, sprach er zankend auf beide ein, auf sie und seine niederbaumelnde Uhrkette. Seine Hände tauchten in seinen Koffer und kramten darin herum, während er nach einem sauberen Taschentuch schrie. Dere gewizzede biz. Ach Gott, man muß bloß einfach den Charakter ein bißchen ausstaffieren. Ich brauche flohfarbene Handschuhe und grüne Stiefel. Ein Widerspruch. Widerspreche ich mir selbst? Auch gut, dann widerspreche ich mir eben selbst. Mercurius Malachi. Munter wie Quecksilber. Ein schlappes schwarzes Geschoß flog aus seinen schwatzenden Händen.

– Und da ist dein Quartier-Latin-Hut, sagte er.

Stephen hob ihn vom Boden und setzte ihn auf. Vom Türweg rief Haines ihnen zu:

– Kommt ihr nun endlich, Kerls?

– Ich bin fertig, antwortete Buck Mulligan und ging zur Tür. Komm raus, Kinch. Was wir übrig gelassen haben, hast du ja wohl alles weggeputzt.

Ergeben stapfte er hinaus, und seine Worte waren so ernst wie seine Schritte, als er fast bekümmert sagte:

– Und er ging hinaus und weinte Buttermilch.

Stephen nahm den Eschenstock von seinem Lehneplatz, um ihnen nach draußen zu folgen, und während sie die Leiter hinabstiegen, zog er die schwer bewegliche Eisentür zu und verschloß sie. Er steckte den riesigen Schlüssel in seine Innentasche.

Am Fuß der Leiter fragte Buck Mulligan:

– Hast du auch den Schlüssel?

– Habe ich, sagte Stephen und ging ihnen voraus.

Er schritt aus. Hinter sich hörte er Buck Mulligan mit seinem schweren Badetuch die Leittriebe von Farnen oder Gräsern peitschen.

– Auf die Knie, Herr! Wie könnt Ihr es wagen, Herr!

Haines fragte:

– Zahlt ihr eigentlich Miete für den Turm?

– Zwölf Pfündlein, sagte Buck Mulligan.

– An den Herrn Kriegsminister, fügte Stephen über die Schulter hinzu.

Sie blieben stehen, Haines musterte den Turm und sagte schließlich:

– Im Winter ziemlich öde, möchte ich meinen. Martello nennt ihr ihn?

– Billy Pitt hat die Dinger gebaut, sagte Buck Mulligan, als der Franzmann fuhr zur See. Aber unserer hier ist der *omphalos*.

– Wie lautet denn Ihre Hamlet-Idee? fragte Haines Stephen.

– Nein, nein! schrie Buck Mulligan voller Qual. Ich bin im Moment Herrn Thomas von Aquin und den fünfundfünfzig Gründen, auf die er die Sache gestellt hat, nicht gewachsen. Wartet, bis ich ein paar Pinten intus habe.

Er wandte sich Stephen zu und sagte, während er säuberlich die Spitzen seiner primelgelben Weste herunterzog:

– Du kriegtest es auch unter drei Pinten selber gar nicht hin, Kinch, was?

– Es hat so lange gewartet, sagte Stephen lustlos, es kann auch noch länger warten.

– Sie reizen meine Neugier, sagte Haines liebenswürdig. Handelt es sich um ein Paradoxon?

– Ach was, sagte Buck Mulligan. Oscar Wilde und die Paradoxa haben wir hinter uns. Die Sache ist ganz einfach. Er weist per Algebra nach, daß Hamlets Enkel Shakespeares Großvater ist und er selber der Geist seines eigenen Vaters.

– Was? sagte Haines und zeigte mit zögerndem Finger auf Stephen. Er selber?

Buck Mulligan schlang sein Badetuch wie eine Stola um den Hals, und indem er sich in hemmungslosem Gelächter krümmte, sagte er Stephen ins Ohr:

– O du Schatten von Kinch dem Älteren! Japhet auf der Suche nach einem Vater!

– Wir sind morgens immer etwas müde, sagte Stephen zu Haines. Und es ist nicht mit ein paar Worten zu erzählen.

Buck Mulligan, der sich wieder in Bewegung gesetzt hatte, hob die Hände.

– Die heilige Pinte allein kann Dedalus die Zunge lösen, sagte er.

– Also ich finde, erklärte Haines Stephen, während sie hinter ihm hergingen, daß der Turm und die Klippen hier doch irgendwie an Helsingör erinnern. An den Felsen, *der in die See nickt über seinen Fuß*. Heißt es nicht so?

Buck Mulligan wandte sich jäh für einen Augenblick zu Stephen um, sagte jedoch nichts. In dem hellen stillen Augenblick sah Stephen sein eigenes Bild in billigem, staubigem Trauergewand zwischen ihren heiteren Kleidern.

– Eine wunderbare Geschichte, sagte Haines und brachte sie wieder zum Stehenbleiben.

Augen, fahl wie das Meer, das der Wind aufgefrischt hatte, fahler noch, hart und klug. Der Meere Beherrscher, er blickte nach Süd über die Bucht, die leer lag bis auf die Rauchfahne des Postboots, des am hellen Horizont verschwimmenden, und einen Segler, der bei den Muglins lavierte.

– Ich habe einmal irgendwo eine theologische Interpretation darüber gelesen, sagte er nachdenklich. Die Vater-Sohn-Idee. Der Sohn im Kampf um Versöhnung mit dem Vater.

Buck Mulligan setzte auf einmal ein munteres, breit lächelndes Gesicht auf. Er sah sie an, den wohlgestalteten Mund offen vor plötzlichem Glück, die Augen, aus denen er jäh alle schneidende Schläue zurückgezogen hatte, blinkend vor toller Ausgelassenheit. Er bewegte einen Puppenkopf hin und her, daß die Krempe seines Panama-Huts flatterte, und begann mit ruhiger glücklicher närrischer Stimme zu singen:

– *Ein komischer Knabe singt euch dies Lied:*
Mein Paps ist ein Vogel, meine Mama 'ne Jid!
Mit Joseph dem Zimmermann komm' ich nicht klar –
Drum Prosit die Jünger und Golgatha!

Er hob einen warnenden Zeigefinger.

– *Doch wer da nicht glaubt an mein göttliches Sein,*
Den halt' ich nicht frei, wenn ich mache den Wein!
Bloß Wasser kriegt er von mir spendiert –
Das Wasser, dazu dann mein Wein wieder wird!

Er zerrte rasch zum Abschied an Stephens Eschenstock, und indem er nach vorn an den Rand der Klippe lief, schlug er zu beiden Seiten flatternd die Hände auf und nieder wie Flossen oder Flügel, ganz als wolle er sich gleich in die Luft erheben, und sang:

– *Macht's gut denn – tschüs! Und schreibt alles schön auf:*
Daß vom Tod ich erstanden, meinen ganzen Lebenslauf!
Ich schwirre jetzt ab, direkt ins Paradies;
's ist schön windig am Ölberg hier – also dann – tschüs!

Er hüpfte vor ihnen hinunter auf das Fortyfoot Hole zu, mit den flügelgleichen Händen flatternd, ein hurtiger Springer, und sein Merkurs-Hut wippte im frischen Wind, der seine kurzen vogelartigen Schreie zu ihnen zurücktrug.

Haines, der bei all dem Verhalten gelacht hatte, ging weiter neben Stephen und sagte:

– Eigentlich sollten wir nicht lachen darüber, finde ich. Es ist doch ziemlich blasphemisch von ihm. Das soll nicht heißen, daß ich selber gläubig wäre. Irgendwie nimmt ja auch seine Lustigkeit dem Ganzen wieder die Schärfe, nicht wahr? Wie hat er's noch genannt; Joseph der Zimmermann?

– Die Ballade vom Juxer Jesus, antwortete Stephen.

– Oh, sagte Haines, Sie haben sie schon gehört?

– Dreimal täglich nach den Mahlzeiten, sagte Stephen trocken.

– Sie sind auch nicht gläubig, wie? fragte Haines. Ich meine, gläubig im engeren Sinne des Wortes. Schöpfung aus dem Nichts, Wunder, ein persönlicher Gott.

– Es gibt nur einen einzigen Sinn des Wortes, scheint mir, sagte Stephen.

Haines blieb stehen, um ein Etui aus glattem Silber hervorzuziehen, auf dem ein grüner Stein funkelte. Er ließ es mit dem Daumen aufspringen und bot es an.

– Danke, sagte Stephen und nahm sich eine Zigarette.

Haines bediente sich ebenfalls und ließ das Etui zuschnappen. Er steckte es in die Seitentasche zurück und entnahm seiner Westentasche eine Zunderbüchse aus Nickel, ließ auch sie aufspringen und hielt dann, nachdem er sich seine Zigarette angezündet hatte, Stephen den flammenden Zündschwamm in der Muschel seiner Hände hin.

– Ja, natürlich, sagte er, als sie dann weiterschritten. Man glaubt entweder oder man glaubt nicht, wie? Ich persönlich habe die Idee vom persönlichen Gott nie verdauen können. Ihnen kann man damit auch nicht kommen, nehme ich an, oder?

– Sie erblicken in mir, sagte Stephen mit grimmigem Mißvergnügen, ein grausiges Beispiel für die Freigeisterei.

Er ging weiter, in der Erwartung, wieder angesprochen zu werden, und ließ seinen Eschenstock neben sich schleifen. Die Stockzwinge folgte leicht auf dem Pfad, quietschend an seinen Hacken. Mein Famaliaris, hinter mir her, ruft Steeeeeeephen. Eine flackernde

Linie entlang dem Pfad. Sie werden drauftreten heute abend, wenn sie im Dunkeln hier langkommen. Er will den Schlüssel. Gehört aber mir, ich habe die Miete bezahlt. Jetzt ess' ich sein salziges Brot. Werd' ihm den Schlüssel auch noch geben. Alles. Er wird danach fragen. Lag in seinen Augen.

– Schließlich, begann Haines...

Stephen wandte sich um und sah, daß der kalte Blick, der ihn gemessen hatte, gar nicht unfreundlich war.

– Schließlich, möchte ich meinen, sind Sie doch imstande, sich freizumachen. Sie sind ja, scheint mir, Ihr eigener Herr.

– Ich bin der Diener zweier Herren, sagte Stephen, eines Engländers und einer Italienerin.

– Einer Italienerin? sagte Haines.

– Eine verrückte Königin, alt und eifersüchtig. Knie vor mir nieder.

– Und noch ein dritter, sagte Stephen, ist da, der mich für Gelegenheitsarbeiten braucht.

– Aber – einer Italienerin? wiederholte Haines. Was haben Sie gemeint?

– Den imperialen groß-britannischen Staat, antwortete Stephen, und Röte stieg ihm in das Gesicht, und die heilige römische katholische und apostolische Kirche.

Haines zupfte sich ein paar Tabakfäden von der Unterlippe, ehe er weitersprach.

– Ich habe volles Verständnis dafür, sagte er ruhig. Ein Ire muß sogar so denken, möchte ich einmal sagen. Wir haben in England das Gefühl, euch ziemlich unfair behandelt zu haben. Die Geschichte ist schuld daran, scheint es.

Die stolzen machtvollen Titel ließen den Triumph ihrer ehernen Glocken über Stephens Erinnerung hinschallen: *et unam sanctam catholicam et apostolicam ecclesiam*: das langsame Wachsen und Wechseln von Ritus und Dogma wie seiner eigenen aparten Gedanken, eine Chemie der Sterne. Das apostolische Symbolum in der Missa Papae Marcelli, die Stimmen ineinander klingend, laut und allein gesungene Affirmation: und hinter ihrem Gesang entwaffnete und bedrohte der wachsame Engel der militanten Kirche ihre Häresiarchen. Eine Horde von Irrlehren, fliehend mit schiefen Mitren: Photius und die Brut der Spötter, deren Mulligan einer war, und Arius, sein Leben lang im Krieg gegen die Konsubstantialität des Sohnes mit dem Vater, und Valentinus, der Christi irdischen Leib verwarf, und der spitzfindige afrikanische Häresiarch Sabellius, der die These vertrat, daß der Vater Selbst Sein eigener Sohn sei. Worte, die Mulligan vor einem Augenblick voll Spott zu dem Fremden gesprochen. Müßiger Spott. Gewißlich wartet die Leere aller, so da weben den Wind: Bedrohung, Entwaffnung, Überwältigung durch die zur Schlacht gerüsteten Engel der Kirche, die Heerscharen Michaels, die da streiten für sie allzeit in der Stunde der Gefahr mit ihren Lanzen und Schilden.

Hört, hört. Anhaltender Beifall. *Zut! Nom de Dieu!*

– Natürlich bin ich Brite, sagte Haines' Stimme, und ich fühle als Brite. Ich möchte mein Vaterland auch nicht gern in die Hände deutscher Juden fallen sehen. Das ist unser nationales Problem, fürchte ich, grad jetzt.

Zwei Männer standen am Rand der Klippe, Ausschau haltend: Geschäftsmann, Bootsmann.

– Hält auf Bullock Harbour zu.

Der Bootsmann machte eine leicht verächtliche Kopfbewegung nach dem Norden der Bucht.

– Da draußen ist's fünf Faden tief, sagte er. Da reißt's ihn hoch, wenn die Flut kommt gegen eins. Werden ja heute neun Tage.

Der Mann, der ertrunken ist. Ein Segler, kreuzend in der kahlen Bucht, wartend darauf, daß plötzlich ein gedunsenes Bündel auftaucht, der Sonne ein qualliges Gesicht zukehrt, salzweiß: Hier bin ich.

Sie folgten dem gewundenen Pfad hinunter zur schmalen Buchtung. Buck Mulligan stand auf einem Stein, in Hemdsärmeln, sein gelockerter Schlips wehte ihm wellig über die Schulter. Ein junger Mann, der sich in seiner Nähe an einem Felszacken festhielt, bewegte langsam wie ein Frosch die grünen Beine im tiefen Gallert des Wassers.

– Ist eigentlich dein Bruder bei dir, Malachi?

– Unten in Westmeath. Bei den Bannons.

– Immer noch? Ich hab' eine Karte von Bannon gekriegt. Da steht drin, er hätte ein süßes junges Ding da unten gefunden. Ein Photomädchen, schreibt er.

– Kleiner Schnappschuß fällig, was? Mal kurz belichten.

Buck Mulligan setzte sich, um seine Schnürsenkel zu lösen. Ein älterer Mann stieß plötzlich unweit des Felsvorsprungs ein schnaufendes rotes Gesicht herauf. Er kraxelte an den Steinen hoch, Wasser glitzerte auf seiner Birne und ihrem grauen Haarkranz, Wasser rann ihm über Brust und Wanst und schoß in Strahlen aus seinem schwarzen durchhängenden Lendentuch.

Buck Mulligan machte ihm Platz, daß er vorbeikraxeln konnte, warf Haines und Stephen einen Blick zu und bekreuzigte sich fromm mit dem Daumennagel über Stirn, Lippen und Brustbein.

– Seymour ist wieder in der Stadt, sagte der junge Mann und faßte erneut nach dem Felszacken. Hat die Medizin hingeschmissen und schmeißt sich dafür jetzt auf den Militarismus.

– Ach du heilger Drecksack, sagte Buck Mulligan.

– Nächste Woche geht's los mit dem Drill. Kennst du diesen Rotschopf aus Carlisle, die Lily?

– Ja.

– Die hat gestern abend am Pier mit ihm rumgeschmust. Der Vater ist stinkreich.

– Kann man denn bei der landen?

– Da mußt du schon Seymour selber fragen.

– Sowas, Seymour ein blöder Offizier, sagte Buck Mulligan.

Er nickte vor sich hin, als er sich die Hosen auszog, stand dann auf und sagte banal:

– Rothaarige Weiber sind bocksgeil wie die Ziegen.

Voller Bestürzung brach er ab und befühlte seine Seite unter dem flatternden Hemd.

– Meine zwölfte Rippe ist weg! schrie er. Ich bin der Übermensch! Kinch Ohnezahn und ich, die Übermenschen!

Er zwängte sich aus seinem Hemd und warf es in hohem Bogen hinter sich, wo seine anderen Sachen lagen.

– Gehst du hier rein, Malachi?

– Ja. Mach mal Platz im Bettchen.

Der junge Mann stieß sich rückwärts ins Wasser ab und erreichte die Mitte der Buchtung in zwei langen sauberen Stößen. Haines ließ sich auf einem Stein nieder, rauchend.

– Kommst du nicht mit rein? fragte Buck Mulligan.

– Später, sagte Haines. Nicht gleich aufs Frühstück.

Stephen wandte sich zum Gehen.

– Ich mach' mich davon, Mulligan, sagte er.

– Laß uns den Schlüssel da, Kinch, sagte Buck Mulligan, damit mir meine Chemise nicht wegflattert.

Stephen händigte ihm den Schlüssel aus. Buck Mulligan legte ihn quer auf seinen Kleiderhaufen.

– Und einen Zwopence, sagte er, für 'ne Pinte. Wirf ihn dort hin.

Stephen warf zwei Pennies auf den weichen Haufen. Anziehen, ausziehen. Buck Mulligan, aufrecht, die Hände gefaltet, sagte feierlich:

– Wer da stiehlt bei den Armen, leihet dem Herrn. Also sprach Zarathustra.

Sein feister Körper platschte ins Wasser.

– Wir sehen uns dann ja noch, sagte Haines, sich umwendend, als Stephen den Pfad hinaufschritt, und lächelnd über die wilden Iren.

Horn eines Stieres, Huf eines Pferds, Lächeln eines Sachsen.

– Im Ship, schrie Buck Mulligan. Halb eins!

– Gut, sagte Stephen.

Er schritt den sich aufwärts windenden Pfad entlang.

Liliata rutilantium.
Turma circumdet.
Iubilantium te virginum.

Des Priesters grauer Heiligenschein in einer Nische, darin er diskret sich ankleidete. Ich will nicht hier schlafen heute nacht. Aber heim kann ich auch nicht gehen.

Eine Stimme, wohlklingend und getragen, rief ihm von der See. Als er um die Wegkrümmung bog, winkte er mit der Hand. Und wieder rief's. Ein glänzender glatter brauner Kopf, eines Seehunds, weit draußen auf dem Wasser, rund.

Usurpator.

2. ABENDMAHL UND GETHSEMANE IM SANATORIUM

Zur Einführung

Am 8. Mai 1936 hält *Thomas Mann* (geb. 1875 in Lübeck, gest. 1955 in Zürich) die Festrede in Wien zur Feier des 80. Geburtstags von Sigmund Freud, im selben Jahr als Groß-Essay veröffentlicht unter dem Titel »Freud und die Zukunft«. Es ist ein Schlüsseltext nicht nur für Thomas Manns Freud-Rezeption, sondern für sein eigenes Dichtungsverständnis, offenbart er doch überraschende Bezüge zwischen der Arbeit des Tiefenpsychologen und der des Dichters. Mit Genugtuung weist Thomas Mann auf bereits ausgetauschte Sympathien zwischen ihm und der Freud-Schule hin. Soeben habe man ihm etwa einen Sonderdruck der Zeitschrift »Imago« zugesandt, worin die Arbeit eines Wiener Gelehrten unter dem Titel »Zur Psychologie älterer Biographik« erschienen sei. In ihr sei nachgewiesen, daß »ältere, naive, von der Legende und vom Volkstümlichen her gespeiste und bestimmte Lebensbeschreibungen, namentlich die Künstlerbiographie«, nach feststehenden, schematisch-typischen Zügen und Vorgängen ablief, nach Lebens-Mustern also. Das Alte könne sich im Neuen wiederfinden, das Typische im Individuellen. Und dieses Denken in Mustern, meint Thomas Mann, könne man durchaus generalisieren. Denn das Leben? Sei es nicht tatsächlich »eine Mischung von formelhaften und individuellen Elementen, ein Ineinander, bei dem das Individuelle gleichsam nur über das Formelhaft-Unpersönliche« hinausrage? Gerade dies habe er in seinem Joseph-Roman (der damals noch unvollendet war) zeigen wollen. Hier habe er schon aufgewiesen, wie sehr das psychologische ins mythische Interesse übergehen könne. Denn das Typische sei auch schon das Mythische, und für »gelebte Vita« könne man auch »gelebter Mythos« sagen. Thomas Mann wörtlich:

»Das mythische Interesse ist in der Psychoanalyse genau eingeboren, wie allem Dichtertum das psychologische Interesse eingeboren ist. Ihr Zurückdringen in die Kindheit der Einzelseele ist zugleich auch schon

das Zurückdringen in die Kindheit des Menschen, ins Primitive und in die Mythik. Freud selbst hat bekannt, daß alle Naturwissenschaft, Medizin und Psychotherapie für ihn ein lebenslanger Um- und Rückweg gewesen sei zu der primären Leidenschaft seiner Jugend fürs Menschheitsgeschichtliche, für die Ursprünge von Religion und Sittlichkeit, – diesem Interesse, das auf der Höhe seines Lebens in ›Totem und Tabu‹ zu einem so großartigen Ausdruck kommt. In der Wortverbindung ›Tiefenpsychologie‹ hat ›Tiefe‹ auch zeitlichen Sinn: die Ursprünge der Menschenseele sind zugleich auch Urzeit, jene Brunnentiefe der Zeiten, wo der Mythus zuhause ist und die Urnormen, Urformen des Lebens gründen. Denn Mythus ist Lebensgründung; er ist das zeitlose Schema, die fromme Formel, in die das Leben eingeht, indem es aus dem Unbewußten seine Züge reproduziert.« (Leiden und Größe der Meister, Frankfurt/M. 1982, S. 920 f.)

Nach vielen weiteren Belegbeispielen für mythische Lebensmuster kommt Thomas Mann bezeichnenderweise im selben Essay auch auf die Gestalt Jesu zu sprechen. Auch sie kann er nur in großen »mythischen« Zusammenhängen sehen. Und in der Tat hat sich Thomas Mann nicht für das interessiert, was Theologen den »Jesus der Geschichte« nennen, den konkreten Prediger aus Nazaret. Wenn Jesus bei Thomas Mann ins Blickfeld gerät, dann gleich im Mantel des Mythos. So nämlich:

»Denken Sie doch an Jesus und an sein Leben, das ein Leben war, ›damit erfüllet werde, was geschrieben steht‹. Es ist nicht leicht, bei dem Erfüllungscharakter von Jesu Leben zwischen den Stilisierungen der Evangelisten und seinem Eigenbewußtsein zu unterscheiden; aber sein Kreuzeswort um die neunte Stunde, dies ›Eli, Eli, lama asabthani?‹ war ja, gegen den Anschein, durchaus kein Ausbruch der Verzweiflung und Enttäuschung, sondern im Gegenteil ein solcher höchsten messianischen Selbstgefühls. Denn dieses Wort ist nicht ›originell‹, kein spontaner Schrei. Es bildet den Anfang des 22. Psalms, der von Anfang bis Ende Verkündigung des Messias ist. Jesus zitierte, und das Zitat bedeutete: ›Ja, ich bin's!‹« (Leiden und Größe der Meister, S. 924; dasselbe auch in: Einheit des Menschengeistes, 1932, in: Essays Bd. III, hrsg. v. H. Kurzke – St. Stachorski, Frankfurt/M. 1994, S. 306)

In drei großen Romanwerken hat Thomas Mann die Jesus-Geschichte als mythische Struktur literarisch verarbeitet: im großen vierbändigen Joseph-Roman-Werk (1930–1943), im Goethe-Roman »Lotte in Weimar« (1939: das Leben Goethes u. a. als mythische Wiederholung der Lebensform Christi) sowie im Roman »Der Zauberberg« (1924), auf den wir uns hier konzentrieren wollen, und zwar auf den Abschnitt »Vingt et un«, im siebten und letzten Großkapitel des Romans.

Auf den vordersten Vordergrund kommt es ähnlich wie bei Joyce auch in diesem Roman wenig an. Die Handlung ist von großer Schlichtheit. »Held« ist ein junger, früh verwaister Patriziersohn mit Namen Hans Castorp, ein »Hamburger Familiensöhnchen und Durchschnittsingenieur«, wie Thomas Mann ihn selber in seiner Einführung für Studenten der Universität Princeton 1939 nennt (in: Rede und Antwort, S. 76). Dieser besucht nach bestandenem Examen und vor dem geplanten Eintritt in eine Schiffsbauwerft seinen lungenkranken Vetter Joachim Ziemßen in einem Sanatorium für Lungenkranke in Davos. Drei Wochen will Castorp zu Besuch bleiben, doch langsam, aber unaufhaltsam wird der ursprünglich Befremdete und Distanzierte in die neue Welt hineingezogen. Eine leichte Erkältung nimmt er zum Alibi, seinen Aufenthalt zu verlängern. Aus wenigen Wochen werden sieben Monate, und aus sieben Monaten sieben Jahre. Denn hier oben, in der »fieberhaften Hermetik des Zauberbergs«, erfährt dieser »Flachländer« eine »Steigerung, die ihn zu moralischen, geistigen und sinnlichen Abenteuern fähig macht«. Was lernt er? Er lernt nach Auskunft seines Schöpfers zu begreifen, daß »alle höhere Gesundheit durch die tiefen Erfahrungen von Krankheit und Tod hindurchgegangen sein muß, so wie die Kenntnis der Sünde eine Vorbedingung der Erlösung ist«. Deshalb kann Thomas Mann die im Roman entfaltete Auffassung von Krankheit und Tod einen »notwendigen Durchgang zum Wissen, zur Gesundheit und zum Leben« nennen und seinen »Zauberberg« einen »Initiationsroman«.

Diese seine Initiation ins Leben bekommt Hans Castorp vor allem durch die Konfrontation mit großen geistig-sinnlichen Kräften des Lebens, verkörpert zunächst in drei Schlüsselfiguren:

– dem Italiener *Lodovico Settembrini*, Republikaner und Humanist, der den jungen Mann für seine Ideale einnehmen will: für die Idee der europäischen Aufklärung, des Fortschritts, des Humanismus, der Demokratie, der Menschenrechte – in der Tradition von Vergil, Boccaccio, Voltaire und Carducci;

– dem Jesuiten und Kommunisten *Leo Naphta*, dem Gegenspieler von Settembrini, dem Vertreter und Befürworter »nicht der Ratio, sondern der Mystik, nicht der Tätigkeit, sondern der

Kontemplation, nicht der Gesundheit, des Lebensgenusses und der Leibesschönheit, sondern der Krankheit, der Askese und des Leidens, nicht der Demokratie, sondern des totalitären Gottesstaates, nicht des Fortschritts, sondern der Reaktion, nicht der Weltrepublik mit völkerrechtlichen Schiedsgerichten, sondern des gerechten Krieges, nicht des Wohlstands, sondern der Armut« (H. Wysling, S. 408 f.);

– *Clawdia Chauchat*, einer katzenhaft schleichenden Russin, die den auch sexuell unerfahrenen Castorp magisch in ihren Bann zieht, schön und moribund zugleich, Eros und Thanatos in einer Person, eine Femme fatale, unter deren erotischer Ausstrahlung Castorp seine Vernunftkontrolle letztlich verliert, die bürgerlichen Formen zerbricht und seiner inneren Neigung zu Faul- und Lotterbett vollends nachgibt.

All diesen Einflüssen läßt Thomas Mann seinen »Helden« ausgesetzt sein; identifizieren soll er sich mit niemandem. Denn auch Hans Castorp ist als Verkörperung eines »Typus« konzipiert. In derselben »Zauberberg«-Einführung von 1939 bestätigt Thomas Mann die Studie eines jungen Gelehrten der Harvard University unter dem Titel »The Quester Hero. Myth as Universal Symbol in the Works of Thomas Mann«. Auch der Autor erkennt in seinem Helden einen »Quester Hero«, einen Menschen also, der stets auf der Suche ist, der bis zum Ende der Fragende bleibt – trotz aller Einflüsse, die auf ihn eindringen, trotz aller geistig-erotischen Mächte, die nach ihm greifen. Auch Castorp soll ein Mensch sein, der auf die Probe gestellt wird (ohne Lösungen zu bekommen), der ins Leben eingeführt wird (ohne darin unterzugehen); der das Geheimnis ahnt (ohne es voll zu durchschauen). Thomas Mann wörtlich:

»Vielleicht lesen Sie das Buch noch einmal unter diesem Gesichtspunkt. Sie werden dann auch finden, was der Gral ist, das Wissen, die Einweihung, jenes Höchste, wonach nicht nur der tumbe Held, sondern das Buch selbst auf der Suche ist. Sie werden es namentlich finden in dem ›Schnee‹ betitelten Kapitel, wo der in tödlichen Höhen verirrte Hans Castorp sein Traumgesicht (sic!) vom Menschen träumt. Der Gral, den er, wenn nicht findet, so doch im todesnahen Traum erahnt, bevor er von seiner Höhe herab in die europäische Katastrophe gerissen wird, das ist die Idee des Menschen, die Konzeption einer zukünftigen, durch tiefstes

Wissen um Krankheit und Tod hindurchgegangenen Humanität. Der Gral ist ein Geheimnis, aber auch die Humanität ist das. Denn der Mensch selbst ist ein Geheimnis, und alle Humanität beruht auf Ehrfurcht vor dem Geheimnis des Menschen.« (Rede und Antwort, S. 81)

Programmatischer Ausdruck solcher der Erfahrung von Krankheit, Tod und Dunkel abgetrotzten Humanität ist am Ende des von Thomas Mann selber angesprochenen »Schnee«-Kapitels die Erkenntnis von Hans Castorp:

»Ich will dem Tode Treue halten in meinem Herzen, doch mich hell erinnern, daß Treue zum Tode und Gewesenen nur Bosheit und finstere Wollust und Menschenfeindschaft ist, bestimmt sie unser Denken und Regieren. Der Mensch soll um der Güte und Liebe willen dem Tode keine Herrschaft einräumen über seine Gedanken.« (S. 599 f.)

Güte und Liebe? Diese durchaus christlich gefärbte Einsicht aber steht nicht am Ende des Romans, gewissermaßen als dessen Höhe- und Schlußpunkt; sie steht in dem unwirklichen, von der Auflösung stets bedrohten »Traumgesicht« (andere Ausgaben lesen »Traumgedicht«!) am Ende des vorletzten Kapitels VI, im schon genannten Abschnitt »Schnee«. Kein Wunder denn auch, daß dieser »Traum« seinem Helden bald wieder abhanden kommt. Daran ändert auch der Auftritt einer letzten großen Figur im Schlußteil des Romans nichts: der Auftritt eines holländischen Kaffeepflanzers namens *Pieter Peeperkorn*, der zusammen mit Clawdia Chauchat (»die Heimgekehrte«) plötzlich im Sanatorium auftaucht. Eine vierte Kraft tritt in Hans Castorps Leben: neben der Kraft der Vernunft (Settembrini), der mystischen Askese (Naphta), der erotischen Hingabe (Chauchat) nun die Kraft des vitalen Lebensgenusses. Und um diese Gestalt kreist das hier dokumentierte Kapitel »Vingt et un«.

Schon biographisch ist Peeperkorn ein Mann aus einer Zwischenwelt, wie viele Gestalten im »Zauberberg«: ein Holländer aus Java, von – wie es bezeichnenderweise heißt – »leichtfarbiger Nationalität«. Er verkörpert ein Stück Asien und ein Stück Europa. Auch er ist damit eine synthetische Figur, die ein Grundprinzip verkörpern soll: nicht das Meinen, Argumentieren, Raisonnieren, sondern Vitalität, Kraft, Lebensgenuß. Einen Satz bekommt dieser Mann schon sprachlich kaum zu Ende, so strotzt er vor Vitalität und Virilität. Ja, Peeperkorn liebt den

Genuß, die Feste, bei denen er sich am »flüssigen Korn« und den sonstigen Gaben der Natur labt. Was er propagiert, ist die »religiöse Verpflichtung« zum Gefühl. Am deutlichsten wird dies durch seine Verbindung mit der Natur, wenn der Autor ihn als eine Art »Heidenpriester« vor einem Wasserfall tanzen und sich gewissermaßen mit dem Wasser-Element vereinigen läßt.

Damit ist eine erste Dimension im »Typus« Peeperkorn angedeutet. So wie Hans Castorp die mythische Wieder-Holung des »Quester Hero« ist, so ist auch Mynheer Peeperkorn zunächst die Wieder-Holung des Lebensmusters anderer großer »Persönlichkeiten«, in diesem Fall der Person Goethes, in dem Thomas Mann den »Naturfrommen« schlechthin erblickte, den Mann der »Lebensandacht«, des »Naturadels«, der mit seinem »Heidentum« der Gegentypus zu jeder Form der christlichen Askese war. Zugleich verweist das ekstatische Element der Naturfrömmigkeit Peeperkorns auf Gerhart Hauptmann, der sich seinerseits als Nachfolger Goethes zu stilisieren versuchte. Hauptmann hat – wie man biographisch weiß –unfreiwillig für die Peeperkorn-Figur Modell gestanden und war entsprechend beleidigt.

Doch über die Goethe- und Hauptmann-Wiederholungen hinaus verweist das »Heidenpriesterliche« bei Peeperkorn auf einen alten Mythos: den des Rausches und der Lust nämlich, wie ihn der Dionysos-Kult kennt. Die Dionysos-Bacchus-Anspielungen sind denn auch mit Händen zu greifen, ohne daß man übersehen dürfte, daß dieser Mythos gleich »verschnitten« ist mit einem gegenläufigen, konträren. Peeperkorn wird ja als kranker Mensch in die Welt des »Zauberbergs« eingeführt. »Dionysos« erscheint so von vornherein als eine gebrochene, zutiefst gestörte, angekränkelte Figur.

Hier setzen nun die *Anspielungen auf die Christus-Figur* ein, die imitatio passionis. Anlaß ist ein abendliches Festmahl im Sanatorium mit Peeperkorn als Hauptfigur. Und diesem Abend-Mahl auf dem Krankenberg zu Davos wird von Thomas Mann die neutestamentliche Abendmahls- und Passionsgeschichte unterlegt. Ein »mythisches« Verweissystem wird eingerichtet: Peeperkorn – Dionysos – Christus. Erzählt wird auch hier wieder die Geschichte als Wiederholungs- und Erfüllungsgeschichte, jetzt sogar als Doppelmythos vom Gott der Lust und vom Gott des Leidens, von höchster Ekstase und höchster Qual.

Das sieht konkret so aus: Zwölf Patienten des Sanatoriums finden sich zum Kartenspiel zusammen, zu Verzehr von Wein und Süßigkeiten, später von anderen Speisen. Peeperkorn ist jetzt in seinem Element. Keiner beherrscht wie er die Szene, und alle Anwesenden hängen an seinen Lippen. So dominant ist er, daß er Hans Castorp sogar in Sachen Tabakkonsum eine Lektion erteilen kann. Er selber versage sich das Rauchen, tönt er, weil dieser überfeinerte Genuß »einen Raub an der Majestät der schlichten Lebensgaben« bedeute, was in Peeperkorns Verständnis die männliche Sexualpotenz meint.

Man beachte bei der Lektüre, wie der Erzähler die Rede Peeperkorns an dieser Stelle zunächst abbricht, weil er eine Beobachtung einschiebt. Denn Castorp bemerkt auf einmal in den Augen dieses vitalen Mannes »etwas wie Entsetzen flackern«, sieht »Angst«, »panischen Schrecken« – zum ersten Mal, nicht zum letzten Mal. Peeperkorn ist mittlerweile »schwer betrunken«; er ist einem »Bacchus« ähnlich, der sich berauscht auf seine enthusiastischen Begleiter stützt, ohne darum »an Gottheit einzubüßen«. Die Angst in den Augen aber verweist auf ein Lebenstrauma, diejenige Sünde, die Peeperkorn sich selbst und anderen nicht vergeben kann: die Sünde der Impotenz. Dafür gäbe es »keine Gnade, kein Mitleid und keine Würde«, erklärt er; erbarmungslos und hohnlachend sei ein solcher Mann geworden. Schmach und Entbehrung seien gelinde Worte für diesen »Ruin und Bankerott, für diese grauenhafte Blamage«; sie sei »das Ende, die höllische Verzweiflung, der Weltuntergang«. Und nach solchen Anspielungen hat der Erzähler keine Mühe mehr, jetzt auch einen ersten Hinweis auf die christliche Passionsgeschichte unterzubringen: »Der Holländer hatte beim Sprechen den mächtigen Körper mehr und mehr zurückgeworfen, während zugleich sein königliches Haupt sich zur Brust neigte, als wollte er einschlafen«. Und was jetzt folgt, ist eine in Pathos und Ironie einzigartige »christomythische« Szene in der deutschen Literatur.

Man mache sich die Konstellation noch einmal klar: Peeperkorn, der inkarnierte »Gott des Weines und des Rausches«, der ob seiner Müdigkeit und seines Weltschmerzes bereits dem Gekreuzigten zu ähneln scheint, hat eine Gesellschaft von zwölf Kranken um sich, die je länger desto stärker ebenfalls die Form zu verlieren beginnen. »Demoralisierung, Lethargie, Stumpfsinn hatten um sich gegriffen; die Gäste trieben Allotria wie eine unbeaufsichtigte Schulklasse. Mehrere waren am Einschlafen«, und wir Leser sind mythologisch längst so sensibilisiert, um hier nicht eine Anspielung auf die schlafenden Jünger im Ölberg-Garten zu hören. Von Gethsemane ist denn auch gleich im nächsten Abschnitt die Rede. Noch einmal schafft es Peeperkorn, die Aufmerksamkeit aller auf sich zu ziehen, und jetzt ist bis in die Metaphorik und die Zitation der Schrift in Luther-Deutsch hinein Gethsemane aufgenommen. Signalworte wie »durchbohrend«, »Todesschmerz«, »gotischer Schmerz« versuchen ein Übriges, um dieser bizarren Szene die Aura einer sakralen Würde zu verleihen. Auch eine groteske Kreuzigungsgruppe kommt zustande: Peeperkorn mit Frau Stöhr (schluchzend) und Frau Magnus (seufzend)! Und selbst eine nicht weniger grotesk verzerrte »Kreuzesabnahme« kann inszeniert werden – morgens um zwei Uhr, nachdem das Gastmahl »an sechs Stunden gedauert hatte«: Frau Chauchat und Hans Castorp stützen den schwer gewordenen Körper Peeperkorns. Es ist eine Kreuzesabnahme und eine Grablegung zugleich, denn Peeperkorn wird nie mehr einen solchen Auftritt haben und nach mehrmonatiger Krankheit in Selbstmord enden.

Für Castorp, den »Quester Hero«, bleibt auch die Begegnung mit Peeperkorn ohne Folgen, obwohl er von dessen »Persönlichkeit« maßlos beeindruckt ist. Im Gegenteil: Die Begegnung mit Peeperkorn läßt das positive »Schnee«-Erlebnis, von dem die Rede war (»Der Mensch soll um der Güte und Liebe willen dem Tode keine Herrschaft einräumen über seine Gedanken«), noch weiter in den Hintergrund treten. Am Ende des Romans stehen die verschiedenen, um Castorp bemühten geistig-erotischen Grundkräfte unverbunden nebeneinander, bleibt die Antwort auf die Sinnfrage bewußt offen, und die Vorstellung einer im Religiösen fundierten Humangemeinschaft bleibt utopische Zukunft. Man schaue sich nur an, welche Mühe Thomas Mann hat, in den letzten Zeilen des Romans das Motiv der Liebe noch einmal anklingen zu lassen, bevor er seinen Helden in den Abgründen des Ersten Weltkriegs verschwinden läßt: »Wird auch aus diesem Weltfest des Todes, auch aus der schlimmen Fieberbrunst, die rings den regnerischen Abendhimmel entzündet, einmal die Liebe steigen?« Eine solche Frage am Ende eines solchen Romans von 900 Seiten? Sie klingt eher hilflos.

Wie immer: In Castorps Geschichte, die den Verlust des Glaubens an ein Absolutes voraussetzt, den Relativismus des Werteverfalls, kann Humanität nicht mehr einfach in der transzendenten Liebe (christlich) begründet werden. Im »Zauberberg« kann die christlich-religiöse Humanitätslösung bestenfalls erst im Moment ihrer Negation ihren Sinn erfüllen. Mit dem Thomas-Mann-Interpreten *B. Kristiansen* ist zu sagen: »Erst im ›Verbleichen‹ und im Vergessen des ›Traumgedichts vom Menschen‹ ist Castorp mit dem Bewußtsein in Einklang gebracht, auf dem seine Geschichte ruht. Sowohl von der Struktur als auch von den geistesgeschichtlichen Voraussetzungen her kann es im ›Zauberberg‹ eine in der christlichen Liebe begründete Humanität nur als ungewisse Hoffnung, nicht dagegen als ›positives Erlebnis‹ und allgemeingültige Orientierung geben.« (S. 276)

Diese Relativierung aller Glaubens-Optionen im Roman ist Konsequenz seiner mythischen Struktur. Denn der Mythos kennt kein Ein-für-Allemal, sondern nur das Immer-Wieder. Er erlaubt nicht »heilsgeschichtliche« Aufgipflung und soteriologische Einzigartigkeit, sondern nur die Wiederkehr des Gleichen, die Wieder-Holung des Einst im Jetzt. So auch in der von uns gedeuteten Szene. In einem Schweizer Lungensanatorium vollzieht sich – im Sinne mythischer Wieder-Holung – das Abschiedsmahl Jesu mit seinen Jüngern, das Hadern im Garten und das Scheitern am Kreuz, wiederholen sich Abendmahl, Gethsemane und Golgatha. Die zwölf Jünger – sie kehren in Gestalt von Lungenkranken wieder; der Erlöser – er hat hier das Aussehen eines gescheiterten Potenz-Menschen. Die Zitate aus der Passionsgeschichte verstärken dabei den Grundgedanken: Passionen wiederholen sich stets aufs Neue, Gethsemane kehrt zurück, die Geschichte von Golgatha muß immer wieder neu erzählt werden, und sei es – durch banale Alltäglichkeit gebrochen – mit schriller Komik und in grotesker Verfremdung. Nur: Ihres einmaligen soteriologischen Gehaltes ist diese Geschichte jetzt entkleidet. Die Mythisierung der Christus-Struktur ist zugleich eine entschiedene Entgeschichtlichung und Entsoteriologisierung.

Aber Entsoteriologisierung bedeutet hier keinen Verlust an Ernsthaftigkeit. Gerade das Schicksal Peeperkorns ist ja bei aller unfreiwilligen Komik durchaus tragisch. Hier feiert ein Dionysos redivivus das Leben zum letzten Mal, wissend, daß er in den Tod geht. Hier zelebriert ein Bacchus von heute noch einmal Lebensgenuß, und zugleich senkt ihm sein Autor Angst in die Brust, setzt ihm panischen Schrecken ins Auge, läßt ihn ahnen, daß die letzte Stunde seines Lebens angebrochen ist. Genau diese Mischung wollte Thomas Mann offenbar zeigen: die tragikomische Vereinigung des Dionysischen und des Christushaften in einer konkreten Figur; das Zugleich von Rausch und Schmerz, Lüsternheit und Leiden, Trunksucht und Todesverfallenheit. Der Autor erweist sich als ironischer Mythologie- und Theologie-Spieler, der weiß, daß die Vereinigung des Heterogenen etwas Komisches hat, und der diese Tragikomik zugleich aus der Distanz beobachtet.

Aus bequemer Distanz? Gibt der Autor seine Figur, Peeperkorn, der Lächerlichkeit von uns Lesern preis? Ein Leidender, der zu viel Bacchus ist, um ernst genommen zu werden? Ein Christus-Spieler, der zu viel dem Genuß frönt, um betroffen zu machen? Ich nehme hier einen Gedanken von *Hermann Kurzke* auf, der in seiner 1999 erschienenen großen Thomas-Mann-Biographie (im »Zauberberg«-Kapitel) diese Frage aufgeworfen hat, ohne sie bündig beantworten zu können: »Daß Ironie nicht reicht, wenn es darauf ankommt, weiß Thomas Mann. Ironie ist nicht das Höchste. Sie kann Großes unterminieren, aber sie selbst ist nicht groß. Thomas Mann sucht das große Gefühl, aber nichts reizt ihn zugleich so sehr zum Lachen. Er sehnt sich geradezu nach Gelegenheiten zu phrasenloser Ergriffenheit... Auch im *Zauberberg*, dem am tiefsten ironischen Produkt Thomas Manns, schämt sich der Erzähler am Ende seiner Sicherheit, gibt die Ironie preis und einem düsteren Pathos Raum. ›Wird auch aus diesem Weltfest des Todes...‹. Aber immer hat er ein schlechtes Gewissen bei solchen Sätzen.« (S. 335 f.)

So bleibt bei Thomas Mann die Wahrnehmung der Tragikomik großer Gestalten. Bei *Friedrich Nietzsche* etwa, dessen Schicksal Thomas Mann ebenfalls beim Peeperkorn-Kapitel vor Augen stand. Dieser pflegte seine letzten Briefe vor dem endgültigen Durchbruch des Wahnsinns mit »Dionysos« und »Der

Gekreuzigte« zu unterzeichnen. Auch bei Gerhart Hauptmann, von dem schon die Rede war. Liest man Thomas Manns Rede über *Gerhart Hauptmann* aus dem Jahre 1952 (in: Leiden und Größe der Meister, Frankfurt/M. 1982, S. 635–646), der Gefährte ist bereits sechs Jahre tot, blitzt die ganze Tragikomik noch einmal auf, die schon in dieser Peeperkorn-Szene steckt. Hauptmann sei ja einerseits – meint Thomas Mann – der »Dichter des sozialen Mitleids« gewesen. Und Leiden müsse man hier in seiner ganzen Schwere verstehen. Es sei ein Leiden »an den Greueln der Menschheit, ihrem dämonisch-rätselhaften Los und zumal unter dem, was sie selbst sich an Folter und Jammer bereitet«. Grandiose Passagen gäbe es im Werk Gerhart Hauptmanns, Passagen, worin »ungeheure Leidenskraft« Bild würde. Zum Beispiel die Rechnung des Henkers Görg in dem Inquisitionsdrama »Magnus Garbe«: »Einen Malefikanten in Öl gegossen, 24 Floren. – Einen lebendig geviertteilt, 15 Fl. 30 Kreuzer. – Eine Person mit dem Schwert hingerichtet vom Leben zum Tod. 10 Floren. Sodann den Körper aufs Rad gelegt. – Einen Menschen gehenket, 10 Fl. – 4 Ketzer lebendig verbrannt, 30 Fl.« Oder ein Satz von Michael Kramer aus dem gleichnamigen Drama: »Sehn Se, da liegt einer Mutter Sohn! – Grausame Bestien sind doch die Menschen! . . . Ihr tatet dasselbe dem Gottessohn! Ihr tut es ihm heut wie dazumal! . . .« (S. 642)
Andererseits aber sei da, meint Thomas Mann, eine andere, die dionysische Seite im Werk Hauptmanns. Zugleich sei da neben Leid, Blut und Schrecken das Verlangen nach Schönheit, nach Licht, nach dem »lösenden Jubel der Sonnen«. Zugleich sei da die Neigung zu Athen, zu Griechenland, zu lichter Schönheit, die Sehnsucht »nach der Genesung am Leiblichen, an freier Sinnlichkeit, an Frauenpracht«. Das alles aber sei bei Hauptmann »aus Leiden geboren«! Dessen Erotik lebe eben aus der Zwiespältigkeit von Leidens- und Schönheitsinbrunst: »Welche Trunkenheit! Welches Überwältigtsein von sinnlicher Herrlichkeit!« ruft Thomas Mann aus, Sätze Hauptmanns kommentierend, um dann grundsätzlich zu folgern: »Der Gekreuzigte und Dionysos waren in dieser Seele mythisch vereinigt, wie in derjenigen Nietzsche's, – der Schmerzensmann, der Mann von Gethsemane, und der das Gewand im sakralen Tanze raffende Heidenpriester . . .« (S. 643) – ein Satz, der fast wörtlich bereits im

»Zauberberg« steht und Peeperkorn beschreibt als jemanden, der Gefühle erwecke »wie etwa der bejahrte Priester eines fremden Kults sie erregen würde, der mit gerafften Gewändern und wunderlicher Grazie vor dem Opferaltar tanzte«. Man spürt auch bei diesen Sätzen: Das alles ist ernst gemeint bei Thomas Mann, aber zugleich wirkt diese Zusammenziehung von Schmerzensmann und Heidenpriester komisch, so wie eben ein Priester seine Würde mindert und komisch wirkt, wenn ihn sein Gewand beim sakralen Tanze hindert und man im Anheben dieses Gewandes seine nackten Beine sieht...

Wir fassen zusammen: Weder der Jesus der Geschichte steht bei Thomas Mann im Zentrum noch der Christus des kirchlichen Glaubens. An Christus interessiert Thomas Mann, was daran zum Typischen, zum Mythischen gehört. Deshalb kann er mit diesem »Material« – ausgestattet mit dem modernen Bewußtsein des 20. Jahrhunderts – ästhetisch, das heißt in seinem Fall ironisch, spielerisch umgehen und es in seine eigene Konzeption einbauen. Dieser Grundgedanke kommt noch einmal in aller wünschenswerten Deutlichkeit in einem Brief zur Sprache, den der 65jährige, während er noch am vierten Band des »Joseph« arbeitet, am 19. März 1940 an *Kuno Fiedler* von Princeton aus schreibt. Der Theologe Fiedler hatte – in der Tradition der liberalen Theologie des 19. Jahrhunderts – in seinem Buch »Glaube, Gnade und Erlösung nach dem Jesus der Synoptiker« gegen die christliche Orthodoxie und die kirchliche Dogmatik polemisiert – und zwar auf der Basis der von ihm rekonstruierten »reinen Jesus-Botschaft«. Thomas Mann spendet ihm dafür Beifall. Er findet die Reaktion eines Kulturmenschen »gegen die Barbarei der Orthodoxie durchaus begreiflich«. Doch zugleich erlaubt er sich Zweifel, ob mit dieser Reduzierung auf ein »streitbares Evangelium« und eine »reine Jesus-Botschaft« eine Kirche überhaupt bestehen könne. Ob nicht gerade die Kirche »ein Dogmengebäude und die ur-populäre Traditions-Verbindung mit dem religiösen Mythos« brauche, einem Mythos, »worin der geopferte Gott (mit der Seitenwunde) zu Hause« sei. Ja, Thomas Mann bekennt ganz offen:

»Ihre zornige Adonis-Osiris-Stelle auf Seite 49 habe ich angestrichen. Das ist mein Held. Nun ja, er ist es wieder, und eine Mutter Gottes, die

zugleich Gottes Geliebte ist (das alte Kultwort ›Stier seiner Mutter‹), hat er auch. Man hat es für nötig befunden, ihm diesen legitimierenden mythischen Traditions-Durchblick zu geben – das ist wohl religiöse Politik, und ohne das geht es vielleicht nicht. Doch Nietzsche, der, wie ich glaube, den Gedanken der Religionsgründung gefaßt hat, unterschrieb nicht umsonst die späten Zettel abwechselnd mit ›Dionysos‹ und ›Der Gekreuzigte‹«. Ich bin überzeugt, daß Sie mit jedem Wort recht haben, das Sie über Jesus und gegen seine dogmatischen Verballhorner sagen. Wenn es nun aber nicht darauf ankäme, was einer war, sondern darauf, was aus einem gemacht worden ist? Nicht auf den historischen Jesus also, sondern auf das historische Christentum? Ich frage nur.« (in: Die Forderung des Tages, Frankfurt/M. 1986, S. 331 f.)

Ausgabe: Th. Mann, Der Zauberberg. Roman (1924), Frankfurt/ M. 1981, S. 672–696 (in dieser Ausgabe auch: Einführung in den »Zauberberg« für Studenten der Universität Princeton vom Mai 1939).

Literatur zur Vertiefung

1. Zur Lebensgeschichte:

K. Harpprecht, Thomas Mann. Eine Biographie, Hamburg 1995.

H. Kurzke, Thomas Mann. Das Leben als Kunstwerk, München 1999.

2. Zur Werkgeschichte:

H. Kurzke, Thomas Mann. Epoche – Werk – Wirkung, München [2]1991.

H. Koopmann (Hrsg.), Thomas-Mann-Handbuch, Stuttgart [2]1995.

3. Zum Text:

Th. Mann, Einführung in den »Zauberberg«. Für Studenten der Universität Princeton (1939), in: ders., Rede und Antwort, Frankfurt/M. 1984, S. 66–81.

W. Frizen, Zaubertrank der Metaphysik. Quellenkritische Überlegungen im Umkreis der Schopenhauer-Rezeption Thomas Manns, Frankfurt/M. 1980.

B. Kristiansen, Unform – Form – Überform. Thomas Manns »Zauberberg« und Schopenhauers Metaphysik, Bonn 1978, [2]1986.

H. Wisskirchen, Zeitgeschichte im Roman. Zu Thomas Manns »Zauberberg« und »Doktor Faustus«, Bern 1986.

R. Wolff (Hrsg.), Thomas Mann. Aufsätze zum Zauberberg, Bonn 1988.

H. Wysling, Der Zauberberg, in: Thomas-Mann-Handbuch, hrsg. v. H. Koopmann, Stuttgart [2]1995, S. 397–422.

M. Maar, Geister und Kunst. Neuigkeiten aus dem Zauberberg, München – Wien 1995.

4. *Zur Christus-Typologie bei Thomas Mann:*

T. Schramm, Joseph-Christus-Typologie in Thomas Manns Josephs-Roman, in: Antike und Abendland 14 (1968), S. 142–171.

W. R. Berger, Die mythologischen Motive in Thomas Manns Roman »Josef und seine Brüder«, Köln – Wien 1971, S. 146–176.

W. Frizen, Thomas Mann und das Christentum, in: Thomas-Mann-Handbuch, hrsg. v. H. Koopmann, Stuttgart [2]1995, S. 307–326.

F. Marx, »Die Menschwerdung des Göttlichen«. Thomas Manns Goethe-Bild in »Lotte in Weimar«, in: Thomas Mann Jahrbuch Bd. 10, Frankfurt/M. 1998, S. 113–132.

Thomas Mann
Der Zauberberg

Vingt et un

So verging eine Zeit, – es waren Wochen, wohl drei bis vier, von uns aus geschätzt, da wir uns auf Hans Castorps Urteil und messenden Sinn unmöglich verlassen können. Sie glitten dahin, ohne neue Veränderung zu zeitigen, sie zeitigten auf seiten unseres Helden gewohnheitsmäßigen Trotz gegen unvorhergesehene Umstände, die ihm eine verdienstlose Zurückhaltung auferlegten; gegen jenen Umstand, der sich selbst Pieter Peeperkorn nannte, wenn er einen Schnaps zu sich nahm; an das störende Vorhandensein dieses königlichen, gewichtigen und undeutlichen Mannes, – störend in der Tat auf viel derbere Weise, als etwa Herr Settembrini »hier gestört« hatte, in alten Tagen. Trotzig-mißlaunige Falten gruben sich senkrecht zwischen Hans Castorps Brauen ein, und unter diesen Falten betrachtete er fünfmal am Tage die Heimgekehrte, froh immerhin, sie betrachten zu können, und voller Geringschätzung für eine großmächtige Gegenwart, die nicht ahnte, ein wie schiefes Licht die Vergangenheit auf sie warf.

Eines Abends nun aber, wie das wohl ohne besonderen Anlaß einmal geschehen mochte, hatte die Abendgeselligkeit in Halle und Zimmern sich reger als alltäglich gestaltet. Es hatte Musik gegeben, Zigeunerweisen, von einem ungarischen Studenten auf der Geige keck exekutiert, worauf Hofrat Behrens, der ebenfalls mit Doktor Krokowski auf eine Viertelstunde erschienen war, irgend jemanden genötigt hatte, in der tieferen Lage des Pianinos die Melodie des »Pilgerchors« zu spielen, während er selbst, daneben stehend, den Diskant des Instruments auf hüpfende Art mit einer Bürste bearbeitete und so die begleitenden Violinfiguren parodierte. Das gab zu lachen. Unter großem Applaus, mit wohlwollendem Kopfschütteln, das dem eigenen Übermut galt, verließ der Hofrat danach die Konversationsräume. Die Geselligkeit aber spann sich hin, noch wurde fortmusiziert, ohne daß gesammelte Aufmerksamkeit dafür gefordert worden wäre, man saß bei Domino und Bridge mit Getränken, unterhielt sich mit den Scherzinstrumenten und plauderte da und dort. Auch die Gesellschaft des Guten Russentisches hatte sich unter die Gruppen der Halle und des Klavierzimmers gemischt. Man sah Mynheer Peeperkorn an verschiedenen Stellen, – man konnte nicht umhin, ihn zu sehen, sein majestätisches Haupt überragte jede Umgebung, schlug sie durch königliche Wucht und Bedeutung, und wenn diejenigen, die ihn umstanden, ursprünglich nur durch das Gerücht seines Reichtums mochten angezogen worden sein, so war es doch sehr bald seine Persönlichkeit selbst und allein, an der sie hingen: lächelnd standen sie und nickten ihm zu, ermunternd und selbstvergessen; gebannt durch sein fahles Auge unter den mächtigen Stirnfalten, in Spannung gehalten durch die Eindringlichkeit seiner langnägeligen Kulturgebärden und ohne über die unverständliche Abgerissenheit, Undeutlichkeit und tatsächliche Unbrauchbarkeit dessen, was ihnen folgte, sich des leisesten Enttäuschungsgefühles bewußt zu werden.
Sehen wir uns unter diesen Verhältnissen nach Hans Castorp um, so finden wir ihn im Schreib- und Lesezimmer, jenem Gesellschaftsraum, wo ihm einst (dies Einst ist vage; Erzähler, Held und Leser sind nicht mehr ganz im klaren über seinen Vergangenheitsgrad) gewichtige Eröffnungen über die Organisation des Menschheitsfortschritts zuteil geworden. Es war stiller hier; nur ein paar Personen teilten mit ihm den Aufenthalt. Jemand schrieb unter einer elektrischen Hängelampe an einem der Doppelpulte. Eine

Dame mit zwei Zwickern auf der Nase blätterte an der Bibliothek sitzend in einem illustrierten Bande. Hans Castorp saß in der Nähe des offenen Durchganges zum Klavierzimmer, den Rücken der Portiere zugewandt, mit einer Zeitung auf dem Stuhl, der dort eben gestanden hatte, einem plüschbezogenen Renaissancestuhl, wenn man ihn sehen will, mit hoher, gerader Rückenlehne und ohne Armlehnen. Der junge Mann hielt seine Zeitung zwar so, wie man sie hält, um zu lesen, las aber nicht, sondern lauschte mit schrägem Kopf auf das abgerissene und mit Gespräch durchsetzte Musizieren nebenan, während die Finsternis seiner Brauen darauf hindeutete, daß auch dies nur mit halbem Ohre geschah und daß seine Gedanken unmusikalische Wege gingen, dornige Wege der Enttäuschung durch Umstände, die einen jungen Mann, der große Wartezeit auf sich genommen, am Ende dieser Wartezeit schmählich zum Narren hielten, – bittere Wege des Trotzes, auf denen es bestimmt nicht mehr weit war bis zu dem Entschluß und seiner Ausführung, die Zeitung auf diesen zufälligen und unbequemen Stuhl zu legen, durch jene Tür, durch die nach der Halle, hinauszugehen und die frostbeißende Einsamkeit der Balkonloge, zu zweien mit Maria Mancini, gegen diese verpfuschte Geselligkeit einzutauschen.

»Und Ihr Vetter, Monsieur?« fragte hinter ihm, über seinem Kopf, eine Stimme. Es war eine bezaubernde Stimme für sein Ohr, das nun einmal geschaffen war, ihre herbsüße Verschleierung als extreme Annehmlichkeit zu empfinden – den Begriff des Angenehmen eben auf einen extremen Gipfel getrieben –, es war die Stimme, die vor Zeiten gesagt hatte: »Gern. Aber mach ihn nicht entzwei«, eine bezwingende, eine Schicksalsstimme, und wenn ihm recht war, so hatte sie nach Joachim gefragt.

Er ließ seine Zeitung langsam sinken und schob das Gesicht etwas höher, so daß sein Kopf weiter oben, nur mit dem Haarwirbel an der steilen Stuhllehne lag. Er schloß sogar die Augen ein wenig, tat sie aber gleich wieder auf, um sie schräg aufwärts, in der Richtung, die seinem Blick durch die Haltung seines Kopfes gewiesen war, irgendwohin ins Leere zu richten. Der Gute, man hätte sagen mögen, sein Ausdruck habe fast etwas Seherisches und Somnambules. Er wünschte, sie möchte noch einmal fragen, doch das geschah nicht. So war er nicht einmal sicher, ob sie noch hinter ihm stände, als er nach geraumer Zeit, mit sonderbarer Verspätung und halber Stimme zur Antwort gab: »Er ist tot. Er hat Dienst gemacht in der Ebene und ist gestorben.«

Er selbst bemerkte, daß »tot« das erste betonte Wort war, das wieder zwischen ihnen fiel. Er bemerkte zugleich, daß sie aus Mangel an Vertrautheit mit seiner Sprache zu leichte Ausdrücke des Mitgefühls wählte, als sie hinter und über ihm sagte:

»O weh. Das ist schade. *Ganz tot und begraben*? Seit wann?«

»Seit einiger Zeit. Seine Mutter nahm ihn mit sich hinunter. Es war ihm ein Kriegsbart gewachsen. Es sind drei Ehrensalven über seinem Grabe abgegeben worden.«

»Die hatte er verdient. Er war sehr brav. Viel braver als andere Leute, gewisse andere.«

»Ja, er war brav. Rhadamanth sprach immer von seinem Biereifer. Aber sein Körper wollte es anders. Rebellio carnis, heißt es bei den Jesuiten. Er war immer körperlich gesinnt, auf ehrenhafte Weise. Aber sein Körper hatte Unehrenhaftes eindringen lassen und schlug seinem Biereifer ein Schnippchen. Es ist übrigens moralischer, sich zu verlieren und selbst zu verderben, als sich zu bewahren.«

»Ich sehe wohl, man ist immer noch ein philosophischer Taugenichts. Rhadamanth? Wer ist das?«

»Behrens. Settembrini nennt ihn so.«

»Ah, Settembrini, ich weiß. Das war jener Italiener da . . . Ich liebte ihn nicht. Er war nicht menschlich gesinnt.« (Die Stimme sprach das Wort »mähnschlich« aus, mit einer gewissen trägen und schwärmerischen Dehnung.) »Er war hochmütig.« (Auf der zweiten Silbe betont.) »Er ist nicht mehr da? Ich bin dumm. Ich weiß nicht, was das ist: Rhadamanth.«

»Etwas Humanistisches. Settembrini ist verzogen. Wir haben weitläufig philosophiert in diesen Zeiten, er und Naphta und ich.«

»Wer ist Naphta?«

»Sein Widersacher.«

»Wenn er sein Widersacher ist, möchte ich seine Bekanntschaft machen. – Aber habe ich nicht gesagt, daß Ihr Vetter sterben würde, wenn er versuchte, in der Ebene Soldat zu sein?«

»Ja, du hast es gewußt.«

»Was fällt Ihnen ein!«

Längeres Stillschweigen. Er widerrief nichts. Er wartete, den Wirbel gegen die steile Lehne gedrückt, mit Seherblick auf das Wiederlautwerden der Stimme, ungewiß aufs neue, ob sie noch hinter ihm sei, befürchtend, das abgerissene Musizieren nebenan möchte das Geräusch sich entfernender Schritte verschlungen haben. Endlich jedoch kam es wieder:

»Und Monsieur ist nicht einmal zum Begräbnis des Vetters gefahren?«

Er antwortete:

»Nein, ich habe ihm hier Adieu gesagt, bevor man ihn einschloß, da er anfing, zu lächeln. Du glaubst nicht, wie kalt seine Stirne war.«

»Schon wieder! Was für eine Redeweise zu einer Dame, die man kaum kennt!«

»Soll ich humanistisch reden statt menschlich?« (Unwillkürlich dehnte auch er das Wort auf schläfrige Weise, ungefähr wie jemand, der sich reckt und gähnt.)

»Quelle blague! – Sie waren immer hier?«

»Ja. Ich habe gewartet.«

»Worauf?«

»Auf dich.«

Ein Lachen zu seinen Häupten, hervorgestoßen zugleich mit dem Worte »Narr!« »Auf mich! Man wird dich nicht fortgelassen haben.«

»Doch, Behrens hätte mich einmal fortgelassen, im Jähzorn. Aber es wäre nur wilde Abreise gewesen. Denn außer den alten Narben von früher her, aus meiner Schulzeit, du weißt, ist da die frische Stelle, die Behrens gefunden hat und die mir das Fieber macht.«

»Immer noch Fieber?«

»Ja, immer etwas. Fast immer. Es wechselt. Aber es ist kein Wechselfieber.«

»Des allusions?«

Er schwieg. Er machte finstere Brauen über seinem Seherblick. Nach einer Weile fragte er:

»Und wo warst du?«

Eine Hand schlug gegen die Stuhllehne

»Mais c'est un sauvage! – Wo ich war? Überall. In Moskau« (die Stimme sagte »Muoskau«, – es war eine ähnlich träge Dehnung wie die von »mähnschlich«), »in *Baku*, in deutschen Bädern, in Spanien.«

»Oh, in Spanien. Wie war es?«

»Soso. Man reist schlecht. Die Leute sind halbe Mohren. Kastilien ist sehr dürr und starr. Der Kreml ist schöner als das Schloß oder Kloster dort am Fuß des Gebirges ...«

»Der Eskorial.«

»Ja, Philipps Schloß. Ein unmähnschliches Schloß. Mir hat viel besser gefallen der Volkstanz in Katalonien, die Sardana, zum Dudelsack. Ich habe selbst mitgetanzt. Alle fassen sich an und tanzen Ringelreihn. Der ganze Platz ist voll. C'est charmant. Es ist mähnschlich. Ich habe mir eine kleine blaue Mütze gekauft, wie dort alle Männer und Knaben des Volks sie tragen, fast schon ein Fes, die Boina. Ich trage sie in der Liegekur und sonst. Monsieur wird urteilen, ob sie mir gut steht.«

»Welcher Monsieur?«

»Der hier im Stuhl.«

»Ich dachte: Mynheer Peeperkorn.«

»Der hat schon geurteilt. Er sagt, sie stände mir reizend.«

»Hat er das gesagt? Zu Ende gesagt? Den Satz zu Ende gesprochen, daß man ihn verstehen konnte?«

»Ah, es scheint, man ist mißgelaunt. Man möchte boshaft sein, beißend. Man versucht, sich lustig zu machen über Leute, die viel größer und besser und menschlicher sind als man selber mitsamt seinem ... avec son ami bavard de la Méditerranée, son maître grand parleur ... Aber ich werde nicht erlauben, daß man meine Freunde –«

»Hast du mein Innenporträt noch?« unterbrach er die Stimme in schwermütigem Tonfall.

Sie lachte: »Ich müßte einmal danach suchen.«

»Ich trage das deine hier. Außerdem habe ich eine kleine Staffelei auf meiner Kommode, wo es bei Nacht und –«

Er kam nicht zu Ende. Vor ihm stand Peeperkorn. Er hatte sich nach seiner Reisebegleiterin umgesehen; durch die Portiere war er hereingekommen und stand vor dem Stuhle dessen, mit dem er sie hinterrücks plaudern sah, – stand da wie ein Turm, und zwar dicht vor Hans Castorps Füßen, so daß dieser, durch seinen Somnambulismus nicht an der Einsicht gehindert, daß es nun aufzustehen und höflich zu sein gelte, Mühe hatte, zwischen den beiden von seinem Stuhle emporzukommen, – er mußte sich seitlich davon herunterschieben, so daß denn also die handelnden Personen in einem Dreieck standen, den Stuhl in ihrer Mitte.

Frau Chauchat genügte einer Forderung des gesitteten Abendlandes, indem sie »die Herren« einander vorstellte. Ein Bekannter von früher her, sagte sie in bezug auf Hans Castorp, – aus Tagen ihres vorigen Aufenthalts. Herrn Peeperkorns Existenz bedurfte keiner Erläuterung. Sie nannte seinen Namen, und der Holländer, den blassen Blick unter dem idolhaften Arabeskenwerk seiner aufmerksam vertieften Stirn- und Schläfenfalten auf den jungen Mann gerichtet, reichte ihm die Hand, deren breiter Rücken sommersprossig war, – eine Kapitänshand, dachte Hans Castorp, wenn man die Nagellanzen beiseite ließ. Zum erstenmal stand er unter der unmittelbaren Einwirkung von Peeperkorns wuchtiger Persönlichkeit (»Persönlichkeit« – man hatte das Wort beständig im Sinne angesichts seiner; man wußte auf einmal, was das war, eine Persönlichkeit, wenn man ihn sah, ja mehr noch, man war überzeugt, daß eine Persönlichkeit überhaupt nicht anders aussehen könne als er), und seine schwanken Jünglingsjahre fühlten sich erdrückt von dem Gewicht dieser breitschultrigen, rotgesichtigen, weißumlohten Sechzig, mit dem weh zerrissenen Munde und Kinnbart, der lang und schmal auf die geistlich geschlossene Weste niederhing. Übrigens war Peeperkorn die Artigkeit selbst.

»Mein Herr«, sagte er, »– durchaus. Nein, erlauben Sie mir, – durchaus! Ich mache heute abend Ihre Bekanntschaft, – die Bekanntschaft eines vertrauenerweckenden jungen Mannes, – ich tue es mit Bewußtsein, mein Herr, ich bin mit ganzer Kraft bei der Sache. Sie gefallen mir, mein Herr: ich – bitte sehr! Erledigt. Sie sagen mir zu.«

Da gab es keine Widerrede. Seine Kulturgebärden waren allzu peremtorisch, Hans Castorp gefiel ihm. Und Peeperkorn zog Folgerungen daraus, die er andeutungsweise verlautbarte und die durch den Mund seiner Reisebegleiterin eine hilfreich-sinngemäße Ergänzung fanden.

»Mein Kind«, sagte er, »– alles gut. Wie wäre es aber – ich bitte mich wohl zu verstehen. Das Leben ist kurz, unser Vermögen, seinen Anforderungen gerecht zu werden, es ist nun einmal – Das sind Tatsachen, mein Kind. Gesetze. Un-er-bittlichkeiten. Kurzum, mein Kind, kurzum und gut. –« Er verharrte in ausdrucksvoll anheimstellender Geste, die Verantwortung ablehnend für den Fall, daß hier trotz seines Hinweises ein entscheidender Fehler begangen werden sollte.

Offenbar war Frau Chauchat geübt, die Richtung seiner Wünsche aufs halbe Wort zu unterscheiden. Sie sagte:

»Warum nicht. Man könnte noch etwas beieinander bleiben, vielleicht ein Spielchen machen und eine Flasche Wein trinken. Was stehen Sie?« wandte sie sich an Hans Castorp. »Regen Sie sich! Wir werden nicht zu dreien bleiben, wir müssen Gesellschaft haben. Wer ist noch im Salon? Engagieren Sie, wen Sie finden! Holen Sie einige Freunde von den Balkons. Wir werden Doktor Ting-Fu von unserem Tische auffordern.«

Peeperkorn rieb sich die Hände.

»Absolut«, sagte er. »Perfekt. Vorzüglich. Eilen Sie, junger Freund! Gehorchen Sie! Wir werden einen Kreis bilden. Wir werden spielen und essen und trinken. Wir werden fühlen, daß wir – Absolut, junger Mann!«

Hans Castorp fuhr mit dem Lift in den zweiten Stock. Er klopfte bei A. K. Ferge an, der seinerseits Ferdinand Wehsal und Herrn Albin aus ihren Stühlen in der unteren Liegehalle holte. Man hatte Staatsanwalt Paravant und das Ehepaar Magnus noch in der Halle, Frau Stöhr und die Kleefeld noch im Salon gefunden. Hier wurde unter dem Mittellüster ein geräumiger Spieltisch aufgeschlagen, den man mit Stühlen und kleinen Anrichtetischen umgab. Mynheer begrüßte jeden Gast, der sich zugesellte, blassen und höflichen Blickes, unter aufmerksam emporgezogenen Stirnarabesken. Zu zwölf Personen ließ man sich nieder, Hans Castorp zwischen dem majestätischen Gastgeber und Clawdia Chauchat; Karten und Spielmarken wurden aufgelegt, denn man hatte sich auf einige Gänge Vingt et un geeinigt, und Peeperkorn bestellte in seiner bedeutsamen Art bei der herbeigerufenen Zwergin Wein, einen weißen Chablis vom Jahre 06, drei Flaschen fürs erste, und Süßigkeiten dazu, was eben an gedörrtem Südobst und Konfiserie würde aufzutreiben sein. Das Händereiben, mit dem er die guten Dinge begrüßte, die aufgetragen wurden, war voll von Behagen, und auch in Worten, die auf bedeutende Art abrissen, suchte er seine Empfindungen mitzuteilen, mit vollem Gelingen in der Tat, soweit eine allgemeine Persönlichkeitswirkung in Frage kam. Er legte beide Hände auf die Unterarme seiner Nachbarn, hob den lanzenspitzen Zeigefinger und forderte mit umfassendem Erfolge die höchste Aufmerksamkeit für die herrliche Goldfarbe des Weins in den Römern, für den Zucker, den die Malagatrauben schwitzten, für eine gewisse Art kleiner Salz- und Mohnbrezeln, die er göttlich nannte, indem er jeden Widerspruch, der sich gegen ein so starkes Wort etwa hätte regen wollen, durch eine peremtorische Kulturgebärde im Keime erstickte. Er war es, der als erster die Bank übernahm; doch trat er sie bald an Herrn Albin ab, da, wenn man ihn recht verstand, das Amt ihn am freien Genusse der Umstände hinderte.

Ersichtlich war das Hazard ihm Nebensache. Man spielte um nichts, seiner Meinung nach, hatte fünfzig Rappen als kleinsten Einsatz ausgerufen nach seinem Vorschlage, doch war das sehr viel für die Mehrzahl der Beteiligten; Staatsanwalt Paravant sowohl wie Frau Stöhr wurden abwechselnd rot und blaß, und namentlich diese wand sich in furchtbaren Kämpfen, wenn sie vor der Frage stand, ob sie bei achtzehn noch kaufen sollte. Sie kreischte laut, wenn Herr Albin ihr mit kalter Routine eine Karte zuwarf, deren Höhe ihr Wagnis über und über zuschanden machte, und Peeperkorn lachte herzlich darüber.

»Kreischen Sie, kreischen Sie, Madame!« sagte er. »Es klingt schrill und lebensvoll und kommt aus tiefster – Trinken Sie, laben Sie Ihr Herz zu neuen –« Und er schenkte ihr ein, schenkte auch seinen Nachbarn und sich selber ein, bestellte drei neue Flaschen und stieß mit Wehsal und der innerlich verödeten Frau Magnus an, da diese beiden ihm der Belebung am bedürftigsten schienen. Rasch färbten die Gesichter sich hoch und höher von dem in Wahrheit wundervollen Wein, mit Ausnahme desjenigen Doktor Ting-Fus, das unveränderlich gelb blieb, mit fettschwarzen Rattenschlitzen darin, und der mit verstecktem Kichern sehr hohe Einsätze machte, und zwar mit unverschämtem Glück. Andere wollten nicht zurückstehen. Staatsanwalt Paravant forderte schwimmenden Blickes das Schicksal heraus, indem er zehn Franken auf eine nur mäßig hoffnungsvolle Anfangskarte setzte, überkaufte sich erblassend und gewann das Geld, da Herr Albin in trügerischem Vertrauen auf ein As, das er erhalten, alle Einsätze hatte dublieren lassen, verdoppelt zurück. Das waren Erschütterungen, die sich nicht auf die Person dessen beschränkten, der sie sich bereitete. Der Kreis nahm teil daran, und selbst Herr Albin, der an kalter Umsicht mit den Croupiers des Kasinos von Monte Carlo wetteiferte, wo er Stammgast zu sein erklärte, war seiner Erregung nur unzulänglich Herr. Auch Hans Castorp spielte hoch; ebenso die Kleefeld und Frau Chauchat. Man ging zu den »Touren« über, spielte »Eisenbahn«, »Meine Tante, deine Tante« und das gefährliche »Difference«. Jubel und Verzweiflungsausbrüche, Entladungen der Wut und hysterische Lachanfälle, hervorgerufen durch den Reiz, den das bübische Glück auf die Nerven ausübte, ereigneten sich, und sie waren echt und ernst, – nicht anders hätten sie lauten können in den Wechselfällen des Lebens selbst.

Dennoch war es nicht nur und nicht einmal hauptsächlich das Spiel und der Wein, die die seelische Hochspannung des Kreises, diese Erhitzung der Mienen, diese Erweiterung der glänzenden Augen oder das zeitigten, was man die Angestrengtheit der kleinen Gesellschaft, ihr In-Atem-gehalten-Sein, ihre fast schmerzhafte Konzentration auf den Augenblick hätte nennen können. Vielmehr war all dies auf die Einwirkung einer Herrschernatur unter den Anwesenden, auf die der »Persönlichkeit« unter ihnen, auf diejenige Mynheer Peeperkorns zurückzuführen, der die Führung in seiner gebärdenreichen Hand hielt und alle durch das Schauspiel seiner großen Miene, seinen blassen Blick unter dem monumentalen Faltenwerk seiner Stirne, durch sein Wort und die Eindringlichkeit seiner Pantomimik in den Bann der Stunde zwang. Was sagte er? Höchst Undeutliches, und desto Undeutlicheres, je mehr er trank. Aber man hing an seinen Lippen, starrte lächelnd und mit emporgerissenen Brauen nickend auf das Rund, das sein Zeigefinger mit seinem Daumen bildete und neben welchem die anderen Finger lanzenspitz aufragten, während es in seinem königlichen Antlitz sprechend arbeitete, und ließ sich ohne Widerstand zu einem Gefühlsdienst anhalten, der weit das Maß von hingebender Leidenschaft überstieg, das diese Leute sich sonst zuzumuten gewöhnt waren. Er ging über die Kräfte einzelner, dieser Dienst. Frau Magnus wenigstens ward unpäßlich. Sie drohte in Ohnmacht hinzuschwinden, weigerte sich aber zähe, ihr Zimmer aufzusuchen, sondern begnügte sich mit ihrer Lagerung auf der Chaiselongue, woselbst man ihre Stirn mit einer nassen Serviette versah und von wo sie nach einiger Erholung in den Kreis zurückkehrte.

Peeperkorn wollte ihr Versagen auf mangelhafte Nahrungszufuhr zurückführen. In bedeutend abreißenden Worten, mit erhobenem Zeigefinger, ließ er sich in diesem Sinne aus. Man müsse essen, ordentlich essen, um den Anforderungen gerecht werden zu können, so gab er zu verstehen, und bestellte Stärkung für die Runde, eine Kollation, Fleisch, Aufschnitt, Zunge, Gänsebrust, Braten, Wurst und Schinken, – Platten voll fetter Leckerbissen, die, mit Butterkugeln, Radieschen und Petersilie garniert, prangenden Blumenbeeten glichen. Aber obgleich sie, eines vorangegangenen Abendessens ungeachtet, über dessen Gediegenheit kein Wort verloren zu werden braucht, frohen Zuspruch fanden, erklärte Mynheer Peeperkorn sie nach wenigen Bissen für »Firlefanz« – und zwar mit einem Zorn, der die beängstigende Unberechenbarkeit seiner Herrschernatur bekundete. Ja, er wurde kollerig, als jemand den Imbiß in Schutz zu nehmen wagte; sein mächtiges Haupt schwoll an, und er schlug mit der Faust auf den Tisch, indem er das alles für verdammten Quark erklärte, – worauf man denn betreten verstummte, da er am Ende als Spender und Wirt das Recht hatte, seine Gaben zu beurteilen.

Übrigens stand der Zorn, so unbegreiflich er anmuten mochte, ihm vortrefflich zu Gesichte, wie namentlich Hans Castorp sich bekennen mußte. Er entstellte ihn keineswegs, verkleinerte ihn nicht, wirkte in seiner Unbegreiflichkeit, die mit den genossenen Weinmengen in Beziehung zu setzen niemand in seinem Herzen sich unterstand, so groß und königlich, daß alle sich duckten und jedermann sich hütete, von den Fleischwaren noch einen Bissen zu nehmen. Frau Chauchat war es, die ihren Reisegefährten beschwichtigte. Sie streichelte seine breite, nach dem Schlag auf dem Tisch ruhende Kapitänshand und meinte schmeichelnd, man könne ja etwas anderes bestellen, ein warmes Gericht, wenn er wolle und wenn der Küchenchef noch dafür zu gewinnen sein werde. »Mein Kind«, sagte er, »– gut.« Und mühelos, in voller Würde fand er den Übergang von schwerem Koller zu einem gemäßigten Zustande, indem er Clawdias Hand küßte. Er wollte Omeletten für sich und die Seinen, – für jedermann eine gute Kräuter-Omelette, damit man den Anforderungen gerecht werden könne. Und er schickte mit der Bestellung einen Hundertfrankenschein in die Küche, um das Personal zum Unterbrechen des Feierabends zu bestimmen.

Auch stellte sein Behagen sich völlig wieder her, als die dampfende Speise auf mehreren Platten erschien, kanariengelb und grün gesprenkelt, einen weichlich warmen Duft von Eiern und Butter im Zimmer verbreitend. Man griff zu, gemeinsam mit Peeperkorn und im Genuß überwacht von ihm, der mit abgerissenen Worten und zwingenden Kulturgebärden jedermann zu aufmerksamster, ja inbrünstiger Würdigung der Gottesgabe anhielt. Er ließ holländischen Genever dazu schenken, eine volle Runde, und zwang alle, das klare Naß, dem ein gesunder Duft nach Getreide mit einem zarten Einschlag von Wacholder entströmte, mit gespannter Andacht zu sich zu nehmen.

Hans Castorp rauchte. Auch Frau Chauchat sprach den Mundstückzigaretten zu, die sie in einer russischen, mit einer dahinsausenden Troika geschmückten Lackdose zu ihrer Bequemlichkeit vor sich auf den Tisch gelegt hatte, und Peeperkorn tadelte es nicht, daß seine Nachbarn sich diesem Vergnügen überließen, rauchte aber selbst nicht, tat es niemals. Verstand man ihn recht, so war seinem Urteile nach der Tabakkonsum bereits den überfeinerten Genüssen zuzuzählen, deren Pflege einen Raub an der Majestät der schlichten Lebensgaben bedeute, jener Gaben und Ansprüche, denen gerecht zu werden unserer Gefühlskraft doch kaum gelinge. »Junger Mann«, sagte er zu Hans Castorp, indem er ihn mit seinem blassen Blick und seiner Kulturgebärde bannte, – »junger Mann, – das Einfache! Das Heilige! Gut, Sie verstehen mich. Eine Flasche Wein, ein dampfendes Eiergericht, ein lauterer Korn, – erfüllen und genießen wir das erst einmal, erschöpfen wir es, tun wir ihm wahrhaft Genüge, bevor wir – Absolut, mein Herr. Erledigt! Ich habe Personen gekannt, Männer und Frauen, Kokainesser, Haschischraucher, Morphinisten – Gut, lieber Freund! Perfekt! Mögen sie doch! Wir sollen nicht rechten und richten. Aber dem, was vorangehen sollte, dem Einfachen, dem Großen, dem Gottesursprünglichen waren diese Leute durchaus alles – Erledigt, mein Freund. Verurteilt. Verworfen. Sie waren ihm alles schuldig geblieben! Wie Sie auch heißen mögen, junger Mann, – Gut, ich habe es schon gewußt, ich habe es wieder vergessen, – nicht im Kokain, nicht im Opium, nicht im Laster als solchem beruht die Lasterhaftigkeit. Die Sünde, die nicht vergeben werden kann, sie beruht –«

Er hielt inne. Groß und breit, seinem Nachbar zugewandt, verharrte er in mächtig ausdrucksvollem Schweigen, das zu verstehen zwang, den Zeigefinger erhoben, mit unregelmäßig zerrissenem Munde unter der nackten und roten, von der Rasur etwas wunden Oberlippe, angestrengt emporgezogen das lineare Faltenwerk seiner kahlen, weiß umflammten Stirn, erweitert die kleinen, blassen Augen, in denen Hans Castorp etwas wie Entsetzen flackern sah vor dem Verbrechen, der großen Versündigung, dem unverzeihlichen Versagen, auf das er angespielt hatte und das in seiner Schrecklichkeit zu ergründen er mit der ganzen bannenden Kraft einer undeutlichen Herrschernatur schweigend befahl... Entsetzen, dachte

Hans Castorp, von sachlicher Art, aber auch etwas wie persönliches Entsetzen, ihn selbst, den königlichen Mann betreffend, – *Angst* also, aber nicht geringe und kleine Angst, sondern etwas wie panischer Schrecken flackerte dort, so schien es, einen Augenblick auf, und Hans Castorp war von zu ehrerbietiger Anlage, als daß nicht, aller Gründe ungeachtet, die zu feindseliger Einstellung seinerseits gegen Frau Chauchats majestätischen Reisebegleiter vorhanden waren, diese Beobachtung ihn hätte erschüttern müssen.

Er senkte die Augen und nickte, um seinem erhabenen Nachbarn die Genugtuung des Verständnisses zu bereiten.

»Das ist wohl wahr«, sagte er. »Es mag Sünde sein – und ein Zeichen von Unzulänglichkeit –, den Raffinements zu frönen, ohne den einfachen und natürlichen Gaben des Lebens, die so groß und heilig sind, gerecht geworden zu sein. Dies ist Ihre Meinung, wenn ich Sie recht verstehe, Mynheer Peeperkorn, und obgleich es mir selbst noch nicht eingefallen ist, kann ich Ihnen aus eigener Überzeugung zustimmen, da Sie darauf hinweisen. Es mag übrigens selten genug vorkommen, daß diesen gesunden und einfachen Lebensgaben so recht volle Gerechtigkeit widerfährt. Bestimmt sind die meisten Leute zu schlaff und unaufmerksam und gewissenlos und innerlich ausgeleiert, um sie ihnen widerfahren zu lassen, so wird es wohl sein.«

Der Gewaltige war hochbefriedigt. »Junger Mann«, sagte er, »– perfekt. Wollen Sie mir erlauben – kein Wort weiter. Ich bitte Sie, mit mir zu trinken, das Glas bis zum Grunde zu leeren, und zwar Arm um Arm. Dies soll noch nicht heißen, daß ich Ihnen das brüderliche Du anbiete, – ich war eben im Begriff, es zu tun, besinne mich aber, daß es ein klein wenig zu überstürzt wäre. Ich werde es Ihnen höchstwahrscheinlich in sehr absehbarer Zeit – Verlassen Sie sich darauf! Wenn Sie aber wünschen und darauf bestehen, daß wir sofort –«

Hans Castorp befürwortete andeutend den von Peeperkorn selbst angeregten Aufschub.

»Gut, mein Junge. Gut, Kamerad. Unzulänglichkeit – gut. Gut und schaudervoll. Gewissenlos – sehr gut. Gaben – nicht gut. Anforderungen! Heilige, weibliche Anforderungen des Lebens an Ehre und Manneskraft –«

Hans Castorp mußte plötzlich erkennen, daß Peeperkorn schwer betrunken war. Doch wirkte auch seine Betrunkenheit nicht gering und beschämend, nicht als Entwürdigungszustand, sondern verband sich mit der Majestät seiner Natur zu einer großartigen und ehrfurchtgebietenden Erscheinung. Auch Bacchus selbst, dachte Hans Castorp, stützte sich betrunken auf seine enthusiastischen Begleiter, ohne darum an Gottheit einzubüßen, und im höchsten Grade kam es darauf an, *wer* betrunken war, eine Persönlichkeit oder ein Leineweber. Er hütete sich innerlichst, im Respekt vor dem erdrückenden Reisebegleiter im geringsten nachzulassen, dessen Kulturgebärden schlaff geworden waren und dessen Zunge lallte.

»Duzbruder –«, sagte Peeperkorn, den mächtigen Körper in freier und stolzer Trunkenheit zurückgeworfen, den Arm auf der Tischplatte ausgestreckt und mit der schlaff geballten Faust leicht aufschlagend, »– in Aussicht genommen, – in nahe Aussicht, wenn auch Besonnenheit zunächst noch – gut. Erledigt. Das Leben – junger Mann – es ist ein Weib, ein hingespreitet Weib, mit dicht beieinander quellenden Brüsten und großer, weicher Bauchfläche zwischen den ausladenden Hüften, mit schmalen Armen und schwellenden Schenkeln und halbgeschlossenen Augen, das in herrlicher, höhnischer Herausforderung unsere höchste Inständigkeit beansprucht, alle Spannkraft unserer Manneslust, die vor ihm besteht oder zuschanden wird, – zuschanden, junger Mann, begreifen Sie, was das hieße? Die Niederlage des Gefühls vor dem Leben, das ist die Unzulänglichkeit, für die es keine Gnade, kein Mitleid und keine Würde gibt, sondern die erbarmungslos und hohnlachend verworfen ist, – erledigt, junger Mann, und ausgespien... Schmach und Entehrung sind gelinde Worte für diesen Ruin und Bankerott, für diese grauenhafte Blamage. Sie ist das Ende, die höllische Verzweiflung, der Weltuntergang...«

Der Holländer hatte beim Sprechen den mächtigen Körper mehr und mehr zurückgeworfen, während zugleich sein königliches Haupt sich zur Brust neigte, als wollte er einschlafen. Bei dem letzten Worte aber ließ er die schlaffe Faust ausholend zu schwerem Schlage auf den Tisch fallen, so daß der schmächtige Hans Castorp, nervös von Spiel und Wein und von der Eigentümlichkeit aller Umstände, zusammenfuhr und ehrfürchtig erschrocken auf den Gewaltigen blickte. »Weltuntergang« – wie das Wort ihm zu Gesichte stand! Hans Castorp erinnerte sich nicht, es jemals aussprechen gehört zu haben, außer etwa in der Religionsstunde, und das war kein Zufall, dachte er, denn wem unter allen Menschen, die er kannte, wäre ein solches Donnerwort wohl zugekommen, wer hatte das *Format* dafür – um die Frage richtig zu stellen? Der kleine Naphta hätte sich seiner wohl einmal bedienen können; doch wäre das Usurpation und scharfes Geschwätz gewesen, während in Peeperkorns Munde das Donnerwort seine ganze schmetternde und posaunenumdröhnte Wucht, kurz, biblische Größe gewann. »Mein Gott – eine Persönlichkeit!« empfand er zum hundertstenmal. Ich bin an eine Persönlichkeit geraten, und sie ist Clawdias Reisebegleiter!« Ziemlich benebelt auch seinerseits, drehte er sein Weinglas auf dem Tisch um sich selbst, die andere Hand in der Hosentasche und ein Auge zugekniffen vor dem Rauch der Zigarette, die er im Mundwinkel hielt. Hätte er nicht schweigen sollen, nachdem von berufener Seite Donnerworte gesprochen worden? Was sollte da noch seine spröde Stimme? Aber an Diskussion gewöhnt durch seine demokratischen Erzieher – beide von Natur demokratisch, obgleich der eine sich sträubte, es zu sein –, ließ er sich zu einem seiner treuherzigen Kommentare verleiten. Er sagte:

»Ihre Bemerkungen, Mynheer Peeperkorn«, (was war das für ein Ausdruck: Bemerkungen! Macht man »Bemerkungen« über den Weltuntergang?) »führen meine Gedanken noch einmal auf das zurück, was vorhin über das Laster ausgemacht wurde, nämlich daß es in einer Beleidigung der einfachen und, wie Sie sagen, heiligen, oder, wie ich sagen möchte, klassischen Lebensgaben besteht, der Lebensgaben von Format, sozusagen, zugunsten der späten und ausgepichten, der Raffinements, denen man ›frönt‹, wie einer von uns beiden sich ausdrückte, während man sich den großen ›weiht‹ und ihnen ›huldigt‹. Aber hier scheint mir nun eben auch die Entschuldigung – verzeihen Sie, ich bin eine zur Entschuldigung geneigte Natur, – obgleich Entschuldigung wohl kein Format hat, wie ich deutlich fühle –, die Entschuldigung also für das Laster zu liegen, und zwar gerade insofern es auf ›Unzulänglichkeit‹, wie wir es nannten, beruht. Sie haben über die Schrecken der Unzulänglichkeit Dinge solchen Formates gesagt, daß Sie mich aufrichtig betroffen sehen davon. Aber ich meine, der Lasterhafte zeigt sich durchaus nicht unempfindlich für diese Schrecken, sondern im Gegenteil läßt er ihnen alle Gerechtigkeit widerfahren, indem das Versagen seines Gefühls vor den klassischen Lebensgaben ihn zum Laster treibt, worin also keine Beleidigung des Lebens liegt oder zu liegen braucht, da es ebensogut als Huldigung davor aufgefaßt werden kann, und zwar insofern die Raffinements ja Rausch- und Erhebungsmittel darstellen, stimulantia, wie man sagt, Stützen und Steigerungen der Gefühlskräfte, weshalb denn also doch das Leben ihr Zweck und Sinn ist, die Liebe zum Gefühl, das Trachten der Unzulänglichkeit nach Gefühl... Ich meine ...«

Was redete er da? War es nicht der demokratischen Unverschämtheit genug, »einer von uns beiden« zu sagen, wo es sich um eine Persönlichkeit und um ihn handelte? Zog er den Mut zu dieser Frechheit aus Vergangenheiten, die gewisse gegenwärtige Besitzrechte in ein schiefes Licht setzten? Stach ihn der Haber, daß er sich obendrein in eine ebenfalls durchaus unverschämte Analyse des »Lasters« verstricken mußte? Nun mochte er sehen, wie er sich aus der Sache zog: denn es war klar, daß er Fürchterliches heraufbeschworen.

Mynheer Peeperkorn war während der Rede seines Gastes in seiner zurückgeworfenen Haltung mit auf die Brust gesenktem Kopfe verharrt, so daß man hätte zweifeln können, ob Hans Castorps Worte in sein Bewußtsein drangen. Jetzt aber, allmählich, während der junge Mann sich verwirrte, begann er, sich von der Lehne aufzurichten, höher und höher, zu voller Größe, während zugleich sein majestätisches Haupt rot anschwoll, seine Stirnarabesken sich hoben und spannten und seine kleinen Augen sich zu blasser Drohung erweiterten. Was bereitete sich vor? Ein Koller, gegen den der vorangegangene nur leichte Verstimmung bedeutet hatte, schien im Anzuge. Mynheers Unterlippe stemmte sich in mächtigem Grimm gegen die obere, so daß die Mundwinkel sich senkten und das Kinn vorgetrieben wurde, und langsam hob sich sein rechter Arm von der Tischplatte in Haupteshöhe und darüber hinaus, die Faust geballt, großartig ausholend zum Vernichtungsschlage gegen den demokratischen Schwätzer, der, in Schrecken gejagt und doch auch abenteuerlich erfreut durch das Bild ausdrucksvoll königlichen Zornmutes, das sich vor ihm entfaltete, Mühe hatte, Furcht und Fluchtneigung zu verbergen. Er sagte eilig zuvorkommend: »Natürlich habe ich mich mangelhaft ausgedrückt. Das Ganze ist eine Frage des Formats, nichts weiter. Man kann nicht Laster nennen, was Format hat. Das Laster hat niemals Format. Die Raffinements haben keines. Aber dem menschlichen Trachten nach Gefühl ist ja von Urzeiten her ein Hilfsmittel, ein Rausch- und Begeisterungsmittel an die Hand gegeben, das selbst zu den klassischen Lebensgaben gehört und den Charakter des Einfachen und Heiligen, also nicht des Lasterhaften trägt, ein Hilfsmittel von Format, wenn ich so sagen darf, der Wein also, ein göttliches Geschenk an die Menschen, wie schon die alten humanistischen Völker behaupteten, die philanthropische Erfindung eines Gottes, mit der sogar die Zivilisation zusammenhängt, erlauben Sie mir den Hinweis. Denn wir hören ja, daß dank der Kunst, den Wein zu pflanzen und zu keltern, die Menschen aus dem Stande der Roheit traten und Gesittung erlangten, und noch heute gelten die Völker, bei denen Wein wächst, für gesitteter, oder halten sich dafür, als die weinlosen, die Kimerer, was sicher bemerkenswert ist. Denn es will sagen, daß Gesittung gar nicht Sache des Verstandes und wohlartikulierter Nüchternheit ist, sondern vielmehr mit der Begeisterung zu tun hat, dem Rausch und dem gelabten Gefühl, – ist das nicht, wenn ich so frei sein darf, Ihnen die Frage vorzulegen, auch Ihre Meinung in dieser Angelegenheit?«

Ein Schlingel, dieser Hans Castorp. Oder, wie Herr Settembrini es mit schriftstellerischer Feinheit ausgedrückt hatte, »ein Schalk«. Unvorsichtig und selbst frech im Verkehr mit Persönlichkeiten – und geschickt dann auch wieder, wenn es galt, sich aus der Patsche zu ziehen. Da hatte er erstens, in brenzligster Lage und aus dem Stegreif, eine Ehrenrettung des Trunkes mit vielem Anstand vollzogen, hatte ferner, ganz nebenbei, die Rede auf »Gesittung« gebracht, von welcher in Mynheer Peeperkorns ur-fürchterlicher Haltung allerdings wenig zu spüren war, und endlich diese Haltung gelockkert und unpassend gemacht, indem er dem großartig darin Befangenen eine Frage vorgelegt hatte, die man mit erhobener Faust unmöglich beantworten konnte. Der Holländer ließ denn auch nach in seiner vorsündflutlichen Grimmgebärde; langsam senkte sein Arm sich nieder zum Tisch, sein Haupt schwoll ab, »dein Glück!« stand in seiner nur noch bedingungsweise und nachträglich drohenden Miene zu lesen, das Gewitter verzog sich, und überdies mischte nun Frau Chauchat sich ein, indem sie ihren Reisebegleiter auf den eingerissenen Verfall der Geselligkeit hinwies.

»Lieber Freund, Sie vernachlässigen Ihre Gäste«, sagte sie auf französisch. »Sie widmen sich allzu ausschließlich diesem Herrn, mit dem Sie zweifellos wichtige Dinge auszumachen haben. Aber unterdessen hat das Spiel fast aufgehört, und ich fürchte, man langweilt sich. Wollen wir den Abend beschließen?«

Peeperkorn wandte sich sogleich der Tafelrunde zu. Es war richtig: Demoralisation, Lethargie, Stumpfsinn hatten um sich gegriffen: die Gäste trieben Allotria wie eine unbeaufsichtigte Schulklasse. Mehrere waren am Einschlafen. Peeperkorn ergriff sofort die schleifenden Zügel. »Meine Herrschaften!« rief er mit erhobenem Zeigefinger, – und dieser lanzenspitze Finger war wie ein winkender Degen oder wie eine Fahne, sein Ruf aber glich dem »Mir nach, wer keine Memme ist!« des Führers, der eine beginnende Deroute zum Stehen bringt. Auch war der Einsatz seiner Persönlichkeit sofort von weckender und sammelnder Wirkung. Man raffte sich auf, straffte die schlaff gewordenen Mienen und nickte lächelnd in des mächtigen Wirtes blasse Augen unter der idolhaften Lineatur seiner Stirn. Er bannte alle und hielt sie aufs neue zum Dienste an, indem er die Spitze des Zeigefingers zu der des Daumens senkte und die anderen langgenagelt daneben aufragen ließ. Er breitete die Kapitänshand behütend und zurückdämmend aus, und von seinen weh zerrissenen Lippen kamen Worte, deren abspringende Undeutlichkeit dank ihrem Persönlichkeitsrückhalt zwingendste Macht über die Gemüter übte.

»Meine Herrschaften – gut. Das Fleisch, meine Herrschaften, es ist nun einmal – Erledigt. Nein – erlauben Sie mir – ›schwach‹, so steht es in der Schrift. ›Schwach‹, das heißt geneigt, sich den Anforderungen – Aber ich appelliere an Ihre – Kurzum und gut, meine Herrschaften, ich *ap-pel-liere*. Sie werden mir sagen: der Schlaf. Gut, meine Herrschaften, perfekt, vortrefflich. Ich liebe und ehre den Schlaf. Ich veneriere seine tiefe, süße, labende Wollust. Der Schlaf zählt zu den – wie sagten Sie, junger Mann? – zu den klassischen Lebensgaben vom ersten, vom allerersten – ich bitte sehr – vom obersten, meine Herrschaften. Wollen Sie jedoch bemerken und sich erinnern: Gethsemane! ›Und nahm zu sich Petrum und die zween Söhne Zebedei. Und sprach zu ihnen: Bleibet hie und wachet mit mir.‹ Sie erinnern sich? ›Und kam zu ihnen und fand sie schlafend und sprach zu Petro: Könnet ihr denn nicht eine Stunde mit mir wachen?‹ ›Intensiv, meine Herrschaften. Durchdringend. Herzbewegend.‹ ›Und kam und fand sie aber schlafend, und ihre Augen waren voll Schlafs. Und sprach zu ihnen: Ach, wollt ihr nun schlafen und ruhen? Siehe, die Stunde ist hie –‹ Meine Herrschaften: Durchbohrend, herzversehrend.«

Tatsächlich waren alle in tiefster Seele ergriffen und beschämt. Er hatte die Hände vor der Brust über dem schmalen Kinnbart gefaltet und das Haupt schräg geneigt. Sein blasser Blick hatte sich gebrochen bei dem, was an einsamem Todesschmerz von seinen zerrissenen Lippen gekommen. Frau Stöhr schluchzte. Frau Magnus stieß einen hohen Seufzer aus. Staatsanwalt Paravant sah sich veranlaßt, vertretungsweise, gleichsam als Abgeordneter der Gesellschaft, einige Worte mit gesenkter Stimme an den verehrten Gastgeber zu richten, um ihn der allgemeinen Gefolgschaft zu versichern. Hier müsse ein Irrtum vorliegen. Man sei frisch und munter, flott, fidel und bei der Sache mit Herz und Sinn. Es sei ein so schöner, festlicher, schlechthin außerordentlicher Abend, – alle verständen und empfänden das, und niemand denke vorläufig daran, von dem Lebensgute des Schlafs Gebrauch zu machen. Mynheer Peeperkorn könne sich auf seine Gäste verlassen, auf jeden einzelnen von ihnen.

»Perfekt! Vorzüglich!« rief Peeperkorn und richtete sich auf. Seine Hände lösten sich, gingen auseinander und aufwärts, ausgebreitet, aufrecht, die Innenfläche nach außen, wie zu heidnischem Gebet. Seine großartige Physiognomie, eben noch von gotischem Schmerz beseelt, erblühte üppig und heiter; sogar ein sybaritisches Grübchen zeigte sich auf einmal in seiner Wange. »Die Stunde ist hie –« Und er ließ sich die Karte geben, setzte einen Hornklemmer auf, dessen Bügel ihm hoch an der Stirn emporragte, und bestellte Champagner, drei Flaschen Mumm & Co., Cordon rouge, très sec; dazu petits fours, köstliche, kegelförmige kleine Schlemmerbissen, mit farbigem Zuckerguß überkleidet, von zartestem Biskuitcharakter, im Innern benetzt von Schokolade- und Pistaziencrême und auf Papierdeckchen mit reichem Spitzenrande angeboten. Frau Stöhr leckte sich alle Finger bei ihrem Genuß. Herr Albin löste mit lässiger Routine den ersten Pfropfen aus seiner Haft von Draht, ließ den pilzförmigen Kork mit dem Knall einer Kinderpistole dem geschmückten Hals entschlüpfen und zur Decke fahren, worauf er die Flasche nach elegantem Herkommen zum Einschenken in eine Serviette hüllte. Der edle Schaum befeuchtete das Linnen der Anrichtetischchen. Man ließ die Flachkelche klingen und leerte das erste Glas auf einen Zug, elektrisierte sich den Magen mit dem eiskalten, duftigen Geprickel. Die Augen glitzerten. Das Spiel hatte aufgehört, ohne daß man sich bemüßigt gesehen hätte, Karten und Geld vom Tische zu räumen. Die Gesellschaft überließ sich einem seligen Nichtstun, indem sie ein zusammenhangloses Geschwätz tauschte, dessen Elemente bei jedem einzelnen aus erhöhtem Gefühle stammten und in irgendeinem Urzustande das Schönste versprochen hatten, aus denen aber auf dem Wege zur Mitteilung ein fragmentarisch-lippenlahmer, teils indiskreter, teils unverständlicher Galimathias wurde, geeignet, die zornige Scham jedes nüchtern Hinzukommenden zu erregen, doch von den Beteiligten ohne Beschwer ertragen, da alle sich in dem gleichen verantwortungslosen Zustand wiegten. Frau Magnus selbst hatte rote Ohren bekommen und gestand, sie fühle, wie Leben sie durchrinne, was aber Herrn Magnus nicht lieb zu sein schien. Hermine Kleefeld lehnte mit dem Rücken an der Schulter Herrn Albins, indem sie ihm ihren Kelch zum Einschenken vorhielt. Peeperkorn, das Bacchanal mit lanzenspitzen Kulturgebärden leitend, sorgte für Zufuhr und Nachschub. Er ließ Kaffee kommen nach dem Champagner, Mocca double, der wiederum von »Brot« begleitet war und von süßen Scharfheiten, Apricots Brandy, Chartreuse, Crême de Vanille und Maraschino für die Damen. Später gab es noch saure Fischfilets und Bier dazu, endlich Tee, und zwar sowohl chinesischen wie Kamillentee für solche, die es nicht vorzogen, beim Sekt oder Likör zu bleiben oder zu einem ernsthaften Wein zurückzukehren, wie Mynheer selbst, der sich nach Mitternacht zusammen mit Frau Chauchat und Hans Castorp zu einem Schweizer Roten von naivspritziger Art durchgeläutert hatte, von dem er mit wirklichem Durst einen Glasbecher nach dem anderen hinunterschüttete.

Noch um ein Uhr dauerte die Festsitzung an, zusammengehalten teils durch bleierne Rauscheslähmung, teils durch das eigentümliche Vergnügen, sich die Nacht um die Ohren zu schlagen, teils durch die Persönlichkeitswirkung Peeperkorns und durch das abschreckende Beispiel Petri und der Seinen, an deren Fleischesschwäche niemand teilhaben wollte. Allgemein gesprochen, schien der weibliche Teil weniger gefährdet in dieser Hinsicht. Denn während die Männer, rot oder fahl, die Beine von sich streckten und die Backen aufbliesen, indem sie nur noch mechanisch dann und wann dem Becher zusprachen, von rechter Dienstfreudigkeit nicht mehr beseelt, hielten die Frauen sich tätiger. Hermine Kleefeld, die nackten Ellbogen auf die Tischplatte gestemmt, die Wangen in den Händen, wies lachend dem kichernden Ting-Fu den Schmelz ihrer Vorderzähne, indes Frau Stöhr, mit angezogenem Kinn über die vorgebogene Schulter kokettierend, den Staatsanwalt ans

Leben zu fesseln suchte. Mit Frau Magnus war es dahin gekommen, daß sie auf Herrn Albins Schoß Platz genommen hatte und ihn an beiden Ohrläppchen zog, was aber Herr Magnus eher als Erleichterung zu empfinden schien. Anton Karlowitsch Ferge ward aufgefordert, die Geschichte seines Pleurachocs zum besten zu geben, kam aber wegen Zungenschlages nicht zustande damit und erklärte ehrlich seinen Bankerott, der als Anlaß zum Trinken einstimmig ausgerufen wurde. Wehsal weinte vorübergehend bitterlich, aus irgendwelchen Elendstiefen, in welche seinen Mitmenschen Einblick zu eröffnen auch seine Zunge nicht mehr imstande war, wurde aber mit Kaffee und Kognak seelisch wieder auf die Beine gebracht und erregte übrigens durch das Gewimmer seiner Brust, durch sein runzelig bebendes Kinn, das von Tränen troff, das bedeutendste Interesse Peeperkorns, der mit erhobenem Zeigefinger und hochgezogenen Arabesken die allgemeine Aufmerksamkeit für Wehsals Zustand in Anspruch nahm.

»Das ist –«, sagte er. »Das ist nun doch – Nein, erlauben Sie mir: Heilig! Trockne ihm das Kinn, mein Kind, nimm meine Serviette! Oder besser noch, nein, unterlaß es! Er selber verzichtet darauf. Meine Herrschaften – heilig! Heilig in jederlei Sinn, im christlichen wie im heidnischen! Ein Urphänomen! Ein Phänomen vom ersten – vom obersten – Nein, nein, das ist –«

Auf dieses »Das ist«, »Das ist nun doch« waren überhaupt die leitend-erläuternden Äußerungen gestimmt, mit denen er unter genauen, wenn auch nachgerade etwas burlesk gewordenen Kulturgebärden seine Veranstaltung begleitete. Er hatte eine Art, den Ring, den sein gekrümmter Zeigefinger mit dem Daumen bildete, über das Ohr emporzuhalten und das Haupt schiefscherzhaft davon abzuwenden, die Gefühle erweckte, wie etwa der bejahrte Priester eines fremden Kults sie erregen würde, der mit gerafften Gewändern und wunderlicher Grazie vor dem Opferaltar tanzte. Dann wieder, breit hingelagert in seiner Großartigkeit, den Arm um die benachbarte Stuhllehne geschlungen, zwang er alle zu ihrer Bestürzung, sich mit ihm in die lebendige und durchdringende Vorstellung des Morgens zu vertiefen, eines frostigen, dunklen Wintermorgens, wenn der gelbliche Schein unserer Nachttischlampe sich durch die Fensterscheibe hinausspiegele zwischen kahles Geäst, das draußen in eisige, krähenschreiharte Nebelfrühe starrt... Andeutungsweise wußte er diese nüchterne Alltagsan-

schauung so stark zu machen, daß alle erschauerten, besonders da
er auch noch des eiskalten Wassers gedachte, das man sich etwa in
solcher Frühe aus einem großen Schwamme über den Nacken
drücke, und das er heilig nannte. Das war nur eine Abschweifung,
eine beispielhafte Unterweisung in Dingen der Lebensaufmerk-
samkeit, ein phantastisches Impromptu, das er fallenließ, um seine
dienstliche Eindringlichkeit und Gefühlsgegenwart alsbald der
festlich gelösten Nachtstunde wieder zuzuwenden. Er zeigte sich
verliebt in all und jede erreichbare Weiblichkeit, wahllos und ohne
Ansehen der Person. Er machte der Zwergin Anträge solcher Art,
daß das krüppelhafte Wesen sein übergroßes, ältliches Gesicht in
grinsende Falten legte, sagte der Stöhr Artigkeiten eines Kalibers,
daß die ordinäre Frau ihre Schulter noch arger vorbog und die Zie-
rerei bis zur völligen Verrücktheit trieb, erbat sich von der Kleefeld
einen Kuß auf seinen großen, zerrissenen Mund und scharmierte
selbst mit der trostlosen Frau Magnus – dies alles unbeschadet seiner zärtlichen Ergebenheit gegen seine Reisebegleiterin, deren
Hand er oft mit galanter Andacht an die Lippen führte. »Der Wein
—«, sagte er, »Die Frauen – Das ist – Das ist nun doch – Erlauben
Sie mir – Weltuntergang – Gethsemane –.«
Gegen zwei Uhr flog die Nachricht auf, »der Alte« – Hofrat Behrens also – nähere sich in Gewaltmärschen den Konversationsräu-
men. Panik wütete in demselben Augenblick unter der entnervten
Gästeschaft. Stühle und Eiskübel stürzten. Man floh durch das
Bibliothekszimmer. Peeperkorn, von königlichem Koller ergriffen
bei der jähen Auflösung seines Lebensfestes, schlug wohl mit der
Faust auf und sandte den Fortstiebenden etwas von »furchtsamen
Sklaven« nach, ließ sich aber dann durch Hans Castorp und Frau
Chauchat bis zu einem gewissen Grade mit dem Gedanken versöhnen, daß dies Gastmahl, das an sechs Stunden gedauert hatte,
ohnehin einmal sein Ende habe nehmen müssen, schenkte auch
der Mahnung an das heilige Labsal des Schlafes sein Ohr und wil-
ligte ein, sich zu Bette geleiten zu lassen.
»Stütze mich, mein Kind! Stütze mich andererseits, junger Mann!«
sagte er zu Frau Chauchat und Hans Castorp. So waren sie seinem
schweren Körper beim Aufkommen vom Stuhle behilflich, boten
ihm ihre Arme dar, und eingehängt in beide trat er breitbeinig, das
mächtige Haupt auf eine seiner hochgezogenen Schultern geneigt
und bald den einen, bald den anderen seiner Führer durch die

Schwankungen seines Schrittes zur Seite drängend, den Weg zur Ruhe an. Im Grunde war es wohl ein königlicher Luxus, den er sich leistete, indem er sich dieser Art lotsen und stützen ließ. Wahrscheinlich hätte er, wenn es ihm darauf angekommen wäre, auch allein gehen können, – er verschmähte jedoch diese Anstrengung, die ja nur den kleinen und untergeordneten Sinn hätte haben können, seinen Rausch schamhaft zu verbergen, während er sich desselben offenbar nicht nur durchaus nicht schämte, sondern sich im Gegenteil groß und üppig darin gefiel und sich einen königlichen Spaß daraus machte, seine dienenden Führer schwankend nach rechts und links zu stoßen. Er selbst äußerte unterwegs:

»Kinder, – Unsinn, – man ist natürlich gar nicht – Wenn diesen Augenblick – Ihr solltet sehen – Lächerlich –«

»Lächerlich!« bestätigte Hans Castorp. »Aber ohne jeden Zweifel! Man gibt der klassischen Lebensgabe das Ihre, indem man sich freimütig schwanken läßt zu ihren Ehren. Dagegen im Ernst… Ich habe doch auch mein Teil, aber trotz aller sogenannten Betrunkenheit bin ich mir klar bewußt, daß ich die besondere Ehre habe, eine ausgesprochene Persönlichkeit zu Bett zu bringen, so wenig vermag der Rausch sogar über mich, der ich doch in Hinsicht auf Format überhaupt gar nicht erst in Vergleich komme –«

»Na, du, Schwätzerchen«, sagte Peeperkorn und stieß ihn wankend gegen das Treppengeländer, indem er Frau Chauchat mit sich zog.

Ersichtlich war das Gerücht vom Nahen des Hofrats ein leerer Schreckschuß gewesen. Vielleicht hatte die müde Zwergin ihn abgegeben, um die Geselligkeit zu sprengen. Unter diesen Umständen blieb Peeperkorn stehen und wollte umkehren, um weiter zu trinken; aber von beiden Seiten wurde ihm in besserem Sinne zugeredet, und so ließ er sich wieder in Bewegung setzen.

Der malaiische Kammerdiener, dies Männchen in weißer Krawatte und mit schwarzseidenen Schuhen an den Füßen, erwartete seinen Gebieter auf dem Korridor, vor der Tür des Appartements, und nahm ihn mit einer Verneigung in Empfang, zu der er eine Hand auf die Brust legte.

»Küßt euch!« gebot Peeperkorn. »Küsse diese reizende Frau zum Schluß auf die Stirn, junger Mann!« sagte er zu Hans Castorp. »Sie wird nichts dagegen haben und es erwidern. Tut es auf mein Wohl und mit meiner Erlaubnis!« sagte er; aber Hans Castorp weigerte sich dessen.

»Nein, Eure Majestät!« sagte er. »Entschuldigen Sie, das geht nicht.«

Peeperkorn, an den Kammerdiener gelehnt, zog seine Arabesken hoch und verlangte zu wissen, warum das nicht gehe.

»Weil ich mit Ihrer Reisebegleiterin keine Stirnküsse tauschen kann«, sagte Hans Castorp. »Ich wünsche recht wohl zu ruhen! Nein, das wäre, von allen Seiten gesehen, der reine Unsinn.«

Und da auch Frau Chauchat schon auf ihre Zimmertür zuging, so ließ Peeperkorn den Widerspenstigen ziehen, indem er ihm freilich noch eine Weile über die eigene Schulter und die des Malaien mit angezogenem Faltenwerk nachblickte, erstaunt über eine Unbotmäßigkeit, auf die seine Herrschernatur nicht zu stoßen gewohnt sein mochte.

3. JESUS-SPIELE IN DANZIG

Zur Einführung

Selbst 40 Jahre nach seinem Ersterscheinen 1959 könnte einen Christusgläubigen dieser Roman noch abstoßen, wenn dieser sich die Handlung der »Blechtrommel« wie »von außen« so rekonstruierte: *Günter Grass* mutet uns die Geschichte eines Gnoms namens Oskar Matzerath aus Danzig zu, geboren 1924, der im Alter von drei Jahren aus Protest gegen die Erwachsenenwelt sein körperliches Wachstum einstellt, eine Blechtrommel als Ausdrucksmittel benutzt und obendrein über die Fähigkeit verfügt, mit seiner Stimme Glas zerspringen zu lassen. Erzählt wird diese Geschichte in der Rückschau von diesem Gnom selber, als dieser – nach dem Krieg aus Danzig in den Westen verschlagen – zwischen seinem 28. und seinem 30. Lebensjahr in Düsseldorf in einer »Heil- und Pflegeanstalt« einsitzt, in die er wegen Unzurechnungs- und mangelnder Schuldfähigkeit im Zuge eines Strafprozesses eingeliefert worden war. Und zu den Erinnerungen dieses Oskar gehört eine freche Auseinandersetzung ausgerechnet mit der Figur Jesu, die in ihrer blasphemischen Provokation in der deutschen Literatur ihresgleichen sucht:

– Im hier dokumentierten 11. Kapitel des ersten Buches »Kein Wunder« hängt Oskar der Gipsfigur eines Jesus-Knaben (dargestellt im Ensemble mit Maria und Johannes dem Täufer auf einem Seitenaltar der Danziger Herz-Jesu-Kirche) seine Trommel um, drückt diesem die Trommelstäbe in die Hände und fordert ihn auf, ein Trommelwunder zu wirken, was prompt nicht eintritt.

– Das Trommelwunder geschieht dann im 12. Kapitel des zweiten Buches »Die Nachfolge Christi«. Der Gips-Jesus in derselben Kirche trommelt nicht nur, sondern gibt Oskar – die neutestamentliche Petrus-Verheißung variierend – den Auftrag: »Du bist Oskar, der Fels, und auf diesem Fels will ich meine Kirche bauen. Folge mir nach!«

– Im folgenden 13. Kapitel des zweiten Buches »Die Stäuber« sammelt Oskar nun tatsächlich aufgrund seiner übernatürlichen Glaszerstörungs-Fähigkeit zwölf Mitglieder einer Jugendbande (»Die Stäuber«) als seine »Jünger« um sich und wird deren Anführer. Seine Nachfolge Christi besteht dabei im Kampf gegen alles und jeden in der Erwachsenenwelt.

– Im 14. Kapitel des zweiten Buches »Das Krippenspiel« werden nicht nur die weiteren Sabotageaktionen der Jesus-Bande geschildert, sondern als Tiefpunkt auch noch eine schwarze Liturgie mit Oskar als Ersatz-Jesus. Schauplatz ist wieder die Herz-Jesu-Kirche, in welche die Jugendbande »in der Nacht vom achtzehnten zum neunzehnten Dezember« eindringt; die beiden Gipsfiguren Jesus und Johannes werden mit Hilfe einer Säge vom Schoß Marias entfernt; Oskar inthronisiert sich und tritt auf diese Weise während der »Schwarzen Messe« die »Nachfolge Christi« an. Die aufgeschreckte Geistlichkeit macht diesem Spuk mit Hilfe der Polizei ein Ende, und Oskar bezeichnet den folgenden Prozeß selbst in der Rückschau noch als »zweiten Prozeß Jesu« . . .

Wer die »Blechtrommel« in den skizzierten Passagen so rekonstruierte, der kann auch heute nicht anders reagieren als christliche Rezensenten zum Zeitpunkt der Veröffentlichung des Romans: »Indem Oskar sich an der Christusfigur im Kirchenraum vergeht, ihr das Wunder des Trommelns abnötigen möchte, indem er eine hohnvolle Identifikation zwischen sich und Jesus versucht, wird eine Konfrontierung zwischen Christus und dem Trommler gewagt« (Erl. u. Dok., S. 139). Oder noch drastischer: »Von diesem Buch kann man sagen, daß es eine neue Kreuzigung und Verhöhnung Christi bringt.« (Erl. u. Dok., S. 142).

Verstanden haben solche Kritiken von der Poetik des Romans nichts. Nicht begriffen haben sie, daß man einen Roman nicht lesen kann wie einen theologischen Traktat zur Christologie, daß das Kunstwerk vielmehr seine eigenen Gesetzlichkeiten hat. Und in diesem Roman geht es weder um den Jesus der Geschichte noch um ein Glaubensbekenntnis des Autors, sondern um Wirklichkeitsdeutung – und zwar mit Hilfe einer *komplexen Gleichnisgeschichte*. Der Roman hat ein inneres Verweissystem, eine eigene Symbolsprache, die sensibel gedeutet sein will. »Wirklichkeit« ist hier komplex gefiltert, und auch die Rede von Jesus (als Teil eines geschichtlich-kirchlichen Milieus) ist nicht zu verstehen, ohne daß man die Erzählstrategie des ganzen Romans verstanden hat. *Hans Magnus Enzensberger* hat schon früh in diese Richtung gewiesen, als er in seiner Rezension der »Blechtrommel« kurz nach deren Erscheinen schrieb:

»Was sich als Amoklauf einer aberwitzigen Imagination ausnimmt, wenn man den Inhalt seines Romans an den Fingern herzählt, das wird in seinem Mund nicht nur glaubwürdig, es leuchtet derart ein, daß sich kein Zweifel mehr regt. Dieser Autor verbeißt sich, wie sein Held, in die ›verdammten Flecken‹ der Wirklichkeit, dergestalt, daß seine fanatische Fiktion den Geist des Ungefähren aufgibt, daß noch die Obsession zur unüberlegbaren Evidenz wird. Was ein so beschaffener Realismus leistet, zeigt sich beispielsweise in der zeitgeschichtlichen Grundierung des Romans. Ich kenne keine epische Darstellung des Hitlerregimes, die sich an Prägnanz und Triftigkeit mit der vergleichen ließe, welche Grass, gleichsam nebenbei und ohne das mindeste antifaschistische Aufheben zu machen, in der ›Blechtrommel‹ liefert. Grass ist kein Moralist. Fast unparteiisch schlitzt er die ›welthistorischen‹ Jahre zwischen 1933 und 1945 auf und zeigt ihr Unterfutter in seiner ganzen Schäbigkeit.« (Erl. u. Dok., S. 120)

In der Tat wird man die »Blechtrommel« gerade in ihren »blasphemischen« Passagen nur verstehen können, wenn man akzeptiert, daß nicht das Verhalten Oskars, sondern die Wirklichkeit, auf die dieser in provozierenden Symbolhandlungen reagiert, »blasphemisch« ist: die politische und gesellschaftliche Realität in Deutschland in der Zeit zwischen den beiden Weltkriegen, in der Nazizeit, im Zweiten Weltkrieg und danach. Diese »Blasphemie« aber deckt nur derjenige auf, der die Welt »von unten« oder »von hinten« sieht – wie eben der »Gnom« Oskar Matzerath. Der geniale Kunstgriff des Autors der »Blechtrommel« besteht genau darin, eine »unrealistische« Kunstfigur (mit mythischen Zügen) zu schaffen, die das Künstliche aller Wirklichkeit zu zeigen weiß. Einen kleingebliebenen Gnom zu präsentieren, der die Welt der Ausgewachsenen um so schärfer »von unten« zu sehen vermag und damit imstande ist, all die Heuchelei, all die Verstellung, all die Bigotterie, alles, was sich in dieser Erwachsenenwelt »unter den Tischen« abspielt, genau zu beobachten. *Volker Neuhaus,* der Grass-Editor und kompetente Kommentator, hat dies im Nachwort zum »Blechtrommel«-Band in seiner Werkausgabe treffend so umschrieben: »Oskar ist der zur Gestalt gewordene Blick von unten, als Zeuge, den man wegen seiner Kleinheit übersieht und wegen seiner scheinbaren Kindlichkeit nicht ernst nimmt, hört er alle Lügen und sieht alle Gemeinheiten, aus denen die Welt besteht. Oskars Blick von unten auf die Welt ist zugleich der Blick von hinten, der Blick hinter die Masken und Kulissen, der Blick aufs schäbige Unterfutter, auf die Kehrseite der Dinge, der ihr wahres Wesen enthüllt wie beim barocken Bild der Frau Welt, die von vorne schön und verführerisch ist, von hinten aber ein von Würmern zerfressener Leichnam«. (S. 736)

Kein Kapitel des Romans ist dafür illustrativer als das mit der Überschrift »Die Tribüne« im ersten Buch, das dem hier dokumentierten Text vorausgeht. Oskar hockt bei politischen Veranstaltungen der Danziger Nationalsozialisten »unter« oder »hinter« der Tribüne und versteht es, mit seiner Trommel Kundgebungen zu sprengen, Redner zum Stottern zu bringen sowie Marschmusik oder Choräle in Walzer oder Foxtrott umzubiegen. Und dies alles nach dem Grundsatz:

»Haben Sie schon einmal eine Tribüne von hinten gesehen? Alle Menschen sollte man – nur um einen Vorschlag zu machen – mit der Hinteransicht einer Tribüne vertraut machen, bevor man sie vor Tribünen

versammelt. *Wer jemals eine Tribüne von hinten anschaute, recht anschaute, wird von Stund an gezeichnet und somit gegen jegliche Zauberei, die in dieser oder jener Form auf Tribünen zelebriert wird, gefeit sein. Ähnliches kann man von den Hinteransichten kirchlicher Altäre sagen; doch das steht auf einem anderen Blatt.«* (S. 138 f.)

Dieses »andere Blatt« wird nun erstmals im *Kapitel »Kein Wunder«* aufgeschlagen. Wenn wir Leser an dieser Stelle im ersten Buch des Romans angelangt sind, dann sind wir informiert:

– über die Besucher in der Düsseldorfer Heil- und Pflegeanstalt Klepp und Vittlar, die den Prozeß Oskars verfolgt haben;

– über Oskars *Geschichte von Großmutter und Großvater* und die Zeugung seiner Mutter Agnes unter kuriosen Umständen auf einem Kartoffelacker unter dem »weiten Rock« der Anna Bronski;

– über die *Beziehung von Mutter Agnes* sowohl zum polnischen Postangestellten Jan Bronski wie zum Reichsdeutschen rheinischer Provenienz Alfred Matzerath, den Agnes schließlich heiratet, ohne daß sie ihre Beziehung zu Bronski aufgegeben hätte. Im Dreiecksverhältnis von Jan, Agnes und Alfred läßt Grass auch das komplizierte Verhältnis von Deutschen und Polen im Danzig nach dem Ersten Weltkrieg sich spiegeln;

– über die *Geburt von Oskar* unter dem schöpfungskritischen Motto »Ich erblickte das Licht dieser Welt in Gestalt zweier Sechzig-Watt-Glühbirnen« sowie über Oskars Zeit im Kindergarten von »Tante Kauer«, die es liebte, dann und wann »Jesus, dir leb' ich, Jesus, dir sterb' ich« oder auch »Meerstern, ich dich grüße« anzustimmen, und die einem Verkehrspolizisten, der die Kinder über die Straße geleitete, Dank zu sagen pflegte mit dem Wort: »Unser Herr Jesus wird Ihnen den Lohn geben«;

– über die *Donnerstagsbesuche von Agnes Matzerath* »in der Stadt«, bei denen sie den Sohn dem jüdischen Kaufmann Sigismund Markus anvertraut (bei dem Oskar auch seinen Trommel-Nachschub befriedigen kann), um zugleich mit »Onkel Jan« ein erotisches Stündchen zu verbringen;

– über *Oskars glaszerstörende Wut,* die er nicht nur während Mammas Abwesenheit am Danziger Theater ausläßt, die vielmehr später auch dazu führt, ein Loch in die Glasscheibe eines Juwelierladens zu singen, aus dem Jan Bronski ein Rubinencollier für Agnes entwendet. Diese Fähigkeit, Glas zu zersingen, funktioniert auffälligerweise nicht bei kirchlichem Glas. Sie kommt Oskar nach seiner Übersiedlung in den Westen (im Zuge seiner Beerdigung der Blechtrommel und seines größeren Wachstums) schließlich abhanden.

Mit diesen Informationen ausgestattet, können wir nun den hier dokumentierten Text besser verstehen: die Anspielung auf Oskars »Unvermögen« in Bezug auf seine Stimme; den Namen Vittlar; den »Gesang vor dem Juwelierladen«. Und vor allem dies: die *Rolle der Religion bei Oskars Mutter*. Es handelt sich hier um eine Mischung aus Frömmigkeit und Lüsternheit, aus Sexualgier und Sakramentensucht, aus Sündenverfallenheit und Vergebungstrieb. Und entsprechend erlebt Oskar die katholische Frömmigkeit seiner Mutter sowie die Praxis der Kirche als eine Art Absolutionsfabrikation. An der Hand von Agnes wird das Kind jeden Sonnabend, sommers wie winters, in die Herz-Jesu-Kirche geschleppt, damit seine Mutter im Beichtstuhl von »Hochwürden Wiehnke« ihre donnerstags erworbenen Sünden loswerden kann. Und diese Beichte erlebt Oskar als seriell verabreichten »Service« des Katholizismus:

> *»Genau wie Hochwürden Wiehnke hielten hundert andere Hochwürden am Sonnabend nach Büro- und Geschäftsschluß das haarige Priesterohr im Beichtstuhl sitzend gegen ein blankes, schwärzliches Gitter, und die Gemeinde versuchte, durch die Drahtmaschen hindurch jene Sündenschnur dem Priesterohr einzufädeln, an welcher sich Perle um Perle sündhaft billiger Schmuck reihte.« (S. 161, in diesem Buch S. 201)*

Kein Wunder, daß sich in Oskar der Widerstandsgeist regt gegenüber einer so praktizierten Religion. Die Koalition mit dem »Satan« wird für ihn zu einer Art Freiheitsbündnis, denn das »Satanische«, das dem Sakramentalen Widerstand leistet, ist für Oskar die einzige Chance, die eigene Nichtkorrumpierbarkeit im Kontext einer totalitären Kirche zu retten.

Kein Zufall, daß nun auch stilistisch die *Sprache in serielle Aufzählung* übergeht – als Parodie auf die formelhaft verabreichte Sakramenten- und Gottesdienstpraxis. Virtuos versteht es Grass, Form und Inhalt hier zur Deckung zu bringen. Die seriell aufgesagten »Kommentare zur Messe« (»Blut« und nichts als Blut), die Formeln der marianischen Litaneien, später die Spiele

mit dem Wort »Kreuz« sind sprachlicher Ausdruck einer Wahrnehmung des Religiösen als Sprachschwall, Abfolge von Wort-
hülsen, ständiger Reproduktion von Leerformeln und Lautkas-
kaden. Die Analogien zu Joyce sind gerade bei diesen Passagen
überdeutlich. Was der Ire 1921 im »Ulysses« an Sprachvirtuo-
sität zu leisten vermochte, holt Grass mit der »Blechtrommel«
1959 für die deutsche Literatur nach.

Gleichzeitig aber gibt es das Eingeständnis einer seltsamen *Faszination für das Katholische*. Gerade die Lästerungen sind nicht
nur Ausdruck einer Rettung der eigenen Freiheit und Individualität, die durch den katholischen Totalitarismus zu ersticken
drohen; sie sind auch Ausdruck einer unabänderlichen Gebun-
denheit und bleibenden emotionalen Abhängigkeit. Oskar
muß zugeben, daß ihn »heute noch«, und zwar »unerklärlicherweise«, der ganze Katholizismus fessle »wie ein rothaariges Mädchen« – wobei diese erotisch-sinnliche Metaphorik
bewußt gewählt ist. In diesem Kapitel betreibt Grass auch eine
Enttabuisierung des Verhältnisses von Religion und Eros, Kirche und Sexualität (Oskars sexuelle Enttabuisierung des Jesus-
Knaben). Autobiographische Erfahrungen stehen hier zweifellos im Hintergrund. In einem Gespräch zur Entstehung der
»Blechtrommel« hat Grass sich im Jahre 1982 so geäußert:

*»Meine Mutter war katholisch, mein Vater Protestant lutherischer Kir-
che. Also eine Mischehe, wie man im Kirchengebrauch sagt. Wobei
sich natürlich jeweils der stärkere Teil – und das ist der katholische Teil
– durchzusetzen pflegte. So war es auch bei uns zu Hause. Eine katholische Erziehung, aber auf lässige Art und Weise, weil durch das
Mischverhältnis eine Toleranz von vornherein geboten war, auch im
Umgang mit meinem Vater. Und so fiel es mir nicht schwer, gläubig
katholisch zu sein und gleichzeitig auch meiner Veranlagung, meinen
Träumen, meinen Verstiegenheiten entsprechend, das im Katholizismus zu suchen und auch zum Teil zu finden, was mir heute noch eine
gewisse Bedeutung vermittelt: ein optischer, ein akustischer, ein riech-
barer Reiz, etwas Heidnisches, das sich – im Gegensatz zur protestantischen Kirche – dort gehalten hat, mit polnischem Hintergrundsland.
Meine Mutter kam aus einer kaschubischen Familie, und da spielte das
eine große Rolle. « (Erl. u. Dok., S. 73)*

Eine solche Kirche aber, die mehr einer mechanischen Sünden-
Reinigungsanstalt als einer paulinischen Gemeinde des Geistes
der Freiheit ähnelt, hat auch ihre eigene *Jesus-Ästhetik* produ-

ziert. Der satirische Blick des »Blechtrommlers« fällt denn auch ganz konsequent auf die Jesus-Bilder in einem solchen Raum. Der Serialität der Absolutionspraxis entspricht dieselbe folgenlose Serialität der Jesus-Abbildungen, weist doch diese neugotische »Herz-Jesu«-Kirche eine schier überquellende Bildfolge auf: Jesus zeigt sich hier »außer in den Sakramenten, mehrmals malerisch auf den bunten Bildchen des Kreuzwegs, dreimal plastisch und dennoch farbig in verschiedenen Positionen«. Die nun folgende satirische Abrechnung mit dem »offenherzigen Jesus«, dem »vollplastischen Jesus« und der Figur des »himmlischen Turners« ist Ausdruck einer wütenden Enttäuschung des Blechtrommlers über die Folgenlosigkeit, zu der Jesus durch seine Kirche verdammt wird. So erklärt sich auch die Symbolhandlung der vergeblichen Aufforderung zum Trommeln. Das, was dieser subversive Zwerg als seinen eigenen Auftrag empfindet, mit Hilfe der Trommel kritischen Widerstand zu leisten gegenüber dem Zeitgeist, Zweifel zu säen an Ideologien und Glaubensdoktrinen aller Art, kann der Jesus dieses Katholizismus – eingegipst, wie er ist – nicht leisten.

Damit aber ist die Konfrontation im Roman nicht zuende. Im Gegenteil: Bei nächster Gelegenheit, im Kapitel »Die Nachfolge Christi«, wird Oskar von Jesus direkt mit der Nachfolge beauftragt. Zwischen diesen beiden Kapiteln liegt eines der abgründigsten der »Blechtrommel«. Es ist der Versuch, das grauenhafte Geschehen der »Reichspogromnacht« (9./10. November 1938), als der antisemitische Vernichtungswahn der Nazis einen ersten Tiefpunkt erreichte, literarisch zu gestalten. Und ein Opfer dieses antisemitischen Terrors ist der jüdische Kaufmann Sigismund Markus, bei dem Oskar, wir wir hörten, seine weißrot gelackte Blechtrommel zu erwerben pflegt. Grass zieht in diesem erregten Kapitel »Glaube, Hoffnung, Liebe« zwei Motivstränge zusammen: den Selbstmord des jüdischen Kaufmanns, dem man »quer übers Schaufenster in Sütterlinschrift das Wort Judensau geschrieben« hatte, und die Tatsache, daß am selben Novembertag, als Juden zu Tausenden ein ähnliches Schicksal in Deutschland erlebten, »religiöse Frauen und frierende häßliche Mädchen« herumstehen, um »fromme Hefte« auszuteilen – ausgerechnet unter einem Transparent mit der Aufschrift »Glaube – Hoffnung – Liebe«. Und dieses Zusammentreffen von Terror gegen die Juden und christlicher Harmlosigkeit, von Mord und frommem Wegsehen, provoziert Grass zu einer der bittersten sprachlichen »Abrechnungen« mit den so folgenlos gewordenen christlichen Symbolen. Die drei Worte aus dem 1. Korintherbrief werden aufgegriffen, mit der Realität konfrontiert und als »Ladenhüter« ausrangiert. Sie taugen nicht mehr, mit dieser Wirklichkeit fertig zu werden. Sie haben buchstäblich ausgedient in einer Zeit, wo der Weihnachtsmann »in Wirklichkeit der Gasmann« ist. Auch hier spielen autobiographische Erfahrungen hinein, wie Grass in der Rückschau erläutert:

»Bis heute ist die gewichtige Mitschuld der katholischen und der protestantischen Kirche in Deutschland nicht gewogen worden. Und doch ist die Mitverantwortung beider Kirchen für Auschwitz durch passives Hinnehmen des Verbrechens bewiesen ... Seit Auschwitz haben (zumindest in Deutschland) die christlichen Institutionen ihren moralischen Anspruch verwirkt. Auch in Danzig sahen die Bischöfe beider Kirchen wie unbetroffen zur Seite, als im November 1938 die Synagogen im Langfuhr und Zoppot in Brand gesteckt und die geschrumpfte Synagogengemeinde dem Terror des SA-Sturms 96 ausgeliefert wurde.« (zit. bei Neuhaus 1988, S. 86)

Aus dieser Perspektive lesen sich nun die nachfolgenden Oskar-Jesus-Konfrontationen völlig anders. In einer Zeit, in der nach 2000 Jahren Christentum und Kirche Judenpogrome möglich sind, nationalistische Ideologien ihr terroristisches Unwesen betreiben, Heuchelei und Bigotterie allüberall herrschen, tritt die wahre »Nachfolge Christi« in der Tat derjenige an, der gegenüber einem solchen »Zeitgeist« noch Widerstand anzumelden vermag. Und der Dialog Oskar – Jesus ist hierfür bezeichnend genug. Bevor es zur Aufforderung an Oskar kommt, auf seinem »Felsen« die Kirche zu bauen, kommt es unter Anspielung auf die neutestamentliche Petrus-Berufung (Johannes 21,15–19) zu diesem Wortwechsel:

»Liebst du mich, Oskar? Ohne mich zu drehen, antwortete ich:
Nicht daß ich wüßte.
Er darauf mit derselben Stimme ohne jede Steigerung:
Liebst du mich, Oskar?
Unwirsch gab ich zurück: Bedaure, nicht die Spur!
Da ödete er mich zum drittenmal an: Oskar, liebst du mich?

Jesus bekam mein Gesicht zu sehen: Ich hasse dich, Bürschchen, dich und deinen ganzen Klimbim!« (S. 440)

Pure lustvolle Destruktion um der Destruktion willen? Nein, mit Recht hat *Volker Neuhaus* diese Stelle in seiner »Blechtrommel«-Deutung (1988) so gelesen: »Nur der kann der neue Messias sein, der allen ›Klimbim‹ haßt, der allen Erlösungslehren, woher auch immer sie kommen, dem Christentum wie dem Marxismus, dem Nationalsozialismus wie dem polnischen Nationalismus, der Wohlstandsreligion wie allem Sektierertum das Besserwissen seiner Trommel entgegensetzt.« (S. 103)

Mit seinen neuen Jüngern kämpft denn auch dieser Nachfolger Christi »gegen alles«. Es ist radikale Weltverneinung, was sie betreiben. Das jesuanische Prinzip geht auf diejenigen über, die sich allen Parteien und Ideologien verweigern und gewaltlos (wie der geschichtliche Jesus) ihre subversive Tätigkeit betreiben. Die anschließend gefeierte »Schwarze Messe« hat denn auch keinen anderen Sinn, als ex negativo zu zeigen, was in der Kirche, im Raum des Glaubens, eigentlich verehrt werden müßte. Der Gips-Jesus ist buchstäblich unbrauchbar. Zum »wahren Jesus« wird derjenige, der in verblendeter Zeit sich einen letzten Rest an Freiheitsbewußtsein gerettet hat; welcher der Blasphemie des Tötungswahns einen letzten Funken Aufklärung entgegenzusetzen wagt und der auch noch post festum gegen Schuldverdrängung und die wohlfeile Anamnese bei der Vergangenheitsbewältigung anzugehen versucht. In der Kritik ist denn auch dieser Aspekt positiv herausgestellt worden: »Echte Jesus-Nachfolge kann sich heute gar nicht mehr anders vollziehen als im Bruch mit dem Klischee frommer Jesus-Nachfolge, wenn es stimmt, daß dies Klischee durch den frommen Mißbrauch untauglich geworden ist. Gewiß bereitet es uns große Schwierigkeiten, ausgerechnet Oskar als ›Nachfolger Jesu‹ zu verstehen. Aber vielleicht darf man daran erinnern, daß die religiösen Zeitgenossen Jesu auf Gotteslästerung klagten, als ausgerechnet dieser Mensch ›Christus‹ und ›Gottessohn‹ genannt wurde.« (H.-G. Jung, S. 83)

Der Roman also betreibt strategisch »Blasphemie« um der Zerschlagung falscher Jesus-Bilder willen. Er steht somit in der *Tra-*

dition des Ikonoklasmus. Dieser Ikonoklasmus aber geschieht nicht um einer positiven Theologie, er geschieht bei Grass um einer Theologia negativa willen, einer »Religion des Zweifels« (Einzelheiten dazu bei V. Neuhaus, »Das christliche Erbe bei Günter Grass«). Indem Oskar seine Erkenntnisse trommelt und niederschreibt, zertrommelt und zerschlägt er zugleich seinen Hörern und Lesern den Blick auf alle die Wirklichkeit verstellenden Heilslehren. Die strategischen Blasphemien und gezielten Lästerungen sind symbolische Reaktion auf eine Wirklichkeitserfahrung, deren Abgründigkeit zum Verlernen des Vertrauens und zum »Lob des Zweifels« geführt hat.

Eine *zweite Dimension* bedarf der Klärung. Als Kunstfigur ist Oskar eine Gleichnisfigur, und als Gleichnisfigur verkörpert er einen bestimmten, in immer neuen Variationen wiederkehrenden »Archetypus«. Die Kritik hat zu Recht die »Blechtrommel« *erstens* in die Tradition des europäischen Pikaro- oder Schelmen-Romans gestellt (Urbild: Grimmelshausens »Simplicius simplicissimus«) und *zweitens* in die Tradition des Bildungs- und Künstlerromans, ohne die ironischen und satirischen Brechungen zu verkennen (Einzelheiten bei Neuhaus im Forschungsbericht von 1993 und im Nachwort zur »Blechtrommel«-Ausgabe WA II, S. 734–746). Und dieses Denken in Wieder-Holungen und Variationen archetypischer Lebensmuster ist hilfreich zum Verständnis auch einer durchgehenden »christologisch« geprägten Struktur im Roman. Es ist die *Struktur von Macht und Ohnmacht,* Scheitern und Sieg, »Kreuz« und »Auferstehung«.

Obwohl Grass seinen Oskar bewußt nicht als plumpes moralisches Vorbild konzipierte, ja, »unmenschliche«, gelegentlich grausame, sarkastische, verbrecherische, hämische Züge nicht verschweigt, ist doch unübersehbar, wie sehr gerade dieser verkrüppelte Zwerg, dieser von allen verlachte und verstoßene Narr sich ein tiefes Mitgefühl für die Gedemütigten seiner Zeit behalten hat. Eine Fähigkeit zur Solidarität mit Geschlagenen und Unterdrückten. Keine Szene ist dafür ergreifender als die der Beerdigung von Oskars Mutter Agnes (im Kapitel »Die Verjüngung zum Fußende«). Am Grab steht auch die traurige Gestalt des Juden Sigismund Markus, aber von den deutschnationalen Judenhassern wird dieser Trauernde aus der Gemeinde verwiesen und vom Friedhof vertrieben. Oskar nimmt ihn »bei seiner schweißnassen Hand« und führt ihn »durchs schmiedeeiserne offenstehende Friedhofstor«, und an diesem Tor steht niemand anderer als »Schugger-Leo«, ein verrückt gewordener ehemaliger Priesteramtskandidat, der »gleich uns ans Paradies glaubte«. Welch eine Szene: Während die deutschen Antisemiten unter Assistenz von Hochwürden Wiehnke (mit Meßdienern und Weihrauch) ihr Beerdigungsritual abspulen, nimmt Oskar den vertriebenen Juden an die Hand, den die Deutschen noch nicht einmal auf ihrem Friedhof dulden und dem der Vertreter der Amtskirche nicht beispringt. Statt dessen begegnen beide einem verrückt gewordenen Theologen, der von eben diesem Friedhof nicht loskommt, weil er – angetan mit »schwarzblankem, schlotterndem Zeug, mit weißen Handschuhen« – in seiner Verrücktheit den traurigen Trauervogel spielen muß. Und erzählstrategisch ist genau kalkuliert, daß Oskar nach dieser Beerdigungsszene (bei der das verblendete Deutschtum und der verblendete Katholizismus unfreiwillig ihre eigene Beerdigung begehen) stärker noch als früher seine Sehnsucht nach Rückgängigmachen der Schöpfung zum Ausdruck bringt:

»Meine Großmutter konnte nicht mehr weinen, ließ mich aber unter ihre Röcke. Wer nimmt mich heut' unter die Röcke? Wer stellt mir das Tageslicht und das Lampenlicht ab? Wer gibt mir den Geruch jener gelblich zerfließenden, leicht ranzigen Butter, die meine Großmutter mir zur Kost unter den Röcken stapelte, beherbergte, ablagerte und mir einst zuteilte, damit sie mir anschlug, damit ich Geschmack fand. Ich schlief ein unter den vier Röcken, war den Anfängen meiner armen Mama ganz nahe und hatte es ähnlich still, wenn auch nicht so atemlos wie sie in ihrem zum Fußende hin verjüngten Kasten.« (S. 201)

Diese Anspielung auf die Rückkehr in den Mutterschoß spricht den dritten großen Problemkomplex an, der für das Christus-Thema in der »Blechtrommel« relevant ist. Neben der Satire auf die Wirkungslosigkeit der Kirche und der Dialektik von Macht und Ohnmacht ist es das Thema der *Zurücknahme der Erlösung als Neuer Schöpfung,* ja, der Zurücknahme der Schöpfung als einer guten Ordnung überhaupt. Bekanntlich beginnt die »Blechtrommel« mit einem Symbol von Urschöpfung, von Mutterschaft: dem weiten Rock von Großmutter Anna Bronski, unter dem Mutter Agnes gezeugt wird. Mythische Anspielungen sind mit Händen zu greifen. Mit ihren vier zyklisch wechselnden kartoffelfarbenen Röcken ist Anna Bronski Erdmutter Gäa und Fruchtbarkeitsgöttin Demeter in einem. Auch Anspielungen auf die Schutzmantel-Madonna sind erkennbar. Entscheidend freilich ist, daß Oskar schon bei der Geburt den Wunsch nach »Rückkehr in meine embryonale Kopflage« (S. 49) zum Ausdruck bringt. Es ist unverkennbar die Sehnsucht nach einem vorzeitlichen und vorexistentiellen Sein. Denn die Schöpfungs-Erfahrung Oskars ist gekennzeichnet von Verhängnis, Riß, Sünde, Zerfallenheit und Entfremdung. Rückkehr in den Mutterschoß und damit Rückgängigmachen der Schöpfung ist die einzige Hoffnung, die einzige Utopie in Oskars Leben. Die eigene Existenz zu annullieren durch die Rückkehr dorthin, wo alles begann, ist für ihn das Ende der Zeit, die Aufhebung aller Gegensätze, der Anfang einer paradiesischen Ewigkeit:

>*Sie werden fragen: Was sucht Oskar unter den Röcken seiner Großmutter? Will er seinen Großvater Koljaiczek nachahmen und sich an der alten Frau vergehen? Sucht er Vergessen, Heimat, das endliche Nirwana? Oskar antwortet: Afrika suchte ich unter den Röcken, womöglich Neapel, das man bekanntlich gesehen haben muß. Da flossen die Ströme zusammen, da war die Wasserscheide, da wehten besondere Winde, da konnte es aber auch windstill sein, da rauschte der Regen, aber man saß im Trockenen, da machten die Schiffe fest, oder die Anker wurden gelichtet, da saß neben Oskar der liebe Gott, der es schon immer gerne warm gehabt hat, da putzte der Teufel sein Fernrohr, da spielten Engelchen blinde Kuh; unter den Röcken meiner Großmutter war immer Sommer, auch wenn der Weihnachtsbaum brannte, auch wenn ich Ostereier suchte oder Allerheiligen feierte.« (S. 147 f.)*

Die Revokation der Schöpfung aber ist zugleich auch der *Widerruf der Neu-Schöpfung,* die Christen im Glauben an Christus behaupten. Die Figur des Oskar ist denn auch im Tiefsten nur verstanden, wenn man sie als das verirrte Un-Wesen in der Schöpfung versteht und sein Trommeln als Bewußtmachung, daß die Welt sich zum Gegenteil des christlichen Heilsversprechens entwickelt hat: Un-Heil überall; Verhaftetsein in den Sündenstrukturen und Verblendungen; Mißlingen und Fehl-Geburt. Und es ist Oskar als Fehl-Geborener, aus der Schöpfung Gefallener, von ihr Fallengelassener, Abgekehrter, der zur Distanz von dieser Welt aufruft. So verstanden wäre der Grass'sche Oskar als *Anti-Christus* konzipiert, als eine Figur, die

Christus ersetzt, weil er die Christus-Verheißung zurücknimmt. Die »Blechtrommel« wäre dann zu lesen als Roman einer »gescheiterten Theodizee« (R. Ammicht-Quinn). Hier scheint mir denn auch die entscheidende Provokation des Romans zu liegen. Sie geht über bloße Kirchensatire oder Gesellschaftskritik weit hinaus. Es geht um nicht mehr und nicht weniger als um die Infragestellung, ja, um Rücknahme der Schöpfung und damit um Rücknahme der Verheißungen Christi. Der Literaturwissenschaftler *Peter Michelsen* hat dies in einer eindrucksvollen Analyse präzise herausgearbeitet: »Nicht diese oder jene Gesellschaft – etwa die ›bürgerliche‹ – wird in der ›Blechtrommel‹ entlarvt. Zwar ist es richtig, daß wir, bedingt durch die Ich-Form des Romans, Zustände und Ereignisse unserer eigenen Zeit aus dem Blickpunkt, mit den scheelen Blicken des Unmenschen Oskars anvisieren und dabei ihrer Aufdeckung, Enthüllung beiwohnen. Doch ist das nur Teil eines umfassenden Vorgangs. Die Tat, vielmehr: Un-Tat des Gnoms besteht darin, den Menschen überhaupt zu enthüllen, aller Gewandungen zu entblößen, ihn im uneigentlichen und eigentlichen Sinn bloßzulegen, ja zu enthäuten. Nichts, keine Form schützt ihn mehr ... Den Geist lähmend, paralysierend, bannt Unfreiheit den Menschen, der sein Bild nicht mehr, nur noch nacktes Grauen in der Welt zu erkennen vermag. So schaut in dem von Aalen wimmelnden Pferdekopf, den der Stauer am Karfreitag – am Tage der Kreuzigung Christi – aus dem Meer zieht, die von der Zivilisation zugleich Verhätschelten und Verhärteten zum maßlosen Entsetzen ein Medusenhaupt an, ein vorweltliches Opfer, dessen Anblick tötet, den im Menschen schlummernden Ekel aus ihn herausstülpt, bis er, angeekelt, sich abwendet und stirbt. Es ist, als werde das Opfer des neuen Bundes zurückgenommen. Die Dinge bezwingen den Menschen, nicht er sie. Vielleicht ist das – Zwingherrschaft der Dinge über die Menschen – die letzte, die grauenvolle Wahrheit dieses großen, furchtbaren Buches von Günter Grass.« (S. 739)

Ausgabe: G. Grass, Die Blechtrommel. Roman (1959), Darmstadt – Neuwied 1987, S. 158–172 (Werkausgabe in 10 Bänden, hrsg. v. V. Neuhaus, Bd. II).

Literatur zur Vertiefung

1. Zur Lebensgeschichte:
H. Vormweg, Günter Grass mit Selbstzeugnissen und Bilddokumenten, Hamburg 1986.

2. Zur Werkgeschichte:
V. Neuhaus, Günter Grass, Stuttgart ²1993 (Sammlung Metzler 179).

3. Zum Text:
P. Michelsen, Oskar oder Das Monstrum. Reflexionen über »Die Blechtrommel« von Günter Grass, in: Neue Rundschau 83 (1972), S. 722–740.

H.-G. Jung, Lästerungen bei Günter Grass (1970), in: Grass. Kritik – Thesen – Analysen, hrsg. v. M. Jurgensen, Bern – München 1973, S. 75–85.

R. Leroy, »Die Blechtrommel« von Günter Grass. Eine Interpretation, Paris 1973, S. 130–150.

V. Neuhaus, Günter Grass' »Die Blechtrommel«, München 1988.

V. Neuhaus – D. Hermes (Hrsg.), Die »Danziger Trilogie« von Günter Grass. Texte, Daten, Bilder, Frankfurt/M. 1991.

R. Ammicht-Quinn, Eine gescheiterte Theodizee: G. Grass »Die Blechtrommel«, in: dies., Von Lissabon bis Auschwitz. Zum Paradigmenwechsel in der Theodizeefrage, Freiburg 1992, S. 135–194.

V. Neuhaus, Günter Grass »Die Blechtrommel«, Stuttgart 1997 (Erläuterungen und Dokumente = Erl. u. Dok.).

Ders., Das christliche Erbe bei Günter Grass, in: Text und Kritik. Zeitschrift für Literatur, hrsg. v. H. L. Arnold, Heft 1 (Günter Grass), September 1997, S. 110–121.

Günter Grass
Die Blechtrommel

Kein Wunder

Heute, im Bett meiner Heil- und Pflegeanstalt, vermisse ich oftmals jene mir damals dringlich zur Verfügung stehende Kraft, die durch Frost und Nacht hindurch Eisblumen auftaute, Schaufenster aufschloß und den Dieb bei der Hand nahm.

Wie gerne möchte ich, zum Beispiel, das verglaste Guckloch im oberen Drittel der Zimmertür entglasen, damit mich Bruno, mein Pfleger, direkter beobachten kann.

Wie litt ich im Jahr vor meiner Einweisung in die Anstalt am Unvermögen meiner Stimme. Wenn ich auf nächtlicher Straße den Schrei erfolgheischend losschickte und dennoch keinen Erfolg hatte, konnte es passieren, daß ich, der ich die Gewalttätigkeit verabscheue, zu einem Stein griff und in einer armseligen Vorstadtstraße Düsseldorfs ein Küchenfenster zum Ziel nahm. Besonders Vittlar, dem Dekorateur, hätte ich allzu gerne etwas vorgemacht. Wenn ich ihn nach Mitternacht, zur oberen Hälfte durch einen Vorhang geschützt, unten an seinen grünroten Wollsocken hinter der Schaufensterscheibe eines Herrenmodegeschäftes auf der Königsallee oder einer Parfümerie in der Nähe der ehemaligen Tonhalle erkannte, hätte ich jenem, der zwar mein Jünger ist oder sein könnte, gerne das Glas zersungen, weil ich immer noch nicht weiß, ob ich ihn Judas oder Johannes nennen soll.

Vittlar ist adlig und nennt sich Gottfried mit Vornamen. Wenn ich nach meinem beschämend vergeblichen Singversuch durch leichtes Trommeln an der heilen Schaufensterscheibe den Dekorateur auf mich aufmerksam machte, wenn er für ein Viertelstündchen auf die Straße trat, mit mir plauderte und über seine Dekorationskünste spottete, mußte ich ihn Gottfried nennen, weil meine Stimme nicht jenes Wunder hergab, das mir erlaubt hätte, ihn Johannes oder Judas zu heißen.

Der Gesang vor dem Juwelierladen, der Jan Bronski zum Dieb, meine Mama zur Besitzerin eines Rubinencolliers machte, sollte vorläufig meine Singerei vor Schaufenstern mit begehrenswerten Auslagen beenden. Mama wurde fromm. Was machte sie fromm? Der Umgang mit Jan Bronski, das gestohlene Collier, die süße Mühsal eines ehebrecherischen Frauenlebens machten sie fromm und lüstern nach Sakramenten. Wie gut sich die Sünde einrichten läßt: Am Donnerstag traf man sich in der Stadt, ließ den kleinen Oskar beim Markus, hatte es in der Tischlergasse auf zumeist befriedigende Art und Weise anstrengend, erfrischte sich hernach im Café Weitzke bei Mokka und Gebäck, holte das Söhnchen beim Juden ab, ließ sich von dem einige Komplimente und ein Päckchen fast geschenkte Nähseide mitgeben, fand seine Straßenbahnlinie Fünf, genoß lächelnd und ganz woanders mit den

Gedanken die Fahrt am Olivaer Tor vorbei durch die Hindenburgallee, nahm kaum jene Maiwiese neben der Sporthalle wahr, auf der Matzerath seine Sonntagvormittage zubrachte, ließ sich die Kurve um die Sporthalle herum gefallen – wie häßlich der Kasten sein konnte, wenn man gerade was Schönes erlebt hatte – noch eine Kurve links und hinter verstaubten Bäumen das Conradinum mit seinen rotbemützten Schülern – wie hübsch, wenn doch Oskarchen auch solch eine rote Mütze mit dem goldenen C zu Gesicht stünde; zwölfeinhalb wäre er, säße in der Quarta, käme jetzt ans Latein heran und trüge sich als ein richtiger kleiner, fleißiger, auch etwas frecher und hochmütiger Conradiner.

Hinter der Eisenbahnunterführung in Richtung Reichskolonie und Helene-Lange-Schule verloren sich die Gedanken der Frau Agnes Matzerath ans Conradinum, an die verpaßten Möglichkeiten ihres Sohnes Oskar. Noch eine Kurve links, an der Christuskirche mit dem Zwiebelturm vorbei, und am Max-Halbe-Platz, vor Kaisers-Kaffee-Geschäft, stieg man aus, warf noch einen Blick in die Schaufenster der Konkurrenz und mühte sich durch den Labesweg wie durch einen Kreuzweg: die beginnende Unlust, das anomale Kind an der Hand, das schlechte Gewissen und das Verlangen nach Wiederholung; mit Nichtgenug und Überdruß, mit Abscheu und gutmütiger Zuneigung für den Matzerath mühte sich meine Mama mit mir, meiner neuen Trommel, dem Päckchen halbgeschenkter Nähseide durch den Labesweg zum Geschäft, zu den Haferflocken, zum Petroleum neben dem Heringsfäßchen, zu den Korinthen, Rosinen, Mandeln und Pfefferkuchengewürzen, zu Dr. Oetkers Backpulver, zu Persil bleibt Persil, zu Urbin, ich hab's, zu Maggi und Knorr, zu Kathreiner und Kaffee Hag, zu Vitello und Palmin, zu Essig-Kühne und Vierfruchtmarmelade, zu jenen beiden in verschiedenen Stimmlagen summenden Fliegenfängern führte mich Mama, die honigsüß über unserem Ladentisch hingen und im Sommer alle zwei Tage gewechselt werden mußten, während Mama jeden Sonnabend mit ähnlich übersüßer Seele, die sommers und winters, das ganze Jahr über hoch und niedrig summende Sünden anlockte, in die Herz-Jesu-Kirche ging und Hochwürden Wiehnke beichtete.

Wie mich Mama am Donnerstag in die Stadt mitnahm und mich sozusagen zum Mitschuldigen machte, nahm sie mich sonnabends mit durchs Portal auf die kühlen katholischen Fliesen, stopfte mir zuvor die Trommel unter den Pullover oder das Mäntelchen, denn ohne Trommel ging es nun einmal nicht bei mir, und ohne Blech vor dem Bauch hätte ich niemals, Stirn, Brust und Schultern berührend, das katholische Kreuz geschlagen, wie beim Schuhanziehen das Knie gebeugt und mich mit langsam trocknendem Weihwasser über der Nasenwurzel auf dem blanken Kirchenholz ruhig verhalten.

Ich erinnerte mich der Herz-Jesu-Kirche noch von der Taufe her: Es hatte Schwierigkeiten des heidnischen Namens wegen gegeben, doch man bestand auf Oskar, und Jan, als Pate, sagte auch so im Kirchenportal. Dann blies mir Hochwürden Wiehnke dreimal ins Angesicht, das sollte den Satan in mir vertreiben, dann wurde das Kreuz geschlagen, die Hand aufgelegt, Salz gestreut und noch einmal etwas gegen Satan unternommen. In der Kirche abermals Halt vor der eigentlichen Taufkapelle. Ich verhielt mich ruhig, während mir das Glaubensbekenntnis und das Vaterunser geboten wurden. Danach fand es Hochwürden Wiehnke angebracht, noch einmal weiche Satan zu sagen, und er glaubte mir, der ich doch schon immer Bescheid wußte, die Sinne zu öffnen, indem er Oskars Nase und Ohren berührte. Dann wollte er es noch einmal deutlich und laut hören, fragte: »Widersagst du dem Satan? Und all seinen Werken? Und all seinem Gepränge?«

Bevor ich den Kopf schütteln konnte – denn ich dachte nicht daran, zu verzichten –, sagte Jan dreimal, stellvertretend für mich: »Ich widersage.«

Ohne daß ich es mir mit Satan verdorben hatte, salbte Hochwürden Wiehnke mich auf der Brust und zwischen den Schultern. Vor dem Taufbrunnen abermals das Glaubensbekenntnis, dann endlich dreimal Wasser, Salbung mit Chrisam auf der Kopfhaut, ein weißes Kleid zum Fleckendraufmachen, die Kerze für dunkle Tage, die Entlassung – Matzerath zahlte – und als mich Jan vor das Portal der Herz-Jesu-Kirche trug, wo das Taxi bei heiterem bis wolkigem Wetter wartete, fragte ich Satan in mir: »Alles gut überstanden?«

Satan hüpfte und flüsterte: »Hast du die Kirchenfenster gesehen, Oskar? Alles aus Glas, alles aus Glas!«

Die Herz-Jesu-Kirche wurde während der Gründerjahre erbaut und wies sich deshalb stilistisch als neugotisch aus. Da man schnelldunkelnden Backstein vermauert hatte und der mit Kupfer verkleidete Turmhelm flink zum traditionellen Grünspan gekommen war, blieben die Unterschiede zwischen altgotischen Backsteinkirchen und der neueren Backsteingotik nur für den Kenner sichtbar und peinlich. Gebeichtet wurde in alten und neueren Kirchen auf dieselbe Weise. Genau wie Hochwürden Wiehnke hielten hundert andere Hochwürden am Sonnabend nach Büro- und Geschäftsschluß das haarige Priesterohr im Beichtstuhl sitzend gegen ein blankes, schwärzliches Gitter, und die Gemeinde versuchte, durch die Drahtmaschen hindurch jene Sündenschnur dem Priesterohr einzufädeln, an welcher sich Perle um Perle sündhaft billiger Schmuck reihte.

Während Mama durch Hochwürden Wiehnkes Gehörkanal den höchsten Instanzen der alleinseligmachenden Kirche, dem Beichtspiegel folgend, mitteilte, was sie getan und unterlassen hatte, was da geschehen war in Gedanken, Worten und Werken, verließ ich, der ich nichts zu beichten hatte, das mir allzu geglättete Kirchenholz und stellte mich auf die Fliesen.

Ich gebe zu, daß die Fliesen in katholischen Kirchen, daß der Geruch einer katholischen Kirche, daß mich der ganze Katholizismus heute noch unerklärlicherweise wie, nun, wie ein rothaariges Mädchen fesselt, obgleich ich rote Haare umfärben möchte und der Katholizismus mir Lästerungen eingibt, die immer wieder verraten, daß ich, wenn auch vergeblich, dennoch unabänderlich katholisch getauft bin. Oft ertappe ich mich während banalster Vorgänge, etwa beim Zähneputzen, selbst beim Stuhlgang, Kommentare zur Messe reihend, wie: In der heiligen Messe wird die Blutvergießung Christi erneuert, damit es fließe zu deiner Reinigung, das ist der Kelch seines Blutes, wird der Wein wirklich und wahrhaftig, sooft das Blut Christi vergossen wird, das wahre Blut Christi ist vorhanden, durch die Anschauung des heiligen Blutes, die Seele wird mit dem Blut Christi besprengt, das kostbare Blut, mit dem Blute gewaschen, bei der Wandlung fließt das Blut, das blutbefleckte Korporale, die Stimme des Blutes Christi dringt durch alle Himmel, das Blut Christi verbreitet einen Wohlgeruch vor dem Angesichte Gottes.

Sie werden zugeben müssen, daß ich mir einen gewissen katholischen Tonfall bewahrt habe. Früher konnte ich nicht auf Straßenbahnen warten, ohne gleichzeitig der Jungfrau Maria zu gedenken. Ich nannte sie liebreiche, selige, gebenedeite, Jungfrau der Jungfrauen, Mutter der Barmherzigkeit, Du Seliggepriesene, Du, aller

Verehrung Würdige, die Du geboren hast den, süße Mutter, jung-
fräuliche Mutter, glorreiche Jungfrau, laß mich verkosten die
Süßigkeit des Namens Jesu, wie Du sie in Deinem mütterlichen
Herzen verkostet hast, wahrhaft würdig und recht ist es, gebüh-
rend und heilsam, Königin, gebenedeite, gebenedeite ...

Dieses Wörtchen »gebenedeit« hatte mich zeitweise, vor allen Dingen, als Mama und ich die Herz-Jesu-Kirche jeden Sonnabend
besuchten, so versüßt und vergiftet, daß ich dem Satan dankte,
weil er in mir die Taufe überstanden hatte und mir ein Gegengift
lieferte, das mich zwar lästernd aber doch aufrecht über die Fliesen
der Herz-Jesu-Kirche schreiten ließ.

Jesus, nach dessen Herz die Kirche benannt war, zeigte sich, außer
in den Sakramenten, mehrmals malerisch auf den bunten Bildchen
des Kreuzweges, dreimal plastisch und dennoch farbig in verschiedenen Positionen.

Da gab es jenen in bemaltem Gips. Langhaarig stand er in preu-
ßisch-blauem Rock auf goldenem Sockel und trug Sandalen. Er
öffnete sich das Gewand über der Brust und zeigte in der Mitte des
Brustkastens, aller Natur zum Trotz, ein tomatenrotes, glorifizier-
tes und stilisiert blutendes Herz, damit die Kirche nach diesem
Organ benannt werden konnte.

Gleich bei der ersten Besichtigung des offenherzigen Jesus mußte
ich feststellen, in welch peinlicher Vollkommenheit der Heiland
meinem Taufpaten, Onkel und mutmaßlichen Vater Jan Bronski
glich. Diese naiv selbstbewußten blauen Schwärmeraugen! Dieser
blühende, immer zum Weinen bereite Kußmund! Dieser die
Augenbrauen nachzeichnende männliche Schmerz! Volle, durch-
blutete Wangen, die gezüchtigt werden wollten. Es hatten beide
jenes die Frauen zum Streicheln verführende Ohrfeigengesicht,
dazu die weibisch müden Hände, die gepflegt und arbeitsscheu
ihre Stigmata wie Meisterarbeiten eines für Fürstenhöfe schaffen-
den Juweliers zur Schau stellten. Mich peinigten die dem Jesus ins
Gesicht gepinselten, mich väterlich mißverstehenden Bronskiaugen. Hatte doch ich denselben blauen Blick, der nur begeistern,
nicht überzeugen konnte.

Oskar wandte sich vom Herz Jesu im rechten Kirchenschiff ab,
hastete von der ersten Kreuzwegstation, da Jesus das Kreuz auf sich
nimmt, bis zur siebenten Station, da er zum zweitenmal unter dem
Kreuz fällt, zum Hochaltar, über dem der nächste, gleichfalls voll-

plastische Jesus hing. Der hielt jedoch die Augen übermüdet oder, um sich besser konzentrieren zu können, geschlossen. Was hatte der Mann für Muskeln! Dieser Athlet mit der Figur eines Zehnkämpfers ließ mich den Herz-Jesu-Bronski sofort vergessen, sammelte mich, sooft Mama Hochwürden Wiehnke beichtete, andächtig und den Turner beobachtend vor dem Hochaltar. Glauben Sie mir, daß ich betete! Mein süßer Vorturner, nannte ich ihn, Sportler aller Sportler, Sieger im Hängen am Kreuz unter Zuhilfenahme zölliger Nägel. Und niemals zuckte er! Das ewige Licht zuckte, er aber erfüllte die Disziplin mit der höchstmöglichen Punktzahl. Die Stoppuhren tickten. Man nahm ihm die Zeit ab. Schon putzten in der Sakristei etwas schmutzige Meßdienerfinger die ihm gebührende Goldmedaille. Aber Jesus trieb seinen Sport nicht um der Ehrungen willen. Es fiel mir der Glaube ein. Ich kniete, wenn es nur irgend mein Knie erlaubte, nieder, schlug das Kreuz auf meiner Trommel und versuchte Worte wie gebenedeit oder schmerzensreich in Verbindung mit Jesse Owens und Rudolf Harbig, mit der vorjährigen Berliner Olympiade zu verbinden; was mir nicht immer gelang, weil ich Jesus den Schächern gegenüber unfair nennen mußte. So disqualifizierte ich ihn und drehte den Kopf nach links, sah dort, neue Hoffnung knüpfend, des himmlischen Turners dritte plastische Darstellung im Inneren der Herz-Jesu-Kirche.

»Laß mich erst beten, wenn ich dich dreimal gesehen habe«, stammelte ich dann, fand wieder mit den Schuhsohlen die Fliesen, benutzte das Schachmuster, um zum linken Seitenaltar zu kommen, und spürte bei jedem Schritt: Er schaut dir nach, die Heiligen schauen dir nach, Petrus, den sie mit dem Kopf nach unten, Andreas, den sie aufs schräge Kreuz nagelten – deshalb Andreaskreuz. Außerdem gibt es ein Griechisches Kreuz neben dem Lateinischen Kreuz oder Passionskreuz. Wiederkreuze, Krückenkreuze und Stufenkreuze werden auf Stoffen, Bildern und in Büchern abgebildet. Das Tatzenkreuz, Ankerkreuz und Kleeblattkreuz sah ich plastisch gekreuzt. Schön ist das Glevenkreuz, begehrt das Malteserkreuz, verboten das Hakenkreuz, de Gaulles Kreuz, das Lothringer Kreuz, man nennt das Antoniuskreuz bei Seeschlachten: Crossing the T. Am Kettchen das Henkelkreuz, häßlich das Schächerkreuz, päpstlich des Papstes Kreuz, und jenes Russenkreuz nennt man auch Lazaruskreuz. Dann gibt's das Rote Kreuz. Blau ohne Alkohol kreuzt sich das Blaue Kreuz. Gelbkreuz vergiftet dich, Kreuzer versenken sich, Kreuzzug bekehrte mich, Kreuzspinnen fressen sich, auf Kreuzungen kreuzt ich dich, kreuzundquer, Kreuzverhör, Kreuzworträtsel sagt, löse mich. Kreuzlahm, ich drehte mich, ließ das Kreuz hinter mir, und auch dem Turner am Kreuz wandte ich meinen Rücken auf die Gefahr hin zu, daß er mich ins Kreuz träte, weil ich mich der Jungfrau Maria näherte, die den Jesusknaben auf ihrem rechten Oberschenkel hielt.

Oskar stand vor dem linken Seitenaltar des linken Kirchenschiffes. Maria hatte den Gesichtsausdruck, den seine Mama gehabt haben mußte, als sie als siebzehnjähriges Ladenmädchen auf dem Troyl kein Geld fürs Kino hatte, sich aber ersatzweise und einfühlsam Filmplakate mit Asta Nielsen ansah.

Sie widmete sich nicht Jesus, sondern betrachtete den anderen Knaben an ihrem rechten Knie, den ich, um Irrtümer zu vermeiden, sogleich Johannes den Täufer nenne. Beide Knaben hatten meine Größe. Dem Jesus hätte ich, genau befragt, zwei Zentimeter mehr gegeben, obgleich er den Texten nach jünger war als der Täuferknabe. Es hatte dem Bildhauer Spaß gemacht, den dreijährigen Heiland nackt und rosa darzustellen. Johannes trug, weil er ja später in die Wüste ging, ein schokoladenfarbenes Zottelfell, das seine halbe Brust, den Bauch und sein Gießkännchen verdeckte.

Oskar hätte besser vor dem Hochaltar oder unverbindlich neben dem Beichtstuhl verweilt als in der Nähe dieser zwei recht altklug und ihm erschreckend ähnlich dreinblickenden Knaben. Natürlich hatten sie blaue Augen und sein kastanienbraunes Haar. Es hätte nur noch gefehlt, daß der bildhauernde Friseur den beiden Oskars Bürstenfrisur gegeben, ihnen die albernen Korkenzieherlocken abgeschnitten hätte.

Nicht zu lange will ich mich bei dem Täuferknaben aufhalten, der mit dem linken Zeigefinger auf den Jesusknaben deutete, als wolle er gerade abzählen: »Ich und du, Müllers Kuh . . .« Ohne mich auf Abzählspiele einzulassen, nenne ich Jesus beim Namen und stelle fest: Eineiig! Der hätte mein Zwillingsbruder sein können. Der hatte meine Statur, mein damals noch nur als Gießkännchen benutztes Gießkännchen. Der schaute mit meinen Bronskiaugen kobaltblau in die Welt und zeigte, was ich ihm am meisten verübelte, meine Gestik.

Beide Arme hob mein Abbild, schloß die Hände dergestalt zu Fäusten, daß man getrost etwas hätte hineinstecken können, zum Beispiel meine Trommelstöcke; und hätte der Bildhauer das getan, ihm dazu auf die rosa Oberschenkel meine weißrote Blechtrommel gegipst, wäre ich es gewesen, der perfekteste Oskar, der da auf dem Knie der Jungfrau saß und die Gemeinde zusammentrommelte. Es gibt Dinge auf dieser Welt, die man – so heilig sie sein mögen – nicht auf sich beruhen lassen darf!

Drei einen Teppich mitziehende Stufen führten zur grünsilbrig gewandeten Jungfrau, zum schokoladenfarbenen Zottelfell des Johannes und zum kochschinkenfarbenen Jesusknaben hinauf. Es gab da einen Marienaltar mit bleichsüchtigen Kerzen und Blumen in allen Preislagen. Der grünen Jungfrau, dem braunen Johannes und dem rosigen Jesus klebten tellergroße Heiligenscheine an den Hinterköpfen. Blattgold verteuerte die Teller.

Hätte es nicht die Stufen vor dem Altar gegeben, wäre ich nie hinaufgestiegen. Stufen, Türdrücker und Schaufenster verführten Oskar zu jener Zeit und lassen ihn selbst heute, da ihm sein Anstaltsbett doch genug sein sollte, nicht gleichgültig. Er ließ sich von einer Stufe zur nächsten verführen und blieb dabei immer auf demselben Teppich. Um das Marienaltärchen herum waren sie Oskar ganz nah und erlaubten seinem Knöchel ein teils geringschätziges, teils respektvolles Abklopfen der Dreiergruppe. Seinen Fingernägeln ermöglichte sich jenes Schaben, welches unter der Farbe den Gips deutlich macht. Der Faltenwurf der Jungfrau verfolgte sich, Umwege machend, bis zu den Fußspitzen auf der Wolkenbank. Das knapp angedeutete Schienbein der Jungfrau ließ ahnen, daß der Bildhauer zuerst das Fleisch angelegt hatte, um es hinterher mit Faltenwurf zu überschwemmen. Als Oskar das Gießkännchen des Jesusknaben, das fälschlicherweise nicht beschnitten war, eingehend betastete, streichelte und vorsichtig drückte, als wolle er es bewegen, spürte er auf teils angenehme, teils neu verwirrende Art sein eigenes Gießkännchen, ließ daraufhin dem Jesus seines in Ruhe, damit seines ihn in Ruhe lasse.

Beschnitten oder unbeschnitten, ich ließ das auf sich beruhen, zog meine Trommel unter dem Pullover hervor, nahm sie mir vom Hals und hing sie, ohne dabei den Heiligenschein zu zerbrechen, dem Jesus um. Das machte mir bei meiner Größe etwas Mühe. Die Skulptur mußte ich besteigen, um von der Wolkenbank aus, die den Sockel ersetzte, Jesus instrumentieren zu können.

Oskar tat das nicht etwa anläßlich seines ersten Kirchenbesuches nach der Taufe, im Januar siebenunddreißig, sondern während der Karwoche desselben Jahres. Seine Mama hatte den ganzen Winter hindurch Mühe gehabt, mit der Beichte ihrem Verhältnis zu Jan Bronski nachzukommen. So fand Oskar Zeit und Sonnabende genug, sein geplantes Vorhaben auszudenken, zu verdammen, zu rechtfertigen, neu zu planen, von allen Seiten zu beleuchten, um es endlich, alle vorherigen Pläne verwerfend, schlicht, direkt, mit Hilfe des Stufengebetes am Karmontag auszuführen.

Da Mama noch vor dem Höhepunkt des Ostergeschäftes die Beichte verlangte, nahm sie mich am Abend des Karmontag bei der Hand, führte mich Labesweg, Ecke Neuer Markt, in die Eisenstraße, Marienstraße, am Fleischerladen Wohlgemuth vorbei, am Kleinhammerpark links einbiegend durch die Eisenbahnunterführung, in der es immer gelblich und ekelhaft tropfte, zur und in die Herz-Jesu-Kirche, dem Bahndamm gegenüber.

Wir kamen spät. Nur noch zwei alte Frauen und ein verhemmter junger Mann warteten vor dem Beichtstuhl. Während Mama bei der Gewissenserforschung war – sie blätterte im Beichtspiegel wie über Geschäftsbüchern, den Daumen anfeuchtend, eine Steuererklärung erfindend –, glitt ich aus dem Eichenholz, suchte, ohne dem Herz Jesu und dem Turner am Kreuz unter die Augen zu geraten, den linken Seitenaltar auf.

Obgleich es schnell gehen mußte, tat ich es nicht ohne Introitus. Drei Stufen: Introibo ad altare Dei. Zu Gott, der mich erfreut von Jugend auf. Die Trommel vom Hals, das Kyrie ausdehnend hinauf auf die Wolkenbank, kein Verweilen beim Gießkännchen, vielmehr, kurz vor dem Gloria, dem Jesus das Blech umgehängt, Vorsicht beim Heiligenschein, runter von der Wolkenbank, Nachlaß, Vergebung und Verzeihung, aber zuvor noch die Knüppel in Jesu maßgerechte Griffe, eins, zwei, drei Stufen, ich erhebe meine Augen zu den Bergen, noch etwas Teppich, endlich die Fliesen und ein Betschemelchen für Oskar, der niederkniete auf dem Pölsterchen und die Trommlerhände vor dem Gesicht faltete – Gloria in excelsis Deo – an den gefalteten Händen vorbei zum Jesus und seiner Trommel hinblinzelte und auf das Wunder wartete: Wird er nun trommeln, oder kann er nicht trommeln, oder darf er nicht trommeln, entweder er trommelt, oder er ist kein echter Jesus, eher ist Oskar ein echter Jesus als der, falls er nicht doch noch trommelt.

Wenn man ein Wunder will, muß man warten können. Nun, ich wartete, tat's anfangs geduldig, vielleicht nicht geduldig genug, denn je länger ich mir den Text »Alle Augen warten auf dich, o Herr« wiederholte, dabei für Augen zweckentsprechend Ohren einsetzte, um so enttäuschter fand sich Oskar auf dem Betschemelchen. Zwar bot er dem Herrn allerlei Chancen, schloß die Augen, damit sich jener, weil unbeobachtet, eher zu einem vielleicht noch ungeschickten Anfang entschlösse, doch schließlich, nach dem dritten Credo, nach Vater, Schöpfer, sichtbarer und unsichtbarer, und den eingeborenen Sohn, aus dem Vater, wahrer vom wahren, gezeugt, nicht geschaffen, eines mit dem, durch ihn, für uns und um unseres ist er von herab, hat angenommen durch, aus, ist geworden, wurde sogar für, unter hat er, begraben, auferstanden gemäß, aufgefahren in, sitzet zur des, wird in zu halten über und Tote, kein Ende, ich glaube an, wird mit dem, zugleich, hat gesprochen durch, glaube an die eine, heilige, katholische und ...

Nein, da roch ich ihn nur noch, den Katholizismus. Von Glaube konnte wohl kaum mehr die Rede sein. Auch auf den Geruch gab ich nichts, wollte was anderes geboten bekommen: Mein Blech wollte ich hören, Jesus sollte mir etwas zum Besten geben, ein kleines halblautes Wunder! Mußte ja nicht zum Gedröhn werden, mit herbeistürzendem Vikar Rasczeia und mühsam sein Fett zum Wunder hinschleppenden Hochwürden Wiehnke, mit Protokollen zum Bischofssitz nach Oliva und bischöflichen Gutachten in Richtung Rom. Nein, ich hatte da keinen Ehrgeiz, Oskar wollte nicht heiliggesprochen werden. Ein kleines privates Wunderchen wollte er, damit er hören und sehen konnte, damit ein für allemal feststand, ob Oskar dafür oder dagegen trommeln sollte, damit laut wurde, wer von den beiden Blauäugigen, Eineiigen sich in Zukunft Jesus nennen durfte.

Ich saß und wartete. Inzwischen wird Mama im Beichtstuhl sein und womöglich das sechste Gebot schon hinter sich haben, sorgte ich mich. Der alte Mann, der immer durch die Kirchen wackelt, wackelte am Hauptaltar, schließlich am linken Seitenaltar vorbei, grüßte die Jungfrau mit den Knaben, sah vielleicht die Trommel, doch begriff er sie nicht. Er schlurfte weiter und wurde älter dabei.

Die Zeit verging, meine ich, aber Jesus schlug nicht auf die Trommel. Vom Chor herunter hörte ich Stimmen. Hoffentlich will niemand orgeln, bangte ich. Die bekommen es fertig, proben für

Ostern und übertünchen mit ihrem Gebrause womöglich den gerade beginnenden hauchdünnen Wirbel des Jesusknaben.

Sie orgelten nicht. Jesus trommelte nicht. Es fand kein Wunder statt, und ich erhob mich vom Polster, ließ die Knie knacken und gängelte mich angeödet und mürrisch über den Teppich, zog mich von Stufe zu Stufe, unterließ aber alle mir bekannten Stufengebete, bestieg die Gipswolke, warf dabei Blumen in mittlerer Preislage um und wollte dem blöden Nackedei meine Trommel abnehmen.

Ich sag es heute und sag es immer wieder: Es war ein Fehler, ihn unterrichten zu wollen. Was befahl mir, ihm zuerst die Stöcke abzunehmen, ihm das Blech zu lassen, mit den Stöcken erst leise, dann jedoch wie ein ungeduldiger Lehrer, dem falschen Jesus vortrommelnd etwas vorzutrommeln, ihm dann die Knüppel wieder in die Hände zu drücken, damit jener beweisen konnte, was er bei Oskar gelernt hatte.

Bevor ich dem verstocktesten aller Schüler Knüppel und Blech, ohne Rücksicht auf den Heiligenschein, abnehmen konnte, war Hochwürden Wiehnke hinter mir – meine Trommelei hatte die Kirche hoch und breit ausgemessen –, war der Vikar Rasczeia hinter mir, Mama hinter mir, alter Mann hinter mir, und der Vikar riß mich, und Hochwürden patschte mich, und Mama weinte mich aus, und Hochwürden flüsterte mich an, und der Vikar ging ins Knie und ging hoch und nahm Jesus die Knüppel ab, ging mit den Knüppeln nochmals ins Knie und hoch zu der Trommel, nahm ihm die Trommel ab, knickte den Heiligenschein, stieß ihm das Gießkännchen an, brach etwas Wolke ab und fiel die Stufen, Knie, nochmals Knie, zurück, wollte mir die Trommel nicht geben, machte mich ärgerlicher, als ich es war, zwang mich, Hochwürden zu treten und Mama zu beschämen, die sich auch schämte, weil ich getreten, gebissen, gekratzt hatte und mich dann losriß von Hochwürden, Vikar, altem Mann und Mama, stand gleich darauf vor dem Hochaltar, spürte Satan in mir hüpfen und hörte ihn wie bei der Taufe: »Oskar«, flüsterte Satan, »schau dich um, überall Fenster, alles aus Glas, alles aus Glas!«

Und über den Turner am Kreuz hinweg, der nicht zuckte, der schwieg, sang ich die drei hohen Fenster der Apsis an, die rot, gelb und grün auf blauem Grund zwölf Apostel darstellten. Zielte aber weder auf Markus noch auf Matthäus. Auf jene Taube über ihnen, die auf dem Kopf stand und Pfingsten feierte, auf den Heiligen

Geist zielte ich, kam ins Vibrieren, kämpfte mit meinem Diamanten gegen den Vogel und: Lag es an mir? Lag es am Turner, der, weil er nicht zuckte, Einspruch erhob? War das das Wunder, und keiner begriff es? Sie sahen mich zittern und lautlos gegen die Apsis hinströmen, nahmen es, außer Mama, als Beten, während ich doch Scherben wollte; aber Oskar versagte, seine Zeit war noch nicht gekommen. Auf die Fliesen ließ ich mich fallen und weinte bitterlich, weil Jesus versagt hatte, weil Oskar versagte, weil Hochwürden und Rasczeia mich falsch verstanden, sogleich von Reue faselten. Nur Mama versagte nicht. Sie verstand meine Tränen, obgleich sie froh sein mußte, daß es keine Scherben gegeben hatte.

Da nahm mich Mama auf den Arm, bat sich vom Vikar Trommel und Knüppel zurück, versprach Hochwürden, den Schaden wieder gut zu machen, erhielt auch von jenem nachträglich, weil ich die Beichte unterbrochen hatte, die Absolution; auch Oskar bekam etwas Segen ab, doch das sagte mir nichts.

Während Mama mich aus der Herz-Jesu-Kirche trug, zählte ich an meinen Fingern ab: Heute ist Montag, morgen Kardienstag, Mittwoch, Gründonnerstag, und Karfreitag ist Schluß mit ihm, der nicht einmal trommeln kann, der mir keine Scherben gönnt, der mir gleicht und doch falsch ist, der ins Grab muß, während ich weitertrommeln und weitertrommeln, aber nach keinem Wunder mehr Verlangen zeigen werde.

III.
Der Künstler zwischen Christusrolle und Judasrolle

1. »CHRISTI PLATZ IST BEI DEN DICHTERN«

Zur Einführung

Von Januar bis März 1897 wird in einer Zelle von »Seiner Majestät Gefängnis zu Reading« (einer Stadt in der Nähe Londons) eines der erregendsten Dokumente menschlichen Leidens und menschlicher Selbststilisierung geschrieben: ein Riesen-Manifest in Briefform, gerichtet an den damals 27jährigen Lord Alfred Douglas. Autor ist der irischstämmige Schriftsteller *Oscar Wilde* (geboren in Dublin 1854; gestorben in Paris 1900), der zu diesem Zeitpunkt rund zwei Jahre Zuchthausstrafe bereits hinter sich hat. In diesem Brief gibt es eine einzigartige Passage über die Gestalt Christi, und um ihretwillen lohnt es sich, die Vorgeschichte dieser Zuchthaus-Epistel hier noch einmal zu erzählen. In der Forschung trägt der Text den Titel »De Profundis«, wie ihn der Ersteditor Robert Ross gewählt hatte, abweichend von dem, was Wilde selber in einem Brief an Ross noch aus dem Gefängnis (1. April 1897) vorgeschlagen hatte: »Epistola: In Carcere et Vinculis« (wörtlich: »Brief: im Kerker und in Fesseln«). Für alle biographischen Details zu Wilde können wir uns (wie schon im Fall von Joyce) auch hier auf eine monumentale *Biographie von Richard Ellmann* stützen, die 1988 das Werk dieses großen Literaturwissenschaftlers krönte.

Das Verhängnis nimmt seinen Lauf im Jahre 1891 – tragischerweise auf dem Höhepunkt von Wildes künstlerischem und gesellschaftlichem Ruhm. In diesem Jahr hatte der 37jährige nicht nur die Aufführung seiner Komödie »The Duchess of Padua« in New York erlebt; hatte seinen Großessay »The Soul of Man Under Socialism« veröffentlicht (auf den unser Text gleich in den ersten Zeilen anspielt). Im selben Jahr war auch der für Wildes Lebensgefühl grundlegende Roman »The Picture of Dorian Gray« erschienen, außerdem die Essaysammlung »Intentions«, ein Band mit Erzählungen, ein weiterer mit Märchen. Und obendrein hatte Wilde in Paris an seinen Stücken »Salomé« und »Lady Windermere's Fächer« zu schreiben begonnen. Er hatte es geschafft, zum unangefochteten Repräsentanten der Londoner Ästhetenszene zu werden, zum Mittelpunkt einer

Gesellschaft, die er mit geistreichen Aphorismen lachen und lächerlich macht. Wildes Gesellschaftskomödien gehören denn auch zum Witzigsten, was die englische Literatur je hervorbrachte; seine Märchen zu den feinsten Zaubergespinsten, die die Poesie je spann; seine Zynogramme zu den spitzfindigsten und treffsichersten, die je über die menschliche Zunge kamen.

Aber zugleich versucht dieser Exzentriker auch, aus seinem Leben ein Kunstwerk zu machen. So wird er der »Hofnarr der Engländer«, wie sein irischer Landsmann Joyce in einem kleinen Wilde-Porträt von 1909 maliziös bemerkt (S. 224). Ja, Wilde wird – wie Joyce weiter ausführt – zum Maßstab für Eleganz in der Metropole. Das jährliche Einkommen aus seinen Schriften beläuft sich auf fast eine halbe Million Francs. Er verstreut sein Geld unter eine Schar unwürdiger Freunde. Jeden Morgen kauft er zwei teure Blumen, eine für sich und eine für seinen Kutscher; und bis zum Tage seiner sensationellen Verurteilung fährt er in einer zweispännigen Kutsche mit elegant gekleidetem Kutscher und einem Pagen mit gepuderter Perücke zum Gerichtssaal . . .

Wilde hätte vermutlich so weitergelebt, wenn nicht ein Prozeß sein Leben zu einer Katastrophe umgebogen hätte. Und dieses Verfahren hatte mit Wildes erotischen Veranlagungen zu tun. Diese sind von einer Art, wie sie die viktorianische Gesellschaft auf Dauer nicht duldet, ohne sich zu rächen. Dekadenter Stutzer und selbstverliebter Poseur, der Wilde auch war, hat er keine Hemmungen, sich als Liebhaber von jungen Männern (ob vom Strich oder von Adel) zu betätigen, wobei die bürgerliche Fassade durch eine 1884 geschlossene Ehe mit Constance Lloyd aufrecht erhalten wird. In einem Fall aber werden ihm seine erotischen Praktiken zum Verhängnis: im Fall von Lord Alfred Douglas, mit dessen Vater Wilde 1895 gerichtlich aneinandergerät. Und so trifft das zu, was *Wolfgang Koeppen* in einem brillanten Essay zu Wilde einst schrieb: »Wilde wollte aus seinem Leben ein Kunstwerk machen. Den Wunsch erfüllte die böse Fee. Die Kunst hat tragische Gesichter. Das Kunstwerk setzt ein Kunststück voraus; der Applaus gilt dem riskierten Hals. Oscar Wilde wurde zur historischen Person, zum Relikt seiner Epoche, einem Denkmal der Queen Victoria durch einen allzu schönen, liebevoll gehätschelten, sorgsam festgehaltenen Skandal, ein Schmerzensmann der Hybris und Provokation in einer Gesellschaft vernünftiger Heuchler« (S. 84).

1891: Lord Alfred Douglas (von Wilde »Bosie« genannt) tritt aufgrund der Lektüre des »Dorian Gray«-Romans in Wildes Leben. Ein junger Mann von damals 20 Jahren, der zu den begehrtesten Homosexuellen Londons gehört. Er führt Wilde mit weiteren jungen Männern zusammen, die sich für ein paar Pfund und eine gute Mahlzeit prostituieren. Verbunden ist dies alles mit dem erregenden Prickel, etwas in den Augen der Welt Verbotenes zu tun. Ja, was Douglas für Wilde bedeutet, bringt Ellmann mit diesem einen Satz zum Ausdruck: »Wilde suchte eine verzehrende Leidenschaft; er fand sie – und wurde von ihr verzehrt« (S. 526). Ende 1892 sieht er sein Leben immer deutlicher zweigeteilt in eine heimliche, verbotene und eine offene, vorzeigbare Sphäre. Und je mehr er, in bewußter Selbstaufgabe, mit den flegelhaften, aber willfährigen Jünglingen verkehrt, desto mehr kultiviert Wilde nach außen den Eindruck von Gleichgültigkeit und Selbstvertrauen. Auf Dauer aber konnte dies nicht gutgehen: »Hätte Wilde einen Weg in Richtung Abgrund gesucht, einen besseren hätte er nicht finden können. Die englische Gesellschaft tolerierte die Homosexualität nur, solange man nicht ertappt wurde.« (Ellmann, S. 534)

Lord Alfred Douglas ist der zweite Sohn des Marquess of Queensberry, John Sholto Douglas. Und dieser Mann hat nicht das geringste Verständnis für die Neigungen seines Sohnes. So unternimmt er alles, um die immer enger werdende Beziehung zu Wilde zu torpedieren. Als dies vergeblich bleibt, kommt es im Februar 1895 zu einer verhängnisvollen Zuspitzung. Ein wutentbrannter Queensberry erscheint in Wildes Club und hinterläßt eine Visitenkarte mit der Aufschrift »An Oscar Wilde, den Sodomiten«. Wilde will zunächst diese Beleidigung übergehen, doch »Bosie« hetzt ihn förmlich in eine Zivilklage. Queensberry wird zunächst verhaftet, der Verleumdungsprozeß gegen ihn aber endet am 5. April 1895 mit einem gloriosen Freispruch. Statt dessen sieht sich Wilde auf einmal in Untersuchungshaft, und nach zwei weiteren Prozessen wird er am 25. Mai desselben Jahres zu zwei Jahren Zwangsarbeit verurteilt. »Sodomie« lautet das Verbrechen, dem Wilde sich überführt sieht. Ein Konkursverfahren und eine Bankrotterklärung folgen. Sein buchstäblicher

Fall wird begleitet von einem »Geheul puritanischer Schaden-
freude«, wie Joyce bemerkt. (S. 224)

Nach Aufenthalten in den Gefängnissen von Pentonville und
Wandsworth wird Wilde am 20. November 1895 nach Reading verbracht, an einem Tag, der zu den schlimmsten Demüti-
gungen in seinem Leben führen sollte: »Es war ein regnerischer
Nachmittag, und Wilde mußte in Handschellen und Häftlings-
kluft von 14 Uhr bis 14 Uhr 30 auf dem Bahnsteig von Clapham
Junction warten. Eine Menschenmenge bildete sich; die
Zuschauer lachten zunächst, dann johlten sie höhnisch. Einer
sah, daß es sich um Oscar Wilde handelte, und spuckte ihn an.
›Ein ganzes Jahr lang, nachdem man mir das angetan hatte‹,
schreibt Wilde in *De Profundis,* ›weinte ich täglich zur gleichen
Stunde gleich lange.‹« (R. Ellmann, S. 666) Und so ist es keine
Übertreibung, wenn der Gefangene in der von uns dokumen-
tierten Passage schreibt: »Ich hatte meinen Namen verloren,
mein Ansehen, mein Glück, meine Freiheit, mein Vermögen.
Ich war gefangen und bettelarm.«

Noch einmal zurück ins Jahr 1891. In Paris trifft Wilde den ange-
henden Schriftsteller *André Gide,* auf den unser Text ebenfalls
gleich zu Beginn verweist. Für den 15 Jahre jüngeren Franzosen,
der, wie wir hörten (siehe Einführung zu André Gide), erotisch
ähnlich veranlagt ist, wird Wilde zu einem katalysatorischen Vorbild, ohne daß der streng protestantisch erzogene Franzose je Wildes Kunst- und Lebensauffassung geteilt hätte. Doch Gide verdankt Wilde vor allem den Mut, seine Neigungen zu erkennen, sie
zu akzeptieren und ihnen gemäß zu leben – trotz aller Widerstän-
de der Gesellschaft. Die Gespräche zwischen Wilde und Gide aus
den Jahren 1891 und 1895 (wo man sich im nordafrikanischen
Bilda bei Algier zufällig wiedertrifft), gehören mit zum Hintergrund des Gefängnis-Briefs (vgl. Gides Schilderung der Begegnung in Bilda im zweiten Teil von »Stirb und werde«). Denn in der
Begegnung mit Gide sehen wir Wilde noch als witzigen, geistreichen Spötter über biblische Szenen und christliche Glaubensüber-
zeugungen. Unter Anspielung auf Gides Abhängigkeit von seiner
Mutter muß Wilde zum Beispiel bemerkt haben:

*»Möchten Sie von mir ein Geheimnis erfahren? . . . Sie dürfen es aber
nicht weitererzählen . . . Wissen Sie, weshalb Christus seine Mutter
nicht liebte?*

Kurze Pause.
Weil sie eine Jungfrau war!« (R. Ellmann, S. 492)

Von Gide ebenfalls bezeugt ist der Versuch Wildes, die christlichen Wunder vor dem Hintergrund eines heidnischen Naturalismus zu sehen und somit die christliche Lehre zu unterminieren. Ellmann beruft sich hier auf eine Wilde-Anekdote von William Butler Yeats, um diesen Versuch zu illustrieren:

»Ich habe mir eine neue Ketzerei ausgedacht. Angeblich ist Jesus nach der Kreuzigung wieder genesen, hat seine Grabstätte verlassen und lebte danach noch viele Jahre; er war der einzige Mensch auf Erden, der wußte, daß die christliche Lehre falsch ist. Einmal kam der heilige Paulus in seine Stadt, und alle im Zimmermannsviertel gingen hin, ihn predigen zu hören – außer Jesus. Fortan fiel den Zimmerleuten auf, daß er aus irgendeinem Grund immer die Hände bedeckt hielt.« (R. Ellmann, S. 492 f.)

Und Gide führt noch weitere Beispiele an: Versuche von Wilde, die Freudlosigkeit der christlichen Lehre durch Umdeutung bestimmter Bibelepisoden zu verspotten. Auch hier macht sich der Geist Renans bemerkbar, auf dessen »Vie de Jésus« (als »fünftes Evangelium«) Wilde denn auch im Brief aus dem Gefängnis anspielt. Bei Ellmann kann man lesen:

»In Wildes Version der Erweckung des Lazarus trifft Jesus auf einen weinenden jungen Mann und fragt ihn nach der Ursache seiner Tränen. Der Mann antwortet: ›Herr, ich war tot, und du hast mich auferweckt, wie sollte ich da nicht weinen!‹ In einer anderen Variante, die Wilde seinerzeit Jean Lorrain erzählte, wird Christus von dem auferstandenen Lazarus heftig der Lüge bezichtigt: ›Mit dem Tod hat es nichts auf sich; wer tot ist, ist wirklich tot.‹ Jesus legt den Finger auf die Lippen: ›Ich weiß, aber sag es nicht weiter.‹« (S. 493)

Von diesem Ton gegen Christus ist nun im Brief nichts mehr zu spüren. Im Gegenteil. Der König des geistreichen Spotts? Jetzt ist er ein geschmähter Häftling, verfemt von der Gesellschaft, geächtet von nahen Bekannten, im Stich gelassen von seinem Geliebten (von Bosie zwei Jahre lang kein Wort) und bestraft für Taten, die man anderen hätte ebenso anlasten können. Der Apostel der Schönheit, der Hohepriester des luxuriösen Dandytums? In Häftlingskleidern ist er gezwungen, jeden Morgen den Boden seiner Zelle aufzuwaschen. Geistige und moralische Erniedrigung ist die Folge, künstlerische Unproduktivität (lange Zeit Schreibverbot), geistige Sterilität (lange Zeit Bücherentzug oder nur offiziell genehmigte Lektüre).

Bevor wir die Christus-Passage im Brief zu deuten versuchen, gilt es sich klarzumachen, welche Strategie dieses Riesenschreiben an Douglas bis dahin verfolgte. Die Analyse ergibt zwei klar unterscheidbare Argumentationsblöcke:

(1) Weit davon entfernt, sein früheres Leben zu widerrufen, stellt Wilde im *ersten Block* allein die »verheerenden Folgen« seiner Freundschaft zu »Bosie« heraus. Jetzt analysiert er sie schonungslos. Die Anklagen gehen dabei über den »schimpflichen finanziellen Ruin«, in den Douglas ihn getrieben habe, weit hinaus. Sein bitterster Vorwurf an den Freund besteht darin, dieser habe seine »sittliche Persönlichkeit völlig untergraben«. In Wilde ist nämlich die Erkenntnis durchgebrochen, daß das Leben mit Douglas nicht moralisch falsch, wohl aber geistig steril und künstlerisch unproduktiv war, Vorwürfe, die er über Dutzende von Seiten jetzt minutiös belegt – in einer Mischung aus Fremdanklage und Selbstanklage. Die *Selbstanklage* beruht vor allem darauf, daß Wilde in der Beziehung mit »Bosie« sein »eigenes Genie« gewissermaßen verschleudert sieht. Welche Stellung habe er doch in Kunst und Kultur seiner Zeit eingenommen! Er, dem die Götter »beinahe alles« gegeben hätten! Genie, Name, Stellung, Witz, Mut. Welche Chancen habe er, Wilde, gehabt:

»*Ich machte aus der Kunst eine Philosophie und aus der Philosophie eine Kunst: ich änderte das Denken der Menschen und die Farbe der Dinge: was immer ich tat oder sagte, wirkte erstaunlich: ich nahm das Drama, die objektivste Kunstform, und schuf daraus eine ebenso subjektive Ausdrucksform wie Lied oder Sonett, während ich zugleich seinen Geltungsbereich erweiterte und seine Möglichkeiten vervielfachte. Drama, Roman, Versdichtung, Prosadichtung, subtiler oder phantastischer Essay, was immer ich anfaßte, wurde durch mich schön in einer neuen Art Schönheit.*« (II, S. 452)

Das alles aber habe er, Wilde, durch die Beziehung zu »Bosie« aufs Spiel gesetzt. Und man merkt die ganze Richtung der Argumentation: Nicht der ästhetische Genuß und die sinnlichen Exzesse werden von Wilde widerrufen, sondern allein die Tatsache beklagt, daß er sich all die Jahre gewissermaßen unter seinem

Niveau amüsiert habe. Nicht das »Pleasure«-Prinzip wird in Frage gestellt, sondern nur der Stil seiner Verwirklichung:

»*Ich amüsierte mich damit, als flâneur aufzutreten, als Dandy, als Modeheld. Ich umgab mich mit dürftigeren Naturen, geringeren Geistern. Ich wurde zum Verschleuderer meines eigenen Genies ... Ich war nicht mehr Herr über mich selbst. Ich war nicht mehr Steuermann meiner Seele, und ich wußte es nicht. Ich ließ mich von Dir beherrschen und von Deinem Vater einschüchtern. Ich endete in grauenvoller Schmach. Mir bleibt nur noch eines, äußerste Demut, genau wie Dir nur noch eines bleibt, äußerste Demut: Wirf Dich in den Staub und lerne sie an meiner Seite.« (II, S. 452 f.)*

(2) Nach dieser umfassenden Fremd- und Selbstanklage folgt die *Konstruktion seiner »Vita nuova«*, wie Wilde in Anspielung auf Dante schreibt. Auch hier weit davon entfernt, den zerknirschten Büßer oder reuevollen »verlorenen Sohn« zu spielen (was die Erwartungen des auf Strafe und Rache setzenden Justizapparats gewesen sein dürften), tut Wilde alles, um seine *neuen Erfahrungen* in das zu integrieren, was er seinen »Individualismus« nennt. Nicht Abschwörung, sondern Selbstverwirklichung heißt die Devise des *zweiten großen Blocks*. Und zu den neuen Erfahrungen gehören jetzt: *Demut und Leid!* Jetzt erklärt Wilde unumwunden, daß ihm künftig nur noch am Umgang mit solchen Menschen gelegen sei, die »gelitten« hätten. Mit solchen, die wüßten, »was Schönheit« sei, und solchen, die wüßten, »was Leid« sei. Andere interessierten ihn nicht mehr! Das Leiden und alles, was Leiden lehre – das sei jetzt seine »neue Welt«! Denn das Leiden sei »die vornehmste Gemütsbewegung, deren der Mensch fähig« sei, und zugleich »Urform und Prüfstein aller großen Kunst«.

Wir merken auch hier, wie Wilde mit aller rhetorischen Raffinesse eine Umkehr-Strategie verfolgt: Sein Leiden im Gefängnis ist keine Demütigung, sondern eine Chance gerade für den Künstler! Es kann Durchgangsstadium sein zu einem tieferen Menschsein. Grandioser kann man kaum aus der Not eine Tugend machen wollen. Nur ja keine Schwäche zugeben. Nur ja den anderen den Triumph und die Häme nehmen. Grandioser kann man kaum eine Gefängniszelle zur Bühne für den Künstler umfunktionieren. Vertieft und umfassend lerne er hier, was er immer schon wisse: Das Leiden mache den Menschen erst zum Menschen! Deshalb kann Wilde in aller gespielten Souveränität auch auf seine früheren Stücke verweisen, in denen solche Erkenntnisse »vorgeahnt und vorgeformt« seien (vgl. II, S. 466). Einiges stehe bereits in »The Happy Prince«, einiges in »The Young King«, einiges im »Dorian Gray«, einiges in »The Soul of Man«, einiges in »Salomé« . . .

Was aber bedeutet dann der plötzliche *Bezug auf Christus*? Auch er ist Teil dieser raffiniert inszenierten Umkehr-Strategie. Sie vollzieht sich nach dem Motto: Wer Christus auf seiner Seite hat, spielt gegenüber der »christlichen« Gesellschaft, die den Künstler in diese Lage brachte, seinen größten Trumpf aus. Vier Faktoren wollen zum Verständnis beachtet sein:

(1) Bei aller autobiographischen Dramatik ist Wildes Text weit mehr als bloßer Gefühlsausbruch, mehr als der spontane Schrei einer einsamen Seele. Es ist ein kunstvoll geschriebenes und strategisch wohl überlegtes Manifest, das formal an große geschichtliche Modelle anknüpft, was die Briefform und die Autobiographie betrifft. Die Kritik hat hier zu Recht bei der Briefform auf klassische römische Vorbilder verwiesen (Horaz, Cicero, Ovid) und bei der Autobiographie auf Augustin, Rousseau und Newman (M. Knox, S. 110–136). Sie hat auch Bezüge zum früheren Werk Wildes namhaft gemacht, die der Autor selber bereits angedeutet hatte, und um weitere ergänzt (zum Beispiel die Christus-Passage am Ende des Essays »Die Seele des Menschen unter dem Sozialismus«). Sie hat aber auch auf biblische Vorbilder verwiesen: die Gefangenschaftsbriefe des Paulus etwa (P. Raby, S. 132–142). Solche Deutungen können sich nicht nur auf stilistische und strukturelle Merkmale stützen, sondern auch auf die biographisch bezeugte Tatsache, daß Wilde schon in der ersten Haftphase nicht nur die Bibel und John Bunyans »The Pilgrim's Progress« zur Verfügung standen, sondern auch Bücher wie Augustins »Konfessionen«, Pascals »Pensées« und Kardinal Newmans »Apologia pro Vita Sua«, die man ihm schließlich genehmigt hatte. Später in Reading kommen noch weitere Listen mit Büchern hinzu, darunter (in unserem Zusammenhang wichtig) Renans »Vie de Jésus«, Newmans »Critical and Historical Essays«, Matthew Arnolds »Gedichte« und eine Bibelausgabe in französischer Sprache (vgl. R. Ellmann, S. 682 f.).

(2) Wilde schreibt seinen Brief als *bekennender Atheist.* Weit davon entfernt, angesichts des eigenen Elends Erwartungen des »Zu-Kreuze-Kriechens« zu befriedigen, läßt Wilde Selbstbewußtsein gerade darin erkennen, daß er sich den Trost durch Religion, Philosophie und Moral verbittet und ganz auf die Kraft der eigenen schöpferischen Individualität setzt. Unserem hier dokumentierten Text geht diese Passage voraus:

»Die Religion ist mir keine Stütze. Andere glauben an das Unsichtbare, ich glaube an das, was man berühren und betrachten kann. Meine Götter wohnen in Tempeln, die von Menschenhand erbaut sind, und mein Credo erfüllt und weitet sich ständig im Radius meiner lebendigen Erfahrung: zu sehr vielleicht, denn wie Viele oder Alle, die ihren Himmel auf dieser Erde erreichten, habe ich darin nicht nur die Schönheit des Himmels, sondern auch die Schrecken der Hölle gefunden. Wenn ich überhaupt an die Religion denke, dann mit dem Gefühl, daß ich einen Orden stiften möchte für die, die nicht glauben können: die Bruderschaft der Vaterlosen könnte man ihn nennen, und an seinem Altar, wo keine Kerzen brennen, würde ein Priester, in dessen Herzen nicht der Friede wohnte, mit ungeweihtem Brot und leerem Kelch die Messe lesen. Alles, was wahr sein soll, muß zur Religion werden. Genau wie der Glaube sollte der Unglaube sein Ritual haben. Auch er hat seine Märtyrer ausgesät, darum sollte auch er seine Heiligen ernten und Gott täglich dafür danken, daß Er sich den Menschen verbirgt. Doch ob Glaube oder Unglaube, nichts darf mir von außen zukommen. Alle Symbole müssen meine eigenen Schöpfungen sein. Das Spirituelle muß seine eigene Form erschaffen können. Wenn ich sein Geheimnis nicht in mir selbst finde, so finde ich es nie. Wenn es nicht bereits in mir ist, so wird es mir nie zuteil werden.« (S. 455)

(3) Überraschend kommt dann doch der *Verweis auf Christus:* »Christ's place indeed is with the poets«. Aber auch hier durchbricht Wilde zunächst mögliche Erwartungen an einen durch Strafe geläuterten »reuigen Sünder«. Denn nicht dem Christusglauben der Kirche unterwirft sich der Poet; nicht um den moralisch richtigen Weg der Nachfolge Christi wird gerungen. Christus wird vielmehr für den eigenen Fall funktionalisiert. Was Wilde entwirft, ist ein Christusporträt aus dem *Geist des modernen Selbst-Bewußtseins.* Insofern ist es exemplarisch für das, wie Künstler im 20. Jahrhundert mit der Figur Christi umgehen werden. Denn unübersehbar konstruiert sich Wilde Christus nach seinem eigenen Bild. Die Parallelen zum eigenen Leben sind denn auch unübersehbar. Stichworte wie »Dornenkrö-

nung des Schmerzensmannes«, »höchster Individualist«, »Vorläufer der romantischen Bewegung« zeigen eine Strategie, nach der das eigene Leiden durch Christus-Identifikation gerechtfertigt und überhöht werden soll. Originalton Wilde:

> »*The coronation-ceremony of Sorrow, one of the most wonderful things in the whole of recorded time: the crucifixion of the Innocent One before the eyes of his mother and of the disciple whom he loved.*« (S. 1028; in diesem Buch S. 227)

Und es kann kein Zweifel bestehen, wer der Unschuldige heute ist, der vor den Augen seiner Mutter und seines Lieblingsjüngers »gekreuzigt« wurde. Damit ist völlig klar, wozu die Christus-Parallelen argumentationsstrategisch taugen: Sie dienen der Legitimation des eigenen künstlerischen Selbstbewußtseins und sind zugleich der grandiose Versuch eines Legitimationsentzugs für all diejenigen »britischen Philister von heute«, die Wilde in diese Lage gebracht haben. Wenn »Christi Platz bei den Dichtern« ist, an der Seite eines Shelley, eines Sophokles, eines Wilde, dann soll eine solche Behauptung das ganze Moralsystem einer »christlichen« Gesellschaft unterminieren, deren größter Skandal die Einkerkerung des Christus-Gefährten Oscar Wilde ist.

(4) Man wird Wildes Text freilich nur gerecht, wenn man ihn als Ausdruck einer tiefen *Gebrochenheit des modernen Bewußtseins* liest. Dieser Autor ist kein naiver Aufklärer mehr à la Rousseau; kein utopischer Gesellschaftsrevolutionär vom Schlage Feuerbachs und kein parteipolitischer Zukunftsingenieur im Geiste von Marx und Engels. Sein Christus-Porträt steht von vornherein im Zeichen der Tragikomik. Es ist Konstruktion, gewiß, aber als Konstruktion unentbehrlich zur Absicherung der eigenen Individualität. Ohne diese Dialektik wäre der Text reine Spielerei. Gewiß: Christus wird hier zu einer Rollenfigur, die dieser Autor so ausprobiert, wie er viele Rollen in seinen Stücken ausprobierte. Aber die Rolle des Gefangenen, der sich mit Christus in Beziehung setzt, ist eine bitterernste, die radikalste, die Wilde bisher entworfen und gespielt hat. Insofern ist ein solches Dokument Ausdruck der Zwiespältigkeit des modernen Geistes, der alles aus sich selbst heraus konstruiert und diese Konstruktionen zugleich durchschaut; der stolz ist auf die eigenen Schöp-

fungen und sie zugleich mit Satyrgrinsen zu verspotten weiß; der auf der Klaviatur aller Gefühle, Rollen und Posen spielen kann und sich gerade darin noch einmal selber verachtet.

Deshalb ist dieser Text so schwierig »greifbar«, weil er beides zugleich ist: Selbstbeschuldigung und Selbstglorifizierung, Zerknirschung und Zergliederung, Ausdruck des Leidens und Genuß des Leidens, Dokument der Demut und Dokument des Hochmuts, Schrei des Herzens und raffiniert inszeniertes Spiel, zu Tränen rührendes Pathos, das im selben Moment aber in eitles Posieren verfallen kann. Deshalb ist man als Leser unsicher, was man hier vor sich hat: das autotherapeutische Dokument einer verwundeten Seele oder den produktiven Künstler, der selbst Christus zum eigenen Spiegelbild macht und für den Prozeß der Selbstverwirklichung funktionalisiert. Deshalb bleibt einem als Leser unklar, wie man reagieren soll: mit Tränen oder mit Applaus, mit Spott über die jetzt noch vorhandene Eitelkeit oder mit Sympathie für einen Gefallenen, der buchstäblich im Staub liegt. In jedem Fall aber zeigt dies sowohl rhetorisch effektvolle wie poetisch stilisierte Dokument den Dichter nicht als »Verlorenen«, sondern als Verwandelten. Nicht als zerknirschten Sünder, sondern als einen nach wie vor produktiven Künstler, nicht als verlorenen Sohn, sondern als gereiften, durch Demut und Leid im wahrsten Sinn des Wortes menschlicher gewordenen Mann, der nicht – wie erwartet – mit seiner Vergangenheit und seinem Leben bricht, sondern es auf eine höhere Stufe zu transformieren weiß – mit Christus als Vorbild. Man nimmt Wilde angesichts der Intensität seines Christus-Porträts (welch glänzende Vergleiche mit den griechischen Göttern!) durchaus die Ernsthaftigkeit ab:

»More than anyone else in history he (Jesus) wakes in us that temper of wonder to which Romance always appeals. There is still something to me almost incredible in the idea of young Galilean peasant imagining that he could bear on his own shoulders the burden of the entire world: all that had been already done and suffered, and all that was yet to be done and suffered . . . and not merely imagining this but actually achieving it, so that at the present moment all who come in contact with his personality, even though they may neither bow to his altar nor kneel before his priest, yet somehow find, that the ugliness of their sins is taken away and the beauty of their sorrow revealed to them.« (S. 1028; in diesem Buch S. 226)

Der Christus des Oscar Wilde: Er ist der *Christus der ungläubigen Künstler,* die an nichts als sich selber und an die Schönheit glauben, auch die Schönheit des Leidens, und im Vertrauen auf ihn verkünden, daß »die Liebe schöner ist als der Haß« . . .

Kurze Zeit nach Fertigstellung des Briefes, am 19. Mai 1897, wird Wilde aus dem Gefängnis entlassen. Geschieden, krank, bankrott, geächtet, zieht er noch zweieinhalb Jahre durch Europa unter dem Namen Sebastian Melmoth. Eine letzte Rolle, die er spielt, jetzt spielen muß. Sebastian, das verweist auf den Künstler als Schmerzensmann, durch Leid und Demut vom Verhöhnten zum Heiligen gewandelt; Melmoth ist der Name eines unruhig-unglücklich umherwandernden Juden im Roman »Melmoth the Wanderer«, den Wildes Großonkel einst geschrieben hatte. Der Künstler als Märtyrer und Heiliger; der Künstler als der Unstete, Verfolgte, Heimatlose: Wildes letzte Jahre sollten unter solchen Vorzeichen stehen. Am 30. November 1900 stirbt er in einem heruntergekommenen, billigen Pariser Hotel, im Hotel d'Alsace in der Rue des Beaux Arts.

Nachwort I: Fünf Jahre später skizziert anläßlich der Publikation einer deutschen Ausgabe von »De Profundis« (1905) *Hugo von Hofmannsthal* auf anrührende Weise ein Portrait von Oscar Wilde: »Es war das Schicksal dieses Menschen, drei Namen nacheinander zu führen: Oscar Wilde, C33, Sebastian Melmoth. Der Klang des ersten nichts als Glanz, Hochmut, Verführung, der zweite fürchterlich, eines jener Zeichen, welche die Gesellschaft mit glühendem Eisen in eine nackte menschliche Schulter einbrennt. Der dritte der Name eines Gespenstes, einer halbvergessenen Balzacschen Gestalt.« (S. 341)

Nachwort II: Neun Jahre nach Wildes Tod, 1909, ruft ihm sein Landsmann *James Joyce* nicht ohne Sarkasmus hinterher: »In seinem letzten Buch, *De Profundis,* kniet er vor einem gnostischen Christus, der aus den apokryphen Seiten des *House of Pomegranates* (›Das Granatapfelhaus‹) wiedererstanden ist, und da scheint seine wahre Seele, zitternd, verschüchtert und traurig, durch den Mantel des Heliogabalus (Priester des Sonnengottes) . . . Ein Vers aus dem Buch Hiob ist in seinen Grabstein auf dem ärmlichen Friedhof von Bagneux geschnitten. Er rühmt seine Gewandtheit, ›eloquium suum‹ – den großen legendären Mantel, der nun verteiltes Beutegut ist. Vielleicht wird die Zeit einen anderen Vers dort eingraben, nicht so stolz, aber frömmer: *Partiti sunt sibi vestimenta mea et super vestem meam miserunt sortis* (›Sie teilen meine Kleider unter sich und werfen das Los um mein Gewand‹).« (S. 227)

Ausgabe: O. Wilde, »Epistola: In Carcere et Vinculis« (»De Profundis«), in: Complete Works of Oscar Wilde, Glasgow 1994, S. 980–1059 (Collins Classics). Ein Brief aus dem Zuchthaus zu Reading (»De Profundis«). Deutsch von H. Soellner, in: Werke, Bd. II, hrsg. v. R. Gruenter, München 1970, [2]1972, S. 467–483.

Literatur zur Vertiefung

1. Zur Lebensgeschichte:
R. Ellmann, Oscar Wilde, New York 1988. Oscar Wilde. Biographie. Deutsch von H. Wolf, München 1991.

2. Zur Werkgeschichte:
J. Joyce, Oscar Wilde: Der Dichter der »Salome« (1909), in: ders., Kleine Schriften. Deutsch von H. Marschall – K. Reichert, Frankfurt/M. 1974, S. 222–227.
W. Koeppen, Oscar Wilde und sein Bildnis (1976), in: ders., Die elenden Skribenten. Aufsätze, hrsg. v. M. Reich-Ranicki, Frankfurt/M. 1981, S. 84–92.
N. Kohl, Oscar Wilde. Das literarische Werk zwischen Provokation und Anpassung, Heidelberg 1980.
P. Raby, Oscar Wilde, Cambridge 1988.
M. Knox, Oscar Wilde. A long and lovely suicide, New Haven – London 1994.
A. Varty, A Preface to Oscar Wilde, London – New York 1998.

3. Zum Text:
H. von Hofmannsthal, Sebastian Melmoth (1905), in: ders., Gesammelte Werke. Reden und Aufsätze I (1891–1913), hrsg. v. B. Schoeller, Frankfurt/M. 1979, S. 341–344.
J. B. Gordon, Wilde and Newman. The Confessional Mode, in: Renascene 22 (1970), S. 183–191.
H. Kail, Oscar Wildes »De Profundis« and the Confessional Tradition, in: Prose Studies 2 (1979), S. 141–150.
A. Fleishman, Figures of Autobiography, Berkeley/Ca. 1983, S. 275–309.

Oscar Wilde
De Profundis

Ich sehe eine viel engere und direktere Verbindung zwischen dem
Leben Christi und dem Leben des Künstlers, und ich empfinde
besondere Freunde bei dem Gedanken, daß ich, lange ehe das Leid
sich meiner Tage bemächtigte und mich auf sein Rad flocht, in *The
Soul of Man* geschrieben habe, wer ein christushaftes Leben führen
wolle, müsse ganz und gar er selbst sein, und daß ich als Archetypen
nicht nur den Schäfer auf den Hügeln und den Gefangenen in seiner Zelle hingestellt habe, sondern auch den Maler, dem die Welt
ein Schau-Stück und den Dichter, dem die Welt ein Lied ist. Ich entsinne mich, daß ich einst zu André Gide sagte, als wir zusammen in
einem Pariser Café saßen, für die Metaphysik hätte ich nur wenig
wirkliches Interesse und für die Moral gar keines, dagegen lasse sich
alles, was Platon oder Christus je gesagt hätten, unmittelbar in die
Sphäre der Kunst transponieren und finde dort seine letzte Erfüllung. Eine Verallgemeinerung, die ebenso tief wie neu war.
Wir wissen nicht nur, daß in Christus Persönlichkeit und Perfekti-
on jene enge Verbindung eingegangen sind, die das unterscheiden-
de Merkmal zwischen klassischer und romantischer Kunst bildet
und Christus zum wahren Vorläufer der romantischen Bewegung
im Leben macht, wir wissen auch, daß sein Wesen auf der gleichen
Grundlage basierte wie das Wesen des Künstlers gründet: auf einer
kraftvollen, flammenden Phantasie. Er brachte im gesamten
Bereich der menschlichen Beziehungen jene Fähigkeit des Mitempfindens zur Geltung, die im Bereich der Kunst das Geheimnis
des Schaffens bildet. Er verstand den Aussatz des Aussätzigen, das
Dunkel des Blinden, das wilde Elend derer, die dem Genuß leben,
die schwer verständliche Armut der Reichen. Jetzt verstehst Du
wohl – oder nicht? –, daß Du damals, als Du mir in meinem
Unglück schriebst: »Wenn Du nicht auf Deinem Podest stehst, bist
Du nicht interessant. Bei Deiner nächsten Krankheit verschwinde
ich sofort«, ebensoweit vom wahren Temperament des Künstlers
entfernt warst wie von dem, was Matthew Arnold »*das Geheimnis
Jesus*« nennt. Jeder hätte Dir sagen können, daß alles, was einen
anderen trifft, uns selbst trifft, und wenn Du ein Motto brauchst,
das Du morgens und abends, in Freude und Leid lesen kannst,
dann schreibe an die Mauer Deines Hauses in Lettern, die die Son-

ne vergolde und der Mond versilbere, »*Alles, was einen anderen trifft, trifft auch mich selbst*«, und sollte jemand Dich fragen, was eine solche Inschrift wohl bedeuten mag, so kannst Du antworten, sie bedeute »Unseres Herrn Jesu Herz und Shakespeares Hirn«.

Ja, Christi Platz ist bei den Dichtern. Sein Menschheitsbild entsprang direkt seiner Vorstellungskraft und kann nur durch sie verwirklicht werden. Was dem Pantheisten Gott war, war ihm der Mensch. Er hat als erster die aufgespaltenen Rassen als Einheit gesehen. Ehe er kam, gab es Götter und Menschen. Er allein sah, daß es auf dem Hügel des Lebens nur Gott und den Menschen gibt, und da seine mystische Fähigkeit des Mitempfindens ihm sagt, daß in ihm beide Fleisch geworden waren, nennt er sich bald Gottessohn, bald Menschensohn. Mehr als jede andere Gestalt in der Geschichte weckt er in uns den Sinn für das Wunderbare, an den die Romantik immer appelliert. Immer noch scheint es mir kaum faßbar, daß ein junger Galiläer sich vorstellt, er könne sich die Last der ganzen Welt auf seine Schultern legen: alles, was bisher getan und gelitten worden war, und alles, was noch zu tun und zu erleiden blieb: die Sünden Neros, Cesare Borgias, Alexanders VI. und des Mannes, der Kaiser von Rom und Priester des Sonnengottes war: und die Leiden der vielen, die Legion heißen und die bei den Gräbern wohnen, die Leiden der geknechteten Völker, der Kinder in den Fabriken, der Diebe, der Sträflinge, der Parias, derer, die stumm sind unterm Joch und deren Schweigen Gott allein hört: und daß er sich das nicht nur vorstellte, sondern es wirklich tat, so daß noch heute jeder, der mit seiner Person in Berührung kommt, auch wenn er sich nicht vor seinem Altar neigt noch vor seinem Priester kniet, doch spürt, wie der Makel der Sünden von ihm genommen und die Schönheit des Leids ihm offenbart wird.

Ich sagte von ihm, er zähle zu den Dichtern. Das stimmt. Shelley und Sophokles sind seine Gefährten. Doch auch sein ganzes Leben ist das wunderbarste Gedicht. An »Furcht und Mitleid« hat die ganze Welt der griechischen Tragödie nicht desgleichen. Die makellose Reinheit der Hauptfigur erhebt das ganze Drama auf eine Höhe romantischer Kunst, zu der die Leiden des »Hauses Theben und der Pelopiden« gerade durch ihre Grausigkeit nicht aufsteigen können, und beweist, wie unrecht Aristoteles hatte, als er in seiner Schrift über das Drama sagte, die Darstellung eines schuldlos Leidenden sei unerträglich. Auch bei Aischylos oder Dante, den strengen Meistern

der Zartheit, bei Shakespeare, dem menschlichsten aller großen Künstler, im gesamten keltischen Mythen- und Legendenkreis, wo der Liebreiz der Welt durch einen Tränenschleier gezeigt wird und das Leben des Menschen nicht mehr gilt als das Leben einer Blume, findet sich nichts, wovon sich sagen ließe, es reiche in der Verbindung und Verschmelzung reinsten, schlichtesten Pathos mit der äußersten Erhabenheit des tragischen Effekts auch nur entfernt an den letzten Akt der Passion Christi heran. Das Abendmahl mit seinen Jüngern, von denen einer ihn bereits um Geld verschachert hat: die Todesangst im stillen, mondhellen Olivenhain: der falsche Freund, der dicht an ihn herantritt, um ihn mit einem Kuß zu verraten: der Freund, der noch an ihn glaubte und auf den er, wie auf einen Fels, eine Zuflucht für den Menschen zu bauen gehofft hatte und der ihn verleugnete, als der Hahn im Frühlicht krähte: seine äußerste Verlassenheit, seine Unterwerfung, sein Ja zu allen Leiden: und dazu solche Szenen wie die vom Hohenpriester der Rechtgläubigen, der im Zorn seine Kleider zerreißt, und die vom kaiserlichen Landpfleger, der sich Wasser bringen läßt in der eitlen Hoffnung, er könne seine Hände reinwaschen von dem unschuldigen Blut, das ihn zur Henkersfigur der Geschichte macht: die Dornenkrönung des Schmerzensmannes, eine der wunderbarsten Begebenheiten, die das Buch der Geschichte verzeichnet: die Kreuzigung des Schuldlosen vor den Augen seiner Mutter und seines Lieblingsjüngers: die Soldaten, die um seine Kleider spielen und würfeln: der schreckliche Tod, durch den er der Welt ihr ewiges Symbol gab: und schließlich die Grablegung in der Gruft des reichen Mannes, der Leichnam mit kostbaren Spezereien gesalbt, mit Wohlgerüchen besprengt und in ägyptisches Linnen gehüllt wie der Leichnam eines Königssohnes – wenn man das alles rein vom Standpunkt der Kunst aus betrachtet, dann muß man dankbar sein, daß der höchste Gottesdienst der Kirche im Nachspielen der Tragödie ohne Blutvergießen besteht, in der mystischen Darstellung der Passion ihres Herrn nur mit den Mitteln des Dialogs, des Kostüms und der Geste, und mich erfüllt der Gedanke mit Freude und Ehrfurcht, daß der griechische Chor, der überall sonst in der Kunst verstummt ist, noch in dem Ministranten weiterlebt, der dem Priester bei den Meßgebeten antwortet.
Und doch ist das Leben Christi – so vollständig können Leid und Schönheit in Bedeutung und Ausdruck eins werden – im Grunde eine Idylle, auch wenn am Ende der Vorhang im Tempel zerreißt,

Finsternis das Antlitz der Erde bedeckt und der Stein vor den Eingang des Grabes gewälzt wird. Man stellt ihn sich immer als einen jungen Bräutigam im Kreise seiner Gefährten vor, wie er selbst sich auch beschreibt, oder als Schäfer, der auf der Suche nach einer grünen Weide oder dem kühlen Fluß mit seiner Herde durchs Tal zieht; oder als Sänger, der die Mauern der Stadt Gottes aus Musik erbauen möchte, oder als Liebenden, für dessen Liebe die ganze Welt viel zu eng war. Seine Wunder dünken mich so erlesen wie das Nahen des Frühlings und ebenso natürlich. Es macht mir überhaupt keine Schwierigkeiten, den Zauber seiner Person für so groß zu halten, daß seine Gegenwart allein schon der gequälten Seele Frieden bringen konnte und daß diejenigen, die sein Gewand oder seine Hände berührten, ihre Schmerzen vergaßen: oder Leute, die bisher blind gewesen waren für die Mysterien des Lebens, sie plötzlich klar erkannten, wenn er auf der Straße des Lebens an ihnen vorüberschritt, und daß andere, die taub waren für jede Stimme, nur nicht für die Stimme des Genusses, nun zum erstenmal die Stimme der Liebe hörten und sie »lieblich fanden wie Apollons Leier«: oder daß böse Leidenschaften flohen, wenn er sich näherte, und Menschen, deren stumpfes, phantasieloses Dasein nur eine Form des Todes war, bei seinem Anruf aus ihrem Grab auferstanden: oder daß die Menge, der er auf dem Berg predigte, Hunger und Durst und alle Sorgen dieser Welt vergaß, und daß seinen Freunden, die ihm beim Mahle lauschten, die karge Speise wohlschmeckte und das Wasser wie edler Wein mundete und das ganze Haus sich mit der Narden Duft und Süße erfüllte.

Renan sagt irgendwo in seinem *Vie de Jésus* – diesem köstlichen Fünften Evangelium, dem Thomas-Evangelium, wie man es nennen könnte –, Christi größte Tat bestehe darin, daß er es verstanden habe, nach seinem Tode ebenso geliebt zu werden, wie er zu Lebzeiten geliebt wurde. Ja, ihm gebührt ein Platz unter den Dichtern, unter den Liebenden aber ist er der Erste. Er erkannte, daß die Liebe das verlorene Geheimnis der Welt ist, nach dem die Weisen suchen, und daß man nur durch die Liebe dem Herzen des Aussätzigen und den Füßen Gottes nahekommen kann.

Und vor allem ist Christus der höchste Individualist. Seine Demut ist, wie die Unterwerfung des Künstlers unter jede Art von Erfahrung, nur eine Möglichkeit zur Selbstdarstellung. Christus ist immer auf der Suche nach der Seele des Menschen. Er nennt sie »das Reich

Gottes« – ἡ βασιλεία τοῦ εοῦ – und findet sie bei jedem. Er vergleicht sie mit kleinen Gegenständen: mit einem winzigen Saatkorn, einer Handvoll Sauerteig, einer Perle. Er tut das, weil man sich der eigenen Seele nur dadurch bewußt wird, daß man sich aller fremden Leidenschaften entäußert, aller angelernten Bildung und aller irdischen Güter, mögen sie gut sein oder schlecht.

Ich lehnte mich mit aller Hartnäckigkeit meines Willens und der großen Spontaneität meines Herzens gegen alles auf, bis mir nichts mehr in der Welt geblieben war – außer Cyril. Ich hatte meinen Namen verloren, mein Ansehen, mein Glück, meine Freiheit, mein Vermögen. Ich war gefangen und bettelarm. Doch ein Gut war mir noch geblieben, mein ältester Sohn. Plötzlich nahm das Gesetz ihn mir weg. Der Schlag war so betäubend, daß ich mir keinen Rat wußte, und so warf ich mich auf die Knie und neigte den Kopf und weinte und sprach: »Der Leib eines Kindes ist dem Leib des Herrn gleich; ich bin beider unwürdig.« Dieser Augenblick muß meine Rettung gewesen sein. Damals erkannte ich, daß mir nur noch eines blieb: alles hinzunehmen. Seitdem – so sonderbar das für Dich klingen mag – bin ich glücklicher.

Denn ich war bis zum innersten Wesen meiner Seele vorgestoßen. Ich war in so vielem ihr Feind gewesen, und doch erwartete sie mich wie einen Freund. Die Berührung mit der eigenen Seele macht den Menschen einfältig wie ein Kind, was er nach Christi Wort sein soll. Es ist tragisch, wie viele Menschen bis zu ihrem Tode nie »ihre Seele besaßen«. »Nichts ist so selten beim Menschen«, sagt Emerson, »wie eine eigene Handlung.« Das stimmt. Die meisten Leute sind andere Leute. Ihr Leben ist eine Kopie, ihre Gedanken sind die Meinungen anderer, ihre Leidenschaften Zitate. Christus war nicht nur der größte Individualist der Geschichte, er war auch der erste. Man hat versucht, in ihm einen gewöhnlichen Philanthropen zu sehen, ähnlich den gräßlichen Menschenfreunden des neunzehnten Jahrhunderts, oder hat ihn als Altruisten unter die Ungebildeten und Sentimentalen eingereiht. Aber er war weder das eine noch das andere. Freilich hat er Mitleid mit den Armen, mit denen, die in Gefängnissen schmachten, mit den Geringen und den Elenden, doch er hat weit mehr Mitleid mit den Reichen, mit den hartnäckigen Hedonisten, mit denen, die ihre Freiheit vergeuden und sich zu Sklaven der Könige machen, mit denen, die weiche Gewänder tragen und in Palästen leben. Reichtum und Genuß scheinen ihm in Wahrheit weitaus tragischer zu sein als Armut und Leid. Und was seinen Altruismus anlangt: wer wußte besser als er, daß die Berufung, nicht der Wille uns zu dem macht, was wir sind, und daß man nicht Trauben ernten kann von den Dornen oder Feigen von den Disteln?

Seine Lehre fordert nicht ein Leben für andere als letztes, selbstgestecktes Ziel. Das war nicht die Grundlage seiner Lehre. Wenn er sagt »Vergebet euren Feinden«, so meint er nicht, den Feinden zuliebe, sondern sich selbst zuliebe und weil die Liebe schöner ist als der Haß. Mit der Aufforderung an den reichen Jüngling, den er ansah und sofort liebte, »Verkaufe alles, was du hast und gib's den Armen«, will er nicht den Armen helfen, sondern der Seele des jungen Mannes, der lieblichen Seele, die der Reichtum verdorben hat. Er sieht das Leben, wie der Künstler es sieht, der weiß, daß kraft des unabweisbaren Gesetzes der Selbstvollendung der Dichter singen, der Bildhauer in Bronze denken und der Maler die Welt zum Spiegel seiner Empfindungen machen muß, so unbedingt und sicher, wie der Weißdorn im Frühling blühen und das Korn zur Erntezeit zu Gold reifen und der Mond auf seiner vorbestimmten Bahn vom Schild zur Sichel und von der Sichel zum Schilde werden muß.

Christus sprach nicht zu den Menschen. »Lebt für andere«, er hat vielmehr dargetan, daß es zwischen dem Leben der anderen und dem eigenen Leben gar keinen Unterschied gibt. Dadurch verlieh er dem Menschen eine grenzenlose, eine titanische Persönlichkeit. Seit seinem Erscheinen wird die Geschichte jedes einzelnen Individuums zur Weltgeschichte, kann zumindest dazu werden. Natürlich hat die Kultur die Persönlichkeit des Menschen intensiviert. Die Kunst hat unserem Geist tausend Facetten verliehen. Wer das Temperament des Künstlers hat, geht mit Dante ins Exil und erfährt, wie salzig das Brot der Fremde schmeckt und wie steil ihre Treppen sind; einen Augenblick lang erfaßt er die Heiterkeit und Gelassenheit Goethes und weiß doch nur zu gut, warum Baudelaire zu Gott aufschrie:

> Ah, Herr, verleih mir Kraft und Mut, meinen Körper und mein Herz ohne Ekel zu betrachten.

Shakespeares Sonetten entnimmt er, vielleicht zum eigenen Schaden, das Geheimnis von Shakespeares Liebe und macht es sich zu eigen: mit neuen Augen sieht er das moderne Leben, weil er ein Nocturno Chopins gehört oder mit griechischen Dingen umgegangen ist oder die Geschichte der Leidenschaft eines Toten zu einer Toten gelesen hat, deren Haar wie gesponnenes Gold war und deren Mund einem Granatapfel glich. Doch die Sympathie des künstlerischen Temperaments gehört notwendig dem, was zu Ausdruck gelangt ist. In Worten oder Farben, in Musik oder Marmor, hinter den bemalten Masken einer Aischyleischen Tragödie und durch das geschnitzte und gefügte Schilfrohr eines sizilianischen Hirten müssen Mensch und Botschaft sich ihm offenbaren.

Für den Künstler ist der geformte Ausdruck die einzige Möglichkeit, das Leben zu begreifen. Alles Stumme ist für ihn tot. Nicht so für Christus. Mit einer Vorstellungskraft von beinahe erschreckender Weite und Tiefe erkor er sich die ganze Welt des Unartikulierten, die stimmlose Welt der Qual zu seinem Reich und machte sich selbst zu ihrem ewigen Sprecher. Die, von denen ich sprach, die stumm sind unterm Joch, und die, »deren Schweigen Gott allein hört«, erwählte er sich zu Brüdern. Er wollte dem Blinden Auge sein, dem Tauben Ohr und der Schrei auf den Lippen dessen, dem die Zunge gebunden ist. Den Myriaden, die keiner Sprache mächtig sind, wollte er Posaune sein, durch die sie den Himmel anrufen könnten. Seine Künstlernatur, der Sorge und Leid Möglichkeiten waren, seine Auffassung vom Schönen zu verwirklichen, sagt ihm, daß eine Idee so lange wertlos ist, wie sie nicht Fleisch geworden und zum Bild gemacht ist, und so macht er sich selbst zum Bild des Schmerzensmannes, und dieses Bild fasziniert und beherrscht die Kunst in einem Maße, wie es keinem griechischen Gott je gelang.

Denn die griechischen Götter waren trotz des Weiß und Rot ihrer schönen, geschmeidigen Glieder nicht wirklich das, was sie zu sein schienen. Apollons geschwungene Braue war wie die Sonnenscheibe, die im Frühlicht über dem Hügel aufwächst, und seine Füße waren wie die Schwingen des Morgens, doch er selber war grausam gewesen gegen Marsyas und hatte Niobe ihrer Kinder beraubt: in den stählernen Schilden der Augen Pallas Athenes leuchtete kein Erbarmen mit Arachne: die Pracht und die Pfauen der Hera waren das einzige wirklich Edle an ihr: und der Göttervater selbst hatte die Menschentöchter allzusehr geliebt. Die beiden wirklich fruchtbaren Gestalten der griechischen Mythologie waren für die Religion Demeter, eine Erdgöttin, die nicht zu den Olympiern gehörte, und für die Kunst Dionysos, der Sohn einer Sterblichen, die im Augenblick seiner Geburt den Tod fand.

Doch das Leben selbst brachte aus seinen tiefsten Niederungen Einen hervor, wunderbarer als die Mutter der Proserpina oder der Sohn der Semele. Aus der Zimmermannswerkstatt zu Nazareth war eine Persönlichkeit hervorgegangen, unendlich größer als irgendeine, die Mythos oder Sage geschaffen hatten, und – seltsam genug – dazu bestimmt, der Welt die mystische Bedeutung des Weins und die wahre Schönheit der Lilien zu lehren, wie es vor ihm keiner getan hat, nicht auf dem Kithäron und nicht zu Enna.

Das Lied des Jesajas, »Er war der Allerverachtetste und Unwerteste, voller Schmerzen und Krankheit. Er war so verachtet, daß man das Angesicht vor ihm verbarg...«, erschien ihm wie eine Ankündigung seiner selbst, und der Spruch erfüllte sich an ihm. Wir brauchen vor einem solchen Satz nicht zu scheuen. Jedes Kunstwerk ist die Erfüllung einer Prophezeiung. Denn jedes Kunstwerk ist die Umsetzung einer Idee in ein Bild. Jedes menschliche Wesen sollte die Erfüllung einer Prophezeiung sein. Denn jedes menschliche Wesen sollte die Verwirklichung eines Ideals sein, sei es nach dem Sinne Gottes oder nach dem Sinn der Menschen. Christus fand den Typus und legte ihn fest, und der Traum eines vergilischen Dichters in Jerusalem oder Babylon verkörperte sich nach langen Jahrhunderten in ihm, auf den die Welt wartete. »...weil seine Gestalt häßlicher ist denn anderer Leute und sein Ansehen denn der Menschenkinder«, gehört zu den typischen Merkmalen des neuen Ideals, wie Jesajas sie aufzeichnete, und sobald die Kunst seine Bedeutung verstanden hatte, erblühte sie wie eine Blume in der Gegenwart des Einen, in dem die Wahrheit in der Kunst zutage trat wie nie zuvor. Denn ist nicht, wie ich schon sagte, die Wahrheit in der Kunst erreicht, wenn »das Äußere Ausdruck des Innern ist; wenn die Seele Fleisch geworden und der Leib vom Geiste beseelt ist: wenn die Form den Inhalt offenbart«?

Für mich gehört es zu den bedauerlichsten Fakten der Geschichte, daß die wahrhaft christliche Renaissance, der wir die Kathedrale von Chartres verdanken, die Artus-Sagen, das Leben des heiligen Franz von Assisi, die Kunst Giottos und Dantes *Divina Commedia*, sich nicht in ihrem eigenen Sinn weiterentwickeln durfte, sondern von der öden klassischen Renaissance verdrängt und verdorben wurde, die uns Petrarca bescherte und Raffaels Fresken und die Architektur des Palladio, die formenstrenge französische Tragödie und die St. Pauls-Kathedrale und Popes Dichtung und alles, was von außen her und nach starren Regeln gemacht wird, statt von innen her, aus der Eingebung zu kommen. Überall jedoch, wo sich in der Kunst eine romantische Bewegung zeigt, ist auch, in irgendeiner Form, unter irgendeiner Gestalt, Christus oder die Seele Christi. So in *Romeo und Julia*, in *Das Wintermärchen*, in der provenzalischen Lyrik, in »The Ancient Mariner«, in »La Belle Dame sans Merci« und in Chattertons »Ballad of Charity«.

Ihm verdanken wir die verschiedensten Dinge und Menschen. *Les Misérables* von Hugo, Baudelaires *Fleurs du Mal*, das Mit-Leiden im russischen Roman, das bunte Glas, die Gobelins und Quattrocento-Arbeiten von Burne-Jones und Morris, Verlaine und Verlaines Gedichte gehen genauso auf ihn zurück wie Giottos Glockenturm, Lancelot und Ginevra, Tannhäuser, die leidbewegten romantischen Plastiken Michelangelos, die gotische Spitzbogenarchitektur und die Liebe zu Kindern und Blumen, für die in der klassischen Kunst ja wenig Platz war, kaum so viel, daß sie darin wachsen und spielen konnten, wenn sie auch vom zwölften Jahrhundert an bis in unsere Tage in der Kunst immer wieder auftraten, unter verschiedenen Formen und zu verschiedenen Zeiten, sprunghaft und eigenwillig, wie das die Art der Kinder und der Blumen ist – scheint es uns im Frühling nicht jedesmal, als hätten die Blumen sich versteckt gehalten und kämen nur heraus in die Sonne, weil sie fürchteten, diese Erwachsenen da könnten müde werden, nach ihnen auszuschauen und die Suche aufgeben, und ist nicht das Leben eines Kindes bloß ein Apriltag, der für die Narzisse Regen und Sonnenschein zugleich bereithält.

Und dank der Vorstellungskraft seiner Natur wird Christus zum pulsierenden Herz der Romantik. Die wundersamen Gestalten erdichteter Dramen und Balladen wurden aus der Phantasie anderer geboren, Jesus von Nazareth jedoch schuf sich selbst aus seiner eigenen Phantasie. Jesajas Ruf hatte mit seinem Kommen nicht mehr zu tun als der Gesang der Nachtigall mit dem Aufgang des Mondes – nicht mehr, wenn auch vielleicht nicht weniger. Er war zugleich Widerlegung und Bestätigung des Prophetenworts. Für jede Erwartung, die er erfüllte, zerstörte er eine andere. Alles Schöne, sagt Bacon, zeige »ungewohnte Proportionen«, und Christus sagt von denen, die aus dem Geiste geboren, von denen, die wie er selbst dynamische Kräfte sind, sie glichen dem Wind, der »bläst, wo er will, aber du weißt nicht, woher er kommt und wohin er fährt«. Darum ist er so faszinierend für den Künstler. Er vereint alle Farbelemente des Lebens: Geheimnis, Neuheit, Pathos, Ahnung, Ekstase, Liebe. Er spricht den Sinn für das Wunderbare an und schafft die Empfänglichkeit, die allein zum Verständnis seiner Person führt.

Und ich werde froh bei dem Gedanken, daß, wenn er »aus Einbildung besteht«, die ganze Welt aus diesem Stoff gemacht sein muß. In *Dorian Gray* habe ich gesagt, die größten Sünden der Welt würden im Gehirn vollzogen, doch es vollzieht sich alles Geschehen ausschließlich im Gehirn. Wir wissen jetzt, daß wir nicht mit den Augen sehen oder mit den Ohren hören. Sie sind nur mehr oder weniger taugliche Leitungskanäle für Sinneseindrücke. Erst im Gehirn ist der Klatschmohn rot, duftet der Apfel und trillert die Lerche. Seit kurzem studiere ich eifrig die vier Prosagedichte über Christus. Zu Weihnachten konnte ich eines griechischen Testaments habhaft werden, und jeden Morgen, wenn ich meine Zelle gefegt und mein Blechgeschirr gereinigt habe, lese ich ein wenig in den Evangelien, ein Dutzend Verse irgendwo herausgegriffen. Es ist ein köstlicher Tagesbeginn. Für Dich, in Deinem turbulenten, ungeregelten Leben, wäre das ebenfalls eine glänzende Idee. Es würde Dir unendlich guttun, und das Griechisch ist ganz einfach. Endlose Wiederholung, zur rechten und zur unrechten Zeit, hat uns die *naïveté*, die Frische, den schlichten, romantischen Zauber der Evangelien verleidet. Sie werden uns viel zu oft und viel zu schlecht vorgelesen, und jede Wiederholung ist ungeistig. Kehrt man zum Griechischen zurück, so meint man, aus einem engen, dunklen Haus in einen Garten voller Lilien zu treten.

Und für mich wird die Lektüre zum doppelten Genuß, wenn ich bedenke, daß wir aller Wahrscheinlichkeit nach die von Christus wirklich gebrauchten Ausdrücke, die *ipsissima verba*, vor uns haben. Man nahm immer an, Christus habe aramäisch gesprochen. Selbst Renan glaubte das. Jetzt aber wissen wir, daß die galiläischen Bauern, genau wie heutzutage die irischen, zwei Sprachen redeten und daß in ganz Palästina, wie ja in der ganzen östlichen Welt, das Griechische die Umgangssprache war. Mir war der Gedanke immer unsympathisch, daß wir Christi eigene Worte nur in der Übersetzung einer Übersetzung kennen sollten. Nun freut mich um so mehr der Gedanke, daß Charmides ihm gelauscht und Sokrates mit ihm philosophiert und Platon ihn verstanden haben könnte: daß er wirklich gesagt hat: ἐγώ εἰμι ὁ ποιμὴν ὁ καλός, daß er in dem Gleichnis von den Lilien auf dem Felde, die nicht arbeiten, auch nicht spinnen, genau das gesagt hat: $\kappa\alpha\tau\alpha\mu\acute{\alpha}\vartheta\varepsilon$ $\tau\grave{\alpha}$ $\varkappa\varrho\acute{\iota}\nu\alpha$ $\tau o\tilde{\upsilon}$ $\grave{\alpha}\gamma\varrho o\tilde{\upsilon}$ $\pi\tilde{\omega}\varsigma$ $\alpha\grave{\upsilon}\xi\acute{\alpha}\nu\varepsilon\iota$. $o\grave{\upsilon}$ $\varkappa o\pi\iota\tilde{\alpha}$ $o\grave{\upsilon}\delta\grave{\varepsilon}$ $\nu\acute{\eta}\vartheta\varepsilon\iota$, und daß sein letztes Wort, sein Ausruf: »Mein Leben ist abgeschlossen, hat seine Erfüllung gefunden, ist vollendet«, genauso lautete, wie Johannes es uns mitteilt $\tau\varepsilon\tau\acute{\varepsilon}\lambda\varepsilon\sigma\tau\alpha\iota$: nichts weiter.

Und während ich die Evangelien studiere – zumal das des heiligen Johannes oder irgendeines frühen Gnostikers, der sich hinter seinem Namen verbarg –, finde ich darin dauernd die Phantasie als Grundlagen alles spirituellen und materiellen Lebens bestätigt, finde auch, daß für Christus die Phantasie nur eine Form der Liebe und die Liebe in des Wortes voller Bedeutung Der Herr war. Vor etwa sechs Wochen wurde mir vom Arzt Weißbrot verordnet statt des groben schwarzen oder braunen Brotes, der üblichen Gefängniskost. Es ist eine wahre Delikatesse. Für Dich wird es seltsam klingen, daß trokkenes Brot irgend jemand als Delikatesse vorkommen sollte. Ich versichere Dir, für mich ist es eine solche Köstlichkeit, daß ich nach jeder Mahlzeit sorgsam alle Krumen esse, die etwa noch auf meinem Blechteller liegen geblieben oder auf das grobe Handtuch gefallen sind, das man als Tischdecke benutzt, um den Tisch nicht zu beschmutzen: und nicht aus Hunger – ich bekomme jetzt genug zu essen –, sondern nur, damit nichts von dieser Gabe verlorengehe. So sollte man es auch mit der Liebe machen.

Christus besaß, wie alle faszinierenden Persönlichkeiten, nicht nur die Fähigkeit, schöne Dinge zu sagen, sondern auch andere dazu anzuregen, daß sie ihm Schönes sagten; und ich liebe die Geschichte, die der heilige Markus uns von der griechischen Frau erzählt – der $\gamma\upsilon\nu\grave{\eta}$ $\,{}^{\prime}E\lambda\lambda\eta\nu\acute{\iota}\varsigma$ –: als er ihr, um ihren Glauben zu erproben, sagte, er könne ihr nicht das Brot der Kinder Israels geben, da antwortete sie, daß dennoch die Hündlein – $\varkappa\upsilon\nu\acute{\alpha}\varrho\iota\alpha$, »kleine Hunde« müßte es heißen unter dem Tisch von den Brosamen der Kinder äßen. Die meisten Menschen leben *für* die Liebe und die Bewunderung, doch wir sollten *durch* die Liebe und die Bewunderung leben. Wenn uns Liebe geschenkt wird, so sollten wir wissen, daß wir ihrer gänzlich unwürdig sind. Niemand ist würdig, geliebt zu werden. Daß Gott die Menschen liebt, zeigt, daß in der göttlichen Ordnung der idealen Dinge geschrieben steht, ewige Liebe solle dem ewig Unwürdigen geschenkt werden. Oder, wenn dieser Satz Dir zu bitter klingt, sagen wir so: jeder ist der Liebe würdig, nur der nicht, der sich selbst für würdig hält. Die Liebe ist ein Sakrament und sollte kniend empfangen werden, und die Lippen und Herzen derer, die es entgegennehmen, sollten sprechen *Domine, non sum dignus.* Ich wünschte von Herzen, daß Du manchmal daran dächtest. Du hast es bitter nötig.

Sollte ich jemals wieder schreiben, ich meine künstlerische Arbeit leisten, so möchte ich mich über und durch zwei Themen äußern: das eine ist »Christus als Vorläufer der romantischen Bewegung im Leben«, das andere »das Leben des Künstlers und wohin es führt«. Das erste Thema ist natürlich ausgesprochen faszinierend, denn ich sehe in Christus nicht nur die Wesensmerkmale des gehobensten romantischen Typus, sondern auch alle Zufälligkeiten, sogar Eigenwilligkeiten des romantischen Temperaments. Er forderte als erster die Menschen auf, ein »blumenhaftes« Leben zu führen. Er prägte das Wort. Er sagte den Menschen, sie sollten wie die Kinder werden. Er hielt die Kinder den Älteren als Beispiel vor, und darin habe auch ich stets den schönsten Daseinszweck der Kinder gesehen, wenn das Vollendete überhaupt einen Zweck haben muß. Dante beschreibt die Seele, wie sie aus der Hand des Schöpfers hervorgeht, als »weinend und lachend wie ein kleines Kind«, und auch Christus wollte die Seele eines jeden Menschen »*a guisa di fanciulla, che piangendo e ridendo pargoleggia*« (nach des Kindes Weise bald mit Weinen, bald mit Lachen tändelnd). Er spürte, daß das Leben wechselreich, fließend, aktiv ist und daß Erstarrung in jeder Form den Tod bedeutet. Er sagte, die Menschen sollten die materiellen, alltäglichen Interessen nicht zu ernst nehmen: es sei etwas Großes, unpraktisch zu sein: man solle sich nicht allzu viele Sorgen machen. »Wenn's die Vögel nicht tun, warum der Mensch?« Wie bezaubernd ist sein Wort: »Sorget nicht für den anderen Morgen. Ist nicht das *Leben* mehr denn die Speise? und der *Leib* mehr denn die Kleidung?« Der letzte Satz könnte von einem Griechen stammen. Aus ihm spricht das griechische Lebensgefühl. Doch beides zusammen konnte nur Christus sagen und darin für uns die Summe des Lebens fassen.

Seine Moral besteht im Mitgefühl; genau darin sollte die Moral bestehen. Hätte er weiter nichts gesagt als: »Ihr sind viele Sünden vergeben, denn sie hat viel geliebt«, so wäre dieses Wort den Tod wert. Seine Gerechtigkeit ist dichterische Gerechtigkeit, eben das, was die Gerechtigkeit sein sollte. Der Bettler kommt in den Himmel, weil er unglücklich gewesen ist. Ich kann mir keinen besseren

Grund für die Aufnahme in den Himmel denken. Die Leute, die am kühlen Abend eine Stunde im Weinberg arbeiten, erhalten den gleichen Lohn wie die anderen, die sich den ganzen Tag lang in der heißen Sonne abgeplackt haben. Warum auch nicht? Wahrscheinlich hat keiner einen Lohn verdient. Oder vielleicht waren es verschiedene Arten von Leuten. Christus mochte die stumpfen, leblosen mechanischen Systeme nicht, die Menschen wie Dinge behandeln, also jedermann gleich: als gäbe es zwei Menschen oder Dinge auf dieser Welt, die völlig gleich wären. Für ihn galten nicht Regeln, nur Ausnahmen.

Dieser Grundton der romantischen Kunst war für ihn auch die Grundlage des realen Lebens. Eine andere Grundlage sah er nicht. Und als man das Weib zu ihm brachte, das auf frischer Tat beim Ehebruch ertappt worden war, und man ihm ihr Urteil nach dem Gesetz vorwies und ihn fragte, was zu tun sei, da schrieb er mit dem Finger auf die Erde, als hörte er sie nicht, und schließlich, als sie immer wieder in ihn drangen, blickte er auf und sprach zu ihnen: »Wer unter euch ohne Sünde ist, der werfe den ersten Stein auf sie.« Dieses Wort war ein Leben wert.

Wie alle Dichternaturen liebte er die Unwissenden. Er wußte, daß die Seele eines Unwissenden immer Raum hat für eine große Idee. Die Dummen dagegen konnte er nicht ausstehen, besonders diejenigen, die durch Erziehung verdummt wurden. Leute, die voller Ansichten stecken, von denen sie keine einzige verstehen, ein vornehmlich moderner Typus, den Christus treffsicher als den Typus beschreibt, der den Schlüssel zum Wissen hat, ihn aber selbst nicht gebrauchen kann und nun auch anderen den Gebrauch verwehrt, wenngleich es der Schlüssel zum Himmelreich ist. Vor allem zog er gegen die Philister zu Felde. Diesen Krieg muß jedes Kind des Lichtes führen. Das Philistertum kennzeichnete die Zeit und die Gesellschaft, in der er lebte. In ihrer plumpen Unempfänglichkeit für Ideen, ihrer muffigen Ehrbarkeit, ihrer selbstzufriedenen Rechtgläubigkeit, ihrer Ehrfurcht vor billigem Erfolg, ihrer ausschließlichen Sorge um die materielle Seite des Lebens und ihrer lächerlichen Selbstbeweihräucherung waren die Juden im Jerusalem der Tage Christi die genaue Entsprechung der britischen Philister von heute. Christus spottete über die »übertünchten Gräber« der Ehrbarkeit und prägte damit eine feststehende Wendung. Weltlichen Erfolg tat er als etwas ganz Verächtliches ab. Er bedeutete ihm gar nichts.

Er sah im Reichtum nur eine Last für den Menschen. Er wollte nichts davon wissen, daß man das Leben irgendeinem philosophischen oder moralischen System opferte. Er tat dar, daß Formen und Riten für den Menschen geschaffen seien, nicht der Mensch für Formen und Riten. Die Sabbatheiligung gehörte für ihn zu den Dingen, die abgeschafft werden sollten. Die kalte Menschheitsbeglückung, die ostentative öffentliche Wohltätigkeit, die Öde der äußeren Formen, die dem Spießbürgergemüt so teuer sind, entlarvte er mit beißender, unerbittlicher Verachtung. Für uns ist die sogenannte Orthodoxie nur ein bequemes, geistloses Mittun, für sie jedoch und in ihren Händen war sie eine furchtbare und lähmende Macht. Christus fegte sie vom Thron. Er zeigte, daß allein der Geist Wert besitze. Mit großem Vergnügen tat er ihnen dar, daß sie zwar ständig das Gesetz und die Propheten lasen, in Wahrheit jedoch nicht die geringste Ahnung hätten, was beide sagen wollten. Als Antithese zu ihrer Regel, jeden einzelnen Tag aufzuzehnteln in starre Routine und bestimmte Pflichten, so wie sie von Minze und Raute den Zehnten abzwackten, predigte er die ungeheuere Wichtigkeit eines in jedem Augenblick neu erfüllten Lebens.

Die er von ihren Sünden lossprach, verdankten ihre Lossprechung einfach schönen Augenblicken in ihrem Leben. Als Maria Magdalena Christus erblickt, zerbricht sie die kostbare Alabastervase, die einer ihrer sieben Liebhaber ihr geschenkt hat, und gießt die duftenden Salben über seine müden, staubigen Füße, und um dieses Augenblicks willen sitzt sie in Ewigkeit mit Ruth und Beatrice im Blütenfächer der schneeweißen Himmelsrose. Liebevoll mahnt Christus uns, daß *jeder* Augenblick schön sein sollte, und die Seele *allezeit* bereit, den Bräutigam zu empfangen, *immer* in Erwartung der Stimme des Geliebten. Das Philistertum ist ihm einfach der Teil der Menschennatur, den die Phantasie nicht erhellt, er sieht alle schönen Aspekte des Lebens als Formen des Lichts: die Phantasie selbst ist das Welt-Licht, τὸ φῶς τοῦ κοσμοῦ: aus ihm ist die Welt erschaffen, doch die Welt kann es nicht verstehen: denn die Phantasie ist eine Erscheinungsform der Liebe, und durch die Liebe und die Fähigkeit zur Liebe unterscheiden sich die Menschen voneinander.

Aber Christus ist dann am romantischsten, sprich: am realsten, wenn er mit einem Sünder zu tun hat. Von jeher hat die Welt den Heiligen geliebt, da er der göttlichen Vollkommenheit am nächsten kommt. Christus scheint kraft eines göttlichen Instinkts immer den Sünder geliebt zu haben, weil er der menschlichen Vollendung am nächsten kommt. Sein höchster Wunsch war nicht, die Menschen zu bessern, so wenig, wie es sein höchster Wunsch war, Leiden zu lindern. Er trachtete nicht, aus einem interessanten Dieb einen langweiligen Ehrenmann zu machen. Von der »Gesellschaft für entlassene Strafgefangene« und ähnlichen modernen Einrichtungen hätte er wenig gehalten. Die Bekehrung eines Zöllners zum Pharisäer wäre ihm keineswegs als löbliches Werk erschienen. Nein, auf eine Weise, die von der Welt noch nicht begriffen worden ist, betrachtete er Sünde und Leiden als etwas an sich Schönes, Heiliges und als Varianten der Vollendung. Dieser Gedanke *klingt* sehr gefährlich. Und er ist es auch. *Alle* großen Ideen sind gefährlich. Daß Christus an sie geglaubt hat, steht über jedem Zweifel. Daß dieser Glaube der wahre ist, daran zweifle ich nicht.

Natürlich muß der Sünder bereuen. Aber warum? Einfach weil er sich sonst nicht klarmachen könnte, was er getan hat. Der Augenblick der Reue ist auch der Augenblick der Weihung. Mehr noch. Er ist die Voraussetzung für die Überwindung der Vergangenheit. Die Griechen glaubten, man könne seine Vergangenheit nicht ändern. In ihren Sinnsprüchen sagen sie oft: »Nicht einmal die Götter können Vergangenes ändern.« Christus hat gezeigt, daß der gewöhnlichste Sünder es kann. Daß es das einzige ist, was er kann. Hätte man Christus gefragt, er hätte – dessen bin ich sicher – gesagt, in dem Augenblick, da der verlorene Sohn auf die Knie fiel und weinte, machte er aus der Vergeudung seines Vermögens mit den Dirnen, aus seinem Dasein als Schweinehirt, als er vor Hunger nach den Trebern gierte, schöne und heilige Begebnisse seines Lebens. Den meisten Menschen wird die Idee schwer faßlich sein. Ich möchte sogar sagen, man muß ins Gefängnis gehen, um sie zu begreifen. Das ist den Aufenthalt im Gefängnis wert.

Die Christusgestalt hat etwas Einzigartiges. Freilich, genau wie vor der eigentlichem Dämmerung ein trügerischer Schein zu sehen ist, wie manche Wintertage mit jäher Sonnenwärme den klugen Krokus dazu verleiten, sein Gold zur Unzeit zu verschwenden und ein paar törichte Vögel zu Lockruf und Nestbau auf den kahlen Zweigen, so gab es auch schon Christen, ehe Christus kam. Wir sollten dafür dankbar sein. Leider hat es nach ihm keine mehr gegeben. Mit einer Ausnahme, Franz von Assisi. Ihm aber hatte Gott bei seiner Geburt die Seele eines Dichters mitgegeben, und er selbst hatte in früher

Jugend in mystischer Ehe die Armut zu seiner Braut erkoren; und mit der Seele eines Dichters und dem Leib eines Bettlers fand er den Weg zur Vollendung nicht mühsam. Er verstand Christus, und so wurde er ihm ähnlich. Wir brauchen kein *Liber Conformitatum*, um zu wissen, daß das Leben des heiligen Franziskus die wahre *Imitatio Christi* war: ein Gedicht, neben dem das Buch dieses Namens bare Prosa ist. Ja, darin liegt letztlich der Zauber Christi. Er ist selbst einem Kunstwerk gleich. Er lehrt einen nichts direkt, doch durch die Berührung werden wir verwandelt. Und jeder ist dazu bestimmt, mit ihm in Berührung zu kommen. Zumindest einmal in seinem Leben wandert jeder mit Christus nach Emmaus.

2. DIE JUDAS-EXISTENZ DES KÜNSTLERS

Zur Einführung

Als 1950 das erste literarische Tagebuch von *Max Frisch* erscheint, ist dieser Schweizer (geb. 1911 in Zürich; gest. dort 1991) auf dem besten Weg, zu einer der zentralen Gestalten der deutschsprachigen Literatur nach 1945 zu werden. Zwar wußte man damals wenig über das während der 30er und 40er Jahre, parallel also zur Nazi- und Kriegszeit, veröffentlichte frühe Prosawerk dieses Autors: die Romane »Jürg Reinhart. Eine sommerliche Schicksalsfahrt« (1934) und »Die Schwierigen oder J'adore ce qui me brûle« (1944) oder den Prosatext »Bin oder Die Reise nach Peking« (1945). Aber mit seinen Bühnenstücken ist dieser Autor jetzt auch über sein Heimatland hinaus bereits bekannt. In fast atemberaubender Folge erleben Stücke von Frisch ihre Uraufführung am Züricher Schauspielhaus:
– 29. März 1945: »Nun singen sie wieder« unter der Regie von Kurt Horwitz;
– 7. März 1946: »Santa Cruz« unter der Regie von Heinz Hilpert;
– 10. Oktober 1946: »Die Chinesische Mauer« unter der Regie von Leonard Steckel;

– 8. Januar 1949: »Als der Krieg zu Ende war« unter der Regie noch einmal von Kurt Horwitz.

In nur wenigen Jahren ist Max Frisch damit zu einem auch international vielbeachteten Dramatiker einer neuen Generation geworden. Daneben aber entwickelt er auch sein Prosawerk weiter, und das erste große Dokument dieser Werkdimension ist eben das »Tagebuch 1946–1949«. Tagebuch? Die Kritik hat schon früh bemerkt, daß es sich bei Frisch nicht um ein »journal intime« handelt, wie André Gide es noch zu schreiben wußte (siehe die Einführung zu André Gide), eine privateste und persönlichste Eindrücke und Gefühlsregungen preisgebende chronologische Notizensammlung. Nur in knappster Form enthalten die Texte von Frisch biographisches Material in chronologischer Folge, darunter gerade nichts Privates, sondern bestenfalls persönlich Gefärbtes: Aufzeichnungen von eigenen Reisen, persönliche »Meditationen« in Zürcher Cafés (Café de la Terrasse, Café Odeon), subjektive Meinungen zu Ereignissen der Zeit.

Dieses »Tagebuch« also ist kein Konfessions-, sondern ein *Arbeits- und Skizzen-Buch,* und als solches ist es für das gesamte Werk von Max Frisch von überragender Bedeutung (Ausführliches dazu bei D. de Vin, 1977). Denn erst im Abstand kann man erkennen, daß es sich bei diesen Texten keineswegs um Nebenarbeiten abseits des großen Werkes handelt; daß sich dieser Autor vielmehr gerade hier sowohl konzeptionell wie materialmäßig in einzigartiger Weise »offenbart« hat. Gewiß: Die Form des Tagebuchs war auch durch die Lebensumstände bestimmt gewesen. Als es entstand, war Frisch im Hauptberuf Architekt, nur im Nebenberuf Schriftsteller. Oft blieb nicht die Zeit, literarisch umfassender zu arbeiten; und erst viel später entdeckt der Autor selber, daß das von ihm aufgezeichnete Stoffmaterial ausbau- und bühnenfähig sein würde, »Andorra« zum Beispiel.

Und doch sieht man im Nachhinein, wie sehr gerade die offene Form des »Tagebuchs« das Selbstverständnis dieses Künstlers widerspiegelt. Die »Notform wurde zur Kunstform« (V. Hage, S. 57), zu einer für den Schriftsteller maßgeschneiderten literarischen Ausdrucksweise. Vom »Sinn eines Tagebuchs« liest man denn auch bei Frisch selber:

»Wir leben auf einem laufenden Band, und es gibt keine Hoffnung,
daß wir uns selber nachholen und einen Augenblick unseres Lebens
verbessern können. Wir sind das Damals, auch wenn wir es verwer-
fen, nicht minder als das Heute –
Die Zeit verwandelt uns nicht.
Sie entfaltet uns nur.
Indem man es nicht verschweigt, sondern aufschreibt, bekennt man
sich zu seinem Denken, das bestenfalls für den Augenblick und für
den Standort stimmt, da es sich erzeugt. Man rechnet nicht mit der
Hoffnung, daß man übermorgen, wenn man das Gegenteil denkt, klü-
ger sei. Man ist, was man ist. Man hält die Feder hin, wie eine Nadel in
der Erdbebenwarte, und eigentlich sind nicht wir es, die schreiben,
sondern wir werden geschrieben. Schreiben heißt, sich selber lesen.«
(WA II/2, 360 f.)

Das Festhalten seiner selbst im Fluß der Ereignisse – im vollen Bewußtsein möglicher Veränderungen und Entfaltungen;
die Erfahrung des Geschriebenwerdens, des Sichhinhaltens
in die Energieströme der Zeit – in voller Absicht, durch
Schreiben dem Flüchtigen Form und Dauer zu geben: So
sind die folgenden Skizzen zu verstehen, die das ganze Früh-
werk dieses Autors in nuce enthalten: »Andorra«, »Als der
Krieg zu Ende war«, »Graf Öderland«, »Biedermann und die
Brandstifter«. Weitere Stücke sind in Spurenelementen nach-
weisbar; Pläne treiben hier wie in einem Gewächshaus erste
Keime. Die Grenzlinie zwischen Tagebuch und Werk? Sie
läßt sich kaum noch ziehen, zumal man weiß, daß auch die
Tagebuchform schon vorher von Frisch ausprobiert worden
war: 1940 mit den »Blättern aus dem Brotsack«, eine Art
Kriegstagebuch; 1947 mit dem »Tagebuch mit Marion«, das
auf Anregung von Peter Suhrkamp (Frischs künftigem Verle-
ger) dann zu der jetzt vorliegenden Form des großen Tagebuchs ausgebaut wurde.
In einem solchen Skizzenbuch kann sich Frisch die Freiheit
nehmen, alle möglichen literarischen Formen auszuprobieren:
Projektskizzen stehen denn auch neben Reisebeschreibungen,
poetologische Reflexionen neben fiktiven kleinen Parabeln;
Tagesereignisse neben Grundsatzbetrachtungen »zur Schriftstellerei« oder »zum Theater«. Bewußt gehen Fakten und Fiktionen ineinander über. Schreiben wird zum Prozeß der Wahrheitsfindung, und die Wahrheit ist nur im Prozeß des Schrei-

bens sagbar. Worte und Wirklichkeit bilden ein differenziertes Ineinander auf der Grenze von Erfahrung und Erfindung.

Zu den fiktiven Parabel-Texten gehören auch die vier Abschnitte, mit denen das Tagebuch eingeleitet wird und die wir hier dokumentiert haben. Diese Texte sind Teil des *Marion-Komplexes*. Dieser ist hiermit nicht abgeschlossen, sondern wird im Verlauf des Tagebuchs fortgeschrieben. Indirekt klingt er auch später noch einmal in der Geschichte »Über Marionetten« an, die hier ebenfalls dokumentiert ist. Diese Marion-Texte mit Jesus Christus als Puppe haben offensichtlich einen besonderen Wert für den Autor. Denn:

erstens übernimmt Frisch sie auch in die erweiterte Neuausgabe, während er andere Texte aus dem früheren »Tagebuch mit Marion« ausscheidet (dokumentiert in WA II/2, S. 770–776);

zweitens setzt Frisch diese Texte offensichtlich gezielt an den Anfang des gesamten Buches und gibt ihnen damit einen hohen Aussagewert;

drittens hatte Frisch genau diese Marion-Texte bereits einmal separat publiziert, und zwar im November 1946 (kurz nach deren Entstehen also) in einer kleinen bibliophilen Ausgabe, ausgestattet mit *Holzschnitten von Hanns Studer,* welche die »Atmosphäre« dieser Texte kongenial ins Bild bringen (ein Beispiel daraus ist hier abgebildet).

Bei einem so kalkuliert schreibenden und bewußt komponierenden Autor wie Frisch dürfen wir somit folgern, daß diese Marion-Christus-Texte programmatischen Charakter haben. Inhaltlich geht es denn auch um das *Verhältnis des Künstlers zu der ihn bestimmenden Umgebung,* um die Frage somit, wie der »Wahrhaftigkeitsanspruch« (J. H. Petersen, S. 78) des Artisten im Machtgefüge einer Gesellschaft aufrecht erhalten werden kann. Marion ist das *alter ego* des Autors; der Marionettenspieler als Marionette des Spielers Frisch. Mit dieser seiner Figur betreibt er offensichtlich experimentelle Rollenerforschung. Was geschieht mit Künstlern, die in ihrem naiven Weltvertrauen (ganz hingegeben ihrer Kunst) auf Machtstrukturen in der Gesellschaft treffen? Denn Marion ist ganz der Typus eines heiteren, unbefangenen, kindlichen Menschen, der seine Kunst zunächst gesellschaftlich völlig zwecklos ausübt. Die »Armen des Dorfes« sind sein erstes Publikum, Menschen also, die

Holzschnitt von Hanns Studer

nichts erwarten und ökonomisch nichts »bringen«. Aus dieser
arglos-reinen, unfunktionalen, unprätentiösen Künstler-Existenz
wird Marion herausgerissen durch den Kunstförderer Cesario,
eine mächtige Figur im Lande »Andorra«. Dieser später berühmte Stoff ist damit eingeführt. Und Andorra ist bekanntlich
bei Frisch Chiffre für einen gesellschaftlich-politischen Raum,
der nach bestimmten sozialen, politischen und psychologischen Regeln funktioniert. Dies hat auch Folgen für Marion.
Denn als Cesario ihn in »die Gesellschaft« einführt, geht seine
Unschuld verloren; seine Arglosigkeit wird durch die geschwät-
zige, doppelzüngige, hämische Kulturszene zerstört. Der Marionettenspieler, der in seiner heiteren Unschuld dem gleicht,
den er am liebsten spielt: »Jesus Christus«, sieht sich auf einmal
in eine Rolle gedrängt. Ja, je länger die Geschichte fortgeht und
je mehr der Poet der Marionette selber zur Marionette »gesellschaftlicher Kreise« wird, desto stärker identifiziert sich Marion
mit einer anderen seiner Marionetten: der des Judas. Anfangs
naiv, heiter, kindlich, arglos, »jesuanisch«, wird Marion immer
mehr zum Verräter seiner selbst, der – am Ende sein Gesicht im
Spiegel erschrocken betrachtend – denn auch wie Judas zum
Strick greift.

An diesem *Christus-Judas-Drama* also macht sich Frisch die
Rolle der Kunst in der Gesellschaft kritisch bewußt. Ja mehr
noch: Frisch hat hier – der Tübinger Germanist *Jürgen Schröder*
hat dies in einem brillanten Essay schon 1965 umfassend herausgearbeitet – das »eigentlichste Geheimnis seines Dich-
tungsverständnisses und Dichtungserlebnisses« preisgegeben.
Es beruht – so Schröder – »auf der Poetik eines säkularisierten
Johannes-Evangeliums« (»Im Anfang war das Wort«). Denn
wenn Schreiben für Frisch heißt »sich selber lesen«, dann folgt
daraus (noch einmal Schröder): »Sich selber *lesen* heißt: *sich
als das ursprüngliche Wort erkennen und wählen.* Alles Schreiben ist Rückkehr, Aufhebung der Geschichte um des Wortes
willen, das im Anfang war, die unaufhörliche Suche nach der
verlorenen Gotteskindschaft. Auf dieses ursprüngliche Wort
bezogen kann jedes geschichtliche Wort nur Verrat oder Metapher sein; gegenüber dem erfüllten Christus-Wort sind alle
anderen Judas-Worte, d. h. sie sind verräterisch in einem unauf-
löslichen Doppelsinn: sie geben Zeugnis, indem sie Verrat

üben. Vor der Erfüllungsgeschichte Christi müssen alle weiteren Geschichten als Biographien des Verrats erscheinen. Es ist der *Dichter,* der sich in Marion als ›Judas‹, als Verräter des Wortes erkennt.« (S. 60 u. 61)

Eine *Parallele* in Frischs Roman »*Mein Name sei Gantenbein*« (1964) belegt, wie grundsätzlich psychologisch und poetologisch Frisch die Struktur Christus – Judas auch weiterhin verstanden hat. Denn auch in diesem Roman ist das Verhältnis von Wort und Wirklichkeit, Identität und Nichtidentität im Personenpaar Jesus – Judas veranschaulicht, aber mit einem neuen Akzent versehen:

> »*Ich lechze nach Verrat. Ich möchte wissen, daß ich bin. Was mich nicht verrät, verfällt dem Verdacht, daß es nur in meiner Einbildung lebt. Und ich möchte aus meiner Einbildung heraus, ich möchte in der Welt sein. Ich möchte im Innersten verraten sein. Das ist merkwürdig. (Beim Lesen der Jesus-Geschichte hatte ich oft das Gefühl, daß es dem Jesus, wenn er beim Abendmal vom kommenden Verrat spricht, nicht nur daran gelegen ist, den Verräter zu beschämen, sondern daß er einen seiner Jünger zum Verrat bestellt, um in der Welt zu sein, um seine Wirklichkeit in der Welt zu bezeugen ...)*« (WA V/1, S. 270)

Wichtig ist hier die Umdeutung der Judas-Jesus-Geschichte. Für die neutestamentlichen Autoren ist Judas der verschlagene Verräter, Christus das unschuldige Opfer. Bei Frisch aber bildet der Verrat des Judas ein notwendiges Moment im Prozeß der Selbstpreisgabe Christi. Wer »in der Welt« sein will, muß aus seiner »Unschuld« herausfallen wollen. Oder er nimmt wie Marion den Strick. In Marion also porträtiert Frisch den Künstler, insofern er an der Welt scheitert. Dessen Kunstauffassung ist nicht überlebensfähig, weil er den notwendigen Verrat als Selbstpreisgabe nicht aushält. Der Verrat aber, der Unschuldsverlust, ist für einen Schriftsteller unvermeidlich, will er sich im Worte preisgeben. In seinem großen Essay zum 70. Geburtstag von Frisch 1981 hat *Walter Jens* diesen Gedanken eindrucksvoll entfaltet: »Nur wer zur Auslieferung des Geheimnisses bereit ist – und damit zur Selbstauslieferung! –, nur, wer ›es‹ und zugleich ›sich‹ verrät, indem er nichts unterschlägt, sondern sein in poetischer Formel erkennbares Mehrwissen denjenigen, die hören wollen, überantwortet; nur wer sich preisgibt, so Max Frischs Gedanke, hat die Chance, zu jener selbstbestellten Instanz zu werden, die dafür bürgt, daß Schreibender und Beschriebene ›in der Welt sein‹ können. Der Poet, das ist der sich selbst zum Verrat meldende Mann aus Ischariot, ein Judas redivivus, der dafür sorgt, daß ans Licht gebracht wird, was anders als durch eine bis zur Selbsterniedrigung gehende Preisgabe nicht zu enthüllen ist.« (S. 145)

Damit aber ist die Auseinandersetzung mit der Gestalt Christi im Tagebuch noch nicht zuende. Der zweite hier dokumentierte Text »*Über Marionetten*« bringt eine weitere Dimension ins Spiel: die poetologische Reflexion auf die *literarische Darstellbarkeit Christi* überhaupt. Es waren die Marionetten, die Frisch weiter beschäftigten. Welche Möglichkeiten der Darstellung und Deutung der Wirklichkeit boten sie? Schon am 17. Februar 1945 hatte Frisch in der Neuen Zürcher Zeitung einen Artikel »Über Marionetten« veröffentlicht. Schon hier werden die Marionetten als Ausdrucksmittel deshalb gelobt, weil man sie mit der Natur nicht verwechseln könne. Gerade ihre reine Künstlichkeit (und damit die Abwesenheit von Illusion) mache ihre einzigartige Chance aus. Diese Gedanken werden nun im Tagebuch fortgeschrieben. Das Jahr 1947 wird mit einem Text »Über Marionetten« eingeleitet, und auch hier entwickelt Frisch zunächst Grundsätzliches zur *Poetik der Marionette*. Es fällt dem Autor auch hier auf, daß es Marionetten viel leichter als menschlichen Schauspielern gelinge, »außermenschliche Wesen« darzustellen, »einen Erdgeist, einen Kobold, Ungeheuer und Feen, Drachen, Geister der Lüfte und was das Herz begehrt«. Menschen, die solche Rollen (etwa die eines Erdgeistes) auf der Bühne zu verkörpern versuchten, könnten »ein letztes Grauen oder eine überirdische Wonne« kaum glaubhaft machen. Der Marionette aber gelinge es. Warum? Sie bleibe nur »ein Bild, ein Zeichen«, das von vornherein über sich hinausverweise und nicht vorspiele, was sie nicht sei. Hinzu komme: Im Puppenspiel sei das Wort, mit dem die Puppenrolle verlebendigt werden müsse, »immer überhöht«, so daß es gar nicht verwechselt werden könne mit der Rede unseres Alltags. Es sei »übernatürlich«, schon weil es von der Puppe getrennt sei, gleichsam über ihr lebe und webe.

Und dann folgt bei Frisch die Übertragung auf »*Christus als Puppe*«. Der Autor erinnert sich plötzlich, als Student einmal ein Abendmahl Jesu als Puppenspiel gesehen zu haben. Es sei »erschütternd« gewesen. Es sei »heilig in einem Grade« gewesen, »wie es mit einem menschlichen Darsteller, der uns einen Christus vortäuschen will, nie möglich« gewesen wäre. Der Kreis zum Puppenspieler Marion ist damit geschlossen, und wir sind auf eine *christopoetische Spur* in der Literatur des 20. Jahrhunderts gestoßen.

Sie blitzt in der Reflexion des Künstlers auf, wie sich ästhetisch eine Figur wie Jesus so darstellen lasse, daß durch sie »mehr« aufscheint als das, was sichtbar gemacht werden kann; daß auf der Ebene des Natürlichen das aufblitzt, was zum »Übernatürlichen« gehört; daß also im Vordergrund des Dargestellten eine transzendente »Dimension« erfahrbar bleibt. Die Analogie, die Frisch hier zieht, ist für eine Christo-Poetik von größter Bedeutung: So wie bei einem antiken Maskenspiel durch das Tragen der Maske (die so von vornherein die Realität des Schauspielers unwirklich verfremdet) eine Göttin auch heute noch als Göttin glaubhaft wird (im Gegensatz zu einer von Menschen gespielten Göttin-Rolle), so kann bei einem Puppenspiel durch die Puppe (die von vornherein nicht den »wirklichen Christus« vorgeben will) auf die andere Wirklichkeit in dieser Gestalt verwiesen werden. Das »Geistige«, »Geheimnishafte« an dieser Figur (theologisch gesprochen das Göttliche in ihr), kann auf diese Weise aufscheinen – durch die Puppe als bloßes Zeichen, die das Bedeutete nicht sein will. Woraus folgt: Angesichts des »Geheimnisses« muß die Kunst sich selber zurücknehmen und die Illusion durchbrechen, Christus sei in ihrem Raum adäquat darstellbar. Durch diese Selbstzurücknahme auf die bloße Zeichenhaftigkeit aber vertreibt die Kunst nicht das Geheimnis Christi, sondern öffnet es, macht es erst ahnbar. Solche Kunst weist von sich weg in das Geheimnis hinein.

Wie wichtig Frisch dieser Gedanke war, geht aus einer *Rede zu Friedrich Dürrenmatts* erstem Bühnenstück »Es steht geschrieben« aus dem Jahr 1947 hervor (Ausführliches dazu in der Einführung zu F. Dürrenmatt). Dürrenmatts Stück handelt ja von Wiedertäufern zu Beginn des 16. Jahrhunderts, die in ihrem Christuswahn das »Reich Gottes« im westfälischen Münster »wie es geschrieben steht« verwirklichen wollen. Frisch lobt seinen Kollegen dafür, daß er aus diesem historischen Stoff ein

völlig ungeschichtliches, dafür ungemein wirksames »Spiel«
gemacht habe. Jede »naturalistische Illusion« sei aufgelöst.
Frisch wörtlich:

*»Was soll damit gewonnen werden? Ein junger und unliterarischer
Mensch, dem es um Christus geht, findet in dem Augenblick, da er seine Not aussprechen muß, kein anderes Mittel als das Spiel: nicht weil
er sich lustig macht über das, was ihm heilig ist, sondern weil sich das
Heilige, wo immer man es sieht, nur durch das Sinnbild beschwören
läßt, nicht als Täuschung, sondern als Spiel, und das heißt: als Zeichen, das Zeichen bleibt; als Schrift, die bedeutet, ohne daß sie das
Bedeutete sein will. Das Spiel offenbart sich als der einzig mögliche
Ausdruck eines reinen Ernstes. Vergessen wir Shakespeare und Calde-
ron, die Meister des Spieles! Denken wir an Wilder, Brecht, Claudel,
Giraudoux und alle die andern, die wieder zu diesem Mittel greifen: Ist
es nicht bemerkenswert, daß gerade jene, die das ernsteste Anliegen
haben, auch die spielhaftesten sind? Der eine macht es mit dem Song,
der andere mit dem Ansager; im Grunde geht es darum, daß wir
zurückfinden an die Ursprünge der Kunst, die uns durch den Naturalismus verschüttet wurden. Es geht darum, daß das Kruzifix nicht zum
Götzen wird: es soll bleiben, ein braves und ehrliches Holz, das sich
selber nicht für Christus hält. Auch wir sollen es keinen Augenblick
dafür halten. Was ist die Puppe? Was ist das Theater? Jedenfalls ist es
nicht das, dem unser letzter Ernst gehört; es ist nur ein Zeichen dafür.
Die Puppe ist eine Lästerung, wenn sie nicht Puppe bleibt; wenn sie
nicht geistig bleibt; wenn sie nicht Kunst bleibt; wenn sie nicht Spiel
bleibt ...« (Jetzt ist Sehenszeit, S. 176 f.)*

Ausgabe: M. Frisch, Tagebuch 1946–1949, in: Gesammelte Werke in zeitlicher Folge Bd. II/2 (1944–1949), hrsg. v. H. Mayer u.
W. Schmitz, Frankfurt/M. 1976, S. 351–359; S. 382; S. 477–480.

Literatur zur Vertiefung

1. *Zur Lebensgeschichte:*
    V. Hage, Max Frisch, Hamburg 1997 (Rowohlt-Monographien).
    M. Frisch – F. Dürrenmatt, Briefwechsel, hrsg. v. P. Rüedi, Zürich
    1998.
    M. Frisch, Jetzt ist Sehenszeit. Briefe, Notate, Dokumente 1943–
    1963, hrsg. v. J. Schütt, Frankfurt/M. 1998.
2. *Zur Werkgeschichte:*
    Th. Beckermann (Hrsg.), Über Max Frisch, Frankfurt/M. 1971.
    W. Schmitz (Hrsg.), Über Max Frisch II, Frankfurt/M. 1976.

W. Schmitz (Hrsg.), Max Frisch, Frankfurt/M. 1987.

J. H. Petersen, Max Frisch, Stuttgart [2]1989 (Sammlung Metzler 173).

3. *Zum Werk:*

D. de Vin, Max Frischs Tagebücher. Studie über »Blätter aus dem Brotsack« (1940), »Tagebuch 1946–1949« (1950) und »Tagebuch 1966–1971« (1972) im Rahmen des bisherigen Gesamtwerkes (1932–1975), Köln – Wien 1977.

W. Jens, Der Schriftsteller ist ein Verräter. Max Frisch zum 70. Geburtstag, in: Frankfurter Allgemeine Zeitung vom 9. 5. 1981; auch in: W. Jens, Einspruch. Reden gegen Vorurteile, München 1992, S. 141–151.

J. Schröder, Spiel mit dem Lebenslauf. Das Drama Max Frischs, in: Über Max Frisch II, hrsg. v. W. Schmitz, Frankfurt/M. 1976, S. 29–74.

4. *Zur theologischen Rezeption:*

M. Cauvin, Max Frisch, das Absolute und der »nouveau roman«, in: Über Max Frisch II, hrsg. v. W. Schmitz, Frankfurt/M. 1976, S. 335–344.

J. Ellerbrock, Identität und Rechtfertigung. Max Frischs Romane unter besonderer Berücksichtigung des theologischen Aspektes, Frankfurt/M. – Bern – New York 1985.

K.-J. Kuschel, Jesus in der deutschsprachigen Gegenwartsliteratur, Zürich – Gütersloh 1978, TB-Ausgabe München 1987, S. 116–123.

Ders., Im Spiegel der Dichter. Mensch, Gott und Jesus in der Literatur des 20. Jahrhunderts, Düsseldorf 1997, S. 105–123 (»Homo Faber«); S. 444–449 (»Marion und die Marionetten«).

H. J. Lüthi, Max Frisch: »Du sollst dir kein Bildnis machen«, Tübingen – Basel [2]1997.

Max Frisch
Über »Marion und die Marionetten«

1946
Zürich, Café de la Terrasse

Gestern, unterwegs ins Büro, begegne ich einem Andrang von
Leuten, die bereits über den Randstein hinaus stehen, alle mit
gestreckten Hälsen; manchmal ein Lachen aus der unsichtbaren
Mitte –
Bis ein Gendarm kommt.
Er fragt, was geschehen sei, und da wir es nicht wissen, keilt er sich
in den Haufen hinein, nicht barsch, aber von Amtes wegen ent-
schieden. Das gehe nicht, sagt er mehrmals, das gehe nicht! Wahr-
scheinlich wegen des Verkehrs –
Und dann:
Ein junger Mensch steht da, groß, bleich, eher ärmlich, was die
Kleidung betrifft, aber kein Bettler, wie es scheint, heiter, unbefan-
gen wie ein Kind; ein offener Koffer liegt neben ihm, und dieser
Koffer, wie man nun sieht, ist voller Marionetten. Eine hat er her-
ausgenommen und hält sie eben an den Fäden, so, daß das hölzer-
ne Männlein gerade auf dem Pflaster spazieren kann; unbeküm-
mert um den Gendarm, der einen Augenblick ratlos scheint:
»Was soll das?«
Der junge Mensch, keineswegs verdutzt, zeigt weiter, wie man die
einzelnen Gliedmaßen bewegen kann, und einen Atemzug lang,
lächelnd und den Daumen im Gürtel, schaut auch der Gendarm
zu, der das liebe Gesicht eines Bienenzüchters hat.
»Was soll das?«
Der Mensch, indem er auf die Puppe schaut, lächelnd, da jeder-
mann die Antwort sehen kann:
»Jesus Christus.«
Der Gendarm:
»Das geht nicht... Hier nicht... das geht nicht –.«

Marion und die Marionetten

Andorra ist ein kleines Land, sogar ein sehr kleines Land, und schon darum ist das Volk, das darin lebt, ein sonderbares Volk, ebenso mißtrauisch wie ehrgeizig, mißtrauisch gegen alles, was aus den eignen Tälern kommt. Ein Andorraner, der Geist hat und daher weiß, wie sehr klein sein Land ist, hat immer die Angst, daß er die Maßstäbe verliere. Eine begreifliche Angst, eine lebenslängliche Angst, eine löbliche Angst, eine tapfere Angst. Zuzeiten ist es sogar die einzige Art und Weise, wie ein Andorraner zeigen kann, daß er Geist hat. Daher das andorranische Wappen: Eine heraldische Burg, drinnen ein gefangenes Schlänglein, das mit giftendem Rachen nach seinem eignen Schwanze schnappt. Ein schmuckes Wappen, ein ehrliches Wappen; deutet auf das Verhältnis zwischen Andorraner und Andorraner, welches ein leidiges ist wie meistens in kleinen Ländern. Das Mißtrauen –.
Die andorranische Angst, Provinz zu sein, wenn man einen Andorraner ernst nähme; nichts ist provinzieller als diese Angst.

Marion hatte die Puppen geschnitzt, während er krank war. Weil er krank war; die viele Zeit. Er schnitzte sie aus Lindenholz, weil das Lindenholz am wenigsten splittert; es ist nicht hart, nicht eigensinnig, es hat keine Äste, wo das Messer stockt. Das ist die Gefahr, das Stocken bei den Ästen, und dann, plötzlich, springt das Messer davon, und alles ist wieder verdorben, die Nase weg. Lindenholz ist ein williges Holz, ein treues Holz, seine Helle, der Gleichmut seiner Jahrringe; man kann es wirklich loben.
Als er den dritten Nagel in die Wand schlug, um seine Puppe daran aufzuhängen, die dritte, da fragte ihn die Krankenschwester, was er mit diesen Dingern spielen wollte, was für ein Stück...
Das war die Frage.
Sie nahm die Puppe in die Hand:
»Der sieht wie Jesus Christus aus.«
Ja, dachte Marion, aber alle die andern?
Pontius Pilatus –
Judas –

Zuerst spielt Marion für die Armen des Dorfes. Wobei er keineswegs die Frage stellt, warum es Arme gibt und andere; ob darin ein

Unrecht liegt oder nicht. Er tut es nicht aus Mitleid. Es genügt ihm, daß er Freude macht; was auch ihm wieder Freude macht. Er tut es ohne Anspruch, ohne Ehrgeiz, ohne Bewußtsein ...

Eines Tages entdeckt ihn ein Kurgast.

Ein Herr mit Monokel –

Cesario, das Urteil von Andorra.

Zu erzählen wäre die rührende und auch wieder tröstliche Szene, wie Marion seiner alten Mutter erklären will, was das bedeutet, ein Brief von Cesario. Er liest ihn vor. Eine Einladung von Cesario. Er liest sie noch einmal vor. Und die Mutter zittert, wie sie eben immerfort zittert, die Arme, den lieben langen Tag:

»Wie heißt der Herr?«

O Grenze des Ruhmes! ...

Aber es bleibt dabei, auch wenn die Mutter es nicht begreift: Marion fährt in die Stadt, Marion, der alles für bare Münze nimmt, was man ihm sagt. Er steht am offenen Wagenfenster und winkt, lange noch, es flattern seine Haare, es senkt sich der Rauch über die heimatlichen Felder, Wolken von Bernstein, denn es ist ein sonniger Morgen, und Marion fährt in die Stadt: mit Jesus Christus im Koffer.

Im Kaffeehaus, wo Cesario natürlich auf sich warten läßt, zeigt er seine Puppen einer Kellnerin. Andere treten hinzu; es macht ihnen Spaß, und Marion muß zeigen, wie so eine Puppe auf dem Boden geht –

Bis jener Gendarm kommt:

»Das geht nicht.«

»Warum nicht?«

Cesario ist es peinlich; er nimmt sein Monokel aus dem Auge, reibt es und tut, als könnte er nicht sprechen, wenn er das Monokel nicht hat, und Marion bleibt ohne Antwort auf seine Frage.

Sein Staunen darüber, wie jedermann sich ein wenig anders verhält, wenn andere am Tische sitzen. Man wird nicht klug aus den Leuten, und es ist wie ein Schachtraum, was Marion in den folgenden Wochen erlebt: jedesmal, da er eine Figur ergreifen will, hat sie soeben die Farbe gewechselt –

Marion schreibt in einem Brief:

»Oft möchte ich meinen, sie halten mich alle zum Narren, nichts weiter. Sie schnöden über einen Maler, den ich nicht kenne, sie

nennen ihn einen Scharlatan und so weiter, und in der gleichen
Woche, wenn ich ins Kaffeehaus gehe, treffe ich sie wieder: sie trinken und rauchen und unterhalten sich mit Geist, mit Ernst und
vortrefflich. Was soll unsereiner da reden, damit er nicht immerfort schweigt? Ich schnöde auch über den Maler, den ich nur aus
ihren eignen Worten kenne, und frage den Fremden, ob er den
Scharlatan auch kenne, und der Fremde ist es selbst, und der
Scharlatan bin ich.«

Sein wachsender Drang, nicht länger mitzumachen; er will den
Menschen sagen, was er denkt, so offen als möglich, gleichviel, wer
am Tische sitzt. Sein Irrtum besteht darin, zu meinen, daß er damit
die anderen zwinge, ein gleiches zu tun...

Von einer sehr reichen Andorranerin, als sie starb, sagte die Welt:
Sie hatte ein sehr gutes Herz. Nämlich sie hatte, sonst ohne Arbeit
und Aufgabe, sehr viel Wohles getan, Geschenke und so wei-
ter...
Marion hat die Dame gekannt.
»Sicher ist«, so denkt er: »sie hatte Anfälle von schlechtem Gewissen.
Das aber, wer weiß, schon das wäre ein großes Lob für die Verstorbe-
ne; ich habe wenige Reiche getroffen, die es so weit brachten.«
Hat er es gesagt?
Und wem?
Und gleichviel, wer am Tische saß?
Und einmal, als sie bereits die Sessel wieder aufeinander hockten
und Marion noch immer zwischen seinen Ellbogen saß, verloren in
einer Sintflut des Herzens, erbarmte sich seiner eine Kellnerin.
Schön war es nicht –
Am andern Morgen sieht er sie hangen: Moses, die drei Könige,
Christus aus Lindenholz.
Und nur der Judas fehlt noch immer. Als kenne er ihn nicht.

Gesellschaft bei Cesario.
Jemand spielte eine Sonate, hinreißend, er mußte wiederholen,
und als er sich zum letzten Male verbeugt hatte, lächelnd, gab es
ein längeres Schweigen; die Damen saßen in langen Kleidern, die
Herren in Schwarz. Man war ergriffen. Dann öffnete sich eine
Türe, eine Schiebetüre, und man begab sich in ein anderes Zim-

mer, wo es belegte Brötchen gab, Wein oder Bier, auch Tee für die Damen –

Marion hatte Hunger.

»Ah!« sagte die Trebor und stellte ihre Tasse zurück: »Sie sind also ein Poet?«

Marion wurde rot.

»Sie sind also ein Poet – und im gleichen Augenblick nennen Sie sich einen armen Teufel, das verstehe ich nicht!«

»Nicht alle leben in einem solchen Landhaus –.«

»Sie meinen, weil Sie nichts haben? Ich beneide Sie, Marion, wenn das wahr ist. Sie können, was wir nicht können: die Wahrheit denken, sogar die Wahrheit sagen.«

Marion zuckte die Achseln:

»Wer auf solchen Teppichen wohnt«, versetzte er: »kann sich die Armut sehr geistreich vorstellen, kein Zweifel.«

Sie blinzelte durch den Rauch ihrer Zigarette.

»Sie«, sagte die Trebor: »so viele behaupten, sie hätten nichts, und brüsten sich damit wie Sie, und am Ende haben sie doch immer das eine: Angst um all das, was sie haben möchten, Angst wie der reiche Mann, nur ohne Geld. Und ob das arme Teufel sind! Aber dann ist man auch kein Poet, Marion. Ein Poet, dachte ich immer, darf überhaupt nichts haben – auch keine Angst.«

lächelte, schaute ihn an:

»Wozu brauchen wir ihn sonst?«

Eine Fee mit bestrichenen Brötchen ...

Und dann, als es soweit war, lag Marion bereits im Bett, er hatte auch das Licht schon gelöscht: als der Entschluß ihn erreichte, keinerlei Angst mehr zu haben. Er mußte noch einmal aufstehen; er zog seinen Mantel an, es war Mitternacht vorbei, und er schrieb an die Trebor, alles, was er gehört hatte, wenn sie nicht zugegen war –.

Der nächste Abend fand nicht mehr statt.

Alles hat Folgen; Freundschaften gibt es, die jahrelang darauf bestanden haben, daß man sich von dem andern bewundert wähnte, eine Art von Versicherung, die man wiederum mit Bewunderung zahlte: ein offenes Wort, und weg ist sie. Und Marion ist an allem schuld; denn alles, was man in Wahrheit sagt, hat Folgen. Auch gute vielleicht –

Eine Ehe geht in die Luft, zum Beispiel, mitsamt einem Haus und sieben Zimmern, Küche mit Kühlschrank: dafür eine Liebe, eine andere, die lange schon wartete wie ein Keim unter dem Stein, ein Mögliches, das plötzlich an die Sonne kommt, ein Lebendiges...

Marion hat einen Hund, das ist wichtig, das ist ein Geschöpf, das nicht anders tut, als es ist. Ein kleiner Hund, der im Zickzack über die Straße schnuppert; plötzlich wirbelt er ab, die Gosse entlang... und Marion wartet... Eines Tages wird auch dieser Hund ihn enttäuschen. Noch würde Marion es nicht glauben, wenn man es ihm sagte. Es ist ein Hündchen ohne Rasse, ohne Zucht, ohne Anstand und Adel, vor allem aber ohne jeden Anspruch auf all das, und eben darum hat Marion ihn genommen; ein Köter ohne Stammbaum, ein bräunlicher Knäuel, der immer wieder fast überfahren wird. Wie soll ein solcher Hund ihn enttäuschen können? Aber es liegt nicht am Hund, wenn es dazu kommt; es liegt an Marion, und es wird dazu kommen.

Anfang Februar zeigen sich die ersten Spuren von Irrsinn: die Menschen, die Marion sah, bewegten sich nicht mehr von innen heraus, wie ihn dünkte, sondern ihre Gebärden hingen an Fäden, ihr ganzes Verhalten, und alle bewegten sich nach dem Zufall, wer an diese Fäden rührte; Marion sah eine Welt von Fäden. Er träumte von Fäden...
Das war anfangs Februar.
Es drängte ihn dazu, daß er mit den Fäden spielte. Nämlich er wollte sich überzeugen, daß es doch nicht so war, das mit den Fäden. Er gab einen ganzen Tag dafür, noch einmal suchte er alle auf, die er kannte, Cesario zum Beispiel, der immer, gebildet wie er ist, an Hand von Kenntnissen redet: er redet von mittelalterlichen Puppenspielen –
Marion hört zu.
»Übrigens finden Sie eine verwandte Erscheinung, wenn Sie an die antike Maske denken; schon bei den alten Griechen –.«
Marion nickt. Und Cesario ist voller Wohlwollen wie am ersten Tag, als er den Puppenspieler entdeckte, ja, auch für den Puppenspieler bestellt er noch einmal einen Drink...
Was hat Marion getan?
Er hat genickt: gläubig und immerzu –

Weiter nichts.

»Ein kluger Bursche, ein heller Bursche! Habe ich es nicht auf den ersten Blick gemerkt? Ein begabter Bursche, und so bescheiden dabei, so bescheiden!...«

Und Marion seinerseits denkt:

»Wenn Cesario an mich glaubt, und wie habe ich diesem Manne doch Unrecht getan, indem ich ihn neulich einen eitlen Schwätzer nannte, nein wirklich, wenn Cesario an meine Puppen glaubt, Cesario, der Unbestechliche, er, dessen Urteil, wie jedermann weiß, so streng ist, aber gerecht, aber gerecht –«

Marion war wie benommen.

Er hatte spielen wollen; er hatte sich überzeugen wollen, daß es doch nicht so war, das mit den Fäden –

Aber es war so.

Auch bei ihm selber war es so.

Jetzt, in jedem Spiegel, sah er den Judas –

Am selben Abend erwürgte er den Hund. Man fand ihn später in der Garderobe, den Hund, und sich selber hatte er im Abort erhängt, nebenan, während die Leute auf dem blauen Polster saßen und über den kleinen Moses klatschten, über die drei Könige, über den Christus aus Lindenholz, über Pontius Pilatus.

Cesario, als er im Kaffeehaus davon hörte, zeigte sich betroffen und bereit, an der Bestattung teilzunehmen und allenfalls, wenn es verlangt wurde, einige Worte zu sprechen, obschon er es nicht überzeugend fand, daß Marion sich erhängt hatte; es war bedauerlich, gewiß, es war traurig, aber nicht ein auswegloses Muß, also nicht eine Tragödie im antiken Sinne, sondern nur die Geschichte eines vermeidbaren Irrtums, der darin bestand, daß Marion offenbar meinte, die Wahrheit irgendeines Mannes liege auf seinen Lippen oder in seiner Feder; er hielt es für Lüge, wenn die Menschen bald so, bald anders redeten; eines von beiden, meinte er, müsse eine Lüge sein.

Das verwirrte ihn.

Er erhängte sich aus Verwirrung –.

Café de la Terrasse

Ringsum die brandende Stadt, arbeitsam und rege, das Hupen der Wagen, das hohle Dröhnen von den Brücken – und hier diese grünende Insel der Stille, der Muße; es ist die erste am Tage, und ringsum läuten die Glocken, es hängt wie ein Summen über den Straßen und Plätzen, über den Alleen, über den Zinnen mit flatternder Wäsche, über dem See. Es ist Samstag. Es ist elf Uhr, die Stunde, wie ich sie liebe: alles in uns ist noch wach, heiter ohne Überschwang, fast munter wie das rieselnde Baumlicht über den marmornen Tischlein, nüchtern, ohne die Hast einer wachsenden Verzweiflung, ohne die abendlichen Schatten der Melancholie – Alter zwischen dreißig und vierzig.

Nachtrag zu Marion

Marion und der Engel, der eines Abends neben ihm steht und ihn fragt, was eigentlich er möchte, und Marion, der sich an den Nakken greift:
»Was ich möchte?«
Es ist wirklich ein Engel! –
Marion:
»Wenn ich am abendlichen Ufer sitze, einmal möchte ich wandeln können über das Wasser, über die Tiefe voll perlmutterner Wolken, oder ich möchte, wenn ich auf dem Hügel stehe und meine Pfeife rauche, die Hände in den Hosentaschen, ich
möchte die Arme von mir strecken, so wie man im Traume es kann, und niedergleiten über die Hänge, über die abendlichen Wipfel der Tannen, über Gehöfte und Dächer, über Kamine, über die Felder mit den Obstbäumen darin, mit Pflügen und dampfenden Rossen darin, über die Drähte voll tödlichen Stromes, über den Kirchhof hinweg, den geschlossenen – nicht einmal fliegen wie ein Vogel, der aufwärts steigt und sich erhebt, oh, ich bin es zufrieden, wenn du mich gleiten ließest, Engel, nur eine Weile lang: zurück in die Gefangenschaft unsrer Schwere! ... Das alles aber, Engel, es soll nicht ein Traum sein. Ganz wirklich soll es sein, das Unglaubliche. Und niemals braucht es wiederzukehren. Und niemand, den ich im Ehrgeiz bedenke, niemand muß es erfahren

und glauben. Es sei mir genug, wenn ich allein es weiß: Einmal bin ich über das Wasser gegangen, ganz wirklich. Und niemals brauchte es wiederzukehren!« [...]

Zu Marion

Etliche, als der Puppenspieler sich erhängt hat, nennen ihn einen Ästheten, weil er so sehr des Spieles bedurfte, der Form, um leben zu können – weil er so nahe am Chaos wohnte. [...]

1947
Über Marionetten

Gestern wieder einmal in einem Puppenspiel, und nachdem alles zu Ende war, durften wir sogar hinter das Bühnchen treten. Es ist ein enger Raum mit verbrauchter Luft, verwundert betrachten wir die hangenden Puppen, irgendwie ungläubig, ob es wirklich die gleichen sind, die uns eben bezaubert haben. Auch der Teufel hangt nun an der Latte, schäbiger als man erwartet hat. Während des Spiels wirken sie immerfort anders, je nach der Szene, je nach den Worten, die sie selbst nicht sprechen und hören. Man begründet es mit dem wechselnden Einfall des Lichtes, mit den verschiedenen Haltungen ihres Kopfes und so weiter. Irgendwie bleibt man enttäuscht, während der Puppenvater sich die Hände seift, spült, trocknet und von weiteren Plänen erzählt. Oder wenigstens ist man im stillen betroffen, wie die Puppen plötzlich ins Leere starren, leblos, geistlos, als kennen sie uns nicht wieder...

Was jedesmal auffällt:
Wie leicht es den Marionetten gelingt, auch außermenschliche Wesen darzustellen, einen Erdgeist, einen Kobold, Ungeheuer und Feen, Drachen, Geister der Lüfte und was das Herz begehrt. Auch auf der großen Bühne kann es sich ja geben, daß solche Gestalten erscheinen müssen, die Meerkatzen oder ein Ariel; dort besteht immer die Gefahr, daß es peinlich wird, und bestenfalls gelingt es dem Schauspieler, daß sie nicht lächerlich werden; die erhoffte Wirkung jedoch, nämlich ein letztes Grauen oder eine überirdische

Wonne, die von solchen außermenschlichen Wesen ausgehen sollten, kann die Bühne kaum erreichen, solange sie mit wirklichen Menschen darstellt. Die Marionetten können es. Viel liegt schon an dem Umstand, daß die Puppe, die hier einen Menschen darstellt, und die andere Puppe, die einen Erdgeist gibt, aus dem gleichen Stoff sind. Das bedeutet: daß die Marionette, die uns den Erdgeist vorstellt, ebenso glaubhaft oder unglaubhaft ist wie die andere, der wir den Menschen glauben sollen. Auf der großen Bühne, meine ich, können wir dem Erdgeist nicht glauben, weil er gegenüber dem Menschen nicht aufkommt: weil der Mensch, der ihm gegenübertritt, wirklich ein Mensch ist, eine Natur aus Fleisch und Blut. Das andere dagegen, der Erdgeist, bleibt ein Bild, ein Zeichen. Und damit spielt die Szene, wie vortrefflich sie auch gespielt werde, von vornherein auf zwei verschiedenen Ebenen, die nicht auf die gleiche Art glaubhaft sind. Beim Puppenspiel sind sie es. Auch beim antiken Maskenspiel: wenn Athene und Odysseus gleicherweise eine Maske tragen, wenn sie gleicherweise unwahrscheinlich und zeichenhaft bleiben, können wir auch die Göttin glauben.

Ein anderes, was an den Marionetten begeistert, ist ihr Verhältnis zum Wort. Ob man will oder nicht, das Wort im Puppenspiel ist immer überhöht, so, daß es sich nicht verwechseln läßt mit der Rede unsres Alltags. Es ist übernatürlich, schon weil es von der Puppe getrennt ist, gleichsam über ihr lebt und webt; dazu ist es größer, als es jemals ihrem hölzernen Brustkorb entspräche. Es ist mehr als jenes begleitende Geräusch, das uns täglich aus dem Munde kommt. Es ist das Wort, das im Anfang war, das eigenmächtige, das alles erschaffende Wort. Es ist Sprache. Das Puppenspiel kann sich keinen Augenblick lang mit der Natur verwechseln. Es ist ihm nur eines möglich, nämlich Dichtung; sie bleibt sein einziger Spielraum.
Der Vergleich mit dem antiken Theater, das ebenfalls diese starren Masken hatte, drängt sich noch in mancher Hinsicht auf. Beide Theater, das größte und das kleinste, wirken durch das Mittel eines veränderten Maßes. Dort ist es die Maske, womit man die Figuren vergrößert, und später auch noch der Kothurn; beim Puppenspiel machte man sie kleiner. Und die Wirkung ist wesentlich die gleiche: wir können uns nicht mehr neben die handelnden Figuren stellen, nicht Schulter an Schulter, und wir sollen es auch nicht, im Gegenteil, der veränderte Maßstab verbietet jeglicher Anbiede-

rung: Wir sind hier, und sie sind dort, und was sich auf der Szene ereignet, sehen wir aus einer unüberbrückbaren Distanz, gleichviel, ob diese durch Vergrößerung oder Verkleinerung erreicht wird. Mit Staunen erleben wir dann, daß die Marionetten, je länger ihr Spiel gelingt, auf eine zwingende Weise lebendig werden; zuweilen vergessen wir ganz, daß sie kleiner sind als wir, Zwerge und sogar Zwerge aus Holz, die wir mit unsrer Hand umfassen und aus dem Spiele werfen könnten; wir entdecken, wir erfahren das Verhältnismäßige aller äußeren Größen, auch der unseren, und solange ihr Spiel nicht gestört wird durch irgendeine Tücke, durch einen Zufall der Gebärden, die aus dem Rahmen fallen und eben dadurch den Rahmen verraten, so lange ist der Geist an keine Größenmaße gebunden. Die hölzernen Zwerge, indem sie spielen, übernehmen gewissermaßen unser Leben. Sie werden wirklicher als wir, und es kommt zu Augenblicken eigentlicher Magie; wir sind, ganz wörtlich, außer uns.

Und nachher:
Wie schäbig sie an der Latte hangen, jetzt, wenn sie unser Leben nicht mehr haben, wenn wir wieder in uns sind.
Christus als Puppe?
Übrigens erinnere ich mich, daß wir als Studenten einmal ein Puppenspiel sahen, welches das Abendmahl darstellte. Es war erschütternd. Es war heilig in einem Grade, wie es mit einem menschlichen Darsteller, der uns einen Christus vortäuschen will, nie möglich wäre. Ein Christus aus Lindenholz, wie Marion ihn macht: man denke an ein Kruzifix, und auch dort wird es nicht als Lästerung empfunden; die Puppe, im Gegensatz zum leiblichen Schauspieler, begegnet uns von vornherein als Gestaltung, als Bild, als Geschöpf des Geistes, der allein das Heilige vorstellen kann. Der Mensch, auch wenn er ein Bild spielt, bleibt immer noch aus Fleisch und Blut. Die Puppe ist Holz, ein ehrliches und braves Holz, das nie den verfänglichen Anspruch erhebt, einen wirklichen Christus vorzustellen, und wir sollen sie auch nicht dafür halten; sie ist nur ein Zeichen dafür, eine Formel, eine Schrift, die bedeutet, ohne daß sie das Bedeutete sein will. Sie ist Spiel, nicht Täuschung; sie ist geistig, wie nur das Spiel sein kann. –

3. OHNE DEN ÜBERLIEFERER KEINE ÜBERLIEFERUNG

Zur Einführung

Der 1923 in Hamburg geborene *Walter Jens* (von 1963–1989 Professor für Allgemeine Rhetorik an der Universität Tübingen) gehört zu den Schlüsselfiguren der deutschsprachigen Literatur nach 1945. Wie kaum ein anderer verkörpert er das Ideal eines Homme de lettres deutscher Sprache. Dies wird *zum einen* dokumentiert durch sein vielfacettiges literarisches Werk, das Romane, Hörspiele, Fernsehspiele, Kritiken, Übersetzungen und Theaterstücke umfaßt. Dies wird *zum zweiten* unterstrichen durch sein Wirken als sprachgewaltiger öffentlicher Redner, nachzulesen in Bänden wie »Republikanische Reden« (1976), »Kanzel und Katheder« (1984), »Einspruch« (1992). Dies wird *zum dritten* erfahrbar durch sein verbands- und kulturpolitisches Engagement: 1976–1982 war Jens Präsident des P.E.N.-Zentrums der Bundesrepublik Deutschland; von 1989–1997 Präsident der Akademie der Künste zu Berlin, eine Tätigkeit, die nun auch für die breitere Öffentlichkeit eindrucksvoll dokumentiert ist durch den Sammelband »Aus gegebenem Anlaß. Texte einer Dienstzeit« (Berlin 1998).

Daß das literarische Werk von Jens auch eine vieldimensionale Auseinandersetzung mit der Gestalt Jesu enthält, habe ich 1978 in meiner Dissertation »Jesus in der deutschsprachigen Gegenwartsliteratur« in umfassender Weise analysieren können. Dieses Buch wurde als Dissertation bei Hans Küng geschrieben, verdankt aber auch Walter Jens nicht nur wissenschaftliche Förderung im Promotions-Verfahren, sondern vor allem inhaltliche Anregungen und einen geschärften Blick für die ästhetischen Formprobleme, mit denen es Schriftsteller bei der Auseinandersetzung mit der Jesus-Gestalt zu tun haben. Ich verweise auf diese meine Studie, die 1978 mit einem Vorwort von Walter Jens erschien, und fasse noch einmal einige Grundelemente des Jesus-Verständnisses dieses Schriftstellers zusammen, wie es uns aus Arbeiten vor allem der 80er und 90er Jahre entgegentritt.

Übersieht man sein Werk, so lassen sich bei Jens verschiedene

Verfahrensweisen im Umgang mit der Jesus-Gestalt rekonstruieren.

(1) Die Geschichte Jesu ins Konkrete entmythologisieren

Daß die Geschichte des Nazareners aus dem Himmel der Dogmatik ins Heute des Alltags heruntergeholt werden müsse, um gerade in den Niederungen des Konkreten, des Alltäglich-Menschlichen und Politisch-Sozialen ihre Verweiskraft zu entfalten, ist eine der Grundüberzeugungen von Walter Jens. Hier ist er ganz und gar Literat, wenn er hinter den Formeln das Konkrete sucht, hinter dem Vertrauten das Fremde, hinter dem Gewöhnlichen das Provokative – und doch an einer gegenseitigen Herausforderung von Theologie und Literatur festhält:

»Während die Theologie sich nur allzu häufig auf parate Formeln zurückzieht – zum millionsten Mal die Zwei-Naturenlehre oder das Dogma der Präexistenz Christi in Gott –, sucht Literatur, den Theologen provozierend, die Sache selbst ins Blickfeld zu rücken: das Kind im Stall und den Mann am Galgen, den Leidens-Menschen, dessen Leben im Zeichen eines Schlächter-Mords begann – wie viele Unschuldige mußten, um seinetwillen, elendig sterben –, den Wundertäter, der andere unglücklich machte (nach seiner Erweckung, so die Version André Gides, fürchtete Lazarus den Tod doppelt und dreifach; jetzt nämlich wußte er, wie entsetzlich es ist, sterben zu müssen), den Ängstlichen unter den Starken – alles bei Nacht getan, in Heimlichkeit – immer aus den Städten in die Einsamkeit der Felder geflohen! – den ›Jesus da unten‹ (und nicht den ›Christus da oben‹), dessen Bild die Poesie aus den Beschreibungen der nachösterlichen Gemeinde rekonstruiert: wohl wissend, daß sie die Provokation der Theologie in gleicher Weise zu beantworten hat wie die Theologie die Herausforderung der Literatur.« (Vorwort zu: K.-J. Kuschel, Jesus in der deutschsprachigen Gegenwartsliteratur, S. XVI)

Ja, hier ist Jens ganz und gar der detailbesessene Schriftsteller, wenn er das »Geheimnis« dieses Jesus »da unten« in immer neuen Paradoxien zu begreifen sucht, immer neue Kontrastpaare findet, um so die *Unfaßlichkeit des Nazareners* noch plastischer vor Augen zu führen. Man lese seine Jesus-Texte stilkritisch, und man wird bei diesem Autor nicht die rhetorische Grundfigur des »allein und ausschließlich«, sondern stets die Figur des »immer auch«, des »beides zugleich«, die Figur also der Gleichzeitigkeit des Widersprüchlichen finden. Concordia discors – das ist seine Formel. Schaut man zum Beispiel hin, wie Jens als Schriftsteller das Neue Testament liest, wird man stets eine bis zur Betroffenheit gehende, immer wieder neue Faszination für die *Paradoxien der Figur Jesu* finden:

»*Um in dem Bedrohten denjenigen zu zeigen, der, wie es bei Lukas heißt,* durch die Menschen hindurchgeht, *und um hinter dem Bild des Ausgepeitschten und, wortwörtlich, Zerrissenen die Züge des Auferstandenen sichtbar zu machen (aber auch: um im Auferstandenen auf den Gemarterten zu verweisen), haben die vier Schriftsteller eine Technik des Alternierens entwickelt, die es ihnen ermöglichte, unmittelbar nach-, ja, bisweilen mit-einander, Nähe und Distanz, das ›ausgesetzt‹ und das ›enthoben‹, irdische Nähe und himmlische Ferne zu realisieren. Auf der einen Seite die Engel und auf der anderen Seite der Stall, hier die Wunderzeichen in Wolken und dort Tränen, Todesschreie und Frauen unter dem Kreuz: Auf dieses Wechselspiel, mit seinen Entsprechungen und Verweisen, seinen Rückgriffen, Durchblicken und Antizipationen, kommt es den Evangelisten an.*« (Die Evangelisten als Schriftsteller, in: Republikanische Reden, München 1976, S. 33 f.)

Das ist das *Besondere seiner Exegesen:* Sie führen nicht zur wohlgefälligen Auflösung des »Geheimnisses« Jesu, sondern zu dessen erneuter, nun aber bewußt nachvollziehbarer Aufrichtung. Wer in seine Predigten und Exegesen hineingezogen wird, kommt nicht beruhigt mit fertigen Formeln heraus, sondern ist seinerseits aufgeladen mit Spannungen, mit Kontrasten und Widersprüchen, mit einem bewußt gemachten Staunen über die Komplexität und Paradoxalität der bisher so vertrauten Phänomene. Sehe ich es richtig, dann verfügt dieser Autor wohl auch über die Kunst der Verwirrung, aber noch mehr über die Kunst der hellsichtig machenden, aufstörenden, das eigene Denken provozierenden *Verrätselung.* Dann beherrscht er nicht bloß die Technik des Verfremdungs-*Effekts,* sondern die *Kunst der Befremdung,* die aus dem immer neuen Staunen darüber kommt, daß einer wie Er, ein »Anwalt der Armen und Sanften, Kinder und Krüppel«, ein »Sohn der Nacht« und »Bruder der Sterne« im Zentrum einer Religion für Gott selbst steht.

Doch gerade weil Jens um der Unfaßlichkeit willen die widersprüchlichen Details der Geschichte Jesu herausarbeitet, ja durch die pointierte Benennung der Realitätspartikel – konträr zu aller christologischen Goldgrundmalerei – dem unscheinbarsten Detail überhaupt erst Würde und Recht gibt, kann er sich als Schriftsteller gleichzeitig zurücknehmen: Nur *Annäherungen* will er schreiben, nur »Nachdenken über den armen Jesus«, nur meditieren über einzelne Worte (»Jesu sieben letzte Worte am Kreuz«), um so nicht sich, sondern dem Nazarener umschreibend Raum zu geben. Das ist seine Kunst: Eine einkreisende, ins Konkrete und Anschauliche, ins Widersprüchliche und Paradoxe verliebte Rhetorik läßt den Blick für das Zentrum, das unerkannt und ungreifbar bleibt, stets offen. Der Jens'sche Meditationstext »Jesu sieben letzte Worte am Kreuz« (in: Zeichen des Kreuzes: Vier Monologe, Stuttgart 1994) ist das eindringlichste Stück Passions-Mystik, das in der deutschen Literatur der Gegenwart geschrieben wurde.

(2) Stellvertreter-Figuren entdecken

Zwei Techniken der Vergegenwärtigung verwendet Jens stets, die beide mit dem antizipatorischen Gestus des »ich stelle mir vor« eingeführt werden: Ich stelle mir vor, *wo heute seine Sache verkörpert* wäre. Und dann beginnt dieser Autor in wenigen Strichen eine Szene zu skizzieren, die den jeweiligen Status quo konterkariert:

> *»Ich stelle mir vor, irgendwo in Südkorea lebte ein Handwerker, ein nachdenklicher Mann, der, wegen eines politischen Vergehens ins Gefängnis gesperrt, während seiner Haft zum ersten Mal das Neue Testament läse: Zeile um Zeile, Kapitel um Kapitel, Wegzehrung für lange Tage und längere Nächte; ich stelle mir weiterhin eine Frau in Tansania vor, die, hochbetagt, mit Hilfe der Evangelien das Lesen erlernte, und ich stelle mir schließlich einen jungen ceylonesischen Marxisten vor, einen unorthodoxen Anwalt des Sozialismus, der auf Trotzkis statt auf Lenins Fahne schwöre und, da ihn ein ebenso unbekanntes wie bedeutsames Werk christlich-marxistischer Provenienz, Rosa Luxemburgs anno 1905 unter dem Pseudonym Chmura (Wolke) geschriebener Traktat ›Kirche und Sozialismus‹ beschäftigt, mit einem genauen Studium des Neuen Testaments beginnt ...« (Der arme Jesus, in: Kanzel und Katheder. Reden, München 1984, S. 135)*

So oder ähnlich beginnen alle seine Geschichten oder Predigten. Und die zweite Technik? Sie ist eine Variation der Dostojewskijschen *Großinquisitor-Parabel. Wer* wäre Jesus heute, käme Er wieder? In welcher Gestalt träte Er heute auf? Er wäre – so Jens –

»*der Bruder in einer Welt, in der, in argentinischen Todeszonen, den Folterkammern El Salvadors und den Arbeitslagern der Sowjetunion, Gethsemane und Golgatha so gegenwärtig wie Majdanek und Treblinka sind. Jesus mit der gestreiften Jacke, dem J auf dem schäbigen Linnen, Jesus, der Jud: heimgeholt in die Wirklichkeit des 20. Jahrhunderts; Jesus, der, anders als in Dostojewskijs Gleichnis vom Großinquisitor, nicht hinaus, nicht in die Freiheit gejagt, sondern auf die Rampe geschickt worden wäre, zuerst in den Steinbruch, dann in die Kammern, von Weihrauch umgeben, der aus Zyklon-B-Schwaden besteht.*« *(Der arme Jesus, S. 139)*

So oder ähnlich lesen sich diese Jesus-Transfigurationen. Grundsätzlich gesagt: Was man bei diesem Schriftsteller lernen kann, ist eine *Poetik des Christus inkognito,* entworfen im Geist von Matthäus 25: Was ihr dem Geringsten meiner Brüder getan, das habt ihr mir getan.

(3) Nachdenken über das vere homo – vere deus

Die Herausforderung zwischen Theologie und Literatur muß eine gegenseitige sein; Jens fordert dies ausdrücklich. Und in der Tat gibt es für die Theologie kein Nachdenken über Jesus, das nicht zugleich auch ein Nachdenken über Gott wäre: *vere homo – vere deus.* Zwar äußert Jens starke Zweifel, ob die Literatur, ohne ihre Autonomie aufzugeben und versifizierte Predigt oder literarische Verkündigung zu werden, jemals zum »vere deus« kommen könne und dürfe. (Einzelheiten dazu in: Theologie und Literatur. Möglichkeiten und Grenzen des Dialogs, in: Kanzel und Katheder. Reden, München 1984, S. 107– 133) Und doch gibt es persönliche Äußerungen von Jens, die vorsichtig-tastend, das private Bekenntnis nicht scheuend, die Unverzichtbarkeit der Rede von Gott in Jesus Christus wenigstens andeuten.

Im Herbst 1981 hatte ich Gelegenheit, ein Gespräch über Theologie und Literatur mit Jens zu führen, das zu meinen eindrücklichsten Schriftsteller-Gesprächen gehört, eindrücklich vor allem wegen der folgenden Passage. Ich hatte Jens gefragt, worin sich seine Position von der eines marxistischen Philosophen wie Ernst Bloch unterscheide. Ob es die Unverzichtbarkeit der Rede von Gott in Jesus Christus sei? Gott, verstanden vielleicht als universale Hoffnungschiffre für eine Wirklichkeit, die die vorfindliche geschichtliche oder erfahrene Wirklichkeit hinter sich lasse, die auch den Tod überstiege? Und Jens antwortete:

»Das ist sicher der Fall. Unverzichtbarkeit der Rede von Gott in Jesus Christus? Ja, so würde ich es auch formulieren. Ich kann mir – um im Horizont Ihrer Frage weiterzudenken – keine andere Religion oder Weltanschauung denken, die mich mit Lessing sagen läßt: ›Ich mag in meiner Todesstunde zittern, vor meiner Todesstunde zittere ich nicht‹ – und nun mache ich ein Fragezeichen. Ich glaube, daß die Identität von Macht und Ohnmacht als das Menschlichste und zugleich dasjenige, was das Menschliche übersteigt, das Unvergleichliche der christlichen Botschaft ist. Griechische Götter, Figuren aus anderen Religionen, sind gewaltige Menschen, unendlich viel mehr als wir und gerade deshalb nicht sehr viel mehr. Jesus Christus ist uns wesentlich näher als Zeus und andere Götter, und zu gleicher Zeit der ganz andere. Und in dieser Identität von ungeheurer Nähe und Weltenferne – und dem jederzeit möglichen Umschlag von einem ins andere – wird für mich die Eigenart des Christlichen deutlich. Ich muß sehr gelassen und fromm sein, um einen Jesus von Nazaret in der Stunde des Sterbens alttestamentliche Verlassenheitsformeln sprechen zu lassen. Ich halte es für einen Ausdruck ungeheurer Stärke, einer unbegreiflichen Stärke, ins Zentrum aller Überlegungen einen, der auf den ersten Blick gescheitert ist, zu rücken: vere homo, vere deus – wahrer Mensch, wahrer Gott!« (in: K.-J. Kuschel, Weil wir uns auf dieser Erde nicht ganz zu Hause fühlen. Zwölf Schriftsteller über Religion und Literatur, München 1985, S. 22)

(4) Spiegelfiguren aufstellen: Judas zum Beispiel

In seinem Buch »Der Fall Judas« legt Jens eine bisher nicht wieder erreichte Synthese aus Poesie, Poetik und Theologie vor. Und es ist charakteristisch für ihn als Schriftsteller, daß er sich dem Nazarener von einer Spiegelfigur her nähert. Ein direktes Porträt ist literarisch unmöglich; ein Schriftsteller könnte an Jesus nur scheitern. Deshalb stellt Jens immer neue Spiegel auf, um wenigstens die Wirkung dieser befremdlichen Gestalt beschreiben zu können. Im Verlauf einer langen Werkgeschichte sind denn auch Spiegelgeschichten zu Pilatus und

Petrus entstanden, vor allem aber zu Judas (alle in: »Zeichen des Kreuzes. Vier Monologe«, Stuttgart 1994).

Besonders der »Fall Judas« hat Jens immer wieder herausgefordert. 1975 erschien sein Buch dazu. Keine historisierende oder psychologisierende Erzählung stellt dieser Text dar, sondern eine Gerichtsstudie mit theologischem Tiefgang. Ausgangspunkt aller Überlegungen ist:

> *»Vergessen wir nicht: In Jerusalem hingen zwei Männer am Holz. Es gab zwei Opfer. Blutacker und Schädelstätte gehören zusammen.«* (S. 95)

Um diesen Zusammenhang deutlich zu machen, erfindet Jens einen gewissen Dr. theol. Ettore P., der in der Rückschau des Jahres 1974 über seine Erfahrungen bei einem aufregenden Prozeß vor den vatikanischen Instanzen in Rom berichtet. Vor der Ritenkongregation mußte nämlich in zweiter Instanz ein Verfahren durchgeführt werden, das in erster Instanz in Jerusalem völlig überraschend positiv entschieden worden war. Der Patriarch von Jerusalem hatte nämlich dem Antrag eines Franziskanerpaters namens Berthold B. stattgegeben, man möge ein förmliches Verfahren eröffnen, an dessen Ende die Erklärung stehen solle, »daß Judas, der Mann aus Kerioth, in die Schar der Seligen aufgenommen worden sei, ein Märtyrer, der Jesus Christus bis zum Tod die Treue hielt«. Dr. P. hatte nun den Auftrag, die Akten dieses Falles für den zuständigen Kardinalsreferenten in Rom aufzubereiten. Davon läßt Jens seinen römischen Juristen berichten, und auch davon, daß in der zweiten Instanz dieser groteske Antrag entschieden verworfen wird. Dr. P., der sich mit dem Fall des Pater Berthold zu identifizieren begann, scheidet aus dem Dienst aus. Er gehört seither zu den Verfemten und Isolierten.

Mit seinem »Fall Judas« wollte Jens mehr als einen interessanten Gerichtsprozeß fiktiv durchspielen. Sein Buch arbeitet das theologische, sozialpsychologische, politische und gesellschaftliche Konfliktpotential heraus, das immer dann entsteht, wenn herrschende Lehrmeinungen überprüft werden. Denn geht es nach der herrschenden Lehrmeinung, so steht neben der christlichen Heilsgeschichte ganz automatisch die Geschichte des Unheils, neben der Erlösung die Verdammung, neben Gottes Barmherzigkeit die Verwerfung des Sünders. Und wer hätte die Verwerfung mehr verdient als der Verräter Christi? Wessen Gemeinheit, Unmoral, Sünde war evidenter als die des Judas Ischariot? Wenn einer in den Bereich des Dunklen, Bösen und Satanischen gehört, dann doch wohl derjenige, der aus niedrigen Beweggründen den Herrn und Erlöser seinen Feinden überlieferte!

Jens aber erzählt nun einen ganz anderen »Fall«, eine Gegengeschichte mit der Pointe: Judas war in Wirklichkeit ein Bruder Jesu, ein Komplize, der sich freiwillig opferte nach der Theo-Logik »Keine Überlieferung ohne den Überlieferer«. Wenn aber Judas mit Jesu Einverständnis den »Verrat« beging, um das Erlösungswerk überhaupt in Gang zu setzen, dann muß jede Verdammungs-Theologie in sich zusammenbrechen; dann wäre Judas gerechtfertigt; dann verdiente er Lobpreis; dann sollte er selig gesprochen werden. Wenn aber Judas selig gesprochen würde, dann gäbe es Hoffnung, das dualistische Denken überhaupt zu durchbrechen, das für die Unheilsgeschichte menschlichen Bewußtseins verantwortlich ist. Dann wäre auch Hoffnung für all die anderen »Judasse« in der Geschichte, die nicht weniger Opfer von Angst- und Machtprojektionen geworden waren: die Juden, die Außenseiter, die Fremden, die Nichtintegrierten. Wenn Judas selig gesprochen würde, dann gäbe es Hoffnung – und mit dieser strategischen Perspektive beendet Jens sein Buch:

>*»für jene Millionen, die die Orthodoxie (welcher Art auch immer sie sei) um ihres Freimuts oder, oft genug, auch nur um ihrer Andersartigkeit willen verdammte. Dann wäre er eine Chiffre für Jude und Heide, für Kommunist, Neger und Ketzer – für alle, die man verteufelte und zum Sündenbock machte. Dann verdiente er die Auszeichnung eines Märtyrers ... doppelt und dreifach und wäre von unserer katholischen Kirche ... erst recht selig zu sprechen ... Ehre dem Judas. Ehre den Opfern.« (S. 93)*

Schon *Heinrich Böll* war bei einer Besprechung des »Fall Judas« aufgefallen, daß sich in diesem »kurzen, gedrängten Buch« ein »Theaterstück oder eine Oper« verberge (S. 228). Und in der Tat hat Walter Jens rund zehn Jahre später das Buch zu einem Ein-Mann-Stück umgearbeitet, und diesen Text habe ich hier wegen seiner formalen Geschlossenheit dokumentiert. Inhaltlich von derselben Brisanz, erscheint der Stoff durch die Form des monologischen Bewußtseinsstroms ungemein verdichtet, denn in diesen Monolog sind erregende Rechtfertigungsdialoge eingearbeitet: mit Jesus, dem Herrn und Bruder; mit den Evangelisten; mit der christlichen Tradition; mit dem Publikum. Ein dramatisches Pro und Contra wird hier in Gang gesetzt mit dem Ziel, einen Judas zu zeigen, der sich gegen die Rolle wehrt, ein Verräter zu sein.

Nachwort: Schon 1944 hatte der argentinische Schriftsteller *Jorge Luis Borges* eine Erzählung unter dem Titel »Drei Fassungen von Judas« vorgelegt, die in Form und Inhalt vieles vom Jens'schen Stück vorwegnimmt, ohne dessen Komplexität zu erreichen, in der theologischen Pointe aber radikaler ist als Jens (siehe die Einführung zu Borges in diesem Buch).

Ausgabe: W. Jens, »Ich, ein Jud«. Verteidigungsrede des Judas Ischarioth, in: ders., Zeichen des Kreuzes. Vier Monologe, Stuttgart 1994, S. 21–39.

Literatur zur Vertiefung

1. Zur Lebens- und Werkgeschichte:
H. Kraft, Das literarische Werk von Walter Jens, Tübingen 1975.
M. Lauffs, Walter Jens, München 1980 (Autorenbücher 20).
W. Barner u. a. (Hrsg.), Literatur in der Demokratie. Für Walter Jens zum 60. Geburtstag, München 1983.
W. Hinck, Walter Jens. Un homme de lettres. Zum 70. Geburtstag, München 1993.

2. Zum Text:
H. Böll, Judasbild und Judenbild: Die Verteuflung der anderen. Über W. Jens »Der Fall Judas«, in: ders., Man muß immer weitergehen. Schriften und Reden 1973–1975, München 1985, S. 226–228.
K.-J. Kuschel, Jesus in der deutschsprachigen Gegenwartsliteratur, Zürich – Gütersloh 1978, TB-Ausgabe München 1987, S. 221–227.
G. Langenhorst, Jesus ging nach Hollywood. Die Wiederentdekkung Jesu in Literatur und Film der Gegenwart, Düsseldorf 1998, S. 72–84.

3. Zur weiteren Motivgeschichte:
H. Wagner (Hrsg.), Judas Ischariot. Menschliches oder heilsgeschichtliches Drama?, Frankfurt 1985.

B. Dieckmann, Judas als Sündenbock. Eine verhängnisvolle Geschichte von Angst und Vergeltung, München 1991.
M. Krieg – G. Zangger-Derron (Hrsg.), Judas. Ein literarisch-theologisches Lesebuch, Zürich 1996.

Walter Jens
Verteidigungsrede des Judas Ischarioth

Ein einfacher Raum, halb Mönchszelle, halb geistliches Studierzimmer: zur Linken eine Ruhestatt, zur Rechten ein Betschemel vor einem großen Pestkruzifix (Jesus mit schmerzentstelltem Gesicht), im Hintergrund Bücher, in der Mitte ein großer, mit Folianten, Schriften und Schreibgerät bedeckter Tisch. Von fernher Musik, langsam lauter werdend. Man hört die Stimme des Evangelisten aus Bachs Matthäus-Passion: »Und als er noch redete, siehe, da kam Judas, der Zwölfen einer, und mit ihm eine große Schar mit Schwertern und mit Stangen von den Hohenpriestern und Ältesten des Volks. Und der Verräter hatte ihnen ein Zeichen gegeben und gesagt: ›Welchen ich küssen werde, der ist's, den greifet!‹ Und alsbald trat er zu Jesum und sprach:« (die Musik ganz laut) Judas: »Gegrüßest seist du, Rabbi!« Judas Ischarioth, der während der Rede des Evangelisten unbeweglich, dem Zuschauer kaum bemerkbar, am Tisch gesessen hatte: den Kopf auf die Platte gelegt, richtet sich auf und spricht die Worte »Gegrüßest seist du, Rabbi!« flüsternd mit, die Musik bricht plötzlich ab, und Judas' Rede beginnt.
Judas: Ja, das habe ich gesagt; es war so abgesprochen zwischen uns; ich befolgte seinen Befehl, er konnte sich auf mich verlassen. »Gegrüßest seist du, Rabbi« – das waren die vier Worte, die wir vereinbart hatten, wir beiden, er und ich, zum Zeichen, daß es kein Zurück mehr gab für uns, von nun an nicht mehr. Ich ging auf ihn zu, sehr langsam, beinahe bedächtig, er lächelte, ich küßte ihn, und wir umarmten einander. Wir beide: ein paar Sekunden lang ganz allein auf der Welt. Die Soldaten weit weg, mit gesenkten Lanzen, so als schämten sie sich; die Jünger: irgendwo im Dunkeln versteckt. ER und ICH: die einzigen Menschen, im Vordergrund auf einer leeren Bühne, unter einem hohen, sternklaren Himmel. Es war ein war-

mer Tag gewesen, der Tau fiel erst gegen Morgen, die Soldaten trugen Sommeruniform, sein Gewand stand weit offen; ich legte ihm die Hand auf die Schulter, ganz sanft, der kleine Finger berührte (Geste) so seinen Hals.

Der letzte Liebeserweis: Judas aus Kerioth küßt seinen Herrn. Und er, Jesus von Nazareth, sagte zu mir: »Mein Freund.« (Pause) Ja, wir gehörten zusammen, wir zwei. »Gegrüßest seist du, Rabbi«: Da sprach zum letzten Mal ein Mensch zu ihm; da war Sanftmut und Licht, ehe die Dunkelheit kam und die Folter. (anderer Tonfall) Von nun an wurde nur noch verhört und geprügelt, gebrüllt und geschlagen, zerbrochen, verhöhnt und gemartert. (Blick zum Kruzifix) Nein, Herr, ich habe dich nicht verraten, ich ganz gewiß nicht. Verrat! Verrat! Das ist doch Aberwitz! Die blanke Narretei! (Blick ins Publikum, einzelnen Betrachtern zu) Was war denn schon zu verraten, frage ich euch. Sein Aufenthaltsort? Der Garten von Gethsemane? Aber den kannten doch Tausende! Und die Geheimpolizei der Sadduzäer und die römischen Spitzel, die seit Jahr und Tag seine Schritte verfolgten, wußten erst recht Bescheid. (wirft einen Haufen von Papieren auf den Tisch) Die hatten ihre Dossiers. (schlägt sich mit der Hand an die Stirn) Von wegen Verrat! Das ist doch lächerlich!

(leiser) Oder glaubt ihr vielleicht, ja ja, man hört auch das, ich hätte den Behörden sein Großes Geheimnis verraten: daß er Gottes Sohn sei, geboren aus Davids Stamm, ein König aller Stämme und Zungen und Völker? Aber das hat er doch selbst gesagt, vor allem Volk, auf dem Marktplatz, mitten unter den Leuten! Denkt doch an Jericho! »Des Menschen Sohn ist gekommen, zu suchen und selig zu machen, das verloren ist.« Glaubt ihr denn wirklich, man hätte einen Verräter gebraucht – nur um zu erfahren, was in jeder Akte stand?

(leise, zum Kreuz hin) Nein, Herr, ich habe dich nicht preisgegeben.

(wieder zum Publikum) Und warum hast du dich dann aufgehängt, Judas? Hast Schluß gemacht, mit dem Strick um den Hals, und am Galgen deine Schuld bekannt? Das kann ich euch sagen. Ich bin in den Hanf gegangen – so sagte man bei uns, damals in Palästina –, weil ich meinem Herrn nicht nachsterben wollte. Ein Judas, hört ihr, geht voraus. (sehr leise) Ich – der einzige unter diesen Fischern und Zimmerleuten und Bauern, der ihn verstand, *wirklich verstand –*, ich kannte die Angst, die ihn abends, wenn es dunkel wurde, ins freie Feld hinaustrieb, fort aus den Städten in die Einsamkeit; ich wußte, wie sehr er sich fürchtete vor diesem Tod.

Nein, nicht vorm Tod: vorm Sterben, dieser Folter, dem Zerbrechen der Knochen und den Martern, die das Hirn aufblasen wie einen Ball. Er war zu schwach dafür, der Mann, brauchte Hilfe, Beistand, Trost, damit er durchhalten konnte am Kreuz.

Ja, darum habe ich es getan, jetzt wißt ihr es: um ihm zu helfen. Judas, sollte er denken, ist einsamer gewesen als ich, an diesem Morgen, als er die Schlinge knüpfte: Wie leicht ist *mein* Tod (flüsternd rekapitulierend), sollte er denken, verglichen mit *seinem*, diesem elenden Krepieren, dem niemand zuschaut, kein Freund, keine Frau, nicht einmal ein Henker.

(neigt betend den Kopf) Herrgott, Vater im Himmel, sei nicht ferne von mir, denn die Angst ist nahe und kein Helfer zu sehen. Schau, die Herde der Stiere, ein gewaltiges Getier, hat mich umringt. Ihren Rachen sperren sie auf gegen mich wie ein brüllender und reißender Löwe. Ich bin ausgeschüttet wie Wasser, alle meine Gebeine haben sich zertrennt; mein Herz ist in meinem Leibe wie geschmolzenes Wachs. Meine Kräfte sind vertrocknet wie eine Scherbe; meine Zunge klebt an meinem Gaumen, und du legst mich in des Todes Staub. Denn Hunde haben mich umgeben, und die Rotte der Bösen hat mich umringt; sie haben meine Hände und Füße durchgraben. Weh! Zählen kann ich alle meine Gebeine; sie aber schauen zu und haben ihre Lust an mir. Herr, errette meine Seele, denn sie ist einsam und ohne Hoffnung, aus den Klauen der Löwen und wilden Hunde! Ich rufe dich am Tage, und ich schweige nicht in den Nächten; aber du antwortest nicht. Wie lange willst du noch warten? Ich schreie – und du bist stumm! Mein Gott! Mein Gott, warum hast du mich verlassen?

(spricht nach einer Pause, sehr ruhig nun, wieder zu den Zuschauern)Ja, wir haben das gleiche Gebet gesprochen, an jenem Freitag: ich, der ihm voranging, und er, der mir nachgefolgt ist. *Zwei* Männer, nicht nur einer, hingen am Balken, damals in Jerusalem. (hält inne)

Natürlich, da ist noch das Geld, ich weiß, die dreißig Silberlinge, an die ihr zuerst denkt, seit zweitausend Jahren, wenn von mir die Rede ist. Judas, der Jud. Judas, der Schacherer, der seinen Herrn um ein paar Groschen verrät. Dreißig Silberlinge: dafür bekam man damals einen ausgedienten Sklaven oder einen Anzug, der schon abgetragen war. Dreißig Silberlinge: das war fast ein Nichts. Aber ich nahm sie, ja, ich hab sie eingesteckt. Warum? Sehr einfach. Um sie in den Tempel zu werfen. Um ein Zeichen zu setzen.

Ihr jämmerlichen Bibel-Leser, ihr! Werft den Jud in die unterste Hölle und kennt, ihr schönen Christen, nicht einmal die Heilige Schrift. Nein, sage ich, ihr kennt sie *nicht.* Hättet ihr sie nämlich studiert, dann wärt ihr auf jenen frommen Propheten gestoßen, Sacharja heißt er, dem die Juden für einen Dienst – nun, was wohl? – dreißig Silberlinge gaben, um ihn zu demütigen. Sacharja aber war stolz und ein gerechter Mann, und darum folgte er Jahwes Befehl und warf den Lohn in den Tempel des Herrn. Versteht ihr nun? Sacharja hatte ein Amt: genau so wie ich. Er hatte die Schafe zu hüten, ich mußte das Lamm überliefern. Beide, er und ich, haben Gottes Gebote befolgt. Beide handelten auf seinen Befehl . . . auch ich . . . und um das zu beweisen, habe ich – hört jetzt ganz genau zu! – den Schandlohn in den Tempel geworfen und eine Sekunde lang den Schleier gelüftet, der mein Geheimnis verbirgt: Auf, wenn ihr mich verstehen wollt, schlagt nach bei den Propheten! Aber ihr lest ja nicht – wenn überhaupt, dann das Falsche.

(blättert in Papieren) »Sechs Tage vor Ostern kam Jesus nach Bethanien, wo Lazarus wohnte, den er von den Toten auferweckt hatte. Es war Abend; man bereitete das Mahl; Martha brachte die Speisen, und Lazarus saß mit am Tisch. Maria aber nahm ein Pfund Narde, die sehr kostbar war, und salbte Jesus die Füße. Das ganze Haus duftete nach Narde, und Maria trocknete Jesu Füße mit ihren Haaren. Als Judas, einer seiner Schüler, das sah – Judas, Simons Sohn aus Kerioth, der Jesus ausliefern sollte –, sagte er: »Warum hat man diese Salbe nicht verkauft? Sie ist dreihundert Denare wert! Weshalb hat man sie nicht den Armen gegeben?« Aber diese Worte sagte er nicht, weil es ihm um die Armen ging – was kümmerten Judas die Bettler! –, sondern weil er ein Dieb war: ein Kassenverwalter, der die Einlagen beiseite schaffte – alleweil in den eigenen Beutel damit!

Ja, da hast du ganze Sache gemacht, mein frommer Johannes; Respekt, Herr Christenmensch! Der Jud – vortrefflich porträtiert.

Ein Kassierer also, ein Dieb und ein Heuchler bin ich gewesen: von den Bettlern parliert und dabei nur an den eigenen Säckel gedacht!

Judas, der Schuft mit dem Doppel-Gesicht, nach außen freundlich und drinnen im Schädel ein Teufel; das Kains-Kind, das den biederen Schönredner herauskehrt. Getroffen und erledigt, Johannes! Kopfab, exekutiert.

Wie, sagtest du doch, habe unser Herr Jesus gesprochen: »Ich habe euch ausgewählt, und einer von euch ist der Teufel. Keiner von euch ist verloren – außer dem einen.« Weg mit dem Kerl, und fortgeschafft; das nenne ich mir Feindesliebe, Herr Evangelist. Nur immer zu; leer' deinen Köcher! Den nächsten Pfeil, bitte sehr! »Einer von euch wird mich verraten: der, dem ich den Bissen eintauche und gebe. Und er tauchte den Bissen ein und gab ihn Judas, Simons Sohn, dem Ischarioth. Und nach dem Bissen fuhr der Teufel in ihn.«

(klatscht in die Hände) Respekt, Johannes. Wenn du einen erledigen willst, einen wie mich – dann triffst du auch. Dann wird der Jünger in einen Sohn Satans verwandelt und die Oblate – in eine Kapsel mit Zyankali.

(anderer Tonfall) Also ein Dieb. Ein Betrüger. Ein Mann, der aus Geldgier seinen Herrn verrät; ein Denunziant, den es nicht rührt, um einiger Groschen willen sein Opfer zu foltern. Und trotzdem ein Jünger? (zu den Zuschauern) Ja, denkt ihr denn nicht nach? Ist zwei und zwei für euch drei? Angenommen, Johannes, der *gute* Johannes, hat recht mit seiner Behauptung, daß ich ein Teufel war und daß Jesus dies wußte – »ich habe euch ausgewählt, und einer von euch ist der Teufel!« –, dann hättest (Blick zum Kruzifix) du dich dazu hergegeben, einen Menschen in die Messer laufen zu lassen. Dann wäre kaltblütig ein Mann – ein Unwissender! – auserwählt worden, die Dreckarbeit für dich zu tun: mit der Kapsel im Maul!

(trinkt einen Schluck Wasser) Wenn er recht hätte, dein Evangelist: nein, nein, das hat er nicht! Du hättest mich doch wohl gewarnt, nicht wahr? Nicht zugelassen, daß ich dein Opfer würde: Schlachtvieh eines Menschen, der doch so friedfertig war? *Ich: dein* Opfer, und nicht umgekehrt: das ist absurd. Sag selbst, wäre das nicht Wahnsinn gewesen, ausgerechnet mich, den Schuft, der im Himmel längst als Dieb erkannt worden war, zum Kassier zu bestellen? Ihn in Versuchung zu führen, grad so, als sei das Vaterunser für dich eine Phrase? »Und führe uns nicht in Versuchung«: Ist das etwa eine Bitte, die für dich nicht gilt?

(wieder zu den Zuschauern) Logik, ein bißchen Logik, bitte sehr. Könnt ihr euch wirklich einen Gott vorstellen, einen Heiland, der, um der Erfüllung seines Plans willen, einen Menschen zur Sünde verurteilt? Auf, Judas, mein Gesell! Und keine Warnung in letzter Stunde? Jesus, meint ihr, sei kein Christ gewesen, sondern eine Art von Racheengel, der zusah, wie sich sein Feind in den Stricken verfing? Da fälschte einer Rechnungen – und sein Meister ließ den Dingen ihren Lauf? Da hat ein Mensch sich aufgehängt – und ausgerechnet Er, der selbst für seinen Todfeind betete, ließ ihn allein in der Stunde, da die wilden Hunde ihn hetzten? Jesus von Nazareth, euer Christus: ein Anatom in Uniform, der zuschaut, wie ein Mensch bei lebendigem Leibe seziert wird? Ja, ist euer Herr denn ein Mörder?

(abbrechend, dann sehr leise) Er war es nicht. Er wußte, daß ich einverstanden war. Einverstanden: zu tun, was getan werden mußte, weil es Gottes Wille war. (steht auf, redet, zunächst sehr ruhig argumentierend, zu den Zuschauern) Ich wußte, daß es eines Menschen bedurfte, um Jesus zu überliefern – und ich wußte, daß Jesus wußte ... nein (schüttelt den Kopf, setzt neu an) ... ich wußte, daß du (Blick zum Kreuz) wußtest: er weiß; und ich wußte, daß du wußtest: er weiß, daß ich weiß. Wir waren Vertraute, wir hatten das gleiche Geheimnis. Wir wußten, daß es eines Menschen bedurfte, um Jesus zu überliefern. Ein Mensch war vonnöten, kein Gott. Ein Mensch: so groß, so selbstbewußt, so demütig, so ... fromm, daß er bereit war, zum Attentäter zu werden, zum Mordgehilfen und Verräter, um ein für allemal zu beweisen, wohin Menschen geraten, die, um, wie sie sagen, ganz sie selbst zu sein, vor keinem Anschlag zurückschrecken, auch nicht vor dem Anschlag auf Gott.
(geht ein paar Schritte nach vorn) Das, Freunde, ist eine These, die nur dann beweiskräftig wird, wenn sich ein Mensch findet, der bereit ist, sie, in einem Rollenspiel auf Leben und Tod, zu beweisen: ein Mensch aus Fleisch und Blut – einer, der der Sünde aller Sünden und dem Verrat über allem Verrat Leib, Seele und Stimme verleiht. Einer wie Judas. Einer wie ich. Ich hatte zu beweisen, wozu Menschen fähig sind, im Aufstand gegen Gott ... und ich

tat's freiwillig. Aus eigenem Entschluß. Um Jesu Christi willen, aus Frömmigkeit und um der Rettung aller Menschen – *eurer* Rettung – willen gab ich mich dazu her, ein für allemal den Beweis anzutreten, daß wir der Erlösung bedürfen, wir, die wir sterblich sind. Verrat, sagt ihr? Ich nenn' es Gehorsam, nenn' es Dienst: aus freien Stücken den Satan zu spielen und für Gott zu zeugen. Und ich wiederhole: der hier am Kreuz wußte um meine Rolle. Oder glaubt ihr etwa, er sei so blind, so ... täppisch gewesen, ausgerechnet den Allerfalschesten in seine Schar aufzunehmen, er hätte sich betrügen lassen wie der Bruder Treuherzig oder die Schwester Gutgläubig: ein schlichter Mensch, der sich nach Herzenslust düpieren ließ – nicht ahnend, daß sein Kassenverwalter ein Spitzbube war? (Kopfschütteln) Es bleibt dabei: Wir haben voneinander gewußt. Der Unterschied war nur – mein Herr hatte es leichter als ich. Nein, murrt jetzt nicht. Ich weiß, was ich sage, und kann es beweisen. (geht zum Kruzifix, verneigt sich) »Der Menschensohn« – hast du das wirklich gesagt? – »muß sterben; aber wehe dem Menschen, der den Menschensohn ausliefern wird – es wäre besser für ihn, er wäre niemals geboren.« O Herr, wenn du's denn gesagt hast – bedachtest du auch, was es bedeutet, für einen wie mich, einen ganz gewöhnlichen Menschen, nicht aufschreien zu dürfen: »Halt ein, ich bitte dich, hör auf, ich kann nicht mehr!«

(geht wieder zum Tisch) Der Richtspruch des Herrn: gut, ich hatte damit zu rechnen. Wer bereit ist, den Teufel zu spielen, darf nicht darauf hoffen, wenn es ernst wird, den Engel herauskehren zu können. Aber das Urteil der Jahrtausende, den Prozeß von Seiten der Inquisition, die Verhöhnung durch die Kunst, das Gezeter der Frommen in aller Welt, der Katholiken und Protestanten und Orthodoxen – Judas, der Teufel, Judas, Mörder von Anbeginn an, Judas, Gottes verworfener Sohn –, nein, das habe ich nicht verdient. Die Logik zumindest, ein exaktes Durchdenken des Falls hätte euch ... (bricht ab) Zweifeln, Fragen stellen, nachdenken: *Das* kann ich doch wohl verlangen! Und was habt ihr statt dessen getan? Mich als Sündenbock abgestempelt: Judas, der Schacherer, Judas, der Ahnherr aller Zinstreiber im Getto, Judas, der Sprecher eines Volks, das ausgerottet werden muß, weil es den Herrn ermordete, Judas, der Teufelssohn, der die Teufelskinder Teufelskunst lehrte.

(geht hastig zum Tisch, blättert in einem Konvolut, schlägt eine Seite auf) Da, hört euch das an: Doktor Martinus aus Wittenberg auf den Spuren seines geliebten Johannes: »Ich verfluchter Goi kann nicht verstehen, woher die Juden solche hohe Kunst haben, ohne daß ich muß denken – (blickt auf) jetzt kommt's –, da Judas Ischarioth sich erhenkt hatte, daß ihm die Därme zerrissen und, wie's den Gehenkten geschieht, die Blase zerborsten, da haben die Juden ihre Diener mit goldenen Kannen und silbernen Schüsseln dabei gehabt, die Judas' Pisse aufgefangen, danach untereinander die Merde gefressen und gesoffen, daß sie . . .«

(schlägt das Buch angewidert zu) Ja, ja, ich bin ein Jud, doch (Handbewegung zum Kreuz) der war es auch, verdiente auch den gelben Fleck, hätte – wie ich! – das J. in seinem Ausweis gehabt und ums Verbot gewußt, sich nicht in öffentlichem Park auf einer Bank hinzusetzen. Den hätten sie genauso – wie mich! – ins Gas gejagt: Jesus, den Juden, Judas, den Juden!

(bricht ab, setzt sich erschöpft hin, spricht leise) Und dabei war ich fromm wie er, der Frömmste in seinem Gefolge: Einer – ich! – mußte es auf sich nehmen, Gottes Bote im Finstern zu werden. Ich war auserwählt worden – (plötzlich ausbrechend) und ich verlange Respekt dafür! –, den Verworfenen in Gottes heiligem Drama zu spielen: denn ich allein war stark genug dafür. Judas, der Fromme. Judas, der Kluge unter den Einfältigen. Der Rechner und Zweifler unter den Hirten. Ich – nicht die anderen, Petrus zuallerletzt! – wurde für würdig befunden, den Part des Vollstreckers zu spielen. Mir wurde abverlangt, für das Böse zu zeugen. Ich hatte zu zeigen, wozu Satan bereit ist und wo Satans Grenze liegt. Um das Böse zu entlarven, gab es keine andere Wahl, als einen, einen Einzigen: mich!, zum Stellvertreter des Teufels zu machen.

(geht wieder auf die Zuschauer zu) Zum letzten Mal: ein bißchen Logik, wenn's beliebt, ein Quentchen Mathematik! Angenommen, ich hätte nein gesagt in der Sekunde, da mir Jesus befahl, nicht länger zu zaudern – »tu schnell, was du tun mußt!« –, gesetzt, ich hätte mich geweigert: wäre ich dann nicht – nur dann! – an Gott zum Verräter geworden? Bedenkt: Ohne Judas gibt es kein Kreuz, ohne das Kreuz keine Kirche, ohne mich, den Überlieferer, keine Überlieferung der Botschaft, daß wir erlöst sind. Eine kleine Bewegung meines Kopfes, ein Schütteln statt eines Nickens – und Gottes Plan wäre (schnippende Fingerbewegung) ein Nichts.

Ihr seht, wir waren verbündet, wir beide, der Meister und sein Gesell, waren aneinandergekettet, wie zwei Brüder, von denen der eine den anderen braucht. Judas ist nichts ohne Jesus: so wie der Schatten nichts ohne den Leib ist. Aber Jesus ist auch nichts ohne Judas: Wäre ich nicht zu den Großen Priestern und nach Gethsemane gegangen – es wäre um meinen Herrn geschehen gewesen. Wir hatten unsern Weg gemeinsam zu gehen – oder gar nicht.

Und darum bitte ich – nein, ich verlange! –, daß mein Schuldspruch aufgehoben wird. Ich will endlich mein Recht! Ich bestehe darauf, daß mir bestätigt wird: Dieser Mann wurde einer Aufgabe für würdig befunden, wie sie bis heute keinem Menschen gestellt worden ist. Er mußte um Christi willen zum Schlächter und Selbstmörder werden und, gehorsam gegen Gott, sich durch eine Tat, die ohne Beispiel ist, so weit erniedrigen, daß nicht einmal die Heiligen wagen dürfen, für ihn zu beten. Aber ich habe es getan, und darum seid ihr erlöst. Ich habe meinen Auftrag erfüllt, und ihr solltet mir danken dafür. Ich habe Gott preisgegeben, weil Gott es so wollte. Ich bin sein Bote gewesen: weil Jesus mich brauchte: Ich sage euch, und das ist wahr: Es wäre leichter gewesen, an seiner Stelle zu sterben, als ihn töten zu müssen.

Aber mir blieb keine Wahl: Ich wollte, Jesus fürchtete den Augenblick, in dem ich von der Last meines Geheimnisses erdrückt werden könnte – ein Nein in allerletzter Sekunde! –, doch ich hielt aus – und der Dank dafür? (holt ein großes Buch, hält es, nun in schierer Verzweiflung, hoch über seinem Kopf). Da! Da kann man's betrachten: Judas am Baum, das Gekrös in den Händen, die Seele aus dem After entflohen, die Kehle vom Hanf zugeschnürt, die Därme in blutige Schlingen zerfallen. Judas im Massengrab; auf dem Blachfeld; in der untersten Hölle: gepackt von den Zähnen des Teufels. Der Kopf steckt in Belials Rachen, der Leib liegt auf der Zunge: eine Hostie aus rotem Fleisch ... und dann das Schamglied: hoch wie ein Turm, der Bauch von Würmern zerfressen. Dicker Beutel, gelber Mantel, Judenzunge, Judenbart und Judenohr.

(hat immer schneller gesprochen, schleudert das Buch auf den Tisch, verharrt schweigend, geht dann zum Betschemel und kniet

279

nieder) Und wenn sie nun recht haben, Herr, alle, die mich verfluchen? Wenn ich weniger fromm gewesen wäre und Nein gesagt hätte: Nein, ich tue es nicht, jetzt und auch in Ewigkeit nichts? Dann wäre Gottes Plan zunichte geworden. Dann gäb' es kein Kreuz ... und niemand hätte wagen können, mich zu verfluchen.

Seltsam, Herr, sehr sonderbar: Da höhnen sie nun über den Juden mit dem roten Bart und seinem scheelen Blick zur Seite, dorthin, wo das Silber liegt ... und verdanken mir doch, sie alle zusammen, ihr Leben. N, E, I, N. Vier Buchstaben hätten genügt, um die Welt zu verändern und die Zeit des Christenmenschen zum Stillstand zu bringen.

Ohne den Überlieferer, hab' ich gesagt, gibt es auch die Überlieferung nicht, keinen Papst, keinen Bischof, keinen Dekan, keinen Küster. Wenn ich Nein gesagt hätte, Herr, wärst du am Leben geblieben und hättest ein freundlicher alter Mann werden können, ein Zimmerer, dessen Kunst berühmt gewesen wäre, weit über Galiläa hinaus, und ich hätte deine Lehre verkündet, eine sanfte Friedens-Doktrin, die jedermann die Wahl läßt, sich frei zu entscheiden.

Kein Märtyrer wäre in der römischen Arena gestorben; keine Inquisition fände statt, keine Kriege der Rechtgläubigen gegen die Heiden (Heide: ein solcher Name wäre unbekannt), kein Streit unter den Konfessionen, Luther und Ignatius verkündeten einträchtig eine Religion, in deren Zeichen niemand ermordet, niemand geopfert worden ist. Kein Blut hätte sich, bei meinem Nein, über die Erde ergossen. Und niemand, Herr, hätte uns Juden verfolgt; denn es wäre ja keiner schuldig gewesen an deinem Tod, dem sanften Ende eines alten Zimmermanns, der, hochgeachtet unter den Bürgern, nach Nazareth heimgekehrt wäre.

Kein Pogrom, kein Lager, kein Gas. (plötzlich ausbrechend) Hilf mir, Herr! Erbarme dich meiner! Gib ein Zeichen, das mir sagt: Du hast recht getan. Judas. (Pause) Wie stumm du bist! Schau mich an: Ich war mir so sicher, zweitausend Jahre lang, bis zu diesem Augenblick. Und nun, auf einmal, ganz plötzlich, der Zweifel: Ich hätte alt werden können, wie du, kein Glaubenskrieg wäre durch meine

Schuld über die Menschen gekommen. Millionen hätten überlebt, nach meinem Nein. Um unseres Gottes willen gegen diesen Gott und sein Todes-Gebot zu revoltieren – Judas, wäre das deine Sache gewesen? Judas aus Kerioth: kein Sklave Gottes, sondern ein Mensch, der Nein gesagt hätte, *sein* Nein, nicht (kurzer Blick ins Publikum) euer Nein, sondern sein eigenes? (Die Anfangsmusik setzt wieder ein) Wenn alles nun falsch war und ich ungehorsam sein mußte? Mußte! Nach allem, was geschehen ist? Wenn mein Nein millionenfaches Ja bedeutet hätte: zum Leben, zur Versöhnung, zum Frieden – zu einem menschlichen Dasein, das nicht mit einem Mord und einem Selbstmord beginnt und in der Blutspur weitergehen muß, sondern ... (die Musik wird immer lauter und übertönt Judas' Worte. Evangelist: »Jesus aber sprach zu ihm.« Jesus: »Mein Freund, warum bist du gekommen?« Evangelist: »Da traten sie hinzu und legten die Hände an Jesum und ergriffen ihn.«)

Judas (die Musik mit einer letzten ungeheuren Anstrengung überschreiend): Nein! Nein! Nein, habe ich gesagt. (Die Musik bricht ab, es wird dunkel, fahles Licht bleibt auf dem Pestkruzifix und Judas' in Angst und Verzweiflung auf den Schmerzensmann blickendes Gesicht.)

IV.
Der angefochtene Pilatus

1. DAS RÄTSEL DES GANZ ANDEREN GOTTES

Zur Einführung

Am 18. April 1947 kommt es im Zürcher Zunfthaus »Zur Meise« zu einem Zusammentreffen besonderer Art. Es ist der Vorabend der Uraufführung von *Friedrich Dürrenmatts* erstem Theaterstück »Es steht geschrieben« im Schauspielhaus zu Zürich unter der Regie von Kurt Horwitz, der, wie wir gehört haben, sich auch um das Bühnenwerk von Max Frisch große Verdienste erworben hat. Dürrenmatt (geb. 1921 in Konolfingen; gest. 1990 in Neuchâtel) liest an diesem Abend aus seinem neuen Stück. Die Einführung hält *Max Frisch* (siehe Einführung in diesem Buch), und der Regisseur läßt es sich nicht nehmen, Dürrenmatts im Jahr zuvor entstandene Erzählung »Pilatus« bei derselben Veranstaltung vorzutragen.

Frisch und Dürrenmatt kennen sich noch nicht; beide stehen als Schriftsteller ganz am Anfang. Aber was Frisch in seiner allererststen öffentlichen Äußerung zu sagen hat, kennzeichnet das künftige Verhältnis, besser: Nicht-Verhältnis der beiden so disparaten Schweizer mit fast unheimlicher Hellsichtigkeit. Gleich zu Anfang seiner Rede drückt Frisch beides aus: Bewunderung *und* Distanz. Bewunderung »für eine dichterische Kraft«, deren Ursprünglichkeit niemand bezweifle, der Dürrenmatts Buch »auch nur für Stunden in die Hände« bekäme. Und zugleich die Distanz, vor allem, was das »Religiöse« betrifft: »Ich bin nicht sicher, ob ich die Dichtung von Dürrenmatt, den ich persönlich nicht kenne, in ihrem wesentlichen Anliegen begreife. Dieses Anliegen ist ein christliches.« (Jetzt ist Sehenszeit, S. 172).

Und später im Vortrag präzisiert Frisch noch einmal – jetzt auch im Blick auf die »Pilatus«-Novelle:

»Alle seine (Dürrenmatts) Menschen ringen um ein Du; oft ist es ein verzweifeltes und blutiges Ringen, manchmal reicht es sogar an die Groteske, wie vielleicht jede Monomanie. Das Du aber, worum es geht, ist nicht ein Mensch, sondern Gott. – Die Novelle, die Sie bald hören werden, gibt uns den Standort des Dichters, wie mir scheint, unmißverständlich: es ist der Standort des Pilatus, der sich plötzlich

gegenüber Gott sieht. Übrigens eine gewaltige Novelle; auch sie ist
ganz monologisch, ganz aus Pilatus geschaut, ganz einsam. Pilatus
nicht als Statthalter des römischen Reiches, sondern als Statthalter des
Menschen schlechthin, der sich vor Gott entscheiden muß. Mehr oder
minder stehen alle seine Menschen an diesem Ort.« (Jetzt ist Sehens-
zeit, S. 177 u. S. 179)

Sprachkraft und Erzählstrategie des »Pilatus« sind hier schon
treffend charakterisiert, und auch die Kritik heute zählt Dürrenmatts Bearbeitung des Pilatus-Stoffes »stilistisch und kompositorisch zweifellos zu den gelungensten der frühen Prosa-Texte«, sieht man von der Erzählung »Der Tunnel« einmal ab (G. P.
Knapp, S. 28). Nur das Wort »Standort des Dichters« in der
Frisch-Rede ist unangemessen, wenn wir auf Dürrenmatts Text
selber schauen. Denn einen »Standort« gibt es in dieser Erzählung nicht, wie es ihn überhaupt nicht bei Dürrenmatt gibt und
geben wird.

»Pilatus« entsteht 1946 in einer für den jungen Dürrenmatt entscheidenden Phase. In diesem Jahr entschließt er sich, sein Studium an der Universität Zürich aufzugeben, eine Dissertation
über »Kierkegaard und das Tragische« liegen zu lassen und statt
dessen sein erstes Drama »Es steht geschrieben« abzuschlie-
ßen. Zugleich übt er sich in ersten Prosaarbeiten. Zwischen
1942 und 1946 entstehen Texte wie »Weihnacht«, »Der Sohn«,
»Der Folterknecht«, »Das Bild des Sisyphos«, »Der Theaterdi-
rektor«, die 1952 alle gemeinsam mit »Pilatus« und anderen
Texten im Band früher Prosa unter dem Titel »Die Stadt« veröffentlicht werden. Außerdem entsteht gleichzeitig mit der Erzählung eine Gouache mit dem Titel »Pilatus« *(s. Abb.),* die den
Prosa-Text noch besser verstehen läßt. Der Maler Dürrenmatt
hat stets den Dichter befruchtet und der Dichter den Maler
inspiriert. In einer »persönlichen Anmerkung« zu seinen Bildern und Zeichnungen aus dem Jahr 1978 erfährt man über
Dürrenmatts frühe Zeit:

»So ist denn mein dramaturgisches Denken beim Schreiben, Zeichnen
und Malen ein Versuch, immer gültigere Gestalten zu finden, bildneri-
sche Endformen. So stieß ich über den Weg des Sisyphos-Motivs zum
Atlas-Motiv vor. Die erste ›Sisyphos‹-Gouache entstand im Jahr 1946,
gleichzeitig mit dem ›Pilatus‹. Ich verließ die Universität und gab vor,
Maler zu werden. Es wäre abenteuerlich gewesen, die Schriftstellerei

Pilatus, 1946, Gouache, 81 x 57 cm (Schweizerisches Literaturarchiv Bern)

als mein Ziel anzugeben. Die beiden Bilder malte ich gleichsam als
Alibi, um meinen Mitstudenten zu beweisen, daß es mir mit meiner
Malerei ernst sei. Gleichzeitig schrieb ich die Erzählung Pilatus und
Das Bild des Sisyphos. Zum Sisyphos möchte ich nur bemerken, daß
mich vor allem die Frage beschäftigte, was Sisyphos zwinge, den Fels
immer wieder hochzustemmen. Vielleicht ist es seine Rache, die er an
den Göttern nimmt: Er stellt ihre Ungerechtigkeit bloß. Während mich
beim Pilatus die Idee nicht losließ, Pilatus habe vom ersten Augenblick
an gewußt, daß ein Gott vor ihm stehe, und sei vom ersten Augenblick
an überzeugt gewesen, dieser Gott sei gekommen, ihn zu töten.« (Lite-
ratur und Kunst. Essays, Gedichte, Reden, S. 207 f., WA Bd. 32).

In der Tat handelt es sich um eine beunruhigende Konstellation
in dieser Erzählung, wie überhaupt alle Prosa-Texte im Band
»Die Stadt« Einbruchs-Geschichten sind, Texte also, in denen
der Schriftsteller interessiert ist am Moment des überraschen-
den Eingriffs und Einfalls in eine geordnete, gesichert scheinende Welt. Ich habe diesen Grundzug Dürrenmattscher Literatur
im Zusammenhang mit der Erzählung »Der Tunnel« und der
Komödie »Der Meteor« bereits einmal ausführlich dargestellt
(Im Spiegel der Dichter, S. 194–207; 424–439). Und auch die
Pilatus-Erzählung hat ihre entscheidende Pointe darin, einen
Prozeß der Erschütterung exakt zu beschreiben, der im römischen Statthalter Pilatus durch das Zusammentreffen mit Christus ausgelöst wird. Ganz anders als Anatole France (siehe Einführung in diesem Buch) ist Dürrenmatt an den Wirkungen
interessiert, welche die Begegnung zwischen diesem Römer
und dem »Gott« Christus auslöst. France erzielt seine Provokation durch die Schlußpointe der Christus-Vergessenheit des
Pilatus. Dürrenmatt umgekehrt dadurch, daß sein Pilatus nur
allzu genau erkennt, wer Jesus ist: »Gott« nämlich, der als Gott
aber alle Erwartungen zerschlägt und den Wissenden in seiner
Selbstsicherheit erschüttert, ja zerstört.
Dem Basler Literaturwissenschaftler *Walter Muschg* gegenüber
bekennt Dürrenmatt denn auch in einem Brief vom 7. Januar
1947, seine Erzählung »Pilatus« sei von einem »Ringen mit der
Philosophie« bestimmt sowie von der Erkenntnis, »daß ohne
Glauben nichts möglich« sei. Wörtlich fügt Dürrenmatt hinzu:

»So ist der Pilatus die Tragödie der Antike, wie ich sie sehe. Die erste
Fassung war etwa dreimal so lang. Sie enthielt die Überlegungen des

Pilatus, die er dem Gott gegenüber anstellt, und die ihn hindern, ›wie ein Kind zu sein‹, was ja unter anderem auch die Tragödie der Philosophie ist. – So habe ich alles ins Bild gedrängt, und alles geschieht im Bild, wie es Ihnen ja aufgefallen sein wird. Doch wo irren wir weniger als im Bild, und wo mehr, als im Begriff?« (zit. nach E. Weber, S. 222)

Dürrenmatts Erzählung ist also nicht an der Geschichte interessiert wie Anatole France, der durch historische Kritik zu seiner Zeit auf Distanz ging, sondern an der Grundproblematik Gott – Mensch. Sein »Pilatus« ist eine Parabelgeschichte von einem Menschen, der sieht, aber nicht versteht, nicht verstehen kann, und der somit an der »Erkenntnis des Unvereinbaren« (G. P. Knapp, S. 28) zerbricht. Gerade hier aber liegt Dürrenmatts eigene christentumskritische Absicht: die Auslotung der Zumutung des christlichen Glaubens in einer Zeit, in der durch die Weltereignisse alle traditionelle Glaubenssicherheit zerschlagen wurde.

Dürrenmatts Erzählstrategie läßt sich besonders deutlich an der Wahl des Mottos zeigen, einem Zitat aus dem Markus-Evangelium (4, 11 f.): »Denen aber draußen widerfährt es alles durch Gleichnisse, auf daß sie mit sehenden Augen sehen und doch nicht erkennen, und mit hörenden Ohren hören und doch nicht verstehen.« Denn schon im Markus-Evangelium ist dies ein kritisches Wort auch an die Jünger Jesu und keineswegs nur an die »da draußen«, an die noch nicht zu Christus bekehrten Heiden. Gleich im Anschluß an das von Dürrenmatt gewählte Wort heißt es aus dem Mund des markinischen Christus kritisch an die Adresse der Jünger: »Wenn ihr schon dieses Gleichnis nicht versteht, wie wollt ihr dann all die anderen Gleichnisse verstehen?« Die Dürrenmatt-Erzählung wäre demnach völlig mißverstanden, wenn man sie im traditionellen Schema von Glaube – Unglaube interpretierte. Dieser Autor schreibt keine simple christliche Triumphgeschichte mit heidenkritischer Pointe. Sein Pilatus ist nicht der Repräsentant der Masse der Ungläubigen, die durch Christus in ihrem Unglauben entlarvt und erschüttert werden soll, damit sie sich bekehrt. Er ist vielmehr Repräsentant aller, die an der Zumutung, dem Ärgernis, dem Paradox Christi zerbrechen. Insofern ist Pilatus in der Tat »Statthalter aller Menschen schlechthin« (M. Frisch).

Hier ist der *Einfluß Kierkegaards* auf Dürrenmatt mit Händen zu greifen. Der protestantische Theologe Emil Weber hat ihn in seinem Buch »Friedrich Dürrenmatt und die Frage nach Gott« (1980) ausführlich beschrieben – gerade auch im Blick auf die »Pilatus«-Erzählung. Es war der Däne Kierkegaard – etwa in seiner zentralen Schrift »Philosophische Brocken« –, der schon im vergangenen Jahrhundert – in Kritik an Sokrates und Hegel – die Frage nach der Lehrbarkeit und Verstehbarkeit der Wahrheit angesichts des absoluten Paradoxes des menschgewordenen Gottes aufgeworfen hat – in christentumskritischer Absicht. Denn es ist ja gerade das bürgerliche Christentum, das dieses Paradox entschärft und zu einem harmlosen Glaubenssatz her-unternivelliert hat. Entscheidend zum Verständnis des Dürren-mattschen Textes ist denn auch, daß die Nichtverstehbarkeit nicht als individuelles Versagen des Pilatus, sondern als Zusammenprall von zwei unvereinbaren Gottesvorstellungen gesehen wird. Von seinen Voraussetzungen her kann Pilatus Gott als mißhandelten Menschen nicht akzeptieren; er muß daran zugrunde gehen; er muß verzweifeln, weil er mit dem Zugleich nicht leben kann: dem Wissen, daß »Gott« erschie-nen ist, und der Unfähigkeit, dies mit seinen Gottes-Erwartun-gen in Übereinstimmung zu bringen. Deshalb kann Pilatus nicht anders, als die Präsenz dieses Gottes als »heimtückische Verstellung«, als »niedrige Maske«, als »Ausdruck eines unvor-stellbaren Hasses« dieses Gottes einzuschätzen.

Pilatus also wird von Dürrenmatt nicht als Versager dargestellt, sondern als tragischer Mensch, der scheitert, weil niemand vor diesem göttlichen Paradox bestehen kann. *Walter Muschg* hat diesen tragischen Grundzug der Pilatus-Erzählung in einer frü-hen Rezension bereits treffend herausgestellt: »Den Anfang des Bändchens macht eine nur scheinbar blasphemische Legende, *Weihnacht*, den Beschluß die Erzählung von Pilatus, der vom ersten Augenblick an weiß, daß er im mißhandelten Galiläer Gott vor sich hat, aber der Begegnung mit ihm nicht gewachsen ist und durch sie gebrochen wird. Auch andere Stücke sind unverkennbar religiöse Parabeln ... Aber das religiöse Thema ist durchweg tragisch abgewandelt. Es spricht ein apokalyp-tisch gestimmter Zeitgenosse, der sich samt einer verlorenen Menschheit in den Mahlstrom des Verderbens gezogen sieht.« (Über Friedrich Dürrenmatt, S. 233 f.)

Wenn aber Pilatus an dieser Gottespräsenz zugrunde geht, können Christen heute mit ihr so einfach leben oder sie gar für selbstverständlich halten? Ist Christen heute »plausibel«, woran der Dürrenmattsche Pilatus scheiterte? Wohl kaum. Und weil dies so ist, wird begreiflich, warum die Frischsche Rede vom »Standort des Dichters«, der der »Standort des Pilatus« sei, unangemessen ist. Die Pilatus-Erzählung ist das Ende aller »Standorte«, weil nach Dürrenmatt Gott kein »Standort« ist, auf den der Mensch sich stellen könnte, um in der Welt gesichert aufzutreten. Die Wirklichkeit Gottes ist nicht die bürgerliche Sicherheit, der man sich oberflächlich-genießend hingeben könnte; die Wirklichkeit Gottes ist nicht die geordnete Welt, die nach rational einsehbaren Regeln funktioniert. Insofern ist Dürrenmatts Erzählung keinerlei Bestätigung einer gesicherten christlichen Dogmatik. Wer sie auf ein dogmatisches Haben-Konto buchen wollte, läge völlig fehl. Wer hier zugreift, vergriffe sich.

Anders gesagt: Dürrenmatts Erzählung ist bei aller äußerlichen Orthodoxie (Christus als Gottmensch) nicht an Affirmation interessiert, sondern an paradoxaler Verrätselung. Dieser Autor hat nach dem Völkermord der Weltkriege das Vertrauen verloren, daß der christliche Glaube ungebrochen »fortgeglaubt« werden könne oder dürfe. Ja, selbst wenn sich Gott im Akt der Menschwerdung zeigte (wie fiktiv im Fall des Pilatus), dann führte dies nicht zur Beglückung, sondern zur Zerstörung des Menschen. Zwischen Gott und Mensch, heißt es denn auch im Text, ist »keine Verständigung als der Tod, keine Gnade als der Fluch, keine andere Liebe als der Haß«. Dürrenmatts Text will also nicht auf die Möglichkeit, sondern auf die Unmöglichkeit des Glaubens hinaus, auf Scheitern, auf Gericht. Emil Weber hat zu Recht beobachtet, daß bei Dürrenmatt die Gestalt Christi, wenn sie überhaupt auftauche (»Pilatus« ist das einzige direkte literarische Zeugnis), immer mit dem »Gerichtsgedanken verknüpft und von ihm her interpretiert« sei (S. 223).

Passion im Horizont des Gerichts. Wahrheit Christi als schrecklich, unbegreiflich; die Auferstehungserfahrung als erschütternd, tödlich: Das sind Fluchtpunkte von Dürrenmatts literarischer Strategie, die sich hier in nichts von der unterscheidet, wie sie in anderen Prosa-Arbeiten (etwa in »Der Tunnel«) oder in Bühnenstücken wie »Der Meteor« zum Ausdruck kommt. Mit *Jan Knopf* wird man deshalb sagen können: »Dürrenmatt wendet sich gegen die zelebrierte Weihe des Christlichen, gegen Prüderie, gegen Wohlanständigkeit, gegen Scheinmoral, wie sie das Christentum der Kirche vorlebt, kleinbürgerliche Prinzipien mit christlichen verwechselnd, und stellt dagegen die geschundene Leiblichkeit des Gottes, der eben kein reiner Marmor ist. Dürrenmatts Kunst ist antibürgerlich aus Christlichkeit.« (S. 27)

Max Frisch hat diese *Ärgernis-Struktur des Religiösen* bei Dürrenmatt früh erkannt, freilich nie akzeptiert. Auch als er Dürrenmatt näher kennenlernt, behält Frisch gegenüber dem »wesentlichen Anliegen« des Kollegen bleibende Distanz. Aber hellsichtig, wie er war, hat Frisch zumindest erkannt, daß das Religiöse bei Dürrenmatt nichts mit »christlicher Gartenlaube« zu tun hat, sondern eine »schreckliche Erscheinung« ist. Anläßlich einer Rezension von Dürrenmatts Stück »Romulus der Große« meint er:

»Das wesentliche Anliegen, das Dürrenmatt zur Gestaltung treibt, ist das Religiöse; offensichtlich schon in seinem ersten Werk ›Es steht geschrieben‹, dessen bildnerische Kraft bei jedem Wiederlesen verblüfft; offensichtlich auch in seinem zweiten Werk ›Der Blinde‹, wo sich, was kein Grund zur Enttäuschung ist, gewisse Grenzen und Gefahren seiner Anlage abzeichneten. In seiner neuen Komödie, wo von Gott kaum die Rede ist, offenbart sich das Religiöse, wie mir scheint, offenbar allein schon in der Tatsache, daß einer, ohne unsrer Zeit und unsrer Lage auszuweichen, überhaupt imstande ist, eine Komödie zu geben. Nicht irgendeine Komödie, sondern unsere Komödie... Wieviele Revolutionäre gibt es, die Humor haben? Das andere ist die Bejahung, wie sie Dürrenmatt besitzt, die religiöse – die zu erläutern, wie gesagt, nicht meine Sache ist; nur wissen wir, daß das Religiöse, wo es ernst wird, immer eine erschreckende Erscheinung ist, ein Ding, das nicht unterzubringen ist in unsrer christlichen Gartenlaube, ein Ärgernis.« (GW Bd. II/1, S. 344 u. S. 346)

Ausgabe: F. Dürrenmatt, Pilatus, in: ders., Aus den Papieren eines Wärters. Frühe Prosa, Zürich 1998, S. 97–115 (Werkausgabe Bd. 19).

Literatur zur Vertiefung

1. Zur Lebensgeschichte:

H. Goertz, Dürrenmatt mit Selbstzeugnissen und Bilddokumenten, Hamburg 1987, [4]1993.

F. Dürrenmatt – M. Frisch, Briefwechsel, hrsg. v. P. Rüedi, Zürich 1998.

2. Zur Werkgeschichte:

E. Brock-Sulzer, Friedrich Dürrenmatt. Stationen seines Werkes, Zürich 1973, Taschenbuch-Ausgabe Zürich 1986.

D. Keel (Hrsg.), Über Friedrich Dürrenmatt, Zürich 1980.

J. Knopf, Friedrich Dürrenmatt, München 1988.

W. Jens, Friedrich Dürrenmatt. Reflexion und Poesie, in: ders., Einspruch. Reden gegen Vorurteile, München 1992, S. 153–161.

Ders., Friedrich Dürrenmatt, in: ders., Aus gegebenem Anlaß. Texte einer Dienstzeit, Berlin 1999, S. 137–142.

G. P. Knapp, Friedrich Dürrenmatt, Stuttgart – Weimar 1993 (Sammlung Metzler 196).

3. Zum Text:

M. Frisch, Einführung zu einer Lesung von F. Dürrenmatt im Zunfthaus Zur Meise, Zürich 1947, in: ders., Jetzt ist Sehenszeit. Briefe, Notate, Dokumente 1943–1963, hrsg. v. J. Schütt, Frankfurt/M. 1998, S. 172–180.

J. Bark, Dürrenmatts »Pilatus« und das Etikett des christlichen Dichters, in: Friedrich Dürrenmatt. Studien zu seinem Werk, hrsg. v. G. P. Knapp, Heidelberg 1976, S. 53–68.

K.-J. Kuschel, Jesus in der deutschsprachigen Gegenwartsliteratur, Zürich – Gütersloh 1978, TB-Ausgabe München 1987, S. 96–100.

Ders., Im Spiegel der Dichter. Mensch, Gott und Jesus in der Literatur des 20. Jahrhunderts, Düsseldorf 1997, S. 194–207 (»Der Tunnel«); S. 424–439 (»Der Meteor«).

W. Muschg, Die Stadt. Frühe Erzählungen, in: Über Friedrich Dürrenmatt, hrsg. v. D. Keel, Zürich 1980, S. 233–236.

E. Weber, Friedrich Dürrenmatt und die Frage nach Gott. Zur theologischen Relevanz der frühen Prosa eines merkwürdigen Protestanten, Zürich 1980, S. 222–237.

Friedrich Dürrenmatt
Pilatus

Denen aber draußen widerfährt es alles durch Gleichnisse, auf daß sie mit sehenden Augen sehen und doch nicht erkennen, und mit hörenden Ohren hören und doch nicht verstehen.

Wie die schweren Eisentüren geöffnet wurden, die seinem Throne am andern Ende des Saales gegenüberlagen, und wie sich ihm aus den offenen Riesenmäulern die Menge entgegengoß, mühsam nur von den Legionären zurückgehalten, welche die Hände zu einer Kette geschlossen hatten und sich mit dem Rücken gegen die Rasenden stemmten, erkannte er, daß der Mensch, der ihm vom Pöbel wie ein Schild entgegengeschoben wurde, niemand anders war als ein Gott; doch wagte er ihn nicht ein zweites Mal mit seinem Blick zu streifen, weil er sich fürchtete. Auch hoffte er Zeit zu gewinnen, indem er den Anblick des Gottes mied, um sich mit seiner schrecklichen Lage vertraut zu machen. Er war sich im klaren, daß er durch die Erscheinung des Gottes vor allen Menschen ausgezeichnet worden war, ohne aber die Bedrohung zu übersehen, die in einer solchen Auszeichnung liegen mußte. Er ließ daher seinen Blick über die Waffen der Legionäre gleiten, prüfte, wie er gewohnt war, die Sturmbänder, die ihnen hart unter dem Kinn lagen, den Zustand der Waffen, die Zuverlässigkeit der Bewegungen und die Festigkeit der Muskeln, um dann mit einem schrägen Blick nach der Menge zu sehen, die erstarrte und sich zu einer unbeweglichen Masse verdichtete, nun lautlos im Raume, an deren Spitze, von hundert Händen gierig umklammert, der Gott ruhig verharrte, den er jedoch noch immer anzusehen vermied. Er senkte vielmehr die Augen auf eine Rolle, die über seine Knie gebreitet war und einen Erlaß des Kaisers enthielt. Er begann nachzudenken, was ihn verhinderte, den Gott vor allem Volk zu ehren. Es wurde ihm der Augenblick deutlich, da ihn der Gott mit seinem Blick getroffen hatte. Er erinnerte sich, dessen Blick gesehen zu haben, als die Türe, durch die sie den Gott brachten, kaum geöffnet worden war, und daß er nur diese Augen gesehen hatte und nichts außerdem. Sie waren nicht anders gewesen als Menschenaugen, nicht mächtiger oder von solchem Licht, das er an griechischen Götterbildern bewunderte. Auch lag nicht die Verachtung in ihnen, welche die Götter gegen die Menschen hegen, wenn sie auf Erden wandeln, ganze Geschlechter zu vernichten, doch auch nicht jene Auflehnung, die er in den Augen der Verbrecher glimmen sah, wenn sie vor ihn gebracht wurden, bei Rebellen wider das Reich oder bei Narren, die lachend starben. Es lag eine bedingungslose Unterwerfung in diesen Augen, die aber eine heimtückische Verstellung sein mußte, weil dadurch die Grenze zwischen Gott und Mensch aufgehoben und so Gott Mensch und Mensch Gott geworden wäre. Er glaubte daher nicht an die Demut des Gottes, und dessen menschliche Gestalt war ihm eine List, die Menschheit zu versuchen. Vor allem war es ihm wichtig zu erfahren, wie sein Verhalten den Gott berührt hatte; denn ihn bewegte die Einsicht, dem Gott gegenüber handeln zu müssen. Ihn verwirrte die Angst, den entscheidenden Augenblick durch die Bewegung des Auges nach unten zu der ausgebreiteten Rolle hin verloren zu haben, weil darin für den Gott eine Mißachtung liegen konnte. Er hielt es daher für das Beste, in den Gesichtern seiner Soldaten nach Anzeichen zu forschen, die auf einen solchen Argwohn hätten schließen lassen. Er schaute scheinbar abwesend auf, bedächtig, ohne sich zu beeilen und ohne seine Furcht zu verraten, so daß er nach den Legionären wie mit Befremden sah, als wüßte er nicht, warum sie in diesem Raume wären. Er konnte jedoch nichts entdecken, das ihn beunruhigte, aber auch nichts, das seinen Argwohn hätte nehmen können; denn er sagte sich sogleich, daß die Legionäre ihre Gedanken zu verbergen wußten; doch war es wieder möglich, daß es ihnen gleichgültig war, wie er sich dem Gott gegenüber benahm, da sie diesen nicht erkannt hatten. So unternahm er es, zum zweiten Male nach der Menge zu sehen, die unter seinem Blick zusammenzuckte. Er sah die Vordersten zurückschrecken, so daß die Menge in der Mitte zusammengedrängt wurde, da gleichzeitig die Hintersten, aus Gier, seinen Blick zu deuten, die Leiber nach vorne schoben. Die Gesichter lagen nackt vor ihm, und weil der Haß sie trieb, schienen sie ihm von einer Häßlichkeit, die ihn ekelte. Er überlegte, ob er nicht den Legionären befehlen solle, die Türen zu schließen, um dann von allen Seiten mit bloßen Waffen in die Menge schlagen zu lassen; doch fürchtete er sich, dies vor einem Gott zu tun. Das Rasen der Menge aber und die Wut, mit der sie den Gott umklammert hielt, gaben ihm die Gewißheit, daß die Menschen von ihm den Tod des Gottes fordern würden, worauf er sein Antlitz unwillkürlich nach dem Gefesselten wandte, obschon eine übergroße Furcht in ihm

war, den Augen des Gottes zum zweiten Mal zu begegnen. Die
Erscheinung war jedoch derart, daß er den Blick lange auf sie gerichtet hielt. Der Gott war nicht von großem Wuchs, und seine Gestalt
war die eines unscheinbaren Menschen. Die Hände waren nach vorne gebunden und blau aufgetrieben. Die Kleider lagen ihm zerfetzt
und schmutzig am Leib, so daß an vielen Stellen die Haut zu sehen
war, über die rote Striemen liefen. Er sah, daß diese Gestalt des Gottes die grausamste war, die den Menschen täuschen konnte, und daß
es dem Gott nur in einem unvorstellbaren Haß hatte einfallen können, in dieser niedrigen Maske zu erscheinen. Was ihn jedoch am
meisten entsetzte, war, daß der Gott es unterließ, ihn aufs neue
anzuschauen; denn er fürchtete sich zwar vor seinem Blick, aber der
Gedanke, der Gott mißachte ihn, war ihm unerträglich. Der Gott
hielt das Haupt gesenkt, auch waren seine Wangen bleich und eingefallen, und eine große Trauer schien sich über sein Antlitz ergossen
zu haben. Die Augen schauten in sich gekehrt, als wäre alles weit
entfernt von ihm, die Menge, die ihn umklammert hielt, die Soldaten in ihren Waffen, aber auch der, welcher vor ihm auf dem Rich-
terstuhle saß und welcher der einzige war, der die Wahrheit erkannt
hatte. Er wünschte, die Zeit möchte sich zurückdrehen und der
Gott ihn anblicken, wie damals, als sich die Tore geöffnet hatten,
und er wußte, daß er dann vor ihm niedersinken würde, laut schreiend und betend, um ihn vor den Legionären und allem Volk Gott zu
nennen. Wie er jedoch sah, daß sich der Gott nicht mehr um ihn
kümmerte, verkrampfte er die Hände, als wolle er die Rolle auf seinen Knien zerreißen. Er wußte nun, daß der Gott gekommen war,
ihn zu töten. So geschah es, daß er in seinen Thron zurückfiel, das
Antlitz mit kaltem Schweiß bedeckt, indem die Rolle aus seinen
Händen dem Gott vor die Füße sank. Doch als er das Gesicht des
Legaten sah, das sich ihm entgegenneigte, gelangweilt und müde,
gab er den Befehl mit leiser Stimme, als handle es sich um etwas
Nebensächliches, worauf er sich zu einem Präfekten wandte, eben
aus Galiläa zurückgekehrt, den er zu sich winkte, während der
Befehl vom Legat mit gleichgültiger Stimme laut wiederholt wurde,
um dann, wie der Präfekt ihm noch berichtete, der Menge nachzu-
sehen, die sich murrend durch die offenen Türen des Hintergrundes
verzog: Aber den Gott sah er nicht mehr, so sehr umgaben ihn die
Menschen als ihr Geheimnis.
Die Türen waren nun wieder geschlossen und der Saal vor ihm

öde. Er gab ein Zeichen, daß ihn alle verlassen sollten. Er lehnte sich zurück und schaute auf die Rolle nieder, die sein Fuß leise berührte. Seine Hände hielten das Ende der Lehne ruhig umfaßt, und er horchte mit leichtgeneigtem Haupt, wie sich die Offiziere entfernten; nur ein Sklave blieb zurück. Dann ließ er seine Augen aufmerksam über den Saal gleiten, mißtrauisch, als gelte es, die Spuren des Gottes zu entdecken. Er sah die mächtigen Wände, die ohne Schönheit waren und ohne Gliederung, die ehernen Flächen der Türen, durch welche die Menge den Gott davongetragen hatte, bemalt mit seltsamen Ornamenten von einem grellen Rot. In ihm war eine große Ruhe, die er vorher nie gekannt hatte. Die Furcht lähmte ihn. Sie war überall, in ihm und im schweren Lasten der Mauern. Er erhob sich und ging am Sklaven vorbei. Er verließ den Turm durch einen schmalen Gang und betrat den Hof. Auf den Ecktürmen und den hohen Mauern hoben sich einige Legionäre gegen den tiefblauen Himmel ab. Der Steinboden leuchtete in der Sonne. Er schien sich durch Feuer zu bewegen, wie er den Hof überquerte, so sehr umgab ihn das Licht. Er schritt auf das Hauptgebäude zu, das sich als ein plumper, gleißender Würfel vor ihm erhob, und betrat die Halle. Dann stieg er die Treppe empor, die dem Eingang gegenüberlag und nach oben in ein Gewirr von kleinen Zimmern mit durchbrochenen Wänden und hochgelegenen Fenstern führte, die schmal und vergittert waren und durch die das Licht des Nachmittags nur schwach flutete. Die Wände waren kahl, denn er wohnte selten in der Hauptstadt des verhaßten Landes; doch war der Boden mit Teppichen und Kissen bedeckt. Im größten Zimmer wartete der Legat, der sich schon gelagert hatte. Er setzte sich zum Offizier, doch berührte er die Speisen nicht und trank nur wenig Wein. Er gab dem Legat ruhig Antwort und hörte dem Gespräch zu. Er war im Geheimen begierig, die Rede auf den Gott zu lenken; doch scheute er sich, weil er dem Legat mißtraute, so daß er lauernd auf ihn sah. Er fing an, bestimmte Fragen über das Heer zu stellen, was den Offizier verwirrte; denn das Gespräch nahm unerwartet eine Wendung ins Sachliche. So konnte er im Geist wie aus einem Versteck mit äußerster Klarheit jeden Moment seiner Begegnung mit dem Gott wiederholen. Er glaubte nicht recht, daß Herodes den Gott behalten würde, denn er ahnte, daß es ihm allein bestimmt war, die Wahrheit zu wissen. Er fürchtete, daß der Gott zu ihm zurückkehren würde, weil er zu ihm gekommen war und sonst zu niemand anderem, und er fühlte eine seltsame Begierde, daß dieser Augenblick schon erfüllt wäre. Der Abgrund zwischen Mensch und Gott war unendlich gewesen, und nun, wie der Gott diesen Abgrund überbrückt hatte, und Mensch geworden war, mußte er an Gott zu Grunde gehen und an ihm zerschmettern, wie einer, den die Welle an eine Klippe schleudert.

Wie nun der Bote kam, der ihm anzeigte, daß der Gott, von Herodes geschickt, gefesselt vor der Burg wieder eingetroffen sei, vom Toben der Menge begleitet, gab er den Befehl, den Gott ins Innere der Burg zu schaffen, um ihn von der Menge zu trennen, worauf er die Zeit abwartete, die die Legionäre brauchten, um den Gott in die Halle des Hauptgebäudes zu führen. Dann erhob er sich und schritt an der Kaiserbüste nahe der Türe vorbei, indem er nach seiner Gewohnheit den Blick auf dem Marmor weilen ließ, der still als ein fremdes, bekränztes Haupt vor ihm schwebte, das sich im Dunkeln verlor. Er ging durch den langen Gang, der zur Treppe führte, an dessen Wänden Legionäre standen. Die Gestalten lösten sich aus den Schatten, grell in den Flammen der Fackeln, die hier schon angezündet waren, so daß ein flackerndes Licht auf den Männern lag, das sich in immer neuen Wellen gelb und rot gegen die eisenbeschlagenen Schilder warf. Er schritt auf den Ausgang zu, der sich seinem Auge als ein helles Rechteck bot, von wo er in die Halle hinunterblicken konnte, und wieder sah er in der Erinnerung den Blick des Gottes. Einen Augenblick schien er zu zögern; doch machte er darauf so entschlossen die wenigen Schritte, daß er die Speere der Legionäre heftig zur Seite drängte, und trat in den hellen Raum der Halle hinaus. Er blickte mit einer kurzen Wendung des Kopfes nach unten. Er sah mit Grauen Legionäre, in deren Augen eben noch Spott geleuchtet hatte. Der Gott stand bewegungslos zwischen ihnen. Seine Hände waren immer noch gefesselt, doch hing nun von seinen Schultern ein weißer Mantel herab, mit Menschenkot beschmutzt. Er sah die Verhöhnung des Gottes, aber auch, daß dies seine Schuld war, da er ja den Gott zu Herodes geschickt hatte. So sah er bestätigt, daß alles auf seine Verdammnis hinauslief, was er zu seiner Rettung unternommen hatte, und ging daher den Weg an den Legionären vorbei wieder zurück, ohne sich vorerst weiter um den Gott zu kümmern.

Die Geißelung des Gottes hatte er für die Zeit der dritten Nachtwache befohlen, doch ging er schon vorher nach der bestimmten Stelle zwischen dem Hauptgebäude und dem Turm, der diesem am nächsten lag. Der Tag war heiß gewesen unter der glühenden Sonne, die über den wolkenlosen Himmel gerollt war und über den Hof unter ihr; nun aber war die Nacht über allem, noch ohne Mond, nur vom stechenden Feuer der Sterne durchbrochen, so daß es schien, als wäre die Welt nichts anderes, als die lichtlosen Flächen dieser Mauern und dieser Türme, die wie Rammpfähle in den Himmel gesenkt waren, ein Raum, der unermeßlich an Tiefe war und dennoch mit einer festen und bestimmten Zahl der Schritte zu durchmessen. Er gelangte zum Pfahl, den er für den Gott bestimmt hatte und der steil aus dem Boden in die Nacht ragte, kaum von der Fackel erhellt, die ein Sklave emporhielt. Wie er mit den Händen das Holz umfaßte, spürte er Nägel und Sprießen, die ihm die Haut ritzten, so daß er blutete. Dann wandte er sich zur Mauer des Hauptgebäudes, wo im Eingang einer kleinen Nebenpforte ein Sessel stand, und hieß den Sklaven die Fackel löschen, wie er sich niedergelassen hatte, da er schon die Schritte der Legionäre zu hören meinte; doch ging es noch einige Zeit, bis die Stimmen herüberhallten. An der Burgmauer, die ihm schräg gegenüberlag, machte sich ein schwacher Widerschein der fernen Fackeln bemerkbar, der sich vor seinen weitgeöffneten Augen verstärkte, und endlich sah er die Mauern so grell erleuchtet, daß sich die riesigen Quadern scharf abzeichneten. Der Pfahl hob sich überdeutlich von der Burgmauer ab, so daß sein Schatten pfeilgerade über den Boden lief, worauf er an der Mauer jäh abbrach, um steil über die Wand nach oben in die Unendlichkeit der Nacht zu tauchen, wobei er aber, da sich die Fackeln näher bewegten, wie der irre Zeiger einer ungeheuren Uhr hin und her schwankte. Über die erhellte Fläche des Bodens schob sich eine dunkle Masse auf den Pfahl zu und verbreitete sich nach allen Seiten, wuchs dann hinein in den Raum, als ein dichtes Gemisch von unförmigen Köpfen, wildfuchtelnden Helmbüschen und verkrampften Händen, und endlich traten vor seine Augen die Legionäre: eine wilde Zusammenballung der Leiber und Waffen, unter solche, die Fackeln weit in die Nacht hinein hielten; auch ertönten Gelächter und Schreie, da niemand von dem wußte, der unbeweglich in seinem Sessel verharrte, kaum daß er den schweren Atem des Sklaven hinter sich spürte. Mitten unter den Legionären aber mußte, ihm unsichtbar, der Gott schreiten, indem sich dort alles zu einem Wirbel verdichtete; doch bemerkte sein scharfes Auge, wie sich in hartem Schlag

Schwertknäufe und Fäuste dorthin senkten, so daß der Zug manchmal stille stand, weil alles nach innen drängte, zuschlug, um sich dann mit schrillem Gelächter zu lockern, worauf die Menschen wieder dem Pfahl zueilten, den die Menge, wie sie ihn erreicht hatte, umringte: Sie waren jedoch so zahlreich, daß er den Gott nicht erkennen konnte. Ein Legionär erkletterte den Pfahl und befestigte die Fackeln im Kreis um die Spitze des Stammes, worauf er ein Seil hinunterwarf, um dann mitten in die Menge zu springen, die sich nun mit lautem Schrei jäh um den Pfahl ballte, sich fürchterlich staute, von den Fackeln über ihnen grell und phantastisch beschienen, so daß die Schatten nach allen Seiten von Menschenhaufen strebten, wie die Blätter einer seltsamen und ungeheuren Blume, die sich plötzlich geöffnet hat. Dann aber strömte die Menge auseinander und löste sich in einzelne auf, die aus dem Licht der Feuerkrone eilten, um sich im Dunkeln niederzulassen, einige so nahe bei ihm, daß seine Füße sie fast berührten. Er saß jedoch ohne Regung und ohne dies zu bemerken; denn furchtbar zeigte sich nun seinem Auge Gott. Er war nackt, und die halberhobenen Hände waren vom Seil umschlungen, das schräg angespannt von ihrer Schwere am Pfahl herunterhing. Der Gott stand ein wenig vom Stamm entfernt, einsam an diesem Holz und unter dem tiefdunkeln und doch feurigen Himmel, voll sichtbar im Licht, das ihn wie ein Rad umgab, so daß er in diesen Kreis gebannt war und ein Bild der Macht dessen bot, der unbeweglich in der Finsternis des Seitenportals dem Gott gegenübersaß. Der Schatten des Gottes jedoch wuchs aus dem Lichtkreis der Fackeln heraus mitten in sein Herz, so daß alles, was nun geschah, sich zwischen ihm und dem Gott abspielte; denn alle Dinge, die Legionäre und das Brennen der Fackeln, der Pfahl, der in den Himmel gereckt war, die strengen Quadern der Mauern, die harte Fläche des Bodens, das leise Atmen des Sklaven und die Feuermassen der Gestirne, waren nur da, weil Gott da war und er und nichts anderes, und waren da, weil es zwischen Gott und Mensch keine Verständigung gibt als der Tod, und keine Gnade als der Fluch, und keine andere Liebe als der Haß. Und wie er das gedacht hatte, erhoben sich die Legionäre in der Nacht, von der sie gedeckt wurden, wenige nur von ihnen, und traten von allen Seiten mit nackten Oberkörpern gegen den Gott: einige grell beschienen, und andere nur als Silhouetten sichtbar. In ihren Händen bewegten sich die Peitschen gleich Schlangen, umglitten spielend die mächtigen

Arme, glitten dann zuckend leicht über den Boden als grausame Tiere mit unförmigen Köpfen aus Blei. Die Männer umschritten den Gott wie zum Tanz, berührten wie zum Spiel mit den schmalen Peitschen seinen Leib, um dann plötzlich in rasender Wut auf ihn einzuhauen, worauf sich die bleiernen Köpfe tief in den Leib des Gottes gruben, so daß sein Blut aus dem Fleisch brach, was ihn, der ruhig gesessen, mit unendlicher Qual erfüllte, da er im geheimen erwartet hatte, die Peitschen würden am Gott wie an Marmor abgleiten. Nun aber sah er, wie der Gott zusammensank, von den furchtbaren Schlägen der Legionäre getroffen, so daß die Füße über den Boden schleiften, weil die Hände durch das Seil weit nach oben gerissen und der Leib von der Wucht der Peitschen im Kreise herumgeworfen wurde, immer wieder von den pfeifenden Hieben der Legionäre getroffen, die halb nackt den Gott umtanzten, um von allen Seiten auf ihn einzuschlagen, vom flackernden Licht der Fakkeln übergossen, welches die Schatten gespenstisch auf den steinernen Boden warf, der wie ein Spiegel war, wie dünnes Eis über ein bodenloses Meer gespannt. Dann aber ließen sie, wie der Leib leblos hing, mit starren Gesichtern vom Gott; denn müde lagen die Peitschen in ihren Händen, und langsam verschwanden die Menschen in der Nacht, so daß er allein dem Gott gegenüber zurückblieb, während ungeordnet die Schritte der Legionäre verhallten. Die Fakkeln brannten nun ruhiger; doch waren sie dem Erlöschen nahe, und Pech tropfte auf den blutigen Leib, der sich um das Holz des Pfahles schlang. Da geschah es, daß er sich von seinem Sessel erhob und langsam zum Gott trat. Er trat so nahe zu ihm, daß er ihn hätte berühren können; auch sah er den nackten Leib des Gottes mit größter Deutlichkeit. Der Leib war nicht schön; denn die Haut war welk und aufgerissen; auch zeigten sich tiefe Wunden, von denen einige eiterten, und alles war blutüberströmt: Das Gesicht des Gottes aber sah er nicht, weil es zwischen den Armen hing. Wie er jedoch diesen Leib sah, der entstellt war und häßlich, wie jeder gefolterte Menschenleib, und wie er dennoch in jeder Wunde und in jeder Schürfung des Fleisches den Gott erkannte, ging er stöhnend in die Nacht, während hinter ihm über dem Gott die Fackeln erloschen. Zusammengekrümmt wie ein Tier vor Entsetzen lag er irgendwo ohne Schlaf zwischen den kahlen Wänden seiner Gemächer, an denen sich die Flamme der Öllampe spiegelte. Er lebte versunken im Grauen seiner Seele dahin, einsam unter den Menschen und undurchdringlich denen, die an seinem Auge vorüberzogen, ohne ihn zu bewegen, wie einer, der in Winternächten Menschen gehen sieht, schemenhaft im Lichte des Monds. Einsam irrten seine Hände über die Muster der Teppiche, verkrallten sich in die Kissen oder faßten zitternd den Kelch, in dem der Wein lag. Auch mochte es geschehen, daß sein Blick schräg und seltsam zum Gesicht des Kaisers glitt, das weiß im Dunkel war, mit Lippen, die zu lächeln schienen, unwirklich, wie Tote zwischen ihren Gräbern lächeln, und verloren in der Dämmerung. Dann schaute er stumm nach dem Sklaven, der sich vor seinem Blick abwandte, in welchem geisterhaft ein fremder Neid glomm. Am Morgen jedoch ließ er beim ersten Strahl der Sonne Flötenspieler kommen, und eintönig drang die Melodie an sein Ohr; doch vermochte ihn nichts zu bewegen, weil der Anblick des Gottes seinen Geist nicht mehr verlassen hatte.

Er versuchte nun, sich auf Kosten der Menge zu entlasten, da es ihm nicht gelungen war, den Gott zum Handeln zu zwingen. Der Ort, den er seinem Unternehmen bestimmte, war die Treppe, die zum großen Portal des Hauptgebäudes führte, und die Zeit der frühe Morgen, der jenem Tage folgte, an dem er dem Gott zuerst begegnet war, wie sich denn alles in wenigen Tagen abspielte. Die Treppe und das Hauptportal lagen im Schatten, der sich als schmales Band dem Hauptgebäude entlang über einen kleinen Teil des Platzes und der Menge legte. Die Menschen, die während der Nacht Spottlieder über den Gott gesungen hatten, waren schon früh vor den Toren der Burg erschienen und hatten sich wild schreiend in das Innere des Hofes ergossen, dessen weite Fläche sie nun füllten, gleichgültig darüber, daß sie in der Gewalt der Legionäre waren, die das Volk mit bloßen Waffen umringten. Als er daher von seinen Gemächern die Halle erreicht hatte, sah er durch das geöffnete Tor den Gott und Barabas schon vor der Menge stehen, ein wenig erhöht, wie er es befohlen; doch schritt er ruhig aus der Dämmerung des Saales und trat unvermutet so mächtig in seinem weißen Mantel zwischen den Gott und den Verbrecher, daß der Pöbel unter seinem Blick versteinerte. Er sah gleichgültig auf die Menschen, die sich endlos vor ihm ausbreiteten, mit Köpfen, in denen die roten Augen wie rostige Nägel waren und schwarze Zungen schwer und unförmig zwischen gelben Zähnen lagen. Es war, als hätte die Menge nur ein Gesicht, welches das Gesicht aller Menschen zugleich war, ein ungeheures, drohendes Antlitz, dem die furchtbare Stille entströmte, die sich auf die Dinge gesenkt hatte, das sich nun dem Gott und dem Verbrecher gegenübergestellt sah, der Wahrheit und der Gewalt, und das nun mit einem einzigen gellen Schrei den Tod des Gottes forderte. Wie nun der Gott dies alles duldete, befahl er einem Sklaven, eine Schale mit Wasser zu bringen, in der er zum Zeichen seiner Unschuld die Hände wusch, ohne sich weiter um die tobende Menge zu kümmern: Als er sich jedoch wandte und so das stumme Antlitz des Gottes sah, wußte er, daß ihn die Menge nicht entlasten konnte, da er allein die Wahrheit kannte. So war er gezwungen, eine Grausamkeit um die andere an Gott zu begehen, weil er die Wahrheit wußte, ohne sie zu verstehen, – und er barg sein Gesicht in die Hände, die noch vom Wasser der Schale trieften.

Von nun an war es ihm, als würde er sich als ein Toter unter Toten bewegen. Er überprüfte die Vorarbeiten zur Kreuzigung und schaute zu, wie die Legionäre den Gott verspotteten. Er stand mit ruhigen Augen vor dem Gott, die gleichgültig an ihm hafteten; auch ließ er es zu, daß dem Gott eine Dornenkrone aufgesetzt wurde. Dann ließ er sich das Kreuz zeigen und befahl, das ungehobelte Holz vor ihm aufzurichten, worauf seine Hände sorgfältig über die Rinde fuhren. Wie er die Legionäre ausgewählt hatte, sah er dem Zuge nach, bis die Menschen im Burgtor verschwanden, die den Gott mit sich schleppten, der, unter das riesige Kreuz gepreßt, mitten in der Truppe hin und her wankte. Er wandte sich, ohne das Kind eines Sklaven zu beachten, das winselnd über den Hof dorthin lief, wo der Gott im Torbogen verschwunden war. Er kehrte in seine Gemächer zurück und ließ sich ein Mahl bereiten. Er lag unbeweglich am Tisch und hörte das Spiel lydischer Musikanten wie von ferne, die mit dicken Backen bliesen, während es jenseits der schweren Mauern, die seine Gemächer umschlossen, Nacht wurde. Die Sonne verfinsterte sich. Der Himmel wurde zu Stein, so daß die Menschen im Raume aufschreckten. Die Musikanten bewegten die Flöten von ihren bleichen Lippen und starrten mit großen, runden Augen nach den vergitterten Fenstern. Mitten im Himmel stand unbeweglich die tote Sonne ohne Licht in einer glanzlosen Fläche als ein riesenhafter Ball, der mit tiefen Löchern bedeckt war. Auch erfolgte ein Erdstoß, der alles übereinanderwarf, so daß sich die Menschen laut schreiend an die Erde preßten. Er wußte, daß nun der Gott mit schrecklichen Wundertaten vom Kreuz gestiegen war, um endlich seine Rache zu vollziehen. Er erhob sich und ging hinaus. Er ließ sein Pferd bringen und ritt mit wenigen Begleitern hinweg. Die Pferde waren scheu, als wären sie in großer Angst. Die Straßen der Stadt waren leer, hineingesenkt in eine zerstörte Erde, auf der ein Himmel lastete, in welchem es keinen Tag und keine Nacht mehr gab. Die Gesichter seiner Begleiter waren fahl und die Helme wie Schneckenhäuser auf den kahlen Köpfen, in denen die Augen ohne Licht steckten. Auch erschrak er, als er seine Hände sah; denn sie waren wie fremde Spinnen, die sich um die Zügel seines Pferdes schlossen. Sie ritten aus der Stadt gegen den Hügel, auf dem die Kreuze standen. Sie kamen an Menschen vorbei, die mit angezogenen Knien am Wege hockten und laut und schnell sinnlose Worte sagten. Einige warfen sich vor die Rosse, doch ohne Schrei, worauf sie zerstampft von den Hufen liegen blieben. Die Palmen waren in der Mitte geknickt und die Ölbäume zerfetzt. Die Gräber in den Felsen waren weit offen, so daß die Leichen heraushingen und die beinernen Hände wie Fahnen in der milchigen Luft waren. Scharen von Aussätzigen wankten in flatternden Mänteln wie schwarze Vögel heran, und ihre Stimmen wehten wie schrille Pfiffe vorüber. Der Pfad stieg die Felsen hinauf. Er war mit zerschmetterten Selbstmördern bedeckt, die sich von den Klippen geworfen hatten. Die Pferde wurden unruhiger, je näher sie der Stätte kamen, wo die Kreuze aufgerichtet waren, mit dem mittleren des Gottes, das leer und kahl in den Himmel ragen mußte, an das sich vielleicht der Gott selbst lehnte, nackt und schön, laut, lachend, um den zu zerreißen, der nun heranritt. Noch immer stand die Sonne ausgebrannt und ohne Bewegung im Zenit, als gäbe es keine Zeit mehr. Auch hatte die Finsternis zugenommen, so daß er fast an das Kreuz prallte, das sich vor ihm steil in die Nacht hob, und nur mühsam stellte er fest, daß es das Kreuz des Gottes war. Schon wollte er sich abwenden, um weiter zu suchen; wie aber im Osten riesenhaft ein grüner Komet heraufzog, sah er, daß dieses Kreuz nicht verlassen war, wie er geglaubt hatte. Es waren die Füße, die er zuerst erblickte. Sie waren von einem Nagel durchbohrt, und wie sein Blick hinaufglitt, bog sich der Leib schwer mit langgezogenen Armen herab, die wild in den Himmel gereckt waren, und gerade über seinem Gesicht hing das tote Antlitz des Gottes.

Als aber nach drei Tagen der Bote früh am Morgen zu ihm gekommen war, der ihm gemeldet hatte, daß der Gott sein Grab in der Nacht verlassen, so daß dieses leer aufgefunden worden sei, ritt er sogleich dorthin und schaute lange in die Höhle. Sie war leer, und der schwere Stein, der sie bedeckt hatte, lag zerbrochen auf der Erde. Langsam wandte er sich. Ein Sklave aber stand hinter ihm, und der sah dann des Pilatus Gesicht: Unermeßlich war es wie eine Landschaft des Todes vor ihm ausgebreitet, fahl im frühen Lichte des Morgens, und wie sich die beiden Augen öffneten, waren sie kalt.

2. »UND DAS REICH DER WAHRHEIT WIRD KOMMEN«

Zur Einführung

Welch ein Auftakt für einen Roman: Der Chefredakteur einer »dickleibigen Literaturzeitschrift« und Vorsitzende einer der größten Moskauer Literatenvereinigungen erteilt an einem warmen Maiabend auf dem Moskauer Patriarchenteich-Boulevard einem jungen Lyriker eine Lektion in Sachen Jesus Christus. Der Chefredakteur, Michail Alexandrowitsch Berlios, hatte nämlich bei seinem Poeten Iwan Nikolajewitsch Ponyrew für seine Zeitschrift ein »großes antireligiöses Poem« bestellt. Das aber war nicht zu seiner Zufriedenheit ausgefallen. Denn Jesus war hier zwar unsympathisch dargestellt worden, aber doch so, daß man als Leser den Eindruck gewinnen müsse, er sei eine lebendige Person gewesen. Da ist Berlios ganz anderer Meinung. Unter Hinweis auf literarische Quellen (Philo von Alexandrien, Flavius Josephus) und Mythologien von allen möglichen Göttersöhnen erklärt der Chefredakteur mit vollem Selbstbewußtsein, daß Jesus »als Persönlichkeit nicht existiert« habe und daß alle Erzählungen über ihn »schlicht Erfindungen, gewöhnliche Mythen« seien.
Da gesellt sich ein merkwürdig aussehender Mann zu den beiden und mischt sich ins Gespräch. Einordnen können sie ihn nicht. Ist er Ausländer? Welcher Art? Deutscher, Engländer, Franzose, Pole? Ein Unzurechnungsfähiger? Der Fremde stellt sich als Professor V. vor und interessiert sich vor allem für die Frage, ob die Literaten an Gott glauben. Ihr wie selbstverständlich

bekannter Atheismus (»Die Mehrheit unserer Bevölkerung glaubt schon lange nicht mehr an die Märchen über Gott«) amüsiert ihn köstlich, was beide Literaten eher verwirrt, zumal der Fremde in aller Direktheit erklärt, er habe einstmals schon dem »alten Imanuel« beim Frühstück gesagt: »Ich kann mir nicht helfen, aber Sie haben sich da etwas Ungereimtes ausgedacht, Professor.« Gemeint sind Kant und seine Gottesbeweise! Und nachdem Professor V. sich noch als »Spezialist für schwarze Magie« ausgibt und für den Abend bei den Patriarchenteichen eine »interessante Geschichte« ankündigt, flüstert er den beiden immer unsicherer werdenden Jesus- und Gottesleugnern zu: »Ich sage Ihnen, Jesus hat existiert.« Und an dieser Stelle, dem Ende des ersten Kapitels, folgt als zweites Kapitel der hier dokumentierte Text, der die Überschrift trägt »Pontius Pilatus«.

Welch ein Auftakt für einen Roman: Ein Schriftsteller der Stalin-Ära in der Sowjetunion, *Michail Bulgakow* (geb. 1891 in Kiew; gest. in Moskau 1940) läßt in Gestalt des Professor V. = Voland den Teufel leibhaftig in Moskau auftauchen und marxistischen Jesusleugnern gegenüber in ironischer Überlegenheit erklären: »Er (Jesus) hat schlicht existiert, und basta.« Und statt eines Beweises erzählt der Teufel die Geschichte von der ersten Begegnung Jesu mit Pilatus.

Pilatus taucht in unserer Jahrhundertbilanz jetzt zum dritten Mal auf. Dieses Mal im Werk eines der bedeutendsten russischen Schriftsteller des 20. Jahrhunderts, und zwar in einem Text, der zu Lebzeiten des Autors nie publiziert werden durfte, erst 1966/ 67 in Rußland erschien (freilich noch mit erheblichen Zensurstrichen) und der erst seit einer Neuausgabe im Westen 1973 vollständig vorliegt. Seither ist Bulgakow in die russische Literaturgeschichte des 20. Jahrhunderts zurückgekehrt, ja, man wird ob seiner gewaltigen internationalen Resonanz sagen können: Michail Bulgakow ging »erst 27 Jahre nach seinem Tod in die Weltliteratur« ein: »Das war eine zeitgeschichtliche, literarische und zugleich politische Sensation. Völlig unerwartet tauchte aus verdrängter Vergangenheit eine neue Menschheitsdichtung auf, die von den Widersprüchen des sowjetischen Staatssozialismus unter Stalin ausging und in der Reihe solcher Werke wie Goethes ›Faust‹, Dostojewskis Roman ›Die Brüder Karamasow‹ und Thomas Manns erst nach Bulgakows Tod entstandenem Roman

›Doktor Faustus‹ angesiedelt ist.« (R. Schröder, Literaturge-schichtliche Anmerkungen, S. 505)

Im Gegensatz zu Anatole France und Friedrich Dürrenmatt aber liegt der »Fall Pilatus« bei Bulgakow völlig anders. Denn während wir in den Geschichten des Franzosen und des Schweizers von Jesus kein einziges Wort hören, läßt der Russe den Angeklagten Jeschua-ha Nozri, wie er ihn durchgängig in der ursprünglich aramäischen Namensversion nennt, gegen-über dem römischen Prokurator ausführlich zu Wort kommen. Dabei ist es ein entscheidender erzählerischer Kunstgriff, daß Bulgakow seinen Pilatus als kranken Mann Jesus gegenübertre-ten läßt. Schwer von Migräne gezeichnet, aus kranken, müden Augen blickend, mehr mit seinem Hund als mit Menschen beschäftigt, den erlösenden Tod vor lauter »würgender Qual« herbeisehnend, ist der äußerlich Gewaltige und Mächtige von vornherein ein innerlich geschwächter, gebrochener Mann. Bei Jesus umgekehrt. Äußerlich ist er ein Gefangener, Geschlage-ner, Verurteilter. Aber innerlich erscheint er als der Stärkere, Überlegenere; als jemand, der den Menschen ins Herz sehen und durch diese seine Fähigkeit sie beeindrucken kann. Pilatus hält ihn von daher für einen Arzt oder Philosophen.

Man beachte bei der Lektüre die kunstvoll gestaltete *Ge-sprächsführung* in diesem ersten Pilatus-Jesus-Kapitel: das Auf und Ab von Entfremdung, Nähe und neuer Entfremdung. Zu-nächst das Verhör in Fesseln, dann die Auspeitschung, dann der Übergang zum Gespräch (»Man nehme ihm die Fes-seln ab«), dann nochmals ein Verhör (»Hast du schon einmal etwas über den großen Kaiser gesagt?«), gefolgt von aggres-siver Beschuldigung (»Laß mich mit dem Verbrecher allein«), schließlich die Bestätigung des Todesurteils, woran sich das Gespräch mit dem Hohepriester Kaiphas anschließt, dem Pilatus freilich – merkwürdig angesichts seines vorher demon-strierten Selbstbewußtseins – wegen der Verurteilung Jesu prophezeit, daß Jerusalem untergehen werde. Der erste Jesus-Auftritt endet damit offener, als die Entschiedenheit der Verur-teilung glauben macht. Der »Fall Jesus« scheint noch nicht erledigt …

Insbesondere dadurch nicht, daß der Bulgakowsche Jesus ganz von einer doppelten Überzeugung durchdrungen ist:

– »Böse Menschen gibt es nicht in der Welt«; wer »böse ist«, ist dazu gemacht worden.

– Von »jeder Staatsmacht« geschieht »den Menschen Gewalt«. Daher wird eine Zeit kommen, »in der kein Kaiser noch sonst jemand die Macht hat. Der Mensch wird eingehen in das Reich der Wahrheit und Gerechtigkeit, wo es keiner Macht mehr bedarf.«

Das sind die inhaltlichen Schlüsselaussagen des ersten Jesus-Pilatus-Kapitels, und diese Aussagen haben eine Dynamik nach vorn, zumal sie in den Augen des römischen Militärgouverneurs so subversiv sind, daß er deswegen das von den jüdischen Autoritäten bereits gefällte Todesurteil bestätigt. Seltsam auch hier, daß Bulgakow seinen Pilatus gleich anschließend auf die Begnadigung Jesu drängen läßt, ja als Erzähler durch eingespielte apokalyptische Metaphern andeutet, daß die Verurteilung Jesu menschheitsgeschichtliche, fast kosmische Bedeutung hat. Als Pilatus den Namen des freigelassenen Verbrechers in die Menge schreit, heißt es ausdrücklich:

»Da dünkte ihn, daß die Sonne über ihm dröhnend berste und ihm Feuer in die Ohren gösse. In diesem Feuer tobten Brüllen, Kreischen, Stöhnen, Lachen und Pfeifen.« (S. 53; in diesem Buch S. 343)

Noch einmal: Welch ein Auftakt für einen Roman – diese beiden ersten Kapitel von »Der Meister und Margarita«. Was haben sie zu bedeuten? Für das Buch sowie für den Schriftsteller Michail Bulgakow im Moskau der 20er und 30er Jahre, wo dieser Roman entstand, aber unveröffentlicht blieb? Für das Werk als ganzes bedeuten schon die ersten beiden Kapitel einen *Zeit- und Raum-Sprung,* wie er dann für die gesamte Handlung charakteristisch sein wird. Bulgakows Erzähltechnik ist eine einzige Attacke auf einen plumpen, flächenhaften Realismus. Sie ist Spiel mit Wirklichkeiten, realen und irrealen, dingfesten und traumhaften, zeitgeschichtlichen und metaphysischen. Alles bietet dieser Autor auf, um die real existierende Wirklichkeit aus den Angeln zu heben: alles aus dem Arsenal des Phantastischen, Illusionären, Magischen, Spukhaften, Teuflischen, Hexenhaften. Alles aus dem Bereich von Zauberei, schwarzer Magie, Wahn, Irrenhaus, Varieté. Was Wirklichkeit ist, wird hier erschüttert, soll erschüttert werden, weil dieser Roman eine einzige Attacke ist auf die

Kontrolleure des Diesseits. Wo eine Welt so abgedichtet ist wie im stalinistischen Moskau, kann ein Schriftsteller sie mit seinen Mitteln nur dann aufbrechen, wenn er sie unterläuft. Und er unterläuft sie dann, wenn er eine Wirklichkeit einführt, welche die Kontrolleure leugnen, weil sie sie nicht kontrollieren können: die Wirklichkeit des Metaphysischen.

Was *Kontrolle, Zensur, Verbot* bedeuten, hatte Bulgakow am eigenen Leibe erfahren, seit er sich 1919 von seinem Arztberuf ab- und der Schriftstellerei zugewandt hatte. 1921 nach Moskau übergesiedelt, hatte er sich nach anfänglichen Schwierigkeiten als Verfasser satirischer Erzählungen und Komödien durchsetzen können. Dabei hatte es kaum einen Text gegeben, der nicht auf Widerstand gestoßen war. 1924 blieb die Veröffentlichung eines ersten Romans »Die weiße Garde« unvollendet, weil die den Druck besorgende Literaturzeitschrift verboten wurde. Sein Theaterstück »Die Tage der Geschwister Turbin« (das noch erfolgreichste und am längsten gespielte) mußte mehrfach umgearbeitet werden; die restlichen Theaterstücke wurden entweder zensuriert, nach wenigen Aufführungen abgesetzt oder unmittelbar vor der Aufführung verboten. Bis auf einen Band mit satirischen Erzählungen (»Eine Teufliade«, 1925) durfte nichts von Bulgakow zu Lebzeiten erscheinen; seine Dichtungen blieben Manuskripte. Zur Verzweiflung trieben den Autor darüber hinaus Hetzkampagnen von seiten parteikonformer Schriftsteller und Kritiker sowie eine Hausdurchsuchung, bei der Tagebücher und andere Manuskripte beschlagnahmt wurden...

In seiner Not wendet sich Bulgakow im Juli 1929 erstmals direkt an Stalin und gibt eine »Erklärung« über die Unerträglichkeit seiner Lage ab. Sie endet in dem erschütternden Appell:

> »Nach fast zehn Jahren bin ich mit meinen Kräften am Ende; außerstande, weiterhin zu existieren, abgehetzt, wissend, daß ich innerhalb der UdSSR weder gedruckt noch aufgeführt werde, dem Nervenzusammenbruch nahe, wende ich mich an Sie und bitte um Ihre Fürsprache bei der Regierung der UdSSR, mich zusammen mit meiner Frau, L. J. Bulgakowa, *die sich dieser Bitte anschließt,* aus der UdSSR auszuweisen.« *(Briefe, S. 80)*

Als keine Reaktion kommt, folgen weitere Eingaben. In Briefen dieser Zeit spricht Bulgakow von einer »Vernichtung als Schriftsteller« (Briefe, S. 81), vom »Tod« seiner literarischen Werke, von der Verdammnis »zum Schweigen« und »höchstwahrscheinlich zum Hungern« (Briefe, S. 87). Noch einmal unternimmt er einen Versuch. Am 28. März 1930 schreibt er »an die Regierung der UdSSR«. Und bewundernswert ist, daß Bulgakow hier keineswegs devot und ängstlich, sondern selbstbewußt und fordernd auftritt:

»Nachdem alle meine Werke verboten wurden, gaben mir viele Bürger, die mich als Schriftsteller kennen, den Rat: ein ›kommunistisches Stück‹ zu schreiben und mich überdies an die Regierung der UdSSR mit einem Reuebrief zu wenden, in dem ich mich von meinen früheren, in literarischen Werken geäußerten Ansichten lossage und beteuere, fortan als ein der kommunistischen Idee ergebener Schriftsteller zu arbeiten.
Das Ziel: mich vor Verfolgungen, Armut und dem unausweichlichen Tod zu retten.
Diesen Rat habe ich nicht befolgt. Es würde mir kaum gelingen, mich bei der Regierung der UdSSR in ein vorteilhaftes Licht zu setzen, indem ich einen verlogenen Brief schreibe, der ein unsauberer und noch dazu naiver politischer Schachzug wäre. Versuche, ein kommunistisches Stück zu schreiben, habe ich ebenfalls nicht unternommen, weil ich zuverlässig weiß, daß mir ein solches Stück nicht gelingen würde.
Der in mir gereifte Wunsch, meine Qualen als Schriftsteller zu beenden, ist der Grund, warum ich mich mit einem aufrichtigen Brief an die Regierung der UdSSR wende.« (Briefe, S. 94 f.)

Und nachdem Bulgakow sich in diesem Schreiben anhand einer Liste zahlreicher Zitate mit den Anwürfen seiner Gegner auseinandergesetzt hat, attackiert er mit allem ihm zur Verfügung stehenden Mut die *Praxis der Zensur:*

»Der Kampf gegen die Zensur, wie sie auch sei und unter welcher Macht sie auch existiert, ist meine Pflicht als Schriftsteller, ebenso wie Aufrufe zur Pressefreiheit. Ich bin ein glühender Anhänger dieser Freiheit, und ich meine, daß ein Schriftsteller, der auf die Idee käme, beweisen zu wollen, daß er sie nicht brauche, einem Fisch gliche, der öffentlich versichert, kein Wasser zu brauchen.
Dies ist einer der Charakterzüge meines Schaffens, und er allein reicht völlig aus, daß meine Werke in der UdSSR nicht existieren können. Aber mit ihm stehen alle weiteren Charakterzüge meiner satirischen Erzählungen in Zusammenhang: schwarze und mystische Farben (ich bin ein mystischer Schriftsteller), in denen die unzähligen Widerwär-

tigkeiten unseres Alltags dargestellt sind, das Gift, mit dem meine Sprache durchtränkt ist, der tiefe Skeptizismus in bezug auf den revolutionären Prozeß, der sich in meinem rückständigen Land abspielt, und die ihm gegenüberstehende, von mir geliebte Große Evolution, vor allem aber die Darstellung der schrecklichen Eigenschaften meines Volkes, jener Eigenschaften, die lange vor der Revolution die tiefen Leiden meines Lehrers ... verursacht haben.« (Briefe, S. 97 f.)

Der Brief schließt mit einem erneuten Appell im Namen der »Humanität«, ihn aus der UdSSR zusammen mit seiner Frau auszuweisen oder ihm eine Stelle als »Hilfsregisseur am Künstlertheater« zuzuweisen:

»Sollte auch dies unmöglich sein, so bitte ich die Sowjetregierung, mit mir zu verfahren, wie sie es für notwendig befindet, aber irgendwie mit mir zu verfahren, denn mich, einen Dramatiker, der fünf Stücke geschrieben hat und in der UdSSR und im Ausland bekannt ist, erwarten im gegenwärtigen Moment Armut, Obdachlosigkeit und Tod.«
(Briefe, S. 102)

Vielleicht war es diese Anspielung auf den Tod, die Stalin persönlich intervenieren ließ, nachdem gerade in diesen Tagen (14. April 1930) der große Revolutions-Dichter Majakowski den Freitod gewählt hatte. Jedenfalls erhält Bulgakow überraschend einen Anruf von Stalin persönlich, und dieser weist ihm – o Wunder – die gewünschte Stelle als Hilfsregisseur zu. Grotesker, phantastischer, teuflischer konnte die Wirklichkeit kaum sein. Ausgerechnet Josef Stalin betätigt sich als Schutzengel dieses Schriftstellers, Stalin, die schnurrbärtige Spinne, die mit giftigen Fäden ihre hilflosen Opfer zu umweben pflegte und sie noch glauben machte, sein Gift sei ihre Medizin.

Zu dieser Zeit arbeitet Bulgakow bereits an »Der Meister und Margarita«, dessen erste Entwürfe – vom Autor später vernichtet – auf das Jahr 1928 zurückgehen (zum Entstehungsprozeß vergleiche die Tagebücher von Bulgakows Frau Jelena, seiner »Margarita«). Mit der ihm eigenen Fähigkeit zu Satire und schwarzem Humor ist dieser Autor wie kein anderer prädestiniert, die Realsatire namens »Staatssozialismus« literarisch luzide zu spiegeln. Der Roman ist denn auch auf einer seiner drei Ebenen ein *lustvolles Spiel mit dem Teufel* rund um Professor Voland und dessen Gefolge. Sie verkörpern das Böse im Sinne Goethes, der im »Faust« seinen Mephisto hatte sagen lassen, er sei »ein Teil von jener Kraft, die stets das Böse will und stets das Gute schafft«. Ein Wort, das Bulgakow als Motto seinem Roman mitgibt. Denn auch Voland (ein Name, den schon Goethes Mephistopheles wählte: »Junker Voland«) und seine Spießgesellen haben im Roman durchaus eine konstruktive Funktion: die Aufgabe des Sichtbarmachens, Bestrafens und Korrigierens. Das Teufelsspiel erlaubt es dem Autor, »ein ganzes Kaleidoskop menschlichen Fehlverhaltens« (B. Zelinsky, S. 339) aufzudecken, abzustrafen oder der Lächerlichkeit preiszugeben: Dichter, die verlogene oder angepaßte Lyrik schreiben; intellektuelle Schwätzer, die selbstzufrieden dahinleben; Schriftsteller, denen der Lebensgenuß wichtiger ist als ihr Werk; Führungspersonen, die sich dem Müßiggang und der Ausschweifung hingeben. Sie alle werden in diesem Roman buchstäblich zum Teufel geschickt: all die Lügner, Schmeichler, Denunzianten, Bürokraten, Funktionäre, gewissenlose Publizisten, gerissene Geschäftsleute – und nicht zuletzt die große Masse derjenigen, die sich stets den Herrschenden anpassen, ohne je eigenständig aktiv zu werden . . .

Aber dieser Roman ist eben mehr als bloße Zeitsatire, bloße karnevalistische Spielerei mit menschlichen Schwächen. Er ist ein »Welt-Entwurf« (W. F. Schoeller, S. 150), weil zwei weitere Sinn-Ebenen hinzukommen: Auf der Ebene der Moskau-Handlung ist es die *Liebesgeschichte* zwischen einem Schriftsteller (»Der Meister« genannt) und Margarita Nikolajewna sowie auf einer völlig verschiedenen Raum-Zeit-Ebene die *Geschichte zwischen Jesus und Pilatus.* Verknüpft sind diese Ebenen dadurch, daß die Pilatus-Szenen als Teile eines Romans des »Meisters« ausgegeben werden. Wegen dieser Arbeit war er in die Konfrontation mit den Zensoren und Literaturfunktionären geraten. Die Druckverweigerung hatte ihn in die Verzweiflung getrieben; sie hatte zur Trennung von Margarita geführt, seiner Geliebten und Muse, so daß der Meister schließlich im Irrenhaus landet. Hier trifft er auf niemand anderen als den Lyriker Iwan Nikolajewitsch Ponyrew, der, wie wir hörten, ein »großes antireligiöses Poem« gegen Jesus Christus geschrieben hatte.

Ponyrew war mittlerweile ins Irrenhaus gelangt, weil sein Bericht von den Ereignissen rund um den Patriarchenteich an seiner Zurechnungsfähigkeit zweifeln ließ. In der Anstalt erzählt der Meister dem Lyriker nun seine Geschichte: seinen Kampf mit den Zensoren, die ihn als »Gottesschmierer« und seinen Roman als »Pilatusserei« denunziert hatten. Ponyrew ist so ergriffen von dem Thema Jeschua und Pilatus, daß er schließlich die Fortsetzung träumt. Und so enthält das 16. Kapitel des Romans den zweiten Teil der Jesus-Pilatus-Geschichte – in doppelter ironischer Gebrochenheit: in Form eines Traums im Irrenhaus, den obendrein jemand träumt, der soeben noch ein Anti-Jesus-Poem abgeliefert hatte.

Im Gegensatz zum ersten ist dieses *zweite Jesus-Pilatus-Kapitel* von erschütternder Realistik, da bis ins Einzelne die Qualen des Gekreuzigten geschildert werden. Der Bezug nach hinten wird durch zwei Figuren hergestellt: durch den Chef der Geheimpolizei, *Afranius,* dem Pilatus den Auftrag erteilt hatte, die Hinrichtung Jesu genau zu beobachten, wodurch seine innere Unruhe, sein Nicht-Los-Kommen von der Gestalt des Nazareners signalisiert wird. Zum zweiten durch die Figur des *Levi Matthäus,* der bei Bulgakow der einzige Jünger Jesu ist. Er wird als Schriftsteller bezeichnet, der Aufzeichnungen über Jesus angelegt habe, womit Bulgakow auch auf dieser Raum-Zeit-Ebene die Spannung zwischen Literatur und Wirklichkeit eingebaut hat. Schon in der ersten Szene hatte sich Jesus gegenüber Pilatus von Matthäus distanziert (»Ich habe einmal hineingeschaut und war entsetzt. Nichts von alledem, was dort geschrieben steht, habe ich gesagt«). Aber zugleich wird dieser Schriftsteller gebraucht, um die Jesus-Überlieferungen überhaupt zu sichern und in einem Betroffenen zu spiegeln, wie entsetzlich Jesu Kreuzigung gewesen sein muß. Matthäus hadert denn auch in herzzerreißender Weise mit Gott, als er Jesus leiden sieht...

Im *zweiten Hauptteil* des Romans wird dann die Pilatus-Jesus-Geschichte zu Ende erzählt (Kapitel 25 und 26). Zuvor aber hat *Margarita* ihren großen Auftritt. Von den Teufeln aus ihrer bisherigen bürgerlichen Umgebung befreit, wird sie mit Hilfe einer Zaubercreme verjüngt und verschönt, so daß sie auf dem Satans-Masken-Ball als Ballkönigin Volands eine grandiose Rolle spielen kann. Die (heute berühmte) Moskauer Wohnung des Teufels, Nummer 50 in der Sadowaja Nr. 302 b, erweitert sich wie von Zauberhand zum Festsaal, und alle, die zum Teufelsreigen erscheinen, küssen Margarita das Knie: Kaiser Rudolf, Gaius Julius Caesar, Caligula, Messalina und das ganze Personal der Historie: »die Könige, Herzöge, Ritter, Selbstmörder, Giftmischerinnen, Galgenschwengel, Kupplerinnen, Kerkerknechte, Falschspieler, Scharfrichter, Denunzianten, Verräter, Geisteskranke, Spitzel, Sittenstrolche« (S. 345). Als der Ball zu Ende ist, wird auf Wunsch Margaritas der kranke Meister aus dem Irrenhaus herbeigezaubert, durch einen Trank von seinen seelischen Leiden befreit, und die Geliebten sind wieder vereint in derselben Kellerwohnung, in der sie einst gelebt hatten. Auch das Manuskript des Pilatus-Romans, das der Meister schon ins Feuer geworfen hatte, wird durch die Teufel wiederhergestellt. Und so erleben wir nun aus der Lektüre von Margarita die Fortsetzung und das Ende der Pilatus-Jesus-Geschichte:

– Der vereinsamte Pilatus ist an nichts mehr interessiert, als vom Chef des Geheimdienstes die *Umstände von Jesu Hinrichtung* zu erfahren. Seine Unruhe steigert sich noch, als er erfährt, Jesus habe vor der Hinrichtung den ihm zustehenden betäubenden Trank abgelehnt, der ihm das Durchleiden der Qualen erspart hätte. Nervös fragt Pilatus nach:

»Wie drückte er seine Weigerung aus?
Er sagte, antwortete der Gast und schloß wieder die Augen, er bedanke sich und hege keinen Grimm, daß man ihm das Leben nimmt.
Gegen wen? fragte Pilatus dumpf.
Das, Hegemon, hat er nicht gesagt . . .
Hat er nicht versucht, in Gegenwart der Soldaten zu predigen?
Nein, Hegemon, er war diesmal nicht sehr gesprächig. Das einzige, was er sagte, war, daß er für das größte aller menschlichen Laster die Feigheit hält.« (S. 390)

– Pilatus ordnet die Liquidierung des Judas an, der freilich schon durch den Geheimdienst-Chef – in Zusammenspiel mit Jesus-Anhängern – hinter dem Rücken des Hegemon ermordet worden war. Pilatus ist auch hier nicht mehr seiner Macht sicher: Herrscher und Beherrschter zugleich. Des Nachts hat er einen Traum, und dieser Traum visualisiert die Zurücknahme der Hinrichtung. Das Jesus-Wort über die Feigheit verfolgt den Mächtigen. Und jetzt, im Traum, geht Pilatus auf, daß er alles in Kauf nehmen würde, »um den völlig unschuldigen wahnsinnigen Träumer und Arzt vor der Hinrichtung zu bewahren« (S. 407). Von Jesus erfährt er im selben Traum, daß beide auf ewig zusammengespannt seien: »Wo der eine ist, sei auch der andere! Gedenkt man meiner, so wird man sogleich auch deiner gedenken!« (S. 408) Wieder erwacht, läßt Pilatus sich von Afranius über weitere Einzelheiten unterrichten. Er erfährt, daß Levi Matthäus die Leiche Jesu geborgen habe, und diesen Jesus-Jünger führt der Chef des Geheimdienstes nun dem Prokurator zu. Matthäus nötigt ihn, Einblicke in seine Jesus-Aufzeichnungen zu nehmen. Als Pilatus das Pergament liest, treten ihm Worte wie »Tod gibt es nicht... gestern haben wir süße Frühlingsfeigen gegessen« entgegen oder »...wir werden den klaren Fluß mit dem Wasser des Lebens sehen... Die Menschheit wird durch einen hellen Kristall auf die Sonne blicken...«; oder noch einmal: »...keine größere Sünde... Feigheit...« Da gibt Pilatus Levi Matthäus das Pergament zurück, und im anschließenden Gespräch ist es der Römer, der gegenüber dem auf Rache an Jesu Verrätern drängenden Jünger die Ethik Jesu verteidigt:

»Ich weiß, du hältst dich für einen Schüler Jeschuas, doch ich sage dir, du hast nichts von dem begriffen, was er dich lehrte. Hättest du es nämlich begriffen, so würdest du bestimmt etwas von mir annehmen. Wisse, er hat vor seinem Tode gesagt, er hege gegen niemanden Grimm. Pilatus hob bedeutsam den Finger, in seinem Gesicht zuckte es. Er selbst hätte gewiß etwas angenommen. Du bist hartherzig, er war es nicht. Wo willst du hingehen?« (S. 420)

Damit endet der Pilatus-Roman des Meisters und gibt uns Gelegenheit, nach der Bedeutung dieser vier Jesus-Pilatus-Kapitel für die *Grundaussage des Romans* zu fragen. Technisch gesehen, haben wir es (so wird es in der Kritik üblicherweise genannt) mit einem *Doppelroman* zu tun. In seinen eigenen Roman hat Bulgakow einen weiteren Roman eingearbeitet, von dem wir vier Fragmente zu Gesicht bekommen. Und diese Fragmente sind keineswegs beiläufige Anhängsel oder Dokumente einer fernen »Nebenhandlung«. Ihnen kommt vielmehr für die Gesamtkonzeption eine weit über ihren relativ geringen Umfang hinausgehende *grundlegende inhaltliche Bedeutung* zu. Die Literaturwissenschaft hat darauf mit Recht Gewicht gelegt: »Durch das in der Antike, an einem der entscheidenden Wendepunkte der Menschheitsgeschichte, angesiedelte Romanfragment gewinnt das ganze Werk eine gewaltige weltgeschichtliche Dimension hinzu, welche wiederum durch die miteinbezogene, wiewohl wesentlich abgewandelte Faust-Motivik und vor allem das Auftreten des Teufels alias Voland mit seinem universalen Stellenwert eine zusätzliche Ausweitung, gewissermaßen sub specie aeternitatis erfährt. Diese höchst originelle Kombination von Gegenwartsroman, mit dessen eigentümlicher Konfrontation sowjetrussischer Realität und ›infernalischer‹ Phantastik sowie quasi chronikalischer Erzählung über die Leidensgeschichte Christi im räumlich und zeitlich entlegenen Palästina ergibt, auf jeden Fall für die russische Literatur, einen neuartigen Aspekt des Doppelromangenres und der damit verbundenen Kompositionstechnik.« (E. Wedel, S. 184)

Genau genommen freilich müßte man von einer *Drei-Roman-Technik* sprechen, denn Bulgakow hat ja nicht nur die Romanfragmente des »Meisters« in die Moskau-Handlung eingearbeitet. In diesen Fragmenten blitzen ihrerseits noch einmal die Aufzeichnungen des Levi Matthäus auf, von denen wir wissen, daß Jesus sich von ihnen distanzierte und Pilatus sich von ihnen beunruhigen ließ. Diese *Distanz Jesu* zu allem, was über ihn geschrieben wurde, signalisiert auch die Distanz des Autors zur christlichen Überlieferung (Geistesgeschichtliche Hintergründe zu Bulgakows Jesus-Deutung bei L. Müller, 1990). Bulgakow nimmt sich die Freiheit zu einer von den überlieferten Evangelien stark abweichenden subjektiven Jesus-Deutung. Der Slawist *Wolfgang Kasack* hat soeben noch einmal die wichtigsten Differenzen zusammengefaßt und sie zugleich angemessen gewertet: »Von etwa zwanzig Elementen sind zwei bis drei der Bibel wirklich nahe. Bulgakows Jeschua ist ein Mensch mit seherischen Gaben, nicht Gottes Sohn... Wenn er vom Reich der Wahrheit spricht, das kommen werde, und nicht wie im Evangelium ›Ich bin der Weg, die Wahrheit und das Leben‹, dann läßt sich das auch als Überzeugung des Sowjetbürgers sehen, daß dieser verlogene Sowjetstaat einmal ein Ende haben werde. Wenn Bulgakows Jesus Gott als jemand bezeichnet, ›an den er glaube‹, und nicht seinen ›Vater‹, der ihn gesandt hat, dann ist das im Sinne des Evangeliums eine schmerzliche Verwässerung, aber als Äußerung einer literarischen Figur in einem in der Sowjetunion veröffentlichten Roman ein gegen die Ideologie des Staates gerichtetes Glaubensbekenntnis... Auch viele Abweichungen in Äußerungen Jesu außerhalb des Dialogs mit Pilatus, die sich auf Bibelstellen zurückführen lassen, aber mit den Evangelien nicht übereinstimmen, haben eine ähnliche zeitkritische Gleichniskraft.« (»Christus in der russischen Literatur«, Stuttgart 1999) Zugleich muß man sehen, daß Bulgakow bei aller legitimen künstlerischen Freiheit im Entscheidenden die Jesus-Botschaft nicht nur getroffen, daß er ihr auch mit seinen künstlerischen Mitteln einzigartiges Profil verschafft hat. Denn das kompositorisch Erstaunliche dieses Romans liegt darin: Während rein formal die Jesus-Pilatus-Fragmente und die Levi-Matthäus-Fragmente einen Bruchteil des Romans ausmachen, bilden sie inhaltlich doch den Schwerpunkt. Bulgakow hat hier die Gewichte direkt umgedreht: Dem (inhaltlich weniger gewichtigen) Teufelsspiel gibt er den Hauptanteil des Romans; die inhaltlich zentralen Aussagen präsentiert er als Bruchstücke. Während die Teufliaden textmäßig den größten Anteil bekommen, werden die Botschaftssignale auf einige Passagen und Sätze zurückgenommen:

– Böse Menschen gibt es nicht auf der Welt.

– Der Mensch wird eingehen in das Reich der Wahrheit und Gerechtigkeit, wo es keiner Macht mehr bedarf.

– Das größte aller menschlichen Laster ist die Feigheit (vgl. Lukas 17,33).

– Tod gibt es nicht; wir werden den klaren Fluß mit dem Wasser des Lebens sehen (vgl. Johannes 5,24).

Diese inhaltlich entscheidenden Aussagen aber werden literarisch immer karger, immer zurückgenommener präsentiert. Sie scheinen nach dem Motto geschrieben: Je gewichtiger eine Aussage, um so knapper muß man sie vortragen. Wenn Pilatus aus dem Levi-Matthäus-Pergament das Jesus-Wort liest »Tod gibt es nicht«, dann sind diese vier Worte mit Auslassungszeichen vorher und nachher versehen. Wir folgern daraus für die Erzähltechnik dieses Autors: Wo es um das Entscheidende geht, arbeitet er mit Aussparungen und Weglassungen. Wo das entscheidende Wort fällt, müssen die vielen Worte zurücktreten ...

Was sind die *entscheidenden inhaltlichen Signale* dieses Romans? Gibt es so etwas wie eine geistige Quintessenz? Einen zentralen ethischen Appell? Die Kritik ist sich einig, daß der Autor auch persönlich von demjenigen Glauben getragen war, der in den oben genannten Kernsätzen zum Ausdruck kommt.

Ralf Schröder spricht davon, Bulgakow habe die Voraussetzung zur Aufhebung des Staates (im Gegensatz zu den Ideologen des Staatssozialismus) allein in der Verbreitung der Einsicht gesehen, »daß die Menschen aller Gewaltmethoden entsagen und nach der ursprünglichen Ethik Jeschuas leben könnten« (Literaturgeschichtliche Anmerkungen, S. 506). *Barbara Zelinsky* stellt heraus, daß Bulgakows »Ansiedlung im Bereich der phantastischen Über- bzw. Unterwelt keine Resignation des Autors« bedeute. Im Gegenteil: »Die Hoffnung auf den letztlichen Sieg des Geistes ist das untergründig stets anwesende Credo Michail Bulgakows« (S. 346). Und in den umfangreichen, wichtigen Untersuchungen von *Margaret Fieseler* liest man: »Das Schicksal des Pilatus wird für Bulgakow so zum Anlaß, für die Eigenverantwortlichkeit und Gewissensfreiheit des Menschen zu plädieren und jeden einzelnen aufzurufen, die Angst vor etwaigen Folgen seines Handelns zu überwinden und der Stimme des Gewissens zu folgen, gegebenenfalls gegen die Staatsmacht.« (S. 208 f.)

In der Tat kann man für diese positive Einschätzung den »metaphysischen« Schluß des Buches anführen. Denn dieser Roman endet mit der Vision, daß Jesus und Pilatus aufeinander zugehen. In einer phantastischen Schlußsequenz wird uns Lesern vor Augen gestellt, daß Pilatus schon rund 2000 Jahre auf einem Plateau sitze und sich mit dem Gedanken an Jesus quäle, den er einst verhörte und der ihm ins Herz sah. Und dieser auf ewig an Jesus gekettete unglückliche Pilatus wird am Ende mit Jesus versöhnt. Der Meister schreit ihm das Wort zu: »Du bist frei! Du bist frei! Er wartet auf dich!« (S. 485). Eine Versöhnungsvision, die auch die beiden Liebenden, den Meister und seine Margarita, umfaßt.

Doch Bulgakow hat uns vor jedem simpel transzendenten Schluß dadurch bewahrt, daß er ein raffiniertes Spiel mit verschiedenen Erzählebenen und Perspektiven inszeniert. Was immer er, der erst auf dem Totenbett, schon erblindet, sein Manuskript abschließen konnte, in schwieriger Zeit persönlich geglaubt haben mag, sein Kunstwerk ist ein komplexes Gebilde, dessen Botschaften ästhetisch gebrochen präsentiert sind. Uns Lesern ist dadurch jedes ästhetische Alibi genommen. Im Gegenteil. Immer wieder werden wir in unseren Gewißheiten durch diesen Roman erschüttert. Worauf soll man sich denn auch in diesem Buch verlassen? Wo gäbe es eine eindeutige Aussage, auf die man sich beruhigt stützen könnte? Wo wäre eine unzweideutige ethische Botschaft, die das unerschütterliche Fundament abgeben könnte? Geht sie aus den Pilatus-Jesus-Kapiteln hervor? Aber wer verbürgt deren Wahrheit? Das erste Kapitel wurde ja – wie wir hörten – vom Teufel erzählt, als er den beiden Gottes- und Jesus-Leugnern klarmachen wollte, daß Jesus existiert habe; es ist teuflische Erfindung. Das zweite Jesus-Pilatus-Kapitel ist ein Traum von Iwan Nikolajewitsch Ponyrew, dem Anti-Jesus-Dichter, in seinem Wahrheitsgehalt so unabgesichert wie jeder Traum. Und die beiden restlichen Kapitel? Sie stammen aus einem Manuskript, das der Teufel aus dem Feuer gerettet hat. Soll man sich gerade auf sie verlassen?

So gibt der Roman die vielfach gebrochenen, spielerisch präsentierten und zugleich aufgehobenen, ernst-unernsten inhaltlichen Aussagen an den Leser zurück. Nicht auf eine angeblich eindeutige »Botschaft« des Romans kommt es an, sondern allein darauf, ob wir Leser uns ins Herz blicken lassen und die Einsicht uns zu eigen machen – Bulgakow, Professor Voland, der Meister oder Margarita hin oder her –, »daß von jeder Staatsmacht den Menschen Gewalt geschehe und daß eine Zeit kommen werde, in der kein Kaiser noch sonst jemand die Macht hat. Der Mensch wird eingehen in das Reich der Wahrheit und Gerechtigkeit, wo es keiner Macht mehr bedarf.« (S. 39 f.; in diesem Buch S. 332)

Ausgabe: M. Bulgakow, Master i Margarita (entstanden 1928–1940). Der Meister und Margarita. Roman. Deutsch von Th. Reschke. Mit literaturgeschichtlichen Anmerkungen von R. Schröder, München 1997, S. 24–55 (dtv-Edition).

Literatur zur Vertiefung

1. *Zur Lebensgeschichte:*
   M. Bulgakow, Briefe 1914–1940. Deutsch von R. u. Th. Reschke, hrsg. v. R. Schröder, Berlin 1996 (Gesammelte Werke Bd. 13/1).
   M. Bulgakow, Dokumente und Materialien. Deutsch von R. u. Th. Reschke, hrsg. v. R. Schröder, Berlin 1996 (Gesammelte Werke Bd. 13/2).

J. Bulgakowa, Margarita und der Meister. Tagebücher – Erinnerungen. Deutsch von A. Leetz – O. Nürnberg, Berlin 1993.

L. Milne, Mikhail Bulgagov, A Critical Biography, Cambridge 1990.

J. Curtis (Hrsg.), Manuskripte brennen nicht. Michail Bulgakow. Eine Biographie in Briefen und Tagebüchern. Deutsch von S. Geier, Frankfurt/M. 1991.

E. Wolffheim, Michail Bulgakow, Hamburg 1996 (Rowohlt-Monographien).

2. *Zur Werkgeschichte:*

A. C. Wright, Mikhail Bulgagov. Life and Interpretations, Toronto 1978.

N. Natov, Mikhail Bulgagov, Boston 1985.

W. Kasack, Russische Autoren in Einzelporträts, Stuttgart 1994, S. 74–79.

Ders., Christus in der russischen Literatur. Ein Gang durch die Geschichte, Stuttgart 1999.

W. F. Schoeller, Michail Bulgakow. Bilder und Dokumente, Berlin 1996.

3. *Zum Text:*

R. Beermann, Bulgakows »Meister und Margarita« und die Wertordnung, in: Osteuropa 20 (1970), S. 176–183.

E. Ericson, The Satanic Incarnation: Parody in Bulgagov's »The Master and Margarita«, in: The Russian Review 33 (1974), S. 20–36.

V. Levin, Das Groteske in Michail Bulgakows Prosa, München 1975, S. 76–106.

H. Riggenbach, Michail Bulgakows Roman »Master i Margarita«. Stil und Gestalt, Bern 1979.

E. Wedel, Zur Doppelromanstruktur von M. Bulgakows »Master i Margerita«, in: Symposium Slavicum 1977, hrsg. v. E. Wedel u. a., Innsbruck 1980, S. 183–195.

B. Zelinsky, Michail Bulgakow »Der Meister und Margarita«, in: Der russische Roman, hrsg. v. B. Zelinksy, Düsseldorf 1979, S. 330–353.

M. Fieseler, Untersuchungen zu Bulgakows Romanen »Belaja gvardija und Master i Margarita«, Hildesheim – Zürich – New York 1982.

A. Barratt, Between Two Worlds. A Critical Introduction to »The Master and Margarita«, Oxford 1987.

L. Müller, Die Gestalt Christi in der neueren russischen Literatur I: Bulgakow: Schuld und Vergebung, in: Zeitwende 61 (1990), S. 37–46.

E. Ericson, The Apocalyptic Vision of Mikhail Bulgagov's »The Master and Margarita«, Lewiston – Queenston 1991.
R. H. Pittman, The Writer's Divided Self in Bulgagov's »The Master and Margarita«, New York 1991.
G. Krugovoy, The Gnostic Novel of Mikhail Bulgagov. Sources and Exegesis, Lanham/Maryland 1991.
R. Schröder, Literaturgeschichtliche Anmerkungen, in: M. Bulgakow, Der Meister und Margarita. Roman (s. o.), S. 505–523 (dtv-Edition).

Michail Bulgakow
Der Meister und Margarita

Pontius Pilatus

Angetan mit einem blutrot gefütterten weißen Umhang, mit schlurfendem Kavalleristengang erschien eines frühen Morgens, am Vierzehnten des Frühlingsmonats Nissan, im überdachten Säulengang zwischen den beiden Flügeln des Palastes Herodes' des Großen der Prokurator von Judäa, Pontius Pilatus.

Nichts auf der Welt verabscheute der Prokurator so sehr wie den Geruch von Rosenöl, und jetzt stand ein schlechter Tag zu erwarten, denn dieser Geruch verfolgte ihn schon seit Tagesanbruch. Es dünkte den Prokurator, daß die Palmen und Zypressen im Garten den Rosengeruch ausströmten und daß auch dem Schweiß- und Ledermief seiner Eskorte dieses verfluchte Aroma beigemengt war. Von den Seitengebäuden hinter dem Palast, wo die mit dem Prokurator nach Jerschalaim gekommene erste Kohorte der zwölften Blitzlegion einquartiert war, zog leichter Rauch über die obere Gartenterrasse in den Säulengang, und in dem etwas bitteren Rauch, der bezeugte, daß die Köche der Zenturien schon das Mittagsmahl bereiteten, war auch etwas von dem fettigen Rosenduft.

O ihr Götter, wofür straft ihr mich? Ja, kein Zweifel, das ist sie wieder, die unbesiegliche furchtbare Krankheit, die Hemikranie, bei der nur eine Hälfte des Kopfes schmerzt ... Es gibt kein Mittel gegen sie, keine Rettung vor ihr . . . Ich werde versuchen, den Kopf stillzuhalten . . .

Auf dem Mosaikpflaster beim Springbrunnen stand schon ein Sessel für ihn bereit. Ohne jemanden anzusehen, ließ sich der Prokurator darauf nieder und streckte die Hand zur Seite.

Ehrerbietig legte ihm der Sekretär ein Stück Pergament in die Hand. Der Prokurator überflog es flüchtig, wobei er eine schmerzliche Grimasse nicht unterdrücken konnte, dann reichte er es dem Sekretär zurück und sagte mühsam:

»Der Untersuchungsgefangene aus Galiläa? Habt ihr die Akte an den Tetrarchen geschickt?«

»Ja, Prokurator«, antwortete der Sekretär.

»Und?«

»Er hat sich geweigert, sich zu dem Fall zu äußern, und hat das vom Synedrion verhängte Todesurteil hergeschickt, damit Sie es bestätigen«, erklärte der Sekretär.

Der Prokurator sagte leise, und seine Wange zuckte dabei:

»Man führe mir den Beschuldigten vor.«

Alsbald brachten zwei Legionäre einen Mann von vielleicht siebenundzwanzig Jahren von der Gartenterrasse her zum Balkon in der Mitte des Säulengangs geführt und stellten ihn vor den Sessel des Prokurators. Der Mann war bekleidet mit einem uralten, verschlissenen blauen Chiton. Seinen Kopf bedeckte ein weißer Verband mit einem Riemen um die Stirn, seine Hände waren auf dem Rücken gefesselt. Unterm linken Auge saß ein großer blauer Fleck, und der Mundwinkel war eingerissen und blutverkrustet. Mit unruhiger Neugier blickte der Gefangene den Prokurator an.

Dieser schwieg, dann fragte er leise auf aramäisch:

»Du also hast das Volk aufgewiegelt, den Tempel von Jerschalaim zu zerstören?«

Der Prokurator saß reglos wie aus Stein, nur seine Lippen bewegten sich ein wenig, indes er sprach. Das kam, weil er Angst hatte, den in höllischem Schmerz lodernden Kopf auch nur zu neigen.

Der Mann mit den gebundenen Händen trat etwas vor und hub zu sprechen an:

»Guter Mensch! Glaub mir . . .«

Allein, der Prokurator, noch immer unbeweglich und ohne die Stimme auch nur im geringsten zu heben, fiel ihm ins Wort:

»Du redest mich mit ›Guter Mensch‹ an? Du irrst. In Jerschalaim flüstert man sich zu, ich sei ein grausames Ungeheuer, und das ist vollkommen richtig.« Ebenso monoton fügte er hinzu: »Zenturio Rattenschlächter zu mir.«

Jedermann dünkte es, daß der Säulengang sich verdunkelte, als der Zenturio Marcus von der ersten Zenturie, genannt Rattenschlächter, vor dem Prokurator Aufstellung nahm. Rattenschlächter überragte auch den größten Soldaten der Legion noch um Haupteslänge und hatte so breite Schultern, daß er die noch niedrig stehende Sonne verdeckte.

Der Prokurator sprach den Zenturio auf lateinisch an:

»Dieser Verbrecher nennt mich ›Guter Mensch‹. Führen Sie ihn für einen Moment hinweg, und erklären Sie ihm, wie man mit mir zu reden hat. Aber schlagen Sie ihn nicht zum Krüppel.«

Alle, außer dem reglosen Prokurator, blickten Marcus Rattenschlächter nach, als er dem Gefangenen mit einem Wink bedeutete, ihm zu folgen.

Überhaupt blickte man ihm stets nach, wo immer er sich zeigte, seines Riesenwuchses wegen, und wer ihn zum erstenmal sah, tat es auch deshalb, weil sein Gesicht verunstaltet war: Einst hatte eine Germanenkeule ihm die Nase zertrümmert.

Die schweren Stiefel des Marcus krachten über das Mosaikpflaster, der Gefesselte ging lautlos hinter ihm her, im Säulengang trat völliges Schweigen ein, und es war zu hören, wie die Tauben auf der Gartenterrasse gurrten und das Wasser im Springbrunnen sein melodisches, versonnenes Lied sang.

Der Prokurator wäre am liebsten aufgestanden und hätte die Schläfe unter den Wasserstrahl gehalten. Allein, er wußte, das würde ihm nicht helfen.

Marcus Rattenschlächter führte den Gefangenen aus dem Säulengang in den Garten, nahm dem Legionär, der zu Füßen einer Bronzestatue stand, die Peitsche aus der Hand und schlug sie, ohne sonderlich auszuholen, dem Arrestanten um die Schultern. Seine Bewegung war leicht und lässig, aber der Gefesselte stürzte sofort zu Boden, als habe man ihm die Beine weggehauen, schnappte nach Luft, jegliche Farbe wich ihm aus dem Gesicht, und seine Augen blickten irr.

Nur mit der linken Hand, leicht wie einen leeren Sack, hob Marcus den Gestürzten hoch, stellte ihn auf die Füße und sagte näselnd mit schlechter Aussprache des Aramäischen:

»Der römische Prokurator ist mit Hegemon anzureden. Keine anderen Wörter sagen. Stillstehen. Hast du mich verstanden, oder soll ich dich schlagen?«

Der Gefangene wankte, doch er riß sich zusammen, die Farbe kehrte in sein Gesicht zurück, er holte tief Atem und antwortete heiser:

»Ich habe dich verstanden. Schlagt mich nicht.«

Gleich darauf stand er wieder vor dem Prokurator.

Matt, krank klang dessen Stimme:

»Name?«

»Mein Name?« fragte der Gefangene eilig, und sein ganzes Wesen zeigte die Bereitschaft, vernünftig zu antworten, um keinen Zorn mehr zu erregen.

»Meiner ist mir bekannt«, sagte der Prokurator leise. »Stell dich nicht dümmer, als du bist. Den deinen.«

»Jeschua«, antwortete der Gefangene hastig.

»Hast du einen Beinamen?«

»Ja. Ha-Nozri.«

»Woher bist du gebürtig?„

»Aus der Stadt Gamala«, antwortete der Gefangene und deutete mit einer Kopfbewegung an, daß dort, rechts von ihm, weit im Norden, die Stadt Gamala liege.

»Von wem stammst du ab?«

»Das weiß ich nicht genau«, antwortete der Gefangene lebhaft. »Ich kann mich meiner Eltern nicht erinnern. Man hat mir gesagt, mein Vater sei ein Syrer gewesen . . .«

»Wo bist du zu Hause?«

»Ich habe kein Zuhause«, antwortete der Gefangene schüchtern, »ich ziehe von Stadt zu Stadt.«

»Das hättest du auch mit einem Wort sagen können: Du bist ein Landstreicher«, sagte der Prokurator und fragte dann: »Hast du Verwandte?«

»Ich habe niemanden. Ich bin allein auf der Welt.«

»Kannst du lesen und schreiben?«

»Ja.«

»Beherrscht du noch eine Sprache außer der aramäischen?«

»Ja. Die griechische.«

Eines der geschwollenen Lider hob sich, ein vom Schmerz verschleierter Blick heftete sich auf den Gefangenen. Das andere Auge blieb geschlossen.

Pilatus sagte auf griechisch:

»Also du hattest die Absicht, den Tempel zu zerstören, und hast das Volk dazu aufgewiegelt?«

Der Arrestant wurde wieder lebhaft, seine Augen zeigten keine Furcht mehr, und er sagte ebenfalls auf griechisch:

»Nie im Leben, gu...«< Entsetzen flirrte in seinen Augen, da er sich beinahe versprochen hätte. »Nie im Leben, Hegemon, habe ich die Absicht gehabt, den Tempel zu zerstören, und ich habe auch niemanden zu solch sinnlosem Tun angestiftet.«

Verwunderung trat in das Gesicht des Sekretärs, der gebückt über dem niedrigen Tisch saß und die Aussagen notierte. Er hob den Kopf, senkte ihn aber sofort wieder aufs Pergament.

»Mannigfaltige Menschen strömen zum Pessachfest in diese Stadt. Unter ihnen sind Magier, Astrologen, Wahrsager und Mörder«, sprach der Prokurator monoton, »es sind aber auch Lügner unter ihnen. Du zum Beispiel bist ein Lügner. Da steht es deutlich geschrieben: Er hat das Volk aufgewiegelt, den Tempel zu zerstören. So bezeugen es die Menschen.«

»Diese guten Menschen«, sagte der Arrestant, fügte eilig »Hegemon« hinzu und fuhr fort: »...haben nichts begriffen und bringen alles durcheinander, was ich gesagt habe. Ich fange an zu befürchten, daß diese Verwirrung noch sehr lange währen wird. Alles rührt daher, daß er falsch aufschreibt, was ich sage.«

Schweigen trat ein. Jetzt ruhten beide kranken Augen mit schwerem Blick auf dem Gefangenen.

»Ich wiederhole dir, aber zum letztenmal, hör auf, dich dumm zu stellen, Verbrecher«, sagte Pilatus weich und monoton, »es steht nicht viel über dich geschrieben, aber das reicht hin, dich zu hängen.«

»Nein, nein, Hegemon«, sagte der Gefangene und spannte sich im Wunsch, den anderen zu überzeugen, »da läuft einer unablässig mit dem Ziegenpergament hinter mir her und schreibt. Ich habe einmal hineingeschaut und war entsetzt. Nichts von alledem, was dort geschrieben steht, habe ich gesagt. Angefleht habe ich ihn: Verbrenne dein Pergament, ich bitte dich! Er aber hat es mir aus der Hand gerissen und ist davongelaufen.«

»Wer ist der Mann?« fragte Pilatus angewidert und berührte mit der Hand seine Schläfe.

»Levi Matthäus«, antwortete der Gefangene bereitwillig, »er war Zolleinnehmer, und ich bin ihm zum erstenmal auf der Straße nach

Bethanien begegnet, da, wo die Ecke eines Feigengartens hervortritt, und wir kamen ins Gespräch. Zuerst behandelte er mich feindselig und beleidigte mich gar, das heißt, er wähnte mich zu beleidigen, indem er mich Hund nannte.« Der Gefangene lächelte. »Ich finde nichts Häßliches an diesem Tier, um darüber beleidigt zu sein.«

Der Sekretär hatte aufgehört zu schreiben und schickte heimlich einen verwunderten Blick, aber nicht auf den Gefangenen, sondern auf den Prokurator.

»Allein, nachdem er mich angehört hatte, wurde er freundlicher«, fuhr Jeschua fort, »zum Schluß warf er das Geld auf die Straße und sagte, er wolle mit mir ziehen.«

Pilatus grinste über die eine Wange, entblößte dabei sein gelbes Gebiß und sagte dann, sich mit dem ganzen Rumpf dem Sekretär zuwendend:

»Oh, du Stadt Jerschalaim! Was bekommt man in dir nicht alles zu hören! Haben Sie gehört? Ein Zöllner wirft Geld auf die Straße!«

Der Sekretär, der keine Antwort wußte, hielt es für angebracht, das Lächeln des Pilatus zu erwidern.

»Er sagte, das Geld sei ihm fortan verhaßt«, erläuterte Jeschua das seltsame Tun des Levi Matthäus und setzte hinzu: »Seither ist er mein Begleiter.«

Mit noch immer gefletschten Zähnen sah der Prokurator den Gefangenen an, dann blickte er zur Sonne, die unaufhaltsam über den Pferdestandbildern der fernen Rennbahn rechts drunten aufstieg, und plötzlich dachte er in würgender Qual, daß es das einfachste wäre, diesen sonderbaren Verbrecher aus dem Säulengang zu jagen und nur die beiden Worte zu sprechen: »Hängt ihn!« Er könnte auch die Eskorte davonjagen, sich aus dem Säulengang in den Palast begeben, das Gemach verdunkeln lassen, sich niederlegen, kaltes Wasser verlangen, mit kläglicher Stimme den Hund Banga rufen und bei ihm sich über die Hemikranie beklagen. Und lockend durchzuckte der Gedanke an Gift den kranken Kopf des Prokurators.

Mit trüben Augen blickte er den Gefangenen an und schwieg einige Zeit. Qualvoll überlegte er, warum der Mann mit dem von Schlägen verunstalteten Gesicht in der erbarmungslosen morgendlichen Jerschalaimer Sonnenglut vor ihm stand und was für überflüssige Fragen er ihm noch stellen sollte.

»Levi Matthäus?« fragte der Kranke heiser und schloß die Augen.

»Ja, Levi Matthäus«, hörte er die hohe, peinigende Stimme sagen.

»Aber etwas vom Tempel mußt du doch der Menge auf dem Basar gesagt haben?«

Pilatus hatte das Gefühl, als stäche ihm die antwortende Stimme unsagbar quälend in die Schläfe, als sie sagte:

»Ich, Hegemon, habe gesagt, der Tempel des alten Glaubens werde einstürzen, und ein neuer Tempel der Wahrheit werde emporwachsen. Ich habe mich so ausgedrückt, damit es verständlicher sei.«

»Warum hast du auf dem Basar das Volk verwirrt, Landstreicher, indem du ihm von der Wahrheit sprachst, von der du gar keine Vorstellung hast? Was ist Wahrheit?«

Und dabei dachte der Prokurator: O ihr Götter! Ich stelle ihm Fragen, die mit dem Fall nichts zu tun haben... Mein Verstand gehorcht mir nicht mehr... Wieder gaukelte vor ihm die Schale mit dunkler Flüssigkeit. Gift möchte man nehmen, Gift...

Erneut vernahm er die Stimme:

»Die Wahrheit ist vor allem, daß dich der Kopf schmerzt, und er schmerzt so heftig, daß du kleinmütig an den Tod denkst. Du hast nicht nur kaum noch die Kraft, mit mir zu sprechen, sondern es fällt dir sogar schwer, mich anzusehen. Ich bin jetzt, ohne es zu wollen, dein Peiniger, und das betrübt mich. Du kannst kaum noch einen Gedanken fassen und träumst nur davon, daß dein Hund kommt, offenbar das einzige Wesen, an dem du hängst. Aber deine Qualen werden gleich beendet sein, dein Kopfweh wird vergehen.«

Der Sekretär stockte mitten im Wort und glotzte den Gefangenen mit weit aufgerissenen Augen an.

Pilatus hob den Märtyrerblick zum Gefangenen und sah, daß die Sonne schon ziemlich hoch über der Rennbahn stand, ein Strahl in den Säulengang drang und auf die ausgetretenen Sandalen Jeschuas zukroch, der der Sonne auswich.

Da erhob sich der Prokurator von seinem Sessel, preßte den Kopf in die Hände, und sein glattrasiertes gelbliches Gesicht spiegelte Verstörtheit. Er bezwang sie jedoch mit Willenskraft und setzte sich wieder.

Der Arrestant fuhr indes zu sprechen fort, doch der Sekretär notierte nichts mehr, er reckte den Hals wie eine Gans und lauschte, damit ihm nur ja kein Wort entgehe.

»Siehst du, es ist schon vorbei«, sprach der Gefangene und blickte Pilatus wohlmeinend an. »Das freut mich sehr. Ich würde dir raten, Hegemon, für kurze Zeit den Palast zu verlassen und in der Umgebung spazierenzugehen, wenigstens in den Gärten auf dem Ölberg. Das Gewitter« – der Gefangene wandte sich um und blinzelte in die Sonne – »kommt später, erst gegen Abend. Ein Spaziergang täte dir gut, und ich würde dich mit Vergnügen begleiten. Mir sind neue Gedanken gekommen, die dich, so glaube ich, interessieren könnten, und ich würde sie dir gerne mitteilen, zumal du den Eindruck eines sehr gescheiten Menschen machst.«

Der Sekretär wurde totenbleich und ließ die Pergamentrolle fallen.

»Das Schlimme ist nur«, fuhr der Gefesselte ungehindert fort, »daß du zu verschlossen bist und den Glauben an die Menschen verloren hast. Du mußt doch zugeben, daß es nicht angeht, alle Zuneigungen einem Hund zu schenken. Dürftig ist dein Leben, Hegemon.« Und hier erlaubte sich Jeschua ein Lächeln.

Der Sekretär dachte nur noch darüber nach, ob er seinen Ohren trauen sollte oder nicht. Aber er mußte es wohl. Nun trachtete er, sich auszumalen, in welch sonderbarer Form die Wut des jähzornigen Prokurators angesichts dieser unerhörten Frechheit des Gefangenen ausbrechen würde. Und das vermochte er sich nicht vorzustellen, wiewohl er den Prokurator gut kannte.

Da ertönte abgerissen, heiser die Stimme des Prokurators, der auf lateinisch sagte:

»Man nehme ihm die Fesseln ab.«

Einer der Legionäre seiner Eskorte stieß die Lanze auf den Boden, übergab sie einem anderen, trat herzu und löste dem Arrestanten die Schnur. Der Sekretär hob die Rolle auf und beschloß, einstweilen nichts mehr zu notieren und sich über nichts mehr zu wundern.

»Gestehe«, fragte Pilatus leise auf griechisch, »du bist ein großer Arzt?«

»Nein, Prokurator, ich bin kein Arzt«, antwortete der Gefangene und rieb sich mit Genuß die gequetschten und rotgeschwollenen Handgelenke.

Unter gesenkten Brauen hervor durchbohrte Pilatus den Gefangenen mit schroffem Blick, der nicht mehr trüb war, sondern schon wieder die wohlbekannten Funken sprühte.

»Ich habe dich noch nicht danach gefragt«, sagte Pilatus, »aber kannst du vielleicht auch Latein?«

»Ja«, antwortete der Arrestant.

Die gelblichen Wangen des Pilatus röteten sich ein wenig, und er fragte auf lateinisch:

»Woher weißt du, daß ich meinen Hund rufen wollte?«

»Das ist ganz einfach«, antwortete der Arrestant auf lateinisch. »Du führtest die Hand durch die Luft – Jeschua wiederholte die Geste des Pilatus –, »als wolltest du ihn streicheln, und deine Lippen...«

»Ja«, sagte Pilatus.

Schweigen trat ein. Dann stellte Pilatus eine Frage in griechischer Sprache:

»Du bist also Arzt?«

»Nein, nein« –, antwortete der Gefangene lebhaft, »glaub mir, ich bin kein Arzt.«

»Nun gut, wenn du das geheimhalten willst, so tue es. Es hat mit deinem Fall nichts zu tun. Du behauptest also, du hättest niemanden angestiftet, den Tempel zu zerbrechen, niederzubrennen oder auf noch andere Art zu zerstören?«

»Ich, Hegemon, habe niemanden zu solchem Tun aufgewiegelt, ich wiederhole es. Sehe ich wohl wie ein Schwachsinniger aus?«

»O nein, wie ein Schwachsinniger siehst du nicht aus«, antwortete der Prokurator leise und ließ ein schreckliches Lächeln sehen. »So schwöre, daß es nicht stimmt.«

»Wobei soll ich schwören?« fragte der Gefangene lebhaft.

»Meinetwegen bei deinem Leben«, antwortete der Prokurator, »bei ihm zu schwören ist höchste Zeit, denn wisse, es hängt an einem Haar.«

»Du vermeinst doch nicht, daß du es dort aufgehängt hättest, Hegemon?« fragte der Arrestant. »Falls doch, so irrst du sehr.«

Pilatus zuckte zusammen und antwortete durch die Zähne:

»Ich kann jedenfalls dieses Haar zerschneiden.«

»Auch darin irrst du«, widersprach der Arrestant mit hellem Lächeln und beschirmte sich mit der Hand gegen die Sonne. »Du wirst zugeben, daß es doch wohl nur der zerschneiden kann, der es aufgehängt hat.«

»Soso«, sagte der Pilatus lächelnd, »jetzt bezweifle ich nicht mehr, daß die müßigen Gaffer dir in Jerschalaim nachgelaufen sind. Ich weiß nicht, wer deine Zunge aufgehängt hat, doch ist sie trefflich aufgehängt. Aber sage mir beiläufig, ist es richtig, daß du durch das Susator in Jerschalaim eingezogen bist, auf einem Esel reitend, begleitet vom Pöbel, der dich schreiend begrüßte gleichwie einen Propheten?« Der Prokurator wies auf die Pergamentrolle.

Der Arrestant blickte den Prokurator verständnislos an.

»Ich habe ja gar keinen Esel, Hegemon«, sagte er. »Wohl bin ich durchs Susator in Jerschalaim eingezogen, jedoch zu Fuß, und in meiner Begleitung war nur Levi Matthäus, und niemand hat mich schreiend begrüßt, denn mich hat ja in Jerschalaim kein Mensch gekannt.«

»Sind dir folgende Namen bekannt«, fragte Pilatus weiter und ließ kein Auge von Jeschua, »Dismas, Gestas und War-Rawwan?«

»Diese guten Menschen kenne ich nicht«, antwortete der Arrestant.

»Ist das wahr?«

»Es ist wahr.«

»Sage mir doch, warum du immer wieder von guten Menschen sprichst. Nennst du jeden so?«

»Jeden«, antwortete der Arrestant, »böse Menschen gibt es nicht auf der Welt.«

»Das höre ich zum erstenmal«, sagte Pilatus auflachend. »Aber vielleicht weiß ich zuwenig vom Leben! Sie brauchen nichts mehr zu notieren«, wandte er sich an den Sekretär, obschon dieser längst damit aufgehört hatte, und fuhr dann, zu Jeschua gewandt, fort: »In welchem griechischen Buch hast du das gelesen?«

»In keinem, ich bin von selbst darauf gekommen.«

»Und das predigst du?«

»Ja.«

»Nehmen wir zum Beispiel den Zenturio Marcus, genannt Rattenschlächter, ist er auch ein guter Mensch?«

»Ja«, antwortete der Gefangene, »freilich ist er unglücklich. Seit gute Menschen ihn verunstaltet haben, ist er grausam und hartherzig geworden. Es wäre aufschlußreich, zu erfahren, wer ihn so entstellt hat.«

»Gern teile ich es dir mit«, entgegnete Pilatus, »denn ich war dabei. Gute Menschen hatten sich auf ihn gestürzt wie die Hunde auf den Bären. Germanen waren es, und sie klammerten sich an seinen Hals, seine Arme, seine Beine. Sein Fußtruppenmanipel war in einen Hinterhalt geraten, und wäre nicht von der Flanke her die Reiterturma dazugestoßen, die übrigens ich befehligte, so hättest du, Philosoph, nicht mit ihm sprechen können. Es war in der Schlacht von Idistaviso, im Tal der Jungfrauen.«

»Wenn ich mehr mit ihm sprechen könnte«, sagte der Häftling auf einmal träumerisch, »so würde er sich total ändern, dessen bin ich gewiß.«

»Ich nehme an«, erwiderte Pilatus, »es würde dem Legaten wenig Freude bereiten, wenn es dir einfiele, mit den Offizieren oder Soldaten seiner Legion zu sprechen. Übrigens wird es glücklicherweise nicht dazu kommen, und der erste, der dafür sorgen wird, bin ich.«

In diesem Moment flitzte eine Schwalbe in den Säulengang herein, beschrieb unter der goldenen Decke einen Kreis, schoß herab, wobei sie mit spitzem Flügel das Gesicht einer Bronzestatue in einer Nische fast streifte, und verschwand dann hinter einem Säulenkapitell. Vielleicht wollte sie dort ihr Nest ankleben.

Während sie flog, fügte sich in dem nunmehr hellen und leichten Kopf des Prokurators eine Formulierung. Sie lautete etwa so: Der Hegemon habe den Fall des wandernden Philosophen Jeschua, genannt Ha-Nozri, geprüft und keinen verbrecherischen Tatbestand gefunden. Insonderheit sei nicht der geringste Zusammenhang zwischen den Taten des Jeschua und den jüngsten Unruhen in Jerschalaim zu finden. Der wandernde Philosoph habe sich als gemütskrank erwiesen, und infolgedessen könne der Prokurator die vom Kleinen Synedrion verhängte Todesstrafe gegen Ha-Nozri nicht bestätigen. Da jedoch die verrückten utopischen Reden des Ha-Nozri in Jerschalaim zu Aufruhr führen könnten, entferne ihn der Prokurator aus Jerschalaim und verurteile ihn zur Haft im Cäsarea Stratons am Mittelmeer, das heißt in seiner Residenz.

Dies mußte er nun dem Sekretär diktieren.

Die Flügel der Schwalbe flitzten dicht über den Kopf des Hegemons hinweg, der Vogel flog taumelig auf das Becken des Springbrunnens zu und sauste dann ins Freie. Der Prokurator hob den Blick zum Gefangenen und sah neben diesem eine Staubsäule auflodern.

»Liegt noch was gegen ihn vor?« fragte Pilatus den Sekretär.

»Leider ja«, antwortete der unerwartet und überreichte Pilatus ein anderes Pergament.

»Was denn noch?« erkundigte sich Pilatus stirnrunzelnd.

Nachdem er das Pergament gelesen, verfärbte er sich. Ob ihm dunkles Blut ins Gesicht und zum Hals strömte oder ob etwas anderes geschah, jedenfalls verlor seine Haut die gelbe Farbe und wurde braun, und die Augen schienen ihm aus dem Kopf zu treten.

Wahrscheinlich war das Blut schuld, das ihm zu den Schläfen floß und dort zu pochen begann, jedenfalls geschah etwas mit seinem Sehvermögen. So deuchte ihn, daß der Kopf des Häftlings davonglitte und ein anderer an seine Stelle träte. Auf diesem kahlen Kopf saß ein goldener Reif mit wenigen Zacken. Auf der Stirn zerfraß ein rundes Geschwür die Haut, es war mit Salbe bestrichen. Ein eingesunkener, zahnloser Mund mit herabhängender, launischer Unterlippe. Dem Prokurator war, als seien die rosa Säulen des Balkons und die fernen Dächer von Jerschalaim unterhalb des Gartens verschwunden und als sei alles ringsum im dichten Grün der Gärten von Capri versunken. Auch mit seinem Gehör hatte sich etwas Merkwürdiges begeben: In der Ferne schienen leise und drohend Trompeten zu schmettern, und ganz deutlich vernahm er die näselnde Stimme, die hochmütig und langgezogen sprach: »Das Gesetz über Majestätsbeleidigung...«

Kurze, zusammenhanglose und ungewöhnliche Gedanken jagten sich in seinem Kopf. Er ist verloren! Dann – wir sind verloren! Auch ein ganz absurder Gedanke war dabei, der Gedanke an eine unabwendbare Unsterblichkeit (mit wem?), der jedoch unerträgliche Schwermut weckte.

Pilatus raffte sich zusammen und verscheuchte die Vision, sein Blick kehrte zu den Säulen zurück, und vor ihm waren wieder die Augen des Arrestanten.

»Höre, Ha-Nozri«, sagte der Prokurator und warf Jeschua einen sonderbaren Blick zu. Sein Gesicht war drohend, doch die Augen zeigten Unruhe. »Hast du schon einmal etwas über den großen Kaiser gesagt? Antworte! Hast du etwas gesagt? Oder ... hast du ... nicht?« Pilatus dehnte das Wort »nicht« etwas länger als bei Gericht üblich, und sandte Jeschua durch seinen Blick einen Gedanken, den er dem Arrestanten gleichsam eingeben wollte.

»Leicht und angenehm ist es, die Wahrheit zu sagen«, versetzte der Häftling.

»Ich will nicht wissen«, erwiderte Pilatus dumpf und gereizt, »ob es dir angenehm oder unangenehm ist, die Wahrheit zu sagen. Du mußt sie ohnehin sagen. Wenn du sie aber sagst, so wäge jedes Wort, es sei denn, du willst nicht nur einen unvermeidlichen, sondern auch qualvollen Tod.«

Niemand weiß, was im Prokurator von Judäa vorging, aber er erlaubte sich, die Hand zu heben, als wolle er sich vor den Sonnenstrahlen beschirmen, um hinter der Hand wie hinter einem Schild dem Arrestanten einen bedeutungsvollen Blick zuzuwerfen.

»Also«, sagte er, »antworte, kennst du einen gewissen Judas aus Kir-

jath, und was, wenn überhaupt, hast du ihm über den Kaiser gesagt?«
»Das war so«, erzählte der Gefangene bereitwillig, »vorgestern abend lernte ich beim Tempel einen jungen Menschen kennen, der sich Judas aus der Stadt Kirjath nannte. Er lud mich in sein Haus in der Unterstadt ein und bewirtete mich...«

»Ein guter Mensch?« fragte Pilatus, und ein diabolisches Feuer glomm in seinen Augen.

»Ein sehr guter und wißbegieriger Mensch«, bestätigte der Gefangene. »Er bekundete größtes Interesse für meine Gedanken und nahm mich sehr herzlich auf...«

»Er zündete die Öllämpchen an«, sagte Pilatus im gleichen Ton wie der Arrestant durch die Zähne, und seine Augen glitzerten.

»Ja«, sagte Jeschua, ein wenig verwundert, daß der Prokurator dies wußte, dann fuhr er fort: »Er bat mich, ihm meine Ansicht über die Staatsmacht mitzuteilen. Dieser Frage maß er große Wichtigkeit bei.«

»Und was hast du ihm gesagt?« fragte Pilatus. »Oder wirst du mir antworten, du habest es vergessen?« Aber seine Stimme klang hoffnungslos.

»Ich habe ihm unter anderem gesagt«, erzählte der Arrestant, »daß von jeder Staatsmacht den Menschen Gewalt geschehe und daß eine Zeit kommen werde, in der kein Kaiser noch sonst jemand die Macht hat. Der Mensch wird eingehen in das Reich der Wahrheit und Gerechtigkeit, wo es keiner Macht mehr bedarf.«

»Weiter!«

»Weiter war nichts«, sagte der Gefangene, »in diesem Moment stürmten Leute herein, banden mich und führten mich ins Gefängnis.«

Der Sekretär strichelte die Wörter aufs Pergament, bemüht, kein Wort zu verlieren.

»Auf der Welt gab es noch nie eine größere und für die Menschen bessere Macht, und es wird auch nie eine geben als die Macht des Kaisers Tiberius!« Die gebrochene und kranke Stimme des Pilatus schwoll an.

Er blickte haßerfüllt auf den Sekretär und die Eskorte.

»Nicht an dir, du hirnloser Verbrecher, ist es, über sie zu rechten!« Dann schrie Pilatus: »Weg mit der Eskorte aus dem Säulengang!« An den Sekretär gewandt, fügte er hinzu: »Laßt mich mit dem Verbrecher allein, hier geht es um eine Staatssache!«

Die Eskorte hob die Lanzen, verließ mit rhythmisch stampfenden metallbeschlagenen Caligas den Säulengang und begab sich in den Garten, gefolgt vom Sekretär.

Das Schweigen unter den Säulen wurde eine Zeitlang nur vom Sang des Wassers im Springbrunnen unterbrochen. Pilatus sah, wie sich über dem Speier ein flüssiger Teller formte, dessen Ränder abbrachen und in Strahlen niederflossen.

Als erster nahm der Gefangene das Wort:

»Ich sehe, es ist Leid daraus entstanden, daß ich mit diesem Jüngling aus Kirjath gesprochen habe. Mir schwant, Hegemon, daß ihm ein Unglück widerfahren wird, und er dauert mich sehr.«

»Ich glaube«, antwortete der Prokurator mit seltsamem Lächeln, »es gibt jemanden auf der Welt, der dich mehr dauern müßte als Judas aus Kirjath und dem weit Schlimmeres widerfahren wird als ihm! Du meinst also, Marcus Rattenschlächter, der kalte und überzeugte Henker, sodann die Menschen, die dich, wie ich sehe« – der Prokurator wies auf Jeschuas entstelltes Gesicht – »deiner Predigten wegen mißhandelt haben, desgleichen die Verbrecher Dismas und Gestas, die mit ihren Spießgesellen vier Soldaten getötet haben, und endlich dieser schmutzige Verräter Judas – sie alle sind gute Menschen?«

»Ja«, antwortete der Arrestant.

»Und das Reich der Wahrheit wird kommen?«

»Es wird kommen, Hegemon«, antwortete Jeschua zuversichtlich.

»Niemals!« schrie Pilatus plötzlich mit so furchtbarer Stimme, daß Jeschua zurückprallte. So hatte er vor vielen Jahren im Tal der Jungfrauen seinen Reitern zugeschrien: »Schlagt sie! Schlagt sie! Der Riese Rattenschlächter ist in Gefahr!« Noch lauter erhob er die vom Kommandieren brüchige Stimme und schrie so, daß man es im Garten hören konnte: »Du Verbrecher! Du Verbrecher! Du Verbrecher!«

Dann senkte er die Stimme und fragte:

»Jeschua Ha-Nozri, glaubst du an irgendwelche Götter?«

»Es gibt nur einen Gott«, antwortete Jeschua, »an ihn glaube ich.«

»So bete zu ihm! Bete fleißig! Übrigens…« – die Stimme des Pilatus sank vollends herab –, »es wird nicht helfen. Hast du ein Weib?« fragte er schwermütig und begriff nicht, was mit ihm vorging.

»Nein, ich bin allein.«

»Verhaßt ist mir die Stadt«, murmelte der Prokurator plötzlich, bewegte die Schultern, als fröre ihn, und rieb die Hände, als wolle er sie waschen. »Wärst du vor deiner Begegnung mit Judas aus Kirjath erstochen worden, so wäre das wahrlich besser.«

»Lasse mich frei, Hegemon«, bat der Arrestant unvermittelt, und seine Stimme klang beunruhigt, »ich sehe, daß man mich töten will.«

Ein Krampf verzerrte das Gesicht des Pilatus, er wandte Jeschua die entzündeten, rotgeäderten Augäpfel zu und sagte:

»Vermeinst du, Unseliger, ein römischer Prokurator werde einen Menschen freilassen, der gesagt hat, was du gesagt hast? O ihr Götter! Oder glaubst du, ich möchte deine Stelle einnehmen? Ich teile deine Gedanken nicht! Höre: Wenn du von diesem Moment an noch ein einziges Wort zu andern sagst, so nimm dich vor mir in acht! Ich wiederhole – nimm dich vor mir in acht!«

»Hegemon ...«

»Schweig!« schrie Pilatus, und sein wütender Blick folgte der Schwalbe, die wieder durch die Säulenhalle schwirrte. »Zu mir!« rief er.

Nachdem der Sekretär und die Eskorte auf ihre Plätze zurückgekehrt waren, erklärte Pilatus, er bestätige das Todesurteil, das die Versammlung des Kleinen Synedrions wider den Verbrecher Jeschua Ha-Nozri verhängt habe, und der Sekretär hielt Pilatus' Worte fest.

Gleich darauf stand Marcus Rattenschlächter vor dem Prokurator. Der befahl ihm, den Verbrecher dem Kommandanten des Geheimdienstes zu überantworten und ihm auszurichten, der Prokurator habe angeordnet, daß Jeschua Ha-Nozri getrennt von den übrigen Verurteilten gehalten werde und daß den Mannschaften des Geheimdienstes bei schwerer Strafe verboten sei, mit Jeschua zu sprechen und Fragen von ihm zu beantworten.

Auf ein Zeichen des Marcus nahm die Eskorte Jeschua in die Mitte und führte ihn von dem Säulengang hinweg.

Sodann erschien vor dem Prokurator ein schöner Mann mit blondem Bart und mit Adlerfedern im Helmbusch; auf seiner Brust funkelten goldene Löwenhäupter, sein Schwertgehänge war mit Goldplatten besetzt, er trug dreifach besohltes Schuhwerk, bis zum Knie herauf verschnürt, und einen Purpurumhang über der linken Schulter. Er war der kommandierende Legat der Legion.

Der Prokurator fragte ihn, wo sich die Sebaster Kohorte befinde. Der Legat antwortete, die Sebaster sperrten den Platz vor der

Rennbahn ab, wo dem Volke das Urteil gegen die Verbrecher verkündet werden solle.

Da befahl der Prokurator dem Legaten, zwei Zenturien aus der römischen Kohorte bereitzustellen. Die eine, unter dem Befehl von Marcus Rattenschlächter, solle die Verbrecher, die Wagen mit dem Hinrichtungsgerät und die Henker zum Schädelberg eskortieren und diesen nach ihrer Ankunft oben absperren. Die andere Zenturie solle jetzt gleich zum Schädelberg marschieren und sofort mit der unteren Absperrung beginnen. Zum gleichen Zweck, das heißt zur Sicherung des Berges, möge der Legat zusätzlich ein Kavallerieregiment, eine syrische Ala, in Marsch setzen.

Als der Legat den Säulengang verließ, befahl der Prokurator dem Sekretär, den Präsidenten des Synedrions in den Palast zu bitten, ferner zwei seiner Mitglieder und den Kommandanten der Tempelwache von Jerschalaim, doch er fügte hinzu, der Sekretär möge es so einrichten, daß er, der Prokurator, vor der Beratung mit dem Präsidenten allein sprechen könne.

Die Befehle des Prokurators wurden schnell und genau ausgeführt, und die Sonne, die seit Tagen mit ungewöhnlicher Wut auf Jerschalaim herniederbrannte, hatte noch nicht ihren höchsten Punkt erreicht, als sie auf der oberen Terrasse des Gartens bei den beiden weißen Marmorlöwen, die die Treppe bewachten, zusammentrafen: der Prokurator und der amtsführende Präsident des Synedrions, der Hohepriester von Judäa, Joseph Kaiphas.

Es war still im Garten. Als aber der Prokurator aus dem Säulengang heraustrat auf die vom Sonnenlicht übergossene obere Gartenterrasse mit ihren Palmen auf ungefügen Elefantenbeinen, auf die Terrasse, von der aus sich die ganze, ihm verhaßte Stadt Jerschalaim seinen Blicken darbot mit ihren Hängebrücken, ihren Burgen und vor allem dem unbeschreibbaren Marmorblock mit den goldenen Drachenschuppen des Daches, dem Tempel von Jerschalaim, da vernahm sein scharfes Gehör von weit unten, wo eine Mauer die unteren Terrassen des Palastgartens vom Stadtplatz trennte, ein tiefes Grollen, über dem sich von Zeit zu Zeit dünne Laute aufschwangen, die wie Stöhnen oder wie Schreie klangen.

Der Prokurator wußte, daß dort auf dem Platz schon eine gewaltige Menge von Jerschalaimer Einwohnern versammelt war, erregt über die jüngsten Unruhen, daß sie ungeduldig der Urteilsverkündung harrte und Wasserverkäufer ihre Ware ausschrien.

Der Prokurator begann damit, daß er den Hohenpriester in den Säulengang bat, um der erbarmungslosen Glut zu entrinnen, doch Kaiphas entschuldigte sich höflich und erklärte, das könne er am Vorabend des Festes nicht tun. Pilatus zog die Kapuze über seinen schon kahl werdenden Kopf und eröffnete das Gespräch, das auf griechisch geführt wurde.

Er habe, sagte er, den Fall des Jeschua Ha-Nozri untersucht und das Todesurteil bestätigt.

Somit sei die Todesstrafe, die noch heute vollstreckt werden solle, über drei Verbrecher verhängt, Dismas, Gestas und War-Rawwan, und außerdem über diesen Jeschua Ha-Nozri. Die beiden ersten, die sich unterfangen hätten, das Volk wider den Kaiser aufzuwiegeln, seien von der römischen Macht im Kampf festgenommen worden und unterstünden dem Prokurator, mithin könne über sie nicht gesprochen werden. Die beiden anderen aber, War-Rawwan und Jeschua Ha-Nozri, seien von der Jerschalaimer Behörde gefaßt und vom Synedrion verurteilt worden. Nach Gesetz und Sitte müsse einer dieser beiden Verbrecher zu Ehren des bevorstehenden Pessachfestes freigelassen werden.

Also er, der Prokurator, wünsche zu wissen, welchen der beiden Verbrecher das Synedrion freizulassen gedenke: War-Rawwan oder Jeschua Ha-Nozri?

Kaiphas neigte den Kopf zum Zeichen, daß er verstanden habe, und antwortete:

»Das Synedrion bittet, War-Rawwan freizulassen.«

Der Prokurator hatte wohl gewußt, daß der Hohepriester diese Antwort geben würde, doch er mußte so tun, als errege sie sein Erstaunen.

Das tat Pilatus sehr kunstvoll. Die Brauen in seinem hochmütigen Gesicht hoben sich, und er blickte dem Hohenpriester mit Verwunderung in die Augen.

»Ich gestehe, daß diese Antwort mich erstaunt«, sagte er sanft, »ich fürchte, das ist ein Mißverständnis.«

Pilatus erklärte sich näher. Die römische Macht wolle keineswegs die Rechte der hiesigen geistlichen Macht antasten, das sei dem Hohenpriester auch wohlbekannt, aber in diesem Falle liege doch wohl ein Irrtum vor, an dessen Behebung die römische Macht selbstverständlich interessiert sei.

In der Tat: die Verbrechen War-Rawwans und Ha-Nozris seien an

Schwere gar nicht vergleichbar. Werde der letzte, ein offenkundig Verrückter, aufwiegelnder dummer Reden in Jerschalaim und an anderen Plätzen geziehen, so sei der erstere bedeutend schwerer belastet. Nicht genug, daß er sich offene Aufrufe zur Meuterei habe zuschulden kommen lassen, habe er zudem bei seiner Festnahme einen Wächter getötet. War-Rawwan sei unvergleichlich gefährlicher als Ha-Nozri.

Angesichts des Dargelegten bitte der Prokurator den Hohenpriester, den Beschluß zu überprüfen und denjenigen der beiden Verurteilten freizulassen, der minder gefährlich sei, ohne Zweifel Ha-Nozri. So sei es doch?

Kaiphas erwiderte mit leiser, doch fester Stimme, das Synedrion habe den Fall sorgfältig geprüft, und teilte abermals mit, es wolle War-Rawwan freilassen.

»Wie? Trotz des Einspruchs von mir, in dessen Person die römische Macht spricht? Hoherpriester, wiederhole das ein drittes Mal.«

»Ich teile zum drittenmal mit, daß wir War-Rawwan freilassen werden«, sagte Kaiphas leise.

Alles war zu Ende, es gab nichts mehr zu besprechen. Ha-Nozri verschwand für immer, und niemand mehr war da, des Prokurators böse Schmerzen zu lindern, gegen die es kein Mittel gab denn den Tod. Allein, nicht dieser Gedanke beschäftigte Pilatus jetzt. Die unbegreifliche Schwermut, die ihn schon auf dem Balkon heimgesucht hatte, durchdrang ihn ganz. Er versuchte, eine Erklärung dafür zu finden, und es wurde eine seltsame Erklärung: Verschwommen dünkte es ihn, er habe mit dem Verurteilten nicht zu Ende gesprochen, ihn vielleicht auch nicht zu Ende angehört.

Pilatus verscheuchte den Gedanken, der ebenso rasch verflog, wie er gekommen war. Er verflog, und die Schwermut blieb unerklärlich, denn der blitzartig aufgetauchte und alsbald wieder erloschene andere Gedanke Unsterblichkeit ... die Unsterblichkeit ist gekommen ... – konnte sie schließlich nicht erklären. Wessen Unsterblichkeit war gekommen? Das begriff der Prokurator nicht, doch der Gedanke an diese rätselhafte Unsterblichkeit ließ ihn trotz der Sonnenglut frösteln.

»Nun gut«, sagte Pilatus, »es sei so.«

Er blickte sich um, umfaßte mit einem Blick die ihm sichtbare Welt und wunderte sich über die eingetretene Veränderung. Der rosenschwere Strauch war verschwunden, und verschwunden waren auch die Zypressen, die die obere Gartenterrasse säumten, und der Granatapfelbaum und die weiße Statue im Grün und das Grün selbst. Statt dessen trieb dort purpurroter Schlamm, und in dem Schlamm wogten Wasserpflanzen und bewegten sich irgendwohin, und mit ihnen bewegte sich Pilatus. In sich trug er, würgend und sengend, den furchtbarsten Zorn, den es gibt, den Zorn der Ohnmacht.

»Eng ist mir«, sprach Pilatus, »eng ist mir!«

Mit kaltfeuchter Hand riß er die Schnalle am Kragen seines Umhangs auf, und sie fiel in den Sand.

»Es ist schwül, wir werden ein Gewitter bekommen«, sagte Kaiphas, der kein Auge vom geröteten Gesicht des Prokurators ließ und alle Qualen voraussah, die noch bevorstanden. Oh, schlimm ist der Monat Nissan in diesem Jahr!

»Nein«, sagte Pilatus, »es rührt nicht daher, daß es schwül ist. Mit dir ist es mir zu eng, Kaiphas.« Pilatus lächelte mit schmalen Augen und fügte hinzu: »Hüte dich, Hoherpriester.«

Die dunklen Augen des Hohenpriesters blitzten, und er ließ, nicht minder kunstvoll als zuvor der Prokurator, Verwunderung auf sein Gesicht treten.

»Was höre ich, Prokurator?« antwortete Kaiphas stolz und ruhig. »Du drohst mir nach einem gefällten Urteil, das du selbst bestätigt hast? Wie kann das sein? Wir sind es gewohnt, daß der römische Prokurator seine Worte wägt, bevor er sie spricht. Es hat uns doch nicht etwa jemand zugehört?«

Pilatus blickte mit toten Augen auf den Hohenpriester und deutete mit gefletschten Zähnen ein Lächeln an.

»Was redest du, Hoherpriester! Wer sollte uns hier hören? Gleiche ich etwa dem gottesnärrischen jungen Landstreicher, der heute hingerichtet wird? Bin ich ein Knabe, Kaiphas? Ich weiß, was ich sage und wo ich es sage. Der Garten ist sorgfältig bewacht, der Palast ebenso, und nicht mal eine Maus könnte durch eine Ritze hereinschlüpfen. Auch dieser Mann könnte es nicht, wie heißt er doch, aus der Stadt Kirjath. Übrigens, kennst du ihn, Hoherpriester? Wenn so einer hier eindränge, er würde sich selber bitterlich bedauern, das glaubst du mir doch? So wisse denn, Hoherpriester, daß du fortan keine Ruhe mehr haben wirst! Du nicht und auch dein Volk nicht.« Pilatus wies nach rechts in die Ferne, wo hoch droben der Tempel leuchtete. »Das sage ich dir, ich, Pontius Pilatus, Ritter der Goldenen Lanze!«

»Ich weiß es wohl!« antwortete der schwarzbärtige Kaiphas furchtlos, seine Augen funkelten, er streckte die Hand gen Himmel und
fuhr fort: »Das Volk von Judäa weiß, daß du es mit grimmem Haß
verfolgst und ihm noch viele Qualen zufügen wirst, aber verderben
kannst du es nicht! Gott wird es behüten! Er wird uns hören, und
auch der allmächtige Kaiser wird uns hören und uns schützen vor
dem Verderber Pilatus!«

»O nein!« rief Pilatus aus, und mit jedem Wort wurde ihm leichter,
denn jetzt brauchte er sich nicht mehr zu verstellen, nicht mehr die
Worte zu wählen. »Gar zu oft hast du dich beim Kaiser über mich
beklagt, Kaiphas, doch jetzt ist meine Stunde gekommen! Jetzt
geht von mir eine Botschaft ab, aber nicht an den Gouverneur von
Antiochia und nicht nach Rom, sondern gleich nach Capri an den
Imperator, die Botschaft, daß ihr notorische Meuterer in Jerschalaim der Todesstrafe entzieht. Nicht Wasser aus dem Salomons-
teich wird dann fließen in Jerschalaim, wie ich es vorhatte zu eurem
Nutzen, nein, nicht Wasser! Vergiß nicht, daß ich euretwegen die
Schilde mit dem kaiserlichen Emblem von der Wand nehmen,
Truppen verlegen und selber herkommen mußte, um hier bei euch
nach dem Rechten zu sehen! Merke dir mein Wort, Hoherpriester!
Du wirst hier in Jerschalaim nicht nur eine Kohorte erblicken,
nein! Die ganze Donnerlegion wird vor die Stadtmauer rücken,
arabische Reiterei wird kommen, bitteres Weinen und Wehklagen
wirst du hören! Dann wirst du an den geretteten War-Rawwan
denken und bereuen, daß du den Philosophen mit seiner friedlichen Predigt in den Tod geschickt hast.«

Das Gesicht des Hohenpriesters wurde fleckig, seine Augen brannten. Wie der Prokurator lächelte er mit gebleckten Zähnen und
antwortete:

»Glaubst du, Prokurator, selber an das, was du sagst? Nein, du
glaubst nicht daran! Nicht Frieden, nein, nicht Frieden hat uns der
Volksverführer nach Jerschalaim gebracht, und du, Ritter, weißt
das ganz genau. Du wolltest ja Jeschua nur deshalb freilassen,
damit er das Volk aufwiegele, den Glauben schmähe und das Volk
unter die römischen Schwerter führe! Ich aber, der Hohepriester
von Judäa, werde zeitlebens den Glauben und das Volk schützen!
Hörst du, Pilatus?« Kaiphas hob drohend die Hand: »Höre genau
hin, Prokurator!«

Kaiphas verstummte, und der Prokurator hörte wieder das Meeresrauschen gegen die Mauern des Herodes-Palastes anbranden. Es stieg von unten zu den Füßen und bis zum Gesicht des Prokurators hinan. Hinter ihm aber, wo die Seitenflügel des Palastes lagen, erschollen alarmierende Hornsignale, das schwere Trappeln Hunderter von Füßen und eisernes Geklirr. Der Prokurator wußte, daß die römischen Fußtruppen seinem Befehl gemäß ausrückten und der für Meuterer und Verbrecher so schrecklichen Todesparade zustrebten.

»Hörst du, Prokurator?« wiederholte der Hohepriester leise. »Du wirst mir doch nicht sagen wollen, all das da« – der Hohepriester hob beide Arme, und die dunkle Kapuze glitt von seinem Kopf – »habe der elende Verbrecher War-Rawwan auf die Beine bringen können?«

Mit dem Handrücken wischte der Prokurator den kalten Schweiß von der Stirn. Er blickte zu Boden, dann blinzelte er in den Himmel, sah die glühende Kugel fast über seinem Haupte stehen und den Schatten des Kaiphas geduckt neben dem Löwenschweif liegen und sagte leise und gleichmütig:

»Es geht auf Mittag. Wir haben uns festgeplaudert, dabei müssen wir die Sache weiterführen.«

Nachdem er sich in gewählten Ausdrücken beim Hohenpriester entschuldigt hatte, bat er ihn, auf einer Bank im Schatten eines Magnolienbaums zu warten, bis er die übrigen Personen zur letzten kurzen Beratung hergebeten und noch eine weitere, mit der Hinrichtung zusammenhängende Anordnung getroffen habe.

Kaiphas verneigte sich höflich, wobei er die Hand zum Herzen führte, und blieb im Garten, indes Pilatus zum Balkon im Säulengang zurückkehrte. Dem wartenden Sekretär gebot er, den Legaten der Legion, den Tribunen der Kohorte, die beiden Mitglieder des Synedrions und schließlich den Kommandanten der Tempelwache, die auf der unteren Terrasse in einem runden Springbrunnenpavillon warteten, in den Garten zu bitten. Pilatus fügte hinzu, er werde auch gleich kommen, und begab sich ins Innere des Palastes.

Während der Sekretär die Teilnehmer der Beratung zusammenrief, hatte der Prokurator in seinem durch dunkle Vorhänge vor der Sonne geschützten Zimmer einen Treff mit einem Mann, dessen Gesicht zur Hälfte von einer Kapuze verdeckt war, wiewohl die Sonnenstrahlen ihn hier nicht stören konnten. Der Treff war kurz. Der Prokurator raunte dem Mann ein paar Worte zu, worauf sich dieser entfernte. Durch den Säulengang gelangte Pilatus wieder in den Garten.

Hier erklärte der Prokurator in Gegenwart der Herbestellten trok-ken und feierlich, er bestätige das Todesurteil gegen Jeschua Ha-Nozri, und befragte die Mitglieder des Synedrions offiziell, wel-chen der Verbrecher er am Leben lassen solle. Nachdem ihm War-Rawwan genannt worden war, sagte er »sehr gut«, befahl dem Sekretär, dies zu protokollieren, und fügte, in der Hand die Schnal-le pressend, die der Sekretär vom Sand aufgehoben hatte, feierlich hinzu: »Es ist Zeit!«

Sogleich stiegen alle Anwesenden die breite Marmortreppe hinun-ter, eingerahmt von Rosenspalieren, die ein betäubendes Aroma verströmten, stiegen immer tiefer hinab, auf das Tor in der Palast-mauer zu, das auf den weiten, glattgepflasterten Platz führte, an dessen Ende die Säulen und Statuen der Jerschalaimer Wettkampf-arena emporragten.

Kaum hatte die Gruppe vom Garten her den Platz betreten und das ihn beherrschende geräumige Steinpodest erstiegen, da blickte Pila-tus mit verkniffenen Augen um sich und übersah die Situation. Der freie Raum, den er soeben durchschritten, das heißt der Raum zwi-schen der Palastmauer und dem Podest, war leer, doch dafür konnte Pilatus den Platz vor sich nicht sehen, denn die Menge hatte ihn ver-schlungen. Sie würde auch das Podest und den freien Raum überflu-tet haben, wäre sie nicht linker Hand von einer dreifachen Reihe Sebaster Soldaten und rechts von einer ebensolchen Reihe Soldaten einer ituräischen Hilfskohorte daran gehindert worden.

Pilatus erstieg also das Podest, preßte noch immer die überflüssige Schnalle in der Faust und kniff die Augen zu. Das tat er nicht, weil die Sonne ihn geblendet hätte. Nein, er wollte die Gruppe der Ver-urteilten nicht sehen, die, wie er wohl wußte, jetzt hinter ihm aufs Podest geführt wurde.

Kaum war der weiße, purpurgefütterte Umhang hoch droben auf dem Fels am Ufer des Menschenmeeres erschienen, da schlug dem blicklosen Pilatus eine Lautwelle in die Ohren: »Haaa...« Sie begann zaghaft irgendwo hinten bei der Rennbahn, schwoll dann donnergleich, hielt sich ein paar Augenblicke und flaute wieder ab. Sie haben mich gesehen, dachte der Prokurator. Die Welle erreich-te den Tiefpunkt nicht und wuchs unerwartet wieder an, schwank-te, wurde lauter als beim erstenmal, und auf dem Kamm der zwei-ten Welle brodelten wie Gischt auf einer Meereswoge Pfiffe und vereinzelte, das Dröhnen übergellende Frauenschreie. Man hat die

Gefangenen aufs Podest geführt, dachte Pilatus, und die Schreie kommen von Frauen, die von der vorwärtswogenden Menge eingequetscht wurden.

Er wartete einige Zeit, wohl wissend, daß keine Macht der Erde jetzt die Menge zum Schweigen gebracht hätte, ehe sie alles, was sich in ihr angesammelt, herausgestöhnt hatte und von selber verstummte.

Als dieser Moment gekommen war, hob der Prokurator den rechten Arm, und der letzte Lärm verebbte.

Da atmete Pilatus soviel heiße Luft wie möglich ein und schrie, daß seine brüchige Stimme weit über die Tausende von Köpfen hinwegschallte:

»Im Namen des Kaisers und Imperators!«

Da schlug ihm mehrere Male ein eiserner abgehackter Schrei in die Ohren. Die Kohorten hatten die Lanzen und Feldzeichen hochgehoben und schrien furchterweckend:

»Es lebe der Kaiser!«

Pilatus riß den Kopf hoch und stieß ihn der Sonne entgegen. Unter seinen Lidern loderte grünes Feuer und versengte ihm das Gehirn, und weit über die Menge hin flogen heiser die aramäischen Worte:

» Die vier Verbrecher, die in Jerschalaim wegen Mordes dingfest gemacht wurden, sind wegen Aufwiegelei und wegen Beleidigung von Gesetz und Glauben zur schmählichen Hinrichtung durch Hängen am Pfahl verurteilt. Die Hinrichtung wird ohne Aufschub auf dem Schädelberg vollzogen! Die Namen der Verbrecher sind Dismas, Gestas, War-Rawwan und Ha-Nozri. Da stehen sie vor euch!«

Pilatus wies mit der Hand nach rechts; er sah die Verbrecher nicht, wußte aber, daß sie standen, wo sie zu stehen hatten.

Die Menge antwortete mit einem langen Gemurmel der Verwunderung oder Erleichterung. Als es verstummte, fuhr Pilatus fort:

»Gerichtet aber werden nur drei von ihnen, denn nach Gesetz und Sitte schenkt der großmütige Kaiser und Imperator zu Ehren des Pessachfestes einem der Verurteilten, ausgewählt vom Kleinen Synedrion und bestätigt von der römischen Macht, sein verachtungswürdiges Leben!«

Pilatus schrie diese Worte hinaus und hörte, wie an Stelle des Gemurmels tiefe Stille trat. Es drang nunmehr kein Seufzer, kein Rascheln an seine Ohren, und einen Moment lang dünkte es ihn gar, daß alles ringsum verschwunden wäre. Die ihm verhaßte Stadt wäre gestorben, und nur er allein noch stünde da, versengt von den senkrechten Sonnenstrahlen, das Gesicht dem Himmel zugewandt. Ein Weilchen noch zog er die Stille in die Länge, dann schrie er:

»Der Name dessen, der jetzt vor aller Augen freigelassen wird, ist…«

Er machte noch eine Pause, zögerte, den Namen zu nennen, und überlegte, ob er alles gesagt hatte, denn er wußte, die tote Stadt würde, kaum hatte er den Namen des Glücklichen genannt, zu neuem Leben erwachen und alle weiteren Worte überschreien.

»War das alles?« flüsterte Pilatus lautlos vor sich hin. »Es war alles. Den Namen!«

Das R über die schweigende Stadt hin rollend, schrie er:

»War-Rawwan!«

Da dünkte ihn, daß die Sonne über ihm dröhnend berste und ihm Feuer in die Ohren gösse. In diesem Feuer tobten Brüllen, Kreischen, Stöhnen, Lachen und Pfeifen.

Pilatus drehte sich um und ging über das Podest zurück zu den Stufen, nichts anderes beachtend als das bunte Schachbrettmuster zu seinen Füßen, um nicht fehlzutreten. Er wußte, daß jetzt hinter seinem Rücken ein Hagel von Datteln und Bronzemünzen aufs Podest niederprasselte und daß in der brüllenden Menge die Menschen einander quetschten und auf die Schultern stiegen, um mit eigenen Augen das Wunder zu schauen, wie ein Mensch den Fängen des Todes entrissen wurde, wie die Legionäre ihm die Fesseln lösten und ihm dabei ungewollt brennenden Schmerz an den beim Verhör verrenkten Handgelenken zufügten, wie er ächzend das Gesicht verzerrte und doch ein sinnloses, irres Lächeln zeigte.

Pilatus war gewiß, daß die Eskorte schon die drei Verbrecher mit gebundenen Händen zur Seitentreppe führte, um sie auf die Straße nach Westen, aus der Stadt hinaus, zum Schädelberg zu bringen. Erst nachdem er das Podest verlassen hatte und sich hinter ihm befand, öffnete er die Augen, denn er wußte sich nunmehr in Sicherheit – er würde die Verurteilten nicht mehr sehen.

In das Stöhnen der verstummenden Menge mischten sich deutlich unterscheidbar die gellenden Schreie der Ausrufer, die teils in aramäischer, teils in griechischer Sprache wiederholten, was der Prokurator vom Podest herab verkündet hatte. Überdies vernahm Pilatus näher kommendes Hufgetrappel und ein kurzes vergnügtes Hornsignal. Diesem antworteten durchdringende Pfiffe der Jungs von den Hausdächern in der Straße, die vom Basar zur Rennbahn führte, und laute Rufe: »Aufgepaßt!«

Der Soldat, der einsam im frei gehaltenen Raum des Platzes stand, schwenkte sein Feldzeichen, und der Prokurator, der Legat der Legion, der Sekretär und die Eskorte verharrten.

Die Reiterala kam in immer rascherem Trab auf den Platz, um ihn seitlich zu überqueren, passierte die Volksmenge und ritt auf eine schmale Seitenstraße unterhalb der weinumrankten Mauer zu, um auf kürzestem Weg zum Schädelberg zu sprengen.

Als der Kommandant der Ala, ein Syrer, klein wie ein Knabe und dunkel wie ein Mulatte, Pilatus erreicht hatte, rief er mit heller Stimme etwas und riß das Schwert aus der Scheide. Sein böser, schweißnasser Rappe prallte jäh zur Seite und bäumte sich auf. Der Kommandant stieß das Schwert in die Scheide zurück, schlug dem Pferd die Peitsche über den Hals, richtete es aus und sprengte im Galopp in die Seitenstraße hinein. Hinter ihm ritten zu dreien seine Soldaten, in eine Staubwolke gehüllt; die Spitzen ihrer leichten Bambuslanzen hüpften, und vorbei an dem Prokurator jagten Gesichter, die unter den weißen Turbanen besonders dunkel wirkten, mit lustig geblecken, blitzenden Zähnen.

Staub gen Himmel wirbelnd, preschte die Ala in die Seitenstraße hinein, und als letzter ritt der Soldat mit dem in der Sonne funkelnden Horn auf dem Rücken an Pilatus vorüber.

Der Prokurator beschirmte sich mit der Hand gegen den Staub und verzog unmutig das Gesicht. Er schritt weiter, auf das Tor des Palastgartens zu, und hinter ihm schritten der Legat, der Sekretär und die Eskorte.

Es war gegen zehn Uhr morgens.

3. »EIN REICH DER GERECHTIGKEIT – FÜR JEDEN UND ALLE«

Zur Einführung

In der damals noch existierenden Sowjetunion erschien im Jahre 1986 ein Roman, der auch international Beachtung fand: »Der Richtplatz« des 1928 geborenen Tschingis Aitmatow. Bemerkenswert war das Buch nicht zuletzt deshalb, weil sein Autor es gewagt hatte, bisher öffentlich weitgehend verschwiegene soziale, wirtschaftliche und ökologische Probleme der UdSSR (Alkoholismus, Drogenhandel, organisiertes Verbrechen, Raubbau an der Natur, Militärvergötzung) offen anzuprangern. Beachtet wurde es auch deshalb, weil es in diesem Roman um Grundfragen der Religion geht und die Leser hier noch einmal einen Dialog zwischen Jesus und Pilatus präsentiert bekommen, der direkt an Bulgakow anknüpft.

Aitmatow ist sich denn auch des Bezugs zu Bulgakow bewußt, wehrt sich aber dagegen, sich durch ihn Hindernisse aufbauen zu lassen. Im *Gespräch mit* dem Literaturwissenschaftler *Nikolai Anastasjew* aus dem Jahr 1987 beschreibt er zunächst die *Hintergründe der Entstehung* seines Romans, die konzeptionellen Entscheidungen und schriftstellerischen Probleme:

>*Zunächst entstand die Novelle über Pilatus und Christus, dann verspürte ich, daß sie eine materielle Stütze brauchte. Daraufhin tauchten die Wölfe auf, sie fingen an, durch die Menschenwelt zu laufen, und organisierten dabei den Erzählverlauf des Stoffes. Dann gesellte sich Awdi hinzu. Im übrigen vermute ich, daß mir jetzt, wo alles hinter mir liegt und der Roman veröffentlicht ist, der Arbeitsprozeß wie ungetrübt vorkommt.«* (Karawane des Gewissens, S. 238)

Und warum Jesus Christus? Was hat einen Schriftsteller wie Aitmatow an dieser Gestalt interessiert?

>*Was ist daran so erstaunlich? Das ist bereits europäisches Bewußtsein – wenn es mit den Begriffen von Sittlichkeit und Moral, von Gut und Böse konfrontiert wird, wendet es sich unvermeidlich der Persönlichkeit zu, die nach der Überlieferung vor 2000 Jahren auf der Schädelstätte bei Jerusalem gekreuzigt wurde. Das ist der Ursprung der Ursprünge. All das, was früher war, alle Ereignisse und Menschen, selbst die realen, werden als Überlieferung und Mythos wahrgenommen. Und der legendäre Christus unserer Phantasie, den Menschen höchstwahrscheinlich so erdacht haben, ist eine lebende Figur, die das allergrößte und unvergeßliche Bild von persönlichem Mut und Hochherzigkeit abgibt. Nach ihm hat es in allen Lebensbereichen bedeutende Menschen und Märtyrer gegeben, es hat Gerechte gegeben und, umgekehrt, auch die Anti-Christen. Für eine gewisse Zeit beherrschten solche Verfechter der christlichen Glaubenslehre Geist und Bewußtsein der Menschen, im Verlauf der Jahre jedoch entschwanden die meisten Namen in der Geschichte. Jesus hat aber alle überlebt, er*

wendet sich gleichermaßen an die Menschen des zweiten wie des 20. Jahrhunderts.« (Karawane des Gewissens, S. 233)

Anschließend nimmt Aitmatow *Stellung zu Bulgakow.* Hatte er nicht zu direkt an »Der Meister und Margarita« angeknüpft, wenn er sein Pilatus-Jesus-Kapitel (das wir hier in Auszügen dokumentieren) sogar mit der Anspielung auf den »Säulengang« im »Palast Herodes des Großen« beginnen läßt?

»Natürlich begriff ich das, ich sah sehr wohl, wie riskant es ist, den Weg zu betreten, den einst ein so großartiger, von mir so hochverehrter Schriftsteller wie Michail Bulgakow gegangen ist. Und trotzdem konnte ich darauf nicht verzichten, was ich, gerade ich, brauchte. Außerdem wollte ich die Figuren anders anordnen, ob das gelungen ist, mögen andere beurteilen. Bei Bulgakov ist ungewiß, wer stärker dargestellt wurde – Jeschua oder Pontius Pilatus.« (Karawane des Gewissens, S. 235 f.)

Auf den Einwand von Anastasjew, beide Figuren bei Bulgakow seien doch gleichstark geschildert, erwidert Aitmatow:

»Mir aber scheint, daß Pilatus in ›Der Meister und Margarita‹ Jeschua etwas in den Schatten rückt, vor dem Hintergrund der innerlich angespannten Persönlichkeit des Prokurators ist Jeschua teilweise einförmig geraten, übrigens hat Bulgakow vielleicht gerade das gewollt. Ich habe jedoch Jesus in den Mittelpunkt zurückholen und zur gedanklichen Zentralfigur machen müssen.« (Karawane des Gewissens, S. 236)

Tschingis Aitmatow ist als Schriftsteller ein interkulturelles Phänomen. Er ist Kirgise, geboren in Seker im Talas-Tal (Kreis Kirow), und zugleich – in russischer Sprache schreibend – Produkt der multikulturellen früheren Sowjetunion, der er seine Schulbildung, sein Landwirtschafts-, später sein Literaturstudium, ja seine gesamte Karriere als Zeitungsredakteur, Kulturfunktionär und Autor verdankt. Er entstammt bäuerlich-kleinbürgerlichen Verhältnissen, aber es gelingt ihm, im Moskauer Kulturbetrieb hohe Funktionen einzunehmen und in der Zeit der Reformen unter Gorbatschow, die 1985 beginnen, zum Mitglied des Rates des Präsidenten aufzusteigen. Er ist Muslim, aber er öffnet sich der russisch-christlichen Geschichte ebenso wie der Bibel, die er um die Jahreswende 1980/81 erstmals kennenlernt und deren Lektüre ihm nach eigenen Aussagen »das Leben in neuem Licht gezeigt« hat (zit. nach B. Chlebnikow – N. Franz, S. 135).

Aitmatows »Richtplatz« hat man einen typischen *Perestroika-Roman* genannt, aber er ist viel mehr als das. Schon von der Form her ist er *interkulturell orientiert,* besteht er doch aus einer epischen Collage verschiedener, lose miteinander verknüpfter Erzählstücke und Handlungsstränge:

– Er hat eine *animalisch-naturreligiöse Ebene* mit Tieren als »Helden« und Opfern. Erzählt wird die Geschichte der *Wölfin Akbara* und ihrer Familie, deren Lebensgrundlage durch ständige brutale Eingriffe des Menschen in die Natur zerstört wird. Erzählt wird aber auch vom Schicksal Tausender von *Wildantilopen* in einer bisher unberührten Steppe, die aus rein ökonomischen Interessen (zur Erfüllung des sozialistischen Fünfjahresplans der Fleischproduktion) von Hubschraubern aus zusammengetrieben und dann von Häschern und Jägern in einem entsetzlichen Blutbad abgeschlachtet werden. Die Steppe ist zum Richtplatz geworden.

– Er hat eine *kirgisische Ebene:* Die Geschichte des *Hirten und Schafzüchters Boston,* der im Gestrüpp des sowjetischen Funktionärssystems vergeblich versucht, einen Ausgleich von Natur und Kultur, Tierwelt und Menschenwelt herzustellen und angesichts seines Scheiterns am Ende den Freitod im Issyk-Kul-See wählt.

– Er hat schließlich eine *russisch-orthodoxe Ebene,* auf der die Geschichte des aus dem Priesterseminar wegen Häresie ausgeschlossenen Popen-Sohnes *Awdi Kallistratow* erzählt wird. Zum Journalisten geworden, wird dieser von seiner Zeitung nach Mittelasien geschickt, um Hintergründe des Rauschgiftschmuggels aufzudecken. Awdi findet heraus, daß die gesamte Sowjetunion längst mit einem Netz von Produzenten, Schleppern, Dealern und Fixern überzogen ist. Als Rauschgiftkurier getarnt, gelingt es ihm, zum Boß der Drogen-Mafia vorzudringen, einem eiskalten Zyniker, der mit dem zerstörerischen Rausch seine Geschäfte macht. Als Awdi die Hanfsammler beschwört, von ihrem Tun abzulassen, mißhandeln sie ihn und werfen ihn schließlich aus einem fahrenden Zug. Jetzt, während sein Held blutig und geschunden an der Bahnstrecke liegt und sein Bewußtsein verliert, blendet Aitmatow, einem Filmschnitt vergleichbar, die für uns entscheidende Szene ein, in der es ebenfalls um einen »Sonderling« geht, einen »aus Galiläa«. Der Autor signalisiert damit von Anfang an: Seine Geschichte hier und heute ist die Wiederholung der großen, einzigartigen Geschichte Jesu von Nazarets in einer neuen kulturellen Konstellation, in einem anderen Raum-Zeit-Alter. Kurz nach der Veröffentlichung des Romans antwortet Aitmatow denn auch auf die Frage, warum er diesmal keinen Muslim, sondern einen Christen zum Haupthelden gemacht habe:

»Natürlich ist es kein Zufall. Das Christentum gibt einen sehr starken Impuls mit der Gestalt von Christus. Der Islam, zu dem ich infolge meiner Herkunft gehöre, hat keine solche Gestalt. Mohammed war kein Märtyrer. Er hatte schwere qualvolle Tage, aber daß man ihn für eine Idee gekreuzigt hätte und daß er dies den Menschen für immer verziehen hätte – das gibt es nicht. Jesus Christus gibt mir die Gelegenheit, den gegenwärtigen Menschen etwas Verborgenes mitzuteilen. Deshalb habe ich, der ich Atheist bin, ihn auf meinem schöpferischen Weg getroffen.« (zit. n. N. Franz, Vom Logos zum Mythos, S. 23)

Es gibt noch weitere Jesus-Einschübe in diesem Roman, was nur unterstreicht, daß dieser Autor über ein ganzes Bündel literarischer Vergegenwärtigungstechniken verfügt. In dem hier dokumentierten Kapitel wählt er die Technik der *literarischen Montage:* den plötzlichen Raum-Zeit-Wechsel von der Bahnstrecke in Kirgisien zum Palast Herodes des Großen in Jerusalem. Rein formal bleibt diese Passage dem Geschehen um Awdi äußerlich, denn ihr Wirklichkeitsstatus bleibt bewußt unklar. Handelt es sich um einen Traum, eine Vision oder sonstige Bilder aus dem Innern des an der Bahnstrecke verletzt liegenden Helden?

Das ist gleich beim nächsten Beispiel anders, das im anschließenden Kapitel 3 des zweiten Teils folgt. Denn hier steigert sich die Intensität der Jesus-Bezüge mit Hilfe der *Technik der Gleichzeitigkeit.* Aitmatow schaltet seinen Helden jetzt sogar bewußtseinsmäßig in die Geschichte Jesu ein. Awdi wird als jemand geschildert, der die Passion als Augenzeuge erlebt – mit der brennenden Frage auf den Lippen, was er tun solle, um Christus aus der Not zu retten. Raum und Zeit werden auf diese Weise miteinander verschmolzen – verbunden durch den Gedanken, daß die großen Geschichten nicht vergangen sind, sondern weiterleben, sich je neu wiederholen:

»Gut und Böse werden von Generation zu Generation weitergereicht in ununterbrochener Erinnerung, endlos durch Zeit und Raum der

Menschenwelt... Und darum gilt das Wort: Die Gestrigen können nicht wissen, was heute geschieht, aber die Heutigen wissen, was gestern geschah, und morgen werden die Heutigen die Gestrigen sein...« (S. 240)

Die dritte und letzte Stufe der Verdichtung der Jesus-Bezüge dagegen wird auch bei Aitmatow mit Hilfe der *Technik der Typologie* erreicht. Denn das Ende der Awdi-Geschichte (bei den Häschern und Jägern) ist eine Kreuzigung – in bewußt grauenhafter Parodie auf den Kreuzestod Jesu. Die alkoholisierten Treiber, die zunächst versucht hatten, Awdi zur Verleugnung seines Gottes zu zwingen, schreiten zu einem Lynchgericht, das sie als spöttische Nachahmung der Hinrichtung Jesu inszenieren:

»Das Rowdytreiben fand plötzlich einen unheilvollen Sinn. Eine üble Farce drohte in ein Lynchgericht umzuschlagen. ›Nur eins ist schlecht, Hurenbock, in dieser miesen Steppe fehlen uns Nägel und ein Kreuz! Scheiße ist das, Hundsfott.‹ Bekümmert knickte Mischasch die Saxaulzweige ab. ›Das wäre doch was gewesen! Ihn kreuzigen.‹ – ›Macht gar nichts, wir binden ihn mit Stricken fest! Wird nicht schlechter dranhängen als an Nägeln.‹« (S. 298 f.)

Aitmatow ist vor allem wegen des Jesus-Pilatus-Kapitels von der Kritik schwer getadelt worden. Wollte er allen Ernstes mit Bulgakow konkurrieren, ihn gar übertreffen? Dazu ist sein Roman doch wohl zu schlicht erzählt. Wollte Aitmatow sich durch das Christus-Thema öffentlich interessant machen, nachdem es nicht mehr so gefährlich war, literarisch darüber zu schreiben? Möglicherweise. Aber hatte er dies als Muslim wirklich nötig? Will man ihm Anbiederung unterstellen? Inhaltlich jedenfalls sind die Jesus-Bezüge für den Roman durchaus sinnvoll und für einen Sowjetbürger seiner ethnischen und religiösen Herkunft alles andere als selbstverständlich. Sie signalisieren ein Vierfaches:

(1) Die Jesus-Bezüge geben *dem aktuellen Geschehen geschichtliche Tiefenschärfe.* Sie lassen insbesondere dem atheistisch-russischen Leser bewußt werden, daß auch in der Jetztzeit – in der angeblich »heilen Welt« des sozialistischen Systems – die Grundprobleme der Gesellschaft ungelöst sind, aller offiziellen Ideologie und Propaganda zum Trotz. Deshalb ist die *Erinnerung an Christus als den »Ursprung der Ursprün-*

ge« für Aitmatow von gesellschaftskritischer Relevanz. Sie konterkariert eine staatssozialistische und materialistische Ideologie, die zu einer horrenden Entfremdung und Selbsttäuschung der Menschen geführt hat. Statt moralischem Fortschritt, wissenschaftlicher Aufklärung und umfassendem Humanismus hat sie einer einzigen »Religion« Vorschub geleistet: der »Religion der militärischen Überlegenheit«.

(2) Die Jesus-Bezüge sind Ausdruck einer Ideologie-Kritik im Namen der wahren Religion (Ausführliches dazu bei J. B. Mozur, 1995, S. 130–158). Das sowjetische System hatte sich zu einer Art Ersatz-Religion entwickelt; neue Götter waren entstanden, deren Göttlichkeit sich aus der Verfügung über Massenvernichtungswaffen speiste. Gegen diese »neue, mächtige Religion« schreibt dieser Roman an – unter Verweis auf den in Jesus von Nazaret verkörperten Alternativentwurf für die Menschheit. Im hier dokumentierten Gespräch zwischen Jesus und Pilatus werden denn auch genau die Fragen verhandelt, um die es all die Jahrhunderte ging und geht: die Frage nach der Macht, nach der Gewalt der Herrschenden und der Sehnsucht der Menschen nach »Glück und Gleichheit für alle«. Aitmatow nimmt sich dabei die künstlerische Freiheit, die Begegnung zwischen Pilatus und Jesus zu einem philosophisch-politischen Disput auszubauen. Darin liegt die Differenz zu Bulgakow. Hier wollte er bewußt etwas Eigenes, zumal er der Überzeugung ist, Bulgakow habe Pilatus als tragischen Helden literarisch plastischer geschildert als Jesus.

(3) Bei Aitmatow geht es zwischen Pilatus und Jesus um eine *gleichwertige Konfrontation von zwei Grundeinstellungen,* die hier argumentativ aufeinanderprallen. Pilatus verkörpert das Prinzip Machtsicherung und Weltordnung auf der Basis militärischer Überlegenheit; Stabilität der Herrschaftsverhältnisse; Aufteilung der Welt in Herrschende und Beherrschte. Er glaubt, daß die gegenwärtige Weltordnung ein unerschütterliches Bollwerk und deshalb jede Forderung nach einem Reich der »Gerechtigkeit für alle« ein Hirngespinst sei. Er glaubt daran, daß die Welt nun einmal von den Mächtigen geführt werden müsse und daß die Starken immer und ewig die Welt beherrschen würden. Diese Ordnung ist für ihn so unvergänglich wie der Sternenlauf am Himmel. Hier sind die Analogien römischer Imperialismus – sowjetischer Imperialismus mit Händen zu greifen.

Jesus dagegen verkörpert eine »höhere Gewalt«, eine »andere Wahrheit«, und da die Wahrheit nicht teilbar ist, muß sie notwendigerweise in Konflikt mit der Wahrheit des Pilatus geraten. Denn Jesus steht für die Überzeugung, daß es »Glück und Gleichheit für alle und in Ewigkeit« gibt; daß es »einen einzigen Gott für alle, für alle Länder und das ganze Menschengeschlecht« gibt; daß ein »Reich der Gerechtigkeit für jeden und alle« kommen wird, in dem alle gleich sind, »vom Imperator bis zum Sklaven«.

(4) Das *tiefste Geheimnis* von Aitmatows Jesus ist damit noch nicht entschlüsselt. Es tritt bei derjenigen Frage zutage, die den Aitmatowschen Pilatus als einzige ernsthaft beunruhigt: Kommt Jesus als Weltenrichter wieder? Wann wird das sein? Begreiflich, daß Pilatus dies wissen möchte, denn diese Wiederkehr könnte ein Unruhe- und Destabilisierungsfaktor der imperialen Weltordnung sein. Für den Roman ist nun entscheidend, daß Aitmatow seinen Jesus genau diese Vorstellung korrigieren läßt: Nicht er als Person werde wiederkommen, er werde vielmehr »in den Menschen« zu den Menschen zurückkommen. Und zwar dann, wenn die Menschen nach einem unendlich mühseligen Leidensweg sich zu ihrer innersten und wahrsten Bestimmung durchgerungen hätten: ihrer *Bestimmung »zum Guten und zur Schönheit«*. Ja, der Jesus Aitmatows sieht den Sinn seines Predigens in nichts anderem, als in den Menschen das Bewußtsein von ihrer Bestimmung, ihrem »göttlichen Ursprung« zu erwecken.

Aitmatows Buch lebt damit von der Überzeugung: Alle »Höllen« auf Erden vermögen die in Jesus verkörperte Realvision des Menschen von sich selbst nicht zu widerlegen. Es wird eine Zeit geben, in der der Mensch aufgehört haben wird, der Feind des Menschen zu sein. Es wird eine Zeit geben, in der der Mensch sich erinnert, daß »alle Menschen zusammengenommen Gottes Ebenbild auf Erden« sind. In einer Unkultur von Brutalität, in einer Wolfsgesellschaft, in der Menschen selbst die Wölfe ausrotten, ist die Gestalt Jesu die bleibende Erinnerung an eine geistig-spirituelle Gegenutopie.

Die *Kritik* ist in ihrem Urteil über dieses Buch gespalten. *Ästhetisch* wird dieser Roman als literarische Vergegenwärtigung Jesu weitgehend als gescheitert betrachtet; der Schatten Bulgakows liegt wohl doch zu schwer auf diesem Buch. *Rezeptions-ästhetisch,* religionssoziologisch aber ist dieses Buch gewürdigt worden. Der Slawist *Wolfgang Kasack* hat es bei allen ästhetischen Vorbehalten einen »Baustein zur religiösen Wiedergeburt Rußlands« genannt (Christus in der russischen Literatur, 1999). Auch der Tübinger Slawist *Ludolf Müller* lobt den Versuch Aitmatows, »die Botschaft Jesu Christi für Menschen am Ende des zweiten Jahrtausends zu aktualisieren und den Sinn seines Lebens und Sterbens zu deuten, ... und dafür können wir dem Schriftsteller, der aus der islamischen Welt stammt und im sowjetischen Atheismus aufgewachsen ist, dankbar sein.« (S. 44)

Damit ist dieser Roman in Sachen *Religion und Öffentlichkeit* differenziert zu werten. Er wahrt Äquidistanz zum staatssozialistischen Atheismus ebenso wie zur kirchlichen Orthodoxie, deren Rückwärtsgewandtheit und deren Dogmatismus er (im Geiste Leo Tolstois) durch ein Priesterseminar-Kapitel zu Beginn des Romans heftigster Kritik unterzieht. Konkret heißt das: Gegen die offizielle Religionsverachtung bejaht Aitmatow die Rede von Gott; aber mit ihr hat Religion – gegen die kirchliche Orthodoxie – keine Funktion für das Jenseits, sondern ausschließlich für das Diesseits. Gegen die traditionelle Religionskritik wertet Aitmatow die Gestalt Jesu auf; aber mit ihr – und gegen die kirchliche Orthodoxie – nicht als transzendenten Erlöser, von dem Menschen all ihr Heil zu erwarten hätten, sondern als aktiven Befreier zu verändernder Praxis. Menschen sollen durch Jesus ihrer göttlichen Ursprünge bewußt werden, um dann selber aktiv »den tagtäglichen Kampf mit dem Bösen« aufzunehmen.

Ausgabe: Tschingis Aitmatow, Placha (1986). Der Richtplatz. Roman. Deutsch von F. Hitzer, Zürich 1987, S. 197–238.

Literatur zur Vertiefung

1. *Zur Lebensgeschichte:*
   T. Aitmatow, Notizen über mich, in: ders., Karawane des Gewissens. Autobiographie, Literatur, Politik. Deutsch. v. F. Hitzer – Ch. Kossuth, Zürich 1988, S. 7–21.
2. *Zur Werkgeschichte:*
   T. Aitmatow, Der Widerhall unseres Wortes. Gespräch mit Nikolaij

Anastasjew, in: ders., Karawane des Gewissens. Autobiographie, Literatur, Politik. Deutsch v. F. Hitzer – Ch. Kossuth, Zürich 1988, S. 224–264.

B. Clebnikov – N. Franz, Čingiz Ajtmatov, München 1993 (edition text und kritik).

J. P. Mozur Jr., Parables from the Past. The Prose Fiction of Chingiz Aitmatov, Pittsburgh – London 1995.

3. Zum Text:

S. Kleinmichel, Annäherung an das Wesen der heutigen Welt. Aitmatows Roman »Die Richtstatt«, in: Weimarer Beiträge 34 (1988), S. 615–625.

A. Latchinian, Der Mensch als Richter und Schöpfer. Aitmatows Roman »Die Richtstatt«, in: Weimarer Beiträge 34 (1988), S. 626–640.

J. P. Mozur Jr., C. Aitmatov's »Placha«: A New Religion for Soviet Man?, in: Studies in Comparative Communism 21 (1988), S. 263–273.

A. Olcott, What Faith the God-Contemporary? C. Aitmatov's »Placha«, in: Slavic Review 49 (1990), S. 213–226.

N. Kolesnikoff, The Polyphony of Narrative Voices in »Placha«, in: Russian Literature 28 (1990), S. 33–44.

L. Müller, Die Gestalt Christi in der neueren russischen Literatur II: Aitmatow: Der Kampf des menschlichen Geistes mit sich selbst, in: Zeitwende 62 (1991), S. 36–44.

N. Franz, Vom Logos zum Mythos. Die Christusfigur in T. Aitmatovs Roman »Placha«, in: Neueste Tendenzen in der Entwicklung der russischen Literatur und Sprache, hrsg. v. E. Wedel, Hamburg 1992, S. 23–38.

K.-J. Kuschel, Im Spiegel der Dichter. Gott, Mensch und Jesus in der Literatur des 20. Jahrhunderts, Düsseldorf 1997, S. 385–401.

Tschingis Aitmatow
Der Richtplatz

Jener Morgen in Jerusalem war heiß, und er kündigte einen noch heißeren Tag an. Unter den Marmorsäulen auf der Arkadenterrasse des Palastes von Herodes, wo Prokurator Pontius Pilatus seinen Sitz aufzustellen befohlen hatte, umwehte ein kühler, dem Boden nach durchziehender, kaum spürbarer Wind die Füße in den Sandalen.

Die hohen, pyramidenähnlichen Pappeln im großen Garten rauschten unmerklich, ihr Laub hatte sich in diesem Jahr vorzeitig gelb verfärbt.

Von der Arkadenterrasse des Palastes aus ging der Blick über die Stadt, ihre Umrisse verschwammen im treibenden Dunst – die Luft erhitzte sich zusehends –, sogar die Umgebung Jerusalems, sonst immer deutlich zu erkennen, war nur trüb in der Grenze zur weißen Wüste zu erahnen.

An diesem Morgen kreiste lautlos und schwebend ein einsamer Vogel über dem Hügel, er hatte die Flügel breit gespannt, als hinge er an einem unsichtbaren Faden des Firmaments, und überflog in gleichmäßigen Runden den großen Garten. Nur der Adler oder Milan bringt unter den Vögeln die Geduld auf, so lange und gleichförmig im heißen Himmel zu fliegen. Als er den zufälligen Blick erhaschte, den der vor ihm stehende, das Standbein wechselnde Nazarener Jesus auf den Vogel geworfen hatte, war der Prokurator entrüstet und sogar gekränkt. Und er sagte gallig und hart:

»Wohin lenkst du deine Augen, Judenkönig? Das ist dein Tod, der dort kreist!«

»Der kreist über uns allen«, erwiderte Jesus leise, als spräche er mit sich selbst, und dabei berührte er unwillkürlich mit der Handfläche die dunkle Schwellung am Auge: Als man ihn zum Rat der Ältesten führte, hatte sich die Menge, von den Priestern und Ältesten aufgestachelt, am Basar mit Prügeln auf ihn gestürzt. Die einen hatten unbarmherzig zugeschlagen, die andern ins Gesicht gespuckt, und er hatte zu der Stunde begriffen, wie ingrimmig ihn die Leute des Hohenpriesters Kaiphas haßten, und er hatte eingesehen, daß von der Jerusalemer Gerichtsbarkeit keinerlei Milde zu erwarten war, und nichtsdestoweniger war er nach Menschenart verwundert und erstaunt, wie grausam und treulos die Menge sich aufführte, als sei es ihnen völlig neu, daß er ein Landstreicher war, als hätten sie nicht soeben noch seinen Predigten in Tempeln und auf Plätzen bei angehaltenem Atem gelauscht, als wären sie nicht in Jubel ausgebrochen, wie er auf der grauen Eselin, den Jungesel hinter sich, durchs Stadttor eingezogen war, als hätten sie nicht Blumen auf den Weg gestreut und voller Hoffnung ausgerufen: »Hosianna dem Sohne Davids! Hosianna in der Höhe!«

Nun stand er mit trübem Blick und zerfetzten Kleidern vor Pontius Pilatus und harrte dessen, was da kommen würde.

Der Prokurator war ganz und gar nicht bei guter Laune, vor allem jedoch war er sonderbarerweise auf sich selbst zornig, auf seine Zögerlichkeit und die unerklärliche Unentschlossenheit. Derartiges war ihm noch nicht widerfahren, weder als Kommandant römischer Truppen noch als Prokurator. Eigentlich war es doch lächerlich, statt unverzüglich das Ältestenurteil zu bestätigen, machte er sich nutzlose Mühe und zog das Verhör in die Länge, eine Verschwendung von Zeit und Kraft. Warum machte er es sich nicht einfach und wartete den Entscheid des Hohenpriesters und seiner Handlanger ab und sagte: Da hast du ihn, nehmt euch euren Angeklagten und verfügt über ihn, wie ihr beschlossen habt ... Aber irgend etwas sträubte sich in Pontius Pilatus, auf diese einfachste Weise vorzugehen. Ist es dieser Kauz überhaupt wert, daß man sich mit ihm abmüht?

Nicht auszudenken, dieser Sonderling! König der Juden will er sein, den Gott, der Herr, liebhat, und der Herr habe ihn den Juden als Führer zum gerechten Gottesreich geschenkt! Ein Königreich allerdings, in dem es keinen Platz mehr gibt für Kaiser und Könige, für ihre Statthalter und dienstfertigen Synagogen, und er verspricht Glück und Gleichheit für alle und in alle Ewigkeit. Er ist ja wahrlich nicht der erste, der nach der höchsten Macht strebt, doch so klug, schlau und tückisch hat es noch keiner angestellt – wenn er erst mal am Ruder ist, wird er wohl genauso herrschen wie alle anderen, denn so ist nun einmal der Lauf der Welt und wird es immer bleiben. Und der Kerl weiß das selbst nur zu gut, doch er treibt sein Spiel! Verführt vertrauensselige Menschen mit seinem Neuen Reich.

Wenn es der Wahrheit entspricht, daß ein jeder den anderen nach Maßgabe des eigenen Argwohns beurteilt, dann traf dies just in diesem Fall zu: Der Statthalter schrieb Jesus die Absichten zu, die er, ohne je mit ihrer Verwirklichung zu rechnen, im tiefsten Inneren selbst hegte. Das war es also, was Pontius Pilatus reizte, und deshalb weckte der Verurteilte in ihm zugleich Neugier und Haß. Der Prokurator nahm an, er habe die Pläne des Nazareners Jesus durchschaut! Dies und nichts anderes hatte sich der herumstreunende Prophet ausgeheckt: In den Provinzen Unruhe anzuzetteln, den Menschen das Neue Reich zu versprechen und das zu stürzen, was er später selbst besitzen wollte. Das war ein Kerl! Dieser klägliche Judäer wagte tatsächlich, davon zu träumen, wovon nicht einmal er, Befehlshaber der kleinasiatischen Provinzen des Römischen Imperiums persönlich, er, Pontius Pilatus, träumen konnte, genauer gesagt, wovon zu träumen er nicht einmal sich selbst gestattete. Dies waren die Überzeugungen, die Schlußfolgerungen und die Erwartungen des vielerfahrenen Prokurators, als er den Landstreicher Jesus auf recht ungewöhnliche Art verhörte: Er versetzte sich in dessen Haut und war über die Absichten dieses unerhörten Usurpators empört. Über alldem war Pontius Pilatus in wachsende Erregung geraten, immer mehr quälten ihn die Zweifel – er wollte einerseits das Todesurteil, das der Ältestenrat Jerusalems am Vortag über Jesus verhängt hatte, sofort mit seiner Unterschrift bekräftigen als auch diesen Augenblick hinauszögern und die Entlarvung dieses Jesus bis zum Ende auskosten.

Die Antwort des dem Untergang geweihten Landstreichers auf die Bemerkung über den Vogel am Himmel hatte den Prokurator in ihrer Offenheit und Unbotmäßigkeit unangenehm berührt. Er hätte schweigen oder etwas Schmeichelhaftes sagen können, aber nein, er hatte sich selbst etwas zum Trost gefunden – der Tod kreist über uns allen. ›Hab nur acht, der beschwört das Unheil über sich selber herauf, als würde er die Strafe tatsächlich nicht fürchten‹, erzürnte sich Pontius Pilatus insgeheim.

»Kehren wir also zu unserem Gespräch zurück. Weißt du, Unglücklicher, was dich erwartet?« fragte mit heiserer Stimme der Prokurator, der sich zum wiederholten Mal mit einem Tuch den Schweiß vom braun glänzenden Gesicht, von der Glatze und dem prallen, kräftigen Hals wischte. Während sich Jesus für die Antwort sammelte, ließ der Prokurator die verschwitzten Finger knacken, er drehte dabei jeden Finger einzeln, er hatte diese häßliche abstoßende Angewohnheit. »Ich frage dich: Weißt du, was dich erwartet?«

Jesus seufzte schwer und erblaßte bei dem Gedanken daran, was ihm bevorstand: »Ja, Statthalter Roms. Ich weiß, man wird mich heute hinrichten«, sprach er mit Mühe aus.

»›Ich weiß‹!« wiederholte der Prokurator mit Hohn und einem Lächeln voller Verachtung und Bedauern, während er den gescheiterten Propheten von Kopf bis Fuß musterte.

Der stand vor ihm, niedergeschlagen und ungelenk, mit langem Hals und langen Haaren, hängenden Locken und zerrissenen Kleidern, barfüßig – die Sandalen waren wohl bei der Schlägerei verloren gegangen; hinter ihm sah man die Häuser der Stadt auf den fernen Hügeln. Die Stadt wartete auf den, der beim Verhör vor dem Prokurator stand. Die gemeine Stadt erwartete ihr Opfer. Die Stadt verlangte heute, bei dieser Gluthitze, eine blutige Aktion, ihre finstersten Instinkte wollten angefacht werden – und dann würde die Menge in den Straßen vor Schreien und Heulen fast ersticken, böse bellen wie ein Rudel Schakale, wenn die erblicken, wie der wütende Löwe in der Libyschen Wüste das Zebra zerfleischt.

Pontius Pilatus hatte solche Szenen unter Tieren wie unter Menschen erlebt, innerlich schreckte er zusammen, als er sich für einen Moment vorstellte, wie die Kreuzigung vor sich geht. Und er wiederholte den Vorwurf nicht ohne Mitgefühl: »Du hast gesagt: ›Ich weiß‹! ›Wissen‹ ist das falsche Wort. In vollem Maß wirst du es erfahren, wenn du dort sein wirst . . . «

»Ja, römischer Statthalter, ich weiß das und erschaudere beim bloßen Gedanken daran.«

»Unterbrich mich nicht, und hab keine Eile, in jene Welt zu kommen, das gelingt dir früh genug«, brummelte der Prokurator, der seinen Gedanken hatte nicht zu Ende führen können.

»Verzeih gehorsamst, Herrscher, wenn ich dich zufällig unterbrach, ich habe das nicht gewollt«, entschuldigte sich Jesus. »Ich habe keinerlei Eile. Ich möchte noch etwas leben.«

» Und du denkst nicht daran, dich von deinen unzüchtigen Worten loszusagen?« fragte der Prokurator ohne Umschweife.

Jesus winkte ab, seine Augen waren auf kindliche Art hilflos. »Es gibt nichts, wovon ich mich lossagen könnte, Herrscher, die Worte sind von meinem Vater bestimmt, ich war verpflichtet, sie den Menschen zuzutragen und damit seinen Willen zu erfüllen.«

»Du beharrst also auf deiner Sache.« Gereizt hob Pontius Pilatus die Stimme an. Der Ausdruck seines Gesichts mit der großen Adlernase, der harten Linie des von tiefen Falten umrahmten Mundes wurde verächtlich kalt. »Ich durchschaue dich ja durch und durch, wie immer du dich verstellst«, sagte er in einem Ton, der keinen Widerspruch duldete. »Was heißt denn das wirklich – die Worte deines Vaters zu den Menschen zu tragen, das meint doch, sie zum Narren zu halten und den Pöbel in die Hand zu bekommen! Den Pöbel zu Unruhen aufhetzen. Vielleicht solltest du auch mir seine Worte berichten – ich bin doch auch ein Mensch!«

»Du hast daran vorerst keinen Bedarf, römischer Herrscher, du erduldest keine Leiden und hast kein Verlangen nach einer anderen

Lebensweise. Die Macht ist dein Gott und Gewissen. Daran hast du aber keinen Mangel. Und Höheres gibt es nicht für dich.«

»Richtig. Höheres als die Macht Roms gibt es nicht. Ich hoffe, das wolltest du sagen?«

»So denkst du, Herrscher.«

»So haben kluge Menschen immer gedacht«, verbesserte ihn der Prokurator ohne Herablassung. »Darum heißt es auch«, belehrte er ihn, »der Kaiser ist nicht Gott, aber Gott ist wie der Kaiser. Überzeug mich vom Gegenteil, wenn du sicher bist, daß dem nicht so sei. Nun!« Unverwandt richtete er den spöttischen Blick auf Jesus. »Im Namen des römischen Imperators Tiberius, dessen Statthalter ich bin, vermag ich einiges an der Lage der Dinge in Raum und Zeit zu verändern. Du aber versuchst, dem eine höhere Gewalt entgegenzusetzen, eine andere Wahrheit, die angeblich du bringen wirst. Interessant, höchst interessant. Sonst würde ich nicht mit dir meine Zeit vergeuden. In der Stadt können sie kaum erwarten, daß das Urteil des Ältestenrates vollstreckt wird. Also, antworte!«

»Was soll ich da antworten?«

»Bist du überzeugt, der Kaiser sei geringer als Gott?«

»Er ist ein Sterblicher.«

»Klar ist er sterblich. Doch solang er bei Kräften ist: Gibt es für die Menschen einen anderen Gott, der höher ist als der Kaiser?«

»So ist es, Herrscher Roms, wenn man an die Welt ein anderes Maß anlegt.«

»Ich sage nicht, du reizt mich zum Lachen.« In gespielter Gekränktheit, stirnrunzelnd und die strengen Brauen hochziehend, ließ Pontius Pilatus die Worte fallen. »Doch du kannst mich aus dem einfachen Grund nicht überzeugen, weil das nicht einmal komisch ist. Mir ist es ein völliges Rätsel, wer und warum man dir glaubt.«

»Mir glaubt, wen die Bedrückung und das ewige Verlangen nach Gerechtigkeit zu mir stoßen, dort fallen die Samen meiner Lehre auf den von Leiden gedüngten und von Tränen durchtränkten Grund.«

»Genug, genug!« winkte der Prokurator hoffnungslos ab. »Sinnlose Zeitverschwendung.«

Und beide verstummten, jeder dachte dabei an seine Sache. Auf dem fahlen Körper von Jesus trat reichlich Schweiß hervor. Aber er wischte ihn weder mit der Hand ab noch mit dem Ärmel seiner Chlamys, danach stand ihm nicht der Sinn – vor Angst stieg ihm der Brechreiz in die Kehle, der Schweiß rann über sein Gesicht und tropfte neben den dünnen, sehnigen Beinen auf die Marmorplatten.

»Und nach alldem möchtest du«, fuhr Pontius Pilatus unversehens heiser fort, »daß ich, Roms Prokurator, dir die Freiheit schenke?«

»Ja, gütiger Regent, laß mich frei.«

»Und was wirst du tun?«

»Mit dem Wort Gottes durch die Lande ziehen.«

»Halt mich nicht für dumm!« schrie der Prokurator und sprang, außer sich vor Zorn, auf. »Nun habe ich mich endgültig davon überzeugt, dein Platz ist am Kreuz, nur der Tod kann dich bändigen!«

»Du irrst, hoher Regent, der Tod ist machtlos vor dem Geist«, sprach Jesus fest und vernehmlich.

»Wie? Was hast du da gesagt?« fragte Pontius Pilatus erstaunt und näherte sich Jesus, sein Gesicht, entstellt vor Zorn und Verwunderung, überlief es mit dunkelbraunen Flecken. [...]

Sie verstummten von neuem, und wahrscheinlich verspürten sie beide, wie jenseits der Palastmauern und der prachtvollen Gärten, auf den glühenden Straßen der Stadt, in den brütenden Niederungen und auf den Hügeln Jerusalems eine dumpfe, unheilschwere Stille anschwoll, die von einem Augenblick zum anderen zu platzen drohte. Vorerst drangen nur unklare Laute herüber – das Lärmen der großen Basare, wo es vom frühen Morgen an von Menschen, Last- und Zugtieren wimmelte. Aber zwischen diesen Welten lag das, was sie trennte und das Obere vor dem Unteren beschützte: Hinter der Absperrung patrouillierten Legionäre, etwas tiefer im Hain stand Kavallerie zum Einkesseln. Man sah, wie die Pferde mit dem Schweif die Fliegen wegwedelten.

Nach seiner Erklärung, er wasche sich die Hände, empfand der Prokurator eine gewisse Erleichterung, denn nun konnte er sich sagen: ›Ich habe alles getan, was in meiner Macht steht. Die Götter sind meine Zeugen, nicht ich habe ihn genötigt, auf seinem Standpunkt zu beharren und die Lehre höher zu stellen als das eigene Leben. Da er jedoch nicht abschwöre, soll es geschehen.. Für uns ist es sogar besser so. Er hat sein Todesurteil selbst unterschrieben.‹ [...]

Er warf einen schrägen Blick auf Jesus von Nazareth, der versonnen lächelnd sein vorbestimmtes Los erwartete, und überlegte weiter: ›Was mag jetzt im Kopf dieses Mannes vorgehen? Er wird sich wohl selbst bemitleiden und verstehen, was ihn seine Weisheit kostet, von der er sich nicht loszusagen wagt. Er steckt in der eigenen Falle. Versuch nur, dich loszueisen – ein einziger Gott für alle, für alle Länder und das ganze Menschengeschlecht, und das für alle Zeiten. Ein einziger Glaube. Ein Reich der Gerechtigkeit für jeden und alle. Worauf will er hinaus? Nichts einzuwenden, wer will denn das nicht, darauf baut er ja bei seinem Treiben! Aber so ist nun mal das Leben, da sieht man wieder mal, wie es übertriebene Spitzfindigkeiten bestraft. So endet der Anschlag auf den Thron, der einem von der Herkunft her nicht bestimmt ist! Pläne hat der! Den Pöbel wollte er aufwiegeln, gegen Kaiser und Könige rebellieren, damit die Seuche von Plebs zu Plebs übergreift und um die Welt geht. Die ganze althergebrachte Weltenordnung hat er auf den Kopf stellen wollen. Ein verwegener Kopf! Das muß man ihm lassen! Nein, so einer darf nicht am Leben bleiben. Sieht so gewöhnlich und friedlich aus, aber was sich in ihm verbirgt – so einen Plan kann nur ein großer Geist anzetteln. Wer hätte ihm das zugetraut?‹

In diesen Gedanken fand Prokurator Pontius Pilatus seinen inneren Frieden wieder. Auch beruhigte ihn der Gedanke, daß er nun um das unangenehme Gespräch mit dem Hohenpriester Kaiphas herumkam, der im Namen des Ältestenrates öffentlich verlangt hatte, der Gerichtsentscheid in Sachen Jesus von Nazareth müsse bestätigt werden.

»Zweifle nicht, weiser Herrscher, du wirst den inneren Frieden finden und in allem recht behalten«, sagte Jesus, als habe er die Gedanken des Prokurators erraten.

Pontius Pilatus brauste auf und fuhr ihn an: »Mach dir um mich keine Sorgen. Für mich steht die Sache Roms über allem, denk an dich selbst, du bist verloren!«

»Verzeih, hoher Herrscher, es stand nur nicht an, diese Worte laut auszusprechen.«

»So ist es. Und damit du es nicht bedauern mußt, wenn es dann zu spät ist, überdenke es noch einmal, während ich mich entferne, und falls du deinen Entschluß bis zu meiner Rückkehr nicht änderst, will ich das letzte Wort aussprechen. Und glaub nicht, du seist der Judenkönig und die Säule der Welt, glaub ja nicht, die Erde käme ohne dich nicht aus. Im Gegenteil, es entwickelt sich alles zu deinen Ungunsten. Und deine Zeit ist längst abgelaufen. Du kannst dich nur noch retten, wenn du abschwörst. Ist dir das klar?«

»Es ist mir klar, Herrscher« […]

Pontius Pilatus kehrte auf die Arkadenterrasse mit demselben kräftigen Schritt zurück, wie er gegangen war. Die Wache entfernte sich augenblicklich, und von neuem blieben die beiden ganz allein auf der Terrasse zurück. Der Prokurator musterte Jesus, der sich bei seinem Erscheinen erhob, aufmerksam und begriff: Alles lief wie gewünscht – das Opfer ging unerschütterlich auf die allerletzte Grenze zu. Trotzdem entschied er sich auch dieses Mal dafür, nicht mit aller Kraft zuzuschlagen – es kam ohnehin, wie es kommen mußte.

»Nun denn, wie ich sehe, ist das Gespräch beendet«, sagte Pontius Pilatus, ohne zu verweilen. »Du hast es dir nicht anders überlegt?«

»Nein.«

»Sinnlos! Denk noch einmal nach!«

»Nein!« schüttelte jener den Kopf. »Möge geschehen, was geschehen muß.«

»Nutzlos!« wiederholte Pontius Pilatus, wenn auch nicht völlig überzeugt. Insgeheim erbebte er aber, ihn erschütterte die Entschlossenheit des Nazareners. Und zugleich wünschte er nicht, daß der sich lossage und anfinge, Rettung zu suchen und um Gnade zu bitten. Und Jesus hatte dies alles verstanden. »Gräm dich nicht«, lächelte er demütig. »Ich glaube, deine Worte sind offenherzig. Und ich verstehe dich. Ich würde sehr gerne leben. Erst an der Schwelle des Nichtseins begreift der Mensch, wie teuer ihm das Leben ist. Und meine Mutter tut mir leid – ich hab sie schon immer so liebgehabt, von Kindheit an, auch wenn ich das nicht gezeigt habe. Sei es wie es sei, Statthalter Roms, denk daran: Du könntest eine einzelne Seele retten, und dafür wäre dir großer Dank gewiß, doch meine Pflicht ist es, viele zu retten, sogar die nach uns auf die Welt kommen.«

»Retten? Bald wird es dich auf Erden gar nicht mehr geben.«

»Ja, auch wenn ich nicht mehr unter den Menschen bin.«

»Gib dir selbst die Schuld, wir kommen darauf nicht mehr zurück«, erklärte Pontius Pilatus entschlossen, er wollte nichts mehr riskieren. »Nur eine letzte Frage noch..« Bei seinem Sitz blieb er stehen, zog die buschigen Augenbrauen zusammen und verstummte nachdenklich. »Sag mir, bist du jetzt noch imstande, ein Gespräch zu führen?« sprach er dann auf einmal vertraulich weiter. »Falls dir nicht danach ist, bemühe dich nicht, ich will dich nicht aufhalten. Man erwartet dich am Berg.«

»Wie es dir beliebt, Herrscher, ich stehe dir zur Verfügung«, antwortete Jesus und hob seine durchsichtig blauen Augen auf den Prokurator, sie verblüfften ihn durch ihre Stärke und gedankliche Konzentration, als ob Jesus nicht das Unvermeidliche auf dem Berg bevorstünde.

»Danke«, sagte Pontius Pilatus völlig unerwartet. »Gib mir Antwort auf die letzte Frage, mehr um der Neugier willen. Reden wir wie freie Menschen miteinander – ich bin in nichts abhängig von dir, und auch du stehst jetzt, du siehst es selbst so, an der Schwelle zur völligen Freiheit, seien wir also aufrichtig.« Er setzte sich. »Sag mir, hast du den Jüngern, deinen Anhängern, gesagt – du begreifst, ich glaube nicht an deine Lehre –, hast du deinen Anhängern wirklich gesagt und sie davon überzeugen können, du würdest, wenn man dich kreuzigt, am dritten Tag wieder zurückkehren und das Jüngste Gericht abhalten über alle, die heute leben, und auch über diejenigen, die noch auf die Welt kommen, über alle Seelen und alle Generationen vom ersten Tag der Schöpfung an? Daß du also ein zweites Mal auf dieser Welt erscheinen würdest. Ist das so?«

Jesus lächelte merkwürdig, als spräche er zu sich selbst: Da sieh mal einer an. Und während er mit bloßen Füßen auf dem Marmor hin und her trat, schwieg er, als habe er sich gefragt, ob eine Antwort überhaupt lohne.

»Hat dir das Judas Ischariot eingeredet?« meinte er spöttisch. »Das beunruhigt dich wohl sehr, römischer Statthalter?«

»Ich weiß nicht, wer Judas ist, aber so haben es mir angesehene Leute hinterbracht – die Ältesten. Also, ist das nur Geschwätz?«

»Denk, wie du willst, Herrscher«, antwortete Jesus kalt. »Niemand zwingt dir auf, was deinem Geist fremd ist.«

»Nein, ich meine es ernst, ich lache nicht«, sagte der Prokurator schnell. »Ich denke nur, das ist die letzte Möglichkeit, mit dir zu reden. Sobald man dich von hier wegführt, gibt es kein Zurück. Aber ich möchte gerne wissen, wie man nach dem Tod wieder auf die Welt kommt, ohne geboren zu werden, und dann über alle Seelen Gericht halten kann. Und wo wird das Gericht sein – in den Himmeln etwa? Und wie lange müssen die Menschen, die dir das glauben, auf diesen Tag warten, bis ihnen die ewige Ruhe gewährt ist? Gestatte, daß ich meine Meinung sage. Deine Rechnung ist einfach, du setzt darauf, daß sich jeder in jener Welt ein bequemes Leben wünscht. Ach, der sterbliche Mensch, ewig begehrt er, nie ist er zufrieden. Es ist so einfach, ihn zu verführen – sogar im Leben nach dem Tod wird er dir noch nachrennen wie ein Hund. Doch angenommen, dem wäre so, wie du lehrst, Prophet, dein Leben ist doch schon im Schwinden, du kannst es nur noch durch ein Gespräch verlängern ..«

»Ich muß es überhaupt nicht verlängern.«

»Aber du gehst doch nicht auf den Berg und hinterläßt meine Frage ohne Antwort. Ein solcher Abgang wäre ja schlimmer als der Tod.«

»Fahr fort.«

»Nun, also angenommen, deine Lehre stimmt, dann sag mir: Wann kommt der Tag deiner Wiederkehr? Und wenn der Mensch warten muß, unvorstellbar lange, was nützt es ihm darin? Was sich im eigenen Leben nicht erfüllt, ist wertlos. Und dann ist es ja auch, offen gestanden, schwer vorstellbar, man könne auf ein so unwahrscheinliches Geschehen warten. Braucht es dazu blinden Glauben? Was hat man davon? Was nützt es?«

»Deine Zweifel sind begreiflich, Regent Roms, du denkst als grober Erdenmensch, wie deine Lehrer, die Griechen. Ich wollte dich damit nicht verletzen. Vorerst stehe ich vor dir wie ein sterblicher Mensch, du streitest zu Recht. Außerdem sind wir beide verschieden wie Feuer und Wasser. Und unsere Ansichten gehen auseinander, wir beide sehen das von verschiedenen Enden. Nun aber zu deinen Fragen, Herrscher .. Auf die Wiederkehr wird man unendlich lange warten müssen, das ist wahr. Da hast du recht. Wann der Tag kommt, kann niemand vorhersagen, denn dies liegt in den Plänen des Schöpfers. Was für uns tausend Jahre währet, mag für ihn ein Augenblick sein. Aber darum geht es nicht. Der Schöpfer hat uns mit dem höchsten Gut dieser Welt ausgestattet – mit Vernunft. Er hat uns den Willen gegeben und die Kraft des Verstehens. Wie wir mit dieser Gabe des Himmels schalten und walten, wird auch die Geschichte der Menschengeschichte bestimmen. Du kannst es nicht leugnen, der Sinn der menschlichen Existenz liegt in der Selbstvervollkommnung seines Geistes, in der Welt besteht kein höheres Ziel. Von Tag zu Tag auf den unendlichen Stufen zur leuchtenden Vollkommenheit des Geistes emporzusteigen, dies macht das Leben reich an Schönheit und Sinn. Am allerschwersten für den Menschen ist es, tagaus, tagein Mensch zu sein. Und darum muß er auf jenen Tag so lange warten, an den du nicht glaubst, Herrscher, denn es liegt an ihm selbst.«

Erregt sprang Pontius Pilatus auf und griff nach der Sessellehne. »Halt ein, warte, es soll tatsächlich von den Menschen abhängen! Ich glaube nicht an deine Lehre und kann sie nicht erfassen. Falls es an den Menschen liegt, ob diese Sache näher kommt oder in die Ferne rückt, werden sie dann nicht wie Götter?«

»Du hast nicht ganz unrecht, Herrscher Roms, doch zuvor möchte ich das Gerücht von der Wahrheit trennen. Gerüchte über die Wahrheit sind ein großes Unglück. Gerüchte verwandeln die tiefen Gewässer in schlammige Pfützen. Im Leben ist es immer so – jede große Idee, die den Menschen zum Segen war und in Erleuchtungen und Leiden erlangt worden ist, verzerren die von Mund zu Mund gehenden Gerüchte zum Bösen, für sie selber wie für die Wahrheit. Darüber führe ich meine Rede, Statthalter, die Märchen, an die du glaubst, sind Gerüchte, die Wahrheit liegt in etwas anderem.«

»Willst du jene Wahrheit nicht offenbaren?«

»Ich versuche es. Ich will dem Gespräch nicht ausweichen. Außerdem spreche ich darüber zum letzten Mal. So wisse also, Regent Roms, Gottes Plan liegt nicht darin, daß, wie der Blitz aus heiterem Himmel, einmal der Tag anbrechen wird, da Gottes Sohn, der Auferstandene, von den Himmeln herabsteigt, um über die Völker Gericht zu halten, sondern es wird alles umgekehrt sein, wenngleich das Ziel dasselbe ist. Nicht ich, dessen Lebensweg noch von hier durch die Stadt bis zur Schädelstätte reicht, werde nach der Auferstehung wiederkommen, sondern ihr Menschen seid es, die in Christo wiederkehren werden – in höchster Gerechtigkeit, ihr werdet zu mir kommen in den unerkennbaren Generationen, die da folgen werden. Und dies wird meine Wiederkunft sein. Anders gesprochen, in den Menschen kehre ich wieder durch meine Leiden, in den Menschen komme ich zu den Menschen zurück. Darum geht es. Ich bin ihre Zukunft, tausend Menschenjahre nach mir, dies ist der Plan des Allmächtigen, so soll der Mensch auf den Thron seiner Bestimmung geführt werden – zum Guten und zur Schönheit. Darin liegt der Sinn meines Predigens, darin ist die Wahrheit, aber nicht in diesen umherschwirrenden Gerüchten und Märchen, welche die hohen Gedanken seicht machen. Doch fürs Menschengeschlecht ist dieser Weg der allerschwerste und unendlich längste unter allen Wegen, und mit diesem Einwand, Statthalter Roms, hast du recht. Dieser Weg beginnt mit dem Schicksalstag, der Tötung des Gottessohnes, und Generationen werden darob in

ewiger Reue leben und ein jedes Mal von neuem erbeben angesichts des Opfers, das ich heute beweinen will zur Erlösung der
Menschen von der Sündhaftigkeit, auf daß in ihnen die göttlichen
Ursprünge erleuchtet und erweckt werden. Den Menschen als ewiges Beispiel zu dienen, bin ich in diese Welt hineingeboren. Damit
die Menschen auf meinen Namen Hoffnung setzen und zu mir
kommen durch das Leid, durch den tagtäglichen Kampf mit dem
Bösen in sich, durch die Abscheu gegen Laster, Gewalt und Blut-
rünstigkeit, welche die Seelen so verhängnisvoll niederdrücken,
wenn sie nicht in Liebe zu Gott erfüllt sind und folglich auch nicht
zu ihren Ebenbildern, zu den Menschen!«

»Halt ein, Jesus von Nazareth, du setzt Gott und die Menschen
gleich?«

»In gewissem Sinn ja, und zudem sind alle Menschen zusammengenommen Gottes Ebenbild auf Erden. Und der Name ist der Gott
jener Hypostase – der Gott-Morgen, der Gott der Unendlichkeit,
die der Welt von seiner Schöpfung geschenkt worden ist. Du hast
dich wahrscheinlich, Regent Roms, wiederholt dabei ertappt, daß
deine Wünsche immerfort dem morgigen Tag zugewandt sind.
Heute mag das Leben sein, wie es eben ist, aber morgen willst du es
unbedingt anders haben, und selbst wenn es dir heute gutgeht,
willst du es morgen besser haben. So lebt in uns die Hoffnung
unauslöschlich wie das Licht Gottes. Gott-Morgen ist auch der
umfassende Geist der Unendlichkeit, in ihm sind das ganze Wesen,
alle Taten und alles Streben des Menschen aufgehoben; und ob dieser Gott-Morgen schön oder häßlich, gutherzig oder strafend ist –
das hängt vom Menschen selbst ab. Solches Denken geziemt sich
und ist geboten, Gott der Schöpfer selbst wünscht sich das von den
denkenden Wesen, darum soll sich der Mensch selber um die
Zukunft auf Erden kümmern, denn ein jeder ist ein Teilchen von
Gott-Morgen. Der Mensch selbst ist Richter und Schöpfer eines
jeglichen seiner Tage .. «

»Was soll dann das jüngste Gericht, das du so furchterregend ver-
kündest?«

»Das jüngste Gericht .. Ist dir denn nicht bewußt, Regent Roms,
daß es schon an uns vollstreckt wird?«

»Du willst doch nicht sagen, unser ganzes Leben sei das jüngste
Gericht?«

»Du bist nicht weit von der Wahrheit entfernt, Regent Roms, der

Weg hat in den Nöten und Qualen seit Adams Verdammnis begonnen, mit den Missetaten, die von Zeitalter zu Zeitalter die einen Menschen an den andern verüben, die dann ihrerseits das Böse mit Bösem weitergebären und die Unwahrheit mit der Unwahrheit – das hat wohl für jeden eine Bedeutung, der auf dieser Welt gewesen ist und sein wird. Welch ein Abgrund an Bösem hat sich aufgetan, seit die Ahnen der Menschen aus Eden verjagt worden sind, wieviel Krieg, Grausamkeit und Morden, wieviel Verfolgung, Ungerechtigkeit und Verletzung haben die Menschen erlitten? Und all die schrecklichen irdischen Vergehen am Guten und Natürlichen, die seit dem Tag der Weltenschöpfung begangen wurden – ist denn all das keine Strafe des Jüngsten Gerichts? Wo liegt der Sinn der Geschichte? Die Vernunftwesen emporzuführen an göttliche Liebe und Mitleid? Wieviel schreckliche Prüfungen hat es in der Menschengeschichte gegeben, und ein Ende der Übel ist nicht abzusehen, sie brodeln auf wie die Wellen im Ozean. Ist das Leben in solcher Hölle nicht schlimmer als das Jüngste Gericht?«

»Und du, Jesus von Nazareth, du willst also der Geschichte des Bösen Einhalt gebieten.«

»Niemand gebietet der Geschichte Einhalt, ich möchte das Böse in den Taten und dem Trachten der Menschen ausmerzen – das ist es, was meinen Kummer ausmacht.«

»Dann gibt es auch keine Geschichte.«

»Welche Geschichte? Meinst du die, Statthalter Roms, um die du dich kümmerst? Es wäre besser, du könntest sie vergessen, denn gäbe es sie nicht, befänden wir uns weitaus näher bei Gott. Ich verstehe dich, Statthalter. Doch die echte Geschichte, in der die Menschlichkeit aufblüht, hat auf Erden noch nicht begonnen.«

»Moment mal, Jesus von Nazareth, lassen wir mich einstweilen aus dem Spiel. Aber wie willst du, Jesus, die Menschen und die Völker diesem Ziel näherbringen.«

»Durch die Verkündigung des Reiches der Gerechtigkeit, ohne die Macht der Kaiser, nur so!«

»Ob das wohl genügt . . «

»Ja, wenn das alle wünschten . . .«

»Interessant. Nun denn, ich habe dir aufmerksam zugehört, Jesus von Nazareth. Dein Blick schweift weit in die Zukunft, aber mir scheint, du überschätzt dich etwas; du baust nur zu sehr auf den menschlichen Glauben und vergißt darüber das ordinäre Wesen des

Pöbels auf der Straße. Du wirst es sehr bald selbst merken, jenseits der Stadtmauer, du wirst die Geschichte kaum umkehren, diesen Strom kann niemand lenken. Ich frage mich nur: Wozu entfachst du das Feuer, in dem du als erster verbrennst? Ohne Kaiser kann die Welt nicht leben, zur Macht der einen gehört immer die Unterwerfung der anderen, und du mühst dich vergebens ab, eine andere, von dir ausgedachte Ordnung als neue Geschichte aufzuzwingen. Die Kaiser haben ihre eigenen Götter, sie verehren nicht deinen abstrakten Gott-Morgen, der irgendwo in der unendlichen Zukunft verschwimmt und der allen wie die Luft gleichermaßen gehört, denn all das, was man zu gleichen Teilen geben kann, das ist nichtig, minderwertig oder schal, darum ist den Kaisern aufgetragen, in ihrem Namen über einen jeden und alle zu herrschen. Und unter allen Kaisern, die in der Welt herrschen, haben die Götter den ruhmreichen Tiberius auserwählt – seine Macht, das Römische Imperium, hat sich über die halbe Welt ausgebreitet. Und deshalb übe ich unter der Obhut des Tiberius die Macht über Judäa aus, und darin sehe ich den Sinn meines Lebens, und ich habe ein ruhiges Gewissen. Es gibt keine höhere Ehre, als dem unbesiegbaren Rom zu dienen!«

»Du bist keine Ausnahme, Statthalter Roms, fast ein jeder verlangt leidenschaftlich danach, über wenigstens einen einzigen seiner Brüder zu herrschen. Darin liegt das Unheil. Du sagst es, so ist die Welt nun eingerichtet. Für das Laster gibt es immer tausend Gründe. Nur wenige aber denken darüber nach, worauf der Fluch des Menschengeschlechts beruht, daß nämlich alle vom Übel der Herrschsucht angesteckt sind, von den Vorstehern der Kehrfeger auf den Basaren bis zu den furchterregenden Imperatoren, und daß dieser Fluch das schlimmste aller Übel ist und daß das Menschengeschlecht dafür einmal die volle Rechnung wird begleichen müssen. Ganze Völker werden im Kampf um die Vorherrschaft, um Länder untergehen, sie werden sich gegenseitig bis auf die Fundamente und die letzten Wurzeln vernichten.«

Pontius Pilatus riß ungeduldig die Hand hoch und fiel ihm ins Wort. »Hör auf, ich bin nicht dein Jünger, der dir andächtig lauscht! Hör damit auf! Mit Worten läßt sich alles niederreißen. Genug der Prophezeiungen, Jesus von Nazareth, deine Anstrengungen sind vergeblich. Die Welt wird geführt von den Mächtigen, anders kann es nicht sein. So funktioniert die Welt, und so wird es bleiben. Der Stärkere hat die Macht, und immer und ewig werden die Starken die Welt beherrschen. Und diese Ordnung ist unwandelbar wie die Sterne am Himmel. Sie wird niemand versetzen. Vergebens ist deine Sorge um das Menschengeschlecht, vergeblich das Opfer deines Lebens. Den Menschen ist nichts beizubringen, weder mit Predigten in Tempeln noch mit Stimmen vom Himmel! Sie werden immer den Kaisern folgen, wie die Herde dem Hirten, und sie werden vor der Stärke und dem Wohlstand in die Knie gehen und den verehren, der sich als der schonungsloseste und mächtigste von allen erweist, und sie werden die Heerführer und ihre Schlachten rühmen, wo in Strömen das Blut fließt, damit der eine herrschen kann und der andere unterworfen und erniedrigt ist. Darin beruht ja auch das Heldentum des Geistes, den eine Generation nach der anderen besingt und weitervererbt, zu dessen Ehren werden die Banner getragen, und die Trompeten erschallen, das Blut wallt in den Adern, und der Schwur wird geschworen, den Fremden keinen Fußbreit abzutreten; und im Namen des Volkes wird feierlich verkündet, wie nötig der Krieg ist, man wird zum Haß auf die Feinde des Vaterlandes erziehen: Möge der eigene Zar hochleben, der andere aber zerschmettert und auf die Knie gezwungen werden, man will ihn samt seinem Volk versklaven und das Land wegnehmen – darin liegt doch der ganze Reiz des Lebens, der ganze Sinn des Daseins seit undenklichen Zeiten, und du, Nazarener, willst all das verdammen und verfluchen, du rühmst die Armen und Schwachen, du willst Wohltat überall und vergißt dabei: Der Mensch ist ein Raubtier, er braucht den Krieg zum Leben wie der Leib das Salz. Denk nach, worin deine Fehler und Irrtümer liegen, wenigstens zu dieser Stunde, bevor sie dich auf die Schädelstätte hinaus eskortieren. Aber zum Abschied sage ich dir: Du siehst die Wurzel des Bösen in der großen Machtgier der Menschen, in der Unterwerfung der Länder und Menschen durch Gewalt, damit vertiefst du aber nur deine Schuld, denn wer gegen die Gewalt ist, steht gegen die Starken. Dir geht es um das Römische Imperium, du willst dein Reich der Gerechtigkeit verkünden, um dich der wachsenden Macht Roms in den Weg zu stellen, seiner Herrschaft über den gesamten Weltkreis, schon allein dafür hast du drei Mal die Hinrichtung verdient!«

V.
Im Widerspruch zu Gott

1. WIDER DIE RÜCKSICHTSLOSIGKEIT DES VATERS

Zur Einführung

Eines Tages beginnt die Iberische Halbinsel, sich von Europa zu trennen. An der Grenze zwischen Frankreich und Spanien, mitten durch die Pyrenäen, reißt die Steinmasse aus unerfindlichen Gründen ab und wird zu einem steinernen Floß. Erst langsam, dann immer schneller driftet es auf dem Atlantik nach Westen. In Spanien und Portugal bricht das Chaos aus. Was wäre, wenn...?

Was wäre, wenn! Angenommen, es käme alles ganz anders! Nach dieser Devise erzählt der Portugiese *José Saramago* (geb. 1922) viele seiner Geschichten. Ob die vom »Floß aus Stein« (1986) oder die einer anderen »Belagerung von Lissabon« (1989), bei der die Kreuzritter im Jahre 1147 den christlichen Portugiesen bei der Belagerung der damals von Muslimen bewohnten Stadt Lissabon nicht zu Hilfe kommen (womit ein Ursprungsmythos des portugiesischen Christentums destruiert ist), oder die von einem Mann, der plötzlich, als sein Auto an einer Ampel hält, erblindet und mit dieser seiner Blindheit auch noch andere ansteckt, so daß sich bald eine ganze Gruppe von Blinden bildet, die interniert werden müssen, mit entsetzlichen Folgen für ihr Zusammenleben (»Die Stadt der Blinden«, 1995) – immer wieder entwirft dieser Autor fiktiv neue Möglichkeiten, Gegengeschichten. Immer wieder hinterfragt er konventionelle Geschichtsschreibungen und gibt der Literatur das, was ihre große Möglichkeit ist: von Gegenwelten her erstarrte Denkmuster aufzubrechen und Modelle neuer Wirklichkeiten auszudenken. Dieser Schriftsteller nutzt die spielerisch-fabulierende Dimension von Literatur, aber nicht, weil er ein narzißtisch verliebter Erzähler wäre, sondern weil er gegen Deutungsmonopole anschreibt und damit gegen Deutungseliten, welche die Wirklichkeit für ihre eigenen Interessen zu Ende gedeutet haben.

1922 in Azinhaga in der portugiesischen Provinz Ribatejo in eine Landarbeiterfamilie hineingeboren, verbringt Saramago den größten Teil seiner Kindheit auf dem Lande. Was ein Leben mit Tieren, insbesondere Schafen, bedeutet, hat sich ihm tief eingeprägt, was Auswirkungen gerade für seinen Jesus-Roman haben sollte. Aus finanziellen Gründen ist der Abschluß auf einer höheren Schule in Lissabon nicht möglich. Saramago beginnt eine Lehre als Mechaniker, arbeitet dann als Maschinenschlosser in einem Krankenhaus, später in der öffentlichen Verwaltung, dann in einem Verlag. 1966 erscheinen seine »Os Poemas possíveis«, seine »Möglichen Gedichte«. Für die Tageszeitung *Seara nova* schreibt Saramago literarische Kritiken, ab 1972/73 für den *Diario de Lisboa,* dessen Kulturbeilage er später betreut. Lektor, Herausgeber, Übersetzer: All diese Tätigkeiten kennt dieser Mann, der auf die sozialen und politischen Abgründe seines Landes während der Salazar-Diktatur durch Eintritt in die Kommunistische Partei reagiert. Seit 1980 ist Saramago ausschließlich als freier Schriftsteller tätig; seit 1993 lebt er auf Lanzarote. Sein Roman »Das Memorial« (1982) macht ihn in Portugal berühmt, aber auch einer internationalen Öffentlichkeit langsam bekannt. Seither reißt der Strom großer Romane nicht ab. 1998 erhält Saramago den Nobelpreis für Literatur.

Im Jahr 1991 wird dieser Autor zum »Fall«. Es ist das Jahr, in dem sein »Evangelium nach Jesus Christus« erscheint und einen politischen und kirchlichen Skandal auslöst (Näheres dazu bei A. von Brunn). Die *deutschsprachige Kritik* schwankt zwischen begeisterter Zustimmung, aggressiver Denunziation und Fluchtbewegung. *Reinhold Görling* stellt Saramago in eine »zweitausendjährige Geschichte des Umschreibens der Evangelien« und sieht diesen Autor als einen, wenn auch das Material lustvoll parodierenden, »Erben dieser Tradition«. *K. H. Kramberg* fragt sich fasziniert, was ihn als Leser »zum Teufel« gezwungen habe, Saramagos Buch »Wort für Wort und Satz für Satz ... mit Zunge, Gaumen, Augen, Ohren und Grips wie einen Cocktail aus Weingeist, Honigseim, Bitterwasser, Schampus und grünen Likören zu schlucken«? *Henry Thorau* dagegen sieht den Teufel eher »in den Atheisten Saramago« gefahren; der habe ihn in Versuchung geführt, sein »Evangelium« zu schreiben. Denn noch nie habe Saramagos Methode der Geschichts- und Geschichtenumschreibung »so wenig funktioniert, so sehr versagt« wie hier, wo ihr der konkrete historische

Grund und Boden fehle: »Weder fördert er verschollenes Material zutage, noch schaufelt er vergrabene Daten und Fakten der Geschichte von unten nach oben oder von rechts nach links.« Da schlägt der evangelische Theologe *Klaus Berger* noch ganz anders zu. Mit Schaum vor dem Mund verschreit er Saramagos Buch als »haßerfüllte Tirade gegen den Gott der Bibel«, wobei er sich nur nicht entscheiden kann, ob er diesen Roman für »präfaschistisch« oder gar »faschistoid« halten soll. Schließlich greift ein Rezensent der »Lutherischen Monatshefte« am Ende dann doch lieber zum Neuen Testament: »Wer in Saramagos düsteres Schatten-Evangelium eingetaucht war, ist froh, aus dieser klammen Höhle ans Tageslicht zu steigen. Erleichtert legt er jenes späte Nachwort beiseite und erinnert sich der Evangelien, wert ihres Namens: ›Gute Nachricht‹« *(R. M. Zoske)*.

Diese Kritik erfolgt zu einer Zeit, als Saramago noch nicht den Nobelpreis bekommen hatte. Vielleicht hat erst diese internationale Auszeichnung den Blick dafür geöffnet, daß Saramago kein atheistischer, faschistoider oder kommunistischer Propagandist ist, sondern Schriftsteller, Poet, der Anspruch darauf hat, daß sein Werk nach den Normen der Literaturkritik, das heißt nach seiner poetischen Qualität und sprachlichen Komplexität beurteilt wird. Hier hat *Steven Uhly* recht, wenn er im Zusammenhang des Nobelpreises für Saramago schreibt: »Es ist dennoch bedauerlich, daß die poetische Brillanz des *Evangeliums* durch die Schwarz-Weiß-Malerei der Gegner und Befürworter bislang weitgehend unbemerkt geblieben ist. Vielleicht ist das ein Anzeichen dafür, daß Europa noch nicht reif ist für eine nichtatheistische Relativierung des Christentums und seines Gottes. Zuviel Macht hat die Kirche noch, sei es im religiösen Portugal oder im überwiegend nichtreligiösen Deutschland, als daß christliche Inhalte zur Bühne für eine post-christliche Inszenierung der eigenen Andersheit werden könnten.«

Und so wollen wir uns die Mühe machen, diesen Roman in seiner literarischen Struktur und seiner ästhetischen Programmatik in aller Kürze vorzustellen, um den hier dokumentierten Ausschnitt verständlich zu machen. In diesem Text (das 21. Kapitel von 23 plus Prolog) ist die Rede:

– von einem morgendlichen Abschied Jesu von Maria Magda-

lena, bevor er mit einem Boot auf den See Genezaret herausrudert;
– von einer Kreuzigung von Jesu Vater Joseph, dem Zimmermann, und zwar als »tragischen Irrtum seitens der Römer«;
– vom Teufel, der in der Gestalt eines Hirten ebenfalls ins Boot steigt und Jesus offensichtlich von früher bekannt ist;
– von einer Abmachung mit Gott, daß Jesus nach seinem Tod »Macht und Ruhm« erlangen werde.

Um dies alles zu verstehen, muß man sich klarmachen: Die innere Dramatik Jesu erklärt Saramago aus der Familiengeschichte des Nazareners. Die ersten zehn Kapitel des Buches handeln von nichts anderem. Sie erzählen, wie Joseph, der Zimmermann aus Nazaret, sich mit Maria, die ihr erstes Kind erwartet, anläßlich der römischen Volkszählung nach Betlehem aufmacht. Dort erwarten sie in einer Höhle außerhalb des Ortes die Geburt. Joseph, der beim Tempelbau in Jerusalem Arbeit findet, bekommt durch Zufall ein Gespräch römischer Soldaten mit. Diese unterhalten sich über ihren Befehl, in Betlehem alle Kinder unter drei Jahren abzuschlachten. Voller Panik läuft der junge Vater zurück, um seine Familie zu retten; das Dorf läßt er uninformiert. 25 Kinder werden bestialisch umgebracht. Jesus bleibt verschont, ein Engel aber eröffnet noch in Betlehem Maria nicht nur Josephs Schuld, sondern auch die Folgen für Jesus:

»Die Schuld der Väter fällt stets den Kindern auf das Haupt, schon umdüstert der Schatten von Josephs Schuld die Stirn deines Kindes.« (S. 131)

Was an düsterem Schicksal den Sohn erwartet, wird denn auch im Vater vorweggenommen. Der Zimmermann Joseph, den seine Unterlassungssünde wie ein Alp verfolgt, wird in den folgenden Jahren hineingezogen in die jüdische Aufstandsbewegung gegen die Römer. Als er zur Dämpfung seiner Gewissensbisse seinen Freund und Nachbarn Ananias aus der militärisch gefährdeten Stadt Sepphoris zurückholen will, schnappen ihn römische Soldaten, halten ihn für einen Aufständischen und schlagen ihn wie einen Rebellen ans Kreuz, einen Mann, der erst »vor wenigen Tagen 33 Jahre alt geworden« war (S. 187). Joseph nimmt voraus, was seinem Sohn dann ebenfalls widerfahren wird...

Von Träumen, Alpträumen wird nun auch der junge Jesus geplagt, er, der Erstgeborene in der Familie, der nun die Stelle des Vaters ausfüllen muß. Es sind Träume darunter, in denen der Sohn den Vater als Kindermörder erlebt (Kapitel 11). Als die Träume regelmäßig wiederkehren, ist Maria gezwungen, ihren Sohn aufzuklären, und die Schuld des Vaters springt über: »Mein Vater hat die Kinder von Betlehem getötet« (S. 212 f.). Nichts und niemand kann Jesus von diesem Gedanken abbringen. Er ist der düstere Schatten, der auf seinem Leben liegt. Er verläßt Nazaret (Kapitel 13), geht nach Jerusalem, um dort mit Schriftgelehrten im Tempel zu diskutieren. Nur eine Frage hat er, die nach der Schuld, und auch der befragte Schriftgelehrte verschärft eher sein Schuldbewußtsein:

»Die Schuld ist ein Wolf, der den Sohn auffrißt, nachdem er den Vater verschlungen hat, Jener Wolf hat meinen Vater bereits verschlungen, Fehlt nun, daß er dich frißt, Aber du, bist in deinem Leben du gefressen und verschlungen worden, Nicht nur gefressen und verschlungen, auch ausgebrochen.« (S. 242)

Nach Betlehem, dem Schauplatz seiner Geburt und dem Ort des Kindermords, drängt es Jesus anschließend. Er saugt die negative Energie des Ortes auf, er, ein verlorener Sohn mit umgekehrter Lebensbewegung: einer Flucht weg vom Vaterhaus, dem das Ödipus-Schicksal abgründiger Aufklärung beschieden ist. Dann beginnt eine vierjährige Lehrzeit als Schäfer bei einem Hirten (Kapitel 14 und 15), und es stellt sich heraus, daß dieser Mann die Verkörperung des von Gott verstoßenen Engels Luzifer ist, der Teufel also in Hirtengestalt. Er lehrt Jesus den Widerspruch zu Gott; die dunkle Seite der Schöpfung; die Dimensionen des Verbotenen, Tabuisierten. Zum entscheidenden Konflikt (geschildert in Kapitel 15) kommt es, als Jesus am Pessach-Fest in Jerusalem teilnimmt und das vorgeschriebene Lamm opfern will. Ein junges Lamm bekommt er geschenkt. Doch vom massenhaften Schlacht- und Opferbetrieb des Tempels ist er so abgestoßen, daß er Gott das vorgeschriebene Opfer zu verweigern wagt:

»Die Menschen an diesem Tag werden sich nicht gegenseitig umbringen, da alle das gleiche opfern, man höre nur, wie die Fettmassen prasseln, wie das Fleisch schmort und brutzelnd zischt, und Gott, in den *himmlischen Höhen, atmet wollüstig die Gerüche des Blutgemetzels ein. Jesus drückt das Lamm an die Brust, er versteht nicht, warum Gott es nicht billigt, daß man über seinem Altar ein Schälchen Milch ausschüttet, Saft des Lebens, der von einem Lebewesen zu einem anderen wechselt.« (S. 286)*

Luziferischer Widerspruch gegen Gott blitzt auf, und Jesus scheint auf dem besten Weg, seine Schuldgefühle loszuwerden. Dann aber greift Gott ein. Jesus muß das von ihm im Widerspruch zu Gott verschonte Lamm aus der Wüste holen. Hier erscheint ihm Gott selbst, fordert sein Leben für künftige »Macht« und künftigen »Ruhm«. Nicht ohne Ehrgeiz willigt Jesus ein, ja er ist bereit, zum »Unterpfand« dieses reichlich einseitigen »Bundes« das Lamm abzuschlachten, das er Gott bisher vorenthielt. Als der Teufel dies erfährt, sind er und Jesus geschiedene Leute: »Mit der Spitze seines Stabes zog der Hirte einen Strich über den Erdboden, tief wie eine Ackerfurche, unüberwindlich wie ein Feuergraben, dann sprach er: Nichts hast du gelernt, geh.« (S. 304)

Die folgenden Kapitel 16–20 sehen Jesus als Gefährten der Maria Magdalena, einer Hure, die ihn die mystische Kraft der Liebe lehrt. Und diese ihre »karnal-mystische *unio*« (O. Grossegesse, S. 132) wird als rein menschliche Schöpfung beschrieben, als eine sieben Tage und sieben Nächte während Hochzeit, durch die Jesus seine sexuelle Unschuld und seinen Alptraum der Schuld verliert. Diese Unio gipfelt im gemeinsamen Mahl des »Brotes der Wahrheit«, eine Art kleinem Abendmahl, bei dem Jesus Maria Magdalena sein Leben und seine Begegnung mit Gott offenbart.

Für Mutter Maria und die anderen acht Geschwister ist die Beziehung zu dieser Frau ein Skandal, wie schon die vier Jahre beim Hirten-Teufel Jesus von der Familie entfremdet hatten. Doch Jesus kümmern die Einwände der Mutter nicht (die Spannung Mutter – Sohn ist ein Thema Saramagos), und er lebt mit Maria Magdalena als Fischer am See Genezaret. Als Gottessohn kann er von jetzt ab auch Wunder wirken: Von einer Sturmstillung wird berichtet, auch einem Weinwunder zu Kanaan. Andere Wundertaten folgen (Kapitel 19 und 20). Aber das alles ist nichts im Vergleich zu der Gottesbegegnung, die sich in dem von uns ausgewählten Kapitel 21 ereignet und in dem der

Roman seinem Höhepunkt entgegentreibt. Hier erfährt Jesus von seiner Bestimmung, die Gott für ihn vorgesehen hat.

Wie ist das *literarische Verfahren* von Saramago einzuschätzen? Die knappe Inhaltsangabe läßt schon deutlich werden, daß dieser Autor nicht an einer erzählerischen Illustration der kanonischen Texte des Neuen Testamentes interessiert ist und auch nicht an den bekannten Grundmustern von Jesu ethischer Botschaft. Nichts nimmt er auf von den Gleichnissen, nichts von der Bergpredigt, nichts von den Streitdialogen mit den Gegnern. Auch alles das, was in der Theologie unter dem Stichwort Christologie diskutiert wird, interessiert Saramago offensichtlich nicht. Sein Roman ist »als satirisch-postmodernes Spiel mit den neutestamentlichen Texten und zugleich mit der Tradition der fiktionalen Jesusbiographie zu verstehen, freilich als literarisch gekonnt betriebenes Spiel mit ernsthaftem Hintergrund« (G. Langenhorst, S. 65). Folgende skizzenhafte Einschätzungen sind unverzichtbar:

(1) Nicht das Vertraute und kanonisch Abgesicherte narrativ auszuschmücken, ist das Interesse dieses Autors, sondern die *unbegreifliche Fremdheit Jesu* zurückzugewinnen, besser: die unheimliche Fremdheit des Gottes, der sich Jesus als seines Sohns und Opferlamms bedient. Das geschieht literarisch dadurch, daß Saramago die unausgefüllten Räume der Jesus-Überlieferung exploriert. Zum einen die *Psyche Jesu,* Jesu Innenleben, das von der Rolle seines Vaters, den Beziehungen zu seiner Mutter und den quälenden Schuldgefühlen geprägt ist. Zum anderen durch die Erhellung *tabuisierter Bereiche:* der Beziehung Jesu zu einer Frau etwa. Hier macht Saramago als Schriftsteller sich frei vom Besitzwissen angeblich gesicherter christlicher Traditionen und ihrer offiziellen Deutungsinstanzen. Sein Schreibprogramm läuft auf eine *Wiederaufnahme der apokryphen Literatur* hinaus. Es knüpft an frühere Jesus-Überlieferungen an, welche die Kirche als nichtkanonisch ausgeschieden hat. Saramagos Jesus-Roman schreibt diese apokryphe Deutungstradition weiter. Deshalb spielen Träume bei Jesus eine solche Rolle; deshalb wird der Joseph-Stoff stark gemacht (der in den Apokryphen ebenfalls ausgebaut ist); deshalb werden ganze Lebensbereiche neu fiktiv konstruiert (das Hirten-Kapitel); deshalb werden der Maria-Magdalena-Stoff

provokativ ausgestaltet und das Dreiecksgespräch auf dem See Genezaret mit Gott und Teufel erfunden.

(2) Wenn Saramago aber ausfüllt, was die kanonischen Quellen verschweigen, und ans Licht holt, was die Überlieferungen tabuisieren, dann heißt das inhaltlich für das *Bild Jesu:* Dieser Autor nimmt sich die Freiheit einer radikalen Problemreduktion. An Jesus interessiert ihn ausschließlich das Problem Schuld – Opfer. Aber dies präsentiert er in psychologisch komplexer Weise. Denn auf der einen Seite ist der Saramagosche Jesus Opfer sowohl seines physischen Vaters (und dessen tragischem Fehler) als auch seines himmlischen Vaters, da dieser ihn für seine Zwecke mißbraucht. Auf der anderen Seite ist derselbe Jesus verführbar durch das Angebot von »Macht« und »Ruhm«. Er ist keineswegs reines Opferlamm, keineswegs reine Marionette eines Willkürgottes. Vom Hirten-Teufel muß er sich denn auch (in dem von uns dokumentierten Kapitel) sagen lassen, daß Gott nicht die Macht gehabt hätte, ihm das »Töten des Lammes aufzuzwingen«, daß Jesus es vielmehr »aus Ehrgeiz« getan habe. Erst als Jesus sich den Preis seiner Opferung klarmacht (die schier unendliche Leidensgeschichte der Menschheit), versucht er, sich dem Gottes-Opfer zu entziehen und die Rolle als Gottessohn abzuschütteln. Programmatisch gibt er sich im Prozeß als König der Juden aus und versucht, mit einem raschen Gekreuzigtwerden als Aufrührer dem Gottesplan zuvorzukommen, bevor dieser den Betrug merkt. Doch der Roman deutet am Ende an: Die Geschichte des Christentums wird sich von diesem Rollenentzug Jesu nicht beeindrucken lassen. Sein Kreuzesopfer ist viel zu wirksam, als daß es nicht ständig erinnert, verlebendigt und fortgesetzt würde – im Interesse der Kirche.

(3) Dies alles zeigt schon, daß Saramago im Grunde einen kritischen *Gottes-Roman* geschrieben hat. Man lese das hier dokumentierte Kapitel ein zweites Mal am besten vom Ende her: aus der Perspektive des in der Weltliteratur – soweit ich sehe – einzigartigen Martyrologicums, das Saramago über mehrere Seiten in geradezu obsessiver Detailgenauigkeit ausbreitet. Man wird sehen, daß dieser Roman von einem düsteren cantus firmus lebt: Gott ist derjenige, der im Interesse seiner Selbstdurchsetzung Jesus als Opferlamm braucht, ja mißbraucht. Die Kritik hat denn auch zu Recht betont, daß Saramagos Gottesbild »nicht nur

einen grausamen und blutrünstigen, sondern einen machtbesessenen, ja zynischen Gott« kennt (A. Brunn, S. 192). Was umgekehrt heißt: Dieser Roman ist eine einzige Destruktion dieser Form von Gottesglauben. Der Saramagosche Blick »von außen« ist deshalb schonungslos und bitter, weil er aus der unbeantworteten Rückfrage an die christliche »Heilsgeschichte« kommt: Warum mußte dies alles mit so vielen Opfern bezahlt werden? Gab es für Gott keine andere Weise der Selbstdurchsetzung in der Geschichte als diesen unendlichen Strom von Leiden?

(4) Der »fremde Blick« auf die Jesus-Geschichte wird auch durch die *Sprechweise und die Erzählperspektive* erzeugt. Die Sprache in diesem Roman kommt ja in einem bewußt archaisierenden Ton daher, und die Interpunktion hat etwas Manieristisches. Man gewinnt den Eindruck, der Autor wolle eine alte Handschrift imitieren, zugleich aber diesen Imitationsversuch in seiner Künstlichkeit dem Leser nicht verbergen. Dadurch werden zwei Effekte erzielt: zum einen *Lesewiderstand.* Der Lesefluß wird künstlich verlangsamt, so daß man als Leser gezwungen ist, eine Passage oft mehrfach zu lesen, um sich den Wechsel der Sprecher bewußt zu machen. Zum zweiten *ironische Distanz.* Sie sichert die Durchbrechung der Leseillusion. Wir Leser sollen uns keine Sekunde über die Fiktionalität des Erzählten täuschen; wir sollen uns immer im klaren sein, daß wir es hier nur mit einer *Möglichkeit* von Wirklichkeit zu tun haben.

Diese *Illusionsdurchbrechung* wird auch durch ständige Eingriffe des allwissenden, auktorialen Erzählers erzeugt. Zu den kühnsten Eingriffen gehört bei Saramago das Spiel mit der eigenen Erzählerrolle und den eigenen Lesern:

»Vier Jahre später wird Jesus dem Herrgott begegnen. Mit dieser unerwarteten und im Lichte der Regeln des erwähnten guten Erzählens vielleicht allzufrühen Eröffnung soll der Leser hiesigen Evangeliums nur eben in die gute Verfassung versetzt werden, sich unterhalten zu lassen mit einigen platten Episoden aus dem Hirtenleben, obwohl diese, wir schicken es voraus, zum Eigentlichen der Materie an Wesentlichem nichts beifügen, damit entschuldigt sei, wer sich versucht fühlt, vorauszupreschen.« (S. 260)

Zu diesem Spiel aber gehören auch der Vergleich mit den »anderen Evangelien« und die bescheidene Selbstzurücknahme auf das eigene Modell:

»Nun einmal Jesus der offenkundige Held dieses Evangeliums ist, das nie den abträglichen Vorsatz hatte, dem zu widersprechen, was ande-re Evangelien schreiben, und sich also nicht zu behaupten erkühnt, es sei nicht geschehen, was geschehen ist, an die Stelle des Ja ein Nein setzend, nun Jesus dieser Held ist und bekannt seine Taten, wäre uns ein Leichtes, vor ihn zu treten und ihm seine Zukunft zu offenbaren, wie schön und wie wundervoll sein Leben sein wird . . .« (S. 274)

Diese Selbstaufdeckung des fiktiven Spiel- und Möglichkeits-charakters des Erzählten ist zugleich die schärfstmögliche Kritik des Autors an einer kanonisch abgesicherten und kirchlich ver-walteten Jesus-Überlieferung, die sich für die einzig wahre hält. Daß »nichts von all diesen Dingen wirklich ist, was wir vor uns haben«, daß alles vielmehr »Papier und Tinte« sei, »mehr nicht« (S. 11), das gibt dieser Roman schon in seiner Eröffnung nur deshalb zu, weil er allem Geschriebenen über Jesus die gleiche Fiktionalität zumißt. Das gilt sowohl für den dogmati-schen Jesus-Glauben wie für die kritische Jesus-Historie. Der Literaturwissenschaftler *Orlando Grossegesse* hat in seiner Interpretation des Romans hier die richtigen Akzente gesetzt: »Die Erzählung gründet sich gerade auf die Lücken und Inko-härenzen, kurz den Interpretationsspielraum, den die kanoni-schen Texte der vier Evangelisten lassen. Doch im Unterschied zu den Bemühungen der Religionskritik im 19. Jahrhundert werden diese Lücken nicht durch den Versuch (pseudo-)positi-vistischer Rekonstruktion gefüllt, sondern erklärtermaßen durch *Fiktion,* auch wenn sich das Erzählte auf historisch abge-sicherte *Möglichkeiten* stützt, die – wie in anderen Romanen des Autors – in einem subversiven Sinne ausgeschöpft werden: Es geht um eine spielerisch-subversive Abweichung, sowohl von der Textautorität der Bibel als auch von der Wahrheitsillusi-on rekonstruierter Historie. Diesbezügliche Lesererwartungen werden vom Erzähler, der sich als Evangelist bezeichnet, beständig ironisiert« (S. 124).
Was ist dann das *Ziel des Erzählens* bei diesem »Evangelium«? Was ist der Zusammenhang zwischen Erzählstil und Erzählin-halt? Noch einmal der gleiche Interpret: »Das Ziel dieses neuen Evangeliums besteht nicht darin, den Leser durch eine ›Er-zählung der Fakten‹ von der ›Festigkeit der christlichen Lehre‹ zu überzeugen, wie dies Lukas formuliert (1,1–5). Im Gegen-

teil: *O Evangelho* erschüttert in bewußter Umkehrung des als Motto zitierten Lukas-Prologs diese Festigkeit durch ein alternatives Erzählen der ›Fakten‹. Das gesamte, auf der Heilsgeschichte basierende Christentum, das als ungeheure Kette erlittener Qual und Blutopfer gesehen wird, gründet sich auf eine Leere. Dies bedeutet eine *re-écriture* der Lebensgeschichte Jesu sub specie der Nachwelt, also eine erzählerische Position der Allwissenheit in Bezug auf das, was nach Jesus kommt bzw. kommen *wird.* Der Zeugen-Erzähler prophezeit somit das Vergangene (das Leben Jesu und die Folgen), das der Leser durch seine christliche Sozialisation (das Lukas-Evangelium) als Glaubensbasis zu kennen glaubt, auf neue Art. Es ist also kein prophetisches Sprechen, das den Wunderglauben für Machtansprüche ausnutzt, sondern dieses prophetische Sprechen stellt das scheinbar Bekannte, die offizielle Wahrheit und die Wunder in Frage, auf die sich der Machtanspruch der Kirche stützt.« (S. 124 f.)

Ausgabe: J. Saramago, O Evangelho segundo Jesus Cristo, Lissabon 1991. Das Evangelium nach Jesus Christus. Roman. Deutsch von A. Klotsch, Hamburg 1993, S. 415–459.

Literatur zur Vertiefung

1. *Zur Lebens- und Werkgeschichte:*
   W. Haubrich, Der Weg in die Dunkelheit: Wenn die Welt zur weißen Wand wird, in: Frankfurter Allgemeine Magazin vom 17. 10. 1997.
   S. Uhly, Ein Mann der leisen Töne. Der diesjährige Literatur-Nobelpreisträger und seine wichtigsten Bücher, in: Süddeutsche Zeitung vom 24./25. 10. 1998.
   D. Steinfort, »Angenommen, es wäre ganz anders«. Die Romanwelten von José Saramago, in: Stimmen der Zeit 217 (1999), S. 195–205.
2. *Zum Text:*
   A. von Brunn, Das Evangelium und die Affäre Saramago, in: Orientierung 56, 1992, S. 189–192.
   R. Görling, Eine Auferstehung. »Das Evangelium nach Jesus Christus« – ein Roman von José Saramago, in: Frankfurter Rundschau vom 6. 10. 1993.
   K. H. Kramberg, Eine neue Geschichte. Das Evangelium des José Saramago, in: Süddeutsche Zeitung vom 24. 12. 1993.

O. Grossegesse, José Saramago: O Evangelho segundo Jesus Cristo (1991), in: Portugiesische Romane der Gegenwart: neue Interpretationen, hrsg. v. R. Hess, Frankfurt/M. 1993, S. 123–139.

H. Thorau, Nicht Stadt, sondern Weib. José Saramago korrigiert die portugiesische Geschichte, in: DIE ZEIT vom 25. 3. 1994.

K. Berger, Ein Jesus-Porno und Gott als Teufel, in: Rheinischer Merkur vom 3. 6. 1994.

G. Langenhorst, Jesus ging nach Hollywood. Die Wiederentdeckung Jesu in Literatur und Film der Gegenwart, Düsseldorf 1998, S. 60–67.

K.-J. Kuschel, Jesus im Kontext der Dichter. Große Jesus-Romane des 20. Jahrhunderts im interkulturellen Vergleich, in: Relativierung der Wahrheit? Kontextuelle Christologie auf dem Prüfstand, hrsg. v. R. Schwager, Freiburg/Br. 1998, S. 9–29.

R. M. Zoske, Gott, als Moloch vernichtet. José Saramagos Evangelium, in: Die Zeichen der Zeit. Lutherische Monatshefte, Heft 4/1999, S. 30–32.

José Saramago
Das Evangelium nach Jesus Christus

Dunstiger Morgen. Der Fischer erhebt sich von seiner Schlafmatte, er späht zum Fenster hinaus in den weißen Raum und sagt zu seinem Weib, Heute fahre ich nicht aus, bei solchem Nebel verirren sich sogar die Fische unter Wasser. Das sagte dieser und sagten so oder ähnlich all die übrigen Fischer am einen und am anderen Ufer, baß, denn das hatte es noch nie gegeben, einen so störenden Nebel zu dieser Jahreszeit. Nur einer, er eigentlich nicht Fischer, der gleichwohl unter Fischern lebt und mit ihnen schafft, erscheint in der Haustür, wie um sich zu vergewissern, daß heut sein Tag ist, er sieht den diesigen Himmel und sagt ins Haus hinein, Ich fahre. Maria von Magdala. Hinter ihm, fragt, Muß das sein, und Jesus erwidert, Höchst an der Zeit, Ißt du nicht, Nüchtern sind die Augen, wenn sie sich am Morgen auftun. Er umarmte sie, sagte, Endlich nun erfahre ich, wer ich bin und wozu auf der Welt, dann, unglaublich sicher, obwohl er bei dem dicken Nebel noch nicht einmal die eigenen Füße sah, ging er den Hang hinunter an den

Strand, zu den vertäuten Booten, bestieg eines und ruderte ins Unsichtbare hinaus, auf Sees Mitte. Das Geräusch der den Bootsrand scheuernden und schlagenden Riemen und das Klatschen der triefenden Ruderblätter im aufgewühlten Wasser hallten über den Seespiegel, weit hin, ließen die Fischer aufmerken, denen die braven Ehefrauen eingeschärft hatten, Wenn du schon nicht ausfahren kannst, nutze es, schlaf dich aus. Die Leute in den Siedlungen zeigten sich ruhelos, nervös, undurchdringlich dünkte ihnen der Nebel in jener Richtung, wo der See sein mußte, irgendwie erwarteten sie, daß die Riemengeräusche und das Platschen des Wassers aussetzten, es drängt sie ins Haus zurück und all die Türen mit Schlüssel, Riegel und Kette zu verschließen, obwohl sie wissen, daß, falls jener dort der Gewähnte ist und sich entschließt, herwärts zu blasen, schon ein einfacher Hauch sie aufstoßen wird. Der Nebel gewährt Jesus Durchlaß, doch sein Blick dringt allenfalls bis zu den Enden der Ruderblätter und bis zum Heck mit dem als Bank dienenden schlichten Querbrett vor. Alles sonst ist zunächst aschig trübe Wand, dann, je näher das Boot seinem Ziel kommt, macht diffuse Helligkeit den Nebel weiß und schillernd, der nun vibriert, als ränge er sich, mitten im Schweigen, vergebens einen Laut ab. In einem größeren Lichthof hält das Boot inne, in Sees Mitte. Und auf der Heckbank sitzt Gott.

Anders als beim erstenmal ist er jetzt nicht Wolke und nicht Rauchsäule, die könnten sich heute, bei einem solchen Wetter, verlieren, im Nebel aufgehen. Er ist ein stattlicher alter Mann, mit über der Brust wallendem Bart, barhäuptig, das Haar lose, das Gesicht breit und kräftig, der Mund mit vollen Lippen, die sich beim Sprechen nicht zu bewegen scheinen. Seine Kleidung ist die des wohlhabenden Juden, er trägt eine karminfarbene lange Tunika, einen goldbestickten blauen Umhang mit Ärmeln, an den Füßen aber bäuerisch derbe Sandalen, zum Gehen gemachte sozusagen, woraus erkennbar, daß Sitzen wohl nicht seine Gepflogenheit. Wenn er wieder fort sein wird, fragen wir gewiß, Wie waren seine Haare, und wir werden uns nicht erinnern ob weiß, schwarz oder brünett, dein Alter nach müßten sie weiß sein, bei manchen stellt sich das Silber erst spät ein, vielleicht trifft das hier zu. Jesus hatte die Riemen ins Boot gelegt, wie einer langen Unterredung gewärtig, er sagte nur, Da bin ich. Gott, ohne Hast, wohlbedacht, legte sich die Mantelschöße über den Knien zurecht und sagte, Da sind wir. Dem Ton nach zu urteilen, würden wir meinen, er habe gelächelt, doch der Mund hat sich nicht bewegt, nur die langen Fäden des Schnurrbartes und des Kinns hatten gezittert, hatten gebebt wie eine Glocke. Jesus sagte, Ich bin gekommen, um zu erfahren, wer ich bin und was ich zu tun habe, um den mit dir geschlossenen Pakt zu erfüllen, Das sind zwei Fragen, sprach Gott, gehen wir einzeln vor, mit welcher willst du beginnen, Mit der ersten, wer denn bin ich, Weißt du es nicht, fragte Gott, Ich glaubte es zu wissen, ich meinte, meines Vaters Sohn, Welchen Vaters, Meines Vaters, des Zimmermanns Josef, Sohn des Eli, oder Jakobs, ich weiß nicht, Des gekreuzigten, Einen anderen habe ich ja wohl nicht, Ein tragischer Irrtum seitens der Römer, heißt das, es gibt einen weiteren, Da schau, ein heller Bursche, intelligent, In diesem Falle half mir nicht die Intelligenz, ich erfuhr es aus dem Munde des Teufels, Hast du Umgang mit dem Teufel, Ich nicht, er kam zu mir, Und was erfuhrst du aus dem Munde des Teufels, Ich sei dein Sohn, Gott nickte bedächtig, Ja, du bist mein Sohn, Aber wie kann ein Mensch der Sohn Gottes sein, Wenn du Gottes Sohn bist, bist du kein Mensch, Ich bin ein Mensch, leibhaftig, ich esse, schlafe, liebe nach Menschenart, also bin ich ein Mensch, und wie ein Mensch werde ich auch sterben, Ich an deiner Stelle wäre mir dessen nicht so sicher, Was willst du damit sagen, Das betrifft die zweite Frage, doch wir haben Zeit, was entgegnetest du dem Teufel, der da sagte, du seiest mein Sohn, Diesbezüglich nichts, ich habe den Tag abgewartet, an dem ich dich treffen würde, den Teufel trieb ich dem Besessenen aus, dem Gemarterten, der sich Legion nannte und behauptete, er sei ihrer viele, Wo ist er jetzt, Weiß ich nicht, Ihn ausgetrieben habest du, höre ich, Mit Sicherheit bist du besser im Bilde, daß man von ausgetriebenen Teufeln nicht weiß, wohin sie verschwinden, Warum sollte ich in Teufelsdingen Bescheid wissen, Du bist Gott, du mußt alles wissen, Bis zu einem gewissen Punkt, nur bis zu einem gewissen Punkt, Bis zu welchem, Ab da es interessant wird, etwas nicht zu wissen, Weißt ja wohl aber wenigstens, wieso ich dein Sohn bin, und wozu, Ei, du dünkst mir jetzt von viel hellerem Geist als bei unserer ersten Begegnung, gar auch ein bißchen keck, Damals war ich ein verschüchterter Jüngling, heute bin ich ein Mann, Hast keine Angst, Nein, Wirst sie schon noch haben, keine Bange, die Angst holt jeden ein, selbst einen Sohn Gottes, Hast du deren noch andere, Andere was, Söhne. Ich benötigte einen einzigen, Und warum bin ich dein Sohn, Hat deine Mutter es dir nicht gesagt, Weiß sie es, Ich schickte einen Engel zu ihr, damit er sie aufklärte, wie die Dinge gelaufen sind, ich dachte. sie hätte es dir erzählt, Wann hat jener Engel meine Mutter aufgesucht, Laß mich überlegen, wenn ich richtig rechne, muß es nach deinem zweiten Weggang von daheim gewesen sein, und bevor du zu Kanaa Wasser in Wein verwandeltest, Also wußte meine Mutter und hat mir nichts gesagt, ich hatte ihr von unserer Begegnung in der Wüste erzählt, sie aber wollte mir nicht glauben, nun, nachdem ihr der Engel erschienen, mußte sie es glauben, dennoch hat sie es mir gegenüber nicht eingestehen wollen, Du kennst ja die Frauen, soviel ich weiß, lebst du selbst mit einer zusammen, sie haben ihre Empfindlichkeiten, ihre Skrupel, anders als ein Mann, Was für Empfindlichkeiten, was für Skrupel, Nun, ich hatte meinen Samen dem deines Vaters beigemengt, unmittelbar vor deiner Zeugung, die bequemste Art, die unauffälligste, Und bei vermengten Samen, wie kannst du gewiß sein, daß ich dein Sohn bin, Stimmt, in dieser Sache sollte man sich klugerweise nicht so sicher sein, schon gar nicht absolut sicher, ich bin es aber, ein klein bißchen nützt es mir doch, Gott zu sein, Und warum wolltest du einen Sohn haben, Da ich im Himmel keinen besaß, mußte ich ihn mir auf der Erde besorgen, das ist nicht neu, sogar in Religionen mit Göttern und Göttinnen, die untereinander Kinder zeugen könnten, erlebte man, daß manch ein Gott auf die Erde kam, Abwechslung suchend, vielleicht auch um nebenher ein klein bißchen die Menschenspezies aufzubessern, durch die Zeugung von Helden und derlei mehr, Und dieser Sohn, der ich bin, wozu wolltest du ihn, Nicht der Abwechslung halber, versteht sich, Also Warum, Ich brauchte einen, der mir auf der Erde hülfe, Du als Gott solltest Hilfe nicht nötig haben, Das eben ist die zweite Frage.

Stille trat ein, und da, im Nebel, indes nicht anpeilbar die Richtung, war das Geräusch eines heranschwimmenden Lebewesens zu hören, und es zählte dem Gefauche nach nicht zur Zunft der Meisterschwimmer oder war ziemlich am Ende der Kräfte. Jesus meinte, Gott lächeln zu sehen, und bemerkte, daß er die Pause eigens hinauszog, um dem Schwimmer Zeit zu geben, in dem nebelfreien Rund zu erscheinen, dessen Mittelpunkt das Boot darstellte. Es tauchte da, ungewärtigt, weil eher von der anderen Seite erwartet, steuerbords ein dunkler Fleck auf, in dem Jesu Einbildung zunächst ein die Ohren aus dem Wasser reckendes Schwein zu erkennen glaubte, doch nach etlichen Schwimmzügen erwies es sich als Mensch, oder in allem menschähnlich. Gott wandte das Antlitz dem Schwimmer zu, aufmerksam, ja neugierig, ihm gleichsam zu letztem Ansporn, und diese Geste, vielleicht weil von ihm, tat Wirkung, die letzten Armzüge waren schnell und gleichmäßig, und nun schien es nicht, daß der Neue von fern her kam, vom Ufer, meinen wir. Die Hände packten den Bootsrand, während der Kopf noch halb unter Wasser, und es waren Pranken, mit kräftigen Nägeln, waren Hände eines Körpers, der, wie von Gottes Statur, stattlich, groß und alt sein mußte. Das Boot wankte, der Kopf hob sich aus dem Wasser, der Rumpf ihm hinterdrein, schwallartig, dann die Beine, es war der aus den tiefsten Tiefen auftauchende Leviathan, war, nach all den Jahren, der Hirte, Hier bin auch ich, sprach er, nahm Platz auf dem Bootsrand, genau zwischen Jesus und Gott, doch das Gefährt, seltsam, ohne Schlagseite, als hätte der Hirte sein Gewicht abgelegt, oder daß er mit dem Anschein zu sitzen schwebte, Hier bin ich, wiederholte er, hoffentlich noch zeitig genug, um am Gespräch teilzuhaben, Wir sind darin ziemlich weit gediehen, aber noch nicht beim Wesentlichen, sagte Gott, und dann, an Jesus gewandt, Dies ist der Teufel, von dem wir vorhin sprachen. Jesus schaute abwechselnd vom einen zum anderen und sah, daß sie, abzüglich Gottes Bart, einander wie Zwillinge glichen, der Teufel freilich jünger wirkend, von weniger Falten, doch das mochte Augentäuschung sein oder Irreführung seinerseits. Jesus sagte, Ich kenne ihn, vier Jahre lebte ich an seiner Seite, da nannte er sich Hirte, und Gott erwiderte, Mußtest mit jemandem leben, bei mir aber war es nicht möglich, bei deiner Familie wolltest du nicht, da blieb nur der Teufel übrig, Hat er mich zu sich geholt, oder schicktest du mich zu ihm, Eigentlich weder das eine noch das andere, sagen wir eher, es schien mir dies in deinem Fall die beste Lösung, Deshalb wußte er, was er sagte, als er mich durch den Mund des besessenen Gadareners Sohn Gottes nannte, Jawohl,

Will heißen, ich wurde von beiden hintergangen, Wie es den Menschen halt widerfährt, Du sagtest, ich sei kein Mensch, Ja, das versichere ich, wir könnten sagen, daß du, wie ist der technische Begriff dafür, daß du Inkarnation erfuhrst, Und jetzt, was begehrt ihr jetzt von mir, Ich, ich begehre, nicht er, Ihr seid beide hier, und mir fiel auf, daß sein Kommen dich nicht überraschte, also hast du ihn

385

erwartet, Nicht unbedingt, obschon im Prinzip, auf den Teufel muß man stets gefaßt sein, Aber wenn die Angelegenheit nur dich und mich betrifft, was sucht er hier, warum schickst du ihn nicht fort, Fort schickt man des Teufels Fußvolk, wenn es durch Ton und Reden zu stören beginnt, den Teufel selbst aber nicht, Also ist er hier, weil ins Gespräch einbezogen, Mein Sohn, merke dir, was Gott interessiert, das auch den Teufel. Der Hirte, nennen wir ihn ein für allemal so, um nicht immer den Bösling im Munde zu führen, der Hirte lauschte dem Zwiegespräch ohne Aufmerksamkeit hervorzu-kehren, als sei nicht von ihm die Rede, solcherweise er die soeben geäußerte grundsätzliche Feststellung Gottes anscheinend in Abrede stellte. Gleich aber merkte man, daß dies vorgetäuscht war, Jesus sagte nur, Reden wir nun über die zweite Frage, und schon war der Hirte ganz Ohr. Doch aus seinem Mund kam kein einziges Wort. Gott holte tief Luft, er betrachtete den Nebel da ringsum und mur-melte in einem Ton, als machte er eine unerwartete, merkwürdige Entdeckung, Dies ist ja, als wären wir in der Wüste. Er wandte den Blick Jesus zu, musterte ihn lange stumm, dann, als schickte er sich in das Unabwendbare, hob er an und sprach, Die Unzufriedenheit, mein Sohn, wurde den Menschen von Gott, ihrem Schöpfer, ins Herz gelegt, von mir spreche ich, freilich, doch diese Unzufrieden-heit, wie alles, was ich nach meinem Bild und Ebenbild schuf, hol-te ich von dort, wo sie sich befand, aus meinem eigenen Herzen, und die Zeit, die seither verstrichen ist, hat diese nicht getilgt, im Gegenteil, ich kann dir versichern, daß sie mit der Zeit noch grö-ßer geworden ist, drängender, fordernder. Gott machte eine kleine Pause, wie um sich der Wirkung seiner Einleitung zu vergewissern, dann fuhr er fort, Seit viertausendundvier Jahren, die ich nun schon Gott der Juden bin, Leuten, die ihrer Natur nach Hader und Verwicklung zugetan sind, mit denen ich aber, wenn ich unsere Beziehungen abwäge, nicht schlecht gefahren bin, vorausgesetzt, sie nahmen mich ernst, und das werden sie weiterhin tun, so weit mein Blick in die Zukunft reicht, Bist jedenfalls zufrieden, sagte Jesus, Ja und nein, vielmehr, ich würde es sein, wäre nicht dieses mein unruhiges Herz, das Tag für Tag zu mir sagt, Hast dir da ein schönes Geschick bereitet, nach viertausend Jahren der Mühen und Besorgnisse, die dir mit Altaropfern, wie reich und verschie-den sie auch ausfallen mögen, nie gelohnt werden, bist weiterhin der Gott eines nur winzigen Volkes, in einem kleinen Winkel der

Welt, die du mit allem, was sie birgt, erschaffen hast, so sage mir, mein Sohn, kann ich zufrieden leben, mit diesem sozusagen offenkundigen Ärgernis stets vor Augen, Ich erschuf keine Welt, ich kann es darum nicht ermessen, sagte Jesus, Nun, ermessen nicht, aber helfen könntest du mir, Helfen, wobei, Mir helfen, meinen Einfluß auszuweiten, auf daß ich der Gott von viel mehr Menschen werde, Ich verstehe nicht, Wenn du deine Rolle gut ausführst, will heißen, die Rolle, die ich dir in meinem Plan zugedacht habe, bin ich höchst gewiß, daß ich in wenig mehr als einem halben Dutzend an Jahrhunderten, obschon ich und du mit vielen Widernissen zu kämpfen haben werden, daß ich also vom Gott der Hebräer zum Gott derer aufsteigen werde, die wir dann, von einem griechischen Wort abgeleitet, Katholiken nennen, Und welche Rolle ist in deinem Plan denn mir zugedacht, Die des Märtyrers, mein Sohn, des Opfers, so läßt sich ein Glaube noch am ehesten verbreiten und entfachen. Die Worte Märtyrer und Opfer sprach Gott voll Schmelz, als wäre seine Zunge eitel Milch und Honig, doch ein eisiger Schauer flutete Jesu Glieder, als hätte sich der Nebel über ihm geschlossen, während der Teufel ihn mit rätselvoller Miene betrachtete, halb forsch, halb ungewollt mitleidig. Du versprachst mir Macht und Ruhm, stammelte Jesus, noch zitternd vor Kälte, Sollst du haben, sollst du haben, aber erinnere dich an unsere Abmachung, sie werden dir erst nach deinem Tode zuteil, Und was nutzen mir Macht und Ruhm, wenn ich tot bin, Nun, tot im absoluten Sinne des Wortes wirst du nicht eigentlich sein, denn da du mein Sohn, bist du dann bei mir, oder in mir, noch habe ich nicht endgültig entschieden, In dem von dir genannten Sinne, was heißt da nicht eigentlich tot, Du wirst, zum Beispiel, erleben, für immer und ewig, wie sie dich in Tempeln und auf Altären verehren, in einem Maße, sage ich dir schon jetzt, daß die Menschen den ursprünglichen Gott, also mich, ein bißchen vergessen, doch es ist nicht von Belang, das Viel verträgt Teilung, das Wenig schuldet es nicht. Jesus schaute den Hirten an, sah ihn lächeln, und begriff, Jetzt verstehe ich, warum der Teufel hier ist, wenn deine Herrschaft sich auf mehr Menschen und Länder ausdehnt, weitet sich auch seine Macht über die Menschen, denn deine Grenzen sind seine Grenzen, kein Schritt mehr, kein Schritt weniger, Recht hast du, mein Sohn, sehr recht, mich freut dein Scharfsinn, und den Beweis hast du in der Tatsache, daß, feststellbar, die Teufel des einen Glaubens nie in einem anderen Glauben wirksam werden, so wie ein Gott, angenommen, er würde den Streit mit einem anderen Gott suchen, jenen nicht besiegen kann, noch von ihm zu besiegen ist, Und wie wird mein Tod sein, Einem Märtyrer gebührt schmerzhafte und möglichst entwürdigende Meuchelung, auf daß die Gläubigen desto empfänglicher und entflammter werden, Red nicht drumherum, sage mir draufzu, wie wird mein Tod sein, Peinigend und schmachvoll, am Kreuz, Wie mein Vater, Dein Vater bin ich, vergiß es nicht, Sofern ich mir den Vater noch wählen kann, erwähle ich mir ihn, auch wenn er, wie bekannt, in einer gewissen Stunde seines Lebens schmählich versagte, Du wurdest erwählt, kannst selbst nicht wählen, Ich breche den Vertrag, löse mich von dir, ich will leben als ein beliebiger Mensch, Fruchtlose Worte, mein Sohn, hast wohl noch nicht gemerkt, daß du ganz in meiner Gewalt bist, für all jene unterzeichneten Vereinbarungen, die wir Abkommen, Pakt, Kontrakt, Vertrag oder Bündnis nennen und an denen ich teilhabe, wäre eine einzige Klausel ausreichend, bei Einsparung von viel Tinte und Papier, und diese Klausel lautet unmißverständlich, Alles, was Gottes Gesetz wünscht, ist zwingend, auch die Ausnahmen, nun, mein Sohn, da du in gewisser und bemerklicher Weise eine Ausnahme bist, darum denn auch so zwingend wie das von mir gemachte Gesetz, Aber wäre es für dich, in deiner Allmacht, nicht einfacher und moralisch sauberer, du selbst bestrittest die Eroberung dieser Länder und dieser Menschen, Das geht nicht an, solches verbietet der unter uns Gottheiten regierende unabänderbare Pakt, dem gemäß von uns keiner eigenhändig in die Konflikte eingreift, stell dir vor, ich, von Ungläubigen und Heiden auf öffentlichem Platz umringt, versuchte, diese zu überzeugen, daß ihr Gott ein Betrug sei, ich aber der wahre Gott, solches tut ein Gott einem anderen nicht an, auch gefällt es keinem Gott, daß man in seinem Haus tut, was er selbst, schicklicherweise, in fremdem Hause nicht tun sollte, Also bedient ihr euch der Menschen, Ja, mein Sohn, der Mensch ist Holz zu jederart Löffel, ab der Geburt bis zum Tode stets zu dienen bereit, man schickt ihn hin und er geht, man befiehlt ihm Halt, und er steht, man heißt ihn kommen, und er kommt, der Mensch, im Frieden wie im Krieg, allgemein gesprochen, ist das Beste, was den Göttern widerfahren konnte, Und das Holz, aus dem ich Mensch gemacht bin, Du wirst der Löffel sein, den ich in die Menschheit tauche, um aus ihr, gehäuft, Kreaturen zu schöpfen, die an den neuen Gott glauben, der ich ihnen sein werde, Löffelweise Menschen, die du verschlingst, Wer sich selbst verschlingt, den brauche ich nicht zu verschlingen.

Jesus senkte die Ruderblätter ins Wasser und sagte, Ade, ich begebe mich heim, nehmt den Weg, den ihr gekommen seid, du schwimmend, und du, der du so einfach da warst, verschwinde irgendwie. Gott und Teufel rührten sich nicht vom Fleck, Ah, die Herren möchten lieber Bootsfahrt machen, bemerkte Jesus ironisch, Wohlan, ich bringe euch ans Ufer, damit endlich alle Gott und den Teufel in ihrer wahren Gestalt sehen, und wie gut die beiden sich verstehen, wie sehr sie einander gleichen. Jesus wendete, hielt auf das Ufer zu, von wo er gekommen, und mit kräftigen, langen Zügen tauchte er in den Nebel, der so dicht war, daß er Gott plötzlich nicht mehr sah, und vom Teufel nicht einmal die Umrisse. Er fühlte sich belebt, frohgemut und forsch wie selten, von seinem Platz her war der Bug nicht zu erkennen, der sich indes, spürte er, bei jedem Riemenzug wie das Haupt eines Rennpferdes hob, das sich beim Galoppieren, meint man, immerfort vom schweren Rumpf lösen möchte und doch bis ins Ziel nur an ihm zerrt. Jesus ruderte, ruderte, das Ufer muß schon recht nahe sein, wie, so fragt er, werden die Leute reagieren, wenn er ihnen verkündet, Der Bärtige, das ist Gott, der andere ist der Teufel. Jesus äugte über die Schulter, hin zum Strand, er nahm eine Helligkeit wahr, rief, Da sind wir, ruderte noch kräftiger. Jeden Augenblick gewärtigte er das weiche Gleiten des Kiels durch den dicken Uferschlamm, das lustige Knirschen der losen Steinchen, doch der Bug des Bootes, den er nicht sah, wies in Sees Mitte, und die Helligkeit, das war nur eben wieder das glänzende magische Rund, die gleißende Falle, der Jesus entwischt zu sein geglaubt hatte. Erschöpft ließ er den Kopf auf die Brust sinken, stützte die Arme auf die Knie, die Fäuste aneinandergelegt, als wartete er, daß ihm jemand Fesseln anlegte, und er holte noch nicht einmal die Riemen ein, so überwältigend und einzig seine Einsicht, wie ganz unnütz all sein Bemühen gewesen war. Er wollte nicht als erster reden, seine Niederlage nicht laut vernehmlich eingestehen, nicht um Vergebung bitten, daß er Gottes Willen und Befehl zuwider gehandelt hatte und indirekt auch den Interessen des Teufels, des natürlichen Nutznießers der Zweitwirkungen, nicht der zweitrangigen, wann immer Gott etwas woll-

te und auch durchsetzte. Das Schweigen nach diesem mißlunge-
nen Versuch währte nur kurz, Gott da auf seiner Bank, nachdem er
sich den Schoß seiner Tunika und den Kragen seines Umhangs
zurechtgelegt hatte, mit dem feierlichen Gehabe des Richters, der
ein Urteil verkünden wird, sprach, Fahren wir fort, nehmen wir das
Gespräch an jener Stelle auf, wo ich sagte, daß du in meiner Gewalt
bist, denn wann immer du diese Wahrheit nicht ergeben und friedvoll hinnimmst, ist es Zeitverlust, den du dir und mir tunlichst
ersparen solltest, Ja, fahren wir fort, sagte Jesus, nimm indes schon
jetzt zur Kenntnis, daß ich Wunder nur ausführe, wenn ich selbst
sie für dienlich halte, ohne Wunder aber ist dein Vorhaben ein
Nichts, ist ein Platzregen vom Himmel, der wahren Durst nicht
stillt, Recht hättest du, wenn es in deiner Macht stünde, Wunder
zu vollführen oder nicht, Ist es etwa nicht so, Weit gefehlt, die
Wunder, ob kleine oder große, vollführe ich, bei deiner Anwesenheit freilich, damit du die mir zustehenden Gewinne einstreichst,
im Grunde bist du abergläubisch, meinst, der Wundertäter müsse
am Lager des Kranken stehen, damit das Wunder stattfindet, allen,
stünde es nur danach, einen einsam auf den Tod darniederliegen-
den Menschen zu retten, einen Menschen in größter Einsamkeit,
ohne Arzt, ohne Pflegerin, ohne einen lieben Angehörigen, der erreichbar und ansprechbar, ich wiederhole, stünde mir hiernach,
dann erführe dieser Mensch Rettung und würde weiterleben, als
sei nichts geschehen, Warum tust du es da nicht selbst, Weil jeder
dann meiner würde, die Heilung sei sein eigenes Verdienst, vielleicht verfiele er darauf zu sagen, Jemand wie ich konnte ja gar
nicht sterben, nun, es gibt schon zu viel Dünkel in der Welt, die ich
erschuf, es soll nicht auch noch der Menschen Einbildung Blüten
treiben, Demnach sind alle Wunder dein Werk, Die du vollbracht
hast und noch vollbringen wirst, und nehmen wir gar an, reine
Hypothese, nur eben zur Klärung der Frage, die uns an diesen
Fleck geführt hat, nehmen wir an, du riefest, zum Beispiel, in alle
Welt hinaus, du seist nicht Gottes Sohn, dann ließe ich auf deinem
Wege so viel der Wunder geschehen, daß du dich notgedrungen
den Danksagungen fügen müßtest und folglich mir, Also habe ich
keine Wahl, Keine, und gebärde dich nicht wie das störrische
Lamm, das nicht zum Opferaltar will, es zappelt, es stöhnt zum
Herzerbarmen, doch das Schicksal ist ihm vorbestimmt, der Opfe-
rer harrt seiner mit dem Messer in der Hand, Dieses Lamm bin ich.

Du, mein Sohn, bist das Lamm Gottes, das Gott selbst zu seinem Altar führt, und das eben bereiten wir hier vor.

Jesus musterte den Hirten, als erwartete er von ihm zwar nicht Hilfe, doch da der wohl zwangsläufig die Dinge der Welt anders versteht, denn ein Mensch ist er nicht und war er nicht, auch kein Gott, noch wird er es je sein, könnte er vielleicht einen Blick oder ein Zwinkern bereit haben, das ihm, Jesus, zumindest eine kluge, Aufschub erwirkende Antwort eingäbe, die ihn, und sei es für eine gewisse Zeit, aus der Lage des in die Enge getriebenen Tieres befreite, Aber in den Augen des Hirten liest er die Worte, mit denen jener ihn damals von seiner Herde verwies, Nichts hast du gelernt, geh. Und nun begreift Jesus, daß es nicht langt, Gott den Gehorsam nur ein einziges Mal zu versagen, wer ihm das Lamm nicht opferte, darf ihm auch das Schaf nicht opfern, zu Gott kann man nicht Ja und hernach Nein sagen, so als wären Ja und Nein die linke Hand und die rechte Hand, und gut nur die Arbeit, die beide verrichteten. Gott hatte, trotz seiner üblichen Kraftbeweise, obwohl er das Universum und die Sterne war, die Blitze und die Donnerschläge, die Stimmen und das Feuer hoch auf dem Berge, Gott hatte nicht die Macht, dir das Töten des Lamms aufzuzwingen, doch du hast es getan, aus Ehrgeiz, stachst es ab, und die Wüstenerde saugte das vergossene Blut nicht in Gänze auf, sieh, es ist bis zu uns gekommen, ist jener rote Faden auf dem Wasser, der, wenn wir von hier abgehen, unserer Spur folgen wird, dir, Gott, und mir. Jesus sprach zu Gott, Verkünden werde ich den Menschen, daß ich dein Sohn bin, der einzige Sohn Gottes, doch das wird sicherlich selbst in diesen deinen Ländern nicht genügen, um deine Macht in dem Maße zu erweitern, wie du es wünschst, Endlich erkenne ich in dir meinen Sohn, hast deine mich beinahe verwirrenden Gelüste zu leidigem Widerstreit endlich abgelegt und trittst eigenen Fußes in den modus faciendi, nun, unter den zahllosen Dingen, die den Menschen, gleich welcher Rasse, Farbe, Glaubenszugehörigkeit oder Philosophie, eigen, trifft nur eines, ein einziges, auf alle zu, in dem Sinne, daß keiner dieser Menschen, ob gelehrt oder dumm, jung oder alt, mächtig oder arm, dir gegenüber zu behaupten wagte, Was du da sagst, ist auf mich nicht anwendbar, Und das wäre, fragte Jesus, diesmal seine Neugierde nicht verhehlend, Jedweder Mensch, erwiderte Gott in belehrendem Ton, wer immer er sei, wo auch immer, und was immer er tue, ist ein Sünder, die Sünde ist vom Menschen gewissermaßen so wenig zu trennen wie der Mensch trennbar von der Sünde, eine Münze ist der Mensch, wende sie, und du siehst die Sünde, Du hast meine Frage nicht beantwortet, O doch, ich antworte, vernimm das einzige Wort, das ein Mensch nicht zurückweisen kann, weil es ihn voll betrifft, ist die Aufforderung Bereue, denn jeder Mensch hat gesündigt, und wäre es ein einziges Mal gewesen, er hatte einen bösen Gedanken, verstieß gegen irgendeine Gepflogenheit, beging ein kleineres oder größeres Verbrechen, schmähte jenen, der seiner bedurfte, vernachlässigte die Pflichten, beleidigte die Religionen und deren Walter, verleugnete Gott, einem solchen Menschen brauchst du nur zu sagen, Bereue, tue Buße, tue Buße, Solcher Geringfügigkeit halber brauchtest du aber nicht das Leben dessen zu opfern, als dessen Vater du dich ausgibst, es langte, du ließest einen Propheten auftreten, Die Zeiten, da man denen Gehör schenkte, sind vorbei, heute wirken nur noch radikale Mittel, etwas, das schockiert, das die Gefühle mitreißt, Ein Gottessohn am Kreuz, Zum Beispiel, Und was habe ich den Leuten überdies zu sagen, außer daß ich von ihnen eine bezweifelbare Buße fordere, falls sie sich, deiner Botschaft leid, von dir abwenden wollten, Ja, von ihnen Buße fordern langt wohl nicht, du wirst Phantasie aufbieten müssen, sage nicht, daß sie dir fehlt, noch heute bewundere ich, wie du es schafftest, mir das Schaf nicht zu opfern, Es war ein leichtes, das Tier hatte nichts zu bereuen, Köstliche Erwiderung, aber bar an Sinn, doch selbst das ist gut, es gilt, die Menschen in Unruhe zu belassen, in Zweifeln, in der irrigen Annahme, daß es ihre Schuld, wenn sie etwas nicht verstehen, Also soll ich ihnen Geschichten erzählen, Ja, Geschichten, Gleichnisse, tugendvolle Beispiele, selbst auf die Gefahr hin, daß du das Gesetz ein klein bißchen verdrehst, scher dich nicht drum, so viel Kühnheit rechnen die Furchtsamen einem hoch an, mir selbst, doch nicht weil ich furchtsam wäre, gefiel deine Art, wie du die Ehebrecherin vor dem Tode bewahrtest, und das will schon was heißen, wenn ich es sage, ich habe diesen Fall von Ahndung eigens in die euch gegebenen Gesetze eingebaut, Du gestattest es also, daß man deinen Geboten zuwiderhandelt, ein schlechtes Zeichen dies, Ich gestatte es, wenn es mir dient, und ich mag es, wenn nur etwas von Nutzen, erinnere dich meiner Worte über das Gesetz und die Ausnahmen, was mein Begehr, wird sofort zur Pflicht, Am Kreuz werde ich sterben, sagtest du, Das ist mein Wille. Jesus musterte den Hirten verstohlen, der aber machte abwesende Miene, wie in Betrachtung eines künftigen Augenblicks und als koste es ihn Mühe zu glauben, was er da gerade sah. Jesus ließ die Arme sinken und sagte, So geschehe denn an mir dein Wille.

Gott wollte sich beglückwünschen, er machte Anstalt, von seiner Bank aufzustehen und den geliebten Sohn zu umarmen, doch der hielt ihn mit einer Geste auf Abstand, Unter der einen Bedingung, Weißt sehr gut, daß du keine Bedingungen stellen kannst, erwiderte Gott mit etwas verdrossener Miene, Nennen wir es nicht Bedingung, nennen wir es Bitte, die schlichte Bitte eines zum Tode Verurteilten, Sag an, Du bist Gott, und Gott kann auf jede Frage an ihn nur lauter und wahr antworten, und da Gott eben Gott ist, kennt er das Vergangenene in Gänze, desgleichen das Leben hier und heute, so sehr wie die gesamte Zukunft, Jawohl, so ist es, ich bin die Zeit, die Wahrheit und das Leben, Nun, so sage mir im Namen all dessen, was du vorgibst zu sein, wie ist die Zukunft nach meinem Tode, was birgt sie, und was würde sie nicht bergen, hätte ich mich nicht bereitgefunden, das Opfer deiner Unzufriedenheit zu sein, diesem deinem Wunsch, über die Menschen und über mehr Länder zu herrschen. Gott machte eine Unmutsbewegung, wie einer, der sich im Netz der eigenen Worte gefangen findet, und er suchte, ohne rechte Überzeugung, Ausflüchte, Nun, mein Sohn, die Zukunft ist riesig, sie zu erzählen, würde viel Zeit erfordern, Wie lange sitzen wir nun schon hier, mitten auf dem See, von Nebel umschlossen, fragte Jesus, einen Tag, einen Monat, ein Jahr, von mir aus mögen wir ein weiteres Jahr bleiben, einen weiteren Monat oder einen weiteren Tag, soll der Teufel gehen, falls ihm danach steht, sein Anteil ist ihm ja in jedem Falle sicher, und sofern die Gewinne proportional, was ja wohl gerecht, je mehr Gott wächst, desto mehr wächst auch der Teufel, Ich bleibe, sagte der Hirte, es war sein erstes Wort seit dem Auftauchen hier, Ich bleibe, wiederholte er, und dann, Auch ich vermag einige künftige Dinge zu sehen, doch nicht immer gelingt es mir, zu unterscheiden, ob es Wahrheit oder Lüge ist, was ich da zu sehen glaube, will sagen, meine Lügen sehe ich so, wie sie sind, als Wahrheiten meiner Art, nie jedoch weiß ich, inwieweit die Wahrheiten anderer deren Lügen sind. Um diese labyrinthische Tirade zu krönen, hätte der Hirte auch noch sagen müssen, was an künftigen Dingen er sah,

doch er schloß seinen Mund so plötzlich wie einer, der merkt, daß er schon zu viel geredet hat. Jesus, Gott weiterhin fest im Blick, bemerkte in einer Art trauriger Ironie, Warum tust du, als wüßtest du nicht, was du weißt, bekannt war dir, daß ich mit dieser Bitte käme, du weißt, du wirst nur sagen, was ich hören möchte, also zögere den Beginn meines Sterbens nicht weiter hinaus, Dein Sterben begann schon mit deiner Geburt, So ist es, doch jetzt werde ich darin rascher voranschreiten. Gott betrachtete Jesus mit einer Miene, die wir bei einem Menschen jäh von Achtung erfüllt genannt haben würden, seine ganze Art erfuhr Vermenschlichung und, mag es auch scheinen, daß dieses eine mit jenem anderen nicht zu tun hat, obschon wir in die urgründigen Bindungen zwischen all den Dingen und den Handlungen nimmer Einsicht gewinnen, hier jetzt drängte der Nebel auf das Boot ein, umringte es wie eine unüberwindbare Mauer, auf daß Gottes Worte hier gefangen blieben, nicht Verbreitung fänden in der Welt, festgehalten hier seine Worte über die Wirkungen, Ergebnisse und Folgen der Opferung dieses Jesus, seines vorgeblichen Sohnes, und Sohn der Maria, dessen wahrer Vater aber Josef ist, gemäß jenem ungeschriebenen Gesetz, das befiehlt, nur zu glauben, was man sieht, auch wenn wir Menschen bekanntermaßen selbige Dinge unterschiedlich sehen, was sich im übrigen als gewinnlich erwiesen hat für das Überleben und die relative geistige Gesundheit der Spezies.
Gott sagte, Es wird eine Kirche geben, was, wie du weißt, Versammlung bedeutet, eine Glaubensgemeinschaft, die du gründen wirst, oder die in deinem Namen Gründung erfährt, was mehr oder weniger das gleiche, Sofern wir uns an das Belangvolle halten, und diese Kirche wird sich in der Welt ausbreiten, bis in die Winkel, die es noch zu entdecken gilt, katholisch wird sie sich nennen, allgemein und universal, was, leider, Zwistigkeiten und Spaltungen nicht verhindern wird unter denen, die sich, wie schon angedeutet, eher auf dich denn auf mich beziehen, doch das dauert nur eine gewisse Zeit, etliche tausend Jahre, denn ich war vor dir da und werde bleiben, nachdem du längst aufgehört hast zu sein, was du bist und sein wirst, Sprich klar, unterbrach Jesus ihn, Das ist nicht möglich, sagte Gott, die Worte der Menschen sind wie Schatten, und die Schatten könnten das Licht nie erklären, zwischen sie und das Licht stellt sich der undurchsichtige Körper, der sie gebiert, Ich befrage dich über die Zukunft, Über die Zukunft

rede ich, Wissen möchte ich von dir, wie die Menschen leben, die
nach mir kommen, Du meinst deine Gefolgsleute, Ja, ob sie glücklicher sein werden, Glücklicher, was man halt glücklicher nennt,
eigentlich nicht, aber mit der Hoffnung auf ein Glück im Himmel,
wo ich ewig wohne, demnach mit der Hoffnung, immerdar bei mir
zu wohnen, Mehr nicht, Mit Gott leben dünkt dir wohl wenig,
Wenig, viel oder alles, es beweist sich erst nach dem Jüngsten
Gericht, wenn du die Menschen nach dem beurteilst, was sie Gutes
und Böses getan haben, bis dahin aber lebst du im Himmel allein,
Mit meinen Engeln und den Erzengeln mir zur Seite, Es fehlen die
Menschen, Ja, sie fehlen mir, und damit sie zu mir kommen, bedarf
es deiner Kreuzigung, Ich möchte noch mehr wissen, sagte Jesus,
beinahe heftig, als wehrte er die bildliche Vorstellung von sich
selbst ab, wie er da an einem Kreuz hing, blutend und tot, Erfahren
will ich, wie es kommt, daß die Menschen dann an mich glauben
und mir folgen, und sage mir nicht, es lange hierzu das, was ich
ihnen sagen werden, und sage mir nicht, es lange, was in meinem
Namen nach mir jene dann sagen, die schon an mich glauben, ich
nenne dir ein Beispiel, die Heiden und die Römer, die ja andere
Götter haben, willst du mir einreden, sie tauschten die ihren so mir
nichts dir nichts gegen mich ein, Gegen dich nicht, gegen mich,
Gegen mich oder gegen dich, du selbst sagst, es bleibt sich gleich,
spielen wir nicht mit Wörtern, antworte auf meine Frage, Wer
glaubte, der kommt zu uns, Einfach so, So einfach, wie du das grad
eben sagst, Die anderen Götter werden Widerstand bieten, Und du
wirst gegen sie kämpfen, gewiß, Welch ein Unsinn, was geschieht,
das trägt sich auf Erden zu, der Himmel ist ewig und friedvoll, ihr
Menschenschicksal durchleben die Menschen dort, wo sie gerade
sein mögen, Klar gesagt, auch wenn die Worte dunkel, die Menschen werden für dich und für mich sterben, Die Menschen sterben seit jeher für die Götter, sogar für falsche und lügenhafte, Können Götter lügen, Und ob sie es können, Und du bist von ihnen
allen der einzige und wahre, Einzig und wahr, Und obzwar wahr
und einzig, kannst du es dennoch nicht abwenden, daß die Menschen für dich sterben müssen, sie, die geboren sein sollten, um für
dich zu leben, auf Erden, ich meine, nicht im Himmel, wo du für
sie keine Freuden des Lebens bereit hast, Falsche Freuden auch diese, denn sie kamen mit der Ursünde auf, frage du hier deinen Hirten, er wird dir erklären, wie das war. Falls es Geheimnisse gibt, die

ihr, du und der Teufel nicht untereinander teilt, hoffe ich, zählt zu ihnen jenes eine, das ich vom Teufel weiß, auch wenn er behauptet, ich habe nichts gelernt. Schweigen trat ein. Gott und der Teufel blickten einander erstmals an, beide schienen sprechen zu wollen, doch nichts geschah. Jesus sagte, Nun, ich warte, Worauf, fragte Gott wie zerstreut, Daß du mir sagst, mit wieviel Leiden und Tod dein Sieg über die anderen Götter bezahlt wird, wieviel Leid und Tod all jene Kämpfe kosten werden, die, in deinem Namen und in meinem, die Menschen, welche dann an uns glauben, gegeneinander ausfechten werden, Willst du es unbedingt wissen, Ich bestehe darauf, Nun, zustande kommen wird jene Vereinigung, die ich dir schon nannte, doch ihre Fundamente, um recht solid zu sein, gilt es ins Fleisch einzugraben, der Zement ihrer Grundmauern wird ein Gemisch sein aus Verzicht, Tränen, Schmerzen und Peinigungen, und aus allen Toden, die heute nur vorstellbar sind, und weiteren, die man erst in Zukunft keimen lernen wird, Endlich nun wirst du klar und deutlich, fahre fort, Ich beginne mit einem, den du kennst und liebst, mit Fischer Simon, den du Petrus nennen wirst, er wird, wie du, gekreuzigt, aber mit dem Kopf abwärts, gekreuzigt auch Andreas, an einem Martergerüst in Form eines X, den Sohn des Zebedäus, der Jakob heißt, werden sie enthaupten, und Johannes und Maria von Magdala, die sterben eines natürlichen Todes, wenn ihre Erdentage enden, doch du wirst weitere Freunde haben, wie jene anderen, die der Meuchelung nicht entgehen, so der Fall eines Philippus, den sie ans Kreuz fesseln und dann zu Tode steinigen, und Bartholomäus, den sie bei lebendigem Leib abbalgen, und ein Thomas von der Lanze durchbohrt, und Matthäus, der, ich erinnere mich jetzt nicht wie, stirbt, ein weiterer Simon wird in zwei Hälften zersägt, ein Judas mit dem Streitkolben erschlagen, ein weiterer Jakob gesteinigt, ein Matthias mit der Streitaxt enthauptet, und auch Judas Iskariot, doch über den wirst du besser im Bilde sein als ich, ausgenommen was seinen Tod betrifft, er wird sich selbst erhängen, an einem Feigenbaum, Sie alle sterben deinethalben, fragte Jesus, Wenn du so fragst, ja, alle werden meinethalben sterben, Und dann, Dann, mein Sohn, sagte ich dir schon, wird es eine nicht endende Geschichte an Eisen und Blut, an Feuer und Asche, ein unendliches Meer an Leiden und Tränen, Erzähl, ich will alles wissen. Gott seufzte, und monoton wie einer, der es vorzog, Erbarmen und Mitleid einzuschläfern, begann er die Litanei, in alphabetischer Reihe, um Peinlichkeiten in der Rangfolge zu vermeiden, Adalbert von Prag, getötet mit einer siebenzackigen Picke, Hadrian auf einem Amboß zu Tode gehämmert, Afra von Augsburg auf dem Scheiterhaufen verbrannt, Agapitus von Präneste an den Füßen aufgehängt und verbrannt, Agrikola von Bologna gekreuzigt und mit Nägeln durchbohrt, Agatha von Sizilien, Brüste abgeschnitten und getötet, Elphegus von Canterbury mittels Ochsenknochen erschlagen, Anastasius von Salona gehenkt und geköpft, Anastasia von Sirmitis, Brüste abgeschnitten und auf dem Scheiterhaufen verbrannt, Ansanus von Siena die Eingeweide herausgerissen, Antonius von Pamiers geviertelt, Antonius Ripolanus gesteinigt und verbrannt, Apollinaris von Ravenna mit dem Streitkolben erschlagen, Apollonia von Alexandrien auf dem Scheiterhaufen verbrannt, nachdem man ihr die Zähne ausgerissen, Augusta von Treviso enthauptet und verbrannt, Aura von Ostia mit einem Mühlstein am Hals ersäuft, Aurea von Syrien auf einem nägelbespickten Stuhl ausgeblutet, Auta von Pfeilen durchbohrt, Babilas von Antiochien enthauptet, Barbara von Nikomedien enthauptet, Barnabas von Zypern gesteinigt und verbrannt, Beatrix von Rom erhängt, Benignus von Dijon mit Lanzen niedergestochen, Blandina von Lyon von einem wilden Stier zu Tode gestoßen, Blasäus von Sebaste mit Eisenhecheln zu Tode gemartert, Kalixtus mit einem Mühlstein am Hals ertränkt, Kassian von Imola von seinen Schülern erdolcht, Kastulus lebendig begraben, Katharina von Alexandrien enthauptet, Cäcilia von Rom, Kehle durchschnitten, Cyrianus von Karthago enthauptet, Cyrus von Tarsus noch als Kind getötet, von einem Richter, der ihm den Kopf an den Stufen des Tribunals zerschmetterte, Klarus von Nantes enthauptet, Klarus von Wien enthauptet, Klemens ertränkt mit einem Anker um den Hals, Krispin und Krispinian von Soissons enthauptet, Christina von Bozen getötet nach allen Arten, die der Einsatz von Mühlstein, Rad, Zange, Pfeilen und Schlangen ermöglicht, Kukuphas von Barcelona ausgeschächtet, und hier nun ans Ende des Buchstabens C gelangt, sagte Gott, Weiterhin ergibt sich kaum Neues, gering sind die Abwandlungen, und die feinen Einzelheiten herauszustreichen, würde viel Zeit beanspruchen, weshalb ich es hierbei belasse, Fahre fort, beharrte Jesus, und Gott fuhr fort in der Aufzählung, indes abkürzend, wo es möglich, Donatus von Arezzo geköpft, dem Elpidius von Rampillon die Hirnschale geknackt, Emerita verbrannt, Ämilius von Trevi enthauptet, Emmeram von Regensburg fesselten sie an eine Leiter und töteten ihn dann, Enkratis von Saragossa geköpft, Erasmus von Gaeta, auch Elmus genannt, mittels Spill zu Tode gezerrt, Escubiculus enthauptet, Eskil von Schweden gesteinigt, Stephan gesteinigt, Euphemia von Chalcedon mit dem Schwert durchbohrt, Eulalia von Mérida enthauptet, Eutropius von Saintes enthauptet mit einer Streitaxt, Fabian mit Schwert und Eisenrechen getötet, Fe von Agen die Kehle durchschnitten, Felicitas und die Sieben Söhne mittels Schwert geköpft, Felix und sein Bruder Adauktus item, Ferreolus von Besançon enthauptet, Fidelis von Sigmaringen mit dem Morgenstern erschlagen, Philomena, Pfeil und Anker, Firminus von Pamplona enthauptet, Flavia Domitilia item, Fortunatus von Évora vielleicht item, Fruktuosus von Tarragona verbrannt, Gaudentius von Frankreich geköpft, der gehörnte Gengoulph von Burgund vom Liebhaber seines Weibes ermordet, Gerardo Sagredo von Budapest Lanze, Gereon von Köln enthauptet, die Zwillinge Gervasius und Protasius item, Godeleine von Ghistelles erdrosselt, Maria Goretti item, Gratus von Aosta enthauptet, Hermenegildo mit der Axt erschlagen, Hieron Schwert, Hippolyt hinter einem Pferd zu Tode geschleift, Ignacio de Azevedo von den Kalvinisten getötet, die nicht Katholiken sind, Ines von Rom ausgeschächtet, Januarius von Neapel enthauptet, doch zuvor den wilden Tieren vorgeworfen und in einen Ofen gesteckt, Jeanne d'Arc lebendig verbrannt, João de Brito enthauptet, John Fisher enthauptet, Johannes Nepomuk von Prag ertränkt, Juan de Prado mit einem Messerstich in den Kopf getötet, Julia von Korsika, Brüste abgeschnitten und gekreuzigt, Juliana von Nikomedien enthauptet, Justa und Rufina von Sevilla, die eine gerädert, die andere erdrosselt, Justina von Antiochien mit siedendem Pech übergossen und enthauptet, Justus und Hirte, allerdings nicht unserer hier, sondern jener von Alcalá de Henares, enthauptet, Kilian von Würzburg enthauptet, Leodegar von Autun item, nachdem man ihm die Augen und die Zunge ausgerissen, Leokadia von Toledo von einem Fels in die Tiefe gestürzt, Livinus von Gent Zunge herausgerissen und enthauptet, Longinus enthauptet, Laurentius auf dem Rost gegrillt, Ludmila von Prag erdrosselt, Lucia von Syrakus geblendet und dann gemeuchelt, Maginus von Tarragona mit einer Zackenhippe enthauptet, Mamertus von Kappadokien Bauch aufgeschlitzt, Manuel, Sabel und Ismael, Manuel rechte und linke Seite der Brust von je einem Nagel durchbohrt und item den Kopf von Ohr zu Ohr, und alle drei dann geköpft, Margarita von Antiochien Pechfackel und Eisenkamm, Marius von Persien Schwert und die Hände abgehackt, Martina von Rom enthauptet, die Märtyrer von Marokko, Bernardus von Calvi, Petrus von San Geminianus, Otho, Adjutus und Akkursius alle geköpft, die Märtyrer von Japan, sechsundzwanzig an der Zahl, gekreuzigt, von Lanzen durchbohrt und verbrannt, Mauritius von Agaunum mit dem Schwert abgestochen, Meinrad von Einsiedeln Streitkolben, Mennas von Alexandrien Schwert, Merkurius von Kappadokien enthauptet, Thomas Morus item, Nikasius von Reims item, Odilia von Huy durch Pfeile getötet, Paphnutius gekreuzigt, Paius geviertteilt, Pankratius enthauptet, Pantaleon von Nikomedien item, Patroklus von Troyes und Soest item, Paulus von Tarsus, dem du deine erste Kirche verdanken wirst, item, Petrus von Rates Schwert, Petrus von Verona Messer in den Kopf und Dolch in die Brust, Perpetua und Felicitas von Karthago, Felicitas, die Sklavin der Perpetua, beide von einer wilden Kuh aufgespießt, Piaton von Tournai Schädel geknackt, Polykarp erdolcht und verbrannt, Priska von Rom den Löwen zum Fraß vorgeworfen, Processus und Martinianus item, vermute ich, Quintinus Nägel in den Kopf und in andere Körperteile, Quirinus von Rouen die Schädeldecke aufgesprengt, Quiteria von Coimbra vom eigenen Vater enthauptet, gräßlich, Renatus von Dortmund mit Steinklopfhammer erschlagen, Regina von Alise Schwert, Restituta von Neapel Scheiterhaufen, Roland durch das Schwert, Romanus von Antiochien Zunge ausgerissen, dann erdrosselt, hast du noch nicht genug, fragte Gott, und Jesus antwortete, Diese Frage müßtest du dir selbst stellen, fahr fort, und Gott fuhr fort, Sabinianus von Sens gemeuchelt, Sabinus von Assisi gesteinigt, Saturninus von Toulouse von einem Stier zu Tode geschleift, Sebastian Pfeile, Sigismund, König der Burgunder, in einen Brunnen gestürzt, Sekundus von Asti enthauptet, Servatius von Tongern und Maastricht, so unglaublich es klingt, mit einer Holzpantine erschlagen, Severus von Barcelona einen Nagel in den Kopf, Sidwel von Exeter enthauptet, Sinforianus von Autun item, Sextus item. Tharcisius gesteinigt, Thekla von Ikonien Glieder abgeschlagen, darin verbrannt, Theodorus Scheiterhaufen, Tiburtius enthauptet, Timotheus von Ephesus gesteinigt, Tirsus in Teile zersägt, Thomas Becket von Canterbury Stichwaffe ins Hirn, Torquatus und die Siebenundzwanzig von General Mussa vor den Toren von Guimarães getötet, Tropez von Pisa enthauptet, Urbanus item, Valeria von Limoges item, Valerian item, Venantius von Camerino gemeuchelt, Vincenz von Saragossa Schleifstein und Dornengrill, Virgil von Trient ebenfalls mit Holzpantinen erschlagen, Vitalis von Ravenna Lanze. Viktor enthauptet, Viktor von Marseille Kehle durchschnitten, Viktoria von Rom Zunge ausgerissen, dann gemeuchelt, Wilgefortis, oder Liberata, oder Eutropia, bärtige Jungfrau, gekreuzigt, und andere, weitere, viele, item, item, item, das langt nun aber, Es langt nicht, welche anderen meinst du da, Muß es unbedingt sein, O ja, Ich meine jene, die nicht gequält wurden und nicht ihren Tod starben, wohl aber Marterung erfuhren durch die Versuchungen des Fleisches, durch die Welt und den Teufel, und die, um die Peinigungen zu überwinden, ihren Leib kasteiten mit Fasten und Gebet, es gibt sogar den interessanten Fall eines John Schorn, der so viel im Knien betete, daß er Schwielen bekam, wo, an den Knien natürlich, auch heißt es, und das hier gilt für dich, daß er den Teufel in einen Stiefel sperrte, ha, ha, ha, Ich in einem Stiefel, fragte der Hirte zweifelnd, bare Legende, um mich zu fassen, müßte ein Stiefel so groß wie die Welt sein, und in dem Fall möchte ich erleben, wer ihn anziehen und dann wieder ausziehen könnte, Kasteien sie sich nur durch Fasten und Gebet, fragte Jesus und Gott erwiderte, Auch werden sie dem Leib hart zusetzen mit Schmerz und Blut und Schweinereien, und sonstigen vielen Selbstzüchtigungen, sie werden Büßerhemden tragen und Peitschungen an sich vornehmen, manch einer wird sich sein Leben lang nicht waschen, oder beinahe, manch einer wirft sich mitten ins Dorngesträuch und wälzt sich im Schnee, um die vom Teufel geweckten Fleischeslüste abzuwehren, denn dem Teufel obliegt das Versuchen, er hat die Seelen vom geraden Weg in den Himmel abzulenken, nackte Weiber, erschreckende Monster, Kreaturen der Verirrung, Geilheit und Angst, das sind die Waffen, mit diesen Waffen quält der Teufel die armen Menschenleben, All das wirst du tun, fragte Jesus den Hirten. Mehr oder weniger, erwiderte dieser, ich nehme halt, was Gott nicht mochte, das Fleisch in seiner Freude und Trauer, in Jugend und Alter, in Frische und Fäulnis, doch es stimmt nicht, daß ich mir die Angst zur Waffe mache, kann mich nicht entsinnen, daß ich etwa die Sünde und deren Bestrafung erfunden hätte, und die ihnen stets innewohnende Angst, Schweig, unterbrach Gott ihn, ungeduldig, Sünde und Teufel, das sind Begriffe für ein und dieselbe Sache, Welche Sache, fragte Jesus, Das Abwesendsein vor mir, Und was heißt Abwesendsein von dir, daß etwa du dich zurückgezogen hast, oder sie sich von dir, Ich ziehe mich nie zurück, Aber erlaubst es den anderen, dies zu tun, Wer mich verläßt, sucht mich, Und falls er dich nicht findet, ist es, wissen wir schon, Teufels Schuld, Nein, meine Schuld, denn dann vermag ich nicht dorthin zu gelangen, wo man mich sucht. Diese Worte sprach Gott unerwartet schmerzvoll und traurig aus, als hätte er jäh die Grenzen seiner Macht entdeckt, Fahre fort, beharrte Jesus, Andere, so nahm Gott den Faden bedächtig wieder auf, andere ziehen sich in rauhe, unwirtliche Gefilde zurück und verbringen in Grotten und Höhlen, bei den Wildtieren, ein einsames Leben, andere lassen sich einmauern, oder sie hausen auf hohen Säulen, jahrelang, ohne Ende, während andere, hier senkte sich seine Stimme, erstarb fast, Gott sah einen nicht endenden Zug von Menschen, Tausende und Tausende, Abertausende von Männern und Frauen, die überall auf dem Erdenrund in Klöster und Klosterkirchen eintraten, deren einige bäuerisch derbe Bauten waren, andere aber stolze Paläste, Dort werden sie leben, um uns zu dienen, fuhr er fort, mir und dir, von morgens bis in die Nacht, sie werden uns dienen mit Vigilien und Gebeten, und obwohl sie alle den einen Vorsatz haben, das gleiche eine Ziel vor Augen, nämlich uns anzubeten und mit unseren Namen auf den Lippen zu sterben, werden sie unterschiedliche Namen tragen, nennen werden sie sich Benediktiner, Bernhardiner, Karthäuser, Augustiner, Gilbertiner, Trinitarier, Franziskaner, Dominikaner, Kapuziner, Karmeliterinnen, Jesuiten, und es werden viele sein, viele, viele, ach, am liebsten möchte ich ausrufen dürfen, Mein Gott, warum ihrer so viele. Hier wandte sich der Teufel an Jesus und sprach, Beachte, in dem, was ich soeben erzählte, gibt es zwei Möglichkeiten, sein Leben zu verlieren, erstens durch das Martyrium, zweitens durch Lebensverzicht, es langte nicht, daß sie zu ihrer fälligen Stunde stürben, sie müssen ihrem Tod, in dieser oder anderer Weise, auch noch entgegeneilen, gekreuzigt dann, geschächtet, gemeuchelt, verbrannt, gesteinigt, ertränkt, geviertelt, erhängt, abgebalgt, erstochen, gehörnt, lebendig begraben, zersägt, erschossen, amputiert, gehechelt, oder aber, indem sie sich in oder außerhalb der Zellen, Kapitel und Klöster selbst strafen, für den Umstand strafen, daß sie mit einem Körper geboren worden, den Gott ihnen gab und ohne den sie nicht wüßten, wohin mit der Seele, all diese Qualen hat nicht dieser Teufel ersonnen, der hier zu dir spricht, Ist das alles, fragte Jesus den Herrgott, Nein, es fehlen die Kriege, Auch Krieg wird es geben, Und Tötungen, Über Metzelei bin ich im Bilde, um ein Haar hätte es mich selber erwischt, und recht bedacht, ist es schade, daß ich ihr entkam, denn jetzt würde meiner nicht das Kreuz harren. Ich führte deinen anderen Vater an den rechten Fleck, damit er dort hörte, was die Soldaten meinem Wunsche gemäß sagten, jedenfalls habe ich dir das Leben bewahrt, Bewahrtest es mir, um mich dann umzubringen, wenn es dir gefiele und gut von Nutzen, also ist es, als hättest du mich zweimal getötet, Der Zweck heiligt die Mittel, mein Sohn, Dem nach, was ich, seit wir hier sind, aus deinem Munde hörte, nehme ich dir das ohne weiteres ab, Entsagung, Eingesperrtsein, Erleiden, Tod, und nun die Kriege und Metzeleien, was werden das für Kriege sein, Viele, ein nicht endendes Viel, sonderlich aber jene, die man gegen dich und gegen mich führt, im Namen eines Gottes, der erst noch erscheinen wird, Wie kann ein Gott erst nachträglich erscheinen, ein Gott, sofern er ein solcher, existiert doch seit jeher und für immer, Ich räume ein, so leicht ist das nicht zu begreifen, auch nicht zu erklären, doch es wird geschehen, wie ich dir sage, ein Gott tritt auf den Plan und wird gegen uns und gegen jene, die unsere Anhänger sein werden, dann ganze Völker werfen, nein, mir langen die Worte nicht, um dir das wilde Schlachten zu schildern, jenes Blutvergießen zu beschreiben, denke dir meinen Altar zu Jerusalem tausendfach vergrößert, setze Menschen anstelle der Tiere, und selbst so wirst du noch keine rechte Vorstellung gewinnen, was die Kreuzzüge waren, Kreuzzüge, was ist das, und warum sagst du, daß sie waren, wenn sie erst sein werden, Erinnere dich, ich bin die Zeit, und also ist für mich alles, was geschehen wird, schon geschehen, und alles was geschah, geschieht alle Tage, Erzähle mir das von den Kreuzzügen, Nun gut, mein Sohn, diese Orte, an denen wir uns jetzt befinden, inbegriffen Jerusalem, und alle Landstriche nach dem Norden und dem Westen werden dann erobert von den Gefolgsleuten jenes erwähnten späten Gottes, und die Unseren, jene von unserer Seite, werden alles unternehmen, um sie von jenen Orten zu vertreiben, auf die

dein Fuß trat und die ich so eifrig aufsuche, Um die Römer von hier
zu vertreiben, heute, hast du aber nicht viel unternommen, Ich
erzähle von der Zukunft, lenke mich nicht ab, Fahr also fort, Hinzu
kommt, daß du hier geboren wurdest, daß du hier lebtest und hier
starbst. Na, noch bin ich nicht tot, Für unseren Fall bleibt sich das
gleich, eben erst erklärte ich dir, was von meinem Standpunkt aus
geschehen und geschehen sein heißt, und bitte, unterbrich mich
nicht immerzu, wenn du nicht möchtest, daß ich ein für allemal
schweige, Ich, ich werde schweigen, Nun gut, diese Landstriche hier
wird man die Heiligen Stätten nennen, weil du hier geboren wurdest, lebtest und starbst, jenem Glauben aber, der du sein wirst, stand
es damals nicht gut zu Gesicht, daß sich seine Wiege in den unwürdigen Händen der Ungläubigen befand, ein, wie du also siehst, mehr
als hinlänglicher Grund, um während etwa zweihundert Jahren den
Einfall von riesigen Heeren aus dem Westen zu rechtfertigen, die mit
der Absicht kamen, unserem Glauben die Höhle zu erobern und zu
bewahren, in der du geboren worden, und ebenso den Berg, auf dem
du sterben wirst, um nur von den hauptsächlichen Stätten zu reden,
Sind diese Heere die Kreuzfahrer, Ja, Und eroberten sie das Beabsich-
tigte, Nein, aber sie töteten viele Menschen, Und die Kreuzfahrer
selbst, Von denen kamen ebensoviele um, wenn nicht gar mehr, Und
all das in unserem Namen, Sie werden sich in die Schlacht werfen
mit dem Ruf, Es ist Gottes Wille, Und sterben wohl mit den Worten, Es war Gottes Wille, Eine schöne Art, so zu enden, Und einmal
mehr lohnte sich das Opfer nicht, Die Seele, mein Sohn, um Rettung zu erfahren, bedarf der Aufopferung des Leibes, In diesen und
anderen Worten habe ich es von dir bereits gehört, und du, Hirte,
was ist denn deine Meinung zu diesen künftigen entsetzlichen Dingen, Ich sage, wer reiflich überlegt, wird nie folgern, daß der Teufel
die Schuld hatte, hat und haben wird an solchem Gemetzel und derlei Friedhöfen, außer mir unterstellte irgendein Schurke verleumde-
risch, für das Aufkommen jenes Gottes, der dem unseren feindlich
gesonnen, sei ich verantwortlich, Mir scheint es einhellig und klar,
daß nicht du der Schuldige bist, und was deine Furcht vor solcher
Bezichtigung anbelangt, wirst du erwidern, der Teufel, da Lüge,
könne nie die Wahrheit erschaffen, die Gott darstellt, Aber wer hat
denn dann den feindlichen Gott erschaffen, fragte der Hirte, Jesus
wußte hierauf keine Antwort. Gott, der stumm dasaß, blieb stumm,
doch aus dem Nebel herab sprach hallend eine Stimme, Vielleicht

sind dieser Gott und der später kommende lediglich Heteronyme, Von wem und von was, fragte neugierig eine andere Stimme. Jesus, Gott und Teufel taten, als hätten sie nichts gehört, musterten einander aber erschrocken, so ist das mit der gemeinsamen Furcht, leicht eint sie die Unterschiede.

Die Zeit verstrich, der Nebel sprach nicht wieder, und Jesus fragte, nun wie einer, der nur noch auf die bestätigende Antwort wartete, Das ist alles. Gott zögerte und sagte dann in müdem Tonfall, Da ist auch noch die Inquisition, doch von der, falls es dir nichts ausmacht, reden wir ein andermal, Was ist die Inquisition, Die Inquisition ist eine weitere Geschichte ohne Ende, Ich möchte es wissen, Besser, du erführest es nicht, Ich beharre, Du wirst in deinem heutigen Leben Gewissensbisse spüren, die von der Zukunft herrühren, Du etwa nicht, Gott ist Gott, er kennt keine Gewissensbisse, Nun, ich mit dieser Last auf mir, daß ich für dich zu sterben habe, ich werde ja wohl auch noch jene Gewissensbisse verkraften, die du dir zu eigen machen müßtest, Ich möchte dich lieber schonen, Wahrlich, nichts anderes hast du getan seit meiner Geburt, Du bist undankbar wie aller Eltern Kinder, Unterlassen wir weitere Verstellung, sage mir, was die Inquisition sein wird, Die Inquisition, auch Tribunal des Heiligen Offiziums genannt, ist das notwendige Übel, das höchst grausame Instrument, mit dem wir die Ansteckung abwehren, die sich eines Tages und für lange im Körper deiner Kirche einnistet, als ruchlose Ketzerei allgemein und deren mindere Ableger und Folgen, denen sich noch etliche Perversionen im Physischen als auch im Moralischen zugesellen, was alles in allem ein ganzer Sack von Abscheulichkeiten, als da ohne Rangfolge und Ordnung zu nennen wären Lutheraner und Kalvinisten, Molinisten und Judenanhänger, Sodomiten und Zauberer, etliche dieser ein Schandfleck der Zukunft, andere ein Schandfleck seit jeher, Und da die Not so groß ist, wie du sagst, was unternimmt die Inquisition zur Minderung dieser Übel, Die Inquisition ist eine Polizei und ist ein Tribunal, darum hat sie zu häschen, zu richten und zu verurteilen, wie Gericht und Polizei dies eben tun, Verurteilen wozu, Zu Haft, Verbannung, Scheiterhaufen, Zum Scheiterhaufen, sagst du, Ja, verbrannt werden künftig Tausende und Tausende, Abertausende Männer und Frauen, Etliche erwähntest du ja schon, Die da wurden ins Feuer geworfen, weil sie an dich glaubten, den anderen wird dies widerfahren, weil sie zweifelten, Sind Zweifel an mir etwa nicht statthaft, Nein, Aber wir dürfen zweifeln, ob der Jupiter der Römer ein Gott ist, Ich allein bin Gott, ich bin der Herr, und du bist mein Sohn, Es werden Tausende sterben, Hunderttausende, Sterben werden Hunderttausende von Männern und Frauen, die Erde dann erfüllt von Schmerzensschreien, Kreischern, Geheul und Todesröcheln, der Rauch der Verbrannten wird die Sonne verdecken, das Fett der Opfer wird über der Kohlenglut prasseln, ein Gestank zum Erbrechen, und alles meiner Schuld wegen, Nicht deiner Schuld wegen, sondern der Sache halber, die du darstellst. Vater nimm diesen Kelch von mir, Daß du ihn trinkst, ist Voraussetzung für meinen Ruhm und deinen, Ich will diesen Ruhm nicht, Aber ich will diese Macht. Der Nebel zog sich auf seine alte Umgrenzung zurück, zu sehen war ein bißchen Wasser rings um das Boot, der Spiegel glatt und trüb, von keinem Windhauch und keiner vorbeistreichenden Flosse gekräuselt. Hierauf bemerkte der Teufel, Gott muß man sein, um an so viel Blut Gefallen zu finden.

Der Nebel drängte wieder vor, irgend etwas stand noch aus, eine weitere Enthüllung, ein weiterer Schmerz, ein weiterer Gewissensbiß, Nun aber war es der Hirte, der sprach, Ich hätte einen Vorschlag, sagte er an Gott gewandt, und Gott überrascht, Einen Vorschlag, du, und was soll das denn sein, es klang spöttisch, erhaben, hätte jeden anderen zum Verstummen gebracht, jedoch nicht den Teufel, den langher mit allem bekannten und vertrauten. Der Hirte machte eine Pause, als suchte er nach den treffenden Worten, dann erklärte er, Sehr aufmerksam habe ich all den in diesem Boot vorgebrachten Worten gelauscht, und schon hatte ich selber in der Zukunft einiges an Helligkeiten und an Schatten ausgemacht, nicht geahnt aber hätte ich, daß all das Licht von lodernden Scheiterhaufen herrührte, und die Schatten von so viel getöteten Menschen, Und das beunruhigt dich wohl, Es sollte mich nicht beunruhigen, da ich ja der Teufel bin, allemal Nutzen aus dem Tod zieht der Teufel, und sogar mehr als du, denn es bedarf nicht erst der Beweise, daß die Hölle reger bevölkert ist als der Himmel, Na, worüber beschwerst du dich denn dann, Ich beschwere mich nicht, ich hätte nur eben einen Vorschlag, Laß hören, schnell, ich kann nicht ewig hier hocken, Du weißt, und niemand weiß es besser als du, auch der Teufel hat ein Herz, Ja, aber du machst schlechten Gebrauch davon, Heute nun möchte ich guten Gebrauch machen, ich nehme es hin und wünsche es, daß deine Macht sich bis in die fernsten Winkel der

Erde ausbreitet, ohne daß da so viele Menschen sterben müssen, und weil, wie du sagst, alles was unbotmäßig und dich verleugnet, die Frucht des Bösen ist, das ich verkörpere und in der Welt verwalte, schlage ich vor, daß du mich wieder in deinen Himmel aufnimmst, mir die Übel der Vergangenheit nachsiehst, da ich sie künftig unterlasse, und daß du meinen Gehorsam deiner Person gegenüber billigst und schätzt, wie in den glücklichen Zeiten, als ich noch einer deiner bevorzugten Engel war, Luzifer nanntest du mich, Träger des Lichts, ehe mein Ehrgeiz, dir gleich sein zu wollen, mir die Seele verdarb, mich aufbegehren ließ gegen deine Herrschaft, Und weshalb ich dich aufnehmen und dir vergeben sollte, sagst du mir ja wohl auch, Im Falle du es tust und mir, jetzt, in gleicher Weise vergibst, wie du es für die Zukunft mit leichter Hand nach rechts und links zu tun versprichst, endet hier und heute das Böse, dein Sohn muß nicht sterben, dein Reich dann wird nicht auf dieses Land der Hebräer begrenzt sein, sondern die ganze erschlossene und noch zu erschließende Welt umfassen, und mehr als die Welt, das ganze Universum, überall wird das Gute walten, und singen werde ich im letzten Glied jener Engel, die dir treu geblieben, ich treuer als alle, weil reuig, ich werde deinen Lobpreis singen, alles wird enden wie nie gewesen, alles wird fortan so sein, wie es stets hätte sein sollen, Na, daß du ein geschickter Umgarner und Verderber der Seelen bist, wußte ich ja, solche Rede aber hörte ich von dir noch nie, diese oratorische Begabung, diese Lippe, fast hättest du mich überredet, Nimmst mich also an, vergibst mir nicht, ich will dich so, wie du bist, und möglichst noch schlimmer, Warum, Weil dieses Gute, das ich bin, nicht sein würde ohne das Böse, das du bist, ein Gut, ohne daß es dich gäbe, wäre undenkbar, in solchem Maße, daß selbst ich es mir nicht vorstellen könnte, also, wenn du aufhörst zu sein, dann ich ebenso, und folglich, damit ich das Gute sei, mußt du weiterhin das Böse sein, wenn der Teufel nicht wie der Teufel lebt, so Gott nicht wie Gott, des einen Tod wäre der des anderen, Ist dies dein letztes Wort, Mein erstes und mein letztes, das erste, weil ich es zum erstenmal sagte, und das letzte, weil ich es nicht wiederholen werde. Der Hirte hob die Schultern und sprach zu Jesus, Möge es nicht heißen, der Teufel habe Gott nie versucht, er erhob sich, wollte mit einem Bein über die Bordwand setzen, verhielt aber mitten in der Bewegung und sagte, In deinem Ranzen hast du einen Gegenstand, der mir gehört. Jesus konnte sich nicht erinnern, daß er den Ranzen

auf das Boot mitgenommen hatte, doch er lag da, vor seinen Füßen, Was Soll es sein, fragte Jesus, öffnete den Ranzen und fand drin nur jenen aus Nazareth mitgebrachten schwarzen Napf, Etwa dies da, Ja, antwortete der Teufel und nahm ihm den Napf aus den Händen, Eines Tages gelangt er wieder in deinen Besitz, doch du wirst nicht erfahren, daß du ihn hast. Er steckte das Gefäß in sein grobes Hirtengewand und stieg ins Wasser. Gott blickte er nicht an, sprach nur wie an eine unsichtbare Hörerschaft gewandt, Wohlan denn auf immer fort, da er es halt so gewollt, Jesus schaute dem Hirten hinterdrein, der langsam in den Nebel hinein verschwand, nicht eingefallen war ihm, jenen zu fragen, aus welcher Laune heraus er gekommen war und sich nun wieder zurückzog, schwimmend, auf die Entfernung mutete er abermals ein Schwein mit gespitzten Ohren an, zu hören war sein viehisches Schnaufen, feine Lauscher aber hätten leicht herausgehört, daß da irgendwie auch Furcht mitschwang, nicht die Angst zu ertrinken, welch ein Einfall, der Teufel, erfuhren wir gerade eben, endet nie, ihn gibt es immer und ewig. Schon verlor sich der Hirte im fransigen Nebelrand, da sprach Gott hastig, wie schon im Aufbruch begriffen, Ich werde einen Mann namens Johannes schicken, auf daß er dir hilft, doch du mußt ihn erst überzeugen, daß du bist, was du zu sein vorgibst. Jesus merkte auf, Gott aber war schon nicht mehr da. Im selben Augenblick hob sich der Nebel, löste sich auf in den Lüften, da war nur die blanke, glatte Spiegelfläche des Sees, von Ufer zu Ufer, zwischen Bergen und Bergen, und im Wasser nicht das mindeste Zeichen von Teufel, in den Lüften kein Zeichen von Gott.
Am Ufer, dorther er gekommen, gewahrte Jesus trotz der Entfernung eine große Menschenansammlung, und dahinter viele Zelte, als wäre jener Fleck nun ein Dauerlager herbeigeströmter Leute, die sich ihre Schlafgelegenheit behelfsmäßig hatten einrichten müssen. Jesus fand es nur eben merkwürdig, tauchte die Riemen ins Wasser und lenkte das Boot hin. Später schaute er über die Schulter, sah, daß dort Boote ins Wasser geschoben wurden, und bei genauerem Hinschauen erkannte er unter ihnen Simon und Andreas, und Jakob neben Johannes, im Verein mit anderen, und gar nicht wenigen, die er hier, meinte er sich zu erinnern, noch nie gesehen hatte. Eifrig rudernd kamen sie näher, und als sie auf Rufweite heran waren, schrie Simon, Wo bist du gewesen, doch freilich nicht dies begehrte er zu wissen, es war nur zur Gesprächsaufnahme. Na hier

auf dem See, antwortete Jesus in gleichermaßen unnützen Worten, wahrhaftig, nicht gerade originell der Informationsaustausch, mit dem die nette Lebensphase des Gottessohnes und Sohnes von Maria und Josef hier anhebt. Darin aber sprang Simon hinüber in Jesu Boot, und es offenbarte sich das Unbegreifliche, Unmögliche, Aberwitzige, Weißt du, wie lange du auf dem See warst, mitten im Nebel, ohne daß wir unsere Boote hätten zu Wasser lassen können, weil eine unüberwindbare Kraft uns jedesmal zurückstieß, Nun, den ganzen Tag, antwortete Jesus, einen Tag und eine Nacht, fügte er hinzu, um auf Simons Erregung mit angemessener Übertreibung zu antworten, Vierzig Tage, rief Simon, und weniger laut, Vierzig Tage warst du hier draußen, vierzig Tage hat sich der Nebel kein bißchen gelichtet, als wollte er vor uns verbergen, was sich hier abspielte, was du hier tatest, geschlagene vierzig Tage konnten wir keinen einzigen Fisch aus den Wassern bergen. Jesus hatte einen der Riemen Simon gegeben, nun ruderten die zwei einträchtig und im Gespräch, Schulter an Schulter, gemach, wie es einem Geständnis am dienlichsten, und bevor andere Boote heran waren, sagte Jesus, ich war mit Gott zusammen, nun kenne ich meine Zukunft, die Zeit, die ich noch leben werde, und das Leben nach meinem Leben, Wie ist er, ich meine Gott, wie ist er, Gott zeigt sich nicht lediglich in einer einzigen Gestalt, er kann als Wolke erscheinen, als Rauchsäule, als reicher Jude, eher erkennen wir ihn an seiner Stimme, falls wir sie schon einmal vernommen haben, Was sagte er zu dir, Daß ich sein Sohn bin, Bestätigte er es, Ja, das tat er, Demnach hatte der Teufel recht im Falle der Säue, Auch jetzt im Boot war der Teufel anwesend, nahm an allem teil, er weiß von mir offenbar so viel wie Gott selbst, in manchen Dingen vielleicht aber noch mehr als Gott, Und wo, Was wo, Wo waren sie, Der Teufel saß auf der Bordwand, hier, zwischen dir und Gott, der auf dem Heckbänkchen saß, Was sagte Gott zu dir, Daß ich sein Sohn bin und gekreuzigt werde, Gehst du in die Berge, um dich den Banditen anzuschließen, falls ja, gehen wir mit dir, Ihr werdet mit mir gehen, aber nicht in die Berge, nicht Caesar gilt es mit Waffen zu bezwingen, sondern Gott mittels Wort zum Sieg zu verhelfen, Allein durch das Wort, Auch durch das gute Beispiel, auch indem wir, falls es nötig, unser Leben aufopfern, Sind dies Worte deines Vaters, Ab heute sind alle meine Worte seine Worte, und wer an ihn glaubt, wird an mich glauben, denn nicht möglich ist es, an den Vater zu glauben und an den Sohn nicht, wenn der

Vater für sich einen neuen Weg wählte, kann der nur beim Sohn, der ich bin, beginnen, Du sagtest, wir gingen mit dir, wen meinst du, Dich an erster Stelle, dann deinen Bruder Andreas, die beiden Söhne des Zebedäus, Jakob und Andreas, im übrigen sagte Gott, er werde mir einen Mann namens Johannes zur Unterstützung schicken, doch das muß ein anderer sein. Mehr benötigen wir nicht, dies ist kein Festzug des Herodes, Andere werden kommen, und etliche sind vielleicht schon da, harren des Zeichens, eines Zeichens, das Gott durch mich kundtut, damit jene mir glauben und mir folgen, denen er sich nicht zeigt. Was gedenkst du den Leuten zu sagen, Daß sie ihre Sünden bereuen sollen, rüsten mögen sie sich für die neue Zeit Gottes, die da kommt, die Zeit, da sein flammendes Schwert jene den Kopf zu neigen zwingt, die sein Wort zurückweisen und es bespien haben, Wirst ihnen sagen, daß du Gottes Sohn bist, das wenigstens mußt du tun, Sagen werde ich, daß mein Vater mich seinen Sohn nannte, und daß ich diese Worte seit meiner Geburt im Herzen trage, und daß nun gar Gott zu mir sagte, Mein Sohn, ein Vater bringt den anderen nicht in Vergessenheit, heut indes befiehlt Gott Vater, also gehorchen wir ihm, Nun, das werde ich besorgen, sagte Simon, ließ das Ruderblatt fahren, eilte vor zum Bug, und da die Stimme nun schon ausreichte, rief er, Hosanna, hier kommt der Sohn Gottes, der vierzig Tage auf dem See weilte und mit dem Vater gesprochen hat, nun kehrt er zu uns zurück, auf daß wir Buße zeigen und uns rüsten, Verrate nicht, daß der Teufel mit dabei war, sagte Jesus hastig, damit nicht öffentlich bekannt würde, was zu erklären ihm hernach schwerfiele. Simon stieß einen weiteren Schrei aus, einen noch lauteren diesmal, der die Menschen am Ufer in Aufregung und Jubel versetzte, dann eilte er auf seinen Platz zurück, zu Jesus sagte er, Laß mich an die Riemen, du stellst dich aufrecht im Bug hin, sagst aber kein Wort, solange wir noch nicht an Land springen, sagst du nichts. So hielten sie es. Jesus stand aufrecht im Bug, in seiner alten Tunika, den leeren Ranzen über der Schulter, die Arme halb erhoben, als wollte er grüßen oder einen Segen erteilen, und er empfände Scheu oder sei in Zweifel, ob er der Sache würdig. Unter den Wartenden waren drei besonders Ungeduldige, die schritten bis zur Hüfte ins Wasser, packten das herbeigleitende Boot, zerrten und stießen es an Land, indessen einer von draußen Jesu Tunika zu erhaschen suchte, nicht etwa weil er Simons Versicherung voll geglaubt hätte, sondern weil er es für einen bemerklichen Fall

409

hielt, daß ein Mann vierzig Tage da mitten auf dem See geharrt hatte, nicht anders, als wäre er in der Wüste auf der Suche nach Gott und nun kehrte er hier zurück aus den kalten Eingeweiden eines Nebelberges, wobei es unerheblich, ob er Gott gesehen hatte oder nicht. Im übrigen war in all diesen Siedlungen samt Umgebung eher nur vom einzigartigen meteorologischen Phänomen die Rede gewesen, die Leute hatten nur so nebenbei gehört, dort drin befinde sich ein Mensch, und da hatte es geheißen, Der Ärmste. Das Boot jetzt lief ganz sanft auf, wie von Engelsschwingen herbeigetragen. Simon half Jesus beim Aussteigen, mit schlecht verhehltem Unmut jene drei abweisend, die sich, weil ins Wasser gewatet, eines besonderen Lohnes würdig glaubten, Laß sie, eines Tages werden sie hören, daß ich gestorben bin, und es wird sie schmerzen, daß sie meinen Leichnam nicht tragen konnten, so mögen sie mir wenigstens zu meinen Lebzeiten helfen. Jesus erstieg einen Erdhügel und fragte die Seinen, Wo ist Maria, im selben Augenblick sah er sie, als hätte die Nennung ihres Namens sie ihm aus dem Nichts oder aus einem Nebel herbeigezaubert, sie schien abwesend, doch es langte, ihren Namen zu nennen, und sie war da, Hier bin ich, mein Jesus, Komm zu mir, auch Simon und Andreas, und ebenso Jakob und Johannes, die Söhne des Zebedäus, kommt zu mir, diese sind es, die mich kennen und an mich glauben, die mich kannten und schon an mich glaubten, als ich zu ihnen noch nicht sagen konnte, und erst recht nicht zu euch, Ich bin der eingeborene Sohn Gottes, dieser Sohn, den der Vater zu sich rief, bei ihm war ich vierzig Tage auf dem See, und von dort komme ich, um euch zu verkünden, die Zeit des Herrn ist nun da, tut Buße, ehe der Teufel erscheint, um die faulen Ähren einzusammeln, die niedergefallen sein mögen bei der Ernte, die der Herrgott in seinem Schoße führt, und jene verlorenen Ähren seid ihr, falls ihr euch, zu eurem Übel, der liebevollen Umarmung durch Gott entziehen wollt. Ein Gemurmel ging durch die Menge, schwang über die Köpfe hin, jenen kleinen Wellen gleich, die sich auf dem See nun wieder kräuselten, im Grunde hatten viele der Anwesenden von Wundern reden hören, die dieser Mann da vor ihnen an verschiedenen Orten erwirkt hatte, einige gar waren Augenzeugen und sogar deren Nutznießer gewesen, Ich habe von jenem Brot und jenem Fisch gegessen, sagte einer, Ich habe von jenem Wein getrunken, sagte ein anderer, Ich war Nachbar jener Ehebrecherin, sagte ein dritter, doch zwischen solchen Unternehmungen, so übernatürlich sie gewesen sein mochten oder zu sein schienen, und diesem verkündeten obersten Wunder, daß er Sohn Gottes sei, und also er selber Gott, ist die Entfernung so gewaltig wie zwischen Himmel und Erde, die, sofern bekannt, bis auf den heutigen Tag nicht vermessen wurde. Mitten aus der Menge hallte eine Stimme, Gib uns einen Beweis dafür, daß du Gottes Sohn bist, und ich werde dir folgen, Du würdest mir allemal folgen, Wenn dein Herz dich mir zutrüge, doch es ist gefangen in deiner verschlossenen Brust, deshalb begehrst du von mir einen Beweis, der deinen Sinnen zugänglich, nun gut, auf der Stelle gebe ich dir einen Beweis, der deine Sinne befriedigt, den dein Kopf aber abwehren wird, und so, gespalten und verwirrt dein Kopf und deine Sinne, wirst du letztlich keine andere Wahl haben, als mit dem Herzen zu mir zu kommen, Mag das verstehen, wer will, ich verstehe es nicht, sagte der Mann, Wie heißt du, Thomas heiße ich, So komm her, Thomas, begleite mich an den Strand, schau mir zu, wie ich Vögel forme aus diesem Lehm, den ich mit vollen Händen aufnehme, sieh, wie einfach es ist, ich forme und modelliere den Rumpf und die Flügel, nun den Kopf und den Schnabel, ich drücke diese Steinchen auf als Augen, glätte die langen Schwanzfedern, richte die Füße und die Zehen aus, und nach diesem einen forme ich weitere elf Vögel, hier hast du sie, einen, zwei, drei, vier, fünf, sechs, sieben, acht, neun, zehn, elf, zwölf Vögel aus Lehm, schau an, und wir können ihnen, falls du möchtest, gar Namen geben, dieser heißt Simon, dieser Jakob, dieser Andreas, dieser Johannes, und dieser, sofern du es erlaubst, möge Thomas heißen, während wir im Falle der anderen warten, daß ihre Namen auftauchen, Namen sind unterwegs oft säumig, kommen verspätet, und nun schau, ich werfe dieses Netz über die Vögelchen, damit sie, falls wir unachtsam sind, nicht entfliehen, Willst mir etwa weismachen, daß die Vögel, wenn das Netz hochgeht, fortfliegen, fragte ungläubig Thomas, Ja sie werden entfliehen, Und mit diesem Beweis wolltest du mich überzeugen, Ja und nein, Wie denn ja und nein, Der beste Beweis wäre, doch das hängt nicht von mir ab, du höbest das Netz nicht hoch und glaubtest einfach, daß die Vögel fortflögen, wenn du es tätest, Sie sind aus Lehm, sie können nicht entfliehen, Probiere es, auch unser Urvater Adam war aus Lehm, und du stammst von ihm ab, Adam, dem schenkte Gott das Leben, Zweifle nicht länger, Thomas, heb das Netz hoch, ich bin Gottes Sohn, Du wolltest es und du sollst es haben, diese Tiere werden nicht fliehen, mit einem Ruck hob Thomas das Netz in die Höhe, und die Vögel, nun frei, schwangen sich in die Lüfte auf, flogen zwitschernd zwei Runden über der verzückten Menge und entschwanden in den Äther. Jesus sagte, Sieh Thomas, dein Vogel ist fort. Und Thomas erwiderte. Nein, Herr, er kniet hier zu deinen Füßen, ich bin es.

Aus der Menge traten etliche Männer vor, hinter ihnen, jedoch für sich, einige Frauen. Sie kamen und nannten ihre Namen, Ich bin Philippus, und Jesus sah in ihm die Steine und das Kreuz, Ich bin Bartholomäus, und Jesus sah einen abgebalgten Leib, Ich bin Matthäus, und Jesus sah ihn tot unter dem Barbarenvolk, Ich bin Simon, und Jesus sah, wie die Säge ihn zerschnitt, Ich bin Jakob, Sohn des Alphätis, und Jesus sah, wie sie ihn steinigten, Ich bin Judas Thaddäus, und Jesus sah die Streitkelle über seinem Haupt, Ich bin Judas Iskariot, und Jesus spürte Bedauern mit ihm, sah er doch, wie jener sich eigenhändig an einem Feigenbaum erhängte. Dann rief Jesus die anderen und sprach, Nun sind wir vollzählig, und die Stunde ist gekommen. Und zu Simon, dem Bruder des Andreas, sagte er, Da wir einen weiteren Simon unter uns haben, sollst du, Simon, ab heute Petrus heißen. Sie wandten sich vom See fort und begaben sich auf den Weg, ihnen hinterdrein die Frauen, deren Namen wir nicht erfuhren, im Grunde bleibt sich das gleich, fast alle sind sie Marias, selbst jene, die nicht so heißen, werden auf diesen Namen hören, wir sagen Frau, wir rufen Maria, sie schauen, und sie kommen, um uns zu dienen.

2. DIE EINFLÜSTERUNGEN DES TEUFELS

Zur Einführung

Er hat schon viele unerwartete Bücher veröffentlicht, der amerikanische Schriftsteller *Norman Mailer*, sein 1997 publiziertes dürfte zu den überraschendsten gehören. 1923 in Long Branch, New Jersey, geboren und aufgewachsen im jüdischen Milieu Brooklyns, war er mit 21 Jahren in die US-Army eingetreten und hatte im pazifischen Raum Kriegserfahrungen gesammelt.

Mit 25 Jahren legt er einen Anti-Kriegsroman unter dem Titel »The Naked and the Dead« (1948) vor, der seinen literarischen Weltruhm bis heute begründet. Es folgt eine fünfzigjährige literarische und publizistische Karriere, bis derselbe Autor im Alter von 74 Jahren sein Buch »The Gospel according to the Son« (1997) erscheinen läßt.

Wie kommt ein Autor wie er dazu, ein Buch über Jesus zu verfassen? In seinen zahlreichen großen Romanen hatte er bisher vor allem ein Kaleidoskop der amerikanischen Gesellschaft geboten und immer wieder neu die großen Streitthemen der amerikanischen Innenpolitik mit eigenen literarischen Deutungsentwürfen begleitet: nicht nur den Zweiten Weltkrieg und dessen Folgen, sondern auch die McCarthy-Ära mit ihrem paranoiden Antikommunismus (»Barbary Shore«, 1951); den traumatischen Vietnam-Krieg (»Why Are We in Vietnam?«, 1967); die großen Anti-Vietnam-Demonstrationen der Friedensbewegungen und ihrer Gegner (»The Armies of the Night«, 1968); den CIA-Komplex (»Harlot's Ghost. A Novel«, 1991), bei dem Mailer das Spionage- und Geheimdienstwesen der USA in einer Mischung beschreibt aus psychologischer Faszination (das Prinzip Verstellung) und politischem Mißtrauen (die faktisch unkontrollierbare Riesenorganisation in einem demokratischen Staat) . . .

Wie kommt ein Autor wie er dazu, einen Roman über Jesus zu verfassen? In seinem bisherigen Werk hatte er nur *Figuren der Zeitgeschichte* biographisch nachgezeichnet, um sie jeweils zum Exemplarfall von Reaktionsmustern der amerikanischen Gesellschaft zu machen, Fälle, die alle um die Grundthemen Mailers kreisen: Sexualität, Gewalt und Tod. 1979 rekonstruiert Mailer die Geschichte von *Garry Gilmore,* einem zum Tode verurteilten mehrfachen Mörder, der den US-Bundesstaat Utah dazu zwang, das gegen ihn verhängte Todesurteil zu vollstrecken (»The Executioner's Song«). 1981 beschreibt er das Leben der Schauspielerin *Marilyn Monroe,* einer der »Ikonen« der amerikanischen Bewußtseinsindustrie, deren Leben so lange öffentlich ausgebeutet wurde, bis diese Frau im Selbstmord endete. 1995 nimmt er sich den Fall des Kennedy-Mörders *Lee Harvey Oswald* vor (»Oswald's Tale: An American Mystery«), um sich angesichts der mittlerweile immer populärer werdenden Verschwörungstheorien ein eigenes Bild zu verschaffen. Nach Einblick in reichhaltiges Material auch des russischen Geheimdienstes KGB, der Oswald während dessen Zeit in der Sowjetunion beobachtet hatte, versucht Mailer zu zeigen, daß es die Persönlichkeit dieses Mannes durchaus zuließ, allein den Mord am Präsidenten Kennedy verübt zu haben. Das letzte Geheimnis der Person freilich bleibt auch hier unausgelotet, genauso wie im Fall eines der größten Künstler dieses Jahrhunderts, *Pablo Picasso,* dessen frühe Zeit Mailer in einer weiteren »interpretative biography« 1995 auszuleuchten versucht (»Portrait of Picasso as a Young Man«, 1995).

Noch einmal: Wie kommt ein Autor wie Mailer dazu, ein Buch über Jesus zu schreiben, der in seinem zerrissenen Leben kaum einem politischen Streit aus dem Weg ging? Unvergessen seine Rede gegen den Vietnam-Krieg auf dem Campus der University of California in Berkely 1965; unvergessen sein Engagement beim Anti-Vietnam-Protestmarsch auf das Pentagon am 21. Oktober 1967; unvergessen seine (schließlich gescheiterte) Kandidatur bei der Demokratischen Partei für das Bürgermeisteramt von New York 1969; unvergessen auch seine streitbaren Auseinandersetzungen mit Vertreterinnen des amerikanischen Feminismus, mit Kate Milett zumal, die in ihrem Buch »Sexual Politics« (1970) Mailer scharf angegriffen hatte, worauf dieser seinerseits mit seinem Buch »The Prisoner of Sex« (1971) geantwortet hatte.

In der Tat: Sex, Gewalt und Tod sind die zentralen Themen dieses Autors. Schon in seinem frühen Buch »Advertisements For Myself« (1959) hatte Mailer sich einem an Hemingway orientierten Virilitätskult hingegeben, den er auch in seinem Privatleben zu zelebrieren verstand (fünf Scheidungen, sechs Ehen). Sein Roman »Tough Guys Don't Dance« (1984) ist der vorläufige Höhepunkt dieser Auseinandersetzung mit dem Komplex Sex, Gewalt und Tod, ein Buch, in dem Mailer das ganze Kaleidoskop von erotischen Obsessionen auszubreiten und im Idiom von Hard-Core-Pornographie und Brutalo-Slang Sexualität als rein technischen Vollzug zu entmystifizieren versteht. Ein Buch, von dem ein deutscher Kritiker auf den damaligen Zustand der amerikanischen Literatur schließen zu können meinte: »Nach Dos Passos' Gesellschaftskritik,

Faulkners Humanismus, Hemingways Stoizismus betreten Amerikas Großschriftsteller – verführt vom Medienzirkus? – das Terrain des Exhibitionismus« (S. Schober, in: »Die Zeit« vom 30. 11. 1984).

Gewiß: Norman Mailer gilt als einer der »engagiertesten, aber auch skandalumwitterten Exponenten der Bürgerrechtsbewegung« (M. Schulze, Geschichte der amerikanischen Literatur, S. 500), und die Biographien sind voll von Episoden aus seinen sehr verschiedenen »Leben« (vgl. C. Rollysen, 1991). Und doch steht dieser Autor für eine *neue Ästhetik,* für die Exploration gewagter, experimenteller Formen des Schreibens. Sein mittlerweile umfangreiches Werk sprengt längst die Gattungsgrenzen. Als Schriftsteller wechselt Mailer ständig zwischen *fiction, nonfiction* oder *narrative;* praktiziert er eine als *new journalism* oder auch als Faktographie bezeichnete Darstellungsweise, die konkrete Daten der Wirklichkeit dokumentiert und zugleich fiktionalisiert. Diese »faktographische Vertextung« (in: H. Zapf, Amerikanische Literaturgeschichte, S. 323) fand ihren Höhepunkt in der Gilmore-Biographie genauso wie in den erzählenden Berichten oder berichtenden Erzählungen über die Anti-Vietnam-Demonstrationen. Anders gesagt: Persönlichkeit und Werk Mailers offenbaren in 50 Jahren eine literarische Komplexität und dokumentarische Authentizität, die in der Weltliteratur ihresgleichen sucht. Mailer ist mehr ein Zeuge der Zerrissenheit der amerikanischen Nachkriegsgesellschaft als ein effektvoller Schauspieler auf dessen Bühne.

Die Kritik hat denn auch vom »Existentialismus« dieses Autors gesprochen, ohne daß man Mailer irgendeinem theoretischen Programm (Sartre, Camus) zuordnen könnte. Gemeint ist mit diesem Etikett wohl mehr das kämpferische Einzelgängertum des Autors, der unbeirrbar seinen Weg geht und sich durchsetzt, allen Teufeln dieser Welt zum Trotz. Mit dem Kritiker *Wolfgang Steuhl* wird man sagen können: »Auch trifft zu, daß Mailer den in seinem Land herrschenden politischen und sozialen Konformismus stets verachtet und in seinem Erzählwerk ebenso ein manichäisches Weltbild (hier der ursprüngliche, individuelle Lebenstrieb, dort die letzten Endes lebensfeindliche Konvention) wie ein archaisch-reduziertes Menschenbild vertreten hat, in welchem jeder letztlich ein armes

Lebensbündel aus Sex und Gewalt und Sterblichkeit bleibt.«
(FAZ vom 30. 1. 1993)

Und wir fragen ein letztes Mal: Warum schreibt einer wie er einen Roman über Jesus, der zwar als Jude aufwuchs, zu seinem *jüdischen Erbe* aber stets ein gebrochenes oder gleichgültiges Verhältnis hatte? Doch vielleicht liegt gerade hier ein erster Ansatzpunkt zum Verständnis. Es dürfte zum *Hintergrund* des Jesus-Buches gehören, was *Peter Manso* in seiner großen Biographie (1985), die aus Dutzenden von Interviews mit Zeitzeugen und Lebensgefährten Mailers besteht, über die »jewishness of Mailer« dokumentiert hat:

– Etwa das Zeugnis eines Klassenkameraden, der sich an einen Ausspruch des jungen Mailer anläßlich der klassischen jüdischen Initiationsfeier, der Bar Mitzva, erinnert: »Ich hasse es, da durchzumüssen«, und der zugleich bemerkt:

»Wir führten eine Reihe von Gesprächen darüber, warum er sich nicht wirklich um sein Judesein kümmere, und einmal, draußen auf der Straße, gestand er, daß er fühle, er sei Atheist, und daß er nicht an Religion glaube. Ich fragte niemals warum, aber ich weiß ganz sicher, daß er es ernst meinte und daß er nicht begeistert über sein Judesein war und er die ganze Sache ablehnte, vielleicht weil er fühlte, daß seine Eltern ihm dies alles aufzwangen.« (S. 25)

– Oder das Zeugnis eines jüdischen Publizisten, den Mailer Mitte der 60er Jahre einlädt, mit ihm eine chassidische Synagoge an Yom Kippur (dem »Versöhnungstag«, dem höchsten jüdischen Feiertag) zu besuchen, um die Chassidim »leibhaftig« zu sehen. Mailer war offensichtlich »fasziniert« von der jüdisch-mystischen Tradition, ja überrascht zu entdecken, daß es so etwas überhaupt gibt. Wörtlich fügt dieser Publizist hinzu:

»Je älter ich werde, umso merkwürdiger, denke ich, war er – und ist er – in seiner ganzen Beziehung zum Judentum. Daß ein Mann seiner Neugierde und Energie so wenig Interesse haben sollte für etwas, das ihm so nahe, etwas, das so in seinem Blut ist, ist außergewöhnlich. Allein die Tatsache, daß er niemals nach Israel ging, ist in sich selbst verdächtig. In diesen Tagen freilich war ich ziemlich tolerant. Wenn er nichts mit dem Judentum zu tun haben wollte: ich fühlte, okay, das ist seine Entscheidung, aus welchen Gründen auch immer. Heute sehe ich es anders. Vielleicht wollte er nicht bloß als ein weiterer jüdischer Autor wahrgenommen werden; und das ist in Ordnung. Aber es bleibt außergewöhnlich, daß jemand, der sich selbst als einen furchtlosen

geistigen Abenteurer betrachtet, das vermeidet und dem ausweicht, was vielleicht das bedeutendste geistige Abenteuer seines Lebens ist. Ich weiß, daß er sich selbst als einen existentiellen Helden ohne Bindungen an die Vergangenheit sehen möchte. Aber wir alle kommen von irgendwo her, und Norman Mailer kommt offensichtlich nicht vom alten Ägypten her.« (S. 368)

– Ende der 60er Jahre bezeugt ein anderer Publizist, wie sehr die Frage des Judentums in Mailers Leben offenbar trotz aller entschiedenen Ablehnung untergründig eine Rolle spielt, mehr Verdrängung ist als reife Entscheidung. Im Zusammenhang mit der ungeheuren Publicity-Sucht Mailers schreibt dieser Zeuge:

»Es mag auch etwas mit seinem Judentum zu tun gehabt haben. Juden haben eine angeborene theatralische Begabung, und gerade weil Norman nichts aus seinem Judentum machte (im Gegensatz zu Bellow, Roth, Malamud usw.), betrachte ich ihn als einen großen Juden. Was mich interessierte, war, daß er der erste amerikanische jüdische Schriftsteller seit Clifford Odets war, der sich wirklich mit Amerika identifizierte. Er wollte den Provinzialismus vieler jüdischer Schriftsteller vermeiden.« (S. 471)

Ist Mailers Jesus-Roman also ein Versuch, sich persönlich dem jüdischen Erbe neu zu öffnen? Zunächst drängte sich bei der Kritik freilich ein ganz anderer Verdacht auf. Mailer und Jesus? Auch die *deutschsprachigen Kritiker* konnten sich die Bemerkung nicht verkneifen: »Es paßt zu Norman Mailer, daß er sich, nach Lee Harvey Oswald, Marilyn Monroe und Picasso nun Jesus Christus als Gegenstand einer Biographie ausgesucht hat, und Mailer wäre nicht Mailer, modellierte er seinen Jesus nicht auch ein bißchen nach sich selbst. Schließlich führt auch er, der Medien-Megastar, eine Doppelexistenz als öffentliche und private Person und weiß deshalb, was es heißt, ›halb Mensch und halb etwas anderes, Größeres zu sein‹« (H. Winter). Und doch bestätigt sich dieser Anfangsverdacht für denselben Kritiker gerade nicht: »Mailer, der skeptische Jude, erzählt unaufgeregt und konzentriert von einem sympathischen Jesus, der seiner Sendung nicht gerecht wird, aber gerade deshalb die erstaunlichste Wirkung erzielt.« Nehmen wir die Stichworte auf: Mailer, der skeptische Jude, und Mailer, der unaufgeregte Erzähler, und versuchen wir damit, die hier dokumentierten Abschnitte besser zu verstehen. Es handelt sich um die beiden Kapitel 13

417

und 14, den Großteil von Kapitel 47 und die beiden Schlußkapitel 48 und 49 des Buches.

Daß es Mailer auch in diesem Buch um die Ausleuchtung des Geheimnisses einer Person der Geschichte geht, daß er auch hier seine als *new journalism* erprobte Technik der faktographischen Vertextung anwendet, geht schon aus den ersten Seiten seines Buches hervor. Denn wie jeder gute Journalist versucht er, gegenüber seinen Lesern den Eindruck zu erwecken, hier erzähle der Held selber – frei von allen Übertreibungen, Entstellungen und Unwahrheiten. Ein alter erzählerischer Trick: Mit Hilfe einer Fiktion Fiktionen in Frage zu stellen, wobei die eigene Fiktion die Illusion von Authentizität erwecken soll, das Gefühl also beim Leser, die »true story« jetzt endlich geliefert zu bekommen. Deshalb setzt sich der Mailersche Jesus schon auf den ersten Seiten von den kanonischen christlichen Quellen ab:

»*Markus, Matthäus, Lukas und Johannes trachteten ihre Herde zu vermehren. Und dasselbe gilt für andere, von andern Männern geschriebene Evangelien. Manche dieser Schreiber redeten nur mit Juden, die mir erst nach meinem Tode folgten, und manche predigten nur zu solchen Heiden, die Juden haßten, aber an mich glaubten. Da jeder auf die Stärkung seiner eigenen Kirche bedacht war, wie konnte er da vermeiden, das Wahre mit dem Unwahren zu vermischen? Aber dann überdauerte von all diesen Kirchen eine einzige, und sie wählte nur vier Evangelien und verurteilte die anderen, weil sie ›schamlose Lügen‹ neben ›makellose und heilige Worte‹ stellten.*« (S. 8)

Und doch überrascht, wie wenig Mailer diesen bekannten Kunstgriff im folgenden forciert. Seine Persönlichkeitsstruktur vorausgesetzt, hätte man erwarten können, hier würde nun gründlich mit den christlich-kanonischen Quellen aufgeräumt und statt dessen mit der ganzen Kraft der Mailerschen Imagination ein Jesus nach dem eigenen Bilde entworfen – obendrein in einem Umfang, wie man ihn von Mailerschen Büchern gewohnt ist. Hatte er sich nicht 1983 schon einmal ins Altertum hineinphantasiert und einen 700-Seiten-Roman über das alte Ägypten vorgelegt (»Ancient Evenings«)? Was hätte einem Norman Mailer zu Jesus und Palästina nicht alles einfallen können, wenn man den Umfang heutiger Jesus-Historiographie in Rechnung stellt?

Doch in diesem Buch ist alles anders. Ein schmales Bändchen

liegt vor, nur wenig mehr als 200 Seiten stark. Und der Mailer-sche Jesus tritt in seiner Selbstdarstellung gerade nicht präpotent, sondern äußerst zurückhaltend auf. Er »hofft«, sagt er, näher an der Wahrheit zu sein als andere. Seine Geschichte stellt er ausdrücklich unter Erinnerungsvorbehalt. Sie sei wahr, soweit er sich »daran erinnere« (S. 8). Dieser gleich zu Beginn angeschlagene Ton der Verhaltenheit, Selbstbescheidung und Selbstzurücknahme beherrscht das ganze Buch.

Ein Zweites ist überraschend: Mailer tritt hier nicht als historischer Entlarver oder existentialistischer Religionskritiker auf. Sein Buch ist nicht eine neue Runde im Kampf um die religionskritische Destruktion des Gottesgeheimnisses Jesu. Im Gegenteil: Auffällig ist, daß sich Mailer im wesentlichen an die in den Evangelien überlieferten Traditionen hält und sich lediglich die Freiheit nimmt, sie umzugruppieren, zu verkürzen, zu erweitern, zu strukturieren. Ausgesprochen Neues erfindet er selten hinzu, gelegentlich nimmt er apokryphe Traditionen auf, so zu Beginn des hier dokumentierten Teufelsgesprächs die nichtbiblische (zuerst bei Origenes begegnende) Tradition eines Martyriums des Propheten Jesaja. Man kann sein Buch im eigentlichen Sinne ein »Fünftes Evangelium« nennen. So wie Matthäus und Lukas als Schriftsteller sich des Markus-Textes und anderer Quellen bedienten, so bedient sich Mailer der vier Evangelien, baut ein, was er gebrauchen kann, läßt anderes beiseite, erweitert Vorgefundenes, kürzt, wie es ihm paßt. Aber an inhaltlichen Veränderungen des Christus-Bildes scheint er nicht im geringsten interessiert. Im Gegenteil.

Mit ungebrochener Selbstverständlichkeit legt Mailer seinem Jesus Berichte über Wundertaten in den Mund. Womit andere Schriftsteller des 20. Jahrhunderts größte Probleme haben, das ist für Mailer offensichtlich keines. Sein Jesus bestätigt die Geistzeugung, die Sturmstillung, die Totenerweckung, die eigene Auferstehung, von anderen Wundern nicht zu reden. Daß Jesus der Gottes-Sohn ist, wird psychologisierend problematisiert und entfaltet; in Frage gestellt wird es nirgendwo. An dieser kritischen Front steht Mailer nicht. Sein Akzent liegt ganz wo anders. Das Gottessohnhafte bei Jesus wird nicht bestritten, wohl aber in die menschliche Selbstbescheidenheit und Schlichtheit zurückgenommen, mit *understatement* präsentiert. Sie verliert auf diese Weise alles Anstößig-Triumphale. Jesus ist bei Mailer kein großer Held, kein Siegertypus, sondern eher ein Mann der Demut und der unprätentiösen Darlegung seiner Botschaft, die auch bei Mailer weitgehend identisch ist mit der Bergpredigt (Kapitel 27):

»If faith was simple for some, it would soon be a labyrinth for the Son of Man; at each turning I would soon wonder whether I was closer to the light or had drawn nearer to darkness. And it may be that for this reason (my faith still remaining simple to me) I spoke with much conviction on this day and was full of admiration for my Father's works. Indeed, I was now confident that His love was ready to forgive all who would come to Him. So I sought to move them to love of God rather than to adoration of my cures. My words rang out on the mountain.
›Blessed are the poor in spirit,‹ I told them on this day, ›for theirs is the Kingdom of Heaven. Blessed are they that mourn, for they shall be comforted. Blessed are the meek; they shall inherit the earth.‹ And saying this, so too did I believe it. « (S. 112, deutsche Ausgabe S. 104)

So sagt denn auch der Mailersche Jesus in dem (hier dokumentierten) *Gespräch mit dem Teufel:* »Ich werde Gott nicht als mutiger Sohn dienen, sondern als ein bescheidener.« Ein Motiv, das im Verlauf der Jesus-Geschichte immer wieder aufgenommen und entfaltet wird und auch am Ende (in der hier dokumentierten Passionsgeschichte) wieder aufblitzt:

»My last thought was of the faces of the poor and how they were beautiful to me, and I hoped it would be true, as all my followers would soon begin to say, that I had died for them on the cross.« (S. 234, in diesem Buch S. 436)

Verhaltener, scheuer, zurückhaltender kann man kaum den christlichen Glauben an die erlösende Kraft des Kreuzestodes literarisch präsentieren . . .
Das Rätsel um dieses Buch wird durch all das eher noch größer. Was ist es um diese Schlichtheit des Erzählten und des Erzählers? Sie ist ja künstlich gemacht, ein literarischer Kunstgriff. Aber welche Funktion hat sie? Ist diese artifizielle und leicht durchschaubare Naivität im Grunde eine ironische Distanzierung von Person und Sache Jesu? Läuft alles auf eine noch raffiniertere Entlarvung des Jesus-Mythos hinaus mit Hilfe eines bewußt kreierten naiven Legendentons? Soll hier durch künstlich erzeugte Simplifizierung Jesus als eine Figur abgetan werden, die für eine

komplexe technologische Industrie- und Mediengesellschaft kaum etwas hergibt? Jesus – nichts als ein einfach strukturierter, scheuer, weltfremder, fast neurotisch bescheidener galiläischer Wanderprediger, dessen Botschaft die Welt keineswegs so veränderte, daß in ihr nicht weiter der Teufel los wäre? Vielleicht spielen alle diese Motive bei der so gewählten Erzählform eine Rolle. Reduzieren läßt sich dieses Buch darauf nicht.

Ich konnte mich bei der Lektüre des Gedankens nicht erwehren, daß ein Autor mit jüdischem »background« für sich erstmals öffentlich Annäherung sucht an eine menschheitsgeschichtlich so folgenreiche Figur wie Jesus, gerade weil auch dieser ein Jude war, einer, der es sogar bis zum Messias der Heidenwelt gebracht hat. Hier hat – denke ich – der deutschsprachige Kritiker jüdischer Provenienz, *Günter Ohnemus,* in die richtige Richtung gewiesen: »In der jüdisch-christlichen Sphäre wachsen männliche Kinder in dem Glauben oder in der Ahnung auf, sie seien der Messias. Etwas ganz Besonderes. Sie bekommen das praktisch mit der Muttermilch geliefert. Es sind die Mütter, die ihnen dieses Bewußtsein ein für allemal auf ihre selbstbewußte Lebensbahn mitgeben: Männer sind generell etwas ganz Besonderes, und sie – jeder einzelne von diesen Muttersöhnchen – sind ganz besondere Männer.«

Ein *zweiter Gedanke* tritt hinzu. Hier tastet sich ein Autor – dessen Lebensgeschichte etwas völlig anderes erwarten ließ – im Alter an eine Figur heran, die nun einmal für die Gesellschaft, in der er lebt, von alles überragender Bedeutung ist. Daß auch Jesus zum *Mysterium der amerikanischen Gesellschaft* gehört (dem Mailer seit 50 Jahren auf der Spur ist), dürfte ein Stimulus gewesen sein, das Geheimnis dieses Nazareners auszuleuchten. Wie geht in ein und derselben Nation beides zusammen: Mord am Präsidenten, Vietnam-Krieg, CIA, Todesstrafe, Rassendiskriminierung, Antisemitismus – und der Glaube an den Juden Jesus von Nazaret als demütigen Gottessohn?

Und ein *dritter Gedanke* ließ mich bei der Lektüre insbesondere des Teufel-Gesprächs nicht los (vgl. Lukas 4,1–13; Matthäus 4,1–11). Denn auch hier geht es um das Mailersche Urthema: Tod, Sex und Gewalt. Mailer läßt ja den Teufel Sätze aus den Propheten Jesaja und Ezechiel zitieren. Die Stellen habe ich in eckigen Klammern in den Text gesetzt. Es sind Gottesaussagen, in denen die ganze Zwiespältigkeit von Sexualität, Tod und Gewalt zum Ausdruck kommt. Raffiniert versucht denn auch der Teufel Jesus einzuflüstern, daß Gott selbst einen Sexualkomplex habe, indem er Israel erst als Geliebte idealisiert, um es dann als Hure gewaltsam zu demütigen. Und in der Tat wird ja in den zitierten Gottesaussagen der ganze Lust-Komplex an<gesprochen: die Angst vor der Lust und die Angezogenheit durch die Lust.

Aber bezeichnenderweise ist Mailer nicht daran interessiert, Jesus in die Abgründe des Eros hineinzuziehen. Im Gegenteil. Er stellt Jesus in eine Tradition der sexuellen Tabuisierung (»Essener« – die einzige Abweichung vom heutigen historischen Konsens). Er setzt ihn Versuchungen aus, läßt ihn aber diesen Versuchungen nicht erliegen. Auch nicht in Kapitel 38, wo es zu einer Begegnung mit Maria Magdalena kommt. Im Gegenteil. Mailer präsentiert Jesus hier als Exorzisten, als Dämonenaustreiber, als jemand also, der um die Abgründigkeit der dämonischen Kräfte im Menschen weiß, sie aber zu überwinden versteht. So läßt Mailer seinen Jesus aus Maria Magdalena, der Verführerin, der Hure, die »sieben Dämonen« austreiben:

»The first was Darkness and its demon was treachery. Indeed, I was to realize even as I named each one that I had learned more from Satan than he wished to tell me. So I knew that Desire was the second power and pride would be its demon. And the third was Ignorance, with a huge appetite for the meat of swine, a gluttonous demon. Love of Death was the fourth power and its demon could be no less than the lust to eat another. For nowhere is our knowledge of death closer to us than when devouring flesh from a fellow human. The fifth power sought Whole Domain and its demon worked to defile all spirit; the good spirit that had come to this woman and myself was much buffeted as this demon came forth. And the sixth power was Excess of Wisdom. Its demon had the urge to steal a soul. Of them all, the last power was the most fearful. It was the Wisdom of Wrath; its demon was the lust to lay waste a city. Such were the seven powers and demons I drew forth from her. Only then could I say: ›Go and sin no more.‹ And she left.« (S. 180 f., deutsche Ausgabe S. 167 f.)

Ist die Vermutung abwegig, daß Mailer in Jesus eine Figur gestalten wollte, die dem Komplex Sexualität, Gewalt und Tod Widerstand entgegenzusetzen vermochte, ohne diesen Komplex besiegen zu können?

Ich gestehe, daß das Mailersche Jesus-Buch mich im Urteil völlig gespalten sein läßt. Was ist es mit der fast provozierenden Schlichtheit des Erzählten? Ist diese fast vollständige Selbstzurücknahme des Autors literarische Selbstkapitulation oder bewußte Selbstbescheidung? Ästhetische Phantasielosigkeit (was haben Kazantzakis und Saramago aus diesem Stoff gemacht!) oder Scheu vor einer großen Figur wie Jesus? Literarische Drückebergerei mit medienwirksamem Selbstdarstellungskalkül (The greatest story ever told, und Mailer muß dabei sein) oder demütiger Rückzug in die Rolle des literarischen Dieners? Ist also dieses Buch ein Medium gekonnter Selbstinszenierung oder ein bescheidener Zeigefinger auf eine Gestalt, die selbst einem Norman Mailer Respekt abnötigt?

Ausgabe: N. Mailer, The Gospel According to the Son, New York 1997. Das Jesus-Evangelium. Deutsch von A. Starkmann, München 1998, S. 42–54; 207–222.

Literatur zur Vertiefung

1. Zur Lebensgeschichte:
P. Manso, Mailer. His Life and Times, New York 1985.
C. Rollyson, The Lifes of Norman Mailer. A Biography, New York 1991.
2. Zur Werkgeschichte:
S. Schober, Abgrundtiefes Frösteln. Der neue Roman von N. Mailer »Starke Männer tanzen nicht«, in: DIE ZEIT vom 3. 11. 1984.
J. M. Lennon (Hrsg.), Critical Essays on Norman Mailer, Boston 1986.
N. Leigh, Radical Fictions and the Novels of Normal Mailer, London 1990.
R. Merrill, Norman Mailer Revisited, New York 1992.
W. Steuhl, Und wenn die Welt voll Amerikaner wär', in: Frankfurter Allgemeine Zeitung vom 30. 1. 1993.
3. Zum Text:
G. Langenhorst, Jesus ging nach Hollywood. Die Wiederentdeckung Jesu in Literatur und Film der Gegenwart, Düsseldorf 1998, S. 67–70.
G. Ohnemus, Das fünfte Evangelium. Norman Mailer schreibt das Neue Testament um, in: DIE ZEIT vom 17. 9. 1998.

H. Winter, Das größte aller Wunder. Norman Mailer schreibt das »Jesus-Evangelium«, in: Frankfurter Rundschau von 13. 2. 1999.

Norman Mailer
Das Jesus-Evangelium

Der Besucher traf bald ein. Und er war schön wie ein Prinz. Er trug ein goldenes Medaillon an einer goldenen Kette um den Hals, und darauf war das Gesicht eines Widders, animalisch, doch edler als jeder Widder, den ich je gesehen hatte. Und das Haar dieses Prinzen war glänzend. Er war gekleidet in Gewänder aus Samt, so purpurn wie der späte Abend, und er trug eine Krone so golden wie die Sonne. Er war den Berg heraufgestiegen, doch es war kein Staub an seinen Gewändern und kein Schweiß auf seiner Haut. Er konnte kein anderer sein als der, den ich vermutet hatte, und in der Tat stellte er sich bald selbst vor. Ich sagte bei mir: »Der Teufel ist das schönste Wesen, das Gott je geschaffen hat.«

Seine ersten Worte waren: »Weißt du, wie den Propheten Jesaja der Tod ereilte?«

Schweigen bemächtigte sich meiner, ich mußte ihm zuhören, wie er sagte: »Jesaja wurde von einem jüdischen König getötet, dem heidnischen Manasse, Krieger des Ammon. Ein böser Jude.« Der Teufel nickte, als sei er ein guter Jude (der er gewiß nicht war!). Dann hob er einen Finger und sprach wieder: »Dieser Manasse, der die Religion seiner Väter vernichten wollte, erließ einen königlichen Befehl, daß Jesaja aus seinem Heim in der Stadt zu reißen und wie ein Tier zu jagen sei. Als er dies erfuhr, floh Jesaja, und die Soldaten des Manasse setzten ihm in die Wildnis nach. Dort suchte der Prophet einen Baum mit einer Höhlung, groß genug, daß ein Mann darin stehen konnte. Diese Zuflucht«, sagte der Teufel, »fand er in einer dicken Eiche mit einer morschen Mitte, und er zwängte sich hinein. Aber die Soldaten Manasses entdeckten, wo er sich verbarg, und legten eine große Säge an den Baum und schnitten ihn entzwei. Jesaja ging schreiend in den Tod. Wußtest du das?« fragte der Teufel.

»Von einem solchen Tod ist mir nichts bekannt.«

Worauf er lachte. Ich fühlte mich durch diese Geschichte mehr geschwächt als von den Entbehrungen des Fastens.

Er jedoch wollte nicht aufhören zu reden. »Wie der Tod Jesaja ereilte, braucht dich nicht zu grämen«, sagte er, »da du kein Prophet bist, sondern fürwahr der Sohn! Nach meiner Erinnerung, die nicht gering ist, hat der Herr nie zuvor eine solche Tat vollbracht. Ja, dein Anblick stimmt mich nachdenklich. Denn dir scheint alles verborgen, was ich weiß.«

Er blickte mich zärtlich an. Seine Augen waren wie schwarzer Marmor, aber es glommen Lichter darin. Er sagte: »Bist du hungrig? Brauchst du zu trinken?« Und er holte einen Krug Wein und eine Lammkeule hervor, gut gegart, die ich unter seinen Gewändern nicht gesehen hatte, bis er sie mir zeigte. Und nun trat er so nahe heran, daß meine Nase den Geist des Weins und den Duft des Lammfleisches einsog, sogar den Geruch des Teufels selbst, wie er durch eine kleine, wohlduftende Wolke drang, die aus den Falten seines Gewandes aufstieg. Ich merkte auch, wie Gier aus seinem Körper strömte. Denn diese ähnelte dem Geruch, der zwischen den Hinterbacken wohnt. Deshalb wies ich seine Nahrung zurück, aber die anderen Gerüche seines Körpers reizten immer noch meinen Appetit, wie das Aroma, das von einem Ofen ausströmt, wenn das Essen röstet. Und da er mein Zögern bemerkte, lächelte er wieder und sagte: »Aber du brauchst natürlich keine Nahrung. Da du der Sohn Gottes bist, kannst du diesen Steinen leicht befehlen, Brot zu werden [Mt 4,3]. Die richtige Nahrung für einen Essener. Indes, dein Kleid ist weder sauber noch frei von Staub. Ja, daß du der Sohn Gottes bist, erstaunt mich. Warum hat dein Vater dich erwählt? Sage ihm, wenn du wieder mit Ihm redest, daß ich Ihn grüße. Denn du mußt wissen, Dein Vater und ich hatten viel Umgang miteinander und beträchtlichen Streit, und so sind wir immer begierig, von dem anderen und seinem Tun zu erfahren. Ja, bei den Gelegenheiten, wenn wir uns treffen, erzähle ich Ihm, daß Männer und Frauen die Krone all dessen sind, was Er unter den Tieren und den Pflanzen des Feldes erdacht hat, aber daß ich es bin, nicht Er, der diese Schöpfung besser versteht. Denn Sein Werk hat viele kleine Wesen und Geister gezeugt, die Er wohl kaum so gut kennt wie ich. Natürlich war ich einst Sein Diener, Sein vertrautester Diener. Bedenke also, wie gut ich Ihn kenne.«

Ich war überrascht. Er weckte nicht Furcht in mir, sondern Trost.

Jetzt wußte ich, wie sich ein Sünder fühlen mag, der in einer schäbigen Taverne Wein trinkt. Die Mühsal meines langen Fastens war verschwunden; ich spürte Balsam in meine Glieder dringen. Ich konnte mit dem Teufel reden; das gereichte mir zum Trost. Wenngleich sein Geruch mir Unbehagen bereitete, bot er mir auch Einsicht in Begierden, die zu empfinden ich mir bislang nicht erlaubt hatte.

Doch obwohl ich ihm viel zugestand, konnte ich doch nicht zustimmen, daß Gott, der Herr des Universums, Seine Schöpfung weniger gut kannte als mein Besucher. »Es ist nicht möglich!« rief ich aus. »Er ist allmächtig. Der Himmel und die Erde, die Sterne und die Sonne verneigen sich vor Ihm. Sie verneigen sich nicht vor dir.«

Einen Augenblick lang schnaubte Satan wie ein Roß. Sträubte er sich gegen den Zügel?

»Dein Vater«, sagte der Teufel, »ist nur ein Gott unter vielen. Zähle die Myriaden, die von den Römern verehrt werden. Sollen wir dem großen Willen der Römer keine Ehrfurcht erweisen? Und sieh, dein Vater hat nicht einmal die Macht, Seinen eigenen Juden in ihrem eigenen Land zu befehlen, obwohl Ihn so viele als den Einzigen betrachten. Du tätest besser daran, Seinen unmäßigen Zorn zu bedenken; es ziemt sich nicht für einen großen Gott. Er schickt zu viele Warnungen. Er kann niemanden ertragen, der Ihm widerspricht. Ich hingegen vertraue dir an, daß eine Spur Ungehorsam und ein Hauch von Verrat zu den Freuden des Lebens gehören und eher zu dessen Gewinn denn zu seinen Übeln zählen.«

»Dem ist nicht so«, vermochte ich zu entgegnen. »Mein Vater ist Gott, und er ist mächtig, er ist allmächtig«. Doch meine Worte schmeckten wie Stroh.

Der Teufel erwiderte: »Er hat keine Macht über Sich selbst!«

Auch zeigte der Teufel keinerlei Furcht vor dem, was er gesagt hatte. Er fuhr fort zu sprechen: »Dein Vater hat nicht das Recht, vollkommenen Gehorsam von Seinem Volk zu erlangen. Er begreift nicht, daß Frauen unterschiedliche Wesen von Männern sind und mit einem anderen Verständnis leben. Ja, dein Vater hat keine Ahnung von Frauen; Seine Verachtung für sie wird von Seinen Propheten geteilt, die mit Seiner Stimme zu sprechen behaupten. Und sie tun es! Denn selten tadelt Er sie! Siehe dir Jesaja an! Leugne, daß Jesaja im Herzen deines Vaters wohnt, wenn er sagt: ›Weil die Töchter Zions stolz sind und gehen mit gerecktem Halse, mit lüsternen Augen, trippeln daher und tänzeln, deshalb wird der Herr mit einem Schwert den Scheitel der Töchter Zions kahl machen, und der Herr wird ihre Scham entblößen.‹ [3,16 f.] *Ihre Scham!*« wiederholte der Teufel. Und er fuhr mit den Worten Jesajas fort: »›Der Herr wird ihre Armspangen und Hauben wegnehmen, die Beinkettchen, die Ohrringe, die Fingerringe und den Nasenschmuck, das feine Linnen, die Stirnbänder und die Schleier. Und es wird Gestank statt Wohlgeruch sein; und ein Strick statt eines Gürtels; und eine Glatze statt lockigen Haars, und Brandmal statt Schönheit.‹« [3,18–24]

»Mein Vater sprach von der Nation Zions«, sagte ich. »So wurde es uns gelehrt.«

»Nein«, erwiderte der Teufel. »Er gibt vor, von der Nation Zions zu sprechen. Aber ihre Frauen erniedrigt Er. Seine nichtigen Flüche bewahrt Er für die Männer auf. Wenn Er die Nation von Israel anspricht, meint Er nur die Männer: ›Die Entrüstung des Herrn trifft alle Nationen, und Sein Zorn alle ihre Armeen: Er hat sie völlig vernichtet, Er hat sie dem Schlachten ausgeliefert. Ihre Gedärme werden aus ihren Kadavern schwellen, und die Berge werden von ihrem Blut schmelzen.‹ Welch ein Zorn! Seine Fehler brennen in Seinem Herzen! Kann Er sich vorstellen, daß Er vielleicht nicht allmächtig ist? Nein! Er besitzt nicht genug Mut, um zu sagen: ›Ja, ich habe verloren, aber meine Soldaten waren aufrecht und kämpften gut.‹ Nein, er ist rachsüchtig. ›Die Paläste würden verlassen sein‹, sagt Jesaja, ›die Festungen und Türme werden auf immer Höhlen sein, bis der Geist sich aus der Höhe über uns ergießt‹.«

»Doch wann«, fragte der Teufel, »wird der Geist sich über uns ergießen? Dein Vater sandte dich aus, um die Herzen der Menschen zu bessern, während Sein eigenes Herz von dem Blut derjenigen stockt, die Er hingeschlachtet hat. Seine Liebe zu allem, was Er geschaffen hat, wird erstickt durch Seine Flüche. Sein Zorn mag mächtig sein, aber Er befriedigt nicht Sein Begehren. Seine Sprache offenbart, wie sehr Er die Erhabenheit bewundert, die zu verachten Er vortäuscht.

Sage mir, daß dein Vater nicht voller Bewunderung für Frauen ist. Was Er vor Sich selbst verbirgt! Denn Er haßt ihre Macht, Ihn zu verlocken. Ezechiel wußte, was im Herzen deines Vaters ist.

Schließlich hatte er diese Worte des Herrn vernommen [16,8–41]: ›Ich habe dir geschworen und einen Bund mit dir geschlossen, und du bist mein geworden. Ich habe dich mit Wasser gewaschen; wahrlich, ich habe gründlich dein Blut fortgewaschen, und ich habe dich mit Öl gesalbt. Ich habe dich auch in gestickte Gewänder und feines Linnen gekleidet, und ich habe dich mit Seide bedeckt, mit Schmuck, und ich habe dir Armbänder angelegt und eine Kette um deinen Hals und Ringe an deine Ohren und eine schöne Krone auf dein Haupt gesetzt. Du warst mit Gold und Silber überzogen; du aßest weißes Brot und Honig und Öl. Und du warst über die Maßen schön, und du erblühtest in ein Königreich. Und der Ruhm deiner Schönheit, die ich dir verliehen hatte, verbreitete sich unter den Heiden.‹ Nun«, sagte der Teufel, »höre zu, wie Er sich beschwert! Er ist erbärmlich mit Seinen Beschwerden: ›Aber du vertrautest deiner eigenen Schönheit und spieltest die Dirne wegen deines Ruhms und gossest deine Unzucht auf jeden, der vorüberging, und vervielfachtest deine Hurereien. Du hast Unzucht mit den Ägyptern getrieben, deinen Nachbarn voll an Fleisch; und hast die Hure gespielt auch mit den Assyrern, weil du unersättlich warst.

Darum, o Dirne, weil dein Schmutz ausgegossen und deine Nacktheit entdeckt wurde, deshalb werde ich alle deine Liebhaber versammeln, mit denen du der Lust gefrönt hast; und ich werde sie gegen dich versammeln und dich in ihre Hände geben, und sie werden deinen hohen Ort niederstürzen und dich deiner Kleider berauben und deine schönen Juwelen nehmen und dich nackt und bloß machen, und sie werden dich steinigen und dich mit ihren Schwertern durchbohren. Und sie werden deine Häuser mit Feuer niederbrennen und ihr Urteil an dir im Angesicht vieler Frauen vollziehen. Und ich werde dich zwingen, von deinem Dirnenspiel abzulassen.‹

Geschieht all dies«, fragte der Teufel, »um Jerusalem zu schmähen? Sage lieber, daß deines Vaters Sprache nach Begehrlichkeit riecht.«

»Deine Worte sind unrein.« Ich hoffte, genügend Zorn in mir zu erregen, um ihm zu antworten, aber ich konnte nur wiederholen: »Deine Worte sind wie Gift.«

Satan erwiderte: »Deines Vaters Zunge ist so reif vor Lust wie meine eigene.«

Ich geriet in Verwirrung. Konnte ich abstreiten, daß meine Lenden sich geregt hatten, als ich hörte, wie meines Vaters Worte wiederholt wurden?

Jetzt sagte der Teufel: »Du glaubst auf dem Gipfel dieses Berges zu sitzen, doch wir sind nicht mehr dort. Wir haben uns an einen Ort über den heiligen Orten erhoben.«

Er lenkte meine Sicht vollkommen. Nun sah ich die Stadt Jerusalem, und sie lag unter uns. Denn wir saßen nicht mehr auf dem Berg. Wir waren auf der höchsten Kuppel des Großen Tempels in Jerusalem.

Mich schwindelte.

In diesem Augenblick sagte der Teufel zu mir: »Da du der Sohn Gottes bist, kannst du ohne Scheu springen. Stürze dich hinab. Deines Vaters Engel werden dich tragen.« [Mt 4,6]

Ich fühlte die Versuchung zu springen. Doch ganz plötzlich glaubte ich, nicht der Sohn Gottes zu sein. Noch nicht!

Unter mir war der Abgrund. Und ich wußte, er würde dort bleiben für alle künftigen Generationen. Wann immer sie auf einer Höhe standen, würden sie im Wind dieses störrischen Geistes leben, der in unserem Atem haust und ein Entsetzen vor dem Sturz hat. Jetzt blickte der Teufel mich wieder mit seinen dunklen Augen an, und die Lichtfunken darin waren wie eine Nacht der Sterne; diese Augen versprachen Ruhm. »Wenn du bei deinem Vater bleibst, wirst du für Ihn arbeiten«, sagte er. »Du wirst verzehrt. Springe! Du kannst dich retten. Springe!«

Ich würde zerschmettert sein. Aber würde meine Auslöschung nur kurz währen? Und meine Rückkehr zu den Lebenden ebenso schnell sein? Der Teufel hatte mich in sich aufgenommen. An dem Licht in seinen dunklen Augen erkannte ich seine Rede, obwohl er nichts sagte. Wenn ich sprang, würde der Teufel mich besitzen. Ich wäre auf sein Geheiß in den Tod gesprungen.

Doch in diesem Augenblick sagte er laut: »Du wirst wiedergeboren. Im geheimen. Gott wird es nicht wissen. Ich habe die Macht, ihn abzulenken.«

Er erzählte mir von einem künftigen Leben. Es würde fürstlich sein. »Alles ist mein!« rief Satan laut.

Ja, Gier war ihm göttlich. Aus blanker Gier würden Werke großer Kraft entstehen. »Diejenigen, die mir treu sind«, sagte der Teufel, »sitzen jetzt auf der Erde mit solcher Hoheit, daß sie nie diese kleinen Kotflecken verstreuen, nur einer Ziege angemessen, wie sie sich aus den knochigen Wangen deines Freundes Johannes stehlen. Es stimmt, er erleichtert sich nicht einmal am Sabbat! Und an anderen Tagen trägt er eine kleine Hacke bei sich, um seinen Kot zu verdecken.«

Und in diesem nämlichen Augenblick fragte ich mich, ob ich springen konnte, ohne zu fallen. Konnte ich mit den Engeln fliegen? Konnte ich durch die Macht, die Gott mir verliehen, fliegen? Konnte ich es wissen? Satan stand zwischen meinem Vater und mir. Hatte er die Macht, die Flügel des Engels zu lähmen? Ich sprang nicht. Ich wollte, aber ich wagte es nicht. Zu mir selbst sagte ich: »Ich werde Gott nicht als ein mutiger Sohn dienen, sondern als ein bescheidener.« Das war nur gerecht. Hatte ich nicht mehr als die Hälfte meines Lebens damit verbracht, sorgfältig an den kleinen Geheimnissen des Holzes zu arbeiten?

Und nun ahnte ich, warum Gott Joseph und Maria als meine Familie erwählt hatte. Ich sagte: »Hebe dich von dannen, Satan.« Für den Fall, daß meine Stimme schwach klang, wiederholte ich es: »Hebe dich von dannen, Satan«, und jetzt hatte meine Stimme mehr Kraft. Sie war bereit, von der Stärke zu zehren, die aus der Leere entsteht. Und ich sah die Weisheit des Herrn. Denn selbst im Fasten ist Stärke, und das war die größte Stärke, die man gegen den Teufel aufbieten konnte, denn er haßte die Leere. Wer ist einsamer als der Teufel? Ich besaß endlich die Kraft, in Satans Augen zu blicken und zu sagen: »Du bist es nicht, den ich will. Es ist mein Vater.« Noch als ich dies sagte, spürte ich einen geringen, aber scharfen Schmerz. Ich verlor etwas, das ich ersehnte, und ich verlor es für immer.

Aber Satan schrie auf wie ein gerade vom Speer getroffenes Raubtier. »Dein Vater«, rief er, »wird Seine eigene Schöpfung zerstören. Für zu wenig!« Und er verließ mich. Und ich blieb allein mit einer Vision von Engeln. Sie scharten sich um mich, um meine Augen zu baden. Ich schlief. Nie zuvor war ich so erschöpft gewesen.

Am Morgen erwachte ich und fand mich auf demselben Berg wieder, wo ich vierzig Tage ausgeharrt hatte. Nun war ich bereit hinunterzugehen. Der Weg nach Nazareth würde lang und einsam sein. Doch am nächsten und übernächsten Tag griffen mich keine Räuber an. Was nur gut war. Meine Stunde mit dem Teufel hatte mich ermüdet. Mein Atem roch übel. Auch glaubte ich, nicht ganz heil davongekommen zu sein.

Ich fühlte mich jedoch nicht besorgt. Denn während ich ausschritt, konnte ich die Worte Jesajas hersagen: »Uns ist«, verkündete ich, »ein Kind geboren; ein Sohn ist uns geschenkt; und die Herrschaft ruht auf Seinen Schultern; und Sein Name wird wunderbar genannt werden, Ratgeber, der mächtige Gott, der ewige Vater, der Fürst des Friedens.«< [9,5] Und wenn ich zu unbedeutend für solche Worte war, mußte ich vermuten, daß Gott mich als Seinen Sohn erwählt hatte, weil ich mitten unter gewöhnlichen Menschen geboren und aufgewachsen war statt wie ein König. Dadurch konnte ich viele kleine Tugenden und schlechte Gewohnheiten bei anderen verstehen. Wenn ich an Kraft gewinnen konnte (und ich wußte, daß Er mir viele Kräfte verleihen würde), mochte vielleicht die Welt der Menschen mit mir an Tugend gewinnen. So hatte ich an meinen Vater zu glauben begonnen. Ich wollte für ihn tätig sein. Bald würde er kommen, um Jerusalem zu retten. Er war der Herr des Universums. Ich wollte mit Freude tätig sein. Durch Ihn würde denen Trost gespendet, die trauerten, und die Hungrigen würden gespeist, ja, und den Sündern in tiefster Verzweiflung würden ihre Sünden vergeben. Und ich spürte solche Freude bei diesen Gedanken, daß ich nicht glauben konnte, sie seien meine eigenen. Fürwahr, der Teufel mußte mein Urteilsvermögen geschärft haben, denn jetzt war ich bereit, alles zu tun. An diesem neuen Morgen empfand ich wenig Furcht vor Satan. Er hatte nur einen kleinen Teil von mir erobert. Ich war versucht worden, hatte widerstanden, und nun begann meine Zunge sich rein zu fühlen. Als ich weiterging, ereignete sich das kleinste und süßeste aller Wunder. In dieser Wüstenödnis gelangte ich an einen kleinen Baum, und er trug Pflaumen, die meinen Durst löschten und meinen Gliedern eine angenehme Wärme verliehen. Ich fiel auf meine Knie und segnete meinen Schöpfer, doch bevor ich noch zu beten anfangen konnte, kam ich wieder auf die Füße.

Ich mußte nachdenken. Warum hatte der Herr mich mit Satan allein gelassen? War es, um mir ein Übermaß an Frömmigkeit auszutreiben? Nicht lange danach sollte ich erfahren, daß sich darin Wahrheit verbarg. Es gab Werke zu verrichten, und sie konnten nicht auf den Knien getan werden. [...]

Wir kamen an einen Ort namens Golgotha, wohin uns viele Frauen folgten, die um mich weinten. Manche meiner Anhänger waren zurückgekehrt, und diese Frauen waren die ersten unter ihnen, und sie hörten nicht auf zu klagen, als fühlten sie meine Pein, bevor ich sie erlitt.

Ich hatte nicht danach gestrebt, die Welt durch die Mühen von Frauen zu erretten. Nur durch das Streben der Männer. Obwohl meine Kehle nun trocken war, vermochte ich, dies laut zu sagen: »Töchter Jerusalems, weint nicht um mich, sondern um eure Kinder. Die Zeit wird kommen, da man sagen wird: ›Gesegnet seien die Unfruchtbaren, deren Schoß nie gebar und deren Brüste nie säugten.‹«

Ich dachte an den Feigenbaum, den ich verflucht hatte, und fügte im stillen hinzu: Auch dafür bitte ich um Vergebung. Und ich dachte an meine Tage als Zimmermann, als ich darum gebetet hatte, daß ein gutes Stück Holz sich nicht spaltete.

In der Menge erblickte ich meine Mutter. Bald würde man mich von ihr reißen. Jetzt, und zu spät, verstand ich ihre Liebe. Ich war ein Geschenk des Herrn, und deshalb hatte sie in ihrer Ehrfurcht vor mir alles hingenommen, was ich tat. Denn ständig in Ehrfurcht zu leben ist so, als wenn man sein eigenes Kind nicht kennt. Doch in dieser Stunde empfand sie großen Schmerz um mich. Ich gehörte wieder meiner Mutter. Neben ihr stand einer meiner Anhänger, Timotheus, deshalb sagte ich zu Maria: »Weine nicht, ich kehre zu meinem Vater zurück. Frau, siehe da, dein Sohn.« Und zu Timotheus sprach ich: »Hier ist deine Mutter.« Er nickte. Er würde sie in sein Haus aufnehmen. Von allen war er es, der sich um sie sorgen sollte, denn er hatte ein geduldiges und großzügiges Herz.

Nicht weit von meiner Mutter sah ich Maria Magdalena. Ich sagte zu ihr (und es widersprach dem, was ich den Töchtern Jerusalems gesagt hatte, deshalb flüsterte ich): »Schöpfe Hoffnung. Bekomme Kinder. Denn Gott hat dir vergeben.«

Auf dem Hügel von Golgotha sollten zwei Diebe mit mir sterben. Ja, sie waren bereits an ihre Kreuze genagelt. Jetzt wurden sie hochgehoben. Noch während sie vor Schmerz schrien, näherte sich Pontius Pilatus. Er blickte auf das um meinen Hals gebundene Schild, auf dem stand: »Jesus von Nazareth, König der Juden.« Die meisten der Priester hatten sich zurückgezogen, aber von den noch Verbliebenen sagte einer zu Pilatus: »Es sollte nicht heißen ›König der Juden‹. Was er gesagt hat, gilt wenig. Man wird nicht ein König, indem man es behauptet.«

Pilatus erwiderte: »Was geschrieben ist, ist geschrieben.«

Wieder konnte ich seine Absicht erkennen. Wenn man in kommenden Jahren von mir als König der Juden sprechen würde, dann wäre Pontius Pilatus als der bekannt, der dem als einer der ersten zugestimmt hatte. Und sollte ich in Zukunft nicht als irgendeine Art von König betrachtet werden, so würde man ihn wegen seines Spotts bewundern. Auf die eine oder andere Weise war er ein guter Römer. Es erforderte einen scharfen Verstand, um aus zwei sich widersprechenden Schlußfolgerungen Nutzen zu ziehen. Ich begriff allmählich, warum die Römer ein solch großes Imperium errichten konnten, aber ich begriff zu spät.

Die Soldaten führten mich zu einem Kreuz, das auf dem Boden lag. Das Holz war roh und nachlässig zusammengezimmert. Mich beleidigte, daß es so armselig gearbeitet war. Sie zogen mir die Kleider aus und befahlen mir, mich auf das Kreuz zu legen und meine Arme auszubreiten.

Ich atmete ein, und der Morgen war dunkel. Wieder war ich allein und nackt bis auf mein Lendentuch.

Sie trieben einen Nagel in jedes meiner Handgelenke und einen weiteren durch jeden meiner Füße. Ich schrie nicht auf. Aber ich sah den Himmel sich teilen. Meinen Kopf durchzuckte grelles Licht, bis ich die Farben des Regenbogens erblickte; meine Seele war von Schmerz erfüllt.

Sie richteten das Kreuz vom Boden auf, und es war, als stiege ich auf in noch größeren Schmerz. Dieser Schmerz breitete sich aus in einen Raum so unendlich wie die Meere. Ich wurde ohnmächtig. Als ich meine Augen öffnete, sah ich römische Soldaten auf dem Boden unter mir knien. Sie stritten, wie mein Gewand zu teilen sei, damit jeder von ihnen ein Stück Tuch erhielte. Doch mein alter Mantel hatte keinen Saum, da er von einem bis zum anderen Ende gewebt war. Deshalb beschlossen sie: »Laßt uns das Los werfen. Er ist nur für einen gut.«

Der Soldat, der gewonnen hatte, hob das Gewand auf, und ich erinnerte mich an die Frau, die von einem Blutfluß geheilt worden war, indem sie meinen Mantel berührte. Jetzt hing er vom Arm des Soldaten. Und das Tuch war so schlaff wie die abgestreifte Haut einer Schlange.

Ich vernahm ein Stöhnen, dann ein anderes. Ich blickte die beiden Diebe an: Einer befand sich zu meiner Rechten, der andere zur

Linken. Unter uns sagte ein Mann: »Er hat viele gerettet; warum kann er sich selbst nicht retten?« Ein anderer fragte: »Da er der Sohn Gottes ist, wo ist sein Vater?«

Der Dieb zu meiner rechten Seite sprach nun: »Wenn du Christus bist, rette mich!«

Ich dachte bei mir: Dieser Mann denkt nur an sein eigenes Leben. Er ist ein Verbrecher. Doch der andere Dieb sagte: »Herr, erinnere dich meines Gesichts, wenn du dein Königreich betrittst.«

Ich entgegnete: »Noch heute wirst du mit mir im Paradies sein.«

Es war mir nicht bewußt, ob ich an meine Worte glaubte oder ob der Dieb sie hörte. Meine Stimme war leiser als ein Flüstern. Selbst jetzt, in der Stunde meines Todes, blieb ich einer armseligen Gewohnheit treu – ich machte jedem Versprechungen.

Es war immer noch Morgen, doch hatte sich Dunkelheit über das Land gesenkt. In meinem Innern zitierte ich einen Vers aus den Psalmen: »Meine Knochen sind von der Hitze verbrannt; meine Eingeweide sieden; meine Haut ist schwarz.«

Aber wie Hiob vom Fieber in jenes Frösteln gefallen war, das schlimmer ist als das Fieber, so zitterte ich in meinem Lendentuch. Ich sagte laut: »Das Antlitz der Tiefe ist gefroren.« Ich konnte Gottes Antwort nicht hören. Als ich sagte: »Mich dürstet«, trat einer der Soldaten heran und bot mir Essig an. Als ich ablehnte, weil Essig schlimmer ist als der Durst, entgegnete er: »König der Juden, warum steigst du nicht vom Kreuz herab?«

Und ich erinnerte mich, was im Zweiten Buch der Könige geschrieben steht: »Hat er mich nicht zu den Männern geschickt, die auf der Mauer sitzen, damit sie ihren eigenen Kot essen und ihre eigene Pisse trinken?«

Ich rief laut zu meinem Vater: »Wirst Du mir in dieser Stunde ein Wunder gewähren?«

Als mein Vater antwortete, war es wie eine Stimme aus dem Wirbelsturm. Er sprach in mein Ohr, und seine Stimme war lauter als mein Schmerz: »Willst du Mein Urteil aufheben?«

Ich sagte: »Nicht solange Atem in mir ist.«

Aber meine Qual blieb. Todespein war an den Himmel geschrieben. Und Schmerz zuckte gleich Blitzen auf mich herab. Schmerz wogte gleich Lava in mir empor. Ich betete wieder zu meinem Vater. »Nur ein einziges Wunder«, bat ich.

Wenn mein Vater mich nicht hörte, so war ich nicht länger der

Sohn Gottes. Wie furchtbar, nicht mehr zu sein als ein Mensch. Ich schrie auf: »Mein Gott, hast Du mich verlassen?«

Es kam keine Antwort. Nur das Echo meines Schreis. Ich sah den Garten von Eden und entsann mich der Worte des Herrn, die er an Adam gerichtet hatte: »Von jedem Baum im Garten darfst du ungestraft essen, aber vom Baum der Erkenntnis von Gut und Böse sollst du nicht essen.«

Mochte meines Vaters Stimme auch auf Golgotha einschlagen und Sein Donner so laut werden wie Seine Stimme, so hatte der Schmerz mich doch glauben gemacht, was man nicht glauben darf.

Gott war mein Vater, aber ich mußte fragen: Ist Er allmächtig? Oder ist Er es nicht? Wie Eva trachtete ich nach der Erkenntnis von Gut und Böse. Noch während ich fragte, ob der Herr allmächtig sei, hörte ich meine eigene Antwort: Gott, mein Vater, war allein Gott. Doch es gab andere. Wenn ich an Ihm versagt hatte, so hatte Er auch an mir versagt. Dies war nun meine Erkenntnis von Gut und Böse. War das der Grund, warum ich am Kreuz hing?

Einer der Soldaten nahm einen Schwamm, tränkte ihn mit Essig und zwängte ihn zwischen meine Lippen. Er verhöhnte mich.

Der Geschmack war so abscheulich, daß ich mit dem letzten mir verbliebenen himmlischen Zorn aufschrie, und ich blickte in das Gesicht des römischen Soldaten, der diesen Schwamm in meinen Mund gepreßt hatte. »Ich habe ein Gebet«, sagte er. »Ich wünschte, du wärest Barrabas. Ich würde dich foltern. Ich würde meinen Kot in deinem Gesicht abwischen.«

In diesem Augenblick hörte ich den Teufel. »Komm zu mir«, sagte er, und seine Stimme war in meinem Ohr. »Ich werde diesen Schinder von Römer mit ein paar der Erniedrigungen bekannt machen, die ich Menschen zufügen kann. Es gibt kein größeres Vergnügen als die Rache. Und«, sagte der Teufel, »ich werde dich vom Kreuz herunterholen.«

Es war eine Versuchung. Nur ein Gedanke hielt mich ab zuzustimmen. Tränen so heiß wie Feuer traten mir in die Augen bei diesem Gedanken, denn er gebot mir, dem Satan zu widerstehen. Ich wußte. Durch diese Stunden, die ich am Kreuz verbracht hatte, wußte ich. Mein Vater tat nur, was Er tun konnte. So wie ich getan hatte, was ich tun konnte. Deshalb war Er wahrlich mein Vater. Gleich allen Vätern hatte Er eine schwere Last zu tragen, und häufig hatte sie nichts mit Seinem Sohn zu tun. War Sein Mühen um mich so groß gewesen, daß Er nun erschöpft war? So wie es mir zu schwer gewesen war, im Garten von Gethsemane einen Schritt zu tun?

Bei diesem Gedanken, so ernüchternd wie die Gegenwart des Todes selbst, wich die Stimme des Teufels aus meinem Ohr. Und ich kehrte in die Welt zurück und an den Ort, wo ich am Kreuz hing.

Doch jetzt spürte ich weniger Schmerz, denn ich hatte erkannt, daß ich nicht mit einem Fluch in meinem Herzen sterben wollte. Ich hatte zu meinen Jüngern gesagt: »Wer euch tötet, wird glauben, Gott einen Dienst zu erweisen«, und diese Worte kamen mir wieder in den Sinn – ein Trost in meiner Not. Ich sprach: »Mein Gott, sie begreifen nicht. Sie sind leer in die Welt gekommen, und sie werden die Welt leer verlassen. Währenddessen sind sie trunken. Vergib ihnen. Sie wissen nicht, was sie tun.«

Die Kraft verließ mich, und das Leben wich aus mir und ging in den Geist über. Ich hatte nur Zeit zu seufzen: »Es ist vollbracht.« Dann starb ich. Und es ist wahr, daß ich starb, bevor sie den Speer in meine Seite stießen. Blut und Wasser flossen heraus, um das Ende des Morgens anzuzeigen. Ich sah ein weißes Licht, das wie der Glanz des Himmels strahlte, doch es war weit entfernt. Mein letzter Gedanke galt den Gesichtern der Armen und wie schön sie mir erschienen waren, und ich hoffte, daß es wahr wäre, wie meine Anhänger bald sagen würden, daß ich für sie am Kreuz gestorben war.

Zu Lebzeiten derer, die nach mir kamen, wurden fromme Schriftrollen von jenen verfaßt, die mich gekannt hatten. Evangelien wurden von anderen verfaßt, die mich nicht gekannt hatten. (Und sie waren noch frommer!) Diese späteren Schreiber – sie hießen jetzt Christen – hatten von meinen Reisen gehört. Sie fügten viel hinzu. Sie sprachen von Engeln, die bei meinem Tod aufgestiegen waren. Andere berichteten, wie an jenem Tag der große Vorhang des Tempels in zwei Teile zerriß. Sie erzählten von Felsen, die sich spalteten, und von Gräbern, die sich öffneten. Sie behaupteten, daß die Erde zu beben begann, als die Nägel aus meinen Handgelenken und Fußknöcheln gezogen wurden und man mich auf den Boden legte. Manche beschrieben sogar, wie die Propheten auferstanden, aus ihren Gräbern traten und in die heilige Stadt wanderten, wo sie vielen Menschen erschienen. Und die Leute sagten: »Wahrhaftig, dies war der Sohn Gottes.«

Viele derjenigen, die mir nahe gewesen waren, neigten zu Übertreibungen; keiner hatte genug an den Sohn oder den Vater geglaubt, um sich mit der Wahrheit zu begnügen, die schon hinreichte, wie ihr gesehen habt. Deshalb möchte ich jetzt – gleich Daniel – mein Evangelium besiegeln in der Hoffnung, daß seine Wahrheit auf ewig währt.

Doch ich kann es noch nicht. Denn ich muß noch davon reden, was gesagt wurde, nachdem ich hingeschieden war. Man hat mir viele Geschichten erzählt, und einige stimmen mit den Ereignissen überein, wie ich sie erlebt habe. Ja, es ist wahr, daß ich am dritten Tag auferstanden bin. Doch meine Jünger fügten ihren Berichten Legenden hinzu. Wenn jemand ein Wunder erlebt, dringt Satan in seine Geschichte ein und vervielfacht das Wunder.

Soviel stimmt: Am Nachmittag meines Todes ging Joseph von Arimathäa, der einer meiner Anhänger und ein reicher Mann war, heimlich zu Pontius Pilatus und bat um meinen Leichnam. Gegen eine gute Summe stimmte Pilatus zu. Darauf hüllte Joseph von Arimathäa den Leib, der einst meiner gewesen war, in ein Tuch. Bei ihm befand sich ein Mann namens Nikodemus. Sie brachten eine Mischung aus Myrrhe und Aloe herbei, etwa hundert Pfund an Gewicht, wuschen mich, wickelten mich in neues Linnen und legten mich zusammen mit den Gewürzen in Leinwand, so wie die Juden ihre Toten bestatten. Und in der Nähe, wo ich gekreuzigt worden war, befand sich ein Garten mit einem Grab, frisch aus dem Felsen gehauen, das Joseph von Arimathäa für sich selbst vorgesehen hatte. Aber von solcher Art war sein Großmut, daß er mich dort beisetzte.

So wurde ich in das Grab eines reichen Mannes gelegt. Und sie wälzten einen großen Stein vor den Eingang und gingen.

Inzwischen stiegen in Kaiphas und manchen seiner Priester ernste Zweifel auf. Sie waren sich nicht mehr sicher, ob sie klug gehandelt hatten. Am Abend meines Todes schlugen sich viele gute Juden in den Straßen Jerusalems an die Brust und bekannten: »Unsere Sünden werden uns Unheil bringen.« Die Priester des Kaiphas hatten Angst, daß eine Strafe ihr Volk und sie selbst treffen könnte.

Also kehrten sie am Morgen nach meinem Tod zu Pilatus zurück und berichteten ihm, ich hätte vielen gesagt: »Nach drei Tagen werde ich auferstehen.« Sie baten den Statthalter, das Grab an diesen drei Tagen bewachen zu lassen. »Sonst«, sagten sie, »könnten

Jünger des Jesus ihn während der Nacht stehlen und dem Volk verkünden: ›Er ist von den Toten auferstanden.‹ Sollte das geschehen, würde die Unruhe um ein Vielfaches zunehmen.«

Pilatus sagte zu ihnen: »Nehmt eure eigene Wache.« Denn sie wollten ihm nicht zahlen, was er verlangte. Dann sagte Pilatus: »Ich bin unschuldig am Blut dieses Mannes. Es ist alles euer Werk.« Diese Worte betrachteten sie als eine Drohung, weshalb sie beschlossen, ihn doch zu bezahlen. Pilatus schickte den Zenturion Petronius und dessen Soldaten, damit sie das Grab bewachten. Und diese Römer legten sieben Siegel über den großen Stein am Eingang und hielten Wache vor dem Grab.

Es gibt einige, die behaupten, daß es ein Erdbeben gegeben habe und der Engel des Herrn vom Himmel herabgestiegen sei, um den Stein vom Eingang fortzuwälzen. Da die Kleidung dieses Engels so weiß wie Schnee gewesen sei, flohen die Wachen.

Andere berichten, daß sehr früh am Morgen des dritten Tages, so wie der Tod die Dirne und die tugendhafte Frau vereinen kann, Maria Magdalena an mein Grab kam, wo sie meine Mutter Maria traf. Und sie vereinbarten, die angemessenen Riten für mich zu vollziehen. Doch nachdem sie nun da waren, wer konnte den Stein fortwälzen?

Aber als sie das Grab betrachteten, sahen sie, daß es geöffnet war. Sie traten ein. Im Innern begegneten sie einem jungen Mann, der ein langes weißes Gewand trug und sagte: »Ihr sucht Jesus von Nazareth, aber er ist auferstanden. Erzählt seinen Jüngern, daß er euch nach Galiläa vorauseilt und ihr ihn dort treffen werdet.«

Dies mag nahe an der Wahrheit sein. Denn ich weiß, daß ich am dritten Tage auferstanden bin. Und ich erinnere mich auch, daß ich das Grab verließ, um durch die Stadt und die Landschaft zu wandeln, und daß eine Stunde kam, da ich meinen Jüngern erschien. Ich sagte zu ihnen: »Warum seid ihr traurig?« Und sie erkannten mich nicht. Sie dachten, ich sei ein Fremdling in Jerusalem und wüßte nicht, was geschehen war. Sie antworteten mir sogar: »Unsere Trauer gilt Jesus von Nazareth, der ein mächtiger Prophet war. Aber unsere Unterdrücker haben ihn gekreuzigt.«

Ich erwiderte: »Seht auf meine Hände und Füße.« Und als Thomas die Wundmale sah, bat er darum, seine Finger hineinlegen zu dürfen (weshalb er bis zum heutigen Tag als der ungläubige Thomas bekannt ist). Aber der Anblick dieser Wunden ließ sie glauben.

Bald glaubten alle Anwesenden, daß ich in den Himmel aufgefahren sei und zur Rechten Gottes sitze. Ich war jedoch nur weitergewandert, und sie konnten mich nicht mehr sehen. Trotzdem gingen meine Jünger hinaus und predigten, daß der Herr mit ihnen sei. Und sie gelangten endlich zu dem Glauben, daß sie die Macht besaßen, Teufel auszutreiben. Sie legten den Kranken die Hand auf, und einige wurden geheilt.

Aber die Juden wurden durch meinen Tod tief gespalten. Viele schlossen sich meinen Jüngern an und wurden zu neuen Anhängern, die sich Christen nannten; andere blieben in der Nähe des Tempels und stritten hundert Jahre miteinander, ob ich der Messias sei oder nicht.

Die Reichen unter ihnen, und die Frommen, setzten sich durch; wie könnte der Messias ein armer Mann mit einer einfachen Sprache sein? Gott würde es nicht erlauben!

Dennoch muß auch gesagt werden, daß viele derjenigen, die sich jetzt Christen nennen, selbst reich und fromm und nicht besser sind als die Pharisäer. Fürwahr, sie übertreffen oft diejenigen in ihrer Heuchelei, die mich damals verurteilt haben.

Es sind viele Kirchen in meinem Namen und in dem meiner Apostel entstanden. Die größte und heiligste ist nach Petrus benannt; sie ist ein Ort von großem Glanz in Rom. Nirgendwo findet man mehr Gold.

Gott und der Mammon ringen noch immer um die Herzen der Männer und Frauen. Bislang ist der Kampf so verlaufen, daß weder der Herr noch der Satan triumphiert. Ich bleibe an der rechten Hand Gottes und strebe nach größerer Weisheit, als ich sie zuvor besaß, und ich denke an viele mit Liebe. Meine Mutter wird hoch verehrt. Viele Kirchen sind nach ihr benannt, vielleicht mehr als nach mir. Und sie hat Wohlgefallen an ihrem Sohn.

Mein Vater indes redet nicht oft mit mir. Trotzdem achte ich Ihn. Gewiß gibt Er soviel Liebe, wie er geben kann, aber Seine Liebe ist nicht unbegrenzt. Denn Sein Kampf mit dem Teufel wird härter. Große Schlachten gingen verloren. Im letzten Jahrhundert des zweiten Millenniums gab es Massenvernichtungen, Feuersbrünste und Plagen, die schlimmer waren als alles bisher Dagewesene.

Aber die meisten glauben, daß Gott durch mich einen großen Sieg errungen hat. Und es mag sein, daß der Teufel nicht klug genug war, um die Weisheit meines Vaters zu erfassen. Denn mein Vater wußte, wie man Katastrophen und Unheil abwendet. Etwa fünfzig Jahre nach meinem Tod wurde das Evangelium nach Johannes verfaßt, und das Werk dieses Mannes (mir unbekannt) mag von der Weisheit meines Vaters erleuchtet worden sein, denn Johannes' Worte erwiesen sich als unvergeßlich. Sie besagten: »Also hat Gott die Welt geliebt, daß Er Seinen eingeborenen Sohn dahingab, damit jeder, der an ihn glaubte, nicht zugrunde ging, sondern das ewige Leben erlangte.« So mächtig ist die Kraft dieser Botschaft, daß kein anderer Prophet je derart viele Anhänger besaß, die bereit waren, in Seinem Namen zu sterben. Natürlich war ich nicht nur ein Prophet, sondern Sein Sohn.

Trotzdem, die Wahrheit ist noch kostbarer als selbst der Himmel. Deshalb sollten wir verstehen: Mein Vater mag den Teufel nicht überwältigt haben, aber weniger als vierzig Jahre nach meinem Tod am Kreuz wurde eine Million Juden in einem Krieg gegen die Römer getötet. Von dem Großen Tempel blieb nicht mehr als eine Steinmauer. Dennoch erwies sich der Herr als ebenso schlau wie Satan. Ja, Er verstand Männer und Frauen besser als der Teufel. Denn mein Vater wußte, wie aus einer Niederlage Nutzen zu ziehen war, nämlich indem man sie als Sieg bezeichnete. Jetzt, in diesen Tagen, glauben viele Christen, daß alles für sie gewonnen sei. Sie glauben, alles war schon gewonnen, bevor sie geboren wurden. Sie glauben, daß dieser Sieg wegen meines Leidens am Kreuz ihrer ist. Daher hat mein Vater immer noch viel Verwendung für mich. Es geschieht sogar mit meinem Segen, daß der Herr alle Liebe, die Er aufzubieten vermag, jenem Geschöpf schenkt, das Mann heißt, und jenem anderen Geschöpf, das Frau heißt, und ich versuche die Quelle der Liebe zu bleiben, die sanft ist.

Aber ich muß auch an Pontius Pilatus denken, der sagte, daß im Frieden keine Wahrheit sei und in der Wahrheit kein Frieden. Aus diesem Grund bringe ich nicht Frieden, sondern das Schwert. Ich führe Krieg gegen alles, das uns geringer macht, als wir sein sollten, geringer an Großmut. Ich will mich nicht vom Teufel überzeugen lassen, daß die Beute unserer Habgier eine prächtige Abfallgrube und er der Geist der Freiheit sei. Aber, wer sonst als der Teufel möchte uns einreden, daß unser Weg leicht sein sollte? Denn Liebe ist nicht der sichere Pfad, der uns zu einem guten Ende führt, sondern sie ist vielmehr der Lohn, den wir am Ende unseres mühsamen Lebensweges empfangen werden. Deshalb denke ich oft an die Hoffnung, die in den Gesichtern der Armen verborgen liegt. Darin steigt aus den Tiefen meiner Trauer ein unendliches Erbarmen empor, und ich finde den Willen, wieder zu leben und mich zu freuen.

3. DER TRAUM DES UNGEKREUZIGTEN JESUS

Zur Einführung

Es ist schon ein einzigartiger Vorgang, den uns der Christus-Roman »Die letzte Versuchung« (1952) des Griechen *Nikos Kazantzakis* (geb. 1883 in Heraklion auf Kreta; gest. 1957 in Freiburg/Br.) schildert – und zwar in der hier dokumentierten Passage (das viertletzte Kapitel 30), die zweifellos den Gipfelpunkt des an literarischen Höhepunkten nicht armen Buches bildet: Während Jesus von Nazaret auf Golgatha am Kreuz hängt, den Schrei der Gottverlassenheit ausstößt und in Ohnmacht fällt, wird er von einem Engel – in einer Art Traumvision – vom Kreuz abgenommen, in die Welt zurückgeführt und mit Maria Magdalena verheiratet, der Frau, bei welcher der Jesus des Kazantzakis ohnehin schon Liebe erfahren hatte. Dieser Frau gesteht Jesus denn auch, daß er sich nach dem Augenblick der Vereinigung mit ihr gesehnt habe, und in einer pantheisierenden Gottessehnsucht (»Ich bin das unsterbliche Wasser«, sagt Maria Magdalena, »du hast dich herabgebeugt, getrunken und Frieden gefunden«) träumen die beiden von einem gemeinsamen Leben und von der Erziehung ihres gemeinsamen Kindes, das Maria Magdalena erwartet.

Da wird durch einen »Negerknaben«, der in diesen Schlußszenen des Romans als mythischer Bote zwischen den Personen figuriert, Maria Magdalena von dieser Szene weggeholt und mit fanatischen Verfolgern aus ihrem Volk konfrontiert. Wegen Hurerei wird diese Frau angegriffen, gesteinigt und ermordet. Unter den Agitatoren befindet sich ein gewisser Saulus, der angetreten ist, »die Welt zu beherrschen«. Vorher hatte Maria Magdalena ihn noch auf Jesus neugierig gemacht (»Er ist der Gottes Sohn«!), und Saulus wittert instinktiv seine Chance. Er wird sich diesen Jesus einmal ansehen.

Nach ihrer Ermordung läßt der Autor die Geliebte Jesu mit der Figur der Martha aus Bethanien und seinen Jesus mit deren Bruder Lazarus verschmelzen, mit Figuren also, wie wir sie (einschließlich einer Schwester Maria) aus dem Johannes-Evangelium kennen (11,1–44). Jesus lebt nun als »Meister Lazarus« bei den beiden Schwestern ein Leben im Zeichen von »Herd, Webstuhl, Backtrog, Tisch, Wasserkrug, Lampe«. Viele Kinder zeugt er mit Maria und Martha, und er lebt »wie der Patriarch Jakob mit seinen beiden Frauen Lea und Rahel« (S. 444 f.) viele zufriedene Jahre dahin.

Plötzlich aber trifft er auf einen »alten Bekannten«, Simon von Kyrene, und dieser berichtet ihm vom Schicksal des Pilatus: Wegen des Falles Jesu sei er in Wahnsinn verfallen, Auspeitschung und Dornenkrönung habe er gesucht, und als Gekreuzigter sei er geendet. Schmerzliche Erinnerungen steigen in »Meister Lazarus« auf, die sich verdichten, als es zur *Begegnung mit Saulus* kommt (im hier teildokumentierten Kapitel 32). Erregend, wie Kazantzakis diese Szene aufgebaut hat: Sein Saulus sieht ja nicht Jesus vor sich, sondern »Meister Lazarus«, und erzählt diesem unbekümmert von seinen großen Plänen. Er hatte sich durch eine Blitzerscheinung zwar vom Jesus-Verfolger zum Christus-Verkünder gewandelt; sein Welteroberungsdrang aber ist der gleiche geblieben. Vor allem hat er jetzt eine griffige, zündende »frohe Botschaft«: die vom »gekreuzigten und auferstandenen Gottessohn«; und diese Botschaft will er nun über alle Meere und in alle entlegenen Städte tragen – paradoxerweise zum Entsetzen Jesu, der ohnmächtig mitansehen muß, wie seine Absichten durch Saulus völlig verfälscht werden. Gerade das geschieht, was er durch sein Nachgeben der »letzten Versuchung« hatte verhindern wollen: Statt daß Menschen aus sich heraus die Erlösung anstreben, verstanden als Prozeß der Verwandlung der Materie in Geist, machen sie ihn, den gekreuzigten Erlöser, zu ihrer Ersatzfigur.

Aber Jesus hat keine Chance gegen Saulus. Was ist schon ein »Meister Lazarus« gegen »Christus, Gottessohn, Heil der Welt«!

Im letzten Kapitel (mit der symbolischen Zahl 33 für die Lebensjahre Jesu) kommt es zu einem weiteren dramatischen Dialog.
Jesus trifft auf seine ehemaligen Jünger. Es sind jetzt alte, herun-
tergekommene schwache Gestalten – schrecklich enttäuscht von
den Versprechungen ihres Meisters. Große Erwartungen hatte er
doch in ihnen geweckt über ihre glänzende Zukunft. Matthäus?
Hatte er nicht eine wunderbare »Lebensgeschichte« Jesu schreiben und mit ihr »unsterblich« werden wollen? Und jetzt? Petrus?
Hatte Jesus nicht auf ihn seine »Kirche gründen« wollen? Jako-
bus, Nathanael, Philippus, Thomas? Kein Geist von einst mehr in
ihnen! Judas, der mit Jesu Botschaft politische Hoffnungen verknüpft hatte, bringt die Vorwürfe aller schließlich auf den Punkt:
Verrat, Feigheit, Abtrünnigkeit:

*»Abtrünniger! Dein Platz war am Kreuz! Dort hat Israels Gott dich hin-
gestellt, um zu kämpfen, aber der kalte Schweiß hat dich gepackt. In
dem Augenblick, da der Tod sich vor dir erhob, hieß es: ›Rette sich,
wer kann!‹ Da sprangst du hinab und verbargst dich unter Marthas und
Marias Röcken, du feiger Wicht! Du ändertest Gesicht und Namen,
wurdest ein falscher Lazarus, um dich zu retten!«* (S. 465)

Dieses Wort vom Verräter schockiert Jesus derartig, daß er
beschließt, den Weg zurückzugehen, dorthin, wo er herge-
kommen ist: ans Kreuz. Und so endet der Roman mit einer
Absage an die »letzte Versuchung«:

*»Nein, er war kein feiger Wicht! Kein Abtrünniger! Kein Verräter! Ehr-
lich hatte er bis zum Ende ausgehalten, hatte sein Wort eingelöst!
Einen Augenblick, gerade als er ELI! ELI! rief und in Ohnmacht versank, hatte die Versuchung ihn gepackt und irregeführt. Eine Lüge war
alle Freude, waren die Frauen, die Kinder; eine Lüge waren die armen
kleinen Greise, die ihn Feiger Wicht! Abtrünniger! Verräter! genannt
hatten. Alles, alles war ein Gaukelspiel des Bösen. Seine Jünger leben
und herrschen, sie sind über Länder und Meere ausgezogen und
haben die frohe Botschaft verkündet. Alles war geschehen, wie es
geschehen sollte. Gepriesen sei Gott!
Er stieß einen triumphierenden Schrei aus: ›ES IST VOLLBRACHT!‹
Und es war, wie er sagte:
Alles ist ein Ende und alles ist ein Beginn.«* (S. 470)

Wer nur diese letzte Szene sich vergegenwärtigt, könnte auf die
Idee kommen, hier würde mit bitterstem Sarkasmus die Chri-
stentums-Geschichte als ein Mythos entlarvt, der den ursprüng-

lichen Intentionen Jesu völlig zuwiderläuft. Kann es einen schärferen Kontrast geben als den zwischen dem »frohen Botschafter« und der Herrschaft einer Kirche, die sich über alle Länder und Meere ausgebreitet hat? Kann von daher der »triumphierende Schrei« Jesu am Ende mehr sein als purer Hohn? Der Triumph des Christentums? Ist er nicht zugleich der Verrat des Nazareners? Besteht die Strategie des Autors also darin, die grandiose Selbsttäuschung zu zeigen, mit der das von Paulus erfundene Christentum sich auf Jesus beruft?

So wurde dieser Roman jedenfalls in kirchlichen Kreisen anfangs verstanden. Und prompt reagierte man mit Verurteilungen. Man sah die Oberfläche, und weil diese »skandalös« genug war (Jesus im Bett mit Maria Magdalena, die Rolle des gekreuzigten Erlösers verweigernd!), nahm man denn auch die tieferen geistigen Intentionen dieses Autors nicht mehr wahr. In der »Biographie aus Briefen und Aufzeichnungen«, die 1968 (ursprünglich in französischer Sprache) unter dem Titel »Einsame Freiheit« von Eleni N. Kasantzaki, der Gattin, herausgegeben wurde, läßt sich dazu einiges nachlesen. Kazantzakis am 1. Mai 1954:

»Gestern bekam ich ein Telegramm meines deutschen Verlegers: ›Letzte Versuchung auf päpstlichem Index...‹ Immer wieder überrascht mich die Engstirnigkeit und Engherzigkeit der Menschen. Hier ist nun ein Buch, das ich geschrieben habe aus tiefer religiöser Inbrunst, mit glühender Liebe zu Christus – und der Statthalter Christi auf Erden, der Papst, begreift es nicht, fühlt nicht die christliche Liebe, in der es geschrieben ist, und verdammt es! Und doch, es paßt zu der Erbärmlichkeit und Knechtseligkeit der Welt von heute, daß man mich verdammt...« (S. 504 f.)

Ähnlich reagiert der Schriftsteller auch, als Vertreter der griechisch-orthodoxen Kirche seine »Letzte Versuchung« verurteilen:

»Und die orthodoxe Kirche Amerikas ist zusammengetreten und hat die ›Letzte Versuchung‹ verurteilt als ›in höchstem Maße schändlich‹, gottlos und ketzerisch – und gesteht dabei ein, daß man das Werk überhaupt nicht gelesen hat, sondern sich nur auf die Besprechung in der ›Hestia‹ stützt!
Doch ich sitze hier still in der Einsamkeit, hingegeben an meine Aufgabe, und arbeite, so viel ich kann, für die griechische Sprache und den

ewigen griechischen Geist! Ad tuum, Domine, tribunal appello – wie schon Tertullian einst ausrief.« (S. 505)

Warum aber konnte Kazantzakis guten Gewissens an das Tribunal *Gottes* appellieren? Warum konnte er ohne taktische Verstellung erklären, seinen Roman »aus tiefer religiöser Inbrunst, mit glühender Liebe zu Christus« geschrieben zu haben? Was ist mit der »glühenden Liebe« gemeint? Um das zu verstehen, müssen wir uns den Lebens- und Denkweg dieses Autors kurz vergegenwärtigen.

1883 auf Kreta geboren (als dort noch die Türken herrschten), war Kazantzakis bis dahin einen für einen griechischen Intellektuellen seiner Generation und Herkunft ungewöhnlichen Weg gegangen. Nach einem Pflicht-Jura-Studium in Athen (1902–1906) setzt er in Paris am Collège de France sein Studium in Politikwissenschaften fort. Hier in Paris (1907–1909) verfaßt er eine juristische Dissertation mit dem Titel »Friedrich Nietzsche in der Rechts- und Staatsphilosophie«, und Nietzsche wird ein Leben lang einer seiner Leitsterne sein (Bedeutung der Askese; Übermensch-Idee). Dasselbe gilt für *Henri Bergson* und dessen Lebensphilosophie mit den zentralen Begriffen: élan vitale, volonté omnipotente (Ausführliches zur Nietzsche- und Bergson-Rezeption bei P. Petropoulou).

Doch Kazantzakis fühlt sich weder zum Juristen, Philosophen oder Politiker berufen (obwohl er im Verlauf seines Lebens immer wieder Phasen eines politischen oder administrativen Engagements durchmacht), sondern zum Schriftsteller, dessen epochale Leistung für sein Land nicht zuletzt in der Erneuerung der neugriechischen Volkssprache (Dimotiki) besteht (Ausführliches dazu bei P. A. Bien, 1972). Nach Erstlingsdramen legt er 1928 erstmals ein relativ kurzes *philosophisches Glaubensbekenntnis* vor unter dem programmatischen Titel: »Askätikä« (entstanden während eines Berlin-Aufenthalts 1922/23), das im Deutschen schlicht mit »Askese« zu übersetzen ist. Es ist auch bekannt unter dem lateinischen Titel, der noch mehr aufhorchen läßt: »Salvatores Dei«, was soviel heißt wie »Erlöser Gottes«. In diesem Büchlein entfaltet der 45jährige Autor jetzt sein Menschen- und Gottesbild. Es wird – nach eigenen Aussagen –

zum Samen für alles, was später in seinem Werk gewachsen ist. Eine kleine, aber zentrale Schrift also.

Für Kazantzakis wird *menschliches Dasein* bestimmt durch zwei gegensätzliche Tendenzen, die unaufhörlich miteinander ringen: die Tendenz zur Synthese, zum Leben, zur Unsterblichkeit sowie die Tendenz zur Auflösung, zur Materie, zum Tod. Das menschliche Individuum aber ist im Spannungsfeld dieser Tendenzen kein passives Werkzeug, sondern ein lebendiges, entwicklungsfähiges Wesen, ein tätiger Lebensträger. Von daher kann Kazantzakis an den Menschen die Aufforderung richten: »Nie sollst du die Grenzen des Menschen anerkennen! Durchbrich die Grenzen! Leugne, was du siehst! Stirb als Leugner des Todes!« Und dieses Bekenntnis zur Selbsttranszendenz wird der immer wieder auch durchbrechenden Hoffnungslosigkeit abgerungen. Der Mensch scheitert immer wieder in seinem Leben, sieht sich dem Nihilismus ausgeliefert; er ist wie ein Schiff, das über dunklen Wassern treibt. Und dennoch gilt: »Wozu dieses ganze Ringen? Frage nicht! Kämpfe!«

Dem entspricht auch die *Gottesauffassung,* die das Buch »Askese« durchzieht. Kazantzakis' Gott kommt weder Allmacht noch Allgüte noch Allwissenheit zu. Als tief in die Geschicke seiner Schöpfung verwickelt, muß er durch den Menschen selbst gerettet werden. Leben ist für Kazantzakis ein Kreuzzug zur Befreiung eines Gottes, der in der Materie und in den Seelen der Menschen begraben liegt. Verwandlung der Materie in Geist aber ist ein lebenslanger kämpferischer Prozeß, eine dem Menschen unaufhörlich gestellte Aufgabe, an der er zwar stets scheitert, die er aber nicht aufgeben darf. Im Alter faßt Kazantzakis einmal diesen seinen Grundgedanken so zusammen:

»Vorgestern war mein Geburtstag – seit 65 Jahren ziehe ich nun meine Kreise, gehe auf und ab in diesem Gefängnis mit den beiden Fensterchen, diesem finsteren und geheimnisvollen Gefängnis, das ›Mensch‹ heißt; und ich schaue aus den beiden Fensterchen auf die Welt und werde nicht satt, sie zu sehen. Welch ein Wunder ist doch diese Welt, wie harmonisch entspricht sie unserem Hunger, unserem Durst, unserer Sehnsucht nach Gott! Und seit 45 Jahren bemühe ich mich darum, all das Geschaute, all diesen Hunger und Durst umzuwandeln zu Höherem, es einzukleiden in die 24 Buchstaben unseres griechischen Alphabets, ehe ich sterbe; um so viel Material wie möglich zu ›Geist‹

zu machen. Und sollte ich noch einmal geboren werden, keinen anderen Weg würde ich einschlagen. Mühevoll, rauh ist der Anstieg, den ich mir erwählt habe, doch ich bereue es nicht...« (Einsame Freiheit, S. 465)

Die über Jahrzehnte entstandenen großen Werke entfalten nun diesen Gedanken immer wieder neu. Einmal im Rückgriff auf die *klassische Tradition:* 1938 legt Kazantzakis seine eigene »Odyssee« vor, ein Riesen-Werk von über 30.000 Versen, in denen das Homerische Epos als Menschheitsgeschichte neu erzählt wird. Zum anderen im Zugriff auf *Gegenwartsstoffe:* 1946 beschreibt der Autor in seinem ersten Roman eine einzigartige Figur aus seiner kretischen Heimat. Sie gibt, wie keine sonst, seinem Werk Profil und begründet seinen Weltruhm: »*Alexis Sorbas*« (1946). Fünf Jahre später greift Kazantzakis eine Geschichte aus einem griechischen Dorf Kleinasiens auf: die Geschichte von Bauern und Hirten, die – einem mittelalterlichen Brauch folgend – alle sieben Jahre in der Karwoche die Passion Christi nachspielen. Spannung und Tiefe erhält der Roman dadurch, daß während der Handlung das Spiel in Wirklichkeit umschlägt. Die gespielte Passion wird zur realen, indem die Konflikte und Widersprüche der Gesellschaft – schon seinerzeit Ursache für Christi Passion und Kreuzigung – sich mythengleich in der Welt dieses Dorfes wiederholen. Der Christus-Spieler wird ausgerechnet in der Dorf-Kirche ermordet und stirbt mit den Worten: »Ihr Popen habt Christus gekreuzigt, und stiege er wiederum zur Erde herab, so würdet ihr ihn wiederum kreuzigen« (»Griechische Passion«, dt. Ausgabe 1951: Ausführliches dazu bei Th. Ziolkowski, S. 124–141, und A. Klosi, S. 42–48).

Damit dürften die ausgewählten Texte besser zu verstehen sein. Denn auch im Roman von der »Letzten Versuchung« geht es um das Ur-Thema des Nikos Kazantzakis: den Kampf zwischen Gott und Mensch, zwischen Materie und Geist, Tod und Unsterblichkeit *im Menschen* – und *Christus* ist für den Autor die *exemplarische Verkörperung dieses Kampfes*. Geschrieben wurde der Roman in Antibes an der Côte d'Azur (Südfrankreich), wo sich Kazantzakis ab 1948 bis zu seinem Tod die meiste Zeit aufhält. Aus der Bibliothek von Cannes leiht er sich alle möglichen Bücher aus, um geschichtlich präzise recherchieren zu können: »über die Juden, etc., die Geschichtswerke aus jener Epoche, den Talmud, etc. So sind alle Einzelheiten historisch korrekt« (Einsame Freiheit, S. 484). Dabei weiß Kazantzakis, daß ein »Leben Christi« einen Schriftsteller vor eine große Herausforderung stellt. Er ist sich der Größe seiner Aufgabe bewußt, und als die Arbeit abgeschlossen ist, bringt er in einem Brief vom 13. November 1951 seinen *tiefen Respekt* vor Christus zum Ausdruck – und zwar in einer Weise, die das Ringen um ein ihm gemäßes Verständnis dieser Gestalt spüren läßt:

»Ich sende Ihnen dieses mein Werk mit tiefer Ergriffenheit. Haben Sie Geduld, es durchzulesen, so wird allmählich, ganz sicher, dieselbe Ergriffenheit Sie überwältigen, wie ich sie tief im Innersten empfand, als ich dies Buch schrieb. Ich wollte den heiligen Mythos erneuern und ergänzen, auf den sich die große christliche Kultur des Abendlandes stützt. Es ist nicht einfach ein ›Leben Christi‹ – es ist ein mühevoller, heiliger Versuch, das Wesen Christi leibhaft darzustellen, unter Beiseiteschiebung aller Verdunklungen, Verfälschungen, Unwichtigkeiten, mit denen ihn bepackt und entstellt haben alle Kirchen und alle Kuttenträger der Christenheit. Oftmals war mein Manuskript, wenn ich schrieb, verwischt, weil ich meine Tränen nicht zurückhalten konnte. Gleichnisse, die Jesus unmöglich in der Gestalt hinterlassen haben kann, wie sie die Evangelien berichten, habe ich ergänzt und ihnen den hohen und verinnerlichten Schluß gegeben, der dem Herzen Jesu gemäß ist. Worte, von denen wir nicht wissen, ob er sie gesprochen hat, lege ich ihm in den Mund, weil er sie sagen mußte, wenn seine Jünger seine seelische Kraft und Reinheit hatten. Und überall Poesie, Liebe zu den Tieren, zu den Gräsern, zu den Menschen, Vertrauen zur Seele, Gewißheit, daß das Licht siegen werde . . .« (Einsame Freiheit, S. 484)

Entscheidend aber für das Christus-Verständnis von Kazantzakis ist (gerade auch für den in der »Letzten Versuchung« gewählten Schluß), daß Christus exemplarisch vorlebt, was *in jedem Menschen stattfinden* soll: der Austrag des Kampfes von Materie und Geist, Körper und Seele, Tod und Unsterblichkeit. Deshalb mußte im Roman Jesus die »letzte Versuchung« schließlich und endlich zurückweisen. Ihr vollends nachzugeben, wäre ein allzu billiger Ausstieg aus dem großen Kampf mit Gott gewesen. Rückzug in die privatistische Idylle im Zeichen von »Herd, Webstuhl, Backtrog, Tisch, Wasserkrug, Lampe« ist keine Perspektive. »Meister Lazarus« sein zu wollen, zufrieden mit Beruf, Haus, Frauen und Kindern, das ist keine Lösung. Gibt man ihr nach, so passiert genau das, was dem Jesus in Kazantzakis' Roman geschieht: Draußen in der Welt, in der tiefe soziale und psychische Entfremdung herrscht, in der es den Schrei nach Erlösung gibt, entstehen Bedürfnisse nach Erlösern, Projektionen nach Messiasgestalten, die für die Massen zu Alibi-Figuren werden. Gibt man ihr nach, so darf man sich nicht wundern, daß Fanatiker mit Welteroberungsphantasien wie Saulus (»Ich will sie retten«) die Oberhand gewinnen und die Erlöser-Sehnsüchte der Menschen für ihre eigenen Zwecke ausbeuten: zur Beherrschung der Menschen. Deshalb *muß* der Jesus des Kazantzakis zurück ans Kreuz, weil es in einer Welt tiefer sozialer und psychischer Entfremdung nur das konsequente Durchhalten des eigenen Kampfes geben kann. Das Kreuz Christi soll genau dies für jeden Menschen veranschaulichen: Es gibt keinen Rückzug aus diesem Kampf ins Private. Der Kampf zwischen Materie und Geist, Gott und Mensch ist nie zuende: »Alles ist ein Ende, und alles ist ein Beginn.« Solange Menschen gekreuzigt werden, gehen Risse durch die Schöpfung; lebt die Welt unversöhnt, unintegriert. Deshalb kann man mit dem Kritiker *Albert von Brunn* sagen: »Hinter Kazantzakis' Roman steht eine tiefe Religiosität und die große Hoffnung, auf dem Grund dieser korrupten Welt doch noch eine reine Seele zu finden, die bereit wäre, den Geist am Leben zu erhalten. Kazantzakis' Passionsgeschichte beläßt uns die Hoffnung, daß diese verrottete Welt sich immer und immer wieder durch junge Leute erneuern kann, die fähig sind, sich über das tägliche Einerlei zu erheben und die ›letzte Versuchung‹ zurückzuweisen, wenn all ihre Träume unerfüllt bleiben.« (S. 190)

Der eigentliche Kampf also, auf den Kazantzakis mit seiner Christus-Gestalt verweisen will, findet *im Inneren des Menschen* statt. Christus ist dabei keine Alibi-Figur, kein Ersatzheld für den eigenen Erlösungs-Kampf. Hier liegt der Grund, warum Kazantzakis die Auferstehungs-Traditionen des Neuen Testamentes literarisch völlig beiseite läßt. Denn »Auferstehung« im Sinn spiritueller Transformation muß jeder Mensch an sich selber leisten – bis hin zu Selbstentsagung und asketischer Einsamkeit. Seine biographischen Aufzeichnungen zeigen, daß Kazantzakis oft in seinem Leben diesen Weg gegangen ist. Auf ihn sah er sich gerade von Christus gewiesen. Dieser ist für ihn eine Herausforderung, den Weg des »spirituellen Aufstiegs« tapfer zu gehen. Christus zeigt, daß Menschen die Fähigkeit in sich tragen, Stück für Stück den geistigen Kampf zu kämpfen und den Prozeß der Verwandlung voranzutreiben. Zum Ziel kommt man dabei nicht; es kommt darauf an, diesen Kampf nicht abzubrechen.

An dieser Stelle wird besonders deutlich, wie sehr bei Kazantzakis *buddhistische und christliche Elemente* verschmelzen: buddhistischer Stufenweg der Meditation und christliche Liebes-Ethik. Buddhistisches hatte Kazantzakis 1935 auf einer Reise nach China und Japan direkt kennengelernt, wie sein »autobiographischer Roman« unter dem Titel »Der Felsengarten« (franz. Original 1959) eindrucksvoll dokumentiert, in dem auch die Erfahrungen der Japan- und Chinareise eingeflossen sind und in den auch Texte aus »Askese« aufgenommen wurden (zu »Buddha« bei Kazantzakis: D. A. Dombrowski, S. 111–113). Aber die Beschäftigung mit Buddha geht bei Kazantzakis schon auf die 20er Jahre zurück. In seinem letzten Werk, abgeschlossen noch kurz vor seinem Tod und erschienen unter dem Titel »Rechenschaft vor El Greco« (wiederum ein autobiographischer Roman), gesteht Kazantzakis denn auch, was für ihn die »großen Sirenen« waren, die verführerischen Stimmen seines Lebens:

»*Nur die unsterblichen Toten, die großen Sirenen, Christus, Buddha ... zogen mich an, und ich saß von klein auf zu ihren Füßen und hörte hingerissen ihrem betörenden, von Liebe erfüllten Gesang zu; und mein ganzes Leben lang kämpfte ich, um mich von allen diesen Sirenen zu befreien, ohne mich von einer einzigen von ihnen loszusagen; damit ich ihre nicht ... zueinander passenden Stimmen in eine Harmonie verwandle.*« (S. 525)

Der Roman »Die letzte Versuchung« ist damit als Versuch zu lesen, Östliches und Westliches zu verschmelzen: Mystik und Ethik, Kampf und Ruhe, Schrei nach Befreiung und Sehnsucht nach Stille, Gottesgeburt und Gottesverschmelzung. Ja, was Christus für Kazantzakis persönlich bedeutet, hat er nirgendwo plastischer beschrieben als in eben jener »Rechenschaft«, die er vor keinem Geringeren als seinem griechischen Landsmann und Künstlerkollegen »El Greco«, einem Kreter wie er, abgelegt hat. Hier findet man bewegende Kapitel über die Christus-Spurensuche in Jerusalem und über die Gottessuche in der »Wüste Sinai«. Sie werfen ihr Licht zurück auch auf den Roman von der »Letzten Versuchung«:

»Was mich hauptsächlich bezauberte und mir Mut machte, war, daß der Mensch, der in Christus sich befand, aufgebrochen war mit so viel Mut und so viel Kampf und so leidenschaftlicher Hoffnung, um Gott zu erreichen, mit ihm eins zu werden, ein unlösbares Eins. Einen anderen Weg gibt es nicht, um zu Gott zu gelangen, nur diesen einen: zu kämpfen, indem du den blutigen Spuren Christi folgst, um das Menschliche in dir in Geist zu verwandeln, daß du mit Gott eins werdest.
Dieses zwiespältige Wesen Christi war für mich immer ein tiefes, unerforschbares Mysterium; die Sehnsucht, die so menschliche und übermenschliche Sehnsucht, daß der Mensch bis zu Gott gelange, oder viel richtiger, daß der Mensch zu Gott zurückkehre, um mit ihm eins zu werden. Diese Sehnsucht, die gleichzeitig so mystisch und realistisch ist, schlug in mir Wunden und öffnete gleichzeitig mächtige Quellen. (...)
Jeder Mensch ist ein Gottmensch: Fleisch und Geist zugleich. Deswegen ist das Mysterium Christi nicht nur das Mysterium einer bestimmten Religion; es gilt für alle Menschen. Bei jedem bricht der Kampf zwischen Gott und Mensch aus, und gleichzeitig besteht die Sehnsucht nach Versöhnung. Meist ist es ein unbewußter Kampf von kurzer Dauer, denn eine schwache Seele hält es nicht aus, lange Zeit dem Fleisch zu widerstehen. Sie wird schwer, wird selbst Fleisch, und der Kampf endet. Aber für die verantwortungsbewußten Menschen, die Tag und Nacht ihre Augen auf die höchste Pflicht gerichtet haben, bricht dieser Kampf zwischen Fleisch und Geist unbarmherzig aus und kann bis zum Tode dauern.« (S. 297 f.)

Wie ist Kazantzakis geistig zu orten? Man hat ihm Etikette wie »heroischer Desperado« (P. Tzermias, Die Neugriechische Literatur, S. 130) aufgedrückt. Man hat von seinem »heroischen Pessimismus, seiner Irrationalität, seiner Einsamkeit – zum Schluß seinem Nihilismus« gesprochen (L. Politis, Geschichte der Neugriechischen Literatur, S. 219). All dies wird der Komplexität von Werk und Leben nicht gerecht. Wenn es einen Grundzug im Denken dieses Autors gibt, dann ist es der lebenslange Versuch einer *Synthese von Mystik und Kampf*, wobei sich der Kampf sowohl auf die Welt des Inneren (der »Seele«)

wie auf die Welt des Äußeren (der Gesellschaft) erstreckt, sowohl auf Selbstbefreiung wie Gottesbefreiung. Kazantzakis' »Religiosität« ist von daher mit keiner der etablierten Konfessionen oder Religionen identisch. Sie hat ihr ganz eigenes religiös-spirituelles Profil. Dies ist sensibel zu interpretieren und nicht mit den vertrauten Denkschemata zu diskreditieren. Grundsätzlich wird man mit dem griechischen Literaturwissenschaftler *Pavlos Tzermias* sagen können: »Die Problematik, welche Kazantzakis bewegt, ist keine spezifisch griechische, sondern eine allgemeingültige. Wie der vorrevolutionäre russische Roman, den der Dichter eingehend studierte, gehen auch die Werke des Griechen über die nationale Begrenzung hinaus und erreichen eine seltene menschliche Tiefe. Zwar kann Kazantzakis' tiefe Religiosität, selbst wenn man die nihilistische Färbung mitberücksichtigt, nicht bestritten werden; doch diese Religiosität erinnert kaum an das etablierte Christentum der östlichen Orthodoxie, sondern vielmehr an das ursprüngliche, kämpferische, opferwillige Christentum, das etwa auch einen Leonard Ragaz inspiriert hat.« (S. 140 f.)

Ausgabe: N. Kazantzakis, Ho Teleutaios Peirasmos (1951). Die letzte Versuchung. Roman. Deutsch von W. Kerbs, Hamburg 1984 (Rowohlt Taschenbuch-Ausgabe), S. 419–433 u. S. 448–456.

Literatur zur Vertiefung

1. *Zur Lebensgeschichte:*
   N. Kazantzakis, Einsame Freiheit. Biographie aus Briefen und Aufzeichnungen des Dichters, hrsg. v. E. N. Kasantzaki (1968), Frankfurt/M. – Berlin 1991 (Ullstein-Taschenbuch).
   N. Kazantzakis, Rechenschaft vor El Greco (Bde. I–II 1964–1967), Frankfurt/M. – Berlin 1993 (Ullstein-Taschenbuch-Ausgabe in einem Band).
2. *Zur Werkgeschichte:*
   Themenheft Nikos Kazantzakis: Journal of Modern Literature 2 (1971/72), Heft 2.
   A. Klosi, Mythologie am Werk: Kazantzakis, Andrić, Kadare. Eine vergleichende Untersuchung am besonderen Beispiel des Bauopfermotivs, München 1991, S. 29–54.

P. A. Bien, Kazantzakis and the Linguistic Revolution in Greek Literature. Princeton, N. J. 1972.

Ders., Kazantzakis: Politics of the Spirit, Princeton, N. J. 1989.

P. Petropoulou, Die Subjektkonstitution im europäischen Roman der Moderne. Zur Gestaltung des Selbst und zur Wahrnehmung des Anderen bei H. Hesse und N. Kazantzakis, Wiesbaden 1997.

D. A. Dombrowski, Kazantzakis and God, Albany, N. Y. 1997.

3. *Zum Text:*

Th. Ziolkowski, Fictional Transfigurations of Jesus, Princeton 1972, S. 124–141.

P. A. Bien, Tempted by Happiness. Kazantzakis' Post-Christian Christ, Wallingford, Pa. 1984.

A. von Brunn, Das Evangelium und die Affäre Saramago, in: Orientierung 56 (1992), S. 189–192.

Nikos Kazantzakis
Die letzte Versuchung

Seine Wimpern blinzelten. Jubelnd und erstaunt erkannte er, das war nicht ein Kreuz, es war ein gewaltiger Baum, der sich von der Erde bis in den Himmel erhob. Es war Frühling, und der ganze Baum blühte. Auf jedem Zweig bis an den äußersten Rand über der steilen Tiefe saß ein Vogel und sang . . . Er selbst stand aufrecht, den Leib an den blühenden Baum gelehnt, hatte den Kopf erhoben und zählte: Eins – zwei – drei . . . »Dreiunddreißig«, murmelte er, »ebenso viele wie meine Lebensjahre, dreiunddreißig Vögel singen!«

Seine Augen weiteten sich und wurden so groß, als sähe er mit dem ganzen Antlitz. Ohne sich umzuwenden, umfaßte er das in Blüte stehende Erdenrund. Seine Ohren waren wie zwei Schneckengehäuse, sie fingen das Rufen, das Fluchen und Weinen der Welt auf und formten es zu einem mächtigen Gesang. Sein Herz war von einer Lanze durchbohrt und blutete.

Eine nach der andern verwelkten die Blüten in seinem mit Dornen bekränzten Haar und auf seinen blutigen Händen. Sie fielen barmherzig ab, ohne daß ein Wind sie berührte. Und als er sich zu erinnern versuchte, wer er war und wo er sich befand, wandte er sich plötzlich um, die Luft verdichtete sich – ein Engel stand vor ihm. Im gleichen Augenblick begann es zu tagen.

Viele Engel hatte er im Schlaf und im Wachen gesehen, einen solchen Engel nie! Welche warme, menschliche Schönheit! Welch weicher Flaum auf Wangen und Oberlippen! Die Augen glänzten verführerisch, voller Feuer wie die einer verliebten Frau, eines verliebten Jungen. Der schlanke, feste Leib und die Beine bis zu den runden Lenden waren von einem lockigen, blauschwarzen Flaum umgeben, und die Arme verbreiteten den geliebten Duft eines Menschen.

Jesus zuckte zusammen. »Wer bist du?« fragte er ihn, und sein Herz begann heftig zu schlagen.

Der Engel lächelte, sein Gesicht war milde wie das eines Menschen, die beiden breiten grünen Schwingen legte er zusammen, als ob er Jesus nicht erschrecken wollte.

»Ich bin wie du«, erwiderte er, »ich bin dein Schutzengel, habe Vertrauen zu mir.«

Tief und einschmeichelnd klang seine Stimme, zart und vertraut wie die eines Menschen.

Bisher waren die Engelsstimmen, die er gehört hatte, streng und vorwurfsvoll gewesen. Er sah erfreut und bittend den Engel an und wartete, daß er mehr sagen solle.

Der Engel ahnte den Wunsch des Mannes, fügte sich ihm und lächelte.

»Gott hat mich gesandt, um Balsam auf deine Lippen zu träufeln. Die Menschen haben dich viel Gift trinken lassen, viel hat auch der Himmel dich trinken lassen, du hast gelitten und gekämpft, und einen Tag der Wonnen hast du in deinem ganzen Leben nicht gehabt. Deine Mutter, deine Brüder, deine Jünger, die Armen, die Krüppel, die Unrecht Leidenden, alle, alle haben dich in dem letzten furchtbaren Augenblick verlassen, du bist ohne Schutz auf einem Felsen im Dunkel allein geblieben, da hat sich Gott der Vater deiner erbarmt. ›Wo bist du?‹ rief er mir zu, ›bist du nicht sein Schutzengel? Geh hinab und rette ihn, ich will nicht, daß er gekreuzigt wird, jetzt ist es genug!‹ – ›Herr der Heerscharen‹, antwortete ich, ›hast du ihn nicht auf die Erde gesandt, um gekreuzigt zu werden? Um die Menschen zu retten? Deshalb bin ich ruhig hier oben geblieben, ich glaubte, es sei dein Wille!‹ – ›Laß ihn im Traum

454

gekreuzigt werden‹, erwiderte Gott, ›das ist das gleiche Entsetzen, der gleiche Schmerz‹.«

»Schutzengel«, sagte Jesus und packte seinen Kopf mit beiden Händen, damit er sich ihm nicht entziehen sollte. »Schutzengel, mein Freund, meine Gedanken verwirren sich, bin ich denn nicht gekreuzigt worden?«

Der Engel legte seine weiße Hand auf Jesu erregtes Herz, um es zur Ruhe zu bringen.

»Beruhige dich, mein Freund«, sagte er, und seine Augen blitzten. »Beunruhige dich nicht, nein, du bist nicht gekreuzigt worden...«

»Waren denn das Kreuz, die Nägel, der Schmerz und die Sonne, die sich verfinsterte...ein Traum?«

»Ja, sie waren ein Traum. Du hast alle Leiden im Traum erlebt, im Traum wurdest du ans Kreuz geschlagen, die Wundmale an deinen Händen und Füßen sind geschwunden, und sieh, im Herzen strömt das Blut mit der gleichen Kraft wie einst...«

Jesus sah sich ergriffen um. Wo befand er sich? Was war dies für ein Feld mit blühenden Bäumen? Und Jerusalem? Und seine Seele? Er wandte sich zum Engel um und berührte seinen Arm. Wie frisch war sein Leib und wie fest!

»Mein Schutzengel, mein Freund! « sagte er. »Wenn du sprichst, wird mein Leib leichter, das Kreuz wird zu einem Schatten des Kreuzes, die Nägel zu einem Schatten der Nägel, und die Kreuzigung selbst schwebt am Himmel über mir wie eine Wolke.«

»Komm«, sagte der Engel und begann schnell über das blühende Gras zu schreiten. »Große Freude erwartet dich, Jesus von Nazareth. Gott hat mir die Freiheit gegeben, dich alle Freuden genießen zu lassen, nach denen du dich im Leben heimlich sehntest, mein Freund... Du wirst sehen: schön ist die Erde, schön ist der Wein und das Lachen, süß ist der Mund des Weibes und lieblich das Wiegen des ersten Sohnes auf deinen Knien... Wir Engel beugen uns oft vom Himmel herab, sehen zur Erde nieder und seufzen.«

Der Engel breitete seine großen grünen Schwingen aus und umarmte ihn...

»Wende den Kopf«, sagte er, »und sieh hinter dich.«

Jesus wandte den Kopf. Weit vor leuchtete Nazareth in der aufgehenden Sonne. Die Stadttore waren geöffnet, und Tausende von Menschen, alles vornehme Herren und Damen, kamen in Gold gekleidet heraus. Sie ritten auf weißen Pferden, und über ihnen wehten schneeweiße Seidenfahnen mit goldenen Lilien. Sie kamen die blühenden Berge herab, zogen an Königspalästen vorbei, schwenkten um die Hügel, ritten über Flüsse, und man hörte hinter den dichten Bäumen einen fröhlichen Lärm vom Gelächter, den leichten Gesprächen und lieblichen Seufzern ...

»Mein Schutzengel, mein Freund«, sagte Jesus verwundert. »Wer sind diese vornehmen Menschen? Wer sind diese Könige und Königinnen? Wohin begeben sie sich?«

»Es ist ein königlicher Hochzeitszug«, antwortete der Engel.

»Wer ist es, der da heiratet?«

»Du«, antwortete der Engel. »Dies ist die erste Freude, die ich dir bereite.«

Jesus stieg das Blut in die Schläfen. Plötzlich ahnte er, wer diese Braut war, sein ganzer Leib jubelte und jauchzte. Nun hatte er es eilig. »Komm, gehen wir!« sagte er.

Sogleich spürte er, daß auch er auf einem weißen Pferd mit goldenem Zaumzeug ritt, und er sah auf. Wann waren seine armen, geflickten und ausgebesserten Kleider zu Gold und Seide geworden? Eine blaue Feder wehte auf seinem Kopf!

»Ist dies das Himmelreich, das ich den Menschen verkündet habe?« fragte er. »Ist es dies, mein Freund?«

»Nein, nein«, antwortete der Engel lächelnd. »Dies ist die Erde.«

»Wie hat sie sich so verändert?«

»Sie hat sich nicht verändert, du hast dich verändert. Es gab eine Zeit, da dein Herz sie nicht sehen wollte. Dein Herz ging gegen seinen Willen seinen Weg. Jetzt will es, das ist das Geheimnis. Der Einklang zwischen Erde und Herz, Jesus von Nazareth, das ist das Himmelreich ... Aber weshalb verlieren wir unsere Zeit mit Worten? Komm, die Braut wartet.«

Der Engel ritt nun auf einem weißen Pferd. Hinter ihnen hallten die Berge von dem Wiehern der königlichen Pferde wider, das Lachen der Frauen war heller geworden. Die Vögel schlugen mit ihren Flügeln, zogen gen Süden und sangen: Er kommt! Er kommt! Wie ein Vogel war auch Jesu Herz, es war herausgeflogen, setzte sich auf seinen Kopf und sang: Ich komme! Ich komme! Ich komme!

Doch plötzlich mußte er während des Rittes und in dem schwellenden Jubel an seine Gefährten denken. Er wandte sich um, blickte forschend zu den vornehmen Menschen hinüber und versuchte sie zu finden, aber er fand sie nicht. Verwundert sah er seinen Begleiter an.

»Und meine Gefährten?« fragte er. »Ich sehe sie nicht, wo sind sie?« Mit einem spöttischen Lächeln erwiderte der Engel: »Sie sind auseinander gelaufen.« – »Weshalb?« – »Aus Furcht.«

»Auch Judas?« – »Alle! Alle! Sie sind zu ihren Booten zurückgekehrt. Sie haben sich in ihren Hütten verborgen und schwören, sie hätten dich nie gesehen, sie kennen dich nicht. Sieh nicht zurück, denk nicht mehr an sie, blick vorwärts.«

Ein berauschender Duft von Zitronenblüten verbreitete sich in der Luft.

»Wir sind angekommen«, sagte der Engel und stieg ab. Das Pferd löste sich in Licht auf und entschwand.

Ein tiefes klagendes Brüllen ertönte im Olivenbaum. Jesus erbebte, als ob es sein Herz sei, das da rief, und er sah: an den Olivenstamm gebunden, einen Kranz auf den Hörnern, mit breiten Lenden, den Schwanz steil aufwärts gereckt, stand dort ein glänzender schwarzer Stier mit einer weißen Stirn. Nie hatte Jesus eine solche Kraft und solchen Glanz gesehen, nie so feste Hörner, so dunkle Augen voller Mut. Er bebte. Das ist kein Stier, das ist eines der dunklen, unsterblichen Gesichter des allmächtigen Gottes, dachte er.

Der Engel stand neben ihm und lächelte schlau.

»Fürchte dich nicht, Jesus von Nazareth. Das ist ein Stier, ein ungekörter Jungstier. Sieh, seine Zunge beleckt das feuchte Maul, er senkt den Kopf und stößt den Olivenbaum, um mit ihm zu kämpfen, er reißt am Tau, um es zu zerreißen und sich davonzumachen... Sieh, dort unten auf der Wiese, was siehst du? Was erblickst du?«

»Färsen, junge Färsen... Sie weiden.«

»Sie weiden nicht, sie warten, warten darauf, daß der Stier das Tau zerreißen soll. Höre, wie er brüllt. Welche Milde! Welche Klage! Wahrhaftig ein dunkler, gekränkter Gott... Weshalb wird dein Gesicht so streng, Jesus von Nazareth? Weshalb blickst du mich so ernst und finster an?«

»Komm«, keuchte Jesus leise, und seine Stimme war voller Milde, Klage und Kraft.

»Ich will erst den Jungstier befreien«, antwortete der Engel lachend. »Hast du kein Mitleid mit ihm?«

457

Er trat hinzu und löste das Tau. Einen Augenblick stand der Stier unbeweglich, plötzlich begriff er, daß er frei war, machte einen Sprung und stürmte zur Weide hinab. Im gleichen Augenblick hörte man vom Zitronenhain her ein liebliches Klingen von Armreifen und Halsbändern. Jesus wandte sich um. Verschämt und zitternd, einen Kranz von Zitronenblüten im Haar, stand Maria Magdalena vor ihm.

Jesus eilte zu ihr und umarmte sie.

»Magdalena!« sagte er. »Wie viele Jahre habe ich mich nach diesem Augenblick gesehnt! Wer ist zwischen uns getreten und hat uns nie verlassen? Gott? Weshalb weinst du?«

»Aus übergroßer Freude, mein Freund, wegen des langen Wartens, komm!«

»Ja, zeige mir den Weg.«

Er wandte sich, um von seinem Begleiter Abschied zu nehmen. Der Engel war verschwunden, und mit ihm auch der große königliche Hochzeitszug mit den vornehmen Herren und Damen, den weißen Pferden und weißen Lilien. Auf der Weide unten jagte der Stier die Färsen.

»Wen suchst du, mein Freund? Weshalb siehst du dich um? Nur wir zwei sind in der Welt. Ich küsse die fünf Wunden an deinen Händen und Füßen und deinem Herzen. Welch eine Freude ist dies! Welch frohes Osterfest! Die Welt ist auferstanden, komm!«

»Wohin? Reich mir deine Hand und führe mich, ich habe Vertrauen zu dir.«

»In einen dichten Garten. Sie jagten dich, um dich zu greifen, alles war bereit – das Kreuz, die Nägel, die Menge, Pilatus... Plötzlich kam ein Engel und nahm dich fort. Komm, ehe die Sonne höher steigt und man dich erspäht. Sie rasen und fordern deinen Tod.«

»Was habe ich ihnen getan?«

»Du suchtest das Gute bei ihnen, du wolltest ihre Rettung. Wie können sie dir das verzeihen? Gib mir deine Hand, mein Freund, folge der Frau, sie weiß stets sicher den Weg.«

Sie nahm ihn bei der Hand, ihr Schleier war rot wie Feuer und flatterte, als sie unter den blühenden Zitronenbäumen voller Eile dahinging. Ihre Finger umschlangen die des Mannes in brennender Glut, ihr Mund duftete von Zitronenblättern.

Einen Augenblick blieb sie atemlos stehen und sah Jesus an, er erschauerte, als er ihre Augen schlau und verführerisch wie die des Engels aufleuchten sah. Doch sie lächelte ihn an.

»Fürchte dich nicht, mein Freund«, sagte sie. »Jahre hindurch hat ein Wort auf meiner Zunge gelegen, aber ich habe nicht den Mut besessen, es dir zu sagen. Jetzt will ich es aussprechen.«

»Welches Wort? Sprich ohne Furcht, meine Freundin.«

»Wenn du im siebenten Himmel bist und ein Wanderer begehrt eine Schale Wasser von dir, steige vom siebenten Himmel herab und gib sie ihm! Wenn du ein heiliger Asket bist, und eine Frau begehrt einen Kuß von dir, steige von deiner Heiligkeit herab und gib ihn ihr! Auf andere Weise kannst du nicht gerettet werden!«

Jesus umfaßte sie, bog ihren Kopf nach hinten und küßte sie auf den Mund.

Sie erblaßten beide, ihre Füße gaben unter ihnen nach, sie konnten nicht mehr gehen, sondern ließen sich unter einem blühenden Zitronenbaum nieder.

Die Sonne ging auf und blieb über ihnen stehen, es wehte, einige Zitronenblüten fielen auf sie nieder. Eine grüne Eidechse setzte sich ihnen gegenüber auf einen Stein und betrachtete sie aus ihren runden, unbeweglichen Augen. Hin und wieder hörte man, jetzt ruhiger und leiser, in der Ferne das Brüllen des Stieres. Ein feiner Tauregen begann zu fallen, die Erde duftete.

Maria Magdalena umarmte den Mann. Sie gab ihn nicht frei.

»Nie hat ein Mann mich geliebt, nie habe ich eines Mannes Bart auf meinen Lippen und Wangen gefühlt. Nie hat eines Mannes Leib sich an den meinen gepreßt. Heute bin ich geboren! Weinst du, mein Freund?«

»Ich wußte nicht, Liebste, daß die Welt so schön und das Fleisch so heilig ist, es ist auch eine Tochter Gottes, eine liebreizende Schwester der Seele. Ich wußte nicht, daß die Freude des Leibes keine Sünde ist.«

»Warum greifst du nach dem Himmel und seufzt und suchst das unsterbliche Wasser? Ich bin das unsterbliche Wasser. Du hast dich herabgebeugt, getrunken und Frieden gefunden. Mein Freund, seufzt du noch? Woran denkst du?«

»Wie die Rose von Jericho ist mein Herz. Sie war verwelkt, nun blüht sie aufs neue und entfaltet sich im Wasser. Eine Quelle mit unsterblichem Wasser ist die Frau. Jetzt verstehe ich.«

»Was verstehst du, mein Freund?«

»Ist dies der Weg?«

»Der Weg? Welcher Weg?«

»Daß der Sterbliche unsterblich wird, daß Gott in Gestalt eines Menschen auf die Erde herniedersteigt. Ich bin irregegangen, ich habe den Weg außerhalb des Fleisches in den Wolken, in den großen Gedanken, im Tode gesucht; du, Weib, Gottes kostbare Helferin, vergib! Ich beuge mich hinab und bete dich an, Mutter Gottes. Den Sohn, den wir bekommen werden, wie wollen wir ihn nennen?«

»Trag ihn zum Jordan und taufe ihn, wie du es willst, er ist dein.«

»Wir wollen ihn ›Fürsprecher‹* nennen.«

»Still, ich höre jemanden unter den Bäumen herankommen, vielleicht ist es mein treuer Negerknabe. Ich habe ihn ausgesandt, Wache zu halten, daß niemand uns stört. Da ist er!«

»Saulus –«

Die Augen des Negerjungen drehten sich, daß das Weiße sichtbar wurde, der runde Leib war mit Schaum bedeckt wie bei einem galoppierenden Pferd. Magdalena sprang auf, streckte ihre Hand aus und legte sie ihm auf den Mund. »Still!« Dann wandte sie sich an Jesus.

»Du bist müde, mein Freund«, sagte sie, »schlaf, ich komme bald zurück.«

Doch er hatte bereits die Augen geschlossen, ein süßer Schlaf glitt über seine Lider und Schläfen. Er sah Magdalena nicht mehr forteilen und auf dem einsamen Weg verschwinden.

Doch seine Gedanken ließen den Leib auf der Erde im Schlaf zurück und jagten Magdalena nach. Wohin ging sie? Weshalb füllten sich plötzlich ihre Augen mit Tränen? Weshalb verschleierte und verfinsterte sich die Welt? Wie ein Falke warf sie sich über sie beide und ließ Magdalena nicht entkommen.

Der Negerjunge lief erschrocken voran. Sie eilten am Olivenhain vorbei, die Sonne war noch nicht niedergegangen. Sie kamen zur Wiese, die Färsen lagen wiederkäuend im grünen Gras. Sie gingen eine schattige Schlucht hinab, nur Fels und Gestein. Man vernahm Stimmen, Hundegebell und das Keuchen von Menschen. Der Negerjunge erschrak. »Ich gehe!« rief er und verschwand.

Magdalene blieb allein. Sie sah sich um, Steine, harte, granitenen

---

* Siehe Neues Testament, 1. Johannes 2, I

Felsen, niedriges Dornengebüsch . . . ein wilder Feigenbaum ohne Früchte hing über dem Abgrund, zwei Krähen saßen als Wache auf den gegenüberliegenden Felsen. Als ihre Augen Magdalena erfaßten, begannen die Krähen zu schreien, als ob sie ihre Kameraden riefen.

Auf den Felsen entstand Bewegung. Menschen stiegen den Steilhang empor, ein schwarzer Hund mit roten Flecken stürzte keuchend heran, die Schlucht füllte sich wie ein Begräbnisplatz mit Zypressen und Palmen, und eine Stimme erklang ruhig und voller Zufriedenheit: »Willkommen!«

Magdalena wandte sich um.

»Wer spricht? Wer heißt mich willkommen?«

»Ich.« – »Wer bist du?« – »Gott.« – »Gott! Ich bedecke mein Haar, ich verhülle meine Brust. Wende dein Antlitz ab und sieh nicht meine Nacktheit, Herr! Ich schäme mich. Weshalb hast du mich an diesen wilden, verlassenen Ort geführt? Wo bin ich? Ich sehe nichts als Zypressen und Palmen!«

»Das ist es, gerade das ist es, was notwendig ist, der Tod und die Unsterblichkeit. Ich habe dich an den von mir ausersehenen Ort geführt, große Märtyrerin. Bereite dich zu sterben, Magdalena, um unsterblich zu werden.«

»Ich will nicht sterben, ich will nicht unsterblich werden, ich will noch eine Zeit auf Erden leben, dann magst du mich zu Staub und Asche machen.«

»Wie eine mit Gewürzen und wohlriechenden Ölen beladene Karawane ist der Tod. Fürchte dich nicht. Besteige das schwarze Kamel und reite in die Wüste des Himmels, in die unendliche Weite des Himmels ein, Magdalena.«

»Ach, wer sind die entsetzlichen Wanderer, die hinter den Zypressen hervorkommen?«

»Fürchte dich nicht, Magdalena, sie sind meine Karawanenführer. Halte die Hand vor die Augen, sieh gegen die Sonne, siehst du nicht das schwarze Kamel, das sie mit dem roten Samtsattel für dich heranführen, darauf zu reiten? Widerstrebe nicht.«

»Herr, ich fürchte nicht den Tod, aber mich packt die Klage: beim erstenmal, da mein Leib und meine Seele sich finden, sich vereinen und versöhnen durften – soll ich sterben?«

»Schön ist dieser Augenblick zum Sterben, Magdalena. Einen schöneren wirst du nicht finden, widerstrebe nicht.«

461

»Ach, was für Stimmen sind das, was für ein drohendes Lachen höre ich, Herr, verlasse mich nicht, sie kommen, mich zu töten.«

Aus weiter Feme klang jetzt noch einmal ruhig und voller Zufriedenheit die Stimme.

»Magdalena, du hast die höchste Freude deines Lebens erreicht, weiter kannst du nicht gelangen, du erste Märtyrerin!«

Die Stimme schwand. In einem Winkel der Schlucht erschien die Schar – rasende Leviten und des Kaiphas blutdürstige Diener mit Messern und Äxten. Sie bekamen Magdalena zu Gesicht und stürzten, Hunde und Menschen, alle auf sie zu.

»Maria Magdalena, die Hure!« brüllten sie und lachten.

Eine schwarze Wolke bedeckte die Sonne, die Welt versank in Finsternis.

»Ich bin es nicht. Ich bin es nicht!« rief die Unglückliche. »Ich war es, ich bin es nicht mehr. Heute bin ich wiedergeboren!«

»Maria Magdalena, Hure!«

»Ich war es, ich bin es nicht mehr. Ich schwöre es! Tötet mich nicht, habt Erbarmen! Wer bist du mit deinem kahlen Kopf, dem dicken Bauch und den schiefen Füßen, du Buckliger! Rühr mich nicht an.«

»Maria Magdalena, Hürlein, ich bin Saulus. Israels Gott hat mich aus Damaskus gesandt und mir den Auftrag gegeben, ihn zu töten.«

»Wen?«

»Deinen lieben Freund!« Er wandte sich zu dem Haufen: »Auf sie, Kameraden! Das ist seine Geliebte! Sprich, Schamlose, wo hast du ihn verborgen?«

»Ich sage es nicht.«

»Ich werde dich töten!«

»In Bethania.«

»Lügnerin! Wir kommen von dort. Hier hast du ihn irgendwo verborgen, sprich die Wahrheit!«

»Zerr mich nicht an den Haaren! Weshalb willst du ihn töten? Was hat er dir getan?«

»Wer sein Haupt gegen das heilige Gesetz erhebt, ist dem Tode verfallen.«

Während er sprach, betrachtete der Bucklige sie voller Gier und kam ihr mit glühendem Atem immer näher. Magdalenas Augen lockten.

»Saulus«, sagte sie, »sieh meine Brüste, meine Arme, meinen Hals, ist es nicht Sünde, sie zugrunde gehen zu lassen? Töte mich nicht!«

Saulus kam näher. Seine Stimme war halb erstickt und heiser.

»Sage mir, wo er ist, und ich werde dich nicht töten. Mir gefallen deine Brüste, deine Arme und dein Hals. Hab Erbarmen mit deiner Schönheit und bekenne. Weshalb siehst du mich an? Woran denkst du?«

»Ich denke mit Seufzen daran, welche Wunder du tun würdest, Saulus, wenn Gott plötzlich in dir aufleuchtete und du die Wahrheit erkennen würdest. Solche Jünger wie dich sollte mein Freund haben, um die Welt zu beherrschen. Keine Fischer, Hausierer und Hirten, feurige Flammen wie dich, Saulus.«

»Die Welt beherrschen? Wollte er die Welt beherrschen? Wie wollte er es? Sprich, Magdalena, ich will es auch.«

»Mit der Liebe.«

»Mit der Liebe?«

»Saulus, höre, was ich sage. Schicke die anderen fort, daß sie uns nicht hören. Der, dem du nachjagst, den du töten willst, ist Gottes Sohn, der Heiland dieser Welt, der Messias. Ja, ich schwöre es bei der Seele, die ich Gott überantworten soll!«

Ein hagerer, brustkranker Levit mit dünnem grauem Bart schrie auf: »Saulus! Saulus! Ihre Arme sind wie Schlingen, mit denen man Wölfe fängt! Sieh dich vor!«

»Scher dich weg!« Saulus wandte sich wieder an Magdalena:

»Mit der Liebe also? Auch ich will die Welt beherrschen. Ich gehe in die Häfen, sehe die Schiffe hinausfahren, und mein Herz beginnt zu brennen, denn ich will die ganze Welt erobern! Aber nicht als ein jüdischer Sklave und Bettler, sondern als ein König mit meinem Schwert. Aber wie? Ich kann es nicht, und um dieser Ohnmacht willen hätte ich Lust, mich selbst zu vernichten. Inzwischen töte ich andere und finde darin Erleichterung.«

Er schwieg. Nach einer Weile näherte er sich dem Weib noch mehr.

»Wo ist dein Meister, Magdalena?« fragte er mit sanfter Stimme.

»Erzähle es mir, ich will ihn treffen, mit ihm reden und ihn bitten, mir zu sagen, was die Liebe ist. Was diese Liebe ist, die die Welt beherrschen soll . . .? Weshalb weinst du?«

»Ich würde es dir offenbaren, wo er ist, damit ihr zwei euch finden könntet. Er ist voller Milde, du voller Feuer, ihr würdet die Welt beherrschen. Aber ich habe kein Vertrauen zu dir, Saulus, ich habe kein Vertrauen zu dir, deshalb weine ich.«

Während sie sprach, kam ein Stein geflogen, er zerriß die Luft und zerschmetterte Magdalenas Kinn.

»Brüder, beim Gott Abrahams, Isaaks und Jakobs, schlagt zu!« brüllte der lungenkranke Levit. Er war der Erste, der einen Stein geworfen hatte.

Donner rollten vom Himmel herab, weit in der Ferne war der Westen blutigrot.

»Auf ihren zerküßten Mund!« gröhlte ein Diener des Kaiphas. Magdalenas Zähne wurden zerschlagen und fielen zu Boden.

»In den Leib!« – »Aufs Herz!« – »Zwischen die Augen!«

Magdalena duckte den Kopf zwischen die Schultern, um ihn zu schützen, Blut rann von ihrem Mund, von ihrer Brust und ihrem Leib ... das Todesröcheln begann.

Der Wind schlug mit den Flügeln, fing mit seinen runden Augen alles ein, stieß einen gellenden Schrei aus und eilte davon. Er traf Jesu Leib noch unter dem Zitronenbaum im Schlaf und ging in ihn ein. Die Augenlider Jesu bebten, ein großer Regentropfen fiel auf seine Lippen. Er erwachte. Gedankenvoll richtete er sich auf der harten Erde auf. Was war das für ein Traum, den er gesehen hatte? Er erinnerte sich nicht mehr an ihn, nur Felsen lebten in seiner Erinnerung, eine Frau und Blut. Konnte diese Frau Magdalena sein? Ihr Gesicht schimmerte und zerfloß wie Wasser, es ließ sich nicht festhalten, daß er es hätte erkennen können. Und während er sich noch bemühte, es zu erkennen, wurden die Felsen und das Blut zu einem Webstuhl, die Frau saß nun am Webstuhl, webte und sang; lieblich und schön und voll wehmütiger Klage war ihre Stimme...

Unter den dunklen Blättern leuchteten die Zitronen goldgelb über seinem Haupt. Er stützte seine Hände auf die feuchte Erde, empfand ihre frische Frühlingswärme, warf einen Blick rundum, niemand sah ihn, und er beugte sich nieder und küßte die Erde.

»Mutter«, sagte er leise, »bewahre mich wohl, ich bewahre dich. Weshalb bist du nicht mein Gott?«

Die Zitronenblätter bewegten sich, man hörte leichte Schritte auf der feuchten Erde, ein unsichtbarer Kranich pfiff, Jesus hob die Augen und sah seinen Schutzengel mit den grünen Schwingen froh und lächelnd vor ihm stehen. Der lockige Flaum auf seinem Leib leuchtete in der untergehenden Sonne.

»Willkommen«, sagte Jesus, »dein Gesicht strahlt. Was für eine neue frohe Botschaft hast du mir zu bringen? Ich habe Vertrauen zu dir, deine Schwingen sind grün wie das Gras der Erde...«

Der Engel lachte, legte seine Schwingen zusammen und setzte sich neben ihn. Er zerpflückte eine Zitronenblüte, roch gierig an ihr und sah lange gen Westen, der nun in violettem Schimmer lag. Ein milder Windhauch stieg von der Erde auf, und alle Blätter des Zitronenbaumes zitterten froh.

»Wie glücklich ihr Menschen sein müßtet!« sagte der Engel. »Ihr seid aus Erde und Wasser geschaffen, alles auf Erden ist aus Erde und Wasser geschaffen; deshalb paßt ihr auch zueinander – Männer und Frauen, Fleisch und Gras und Früchte... Seid ihr nicht selbst die Erde, selbst das Wasser? Immer wollt ihr euch miteinander vereinen! Ja, eben, als ich kam, hörte ich eine Frau dich rufen.«

»Weshalb rief sie mich? Was wollte sie von mir?«

Der Engel lächelte.

»Ihre Erde, ihr Wasser riefen nach deiner Erde und deinem Wasser. Sie saß am Webstuhl, webte und sang. Ihr Gesang zerspaltete die Berge, flutete über das Feld und suchte dich. Sieh, jetzt wird er auch hierher zum Zitronenbaum gelangen. Still, hörst du sie? Ich glaubte, sie sang. Nein, sie singt nicht, sie hebt eine Totenklage an, höre. Was hörst du?«

»Ich höre Vögel, die in ihre Nester zurückkehren, es ist Abend.«

»Nichts anderes? Streng alle Kräfte an, laß deine Seele deinen Leib verlassen, um zu lauschen.«

»Ich höre. Ich höre eine Frauenstimme, weit, weit in der Ferne. Sie weint, aber ich kann die Worte nicht verstehen.«

»Ich höre sie sehr deutlich, höre auch du. Was ist das für eine Totenklage?«

Jesus erhob sich, nahm alle Kräfte zusammen, seine Seele verließ den Leib, flog aus und gelangte in das Dorf, trat durch ein Tor und blieb auf dem Hof stehen.

»Ich höre...«, sagte Jesus und hielt den Finger an den Mund. »Was hörst du?«

»Du silberner Grabstein,
Stein aus Marmor, Stein aus Gold,
zehre nicht an seinen roten Lippen,
zehre nicht an seinen schwarzen Augen,

465

zehre nicht an seiner Zunge
mit den Tönen einer Nachtigall ...«

»Kennst du die Stimme, Jesus von Nazareth?«
»Ja.«
»Maria, die Schwester des Lazarus, webt noch an ihrem Brautstaat.
Sie glaubt, du seiest gestorben, und weint. Der schneeweiße Hals
ist bloß, das Halsband mit den blauen Steinen lastet schwer auf
ihrer Brust. Ihr Leib ist naß von Schweiß und duftet. Er duftet wie
frischgebackenes Brot, wie reife Quitten, wie die Erde, wenn es
regnet. Steh auf, komm, gehen wir, sie zu trösten.«
»Und Magdalena?« rief Jesus erschrocken aus. »Magdalena?«
Der Engel faßte Jesus am Arm und lud ihn ein, sich wieder zu setzen.
»Magdalena?« sagte er ruhig. »Ich habe wahrhaftig vergessen, dir zu
sagen, daß sie tot ist.«
»Tot?«
»Ja, sie haben sie umgebracht. Wohin willst du mit deinen geballten Fäusten, Jesus von Nazareth? Wen willst du töten? Gott? Er
hat sie getötet. Setz dich. Der Allgütige schoß einen Pfeil, er traf sie
auf der Höhe ihres Glückes, und Magdalena wird dort oben
unsterblich sein. Gibt es eine größere Freude, ein größeres Glück
für eine Frau, als die Liebe nicht dahinschwinden, das Herz nicht
erbeben, den Leib nicht verwesen zu sehen? Ich war dabei, als sie sie
töteten, und ich sah, sie hob ihre Hände zum Himmel auf und rief:
›Ich danke dir, mein Gott, das war es, was ich ersehnte!‹«
Doch Jesus war erregt.
»Eine solche Sehnsucht nach Unterwerfung«, sagte er, »haben nur
Hunde und Engel. Ich bin kein Hund, ich bin kein Engel, ich bin
ein Mensch, und ich rufe: ›Unrecht! Unrecht!‹ Allmächtiger, es war
Unrecht von dir, sie zu töten! Ach, der hartherzigste Holzfäller
erbebt davor, einen blühenden Baum zu fällen, und Magdalena
blühte von der Wurzel bis zum Wipfel.«
Der Engel schloß ihn in seine Arme, liebkoste sein Haar, seine
Schultern, seine Knie und sprach sanft und leise auf ihn ein.
Es dunkelte immer mehr, Wind zerteilte die Wolken. Ein großer
Stern leuchtete hell, vielleicht war es der Abendstern.
»Geduld!« sagte der Engel. »Füge dich, gib die Hoffnung nicht auf.
Es gibt nur eine Frau in der Welt, doch sie hat unzählige Gesichter,

eines entschwindet, und ein anderes steigt herauf. Maria Magdalena ist tot, Maria, die Schwester des Lazarus, lebt. Sie erwartet uns, sie erwartet uns, sie erwartet dich, es ist die gleiche Magdalena, nur mit einem anderen Gesicht. Höre, sie seufzt, komm, gehen wir, sie zu trösten. Sie birgt in ihrem Schoß, sie birgt für dich, Jesus von Nazareth, die größte Freude, den Sohn, deinen Sohn. Komm, laß uns gehen!«

Der Engel liebkoste ihn sanft und hob ihn leise von der Erde auf. Nun standen sie aufrecht unter dem Zitronenbaum. Der Abendstern neigte sich lächelnd über sie.

Das Herz Jesu wurde allmählich weicher, in dem feuchten Halbdunkel verschmolz Maria Magdalenas Gesicht mit dem Gesicht der anderen Maria, sie wurden eins... Die Nacht kam voller Düfte herab und legte sich über sie.

»Komm, laß uns gehen«, wisperte der Engel und legte seinen runden, dauigen Arm um Jesu Hüfte, sein Atem roch nach feuchter Erde und Muskat. Jesus lehnte sich an ihn und schloß die Augen, um den Duft seines Schutzengels tief einzuatmen.

Lächelnd entfaltete der Engel die eine Schwinge. Mit dem Einbruch der Nacht hatte es begonnen, kalt zu werden, er schlug seine grünen Schwingen fest um Jesus, daß er nicht frieren sollte. In der feuchten Luft hörte man wieder wie einen stillen Frühlingsregen die Totenklage der Frau: »Du silberner Grabstein, Stein aus Marmor, Stein aus Gold...«

»Komm, laß uns gehen«, sagte Jesus und lächelte. [...]

Der Negerjunge blinzelte ihn an. »Jage ihn fort!« sagte er leise.

»Weshalb? Wer ist es?«

»Jage ihn fort«, wiederholte der Negerjunge, »frage nicht.«

Jesus wurde zornig. »Bin ich nicht frei? Darf ich nicht tun, was ich will? Öffne das Tor!«

Inzwischen näherten sich Schritte auf dem Weg, sie verstummten, jemand pochte ans Tor.

»Wer ist da?« fragte Jesus und eilte auf den Hof hinaus.

»Ein Bote Gottes, öffnet!« erklang eine schrille, gesprungene Stimme. Das Tor öffnete sich, ein dicker, buckliger, kahlköpfiger, noch junger Mann stand auf der Schwelle. Seine Augen schossen Flammen. Die beiden Frauen, die neugierig herbeigeeilt waren, zogen sich zurück.

»Freuet euch und jubelt, Brüder!« sagte der Fremde und breitete die Arme aus. »Ich komme mit der frohen Botschaft zu euch!«

Jesus sah ihn an, er versuchte sich zu erinnern, irgendwo hatte er ihn gesehen, ein kalter Schauder fuhr ihm über den Leib.

»Wer bist du? Irgendwann meine ich dich gesehen zu haben. Im Palaste des Kaiphas bei irgendeiner Kreuzigung?« Der Negerjunge saß zusammengekauert in einer Ecke des Hofes und lachte.

»Das ist Saulus, der blutdürstige Saulus!«

»Bist du Saulus?« fragte Jesus, und es schauderte ihn abermals.

»Ich war, aber ich bin nicht mehr der blutdürstige Saulus, ich habe das wahre Licht gesehen, nun bin ich Paulus! Gepriesen sei der Name des Herrn. Ich habe mich fest gegürtet und bin ausgezogen, die Welt zu retten. Nicht Judäa, nicht Palästina, die ganze Welt! Die frohe Botschaft, die ich bringe, verlangt nach Meeren und entlegenen Städten, nach einem weitgedehnten Raum. Schüttle nicht den Kopf, Meister Lazarus, lache nicht, spotte nicht, ich werde sie retten.«

»Ich komme von dort, wohin du gehst, mein Junge«, erwiderte Jesus. »Als ich so jung war wie du, entsinne ich mich, hatte ich mich auch aufgemacht, die Welt zu retten. Bedeutet nicht Jungsein gerade das: die Welt retten zu wollen? Barfüßig und zerlumpt ging ich umher wie die alten Propheten, mit einem Nagelriemen um den Leib, und rief: Liebe! Liebe! Und vieles andere, dessen ich mich jetzt nicht mehr entsinne. Man warf mir Zitronenschalen nach, man schlug mich mit Knüppeln und hätte mich fast gekreuzigt. Das gleiche wirst auch du erfahren, mein Junge.«

Er hatte sich in Feuer geredet, vergaß, daß er Meister Lazarus war, und verriet sein Geheimnis dem Fremden.

Der Negerjunge erschrak und kam heran, um dem Gespräch eine andere Wendung zu geben.

»Sprich nicht mit ihm, Herr, ich habe ihm auch ein Wort zu sagen.« Damit wandte er sich an den Fremden.

»Fluch über dich! Warst du es nicht, der wider alles Recht Maria aus Magdala getötet hast? Blut tropft von deinen Händen, scher dich fort von unserem ehrlichen Hof!«

»Du? Du?!« sagte Jesus und erschauerte.

»Ja, ich«, antwortete Paulus mit einem tiefen Seufzer. »Ich schlage an meine Brust, ich zerreiße meine Kleider und rufe: ich habe gesündigt, ich habe gesündigt! Ich erhielt den Befehl, alle zu töten, die das Gesetz Mose mit Füßen treten. Ich tötete alle, die ich nur konnte, und kehrte nach Damaskus zurück. Da fuhr plötzlich ein Blitz vom Himmel herab und warf mich zu Boden. Ich war von dem starken Licht geblendet, vermochte nichts zu sehen, aber über meinem Kopf hörte ich eine Stimme voller Vorwurf und Klage: ›Saulus, Saulus, weshalb verfolgst du mich? Was habe ich dir getan?‹ – ›Wer bist du, Herr?‹, rief ich. – ›Ich bin Jesus, den du verfolgst. Steh auf, geh nach Damaskus hinein, dort werden meine Getreuen dir sagen, was du tun sollst.‹ Ich sprang auf und eilte weiter, meine Augen waren offen, aber ich sah nichts. Freunde nahmen mich bei der Hand und führten mich nach Damaskus. In das einfache Haus, in dem ich Unterkunft fand, kam ein Jünger Jesu, Ananias, der legte seine Hand auf meinen Kopf und betete: ›Christus, gib ihm das Licht wieder, daß er in der ganzen Welt umherreisen und die frohe Botschaft verkünden kann!‹ Und als er das gesagt hatte, fielen die Schuppen von meinen Augen, ich sah das Licht und wurde getauft. Ich wurde getauft, wurde Paulus, der Apostel der Völker, und verkünde über Land und Meer die frohe Botschaft. Weshalb reißt du die Augen auf und siehst mich so an? Weshalb bist du aufgesprungen, Meister Lazarus? Und weshalb bist du so verwirrt?«

Jesus ging mit geballten Fäusten und Schaum vor dem Mund im Hof auf und ab. Er sah die Frauen blaß in der Ecke stehen, er sah die Kinder weinen, die sich zu ihren Müttern flüchteten. »Verschwindet«, befahl er, »laßt uns allein!« Erregt trat der Negerjunge zu ihm, um mit ihm zu reden, aber er schob ihn zornig beiseite.

»Bin ich nicht frei?« sagte er. »Ich halte es nicht länger aus, ich will reden.« Dann wandte er sich an Paulus, und seine Stimme bebte. »Welche frohe Botschaft?« rief er.

»Jesus von Nazareth – du hast sicher von ihm reden hören – war nicht der Sohn des Joseph und der Maria, er war Gottes Sohn. Er kam auf die Erde herab und nahm die Gestalt eines Menschen an, um die Menschheit zu retten. Die verbrecherischen Priester und Pharisäer ergriffen ihn, schleppten ihn vor Pilatus und kreuzigten ihn, aber am dritten Tage ist er wieder auferstanden und gen Himmel gefahren. Der Tod ist besiegt, Brüder, die Sünden sind vergeben, die Tore des Paradieses sind aufgetan!«

»Hast du den auferstandenen Jesus von Nazareth gesehen?« rief Jesus. »Hast du ihn mit deinen eigenen Augen gesehen? Wie sah er aus?«

»Ein Blitz. Ein Blitz, der sprach.«

»Lügner.«

»Seine Jünger haben ihn gesehen. Sie hatten sich nach der Kreuzigung in einer Dachkammer versammelt, und die Türen waren verschlossen. Plötzlich kam er herein, trat unter sie und sagte: ›Friede sei mit euch!‹ Alle sahen ihn an und verwunderten sich, Thomas glaubte es nicht und legte den Finger auf seine Wunden. Er gab ihm auch Fisch zu essen . . .«

»Lügner!«

Aber Paulus hatte sich in Eifer geredet. Der bucklige Leib reckt sich auf, und seine Augen blitzten.

»Er ist nicht von einem Mann gezeugt, seine Mutter war eine Jungfrau. Der Erzengel Gabriel stieg vom Himmel herab, sprach zu ihr: ›Gegrüßet seist du, Maria!‹ Und das Wort fiel als Samen in ihren Schoß. So wurde er gezeugt.«

»Lügner! Lügner!«

Paulus verwunderte sich. Der Negerjunge stand auf und schloß das Tor. Die Nachbarn hatten die Stimmen gehört, sie öffneten die Türen um einen Spalt und spitzten die Ohren. Die beiden Frauen waren wieder erschrocken auf den Hof hinausgekommen, aber der Negerjunge schloß sie erneut ein. Jesus war in Erregung geraten, er konnte sein Herz nicht länger zügeln, ging auf Paulus zu, packte ihn am Arm und schüttelte ihn.

»Lügner! Lügner!« rief er ihm zu. »Ich bin Jesus von Nazareth! Ich bin nie gekreuzigt worden, bin nie auferstanden! Ich bin der Sohn der Maria und des Zimmermannes Joseph von Nazareth! Ich bin nicht Gottes Sohn, ich bin wie alle andern, ein Sohn von Menschen! Was sind das für Lästerungen! Für Schamlosigkeiten! Für Lügen! Wagst du mit solchen Lügen die Welt zu retten, du Gottloser?«

»Du? Du?« murmelte Paulus erstaunt; während Meister Lazarus sprach und in Raserei geriet, hatte Paulus auf Jesu Händen und Füßen blaue Flecken erkannt und eine Wunde an seinem Herzen.

»Weshalb rollst du deine Augen?« fragte Jesus. »Weshalb siehst du auf meine Hände und Füße? Die Zeichen, die du siehst, hat Gott dort angeheftet, Gott oder der Böse. Ich kann es noch nicht verstehen, ich träumte, daß ich gekreuzigt würde und litt, aber ich schrie auf, erwachte und beruhigte mich. Was ich im wachen Zustand hätte leiden sollen, habe ich im Schlaf gelitten und bin frei geworden.«

»Schweig! Schweig!« rief Paulus und griff sich an die Schläfen, daß sie nicht zerspringen sollten. »Schweig!«

Aber wie hätte Jesus sollen schweigen können. Ihm war, als ob diese Worte Jahre hindurch in seinem Herzen geruht hätten; jetzt öffnete sich sein Herz, und sie fluteten hinaus. Der Negerjunge klammerte sich an seinen Arm. »Schweig still!« rief er. »Schweig!«

Doch Jesus warf ihn mit einem Ruck zu Boden und wandte sich wieder an Paulus.

»Ja, ich werde alles sagen, um mich zu erleichtern. Was ich im wachen Zustand hätte leiden müssen, habe ich im Schlaf gelitten. Ich bin frei geworden und bin unter einem anderen Namen, in einer anderen Gestalt in dieses Dorf gekommen und lebe das Leben der Menschen. Ich esse, trinke, arbeite, schaffe mir Kinder. Die großen, lodernden Flammen haben sich gelegt, ich bin ein gutes, ruhiges Feuer geworden. Ich habe mich am Herd niedergelassen, und meine Frau bereitet das Essen für unsere Kinder. Ich zog aus, die Welt zu erobern, und habe in diesem kleinen häuslichen Backtrog Anker geworfen. So ist es, ich habe über nichts zu klagen. Ich bin nicht Gottes Sohn, ich bin ein Sohn der Menschen, sage ich dir. Geh nicht in alle Welt und verkünde lauter Lügen, ich werde aufstehen und die Wahrheit ausrufen!«

Auch Paulus erregte sich immer heftiger.

»Halte deinen schamlosen Mund!« schrie er und stürzte vor. »Schweig, daß nicht die Menschen dich hören und rasend werden! In dieser Welt der Verworfenheit, der Ungerechtigkeit und der Armut ist der gekreuzigte Christus, der auferstandene Christus der einzige Trost für den rechtschaffenen, unrechtleidenden Menschen. Lüge oder Wahrheit, was geht es mich an? Es gilt die Welt zu retten!«

»Es ist besser, daß die Welt mit der Wahrheit untergeht, als daß sie mit der Lüge gerettet wird! Im Herzen einer solchen Befreiung sitzt der große Wurm, Satanas!«

»Was heißt Wahrheit? Was heißt Lüge? Wahrheit ist, was dem Menschen Schwingen verleiht, was große Werke, große Seelen schafft und uns mannshoch über die Erde erhebt. Lüge ist, was den Menschen die Schwingen beschneidet!«

»Willst du nicht schweigen, du Sohn des Satanas! Wie deine Schwingen sind auch die Schwingen Luzifers.«

»Ich werde nicht schweigen, ich kümmere mich nicht um Wahrheiten oder Lügen, ich habe ihn gesehen, habe ihn nicht gesehen, er ist gekreuzigt worden. Ich bin es, ich, der mit seiner Hartnäckigkeit, seiner Sehnsucht und seinem Glauben die Wahrheit schafft! Ich kämpfe nicht darum, sie zu finden, ich schaffe sie! Ich schaffe sie größer als die Größe des Menschen, und so erhöhe ich den Menschen!

Es ist notwendig, hörst du, es ist notwendig, daß du gekreuzigt wurdest, damit die Welt gerettet wird. Und ich werde dich kreuzigen, ob du willst oder nicht! Es ist notwendig, daß du auferstanden bist, und ich werde dich auferwecken, ob du willst oder nicht! Auch wenn du hier in deinem kleinen Dorf sitzt und Wiegen, Tröge und Kinder schaffst! Wisse, ich werde den Raum zwingen, deine Gestalt anzunehmen! Dein Leib, die Dornenkrone, die Nägel, das Blut gehören zu den Werkzeugen der Rettung, sie sind nicht mehr zu entbehren. Unzählige Augen, bis ans Ende der Welt, werden sich erheben und dich im Raum am Kreuze sehen. Sie werden weinen, und die Tränen werden ihre Seelen von allen Sünden reinigen. Doch am dritten Tage werde ich dich auferwecken, denn ohne Auferstehung gibt es kein Heil. Der letzte und furchtbarste Feind ist der Tod! Ich werde ihn vernichten! Indem ich dich auferstehen lasse: Jesus Christus, Gottes Sohn, Messias!«

»Das ist nicht wahr! Ich werde in die Welt hinausrufen: Ich bin nicht gekreuzigt, ich bin nicht auferstanden, ich bin nicht Gott! Weshalb lachst du?«

»Rufe, soviel du willst. Ich fürchte dich nicht! Ich brauche dich auch nicht mehr. Das von dir in Gang gesetzte Rad hat zu rollen begonnen, wer könnte ihm Einhalt gebieten? Einen Augenblick, da du sprachst, bekam ich wirklich Lust, mich auf dich zu werfen und dich zu erwürgen, damit du nicht bekennen solltest, wer du bist, und die armen Menschen nicht sehen sollten, daß du nicht gekreuzigt wurdest. Aber ich beruhigte mich sofort, du magst gerne rufen. Die Gläubigen werden dich packen und auf einen Scheiterhaufen stellen, weil du gelästert hast, und sie werden dich verbrennen.«

»Ich habe nur ein Wort gesagt, nur eine Botschaft habe ich gebracht: Liebe! Liebe! Nichts anderes.«

»Du hast ›Liebe‹ gesagt und hast alle Engel und Dämonen, die im Innern des Menschen hausen, entfesselt. Dieses Innere ist nicht, wie du glaubst, einfach und friedlich, es hat viel Raum für sengende Glut, für kämpfende Heere, die zerschlagen werden, und brennende Städte. Ströme von Tränen, Ströme von Blut! Das Gesicht der Erde wird sich verändern. Räuspere dich nur und rufe, soviel du willst: ›Das habe ich nicht sagen wollen, das ist nicht Liebe, tötet mich, wir alle sind Brüder, hört auf!‹ Wie sollten sie sich aufhalten lassen, Unseliger? Es ist bereits geschehen!«

»Du lachst wie ein böser Geist.«

»Ich lache wie ein Apostel, der dein Apostel sein wird, mit deinem Willen oder gegen deinen Willen! Ich werde dich und dein Leben, deine Lehre, dein Kreuz, deine Auferstehung schaffen, wie ich es will. Nicht der Zimmermann Joseph aus Nazareth hat dich gezeugt, ich war es, ich bin es, ich, Paulus, der Schreiber, aus Tarsus in Cilicien.«

»Ich will nicht! Ich will nicht!«

»Wer fragt dich? Ich brauche deine Erlaubnis nicht! Weshalb mengst du dich in meine Arbeit?«

Jesus brach auf der Bank im Hof zusammen und ließ hoffnungslos den Kopf zwischen die Knie sinken. Wie sollte er diesen Dämon meistern!

»Wie könnte die Welt mit dir gerettet werden, Meister Lazarus!«

Paulus stand über dem zusammengebrochenen Jesus und redete verächtlich auf ihn ein. »Was könntest du wohl für ein hohes Beispiel geben, daß man dir folge, sich über die Gesetze der Natur erhebe und die Seele Schwingen erhalte? Mich wird die Welt hören, wenn sie gerettet werden will, mich!«

Er wandte sich um, der Hof lag verlassen, der Negerjunge saß zusammengekauert in einer Ecke und rollte die Augen, daß das Weiße hervortrat, und heulte wie ein angeketteter Wachhund. Die Frauen hatten sich verborgen, die Nachbarn waren gegangen, aber Paulus sprang, als ob der Hof ein riesiger Markt voller Menschen sei, auf die Bank und begann der unsichtbaren Menge zu verkünden:

»Brüder, hebt eure Augen auf und seht: auf der einen Seite steht Meister Lazarus, auf der andern ich, Gottes Diener, entscheidet! Wenn ihr mit ihm geht, wird euer Leben arm und kümmerlich bleiben, er ist im rollenden Rad stehengeblieben. Ihr werdet leben und sterben, wie die Schafe leben und sterben, sie hinterlassen ein Häufchen Wolle, ein winziges Häufchen Geblök und einen großen Haufen Mist. Wenn ihr mit mir geht, werdet ihr Liebe, Kampf und Streit erleben, wir werden die Welt beherrschen! Wählet: auf der einen Seite Christus, Gottes Sohn, das Heil der Welt, auf der anderen Meister Lazarus.«

Seine runden Adleraugen glitten über die unsichtbare Menge, der Hof verfiel, der Negerjunge und der Meister Lazarus schwanden, eine Stimme erhob sich im Raum: »Du Apostel der Völker, du große Seele, der du mit Blut und Tränen die Lüge schaffst und sie zur Wahrheit machst, geh voran und zeige den Weg. Wohin werden wir gehen?«

Paulus breitete die Arme aus, umarmte die Welt und rief:

»So weit des Menschen Auge reicht, noch weiter, so weit das Herz des Menschen reicht! Groß ist die Welt! Gepriesen sei Gott! Hinter Israels Land liegen Ägypten, Syrien, Phönizien, Anatolien, Hellas und die großen mächtigen Inseln Cypern, Rhodos und Kreta. Noch weiter liegt Rom, noch weiter fort wohnen die Barbaren mit den langen blonden Haaren und den Doppeläxten... Welche Freude, früh im Morgengrauen aufzubrechen, den Wind vom Berg oder vom Meer uns entgegenwehen zu spüren, das Kreuz zu tragen, es auf den Felsen und in den Herzen zu verankern und die Welt zu erobern! Welche Freude, sich verhöhnen, sich auspeitschen zu lassen, sich in die versiegten Brunnen werfen und um Christi willen töten zu lassen!«

Er schöpfte Atem und wurde ruhiger. Die unsichtbare Menge schwand im Raum, er wandte sich um und sah Jesus, der bebend und erschrocken vor ihm an der Mauer lehnte und lauschte.

»Um Christi willen! Nicht um deinetwillen, Meister Lazarus, sondern um der Wahrheit, meiner Wahrheit willen!«

Jesus konnte sich nicht länger beherrschen, er brach in Schluchzen aus. Der Negerjunge trat zu ihm.

»Jesus von Nazareth«, sagte er leise, »weinst du? Weshalb weinst du?«

»Wie könnte man, du mein geheimer Gefährte«, murmelte Jesus.

»Wie könnte man ansehen, auf welche einzige Art die Welt zu retten ist, ohne in Tränen auszubrechen.«

Paulus stieg von der Bank, die schütteren Haare auf seinem Kopf dampften, er zog die Sandalen aus, schüttelte den Staub ab und wandte sich zum Ausgangstor.

»Ich habe den Staub deines Hauses von meinen Sandalen geschüttelt, lebe wohl!« sprach er zu Jesus, der verlegen in der Mitte des Hofes stand.

»Gutes Essen, guter Wein, gute Liebe, Meister Lazarus, und ein seliges Alter! Wage nicht, dich in meine Arbeit zu mischen, dann bist du verloren, hörst du es, Meister Lazarus? Du bist verloren! Aber ich bin sehr froh, dich getroffen zu haben; ich bin frei geworden. Frei von dir habe ich werden wollen, jetzt bin ich frei, habe keinen über meinem Kopf, lebe wohl!«

Er öffnete das Tor, sprang hinaus und schlug die große Landstraße nach Jerusalem ein.

»Wie eilig er es hatte, wie er die Ärmel aufkrempelte und sich wie ein hungriger Wolf davonmachte! Jetzt geht er dahin, die Welt zu verschlingen...«, sagte der Negerjunge, trat auf die Schwelle hinaus und sah ihm wütend nach. Er wandte sich um, wollte Jesus einschläfern und den gefährlichen Wind vom Himmel beschwören, der ihn versucht hatte, aber Jesus war bereits über die Schwelle getreten, stand mitten auf der Straße und sah voller Furcht und Sehnsucht dem wilden Apostel nach, der sich in Windeseile entfernte.

Der Negerjunge begann zu zittern und packte ihn am Arm.

»Jesus«, sagte er leise in befehlendem Ton, »Jesus von Nazareth, du bist umnachtet. Wohin siehst du? Komm herein.«

Jesus aber schüttelte blaß und stumm die Hand des Engels ab.

»Komm herein«, wiederholte dieser zornig, »und höre, was ich dir zu sagen habe. Du weißt doch, wer ich bin?«

»Verlaß mich!« rief Jesus und hielt die Augen noch immer auf Paulus gerichtet, der in der Ferne entschwand.

»Willst du mit ihm gehen?«

»Verlaß mich!« rief Jesus wieder, und seine Zähne klapperten. Plötzlich wurde er von Schauern gepackt.

»Maria!« rief der Negerjunge. »Maria!« Und er faßte Jesus fest um den Leib, daß er nicht fortgehen sollte.

Die beiden Frauen hörten es und eilten herbei, ihnen folgte die Kinderschar. Rundum gingen die Tore auf, die Nachbarn kamen heraus und umringten Jesus. Er stand gelb und fahl mitten auf der Straße. Plötzlich schlossen sich weich und sanft seine Augen, und er sank zu Boden. Er spürte, daß man ihn aufhob und auf ein Bett legte, man rieb seine Schläfen mit Zitronenwasser und gab ihm Rosenwasser zu riechen. Er schlug die Augen auf und lächelte. Er sah den Negerjungen und faßte nach seiner Hand.

»Halt mich fest«, sagte er, »ich habe es gut hier.«

VI.
Die Menschwerdung des Menschen kann beginnen

1. JESUS TRÄGT EINEM JUDEN DAS KREUZ NACH

Zur Einführung

Pfingsten 1950 kommt es in Berlin, in Ulbrichts Ost-Berlin notabene, zu einem Treffen besonderer Art zwischen einem deutschen und einem sowjetischen Literaten. So »buchenswert«, daß der damals in der DDR lebende Literaturwissenschaftler Hans Mayer in seinen Erinnerungen davon (»Ein Deutscher auf Widerruf«, Bd. II, 1984) erzählt. Es sollte ein »Kongreß der deutschen Jugend« abgehalten werden, formal noch mit Blick auf ganz Deutschland, aber längst waren solche Treffen von der SED und ihren sowjetischen Protektoren für eigene Propagandazwecke funktionalisiert worden. In der erschienenen sowjetischen Delegation befindet sich auch ein damals weit bekannter Funktionär und Schriftsteller: *Ilja Ehrenburg*. Noch war sein Name nicht mit einem Schlüsselwort verbunden, das später in aller Munde ist, als Stalin stirbt: das Wort »Tauwetter«, das zurückgeht auf den Titel eines zweiteiligen Romans von Ehrenburg (1954/56). Noch herrscht der Ungeist der totalen Repression, und einer, der es verstanden hatte, trotz allem das stalinistische System nicht nur zu überleben, sondern geschickt zu nutzen, indem er sich unentbehrlich machte, war der 1891 in Kiew geborene Ilja Ehrenburg (gest. 1967 in Moskau). Von daher verwundert es nicht, daß Hans Mayer diesen sowjetischen Intellektuellen jüdischer Provenienz (geboren im selben Jahr und am selben Ort wie Bulgakow) zwiespältig beschreibt:

»Ehrenburg verstand Deutsch, vermutlich auf dem Umweg über ein einstiges Jiddisch, allein er wollte nicht deutsch sprechen. So sprachen wir französisch miteinander; er hatte lange in Paris gelebt und sprach fließend, wenngleich mit einem starken slawischen Akzent. Auf unsere Veranstaltung schaute er mit kalter Verachtung. Es war die gleiche kalte und höhnische Trauer, wie man sie ein paar Wochen später in Leipzig während des Bach-Festes bei Dimitri Schostakowitsch beobachten konnte. Sie hatten allzuviel Stalinsche Regiekünste mitansehen müssen, Ehrenburg und Schostakowitsch. Immer war es dabei auch für sie um Leib und Leben gegangen. Sie glaubten kein Wort mehr, das spürte ich bei der Begegnung. Wir haben damals in Berlin ein paarmal miteinander geges-

sen, Ehrenburg und ich. All meine Versuche, mit ihm über die DDR oder auch nur über ihre Autoren zu sprechen, scheiterten schon im Versuch. Ehrenburg gab nichts preis, und er war nicht neugierig. Doch, nach einem einzigen Schriftsteller hat er sich erkundigt. Er wollte wissen, was ich von Ernst Jünger hielte. Als ich kühl und distanziert aussagte, schien er unzufrieden und brach auch dieses Gespräch ab.« (S. 58)

»Sie hatten allzuviel Stalinsche Regiekünste mitansehen müssen...«: Das ist wohl der Schlüssel zum Verständnis dieses vielfacettigen Mannes. Mayer selber stellt Überlegungen an, warum Ehrenburg zu dieser Haltung gekommen sei. Warum diese »kalte Verachtung«, diese »kalte und höhnische Trauer«? Warum diese seltsame Neugierde ausgerechnet für Ernst Jünger? Sechs Jahre später fällt Mayer bei einem Moskau-Aufenthalt noch einmal Ähnliches auf: die »gereizte Langeweile« seiner sowjetischen Kollegen. Jetzt hat er die Antwort:

»Plötzlich entsann ich mich der Verachtung, mit welcher Ilja Ehrenburg im Frühjahr 1950, also vor sechs Jahren, in Berlin all meine Versuche abtat, mit ihm über die junge Literatur der DDR zu sprechen. Was er nicht gesagt, doch gedacht hatte, war wohl dies: Das sind kommunistische Schreiber! Was kann an ihnen also dran sein? Über Ernst Jünger hatte er mich befragt. Wie Ehrenburg schienen es alle zu halten. Es gab eine doppelte Buchführung des privaten und des öffentlichen Lebens auch im Bereich der Literatur und der Kunst.« (S. 172 f.)

»Doppelte Buchführung«? In seiner »Erinnerung an eine Deutsche Demokratische Republik« (1991) kommt Mayer noch einmal auf Ehrenburg zurück. Wieder erwähnt er die kalte Verachtung und die höhnische Trauer, aber Mayer findet jetzt die treffende psychologische Kategorie: »Selbsthaß«. Doch zugleich bemüht er sich um ein differenziertes literarisches Urteil:

»Der hochbegabte Schriftsteller Ehrenburg, der glänzend debütiert hatte... verlor immer mehr sein Talent durch hastige Soldschreiberei. Für wechselnde Parteilinien und patriotisch sein sollende, angeblich der Erziehung zum Sozialismus dienende Romanfresken mit den obligaten positiven und negativen Helden. Im Krieg seit 1941 entstanden Bücher mit Titeln wie »Sturm« oder »Die neunte Woge«. Der Antisemit Stalin hätte den klugen Juden Ehrenburg, der den Mächtigen allzusehr an Trotzki erinnern mochte, gern beseitigt. Doch Ehrenburg war in der westlichen Welt berühmter als die umgebrachten Juden Isaak Babel oder Ossip Mandelstam. Folglich mußte man sich mit ihm zieren.« (Der Turm von Babel, S. 128 f.)

479

»Glänzend debütiert«? Gemeint ist damit das *frühe Romanwerk der 20er Jahre.* Es erscheint in einer Zeit, in der Ehrenburg bereits auf Wanderschaft ist. 1908 hattte er im Alter von 17 Jahren aus politischen Gründen emigrieren müssen. Er geht nach Paris, der Stadt, die er ein Leben lang am meisten lieben sollte. Denn hier – mit dem Café Rotonde als Zentrum – wächst er hinein in die Welt der Maler und Schriftsteller: Picasso und Modigliani, Léger und Matisse, Aragon und Gide, Joyce und Hemingway (siehe die Einführungen zu Gide, Hemingway, Joyce in diesem Buch). Während des Ersten Weltkriegs arbeitet er für russische Zeitungen; nach der Oktoberrevolution paßt er sich den neuen Verhältnissen an, kann aber immer wieder als Korrespondent ins Ausland reisen: nach Paris, Berlin, später nach Spanien, wo er über den Bürgerkrieg berichtet, dann wieder nach Paris, wo er die deutsche Besatzung erlebt und über den »Fall Paris« schreiben wird. Dieses ganze »bewegte Leben« hat er in seiner Autobiographie nachgezeichnet, einem eindrucksvollen Buch, das zu den Werken gehören dürfte, die sich »langfristig halten werden« (E. Waegemans, Geschichte der russischen Literatur, S. 311). Es erscheint zwischen 1960 und 1965 (nicht unzensiert) und trägt den deutschen Titel »Menschen – Jahre – Leben«.

Das für den frühen Ehrenburg charakteristische Werk ist der 1921 in Belgien verfaßte und 1922 in Berlin veröffentlichte Schelmenroman mit dem *Titel »Die ungewöhnlichen Abenteuer des Julio Jurentino und seiner Jünger«.* Es handelt sich um einen satirisch-grotesken Zeitroman mit einem Revolutionär und Anarchisten aus Mexiko als Hauptfigur. Dieser sieht es als seine Lebensaufgabe an, die Tauglichkeit der europäischen Gesellschaften durch »Provokationen« zu testen. Er wirbt Jünger an, die ihm helfen sollen, sein Werk der »Zersetzung« voranzutreiben. Es sind verschiedene Nationalcharaktere, typische Vertreter gängiger Weltanschauungen und Ideologien. Da gibt es einen Amerikaner, der die Welt mit Bibel und Dollars retten will; einen Schwarzen, der naiv und rührend an immer neue, gerade geschaffene Götzen glaubt; einen russischen Intellektuellen, der von Gewissensbissen geplagt wird und folglich unfähig ist, irgend etwas praktisch zu tun; einen Italiener, welcher der geborene Anarchist und Nichtstuer ist; einen

Franzosen, Typus des Genießers, der ein Bestattungsinstitut betreibt und seine Toten nach der sozialen Stellung in 16 Beerdigungsklassen einteilt; und natürlich einen Deutschen, der mit Leidenschaft für Ordnung und System die Welt nach seinen Plänen durchorganisieren will.

Und das besonders Bemerkenswerte? Auch die Realität in Rußland nach der Oktober-Revolution wird nicht als große Lösung präsentiert. Im Gegenteil. Als der Prophet Julio mit seinen Jüngern voller Tatendrang dorthin eilt, wird er enttäuscht. Müde geworden von seiner ständigen Wahrheitssuche, begeht er Selbstmord. Kein Wunder, daß ein solches Buch, voll von satirischen, ironischen, parodistischen und grotesken Elementen, gespickt mit kabarettistischen Gags und Karikaturen, Ehrenburg in den Verdacht bringt, ein Zyniker und Negativist zu sein. Aber welch ein Auftakt für einen 31jährigen Schriftsteller, der auf dem besten Wege ist, wie sein Landsmann Bulgakow zu einem Satiriker der russischen Literatur zu werden.

In derselben Tradition des Schelmenromans steht nun auch das Buch, das uns hier am meisten interessiert und aus dem wir einen Ausschnitt vorgelegt haben: »*Das bewegte Leben des Lasik Roitschwantz*« (den größten Teil von Kapitel 26 bei 40 Kapiteln). Es erschien im russischen Original 1928 in Paris (zur Beziehung beider Romane: J. L. Laychuk, S. 107–122). Es ist die Geschichte eines jüdischen Schneiders aus Homel – Vertreter des nach der Oktober-Revolution aus der Bahn geworfenen Kleinbürgertums in Rußland –, der sich vergeblich im Leben zu etablieren versucht, aller Gewitztheit und Anpassungsbereitschaft zum Trotz. Alles probiert er aus, und alles geht schief: Parteikandidat in Kiew, Kaninchenzüchter in Tula, Schriftsteller in Moskau, lebende Lebertranreklame in Königsberg, Affe in einem Wanderzirkus, Filmschauspieler in Berlin, Rabbiner in Frankfurt, Maler in Paris und Sektenprediger in London. Schließlich landet der Jude Lasik Roitschwantz auch noch im Gelobten Land, um ausgerechnet hier, der Heimstätte aller Juden, noch einmal zu scheitern. Am legendären Grab der Rahel stirbt er an Erschöpfung und kommt damit einer abermaligen Ausweisung zuvor...

In seinem »bewegten Leben« gerät dieser jüdische Schneider auch immer wieder ins Gefängnis. So in Berlin, wo er wegen Bettelei, unlauterer Geschäfte und Verstöße gegen die guten

Sitten eingesperrt wird. Sein Zellennachbar ist ein gewisser Kotz, der wegen Wurstdiebstahls im Gefängnis sitzt. Lasik verwickelt seinen Leidensgenossen in ein Gespräch, genauer, er tut auch hier, was er stets tut: Er hält sich durch Geschichten am Leben; rettet sich mit Hilfe der Sprache; verbannt den Tod durch Erzählen. Dem einfältigen Kotz wird ein eigener pessimistischer Midrasch über die Genesis präsentiert, und Lasik stilisiert sich dabei – nicht ohne Stolz auf seine »Aufgeklärtheit« – als *gotteskritischer Jude,* als Angehöriger einer »geistigen Avantgarde«, die weiß, »daß oben«, wo eigentlich Gott wohnt, »nur Gase sind, die niemand braucht«:

»Wenn man aber einmal annimmt, daß oben ein erfundener Gott sitzt, so ist er ja der größte Betrüger, und wir sollten gegenseitig die Plätze tauschen. Er muß sich hier unter die hundert Paragraphen des Strafgesetzbuchs legen, und wir beide sollten im Himmel ausruhen. Sie meinen, ich kenne alle diese Gaunerkniffe nicht? Ich kenne sie wie meine fünf Finger. Und wenn man schon ganz von vorn beginnen soll, so steht da am Anfang – ein völlig unbegreifliches Geschrei. Schön, es war verboten, den Apfel zu essen. Gott hat auch seine Phantasien. Aber sagen Sie mir, weshalb ein solch historischer Lärm wegen einer ganz kleinen Frucht? Das ist ja so wie Ihre Wurst. Aber ich blicke weiter. Er sitzt also zu Gericht, und er verkündet den Richterspruch: ›Im Schweiße deines Angesichts sollst du dein Brot essen‹. Angenommen. Es ist dumm – weshalb muß ich unbedingt schwitzen, wenn ich so wie er im blauen Äther herumflattern möchte? Aber es ist wenigstens klar. Aber was ist das Ergebnis? Ich schwitze so, daß ich gar nicht mehr da bin, bin ich etwa noch ein Mensch, ich bin nur noch ein ausgepreßter Fleck, und statt des Brotes werde ich nur fortwährend geprügelt. Wollen Sie vielleicht nach alledem noch sagen, daß dort oben keine leeren Gase sind?« (S. 143)

Kotz ist sichtlich verängstigt angesichts solch kühner Infragestellungen der Schöpfungsgeschichte durch einen Juden. Er bekreuzigt sich und hilft sich aus seiner Verlegenheit mit dem (unfreiwillig komischen) Satz: »Sie sind Jude, Sie dürfen an Ihren Gott nicht glauben. Aber ich bin aus Würzburg. Ich bin ein guter Katholik. Ich glaube an die Barmherzigkeit unseres Herrn Jesu Christi.« (S. 143)

Auf dieses Stichwort hin erzählt Lasik seinem Zellennachbarn noch einmal eine Geschichte. Und diese Geschichte handelt diesmal vom *Papst in Rom,* der die römische jüdische Gemeinde einst zu zwingen pflegte, zu seiner Fastnachts-Belustigung einen »Springer« nackt dreimal um die ganze Stadt laufen zu lassen. Welch eine Szene in diesem Roman: Ein einfacher Jude und ein einfältiger Christ hocken in ein und derselben Gefängniszelle zu Berlin, und der Jude erzählt dem Christen eine Geschichte, wie Jesus von Nazaret einem armen, geschundenen und verlachten Juden nicht nur zu Hilfe kommt, sondern an dessen Stelle tritt.

Dieser Roman ist das einzige Werk Ehrenburgs mit *jüdischem Stoff*. Während er in der UdSSR nie publiziert wird, erfreut er sich bei Juden in der Diaspora großer Beliebtheit (Näheres dazu in der Biographie von A. Goldberg, S. 120–126). Ehrenburg selber steht seinem Buch offiziell distanziert gegenüber. Fürchtete er, zum Objekt des sowjetischen Antisemitismus zu werden? Jedenfalls lehnt er es ab, diesen Roman in seine »Ausgewählten Werke« aufzunehmen, als diese 1961 in der Sowjetunion verlegt werden können. Aus Taktgefühl, gibt er an: Wer wolle in Europa nach den Greueltaten der Nazis eine Satire über die Juden lesen? Es klingt eher nach einem vorgeschobenen Grund. Denn Ehrenburgs Autobiographie enthält durchaus Signale, wie nahe ihm persönlich – bei allem Kosmopolitismus – die »jüdische Frage« ging und wie sehr er darum wußte, daß der schier unausrottbare Antisemitismus Juden zu Verachteten und Verfolgten macht (zur »Jewish Question« bei Ehrenburg differenzierte Analysen in Goldbergs Biographie, S. 226–235).

Da ist *zum einen* der Hinweis Ehrenburgs auf seine *Kindheitserfahrungen als Jude*:

»Ein Freund erzählte mir – das war Anfang der 30er Jahre –, wie ihn sein kleiner Sohn, ein frischgebackener Abc-Schütze, bei der Rückkehr aus der Schule danach fragte, was ein Jude sei. ›Ich bin Jude‹, erwiderte der Vater, ›Mama ist Jüdin.‹ Das kam derart unerwartet, daß der Kleine ungläubig ausrief: ›Was, ihr seid Juden?‹ Wir waren besser vorbereitet. Mit acht Jahren wußte ich genau, daß es für die Juden ein ›Gebiet der Seßhaftigkeit‹, eine Aufenthaltsgenehmigung, eine Prozentnorm und Pogrome gibt.
Ich wuchs in Moskau auf, spielte mit russischen Kindern. Wenn die Eltern etwas vor mir verbergen wollten, sprachen sie jiddisch. Ich betete zu keinem Gott – weder zu einem jüdischen noch zu einem russischen. Das Wort ›Jude‹ deutete ich mir auf meine Weise zurecht: Ich

gehöre zu jenen, die man beleidigt. Das erschien mir ungerecht und dennoch natürlich. Mein Vater, selber glaubenslos, tadelte die Juden, die, um ihr Los zu erleichtern, den griechisch-orthodoxen Glauben annehmen, und ich begriff schon als Kind, daß man sich seiner Abstammung nicht schämen darf. Irgendwo las ich, die Juden hätten Christus gekreuzigt. Onkel Lew sagte, Christus sei Jude gewesen; meine Kinderfrau Wera Platonowna erzählte mir, Christus hätte gelehrt: Schlägt man dich auf die eine Backe, so halte die andere hin. Das war nicht nach meinem Sinn. Als ich zum erstenmal ins Gymnasium kam, begann irgendein Erstkläßler zu singen: ›Sitzt das Jüdlein auf der Bank – wir setzen es auf eine Stecknadel.‹ Ich schlug ihm unverzüglich ins Gesicht. Bald wurden wir Freunde. Nie mehr hat mich jemand beleidigt.« (S. 22 f.)

Da ist *zum zweiten* der Einfluß der *chassidischen Tradition,* der Ehrenburg sich öffnet. In Paris trifft er den ihm aus Kiew bekannten Dichter *Perez Markisch,* mit dem ihn weniger eine künstlerische als eine menschliche Sympathie verbindet. Durch ihn macht er die Bekanntschaft des polnisch-jüdischen Schriftstellers *Warszawski,* von dem er eine chassidische Legende hört: die Geschichte von einer Flöte, die in einer entscheidenden Situation vom siebenjährigen Sohn eines armen Schneiders gespielt wird. Damit tritt die Figur eines *armen Schneiders* in Ehrenburgs Gesichtskreis, und er erinnert sich in seiner Autobiographie:

»Die Chassidim sind eine mystisch-aufrührerische Sekte, die im 18. Jahrhundert gegen die Rabbiner und die reichen Heuchler aufbegehrte. Ich habe die Legende behalten und später in mein Buch ›Das stürmische Leben des Lasik Roitschwantz‹ aufgenommen.« (S. 630)

Und da ist *zum dritten* die *Rolle des Juden beim römischen Karneval.* Ehrenburg hört eine solche Geschichte vom italienischen Maler *Amedeo Modigliani* (1884–1920), den er schon früh in Paris kennenlernt. Dieser entstammt einer jüdischen Familie Livornos und gilt als »letzter Bohemien« unter den Pariser Künstlern. Er ist ein genialischer Mann, zugleich krank und äußerst sensibel. Alkohol und Drogen ruinieren seinen Körper so sehr, daß er mit 36 Jahren stirbt. Er hinterläßt ein unverwechselbares Werk, größtenteils aus Porträts. Ehrenburg erinnert sich:

»Sein [Modiglianis] Großvater, ein Römer, wollte sich dem Weinbau widmen und kaufte ein kleines Grundstück. Doch nach dem Gesetz war Juden der Bodenbesitz verboten. Verärgert zog der Großvater

*nach Livorno, wo seit alters her viele jüdische Familien lebten. Modilas mir die italienischen Sonette Immanuels des Römers vor, eines
jüdischen Dichters des 14. Jahrhunderts. Sie waren höhnisch und bitter und zugleich voller Lust am Leben. Er erzählte mir, wie die Römer
einst Karneval feierten: Die jüdische Gemeinde mußte einen Juden als
Traber stellen, der sich nackt auszog und unter dem Gejohle der fröhlichen Menge, der Bischöfe, Botschafter und Damen, dreimal im Trab
um die Stadt herumlief. (Darüber schrieb ich damals eine Dichtung.)«*
(S. 183)

Das Besondere an Ehrenburgs Geschichte ist nun die *Traditionsmischung*. Die separat aufgenommenen Elemente werden
zu einer geschlossenen Geschichte verbunden und mit einer
eigenen Pointe versehen. Der Autor kombiniert die Geschichte
eines armen jüdischen Schneiders aus chassidischem Milieu
mit der des jüdischen »Trabers« in Rom. Und beide Elemente
verbindet er mit einem dritten: der Figur des Zimmermanns
Jehoschua. Diesen wiederum verschmelzt er mit der Figur desjenigen, der unruhig über die Erde wandeln muß, weil er keine
Ruhe im Grab findet: mit der Gestalt des *Ewigen Juden*.
Dadurch erreicht Ehrenburg eine einzigartige christentums-
und kirchenkritische Zuspitzung. *Erstens* tritt sein Jesus als mitleidiger und solidarischer Helfer eines Juden auf, der von Jesu
»Stellvertreter« mißhandelt und verhöhnt wird. *Zweitens* wird
deutlich, daß der jahrhundertelange christliche Mißbrauch den
eigenen Herrn zu einem ruhelosen Wanderleben auf Erden verurteilt; Christen machen »ihren« Jesus zu einem Untoten, der
zu immer wieder neuen, grauenhaften »Auferstehungen« ins
Leben gezwungen wird. Und *drittens* ist ein so dargestellter
Jesus der Elendste aller Menschen, armseliger noch als der armselige jüdische Schneider, da dieser wenigstens durch den Tod
seine Ruhe finden kann.
Und so kommt es in der Geschichte des Lasik Roitschwantz zu
einer ergreifenden Szene: Der armselige Schneider umarmt
den noch ärmeren Zimmermann, bietet ihm Hilfe an, damit
dieser einmal Ruhe finde. Ein Angebot, das Jesus abschlägt. Er
kann in diesem »christlichen« Rom nicht anders; er *muß* laufen, solange sein Name geschändet wird. Und so sehen wir
Jehoschua als Verspotteten und Verhöhnten vor der Tribüne des
Papstes, desjenigen, der sich als »rechtmäßig Bevollmächtigter

des barmherzigen Christus« aufführt. Eine Zuspitzung der Geschichte, die in dem einfältigen katholischen Zellennachbarn Kotz erst recht tiefste Abwehrreaktionen auslöst. Aber – soviel zum Thema »barmherziger Christus«!

Man wird sich hüten müssen, dieses Buch als »jüdischen Roman« in dem Sinn zu verstehen, als würde hier das Judentum als Glaubensgemeinschaft gegenüber dem verkirchlichten Christentum favorisiert. Das kann schon deshalb nicht sein, weil Ehrenburg nicht nur gleich im folgenden Kapitel 27 auch das jüdisch-rabbinische Establishment schärfster Kritik unterzieht, sondern auch die »zionistische Option« (Auswanderung ins »Gelobte Land«) zurückweist, wie wir hörten. Nicht also um eine religiöse Botschaft geht es in diesem Roman; dieser optiert weder für ein Urchristentum im Geiste des Zimmermanns Jehoschua noch für ein spirituelles Judentum im Geiste des Chassidismus. Die jüdischen und christlichen Elemente sind vielmehr Teil einer *umfassenden Gesellschaftskritik*. An ihnen wird das Versagen gerade auch religiöser Institutionen kritisch gespiegelt, die Menschen Hoffnung auf Gerechtigkeit und Solidarität machen, ohne sie politisch je einzulösen.

Deshalb stehe ich der Wertung von *Peter Hamm* (in seinem »Nachwort« zum Roman) skeptisch gegenüber, der davon spricht, dieses Buch sei »kein russisches, kein sowjetisches, sondern ein jüdisches Buch«, und der es an die Seite von Scholem Alejchems »Tewje, der Milchmann« (1894) stellt. Zwar schildern beide Schriftsteller die »ostjüdische Welt«, aber Scholem Alejchem (1859–1916) schreibt als gläubiger Jude; Ehrenburg als skeptischer Marxist/Leninist. Und doch hat Peter Hamm auf ein Element des Romans zu Recht aufmerksam gemacht: auf Lasiks Sprache, die ihm noch in ausweglosesten Situationen ein Überleben sichere: »Die Sprache ist denn auch das wichtigste Element dieses Buches. Sie ist nicht lediglich Transportmittel für Ideen, wie im sogenannten realistischen Roman, sondern sie ist selbst die Idee dieses Buches, sie ist die eigentliche Existenz Lasiks.« (S. 260)

Und hier – in der Verwendung der *Sprache als Mittel des Überlebens* im Kontext des Totalitarismus – ergeben sich die stärksten Verbindungen zu Bulgakow, der einen so ganz anderen Weg ging als der geschickt lavierende Ehrenburg. *Ralf Schröder* hat zu Recht diese Linie gezogen: »Literaturgeschichtlich ist ›Das bewegte Leben des Lasik Roitschwantz‹ ein Knotenpunkt in der Entwicklung des russischen philosophischen Gesellschaftsromans von Gogols ›Toten Seelen‹ – Ehrenburgs Kunstvorbild – bzw. Dostojewskis ›Brüdern Karamasow‹ zu Bulgakows ›Der Meister und Margarita‹. Bevor Bulgakows schelmische Teufel die Scharlatane, Heuchler, Parasiten, die zeitgenössischen ›toten Seelen‹ im Moskau der 30er Jahre, entlarvten, hatte sie schon Lasik Roitschwantz 1926/27 aufgespürt. Es ist sicher kein Zufall, daß in beiden Romanen die Sektierer um die literarische Zeitschrift ›Na postu‹ (Auf dem Wachposten) karikiert werden und von einem Proletkultdichter Besdomny (Hauslos) die Rede ist. Und auch die Rezeption alter Legenden, die karnevalistische Umkehr von Oben und Unten sowie die Gestaltung von Alltagsabsurditäten als Gleichnisse mit dem Ziel, die ›verfluchten Fragen‹ Iwan Karamasows in einer zeitgenössischen Menschheitsdichtung neu zu stellen, verbinden den ›Roitschwantz‹ ebenfalls bereits mit ›Der Meister und Margarita‹. Der Vergleich beider Romane macht verständlich, daß Bulgakow, wie Jelena Sergejewna Bulgakowa versicherte, ›den frühen Ehrenburg sehr geschätzt hatte‹.« (S. 81 f.)

Ausgabe: I. Ehrenburg, Burnaja žizn' Lazika Rojtšvaneca (1928). Das bewegte Leben des Lasik Roitschwantz. Roman. Deutsch von W. Jollos, Frankfurt/M. 1976, S. 145–153 (st 307).

Literatur zur Vertiefung

1. *Zur Lebensgeschichte:*
   I. Ehrenburg, Menschen – Jahre – Leben. Autobiographie, München 1962.
   L. Marcou, Ilja Ehrenbourg – un homme dans son siècle, Paris 1992. Wir größten Akrobaten der Welt. Ilja Ehrenburg. Eine Biographie. Deutsch von E. Passet, Berlin 1996.
2. *Zur Werkgeschichte:*
   H. Siegel, Ästhetische Theorie und künstlerische Praxis bei Ilja Ehrenburg 1921–1932. Studien zum Verhältnis von Kunst und Revolution, Tübingen 1979.

A. Goldberg, Ilja Ehrenburg. Writing, Politics and the Art of Survival, London 1984.

J. L. Laychuk, Ilya Ehrenburg. An Idealist in an Age of Realism, Frankfurt/M. – Bern – New York 1991.

3. *Zum Text:*

P. Hamm, Nachwort zu Ilja Ehrenburg, »Das bewegte Leben des Lasik Roitschwantz«, in: a.a.O., S. 257–262.

R. Schröder, Ehrenburgs »Lasik Roitschwantz« – Schelmenroman, Tageschronik, Menschheitsdichtung, in: ders., Roman der Seele, Roman der Geschichte, Leipzig 1986, S. 60–82.

A. Goldberg, Ilja Ehrenburg, in: J. Miller (Hrsg.), Jews in Soviet Culture, London 1984, S. 183–213.

Ilja Ehrenburg
Das bewegte Leben des Lasik Roitschwantz

In Rom war Fastnachtszeit. Was für ein schmackhaftes Fest ist das übrigens! Bei uns in Homel hat mich der Telegraphenbeamte Sacharow einmal mit solchen Pfannkuchen bewirtet, daß ich mich beinahe zu seinem Opium mit Sahne bekehrt hätte. Aber natürlich feiern die Menschen in jedem Lande die Feiertage auf ihre Weise. In Rom verloren sie geradezu den Verstand. Sie zogen sich, ohne dafür bezahlt zu werden, Affenfelle über und knüpften sich Schwänze an. Sie lustwandelten von morgens früh bis abends spät in Banditentrachten. Blickte man um sich, so wars schon keine Stadt mehr, sondern eine gesamtstädtische Operette. Der eine erklärte, er sei ein Elefant, und wedelte unverschämt mit dem Rüssel, der andre versicherte, daß er ein echter Herzog sei, der seine Herzogin fresse, und alles sprang herum, und alles tanzte die Tänze der römischen nationalen Minderheiten. Von den Frauen will ich gar nicht erst reden. Wer weiß, was für einen Mechanismus Sie in Ihrem Leib haben: am Ende begeben Sie sich wie der dicke Willi in aller Stille schon zum Fenster? Ich will Ihnen nur sagen, daß bei den Frauen die prallsten Auslagen zu sehen waren. Was für Bananen stellten sie für das Publikum aus! Setzen wir an dieser Stelle lieber tausend Punkte . . .

488

Sie sprangen, sie sangen, sie küßten sich, aber die Hauptsache stand erst bevor. Ich habe Ihnen schon gesagt, daß in Rom auch Juden lebten. Das ist natürlich eine Schamlosigkeit: die Juden wagen es, in derselben Stadt wie der Papst zu leben. Aber was soll man machen? Die Ameisen zum Beispiel – wohinein kriechen sie nicht nur! Auch die Pans Rittmeister, die doch wahrscheinlich streng genug sind, wie wenig nützt auch ihnen ihre Aufregung! Zertritt man den einen Juden, gleich springt schon ein andrer mit seiner nasenhaften Eigenart hervor. Der Papst hatte gescholten, hatte mit seinem Pantoffel gedroht, und dann wurde es ihm langweilig: mochten sie schon dableiben. Man kann doch nicht so einen windgetriebenen Schnupfen ins Gefängnis werfen! Da aber der Papst ein Freund der Fastnacht war, so dachte er sich einen fabelhaften Spaß aus: die Juden sollten dann wenigstens zur allgemeinen Belustigung einen Springer stellen! Dieser unglückselige Springer solle an der Fastnacht dreimal um die ganze Stadt herumlaufen, und zwar solle er völlig nackt laufen; der Papst aber würde mit seinen Elefanten und seinen Damen auf goldenen Stühlen sitzen und nicht aufhören, schrecklich darüber zu lachen.
Wie es nun einmal heißt: der eine kriegt die Fastnacht und der andere den nackten Galopp. Die Juden versammelten sich also zu einer Fastenkonferenz: wer sollte denn das geplagte Pferd sein? Es gibt verschiedene Juden: die einen tragen die Karate sogar an ihrem Bauch, und die andern haben nur unentgeltliche Tränen. Ich etwa liege auf der elften Pritsche, und irgend so ein Rothschild vertilgt zur gleichen Zeit sicher ein ganzes Zicklein. In Rom gab es ebenfalls sowohl Kaufleute der ersten Gilde wie Friedhofsbettler, die für ein Stück Brot abendliche Tränen an jedem beliebigen Grab zu weinen bereit sind. Wer also wird nun rings um die Stadt laufen? Natürlich nicht der Rabbiner – er ist ja ein Gelehrter, und ohne ihn werden alle verdummen, natürlich auch nicht der römische Rothschild – ohne ihn wird niemand da sein, der einmal im Jahr die Armen mit Küchenabfällen füttern könnte.
Jeder Jude packte ein Goldstück aus der Tasche, daß er nur nicht laufen müßte, und auch die armen Teufel gaben etwas her, denn es lohnt sich, sogar die Sabbatleuchter oder einen Rock oder doch wenigstens ein Kissen zu verkaufen, nur um nicht in nackter Gestalt vor den verrückten Elefanten sterben zu müssen. Aber es fand sich ein unglückseliger Schneider, der weder einen Rock,

noch einen Leuchter, weder ein Flaumkissen, noch auch nur einen seidenen Talles besaß. Er besaß nur ein Weib, sechs Kinder und seinen schleichenden Kummer, aber für dies alles kann man kein Goldstück einhandeln. Er hieß, sagen wir, Leiser. Ich nehme an, daß er der Großvater meines Großvaters gewesen ist, denn von einem solchen trübseligen Schatten hat unser hervorragendes Geschlecht der Roitschwantze seinen Ursprung genommen.

Die Stunde, die für den Lauf angesetzt worden war, kam heran. Der Papst bekreuzigte sich, kippte noch ein Viertel Wein und erstieg seinen Stuhl, und ihm zur Seite nahmen die verschiedensten Priester und schöne Damen mit ihren Auslagen, und einfach aufgeputzte Frechdächse Platz. Es waren alles gottesfürchtige Leute, und der Papst selbst war unter ihnen – demnach hatten sie überall die Bilder Ihres barmherzigen Gottes aufgestellt. Er war aus Gold gefertigt, aus Silber, aus Brillanten für eine runde Million Rubel, auf daß alle wüßten, wie freigebig sie wären und was für einen prächtigen Gott sie hätten. Der Papst sitzt also da, ganz in Sammet, und über ihm schwebt ein riesiges, eben vom Juwelier geliefertes Kreuz, und auf dem Kreuz ist Christus, nicht etwa vergoldet oder hohl, nein aus getriebenem Gold, wie man es noch nie gesehen hat. Sehr schön! Aber wo ist denn nun noch der Läufer aus Fleisch und Blut? Der Papst wird bereits ungeduldig, und er klingelt mit seiner Schelle: ›Bringt das Pferd herbei, es ist wohl Zeit anzufangen.‹

Da nun führte man Leiser herbei, hinter ihm kam aber sein Weib und seine sechs Kinder, und sie alle schrien jämmerlich. Selbst ein kleines Kind begreift ja, daß man nicht ohne Atempause dreimal um Rom herumlaufen kann, bleibt man aber nur einen Augenblick stehen, so werden dich die Roßknechte des Papstes mit ihren Peitschen schlagen. Folglich ist das dasselbe, als ginge man geradezu in den Tod. Leiser begann, seine hundertmal geflickten Hosen auszuziehen. Der Papst bekam vor Lachen sogar Bauchschmerzen, die übrigen Banditen aber verloren teils ihre Rüssel und teils ihre Schwänze: man darf eben nicht so furchtbar lachen. Das Schauspiel war ziemlich lustig, denn so ein Unglücklicher ist schon in Hosen eine bloße Anekdote, steht er aber ohne Hosen da, so kann man sicher sein, daß man lachen muß bis zum Umfallen.

Der Papst lachte also, nicht aber Leiser. Leiser umarmte sein Weib und seine Kinder:

»Gut, ich werde laufen und werde sterben, aber wer wird euch morgen nähren? Vielleicht der Rabbiner? Ja, er wird eine große Gans essen, aber euch wird er nicht einmal die Knochen zum Nagen geben. Er wird euch nur mit gelehrten Reden speisen. Vielleicht der römische Rothschild? Ja, er wird sagen: ›Ich bin ein Jude, und ihr seid Juden, und Gott segne euch, aber ich kann mich im Augenblick mit euch nicht unterhalten, denn ich habe so viele Gänse, Enten und Hühner gegessen, daß mir der Doktor Blutegel setzen muß. Ich bin ein wahrer Märtyrer, ihr aber seid glückliche Menschen, und ihr könnt mich zum Abschied gern haben.‹ So wird Rothschild mit euch sprechen. Und niemand wird euch zu essen geben, denn die Armen haben nichts als ihr nacktes Herz, die Reichen aber haben alles, jedoch kein Herz, und so werdet auch ihr sterben müssen. Ich werde heute von dieser Lauferei sterben, und ihr werdet in einer Woche oder in einem Monat und ebenfalls vom Laufen sterben, ihr werdet in der Stadt herumfahren und um ein Krümchen Brots betteln, und ihr werdet schließlich sterben.«

Sein Weib schrie natürlich entsetzlich. Sie schrie wie am Spieße, so daß man es in ganz Rom hörte: »O weh, wie willst du denn laufen, Leiser? Du kannst ja gar nicht laufen. Sag ihnen, daß du ein unglücklicher Schneider bist und kein Pferd. Du wirst ja sterben, mein Ehrenwort, du wirst sterben! Und in wessen Schutz läßt du diese zu Waisen bestimmten Kinder?« Der Papst steckte sich Watten in die Ohren, und er hob nicht einmal seine Augen auf. Der erste Roßknecht aber kitzelte bereits mit der Peitsche: »Du mußt jetzt laufen.«

»Leb wohl, mein Weib! Lebet wohl, meine Kinder! Leb wohl, mein Leben!«

Leiser setzte sich auf einen Stein, umklammerte seine nackten Knie und seufzte noch einmal auf. Er seufzte so, daß ein Wind über ganz Rom dahinfuhr: das war sein Abschied vom Leben. Aber danach stand er begreiflicherweise auf und trabte los wie ein alter Gaul.

Es war ein heißer Tag, wie wenn es nicht Fastnacht, sondern richtiger Sommer gewesen wäre, denn in Rom ist der Kalender nicht normal, und dort kann man immer im bloßen Leinenhemd herumgehen. Laufen aber ist natürlich noch viel heißer als sitzen. An Leiser troff sogleich ein wahrer Pferdeschweiß herab. Er stolperte, stöhnte und wippte mit seinem Bart, die Roßknechte aber trieben ihn mit ihren Peitschen an. Rom ist nicht Homel. Rom ist eher so wie Berlin. Um drum herumzulaufen, braucht man vielleicht zwei

Stunden. Überall waren die Roßknechte aufgestellt. Sie paßten auf, daß das menschliche Pferd nicht ausruhte. Außer den Roßknechten standen aber auch bloß Zuschauer da: wen hätte es nicht interessieren sollen, sich so ein zweibeiniges Rennen anzusehen? Es standen da Affen und Tiger und Herzöge und Damen, und alle lachten sie aus voller Brust:

»Lauf zu, alter Gaul! . . .«

Und allen antwortete Leiser sanft: »Ich laufe schon.«

So war er einmal um Rom herumgelaufen. Er konnte schon kaum die Füße heben, und immer häufiger schlugen ihn die Roßknechte mit den bereitgehaltenen Peitschen. Das Blut rann schon über seinen ganzen Körper. Aber man mußte ja noch zweimal herumlaufen, und er wußte, daß er das nicht schaffen könnte. Als er abermals sein unglückliches Weib erblickte und seine sechs Kinder und den goldnen Hocker mit dem römischen Papst, da verlor er alle Hoffnung, und er hielt im Laufe inne. Der Papst aber schrie:

»Lauf doch, du alter Gaul, sonst sind meine Roßknechte schon bereit, dich ohne Gnade niederzuprügeln.«

Böse ward da der Leiser:

»Wofür, möcht ich wissen, muß ich so leiden? Dafür etwa, daß Rothschild seine Enten essen darf? Dafür, daß dieser Papst seine frechen Dämchen umarmen soll? Dafür, daß sein brillantener Gott mit seinem Goldgehalt funkeln könne? . . .«

Aber hundert Roßknechte liefen mit ihren Peitschen auf ihn zu. Leiser warf noch einen Blick auf seine künftigen Waisen und rannte weiter. Er war noch nicht hundert oder zweihundert Schritt weitergekommen, als ihm klar wurde, daß er nicht länger laufen konnte. Er fiel zu Boden und erwartete den Tod. Und da geschah an ihm eine jener Geschichten voller Vorurteile.

Plötzlich sieht er nämlich, daß auf der Straße ein nackter Jude dahinläuft, und daß nicht er das ist, Leiser, sondern ein andrer Jude. Woher solche Sinnestrübungen? Alle Juden hatten sich ja vom Laufen freigekauft. Er guckt sich diesen zweiten Juden genauer an, und seine Verwunderung wird immer größer: »Er sieht mir ja ähnlich, auch nur Haut und Knochen, und der Schweiß in Strömen, und ganz blutiggeschlagen, und das Bärtchen wippt ebenso auf und nieder, daß man sofort sieht – der machts nicht lange! Aber seine Augen scheinen mir nicht meine Augen zu sein, und auch die Nase ist anders zugeschnitten. Demnach bin nicht ich das, sondern

das ist ein andrer Jude. Aber wer kann denn das sein?« Leiser kannte alle Juden von Rom. Das war nicht der Althändler Elias und
nicht der Schuster Nathan. Das mußte ein fremder Jude sein,
sicher. Und Leiser fragte ihn:

»Wo kommen Sie her? Ihr Gesicht kommt mir bekannt vor, als
hätte ich Sie schon gesehen, aber ich habe Sie nicht sehen können,
ich bin zeitlebens aus Rom nicht herausgekommen. Sollte ich am
Ende schon gestorben sein, und ich träume das alles? Wie heißen
Sie? Und sodann, warum laufen Sie, wo ich doch laufen muß?«

Da sagte der zweite Jude zu Leiser:

»Ich heiße Jehoschua, und Sie können mich nicht kennen, denn
ich bin schon lange tot. Sie aber leben noch. Aber es kommt Ihnen
vor, daß Sie mich kennen, – Sie haben sicher meine Porträts gesehen. Sie geben mir die allerlächerlichsten Namen, aber ich will
Ihnen gleich sagen, wer ich bin – ich bin ein armer Jude. Sie sind
freilich ein Schneider, und ich bin ein Zimmermann gewesen, aber
wir werden einander verstehen. Ich wollte, daß auf Erden die vollkommene Wahrheit herrschen sollte. Welcher arme Teufel will das
nicht? Ich habe ja gesehen, daß der Rabbiner kluge Reden führt
und daß Rothschild Ente ißt, und daß es auf der Erde weder
Gerechtigkeit gibt, noch Liebe, noch auch nur das allerbescheidenste Glück. Und ich bin mit den Armen gewesen gegen die Reichen.
Ich habe gesehen, daß die einen die Maschinengewehre haben,
und die anderen nur ihre nackte Brust, und daß es für eine eiserne
Kugel eine Kleinigkeit bedeutet, ein Herz zu durchbohren, und ich
bin mit den Schwachen gewesen gegen die Starken. Ich liebte es,
Leiser, wenn die Sonne warm herniederschien, wenn die Kinder
lachen und es allen gut geht, wenn alle Wein trinken, alle einander
zulächeln, wenn die Sabbatkerzen brennen und auf dem Tisch das
frischgebackene Brot liegt. Aber welcher Arme liebt das nicht?
Zuerst haben sie mich natürlich getötet, jetzt aber lassen sie mich
nicht ruhig in der Erde liegen. Sie plündern die Armen und rufen
dabei meinen unglückseligen Namen an, daß ich im Sarge mich
umdrehen muß. Sie setzen irgendwelche unglücklichen Menschen
ins tiefste Verlies und singen ihnen Lieder von meinem hundertjährigen Leide, aber danach schlagen sie ihnen die Köpfe ab, auf
daß ich abermals im Grabe hochhüpfen muß. Sie jagen törichte
Menschen hinaus, damit die einen die anderen töten sollen, und
sie tragen auf ihren Fahnen meine traurigen Bildnisse herum, und

voll Entsetzen muß ich mich da aus dem Grabe erheben. Wie kommt es nur, daß sie nicht über meinem toten Leichnam lachen? Sie verfertigen meine Bildnisse aus Gold und aus Brillanten, und sie stellen sie überall aus. Sie stellen sie vor die hungernden Kinder hin und vor den Galgen selbst. Und ich habe doch das frische Brot auf dem Tisch des Armen so geliebt! Haben Sie Mitleid mit mir, Schneider Leiser! Sie werden sterben, und man wird Sie begraben, und Sie werden in Ruhe gelassen werden, ich aber muß wie im Fieber über die ganze Welt laufen. Ich liege in der Erde, und plötzlich sehe ich diesen Papst. Er lacht mit aufgeputzten Banditen, er denkt sich Ihren lustigen Tod aus – nun, und dazu hängt über ihm mein goldenes Bildnis, und ich sehe das durch die Grabeserde hindurch. Da laufe ich hierher, und so müssen Sie denn sterben, weil ich von einem vollkommenen Glück geträumt habe. Weh mir! Weh mir! Sie sagen, ich sei ›allmächtig‹. Haben Sie schon einen armen Juden gesehen, der alles gekonnt hätte? Ja wenn ich sogar die Hälfte von allem könnte, würde ich ihnen vielleicht nicht zuschreien: ›Genug‹? Würde dann etwa Rothschild alle Enten aufessen, würde dann der Papst auf einem goldenen Hocker sitzen, und würden Sie dann noch um Rom herumlaufen? Ich kann mir nur keine Ruhe finden. Ich kann nur Tag und Nacht als blutiger Schatten dahinlaufen, so wie Sie heute gelaufen sind.«

Da richtete sich Leiser auf und umarmte den zweiten Juden.

»Sie tun mir leid, Zimmermann Jehoschua, ich weiß ja jetzt, was es heißt zu laufen. Aber ich will Ihnen eines sagen: heute können Sie ausruhen, heute dürfen Sie ruhig in Ihrem Grabe liegenbleiben. Wozu auch zu zweit laufen? Heute laufe ich für mich und für Sie.«

Aber der tote Jude erwiderte Leiser:

»Nein, Sie können noch leben, Sie haben sechs Kinder – das ist keine Kleinigkeit. Ich glaube, wir werden sie überlisten. Die Nase werden sie sich nicht gerade anschauen, und von weitem sehen wir uns ähnlich. Bleiben Sie also in dieser tiefen Grube liegen, und ich werde inzwischen zweimal um Rom herumlaufen. Sie müssen mir nicht widersprechen: ich muß ja sowieso laufen, wenn nicht hier, so in einer andern Stadt, denn sicher erschlagen sie in diesem Augenblick einen Menschen und nennen meinen Namen, damit ich nicht ruhig liege.«

Nach diesen Worten lief er um die Stadt, und die Roßknechte

schlugen ihn, und alle die schamlosen Elefanten lachten über ihn. Als er aber bis vor den Papst in seinem Lauf gekommen war, da lag der Papst vor unanständigem Lachen schon in den Flaumkissen, und er schrie:

»Heda, du alter Gaul, scharre mit deinen Hufen! Ich will dir zeigen, was ein Papst ist! Der ist der rechtmäßige Bevollmächtigte des barmherzigen Christus, und schleunigst jetzt hundert Peitschenhiebe für dich, damit du im voraus weißt, was es heißt, unsern Gott zu kreuzigen!«

»Da haben Sie die ganze Begebenheit, teurer Genosse Kotz. Sie können sich natürlich nochmals bekreuzigen, wenn Ihre Hand gesund ist und Ihnen im Kopf etwas fehlt. Bedenken Sie nur – Sie liegen Seite an Seite mit Roitschwantz! Vielleicht hat gerade dieser Roitschwantz Ihren allmächtigen Gott ans Kreuz geschlagen?...«

Kotz wurde böse:

»Ihre ganze Geschichte ist Blödsinn. Und ich rate Ihnen, kommen Sie nicht nochmals mit solchen Dummheiten. Es kann Ihnen schlecht gehen. Sie können wegen Gotteslästerung belangt werden.«

»Da haben Sie aber ein Schreckmittel gefunden! Als ob es mir nicht ganz gleich wäre, ob ich auf Grund von drei oder von vier Paragraphen vor Gericht komme? Das ist nur eine Frage der Statistik. Die Begebenheit mit Leiser aber, die haben Sie überhaupt nicht verstanden. Mit den Händen läßt sich das nicht verstehen. Ich habe Ihnen schon gesagt, daß Sie in Ihrem Kopf sicher ein Loch haben. Meinen Sie, ich hätte nicht gesehen, daß Sie sich die ganze Zeit, während ich hier erzählte, bekreuzigt haben? Ich will Sie jetzt fragen, obschon Sie ein fünf Zentner schweres Loch sind, wem erweisen Sie die Verehrung in Ihrem Würzburg? Wenn einem armen Juden, so beansprucht er das gar nicht, wenn aber einem allmächtigen Gott, warum befinden Sie sich dann hier nur wegen eines Stückchens Wurst?... Wissen Sie, Kotz, wir streiten uns, und wir werden wieder Frieden schließen. Wir beide sind augenblicklich ordentliche Leute, denn wir sind zwei arme Teufel, die sich in einem schimpflichen Gefängnis befinden. Aber Sie könnten ja morgen Papst werden, und ich könnte noch ein Rothschild werden. Und dann werden wir sicher alle heißen Tränen vergessen und einfach die üblichen Schweine werden. Solange der arme Zimmermann von der Wahrheit träumte, stand er so hoch wie der absichtliche Gott, aber da hat man ihn zum Gott im goldenen Rahmen ausgerufen, und sehen Sie, da ist er ein gewöhnliches Stück Möbel geworden. Rothschild konnte eins – zwei – drei einen armen Teufel kreuzigen lassen, der gesagt hatte, daß er nicht die Reichen liebe, sondern die Armen. Das ist vollkommen begreiflich, und Roitschwantz ist daran ganz unschuldig. Jeden Tag, glaube ich, werden hundert Roitschwantze gekreuzigt, und kein Mensch legt dagegen Verwahrung ein. Aber das Kinderlachen? Aber das frische Brot auf dem Tisch der Armen? Nun, das sind lächerliche Vorstellungen. Schweig still, törichter Roitschwantz! Du hast hier nicht zu philosophieren! Das Höchste, was man von dir verlangt, ist – ohne Hosen zu galoppieren.«

2. DIE KREUZIGUNGEN GEHEN WEITER

Zur Einführung

Vordergründig könnte man die Erzählung »Das Evangelium nach Markus« des argentinischen Schriftstellers *Jorge Luis Borges* (geb. 1899 in Buenos Aires, gest. 1986 in Genf) für eine Beispiel-Geschichte halten zum Thema, wie religiöses Wahnverhalten naive Gläubige zu Verbrechern werden läßt. Man könnte diese Erzählung für eine milieukritische kleine Skizze halten, in der dieser Schriftsteller, das Stadt-Land-Gefälle vor Augen, den irrationalen Ausbruch von Gewalt bei einem Teil der analphabetischen Landbevölkerung seines Landes habe schildern wollen. Dafür spricht zum Beispiel, daß dieser Text in einem Erzählband von Borges unter dem Titel »David Brodies Bericht« (1970) erschien. Und hier gibt es eine ganze Reihe von Texten, in denen ebenfalls von atavistischen Gewalttaten berichtet wird. So schildert etwa die erste Erzählung »*Der Eindringling*« den Fall zweier Brüder, die sich in dieselbe Frau verlieben; der Ältere heiratet sie. Es kommt zu Spannungen aus Eifersucht, bis sich beide die Frau »teilen«, sie dann an ein Bordell verkaufen und sie dort abwechselnd besuchen. Da jedoch auch so der Konflikt nicht zu lösen ist, lassen sie die Frau nach wenigen Wochen zurückkehren, und kurz danach erschießt der ältere Bruder die mißhandelte Frau. Der Erzähler macht sich aus dem Text mit der lakonischen Feststellung davon: »Sie umarmten einander, fast weinend. Nun hielt sie ein weiteres Band: die trostlos geopferte Frau und die Verpflichtung, sie zu vergessen.« (GW III/2, S. 155)

Und wir Leser? Wir Borges-Leser bleiben irritiert mit der Frage zurück, was solche Texte zu bedeuten haben und warum der Autor gerade sie erzählt. Ist das nicht einer der »niederträchtigsten« Texte, die Borges je geschrieben hat – so die argentinische Schriftstellerin und langjährige Borges-Freundin Estella Canto in ihren Erinnerungen (S. 179)? Solche Reaktionen kalkuliert der Text möglicherweise ein. Man soll seinen Moralismus ausleben, um frei für den Text zu werden. *Mario Vargas Llosa,* einer der Großen der lateinamerikanischen Gegenwartsliteratur (siehe Einführung in diesem Buch), der sich »gewaltig in Borges' Schuld« sieht, hilft uns mit seinem Kommentar, den schwierigen Argentinier besser zu verstehen: »Bei Borges strotzen die Seiten von Messern, Verbrechern und Folterszenen, aber die Grausamkeit wird auf Distanz gehalten durch seinen feinen Sinn für Ironie und den kühlen Rationalismus seiner Prosa, die niemals in Sensationssucht oder ins rein Emotionale abgleitet. Dies gibt dem natürlichen Schrecken etwas Statuarisches, gibt ihm die Eigenschaft eines in eine unwirkliche Welt gesetzten Kunstwerks.« (Die Wirklichkeit des Schriftstellers, Frankfurt/M. 1997, S. 19)

Nicht weniger irritierend und provozierend ist ja auch das Ende von »*Das Evangelium nach Markus*« aus demselben Band (1970). Da verbringt ein eher passiver, träger und unentschlossener 33jähriger Student der Medizin aus Buenos Aires namens Baltasar Espinosa ein paar Wochen auf dem Landgut seines Vetters. Und während dieser aus geschäftlichen Gründen abwesend ist, wird die Estanzia Los Álamos durch Regen von der Außenwelt abgeschnitten, so daß der junge Mann mit der Familie des Aufsehers Gutre zurückbleibt. Es sind einfache, wortkarge und leseunfähige Menschen. Zum Zeitvertreib liest ihnen der Medizinstudent ein paar Geschichten vor, aber erst beim Evangelium des Markus, das Espinosa aus einer englischen Familienbibel der Aufseherfamilie ins Spanische übersetzt, werden diese Menschen aufmerksam. Immer wieder und wieder wollen sie nur diesen einen Text hören. Eines Tages erkundigt sich der Aufseher bei Baltasar, den sie mittlerweile als Autorität und Wohltäter anerkennen, ob Christus alle Menschen erlöst habe, auch die, die ihn gekreuzigt hätten. Und nachdem der Medizinstudent – als »Freidenker« unsicher in Sachen Theologie – zögernd eine positive Antwort gibt, macht sich die Aufseherfamilie am selben Tag noch über ihn her. Sie lästern ihn, speien ihn an und kreuzigen ihn im Hinterhaus. Noch einmal also: Ist dies eine milieukritische Geschichte über atavistische Rituale bei degenerierten Landbewohnern und den Ausbruch wahnhaft vollzogener Gewaltexzesse (so M. L. Friedman, S. 34 f.; G. H. Bell-Villada, S. 254)?

Dann muß man schon sehr wenig von der ästhetischen Subtilität dieses Autors verstanden haben, um diesen Text auf Milieudeskription oder -kritik zu reduzieren. Zwar geht es auf der äußeren Handlungsebene ganz offensichtlich um das Thema Gewalt tief in der argentinischen *pampa,* fern aller Zivilisiertheit und Kultiviertheit der Hauptstadt. Aber nicht dafür allein hat Borges diesen Text verfaßt, der zu seinen spätesten Erzählungen gehört. Was sagen will: Wir können bei diesem Text die ganze Lebens- und Werkgeschichte dieses Autors voraussetzen, die Borges zu einer *Schlüsselfigur der lateinamerikanischen Literaturgeschichte* dieses Jahrhunderts werden ließ und ohne den die Weltgeltung der Literatur dieses Kontinents (Márquez, Paz, Vargas Llosa, Fuentes, Carpentier) kaum denkbar wäre. Alle sind sie direkt oder indirekt von Borges beeinflußt, ja dieser Autor ist – wie die Kritik zu Recht herausgestellt hat – »zum Bezugs- und Definitionspunkt eines nicht unbeträchtlichen Teils der modernen Weltliteratur geworden, in die er vielfach verarbeitet seither auch ›aus zweiter Hand‹ einging: als Romancier Osberg bei Vladimir Nabokov (›Ada‹), als blinder Seher Jorge von Burgos bei Umberto Eco (›Der Name der Rose‹).« (G. Haefs, in: GW I, S. 204 f.)

Was macht nun das Besondere dieses Argentiniers aus? Nehmen wir die Signale auf, die unser Text »Das Evangelium nach Markus« gerade in autobiographischer Hinsicht sendet. Wir erfahren ja, daß der Vater des Medizinstudenten ein »Freidenker« gewesen sei und ihn in »Herbert Spencers Doktrin« unterwiesen habe; die Mutter sei religiös gewesen. Das verweist zurück in *des Autors eigene Lebensgeschichte*. 1899 in Buenos Aires geboren, wächst der junge Borges mehrsprachig und kosmopolitisch auf. Mit der Mutter spricht er Spanisch, mit dem Vater (mütterlicherseits britischer Herkunft) Englisch. Spanisch ist dabei die Sprache der kriegerischen Vorfahren von Borges, die sich in den Unabhängigkeits- und Bürgerkriegen des 19. Jahrhunderts engagiert hatten. Englisch ist die Sprache der Bücher: der Literatur, der Philosophie, der Ideenwelten überhaupt. Rationalismus und Empirismus sind für ihn die Frei-Geister der Zeit. Und Herbert Spencer (1820–1903) ist dabei der Repräsentant eines – nach Darwinschen Prinzipien ausgerichteten – Evolutionismus, der beansprucht, die Welt empirisch präzise beschreiben und in ihr universale Gesetzmäßigkeiten entdecken zu können. Für Religion bleibt da kein Raum. Seinen *Vater*, «Schüler von Spencer« und »Lehrer für Psychologie an der neusprachlichen Normalschule, an der er seine Kurse in Englisch gab«, bezeichnet Borges denn auch als »philosophischen Anarchisten« (GW IX, S. 8). Was er diesem Vater verdankt, beschreibt er noch in hohem Alter in seinem »autobiographischen Essay« (1970) so:

»*Als Leser hatte er (der Vater) zwei Interessen. Erstens Bücher über Metaphysik und Psychologie (Berkeley, Hume, Royce und William James). Zweitens Literatur, und Bücher über den Osten (Lane, Burton und Payne). Er war es, der mir die Augen für die Macht der Dichtung öffnete – die Tatsache, daß Wörter nicht nur ein Mittel zur Kommunikation sind, sondern auch magische Symbole und Musik. Wenn ich heute Dichtung in Englisch rezitiere, so sagt mir meine Mutter, ich nähme genau seine Stimme an. Auch gab er mir, ohne sich dessen bewußt zu sein, meinen ersten Philosophie-Unterricht.*« (GW IX, S. 10)

Und im selben Essay äußert sich Borges später noch einmal präziser (und aufregender):

»*Fragte man mich heute nach dem Hauptereignis in meinem Leben, so würde ich die Bibliothek meines Vaters nennen. Tatsächlich glaube ich manchmal, nie aus dieser Bibliothek hinausgefunden zu haben. Ich sehe sie noch vor mir. Sie nahm einen Raum für sich ein, hatte verglaste Regale und umfaßte wohl einige tausend Bände.*« (GW IX, S. 12 f.)

Und die *Mutter*? Auch hier verweisen die Signale aus unserer Erzählung über die religiöse Praxis der Mutter von Baltasar Espinosa zurück in Borges' eigenes Leben:

»Meine Mutter, Leonor Acevedo de Borges, ist von alter uruguayani-scher und argentinischer Herkunft und mit 94 Jahren noch frisch und munter und eine gute Katholikin. Als ich aufwuchs, war Religion eine Sache für Frauen und Kinder; die meisten Männer in Buenos Aires waren Freidenker – doch, wären sie gefragt worden, sie hätten sich ver-mutlich als Katholiken bezeichnet.« (GW IX, S. 10 f.)

Daß die Wörter »nicht nur ein Mittel zur Kommunikation« sei-en, sondern auch »magische Symbole und Musik«; daß die Ent-deckung der Bibliothek des Vaters das »Hauptereignis« seines Lebens sei: Diese Auskünfte helfen weiter, um das Geheimnis dieses Schriftstellers erahnen zu können. Weiter entscheidend für den jungen Borges ist, daß er nicht nur zweisprachig, son-dern auch *kosmopolitisch erzogen* wird. 1914 nimmt die Fami-lie den Fünfzehnjährigen mit nach Europa, wo er in Genf das Abitur in französischer Sprache absolviert, sich aber auch mit Hilfe von Heines Dichtungen ins Deutsche einlebt. Damit waren zwei neue Welten erschlossen. Eine weitere kommt während eines Aufenthaltes in Spanien zwischen 1919 und 1921 hinzu. Längst hatte der junge Borges die Literatur für sich entdeckt. Im Alter von neun Jahren hatte er bereits Oscar Wil-des Erzählung »The Happy Prince« ins Spanische übertragen. Jetzt übersetzt er neben Faulkner, Virginia Woolf und Henri Michaux auch Kafka und deutsche Expressionisten. Jetzt kommt es auch zum ersten literarischen Durchbruch. Borges wird Mitglied mehrerer avantgardistischer Literaturzirkel, favo-risiert den avantgardistischen Stil des »Ultraismo« (vergleich-bar dem deutschen Dadaismus und Expressionismus; Ausführ-liches dazu bei E.-E. Behle, S. 48–65). Spanische Zeitschriften drucken seine Übersetzungen (Gedichte von Expressionisten wie Becher, Klemm, Stadler, Stramm), aber auch erste eigene Gedichte und Artikel. Und als Borges 1921 nach Buenos Aires zurückkehrt, ist er bereits ein Hoffnungsträger der neueren argentinischen Literatur.

1923 erscheint sein erster Lyrikband (»Fervor de Buenos Aires«; »Buenos Aires mit Inbrunst«). Es kommt zur Mitarbeit an, teil-weise Mitbegründung von literarischen Zeitschriften: »Pris-ma«, »Proa«, »SUR«. Gerade »SUR« wird über Jahrzehnte für die gesamte neuere lateinamerikanische Literatur eine weg-weisende Bedeutung haben, vergleichbar in Deutschland den

»Akzenten«. Für sie schreibt Borges Rezensionen, bespricht Filme, fertigt Übersetzungen an aus dem Englischen, Französischen und Deutschen und steuert eigene Essays bei. Ja, infolge seiner Vielsprachigkeit, seiner weitläufigen Belesenheit und scharfen Intelligenz kann er sich leicht in sprachliche, sprachphilosophische, literarische und metaphysische Probleme einarbeiten und gilt bald als einer der brillantesten Köpfe seiner Generation.

Finanzielle Sorgen kommen erst nach dem Tod des Vaters auf. 1937 ist Borges gezwungen, eine schlecht bezahlte Beschäftigung in einer Bibliothek von Buenos Aires anzunehmen. Öde und Langeweile dieser Tätigkeit beschreibt er in einer seiner bekanntesten Erzählungen »Die Bibliothek von Babel« (GW III/1, S. 145–154). Es folgen »neun Jahre soliden Unglücklichseins« (GW IX, S. 45), und zu allem Übel verliert Borges diese Stelle auch noch aus politischen Gründen, als der argentinische Diktator Perón 1946 an die Macht kommt. Als Lehrer für englische Literatur hält er sich über Wasser, reist mit Vorträgen durch Argentinien und Uruguay, hält Vorlesungen – wie er selber schreibt – »über Swedenborg, Blake, die persischen und chinesischen Mystiker, Buddhismus, Gaucho-Dichtung, Martin Buber, die Kabbala, Tausend-und-eine-Nacht, T. E. Lawrence, mittelalterliche germanische Dichtung, Isländische Sagas, Heine, Dante, den Expressionismus und Cervantes« (GW IX, S. 49 f.). In dieser Zeit aber erscheinen *Prosatexte,* die ihn später weltberühmt machen: darunter der Band »Fiktionen« (1944), in denen sich die als exquisite »imaginäre Literatur« geltenden Texte »Tlön, Uqbar, Orbis Tertius«, »Pierre Menard, Autor des Quijote« sowie »Die Bibliothek von Babel« befinden, im selben Jahr die Prosasammlung »Kunststücke« mit dem für uns besonders interessanten Text »Drei Fassungen von Judas« (alle Texte in GW III/1).

Da wird nach dem Sturz des Diktators Perón Borges 1955 zum *Direktor der Nationalbibliothek von Buenos Aires* ernannt, außerdem 1956 zum Professor für Englische und Amerikanische Literatur an der Universität. Doch was als die Erfüllung eines Traums erscheint, wird zum Alptraum, denn der Schriftsteller beginnt mehr und mehr zu erblinden. Eine Ironie des Schicksals, die Borges in der ihm eigenen lapidaren Diktion so beschreibt:

»Meine Erblindung war seit meiner Kindheit allmählich fortgeschrit-
ten. Wie eine langsame Sommerdämmerung. Daran war nichts be-
sonders Ergreifendes oder Dramatisches. Seit 1927 mußte ich acht
Augenoperationen über mich ergehen lassen, aber seit den späten
50er Jahren, als ich das Gedicht von den Gaben *schrieb, war ich zum*
Lesen und Schreiben zu blind... In meinem Gedicht spreche ich von
Gottes glänzender Ironie, mir gleichzeitig achthunderttausend Bücher
und Dunkelheit zu schenken.« (GW IX, S. 54 f.)

Doch die literarische Produktion geht weiter. Es folgen immer
mehr Ehrungen, Einladungen ins Ausland, Ausgaben seiner
Bücher in mehreren Sprachen. Weitere Bände mit Erzählungen,
Essays und Gedichten erscheinen, darunter der Erzählband »Das
Aleph« (1949), schließlich das Buch »David Brodies Bericht«
(1970), in dem sich der hier dokumentierte Text befindet.

Was nun ist für Borges *Schreiben charakteristisch?* Eine Antwort
lautet: Es ist die geniale Fähigkeit eines enzyklopädisch gebildeten Geistes, zwischen den Tausend und Abertausenden realen und fiktiven Markierungen auf der geistigen Landkarte des
menschlichen Bewußtseins spielerisch eine invariante Zahl
von Verknüpfungen herzustellen. Borges ist der Magier in den
Sekundärwelten des Geistes: den Archiven, Bibliotheken und
Denksystemen. Hier holt er sich den Stoff für seine Fiktionen,
Aphorismen und Denk-Stücke. Philosophie und Fiktion stehen
dabei auf der gleichen Ebene; auch die Theologie bezeichnet
Borges einmal als zweite phantastische Literatur. Schlüsselsym-
bole seiner Prosa sind Bibliothek, Spiegel, Labyrinth, Doppel-
gänger. Sie kennzeichnen die geheimnisvolle Struktur des
Wirklichen, in der Diesseits und Jenseits, Traum und Realität,
Logik und Phantastik unmerklich ineinander übergehen. Das
Imaginäre ist für diesen Autor wesentlicher Bestandteil der Rea-
lität. Zeit verläuft nicht konsekutiv, sondern simultan. Das
Phantastische, Irrationale, Atavistische kann jederzeit in die
Wirklichkeit einbrechen, sie zerstören. Wie das Wirkliche
jederzeit zum Absprungbrett für phantasmagorische Explora-
tionen wird.

Von daher wird die *Art des Schreibens* von Borges begreiflicher,
die mit dem Etikett »imaginäre« oder »phantastische« Literatur
allzu billig abgestempelt wäre. Literatur ist für diesen Autor
zunächst das völlige Gegenteil von plattem Naturalismus und

eindimensionalem Realismus. Sie ist die Kreation neuer Welten, in denen fiktive Figuren ihr Eigenleben führen können. Borges bereitet es ein intellektuelles Vergnügen, den erfundenen Figuren auch noch eine Reihe erfundener Werke zuzuschreiben (plötzlich taucht in einer Ausgabe der Enzyclopaedia Britannica ein Artikel über das Land Uqbar auf, was Folgen hat). Es bereitet ihm Vergnügen, imaginäre Sammlungen von Büchern zusammenzustellen und weiter zu kommentieren (»Die Bibliothek von Babel«); Vergnügen, bestehende Geschichten, etwa die von Judas, mit neuen Fassungen zu konterkarieren. Zu Geschichten erfindet er Geschichten, und diese Geschichten übertrumpft er noch einmal mit Meta-Geschichten: Fußnoten, Kommentaren, Korrekturen. Mit dem Literaturwissenschaftler *George Steiner* wird man sagen können: »Borges ist im inneren Herzen ein Museumsverwalter, Hüter vernachlässigter Bagatellen, Verfasser eines Index veralteter Wahrheiten und abgetaner Hypothesen, mit denen die Dachkammern der Geschichte vollgestopft sind. Diese ganze Erzgelehrsamkeit hat ihre komischen und leicht komödiantischen Seiten. Doch daneben auch eine weit tiefere Bedeutung... Wenn er fiktive Titel erfindet, imaginäre Querverweise, Folianten und Schriftsteller, die es nie gegeben hat, so ordnet Borges lediglich Spielmarken der Wirklichkeit in der Form anderer möglicher Welten neu. Wenn er sich, durch Wortspiel und Echo, aus einer Sprache in die andere bewegt, so dreht er das Kaleidoskop, wirft er das Licht auf eine andere Stelle der Wand.« (S. 38.39 f.)

Kein Wunder, daß man Borges ein *kabbalistisches Weltbild* zugeschrieben hat, zumal er sich zur Kabbala, dieser spezifisch jüdischen Variante der Mystik, des öfteren selber äußerte (»Die letzte Reise des Odysseus«, Essays 1980–1982, München – Wien 1987, S. 99–112). Die Borges-Forschung hat mittlerweile umfangreiche Untersuchungen zu diesem Komplex vorgelegt (J. Alazraki; E. Aizenberg). Mit der jüdischen Mystik verbindet Borges die Vorstellung, daß das Universum ein großes Buch ist, in dem jedes materielle und geistige Phänomen seine Bedeutung hat. Die Welt ist ein immenses Alphabet, und wir sind umgeben von einem grenzenlosen Netzwerk von Bedeutungen. Borges über die »Kabbala«:

»*Die Grundidee ist folgende: Der Pentateuch, die Thora ist ein heiliges Buch. Eine unendliche Intelligenz hat sich dazu herabgelassen, die menschliche Aufgabe der Abfassung eines Buches zu übernehmen. Der Heilige Geist hat sich zur Literatur herabgelassen, was ebenso unglaublich ist wie die Annahme, Gott habe sich dazu herabgelassen, Mensch zu werden. Hier war jedoch die Herablassung intimer: Der Heilige Geist ließ sich zur Literatur herab und schrieb ein Buch. In einem solchen Buch kann nichts zufällig sein . . .*
Alles muß schicksalhaft sein. Aus dieser Schicksalhaftigkeit leiten die Kabbalisten ihr System ab. Wenn die Heilige Schrift kein unendliches Schriftwerk wäre, wodurch unterschiede sie sich dann von den zahllosen menschlichen Schriften, wodurch unterschiede sich das Buch der Könige von einem Geschichtsbuch, wodurch das Lied der Lieder von einem Gedicht? Man muß annehmen, daß alles in der Heiligen Schrift unendlich viele Bedeutungen hat. Scotus Erigena sagte, die Bibel habe unendlich viele Bedeutungen, wie das schillernde Gefieder des Königpfaus.« (S. 102.104 f.: vgl. auch den früheren Essay: Eine Ehrenrettung der Kabbala, in: Essays 1932–1936, München – Wien 1981, S. 57–61: GW V/1)

An »*Drei Fassungen von Judas*« wollen wir dieses Verfahren illustrieren. Es ist derjenige Text, der im Blick auf das Jesus-Thema dem von uns gewählten am nächsten kommt, eine »christologische Phantasie«, wie Borges ihn nennt. Es handelt sich auch hier um eine kunstvoll konstruierte Mischung aus geschichtlichen Tatsachen und als Tatsachen geschminkten Erfindungen. Inhaltlich geht es (in einem Text aus dem Jahr 1944!) um die theologische Deutung von Rolle und Schicksal des Judas. In der ersten, kanonischen Fassung seiner Geschichte ist er bekanntlich der verabscheuungswürdige Verräter seines Herrn. Borges erfindet nun einen skandinavischen Theologen namens Nils Runeberg (nomen est omen), der im Jahr 1904 in der schwedischen Universitätsstadt Lund ein Buch über »Kristus och Judas« veröffentlicht und in einer zweiten Fassung des Falles nachweist, daß Judas der einzige unter den Jüngern Jesus gewesen sei, der »die geheime Gottnatur und das furchtbare Vorhaben Jesu Christi« (gemeint ist die Menschwerdung bis zur Sterblichkeit) erschaut habe. Nach Angriffen von Theologen aber (auch hier erfindet Borges plausible Schein-Namen) habe dieser Runeberg noch einmal seinen Standpunkt radikalisiert. In seinem Hauptwerk »Den hemlige Frälsaren« (dankenswerterweise gibt uns Borges die deutsche Ausgabe an: »Der heimliche

Heiland«, besorgt von einem gewissen Emil Schering 1912) habe er nun in einer *dritten Fassung* dargelegt, daß Gott um der Radikalität der Menschwerdung willen (die selbst Ruchlosigkeit, Verworfenheit und Abgründigkeit umfassen soll) in niemand anderem als in Judas Mensch werden konnte und Mensch geworden sei . . .

Das Ganze wird uns von Borges präsentiert mit zusätzlichen Fußnoten zu seinen erfundenen Büchern, in denen Runeberg zum Beispiel auf einen brasilianischen Historiker namens Euclydes da Cunha aufmerksam gemacht wird (wir werden ihm im Zusammenhang mit Mario Vargas Llosa in diesem Buch wiederbegegnen). Präsentiert im Stil einer lexikographischen Abhandlung im Kontext der »Häretikerforschung«, deren sprachliche Künstlichkeit bis an die Grenze der Parodie geht. Zu diesem Schema gehört natürlich auch der Hinweis auf das traurige Ende des Ketzers, eine Pointe, die sich Borges nicht entgehen läßt:

»Trunken von Schlaflosigkeit und schwindelerregender Dialektik irrte Nils Runeberg durch die Straßen von Malmö, laut betend um die Gnade, mit dem Heiland die Hölle teilen zu dürfen. Er starb am Bruch einer Pulsadergeschwulst am 1. März 1912. Die Häretikerforschung wird ihm vielleicht ein Gedenken bewahren; er hat dem anscheinend erschöpften Begriff des Sohnes die Verstrickungen des Bösen und des Mißgeschicks hinzugefügt.« (GW III/1, S. 221)

Deutlich wird, daß die literarische Strategie bei Borges – vergleichbar der surrealistischen Malerei – in der logisch perfekten Konstruktion des Absurden besteht, in der bis ins letzte stringent durchdachten Exploration des Grotesken, aber Möglichen. Borges ist ein Konstrukteur von Wirklichkeiten, um totalitäre Wirklichkeit aufzusprengen. Sein Schreiben sprengt Deutungsmonopole, weil er Alternativmodelle zu gegebenen Wirklichkeiten durchdenkt und diese als ebenso möglich erscheinen läßt. Die Erfindung invarianter Zahlen von Modellen bringt diejenigen in die Krise, die sich in der Plausibilität ihres Deutungsmodells eingerichtet haben, und ist für die gefährlich, die zu den Kontrolleuren von Deutungsübereinkünften gehören. *Stanislaw Lem,* selber ein großer europäischer Autor der exquisiten »phantastischen Literatur«, hat denn auch – mit Blick auf die »Judas«-Erzählung – Borges einmal so charakterisiert: »›Judas‹ ist eine logisch unwiderlegbare Ketzerei insofern, als die Geschichte einen Versuch darstellt, eine fiktive Heterodoxie der christlichen Dogmatik aufzubauen, die alle historischen Typen der Häresie in ihrem ›Radikalismus‹ übertrifft... Der Boden dieser skurrilen Phantastik ist öfters, behaupte ich, realistisch. Beim Nachdenken bemerkt man erst, daß eine solche Heterodoxie, wie sie ›Drei Fassungen des Judas‹ enthält, eigentlich *möglich* wäre, d. h. daß diese perfide Auslegung des Erlösungs-Mythos, wenn auch historisch nicht sehr plausibel, so doch mindestens denkbar ist.« (GW III/2, S. 232 f.)

Der hier dokumentierte Text »*Das Evangelium des Markus*« gehört nicht mehr zur Kategorie der »imaginären Literatur«. Borges ist in seinem späten Erzählband »El informe de Brodie« (1970) zu einer stärker an der äußeren Wirklichkeit orientierten Prosa weitergegangen. Die elf Kurzgeschichten des Bandes stellen Aspekte des argentinischen Lebens heraus, mit denen sich Borges schon in seinen frühen fiktiven und essayistischen Texten auseinandergesetzt hat: Messerstecher, Gauchos, Kriminalität, Randgebiete von Buenos Aires. Die beschriebenen Orte haben Anhalt an der Wirklichkeit, sind wiedererkennbar. Es ist das Buenos Aires, wie Borges es aus seiner familiären Bindung kennt. Aber mit der Orientierung an der äußeren Welt wird das Schreibverfahren keineswegs einfacher. Auch hier können wir ein Netzwerk von Bezügen, ein intertextuelles Gewebe, ein »Spiel« mit Texten und Subtexten, Literatur und Wirklichkeit erwarten. »Nur vordergründig handelt Borges' Erzählung von einem pseudoreligiösen Wahnverhalten, das Gläubige zu Verbrechern werden läßt«, schreibt denn auch der Freiburger Literaturwissenschaftler *Gerhard Kaiser,* dessen treffender Interpretation der Erzählung ich gerne folge: »Hintergründig artikuliert sich in Borges' Geschichte eine moderne Gegenpoetik. Die Pointe seiner Geschichte ist, was sie nur durchblicken läßt: eine Antipoetik zu all den Poetiken, die – frei nach Nietzsche – vom Nutzen und Nachteil der Poesie für das Leben handeln.« (Christus im Spiegel, S. 157)

Mit hintergründigem Blick bekommen wir in der Tat auffällig verschiedene Informationen zum Thema »Nutzen und Nachteil der Poesie für das Leben«. Literarische Bezüge gibt es häufig im Text:

(1) Von »Lehrbüchern« des Medizinstudenten ist die Rede; sie sind für das Leben, um das es hier geht, unbrauchbar.

(2) Vom »Lesestoff« im Haus ist die Rede. Aber eine Zeitschriftenreihe, ein tierärztliches Handbuch, die Luxusausgabe eines Gedichtes über das Leben der Indios (*Tabaré* von Zorrilla de San Martín), die Geschichte einer Kuh-Art in Argentinien sind vom Leben der Aufseher-Familie ebenso weit entfernt wie der »jüngst« erschienene Roman »Don Segundo Sombra«. Es handelt sich dabei um einen bekannten Roman des argentinischen Schriftstellers Ricardo Güiraldes (1886–1927), erschienen 1926, der die Tradition der Gaucho-Literatur mit ihrer romantisierenden Verklärung dieses Lebens zu ihrem Höhe- und Endpunkt führte (Borges hat sie beschrieben in »Die Gaucho-Dichtung«, in: Essays 1932–1936, München – Wien 1981, S. 9–41). Aber auch eine solche Literatur erweist sich in ganz banalem Sinn als nutzlos für das Leben dieser Zuhörer. Die »Bibliothek« dieses Hauses ist an Trivialität und Lebensfremdheit kaum noch zu unterbieten.

(3) Bei der Lektüre des *Evangeliums* ist alles anders. Und man merkt als Leser zunächst nicht, daß Borges mit uns ein Spiel treibt. Denn zunächst erfüllt er alle *Erwartungen* an die Lektüre eines biblischen Textes. Sie soll ja Menschen ergreifen, verändern, näher zueinanderbringen. Und genau das passiert zunächst in dieser Geschichte. Selbst Menschen, die – so teilt uns der Erzähler mit – »keinen Glauben« hatten, bestenfalls in ihrem Blut noch »dunkle Spuren des harten Fanatismus des Calvinisten«, ansonsten »Aberglauben der Pampa«, sind beeindruckt von der Lektüre des Evangeliums. Und der Vorleser, der sich mit dem Bibel-Buch zusätzliche Autorität verschafft, fühlt sich diesen zurückgebliebenen Menschen sogar schon etwas näher: »Schon war er kein Fremder mehr, und alle begegneten ihm zuvorkommend und verzärtelten ihn fast.« Bis hierhin ist die Geschichte nach dem aus der Erbauungstradition bekannten Schema erzählt: Welch wohltuende Wirkung haben doch die Evangelien gerade auf schlichte menschliche Seelen. Hier also funktioniert die traditionelle Poetik noch: Die Literatur hat einen schönen Nutzen für das Leben.

Erst vom Ende der Geschichte her merken wir, in welche Falle wir gelaufen sind. Was eine erbauliche Geschichte von der heilsamen Wirkung des Gotteswortes zu sein schien, kippt auf einmal ins Unheimliche um. Auch der Vorleser wird zum Getäuschten. Die Präsentation des Heiligen Buches hatte ihn in Sicherheit gewogen, ihn noch mehr über diese »einfachen« Menschen erhoben. Auch die Sexualität (das Mädchen aus der Familie schläft mit ihm »Donnerstagnacht«) interpretiert er als Teil der ihm ohnehin erwiesenen »Zuvorkommenheit« und »Verzärtelung«. Dann erfolgt der Bruch. Und wir Leser merken: Die Bibellektüre war Ausdruck eines Zustands der Selbsttäuschung über die Wirklichkeit der Wirklichkeit, so wie die Sexualität die Falle war für den Beschenkten, um ihn in Sicherheit zu wiegen, ihn in seiner vorgesehenen Erlöser-Rolle zu bestätigen. 33 Jahre war er ja ohnehin. Er war im Christus-Alter.

Erst jetzt, nachdem der Schleier der Selbsttäuschung weggezogen ist, nehmen wir denn auch die beunruhigenden Signale wahr, die immer wieder in der Erzählung aufgeflackert waren und auf das schreckliche Ende vorausweisen. Es sind Signale von Irritation, Tabuisierung, Katastrophe, Tod, Auslöschung. Erst jetzt nehmen wir wahr, daß unter dem Text Subtexte mitlaufen: die Geschichte von Odysseus etwa, auf die angespielt wird durch Hinweis auf ein »verirrtes Schiff, das auf den mittelländischen Meeren eine ersehnte Insel sucht«; die Geschichten von Sintflut und Arche Noah; der Sturm; das abgedeckte Dach; die »Hinrichtung von Karl I.«, die Geschichte von einem »Gott, der sich auf Golgatha kreuzigen läßt«; die Angst, die Sexualitätserfahrung »in Buenos Aires zu erzählen«; die Hammerschläge beim Bau der Arche... Jetzt plötzlich ist alles anders, und das Buch von der Kreuzigung des Erlösers wird im fahlen Lichte seiner perversen Imitation selber unheimlich. Deshalb sind mir zwei Sinn-Dimensionen dieser Geschichte wichtig:

(1) Dieser Text zeigt – in typisch Borges'scher Manier – die *groteske Verzerrung von Literatur und Leben*. Die Kritik hat diesen Grundzug denn auch konsequent herausgearbeitet, das, was man mit Gerhard Kaiser eine »Antipoetik« nennen kann: die Zurückweisung nämlich, daß Literatur eine positive Bedeutung für das Leben habe. Indem Borges hier eine perverse Anwendung von Literatur im Leben zeigt, verdirbt er dem Leser zugleich die Lust, Literatur anwendungsfähig zu machen. Hier hat Kaiser das Entscheidende gesagt: »Die Umsetzung von Literatur in Leben, die Umsetzungstendenz schon, ist ein Mißver-

ständnis und im Grunde illiterat. Was die Landarbeiter da tun, indem sie einen unmittelbaren Nutzeffekt aus ihrer Textrezeption zu erzielen suchen, ist – über die Falschinterpretation des Evangeliums hinaus – eine Handlungsweise von Analphabeten, die sich auch bei Analphabeten höchsten Bildungsstandes findet: Literatur als Handlungsanweisung zu nehmen. Für Borges ist Literatur selbstbezüglich und zirkulär. Sie ist ein Spiel mit Bedeutungen, Lektüren, Auslegungen, innerliterarischen Transformationen. Sie ist tatsächlich das ganz andere, das aber nicht von draußen einbricht, sondern draußen vor der Tür bleibt. Ihr Sinn ist, daß sie keinen praktischen Lebenssinn hat. Daß das – gegenbildlich – am grundlegenden Sinngebungstext unserer Kultur durchgespielt wird, macht Borges' Text zu dem Skandalon, das er ist.« (S. 157 f.)

(2) Eine zweite Sinndimension tritt hinzu. Dieser Text trägt ja nicht die Überschrift »Analphabetische Bauern töten städtischen Bibelvorleser«, sondern »Das Evangelium nach Markus«. Der Text will damit mehr als nur etwas zeigen; er will dies Evangelium *sein*. Zumal wir es bei Borges mit einem Schriftsteller zu tun haben, der die Kraft der »ästhetischen Realisation« beschwört, der in Kreis-Läufen denkt, in mythischen Wieder-Holungen, für den in magischen Repetitionen die Zeit aufgehoben ist. Genau das geschieht ja hier: Die Aufseher-Familie imitiert ganz realistisch ein Handlungsmuster des Evangeliums. Sie kreuzigt ihren »Erlöser«, wie Jesus damals gekreuzigt wurde. Sie hebt die Zeit auf. Zweitausend Jahre zwischen der Welt des Markus-Evangeliums und der argentinischen Pampa schrumpfen zusammen; konvergieren gegen Null. Und erzählt werden die Schlußsätze in einer lakonischen Sprache, die an provozierender Knappheit kaum zu überbieten ist:

»*Los tres lo habían seguido. Hincados en el piso de piedra le pidieron la benedición. Después lo maldijeron, lo escupieron y lo empujaron hasta el fondo. La muchacha lloraba. Espinosa entendió lo que le esperaba del otro lado de la puerta. Cuando la abrieron vio il firmamento. Un pájaro gritó; pensó: Es un jilguero. El galpón estaba sin techo; habían arrancado las vigas para construir la Cruz.« (S. 1072; in diesem Buch S. 519)*

Dadurch entstehen drei Effekte. *Zum einen* mißverstehen die Gutres auf eine grauenhafte Art die theologische Pointe des

Evangeliums. Denn dieses Buch ist ja nur deshalb »Gute Nachricht« (und kein grauenhafter Hinrichtungsbericht), weil von der Kreuzigung des Gottessohnes im Interesse des Heils der Menschen erzählt wird. Indem der Erlöser gekreuzigt wird (und durch die Auferweckung der Erlöser bleibt), wird von Gott her der Kreislauf des Bösen, der gewaltsam zu immer neuen Kreuzigungen zwingt, ein für allemal durchbrochen. Indem der Erlöser gekreuzigt wird *für uns,* sind von Gott her alle Gewaltspiralen und Verblendungszusammenhänge im Prinzip durchbrochen. Christus-Nachfolge besteht von daher gerade nicht in der Imitation des Kreuzigungsgeschehens, sondern in dessen spiritueller Aneignung. Was auf blutige Weise *ein für allemal* geschehen ist, kann jetzt auf unblutige Weise »geistig« wiederholt werden: als Vorgang einer spirituellen Selbstopferung, einer Kreuzesnachfolge nicht im Sinn der *imitatio,* sondern der *correlatio.*

Indem aber – *zum zweiten* – die Aufseher-Familie in Borges' Geschichte die Kreuzigung als Gewalt-Ritual wiederholt, macht sie die Heilszusage des Kreuzestodes auf grauenhafte Weise rückgängig. Ihr fundamentales Mißverständnis – so *Gerhard Kaiser* in einem Aufsatz 1996 noch deutlicher – «strahlt wie ein schwarzer Spiegel ein unvergeßliches Umkehrbild Jesu Christi und seines Erlösungswerkes aus ... Borges' ›Evangelium nach Markus‹ erzählt von der Zurücknahme der einen und einzigen Wahrheit, die in Christus erschienen ist, in den mythischen Zirkel des Immergleichen. Es ist geniale absurde Dichtung. Es kann nur *ein* Evangelium secundum (= gemäß) Marcum geben. Ein zweites ist post Marcum und ist kein Evangelium. Es ist selbst die magische Repetition, von der es berichtet, keine – trotz allem – frohe Botschaft.« (S. 329)

Zum dritten will beachtet sein: Die groteske Kreuzes-Imitation durchbricht plötzlich jede vertraute spirituelle Verharmlosung des Kreuzes. Sie macht den Kreuzigungs-Vorgang wieder zu dem, was er ursprünglich war: zu einem grauenhaften Hinrichtungsritual. Deshalb kann man nach dem »Evangelium nach Markus« das ursprüngliche Evangelium nach Markus nicht mehr unverändert lesen. Erlösung um den Preis der Abschlachtung? Der Borges'sche Text wirkt wie ein Bewußtseins-Schleier, der den kanonischen Text fremder macht. Die Frage geht einem nicht mehr aus dem Kopf: Um welchen Preis erfolgt christliche Erlösung? Täuschen sich Christen mit der spirituellen Leidens-Übernahme nicht über das Grauen hinweg, das ein Kreuzestod nun einmal bedeutet?

Mit dieser rezeptionsästhetischen Deutung wird unser Text nicht wieder nachträglich »für das Leben« funktionalisiert; im Gegenteil. Er macht ja den ursprünglich kanonischen Text fremder, widerständiger, unheimlicher. Er zerschlägt dem künftigen Markus-Leser alle Sicherheiten; er bleibt anti-poetisch, anti-theologisch, anti-soteriologisch. Ja, der amerikanische Literaturwissenschaftler *Carter Wheelock* hat nicht zu unrecht diesen antipoetischen Grundzug mit der Metapher von der »Kreuzigung eines literarischen Textes« sogar noch radikalisiert. Er beruft sich dabei auf ein Gespräch mit Borges, in dem die Dimension des Unheimlichen vom Autor selber noch einmal verstärkt wurde:

> »Im Februar 1982 sprach ich mit Borges über die Brodie-Geschichten. Ich erwähnte, daß »Das Evangelium nach Markus« gelesen werden kann als eine Erzählung über die Kreuzigung eines literarischen Textes. Borges sagte, ›ja, Sie haben recht. Wenn ich diese Geschichte nochmals schreiben könnte, würde ich klarer machen, daß Espinosa gekreuzigt werden wollte.‹« (S. 155)

Mit dieser Geschichte also war Borges nicht fertig. Sie drängt ja auch nach Fortschreibungen, Einsprüchen, Varianten, neuen Konstellationen. Und so verwundert es nicht, daß bei dieser ästhetischen Raffinesse der Erzählstrategie und der inhaltlichen Provokation Borges selber diese Erzählung hoch einschätzte. Zwar sind Selbstkommentare zu seinen Texten auch Teil seiner Strategie der Interpretationslenkung und keineswegs verbindlich. Und doch lohnt es sich, zur Kenntnis zu nehmen, was der Autor selber im Vorwort zu »David Brodies Bericht« in einer für ihn typischen Mischung aus Selbstbewußtsein und gespielter Selbstzurücknahme schrieb:

> »Ich verdanke einem Traum von Hugo Ramírez Moroni den Handlungsfaden der Das Evangelium nach Markus benannten Geschichte, der besten der Reihe; ich befürchte, sie mit Veränderungen, die meine Einbildungskraft oder mein Verstand für ratsam hielten, verdorben zu haben. Im übrigen ist Literatur nichts anderes als ein gelenkter Traum.« (GW III/2, S. 148)

Hinweis: Auch in der *Lyrik von Borges* werden neutestamentliche Jesus-Traditionen in verschiedener Weise rezipiert:

– Im Gedichtband »El Hacedor« (1960) findet sich ein Text mit dem Titel »*Lukas, XXIII*« (»Borges und ich«, München – Wien 1982, S. 109, GW VI). Es nimmt die Geschichte des Schächers auf, der den mitgekreuzigten Jesus darum bittet, seiner zu gedenken, wenn er in »sein Reich« komme (Lukas 23, 39–43). Das Gedicht stellt sich auf die Seite des Schächers und versucht, seinen letzten Motivationen gerecht zu werden.

– In der Lyrik-Sammlung »El otro, el mismo« (1964) findet sich ein Gedicht mit dem Titel »*Matthäus XXV: 30*« (»Der Andere, der Selbe«, in: Gedichte, 1923–1965, München – Wien 1982, S. 84, GW I). Es entstand 1953 und nimmt das neutestamentliche Gleichnis von den Talenten auf. Der »unnütze Diener« wird gestraft, weil er seine Talente nicht vermehrt hat. Borges macht daraus ein Gedicht über den Selbstzweifel an seinen Talenten als Lyriker, der sich dafür verachtet, »das Gedicht« immer noch nicht geschrieben zu haben.

– In »Elogio de la Sombra« (1969) findet sich ein Gedicht mit der Überschrift »*Johannes I, Vers 14*« (»Lob des Schattens«, in: Gedichte, 1969–1976, München – Wien 1980, S. 11 f., GW II). Es nimmt das christologische Motiv der Menschwerdung Gottes auf und beschreibt detailliert den Prozeß des In-der-Welt-Seins des Ewigen.

Ausgabe: J. L. Borges, El Evangelio según Marcos (1970), in: Obras Completas, Buenos Aires 1974, S. 1068–1072. Das Evangelium nach Markus, in: Erzählungen 1949–1970. Deutsch von K. H. Horst – C. Meyer-Clason, München – Wien 1981, S. 208–214 (Gesammelte Werke = GW Bd. III/2).

Literatur zur Vertiefung

1. *Zur Lebensgeschichte:*
   H. Salas, Borges. Una Biographía, Buenos Aires 1994.
   J. Woodall, The Man in the Mirror of the Book. A Life of J. L. Borges, London 1996. J. L. Borges. Der Mann im Spiegel seiner Bücher. Eine Biographie. Deutsch von M. Godde, Berlin 1999.
   E. Rodriguez Monegal, Jorge Luis Borges. A Literary Biography, New York 1988.

E. Canto, Borges a Contraluz, Madrid 1989. Borges im Gegenlicht. Deutsch von Ch. Hansen, München 1998.

2. *Zur Werkgeschichte:*

E. E. Behle, Jorge Luis Borges. Eine Einführung in sein Leben und sein Werk, Frankfurt/M. 1972.

G. Steiner, Tiger im Spiegel. Über Jorge Luis Borges, in: Lateiname-rikanische Literatur, hrsg. v. M. Strausfeld, Frankfurt/M. 1976, [2]1989, S. 31–45 (st 2041).

G. H. Bell-Villada, Borges and his Fiction. A Guide to his Mind and Art, The University of North Carolina Press 1981.

S. Lem, Unitas oppositorum, in: J. L. Borges, Erzählungen 1949–1970, München–Wien 1981, S. 231–239 (GW III/2).

G. Haefs, Annäherung an Jorge Luis Borges, in: J. L. Borges. Gedichte 1923–1965, München – Wien 1982, S. 199–219 (GW I).

E. Aizenberg, The Aleph Weaver: Biblical, Kabbalistic and Judaic Elements in Borges, Potomac, Maryland 1984.

J. Alazraki, Critical Essays on Jorge Luis Borges, Boston 1987.

ders., Borges and the Kabbalah. And other Essays on his Fiction and Poetry, Cambridge 1988.

B. Sarlo, J. L. Borges. A writer on the edge, London – New York 1993.

H. Schlaffer, Borges, Frankfurt/M. 1993 (Fischer-Taschenbuch 11709).

Ders., Die Wiederkehr des Gleichen. Repräsentant und Antipode der Moderne: J. L. Borges, in: Frankfurter Allgemeine Zeitung vom 21. 8. 1999.

3. *Zum Text:*

C. Wheelock, Borges and the »Death« of the Text, in: Hispanic Review 53 (1985), S. 151–161.

M. L. Friedman, The Emperor's Kites. A Morphology of Borges' Tales, Durham 1987, S. 33–35.

G. Kaiser, Einige Spiegelungen Christi in der Dichtung, in: Zeitschrift für Theologie und Kirche 93 (1996), S. 309–330.

Ders., Jorge Luis Borges: »Das Evangelium nach Markus«, in: ders., Christus im Spiegel der Dichtung. Exemplarische Interpretationen vom Barock bis zur Gegenwart, Freiburg/Br. 1997, S. 152–160.

Jorge Luis Borges
Das Evangelium nach Markus

Der Vorfall ereignete sich auf der Estancia Los Álamos, im Süden
der Gemeinde Junin, in den letzten Tagen des Monats März 1928.
Sein Protagonist ist ein Student der Medizin, Baltasar Espinosa.
Wir können ihn vorläufig als einen der vielen jungen Leute aus
Buenos Aires beschreiben, ohne nennenswerte Merkmale außer
jener Rednergabe, die ihm mehr als einen Preis im englischen College Ramos Mejía eingebracht hatte, sowie einer fast unbegrenzten
Güte. Diskutieren behagte ihm nicht; es war ihm lieber, wenn sein
Gesprächspartner recht behielt und nicht er. Wenngleich die
Wechselfälle des Spiels ihn fesselten, war er ein schlechter Spieler,
weil ihm das Gewinnen mißfiel. Seine offene Intelligenz war träge;
mit dreiunddreißig hatte er sich für seine Doktorarbeit noch keinen ihm zusagenden Stoff angeeignet. Sein Vater, ein Freidenker
wie die meisten Herren seiner Zeit, hatte ihn in Herbert Spencers
Doktrin unterwiesen, doch seine Mutter bat ihn vor einer Reise
nach Montevideo, er möge jeden Abend das Vaterunser beten und
das Kreuz schlagen. Im Lauf der Jahre hatte er dieses Versprechen
nie gebrochen. Es fehlte ihm nicht an Mut; eines Morgens hatte er
mit mehr Gleichgültigkeit als Zorn zwei oder drei Faustschläge mit
einer Gruppe von Kommilitonen gewechselt, die ihn zur Teilnahme an einem Universitätsstreik zwingen wollten. Aus dem Geist
der Nachsicht heraus besaß er vielerlei fragwürdige Meinungen
oder Gewohnheiten: sein Land war ihm weniger wichtig als die
Gefahr, in anderen Ländern könne die Auffassung herrschen, wir
trügen Federschmuck; er verehrte Frankreich, verachtete aber die
Franzosen; von den Amerikanern hielt er wenig, billigte jedoch die
Tatsache, daß es in Buenos Aires Wolkenkratzer gibt; er glaubt, die
Gauchos der Pampa seien bessere Reiter als die der Felsgrate und
Steilhügel. Als Daniel, sein Vetter, ihm vorschlug, die Sommerferi-
en auf Los Álamos zu verbringen, sagte er unverzüglich zu, nicht
weil er das Landleben liebte, sondern aus natürlicher Gefälligkeit
und weil er keine gültigen Gründe zum Neinsagen suchte.
Das Gutshaus der Estancia war groß und etwas verwahrlost; die
Wohnung des Aufsehers namens Gutre lag nahebei. Die Gutres
waren zu dritt; der Vater, der Sohn, der besonders ungehobelt war,
und ein Mädchen von ungewisser Vaterschaft. Sie waren groß,

stark, knochig, mit rötlichschattierter Haut und indianischen Gesichtszügen. Sie sprachen kaum. Die Frau des Aufsehers war vor Jahren gestorben.

Espinosa lernte auf dem Land Dinge, die er nicht wußte und auch nicht vermutete. Zum Beispiel: daß man nicht galoppiert, sobald man sich Häusern nähert, und daß man nur ausreitet, um eine Aufgabe zu erfüllen. Mit der Zeit hoffte er, die Vögel an ihrem Schrei unterscheiden zu können.

Nach wenigen Tagen mußte Daniel wegen eines Viehverkaufs in die Hauptstadt reisen. Das Geschäft würde ihn höchstens eine Woche in Anspruch nehmen. Espinosa, der der *bonnes fortunes* seines Vetters und dessen unermüdlichen Interesses an den Variationen der Herrenschneiderei müde wurde, zog es vor, mit seinen Lehrbüchern auf der Estancia zu bleiben. Die Hitze nahm zu, und nicht einmal die Nacht brachte Erleichterung. Im Morgengrauen weckte ihn Donnergrollen. Der Wind zerrte an den Kasuarinen. Espinosa hörte die ersten Tropfen fallen und dankte seinem Schöpfer. Jäh kam der kalte Wind. Nachmittags trat der Salado über seine Ufer.

Am nächsten Tag dachte Baltasar Espinosa, von der Galerie aus über die überschwemmten Felder blickend, die Metapher, welche die Pampa mit dem Meer vergleicht, sei zumindest an diesem Morgen keineswegs falsch, wenngleich Hudson geschrieben hatte, das Meer erscheine uns größer, weil wir es vom Schiffsdeck aus sehen und nicht vom Pferd aus oder aus Augenhöhe. Der Regen ließ nach; die Gutres, von dem Stadtbewohner unterstützt oder belästigt, retteten einen Gutteil des Viehbestands, wenngleich viele Tiere ertranken. Es gab vier Zufahrtswege nach Los Álamos: alle standen unter Wasser. Am dritten Tag bedrohte ein Sturzregen das Haus des Aufsehers; Espinosa gab ihnen eine Wohnstätte, die neben dem Werkzeugschuppen lag. Der Umzug brachte sie einander näher; gemeinsam aßen sie im großen Speisezimmer. Das Gespräch war mühsam; die Gutres, die so vieles vom Landleben wußten, verstanden es nicht zu erklären. Eines Abends fragte Espinosa sie, ob die Leute sich an die Indianerüberfälle erinnerten, als die Kommandantur in Junín lag. Sie bejahten, doch das gleiche hätten sie auf eine Frage über die Hinrichtung von Karl I. entgegnet. Espinosa erinnerte sich, daß sein Vater immer sagte, alle auf dem Land vorkommenden Fälle von Langlebigkeit seien auf schlechtes Gedächtnis oder vage Vorstellung von Jahreszahlen zurückzuführen. Die Gauchos kennen auch meist weder ihr Geburtsjahr noch den Namen ihres Erzeugers.

Im ganzen Haus gab es keinen Lesestoff außer der Zeitschriftenreihe *La Chacra*, einem tierärztlichen Handbuch, einer Luxusausgabe des *Tabaré*, einer *Geschichte des Shorthorn in Argentinien*, einer Anzahl Liebes- und Detektivgeschichten und einem jüngst erschienenen Roman: *Don Segundo Sombra*. Espinosa, um die unvermeidliche Nach-Tisch-Unterhaltung aufzulockern, las den Gutres, Analphabeten, ein paar Kapitel daraus vor. Leider war der Aufseher selbst Viehtreiber gewesen, Erlebnisse eines anderen waren ihm unwichtig. Er sagte, die Arbeit sei leicht, sie nähmen immer ein Lasttier mit allem Nötigen mit, und wäre er nicht Viehtreiber gewesen, er wäre nie bis nach La Laguna de Gómez, bis Bragado gekommen und bis zu den Ländereien der Núñez in Chacabucol. In der Küche hing eine Gitarre; vor der Begebenheit, die ich erzähle, saßen immer die Peones im Kreis; einer stimmte sie, kam aber nie zum Spielen. Das nannte man einen Gitarrenabend.

Espinosa, der sich einen Bart hatte wachsen lassen, blieb gerne vor dem Spiegel stehen, um sein verändertes Gesicht zu betrachten, und er lächelte bei dem Gedanken, daß er in Buenos Aires seine Kameraden mit dem Bericht von der Überschwemmung des Salado langweilen würde. Seltsamerweise vermißte er Orte, die er nie aufgesucht hatte und nie aufsuchen würde: eine Ecke der Calle Cabrera mit einem Briefkasten; einige Löwen aus Mauerwerk an einem Haustor der Calle Jujuy, ein paar Blocks von Once entfernt; einen Laden mit Fliesenboden, dessen Lage er nicht genau kannte. Was seine Brüder und seinen Vater betraf, so wußten sie bereits von Daniel, daß er durch den angeschwollenen Fluß isoliert war – etymologisch war das Wort zutreffend.

Das noch immer vom Wasser umzingelte Haus erforschend, stieß er auf eine englische Bibel. Auf den letzten Seiten hatten die Guthrie – so lautete ihr ursprünglicher Name – ihre Geschichte niedergeschrieben. Sie stammten aus Inverness, waren zu Beginn des neunzehnten Jahrhunderts auf diesem Kontinent angekommen, fraglos als Peones, und hatten sich mit Indios vermischt. Die Chronik endete etwa um 1870; sie konnten nicht mehr schreiben. Nach ein paar Generationen hatten sie ihr Englisch vergessen; als Espinosa sie kennenlernte, bereitete ihnen das Spanische Mühe. Sie hatten keinen Glauben, aber in ihrem Blut hielten sich als dunkle

Spuren der harte Fanatismus des Calvinisten und der Aberglauben der Pampa. Espinosa erzählte ihnen von seinem Fund, doch sie hörten kaum zu.

Er blätterte in dem Band, und seine Finger öffneten ihn zu Beginn des Evangeliums nach Markus. Um sich im Übersetzen zu üben und vielleicht herauszufinden, ob sie etwas verstanden, beschloß er, ihnen diesen Text nach dem Essen vorzulesen. Es überraschte ihn, daß sie erst aufmerksam, dann mit stummem Interesse zuhörten. Vielleicht verliehen ihm die goldenen Lettern auf dem Buchdeckel zusätzliche Autorität. Sie haben es im Blut, dachte er. Auch fiel ihm auf, daß die Menschen durch alle Zeiten hindurch immer wieder zwei Geschichten wiederholt haben: die eines verirrten Schiffs, das auf den mittelländischen Meeren eine ersehnte Insel sucht, und die eines Gottes, der sich auf Golgatha kreuzigen läßt. Er erinnerte sich an den Vortragsunterricht in Ramos Mejía und stand auf, um die Gleichnisse zu predigen.

Die Gutres schlangen das gebratene Fleisch und die Sardinen herunter, um die Verlesung des Evangeliums nicht aufzuhalten.

Ein Lämmchen, welches das Mädchen verhätschelte und mit einem himmelblauen Bändchen geschmückt hatte, verletzte sich an einem Stacheldraht. Um die Blutung zu stillen, wollten sie ihm ein Spinngewebe auflegen. Espinosa heilte es mit ein paar Pastillen. Die Dankbarkeit, welche diese Heilung auslöste, verblüffte ihn. Zunächst hatte er den Gutres mißtraut und die mitgebrachten zweihundertundvierzig Pesos in einem seiner Bücher versteckt; nun, infolge des abwesenden Gutsherrn, hatte er dessen Platz eingenommen und gab schüchterne Befehle, die unverzüglich ausgeführt wurden. Die Gutres liefen ihm durch die Räume und Gänge nach, als seien sie verirrt. Während er las, merkte er, daß sie die von ihm auf dem Tisch zurückgelassenen Brotkrumen auflasen. Eines Nachmittags überraschte er sie, wie sie respektvoll und wortkarg von ihm redeten. Nach Beendigung des Evangeliums von Markus wollte er eines der drei übrigen vorlesen; der Vater jedoch bat, er möge das vorgelesene zum besseren Verständnis wiederholen. Espinosa fühlte, daß sie wie Kinder waren, denen die Wiederholung größere Freude bereitet als eine Abwandlung oder etwas Neues. In einer Nacht träumte er von der Sintflut, was nicht zu verwundern ist; die Hammerschläge vom Bau der Arche Noah weckten ihn, und er dachte, es sei vielleicht Donner. Tatsächlich nahm

517

der schwächer gewordene Regenfall wieder zu. Es war bitter kalt. Sie sagten ihm, der Sturm habe das Dach des Werkzeugschuppens abgedeckt, sie würden es ihm zeigen, sobald die Tragbalken repariert seien. Schon war er kein Fremder mehr, und alle begegneten ihm zuvorkommend und verzärtelten ihn fast. Keinem von ihnen schmeckte Kaffee, doch für ihn gab es immer ein Täßchen, in das sie Zucker häuften.

Der Sturm begann an einem Dienstag. In der Donnerstagnacht weckte ihn sanftes Pochen an der Tür, die er für alle Fälle stets verschloß. Er stand auf und öffnete: es war das Mädchen. Er konnte sie im Dunkeln nicht sehen, merkte aber an ihren Schritten, daß sie barfuß war, dann, im Bett, daß sie nackt aus dem Hinterhaus gekommen war. Sie umarmte ihn nicht, sagte kein Wort; legte sich neben ihn und zitterte. Es war das erste Mal, daß sie einen Mann kennenlernte. Als sie ging, gab sie ihm keinen Kuß; Espinosa dachte, er wisse ja nicht einmal, wie sie hieß. Von geheimen Gründen getrieben, die er nicht zu ergründen suchte, schwor er sich, die Geschichte keinem Menschen in Buenos Aires zu erzählen.

Der nächste Tag begann wie die voraufgegangenen, außer daß der Vater zu Espinosa kam und fragte, ob Christus sich habe töten lassen, um alle Menschen zu erlösen. Espinosa, der Freidenker war, sich aber verpflichtet fühlte, das Vorgelesene zu rechtfertigen, entgegnete:

»Ja. Um alle von der Hölle zu erlösen.«

Worauf Gutre sagte:

»Was ist die Hölle?«

»Ein Ort unter der Erde, wo die Seelen brennen und brennen werden.«

»Werden auch die erlöst werden, die ihn mit den Nägeln festgenagelt haben?«

»Ja«, erwiderte Espinosa, dessen Theologie unsicher war. Er hatte befürchtet, der Aufseher würde Rechenschaft von ihm fordern über den nächtlichen Vorfall mit seiner Tochter.

Nach dem Mittagessen baten sie, er möge die letzten Kapitel vorlesen.

Espinosa hielt einen langen Mittagsschlaf, einen leichten, von hartnäckigen Hammerschlägen und unbestimmten Vorahnungen unterbrochenen Schlaf. Gegen Abend stand er auf und trat auf den Flur hinaus. Er sagte, als dächte er laut:

»Das Wasser sinkt. Es fehlt nicht mehr viel.«
»Es fehlt nicht mehr viel«, wiederholte Gutre wie ein Echo.
Die drei waren ihm gefolgt. Sie beugten auf dem Steinboden die
Knie und baten um seinen Segen. Dann lästerten sie ihn, spieen
ihn an und stießen ihn zum Hinterhaus. Das Mädchen weinte.
Espinosa begriff, was ihn jenseits der Tür erwartete. Als sie sie öff-
neten, sah er das Firmament. Ein Vogel schrie; er dachte: es ist ein
Distelfink. Der Schuppen war ohne Dach; sie hatten die Balken
herausgerissen für den Bau des Kreuzes.

3. EIN KREUZ ALS WIDERSTANDSZEICHEN DES VOLKES

Zur Einführung

Zwei Personen unterhalten sich während einer Zugfahrt auf
dem Weg in die paraguayanische Hauptstadt Asunción. Einer
erzählt:

> *Die großen Gitarrenspieler Paraguays sind tot oder sind alle im Elend
> untergegangen. Oder im Schnaps. In der Misere und im Vergessen.
> Gaspar Mora ist mit seinem Aussatz in den Wald geflüchtet und hat
> den Christus zurückgelassen. Augustín Barrios hat sein letztes Konzert
> auf einem Platz gegeben und sich dann aus dem Staube gemacht, kein
> Mensch weiß, wo er steckt. Mit Ampelio Villalba steht's nicht anders.
> Es heißt, er spiele und singe mit schwacher Stimme in den Cafés von
> Buenos Aires. Marcial Talavera hat sich erschossen. In seinem Sonn-
> tagsanzug setzte er sich auf ein Feldbett und blickte durch eine Wein-
> laube in den Himmel, schob den Revolverlauf in den Mund und
> drückte ab. Ich schrieb einen Artikel über die Unmöglichkeit unserer
> Künstler, in ihrem Vaterland zu leben. Man steckte mich dafür ein.«*
> (Menschensohn, S. 84)

1917 wird *Augusto Roa Bastos* in der Hauptstadt Asunción
geboren. Er wächst in bescheidenen Verhältnissen auf, lernt
vom Vater Spanisch, von der Mutter die Eingeborenensprache
Guaraní und wird mit 16 Jahren zu einem der fürchterlichsten
Kriege Lateinamerikas eingezogen, dem Chaco-Krieg zwi-

schen Paraguay und Bolivien, der – ein Grenzstreit mit Ölinteressen im Hintergrund – zwischen 1932 und 1935 ausgekämpft wird und fast 100.000 Opfer fordert. Nach Kriegsende beginnt Roa Bastos eine journalistische Tätigkeit und arbeitet als Rundfunkreporter. Als 1947 ein Bürgerkrieg in Paraguay ausbricht, emigriert er nach Argentinien, wo er die nächsten Jahre als Journalist, Professor für Literaturgeschichte, Drehbuchautor und freier Schriftsteller lebt. Er ist entschiedener Gegner des 1954 durch einen Militärputsch an die Macht gekommenen Diktators Alfredo Stroessner, der ihm jede Rückkehr in sein Heimatland verwehrt. Und als die diktatoriale Repression auch in Argentinien Platz greift, geht Roa Bastos ein zweites Mal ins Exil, nach Frankreich, wo er an der Universität von Toulouse bis 1982 Lateinamerikanische Literatur und Guaraní lehrt. Erst 1989 ist – im Zuge der politischen Liberalisierung seines Landes – eine Rückkehr nach Paraguay möglich.

Der Ruhm dieses Schriftstellers, der für sein Werk 1989 den großen Cervantes-Literaturpreis erhält, gründet sich vor allem auf den Roman »Menschensohn«, 1960 in Buenos Aires zum ersten Mal veröffentlicht, zu Beginn der 80er Jahre durchgesehen und überarbeitet (siehe Nachwort zur deutschen Ausgabe, S. 364–367). Diesem Buch wird von Kritikern der gleiche Rang zugemessen wie dem lateinamerikanischen Schlüsselroman des Nobelpreisträgers Gabriel García Márquez »Hundert Jahre Einsamkeit« (1967). Rein formal handelt es sich um ein in verschiedenen, locker miteinander verbundenen Szenen ausgebreitetes Zeitfresko über hundert Jahre politische Geschichte Paraguays. Die Erinnerung der Figuren reicht zurück in die Zeit des legendären Diktators de Francia (1814–1840) über den Krieg Paraguays mit Brasilien, Argentinien und Uruguay (1864–1870), den großen Bauernaufstand von 1912 sowie den schon erwähnten Chaco-Krieg gegen Bolivien.

Zusammengehalten werden all diese Szenen durch den fiktiven Verfasser vieler dieser Aufzeichnungen, den *Oberleutnant Miguel Vera,* der – in letztlich verständnisloser Distanz zum Geschehen – teils Selbsterlebtes in Tagebuchform berichtet, teils Jugenderinnerungen und von Dritten Erfahrenes mitteilt. Seine Notizen werden nach dessen Tod von der Ärztin Rosa Monzon selektiv herausgegeben, wodurch eine zusätzliche

Brechung der Wirklichkeit entsteht. Die fast reportageartig geschriebenen, ständig wechselnden Szenen von bestechender sprachlicher Prägnanz und tiefer Symbolik zugleich haben zwei Orte zum Zentrum, um die ein Großteil des Geschehens kreist: das Dorf Itapé, in dem eine bedeutende Christusfigur steht, und das Dort Sapukai, in dem es zu einer der größten Katastrophen des Bauernaufstandes von 1912 kommen sollte, als die Explosion eines Militärzuges auf dem Bahnhof dieses Ortes Tausende von Toten fordert.

Ausgewählt ist hier eine *Schlüsselszene* für den ganzen Roman. Es handelt sich um die Kapitel 7–17, die den ersten Teil abschließen. Schauplatz ist das Dorf Itapé. Erzählt wird von einer legendären Gestalt und einer fast schon mythischen Urgeschichte aller Hoffnung des Volkes auf Befreiung: die Geschichte des Holzschnitzers *Gaspar Mora,* und zwar aus der Perspektive eines uralten, im Dorf lebenden Bettlers namens Macario, überliefert durch den Ich-Erzähler, Oberleutnant Vera, der selber aus Itapé stammt. Gaspar lebt im Dorf als Holzschnitzer und Musiker, engagiert sich aber auch für die Armen und Mittellosen. Er bezahlt Schulden von Landsleuten, deren Felder verwüstet worden waren; er versorgt Witwen und Waisen mit Kleidung und Nahrungsmitteln; er baut ein kleines Schulhaus, und des Abends pflegt er auf seiner Gitarre so eindringlich zu spielen, daß die Leute sich ins Gras setzen, um zuzuhören, oder aus ihren Ranchos ins Freie treten. Eines Tages ist Gaspar verschwunden, und erst später wird der Grund dafür entdeckt: Aussatz ist im Dorf ausgebrochen. Gaspar ist in den Wald gegangen, um in Ruhe sterben zu können. Als die Leute des Dorfes ihn im Wald aufsuchen wollen, wehrt er jede Begegnung ab. Und hier setzt unser Romanausschnitt ein.

Gaspar Mora ist in diesem Roman die Grundfigur *selbstloser Opferung für andere.* Eine Analogie zur Gestalt Jesu ist bereits spürbar, und Gaspars Geschichte endet denn auch mit einer dramatischen Pointe. Als er tot im Wald gefunden wird und Macario und andere in seine Hütte eindringen, sind alle zunächst schockiert. Dort steht eine menschenähnliche Gestalt an der Wand mit weit ausgebreiteten Armen. Unheimlich schweigend blickt sie jeden Eindringling an. Erst als die Männer den Schock überwunden haben, geht ihnen auf: Hier steht ein

Christus aus Holz, in natürlicher Größe. Gaspar hatte diese Figur nach seinem Ebenbild gemacht; sie ist sein Vermächtnis für das Volk: ein Christus, geschnitzt mit den Händen eines Aussätzigen. Und so wird denn auch dieser Holzkorpus nicht »beerdigt«, sondern ins Dorf getragen. Und man beachte bei der Lektüre, wie dramatisch Roa Bastos diese Rückkehr-Prozession ins Dorf gestaltet: mit Wind, Regen, Gewitter. Der Christus funkelt »wie elektrisiert«:

»Ráfagas del olvidado olor de la lluvia caían sobre el polvo. Un poco después la penumbra se cernía ya a ras del Cristo y tiznaba las caras de sus portadores, en las que los ojos brillaban a cada refucilo.
Al pasar frente al cerrito cayeron las primeras gotas. Goterones de plomo derretido. Al entrar en el pueblo, la torrentada de la lluvia caía sobre ellos, deslomándolos, entre los relámpagos y los aletazos del viento. El Cristo chispeaba como electrizado.« (S. 58; in diesem Buch S. 528)

Deutlich wird: Dieser Christus ist von jetzt an der Christus des Volkes, ihr Widerstandszeichen, ihr Hoffnungssymbol, das sie gegen die etablierten Kräfte verteidigen.

Denn von seiten der Kirche wird Widerstand gegen den Plan der Dorfbewohner angemeldet, diesen Christus des Aussätzigen in der Dorfkirche aufzustellen. Zum ersten Mal im Roman taucht das Moment der Kirchenkritik auf. Volksreligion der Ureinwohner Paraguays (die Guaraní sprechen und weitgehend auf dem Lande leben) steht hier gegen Amtsreligion einer klerikalen Elite, die weitgehend in den Städten lebt und nur Spanisch spricht. Für den von außen ins Dorf kommenden Priester ist Gaspar Mora nichts als »un hereje, un hombre que jamás pisó la iglesia, un hombre impuro que murió como murió porque!«, »ein Ketzer, ein Mensch, der nie in die Kirche gegangen ist, ein Unreiner, der starb, wie er sterben mußte« (S. 60; hier S. 530). Das Werk eines solchen Ketzers in der Kirche aufzustellen, hieße »Gotteslästerung« betreiben. Doch als der Pfarrer merkt, daß die Meinung im Volk gespalten ist, will er Zeit gewinnen. Beschwichtigend sagt er eine Prüfung durch die kirchlichen Autoritäten zu, aber hinterhältig, wie er ist, befiehlt er seinem Küster gleich anschließend, diesen Christus zu verbrennen. Durch Macarios Aufmerksamkeit wird dieses Vorhaben verhindert, und der Christuskorpus findet auf einem nahegelegenen Berg schließlich seinen ihm gemäßen Ort.

Diese Ur-Szene ist in ihrer Bedeutung für den ganzen Roman nicht zu überschätzen. Denn was immer in den folgenden Kapiteln von gescheiterten Revolutionsversuchen, von Bauernaufständen, von menschenverschlingenden Kriegen, von Jahrzehnten der Diktaturen erzählt wird, was immer ausgefaltet wird an Geschichten steter Ausplünderung und Unterdrückung der eingeborenen Bevölkerung durch eine kleine Kaste von Latifundienbesitzern: Immer steht der Christus von Itapé für Identifikation mit den einfachen Menschen und für Hoffnung auf Überwindung des Leidens. Für die Menschen des Dorfes ist dieser Christus »ihr« Christus; er ist zerlumpt wie sie; er ist verhöhnt, verspottet und gemordet wie sie. Zugleich aber heftet sich an diese Identifikationsfigur die Hoffnung auf Erlösung – nach dem (aus der Perspektive des Erzählers nicht unproblematischen) Wort Macarios:

»*Porque el hombre, mis hijos – decía repitiendo casi las mismas palabras de Gaspar –, tiene dos nacimientos. Uno al nacer, otro al morir ... Muere pero queda vivo en los otros, si ha sido cabal con el prójimo. Y si sabe olvidarse en vida de sí mismo, la tierra come su cuerpo pero no su recuerdo ... Para el hijo de uno de los esclavos libertos de El Supremo, ésta era, acaso, la única eternidad a que podía aspirar el hombre. Redimirse y sobrevivir en los demás. Puesto que estaban unidos por el infortunio, la esperanza de la redención también debía unirlos hombro con hombro.*« (S. 67 f.; hier S. 536)

Weiterleben, wenn man »aufrichtig mit seinen Nächsten umgegangen« ist; »Hoffnung auf Erlösung«, welche »die Menschen untereinander« vereint, das ist die »Botschaft« dieses Romans. Und diese Hoffnung auf Erlösung wird auch noch einmal ganz am Ende des Romans ausgesprochen:

»*Es muß einen Ausweg geben aus dem ungeheuerlichen Widersinn des Menschen, der vom Menschen gekreuzigt wird. Sonst müßte man glauben, daß das Menschengeschlecht für immer verflucht ist, daß dies die Hölle ist und wir keine Erlösung erhoffen dürfen. Es muß einen Ausweg geben, denn sonst ...*« (S. 362)

Die *Hoffnung auf Erlösung* vollzieht sich also in Akten der *selbstlosen Hingabe für andere Menschen,* die dann »unsterblich« in anderen weiterleben. Im Roman gibt es noch weitere Szenen dieser Art. Ich habe sie in meinem Buch »Im Spiegel der Dichter« (1997) ausführlich interpretiert.

Ausgabe: A. Roa Bastos, Hijo de Hombre, Buenos Aires 1960. Erweiterte Ausgabe Madrid 1985. Zitiert wird nach der Ausgabe im Verlag Espasa Calpe, Madrid 1993. Mit Vorwort von A. J. Bergero (Colección Austral). Menschensohn. Roman. Deutsch von C. Meyer-Clason, München – Wien 1991, S. 27–43.

Literatur zur Vertiefung

1. Zur Lebens- und Werkgeschichte:

R. Bariero Saguier, Augusto Roa Bastos und die zeitgenössische Erzählkunst Paraguays, in: Lateinamerikanische Literatur, hrsg. v. M. Strausfeld, Frankfurt/M. [2]1989, S. 167–183 (st 2041).

Ch. Strosetzki, Kleine Geschichte der lateinamerikanischen Literatur im 20. Jahrhundert, München 1994, S. 193–198.

2. Zum Text:

C. Battilana, Reflexiones sobre »Hijo de Hombre« de Augusto Roa Bastos, Frankfurt/M. 1979.

L. Pollmann, Die Sprache des Mythos. Zur »musikalischen« Komposition von Roa Bastos' »Hijo de Hombre«, in: Sprache und Mensch in der Romania, hrsg. v. G. Ernst – A. Stefenelli, Wiesbaden 1979, S. 117–126.

H.-J. Müller, Zur Frauenmetaphorik in »Hijo de Hombre« von Augusto Roa Bastos, in: Lateinamerika-Studien 14 (1984), S. 301–315.

W. Lustig, Christliche Symbolik und Christentum im Spanischamerikanischen Roman des 20. Jahrhunderts, Frankfurt/M. 1989, S. 417–491 (hier auch ausführliche Auseinandersetzung mit der spanischsprachigen Literatur).

G. Schüler, Religion und Mythos in »Hijo de Hombre« von Augusto Roa Bastos, in: Realität und Mythos in der lateinamerikanischen Literatur, hrsg. v. Ch. Wentzlaff-Eggebert, Köln – Wien 1989, S. 265–276.

H. Brode, Christus kam bis Paraguay. Roa Bastos' Roman »Der Menschensohn«, in: Frankfurter Allgemeine Zeitung vom 21. 10. 1991.

W. Matz, Hundert Jahre Grausamkeit. Augusto Roa Bastos über Krieg und Leid in Lateinamerika: »Menschensohn«, in: Frankfurter Rundschau vom 16. 11. 1991.

H.-J. Schmitt, Ort für den Tod. Augusto Roa Bastos' großer Roman »Menschensohn« in revidierter Fassung, in: Süddeutsche Zeitung vom 6. 5. 1992.

K.-J. Kuschel, Im Spiegel der Dichter. Mensch, Gott und Jesus in der Literatur des 20. Jahrhunderts, Düsseldorf 1997, S. 369–384.

Menschensohn

Mehrmals kehrten sie in die Waldschneise zurück, aber der Kranke
wich ihnen stets aus mit dem unfehlbaren Feingefühl des Einsamen, der sich ins Unabänderliche schicken muß.

Sie fanden, vom dichten Busch umpfercht, die leere Hütte und die
verlassene Lichtung. Ihn fanden sie nicht. Vielleicht beobachtete er
sie auch, im Unterholz kniend, aus seinem Versteck heraus mit den
lidlosen Augen seines schuppigen, halbzerfressenen Löwenhaup-
tes.

So beschlossen sie, an der Einmündung der Pikade, des Hohlwegs,
Proviant für ihn hinzulegen, etwas Dörrfleisch, Wurst oder Rund-
käse. Außerdem neue Saiten. All das holte er sich später ab und
hinterließ an Ort und Stelle ein mit einem Stecken in die Erde
gekritzeltes »Danke«. Maria Rosa trug wie bisher Chipás, Bana-
nenkolben und den im Ton ihrer Hautfarbe so ähnlichen Krug mit
frischem Quellwasser an den vereinbarten Punkt. Der Bach von
Cabeza de Agua war zwar nur eine halbe Legua entfernt, sie
befürchtete jedoch, daß diese Entfernung für Gaspars wunde Füße
von Mal zu Mal beschwerlicher werden würde.

Immer wieder pilgerte ein kleiner Zug von Männern des Nachmittags bis an den Rand der Lichtung, wo sie andächtig dem Gebet
des Aussätzigen lauschten, dabei aber versuchten, jedes Geräusch
zu vermeiden, weil bisweilen ein knackender Zweig genügte, um
die Musik zum Schweigen zu bringen. Sie glichen im Blattwerk
schwebenden Schatten und blickten einander mit feuchtglühen-
den Augen an, während die Nacht die Schneise wie mit tiefblauen
Fliesen bedeckte.

Dann kehrten sie schweigend im Dunkel zurück.

So ging es eine Weile. Sie dachten, auch der Tod habe sich in den
Musikanten verliebt.

»Aber er wollte ihn lebendig, dort...«, sagte Macario und fügte auf
spanisch hinzu: »Wie in einem Käfig...«

Es war die Zeit, als der Komet am Himmel erschien und mit seinem riesigen Feuerschweif dem Erdball bedrohlich nahe rückte.

Panik brach aus. Es war die strahlende Verkündigung vom Ende
der Welt. In der Kirche, zwischen Wehklagen und Gebeten, nahm

die schreckliche Kunde vom Tag des Gerichts noch drohendere Formen an. Daran erinnere ich mich gut.

Wir vergaßen Gaspar Mora, der allein in seinem Walde dahinlebte.

Dann kam die Trockenzeit, als habe das glühende Keuchen des Ungeheuers alles Wasser des Himmels und der Erde aufgesogen.

Mittlerweile versuchte Maria Rosa wie bisher, mit ihrer kleinen Last an Wasser und Proviant bis zur Lichtung vorzustoßen, vermochte es jedoch nicht mehr. Sie verirrte sich im Wald, verblendet, verführt vom bösen Feuerschweif, dem *yuaga-ratá*. Nach mehreren Tagen traf sie wild gestikulierend wieder im Dorf ein.

»Er ist nicht mehr da ... Er ist fort!« murmelte sie in stiller Verzweiflung. »Der Komet hat ihn geholt.«

Als die Angst nachließ, drangen Macario und seine Gefährten bis zur Schneise vor und fanden die letzten, halbvermoderten Vorräte, die, nicht abgeholt, ein Raub der Ameisen geworden waren.

Schreiend riefen sie seinen Namen, aber der Wald gab nur ein hohles, träges Echo zurück. Sie verfolgten seine Spur bis zum Bach und fanden ihn dort: bäuchlings lag er auf Kieseln und dem Sand des trockenen Bettes.

Er mußte seit mehreren Tagen tot sein.

Dort, an Ort und Stelle, warfen sie die Ufererde mit ihren Buschmessern auf und begruben ihn. Macario fertigte ein rohes Kreuz aus Palosantoholz und pflanzte es am Kopfende des Grabes auf.

Stumm und niedergeschlagen kehrten sie zur Schneise zurück und fühlten sich schuldig.

»Gaspars Tod lastete auf uns«, sagte Macario. »Wir wollten die Gitarre holen und die Hütte in Brand stecken ...«

Durch die als Tür dienende Öffnung sahen sie im Innern die Umrisse eines nackten Mannes, der an der Wand lehnte.

»Todesstarre hielt uns in Bann«, erzählte Macario.

»Der Mann regte sich nicht, sein Bart hing über die Brust herab, die Arme waren ausgebreitet. Im Halbdunkel konnten wir all das nur undeutlich unterscheiden. Er schien keine Haut zu haben, sein nackter Körper sah krank, schlaff, leichenhaft aus.«

Kaum war Gaspar Mora begraben, hatte sein Rancho schon einen neuen Bewohner! Es dauerte eine Weile, bis sie die Sprache wiederfanden. Ein Hauch aus dem Jenseits lähmte ihre Zunge.

»Wer . . . wer ist dort?« vermochte Macario schließlich zu schreien.

Der Mann verharrte reglos, den Kopf gesenkt, die Arme ausgebreitet, als schäme er sich, dort zu stehen.

Macario stellte seine Frage von neuem, diesmal auf spanisch – mit dem gleichen Ergebnis. Der Unbekannte machte nicht die geringste Bewegung. Seine Stummheit, seine Reglosigkeit ließen sie erschauern. Sie hatten das Gefühl, daß dieser Mensch tausend Jahre stehen und sich weder bewegen noch sie beachten würde. Vielleicht war er auch tot und hielt sich nur durch ein erstaunliches Gleichgewichtskunststück aufrecht, indem er die Hände in die Dunkelheit verkrallte.

»Zuerst dachten wir an einen Bewohner der anderen Welt«, erzählte uns Macario. »Es war aber ein Mensch, der die Gestalt und die Züge eines Christenmenschen hatte. Dort stand er, seelenruhig, und blickte uns mit seinem Schweigen und seinen ausgebreiteten Armen an . . .«

Dann, von der Angst aufgestört, aufgereizt, brachen sie in die Hütte ein. Macario hob das Hackmesser gegen den Eindringling. Beim Aufblitzen der unbeweglich in der Luft verharrenden Klinge sahen sie, daß es ein Christus aus Holz war, in natürlicher Größe.

»Gaspar wollte nicht allein sein«, murmelte der Alte.

Während seiner freiwilligen Verbannungszeit hatte er geduldig das Bildnis geschnitzt, vielleicht um einen Gefährten in der Gestalt eines Menschen zu haben, weil die Einsamkeit allzu schwer, womöglich schrecklicher, schlimmer auf ihm lastete als seine Krankheit.

Dort stand also sein hagerer Gefährte.

Der hatte ihn friedlich überlebt. Auf dem rohen Holz waren die Spuren von Gaspars eitrigen Händen zu sehen. Er hatte die Figur nach seinem Ebenbild gemacht. Wenn die Seele die Form eines Körpers annehmen kann, so war dies die Seele Gaspar Moras.

Jemand schlug vor, das Schnitzbild neben der Leiche des Aussätzigen zu beerdigen.

»Nein!« sagte Macario bestimmt. »Er hat ihn an seiner Statt hinterlassen . . .«

Die anderen nickten schweigend.

»Wir müssen ihn ins Dorf mitnehmen«, sagte Macario.

Sie luden ihn auf die Schultern und traten ihren Heimweg durch den von dürrem Laubwerk raschelnden Hohlweg an. Im Wald begleitete der Klagelaut des Urutaú, der Schleiereule, ihre Schritte wie das Läuten einer Sterbeglocke. Macario mit seiner Gitarre ging hinterher.

In dem aufwirbelnden Staub verschwammen die Männer, die den gleichsam von einem riesigen Kreuz abgenommenen Christus aus dem Walde schleppten, zu einer gleichförmigen Marschkolonne.

Plötzlich gesellte sich eine abgezehrte, schattenhafte Gestalt zu ihnen. Es war Maria Rosa. Die Kleider hingen ihr in Fetzen vom Leib. Ihre Haut war fleckig von verschorften Rissen und Wunden. Sie heftete den wirren Blick auf den Christus.

»Er wird Durst haben«, murmelte sie.

Sie hatte ihre Wasserflasche bei sich. Sie hob sie hoch und spritzte aus einem der Mundstücke einen Wasserstrahl. Aber niemand achtete darauf.

Nachdem sie ein Stück Wegs mitgegangen war, stimmte sie mit brüchiger, schwacher Stimme den fast unverständlichen Kehrreim des Totengesangs an. Dann und wann brach sie ab und begann mit zusammengebissenen Zähnen von neuem.

Endlich erstarb der uralte Gesang auf ihren Lippen. Langsam schritt sie, die Tonflasche in der Hand, hinter dem gebeugten Macario einher, der seine Gitarre über die Schulter gehängt hatte.

So beschäftigt waren sie mit ihrer Last, daß sie beim Heraustreten aufs offene Feld nicht merkten, daß das Wetter umgeschlagen hatte. Zusehends bewölkte sich der durchsichtige, weißglühende Himmel, und die mächtigen Wolken erschienen im Wetterleuchten, das ihren Bauch von Zeit zu Zeit aufschlitzte, noch düsterer. Windstöße, die den vergessenen Geruch des Regens mitbrachten, fegten den Sand auf. Bald darauf sank die Dunkelheit herab und bedeckte den Christus und seine Träger, deren Augen bei jedem Blitz aufleuchteten.

Als sie am Hügel vorbeikamen, fielen die ersten Tropfen, Tropfen flüssigen Bleis. Als sie das Dorf betraten, prasselte der Regen zwischen Blitzen und Böen wie ein Sturzbach auf sie herab. Der Christus funkelte wie elektrisiert.

Bis zu den Knien in dem graubraunen Gewoge watend, arbeiteten sie sich bis zur Kirche vor. Die Türe war verschlossen. Der auf die gesprungene Glocke hämmernde Regen erzeugte ein dumpfes Summen. Sie stellten die Figur im überdachten Vorplatz an die Wand, genauso, wie sie sie in der Hütte gefunden hatten – und kauerten sich im Kreise um sie nieder.

Maria Rosa blieb draußen, im Regen, aufgelöst in eine trübe, unwirkliche Silhouette.

Die Männer schienen sie nicht zu sehen. Nur der Christus öffnete ihr seine Arme.

In dieser Stellung mußte der Christus mehrere Tage ausharren, bis zur Ankunft des Pfarrers, der nur jeden zweiten Sonntag des Monats nach Itapé kam.

Macario berichtete ihm den Vorfall. Der Geistliche jedoch, der bereits im Bilde war, widersetzte sich rundweg dem Ansinnen, daß das Christusbild trotz des wundersamen Vorzeichens in die Kirche geschafft werde. Das Bild hatte zwar den Regen vom Wald gebracht. Aber das genügte wahrscheinlich nicht, es konnte ein Zufall sein. Scheel, mit unüberwindlichem Ekel im Blick, in der Gebärde, beäugte der Pfarrer die Schnitzfigur. Der Christus gefiel ihm nicht sonderlich. Es fehlte ihm die Haut, und die Maserung des Holzes sprenkelte Gesicht und Brust mit bläulich-schuppigen Flecken.

»Es ist das Werk eines Aussätzigen«, sagte der Dorfgeistliche. »Es besteht Ansteckungsgefahr. Ein Gotteshaus muß stets rein sein. Es ist der Ort der Gesundung...«

Und nun verbreitete er sich über die Zähigkeit der Bazillen.

Während er sprach, waren Leute zusammengeströmt. Die Augen auf den Gekreuzigten geheftet, hörten sie mit leerem Blick und ohne Überzeugung zu.

Der Pfarrer merkte, daß sie seinen Erklärungen nicht zu folgen vermochten, da sein Guaraní nicht dazu ausreichte, das Übel und die Gefahren der Ansteckung technisch zu erläutern.

»Wir können das nicht hineinstellen...«, sagte er, brach jedoch angesichts des wachsenden Widerstands, den seine Worte auslösten, jäh ab. »Ja... meine lieben Brüder... Das Bild hat fraglos das Antlitz unseres Herrn Jesu Christi. Aber der Feind ist schlau und bedient sich mancher List. Er ist zu allem fähig, um die Erlösung unserer Seelen zu hintertreiben. Er ist sogar imstande, die Gestalt des Erlösers anzunehmen . . .« Er holte tief Luft und fuhr in ermahnendem Tonfall fort: »Und selbst wenn es nicht so ist, denkt daran, wer dieses Bild geschnitzt hat . . . Ein Ketzer, ein Mensch, der nie in die Kirche gegangen ist, ein Unreiner, der starb, wie er sterben mußte, weil . . . !«

»Gaspar Mora war ein reiner Mensch!« warf der alte Macario mit weitaufgerissenen Augen ein.

Beifälliges Gemurmel begleitete seine Worte. Der Pfarrer verlor die Fassung.

»Er war ein gerechter und guter Mensch«, beharrte Macario. »Er tat seine Arbeit. Er half seinen Mitmenschen. Alles, was er tat, hatte Hand und Fuß. Überall sind Spuren seiner Hände, seiner reinen Seele, seines reinen Herzens . . . Wo eine Harfe, eine Gitarre, eine Geige erklingt, hören wir ihn noch immer. Das war sein letztes Werk . . .«, sagte er, auf den Christus deutend. »Wir haben ihn aus dem Walde gebracht, als sei er es, Gaspar Mora! Er ist nicht angesteckt. Der Regen hat ihn unterwegs reingewaschen und geläutert. Seht doch! Er spricht mit seinem Mund aus Holz . . . Er sagt Dinge, denen wir lauschen müssen . . . Hören Sie nur! Ich höre ihn gut . . .«, sagte er, sich auf die Brust klopfend. »Er ist ein Mensch, der spricht! Gott versteht man nicht . . . aber einen Menschen! . . . Gaspar ist in ihm! . . . Mit diesem Werk seiner Hände hat er uns etwas sagen wollen . . . als er wußte, daß er nicht wiederkehren würde, als er schon tot war! . . .«

Die Leute waren derselben Meinung. Niemand hätte geahnt, daß der alte Bettler sich derart gegen den Pfarrer ereifern, daß er imstande sein würde, die Dinge zu sagen, die er vorbrachte.

Macario sprach nicht über die Religion. Das war deutlich zu sehen, er sprach nur über ihren Sinn, und die Mehrheit war auf seiner Seite, das sah man ihren gespannten Körpern und dem Ausdruck ihrer an seinen Lippen hängenden Gesichter an.

Einige freilich hielten dem Pfarrer, dessen Züge vom Zorn entstellt waren, die Stange. Er begriff, daß er Zeit gewinnen mußte.

»Da habt ihr den Beweis!« sagte er, auf Macario deutend, mit einer Stimme, die vor unterdrücktem Zorn zischte. »Bruder Macario, der schlecht von Gott spricht, der hier, unter dem Dach der Kirche, eine Gotteslästerung begeht. Dieses Bild ist vom Teufel besessen! Es konnte auch nicht anders sein, da ein Ketzer es gemacht hat! Es wird uns die Strafe Gottes bringen!«

»Wir werden es verbrennen! Jetzt sofort wollen wir's verbrennen, damit die Sache ein für allemal erledigt ist!« schrie dreist der neben dem Pfarrer stehende Landwirt Nicanor Goiburú, der Vater der Zwillinge.

Einige andere Stimmen fielen ohne große Begeisterung ein, eher aus Kameradschaft oder Furcht als aus anderen Gründen. Der Landwirt genoß den Ruf des Unruhestifters und Messerhelden. Jetzt ließ er die blutunterlaufenen Augen auf der Suche nach Zustimmung kreisen.

»Sehr richtig! Lieber gleich ins Feuer damit!...«, meinte einer, zu Boden blickend und seinen Priem ausspuckend, als habe er sich die Zunge verbrannt.

»Wir haben ihn gebracht und werden ihn auch wieder mitnehmen!« wetterte Macario, so laut er konnte.

Ein wilder Aufruhr entstand, und unter ohrenbetäubendem Gebrüll teilte sich die Menge in zwei Parteien.

Der Landwirt zog sein Messer aus der Scheide und stürzte auf Macario los, der das Bild auf die Schultern geladen hatte und unter seinem Gewicht in die Knie brach. Jemand bog Goiburús Arm weg, so daß die Messerspitze nur die Schulter der Christusfigur ritzte. Mehrere Dolche und Buschmesser begannen, in der Sonne blitzend, den Rückzug Macarios und der Seinen, die den Christus schulterten, zu decken. Frauen und Kinder schrien entsetzt auf. Auch die altersschwachen Glocken läuteten Sturm.

Der Pfarrer merkte, daß sein Heilmittel verheerender wirkte als die Krankheit.

Mit hocherhobenen gestikulierenden Armen versuchte er sich Gehör zu verschaffen und die Ordnung wiederherzustellen. Schließlich gelang es ihm halb, den Lärm mit seiner vom Schreien heiseren, rauh und zittrig klingenden Stimme zu beschwichtigen.

»Ruhe... Ruhe, meine Brüder!« schrie er der erregten Menge zu. »Wir wollen uns doch nicht der Gewalt verschreiben!« Er nahm wieder eine demütige Haltung an und faltete die Hände auf der Brust. »Vielleicht hat Bruder Macario recht und ich bin im Irrtum. Vielleicht verdient der von Gaspar geschnitzte Christus den Eintritt in die Kirche... Wer weiß, ob er in der Stunde des Ablebens nicht seine Sünden bereut und Gott ihm verziehen hat... Ich will dem Bild das Recht auf ein Plätzchen dort drinnen nicht absprechen. Aber die Sache muß ordnungsgemäß vor sich gehen. Zuerst muß es eingesegnet, es muß geweiht werden. Das ist eine heikle Angelegenheit. Laßt mich bei der Kirchenbehörde anfragen, hiernach wird sie so gelöst, wie es den Interessen der heiligen Religion entspricht... Ist das nicht das Richtigste?«

Die Anwesenden stimmten dem vom Pfarrer erbetenen Waffenstillstand schweigsam zu.

Mit schweiß- und staubbedeckten Gesichtern standen Macario und die Seinen reglos da, tauschten Blicke und lehnten den hölzernen Christus wiederum an die Wand im Vorraum. Dumpf murmelnd machte sich die Menge davon.

Am selben Nachmittag verhandelte der Geistliche beim Ablegen des Meßgewandes in der Sakristei mit dem Glöckner, einem hageren, pickeligen jungen Burschen, der gleichzeitig das Amt des Küsters versah.

»Sobald ich fort bin, muß das Bild verschwinden. Ich habe keine Lust, einen Götzendienst unter meinen Pfarrkindern großzuziehen...«

Verständnislos streckte der junge Mann dem Pfarrer seinen langen skrofulösen Hals entgegen. Der Weihrauchkessel, aus dem er gerade die noch rauchende Asche schüttete, fiel scheppernd zu Boden.

»Sobald ich draußen bin, tust du, was Goiburú gesagt hat«, fuhr der Ortsgeistliche in dem vertraulichen und zugleich befehlerischen Tonfall fort, den er im Gespräch mit dem Jungen angenommen hatte.

»Wie bitte, Hochwürden?«

»Genau das, was du gehört hast. Du verbrennst mir das Bild heimlich, nachts, ohne daß dich jemand sieht, im Walde. Dann verscharrst du die Asche und hältst den Schnabel. Aber größte Vorsicht! Sie werden die Schuld Goiburú oder sonst jemandem in die Schuhe schieben, was weiß ich... ist auch gleichgültig. Die Sache muß ein Ende nehmen«, sagte er zu sich selbst. »Hast du mich verstanden?«

»Den Christus verbrennen, Hochwürden? Ich?« winselte der Glöckner. Sein pockennarbiges Gesicht war von der Angst, die ihm die Anweisung einflößte, und von dem Zweifel, nicht richtig verstanden zu haben, ganz verstört. Der Adamsapfel des Jungen stieg und sank. »Ich?« gurgelte er wieder.

»Ja, du wirst mir das Ding verbrennen...«, stotterte der Pfarrer und zog rasch die Kommodenschublade auf.

»Den Christus verbrennen? Werd' mich hüten!«

»Er ist ja noch nicht eingesegnet! Bisher ist er ein Stück Holz und weiter nichts.«

»Aber wie denn, Ehrwürden?« murmelte der Bursche und schielte mißtrauisch nach draußen. »Seit sie ihn aus dem Wald gebracht haben, stehen sie abwechselnd Wache bei ihm. Sie haben auch ihre Buschmesser bei sich!«

»Dann gehst du in meinem Namen zum Polizeiwachtmeister. Der wird dir helfen . . .« Offensichtlich war er selbst nicht ganz überzeugt von dem, was er sagte, denn seine Worte gingen in undeutlichem Gemurmel unter.

Dann schlüpfte er in seinen Staubmantel und begab sich ins Pfarrhaus, wo er in seinem abgegriffenen Notizbuch blätterte und seinen Mate trank. Endlich bestellte er sein Pferd und ritt entgegen seiner Gewohnheit grußlos in Richtung Borja davon. Er blieb nicht einmal für die Sonntagsmesse da.

Die Leute glaubten, der Vorfall habe ihn verstimmt.

Der Küster lief ihm ein Weilchen nach, noch kreuzlahmer und niedergeschlagener als sonst.

In der stickigen Stille der feuchten Mondnacht schlummerte der Pueblo.

Ranchos und Bäume verschwammen in der milchigen Helle, die einen staubigen Schein über sie legte.

Im Schatten einer Kokospalme, am Drahtzaun, der den kleinen Kirchplatz umgab, schliefen vier Männer im Gras, darunter Macario.

Ein leises Geräusch ließ ihn auffahren.

Er erriet mehr, als daß er sah, wie einige in Ponchos gehüllte Schatten auf den im Seitengang an der Wand lehnenden Christus zuschlichen. Zuerst blinzelte er ungläubig. Zwar bedeckte der Star noch nicht seine Pupillen, aber seine Sehkraft war bereits geschwächt. Wieder drang der leise Laut an sein Ohr. Jetzt merkte er, daß er von den Polizeibuschmessern herrührte, jedoch vom Faltenwurf der Ponchos gedämpft wurde.

»Pedro Mártir . . . Eligio . . . Taní!« weckte er seine jungen Gefährten.

Die vier sprangen wie ein Mann auf die Beine, ergriffen ihre Buschmesser, kletterten über den Zaun und stürzten sich auf die Eindringlinge, die gerade das Bild packen wollten.

»Hände weg!« schrie Macario, der als letzter herzueilte.
In ihrer Überraschung ließen die Diebe die Figur los und wichen, die
Messer zückend, zur Wand zurück. Hinter einem Pfosten lauerte der
Küster, dessen mondbleiches, blatternarbiges Gesicht einer Maske
aus Flaschenbaumholz glich. Er ließ sich zu Boden fallen und kroch
auf allen vieren durchs Gras zum Glockenturm. Die beiden poncho-
tragenden Polizisten machten im Halbdunkel schleunigst kehrt und
entwichen, jeder in entgegengesetzte Richtung.

Mit Hilfe der jungen Helfer schleppte Macario den Christus in
sein Rancho. Unterwegs schlossen sich ihnen, noch schlaftrunken,
zahlreiche Dorfbewohner an. Aber keiner sprach, keiner stellte
eine Frage. Der Staub verschluckte das Geräusch ihrer Schritte.
Die Stille lastete nach dem Lärm von neuem seltsam auf diesem
von milchigem Mondschimmer durchtränkten Ort.
Als sie vom Kirchplatz weggingen, begann die Glocke hastig und
heiser zu läuten. Sie drehten sich nach dem schiefen Glockenturm
um und sahen auf seiner Spitze einen zusammengekauerten Schatten. Niemand dachte an den Glöckner. Wieder setzte sich der kleine Zug in Bewegung. Pedro Mártir, Taní und Eligio trugen den
Christus. Diese drei waren Gaspars beste Schüler gewesen und hatten ihn nach einem letzten Lebewohl im Wald begraben. Nun trugen sie sein letztes Werk auf den Schultern.
An einen Querbalken geklammert, blickte der Glöckner von der
Turmspitze der langsamen, schweigsamen Prozession nach, die
jenes nach der Gestalt des Erlösers geschnitzte Stück Holz fort-
schleppte. Für ihn hatte es die Größe eines Neugeborenen, so wie
es sich, weiß und nackt, von den dunklen Männergestalten abhob.
Er sah sich seine Hände an und dachte vielleicht, daß er nahe dar-
angewesen war, mit seinen Händen etwas zu verbrennen, das mehr
war als nur ein Stückchen Wald.
Nach und nach lockerte er die Verklammerung seines Arms. Er
hatte den Kopf fast ganz in die Glockenhöhlung gesteckt, deren
Summen ihm noch in den Ohren dröhnte. Das zerfaserte Ende des
Glockenseils baumelte vor seinen tränennassen Augen. Als das
Summen im Erz erstarb, entfuhr seinen zusammengebissenen
Zähnen ein Schluchzen. Er streckte die Hand nach dem Strangen-
de aus und machte sich eine Weile damit zu schaffen.
Dann ließ sich dumpfes Getrappel auf den Brettern vernehmen,

die Glocke schlug wieder eine Weile heftig, krampfhaft, bis der Klöppel in der Luft stillstand und alles von neuem in die Ruhe der Nacht zurückkehrte.

Drei Tage und Nächte beratschlagten sie fast wortlos neben dem Christusbild.
Einer, vielleicht war es Macario, erinnerte daran, daß es zu regnen begonnen hatte, als sie am Berg vorbeigekommen waren, und daß dieser dem Kalvarienberg sehr ähnlich war. Dort oben, unter freiem Himmel, dem Himmel nahe, müsse der aussätzige Christus stehen. Die Idee wurde ruchbar und ging wie ein Lauffeuer durchs Dorf.
Macarios Rancho war zu jeder Tages- und Nachtzeit von einer lärmenden Menschenmenge umlagert. In diesen Tagen wurde der alte Bettler der wahre Dorfälteste, ein von allen verehrter, ketzerischer, aufrührerischer Patriarch.
Alle machten sich gemeinsam daran, den Hügel zu roden. Mit Hilfe von Pedro Mártir, Eligio Brisueña und Taní López verfertigte Macario das Kreuz, an das sie den Christus nagelten, aber erst beklebten sie seinen Kopf mit schwarzem Frauenhaar, das ihnen in dem geschäftigen Gewühle irgend jemand zugeschoben hatte. Erst später sahen sie Maria Rosas kahlen Kopf unter dem lumpigen Umhang neben dem Gekreuzigten.
Sie pflanzten das Kreuz auf dem Hügelkamm auf. Außerdem brachten sie darüber ein Runddach aus Pfriemgras an, ähnlich dem Hüttendach in der Waldlichtung, in dessen Schutz das Bild entstanden war.
Der Aufruhr, den der Christus ausgelöst hatte und der fraglos anhalten würde, war vermutlich der Grund, der die Kurie bewog, nachzugeben und der Weihe des Bildes zuzustimmen, ja sie der Gemeinde gewissermaßen gegen Macarios Willen aufzuzwingen.
»Unser Christus bedarf ihres Segens nicht«, brummte er, mußte jedoch klein beigeben, da seine Abtrünnigkeit nicht genügend Anhänger gewonnen hatte.

Zum ersten Mal wurde der Karfreitag auf dem Hügel von Itapé begangen.
Aus Asunción kam Pater Fidel Maíz, einer der besten Kanzelredner der Zeit, um den Kalvarienberg zu weihen und die Predigt über die Sieben Worte am Kreuz zu halten.

Das ganze Volk Itapés fand sich zu der Feier ein, die ein Triumph für Macario und die Seinen wurde.

Der Kanzelredner verstand die Menge zu bewegen und gewann sie im Nu für sich, da Pater Maíz für die Wärme und Sprachgewalt seiner Stimme berühmt war und das Indio-Guaraní ebenso gut beherrschte, wie es zu Zeiten Montoyas gesprochen worden war.

Es fiel ihm daher nicht schwer, den Itapeños einzureden, der Gottessohn habe in seiner unendlichen Demut gestattet, daß sein Ebenbild unter den Händen eines Aussätzigen erstehe, so wie er vor zweitausend Jahren eine Krippe als Geburtsort gewählt hatte.

»Dieser bevorzugte Hügel von Itapé«, fügte der Prediger hinzu, »wird von Jetzt ab *Tupá-Rapé* – der Weg Gottes – heißen, weil Gottes Pfade durch die niedrigsten Stätten führen und sie mit Seinem Segen füllen...«

Und so heißt der Cerro bis zum heutigen Tag *Tupá-Rapé*, was im Indio-Guaraní *Camino-de-Dios*, Gottesweg, bedeutet.

»Ich war nicht einverstanden«, sagte Macario schon damals. »Der Name hätte nicht geändert werden dürfen. Jedenfalls hätte der Hügel des aussätzigen Christus *Kuimbaé-Rapé* heißen sollen.« So jedenfalls nannte Macario ihn: *Menschenweg*.

»Denn der Mensch, liebe Kinder«, sagte er und wiederholte dabei fast die Worte Gaspars, »wird zweimal geboren. Einmal bei der Geburt, das andere Mal im Sterben... Er stirbt, lebt aber in den anderen weiter, wenn er aufrichtig mit seinem Nächsten umgegangen ist. Und wenn er lernt, sich zu Lebzeiten zu vergessen, verschlingt die Erde zwar seinen Leib, aber nicht sein Andenken...«

Für den Sohn eines von *El Supremo* freigelassenen Leibeigenen war das vielleicht die einzige Verewigung, die ein Mensch erhoffen durfte: Erlösung zu erlangen und in den Mitmenschen weiterzuleben. Da sie durch das Unglück zusammengeschweißt waren, mußte die Hoffnung auf Erlösung die Menschen untereinander vereinen.

»Und das muß das Werk aller sein...«

Er sagte das alles, weil die Wirklichkeit offenbar nicht seinen Wünschen entsprach.

»Ich bin alt. Ich habe mich verbraucht. Ihr müßt es zu Ende führen...«

Wir verstanden ihn nicht und dachten, er leide bereits an Altersschwäche.

Dann ging es rasch mit ihm bergab. Am Jahrhundertfest des folgenden Jahres hatte er schon den grauen Star. Von Tag zu Tag rosteten seine Glieder mehr ein, er wurde immer krummer, gebeugter, vielleicht weniger durch die Last des Alters als durch seinen letzten Fehlschlag, der ihn tiefer drückte als seine neunzig Jahre.

Er wurde einsam, blind, er litt an Gedächtnisschwund, und zwar an der schlimmsten Art des Vergessens, an der Teilnahmslosigkeit. An diese Zeit erinnere ich mich noch gut.

Eine Handvoll Staub, aus Kinderhand nach ihm geworfen, hätte ihn auszulöschen vermocht.

Der Schienenstrang rückte durchs Land vor und riß eine rote Spur im Tal auf.

Wenn man den Hügel hinter sich hatte, konnte man schon das äußerste Ende der Schienen im Steppenland funkeln sehen.

Itapé begann aus seinem jahrhundertelangen Schlummer zu erwachen, das Dorf spaltete sich jedoch von neuem in zwei unversöhnliche Lager, mit dem Erfolg, daß der politische Führer und der Pfarrer ihre erschlaffte Macht zurückgewannen.

Nun schlenderte Macario am Bahndamm entlang und lauschte dem Dröhnen der Schwellen unter den Schlägen der Spaten und Hacken der Bahnarbeiter, die wie Sträflinge wuchteten.

»Adios, Macario!« riefen sie dem Vorbeihumpelnden zu.

Trat er näher, so gaben sie ihm etwas von ihrem kargen Mundvorrat, etwa geröstete Maiskörner oder ein Stückchen Maniok, gerade soviel, wie in den Kropf eines Spechts paßt.

Eines Wintermorgens fanden sie ihn am Fuß des Hügels, wie er still und steif in seinen weißen Lumpen auf der Frostdecke lag. Sie betteten ihn auf eine Draisine zwischen ihre Werkzeuge und fuhren ihn ins Dorf, und die rollenden Räder sprachen dazu auf den funkelnden neuen Schienen das Totengebet.

Sie bestatteten ihn in einem Kindersarg.

4. FRIEDE STATT TODESANGST, GNADE STATT GERECHTIGKEIT

Zur Einführung

Sie hatte sich bereits literarisch einen Namen gemacht, Netty Reiling aus Mainz, als sie für ihre Erzählung »Der Aufstand der Fischer von St. Barbara« 1928 den Kleist-Preis erhielt, veröffentlicht unter dem Pseudonym, das auf einen holländischen Grafiker der Rembrandtzeit zurückverwies: *Seghers*. Ein Jahr später trifft die 1900 geborene jüdische Kunsthistorikerin (gestorben 1983 in Berlin), die über »Juden und Judentum bei Rembrandt« promoviert hatte, der KPD und auch dem »Bund proletarisch-revolutionärer Schriftsteller Deutschlands« bei. Sie hatte geheiratet, zwei Kinder zur Welt gebracht und sich bereits auch international in der antifaschistischen Friedensbewegung zu engagieren begonnen. Sie lebt jetzt in Berlin und ist auf dem besten Weg, eine erfolgreiche junge Autorin zu werden: Verlage in der Sowjetunion, im angelsächsischen Raum, in Frankreich, Skandinavien und Spanien hatten die so erfolgreiche Erzählung schon herausgebracht, und Erwin Piscator hatte in der Sowjetunion diesen Text bereits zu verfilmen begonnen...

Da wird kurz nach der Machtergreifung der deutschen Faschisten die Wohnung der Anna Seghers nach »verbotenen Büchern« durchsucht; sie selbst wird für kurze Zeit verhaftet und eine Zeitlang unter polizeiliche Bewachung gestellt. Wie für so viele deutsch-jüdische Autoren, Kommunisten zumal, ist an ein Bleiben in Deutschland nicht mehr zu denken. Mit 32 Jahren beginnt für Anna Seghers eine lange Zeit der Fluchten und Zufluchten, der Ängste, Vertreibungen, Verfolgungen und Sehnsüchte nach der Heimat. Ab Juni 1933 lebt sie jetzt mit ihren beiden Kindern im Pariser Vorort Bellevue, in einer kleinen, betont unauffälligen Wohnung. Wie eine Besessene arbeitet sie weiter, und »wenn der Haushalt mit seinen kleinlichen Sorgen sie belästigte, wenn die vier Wände sie zu erdrücken drohten, packte Anna Seghers ihr Manuskript in die Mappe, fuhr mit dem nächsten Vorortzug nach Paris, setzte sich in ein

Kaffeehaus, immer dasselbe, an einen leeren Tisch, unbekümmert um das Gewirr, um das Gewoge, und schrieb.« (J. Stern,
Das Floß der Anna Seghers, in: S. Hilzinger, S. 111)
Anna Seghers in Paris. Es entsteht ein Bild, das sich bei vielen, die
ihr damals begegneten, festgesetzt hat. Die Vertriebene im Café
de la Paix über ihre Schulhefte gebeugt, in die hinein sie ihre Prosa zu schreiben pflegt. Verschiedene Romane entstehen auf diese Weise: »Der Weg durch den Februar« (1935), der die Kämpfe
Wiener Kommunisten und Sozialisten gegen den Austrofaschis-
mus des Dollfuß-Regimes festhält; dann 1937 »Die Rettung«, ein
Bergarbeiter-Roman und zugleich eine chronikhafte symbolisch
überhöhte Abrechnung mit der vom Faschismus ohne große
Kämpfe besiegten deutschen Arbeiterschaft, deren Mangel an
gemeinsamer Aktion, an Solidarität und durchschlagender
Widerstandskraft auch die Fehler der politischen Führung und
die fatale Spaltung der Arbeiterbewegung reflektiert.
Mit Wieland Herzfelde, Oskar Maria Graf und Jan Petersen bil-
det Anna Seghers die Redaktion der »Neuen deutschen Blät-
ter«, die 1933 bis 1935 in Prag erscheinen, überzeugt von der
Idee, daß der Faschismus nur das vorübergehende Zerrbild
Deutschlands sei und daß sich dieses Deutschland in tausend
anderen Facetten anders spiegle (Ausführliches über den
»Blickwinkel Exil« bei P. Beicken, S. 258 f.). 1935, auf dem
Ersten Internationalen Schriftstellerkongreß zur Verteidigung
der Kultur in Paris, Ausdruck einer von Marxisten betriebenen
Volksfront aller Antifaschisten, spricht sie nicht zufällig über
das Thema »Vaterlandsliebe« und entwirft in dieser Rede das
Gegenbild gegen die faschistische Vergewaltigung der deutschen Tradition. Selten sei in deutscher Sprache ein *dichterisches Gesamtbild der Gesellschaft* entstanden. Statt dessen
habe die deutsche Literatur große, oft erschreckende und für
Fremde unverständliche Einzelleistungen hervorgebracht:

*»Bedenkt die erstaunliche Reihe der jungen, nach wenigen übermäßi-
gen Anstrengungen ausgeschiedenen deutschen Schriftsteller. Keine
Außenseiter und keine schwächlichen Klügler gehören in diese Reihe,
sondern die Besten: Hölderlin, gestorben im Wahnsinn, Georg Büch-
ner, gestorben durch Gehirnkrankheit im Exil, Karoline Günderode,
gestorben durch Selbstmord, Kleist durch Selbstmord, Lenz und Bürger im Wahnsinn. Das war hier in Frankreich die Zeit Stendhals und*

später Balzacs. Diese deutschen Dichter schrieben Hymnen auf ihr Land, an dessen gesellschaftlicher Mauer sie ihre Stirnen wundrieben. Sie liebten gleichwohl ihr Land.« (Rede auf dem Ersten Internationalen Schriftstellerkongreß, in: S. Hilzinger, S. 52)

Ein dichterisches Gesamtbild der Gesellschaft – das war die Grundidee. Einen großen gesellschaftlichen Roman wollte sie schreiben, nicht zuletzt, um auch ihren Freunden im Ausland zu zeigen, daß die Faschisten das eigene Volk längst vorher überfallen hatten, bevor sie nach anderen Völkern griffen. Im Juni 1935 trägt sie in ihr Tagebuch ein:

»Wenn es ein Fehler ist, daß die französischen Freunde sich nur selten die Grundlagen unseres Fühlens, unserer Ideen vergegenwärtigen – und das oft aus einfachem Mangel an Neugier –, so ist dieser Fehler der unsere, wir haben uns nicht ausreichend verständlich gemacht. Übrigens war ein großer Teil der deutschen Literatur immer nur für Deutsche verständlich.« (Tagebuchseiten, in: S. Hilzinger, S. 58)

1936 bricht in Spanien der Bürgerkrieg aus, und ein Jahr später ist auch die Seghers dort, als der Zweite Internationale Schriftstellerkongreß tagt. Sie besucht die Internationale Brigade, erlebt Bombenangriffe, aber auch den Heroismus und die Solidarität derer, die im Kampf für die spanische Republik zu fallen bereit sind. Sie spricht mit zahllosen politischen Flüchtlingen aus Deutschland, auch solchen, die den Konzentrationslagern entronnen waren, macht Aufzeichnungen, führt Recherchen durch, sammelt Details über faschistische Verfolgungspraktiken und das Schicksal von Häftlingen, die den Nazis zu entfliehen versuchten. So vorbereitet, beginnt sie 1937 in Paris mit der Arbeit an einem neuen Buch, das ihr größtes werden sollte. Im Sommer 1939 ist es abgeschlossen. Es ist ein »Roman aus Hitlerdeutschland« unter dem Titel »Das siebte Kreuz«, gewidmet »den toten und lebenden Antifaschisten Deutschlands« (zur Entstehungs- und Manuskriptgeschichte Näheres bei A. Stephan, 1985).
Sieben Häftlinge fliehen aus dem KZ Westhofen, sechs werden wieder eingefangen und an »Kreuze« auf dem Appellhof des KZ gehängt; einer kommt durch, der *Kommunist Georg Heisler.* Sein Kreuz, das siebte, bleibt leer. Das ist die Ausgangslage für diesen Roman, und genau das war der entscheidende literari-

sche Kunstgriff, mit dessen Hilfe Anna Seghers ein Kaleidoskop deutscher Wirklichkeit zu zeigen vermochte. Ein Kommunist – gejagt und verfolgt von SS-Schergen – sieben Tage auf der Flucht durch ein Stück Deutschland, das man unschwer als die rheinhessische Heimat der Autorin wiedererkennen kann. Mit einem einzigen Schnitt konnte sie so in das Innere der faschistischen Gesellschaft eindringen und sie bloßlegen. Das war in der Tat erzähltechnisch ein genial-einfacher Gedanke: Ein Kommunist, entflohen aus dem Konzentrationslager, läuft um sein Leben und zwingt jedermann, mit dem er in Berührung kommt, zu offenbaren, was er wert ist. Wie ein Katalysator wirkt dieser Flüchtling, legt Beziehungen frei, Verhaltensweisen offen, löst Verklemmungen oder Verkrampfungen aus, deckt Verschüttetes, Verdrängtes oder Verborgenes auf. Die Menschen müssen Stellung nehmen, für ihn oder gegen ihn. Und diese Entscheidung »richtet« sie. Diese Figur entstellt also die Welt und die Menschen »bis zur Kenntlichkeit« (E. Bloch)! Und die bisher vertraute, sicher scheinende Wirklichkeit wird für keinen, der in diese Konfrontation gerät, je wieder so werden, wie sie einmal war.

Was Anna Seghers hier gelungen ist, ist ein *Roman des Widerstandes.* Dieser Widerstand aber wird nicht verklärt, sondern eher scheu, zurückhaltend, indirekt dargestellt. Nicht die großen politischen Aktionen werden beschrieben, nicht Fluchthelfertaten von heroischen Menschen. Literarisch Gestalt gewinnen die Kleinen, die Stillen im Lande, die einfachen Menschen, die von Politik nicht viel verstehen und die Zusammenhänge oft nicht durchschauen, die aber ohne politisches Kalkül aus einem elementaren Gefühl der Menschlichkeit heraus ihre Hilfe nicht verweigern. Dies muß auffallen im Roman einer überzeugten Marxistin: Der kommunistische »Held«, von SA und SS fieberhaft gesucht, lebt nicht von der Hilfe einer Organisation oder Partei, sondern von schlichten Gesten der Barmherzigkeit einfacher Menschen: einem *älteren Fräulein,* das ihm 5 Pfennige zusteckt; dem *jüdischen Arzt,* der den Verletzten behandelt und keine Fragen stellt; einem *Arbeiter,* der mit seiner Solidarität sich und seine Familie aufs Spiel setzt; einem *Pfarrer,* der im vollen Bewußtsein seiner Komplizenschaft Georgs Häftlingskittel verbrennt. Freilich: Andere Figuren stoßen den Flüchtling zurück. Aber auch diese Zurückstoßung ist keine politische Aktion, eher eine menschlich verständliche Schutzreaktion: der *Lastwagenfahrer*, der den Flüchtling ein Stück mitnimmt und ihn plötzlich auf die Straße setzt, als er merkt, was gespielt wird; die *ehemalige Freundin*, die ihm aus Angst die Tür vor der Nase zuschlägt ...

Dieser Roman also ist nicht im Ton der Anklage und Abrechnung geschrieben, ist kein »Rachegesang«, eher eine Elegie, ein Buch der Milde und Barmherzigkeit. »Friede statt Todesangst, Gnade statt Gerechtigkeit« – dies ist die im Roman selber benutzte Schlüsselformel zum Verständnis des Ganzen. Sie findet sich in der Szene, die wir für diesen Roman ausgewählt haben: den ersten Abschnitt des zweiten Kapitels.

Es ist die nachmals berühmte »*Domszene*« des »Siebten Kreuzes«. Dem Flüchtling Georg Heisler gelingt es, sich in seiner ersten Fluchtnacht im Mainzer Dom einschließen zu lassen und sich so dem Zugriff der Verfolger zu entziehen. Was nun folgt, ist eine subtil gearbeitete und kunstvoll gestaltete *Erinnerungs- und Identifikationsszene,* die jetzt um den einsam im nächtlichen Dom herumwandernden kommunistischen Häftling gestaltet wird. Anna Seghers nutzt dafür einen nur in nächtlichen Domen vorkommenden Lichteffekt. Denn auf seiner nächtlichen Wanderung durch den Dom stößt der Häftling auf einen Teppich aus *Licht und Farben.* Er ist immer dort ausgerollt, Nacht für Nacht. Jetzt aber entdeckt dieser Flüchtling ihn so, als sei er für ihn persönlich dort hingelegt worden. Denn obschon er längst der religiösen Tradition entfremdet ist, beginnt er, die in diesen Lichtteppich eingeschriebenen, auf die Fliesen des Domes hingeworfenen Geschichten langsam zu entziffern.

Das ist nun das Besondere an dieser Szene: In der Dechiffrierung der biblischen Geschichten wird der kommunistische Häftling zum Fährtenleser seiner selbst. In einem erregenden Akt der Wiederentdeckung begreift er, daß in den uralten biblischen Szenen sein eigenes biographisches Schicksal vorausentworfen ist. Ist er nicht verjagt wie das erste Menschenpaar seinerzeit aus dem Paradies? Ist er nicht wie das Kind in der Krippe, für das es ebenfalls »keinen Raum« gab? Ist er nicht wie der Nazarener beim Abendmahl, der ebenfalls »verraten« wurde und dem die Soldaten anschließend den Todesstoß zu versetzen versuchten? Ist er nicht auf dem besten Wege, gekreuzigt zu werden, wie der Mann aus Nazaret, da droben im KZ das siebte Kreuz schon auf ihn wartet? Es ist diese Dechiffrierung seiner eigenen Geschichte als Passionsgeschichte, die den »jesuanischen« Grundcharakter des Romans ausmacht. Der Verfolgte und Verratene von heute stellt Beziehungen her zu den Verfolgten und Verratenen von gestern, dem Nazarener zumal, der die Solidaritätsgestalt aller Verfolgten schlechthin ist. Er, der einsam und entfremdet im Dom herumwandert, findet gerade im Verweis auf die große Tradition der Verfolgten Identität und Trost. Trost – nicht Vertröstung!

Dieser Roman greift also auf urchristliche Symbolik und die christliche Passionsgeschichte zurück, aber so, daß die biblische Geschichte zum *Urmodell aller Passionsgeschichten* wird. Als solche kann sie den heutigen Passionsgeschichten Tiefenschärfe und symbolische Signifikanz verleihen. Der gekreuzigte Nazarener wird zum Schattengeber, welcher der schattenlosen Gegenwart Plastizität und Kontur verleiht. Erst im Verweis auf die große Tradition der Leidensgeschichten wird nämlich deutlich, daß auch in dieser aktuellen Passion ein Menschheitsthema weitererzählt wird: der Kampf der Wahrheit gegen die Lüge, der Gerechtigkeit gegen die Unterdrückung, der Humanität gegen die Barbarei.

Und da es um ein Menschheitsthema geht, wird auch begreiflich, warum eine marxistische Autorin *Elemente aus der jüdisch-christlichen Tradition* aufgreifen wollte. Im Hintergrund steht die marxistisch betriebene Volksfront, die alle antifaschistischen Kräfte zusammenfassen wollte. Auch Christen sind als Partner willkommen. So erklärt sich zweifellos das sehr heterogene positive Personal-Tableau des Romans, die »Personen des Unangreifbaren«: »die Kommunisten wie Wallau, die Christen wie der Pfarrer Seitz, die menschlichen Helfer wie der jüdische Arzt Löwenstein und diejenigen, die nur unmittelbar das Richtige erfühlen, wie der Junge Fritz Hellwig oder wie die beiden Männer, die Heisler erkannten, aber nicht verrieten« (M. Maren-Grisebach, S. 286).

So erklärt sich auch, daß die Autorin »mythische, religiöse und märchenhafte Bezüge« in ihren Text aufnimmt, um – wie die Biographin *Christiane Zehl Romero* zu Recht bemerkt hat, »im aktuellen Zeitgeschehen die zeitlosen menschlichen Bedürfnisse und Hoffnungen durchscheinen zu lassen und die Aussagekraft alter, mächtiger Vorstellungswelten für ihre Botschaft zu aktivieren«. Nur sollte man daraus nicht die mißverständliche Folgerung ziehen:»In Seghers' Anverwandlung jüdisch-christlicher Tradition ist der Schöpfer jedoch kein allmächtiger Gott, sondern eine Vielzahl von bedrohten, anscheinend ohnmächtigen Menschen, die ihre Kraft erst durch Handeln entdecken. Diese auf Aktion und Eigenverantwortlichkeit gerichtete Umkehrung religiöser Vorstellungen betrifft auch die Kreuz-Symbolik des Romans. Die Macht des siebten Kreuzes kommt gerade daher, daß es aufgrund größter menschlicher Anstrengungen leer bleibt.« (Ch. Zehl-Romero, S. 66)

Das ist richtig, hat aber mit einer »Umkehrung religiöser Vorstellungen« nichts zu tun. Denn auch für Christen ist das Kreuz nicht ein Zeichen von Passivität und Ohnmacht. Es ist – im Lichte der Auferweckung des Gekreuzigten – im Gegenteil ein Zeichen des Sieges über die widergöttlichen Kräfte und des *Widerstandes gegen den Tod,* das durchaus »Aktion und Eigenverantwortung« freisetzen kann. Man muß deshalb der Kreuzesdeutung des Romans keine antichristliche Spitze verleihen, wie auch christliche Rezeption die Kreuzessymbolik nicht theologisch vereinnahmen darf. Auf strukturelle Analogien ist vielmehr hinzuweisen zwischen dem Glauben von Christen und dem Glauben einer Marxistin wie Anna Seghers. Denn so wie für Christen das Kreuz letztlich ein Triumphzeichen ist (wider den Tod und die Helfershelfer des Todes), so auch für Anna Seghers in diesem Roman.

Dessen Pointe besteht ja gerade darin: Sechs Häftlinge waren wieder eingefangen und tot oder lebendig an die »Kreuze« gebunden worden; sechs Häftlinge hatten wieder an diesem furchtbaren Galgen gehangen, als sichtbarer Triumph der faschistischen Macht. Ein Kreuz aber blieb leer. Und es ist dieses *siebte, leergebliebene Kreuz,* von dem nun die Hoffnung für die Lagerinsassen und die Bedrohung für die Lagerwächter ausgeht. Es ist dieses siebte, leergebliebene Kreuz, das für die noch verbleibenden Häftlinge im KZ zum Zeichen dafür wird, daß die totale Macht des Faschismus gebrochen ist. Es ist dieses siebte, leergebliebene Kreuz, das blitzartig zeigt: Die Macht der Mächtigen dieser Welt ist doch besiegbar. »Ein kleiner Triumph,

gewiß, gemessen an unserer Ohnmacht, an unseren Sträflings-
kleiden«, so läßt die Autorin einen der Häftlinge meditieren:

*»Und doch ein Triumph, der einen die eigene Kraft plötzlich fühlen
ließ nach wer weiß wie langer Zeit, jene Kraft, die lang genug taxiert
worden war, sogar von uns selbst, als sei sie bloß eine der vielen
gewöhnlichen Kräfte der Erde, die man nach Maßen und Zahlen abta-
xiert, wo sie doch die einzige Kraft ist, die plötzlich ins Maßlose wachsen kann, ins Unberechenbare.« (Das siebte Kreuz, S. 7)*

Es ist diese »Kraft«, diese ins Maßlose und Unberechenbare
wachsende Kraft der Menschen, der dieser Roman Respekt
bezeugen will. Das leergebliebene siebte Kreuz ist dafür das
archetypische Ursymbol. Und so endet denn der Roman nicht
apotheotisch mit einem Triumphlied auf die Kommunistische
Partei, sondern realistisch mit einer humanen Hoffnung, *daß
Widerstand möglich ist.* Typisch ist dafür die Schlußszene des
Romans: Als der alte, in der Häftlingskrise so schändlich versa-
gende Kommandant von einem neuen abgelöst wird, läßt dieser
gleich die sieben Kreuze abschlagen und als Kleinholz verbrennen. Doch die Häftlinge, gepreßte Zeugen dieser Verbrennung,
fühlen sich dabei »dem Leben näher als jemals später«:

*»Doch an dem Abend, als man zum ersten Mal die Häftlingsbaracken
einheizte und das Kleinholz verbrannt war, das, wie wir glaubten, von
den sieben Bäumen kam, fühlten wir uns dem Leben näher als jemals
später und auch viel näher als alle anderen, die sich lebendig vorkommen . . . Wir fühlten alle, wie tief und furchtbar die äußeren Mächte in
den Menschen hineingreifen können, bis in sein Innerstes, aber wir
fühlten auch, daß es im Innersten etwas gab, was unangreifbar war
und unverletzbar.« (S. 288)*

Darum also geht es im »Siebten Kreuz«: den Menschen daran
zu erinnern, daß in seinem Innersten etwas verborgen ist, das
unangreifbar und unverletzbar ist; das weder von den faschistischen Machthabern noch von irgendwelchen Machthabern
und Mächten der Welt je ganz ergriffen und völlig zerstört werden kann. *Marcel Reich-Ranicki* hat in verschiedenen Portraits
von Anna Seghers immer wieder gerade diesen Punkt betont
und daran die literarische Qualität des Buches festgemacht:
»Dieser Roman wirbt für keine Ideologie, er deutet kein politisches Programm an. Die Dichterin der Passionsgeschichte vom

ungekreuzigten Georg setzt ihre Hoffnung auf die Redlichkeit des Individuums. Oder sollte man sagen: auf die Nächstenliebe? ... Im Innersten des Menschen gebe es etwas, ›was unangreifbar war und unverletzbar‹. Dies ist der Wert, den Anna Seghers in ihren schönsten Büchern besungen hat – und es ist ein Wert jenseits von Kommunismus, Klassenkampf und Revolution, jenseits von Politik.« (FAZ vom 15. November 1980)

Ausgabe: A. Seghers, Das siebte Kreuz. Roman (1942), Darmstadt – Neuwied 1973, S. 53–59 (SL 108).

Literatur zur Vertiefung

1. Zur Lebensgeschichte:

Ch. Zehl Romero, Anna Seghers mit Selbstzeugnissen und Bilddokumenten, Hamburg 1993 (Rowohlt-Monographien 464).

F. Wagner u. a. (Hrsg.), Anna Seghers. Eine Biographie in Bildern, Berlin – Weimar 1994.

2. Zur Werkgeschichte:

M. Reich-Ranicki, Die kommunistische Erzählerin Anna Seghers, in: ders., Deutsche Literatur in West und Ost, München 1963, S. 354–385.

Ders., Die Kraft der Schwachen. Zum 80. Geburtstag von Anna Seghers, in: Frankfurter Allgemeine Zeitung vom 15. 11. 1980.

E. Haas, Ideologie und Mythos. Studien zur Erzählstruktur und Sprache im Werk der Anna Seghers, Stuttgart 1975.

P. Roos – F. J. Hassauer-Roos (Hrsg.), Anna Seghers. Materialienbuch, Darmstadt – Neuwied 1977.

G. Eifler – A. M. Keim (Hrsg.), Anna Seghers – Mainzer Weltliteratur, Mainz 1981.

Anna Seghers, in: Text und Kritik, hrsg. v. H. L. Arnold, Heft 38, 1982.

K. Sauer, Anna Seghers, München 1978.

Ch. Wolf, Über Anna Seghers, in: dies., Die Dimension des Autors. Essays und Aufsätze, Reden und Gespräche 1958–1985, Darmstadt – Neuwied 1987, S. 255–377.

A. Schrade, Anna Seghers, Stuttgart 1993 (Sammlung Metzler 275).

A. Stephan, Anna Seghers im Exil. Essays, Texte, Dokumente, Bonn 1993.

3. Zum Text:

M. Maren-Grisebach, Anna Seghers' Roman »Das siebte Kreuz«, in: Der deutsche Roman im 20. Jahrhundert, hrsg. v. M. Brauneck, Bd. I, Bamberg 1976, S. 283–298.

H. Tischer, Anna Seghers' »Das siebte Kreuz«, in: Deutsche Romane von Grimmelshausen bis Walser. Interpretation für den Literaturunterricht, hrsg. v. J. Lehmann, Königstein/Ts. 1982, ²1983, S. 313–338.

B. Beicken, Anna Seghers' »Das siebte Kreuz«, in: Deutsche Romane des 20. Jahrhunderts. Neue Interpretationen, hrsg. v. P. M. Lützeler, Königstein/Ts. 1983, S. 255–272. Überarbeitete Fassung in: Romane des 20. Jahrhunderts, Bd. I, Stuttgart 1997, S. 322–365.

A. Stephan, »... se livre a pour moi une importance spéciale.«, »Das siebte Kreuz«. Entstehungs- und Manuskriptgeschichte eines Exilromans, in: Exil 5 (1985), Nr. 2, S. 12–24.

S. Hilzinger (Hrsg.), «Das siebte Kreuz« von Anna Seghers. Texte, Daten, Bilder, Frankfurt/M. 1990 (SL 918).

M. Reich-Ranicki, Nicht gedacht soll ihrer werden? Aus aktuellem Anlaß: Über Anna Seghers und ihren Roman »Das siebte Kreuz«, in: Frankfurter Allgemeine Zeitung vom 21. Juli 1990.

B. Spies, Anna Seghers, Lektüre jenseits von Denunziation und Legitimation, in: Forschungsmagazin der Johannes-Gutenberg-Universität Mainz 10 (1994), S. 27–33.

K.-J. Kuschel, Im Spiegel der Dichter. Mensch, Gott und Jesus in der Literatur des 20. Jahrhunderts, Düsseldorf 1997, S. 334–345.

Anna Seghers
Das siebte Kreuz

Als der Küster fortgegangen und die Haupttür verschlossen und auch der letzte Schall in einem Gewölbe zersplittert war, da begriff Georg, daß er jetzt eine Gnadenfrist hatte, einen so gewaltigen Aufschub, daß er ihn fast mit Rettung verwechselte. Ein heißes Gefühl von Sicherheit erfüllte ihn zum erstenmal seit seiner Flucht, ja seit seiner Gefangenschaft. So heftig dieses Gefühl war, so kurz war es. In diesem Loch, sagte er sich, ist es aber verdammt kalt.

Die Dämmerung war so tief, daß die Farben in den Fenstern erloschen. Sie hatten inzwischen den Grad erreicht, wo die Mauern zurückweichen, die Gewölbe sich heben und die Pfeiler sich endlos aneinanderreihen und hochwachsen ins Ungewisse, daß vielleicht nichts ist, vielleicht die Unendlichkeit. Georg fühlte sich plötzlich beobachtet. Er kämpfte mit diesem Gefühl, das ihm Körper und Seele lähmte. Er streckte den Kopf unter dem Taufbecken heraus. Fünf Meter von ihm entfernt, vom nächsten Pfeiler, traf ihn der Blick eines Mannes, der dort mit Stab und Mitra an seiner Grabplatte lehnte. Die Dämmerung löste den Prunk seiner Kleider auf, die von ihm wegflossen, aber nicht seine Züge, die klar, einfach und böse waren. Seine Augen verfolgten Georg, der an ihm vorbeikroch.

Die Dämmerung drang nicht von außen ein wie an gewöhnlichen Abenden. Der Dom selbst schien sich aufzulösen und zu entsteinern. Die paar Weinranken an den Pfeilern und die Fratzengesichter und dort ein zerstochener nackter Fuß waren Einbildungen und Rauch, alles Steinerne war am Verdunsten, und nur Georg war vor Schreck versteinert. Er schloß die Augen. Er tat ein paar Atemzüge, dann war es vorbei, oder die Dämmerung war noch ein wenig dichter geworden und dadurch beruhigender. Er suchte sich ein Versteck. Er sprang von einem Pfeiler zum andern. Er duckte sich, als sei er noch immer beobachtet. An dem Pfeiler, vor dem er jetzt hockte, lehnte, gleichmütig aus seiner Grabplatte über ihn hinwegsehend, ein runder gesunder Mann, auf seinem vollen Gesicht das dreiste Lächeln der Macht. In jeder Hand eine Krone, unbemerkt von Georg, krönte er unablässig zwei Zwerge, die Gegenkönige des Interregnums. Georg sprang in einem Satz, als seien die Zwischenräume belauert, zu dem nächsten Pfeiler. Er sah an dem Mann hinauf, dessen Kleider so reich waren, daß er sich hätte hineinwickeln können. Er fuhr zusammen. Ein menschliches Angesicht, das sich über ihn beugte voller Trauer und Besorgnis. Was willst du denn noch, mein Sohn, gib auf, du bist schon am Anfang zu Ende. Dein Herz klopft, deine kranke Hand klopft. Georg entdeckte einen geeigneten Ort, eine Mauernische. Er rutschte quer durch das Seitenschiff, unter den Blicken von sechs Erzkanzlern des Heiligen Reichs, mit einer abgespreizten Hand wie ein Hund, der sich eine Pfote geklemmt hat. Er setzte sich zurecht. Er rieb das Gelenk seiner kranken Hand, das sich versteift hatte. Er rieb seine Kniegelenke, seine Knöchel und Zehen.

Er hatte schon Fieber. Die kranke Hand durfte ihm keinen Streich spielen, bis er bei Leni ankam. Bei Leni wurde verbunden, gewaschen, gegessen, getrunken, geschlafen, geheilt. Er erschrak. Da mußte er ja die Nacht, die er sich eben unendlich gewünscht hatte, so rasch wie möglich hinter sich bringen. Er versuchte wieder, sich Leni vorzustellen. Ein Zauber, der manchmal gelang und manchmal mißriet, je nach Ort und Stunde. Diesmal gelang er: ein schmales, neunzehnjähriges Mädchen auf dünnen, sehr hohen Beinen, die blauen Augen fast schwarz unter dichten Wimpern, in einem blaßbraunen Gesicht. Das war der Stoff seiner Träume. Im Licht der Erinnerung, im Lauf der Trennung war aus dem Mädchen, das ihm in der Wirklichkeit zuerst fast unschön erschienen war und ein wenig komisch, durch ihre langen Arme und Beine, die ihrem Gang etwas ungeschickt Fliegendes gaben, eine Art von Fabelgeschöpf geworden, das auch in Sagen nur dann und wann vorkommt. Nach jedem Tag weiterer Trennung war es aus jedem weiteren Traum noch zarter, noch fliegender entlassen worden. Er überschüttete sie auch jetzt, an die eiskalte Wand gelehnt, um nicht einzuschlafen, mit Liebesworten. Sie mußte sich aufrichten, glaubte er, und in die Dunkelheit horchen.

Unzählige solcher Beteuerungen, unwirkliche weitläufige Abenteuer waren dem einzigen Mal gefolgt, das sie wirklich zusammen waren. Er hatte schon am folgenden Tag aus der Stadt gemußt. In seinen Ohren ihre Versicherungen, eintönig verzweifelt: »Ich will hier warten, bis du kommst. Mußt du fliehen, geh ich mit.«

Er konnte noch immer von seinem Platz aus den Mann am Eckpfeiler erkennen. Trotz der Dunkelheit war das Gesicht von weitem eher noch klarer. Auf den gekrümmten Lippen das letzte, das äußerste Angebot: Friede statt Todesangst, Gnade statt Gerechtigkeit.

Die kleine Wohnung in Niederrad, die Leni mit einer ältlichen Schwester teilte, die meistens auf Arbeit fort war, lag günstig für ein Versteck oder eine Flucht. Erwägungen dieser Art hatten ihn damals über die Schwelle des kleinen Zimmers verfolgt, obwohl er dabei sonst alles andere vergessen hatte, seine früheren Liebschaften und ganz lange Strecken seines verflossenen Lebens. Selbst als die Wände des Zimmers zusammenwuchsen wie undurchdringliche Hecken, war der Gedanke in seinem Kopf nicht erloschen, daß das hier im Notfall ein günstiger Unterschlupf war. Als man ihn damals in Westhofen holte, Besuch sei gekommen, da hatte er einen Augenblick gefürchtet, sie seien auf Leni verfallen. Er hatte die Frau, die man ihm damals vorführte, zuerst überhaupt nicht erkannt. Sie hätten ebensogut das erstbeste Bauernmädchen aus dem nächsten Dorf vor ihn hinstellen können, so fremd war ihm diese Elli, die sie herangeholt hatten.

Er mußte im Einschlafen gewesen sein. Er erwachte vor Schreck. Der Dom dröhnte. Ein heller Lichtschein flog quer durch den ganzen Dom – über seinen vorgestreckten Fuß weg. Sollte er fliehen? War noch Zeit? Wohin? Die Tore waren alle verschlossen bis auf eines, aus dem das Licht fiel. Er konnte vielleicht noch unbemerkt in eine der Seitenkapellen entkommen. Er stemmte sich auf seine kranke Hand, schrie auf und knickte zusammen. Er wagte jetzt nicht mehr, über das Lichtband wegzukriechen. Die Stimme des Küsters erschallte: »Ihr Schlampen, ihr Weibsbilder, jeden Tag was andres!« Die Worte dröhnten wie Urteilsverkündigungen des Jüngsten Gerichts. Eine alte Frau, die Mutter des Küsters, rief: »Da steht sie ja, deine Tasche.« Die Stimme der Küstersfrau setzte ein, von Mauern und Pfeilern zurückgeworfen, ein wahres Triumphgeheul: »Ich hab ja gewußt, daß ich sie beim Putzen zwischen die Bänke gestellt hab.« Die beiden Frauen zogen ab. Es klang, als ob Riesinnen schlurften. Das Tor wurde abermals abgeschlossen. Von allem blieb bloß noch Schall zurück, zerschlug sich und dröhnte noch einmal laut, als wollte er gar nicht versiegen, verhallte im entferntesten Teil und zitterte immer noch, als Georg schon zu zittern aufgehört hatte.

Er lehnte sich wieder an seine Wand. Die Lider waren ihm schwer. Jetzt war es vollkommen dunkel. So schwach war der Schimmer der einzelnen Lampe, die irgendwo in der Dunkelheit schwebte, daß er kein Gewölbe mehr erhellte, sondern einem nur zeigte, daß diese Finsternis schlechthin undurchdringlich war. Und Georg, der sich vorhin nichts anderes gewünscht hatte, atmete schwer und beklommen.

Du mußt jetzt dein Zeug ausziehen, riet ihm Wallau, denn später wirst du zu schwach sein. Er fügte sich, wie er sich Wallau immer gefügt hatte, und staunte, weil seine Erschöpfung dabei abnahm. Wallau war zwei Monate nach ihm eingeliefert worden. »Du bist also Georg.« In diesen vier Worten, mit denen der ältere Mann ihn begrüßte, hatte Georg zum erstenmal seinen eignen vollen Wert verspürt. Ein Freigelassener hatte draußen von ihm erzählt. Während man ihn in Westhofen auf den Tod quälte, bildete sich in den Dörfern und Städten seiner Heimat das Urteil über Georg, das unzerstörbare Grabmal. Selbst jetzt dachte Georg, selbst hier in seiner eiskalten Mauer: Wenn ich Wallau in meinem Leben nur in Westhofen treffen könnte, ich würde alles noch einmal auf mich nehmen... Zum ersten-, vielleicht auch zum letztenmal war in sein junges Leben eine Freundschaft gekommen, wo es nicht darum ging, zu prahlen oder sich kleinzumachen, sich festzuklammern oder sich völlig hinzugeben, sondern nur zu zeigen, wer man war, und dafür geliebt zu werden.

Die Dunkelheit war jetzt für seine Augen nicht mehr zu dicht. Der Kalk der Mauer schimmerte schwach wie frisch gefallener Schnee. Er spürte am ganzen Körper, daß er sich dunkel abhob. Sollte er seinen Ort nochmals wechseln? Wann wird man hier vor der Messe aufschließen? Bis zum Morgen gibt es noch unzählbar viele Minuten der Sicherheit. So viele Minuten hat er noch vor sich, wie zum Beispiel der Küster Wochen. Denn auch der Küster ist schließlich nicht für ewig gesichert.

Weit von ihm weg, gegen den Hauptaltar zu, erhob sich ein einzelner Pfeiler hell sichtbar, weil das Licht in seinen Riefen entlanglief. Dieser einzelne helle Pfeiler schien jetzt das ganze Gewölbe zu tragen. Aber wie das alles kalt war! Eine eisige Welt, als hätte sie nie eine menschliche Hand berührt, nie ein menschlicher Gedanke. Als sei er in einen Gletscher verschlagen. Er rieb seine Füße und alle seine Gelenke mit der gesunden Hand. Das ist eine Zuflucht, in der man erfrieren kann.

»Drei Saltos. Das ist das höchste, was der menschliche Körper aus sich herausholen kann.« Das hatte ihm Belloni, sein Mitgefangener, genau erklärt. Belloni, Artist, mit seinem gewöhnlichen Namen Anton Meier, war vom Trapez weg verhaftet worden. Man hatte in seinem Gepäck ein paar Briefe gefunden, die von der Artistenloge aus Frankreich geschickt wurden. Wie oft war er aus dem Schlaf geholt worden, um Kunststücke vorzumachen. Ein dunkler, schweigsamer Mensch, ein guter Kamerad, aber sehr fremd. »Ach nein, es gibt vielleicht nur drei lebende Artisten, die das machen können. Gewiß, es kann mal diesem und jenem glücken, aber nie als Dauerleistung.« Er war von sich aus an Wallau herangetreten, um ihm zu sagen, daß er selbst unter allen Umständen eine Flucht versuchen würde. Sie kämen sowieso hier nicht mehr heraus. Er baue bei dieser Flucht auf die Gewandtheit seines Körpers und die Hilfsbereitschaft seiner Freunde. Er hatte ihm, Georg, eine Adresse gegeben, wo er ihm Geld und Kleider auf alle Fälle lassen wollte. Wahrscheinlich ein anständiger Junge, aber zu fremd, um recht aus ihm klug zu werden. Georg wollte diese Adresse nicht verwerten. Er wollte Leni Donnerstag früh zu alten Freunden nach Frankfurt schicken. Wenn Pelzer zu seinem Verstand Bellonis Sehnen und Muskeln gehabt hätte, dann wäre er wahrscheinlich durchgekommen. Den Aldinger hatten sie sicher inzwischen eingefangen. Er konnte der Vater all dieser Lümmel sein, die jetzt vielleicht seine Haare rissen, in sein altes Bauerngesicht hineinspuckten, das seine Würde selbst dann nicht verloren hatte, wenn er nicht mehr bei Verstand zu sein schien. Der Bürgermeister des Nachbarorts hatte ihn angezeigt, aus einem alten Familienzwist.

Füllgrabe war unter allen sieben der einzige, den er von früher gekannt hatte. Er hatte ihm aus seiner Ladenkasse oft eine Mark auf die Sammelliste gesetzt. Er war auch in der größten Verzweiflung einen gewissen Groll nie ganz losgeworden. Er sei hineingeschliddert, man hätte ihn überredet, er hätte nie nein sagen können.

Albert lebt vielleicht schon nicht mehr. Der hatte sich Wochen durch alles gefallen lassen, die Winzigkeit seiner Schuld beteuernd, irgendeine Devisengeschichte: bis er rasend wurde und Zillich ihn in die Strafkolonne herübernahm. Wie viele furchtbare Schläge dieser Albert erduldet haben mußte, bis auch aus seinem stumpfen Herzen der Funke herausgeschlagen wurde.

Ich werde ja hier noch erfrieren, dachte Georg. Man wird mich finden. Man wird den Kindern das Mauerstück zeigen: hier fand man einmal einen Flüchtling in einer Herbstnacht erfroren, in jenen wilden Zeiten. Wieviel Uhr war es? Bald Mitternacht. Er dachte in einer neuen, ganz vollkommenen Dunkelheit: Ob jemand von früher sich meiner erinnert? Meine Mutter? Sie schimpfte ohne Unterlaß. Auf kranken Füßen watschelte sie im Schimmelgäßchen herum, klein und dick, mit ihrer sehr großen, leise wippenden Brust. Ich werd sie ja nie mehr wiedersehen, dachte Georg, selbst wenn ich am Leben bleibe. Ihm waren von ihrer äußeren Erscheinung immer nur ihre Augen bewußt gewesen, junge braune Augen, dunkel von Vorwurf und Ratlosigkeit. Jetzt schämte er sich sogar, weil er sich damals vor jener Elli geschämt hatte, die drei Monate seine Frau gewesen war, weil seine Mutter so eine Brust gehabt hatte und so ein komisches Sonntagskleid. Er dachte an seinen kleinen Schulfreund Paul Röder. Sie hatten zehn Jahre lang in derselben Gasse Klicker zusammen gespielt und weitere zehn Jahre Fußball. Dann hatte er ihn aus den Augen verloren, weil er selbst ein anderer geworden war, der kleine Röder aber derselbe geblieben. Jetzt dachte er an sein rundes, von Sommersprossen getupftes Gesicht, wie an eine liebe, für immer versperrte Landschaft... Er dachte auch an Franz. Er war gut zu mir, dachte Georg, er hat sich viel Mühe mit mir gemacht. Danke, Franz. Wir hatten uns dann verzankt. Warum nur? Was mag aus ihm geworden sein? Ein ruhiger Mensch, ordentlich, treu.

Georg stockte der Atem. Quer durch das Seitenschiff fiel der Widerschein eines Glasfensters, das vielleicht von einer Lampe erhellt wurde aus einem der Häuser jenseits des Domplatzes oder von einer Wagenlaterne, ein ungeheurer, in allen Farben glühender Teppich, jäh in der Finsternis aufgerollt, Nacht für Nacht umsonst und für niemand über die Fliesen des leeren Doms geworfen, denn solche Gäste wie Georg gab es auch hier nur alle tausend Jahre.

Jenes äußere Licht, mit dem man vielleicht ein krankes Kind beruhigt, einen Mann verabschiedet hatte, schüttete auch, solang es brannte, alle Bilder des Lebens aus. Ja, das müssen die beiden sein, dachte Georg, die aus dem Paradies verjagt wurden. Ja, das müssen die Köpfe der Kühe sein, die in die Krippe sehen, in der das Kind liegt, für das es sonst keinen Raum gab. Ja, das muß das Abendmahl sein, als er schon wußte, daß er verraten wurde, ja, das muß der Soldat sein, der mit dem Speer stieß, als er schon am Kreuze hing...

Er, Georg, kannte längst nicht mehr alle Bilder. Viele hatte er nie gekannt, denn bei ihm daheim hat es das alles nicht mehr gegeben. Alles, was das Alleinsein aufhebt, kann einen trösten. Nicht nur was von andern gleichzeitig durchgelitten wird, kann einen trösten, sondern auch was von andern früher durchlitten wurde.

Dann erlosch das äußere Licht. Es war noch finsterer als vorher. Georg dachte an seine Brüder, besonders an seinen kleinsten, den er selbst aufgezogen hatte, mit einer Zärtlichkeit, die eher einer Art Kätzchen als einem Kind galt. Er dachte an sein eigenes Kind, das er nur einmal kurz gesehen hatte. Dann dachte er an nichts Bestimmtes mehr. Gesichter kamen und gingen, bald verschwommen, bald überdeutlich. Manche brachten Stücke von Gassen mit, manche Schulhöfe und Sportplätze, manche den Fluß und manche Wolken und Wälder. Sie strömten von selbst auf ihn ein, daß er sich festhalten möge an dem, was ihm lieb gewesen war. Dann wurde alles gestaltloser, er konnte sich weder das Gesicht seiner Mutter noch sonst ein Gesicht zurückrufen. Seine Augen waren ihm wund, als hätte er all das wirklich betrachtet. Weit weg, wo er längst keinen Dom mehr vermutet hatte, leuchtete etwas Buntes auf. Draußen fuhr ein Auto vorbei. Traf sein Licht auf eines der Fenster, schlug der Widerschein auf den Boden. Dunkelheit folgte, wenn sein Licht auf ein Mauerstück traf.

Georg horchte. Der Motor lief weiter. Er hörte das Gequietsche und Gelächter von Männern und Frauen, die in ein offenbar viel zu kleines Auto gezwängt wurden. Sie fuhren ab. Ganz rasch wurden die Fensterfarben zwischen die Pfeiler geworfen, zurückgezogen, immer weiter von Georg weg, Georg fiel der Kopf auf die Brust. Er schlief ein. Er kippte über auf seine kranke Hand. Er wachte vor Schmerz auf. Die tiefste Nacht war schon überschritten. Vor ihm auf dem Mauerstück begann der Kalk zu schimmern. In umgekehrter Folge als am Abend begann zuerst die Dunkelheit zu verdunsten, dann wurden Pfeiler und Wände von einem unaufhörlichen Rieseln ergriffen, als sei dieser Dom aus Sand gebaut. Vom schwächsten äußersten Frühlicht getroffen, entstanden die Bilder in den Fenstern, aber nicht leuchtend, sondern in dumpfen trüben Farben. Zugleich hörte das Rieseln auf, und alles fing an zu erstarren. Das ungeheure Gewölbe des Hauptschiffs erstarrte in dem Gesetz, nach dem es unter dem Kaisergeschlecht der Staufer erbaut worden war, aus der Vernunft einzelner Baumeister und der unerschöpflichen Kraft des Volkes. Das Gewölbe erstarrte, in das sich Georg verkrochen hatte, jenes Gewölbe, das schon zu den Zeiten der Staufer ehrwürdig gewesen war. Die Pfeiler erstarrten, und all die Fratzen und Tierköpfe in den Kapitellen der Pfeiler, die Bischöfe auf den Grabplatten vor den Pfeilern erstarrten von neuem in ihrer stolzen Todeswachheit, mitsamt den Königen, auf deren Krönung sie bis zum Übermaß stolz waren. Höchste Zeit für mich, dachte Georg. Er kroch hinaus. Er zog das Bändelchen mit den Zähnen und seiner gesunden Hand zusammen. Er schob es zwischen eine Platte und einen Pfeiler. Am ganzen Körper gespannt, mit glühenden Augen, wartete er auf den Augenblick, da der Küster aufschließen möge.

5. DAS CHRISTENTUM ALS MYSTERIUM DER FREIEN PERSON

Zur Einführung

Es dürfte kaum eine anrührendere Szene in diesem Roman geben als die im Landhaus von Warykino. Juri Shiwago, der Arzt und Schriftsteller, ist endlich vereint mit seiner Geliebten, Larissa Fjodorowna, mit Lara, zu der er sich zweimal in seinem Leben leidenschaftlich hingezogen fühlte, die er aber ebenso oft wieder verloren hatte. Jetzt haben sich beide (zusammen mit Laras Tochter Katenka) in die Wintereinsamkeit zurückgezogen, und ein lange nicht gekanntes Gefühl von Glück und Frieden durchströmt Juri Shiwago. Er beginnt wieder zu schreiben, nachts, während Lara und Katenka schlafen, in einer einzigartigen Stimmung aus kreativer Spannung, tiefer Ruhe, innerer Wärme und äußerer Bedrohung durch Frost und Wölfe. Aufzeichnungen entstehen, Gedichte vor allem, darunter »Stern der Geburt« und »Winternacht«, sowie »eine Anzahl ähnlicher Gedichte, die später in Vergessenheit gerieten, verlorengingen und nicht mehr aufgefunden wurden«.

Diese Szene ist nachzulesen in einem der größten Romane der russischen Literatur des 20. Jahrhunderts: »Doktor Shiwago« von *Boris Pasternak* (geb. 1890 in Moskau, gest. 1960 in Peredelkino bei Moskau). Er entsteht zwischen 1945 und 1955 und wird zum Schicksal für seinen Autor. Denn trotz »Tauwetter«-Periode nach Stalins Tod lehnt man es in der Sowjetunion ab, Pasternaks zentrales Werk zu drucken. Als es 1957 im Westen erscheint – und zwar in italienischer Ausgabe, trägt das dem Autor Ruhm in der Welt, in der Heimat aber eine üble Hetz- und Schmähkampagne ein, vor allem, als er 1958 obendrein noch den Nobelpreis für Literatur erhält. Pasternak wird gezwungen, diesen Preis abzulehnen; der Schriftstellerverband schließt ihn aus; bis zu seinem Tod bleibt er verfemt, und erst die Perestroika-Politik unter Michail Gorbatschow führt zur Rehabilitation, zum Druck des Romans, ja zu einer ersten Gesamtausgabe der Werke in Rußland.

Die eingangs beschriebene Szene ist hier dokumentiert. Es sind die Abschnitte acht und neun aus dem vierzehnten Teil des Romans unter dem Titel »Wieder in Warykino«. Sie läutet bereits das Ende der Geschichte von Juri Shiwago ein. Es folgen noch ein Schluß- und Epilogteil sowie zum Abschluß »Die Gedichte Juri Shiwagos«. Wir haben also, wenn wir diese Szene lesen, das ganze chaotische Leben des »Helden« breit erzählt bekommen. In nur wenigen Sätzen sei es noch einmal in Erinnerung gerufen.

Es beginnt mit dem Tod der Mutter und der Erziehung bei seinem Onkel Nikolai Nikolajewitsch Wedenjapin, einem ehemaligen Priester, der Juri mit dem Christus-Glauben vertraut macht, als freidenkender Theologe »durch Tolstoianertum und Revolution hindurchgegangen« (S. 13) ist und durch theologisch-philosophische Schriften Ansehen erwerben wird. Es setzt sich fort mit einem Studium der Medizin in Moskau und der Heirat mit Tonja, einer Tochter aus gutbürgerlichem Professorenhaus. Der Ausbruch des Krieges 1914 aber erschüttert Juris Welt, bringt ihn als Militärarzt an die Front, und dort trifft er – selber verwundet – in einem Lazarett auf Larissa Fjodorowna, die hier als Krankenschwester arbeitet. Doch noch bevor ihre Leidenschaft füreinander eine Form finden kann, werden sie durch das Ende des Krieges und den Ausbruch der bolschewistischen Revolution auseinandergerissen.

Juri kehrt zu seiner Familie nach Moskau zurück, nur um mitzuerleben, wie die neuen sowjetischen Machthaber Stück für Stück die Freiheit der Menschen beschneiden und immer terroristischer darauf ausgehen, das Bürgertum als Klasse zu vernichten. Shiwago zieht sich mit der Familie aus den Revolutionswirren zurück und übersiedelt nach Warykino bei Jurjatin, dem ehemaligen Landsitz reicher Verwandter von Tonja. Ausgerechnet in Jurjatin aber sieht er Larissa Fjodorowna wieder. Sie verdient sich hier ihren Lebensunterhalt als Lehrerin. Die Leidenschaft füreinander bricht vollends durch. Shiwago sieht nur noch diese Frau, betrügt Tonja mit ihr (die ihr zweites Kind erwartet), aber die persönliche Situation wird unerträglich. Schuldgefühle kommen auf, Ratlosigkeit über die Zukunft. Da wird Juri von Partisanen entführt und gezwungen, mehr als zwei Jahre als Arzt bei ihnen Dienst zu tun. Alle Verbindungen in seine alte Welt sind abgeschnitten.

Als gebrochener Mann kehrt er nach Jurjatin zurück. Die Familie mit Tonja und den beiden Kindern ist längst wieder in Moskau. Später erfährt Shiwago, daß sie aus Rußland ausgewiesen wurde und jetzt in Paris lebt. Lara pflegt Juri gesund, und es beginnt eine Zeit engster Gemeinsamkeiten der Körper und Herzen. Und hier – mit der Rettung des Privaten und Intimen, mit der Heiligung der kleinen Freiheit in Liebe, Arbeit und Geborgenheit hat Pasternak seine schärfste Kritik an den politischen Zuständen seines Landes verbunden. Angesichts des Chaos werden nicht zufällig in den beiden Liebenden Erinnerungen an die Schöpfungsgeschichte wach. Als hätten Krieg und Revolution das Land in einen Zustand vor der Schöpfung verwandelt, in ein Tohuwabohu, zeigen Lara und Juri wie das erste Menschenpaar Anzeichen einer beginnenden Ordnung:

»Aber merkwürdig, ich, eine schwache Frau (Lara), soll einem so klugen Mann wie dir erklären, was gegenwärtig mit dem Leben überhaupt geschieht, mit dem menschlichen Leben in Rußland, warum Familien auseinanderbrechen, auch deine und meine. Ach, als ob es dabei auf die Menschen ankäme, auf die Ähnlichkeit oder Unähnlichkeit der Charaktere, auf die Liebe oder Nichtliebe. Alles Überkommene, Eingefahrene, alles, was mit dem täglichen Leben, dem häuslichen Nest und der menschlichen Ordnung zu tun hat, ist im Zusammenhang mit dem Umsturz der Gesellschaft und ihrem Umbau zu Staub zerfallen. Alle Sitten und Gebräuche sind umgestoßen und zerstört. Geblieben ist einzig die nicht alltägliche, unbemühte Macht der nackten, bis auf den letzten Faden ausgeplünderten Herzenswärme, für die sich nichts geändert hat, denn sie hat zu allen Zeiten gefroren, gezittert und sich hingezogen gefühlt zu einer anderen Herzenswärme, die genauso nackt und einsam war. Du und ich, wir sind wie die beiden ersten Menschen, wie Adam und Eva, die am Anfang der Welt nichts hatten, um ihre Blöße zu bedecken, und wir sind jetzt am Ende der Welt ebenso nackt und unbehaust. Wir beide sind die letzte Erinnerung an all das unermeßlich Große, was in den vielen Jahrtausenden zwischen ihnen und uns geschaffen wurde, und in der Erinnerung an diese verschwundenen Wunder atmen wir und leben und weinen und halten uns fest und schmiegen uns aneinander.« (S. 551)

Dann folgt die kurze, rauschhafte Zeit in Warykino, der Durchbruch des Lyrikers Shiwago, bevor die Liebenden aus politischen Gründen wieder getrennt werden. Juri kehrt als ausgebrannter, lebensunfähiger Mann nach Moskau zurück, lebt in armseligen Verhältnissen, mehr und mehr unfähig selbst zu medizinischer Arbeit. Eine junge Frau nimmt sich seiner an und lebt mit ihm zusammen. Sie bekommen zwei Kinder. 1929 greift ein Bruder Juris ein und verschafft ihm die Möglichkeit, sich für einige Wochen zu geistiger Arbeit zurückzuziehen. Er verhilft ihm sogar zu einer neuen Anstellung in einem Krankenhaus. Aber Shiwago stirbt auf einer Straße in Moskau, als er gerade im Begriff ist, seinen neuen Dienst anzutreten. An seiner Bahre steht Lara. Doch bald wird auch sie verhaftet und geht in einem Konzentrationslager zugrunde. Im Krieg begegnen Freunde Shiwagos und der Bruder an der Front einem jungen Mädchen, das sie als Tochter Laras und Shiwagos identifizieren. Nach dem Krieg schöpfen die Freunde aus Werken des Schriftstellers Hoffnung auf Freiheit und Glauben an die Zukunft.

Die Szene in Warykino ist für uns nicht aus dramaturgischen oder poetologischen Gründen wichtig (man achte hier auf das Credo des Autors), sondern vor allem deshalb, weil Shiwago in dieser Nacht auch ein Christus-Gedicht, ein Bethlehem-Poem, entworfen hat und viele von *Juris Gedichten* um die *Figur Christi* kreisen oder Worte Christi aufnehmen. Das beginnt schon mit dem ersten Gedicht, einem Hamlet-Text, über die Existenz des der Öffentlichkeit ausgesetzten Künstlers (»Abba, Vater, wenn es möglich wäre, / Lenke diesen Kelch an mir vorbei«). Das setzt sich fort in Texten wie »In der Karwoche«, »Das Wunder«, »Schwere Tage«, »Magdalena I und II«, »Garten Gethsemane«. Pasternak läßt seinen Shiwago direkte oder indirekte Christus-Gedichte schreiben, gibt aber nur im Fall von »Stern der Geburt« die präzisen Entstehungsumstände an: die Winternacht mit Lara in Warykino.

Die Frage drängt sich von daher förmlich auf: Welche *Rolle spielt die Christusgestalt* im Roman? Die Antwort muß mehrschichtig sein, denn durch die kompositorische Entscheidung gibt der Autor selber vieldeutige Signale. So ist es zum Beispiel kein Zufall, daß die Gedichte nicht im Text dokumentiert werden als authentischer Ausdruck des subjektiven Erlebnisses und Bekenntnisses, sondern als Sammlung am Ende. Der Autor nimmt auf diese Weise die psychologische Komponente der Gedichte zurück. Als Leser liest man die Lyrik jetzt distanzierter, objektiver. Prosa und Lyrik gehen eine mehrdeutige Beziehung ein. Einiges sei hier zum Verständnis angedeutet:
Pasternak läßt seinen Shiwago zwar Christus-Gedichte schrei-

ben, nirgendwo aber bezeichnet er ihn als bekennenden Christen. Nur an einer einzigen Stelle im Roman spricht *Juri selber einmal von Christus,* und zwar in völlig unorthodoxer Weise. Als junger Medizinstudent hatte er sich einmal einer Patientin gegenüber zu einer leidenschaftlichen »Vorlesung« über Auferstehung und Tod hinreißen lassen und dabei offenbart, daß er sich ausdrücklich als »Naturwissenschaftler« fühle, dem eine individuelle Totenauferweckung, ein persönliches Fortleben nach dem Tode »fremd« sei:

»Die Auferstehung. In der groben Form, wie sie zum Trost der Schwachen behauptet wird, ist sie mir fremd. Ich habe die Worte Christi über die Lebenden und die Toten immer anders verstanden ... Sie denken ängstlich darüber nach, ob Sie auferstehen werden, dabei sind Sie schon auferstanden, als Sie geboren wurden, Sie haben es nur nicht bemerkt ... Es gibt keinen Grund zur Beunruhigung. Der Tod existiert nicht. Der Tod ist nicht unser Los. Sie sprachen von Talent, das ist etwas anderes, das ist unser, das steht uns offen. Talent aber ist im höchsten und weitesten Sinne eine Gabe des Lebens.
Der Tod wird nicht mehr sein, spricht der Evangelist Johannes. Hören Sie, wie einfach er argumentiert. Der Tod wird nicht mehr sein, weil die Vergangenheit vorüber ist. Das ist fast so wie: Der Tod wird nicht mehr sein, weil wir das schon kennen, es ist alt und überdrüssig, und jetzt brauchen wir Neues, und das Neue ist das ewige Leben.«
(S. 93.94 f)

Man beachte, wie Pasternak seinen Shiwago christliche Symbole, ja Worte Christi und der Evangelisten aufgreifen und uminterpretieren läßt.
Von Christus erfährt Shiwago erstmals etwas in seiner Kindheit, und zwar durch seinen Onkel, den Theologen und Ex-Priester Wedenjapin. Dieser pflegt von einer »Treue zu Christus« zu sprechen. Er versteht darunter das *Bewußtsein von der Zäsur,* die das Christentum in der Geschichte der Menschheit bewirkt hat: Idee der freien Person, Idee vom Leben als Opfer, Nächstenliebe als höchste Form von Lebensenergie:

»Man kann Atheist sein und möglicherweise nicht wissen, ob es einen Gott gibt und wozu, aber man kann dennoch wissen, daß der Mensch nicht in der Natur lebt, sondern in der Geschichte, die aus heutiger Sicht von Christus begründet wurde, mit dem Evangelium als Grundlage. Und was ist die Geschichte? Sie ist die Festschreibung jahrhundertelanger Bemühungen um die fortschreitende Enträtselung des Todes

und seine künftige Überwindung. Zu diesem Zweck werden die mathematische Unendlichkeit und elektromagnetische Wellen entdeckt, werden Symphonien geschrieben. In dieser Richtung voranzukommen geht nicht ohne einen gewissen Enthusiasmus. Für solche Entdeckungen bedarf es geistigen Rüstzeugs. Grundlagen dafür finden sich im Evangelium. Hier sind sie. Da ist erstens die Nächstenliebe, diese höchste Form von Lebensenergie, die das menschliche Herz erfüllt und nach Hingabe und Verschwendung verlangt. Da sind ferner die Grundkomponenten des modernen Menschen, ohne die er nicht denkbar ist, nämlich die Idee von der freien Persönlichkeit und die Idee vom Leben als Opfer. Bedenken Sie, daß das noch immer ungewöhnlich neu ist. In diesem Sinne hatte das Altertum keine Geschichte. Es gab die sanguinische Gemeinheit der grausamen, pockennarbigen Caligulas, die nicht ahnten, wie unfähig jeder Unterdrücker ist. Es gab die prahlerische tote Ewigkeit der Bronzedenkmäler und der Marmorsäulen. Erst die Jahrhunderte und Generationen nach Christus konnten frei atmen. Erst nach ihm begann das Leben in den Nachkommen, und der Mensch stirbt nicht mehr in der Gosse, sondern bei sich in der Geschichte, mitten in der Arbeit, die der Überwindung des Todes gewidmet ist, er stirbt und ist selber diesem Thema gewidmet.« (S. 16 f)

Diese geschichtstheologische Deutung Christi wird später von Wedenjapin noch einmal mit Hinweis auf das antike Rom präzisiert, eine Stadt, die er als »Trödelmarkt von entliehenen Göttern und eroberten Völkern« abqualifiziert:

»Und in diese Anhäufung marmorner und goldener Geschmacklosigkeit kam der leichtfüßige und von Glanz umhüllte, betont menschliche, absichtlich provinzielle Galiläer, und von diesem Moment an hörten Völker und Götter auf zu sein, und es begann der Mensch, der Mensch als Zimmermann, der Mensch als Pflüger, der Mensch als Hirt inmitten seiner Schafherde bei Sonnenuntergang, der Mensch, der keineswegs stolz klingt, der Mensch, der dankbar gefeiert wird in sämtlichen Wiegenliedern der Mütter und auf den Gemälden aller Galerien der Welt.« (S. 61)

Viel später in seinem Leben, als er das zweite Mal mit Lara in Jurjatin zusammenlebt, hört Juri Shiwago Ähnliches von einer ungewöhnlichen Frau und Freundin Laras: von *Serafima Tunzewa*. Auch sie erkennt im Christentum etwas »Neues, Niedagewesenes« (S. 563). Auch für sie besteht das Mysterium des Christentums im Glauben an die freie Persönlichkeit eines jeden Menschen, im Überzeugtsein von der inneren Freiheit des Individuums. Illustriert wird dies durch ein klassisches Theologumenon der Kirchenväter: Die Menschwerdung Gottes begründet die Gottwerdung des Menschen. Dies ist das Höchste, was vom Menschen gesagt werden kann:

»In der Welt hatte sich etwas verschoben. Es war zu Ende mit Rom, mit der Macht der Menge, mit der gewaltsam eingetrichterten Verpflichtung, innerhalb eines Volkes zu leben. Führer und Völker wurden Vergangenheit. Die Persönlichkeit, die Verkündigung der Freiheit traten an ihre Stelle. Das einzelne menschliche Leben wurde Gottes Wort, füllte mit seinem Inhalt den Raum des Alls. Wie es in einem feierlichen Lied zu Mariä Verkündigung lautet: Adam wollte Gott werden und irrte, er wurde nicht Gott, doch jetzt wird Gott zum Menschen, um Adam zum Gott zu machen (›der Mensch ist Gott, und er schafft den Gott Adam‹).« (S. 565)

Entscheidend ist nun, daß Juri sich die Auffassungen von Wedenjapin und Tunzewa zu eigen macht. Ausdrücklich informiert uns der Erzähler, daß der alt gewordene Shiwago in Moskau gegen Ende seines Lebens ein Büchlein habe drucken lassen, in dem er nicht nur seine medizinischen Erkenntnisse und seine Gedanken zu Transformismus und Evolution sowie zur Persönlichkeit als der »biologischen Grundlage des Organismus« niedergelegt habe, sondern auch seine »Betrachtungen zur Geschichte und Religion«, und diese hätten mit denen seines Onkels und Serafima Tunzewas »nahezu« übereingestimmt (S. 650).

Pasternak läßt also in seinem Roman verschiedene christliche Deutungen anklingen, ist konzeptionell aber höchst zurückhaltend, seinen Shiwago direkt als bekennenden Christen im orthodoxen Sinn zu präsentieren. Jede plumpe Identifikation vermeidet er ganz offensichtlich. Schon Shiwagos medizinisch-naturwissenschaftliche Ausbildung läßt ja keine traditionelle Gläubigkeit erwarten, was in der genannten Szene von Juri selber bestätigt wird. Dasselbe ist auch der Fall bei einem Gedicht mit dem Titel »Verwirrung«, das Juri während eines Fieberanfalls im Zuge einer Typhus-Erkrankung träumt, die zweite Stelle im Roman, wo ein direkter Christus-Bezug bei Shiwago begegnet. Denn dieses Gedicht behandelt die Tage zwischen Grablegung und Auferstehung Christi und bestätigt die Grundüberzeugung Shiwagos von einem ständigen Kampf des Todes gegen das Leben, des Grabes gegen Christus, die »unsterbliche Verkörperung der Liebe«. Das Gedicht endet mit der Hoffnung auf irdische Auferstehung: »Er muß erwachen. Er muß das Wachsein spüren und aufstehen. Er muß auferstehen.« (S. 283)

In der Forschung sind Überlegungen angestellt worden, was wohl die Hintergründe von Pasternaks undogmatischem, nicht-kirchlichem und sehr subjektiven Christentums gewesen sein mögen. *Guy de Mallac* verweist in seinem Pasternak-Buch auf die *jüdischen Wurzeln des Autors:* »Die unorthodoxe Natur von Pasternaks Orthodoxie kann auf seine jüdischen Wurzeln bezogen werden« (S. 329). Und in einem aufschlußreichen Kapitel über die »religious dimension« bei Pasternak (S. 327–337) kann derselbe Biograph aufschlußreiche Indizien präsentieren:

– Boris Pasternak wuchs auf in einer jüdischen Familie (Vater Leonid war Maler, Großvater Ossip Synagogen-Kantor), die zwar nicht sehr aktiv am Synagogen-Leben teilnahm, die aber dem Jungen genügend Einblick in die Traditionen des Judentums verschaffte.

– 1912 verbringt Pasternak ein Semester in der deutschen Universitätsstadt Marburg, wo er vom Hauptvertreter des Neu-Kantianismus, dem jüdischstämmigen Philosophen Hermann Cohen, beeinflußt wird. Religionsphilosophische und religionspolitische Grundgedanken, die Cohen später in Schriften wie »Deutschtum und Judentum« (1915) sowie »Die Religion der Vernunft aus den Quellen des Judentums« (1922) niederlegen wird, kann man bei Pasternak voraussetzen.

– Seine erste Ehe, die mit Eugenia Lourié, geht Pasternak noch mit einer Jüdin ein.

– Pasternaks Überzeugungen zeigen eine Verbundenheit mit dem jüdischen Erbe, eine unterschwellige Beeinflussung durch jüdische Werte. Nach der Untersuchung von *Judith Stora* sind dies: die prophetische Idee des universalen Glücks; der Primat des irdischen Lebens vor dem Leben im Jenseits; die Zurückweisung eines platonischen Dualismus von Geist und Seele; die Betonung der alltäglichen Details, die dem Leben seinen Reichtum und seine Fruchtbarkeit geben; das Bestehen auf dem Primat der Aktion.

All dies freilich kann nicht verdrängen wollen, daß Pasternak spätestens zu Beginn der 30er Jahre, als er Sinaida Nikolajwna, eine russisch-orthodoxe Christin, heiratet, sich der christlichen Tradition zuwendet. Überdies behauptet er, schon durch seine

Kinderfrau, Akulina Gawrilowna, getauft worden zu sein (um 1910/12). Dies war Pasternak offensichtlich wichtig, denn er legt, je länger desto mehr, größten Wert darauf, ein russischer, kein jüdischer Dichter zu sein, und zu seinem Russentum gehört nach seinem Verständnis auch eine Verbindung zum orthodoxen Christentum. Zur *Religionsfrage bei Pasternak* muß denn auch folgendes skizzenartig gesagt werden:

(1) Was immer an indirekten Beeinflussungen von jüdischen Wertvorstellungen im Werk entdeckt werden mag: Pasternak selber hat sich im Verlauf seines Lebens vom *Judentum als Religionsgemeinschaft* entschieden *distanziert*. Gerade der Roman »Doktor Shiwago« enthält noch einmal die schärftsmögliche Kritik an der angeblich nationalen Enge eines Judentums, das Pasternak durch das Christentum endgültig überwunden glaubt. Im Roman läßt der Autor schon im ersten Teil einen jüdischen Freund Juris namens *Mischa Gordon* auftreten, der über die Frage grübelt, was es bedeute, heute ein Jude zu sein. Im vierten Teil führt Pasternak Shiwago und Gordon (in einem Frontlazarett während des Ersten Weltkriegs) noch einmal zusammen. Beide beobachten, wie ein junger Kosak (unter dem Gejohle der Umstehenden) einen »graubärtigen alten Juden im langen Kaftan« der Lächerlichkeit aussetzt und demütigt. Shiwago drückt sein Entsetzen vor diesem (noch relativ harmlosen) Zeugnis des russischen Antisemitismus aus und folgert daraus grundsätzlich:

»*Du kannst dir nicht vorstellen, was für eine Schale des Leids die unglückliche jüdische Bevölkerung in diesem Krieg hat leeren müssen ... Was die Leute durchgemacht haben, all die Leiden, die übermäßigen Abgaben, die Verwüstungen lohnt man ihnen obendrein mit Pogromen, Verhöhnungen und der Beschuldigung, sie hätten zuwenig Patriotismus. Wo soll der auch herkommen, wenn sie beim Feind alle Rechte genießen und bei uns nur Verfolgungen ausgesetzt sind?*« (S. 163 f.)

Gordon schweigt zunächst auf diese Bemerkung Juris, gibt dann aber wenig später seine Einschätzung der »Judenfrage« ab. Und diesem Juden legt Pasternak das in den Mund, was wohl auch seine Überzeugung ist: Angesichts des Christentums, das für ihn »das Mysterium der Persönlichkeit« (S. 168) darstellt, kann das Judentum nur verschwinden wollen. Es hat kein Existenzrecht mehr. Der Jude Gordon fragt sich von daher fassungslos, warum dieses Volk sich nicht längst aufgelöst hat:

»Warum sind die Vordenker des jüdischen Volkes nie weitergegangen als bis zu den leicht zugänglichen Formen des Weltschmerzes und der ironisierenden Weisheit? Warum haben sie nicht riskiert, zu explodieren von der ihnen auferlegten Pflicht, so wie Dampfkessel vom Überdruck platzen, und warum haben sie es nicht auseinandergehen lassen, dieses kleine Volk, das immer für irgend etwas kämpfte und für irgend etwas geprügelt wurde? Warum haben sie den Leuten nicht gesagt: Besinnt euch. Es genügt. Mehr ist nicht nötig. Nennt euch nicht mehr wie früher. Drängt euch nicht zusammen, verstreut euch. Seid mit allen. Ihr seid die ersten und die besten Christen der Welt. Ihr seid genau das, wogegen sich die Schlechtesten und Schwächsten von euch stets gesträubt haben.« (S. 168 f.)*

Kein Wunder, daß Pasternaks »Doktor Shiwago« gerade im Staat Israel auf wütende Ablehnung stieß, einem Staat, der bekanntlich nur deshalb existiert, weil Juden sich in einem letzten Verzweiflungskampf dagegen wehrten, Opfer einer zwanghaften Auflösungspolitik zu werden ...

(2) Nach dem Zweiten Weltkrieg ist bei Pasternak eine *Hinwendung zur christlichen Tradition, konkret zur orthodoxen Kirche,* unverkennbar. In der neuesten »literarischen Biographie« (1998) von *Christopher Barnes* kann man nachlesen, wie konkret die religiöse Praxis Pasternaks nach dem Krieg ausgesehen hat: »Persönlich kein großer Sünder, war Pasternak durchaus selektiv bei der Beobachtung der Zehn Gebote. Ferner: Shiwagos Überzeugungen, daß das irdische Leben in sich selbst eine Form der Auferstehung sei und daß Unsterblichkeit großenteils im menschlichen Gedächtnis bestehe, waren nicht Kennzeichen eines konventionellen Christentums. In den Nachkriegsjahren nahm Pasternak wenigstens sporadisch Kirchen-Besuche wieder auf, und die Iwanows beobachteten, daß er die Gesänge in den Gottesdiensten kannte und in sie einstimmen konnte. Er besuchte gelegentlich die kleine Kirche in Peredelkino, die man vom oberen Flur seiner Datscha sehen konnte. Sie war durch die ganze Sowjet-Periode hindurch offen geblieben und wurde von Gläubigen vor Ort besucht, obwohl die literarische Gemeinde sich dort kaum blicken ließ.« (II, S. 245)

(3) Besonders bemerkenswert ist, daß nach dem Zweiten Weltkrieg eine *Hinwendung zur Gestalt Christi* bei Pasternak offenkundig ist. Hatte er in früheren Werken kaum einmal neutestamentliche Motive anklingen lassen, waren in früheren lyri-

schen Arbeiten Christus-Gedichte völlig abwesend, so beschäf-
tigt sich Pasternak nach dem Krieg intensiv mit der Bibel, lernt
Psalmen auswendig und bewundert den hohen moralischen
Inhalt und die poetische Qualität der Schrift. Eindrucksvollstes
Zeugnis für diese Hinwendung zur Gestalt Christi ist das
Gedicht »Morgendämmerung« (Nr. 19 der Shiwago-Gedichte).
Das lyrische Ich spricht hier davon, daß es nach »ungezählten
Jahren«, nach »Krieg und Untergang«, nach einer Zeit, wo
»lange, lange keine Nachricht« durchgedrungen sei, erneut
von der Stimme Gottes oder Christi »gereizt« worden sei: »Die
ganze Nacht bei deinen Worten, / Erwachten wieder meine
Sinne.« Für den Slawisten *Wolfgang Kasack* ist dies der
»Schlüsselsatz für alle Christus-Gedichte« die Pasternak geschrieben habe: »Nicht ein äußeres Ereignis, nicht Krankheit
oder Todesnähe, nicht eine Vision, sondern ein erneutes Lesen
der Bibel hat Pasternak zurück und vertieft zum Christentum
gebracht. Die auf das Evangelium zurückgehenden Gedichte
legen davon Zeugnis ab.« (Christus in der russ. Lit., S. 14)
(4) Die *Christus-Gedichte* von Shiwago/Pasternak sind *nicht für
eine traditionelle dogmatische Christus-Orthodoxie zu vereinnahmen.* Nirgendwo ist in diesen Texten von Christus als Gottessohn, zweiter Person der Trinität, menschgewordenem Erlöser, auferwecktem Kyrios die Rede. Gerade die – in der rus-
sisch-orthodoxen Tradition hochgeschätzte – Trinitäts- und
Inkarnationschristologie ist völlig abwesend, auch die orthodoxe Zwei-Naturen-Lehre (Jesus Christus eine göttliche Person in
zwei Naturen). Shiwago/Pasternaks Gedichte stellen vielmehr
eine höchst *subjektive Reinterpretation der Gestalt Christi* dar.
Auf die formal-ästhetischen Aspekte können wir hier nicht eingehen (Näheres dazu bei D. Davie und P. A. Bodin). Wir konzentrieren uns hier auf die inhaltlichen Aussagen.
Dabei fällt auf: Bleiben Gedichte, die christliche Festzeiten beschreiben (»In der Karwoche«) oder eine neutestamentliche Ur-
szene wie die Geburt behandeln (»Stern der Geburt«) zur Christusfigur noch neutral-distanziert, so spiegelt sich in anderen
Gedichten eine zunehmende persönliche Betroffenheit des lyrischen Ich. Die beiden *Maria-Magdalena-Gedichte* etwa gestalten das Verhältnis Mann-Frau in einzigartig verdichteter Form als
Treue auch im Leiden. Der Mann wird als »Erlöser und Lehrer«

beschrieben; die Frau besitzt eine visionäre Hingabekraft, die sie fähig macht, auch das Äußerste an Leiden durchzustehen. Hier dürfte zum Verständnis das heranzuziehen sein, was am Ende des 13. Teils Serafima Tunzewa als *Deutung der Maria-Magdalena-Figur* in den Mund gelegt wurde. Auf die Tradition des in der orthodoxen Liturgie bekannten Troparion anspielend (in der Regel ein einstrophiger Kurzhymnus zur Erläuterung des Tagesthemas), führt sie aus:

»*Mich hat schon immer beschäftigt, warum die Erwähnung Magdalenas erst unmittelbar vor dem Osterfest geschieht, an der Schwelle von Christi Tod und Christi Auferstehung. Ich kenne die Gründe nicht, aber die Erinnerung daran, daß dies Leben ist, kommt zeitlich so passend im Moment des Abschieds vom Leben und in der Vorahnung seiner Wiederkehr. Jetzt hören Sie, mit welch wirklicher Leidenschaft, mit welch rücksichtsloser Direktheit diese Erwähnung geschieht… Und ein ähnlicher Ausruf in einem anderen Troparion auf den gleichen Tag, noch ausführlicher, mit dem unzweifelhaft Magdalena gemeint ist. Hier trauert sie mit schrecklicher Spürbarkeit um die Vergangenheit, darum, daß jede Nacht die früheren tief verwurzelten Empfindungen in ihr weckt. ›Kaum wird es Nacht, so entzündet sich in mir ungezügelte Begierde, der finstere und mondlose Drang nach Sünde.‹ Sie bittet Christus, ihre Reuetränen anzunehmen und sich zu ihren Herzensklagen herabzuneigen, damit sie seine reinen Füße mit ihren Haaren trocknen kann, Haaren, in deren Rascheln sich einst im Paradies die bestürzte und beschämte Eva hüllte. ›Ich will liebkosen Deine reinen Füße und sie trocknen mit den Haaren meines Hauptes, so wie Eva sich im Paradies angstvoll in ihr rauschendes Haar hüllte.‹ Und dann bricht plötzlich der Ausruf hervor: ›Meiner Sünden sind viele, doch wer erforscht Deine abgrundtiefen Schicksale?‹ Welche Kürze, welche Gleichsetzung von Gott und Leben, Gott und Persönlichkeit, Gott und Frau!*« (S. 567)

Die Pointe ist hier eine *Apotheose des Lebens*! Und wir begreifen allmählich das Verfahren bei dieser relecture neutestamentlicher Szenen und Figuren in den Gedichten Shiwagos. Es ist das einer Überblendung von Weltlichem und Sakralem, Liturgischem und Naturhaftem, Biblischem und Poetischem. Hamlet wird mit Christus-Zitaten gedeutet, Christus ist am Ende einer Hamlet-Figur zum Verwechseln ähnlich. Denn die ersten zwölf Strophen des letzten, des *Gethsemane-Gedichtes* präsentieren Christus mit Hamlet-artigen Zügen: die Erfahrung der Angst und der Sterblichkeit; das Gefühl, einem »Nichts« ausgesetzt zu sein, einem »All«, in dem niemand zu wohnen scheint;

die Tatsache, von Einsamkeit bedroht und von Verrätern umgeben zu sein. Dies alles sind Analogien zwischen der Hamlet-
Existenz und der Christus-Existenz. Und diese Analogien verdichten sich noch in dem Moment, wo der Christus im Gethsemane-Gedicht seinen Leidensweg als »Erfüllung« dessen
bezeichnet, »was geschrieben« steht:

»Die Seite hier im Buch des Lebens
Ist heiliger als alle andern.
Erfüllung will nun, was geschrieben.
Erfülle es sich. Amen.« (S. 751)

Ein Grundgedanke, der bereits in der dritten Strophe des Ham-
let-Gedichts angeklungen war, als Hamlet das »Abba, Vater«-
Wort Christi aufnimmt und zu Gott sagt:

»Zwar liebe ich dein eigensinnig Planen
Und bin, meinen Part zu spielen, gewillt.
Dies aber ist ein andres Drama,
Diesmal, bitte, schon dein Ebenbild.« (S. 712)

Diese »Schonung« durch Gott erfolgt bei Christus genauso
wenig wie bei Hamlet. Im Gegenteil. Der Pasternaksche Christus wählt »den Marterweg ins Grab«. Und so lauten im Gethsemane-Gedicht die beiden nächsten und abschließenden
Strophen:

»Du siehst Jahrhunderte im Gleichnis
Und aus dem Laufe jäh entfacht.
Im Namen seiner Schreckensgröße
Wähl ich den Marterweg ins Grab;

Um aufzustehen am dritten Tage.
Und wie Kähne in des Stroms Geleit
Ziehn vors Gericht, das ich dann halte,
Jahrhunderte aus ihrer Dunkelheit.« (S. 712 f.)

Der Wechsel zum »Du« ist dabei auffällig. Redet Christus jetzt
mit sich selbst? Das wäre möglich, aber psychologisch nicht
gerade überzeugend. Ein Sprecherwechsel ist eher wahrscheinlich: von Christus zum Dichter. Ja, das Geniale dieses
Gedichtes besteht gerade darin, daß man als Leser den Übergang von der Christus-Rede zur Künstler-Rede kaum merkt,
kaum merken soll. Denn so wie das erste Gedicht über Hamlet

eine Selbstdeutung des Künstlers ist, so auch das letzte Gedicht über den »Garten Gethsemane«.

So kommt es im Roman zu einem Nebeneinander von *mindestens vier Christus-Vorstellungen,* die konzeptionell keineswegs ausgeglichen sind:

– Christi Auferstehung ist das Ursymbol für unvergängliches Leben, Unsterblichkeit. Unsterblichkeit aber bedeutet, daß jeder Mensch in anderen Menschen fortlebt.

– Das Erscheinen des Christentums bedeutet geschichtlich eine Zäsur, mit der jedem Menschen eine unzerstörbare Personhaftigkeit und eine innere Freiheit zugesprochen ist. Das patristische Theologumenon drückt diese Geschichtswende aus: »Adam wollte Gott werden und irrte, er wurde nicht Gott, doch jetzt wird Gott zum Menschen, um Adam zum Gott zu machen.« Die Stichworte der Zäsur heißen: Persönlichkeit (Personwürde), innere Freiheit (Gewissen), Nächstenliebe (Hingabe für andere).

– Christus ist das Urbild des ersten freien Menschen, der erste menschliche Mensch. Er bedeutet das Ende der Völker und der Götter, und damit das mögliche Ende der Spaltungen der Menschheit, der Nationalismen. Es entsteht die Menschlichkeit als ein alle Menschen umgreifender Wert.

– Der Künstler deutet seine Passion und Auferstehung als mythische Wiederholung von Tod und Auferstehung Christi. Das steht im Gegensatz zum orthodoxen christlichen Glauben. Im christlichen Bekenntnis wird Christus durch die Auferweckung eingesetzt »als Sohn Gottes in Macht« (Römer 1,4), wird er Herr über den Kosmos (Philipper 2,9–11). In Shiwagos letztem Gedicht dagegen werden Tod und Auferstehung als Einheit gedacht. Von einer Auferweckung durch Gott ist hier nicht die Rede. Der Tod erfolgt aus freier Wahl mit dem Ziel der Auferstehung.

Pasternak läßt somit Shiwago auch im letzten Text nichts anderes sagen als das, was wir aus dem Roman schon kennen: Auferstehung heißt Fortleben im Gedächtnis der Menschen. Auferstehung ist Sieg über den Tod, aber dieser Sieg vollzieht sich innerhalb der Geschichte, verbleibt in der Immanenz, genauso wie das Gericht über die Jahrhunderte, das hier angekündigt ist. Die Jahrhunderte werden kommen und gehen wie bisher. Nach Christus aber, nach der beschriebenen geschichtlichen Zäsur, gibt es jetzt ein Kriterium, nach dem Geschichte zu beurteilen ist. Das Gethsemane-Gedicht benennt dieses Kriterium nicht mehr, aber wir dürfen aus dem Roman ergänzen: Kriterium für ein Gerichtsurteil über die Jahrhunderte sind: Persönlichkeit (Personenwürde), innere Freiheit (Gewissen), Nächstenliebe (Hingabe für andere).

Damit ist deutlich geworden: Die christlich-religiösen Elemente sind für die Grundkonzeption des Romans entscheidend. Sie bilden das geistige Zentrum und erklären die kritische Schärfe in der Auseinandersetzung mit den geschichtlichen und politischen Ereignissen im Rußland der ersten Jahrhunderthälfte. Denn mit Shiwago hat Pasternak eine Figur entworfen, welche – im Lichte seines Christusglaubens – die Qualität politischer Veränderungen daran mißt, ob sie den Menschen zu persönlicher Würde und innerer Freiheit verhelfen. Die russische Revolution tat genau das Gegenteil. Sie verriet die Ideale von Freiheit, Nächstenliebe und menschlicher Würde totalitär. Wie sein Doktor Shiwago geht auch dessen Autor auf Distanz, ja in die innere Emigration. Er versucht in der Kunst das zu retten, was den Menschen zum Menschen macht: die Praxis der Liebe, die Hingegebenheit an sinnvolle Arbeit, an die Schönheit der Natur, die Rettung des privaten menschlichen Glücks.

Daß Juri Shiwago in seinem eigenen Leben diese Ideale verrät (sein zwiespältiges Verhältnis zu Tonja und Lara), macht nur seine Menschlichkeit aus. Die Ideale bleiben damit unangetastet. Im Gegenteil: Im Spiegel seiner Geschichte erkennt der Leser erst, wie sehr die politischen Ereignisse im Rußland der ersten Jahrhunderthälfte das zerstörten, was zur Menschlichkeit des Menschen gehört. Die revolutionären Zuckungen haben Menschen wie Shiwago auf einen unerhörten Passionsweg gezwungen. Und Juri hatte diesen Passionsweg letztlich angenommen. Er ist damit keine Christus-Figur, wohl aber hat er Anteil am Schicksal Christi. Wie dieser geht auch er scheinbar sinnlos zugrunde; der Tod und das Böse scheinen zu siegen. Aber wie Christus steht auch er auf, und das heißt für Pasternak: Er geht in eine Zukunft ein, von welcher der Dichter glaubt, daß sie von den Idealen seines Christentums bestimmt sein wird. Der Tübinger Slawist *Ludolf Müller,* der schon 1963 die Gedichte des Doktor Shiwago einer überzeugenden Deutung unterzogen hat, hat dies 1979 in einer Gesamtinterpretation des Romans noch einmal eindrucksvoll herausgestellt: »Was die Gestalt Christi hinaushebt über andere Menschen, die sich auch freiwillig zum Opfer gebracht haben, ist für Pasternak offenbar die völlige Reinheit seines Wesens, Wollens und Wirkens. Er sieht hier das Leben eines Menschen, der völlig frei davon ist, sich selbst zu wollen, das Seine zu wollen, der sein Leben führt in völliger, freier Übereinstimmung mit dem Willen Gottes oder, anders ausgedrückt, mit dem, was der tiefste Sinn alles Lebens ist, der also die ›Idee der freien Persönlichkeit‹ in vollkommener Weise verkörpert und der andererseits bereit ist, die Verwirklichung dieser Idee, dieses Leben in der freien Persönlichkeit, d. h. sich im Opfer dahinzugeben.« (S. 370) Pasternak selber läßt keinen Zweifel daran, daß sein Roman geprägt ist von seinem »Christentum«. In einem Brief vom 13. Oktober 1946 an seine Cousine Olga Freudenberg in Leningrad steht zu lesen:

»Ich sagte Dir bereits, daß ich einen großen Roman in Prosa begonnen habe. Im Grunde ist das mein erstes echtes Werk. Ich möchte darin ein historisches Bild vom Rußland der letzten fünfundvierzig Jahre geben, und zugleich wird dieser Text auf allen Ebenen des Sujets – eines schweren, traurigen und detailliert ausgearbeiteten Sujets, wie, im Idealfall, bei Dickens und Dostojewski – meine Ansichten von der Kunst, vom Evangelium, vom Leben des Menschen in der Geschichte und von vielem anderen zum Ausdruck bringen. Vorläufig heißt der Roman ›Jungen und Mädchen‹. Ich rechne darin mit dem Judentum ab, mit allen Spielarten des Nationalismus (auch dem im Internationalismus enthaltenen) sowie mit allen Abstufungen des Antichristentums und dessen Annahme, es gäbe nach dem Niedergang des Römischen Reiches tatsächlich noch Völker und man könnte eine Kultur auf deren purem Nationalcharakter aufbauen.
Die Atmosphäre des Textes ist geprägt von meinem Christentum; in seiner Spannweite unterscheidet es sich ein wenig von dem der Quäker und dem Tolstois, es kommt noch von anderen Aspekten des Evangeliums her, zusätzlich zu den ethischen.« (Briefwechsel, S. 316)

Ausgabe: B. Pasternak, Doktor Zivago (1957). Doktor Shiwago. Roman. Deutsch von Th. Reschke, Berlin-Weimar 1991, Taschenbuch-Ausgabe Frankfurt/M. 1992, S. 597–605. Die »Gedichte Juri Shiwagos« wurden in dieser Ausgabe von *R. Pietraß* nachgedichtet.

Literatur zur Vertiefung

1. *Zur Lebensgeschichte:*
   B. Pasternak, Geleitbrief. Entwurf zu einem Selbstbildnis (1931). Deutsch von G. Drohla, Frankfurt/M. 1986.
   Ders., Über mich selbst. Versuch einer Autobiographie (1959). Deutsch von R. v. Walter, Frankfurt/M. 1990.
   B. Pasternak – O. Freudenberg, Briefwechsel 1910–1954. Deutsch von R. Tietze, Frankfurt/M. 1986.
   Ch. Barnes, Boris Pasternak. A Literary Biography, Bde. I–II, Cambridge 1989–1998.

2. *Zur Werkgeschichte:*
   D. Davie-A. Livingstone (Hrsg.), Pasternak. Modern Judgements, London 1969.
   H. Gifford, Pasternak. A Critical Study, Cambridge 1977.
   G. de Mallac, Boris Pasternak. His Life and Art, University of Oklahoma Press 1981.
   P. Levi, Boris Pasternak, London 1990.

3. *Zum Text:*
   H. Mayer, Doktor Shiwago (1962), in: ders., Weltliteratur. Studien und Versuche, Frankfurt/M. 1994, S. 431–457.
   L. Müller, Die Gedichte des Doktor Shiwago, in: Neue Sammlung 3 (1963), S. 1–16.
   D. Davie, The Poems of Doctor Zhivago, Manchester 1965, ern. Westport/Conn. 1977.
   J. Stora, Pasternak et le judaisme, in: Cahiers du monde russe et soviétique 9 (1968), S. 353–364.
   W. Kasack, Die Funktion der Erzählschlüsse in Pasternaks »Doktor Shiwago«, in: Zeitschrift für Slavische Philologie 35 (1971), S. 170–186.
   Th. F. Rogers, The Implications of Christ's Passion in »Doctor Zhivago«, in: Slavic and East European Journal 18 (1974), S. 384–391.
   P. A. Bodin, Nine Poems from »Doktor Zhivago«. A Study of Christian Motifs in Boris Pasternak's Poetry, Stockholm 1976.
   L. Müller, Pasternak: »Doktor Shiwago«: in: Der russische Roman, hrsg. von B. Zelinsky, Düsseldorf 1979, S. 354–380 u. 433–436.
   Ders., Die Gestalt Christi in der neueren russischen Literatur III: Pasternak: »Hinaufwachsen zur Auferstehung«, in: Zeitwende 63 (1992), S. 40–50.
   N. Cronwell, Pasternak's Novel: Perspectives on »Doctor Zhivago«, Keele 1986.

A. Livingstone, Boris Pasternak: »Doctor Zhivago«, Cambridge 1989.

M. Sendich-E. Greber, Pasternak's »Doctor Zhivago«. An International Bibliography Of Criticism (1957–1985), East Lansing, Mi. 1990 (Russian Language Journal).

W. Kasack, Christus in der russischen Literatur des 20. Jahrhunderts I–V, in: Novalis 11/1998–4/1999 (zu Pasternak 2/1999, S. 13 f.).

Boris Pasternak
Doktor Shiwago

Am Abend hatten sich alle mit dem warmen Wasser gewaschen, das von der Reinigungsaktion reichlich übriggeblieben war. Lara hatte Katenka gebadet. Shiwago saß mit dem wohligen Gefühl der Sauberkeit am Schreibtisch, mit dem Rücken zum Zimmer, wo Lara, duftend, in einen Bademantel gehüllt, ein Frottierhandtuch als Turban um die nassen Haare geschlungen, Katenka zu Bett brachte. Shiwago, erfüllt vom Vorgenuß der konzentrierten Arbeit, nahm alles durch einen Schleier zärtlicher und allumfassender Aufmerksamkeit wahr.

Es war ein Uhr nachts, als Lara, die sich bislang schlafend gestellt hatte, wirklich einschlief. Ihre und Katenkas Leibwäsche und die Bettücher, geplättet und spitzenverziert, strahlten in reinem Weiß. Lara brachte es selbst in dieser Zeit fertig, ihre Wäsche zu stärken.

Der Arzt war umgeben von seligem, glückerfülltem, süß atmendem Leben und von Stille. Das Lampenlicht fiel in ruhigem Gelb auf das weiße Papier, und in der Tinte im Tintenfaß schwamm ein goldenes Lichtpünktchen. Vor dem Fenster stand hellblau die frostige Winternacht. Er ging ins kalte, unbeleuchtete Nebenzimmer, von wo alles besser zu sehen war, und blickte hinaus. Das Licht des Vollmonds überzog die verschneite Ebene mit fühlbarer Klebrigkeit wie Eiweiß oder Bleiweiß. Die Pracht der Frostnacht war unbeschreiblich. In der Seele des Arztes war Frieden. Er kehrte in das helle, warmgeheizte Zimmer zurück und begann zu schreiben.

Mit schwungvoller Handschrift, darum besorgt, daß das Geschriebene die lebendige Bewegung der Hand wiedergab, nicht aber ihren Charakter verlor und stumm und seelenlos wurde, bemühte er seine Erinnerung, schrieb auf, was er noch besonders fest im Gedächtnis hatte, und variierte es so, daß die Verse allmählich immer besser wurden, »Stern der Geburt«, »Winternacht« und eine Anzahl ähnlicher Gedichte, die später in Vergessenheit gerieten, verlorengingen und nicht mehr aufgefunden wurden.

Von den ausgereiften und vollendeten Gedichten kam er zu begonnenen, die er später aufgegeben hatte, fand sich in ihren Ton wieder hinein und entwarf Fortsetzungen, ohne die geringste Hoffnung, sie jetzt vollenden zu können. Dann geriet er in Fahrt, ließ sich hinreißen und ging zu Neuem über.

Nach zwei oder drei Strophen, die ihm leicht aus der Feder flossen, und etlichen Vergleichen, die ihn selber überraschten, nahm ihn die Arbeit gänzlich gefangen, und er spürte das Nahen dessen, was man Inspiration nennt. Das Zusammenwirken der Kräfte, die das schöpferische Schreiben lenken, stellt sich gleichsam auf den Kopf. Den Vorrang hat nicht mehr der Mensch mit seiner seelischen Verfassung, für die er den Ausdruck sucht, sondern die Sprache, mit der er ihn ausdrücken möchte. Die Sprache. Heimat und Gefäß der Schönheit und des Sinns, beginnt von selbst für den Menschen zu denken und zu sprechen und wird Musik, nicht als äußerer lautlicher Klang, sondern als schnelles und mächtiges inneres Strömen. Dann schafft die Sprache wie ein sich dahinwälzender gewaltiger Strom, der durch seine Bewegung die Steine am Grunde rund schleift und Mühlräder treibt, durch die Kraft ihrer Gesetze wie nebenbei Metrik und Reime und Tausende andere Formen und Bildungen, die noch wichtiger sind, bislang aber nicht erkannt, nicht benutzt, nicht benannt wurden.

In solchen Momenten spürte Shiwago, daß die Hauptarbeit nicht er selbst tat, sondern etwas, was über ihm stand und ihn leitete: der Zustand des Weltdenkens und der Weltpoesie, ihre vorbestimmte Zukunft und der nächstfolgende Schritt, den sie in ihrer historischen Entwicklung tun mußte. Und er fühlte sich nur als Anlaß und Stützpunkt dafür, daß sie in Bewegung käme.

Er wurde frei von den Selbstvorwürfen, von der Unzufriedenheit mit sich selbst, und das Gefühl der eigenen Nichtigkeit verließ ihn für einige Zeit. Er sah sich um, blickte in die Runde.

Er sah die Köpfe von Lara und Katenka, die auf den schneeweißen Kissen schliefen. Die Reinheit der Wäsche, die Reinheit der Zim-

mer, die Reinheit ihrer Umrisse verschmolz mit der Reinheit der
Nacht, des Schnees, der Sterne und des Mondes zu einer einzigen
Woge, die durch sein Herz ging und ihn frohlocken und weinen
ließ aus dem Gefühl der triumphierenden Reinheit des Daseins.

O Gott! O Gott! hätte er am liebsten geflüstert. Und das alles mir!
Wofür soviel für mich? Wie hast du mich zu dir gelassen, wie hast
du mir erlaubt, deine unendlich kostbare Erde zu betreten, mich
unter diese deine Sterne zu verlaufen, zu den Füßen dieser unbe-
sonnenen, ergebenen, unglücklichen, teuersten Frau?

Es war drei Uhr nachts, als Shiwago den Blick vom Tisch und vom
Papier hob. Aus der entrückten Konzentration, in der er völlig auf-
gegangen war, kehrte er zurück zu sich, in die Wirklichkeit, glücklich, stark, ruhig. Plötzlich hörte er im Schweigen der fernen Räume, die sich vor dem Fenster erstreckten, einen traurigen, wehmü-
tigen Laut.

Er ging in das dunkle Nebenzimmer, um von dort aus dem Fenster
zu schauen. In den Stunden, die er mit Schreiben verbracht hatte,
waren die Scheiben stark bereift und undurchsichtig geworden. Er
zog den zusammengerollten Teppich weg, der vor der Außentür
lag, damit es nicht hereinzog, warf den Pelzmantel über die Schultern und trat auf die Vortreppe.

Das weiße Feuer des Mondlichts auf dem schattenlosen Schnee
blendete ihn. Zunächst konnte er nichts sehen und nichts erkennen. Bald darauf aber hörte er ein durch die Entfernung
geschwächtes, langgedehntes, winselndes Heulen, und da sah er
am Rande der Lichtung jenseits der Schlucht vier Schatten, nicht
größer als ein kleiner Strich.

Die Wölfe standen nebeneinander, die Schnauzen dem Hause
zugewandt, die Köpfe hocherhoben, sie heulten den Mond an oder
die silbrig schimmernden Fenster des Mikulizyn-Hauses. Ein paar
Augenblicke blieben sie unbeweglich, doch kaum hatte Shiwago
begriffen, daß es Wölfe waren, trippelten sie wie Hunde, das Hin-
terteil gesenkt, weg von der Lichtung, als hätten die Gedanken des
Arztes sie erreicht. Shiwago konnte nicht einmal feststellen, in welcher Richtung sie sich entfernt hatten.

Scheußliche Neuigkeit! dachte er. Das hat uns gerade noch gefehlt.
Womöglich haben die hier ganz in der Nähe ihr Lager? Vielleicht
sogar in der Schlucht? Schrecklich! Und wir haben auch noch Sam-
dewjatows Falben im Stall. Bestimmt haben sie das Pferd gewittert.

Er beschloß, Lara vorläufig nichts davon zu erzählen, um sie nicht zu ängstigen, ging wieder hinein, verschloß die Außentür, machte die Zwischentür zu, die die kalte Hälfte des Hauses von der warmen trennte, verstopfte die Ritzen und Öffnungen und setzte sich an den Schreibtisch.

Die Lampe brannte hell und freundlich wie zuvor. Aber er hatte keine Lust mehr zum Schreiben. Er fand keine Ruhe. Nur noch die Wölfe und die anderen drohenden Schwierigkeiten geisterten in seinem Kopf. Er war auch müde. In diesem Moment erwachte Lara.

»Du brennst und leuchtest immerzu, mein reines Licht!« sagte sie leise mit feuchter, vom Schlaf belegter Stimme. »Setz dich für einen Moment zu mir. Ich will dir erzählen, was ich geträumt habe.«

Er löschte die Lampe.

Ein weiterer Tag verging in stiller Entrücktheit. Im Hause fand sich ein Kinderschlitten. Shiwago hatte im Hof einen Eisberg errichtet, indem er Schnee häufte, mit dem Spaten festklopfte und mit Wasser begoß. Von diesem Hügel rodelte Katenka im Pelzmäntelchen, rot im Gesicht, laut lachend hinunter auf die ungefegten Wege. Unermüdlich stieg sie immer wieder mit erstarrtem Lächeln hinauf, zog den Schlitten an der Leine hinter sich her.

Der Frost hatte spürbar zugenommen. Draußen schien die Sonne. Der Schnee schimmerte gelb unter ihren mittäglichen Strahlen, und in das Messinggelb floß wie ein süßer Bodensatz das apfelsinenfarbene Licht des früh anbrechenden Abends.

Nach dem gestrigen Waschen und Baden war das Haus voller Feuchtigkeit. Lockerer Reif überzog die Fenster, und über die vom Dampf feuchten Tapeten liefen von der Decke zum Fußboden schwarze Tropfen. Die Zimmer waren dunkel und ungemütlich. Shiwago schleppte Holz und Wasser und setzte die unterbrochene Durchsuchung des Hauses fort, wobei er immer wieder Entdeckungen machte. Er half Lara bei den Hausarbeiten, die sie vom Morgen an unablässig in Anspruch nahmen.

Mitten in irgendeiner Arbeit berührten sich ihre Hände und verschränkten sich, der schwere Gegenstand, den sie gemeinsam heben wollten, sank zurück auf den Fußboden, und eine benebelnde, unüberwindliche Zärtlichkeit machte sie waffenlos. Wieder fiel ihnen alles aus den Händen, flog ihnen alles aus dem Kopf. Abermals verstrichen Minuten, fügten sich zu Stunden, und es wurde spät, und beiden wurde mit Schrecken bewußt, daß sie Katenka ganz vergessen hatten, auch das ungefütterte und ungetränkte Pferd, da stürmten sie Hals über Kopf los, um das Versäumte nachzuholen, den Schaden wiedergutzumachen, und sie litten an Gewissensbissen.

Shiwago, unausgeschlafen, hatte Kopfschmerzen. In seinem Kopf war ein süßer Nebel, als wäre er beschwipst, und seinen Körper hatte eine ziehende, wohlige Schwäche erfaßt. Ungeduldig wartete er auf den Abend, um zu seiner nächtlichen Arbeit zurückkehren zu können.

Die erste Hälfte der Arbeit verrichtete für ihn der schläfrige Dunst, der ihn erfüllte und alles, auch seine Gedanken, einhüllte. Die allgemeine Verschwommenheit ging der präzisen, endgültigen Darstellung voraus. So wie die Verworrenheit der ersten Rohentwürfe diente die peinigende Müßigkeit des Tages als notwendige Vorbereitung für die Arbeitsnacht.

Die Müdigkeit infolge des Nichtstuns ließ nichts unberührt, unverwandelt. Alles veränderte sich, nahm ein anderes Aussehen an.

Shiwago fühlte, daß seine Träume von einem längeren Aufenthalt in Warykino sich nicht erfüllen würden, daß die Stunde der Trennung von Lara nahe war, daß er sie unweigerlich verlieren würde und mit ihr den Lebenswillen, vielleicht auch das Leben. Schwermut nagte an ihm. Noch mehr aber quälte ihn das Warten auf den Abend und der Wunsch, diese Schwermut so ausdrucksstark hinauszuweinen, daß jeder Leser darüber weinen mußte.

Die Wölfe, an die er den ganzen Tag dachte, waren nicht mehr Wölfe im Schnee, im Mondschein, sondern sie waren ein Thema, die Vorstellung von einer feindlichen Kraft, die ihn und Lara verderben oder aus Warykino vertreiben wollte. Die Idee dieser Feindlichkeit verstärkte sich und erreichte bis zum Abend eine solche Kraft, als hätten sich in der Schlucht Schutma die Spuren eines vorsintflutlichen Ungeheuers gefunden oder als lebte dort ein gewaltiger Lindwurm wie im Märchen, der nach seinem und Laras Blut gierte.

Es wurde Abend. So wie tags zuvor zündete Shiwago die Lampe auf dem Schreibtisch an. Lara und Katenka legten sich früher als gestern zu Bett.

Was er in der Nacht geschrieben hatte, zerfiel in zwei Kategorien. Das Alte, mit Varianten ins reine geschriebene, stand in sauberer

Schönschrift da. Das Neue war flüchtig hingeworfen, skizziert, mit Punkten, kaum leserlich.

Während Shiwago dieses Gekrakel entzifferte, widerfuhr ihm die gewohnte Enttäuschung. In der vergangenen Nacht hatten ihn die Bruchstücke seiner Entwürfe zu Tränen gerührt, und einiges Gelungene hatte ihn verblüfft. Aber gerade dieses vermeintlich Gelungene betrübte ihn jetzt mit seiner Gezwungenheit.

Sein Leben lang hatte er geträumt von einer originellen, geglätteten und gedämpften, äußerlich nicht erkennbaren, durch allgemeine Gebräuchlichkeit und Gewohnheit getarnten Form. Sein Leben lang hatte er gestrebt nach einem zurückhaltenden, anspruchslosen Stil, der dem Leser und Hörer den Inhalt vermittelte, ohne daß dieser bemerkte, auf welche Weise. Sein Leben lang hatte er sich um einen unauffälligen Stil bemüht, der niemandes Aufmerksamkeit erregte, und jetzt war er entsetzt darüber, wie weit er noch von diesem Ideal entfernt war.

In seinen Entwürfen vom Vorabend hatte er mit Mitteln, die in ihrer Einfachheit bis zum Stammeln gingen und an die Innigkeit eines Wiegenliedes erinnerten, seine gemischte Stimmung von Liebe und Angst und Wehmut und Tapferkeit so ausdrücken wollen, daß sie gleichsam an der Sprache vorbei, durch sich selbst herüberkäme.

Als er jetzt diese Versuche durchsah, fand er, daß der inhaltliche Zusammenhang fehlte, der die einzelnen Strophen zu einem Ganzen verbunden hätte. Nach und nach schrieb er die Entwürfe um, und dann gestaltete er in der gleichen lyrischen Manier die Legende vom Tapferen Georg. Er begann mit fünfhebigen Zeilen, die ihm viel Raum boten. Der Wohlklang, der diesem Versmaß unabhängig vom Inhalt eigen ist, verdroß ihn mit seinem hölzernen, falschen Singsang. Da gab er das aufgeblasene Metrum mit seiner Zäsur auf und drängte die Zeilen auf vier Hebungen zusammen, so wie man in der Prosa gegen den Wortreichtum kämpft. Nun wurde das Schreiben schwerer und zugleich verlockender. Die Arbeit lief lebhaft, und doch war noch immer Geschwätzigkeit zu spüren. Da zwang er sich, die Zeilen noch mehr zu verkürzen. In der dreihebigen Zeile wurde es den Wörtern zu eng, die letzten Spuren der Schläfrigkeit verließen den Schreibenden, er war hellwach, geriet in Feuer, die knappen Zwischenräume in den Zeilen sagten von selbst, womit sie gefüllt werden wollten. Die kaum mit Wörtern benannten Gegenstände wurden aus dem Zusammenhang ersichtlich. Er hörte den Gang des Pferdes im Gedicht, so wie das Straucheln des Paßgängers in einer Ballade von Chopin zu hören ist. Georg der Siegbringende sprengte durch den unendlichen Raum der Steppe, und Shiwago sah ihn in der Ferne immer kleiner werden. Er schrieb mit fieberhafter Eile, kam kaum nach mit den Wörtern und Zeilen, die ihm nur so zuströmten.

Er merkte gar nicht, daß Lara aufgestanden und zu ihm an den Schreibtisch getreten war. Sie kam ihm in ihrem fußlangen Nachthemd dünn und mager vor und größer, als sie war. Er zuckte vor Überraschung zusammen, als sie auf einmal bleich, erschrocken neben ihm stand, den Arm nach ihm ausstreckte und flüsternd fragte: »Hörst du? Ein Hund heult. Zwei sogar. Ach, ich habe Angst, das ist ein böses Vorzeichen. Wir werden bis zum Morgen aushalten, dann fahren wir. Keine Minute länger will ich hierbleiben.«

Eine Stunde später, nachdem er ihr lange zugeredet und sie sich beruhigt hatte, schlief sie wieder ein. Der Arzt trat auf die Vortreppe. Die Wölfe waren näher als in der vorigen Nacht und verschwanden noch schneller. Wieder konnte er nicht erkennen, wohin sie gelaufen waren. Im Rudel hatten sie dagestanden, und er hatte sie nicht zählen können. Aber er hatte den Eindruck, daß es mehr geworden waren.

6. »AM MENSCHGEWORDENEN WERDE ICH NIE ZWEIFELN«

Zur Einführung

Ich werde in dieser Einführung von meiner eigenen Erfahrung mit *Heinrich Böll* (geb. 1917 in Köln, gest. 1985 in Langenbroich) ausgehen. Schon in meiner Dissertation »Jesus in der deutschsprachigen Gegenwartsliteratur« (1978) habe ich mich intensiv um sein Werk gekümmert und zu verstehen gesucht, was ihn insbesondere an der Gestalt Jesu Christi herausfordert. Ich war auf einen kurzen Text von Böll aus dem Jahr 1973 gestoßen, in dem er die Frage beantwortet, wer Jesus von Nazaret für ihn sei:

»Mir erscheint die Trennung des Jesus vom Christus wie ein unerlaubter Trick, mit dem man dem Menschgewordenen seine Göttlichkeit nimmt und damit auch allen Menschen, die noch auf ihre Menschwerdung warten. Da ich mich nicht mehr Christ nennen möchte und auch nicht mehr so genannt werden möchte angesichts der Tatsache, daß alle institutionellen Verwendungen des Wortes ›christlich‹ (bei der CDU/CSU etwa, in der sogenannten Amtskirche) es mehr und mehr zu einem Schimpfwort machen, kann ich nicht einfach auf Jesus ausweichen, der zwar Mensch war, aber menschgeworden . . .
An der Gegenwart des Menschgewordenen werde ich nie zweifeln. Aber Jesus allein? Das ist mir zu vage, zu sentimental, zu storyhaft, zu sehr eine ›rührende Geschichte‹ . . . So kann ich mich weder Christ nennen noch Anhänger des Jesus von Nazaret sein. Ich kann nur an die Präsenz des Menschgewordenen glauben. Nicht mehr und nicht weniger.« (Wer ist Jesus von Nazaret – für mich? 100 zeitgenössische Zeugnisse, hrsg. v. H. Spaemann, München 1973, S. 39 f.)

In diesen wenigen Sätzen, so fand ich später heraus, hat Böll *in nuce* zu Jesus alles gesagt. Sie begleiten mich seither, wenn ich an Bölls Verständnis des Mensch*gewordenen* denke. Alle seine Äußerungen dazu sind Kommentare zu diesem kurzen Text.

Insbesondere beschäftigt hat mich Bölls Roman »Und sagte kein einziges Wort« aus dem Jahr 1953 (Grundinformationen zu Lebens- und Werkgeschichte jetzt bei B. Balzer, S. 120–137). Kaum ein Böll-Text scheint mir sprachlich und thematisch so dicht das Geheimnis des Menschgewordenen zu umschreiben wie dieser Roman, der um das Ehepaar Fred und Käte Bogner kreist, das im Köln der Nachkriegszeit nicht zusammenleben kann. Sie sind gezwungen, mit ihren drei Kindern ein einziges, dreckiges und schäbiges Zimmer zu bewohnen, während das kinderlose Ehepaar Franke den Rest der großen Wohnung zur Verfügung hat. Frau Franke ist allerdings auch eine leitende Funktionärin bei katholischen Frauenorganisationen. Fred hält es in dieser Behausung nicht aus und trifft sich in regelmäßigen Abständen mit Käte in einem Hotel. Ihr Wohnungsgesuch wurde auf kirchlichen Einspruch hin abgelehnt.

Wie Böll den Kampf insbesondere der Käte Bogner gegen den alltäglichen Schmutz ihres Lebens beschreibt, gehört für mich zu den kostbarsten Stücken der deutschen Prosa nach 1945. Ich habe zwei Kapitel, die Kapitel 2 und 4, des Romans für das vorliegende Buch ausgewählt. Sie schildern die Situation jeweils aus der Optik der Frau und sind für uns von besonderer Bedeutung, weil sie Grundsymbole wie »Leib Christi«, »Weihnachtskrippe« und »Kruzifix« verarbeiten sowie Zitate aus der Passionsgeschichte über ein Negro-Spiritual einspielen. Man achte bei der Lektüre vor allem auf die Sprache. Sie ist nüchtern, unpathetisch, protokollartig und doch von einem einschmeichelnden Rhythmus, einem ruhigen Tempo, das Melancholie und Sanftheit ausstrahlt. Der Ton verliert so jede Aggressivität. Alles Sprechen ist überdies nach innen verlagert, ins Bewußtsein der beiden Figuren. Der Roman besteht in großen Passagen aus dem inneren Bewußtseinsstrom von Fred und Käte Bogner, was für die Struktur des Romans von entscheidender Bedeutung ist. Das Verhältnis von innerem Sprechen und äußerem Sprechen, von Meditation und Protest, von Bewußtsein und äußerer Anklage gehört zum Strukturgesetz dieser Prosa. Die einzelnen für die Christus-Figur relevanten Szenen sollen hier nur benannt werden:

– der Genuß des »Leibes Christi«, der »Frau Franke täglich erschreckender zu machen scheint«;

– der Blick auf das »Jesuskind aus Seife in der Krippe aus Rosenholz« während der inszenierten Weihnachtsfeier, bei der die Kinder Limonade zu trinken bekommen aus Bechern mit Motiven ausgerechnet aus dem Märchen »Der Wolf und die sieben Geißlein«;

– die Meditation über das Bild-Dreieck an der Wand: Renoirbild – Zeichnung mit den wirren Linien – Kruzifix, wobei diese Zeichnung und das Kreuz zu Chiffren der inneren Situation der Frau werden.

Zu all dem ist in »Jesus in der deutschsprachigen Gegenwartsliteratur« Ausführliches nachzulesen, aber auch in der jüngsten, glänzenden Untersuchung zu »Jesus von Nazareth in den Romanen Heinrich Bölls«, die der junge Theologe *Volker Garske* als Dissertation unter dem Titel »Christus als Ärgernis« (1998) vorgelegt hat. Garske hat – aufbauend auf meinen Arbeiten – gerade den Roman »Und sagte kein einziges Wort« auf Darstellungs-Modi der Christusgestalt bis ins Detail untersucht.

Grundsätzlich sei hier nur noch einmal festgehalten: Der Menschgewordene erscheint in diesem Roman als Deutungsfigur einer Frau, die um ihre Menschwerdung kämpft. Von daher wird auch klar, warum Böll nicht an einer Trennung von Jesus und Christus interessiert sein kann, warum er Göttliches und Menschliches nicht auseinanderzureißen vermag. Das Göttliche vom Menschlichen trennen hieße, die Hoffnung all derer zunichte zu machen, die ihre Menschwerdung noch vor sich haben. Ohne das Göttliche wäre die Hoffnung auf Menschwerdung nicht allumfassend, nicht letztlich begründet. Und ohne das Menschliche wäre das Göttliche ein freischwebender Überbau über der Wirklichkeit. Indem beides aufeinander bezogen wird, kann das Versprechen definitiver Mensch*werdung* eingeklagt werden. Menschwerdung ist eine Verheißung, die der Erfüllung bedarf. Und weil diese Menschwerdung für ungezählte Menschen noch aussteht, ja täglich auch von Christen und christlichen Institutionen verhindert wird, kann Böll sagen, die Menschwerdung des Menschen habe wahrscheinlich noch nicht begonnen. Und ebenso auch: »Wahrscheinlich hat das Christliche noch nicht begonnen.« Äußerungen aus Bölls Frankfurter Poetik-Vorlesungen von 1963/64. Anders gesagt: Der Verweis auf den Menschgewordenen hat bei Böll immer kritische Funktion. Defizite und Deformationen des Humanen werden aufgedeckt. Christus zeigt, wie wir sein könnten!

Ich habe 1978 diesen Roman eine Auseinandersetzung mit dem *Thema Schweigen* genannt, dem Schweigen der Opfer. Der Titel »Und sagte kein einziges Wort« zwingt ja zum Nachdenken *erstens* darüber, welche biblischen Traditionen aufgenommen sind, und *zweitens* darüber, wie das Verhältnis von gesagtem und ungesagtem Wort in diesem Roman ist. Die biblische Tradition wird hier durch ein Negro-Spiritual eingespielt. Dieses verweist seinerseits auf den *leidenden Gottesknecht,* der seinen »Mund nicht auftut wie ein Lamm, das zur Schlachtbank geführt wird« (Jesaja 53,7), und auf einen Verhaltenszug Jesu vor Pilatus, wie er in den Evangelien erzählt wird (Markus 15,5; vgl. Matthäus 27,14; Lukas 23,9).

Böll hat damit ein kunstvolles *intertextuelles Gewebe* geschaffen: das jüdische Lied vom leidenden Gottesknecht wird mit der Passionsgeschichte Jesu verwoben, und beides wird wiederum aufgenommen von Negersklaven auf den Baumwollplantagen Nordamerikas, die mit diesem Lied ihre eigene Passion deuten, für ihr eigenes stummes Leiden eine Sprache finden, um daraus Kraft zur Überwindung ihrer Lage zu schöpfen. Schon in der neutestamentlichen Passionsgeschichte war die Tradition des leidenden Gottesknechtes in die messianische Widerstandsgeschichte aufgenommen worden. Nicht das Leiden soll spirituell verklärt, sondern aus dem Leiden sollen Widerstand und Hoffnung erwachsen. So auch bei Käte Bogner in Bölls Roman, deren Situation mit diesem intertextuellen Gewebe kunstvoll gedeutet ist.

Zugleich weist dieser Roman eine paradoxe Erzählstruktur auf, die aus dem Zugleich von gesagtem und ungesagtem Wort entsteht. Der Roman gibt denen Sprache, die noch keine Sprache haben. Er ist ein Sprechen von der Unmöglichkeit zu sprechen. Deshalb ist das Wechselspiel von innen und außen so wichtig. Das, was sich im Bewußtsein der Figuren abspielt, noch verinnerlicht ist, soll sich eines Tages veräußerlichen, soll sich in einem selbstbewußten Auftreten vor der Gesellschaft manifestieren. Insofern weist der Roman über sich hinaus in eine Wirklichkeit, die noch aussteht und die dann erfüllt ist, wenn Figuren wie Fred und Käte Bogner den Prozeß ihrer Menschwerdung vollendet haben.

Immer wieder hat Böll über dieses eigentümliche *Schweigen Christi vor seinem Richter* nachgedacht. Ein Text aus dem Jahr 1972 liest sich wie ein aktualisierter Kommentar zum Roman. Im Kontext von Bomben auf Nordvietnam meditiert Böll über das Thema »law and order« und kommt dann noch einmal auf das Schweigen Christi vor Gericht zu sprechen:

»Aber neben den provokativen Reden und Taten dieses kürzlich zum Superstar erkorenen Jesus Christus entdeckt man noch etwas sehr Eindrucksvolles, das die Wirkung der Reden vertieft, ihnen den wahren Hintergrund gibt: das Schweigen vor Gericht. Es ist das Schweigen am Ende der Mission, die tödliche Verachtung gegenüber der kirchlichen und weltlichen Justiz. Eine merkwürdige eindrucksvolle Mischung aus Schweigen, Höflichkeit und Sachlichkeit. Höflichkeit gegenüber dem fremden Pilatus, Sachlichkeit und kurze Auskunft, wenn es um die Botschaft geht, aber Schweigen, in allen vier Protokollen bezeugtes Schweigen, wenn es um die Anklage geht, und nicht nur, wenn er selbst angeklagt ist, auch dann, wenn er – wie bei der Ehebrecherin – zum Ankläger und Richter gemacht werden soll. Da dieses eindrucksvolle, betonte Schweigen am Ende aller vier Protokolle steht, während des Prozesses, der mit dem Todesurteil endet, dürfte es ebenso wichtig

sein wie die Reden: das Schweigen des Gerichteten, der auch schwieg, als er selber richten sollte.« (Ende der Bescheidenheit. Schriften und Reden 1969–1972, München 1985, S. 205)

Ich konnte 1978 nicht ahnen, daß ich einmal Heinrich Böll persönlich begegnen würde. Anfang der 80er Jahre hatte ich begonnen, meine Forschungen im Bereich von Theologie und Literatur auch durch Werkstatt-Gespräche zu konkretisieren. Ich fing an, Schriftstellerinnen und Schriftsteller direkt zu ihrem Verhältnis zum Thema Religion zu befragen. 1981 startete diese Gesprächs-Reihe mit dem Schweizer Poeten Kurt Marti. Bis 1991 sind 22 solcher Gespräche geführt worden. Sie erschienen in zwei Bänden: »Weil wir uns auf dieser Erde nicht ganz zu Hause fühlen« (1985) sowie »Ich glaube nicht, daß ich Atheist bin« (1992). 1983, zwei Jahre vor seinem Tod, konnte ich auch ein Gespräch mit Heinrich Böll führen. Ich traf ihn in einem Haus in der Nähe des Dorfes Langenbroich bei Düren, wo Böll jetzt wohnte. Zu diesem Zeitpunkt war er schon schwer gezeichnet von seiner Krankheit, abgemagert zu einem Skelett, gestützt auf Krücken. Sein Anblick war beinahe so, wie ihn dann sein Freund und Nachbar in Langenbroich auf dem Sterbebett gezeichnet hat: Herbert Falken, der Maler und Priester, der Böll im Sterben begleitete, ihn beerdigte und dem toten Freund einen Zyklus unter dem Titel »Lazarus« widmete. Ich habe in meinem Buch »Im Spiegel der Dichter« (1997) mehr darüber berichtet.
Ich eröffnete das Gespräch mit Böll, indem ich darauf hinwies: Seine literarischen Figuren seien entweder gottgläubig oder indifferent in Bezug auf die Gottesfrage; ein kämpferischer Atheismus komme nicht vor. Ob ihn die philosophisch-theologische Auseinandersetzung mit dem Atheismus nie sonderlich interessiert habe? Und Böll antwortete (in einer Zugespitztheit, die wohl nur er unter allen Schriftstellern nach 1945 sich leisten konnte):

»Vielleicht ist es ein intellektueller Mangel, aber ich habe eigentlich noch nie einen sensiblen, hochintelligenten Atheisten getroffen – und ich kenne einige –, der für mich nicht eigentlich ein Beweis dafür war, daß wir Menschen – sagen wir – von außerirdischen Kräften herkommen. Der Mensch ist ja ein Gottesbeweis.« (Weil wir uns auf dieser Erde, S. 65)

Wie er das meine, fragte ich. Und bekam zur Antwort:

»Die Tatsache, daß wir alle eigentlich wissen – auch wenn wir es nicht zugeben –, daß wir hier auf der Erde nicht zu Hause sind, nicht ganz zu Hause sind. Daß wir also noch woanders hingehören und von woanders herkommen. Ich kann mir keinen Menschen vorstellen, der sich nicht – jedenfalls zeitweise, stundenweise, tageweise oder auch nur augenblicksweise – klar darüber wird, daß er nicht ganz auf diese Erde gehört.« (S. 65)

Das Gespräch ging dann auf die Gottesfrage über, auf Themen wie »Gottesvergiftung«, das Schweigen und Verschweigen Gottes, den Mißbrauch mit dem Namen Gott. Ich fragte, wie er es erkläre, daß Menschen trotz aller negativen Erfahrungen heute noch an Gott glaubten? Und warum er, Böll, persönlich an Gott glaube? Seine Antwort variierte noch einmal das zuvor Gesagte:

»Ich denke, das habe ich eben schon angedeutet mit dem Empfinden – Sie können es Traum, Sehnsucht oder wie immer nennen –, daß die Menschen zeitweise, auch sekundenweise, und auch wenn sie glücklich verheiratet sind, Kinder haben und einen Beruf, der ihnen Spaß macht, – sich dennoch auf dieser Erde fremd fühlen. Dies ist der Grund, glaube ich. Es handelt sich hier keineswegs um ein bloßes Gefühl, sondern vielleicht um eine uralte Erinnerung an etwas, das außerhalb unser selbst existiert. Das ist einer der Gründe, und auch ein Grund für mich, an Gott zu glauben. Ein weiterer Grund ist für mich: Ich glaube an Gott, weil es den Menschen gibt. Und weil die Menschen Gott durch den Menschgewordenen auch in sich haben.« (S. 68 f.)

Gegen Ende des Gesprächs fragte ich noch einmal konkret nach: Den Gekreuzigten, den Leidenden, die Passionsgeschichte Jesu könne er darstellen, wie gerade sein Romantitel »Und sagte kein einziges Wort« zeige. Aber sei auch die »Auferstehung« ein Thema, das ihn beschäftige, vielleicht beschäftigen könnte? Und Böll antwortete:

»Es beschäftigt mich. Aber ich habe es noch nicht literarisch aufgegriffen. Es gibt allerdings eine kleine Kurzgeschichte von mir, eine frühe, in der dieses Thema zu finden ist; ich hatte diese Geschichte sogar schon vergessen und wurde kürzlich durch einen Brief auf sie aufmerksam gemacht. Diese Geschichte heißt: ›Steh auf, steh doch auf‹. Es ist eine ganz kleine, kurze Geschichte, in der ich versucht habe, das Thema Auferstehung darzustellen. Ich habe eine gewisse Angst vor Siegern, vor militärischen Siegern sowieso, auch wenn es Alliierte sind.« (S. 75)

Ich schloß unser Gespräch ab mit der Frage, die mir am meisten auf der Seele brannte, einer Frage an den *Schriftsteller* Heinrich Böll. Würde er sich herausgefordert fühlen, den Christus-Roman unserer Zeit zu schreiben? Viele seiner literarischen Figuren: Käte Bogner, Hans Schnier, Leni Pfeiffer, Katharina Blum ließen ja etwas aufscheinen von der Figur Christi. Ob es ihn nicht reize, literarisch einmal eine Synthese vorzulegen: den Christus-Roman der zweiten Hälfte des 20. Jahrhunderts auf dem Niveau von Dostojewskijs »Der Idiot«? Und Böll antwortete:

»Reizen würde mich das schon, doch bin ich kein Dostojewskij, wirklich nicht. Versucht habe ich es immer wieder, wie Sie auch sagen, gelungen ist es nicht. Und natürlich ist ›Der Idiot‹ ein ungeheurer Roman, der einzige Christus-Roman, den ich kenne. Es ist ein kühner, fast gelungener Versuch, Jesus literarisch einzufangen. Was ich vermeiden würde, wenn ich es riskierte – und ich riskiere es immer wieder –: daß Jesus ein Kranker ist. Der Idiot ist ja krank, er ist Epileptiker. Der volkstümlich mystisch-mythische Gedanke, daß Kranke, beispielsweise Epileptiker, unter der besonderen Gnade Gottes stehen, das wäre mir fremd. Einen gesunden Christus kann ich mir aber auch nicht vorstellen. Es ist natürlich sehr schwierig, Gesundheit und Krankheit zu definieren. Die Schwierigkeit besteht darin, daß wir ›krank‹ und ›leidend‹ für identisch halten, wo doch viele gesunde Menschen leiden – Menschen, die weder physisch noch psychisch krank sind. Könnte sich da die ›Trinität‹ versteckt haben? Der leidende Gott? Und genau hier liegt die Schwierigkeit. Ich glaube also nicht, daß ich fähig bin, einen solchen Roman zu schreiben. Es gibt immer wieder Annäherungsversuche, aber mehr ist da nicht möglich.« (S. 76)

Ausgabe: H. Böll, Und sagte kein einziges Wort. Roman (1953), München, 15. neu durchgesehene Auflage 1998, S. 20–27; 44–50 (dtv-Ausgabe).

Literatur zur Vertiefung

1. *Zur Lebensgeschichte:*
   K. Schröter, Heinrich Böll, Hamburg [11]1998 (Rowohlt-Monographien).
2. *Zur Werkgeschichte:*
   G. Wirth, Heinrich Böll. Religiöse und gesellschaftliche Motive im Prosawerk, Köln 1987.
   W. Jens – H. Küng, Anwälte der Humanität. Th. Mann – H. Hesse – H. Böll, München 1989, S. 61–78; 241–317.

J. H. Reid, Heinrich Böll. Ein Zeuge seiner Zeit, München 1991.

B. Balzer (Hrsg.), Heinrich Böll 1917–1985. Zum 75. Geburtstag, Bern 1992.

B. Sowinski, Heinrich Böll, Stuttgart – Weimar 1993 (Sammlung Metzler 272).

Heinrich-Böll-Stiftung (Hrsg.), Moral – Ästhetik – Politik. Eine Dokumentation der Veranstaltungen zur Heinrich-Böll-Woche im Dezember 1992, Köln 1993.

H. Jürgenbehring, Liebe, Religion und Institution. Ethische und religiöse Themen bei Heinrich Böll, Mainz 1994.

B. Balzer, Das literarische Werk Heinrich Bölls. Einführung und Kommentare, München 1997.

3. *Zum Text:*

K.-J. Kuschel, »Weil wir uns auf dieser Erde nicht ganz zu Hause fühlen«. Über Gott, Jesus und Christus. Gespräch mit Heinrich Böll, in: ders., Weil wir uns auf dieser Erde nicht ganz zu Hause fühlen. Zwölf Schriftsteller über Religion und Literatur, München 1985, S. 64–76.

Ders., Jesus in der deutschsprachigen Gegenwartsliteratur, München 1987, S. 152–163.

V. Garske, Christus als Ärgernis. Jesus von Nazareth in den Romanen Heinrich Bölls, Mainz 1998, S. 31–110.

Heinrich Böll
Und sagte kein einziges Wort

Immer wieder zähle ich das Geld, das Fred mir geschickt hat: dunkelgrüne Scheine, hellgrüne, blaue, bedruckt mit den Köpfen ährentragender Bäuerinnen, vollbusigen Frauen, die den Handel oder den Weinbau symbolisieren, unter dem Mantel eines historischen Helden versteckt einen Mann, der ein Rad und einen Hammer in seinen Händen hält und wahrscheinlich das Handwerk darstellen soll. Neben ihm eine langweilige Jungfrau, die das Modell eines Bankhauses an ihrem Busen birgt; zu deren Füßen eine Schriftrolle und das Handwerkszeug eines Architekten. Mitten auf den grünen Scheinen ein reizloses Luder, das eine Waage in der Rechten hält und aus seinen toten Augen an mir vorbeiblickt.

Häßliche Ornamente umranden diese kostbaren Scheine, in den Ecken tragen sie aufgedruckt die Ziffern, die ihren Wert darstellen, Eichenlaub und Ähre, Weinlaub und gekreuzte Hämmer sind in den Münzen eingeprägt, und auf dem Rücken tragen sie das erschreckende Symbol des Adlers, der seine Schwingen entfaltet hat und ausfliegen wird, jemand zu erobern.

Die Kinder sehen mir zu, während ich die Scheine durch meine Hände gleiten lasse, sie sortiere, die Münzen häufele: das monatliche Einkommen meines Mannes, der Telefonist bei einer kirchlichen Behörde ist: dreihundertzwanzig Mark und dreiundachtzig Pfennige. Ich lege den Schein für die Miete beiseite, einen für Strom und Gas, einen für die Krankenkasse, zähle das Geld ab, das ich dem Bäcker schulde, und vergewissere mich des Restes: zweihundertvierzig Mark. Fred hat einen Zettel beigelegt, daß er zehn Mark entnahm, die er morgen zurückgeben will. Er wird sie vertrinken.

Die Kinder sehen mir zu; ihre Gesichter sind ernst und still, aber ich habe eine Überraschung für sie bereit: sie dürfen heute im Flur spielen. Frankes sind verreist übers Wochenende zu einer Tagung des katholischen Frauenbundes. Selbsteins, die unter uns wohnen, sind noch für zwei Wochen in Ferien, und die Hopfs, die das Zimmer neben uns gemietet haben, nur durch eine Schwemmsteinmauer von uns getrennt, die Hopfs brauche ich nicht zu fragen. Die Kinder dürfen also im Flur spielen, und das ist eine Vergünstigung, deren Wert nicht zu unterschätzen ist.

»Ist das Geld von Vater?«

»Ja«, sage ich.

»Ist er immer noch krank?«

»Ja – ihr dürft heute im Flur spielen, aber macht nichts kaputt und gebt auf die Tapete acht.« Und ich genieße das Glück, sie froh zu sehen und zugleich von ihnen befreit zu sein, wenn ich die Samstagsarbeit beginne.

Immer noch hängt der Einmachgeruch im Flur, obwohl Frau Franke ihre dreihundert Gläser voll haben dürfte. Der Geruch erhitzten Essigs, der allein genügt, Freds Galle in Aufruhr zu bringen, der Geruch zerkochter Früchte und Gemüse. Die Türen sind abgeschlossen, und auf der Garderobe liegt nur der alte Hut, den Herr Franke aufsetzt, wenn er in den Keller geht. Die neue Tapete reicht bis zu unserer Tür und der neue Anstrich bis auf die Mitte der Türfüllung, die den Eingang zu unserer Wohnung bildet: einem einzigen Raum, von dem wir durch eine Sperrholzwand eine Kabine abgetrennt haben, in der unser Kleinster schläft und wo der Krempel abgestellt wird. Frankes aber haben vier Räume für sich allein: Küche, Wohnzimmer, Schlafzimmer und ein Sprechzimmer, in dem Frau Franke die zahlreichen Besucher und Besucherinnen empfängt. Ich weiß die Zahl der Komitees nicht, kenne nicht die Zahl der Ausschüsse, kümmere mich nicht um ihre Vereine. Ich weiß nur, daß die kirchlichen Behörden ihr die Dringlichkeit dieses Raumes bescheinigt haben, des Raumes, der uns nicht glücklich machen, aber uns die Möglichkeit garantieren würde, eine Ehe zu führen.

Frau Franke ist mit sechzig noch eine schöne Frau; der merkwürdige Glanz ihrer Augen aber, mit denen sie alle fasziniert, flößt mir Schrecken ein: diese dunklen harten Augen, ihr gepflegtes Haar, das sehr geschickt gefärbt ist, ihre tiefe, leise zitternde Stimme, die nur im Verkehr mit mir plötzlich schrill werden kann, der Sitz ihrer Kostüme, die Tatsache, daß sie jeden Morgen die heilige Kommunion empfängt, jeden Monat den Ring des Bischofs küßt, wenn er die führenden Damen der Diözese empfängt – diese Tatsachen machen sie zu einer Person, gegen die zu kämpfen zwecklos ist. Wir haben es erfahren, weil wir sechs Jahre gegen sie gekämpft und es nun aufgegeben haben.

Die Kinder spielen im Flur: Sie sind so daran gewöhnt, still zu sein, daß sie nicht einmal mehr laut werden, wenn es gestattet ist. Ich höre sie kaum: Sie haben Pappkartons aneinandergebunden, einen Zug, der die ganze Länge des Flurs ausmacht und nun vorsichtig hin und her bugsiert wird. Sie richten Stationen ein, laden Blechbüchsen, Holzstäbchen auf, und ich kann gewiß sein, daß sie bis zum Abendessen beschäftigt sind. Der Kleine schläft noch.

Noch einmal zähle ich die Scheine, die kostbaren, schmutzigen Scheine, deren süßlicher Geruch mich in seiner Sanftheit erschreckt, und ich zähle den Zehner hinzu, den Fred mir schuldet. Er wird ihn vertrinken. Er hat uns vor zwei Monaten verlassen, schläft bei Bekannten oder in irgendwelchen Asylen, weil er die Enge der Wohnung, die Gegenwart von Frau Franke und die schreckliche Nachbarschaft der Hopfs nicht mehr erträgt. Damals entschied sich die Wohnungskommission, die am Rande der Stadt eine Siedlung baut, gegen uns, weil Fred ein Trinker ist und das Zeugnis des Pfarrers über mich nicht günstig ausfiel. Er ist böse, daß ich mich nicht an den Veranstaltungen kirchlicher Vereine beteilige. Die Vorsitzende dieser

Kommission aber ist Frau Franke, die dadurch den Ruf um den einer untadeligen, selbstlosen Frau noch bereichert hat. Denn hätte sie uns die Wohnung zugebilligt, wäre unser Raum, der ihr nun als Eßzimmer fehlt, freigeworden. So entschied sie zu ihrem eigenen Schaden gegen uns. Mich aber hat seitdem ein Schrecken ergriffen, den ich nicht zu beschreiben wage. Die Tatsache, Gegenstand eines solchen Hasses zu sein, flößt mir Furcht ein, und ich habe Angst, den Leib Christi zu essen, dessen Genuß Frau Franke täglich erschreckender zu machen scheint. Denn der Glanz ihrer Augen wird immer härter. Und ich habe Angst, die heilige Messe zu hören, obwohl die Sanftmut der Liturgie zu den wenigen Freuden gehört, die mir geblieben sind. Ich habe Angst, den Pfarrer am Altar zu sehen, den gleichen Menschen, dessen Stimme ich oft nebenan im Sprechzimmer höre: die Stimme eines verhinderten Bonvivants, der gute Zigarren raucht, sich mit den Weibern seiner Kommissionen und Vereine alberne Scherze erzählt. Oft lachen sie laut nebenan, während ich angehalten bin, achtzugeben, daß die Kinder keinen Lärm machen, weil die Konferenz dadurch gestört werden könnte. Aber ich kümmere mich schon lange nicht mehr darum, lasse die Kinder spielen und beobachte mit Schrecken, daß sie gar nicht mehr fähig sind, zu lärmen. Und manchmal morgens, wenn der Kleine schläft, die Großen zur Schule sind, während des Einkaufens, schleiche ich mich für ein paar Augenblicke in eine Kirche, zu Zeiten, in denen kein Gottesdienst mehr stattfindet, und ich empfinde den unendlichen Frieden, der von der Gegenwart Gottes ausströmt. Manchmal aber zeigt Frau Franke Regungen von Gefühl, die mich noch mehr erschrecken als ihr Haß. Weihnachten kam sie und bat uns, an einer kleinen Feier im Wohnzimmer teilzunehmen. Und ich sah uns durch den Flur gehen, als gingen wir in die Tiefe eines Spiegels hinein: Clemens und Carla vorne, dann Fred, und ich ging mit dem Kleinen auf dem Arm hinterdrein. – Wir gingen in die Tiefe eines Spiegels hinein, und ich sah uns: Wir sahen arm aus.

Im Wohnzimmer, das seit dreißig Jahren unverändert ist, kam ich mir fremd vor, wie in einer anderen Welt, fehl am Platze: Wir gehören nicht auf solche Möbel, zwischen solche Bilder, wir sollten uns nicht an Tische setzen, die mit Damast gedeckt sind. Und der Schmuck des Weihnachtsbaumes, den Frau Franke über den Krieg gerettet hat, macht, daß mir das Herz vor Angst stehenbleibt: diese flimmernden blauen und goldenen Kugeln – das Engelhaar und die Puppengesichter der gläsernen Engel, das Jesuskind aus Seife in der Krippe aus Rosenholz, Maria und Josef aus grell bemaltem Ton, süßlich grinsend unter dem Spruchband aus Gips, das »Frieden den Menschen« verkündet – diese Möbel, an die wöchentlich acht Stunden lang der Schweiß einer Putzfrau verschwendet wird, die fünfzig Pfennig pro Stunde bekommt und Mitglied des Müttervereins ist, diese ganz tödliche Sauberkeit macht mir Angst.

Herr Franke saß in der Ecke und rauchte seine Pfeife. Seine knochige Gestalt beginnt sich mit Fleisch zu füllen, und ich höre oft das Stampfen seiner Schritte, wenn er die Treppe heraufkommt, seinen polternden Gang, und sein keuchender Atem geht an meinem Zimmer vorbei in die Tiefe des Flures.

Die Kinder fürchten sich vor solchen Möbeln, die sie nur selten sehen. Sie setzen sich zögernd auf die ledergepolsterten Stühle, so scheu und still, daß ich hätte weinen können.

Es standen Teller für sie bereit, und Geschenke lagen da: Strümpfe und das unvermeidliche Sparschwein aus Ton, das in der Familie Franke seit fünfunddreißig Jahren zu Weihnachten gehört.

Freds Gesicht war finster, und ich sah, daß er bereute, der Einladung gefolgt zu sein; er stand da auf die Fensterbank gestützt, zog eine lose Zigarette aus der Tasche, glättete sie langsam und zündete sie an.

Frau Franke schenkte die Gläser voll Wein und schob den Kindern bunte Porzellanbecher voll Limonade zu. Die Becher sind mit Motiven aus dem Märchen »Der Wolf und die sieben Geißlein« bemalt.

Wir tranken. Fred trank in einem Zug sein Glas leer, hielt es prüfend in der Hand, schien dem Geschmack des Weines nachzusinnen. In solchen Augenblicken bewundere ich ihn, denn auf seinem Gesicht konnte jeder deutlich lesen, was zu sagen überflüssig war: Zwei Sparschweine und ein Glas Wein, fünf Minuten Sentimentalität täuschen mich nicht darüber hinweg, daß unsere Wohnung zu eng ist.

Diese schreckliche Einladung endete mit einem kalten Abschied, und ich las in Frau Frankes Augen alles, was sie darüber erzählen würde: Zu den zahllosen Flüchen, die wir tragen, kommt nun noch der der offenbaren Undankbarkeit und Unhöflichkeit und für sie noch zwei weitere Etagen auf der vielstöckigen Krone des Martyriums.

Herr Franke spricht selten, aber wenn er weiß, daß seine Frau nicht da ist, steckt er manchmal den Kopf in unser Zimmer und legt, ohne ein Wort zu sagen, eine Tafel Schokolade auf den Tisch, der an der Tür steht, und manchmal finde ich einen Geldschein in dem Umschlagpapier versteckt, und ich höre ihn manchmal im Flur mit den Kindern sprechen. Er hält sie an, murmelt ein paar Worte, und die Kinder erzählen mir, daß er sie über den Kopf streicht und »Liebes« zu ihnen sagt.

Frau Franke aber ist anders, redselig und lebhaft, ohne Zärtlichkeit. Sie stammt aus einem alten städtischen Händlergeschlecht, das die Gegenstände, mit denen es Handel trieb, von Geschlecht zu Geschlecht wechselte, immer kostbarere fand: Von Öl, Salz und Mehl, von Fisch und Tuch kamen sie zu Wein, dann gingen sie in die Politik, sanken herab zu Grundstücksmaklern, und ich meine heute manchmal, daß sie mit dem Kostbarsten Handel treiben: mit Gott.

Frau Franke wird nur bei seltenen Gelegenheiten sanft: zunächst, wenn sie von Geld spricht. Sie spricht das Wort mit einer Sanftmut aus, die mich erschreckt, so wie manche Leute: Leben, Liebe, Tod oder Gott aussprechen, sanft, mit einem leisen Schrecken und einer großen Zärtlichkeit in der Stimme. Der Glanz ihrer Augen wird matter, und ihre Züge werden jung, wenn sie von Gold und von ihrem Eingemachten spricht, beides Schätze, deren Verletzung sie nicht zuläßt. Schrecken ergreift mich, wenn ich manchmal unten im Keller bin, um Kohlen oder Kartoffeln zu holen, und ich höre sie nebenan die Gläser zählen: mit sanfter Stimme murmelnd, singend die Zahlen wie die Kadenzen einer geheimen Liturgie, und ihre Stimme erinnert mich an die Stimme einer betenden Nonne – und ich lasse oft meine Eimer im Stich, fliehe nach oben und drücke meine Kinder an mich, weil ich spüre, daß ich sie vor etwas behüten muß. Und die Kinder blicken mich an, die Augen meines Sohnes, der erwachsen zu werden beginnt, und die sanften dunklen Augen meiner Tochter, sie blicken mich an, begreifend und nicht begreifend – und nur zögernd fallen sie in die Gebete ein, die ich zu sprechen beginne, die berauschende Eintönigkeit einer Litanei oder die Sätze des Vaterunsers, die spröde aus unseren Mündern fallen.

Aber es ist drei geworden, und plötzlich bricht draußen die Angst vor dem Sonntag aus, Lärm platzt in den Hof, und ich höre die Stimmen, die den frohen Samstagnachmittag ansagen, und mein Herz beginnt mir im Leibe zu erfrieren. Ich zähle noch einmal das Geld, betrachte die tödlich langweiligen Bilder darauf und entschließe mich endgültig, es anzubrechen. Im Flur lachen die Kinder, der Kleine ist erwacht, und ich muß mich entschließen zu arbeiten, und wie ich den Blick hebe vom Tisch, auf den gestützt ich nachzudenken begann, fällt mein Blick auf die Wände unseres Zimmers, die mit billigen Drukken benagelt sind: mit den süßen Weibergesichtern Renoirs – sie kommen mir fremd vor, so fremd, daß ich nicht begreifen kann, wie ich sie vor einer halben Stunde noch ertragen konnte. Ich nehme sie herunter, reiße sie mit ruhigen Händen entzwei und werfe die Fetzen in den Abfalleimer, den ich gleich hinuntertragen muß. Meine Blicke gehen unsere Wände entlang, nichts findet Gnade vor meinen Augen als das Kruzifix über der Tür und die Zeichnung eines mir Unbekannten, deren wirre Linien und spärliche Farben mir fremd erschienen bisher, die ich aber plötzlich begreife, ohne sie zu verstehen. [...]

Wenn ich zum Wasserhahn gehe, um den Eimer vollaufen zu lassen, sehe ich, ohne es zu wollen, mein Gesicht im Spiegel: eine magere Frau, die sich der Bitternis des Lebens bewußt geworden ist. Mein Haar ist noch voll, und die winzigen grauen Spuren an meinen Schläfen, die dem Blond einen silbrigen Schimmer geben – das ist nur das geringste Zeichen meines Schmerzes um die beiden Kleinen, von denen mir mein Beichtvater sagt, daß ich zu ihnen beten soll. Sie waren so alt, wie jetzt Franz ist, begannen eben, sich aufzurichten im Bett, versuchten, mich anzusprechen. Sie haben nie auf blumigen Wiesen gespielt, aber ich sehe sie manchmal auf blumigen Wiesen, und der Schmerz, den ich empfinde, ist untermischt mit einer gewissen Genugtuung, Genugtuung darüber, daß diese beiden Kinder vom Leben verschont geblieben sind. Und doch sehe ich zwei andere, imaginäre Wesen heranwachsen, Jahr um Jahr, fast Monat um Monat sich verändernd. Sie sehen so aus, wie die Kleinen hätten werden können. In den Augen dieser beiden anderen Kinder, die im Spiegel hinter meinem Gesicht stehen, mir zuwinken, ist eine Weisheit, die ich erkenne, ohne mich ihrer zu bedienen. Denn in den schmerzlich lächelnden Augen dieser beiden Kinder, die im tiefsten Hintergrund des Spiegels stehen, in einem silbrigen Dämmer, in ihren Augen sehe ich Geduld, unendliche Geduld, und ich, ich bin nicht geduldig, ich gebe den Kampf nicht auf, den zu beginnen sie mir abraten.
Nur langsam füllt sich mein Eimer, und sobald das Glucksen heller wird, immer heller, bedrohlich dünn, sobald ich höre, wie das blecherne Gerät meines alltäglichen Kampfes sich füllt, wenden sich

meine Augen aus dem Hintergrund des Spiegels zurück, verweilen eine Sekunde noch auf meinem Gesicht: die Wangenknochen sind ein wenig hoch, weil ich mager zu werden beginne, die Blässe meines Gesichts wird gelblich, und ich überlege, ob ich für heute abend die Farbe meines Lippenstifts wechseln, vielleicht ein helleres Rot nehmen soll.

Wie viele tausend Mal mag ich schon diesen Griff getan haben, den ich nun wieder tue. Ohne hinzusehen, höre ich, daß der Eimer voll ist, drehe das Wasser ab, meine Hände packen plötzlich zu, ich spüre, wie meine Armmuskeln sich straffen, und mit einem Schwung setze ich den schweren Eimer auf den Boden.

Ich horche an der Tür jenes kabinenartigen Nebenraumes, den wir mit Sperrholz abgetrennt haben, um mich zu vergewissern, daß Franz schläft.

Dann beginne ich meinen Kampf, den Kampf gegen den Schmutz. Woher ich die Hoffnung nehme, jemals seiner Herr zu werden, weiß ich nicht. Ich zögere den Beginn noch ein wenig hinaus, kämme mich, ohne in den Spiegel zu sehen, räume das Frühstücksgeschirr weg und zünde mir die halbe Zigarette an, die im Schrank zwischen meinem Gebetbuch und der Kaffeebüchse liegt.

Nebenan sind sie aufgewacht. Durch die dünne Wand höre ich das Fauchen der Gasflamme genau, das morgendliche Gekicher, und diese verhaßten Stimmen beginnen ihr Gespräch. Er scheint noch im Bett zu liegen, sein Gemurmel bleibt unverständlich, und ihre Worte verstehe ich nur, wenn sie sich nicht gerade abwendet.

...vorigen Sonntag acht richtige ... neuen Gummi holen ... wann gibt es Geld ...

Er scheint ihr das Kinoprogramm vorzulesen, denn plötzlich höre ich sie sagen: Da gehen wir hin.

Sie werden also ausgehen, ins Kino, werden in die Kneipe gehen, und ich beginne leise zu bereuen, daß ich mit Fred verabredet bin, denn heute abend wird es still sein, wenigstens neben uns still. Aber Fred ist schon unterwegs, wahrscheinlich ein Zimmer besorgen und Geld, und unser Rendezvous läßt sich nicht rückgängig machen. Und meine Zigarette ist zu Ende.

Schon wenn ich den Schrank abrücke, kommen mir die Putzstücke entgegengebröckelt, die sich inzwischen von der Wand gelöst haben – es klatscht zwischen den Schrankbeinen heraus, verteilt sich schnell über den Boden, kalkiges Geröll, pulvrig und trocken, und beginnt sich auf seiner kurzen Bahn aufzulösen. Manchmal auch rutscht ein großer Placken herab, dessen Risse sich geschwind verbreitern, und die Stauung hinter der Rückseite des Schrankes löst sich, wenn ich ihn abrücke, es rollt wie sanfter Donner ab, und eine kalkige Wolke zeigt mir an, daß ein Tag besonderen Kampfes gekommen ist. Staub legt sich über alle Gegenstände des Zimmers, feiner kalkiger Puder, der mich zwingt, ein zweites Mal mit dem Staubtuch alles abzureiben. Es knirscht unter meinen Füßen, und durch die dünne Wand der Kabine höre ich das Husten des Kleinen, dem dieser widerwärtige Staub in die Kehle geraten ist. Ich fühle die Verzweiflung wie einen körperlichen Schmerz, im Halse eine Wulst von Angst, den ich herunterzuschlucken versuche. Ich würge heftig, ein Gemisch von Staub, Tränen und Verzweiflung gleitet in meinen Magen, und ich nehme nun wirklich den Kampf auf. Mit zuckendem Gesicht fege ich die Brocken zusammen, nachdem ich das Fenster geöffnet habe, nehme dann den Staublappen, reibe alles sorgfältig ab und tauche endgültig den Putzlappen ins Wasser. Sobald ich einen Quadratmeter zu säubern versucht habe, bin ich gezwungen, den Lappen auszuspülen, und sofort breitet sich im klaren Wasser eine milchige Wolke aus. Nach dem dritten Quadratmeter wird das Wasser dickflüssig, und wenn ich den Eimer ausgieße, bleibt ein widerliches kalkiges Sediment, das ich mit den Händen auskratze, ausspüle. Und wieder muß ich den Eimer vollaufen lassen.

An meinem Gesicht vorbei fallen meine Augen in den Spiegel, und ich sehe sie, meine beiden Kleinen, Regina und Robert, Zwillinge, die ich gebar, um sie sterben zu sehen. Freds Hände waren es, die die Nabelschnüre zerschnitten, die die Geräte auskochten, auf meiner Stirn lagen, während ich in den Wehen schrie. Er heizte den Ofen, drehte Zigaretten für uns beide und war fahnenflüchtig, und manchmal meine ich, ich liebe ihn erst, seitdem ich begriffen habe, wie sehr er die Gesetze verachtet. Er trug mich auf seinen Armen, brachte mich in den Keller, und er war anwesend, als ich sie zum ersten Male an die Brust legte, unten in der muffigen Kühle des Kellers, beim Schein der sanften Kerze, Clemens saß auf seinem Stühlchen, betrachtete ein Bilderbuch, und die Granaten schlugen über unser Haus hinweg.

Aber das bedrohlich werdende Glucksen des Wassers ruft mich zurück zu meinem Kampf gegen den Schmutz, und wie ich den Eimer mit gewohntem Schwung auf den Boden setze, sehe ich, daß die Stellen, die ich eben gewischt habe, trocken geworden sind und die tödliche Transparenz der weißen Kalkmasse zeigen, widerliche Flecken, von denen ich weiß, daß sie unausrottbar sind. Aber dieses weißliche Nichts tötet meinen guten Willen, zermürbt meine Kraft, und die Stärkung, die vom Anblick des klaren Wassers in meinem Eimer ausgeht, ist gering.

Immer wieder hebe ich das leere Blechgefäß unter den langsam fließenden Hahn, und meine Augen saugen sich fest an der milchig verschwimmenden Ferne hinten im Spiegel – und ich sehe die Körper meiner beiden Kinder mit Schwellungen von Wanzenbissen, sehe sie von Läusen zerstochen, und es ergreift mich der Ekel beim Gedanken an das ungeheure Heer von Ungeziefer, das durch einen Krieg mobilisiert wird. Milliarden von Läusen und Wanzen, von Mücken und Flöhen setzen sich in Bewegung, sobald ein Krieg ausbricht, sie folgen dem stummen Befehl, der ihnen sagt, daß etwas zu machen sein wird.

Oh, ich weiß, und ich vergesse nicht! Ich weiß, daß meinen Kindern der Tod durch die Läuse gebracht wurde, daß man uns ein völlig nutzloses Mittel verkaufte aus einer Fabrik, die der Vetter des Gesundheitsministers unterhielt, während das gute, das wirksame Mittel zurückgehalten wurde. Oh, ich weiß, und ich vergesse nicht, denn hinten im Spiegel sehe ich sie, meine beiden Kleinen, zerstochen und häßlich, fiebernd und schreiend, ihre kleinen Körper von nutzlosen Injektionen geschwollen. Und ich drehe den Hahn zu, ohne den Eimer zu ergreifen, denn heute ist Sonntag, und ich will mir eine Ruhepause gönnen im Kampf gegen den Schmutz, den der Krieg in Bewegung gesetzt hat.

Und ich sehe Freds Gesicht, unerbittlich alt werdend, leergefressen von einem Leben, das nutzlos wäre und gewesen wäre ohne die Liebe, die er mir einflößt. Das Gesicht eines Mannes, der früh von Gleichgültigkeit erfaßt wurde gegen alles, was ernst zu nehmen andere Männer sich entschlossen haben. Ich sehe ihn oft, sehr oft, öfter noch, seitdem er nicht mehr bei uns ist.

Im Spiegel lächele ich, sehe ich erstaunt mein eigenes Lächeln, von dem ich nichts weiß, lausche dem Geräusch des Wasserhahns, dessen Glucksen immer heller wird. Es gelingt mir nicht, meinen Blick aus dem Spiegel zurückzuholen, ihn auf mein Gesicht zu lenken, mein eigentliches, von dem ich weiß, daß es nicht lächelte.

Ich sehe dort hinten Frauen – gelbe Frauen an träge dahinfließen-

den Strömen Wäsche waschen, höre ihren Gesang –, sehe schwarze
Frauen in spröder Erde graben, höre das sinnlose und so reizvolle
Getrommel nichtstuender Männer im Hintergrund, braune Frau-
en sehe ich, wie sie in steinernen Trögen Körner zerstampfen, den
Säugling auf dem Rücken, während die Männer stupide um ein
Feuer hocken, die Pfeife im Mund – und meine weißen Schwestern in den Mietskasernen von London, New York und Berlin, in
den dunklen Schluchten der Pariser Gassen – bittere Gesichter, die
erschreckt auf die Rufe eines Trunkenboldes horchen. Und am
Spiegel vorbei sehe ich das widerwärtige Heer heranrücken, die
unbekannte, nie besungene Mobilmachung des Ungeziefers, das
meinen Kindern den Tod bringen wird.
Aber der Eimer ist schon längst voll, und wenn auch Sonntag ist,
ich muß putzen, ich muß gegen den Schmutz kämpfen.
Seit Jahren kämpfe ich gegen den Schmutz dieses einzigen Zimmers;
ich lasse die Eimer vollaufen, schwenke die Lappen aus, gieße das
schmutzige Wasser in den Abfluß, und ich könnte mir ausrechnen,
daß mein Kampf beendet sein würde, wenn ich soviel kalkiges Sediment herausgekratzt, ausgespült habe, wie vor sechzig Jahren die
Maurer, muntere Burschen, in diesem Zimmer verarbeitet haben.
Oft fällt mein Blick in den Spiegel, so oft, wie ich Eimer füllen
muß, und wenn meine Augen zurückkommen, von dort hinten,
legen sie sich vorne auf mein eigenes Gesicht, das tot und unbeteiligt dem unsichtbaren Spiel zusah, und dann sehe ich manchmal
ein Lächeln darauf, ein Lächeln, das von den Gesichtern der Kleinen darauf gefallen und haftengeblieben sein muß. – Oder ich sehe
den Ausdruck wilder Entschlossenheit, des Hasses und einer Härte, die mich nicht erschreckt, sondern stolz macht, die Härte eines
Gesichts, das nicht vergessen wird.
Aber heute ist Sonntag, und ich werde mit Fred zusammen sein.
Der Kleine schläft, Clemens ist mit Carla zur Prozession, und aus
dem Hof höre ich den Widerhall dreier Gottesdienste, zweier
Unterhaltungskonzerte, eines Vortrages und den heiseren Sang
eines Niggers, der alles durchdringt und als einziges mein Herz
berührt.
... and he never said a mumbaling word ...
... und er sagte kein einziges Wort ...
Vielleicht wird Fred Geld bekommen, und wir werden zusammen
tanzen gehen. Ich werde mir einen neuen Lippenstift kaufen, ihn

auf Pump kaufen bei der Hauswirtin unten. Und es wäre schön, wenn Fred mit mir tanzen ginge. Immer noch höre ich den sanften und so heiseren Schrei des Niggers, höre ihn durch zwei wässerige Predigten hindurch, und ich spüre, wie mein Haß hochsteigt, Haß gegen diese Stimmen, deren Gewäsch in mich eindringt wie Fäulnis.

. . . they nailed him to the cross, nailed him to the cross.

. . . sie schlugen ihn ans Kreuz, schlugen ihn ans Kreuz.

Ja, heute ist Sonntag, und unser Zimmer ist erfüllt vom Geruch des Bratens, und dieser Geruch könnte ausreichen, mich zum Weinen zu bringen, weinen über die Freude der Kinder, die so selten Fleisch bekommen.

. . . and he never said a mumbaling word – singt der Nigger.

. . . und er sagte kein einziges Wort.

VII.
Gesichter Jesu

1. EIN CHRISTUSNARR –
ALS PREDIGER IN SCHLESIEN

Zur Einführung

Oberhalb des Gotthard-Hospizes in den Schweizer Bergen wird nach der Schneeschmelze im Frühjahr eines Tages eine erstarrte und zusammengekauerte Gestalt gefunden. Sie hatte sich offensichtlich auf ihren Wanderungen verirrt. Nacht, Nebel und Schneegestöber hatten sie eingesargt. In ihrer Tasche findet man einen Briefbogen, auf dem die Worte noch deutlich zu lesen sind: »Das Geheimnis des Reichs?« Und der Chronist, der die ganze Geschichte dieses Menschen erzählt, zweifelt nicht daran, daß es sich bei diesem Toten um den verschwundenen Tischlergesellen aus Schlesien handelt, um Emanuel Quint, der durch die Lande gezogen war mit der Auskunft, er sei Christus. Das Geheimnis des Reichs? Mit dieser Frage endet der Roman, den *Gerhart Hauptmann* seinem »Chronisten« in die »Feder« diktiert. Er trägt den Titel »Der Narr in Christo Emanuel Quint« und wird im Jahre 1910 veröffentlicht.

Dem *Geheimnis* des Reichs, des Reiches *Gottes,* des Reiches Gottes *auf Erden* – um diese drei Schlüsselbegriffe, riesigen Dimensionen gleich, kreist der Roman, der zu den bahnbrechenden Arbeiten dieses großen Schriftstellers gehört (geb. 1862 in Ober-Salzbrunn/Schlesien, gest. 1946 in Agnetendorf/ Schlesien), dessen Werk auch schon relativ früh internationale Anerkennung erfährt. Zwei Jahre nach Veröffentlichung des »Quint«-Romans 1912 wird Gerhart Hauptmann der Nobelpreis für Literatur verliehen. Und doch ist dieses Buch bis heute vielen Hauptmann-Lesern fremd geblieben. Sein Werk ist für noch allzu viele einseitig reduziert auf die »naturalistische Phase«; sein Name identisch mit bahnbrechenden sozialkritischen Stücken mitten in der Wilhelminischen Ära: »Vor Sonnenaufgang« (1889), »Die Weber« (1892), »Fuhrmann Henschel« (1899), »Rose Bernd« (1903). Viel zu wenig wird zur Kenntnis genommen, daß dieser Autor zu Beginn dieses Jahrhunderts sich literarisch weiterentwickelte, andere Stile ausprobierte, andere Stoffe für sich nutzte, andere Inhalte transportieren wollte. Der »Quint«-Roman von 1910 nimmt dabei – so die Kritik zu Recht – »eine Schlüsselstellung in Hauptmanns Entwicklung ein« (P. Sprengel, 1984, S. 209), weil er in paradigmatischer Weise den Übergang von einem wissenschaftlich beeinflußten Naturalismus zur mythischen Sicht des Spätwerks zeigt. Wir haben es also mit einem doppelgesichtigen Kunstwerk zu tun: Das eine Gesicht weist nach rückwärts, das andere nach vorn.

Der *Blick nach rückwärts* bedeutet: Auch in diesem Roman ist das gesamte sozialkritische Thementableau verarbeitet, das für Hauptmanns sozialkritische Phase charakteristisch ist. Mit diesem Roman kehrt der Autor ja »noch einmal ins Milieu der schlesischen Weber zurück« (F. Marx, S. 283). Schon dieses Drama hatte angedeutet, daß die ärmliche und monotone Lebensform der Weber auch religiöse Inspirationen freizusetzen vermag: Während des Protestes der Unterdrückten beginnt ein alter Weber plötzlich, in der Diktion der Luther-Bibel vom kommenden Gericht zu sprechen. Auch der »Quint«-Roman macht dieses religiös-ekstatische Phänomen zum Ausgangspunkt seiner Geschichte. Der Tischler-Sohn Emanuel Quint bricht eines Tages aus der armseligen Hütte seines Vaters auf, um im schlesischen Reichenbach von Gottes Reich zu predigen, von Buße, Umkehr, radikaler Demut, schrankenloser Nächstenliebe. Damit aber saugt Quint gewissermaßen alle Probleme an, die in der Gesellschaft ungelöst sind: Menschen, von Krankheit geschlagen, vom Schicksal versehrt, vom Leben enttäuscht, von den Mächtigen an den Rand gedrückt, von der Obrigkeit erniedrigt, von den Autoritäten unterdrückt. Die Wanderungen des Christus-Predigers, dann Christus-Narren durch Schlesien wirken wie die Freilegung der politisch-gesellschaftlichen Gärungsprozesse. Sie zeigen die unheilige Allianz von Thron und Altar, das Obrigkeits- und Untertanen-Denken, das reaktionär-aggressive Klima besonders im Militär- und Justizwesen, die verhängnisvolle Wirkung der Sozialistengesetze, das Problem der Verstädterung, Industrialisierung und Entfremdung des Menschen von der Natur, zugleich den Aufbruch revolutionärer Bewegungen, religiöser Sekten und eines schwärmerischen Utopismus.

Die *Kritik an der protestantischen Staatskirche* ist dabei eine wichtige Komponente des Romans: der Pakt ihrer Vertreter mit den herrschenden Kreisen – im sicheren Besitz sozialer Privilegien. Der *erste hier dokumentierte Text* spiegelt diese Dimension wider. Es handelt sich um den Großteil des 9. Kapitels, in dem Emanuel auf den jungen Pastor seines Wohnortes trifft. Man beachte bei der Lektüre, wie verschieden die Ebenen sind, die hier zusammentreffen: ein bürgerlich-saturierter Vertreter Gottes und ein charismatisch von Gott Ergriffener; ein Pfarrer, der Arm in Arm mit der staatlichen Obrigkeit Christentum in Institutionen gesichert weiß und religiöse Berufung als Amtsverwaltung versteht, und ein mystisch Ungesicherter, der sich auf nichts als den Geist berufen kann; hier eine Theologie, die, einer Schere gleich, »das Gestrüpp von Irrtümern« beseitigen will, und dort ein radikales Glauben im Sinn von Wiedergeburt, Ärgernis und *unio mystica.*

Doch mit diesem Ineinander von Gesellschaftskritik und Kirchenkritik nimmt Hauptmann nicht nur die eigene sozialkritische Linie der »Weber« auf, sondern auch eine Tradition der literarischen Jesus-Deutung, wie sie sich am Ende des 19. Jahrhunderts in fast allen europäischen Ländern ausgebildet hatte. In Deutschland hatten Autoren wie Arno Holz, Max Kretzer und Johannes Schlaf Jesus-Romane geschrieben, in denen – unter dem Einfluß der historischen Bibelkritik – der Menschensohn Jesus hineingezogen wird in die konkreten sozialen Probleme der Zeit (Näheres dazu bei U. Kächler, 1993). Auch Franzosen wie Léon Bloy (1886), Spanier wie Benito Pérez Galdos (1895), Italiener wie Antonio Fogazzaro (1905) hatten ähnliche Jesus-Romane geschrieben. Deren Archetyp war in Rußland ausgebildet worden: durch Dostojewskijs Roman »Der Idiot« (1868/69), schließlich aber auch durch Leo Tolstoi, in dessen später radikal christlichen autobiographischen Schriften (»Meine Beichte«, 1884) und Romanen (»Auferstehung«, 1899) gerade die Bergpredigt in den Mittelpunkt der Christusdeutung gerückt worden war.

Aber Hauptmanns Roman ist eben mehr als nur eine erneute Variation literarischer Sozialkritik. Er hat eine *Dimension nach vorn,* ins Spirituelle, Über-Sinnliche, Transzendente, Mythische. Damit kommt ein ganz eigener Antagonismus in das Schreiben Hauptmanns, der von nun an sein Werk bestimmen wird: der Antagonismus von Menschlichem und Göttlichem. *Klaus D. Post* hat zu Recht darauf hingewiesen: »Die alles bestimmende Grundeinsicht Hauptmanns ist die Vorstellung vom heillos gespaltenen Weltzustand, vom dramatischen Kampf der Gegensätze, sei es in der Natur, der Religion, der Gesellschaft oder in der Psyche des Einzelmenschen. So sieht sich auch der Buß- und Osterprediger Quint hineingestellt in eine Welt, in der Christus im Kampf liegt mit dem Antichristen und Unmenschlichkeit alle Regungen der Liebe und des Mitleids erstickt. Hier werden, zugegebenermaßen, Klischees verwandt. Doch das Sichtfeld ist ja eingeschränkt durch die Perspektive des unbedarften Tischlersohns. Ungleich interessanter und glaubwürdiger wird es, wenn Hauptmann den Kampf der Gegensätze in die Psyche des Protagonisten verlagert und Demut und Selbstlosigkeit gegen Monomanie und Größenphantasien setzt. Hier beginnt die literarische Gestalt, wie so häufig bei Hauptmann, uns in ihren Bann zu ziehen, während sein gesellschaftlicher Befund trotz aller Intensität der Sprache uns wohl zu recht heute wenig berührt.« (S. 44)

In der Tat besteht das Besondere dieses Romans in dem, was man die *psychopathologische Dimension* nennen kann. Es wird ja hier die Geschichte von einem Menschen erzählt, der nicht nur Christus predigt, sondern auch für Christus gehalten wird und schließlich selber immer bewußter in den Spuren Christi wandelt. Als solcher konfrontiert er die zeitgenössische Gesellschaft mit der ganzen Radikalität der ursprünglichen Botschaft, eine Konfrontation, die für einen Schriftsteller wie Hauptmann außerordentlich literaturträchtig ist. »Im Zeitalter der Elektromotoren und Zeissschen Mikroskope mußte der Versuch, urchristliche Ideale zu verwirklichen und ein intimes Gotteserlebnis ›populär‹ zu machen« (E. Hilscher, S. 274), einerseits komisch wirken, andererseits aber ließ sich daraus eine ungemein dramatische Geschichte machen.

Schon als 26jähriger hatte Hauptmann sich während eines Zürich-Aufenthaltes mit psychiatrischen und psychopathologischen Fragen beschäftigt. Im Hause seines Bruders Carl kommt er mit dem damals berühmten *Psychiater Auguste Forel,* dem Direktor der Psychiatrischen Universitätsklinik, in persönliche Berührung, hört Vorlesungen, sieht Vorstellungen von Kranken, macht eigene Studien und Aufzeichnungen. Sein autobiographischer Bericht »Das Abenteuer meiner Jugend«, entstanden zwischen 1929 und 1935, enthält im letzten Teil ausführliche Berichte über die Erfahrungen in Zürich (CA VII, 1055–1081). Hier schildert Hauptmann auch den Auftritt des Wanderpredigers Johannes Guttzeit an Pfingsten 1888, Ur-Modell seines Quint, das dann schon 1890 in der Erzählung »Der Apostel« verarbeitet wird. Dieser Text ist der erste literarische Niederschlag des Interesses von Hauptmann, die psychische Dimension religiöser Vorstellungen genauer zu erforschen (CA VI, S. 69–84).

Zur Dokumentation dieses Komplexes habe ich den *zweiten Text* ausgewählt. Er stammt aus Kapitel 19 und ist in mehrfacher Hinsicht von entscheidender Bedeutung. Er zeigt *zum einen,* wie sehr sich in Quints Bewußtsein die Identifikation mit Christus gesteigert hat. Er zeigt *zum zweiten* die Substanz seiner Predigt. Es ist Quints »Feldpredigt«, bei der sich die Rollenidentität bis zur Zitatenmanie (meist aus der Bergpredigt) gesteigert hat. Und *zum dritten* zeigt dieser Text, wie sehr Quint mit seiner eigenen Anhängerschaft in Konfrontation gerät. Er ist keineswegs der Volksheld, der den Menschen nach dem Munde redet. Im Gegenteil, mit seiner Bußpredigt verschreckt er gerade seine treuesten Anhänger, so daß er vor ihnen fliehen muß.

Gerade in der vielschichtigen Analyse eines dem religiösen Wahn verfallenen Bewußtseins erweist Hauptmann seine ganze schriftstellerische Meisterschaft. Dies verbietet jede simplifizierende Deutung der Erzählstrategie nach der Devise: Christusnachfolge ist nun einmal eine Wahnidee, und Hauptmanns Christentumskritik erfährt hier ihre zugespitzte Radikalität (zur psychopathologischen Bedeutung Näheres bei S. Hoefert, S. 42 f.). Im Gegenteil: Die literarische Subtilität in der Beschreibung der inneren Biographie Quints zeigt den Grad der intellektuellen und psychologischen Obsession beim Autor selber, der keinen Riesen-Roman schreibt, nur um seinen Helden als »Spinner« abzutun. Die Beziehung zwischen Religion und Wahn ist für Hauptmann mehr als ein sozialethisches, christentumskritisches oder ästhetisch-dramatisches Thema. Dieser Komplex erlaubt dem Schriftsteller ein Eindringen in die Abgründe des menschlichen Geistes...

Eine psychopathologische Deutungs-Reduktion ist auch dadurch unterlaufen, daß Hauptmann mit der Quint-Gestalt eine *Spiegelfigur des Künstlertums* geschaffen hat. Die genannte Untersuchung von Sprengel hat mit überraschend vielfältigem Material zeigen können, daß Christus gerade um die Jahrhundertwende für viele Künstler zur Identifikationsfigur wurde: *Arno Holz* vergleicht den armen Poeten in seinem »Phantasus«-Zyklus 1886 mit »jenem Gott aus Nazareth«. Im gleichen Jahr entwirft der belgische Maler *James Ensor* eine Farbstiftzeichnung des Kalvarien-Berges, bei der er statt der Buchstaben »INRI« über das Haupt Christi das Wort »ENSOR« setzt. Auf einem »Golgatha«-Gemälde *Edvard Munchs* trägt der Gekreuzigte die Züge des Malers. Der Franzose *Paul Gauguin* malt sich selbst am Ölberg (1889), mit Heiligenschein (1889), in Gethsemane (1895). Christomorphes Selbstbild und selbstbildhaftes Christusbild gehen ineinander über. Alle Darstellungen »eint die Anklage gegen eine Gesellschaft, die den Künstler in die Rolle des Leidenden und Opfers drängt, und zugleich die Hypertrophie eines künstlerischen Selbstbewußtseins, das der eigenen Sendung menschheitsgeschichtliche Maßstäbe leiht.« (P. Sprengel, Die Wirklichkeit der Mythen, S. 110)

Zum anderen weist Sprengel nach, daß Hauptmann *Oscar Wildes* »De Profundis« in der deutschen Ausgabe von 1905 gelesen hat (siehe die Einführung zu Oscar Wilde in diesem Buch). In seinem persönlichen Exemplar streicht der Autor sich den Kernsatz an: »Fürwahr, Christus gehört unter die Dichter.« Ebenso: »Wer ein Christus ähnliches Leben führen wolle, der müsse ganz und gar er selbst sein.« Insbesondere Wildes Ausführungen über den Antagonismus Phantasie – Philistertum finden Hauptmanns ungeteilten Beifall; eine dichte Kette von Anstreichungen zeigt, in welchem Grad er sich Wildes Romantisierung der Christusgestalt zu eigen gemacht hat. Dazu paßt ein Satz, den Hauptmann sich 1898 notiert: »Jedes wahre Genie hat etwas von Jesus Christus« (nach Sprengel, S. 110). Dazu paßt eine Notiz des altgewordenen Gerhart Hauptmann, der Zitate aus seinem Drama »Michael Kramer« aufnimmt und dies als sein persönliches Credo formuliert:

»In einem meiner Dramen, ›Michael Kramer‹, werden von dem Künstler gleichen Namens zwei Worte gesprochen, die wichtig sind: das eine sagt ›Kunst ist Religion‹, das andere ›Der Künstler ist immer der wahre Einsiedler‹. Der Ausdruck Hesychast bezeichnet einen Athosmönch, der sich verborgen in seiner Waldzelle dem Kultus der Gottschau hingibt. Er sieht, wie es heißt, in seiner Vertiefung Gott als göttli-

che Essenz des materiellen Lichtes, sieht das sogenannte unerschaffne Taborlicht. Es ist nicht zu leugnen, daß jeder Dichter ein diesem verwandter Seher ist.« (CA XI, 1184 f.)

Diese beiden Pole: das Menschliche und das Göttliche, bilden auch das Spannungsfeld des »Quint«-Romans, in dessen Zentrum ein Mensch steht, der beides gleichzeitig sein will, sein muß: *Menschensohn und Gottessohn,* und entsprechend daran zugrunde geht. Aber er scheitert bei Hauptmann nicht, weil es von vornherein »Wahnsinn« wäre, diese Verbindung einzugehen und durchleben zu wollen. Er scheitert – wie jeder große Künstler – an der »Welt«. Diese läßt beides nicht zu. Sie reduziert das Menschliche auf das rein Irdische und das Göttliche auf das Über-Irdische. Dort, wo beides in einer Person zusammenkommt, wird diese Person Opfer der »Verhältnisse«. Quint ist genau ein solches *Doppelwesen:* ein Mensch, der ganz gotterfüllt ist bis zur Narrheit, und ein Wahnsinniger, der ganz Christus ist bis zur Heiligkeit. Ein heiliger Narr und ein närrischer Heiliger. Der »Quint«-Roman wäre von daher zu lesen als *literarische Exploration menschlicher Grenzerfahrungen mit dem Göttlichen* – nach dem Wort:

»Ist euch niemals der Wunsch gekommen, dort zu sein, wo die von euch strömenden Wellen eures Geistes – und eure Sinne sind Geist! – zu Ende sind? Hattet ihr niemals eine glühende Leidenschaft, dort, an der äußersten Grenze, anzufangen? Wer es fassen mag, fasse es!« (CA V, S. 357)

In der bisherigen *theologischen Rezeption* sind zwei Grundzüge positiv herausgearbeitet worden: der narrentheologische und der gnadentheologische.

(1) Hauptmanns Roman kann verstanden werden als Auseinandersetzung mit dem neutestamentlichen Topos von der *christlichen Narrheit* (zuletzt bei D. Meinert, 1968). Nach den neutestamentlichen Quellen wurde ja schon *Jesus selber* ob seiner Botschaft, seiner Zeichenhandlungen und seines Geschicks wie ein Narr von den Leuten verlacht und verhöhnt (vgl. Markus 5,35–40; Lukas 23,35; Matthäus 27,39–44). Und es war dann der Heidenapostel *Paulus,* der die christliche Existenz direkt als Narrenexistenz deutete. Paulus reflektiert die Tatsache theologisch, daß Nichtchristen die Botschaft vom gekreuzigten Messias als schiere Torheit, als blanke Narrheit vorkommen muß: »Wir dagegen ver-

kündigen Christus als den Gekreuzigten: für Juden ein empörendes Ärgernis, für Heiden eine Torheit« (1 Korinther 1,23). Der »Narr in Christo« entspricht bei Paulus dem Narren Christus selber. In der Nachfolge Christi wird auch der Christ zum Narren, weil sein Glaube aus der Perspektive der Nichtglaubenden etwas »Unmögliches«, »Komisches«, »Anstoßerregendes« hat. Nach Paulus gehören für Christen Gotteserkenntnis und Torheit, Christusnachfolge und Narrheit unlösbar zusammen, wie gerade seine ergreifende »Narrenrede« im zweiten Brief an die Korinther eindrucksvoll deutlich macht (11,16–30).

Hauptmann spielt nun schon im Titel »Narr in Christo« auf diese Tradition an, für die es ja auch in der Geschichte des Christentums Beispiele gibt. Schon die Wüstenväter ab dem 3. Jahrhundert zeigen sich als radikale Verfechter der Torheit um Christi willen. Armut, Demut, Selbstverleugnung drücken sie mit radikalen Mitteln aus (Nacktheit, Verkleidung). Gerade in den Ostkirchen gewann der heilige Narr eine zentrale Bedeutung. Und in der westlichen Kirche finden sich charismatische Einzelgestalten wie Franz von Assisi, der sich als »Gaukler Gottes« bezeichnete und entsprechend lebte, aber auch Theologen wie Erasmus von Rotterdam, der über das »Lob der Torheit« schrieb. Auf diese Tradition des »göttlichen Narren« spielt Hauptmann an, wenn er sich über seinen Roman so äußert:

*»Wenn ich mich frage, warum ich den Titel ›Narr in Christo‹ gewählt, auch Quint im Text wieder und wieder unter der Bezeichnung ›der Narr‹ angeführt habe, so finde ich vielerlei Gründe in mir. Ausgehend von dieser Benennung, die Paulus selbst für sich akzeptiert, erschien sie mir auch eine Deckung gegen Angriffe für den armen Quint zu bedeuten. Sie erschien mir auch ein Stein des Anstoßes, schlafmützigen Stumpfsinn aufzuwecken und mehr oder weniger nachdenklich zu machen. Hingebung ist in einem gewissen Sinne Schwäche. Ein strömendes Gefühl erzwingt diese Passivität. Auch darum, weil es sich nicht um eine verständige, begreifliche, lebensnützliche Aktivität handelt, sondern vielleicht eher das Gegenteil, habe ich mir den Ausdruck ›Narr‹ und ›Narrheit‹ dafür im Sinne der Welt zu eigen gemacht. Da mit dem Worte Idee, denke ich, schon genug Unfug getrieben worden ist, warum soll ich nicht diesen noch weitertreiben und von einer Gefühlsidee reden, die den Religionsgründer unterjocht: sie könnte die heilige Narrheit sein, die ihn zum göttlichen Narren stempelt.«
(P. Sprengel, Die Wirklichkeit der Mythen, S. 135 f.)*

(2) Die *gnadentheologische Deutung* des Romans durch die

zeitgenössische Theologie (zuletzt E. Hurth, 1993) geht von einem Konzeptionswechsel aus, den Hauptmann im Prozeß des Schreibens offensichtlich durchgemacht hat. Sein Buch steht ja in der Tradition des Jesus-Romans des 19. Jahrhunderts, dessen Archetyp – wie wir verschiedentlich in diesem Buch hörten (Einführung zu Anatole France) – der Jesus-Roman von Ernest Renan ist: »Vie de Jésus« (1863). Dieser Roman-Typus lebt von dem Grundgedanken: Die Gestalt Jesu kann und muß durch den Schriftsteller »befreit« werden aus den Zwängen der Kirche, aus den Versteinerungen im Dogma (»Vergöttlichung«) oder aus der Vereinnahmung durch die bürgerlich-christliche Gesellschaft. Gerade der Künstler sieht sich beauftragt, Jesus für heute zu verlebendigen, ihn wiederkehren zu lassen als sittliche Orientierungsgestalt auch für unsere Zeit. Der klassische Jesus-Roman lebt also vom Pathos der Christentums- und Gesellschaftskritik, lebt vor allem vom Glauben daran, daß der »ursprüngliche Jesus« klar erkennbar und gegen den »Christus der Kirchen« auszuspielen sei.

Dieser Glaube wird zu Beginn des Jahrhunderts durch einen Theologen selber destruiert. 1906 legt *Albert Schweitzer* seine nachmals berühmte »Geschichte der Leben-Jesu-Forschung« vor und erschüttert die Gewißheit, daß der ursprüngliche »Jesus der Geschichte« greifbar, verstehbar, gar heute nachahmbar sei. Diese grundsätzliche Skepsis gegenüber der historisch-kritischen Vergewisserung mußte auch Konsequenzen für die Dichtung haben. Und Gerhart Hauptmann zieht diese Konsequenzen. Denn zunächst war er selber mit »Jesus-Studien« im Geiste der historisch-kritischen Leben-Jesu-Forschung angetreten (CA XI, 1211–1258). Als er mit ihnen im Winter 1885/86 beginnt, ist er wie viele Autoren im 19. Jahrhundert noch durchdrungen von der Überzeugung, daß man den wahren, den »authentischen« Jesus der Geschichte unter dem Schutt der Überlieferungen noch finden könne. Erste Entwürfe zu einem Christus-Drama entstehen, erste Gedanken an einen Jesus-Roman mit Hervorhebung des Judas Ischariot (später »Evangelium Judae«; vgl. CA XI, 1243–1245).

Doch Hauptmann ändert sein Konzept grundlegend. Sollte sein Jesus-Drama ursprünglich noch ein »soziales Drama« werden, wie er viele andere auch geschrieben hatte, in dem die sozial-religiös begründete Kritik an staatlichen und kirchlichen Institutionen im Vordergrund stand sowie das Ideal des »Reiches

Gottes«, das noch seiner geschichtlichen Verwirklichung harre, begreift Hauptmann offensichtlich im Prozeß der Ausarbeitung des »Quint« (von Sommer 1907 bis April 1910), daß man Jesus so nicht mehr literarisch »fassen« kann. Was Schweitzer in seiner Studie auf seine Weise zeigt, hat sich offensichtlich an Erkenntnis auch bei Hauptmann gebildet: Niemand kann mehr so tun, als wisse er, wie es bei Jesus »damals« zugegangen ist; auch Schriftsteller können nicht beanspruchen, den »wirklichen« Jesus zu kennen und ihn mit Hilfe der Literatur neu zu verlebendigen. Hauptmann macht somit als einer der ersten großen Schriftsteller mit der Einsicht ästhetisch ernst: Wer über Jesus schreibt, muß sich der »Unbegreiflichkeit«, »Nichtableitbarkeit«, ja »Unwirklichkeit« dieser Figur bewußt sein.

Der Konzeptionswechsel führt nun dazu, daß Hauptmann in seinem Roman nicht mehr Jesus selber (in seiner Zeit), sondern einen Christus-Besessenen in unserer Zeit auftreten läßt, eine Stellvertreterfigur, welche die ursprüngliche Fremdheit, ja Unheimlichkeit Jesu nicht verharmlost, sondern unter den Bedingungen unserer Zeit noch deutlicher zum Leuchten bringt. Hauptmann hatte offensichtlich begriffen: Die literarische Transfiguration muß der »Unwirklichkeit« von Figur und Sache Jesu Rechnung tragen. Und genau eine solche Figur erfindet er: einen grenzenlos einfältigen schlesischen Tischlersohn, der plötzlich, vom Gefühl seiner göttlichen Sendung berauscht, wie Jesus öffentlich eine Bußpredigt zu halten beginnt. Fremder könnte einem bürgerlichen Publikum um 1910 eine solche Christus-Figur kaum sein.

Dies aber ist für die theologische Rezeption entscheidend. Mit Quint läßt Hauptmann ja die Botschaft Jesu unmittelbar auf die Realität des 20. Jahrhunderts prallen, und zwar so, daß diese Anwendung auf groteske Weise scheitert, scheitern muß. Damit konvergieren aber zeitgenössische Literatur und zeitgenössische Theologie (A. Schweitzer, K. Barth) in der Erkenntnis, daß die Radikalität von Jesu Ur-Botschaft (Naherwartung; apokalyptische Radikalität) eine Nachfolge heute als sittliches Streben nicht zuläßt. Der Einzelne kann Jesus nicht mehr sozialethisch »nachahmen«, die Forderungen seiner Botschaft nicht persönlich »erfüllen« wollen. Er zerbricht daran. Das zeigen ex negativo gerade die Vertreter des etablierten Christentums in diesem Roman. Gerade sie interpretieren Quints Christus-Imitatio als ein Stück aus dem Tollhaus. Aber indem sie dies tun, zeigen sie unfreiwillig, wie sehr sie die Nachfolge Christi mit der Erfüllung bürgerlicher Sittlichkeit identifiziert haben. »Reich Gottes« ist für sie identisch mit der ständisch gegliederten bürgerlich-christlichen Gesellschaft.

Quint aber begreift Nachfolge Christi – auch nach anfänglichen inneren Kämpfen, nach Zurückweisung der Versuchung zur Selbst-Apotheose – als radikale Selbst-Losigkeit, als bedingungslose Hingabe an Gottes Liebe und Gnade. Den Menschen versteht er dabei als reines Gefäß des Geistes: Hohlform Gottes. Gott als den Menschen von innen erfüllende Macht und Kraft. Quints spirituelles Leben ist damit von einer Radikalität, die tiefer reicht als alle sozialpolitische Kritik. Deshalb geht der Roman über jede sozialrevolutionäre Programmatik hinaus. Das hat Kritiker Hauptmanns schwer enttäuscht, die von einer »Abstraktheit« von Quints Gesellschaftskritik sprechen, von der sich »keiner ernstlich getroffen fühle, weil ja alle getroffen« seien (P. Sprengel, G. Hauptmann, S. 204). Solche Kritik will nicht wahrhaben, daß es eine Radikalität geben kann, die tiefer geht als die der Gesellschaftskritiker. Im Roman wird sie durch die drei Grundworte konkretisiert: »Menschenliebe«, »Friede«, »Selbstlosigkeit«. Schon in den »Jesus-Studien« hieß es bei Hauptmann:

»Dieser Gott ist nicht außer dir, sondern in deiner Brust; oder besser: du hast ihn dann in deiner Brust, wenn du vollkommen, das heißt wie er ohne Zorn, Rachsucht und Haß, überhaupt ohne Selbstsucht bist, stattdessen aber voll Selbstlosigkeit – dann verkörperst du in dir das von mir erstrebte Ideal des Gottmenschen.« (CA XI, 1217)

Diese Selbstlosigkeit wird bei Quint bis in die letzten Konsequenzen hinein durchdacht. Denn Quints Christus-Identifikation geht so weit, daß er das Kreuzesmartyrium unbedingt erlangen will. Als es ihm nicht gelingt, das eigene Leben für die Menschheit zu opfern, gerät er in eine schwere innere Krise. Auch ein freiwilliges Mordgeständnis nützt ihm nichts. Am Ende wird er aus der Untersuchungshaft entlassen und wandert mit dem Wort »Ich bin Christus! Gib mir ein Nachtlager!« (CA V, 412) durch Deutschland, bis er sich in einem Schneegestöber in den Schweizer Alpen verirrt. Diese letzte und radikalste Form der Selbstlosigkeit läßt Hauptmann durch einen Arzt und vehementen Christentumskritiker, den Doktor Hülsebusch, reflektieren. Eine Stelle, die zeigt, bis zu welchen Konsequenzen Hauptmann das Problem der Narrenexistenz »in Christo« zu durchdenken versucht:

>*Die Entwicklung, ein menschlicher Staat, die Kultur überhaupt ist nicht zu gründen auf Selbstlosigkeit. Kampf, Selbstsucht bleiben die mächtigsten Triebfedern. Das Christentum hat es darum auch in 2000 Jahren mit dieser falschen Tendenz nur zu einer ungeheuren Heuchelei, zu einem ungeheuren Fiasko gebracht. Die Welt wird überall von Selbstsucht getragen, die Nationen werden durch Selbstsucht aufrechterhalten, von Selbstsucht werden alle großen und kleinen Handlungen der Menschen untereinander diktiert und inspiriert... Da ist nicht einer in den wilden Interessenkämpfen unserer Zeit, der nicht seine eigene Festung ist. Soll er nun also selbstlos sein und zugleich seine Festung schleifen lassen? Das allersterilste Prinzip, das es geben kann, behaupte ich, ist die Selbstlosigkeit. Denn wer sie wirklich und mit ganzer Folgerichtigkeit wahrmachen will, der müßte, um den Frieden um jeden Preis durchzusetzen, vom Schauplatz oder vom Kampfplatz abtreten, der müßte freiwillig aus dem Leben gehen. Damit würde, horribile dictu, Selbstmord die echte christliche Forderung, die eigentlich letzte Folge der Lehre sein.« (CA V, S. 371)*

Das »Geheimnis des Reichs«? Dieses Reich ist – folgen wir dem Roman – offensichtlich nicht einfach durch Anstrengungen eigener Sittlichkeit oder Programme gesellschaftlicher Praxis herbeizuführen. Es ist radikal Gnade, immer nur von Gott geschenkt, und entsteht bedingungslos aus dem Gebot der »Selbstlosigkeit«, das jegliches Verfügen über das Reich als »Lohn« sittlichen Tuns oder als Sozialprogramm außer Kraft setzt. In dieser Perspektive erscheint Quints Narrentum als Ausdruck einer Gottunmittelbarkeit, die »unbegreiflich« und »anormal« wirkt, weil sie sich jeder menschlichen Verfügung entzieht. Geschieht dies dennoch, wie bei den Anhängern des Predigers, die Quint für ihre Messias-Hoffnungen funktionalisieren, vergreifen sie sich an ihm. Sie haben nicht begriffen: Das Gottesreich des Emanuel Quint leuchtet weder dort auf, wo es bürgerlich »verwaltet« (Kirche), ethisch-evolutiv »hergestellt« (Sozialpolitik) oder utopisch-enthusiastisch »gefühlt« wird (Schwärmertum). Es leuchtet nur auf in der Präsenz der Gottes- und Geistesfülle, der auf seiten des Menschen die radikale Selbstlosigkeit entspricht. Deshalb muß ein solcher Mensch von außen als völliger »Narr« erscheinen,

Verkörperung einer Welt-Fremdheit, die der Negativabdruck der Gottesnähe ist.

Wie ein Schlüssel zum Verständnis des Romans scheint mir der *Nachruf* Gerhart Hauptmanns auf den großen Russen *Leo Tolstoj* zu sein. Dieser stirbt exakt in dem Monat, in dem die Buchausgabe des »Quint«-Romans erscheint, im November 1910, und man spürt, wie sehr das Roman-Thema auch Hauptmanns Tolstoi-Analyse beeinflußt:

»Tolstoi ist tot. Die Welt hat ihren zweiten Savonarola verloren. Der einzige große Christ der Zeit ist nicht mehr. Die Kirche hat ihn verflucht. Sie würde seinen Leib zu Asche verbrannt haben wie den Savonarolas, wenn sie die Macht dazu besessen hätte. Immerhin bedeutet der Fluch ihr mehr, der die Seele trifft und sie der Verdammnis für ewig ausliefert. Und wiederum mußte dies alles geschehen, wie geschrieben steht. Wiederum ist der wahre Christos, der wahre Gesalbte, der Stein des Anstoßes und das heilige Ärgernis.
Viele haben Tolstoi für einen Narren gehalten. Auch Jesus, den Heiland, hielt man dafür. Er war ein Mensch. Er war unser Bruder. Es brannte in ihm das verzehrende Feuer der Liebe, der Menschlichkeit. Dies nahm der Synod für ein Feuer der Hölle. Und es brannte in ihm der Geist, den die Klerisei mit Beschwörungsformeln nicht auslöschen konnte, weil selbst herrschsüchtigen Priestern Gott überlegen ist.« (CA VI, S. 915)

Thomas Mann hatte in seiner Rede über Gerhart Hauptmann aus dem Jahr 1952 (wir haben sie in der Einführung zu Thomas Mann zitiert) davon gesprochen, daß es in diesem Werk eine dem Leiden zugewandte Seite und eine dionysische gäbe, ein Grundmuster der Interpretation, das Thomas Mann schon 20 Jahre zuvor bei seiner Ansprache zum *70. Geburtstag von Gerhart Hauptmann* im Münchner Nationaltheater 1932 verwandt hatte. Elemente »pietistischer Seelenkultur und christlichen Leidenskultus«, meinte er schon damals, verbänden sich bei Hauptmann »mit bukolischer Bejahung des Lebens, des Leibes, der Schönheit und Gesundheit, des frohen Lebensgenusses«. Tod, Kreuz und Gruft einerseits und andererseits Wein, Weib und Gesang. Der »Griechische Frühling« erblühe bei Hauptmann inmitten von Dramen, die viel vom Kreuze wüßten – und niemand wundere sich. Und wörtlich fügt Thomas Mann hinzu: »Ich wunderte mich auch nicht, als Hauptmann mir eines Tages erzählte, der hochchristliche ›Quint‹ sei eigentlich ein Fragment, etwas Halbes. Eine Fortsetzung sei ihm zugedacht gewesen: eine *dionysische* Fortsetzung. Sie ist nicht geschrieben worden, denn nicht alle Blütenträume reifen. Dafür haben wir den ›Ketzer von Soana‹ und die ›Insel der großen Mutter‹.« (S. 652)

In der Tat muß auffallen, daß Hauptmann nur wenige Monate nach Abschluß des »Quint«-Romans mit der Niederschrift einer Novelle beginnt, die ganz und gar dionysischen Charakter hat: »Der Ketzer von Soana« (CA VI, S. 85–169). Wieder steht eine Figur des Christentums uns vor Augen: diesmal ein katholischer Priester namens Francesco Vela, der nicht den Weg der radikalen Weltverneinung, sondern den der erotisch-sinnlichen Weltlust geht. Dionysos hat hier den Gekreuzigten abgelöst. Seltsam auch dies: Die Geschichte des Emanuel Quint hatte in den Schweizer Alpen geendet, nahe dem Gotthard-Hospiz. Die Geschichte des »Ketzers von Soana« nimmt in derselben Gegend ihren Anfang ...

Ausgabe: G. Hauptmann, Der Narr in Christo Emanuel Quint. Roman, in: Sämtliche Werke, hrsg. v. H.-E. Hass, Bd. V, Berlin 1962, Sonderausgabe 1996, S. 149–157; 290–299 (CA = Centenar-Ausgabe).

Literatur zur Vertiefung

1. Zur Lebensgeschichte:

W. Leppmann, Gerhart Hauptmann. Leben, Werk und Zeit, Bern–München – Wien 1986.

E. Hilscher, Gerhart Hauptmann. Leben und Werk, Berlin 1987, [2]1990.

C. F. W. Behl – F. A. Voigt, Chronik von Gerhart Hauptmanns Leben und Schaffen, Würzburg 1993.

2. Zur Werkgeschichte:

Th. Mann, Texte über Gerhart Hauptmann, in: ders., Leiden und Größe der Meister, Frankfurt/M. 1982, S. 635–664.

K. S. Guthke, Gerhart Hauptmann. Weltbild im Werk, Göttingen 1961.

S. Hoefert, Gerhart Hauptmann, Stuttgart [2]1982 (Sammlung Metzler 107).

P. Sprengel, Gerhart Hauptmann. Epoche – Werk – Wirkung, München 1984.

F. Marx, Gerhart Hauptmann, Stuttgart 1998.

Gerhart Hauptmann, in: Text und Kritik, hrsg. v. H. L. Arnold, Band 142, H. 4/1999.

3. Zum Text:

D. Meinert, Die Problematik der Nachfolge Christi in der Gegenwart in der Darstellung von Gerhart Hauptmanns »Der Narr in Christo Emanuel Quint« und Bertolt Brechts »Der gute Mensch von Sezuan«, in: Acta Germanica 1968, S. 35–53.

Th. Ziolkowski, Fictional Transfigurations of Jesus, Princeton 1972, S. 105–122.

P. Sprengel, Die Wirklichkeit der Mythen. Untersuchungen zum Werk Gerhart Hauptmanns aufgrund des handschriftlichen Nachlasses, Berlin 1982, S. 73–138.

P. Krauß, »Der Narr in Christo Emanuel Quint« aus psychiatrischer Sicht, in: Hauptmann-Forschung. Neue Beiträge, hrsg. v. P. Sprengel – Ph. Mellen, Frankfurt/M. – Bern – New York 1986, S. 249–273.

W. Wende-Hohenberger, Gerhart Hauptmanns »Der Narr in Christo Emanuel Quint«. Eine religions- und gesellschaftskritische Romananalyse, Frankfurt/M.–Bern–New York 1990.

E. Hurth, Der literarische Jesus. Studien zum Jesusroman, Hildesheim 1993, S. 116–132 u. S. 209–212.

U. Kächler, Die Jesus-Gestalt in der Erzählprosa des deutschen Naturalismus, Frankfurt/M. 1993, S. 166–169.

K. D. Post, Gottessohn und Menschensohn. Gerhart Hauptmann und sein »Narr in Christo Emanuel Quint«, in: Zeitgeschehen und Lebensansicht. Die Aktualität der Literatur G. Hauptmanns, hrsg. v. W. Engel – J. Bomers, Berlin 1997, S. 40–54.

Gerhart Hauptmann
Der Narr in Christo Emanuel Quint

Der Pastor empfing Emanuel freundlich. Er sagte, nachdem die Köchin an die Tür des Studierzimmers mit den Fingerknöcheln geschlagen hatte, mit lauter, gemütlicher Stimme: »Nur immer herein!« und hieß den Besucher freundlich Platz nehmen. Freilich hatte die Köchin für diesen Zweck einen besonderen Stuhl bereitgehalten und schob ihn eilig Emanuel unter. Hierauf stellte der Pastor, dem eine lange Tabakspfeife aus dem Munde bis fast zur Erde hing, die Frage an ihn, ob er zu rauchen gewohnt wäre. Als dies Emanuel dann verneint hatte, sagte er, daß er diesem Laster leider ergeben sei. Es stand unter Stößen von Büchern eine Kaffee-maschine auf dem Tisch, mit der der geistliche Herr höchstpersön-lich sich seinen Kaffee bereitete. Er meinte, er lebe hier gleichsam als Junggeselle, weil ihm das Kommen und Gehen der Frauenzim-mer während der Arbeit störend sei.

Mit solchen und ähnlichen allgemeinen Bemerkungen machte der stattliche, etwa dreißigjährige Mann seine Einleitung, drehte dabei die Kaffeemaschine um, achtete auf das Durchsickern des Getränks in die bunte Porzellankanne und goß die dampfende Brühe schließlich in zwei bereitgestellte Tassen ein. Er bot Zucker und Sahne an, trank, wartete, bis Emanuel einige Schlucke getrun-ken hatte, zog alsdann die Schnüre seines grauen Schlafrocks fest, kundigen Griffs eine Schleife knüpfend, und legte sich mit einem »Nun also!« behaglich in seinem Lehnstuhl zurück und begann eine längere Ansprache.

»Ich glaube doch recht berichtet zu sein«, sagte er, »nicht wahr, Sie sind derselbe Emanuel Quint, der sich vor einiger Zeit veranlaßt fand, auf dem Markt unsrer Kreisstadt eine öffentliche Predigt zu halten? Nun gut! Wir leben in einem Staat, innerhalb dessen alles dahin geordnet ist, daß es nur gewissen, dazu berufenen Männern, wie mir zum Beispiel, erlaubt ist, das Wort Gottes zu predigen. Aber ebenfalls keineswegs etwa auf dem Markt, sondern in den eigens dafür errichteten Gotteshäusern. Nun, ich habe ferner in Erfahrung gebracht, Sie haben sich gedrungen gefühlt, Emanuel – Emanuel ist ein schöner Name und will soviel sagen wie »Gott mit uns!« –, also Sie haben sich gedrungen gefühlt, an verschiedenen Plätzen der böh-misch-preußischen Grenze in unserem Schlesien, sagen wir, wie eine Anzahl Ihrer Freunde sagt, ein Bekenner zu sein. Ich stehe nicht ganz auf dem gleichen Standpunkt, den mein Herr Amtsbruder drüben bei Ihrer ersten Predigt eingenommen hat. Ich will den Standpunkt der Polizeibehörde ebensowenig kritisieren, die für Aufrechterhal-tung der öffentlichen Ordnung sorgen muß. Ich weiß ferner nicht, inwieweit die Behörde Grund hat, Ihnen kurpfuscherische Tenden-zen und Verfehlungen vorzuwerfen. Man hat Sie vorübergehend in die Kreisirrenanstalt gebracht und beobachtet. Ich bin ferne davon, etwa gleich anzunehmen, es sei ein Zeichen von Irrsinn, wenn jemand in seiner Deutung des Bibelbuches nicht gleich durchaus das Rechte zu treffen vermag. Sie hatten gewiß die reinsten Absichten. Ich will Ihnen nun nichts weiter verbergen. Es ist hier ein Brief an mich gelangt. Sie haben eine hohe Protektorin. Es ist eine Dame, eine hochgestellte Frau – hochgestellt insofern, als sie von Adel ist und im Besitze von großen Reichtümern, hauptsächlich aber durch die allgemeinste Verehrung, die sie ihres echt christlichen Wandels wegen genießt! – Was sagte ich doch? Ja, diese hochgestellte, sehr einflußreiche Dame, sagte ich, wünscht Näheres über Sie zu wissen.

Ist Ihnen ein Laienprediger Nathanael Schwarz bekannt?«

Quint sagte: »Ja!«, während sein blasses Antlitz noch blässer wurde.

»Also dieser Bruder Nathanael«, fuhr der Geistliche fort, indem er Tabak aus einem Beutel nahm und die Pfeife stopfte, »dieser Bruder Nathanael hat Ihnen einen gar nicht zu unterschätzenden Dienst geleistet, ihn wieder haben, wie es scheint, zwei andere Männer dazu bewegt. Warten Sie mal, hier stehen die Namen!« Und er las mit einiger Mühe die Namen Martin und Anton Scharf von den Blättern des neben ihm liegenden Briefes ab.

»So liegen die Dinge also«, fuhr der Pastor in seiner Rede fort, »und ich bin also nun gebeten worden, wie die Dame schreibt, ›weil besagter Emanuel doch ein Schäflein Ihrer Gemeinde ist‹, in Erfahrung zu bringen, wie es mit Ihnen beschaffen sei. Ich setze hinzu, daß mein fernerer Auftrag ist, Sie mit einigem Reisegeld auszustatten und Sie auf das Gut der Dame zu laden, das in der Nähe von Freiburg gelegen ist, wenn nämlich unsre Besprechung beiderseits befriedigend ausfiele.

Jetzt also bitte ich, sagen Sie mir doch mal, wenn auch nicht in zwei Worten, aber doch möglichst kurz, wenn ich bitten darf, worauf Sie eigentlich und im Grunde hinauswollen!«

Lange saß Quint hierauf mit einem leisen, grüblerischen Lächeln da und sagte nichts, wobei ihn der Geistliche scharf beobachtete. Er nahm das Zögern für Schüchternheit. »Es ist«, begann er Quint zu ermutigen, »begreiflicherweise nicht leicht, so aus dem Stegreif gleich auf die tiefsten Dinge zu kommen. Am Ende wird es das beste sein, Sie betrachten mich als einen, der anderer Ansicht ist und den sie zu sich bekehren wollen.«

Es hatte aber um das Haupt des armen Toren in Christo allbereits wieder wie Flügelrauschen aus reineren Regionen angehoben, und es strahlte ein innerer Glanz aus ihm heraus, als er langsam und ruhig den Blick erhob.

»Wenn die Dame, die hochgestellte Dame, von der Sie zu mir

gesprochen haben, Herr Pastor, Christum sucht, so werde ich zu jeder Stunde des Tags und der Nacht, falls sie danach Verlangen trägt, zu ihr kommen. Sucht sie mich, so sage ich: sie bedarf meiner nicht, und ebensowenig bedarf ich ihrer.«

Der Pastor, auf den das plötzlich veränderte Wesen des Menschen sowie die Gravität seiner Worte unheimlich wirkte, glaubte im ersten Augenblick, daß Emanuel sich für Christus hielte und damit das Urteil ohne weiteres über ihn schon entschieden sei. Aber Emanuel nahm die Rede von neuem auf.

»Ich bedarf ihrer nicht«, sagte er, »denn ich bin an Mangel gewöhnt und bedürfnislos. Wessen ich aber allein bedarf, das ist unser Heiland Jesus Christus. Sie aber bedarf meiner nicht, denn Sie sehen selbst, was an mir ist. Ich habe niemals einen Vater gehabt, außer dem Vater Jesu Christi. Ich bin mit Recht verachtet gewesen zeit meines Lebens. Wenn ich es manchmal bitter empfand, so war es, weil ich mir eitle Dinge angemaßt, mich über den Heiland erhoben habe. Ich sage dies alles schon ungern aus, kommt es mir doch beinahe vor wie Ruhmredigkeit. Falls es auch Ihnen so erscheint, Herr Pastor, so werden mein Bruder, mein Vater und meine Mutter ein besseres Bild dessen entwickeln, was ich eigentlich bin. Also mich braucht die Dame, von der Sie reden, nicht. Sucht sie Christum dagegen, ich suche ihn auch! Und die Gemeinschaft des Geistes ist die Gemeinschaft in Jesu Christo.«

»Wenn du aber, mein Sohn«, der Pastor duzte Emanuel plötzlich, »eine so bescheidene Meinung von dir hast, was durchaus im christlichen Sinne ist, so begreife ich nicht, wieso du dazu gelangen konntest, aufzutreten und in einem Lande, das voll von berufenen Dienern am Worte ist, als ob es von Gott und Christo verlassen wäre, gerade das Heil an deine eigene schwache Person zu knüpfen. Wer wirklich bescheiden ist, der, scheint mir, richtet doch nicht auf solche Weise öffentliches Ärgernis an.«

Emanuel sprach: »Herr Pastor, das Kreuz ist leider in dieser Welt noch immer und überall, wie der Apostel sagt, ein Ärgernis. Außerdem bin ich nur bescheiden im Hinblick auf mich, nicht aber auf den, der in mir ist.«

»Erkläre mir, wer ist in dir, mein Sohn?« fragte hierauf mit Nachdruck der Pastor.

»Der Vater, der mich gezeugt hat«, antwortete Quint.

Der Pastor versuchte ruhig zu bleiben. »Du redest da«, sagte er,

»etwas äußerst Sonderbares, man könnte fast sagen, Ungeheuerliches, mein lieber Emanuel. Vielleicht habe ich dich nicht recht verstanden: wer ist der Vater, der in dir ist?«

»Derselbe, durch den ich wiedergeboren bin«, sagte der arme Narr in Christo.

»Du bist also deiner Ansicht nach wiedergeboren? Wieso? Womit begründest du das? Meine Demut würde mir nicht gestatten, so etwas ohne Vorbehalt etwa von mir selbst zu behaupten.«

»Ich aber«, sagte Emanuel ruhig, »weiß, daß ich wiedergeboren bin.«

»Inwiefern, mein Sohn, bist du wiedergeboren?«

»Ich bin durch die Gnade Jesu Christi wiedergeboren, nicht im Fleisch, sondern in seinem heiligen Geist. Gebrechlich und geknechtet an meinem Leibe, bin ich im Geiste stark und frei geworden. Ich war tot, begraben in der Verachtung der Welt, und bin durch den Vater lebendig geworden. Der Geist ist es, der lebendig macht, das Fleisch ist kein Nutze.«

Der Pastor legte aus irgendeinem Grunde die Pfeife weg. »Sprich weiter, rede nur getrost und frei, was du auf dem Herzen hast! Ich habe Zeit. Ich werde dir zuhören«, sagte er in ermunterndem Ton. »Du bist also in der Wiedergeburt. Ich nehme an, daß du eine andere Wiedergeburt im Sinne hast als jene, die in der heiligen Taufe stattfindet und durch die wir aus Heiden Christen geworden sind und die uns ja allen gemeinsam ist. Übrigens wirst du mir am Ende noch sagen, wem du deine besondere Erkenntnis verdankst, denn du hast sie wohl kaum aus dir selber gewonnen.«

»Ich habe nichts von mir selbst«, sagte Quint, »sondern alles von dem, der in mir ist.«

Der Pastor wurde ein wenig ärgerlich. »Ich möchte dich bitten, mein Sohn«, ermahnte er Quint, »mit mir in einem ganz einfachen und natürlichen Ton, ich möchte fast sagen, menschlich zu reden. Was heißt das, du habest deine Erkenntnis, deine Belehrung von dem, der in dir ist? Oder sage mir wenigstens: was glaubst du denn, wer in dir ist? Oder sage mir wenigstens: was glaubst du denn, wer bist du denn selber?«

Emanuel fragte dagegen: »Nach der Geburt im Geist oder im Fleisch?«

»Meinethalben in beiden Geburten.«

»Nach der Geburt im Fleisch«, sagte Quint, »bin ich des Menschen Sohn! Nach der Geburt im Geist aber Gottes Sohn!«

Der Pastor erhob sich entsetzt vom Stuhle. »Um Gottes willen, was redest du da?« rief er aus. »Das allerdings ist im besten Falle eine Verstiegenheit, die in das Gebiet der Krankheit gehört. Und das muß ich natürlich der Dame berichten.« Er ging in Schlafschuhen, wie er war, mit wuchtigen Schritten durch das Studierzimmer. »Mensch, weißt du denn wirklich nicht, was du redest?« sagte er dann, vor Emanuel stillstehend. »Jesus Christus war Gottes Sohn, empfangen von dem Heiligen Geist, geboren von der Jungfrau Maria! Sollte deine Vermessenheit sich auch nur im Wahnsinn so weit erheben, daß du behaupten wolltest, jener Hochgebenedeite zu sein, so würdest du, trotz des Wahnsinns, Todsünde auf dich laden.«

Quint aber blieb still, und sein Gesicht verklärte eine tiefe, innere Heiterkeit.

»Erkläre dich mir noch einmal, und zwar ganz deutlich, und sage mir mit klaren Worten noch einmal, was und wie du's meinst!« Damit machte der Pastor, wie wenn er ersticken wollte, ein Fenster auf, das durch das grüne Gewölk eines Buchenwipfels verfinstert wurde.

Emanuel sagte: »Gott ist ein Geist.« Und er zog seine kleine Bibel hervor und las: »Und niemand kennet den Sohn denn nur der Vater; und niemand kennet den Vater denn der Sohn und wem es der Sohn will offenbaren. Wie wollen sie also den Sohn erkennen und von ihm wissen, außer wenn der Vater in ihnen ist?«

»Ich kann dir nur den Rat geben, bester Freund, deine Hand von diesen letzten und geheimnisvollsten Dingen zu lassen, glaube mir, die erlauchtesten Geister, die allergelehrtesten Köpfe haben sich schon vergeblich und oftmals zum Schaden ihrer unsterblichen Seelen daran versucht«, dies sagte nicht ohne Emphase der Geistliche. »Ich möchte dir raten«, fuhr er fort, »dich an die übliche Deutung zu halten, die jene Heilandsworte dahin interpretiert, daß allerdings die ganze Macht, Kraft und Tiefe des Gottessohnes nur der Vater ergründen kann, zu dem wir anderen, wir niederen Sterblichen nur durch die Liebe des Sohnes, unseres Heilands, gelangen können. Bevor wir aber unsere Besprechung beendigen, Bester, möchte ich wissen, was ich der Dame von deinen praktischen Zielen berichten soll. Gehörst du vielleicht zu denen, die an das apostolische Vermächtnis auch insofern glauben, als sie meinen, daß sie durch Gebet oder durch Handauflegen Kranke gesund zu machen imstande sind?«

»Nein!« sagte Quint. »Auch ist der Heiland nicht auf die Welt gekommen, um zu schwelgen, zu prassen und ein Diener des eigenen Leibes oder fremder Leiber zu sein. Er ist gekommen, nicht um uns die Welt gewinnen zu helfen, sondern die Welt zu überwinden.«

Hiergegen wandte der Pastor ein, daß immerhin, wie ja auch Emanuel wissen müsse, von Jesus sowohl als von den Aposteln Kranke durch Handauflegen geheilt worden seien. Der Heiland habe sogar Lazarum, Jairi Töchterlein und den Jüngling zu Nain von den Toten erweckt.

Hier sah der Geistliche, wie Emanuel Quint kaum merkbar den Kopf schüttelte, und fragte ihn, warum er diese Bewegung gemacht habe.

»Warum und zu welchem Zwecke«, gab jener zurück, ohne die Frage zu beantworten, »hätte der Heiland wohl den Mann, den Jüngling und das Kind in diese bejammernswürdige Welt zurückerweckt, die sie ja bereits überwunden hatten?«

Der Pastor begriff zunächst diese überraschende Frage nicht.

»Ich würde denken«, fuhr der Narr in Christo zu reden fort, »er habe es als Weltenrichter getan und um die Toten durch das erneute Leben für Sünden, die sie begangen hätten, zu strafen. Aber wer hat des Menschen Sohn zum Weltenrichter gemacht? Er kannte den Vater, der in ihm war, wie ich den Vater kenne, der in mir ist. Dieser Vater läßt regnen über Gerechte und Ungerechte und läßt seine Sonne aufgehen über Böse und Gute, wie in meinem Herzen geschrieben steht. Herr Pastor: er läßt seine Sonne aufgehen! Das ist nicht etwa vor allem diese, die hier auf die Bücherregale scheint, es ist nur die geistliche Sonne des Vaters, die auch den Bösen und Ungerechten zuteil wird. Wenn ich nun aber an den glaube, der nach dem Wort des Apostels Paulus nicht die Gerechten gerecht macht, sondern die Ungerechten und Gottlosen – ja, die Gottlosen! –, so frage ich mich: was wollte er Lazaro, Jairi Töchterlein und dem Jüngling zu Nain, da er sie doch nicht strafen wollte, als er sie auferweckte, tun? Nein! Wahrlich, ich sage Ihnen, Herr Pastor: der Gottessohn hat diese Toten nicht auferweckt, außer aber ins ewige Leben! Des Menschen Sohn aber wollte und konnte sie nicht aufwecken. Es ist dem Menschensohne nicht gegeben, Tote aufzuwecken und Kranke gesund zu machen, außer durch menschliche Arzenei. Dem Menschensohn ist es allein gegeben zu leiden und mitzuleiden, das heißt zu lieben, das heißt barmherzig zu sein.«

»Du begibst dich auf ein gefährliches Feld, mein Freund«, sagte der Geistliche, indem er warnend den Finger hob, »du bist dir doch wohl bewußt, daß du im Begriff stehst, nichts Geringeres als die Wundertaten unseres Herrn Jesu zu leugnen. Du stellst dich damit zur Heiligen Schrift und zur gesamten christlichen Kirche in Widerspruch.«

»Der Herr hat gesagt«, erwiderte Quint, mit tiefen, fieberisch glänzenden Augen, »lasset die Toten ihre Toten begraben. Er hat nicht gesagt, er wolle die leiblich Toten zum Leben im Fleisch und zum geistlichen Tode auferwecken. Was die Schrift aber anbetrifft, so ist sie von irrenden Menschenhänden niedergeschrieben. Der Buchstabe tötet, und nur der Geist ist es, der lebendig macht. Wenn nun der Geist den Buchstaben nicht lebendig macht, so bleibt er tot. Der Geist ist immer mehr als der Buchstabe. Der Buchstabe aber steht im Buch, der Geist dagegen ist in mir. Alle, die zu lesen verstehen, lesen Buchstaben, aber was wäre der Geist, sollte er in den kleinen Maßen der Buchstaben eingekerkert sein? Das Gewand des Vaters sind nicht Buchstaben, das Gewand des Sohnes sind ebensowenig Buchstaben: beider Gewand ist die Ewigkeit. Und also, Herr Pastor, meine ich: der Vater in mir, der Sohn in mir ist das Wunder, sonst nichts. Ihr Reich ist nicht von dieser Welt. Und weltliche Wunder des Menschensohnes, was sollten sie gelten gegen das himmlische Wunder des Gottessohnes. Und wie der Sohn allein den Vater kennet, so kennet der Sohn allein den Sohn. Und auch der Vater kennet allein den Sohn und sich selber, auch hinter dem toten Vorhang, der sie verbirgt, den Worten der Schrift und ihren Buchstaben. Nur was der Vater lieset, ist wahrhaft gelesen und vom Vater erkannt, und was der Sohn lieset, ist wahrhaft vom Sohne gelesen und vom Sohne erkannt. Was nicht vom Vater und nicht vom Sohne gelesen ist, das gleicht einem Haufen kalter Asche, den eines blinden Bettlers Krücke durcheinanderrührt.«

»Nun meinethalben«, sagte der Pastor, »trage diese deine verwirrten Ansichten auf dem Schlosse des Gurauer Fräuleins vor. Ich glaube nicht, daß du Anklang findest. Nach dem, was ich bis jetzt schon gehört habe, gelüstet mich nicht, mit dir noch tiefer in das Labyrinth deiner überaus sonderbaren Meinungen einzudringen. Es ist schade: du denkst, doch du denkst ohne Führung und Anleitung, was ja immer, besonders bei einem ungeschulten Kopf, gefährlich ist. Hättest du Theologie studiert, so würdest du sicher

621

nicht in das Gestrüpp von Irrtümern dich so hoffnungslos verwikkelt haben. Denn ich fürchte, du hast bei weitem nicht alles mitgeteilt, was du auf deine Weise ergründet hast. Man würde noch Wunderdinge erfahren.

Nun sage mir noch zu guter Letzt, ob du mit deinen Ansichten und Meinungen irgendwelche irdischen Ziele hast? Willst du die Lage der armen Bevölkerung aufbessern? Wartest du, wie gewisse Schichten verstiegener Schwärmer, auf den baldigen Anfang des Tausendjährigen Reiches? Willst du die Kirche reformieren und gegen ihre Dogmen zu Felde ziehen? Strebst du die Gütergemeinschaft an, wie sie bei den ersten Christen üblich war? Neigst du zu den Sozialisten? Was ich dir ganz besonders und dringlich abraten möchte.« – Aber zu allen diesen Fragen schüttelte Quint verneinend den Kopf. Noch einmal, mit einem stillen prüfenden Blick, betrachtete er die blonde, kernige Jugendgestalt des Pastors, dann war es, als verhängte ein bleicher undurchdringlicher Vorhang sein Angesicht und damit alle Geheimnisse seines Innern.

»Ja«, seufzte der Pastor, »so wären wir nun ans Ende unserer Besprechung gelangt.« Er begab sich mit diesen Worten an einen hohen, dunkelgebeizten Schrank, ein ehrwürdiges, altes Barockmöbelstück, öffnete seine Flügeltüren und nahm aus einem der vielen Schubfächer, die sichtbar wurden, einen Kassenschein. Diesen nun nachdenklich in der Hand haltend und mit den Fingern daran herumstreichend, gab er sich, scheinbar noch unschlüssig, einer längeren Überlegung hin. »Ich muß Ihnen ehrlich sagen, Quint« – er siezte ihn wieder –, »daß ich eigentlich nicht recht weiß, wie ich im Sinne der Dame recht handle: gebe ich Ihnen oder gebe ich Ihnen nicht das Geld? Wollte ich es Ihnen vorenthalten, so hätte ich allerdings anders handeln sollen von vornherein. Ich war also etwas unvorsichtig. Immerhin ist es schwer, sich etwas so Unwahrscheinliches vorzustellen, als Ihr über alle Begriffe sonderbares Bekenntnis ist. Ja, also, so gehen Sie nur in Gottes Namen getrost zu dem Gurauer Fräulein hin. Mag sich die allzu große Willfährigkeit und Leichtgläubigkeit der edlen Dame in Sachen der Religion einmal auf diese Weise ein wenig rächen, und mag sie zur Erkenntnis gelangen, daß das von ihr geförderte Laienwesen in Sachen der Religion manchmal auch solche Früchte zeitigt.«

Der Pastor hatte somit dem wunderlichen Tischlergesellen, der sich in einem Atem rühmte, des Menschen Sohn und der Sohn Gottes zu sein, mit einer entschiedenen Geste den Kassenschein entgegengestreckt, den jener indessen kopfschüttelnd ablehnte. Der Geistliche, der das zunächst nicht begreifen wollte, ward dadurch nicht wenig beschämt und stellte sich gutmütig aufgebracht. Quint aber sagte, es liege ihm fern, die Güte der Dame, die Güte des Pastors nicht dankbaren Herzens zu erkennen, aber kurz und gut, er bedürfe des Geldes, auch wenn er die Dame besuche, nicht. [...]

Wie es bei Wallfahrten üblich ist, einige Pilger hatten, trotzdem nur ein allgemeines wunderbares Ereignis vorausgesagt worden war, dennoch die Kranken ihrer Familie mitgebracht. Sie versuchten mit ihnen Quint nahezukommen, weshalb sogleich ein Gedränge entstand, als der falsche Heilige endlich erschien. Man brachte einen Menschen heran, der ganz einfach das Delirium potatorum hatte, ein Leiden, dessen Erscheinungsform jedem Arzte bekannt, auf den Laien indessen zuweilen von einer grausigen Wirkung ist.
Wer hat nicht schon den Gedanken gehabt, daß weit mehr noch als hinter Gittern eines Gefängnisses hinter den eisernen Stäben einer Irrenanstalt das Inferno, die Hölle ist. Unter allen Zuständen, die dort behandelt werden, steht wohl das Trinkerdelirium an Furchtbarkeit obenan. Der breite und muskulöse Mensch, der, von einem schrecklichen Tremor geworfen, von vier Männern gehalten vor Quinten stand, stieß angstvoll gepeinigte Laute aus und hatte schreckliche Visionen, wie aus seinen frostgeschüttelten Worten deutlich wurde, von Erdbeben und von Weltuntergang. Wo er hintreten wollte, riß sich ein Rachen des Abgrundes auf. Mitunter ward er hinuntergeschleudert, wo dann wiederum andere Abgründe unter ihm Flammen heraufloderten oder er sich im Schlamm, überkrochen von Schlangen, Eidechsen und allerhand eklen Reptilien, fand.
Die Qual dieses Menschen wirkte ansteckend. Die übermenschliche Angst, die er litt, bewirkte etwas in der Menge wie eine allgemeine, hilfeflehende Bangigkeit.
Als Emanuel, seiner nicht achtend, an dem gemarterten ehemaligen Hausknecht oder Küfer oder Bierkutscher, was er nun sein mochte, vorüberschritt, hörte man dessen Stimme rufen, aber so, daß es dem Heulen eines Hundes weit ähnlicher als einem menschlichen Laute war: »Jesus, du Sohn Davids, erbarme dich meiner!«
Der häßliche und vielleicht auch komische Laut, dessen Bedeutung von den Fernerstehenden nicht verstanden wurde, löste im

Kreise der Unbeteiligten, deren Zahl sich ständig vermehrte, ein kolossales Gelächter aus.

Aber es schien an diesem Tage nichts in Quint zu sein von Mitleid und von Barmherzigkeit, wie er denn diese Tugenden überhaupt bisher nur als die natürlichen und gelegentlichen Äußerungen einer reinen Menschlichkeit geübt hatte. Alles an ihm schien heute Feuer, ja entschlossene Herzenshärtigkeit. Dabei schien seine Stunde noch nicht gekommen. Er redete da und dort, mit diesem und jenem einige Worte, schritt aber plötzlich, nur an der Spitze seiner neun Talbrüder, eiligen Gangs in die Felder fort.

Es war ein Brachfeld, das ein hügeliges Gelände überzog, auf dem er durch eine von allen Seiten strömende Menschenmenge gestellt wurde. Nicht nur Landleute, die auf dem Wege zur Kirche waren, eilten herbei, sondern auch bürgerliche Gestalten zeigten sich, und späterhin sah man sogar Jagdwagen heranfahren, die junge Söhne von Gutsbesitzern, ja die Väter selbst herbeibrachten, um das ruchbar gewordene tolle Ereignis nahe zu sehen.

Kurt Simon hatte sich eingefunden. Der junge Beleites erschien bei den Heidebrands. Neugier oder irgendein anderes Gefühl hatte den Obergärtner bewogen, der Menge und Quinten nachzugehen, als sich der ganze Unfug feldein wälzte. Eben fing Emanuel Quint seine weitberüchtigte Rede an, als sich auch Pastor Beleites im Wagen mit Herrn von Kellwinkel einstellte.

Wie sehr gegen früher das Wesen Quintens verwandelt war, das konnte man schon am Ton seiner Stimme bemerken, mit der er Ruhe gebot, an der Art, wie er drohend und furchtlos die Faust erhob und herrisch mit seinem Fuß aufstampfte. Noch mehr aber trat es durch den Inhalt der Rede hervor, die der Tor in flammenden Worten hinausschleuderte.

»Ihr Heuchler«, rief er, »die ihr Mücken seiget und Kamele verschlucket, höret die Worte Jesu Christi, des Gottessohns! Höret die Worte des Menschensohns, wie sie ihm der Vater gibt auszusprechen! Der Vater ist bei mir, der mich gesalbet hat und gesandt: aber nicht, daß ich Frieden bringe, sondern das Schwert!

Wehe euch Heuchlern! Was seid ihr anders als ein ungläubiges, lügnerisches, betrügerisches und habgieriges Geschlecht? Einer des andern Feind, geheim oder öffentlich! Einer des andern Räuber, geheim oder öffentlich! Diebe! Ehebrecher! Verräter! Mörder!

Geheim oder öffentlich! Ich sage euch, ihr Knechte des Antichrist: Ich bin hungrig gewesen, und ihr habt mich nicht gespeist! Ich war durstig, und ihr tränktet mich nicht! Ich bin krank gewesen, und ihr habt mich nicht gepflegt! Ich bin gefangen gewesen, und ihr habt mich aus dem Kerker, der ein Fenster hatte, hinab in den lichtlosen Keller zu Skorpionen und Schlangen gestoßen! Ihr habt mich geviertelt, aufs Rad geflochten, habt mir mit glühenden Zangen den Leib zerfetzt! Ihr habt mich an den Galgen gehängt, geköpft, geschunden, geprügelt, geheim oder öffentlich . . .«

Bei diesen Worten lief um die Peripherie der Menge ein helles und tolles Lachen herum, und eine Stimme ließ sich vernehmen: »Hätten sie dich doch gepökelt, gebacken, eingesalzen, in Fässer verpackt und zum Satan in die Hölle geschickt!«

Quint rief dagegen: »Ich kenne dich, Stimme. Wundere dich nicht, du armer, verblendeter, grober Ackerknecht, daß diese Stimme durch deine Kehle gedrungen ist! Sie stammt dorther, wo alles das herstammt, was Gott nicht gereinigt hat. Es geht aus dem Munde hervor und machet dich, nicht mich, unrein. Du weißt, und es ist uns gesagt und ist wahr, daß nur, was aus dem Munde hervorgeht, den Menschen unrein macht. Aber wisse: nicht du bist's, der da spricht, sondern es ist die Macht, so alt wie die Welt, die ihre Tage in Roheit verfinstert.«

Unbeirrt fuhr der Narr dann fort:

»Ihr Heuchler! Öffentlich habt ihr meinen Namen und mich euren Herrn genannt, heimlich mich täglich ans Kreuz geschlagen! Berge, ja Gebirge von rostigen Nägeln genügten euch zu jahrtausendelanger Henkersarbeit nicht.

Ihr nahmt mich unzähligemal vom Kreuz, ihr schnittet mich vom Galgen herunter und verkauftet mich: Stück um Stück meines verwesenden Fleisches wurde verkauft! Stück um Stück meiner bröckelnden Knochen! Jeder Span meines Kreuzes! Jeder Flicken meines Gewandes! Alles und alles habt ihr zehntausendemal, samt Gott dem Vater, Gott dem Sohn und Gott dem Geiste, dem Mammon geopfert! Aber die mich kauften, betrogen sich, die mich kauften, wurden durch euch betrogen. Zwar habt ihr den wahren Heiland unzählige Male ans Kreuz geheftet, aber den vom Kreuze herabzunehmen euch gegeben ist, ist des Menschen Sohn und der wahre Heiland nicht.«

Herr von Kellwinkel war aus der Kutsche gesprungen und hatte den jungen Beleites herangewinkt. »Hören Sie, Doktor«, sagte er ihm, »wenn dieser Verrückte so weiterspricht, dann müssen Sie mir den Gefallen tun, sich freundlichst in meinen Wagen zu setzen, nicht wahr? Und Sie fahren dann schnell in meinem Auftrag zum Landrat hinein, denn es könnte zur Pflicht werden, ihn zu verständigen.«

»Was seid ihr? Meinet ihr etwa Christen? Dann war Pilatus, dann war Judas, war der Hohepriester, der ihn verdammte, waren die Kriegsknechte, die ihn verspotteten, war ein jeder von ihnen ein Christ! Dann war es christlich, ihn geißeln, christlich, ihm mit der Faust ins Gesicht schlagen, christlich, ihm mit einem Tuche die Augen verbinden, ihm eine Narrenpritsche in die Hand geben, ihm eine Narrenkrone aus Dornen auf das Haupt drücken und rufen: Rate, Christe, wer dich schlug!«

»Es ist ein Skandal«, sagte Herr von Kellwinkel.

»Oder herrscht unter euch ein anderes Gesetz als Auge um Auge, Zahn um Zahn?« fuhr Emanuel fort. »Habt ihr nicht die Völker bewaffnet, die Welt mit Myriaden von furchtbaren Mordinstrumenten bedeckt? Schwimmen nicht eure ungeheuren eisernen Mordmaschinen auf allen Meeren, und meinet ihr, daß der Heiland eure Kanonen, eure Gewehre und eure scheußlichen Metzelfeste segnen wird? – Es ging ein Sämann aus zu säen! Meint ihr, daß dies die Saat des Heilandes, des Gottesreiches auf Erden ist? Ich aber sage euch, die ihr zuhört: liebet eure Feinde! Tut denen wohl, die euch hassen! Segnet die, die euch verfluchen! Bittet für die, die euch beleidigen! Und wer euch schlägt auf eine Backe, dem bietet die andere auch dar!«

Der Narr fuhr fort:

»Meinet ihr, daß ihr zugleich Gott dienen könnt und dem Mammon? Wahrlich, ich sage euch: ihr werdet Gott dienen oder dem Mammon! Meinet ihr, ihr werdet euren Feinden Übles tun, denen fluchen, die euch fluchen, eure Beleidiger verfolgen, schlagen, die euch schlagen, und doch Kinder Gottes heißen? Ich sage euch: wer euch den Mantel von den Schultern reißt, den rufet zurück! Sagt ihm, du hast den Rock vergessen! Gebt ihm auch den Rock! Wer dich aber bittet, dem gib ein zehnfaches Maß dessen, worum er dich bittet! Wenn aber ein Dieb kommt und bricht in deine Vorratskammern, du Reicher, so gehe nicht hin und hetze die Schergen hinter ihm drein, sondern laß ihm, was er genommen hat, und fordere es nicht wieder! Brechen sie aber in eure Gewölbe, darin ihr eure Juwelen, den Schmuck eurer Weiber und euer gemünztes Gold verborgen habt, so lasset sie getrost davonschleichen mit ihrem Raub! Denn ich sage euch: ihr sollt nicht Schätze sammeln, die Motten und Rost fressen! Und was hülfe es euch, wenn ihr die ganze Welt gewinnet und nähmet doch Schaden an eurer Seele?«

»Noch besser!« sagte Herr von Kellwinkel, und auch bei den übrigen Zuhörern lösten diese seltsamen Grundsätze Äußerungen der Belustigung, der Erbitterung und des Hohnes aus.

Quint konnte bemerken, wie die Gesichter jener frommen Schäflein länger und länger wurden, die gekommen waren, um Zeugen von etwas Wunderbarem zu sein. Ebensowenig entging es ihm, wie sich auf den gleichsam erleuchteten Mienen der irgendeiner himmlischen Manifestation, eines Auferstehungswunders gewärtigen Talbrüder, die, wie ein Stab, ihm am nächsten standen, – wie sich in ihren Mienen hier Enttäuschung, dort Bestürzung auszuprägen begann.

Waren sie denn nicht ehrliche Leute? Und wenn sie es waren, und waren ihm außerdem gläubig nachgefolgt, was sollte denn dieser Hagel von Scheltworten? Sind wir denn Räuber? Diebe? Verräter? Mörder? Ehebrecher? dachten sie. Und sie gaben sich Antwort: Wir sind es nicht! Wir sind auch nicht Knechte des Antichrist! Außer daß jener, der uns so nennt und der vor uns steht, der Antichrist wäre.

Und was gehen ihn denn, da er es mit redlichen Menschen zu tun hat, die Diebe an? Sind wir denn Diebsgenossen und Diebsgesichter? Wann hätten wir ihn bestohlen, geköpft, geschunden, an den Galgen gehängt, geheim oder öffentlich?

Anton Scharf wurde dunkelrot vor Scham und Wut! Was? Ich und mein Bruder, wir wären nicht Christen? Wir wären Judas, wären Pilatus, wären den Kriegsknechten, die ihn marterten, gleich? Wann hätten wir ihm die Faust ins Gesicht geschlagen? Und was sagt er: wir sollen den Dieben und Räubern Vorschub tun?

»Sehet euren himmlischen Vater an«, fuhr der Tor indessen mit stärker erhobener Stimme fort, »ist er nicht gütig über den Undankbaren? Freundlich über den Gottlosen und Boshaften? Läßt er nicht seine Sonne täglich aufgehen über euch, die ihr doch Böse und Gute und wenige Redliche unter Dieben, Betrügern, Verrätern, Mördern und Gottlosen seid?«

»Halt deine Schnauze«, schrie ein betrunkener Pferdeknecht, »sonst kriegst du den nächsten Stein an den Schädel.« Ein Trupp junger Leute aber zog mit dem Wechselgesang von »O du lieber

Augustin« und »Lott ist tot, Lott ist tot, Jule liegt im Sterben« augenscheinlich gelangweilt in den nächsten Dorfkretscham ab. Unbeirrt aber ging die Strafrede fort:

»Oh, ich kenne euch wohl« – und Quint schickte einen zornigen Blick dorthin, wo die Jagdwagen und die gutgekleideten Leute standen –, »ich kenne euch wohl, die ihr über eure Mitbrüder zu Gericht sitzet! Ihr Gottlosen! Ihr kennet weder Gott den Vater noch Gott den Sohn, noch kennet ihr Gott den Geist! Und Gott der Geist und Gott der Sohn und Gott der Vater kennet euch nicht! Oder meint ihr, die ihr Gottes Sohn mit Handschellen an den Händen hinter die eisernen Türen eurer Gefängnisse transportiert, die ihr den Sünder, dem Gott verzeiht, mit Ketten belastet, die ihr den seiner leiblichen Freiheit beraubt, der des Königs Menschenmordwaffe nicht in die Hand nehmen will, – meinet ihr, sage ich, daß der Heiland eure Gerichte segnen wird? Ihr habt vergessen, was der Vater gesagt hat: ›Mein ist das Gericht.‹ Daß er gesagt hat: ›Richtet nicht, so werdet ihr selbst nicht gerichtet! Verdammet nicht, so werdet ihr auch nicht verdammet! Vergebet, so wird euch vergeben!‹ Ihr seid allesamt abgewichen, du! du! du! und du!« – und er wies mit dem ausgestreckten Arm auf diesen oder jenen Zuhörer: »Willst du zu deinem Bruder hingehen und zu ihm sagen, laß mich den Splitter aus deinem Auge ziehen, bevor du den Balken aus deinem Auge gezogen hast? Ziehe zuerst den Balken aus deinem Auge, sage ich dir! dir! dir! und dir!« – wiederum wies er auf einige hin, die sich mit höhnischer Miene umwendeten –, »und dann siehe zu, gehe hin, siehe zu, wie du den Splitter aus deines Bruders Auge ziehen magst!«

Und er erzählte ihnen das Gleichnis vom König, der mit seinen Knechten rechnen wollte:

»Ihm kam einer vor, der war ihm zehntausend Talente schuldig. Der Knecht fiel vor ihm nieder, und der König, der Gott war und auch der Vater ist, erließ ihm die Schuld. Derselbe Knecht aber ging hin und fand einen Mitknecht, der ihm ein Geringes schuldig war, den griff er an, den würgte er, den stellte er vor Gericht, über den saß er als Richter selbst zu Gericht, den ließ er foltern, stäupen, ins Gefängnis werfen. Er ließ ihn wieder herausholen und an den Galgen knüpfen. –

Tretet herzu, ihr Schalksknechte! Ihr, denen Gott einem jeden seine zehntausend Dukaten Schuld erlassen hat und die ihr täglich eure Brüder um einige Pfennige willen kreuzigen laßt! Du Kaiser, du König auf deinem Thron! Ihr Generäle, Minister und hohen Geistlichen! Ihr Magnaten und Fürsten! Ihr Gerichtspräsidenten, Richter, Schöffen, Polizeiverwalter und Polizisten! Ihr Weiber, die ihr eure Dienerinnen mißhandelt! Ihr Landherren und ihr Fabrikherren! Tretet herzu: hier ist das Gericht des Menschensohnes! Oder wollt ihr sagen: lasset uns Übles tun, auf daß Gutes daraus komme? Ich sage euch: euer Gesetz ist darum gestiftet worden, daß die Sünde mächtiger würde.

Und wer sich auf das Gesetz beruft, beruft sich auf das Gesetz, nicht auf Gott. Sofern ich gekreuzigt, gestorben und begraben bin, so ist es die Sünde gewesen, die mich gemartert und getötet hat! Eure Sünde ist es gewesen, die sich stützt auf das Gesetz! Sie betrog und tötete mich durch dasselbe Gesetz! Ja, die Sünde mit ihren sündlichen Lüsten ist mächtig in euch durch das Gesetz erreget, und ihr seid willig, dem Tode Frucht zu bringen! Euer Mund ist voll Fluchens! Unter euren Lippen ist Otterngift! Eure Zunge ist eitel Haß und Bitterkeit! Eure Füße sind eilig, Blut zu vergießen! Was säet ihr aber Unfall und Herzeleid, statt daß ihr den Frieden Gottes aussäet?

Oder meinet ihr wirklich, daß der Heiland eure Gerichte, die Lippen eurer Richter, die nach toten Buchstaben Unrecht sprechen, Böses mit Bösem vergelten, Haß mit Haß, die unbarmherzig und kalt – ganz anders als Gott! – den Sünder dem Kerker, dem Beil, dem Strang, dem Tod überliefern, – meint ihr, daß Jesus die Arbeit eurer Henker, die Mauern eurer Zuchthäuser, die Richtblöcke eurer Richtstätten segnen wird? Meint ihr, er wird euren Staatsanwälten die Palme des ewigen Friedens geben?«

»Das ist die tollste Farce«, sagte Herr von Kellwinkel zu Pastor Beleites, »und dabei die wildeste Blasphemie, die mir jemals begegnet ist.«

Quint fuhr fort:

»Nehmet allen Jammer, alle blutige Mühsal, allen schrecklichen Wahnsinn, der außerhalb des Gesetzes gewütet hat, und stellt allen blutigen Wahnsinn dagegen, den das Gesetz verewigt hat! Stellt den Fluch, der außerhalb des Gesetzes wütet, gegen den Fluch, der durch das Gesetz gewütet hat, und wie ein Walfisch den Jonas verschlungen hat, so, sage ich euch, wird der Fluch der Sünde außerhalb des Gesetzes vom Fluch des Gesetzes verschlungen werden.«

Nachdem Emanuel Quint auch noch die Kirchen und »sogenannten Gotteshäuser«, sowohl protestantische als katholische, insgesamt als das wahre Golgatha Jesu Christi bezeichnet hatte, wofür ja auch das nachgemachte Kreuz und die Ausstellung seiner Martern den Beweis liefere, stieß er gleichsam dem Faß der Langmut seiner Zuhörer durch diesen Abschluß den Boden aus:

»Ihr Heuchler, unter denen ein jeder Jesum zu bekennen, die Taufe Jesu zu besitzen meint, ich sage euch, ihr bekennt ihn weder, noch habt ihn bekannt, noch werdet ihr je seine Taufe empfangen. Wer da bekennet, der wird getauft! Und die da wahrhaft Christum bekannt haben, die sind in seinem Tode getauft! Und die da in Christo lebendig geworden sind, die sind in seinem Tode lebendig geworden! Wäre es anders: ich müßte euch kennen, und ihr müßtet mich kennen, aber ihr kennet mich nicht, und ich kenne euch nicht! Und ich sage weiter und bekenne euch, ihr alle, nah und fern, die ihr mir zuhöret, ihr alle, die ihr Ohren zu hören habt, daß ihr mich sehen werdet taufen mit einer Taufe, von der ihr nichts wisset! Mich, der ich, von Johannes getauft, Johannes' Taufe verworfen habe! Mich, der ich, der wahre Gesalbte, durch die Gnade des Vaters, des Sohnes und des Geistes heut vor euch auferstanden bin und als Christus, der Heiland, vor euch dastehe.«

Emanuel schwieg, und im gleichen Augenblick rann ihm ein fingerbreiter Blutstrom über die linke Stirnhälfte, über die rote Braue und, tropfend, über die roten Wimpern des linken Auges herab und rieselte eilig die Wange hinunter.

Der Narr in Christo bewegte sich nicht.

Pastor Beleites und Herr von Kellwinkel, denen der Schluß und Gipfel der Feldpredigt noch den Atem verschlagen hatte, wußten nicht, was geschehen war, dann aber mußte ein jeder, der Augen hatte, ob er nun wollte oder nicht, sich eingestehen, daß allbereits, da und dort vereinzelt geschleudert, Feldstein um Feldstein gegen den armen Bekenner flog.

Beleites sagte: »Sie werden ihn steinigen!«

Kellwinkel antwortete: »Was für den religiösen Geist der Menge nicht gerade ein schlechtes Zeugnis ist.«

Noch hatte Kellwinkel nicht ausgesprochen, als der Raum über den Köpfen der Menge zwischen ihm und Quint durch eine Wolke taubeneigroßer Kieselsteine verfinstert wurde.

»In welchem Jahrhundert leben wir?« sagte ein hektisch emporgeschossener Student der Theologie, ein Pastorssohn, der eine große Brille trug und den Vorgang versonnen beobachtete.

Das Entstehen des unholden, immer dichter werdenden Schwarms von kantigen Vögeln, die auf Emanuel zustrebten, als sei er ein Zauberer und habe jeden einzelnen unter ihnen mit Namen gerufen, hatte zur Folge, daß vor aller Augen eine Weibsperson vor den noch immer ohne Regung verharrenden Narren sprang und ihn mit ihrem Körper deckte. Außer den Talbrüdern wußte niemand, daß es Therese Katzmarek war, jenes Mädchen, deren epileptischer Krampf den allgemeinen Paroxysmus in der Talmühle ausgelöst hatte. Ihr Heldenmut aber schien den Steinhagel noch zu verdichten. Nun aber stürzte plötzlich mit heller Kommandostimme schreiend Herr von Kellwinkel durch die Steinwerfer auf Quinten zu, neben dem er sich furchtlos mit gegen die Menge drohendem Stocke aufpflanzte.

»Schämt euch! Wißt ihr nicht, daß heute Ostersonntag ist? Ihr seid weder Türken noch Feuerländer, und im übrigen gebe ich euch die Versicherung, dieser ruchlose Possenreißer« – er berührte die Schulter Quints – »entgeht der gerechten Strafe nicht.«

Die militärische Stimme und Person Herrn von Kellwinkels reinigte wie durch Zauber die Luft. Er hätte nicht mehr hinzuzusetzen brauchen, was ihm der Sicherheit wegen geboten erschien, nämlich: »Welcher Lümmel unter euch auch nur meine kleine Zehe mit einem Steine trifft, der hat ein Jahr Zuchthaus zu gewärtigen! Du hast nun dein Fett!« wandte er sich hierauf gegen Quint, den Therese Katzmarek eben, um das rinnende Blut zu stillen, mit ihrem Kopftuch wie mit einem bunten Turban umwickelt hatte.

»Du hast nun dein Fett und wirst es dir zweimal überlegen, ehe du wieder unserem gesunden Landvolk deine Räuber- und Diebsmaximen predigen und dabei den Namen unseres gebenedeiten Heilands mißbrauchen wirst. Nimm es als verdiente Strafe, obgleich Steinigen aus der Mode ist. Ich würde dir noch ganz anders kommen, aber nach deinem Schluß, den Gott dir verzeihen mag, halte ich dich denn doch nicht für zurechnungsfähig.«

Auf Pastor Beleites und die meisten gebildeten Zuhörer hatte der unerhörte Schluß von Quintens Rede den Eindruck eines elektrischen Schlages gemacht, der aber angesichts des rinnenden Bluts und des Steinhagels fast auf der Stelle vergessen ward. Beide Eindrücke flossen in einen zusammen: nämlich den eines drohenden schweren Unglücks, das unbedingt zu verhüten war. Hatten die Worte des »Bibelnarren« zuerst nach verkapptem Sozialismus oder

Anarchismus geschmeckt – Eigentum ist Diebstahl: also sei Diebstahl Eigentum –, so hatten sie doch einen Schluß erhalten, der einen Zweifel an dem wahren Geisteszustand Emanuels nicht mehr aufkommen ließ. Von diesem Augenblick an jedoch mußte der einsichtsvollere Teil der Menge in dem instinkthaften Wunsch zur Verhütung eines Verbrechens an diesem armen Unzurechnungsfähigen einig sein.

Aus diesem Grunde standen nun auf einmal eine Anzahl Herren, Gutsbesitzer und Bürgersleute, junge und alte, nahe um Quint, unter denen auch Pastor Beleites, der junge Beleites, Kurt Simon, ein Jüngling namens Benjamin Glaser, Sohn eines Großgrundbesitzers in der Nachbarschaft, Heidebrand und endlich sogar Nathanael Schwarz zu sehen waren; dagegen hatten sich seltsamerweise alle neun Talbrüder aus der Nähe Emanuels fortgemacht.

2. EIN KOMMUNIST –
VERKLEIDET ALS PRIESTER IN ITALIEN

Zur Einführung

Sein Kampf- und Tarnname ist Programm: *Ignazio Silone*. Im Jahr 1900 wird er als Secondino Tranquilli in einem Abruzzen-Dorf (Provinz L'Aquila) geboren. Das Leben dieses Kleinbauern-Sohnes wird zerrissen von den politischen und sozialen Spannungen Italiens in der ersten Hälfte dieses Jahrhunderts: Klerikalismus, Faschismus, Kommunismus. Seine Herkunft macht ihn sensibel für die sozialen Klassengegensätze in seinem Land, und er beginnt schon früh, sich für die Landarbeitergewerkschaft organisatorisch und publizistisch-journalistisch zu engagieren. 1921 gehört er zu den Mitbegründern der Kommunistischen Partei Italiens. Als Mitglied des Zentralkomitees wird er für internationale Kontakte zuständig. Ein Jahr später kommen die Faschisten in Italien an die Macht. Secondino Tranquilli wird im Dezember 1922 verhaftet und taucht nach der Freilassung in den Untergrund ab.

Jetzt wird der Kampf- und Tarnname Ignazio Silone geboren, und er drückt die beiden Dimensionen seines Denkens und Arbeitens aus. *Ignazio* verweist auf Ignatius von Loyola, einen radikalen Christen und kirchlichen Reformer, den Begründer des Jesuiten-Ordens. *Silone* verweist auf Silo, einen legendären Kämpfer aus der Zeit des ersten vorchristlichen Jahrhunderts, der die Unabhängigkeit der heutigen Abruzzen-Region gegen die Römer zu verteidigen suchte. Diese Komponenten gehen in Silones Werk eine einzigartige Verbindung ein: radikale Christlichkeit, Verbundenheit mit der eigenen heimatlichen Landschaft und sozialkritisch-parteipolitisches Engagement. Am Ende seines literarischen Lebens wird ein Buch über einen radikalen Mönch-Papst aus den Abruzzen stehen, Cölestin V., der als einziger aller Päpste in der Geschichte durch seinen freiwilligen Rücktritt (1294) sich dem Machtsystem der Kirche entzog: »L'avventura d'un povero cristiano«; »Abenteuer eines armen Christen« (1968; Näheres dazu bei K.-J. Kuschel, Stellvertreter Christi?, 1980)

Vielleicht ist es die nie aufgegebene christliche Komponente, die Silone fähig macht, auch innerhalb der kommunistischen Bewegung den menschenverachtenden Totalitarismus zu durchschauen. 1927 wird er in Moskau Zeuge der von Stalin angeordneten politischen Liquidierungen. Dies ist der Beginn einer Entfremdung von der Kommunistischen Partei. Silone gerät in eine doppelte Isolation: Durch die Faschisten ist er von der Heimat getrennt (ab 1930 ist ein Leben nur noch im Schweizer Exil möglich). Durch die eigene moskauhörige kommunistische Parteiführung sieht er sich zunehmend wegen seiner Kritik am Stalinismus an den Rand gedrängt. 1931 schließt ihn die Partei aus. Silone – ein Christ ohne Kirche, ein Kommunist ohne Partei. Erst nach der Befreiung Italiens vom Faschismus kehrt er in seine Heimat zurück. Ganz heimisch wird er auch jetzt nicht, zu sehr stoßen sein christlich-sozialistischer Utopismus und die harten Fakten der italienischen Nachkriegspolitik aufeinander. Sein Leben? Es ist das Abenteuer »di un povero cristiano e di un povero socialista« (G. Herling).

Die bedeutendsten Romane entstehen denn auch im Schweizer Exil: »*Fontamara*« etwa (Zürich 1933, zuerst in deutscher Ausgabe). Der Roman ist das erfolgreichste Werk Silones und hat wesentlich zu seinem weltweiten Ansehen beigetragen.

Stil, Milieu und Konfliktführung sind hier schon charakteristisch für das gesamte weitere Werk. Silone beschreibt das Leben der Menschen im (fiktiven) Abruzzendorf Fontamara zwischen 1920 und 1930 unter der Frage, wie die faschistische Machtergreifung das Leben der Bevölkerung verändert. Die einfachen Landbauern, die »Cafoni«, ohnehin durch ein hartes Leben zur passiven Hinnahme des Unabänderlichen neigend, ertragen zunächst die politische Überfremdung. Als willenloses Stimmvieh werden sie von den faschistischen Funktionären manipuliert. Ihre politische Ahnungslosigkeit kann so lange ausgebeutet werden, bis einige unter den Bauern merken, wie sehr sie zu bloßen Statisten des perfekt funktionierenden faschistischen Regimes mißbraucht werden. Dann beginnt eine Widerstandsgeschichte...

Seit diesem Roman gilt Silone als früher Vertreter des »Neorealismo«, ein Begriff, der sich in Europa vor allem mit dem italienischen Kino der frühen Nachkriegszeit verbindet (L. Visconti, V. De Sica). Es handelt sich um ein Schreibprogramm, mit dem Autoren hinter die offiziellen Fassaden zu blicken und verdrängte, geschönte Bereiche der Wirklichkeit sichtbar zu machen versuchen. Dies mußte von vornherein antifaschistisch sein, da die politische Führung in ihrem Bestreben nach nationaler Einheit und imperialer Größe alles versucht, Gegensätze innerhalb Italiens zu unterdrücken und durch größenwahnsinnige Militär-Projekte außerhalb des Landes vergessen zu machen: Angriff auf Äthiopien Oktober 1935. Die Klassengegensätze der italienischen Gesellschaft, die wirtschaftlichen Verwerfungen zwischen dem hochindustrialisierten Norden und dem agrarischen, weitgehend archaischen Süden werden durch eine patriotische Ideologie übertüncht, Zerfallserscheinungen der bürgerlichen Gesellschaft verschwiegen, die regionalen kulturellen Differenzen durch forcierte Propagierung des literarischen Einheitsitalienisch eingeebnet. Themen wie Armut und Verbrechen, soziales und psychisches Elend dürfen nicht behandelt werden. Hier setzten die Autoren des »Neorealismo« einen Kontrapunkt.

In Silones zweitem Roman »*Wein und Brot*« ist nun alles eingegangen, was dieser Autor bis dahin an politischen Erfahrungen gesammelt, an persönlichem Schicksal erlebt sowie an geistig-politischen Überzeugungen gewonnen hatte. Der Roman spielt in dem Jahr, in dem die italienische Armee Äthiopien überfällt. Schwer greift der Krieg in das Schicksal von Menschen ein, und die Kirche macht gemeinsame Sache mit den Faschisten, ja hatte diesen durch den Abschluß der Lateran-Verträge und eines Konkordates 1929 längst ihren Segen gegeben. Ohnmächtig muß Silone mitansehen, wie die Sache des Sozialismus durch eine Stalin-hörige Parteiführung und wie die Sache Jesu Christi von kollaborierenden Prälaten verraten wird. Partei und Kirche: Sie gleichen sich in Silones Wahrnehmung spiegelbildlich.

Der Roman entsteht 1935/36 in der Schweiz. Eine erste Fassung kann 1936 in deutscher Übersetzung erscheinen, und zwar unter dem Titel »Brot und Wein«. 1937 kommt in Lugano eine italienische Ausgabe heraus: »Pane e Vino«. Nach dem Krieg überarbeitet Silone den Text, strafft ihn stilistisch, entschlackt ihn von allzuviel Pathos und Melodramatik (vgl. New York Times Book Review 1962) und gibt ihn 1955 in der endgültigen Version unter dem leicht geänderten Titel neu heraus: »Vino e pane.« (Alles Nötige zur »Genesi e Storia editoriale« in der zitierten Ausgabe von 1999, Bd. I, S. 1499–1522.)

Hauptfigur ist ein kommunistischer Funktionär namens *Pietro Spina,* der aus dem Exil nach Italien für illegale Untergrundarbeit zurückkehrt. Zur Tarnung verkleidet er sich als Priester und lebt unter dem Namen Don Paolo Spada in einem Dorf seiner abruzzischen Heimat, in Pietrasecca, um unter Bauern Widerstandsmöglichkeiten auszuloten. Ein Kommunist, verkleidet als Priester, ein Ungläubiger, als Seelsorger unter dem Menschen: Damit ist eine dramatische Romankonstellation geschaffen, die Silone in filmartigen Sequenzen vor dem Leser abrollen läßt. Ausgewählt habe ich hier die Kapitel 27 bis 29, die das Buch abschließen.

Um den Text zu verstehen, muß man wissen:

Im Nachbardorf Rocca lebt die Familie von *Luigi Murica.* Dieser junge Mann war nach Rom gegangen, hatte dort das Gymnasium besucht, mit dem Abitur abgeschlossen, war in die politischen Wirren geraten, hatte sich einer Zelle der Arbeiterbewegung angeschlossen, war verhaftet, geschlagen und abschließend zum Spitzel für die Faschisten umgedreht worden, bevor er – jetzt im Untergrund tätig – in sein Dorf zurückkehrt. Er »beichtet« Don Paolo seine Lebensgeschichte (Kapitel

25), und dieser ist von der Offenheit des jungen Mannes so beeindruckt, daß er diesem seine Identität enthüllt, was verhängnisvolle Folgen für ihn haben wird. Unser Text setzt mit einem Gespräch zwischen Don Paolo und dem jungen Murica ein, bevor dieser erneut verhaftet, im Gefängnis gefoltert und umgebracht wird.

– Ebenfalls in Pietrasecca lebt *Cristina Colamartini,* eine junge Frau aus der einzigen Patrizierfamilie im Dorf, von deren Schönheit Don Paolo fasziniert ist. Sie hatte ihren Entschluß, in ein Kloster einzutreten, aufgegeben, weil sie Angehörige zu pflegen hatte. Die Anwesenheit dieser Frau beunruhigt den »Priester« so sehr, daß er Tagebuchaufzeichnungen (»Gespräche mit Cristina«) anfertigt. Die Tarnung wird durch die Präsenz Cristinas noch schwieriger. Als Don Paolo schließlich doch verraten wird, fliehen muß, offenbart er Cristina seine Identität, bevor er in die Berge geht. Als sie ihm Kleidung und Nahrung bringen will, fällt sie Wölfen zum Opfer.

Theologisch und literarisch bemerkenswert ist der Roman nicht deshalb, weil Silone im Kontext der faschistischen Gesellschaft christusähnliche Kämpfer und Märtyrerfiguren geschaffen hat. Hier sind die Parallelen zu Leben und Passion Christi oft allzu aufdringlich: sowohl bei Luigi Murica, der im Gefängnis wie Christus verhöhnt und gequält wird, und dem zugleich nicht erspart bleibt, auch noch die Rolle des Judas einzunehmen; die Enttarnung Don Paolos geht auf sein unter der Folter erzwungenes Geständnis zurück. Aber auch im Fall von Don Paolo selber, dessen Alter (33 Jahre), dessen Weg (Kämpfer für die Armen) und dessen Wirkung (Heilung und »Wunder« bei den Menschen) allzu penetrant christomorphe Züge verraten (Näheres dazu bei Th. Ziolkowski, S. 200f., u. F. Schneider 1967).

Noch heute bemerkenswert scheint mir dagegen zweierlei zu sein:

(1) Die *direkte Konfrontation Christus – Kirche.* Sie ist weder selbstverständlich für einen im katholischen Milieu aufgewachsenen Autor noch gar für einen, der politisch längst mit der kirchlichen Tradition gebrochen hat. Die Berufung aber ausschließlich auf den ursprünglichen Christus des Neuen Testamentes ist bei Silone so radikal, daß der Zusammenprall mit der partei- und kirchenpolitischen Wirklichkeit brillante

literarische Funken zu schlagen vermag. Don Paolo im Gespräch mit einem Dorfpfarrer, der ihm empört von Äußerungen eines Dissidenten-Priesters namens Don Benedetto erzählt, ohne zu ahnen, daß Don Paolo (alias Pietro Spina) dessen Schüler ist:

»*Ein Mann aus meiner Gemeinde, der einige Tage in Don Benedettos Garten gearbeitet hat, berichtete mir, er hätte ihn sagen hören, daß der gegenwärtige Papst eigentlich Pontius hieße. In Rocca Dei Marsi, wo Don Benedetto lebt, ging diese Neuigkeit von Mund zu Mund... Gegen Don Benedetto ist jetzt eine Untersuchung im Gange... Wir haben ihn aufgesucht und wollten ihn veranlassen, ein kurzes Schreiben zu unterzeichnen, in dem er sein Einverständnis mit der gegenwärtigen Regierung und der gegenwärtigen Kirchenpolitik erklären sollte. Das hätte genügt... Ich habe ihm darum gesagt, er solle sich vorstellen, was geschehen würde, wenn die Kirche den gegenwärtigen Krieg offen verurteilte: wieviele Verfolgungen sie sich zuziehen würde, wie groß der materielle und moralische Schaden wäre.*
Sie können sich nicht denken, was Don Benedetto darauf geantwortet hat. ›Mein lieber Angelo‹, sagte er. Kannst du dir vorstellen, daß Johannes der Täufer ein Konkordat mit Herodes abgeschlossen hätte, um nicht enthauptet zu werden? Kannst du dir vorstellen, daß Jesus ein Abkommen mit Pontius Pilatus getroffen hätte, um der Kreuzigung zu entgehen?« (S. 204 u. S. 205)

Oder ein zweites Beispiel. Don Paolo in der Kirche des Pfarrers Don Angelo:

»*Auf dem Altar war eine trauernde Maria zu sehen, die den Leichnam ihres Sohnes auf den Knien hielt. Christus sah aus wie ein im Kampf erschlagener Cafone. Die durchstoßenen Hände und Füße und die tiefe Wunde an der Seite des Körpers schienen sich schon im Zustand der Auflösung zu befinden, und die rötliche Perücke war staubig und wahrscheinlich von Insekten angefressen. Dagegen wirkte Maria wie die vom Unglück verfolgte Witwe eines reichen Kaufmanns. Zwei Paraffintränen glänzten auf ihren hübschen bleichen Wangen, ihre schwarzen Augen blickten nach oben, als wollten sie den Sohn nicht sehen, von dem sie so viel erwartet und mit dem es ein so schlimmes Ende genommen hatte.*« (S. 202)

(2) *Der Stellvertreter Christi als Pontius Pilatus.* Christus mit den Zügen eines erschlagenen Cafone. Maria einer verfolgten Witwe zum Verwechseln ähnlich: Dieser ständige Übergang vom Sakralen ins Profane, vom Kirchlichen ins Alltägliche, von Christus zu den Cafoni und von Maria zu den Frauen der Gegenwart

ist das besondere Verfahren dieses Romans. Seine literarische Technik ist die der Aufhebung der Trennungen von Kirchlich und Weltlich. Ein Kommunist, verkleidet als Priester, ein Priester, der mit den Augen eines Kommunisten beobachtet: Das ist Silones Schreibprogramm. Der Ungläubige in der Rolle des Gläubigen, der Gläubige in der Rolle des Ungläubigen: Silone praktiziert eine Ästhetik der ständigen Perspektivenwechsel. Inhaltlich heißt das: In einer Zeit, wo die Partei schmählich versagt, übernehmen Christen die Fackel der sozialen Befreiung. In einer Zeit, wo die Kirche zur Verräterin Christi wurde, übernehmen Kommunisten die Nachfolge Christi. Wo Gott ist, entscheidet nicht mehr die kirchliche Dogmatik, sondern die Praxis der Menschlichkeit. Gott lebt unter vielen Namen in der Welt Silones. Er hat viele »Pseudonyme« (Näheres dazu bei R. McAfee Brown). Gott lebt vor allem dort, wo Menschen sich für andere Menschen einsetzen, ja aufopfern. Da geschieht Präsenz Christi, leibhaftig. Da vollzieht sich Abendmahl, nicht mehr in den abgegrenzten sakralen Räumen der Kirche, sondern mitten im Alltag der Cafoni in den Dörfern der Abruzzen.

Höhepunkt des Romans ist denn auch zweifellos die Szene, in der Don Paolo mit den Eltern von Luigi Murica dessen Tod betrauert. Der Vater nimmt Brot und Wein, und nachdem er auf Luigis Hilfe bei Saat, Ernte und Pflege hingewiesen hat, teilt er aus mit den Worten: »Nehmt es und eßt, es ist sein Brot« und »Trinkt, es ist sein Wein«. Im Original lautet diese Schlüsselszene:

»*Il veccio Murica in piedi, a capo del tavolo, dava da bere e da mangiare agli uomini attorniati.*
›*È lui*‹ *egli disse* ›*che mi ha aiutato a seminare, a sarchiare, a mietere, a trebbiare, a macinare il grano di cui è fatto questo pane. Prendete e mangiate, quest'e`il suo pane.*‹
›*È lui che mi ha aiutato a potare, insolfare, sarchiare, vendemmiare la vigna dalla quale viene questo vino. Bevete, quest'è il suo vino.*‹
Gli uomi mangiavano e bevevano, e c'era chi bagnava il pane nel vino. Arrivarono die mendicanti.
›*Lasciateli entrare*‹ *disse la madre.*
›*Può darsi che siano stati mandati per spiare*‹ *mormorò qualcuno.*
›*Lasciateli entrare. È un rischio da accettare. Dando da mangiare e da bere ai mendicanti, molti han nutrito Gesù senza saperlo.*‹
›*Mangiate e bevete*‹ *diceva il padre.*« *(S. 505; in diesem Buch S. 650)*

Es ist in der Tat die Schlüsselszene für die Silonesche Ästhetik des Übergangs vom Sakralen ins Profane, vom Profanen ins Sakrale: »Manch einer, der die Armen speiste, hat Jesus zu Gast gehabt, ohne es zu wissen.« Christus ist dort, wo Menschen durch seine Zeichen Gemeinschaft herstellen. Das Sakramentale wird humanisiert, und das Humane bekommt die Würde einer sakralen Weihehandlung. *Heinrich Böll* hat diese für uns entscheidende Szene treffend so interpretiert (viel über seine eigene Christopoetik verratend): »Nun wird das alles den einen möglicherweise blasphemisch erscheinen, den anderen allzu symbolisch und legendenhaft. Ich finde, es ist das erstere nicht, und das zweite nur in Cristinas Tod, der melodramatisch in die Märtyrerlegende zurückführt. Es ist ein riskanter Versuch, Symbol und Wirklichkeit ineinander und übereinander zu bringen, nur in einigen Details mißglückt, im übrigen durch Ironie und Komik gerettet, und es ist aufgehoben in dem, was Don Benedetto zu Pietro Spina sagt: daß Gott sich unter den merkwürdigsten Namen und Verkleidungen verbergen kann.« (S. 128)

Ausgabe: I. Silone, Vino e pane. Romanzo (1955), in: Romanzi e Saggi, Bd. I (1927–1944), hrsg. v. B. Falcetto, Milano 1998, S. 197–514. Wein und Brot. Roman. Deutsch von H. Dehio, München 1976, S. 238–254 (dtv-Ausgabe).

Literatur zur Vertiefung

1. *Zur Lebensgeschichte:*
   I. Silone, Uscita di sicurezza (1965). Notausgang. Deutsch von H. Dehio, Köln 1991, [2]1998.
   I. Origo, Ignazio Silone. A Study in Integrity, in: dies., A Need to Testify. Portraits, London 1984, S. 191–242.
   S. Marelli, Silone. Intellectuale della libertà, Rimini 1989.
2. *Zur Werkgeschichte:*
   R. McAfee Brown, Ignazio Silone and the Pseudonyms of God, in: Religion and Modern Literature. Essays in Theory and Criticism, hrsg. v. G. B. Tennyson – E. Ericson, Grand Rapids, Mich. 1975, S. 352–367.
   A. M. Mytze (Hrsg.), Themenheft Ignazio Silone, in: Europäische Ideen 9 (1975).

V. Esposito, Ignazio Silone: La vita, l'opera, il pensiero, Roma 1980. Neuausg., Roma 1993.

K.-J. Kuschel, Stellvertreter Christi? Der Papst in der zeitgenössischen Literatur, Zürich – Gütersloh 1980, S. 103–110.

C. Lorusso, Ignazio Silone. Cristianesimo e socialismo, Ancona 1989.

B. Falcetto, Introductione u. Cronologia, in: I. Silone, Romanzi e Saggi, Bd. I (1927–1944), Milano 1998, S. XXVII–LXIV u. LXV–CVIII.

G. Herling, L'avventura di un povero cristiano e di un povero socialista, in: I. Silone, Romanzi e Saggi, Bd. I, S. X–XXVI.

M. N. Paynter, I. Silone. Beyond the Tragic Vision, University of Toronto Press 1999.

3. *Zum Text:*

H. Mitgang, A Talk with Ignazio Silone about »Bread and Wine«, in: New York Times Book Review vom 21.10.1962.

F. Schneider, Scriptural Symbolism in Silone's »Bread and Wine«, in: Italica 44 (1967), S. 387–399.

Th. Ziolkowski, Fictional Transfigurations of Jesus, Princeton 1972, S. 194–206.

G. L. Lucente, Signs and History in »Bread and Wine«. Silone's Dilemma of Social Change, in: Novel. A Forum on Fiction 16 (1983), S. 230–245.

H. Böll, Ignazio Silone – für die Seelsorge zu radikal (1974), in: ders., Man muß immer weitergehn. Schriften und Reden 1973–1975, München 1985, S. 126–130.

T. Moylan, Anticipatory Fiction: »Bread and Wine« and Liberation Theology, in: Modern Fiction Studies 35 (1989), S. 103–117.

Ignazio Silone
Wein und Brot

»Nach allem, was wir erlebt haben«, sagte Don Paolo zu Murica, »können wir nicht mehr so über Politik reden wie die übrigen Menschen. Wenn ich es recht bedenke, ist sie für uns etwas ganz anderes geworden.«

»War sie für uns nicht schon immer etwas anderes?« fragte Murica.

»Wer würde sich denn aus rein politischen Beweggründen und

Berechnungen einer Untergrundpartei anschließen, die noch gar keine Aussicht auf Erfolg hat?«

Murica ging voran, um dem Priester auf dem abschüssigen Fußpfad zwischen den Brombeersträuchern den Weg zu bahnen. Nach einer Weile blieb er stehen.

»Ich muß dir etwas erzählen, was dich angeht«, sagte er. »In einer kleinen Abhandlung, die du vor etwa zwei Jahren geschrieben hast, sprichst du davon, was es bedeutet, ein Mensch zu sein, und mit wieviel Schmerzen diese Erkenntnis oft erst gewonnen wird. Ich bekam eine Abschrift des Artikels von Romeo und habe schon damals viel darüber nachdenken müssen, aber vielleicht bin ich erst jetzt imstande, ganz zu verstehen, was du gemeint hast.«

»So kann es auch dem Schreiber selbst ergehen«, sagte Don Paolo. »Das Bewußtsein hat unendlich viele Abstufungen, ebenso wie das Licht.«

Der Pfad erreichte bald das ausgetrocknete steinige Flußbett. Zwischen Felsbrocken und glattgeschliffenen Steinen schlängelte sich ein kleines Rinnsal klaren Wassers. Die beiden Männer gingen einer hinter dem anderen und mußten zuweilen innehalten, weil der Pfad durch Unebenheiten und Löcher unterbrochen war.

»Wenn ich heute darüber nachdenke«, sagte Murica, »so wird mir klar, daß ich mich in der Bewegung von Anfang an in der zweideutigen Lage eines Spielers befunden habe, der mehr einsetzt, als ihm zur Verfügung steht. Aber vielleicht kommt dieser Fall öfter vor, als mir bekannt ist.«

»Warum hast du dich nicht am Anfang zurückgezogen?« fragte Don Paolo. »Gleich nachdem dir klar wurde, daß du das Risiko nicht auf dich nehmen konntest?«

»Es wurde mir nicht wirklich klar«, sagte Murica. »Ich stellte mir damals keine Fragen und war zu solchen Überlegungen gar nicht fähig. Jetzt dagegen denke ich oft über diese Dinge nach und möchte dir gern sagen, was ich meine, um deine Ansicht darüber zu hören. Mir scheint, daß man sich aus zwei entgegengesetzten Gründen gegen die bestehende Ordnung auflehnen kann: weil man sehr stark ist oder weil man sehr schwach ist. Unter einem starken Menschen verstehe ich einen, der über den bürgerlichen Regeln steht, der sie zurückweist, verachtet, bekämpft und sie durch eine gerechtere Ordnung ersetzen will. Das war nicht mein Fall. Ich befand mich am Rande der bürgerlichen Gesellschaft und fühlte mich von ihr ausgestoßen. Ich war ein Student aus der Provinz, arm, schüchtern, ungeschickt, einsam in einer großen Stadt. Ich fühlte mich unfähig, den tausend kleinen Schwierigkeiten des Lebens, den täglichen Demütigungen zu begegnen.«

»In solchen Fällen«, sagte Don Paolo, »kann der Anschluß an eine revolutionäre Bewegung eine Kraftquelle sein.«

»Nein«, sagte Murica, »jedenfalls nicht für jemand, der so lebt, wie ich damals lebte. Die Untergrundbewegung bietet den trügerischen Vorteil der Verborgenheit. Der gedemütigte Mensch kann seine Gefühle abreagieren, aber im geheimen. Nach außen hin bleibt sein Betragen unverändert. Seine Auflehnung gegen das Gesetz ist unwirklich wie ein Traum und nimmt gerade deshalb extreme, tollkühne Formen an. Er ist ein Verschwörer gegen den Staat auf dieselbe Weise, wie er etwa im Traum der Mörder seines eigenen Vaters sein kann, dem er bei Tage unverändert Gehorsam und Respekt bezeigt.«

»Bis bei irgendeinem Anlaß sein Doppelleben an den Tag kommt«, sagte Don Paolo. »Dann wird er von panischem Schrecken ergriffen.«

Es entstand kurzes Schweigen.

»Wurdest du nach der Verhaftung geschlagen?« fragte Don Paolo.

»Ich wurde geohrfeigt, und man spuckte mir ins Gesicht«, sagte Murica. »Aber ich war vom ersten Augenblick an vor Angst und Schreck wie betäubt. Als ich meine Personalien angeben sollte, konnte ich mich durchaus nicht auf mein Geburtsdatum besinnen und ebensowenig auf den Mädchennamen meiner Mutter. Mit einem Wort: die Kampfansage gegen das Gesetz stand im Mißverhältnis zu meiner Kraft.«

Die beiden Männer folgten noch eine Weile demselben Pfad, bis sie in die Nähe der Fahrstraße gelangten.

»Wir wollen nicht weitergehen«, sagte Murica. »Man könnte uns von der Straße aus sehen und erkennen.«

»Hast du den Eindruck, daß du noch überwacht wirst?« fragte Don Paolo.

»Ich weiß es nicht«, sagte Murica. »Es macht mir nichts mehr aus, ich fühle mich jetzt stark. Ich sagte es deinetwegen.«

»Mach dir meinetwegen keine Sorge«, sagte Don Paolo. »Ich kann mir ein Leben ohne Gefahr nicht mehr vorstellen.«

Auf einer Wiese zwischen der Fahrstraße und dem Fluß befand

sich eine Einzäunung für Schafe. Es war die Jahreszeit, in der die Herden von den Bergen ins Tal getrieben werden, um dort zu überwintern.

»Wann kommt Annina?« fragte Don Paolo.

»Vielleicht morgen«, antwortete Murica. »Sie schreibt mir jeden Tag.«

»Annina ist eine wunderbare Frau«, sagte Don Paolo. »Glaub mir, ich beneide dich um sie.«

»Mein Vater war sofort einverstanden mit der Heirat«, sagte Murica.

Auf der Wiese, neben der Schafherde, war ein alter Schäfer damit beschäftigt, ein Reisigfeuer anzumachen. Sein junger Gehilfe blies in die Flammen, und ein Knabe sammelte in der Umgebung trockene Äste. Der Alte berichtete dem Priester, daß ihm in der vergangenen Nacht der heilige Franziskus im Traum erschienen sei.

»Er lächelte freundlich und wollte mir eine Lira schenken.«

»Und hat er sie dir gegeben?«

»Nein, er suchte in allen Taschen, aber er hatte keine.«

Don Paolo lachte und gab ihm eine Lira.

»Kennen Sie die Legende vom Fucino-See?« fragte der Schäfer. »Es ist eine alte Geschichte, die man nicht in den Büchern findet.«

Don Paolo kannte die Legende nicht, und da dem alten Mann daran lag, sich erkenntlich zu zeigen, erzählte er sie.

»Jesus befand sich auf der Wanderschaft, um Arbeit als Zimmermann zu suchen. Er kam von einem Ort zum anderen und gelangte schließlich in diese Gegend. ›Habt ihr Arbeit für einen armen Zimmermann?‹ fragte er überall. ›Wie heißt du? Hast du eine Empfehlung?‹ fragten die Besitzer. Da sagte Jesus zu jedem Arbeitslosen, der keine Empfehlung hatte, ›Folge mir nach‹, und alle folgten ihm. ›Wendet euch nicht um‹, befahl er. Keiner wandte sich um. Als alle auf dem Berg angelangt waren, sagte Jesus: ›Ihr könnt euch umwenden.‹ Anstatt der Felder und Dörfer sahen sie einen großen See, den Fucino-See. Jetzt ist er trockengelegt worden«, fügte der Schäfer hinzu, »aber wenn die Grundbesitzer weiter so böse sind, wird die Erde sich noch einmal auftun.«

»Deine Geschichte ist eine Lira wert«, sagte Don Paolo lächelnd.

»Wenn wir uns das nächste Mal treffen, erzähle ich Ihnen eine andere«, sagte der Schäfer.

Don Paolo verabschiedete sich von Murica und machte sich eilig auf den Rückweg nach Pietrasecca. Unterwegs traf er eine Frau, die sich auf den Knien am Straßenrand entlang schleppte. Sie sah aus wie ein schwankender, staubiger Lumpensack. Don Paolo hielt sie zuerst für geisteskrank. Die arme Frau war aber, wie sie erzählte, die Mutter eines Soldaten, der an der Front stand. Von düsteren Vorahnungen erfüllt, hatte sie in einem Augenblick religiöser Inbrunst das Gelübde abgelegt, den Weg von Pietrasecca nach Lama auf den Knien zurückzulegen, damit die Jungfrau ihren Sohn beschütze. Die Unglückliche war seit dem Morgen unterwegs, ihre Stimme klang rauh, ihr Gesicht war unkenntlich, ihre Augen brannten und waren verklebt von Schmutz und Tränen. Sie sah aus, als würde sie jeden Augenblick zusammenbrechen. Don Paolo, der nicht an die Unverbrüchlichkeit derartiger Gelübde glaubte, überredete sie, aufzustehen und zu Fuß weiterzugehen, er versuchte sogar, sie unter den Armen zu fassen und mit Gewalt hochzuheben. Umsonst. Die Frau verteidigte sich mit aller Kraft, mit Nägeln und Zähnen. Da das Gelübde abgelegt worden war, mußte es erfüllt werden. Wenn sie das Gelübde brach, würde ihr Sohn ganz gewiß sterben. Sie konnte gar nicht begreifen, daß Don Paolo eine so altbekannte Wahrheit nicht einsah.

»Was sind Sie denn für ein Priester?« schrie sie ihm ins Gesicht.

Don Paolo überließ die Büßerin ihrem Schicksal und ging weiter. Es war merklich kalt geworden. Auf dem Berggipfel hinter Pietrasecca lag schon Schnee. Dunkle Schatten, die vom Tal heraufstiegen, hüllten das Dorf ein. Nur das etwas höher gelegene Haus Colamartini war noch von der Sonne beschienen. Plötzlich zeigte sich Cristina an einem Fenster des oberen Stockwerks, und ihr Gesicht leuchtete wie ein Kristall, den die Strahlen der untergehenden Sonne treffen. Don Paolo sah von dem ganzen Dorf nichts anderes als dieses leuchtende Gesicht.

Sobald die Sonne verschwunden war, wurde es eiskalt. Matalena stand in der Haustür und wartete auf die Rückkehr ihres Priesters.

»Bald gibt es Schnee«, sagte sie, zum Himmel aufblickend.

Der Schnee kam zwei Tage später. Als Don Paolo am Morgen erwachte, fand er die Landschaft verwandelt. Es hatte die ganze Nacht geschneit, und die Flocken fielen regelmäßig weiter, still und unerbittlich.

Am Abend versammelten sich einige Leute im Wirtshaus, um den ersten Schnee zu feiern. Etwas verspätet erschien auch Cristina. Es war, als seien ihre Augen durch Kummer und Schmerzen noch größer geworden, aber ihre Schönheit hatte nicht gelitten. Wer sie ansah, mußte bezaubert sein.

Don Paolo saß in der Nähe des Kamins. Einige Männer und die Frauen und Kinder bildeten einen großen Kreis um ihn. Vor dem Feuer lag auf der einen Seite ein Hund, auf der anderen Teresas Kind – das Kind, das seinerzeit in Gefahr gewesen war, blind zur Welt zu kommen, und davor bewahrt werden konnte. Man hatte den Säugling in einen Korb gelegt, und seine Apfelbäckchen glänzten rosig im Widerschein der Flammen. Don Paolo wurde aufgefordert, eine Geschichte zu erzählen. Eine Heiligengeschichte, bat Cristina. Er konnte sich schließlich nicht mehr weigern, schlug sein Brevier auf und begann nach den Angaben, die er darin fand, die Geschichte der Märtyrer auf seine Art zu erzählen.

Es sind viele verschiedene Geschichten, und doch ist es immer die gleiche. Eine Zeit der Leiden und der Verfolgungen. Eine Diktatur mit einem Führer an der Spitze, der wie ein Gott verehrt wird. Eine gealterte, von Almosen lebende Kirche. Ein Söldnerheer, das den Reichen ihre ungestörte Verdauung ermöglicht. Eine versklavte Bevölkerung. Immer neue Vorbereitungen für Raubzüge, die den Ruhm der Diktatur stärken sollen. Inzwischen sind geheimnisvolle Reisende aus fernem Land erschienen. Sie reden im Flüsterton von Wundern, die im Orient geschehen sind. Sie bringen die frohe Botschaft: die Stunde der Befreiung steht nahe bevor. Die Mutigen, die Armen, die Hungernden wagen es als erste, in unterirdischen Räumen zusammenzukommen, um die Botschaft zu hören. Das Gerücht verbreitet sich. Manche verlassen die alten Tempel und nehmen den neuen Glauben an. Vornehme Leute geben ihre Paläste auf. Soldaten desertieren. Die Polizei überrascht geheime Versammlungen und macht Gefangene. Sie werden gefoltert und vor ein Sondergericht gestellt. Es sind welche darunter, die sich weigern, den Götzen des Staates Weihrauch darzubringen. Sie erkennen keinen anderen Gott an als den ihres Herzens. Mit einem Lächeln auf den Lippen gehen sie den Qualen entgegen. Die Jünglinge werden wilden Tieren vorgeworfen. Die Überlebenden halten ihren Toten die Treue und verehren sie im Geheimen. Die Zeiten wandeln sich, die Art, sich zu kleiden, sich zu ernähren, zu arbeiten wird anders, die Sprachen verändern sich, aber im Grunde ist es immer dieselbe Geschichte, und sie geht immer noch weiter.

Die Wärme des Kamins verführte zum Schlafen. Wer wach geblieben war, hörte zu und sah ins Feuer. Cristina sagte:

»In jeder Zeit und in jeder Gesellschaft ist das Höchste, was der

Mensch tun kann, daß er seine Seele hingibt, daß er sich verliert, um sich wiederzufinden. Man besitzt nur, was man verschenkt.« Das Feuer brannte nieder, die Gäste verabschiedeten sich, und Don Paolo ging in sein Zimmer hinauf. Er nahm das Heft der *Gespräche mit Cristina* zur Hand, das er in der ersten Zeit seines Aufenthaltes in Pietrasecca begonnen hatte. Er las die ersten Seiten, die voll zärtlicher Zuneigung waren, dann las er die folgenden, von Enttäuschung und Ärger diktierten Seiten und riß sie aus. Es waren mehrere Monate vergangen, und sie hatten beide dazugelernt. Bevor er zu Bett ging, fügte er noch einige Zeilen hinzu.

»Cristina«, schrieb er, *»es ist richtig, daß man besitzt, was man hingibt, aber wem und wie soll man geben?*
Unsere Liebe, unsere Bereitschaft zum Opfer und zur Selbstverleugnung trägt nur Frucht, wenn sie in die menschlichen Beziehungen hineingetragen wird. Die moralischen Kräfte wachsen und gedeihen nur im praktischen Leben. Wir sind nicht nur für uns selbst verantwortlich, sondern auch für die anderen.
Wenn wir empfinden, daß um uns her das Böse herrscht, können wir nicht untätig bleiben und uns mit der Aussicht auf eine überirdische Welt trösten. Das Böse, das bekämpft werden muß, ist nicht das abstrakte Wesen, das man den Teufel nennt; das Böse ist all das, was Millionen von Menschen hindert, im wahren Sinne menschlich zu sein. Und dafür sind wir mit verantwortlich...
Ich glaube nicht, daß ein Mensch heutzutage eine andere Möglichkeit hat, seine Seele zu retten. Er rettet sie, wenn er seinen Egoismus als Person, als Familienglied, als Angehöriger einer bestimmten Kaste überwindet und wenn er sich von dem Gedanken frei macht, daß die Herrschaft des Bösen unabänderlich ist.
Liebe Cristina, man darf nicht besessen sein von dem Gedanken der Sicherheit, nicht einmal der Sicherheit der eigenen Tugenden. Geistiges Leben und gesichertes Leben sind unvereinbar. Man muß wagen, um zu gewinnen.«

Während dieser Nacht schneite es ununterbrochen weiter. Am Morgen schlief der Priester noch, als Matalena nach ihm rief. Vor dem Wirtshaus stand Garibaldi, der Esel des Sciatàp, inmitten einer Gruppe von Männern und Knaben. Statt seiner gewöhnlichen Last trug er einen toten Wolf auf dem Rücken, der am selben

Morgen auf dem Berge hinter Pietrasecca erlegt worden war. Das gelblich-graue, borstige Fell des Wolfes war mit Schmutz und Blut befleckt, seine Zähne waren weiß und sehr kräftig. Auf der Schulter und an der Seite sah man die blutigen Schußwunden. Nach alter Sitte machten die erfolgreichen Schützen mit ihrer Beute von Haus zu Haus die Runde, und jeder gab ihnen für das erschossene Raubtier ein kleines Geldgeschenk.

Luigi Banduccia trug noch die Flinte auf dem Rücken und erzählte, wie es zugegangen war. Es war der vierte Wolf, den er erlegt hatte. Er zeigte allen das Liebeszeichen auf dem Nacken des Tieres, den tiefen Biß einer Wölfin. Die Liebe der Wölfe ist eine ernste Sache. Banduccia konnte aus der Ferne das Geheul der Wölfe unterscheiden: den Ruf in Gefahr, den der Wolf ausstößt, wenn er mit Waffen angegriffen wird; den Ruf zum Mahl, der bedeutete, daß er eine Beute gefunden hat und seine Brüder dazu einlädt; den Liebesruf, der weithin kundtut, daß er sich nach einer Gefährtin sehnt.

Cristinas Großmutter wollte für den getöteten Wolf nichts geben, aber Cristina, die von klein auf einen besonderen Respekt vor Wölfen hatte, bestand darauf.

»Ein toter Wolf beißt nicht mehr«, sagte die alte Frau.

Am gleichen Tag brachte Magascià dem Priester einen Brief, den der alte Murica ihm in Rocca dei Marsi gegeben hatte. Der Brief war von Annina unterschrieben, die gerade im Hause Murica eingetroffen war, und enthielt die Nachricht, daß Luigi verhaftet worden sei. Don Paolo wollte sofort aufbrechen, aber Magascià machte Schwierigkeiten, er sei müde, und seine alte Eselin auch.

»Dann gehe ich zu Fuß«, sagte der Priester. »Etwas frische Luft wird mir guttun.«

»Ist es denn so dringend?« fragte Matalena.

»Es handelt sich um einen sehr ernsten Fall«, sagte der Priester.

»Ist es jemand aus Ihrer Diözese?«

»Aus meiner Diözese und aus meiner Gemeinde.«

Matalena hatte ihn noch nie so erregt gesehen. Mit ungewohnter Energie traf er rasch die notwendigen Vorbereitungen und machte sich sofort auf den Weg.

Der Kranz der Berge rund um das Fucino-Becken schimmerte weiß von frisch gefallenem Schnee. An manchen Stellen reichte der Schnee bis auf die Hügel hinunter, die die Vorstufe der Berge bildeten. Don Paolo trug einen schwarzen Mantel, der ihm bis zu den Füßen reichte, und einen schwarzen Wollschal um den Hals. Er brauchte nur den Mantel aufzuknöpfen und den Schal in die Tasche zu stecken, um seiner Kleidung den priesterlichen Anstrich zu nehmen. Für seine Kopfbedeckung hatte er eine besonders gelungene Lösung gefunden, einen gewöhnlichen schwarzen Filzhut, der sowohl zum geistlichen wie zum bürgerlichen Anzug paßte, je nachdem wie man ihn aufsetzte und zurechtbog.

Die Straße führte zwischen Weinbergen und Feldern langsam bergab. Nach einer Weile hörte der Schnee auf, und Don Paolo konnte schneller ausschreiten. An einer Biegung traf er auf einen Wagen, der am Straßenrand stand.

»Don Paolo?« fragte der Mann auf dem Wagen. »Steigen Sie ein. Annina hat mich geschickt.«

Der Priester stieg ein, und der Mann setzte das Pferd in Trab.

»Man hat mich benachrichtigt«, sagte er ohne weitere Erklärung. »Ich warte schon seit ein paar Stunden auf Sie.«

»Ich bin zu Fuß gekommen«, sagte Don Paolo.

Der Mann war seit Tagen nicht rasiert, sein Hemd und sein Anzug waren vernachlässigt, und er sah übermüdet und niedergeschlagen aus.

»Hat man Nachrichten von Luigi Murica?« fragte Don Paolo. »Ist er noch im Gefängnis?«

»Er ist gestern gestorben.«

»*Consumatum est*«, sagte der Priester.

Es war eine große Stille in der Luft, die Stille kurz vor Anbruch des Winters.

»Wart ihr Freunde?« fragte Don Paolo.

»Wir sind viel zusammen gewesen«, sagte der Mann. »Mit ihm war man gern zusammen. Er war ein guter Mensch und weckte in einem den Wunsch, auch gut zu werden. Er hat mit uns auch von der Revolution gesprochen. Zusammenhalten und keine Angst haben, damit fängt es an, sagte er uns.«

»Wir müssen zusammenbleiben«, sagte Don Paolo.

»Luigi hatte einige Sätze auf ein Stück Papier geschrieben: ›Wahrheit und Brüderlichkeit werden unter den Menschen herrschen anstelle von Lüge und Haß; die Arbeit wird herrschen anstelle des Geldes.‹ Als man ihn verhaftete, wurde dieser Zettel bei ihm gefunden, und er hat sich dazu bekannt. Daraufhin haben sie ihm im Kasernenhof in Fossa einen Nachttopf als Krone aufgesetzt. ›Das ist die Wahrheit‹, haben sie gesagt. In die rechte Hand haben sie ihm einen Besen als Zepter gegeben. ›Das ist die Brüderlichkeit‹, haben sie gesagt. Dann haben sie ihn in einen roten Teppich eingeschnürt und ihm die Augen verbunden. Und dann haben die Milizsoldaten ihn mit Fußtritten und Faustschlägen vor sich her gestoßen. ›Das ist das Reich der Arbeit‹, haben sie gesagt. Als er zu Boden fiel, haben sie ihn immer wieder mit ihren nägelbeschlagenen Stiefeln getreten. Danach hat er noch einen Tag gelebt.«

»Wenn wir leben wie er«, sagte Don Paolo, »wird es sein, als wäre er nicht gestorben. Wir müssen zusammenhalten und dürfen keine Angst haben.«

Der Mann nickte.

Beim Eingang von Rocca zeigte er Don Paolo das Haus der Familie Murica inmitten der Felder. Don Paolo ging zu Fuß hin und benutzte den kurzen Gang, um seiner Kleidung einen bürgerlichen Charakterzug zu geben. Das Haus der Murica war einstöckig, breit und behäbig, halb Wohnhaus, halb Stall. Die Fenster waren alle geschlossen, auch die Läden, aber die Eingangstür stand weit offen, wie es bei Trauerfällen üblich ist. Besucher, die ihr Beileid bezeugen wollten, gingen ein und aus. Pietro trat zögernd ein. Niemand achtete auf ihn. Von der Tür kam man gleich in einen großen gepflasterten Raum, der gewöhnlich als Küche und Aufbewahrungsort für landwirtschaftliche Geräte dienen mochte und jetzt voller Menschen war. Einige Frauen mit schwarzen und gelben Umschlagetüchern saßen am Boden vor dem Kamin. An einem Tisch standen mehrere Männer und sprachen von der Ernte. Weiter hinten entdeckte Pietro Annina, die ganz allein, blaß und verwirrt, vor Kälte und Angst zitternd unter all den fremden Menschen saß. Sie weinte nicht; um weinen zu können, hätte sie allein sein müssen oder unter Freunden. Aber als sie Pietro erkannte, konnte sie sich nicht mehr beherrschen und fing an zu schluchzen. Aus einem Nebenraum kamen der Vater und die Mutter des Verstorbenen, beide schwarz gekleidet. Die Mutter ging auf Annina zu, trocknete ihr die Tränen, legte ihr ein großes schwarzes Tuch um und setzte sich mit ihr zusammen auf eine kleine Bank dicht an das Feuer.

»Wer ist das?« fragten die Frauen einander.

»Das ist die Braut«, gab jemand zur Antwort. »Die Braut aus der Stadt.«

Der Vater nahm am oberen Ende des Tisches Platz, die anderen

Männer setzten sich zu ihm. Verwandte aus einem Nachbardorf traten ein. Mehrere junge Leute traten ein. Die Mutter sprach, wie es Sitte ist, zum Lobe des verstorbenen Sohnes. Sie erzählte, daß sie ihn hatte retten wollen, daß sie ihn fortgeschickt hatte, damit er dem Los entgehen sollte, das seine schwache Gesundheit befürchten ließ. Sie hatte ihn nicht retten können. Die Stadtluft war nicht das richtige für ihn gewesen. Die Erde hatte ihn zurückgerufen. Er hatte auf dem Feld gearbeitet, um dem Vater zu helfen. Man hätte annehmen können, daß er bald ermüden und die Lust verlieren würde, denn Tag für Tag auf dem Felde zu arbeiten ist eine Strafe des Himmels. Aber er weckte den Vater am Morgen, er schirrte das Pferd an, er las den Samen aus, er füllte die Fässer, und er besorgte den Garten.

Von Zeit zu Zeit hielt die Mutter inne, um das Feuer anzufachen und einen trockenen Ast aufzulegen. Marta, Don Benedettos Schwester, trat ein. Mehrere Cafoni aus der Nachbarschaft traten ein. Andere Männer machten ihnen Platz und verließen den Raum. Der alte Murica stand am oberen Ende des Tisches und ermahnte die Männer, die ihn umgaben, zu essen und zu trinken.

»Er war es«, sagte er, »der mir geholfen hat, das Korn zu säen, zu ernten, zu dreschen und zu mahlen, aus dem dieses Brot gemacht ist. Nehmt es und eßt, es ist sein Brot.«

Andere Gäste traten ein. Der Vater füllte die Gläser und sagte:

»Er war es, der mir geholfen hat, die Weinstöcke zu beschneiden und zu schwefeln und die Trauben zu ernten, von denen dieser Wein stammt. Trinkt, es ist sein Wein.«

Die Männer aßen und tranken, manche von ihnen tauchten das Brot in den Wein.

Einige Bettler erschienen an der Tür.

»Laßt sie eintreten«, sagte die Mutter.

»Vielleicht sind sie hergeschickt worden, um zu spionieren«, sagte einer der Gäste leise.

»Laßt sie eintreten. Man darf nicht ängstlich sein. Manch einer, der die Armen speiste, hat Jesus zu Gast gehabt, ohne es zu wissen.«

»Eßt und trinkt«, sagte der Vater.

Als Pietro ihm gegenüberstand, sah er ihn aufmerksam an und fragte:

»Woher kommst du?«

»Aus Orta«, antwortete Pietro.

»Wie heißt du?«

Annina trat auf den alten Mann zu und flüsterte ihm einen Namen ins Ohr. Er sah Pietro freundlich an und umarmte ihn.

»Als ich jung war, habe ich deinen Vater gekannt«, sagte er. »Einmal kaufte er auf dem Viehmarkt eine Stute von mir. Mein Sohn, der mir genommen worden ist, hat von dir gesprochen. Setz dich hierher zwischen seine Mutter und seine Braut und iß und trink.«

Die Männer, die um den Tisch saßen, aßen und tranken.

»Bis das Brot entsteht, dauert es neun Monate«, sagte der alte Murica.

»Neun Monate?« fragte die Mutter.

»Im November wird der Weizen gesät, im Juli wird er geerntet und gedroschen.« Er zählte die Monate: »November, Dezember, Januar, Februar, März, April, Mai, Juni, Juli. Das macht genau neun Monate, von März bis November.«

»Neun Monate«, wiederholte die Mutter. Das war ebenso lange, wie es dauert, bis ein Mensch entsteht. Sie hatte noch nie darüber nachgedacht.

Neue Gäste traten ein, andere gingen fort, um ihnen Platz zu machen. Marta sagte zu der Mutter:

»Ich erinnere mich an die Zeit, als Luigi klein war und du mit ihm auf dem Arm spazieren gingst. Du kamst oft zu eurem Weinberg, und Don Benedetto sagte einmal, du seist wie ein Weinstock, und Luigi sei die Traube.«

Bianchina erschien an der Tür, und Don Paolo ging ihr entgegen. Sie war außer Atem und konnte vor Aufregung kaum sprechen.

»Pietro«, sagte sie leise.

»Warum nennst du mich so?«

»Bist du Pietro Spina?«

»Ja, der bin ich.«

»Du mußt fort, so schnell wie möglich. Du bist entdeckt.«

»Woher weißt du das?«

»Alberto Colamartini hat mich gewarnt. Er ist jetzt bei der Miliz. Heute nacht oder morgen früh kommen sie nach Pietrasecca, um dich zu verhaften. Du hast keine Minute zu verlieren.«

Pietro sprach mit Annina und bat auf ihren Rat den alten Murica, ihm für einige Stunden ein Pferd zu leihen. Der Alte ging in den Stall und führte einen prächtigen jungen Hengst heraus.

»Etwas frischer Wind wird ihm guttun«, sagte er und übergab Pietro das Pferd.

»Was kann ich tun?« fragte Bianchina.

»Du tust, was Annina dir auftragen wird«, sagte Pietro. »Ich reite nach Pietrasecca, wo ich einige Papiere zurückgelassen habe, die ich lieber verbrennen will. Wenn ich es schaffe, kehre ich dann sofort wieder um und versuche, nach Pescasseroli durchzukommen. Mach dir keine Sorgen. Ich habe keine Angst. Sobald ich kann, gebe ich dir Nachricht.«

Der junge Hengst hatte weder Sattel noch Zaumzeug, nur einen Halfter aus Hanfstricken. Kaum fühlte er das Gewicht des Reiters auf dem Rücken, so wieherte er laut und jagte in rasendem Galopp quer über die Felder. Pietro war nicht darauf gefaßt gewesen. Seit vielen Jahren hatte er nicht mehr auf einem Pferd gesessen, und es blieb ihm nichts anderes übrig, als sich an der Mähne des Tieres festzuklammern, um nicht zu Boden geschleudert zu werden. Nachdem der Hengst sich etwas ausgetobt hatte, wurde er ruhiger und ließ sich auf den Weg nach Pietrasecca lenken, wo er in raschem Trab neben der Fahrstraße weiterlief, obwohl der Weg bergauf ging. Erst als sie in den Schnee kamen, fiel er in eine etwas langsamere Gangart.

Pietro wandte sich von Zeit zu Zeit um, aber nichts deutete darauf hin, daß er verfolgt wurde. Je weiter er kam, um so mehr empfand er, wie sehr die Landschaft sich verändert hatte. Es war viel Schnee gefallen, und der schwere graue Himmel ließ noch mehr erwarten. Das Pferd schnaubte und dampfte, aber es trabte schnell und gleichmäßig weiter. Pietro sah an den weißen Felswänden hinauf, sie waren ihm noch nie so hoch und unwegsam erschienen.

Als Pietrasecca in Sicht kam, bog er seinen Hut zurecht und knöpfte den Mantel zu. Sein Blick hing wie gebannt an dem Berg, der gleich hinter dem Dorf steil aufragte. Er hatte zwei ungleiche Buckel, wie die Höcker eines Dromedars, und dazwischen befand sich eine tiefe Einsenkung, die der Ziegensattel genannt wurde. Es war der einzige Paß, der über das Gebirge führte. Im Sommer brauchte man vier bis fünf Stunden bis zu den ersten Häusern auf der anderen Seite. Aber im Winter? Und wenn dieser Weg ausfiel, gab es dann eine andere Möglichkeit zur Flucht? Und wenn die Flucht sich als unmöglich erwies, konnte er sich in Pietrasecca verstecken?

Beim Wirtshaus angelangt, band Pietro das Pferd mit dem Halfter an einem Ring fest, der in der Mauer eingelassen war, und wollte gerade ins Haus gehen, als er hörte, daß hinter ihm jemand gelaufen kam. Er wandte sich um. Es war Cristina. Sie sah so verzweifelt aus, daß er erschrak.

»Alberto hat mir alles gesagt«, brachte sie mühsam hervor.

»Cristina, geht es Ihnen nicht gut?«

»Ich flehe Sie an, sagen Sie mir die Wahrheit. Sind Sie Pietro Spina?«

»Ja«, antwortete er. »Verzeihen Sie mir.«

Matalena trat aus dem Haus. Sie deutete die ungewöhnliche Erregung, in der die beiden sich befanden, auf ihre Weise.

»Warten Sie einen Augenblick«, sagte Pietro zu dem Mädchen. »Ich habe etwas für Sie.«

Er lief die Treppe hinauf in sein Zimmer und nahm das Tagebuch aus der Schublade. Auf den Deckel des Heftes schrieb er die Worte: »*Liebe Cristina, hier finden Sie meine Rechtfertigung und noch etwas, was Sie persönlich angeht: die verborgene Wahrheit jenseits von allen Schranken der Vernunft, die Wahrheit des Herzens. Pietro Spina.*«

Er ging hinunter in die Küche und übergab das Heft Cristina, die an der Tür stehengeblieben war, totenbleich und wie gelähmt. Ohne ein Wort zu sagen, eilte sie fort. In diesem Augenblick ging Sciatàp am Wirtshaus vorbei. Pietro rief ihn an und bat ihn, dem alten Murica das Pferd zurückzubringen. Er würde ihm dafür einen Arbeitstag im voraus bezahlen.

Sciatàp bedankte sich und war sehr erfreut über die unerwartete Einnahme in der schlechten Jahreszeit. Matalena stand dabei und sah, daß der Mann, der für sie noch Don Paolo war, in sein Zimmer zurückkehrte. Es war nichts geschehen, was ihren Verdacht hätte wecken können. Cristinas Erregung entsprach dem, was Cassarola vorausgesagt hatte. Matalena lächelte befriedigt und verließ das Haus, um Salz zu kaufen. Sie schwatzte ein wenig mit einigen anderen Frauen, denn sie war gut aufgelegt und hatte keine Eile.

»Wie geht es Don Paolo?«

»Sehr gut. Ich bin jetzt sicher, daß er den Winter über hierbleiben wird.«

»Wann nimmt er wieder die Beichte ab?«

»Sehr bald. Er wartet nur auf die endgültige Entscheidung des Papstes.«

Nachdem Matalena nach Hause zurückgekehrt war, machte sie sich, immer noch ahnungslos, an die Bereitung des Abendessens. Wieviel

Zeit mochte vergangen sein, seit sie ihren Priester zum letzten Mal gesehen hatte? Sicher nicht mehr als zwei Stunden. Das Essen war fertig, und sie stieg die Treppe hinauf, um Don Paolo zu Tisch zu bitten. Das Zimmer war dunkel und leer. Matalena machte das Licht an. Auf dem Tisch lag Geld und ein Zettel mit einigen Worten des Dankes und der Entschuldigung. Matalena traute ihren Augen nicht. Was sollte das bedeuten? Hatte ihr Priester den Verstand verloren? Mit klopfendem Herzen lief sie in den Garten hinunter. Auf dem Schnee waren seine Fußstapfen zu sehen. Sie folgte ihnen bis an den Bach. Aber von dort aus führten sie nicht ins Tal hinunter, sondern aufwärts zu den Bergen. Auf dem Weg traf Matalena den Taubstummen und fragte ihn durch Zeichen, ob er den Priester gesehen habe. Er bedeutete ihr, ebenfalls durch Zeichen, er habe ihn in Richtung auf die Berge fortlaufen sehen. Magascià kam hinzu und bestätigte die unglaubliche Nachricht. Der Priester sei gelaufen wie ein Wahnsinniger. Er mußte inzwischen schon weit gekommen sein.

»Er ist verrückt geworden«, rief Matalena. »Warum habt ihr ihn nicht aufgehalten?«

Ohne die Antwort abzuwarten, stürzte sie davon und lief zum Hause Colamartini. Sie klopfte mehrmals an die Pforte, aber niemand zeigte sich. Als sie um das Haus herumging, sah sie, daß die kleine Hintertür offenstand.

»Donna Cristina!« rief sie. »Donna Cristina!«

Cristina befand sich in ihrem Zimmer. Sie starrte verstört auf Pietro Spinas Tagebuch, das sie in der Hand hielt.

Plötzlich stürzte Matalena herein.

»Unser Priester ist wahnsinnig geworden«, rief sie atemlos.

»Wahnsinnig geworden?« wiederholte Cristina bestürzt.

»Er ist plötzlich fortgelaufen, in die Berge«, sagte Matalena. »Ist er vielleicht Ihretwegen in diesen Zustand geraten?«

Cristina lief ans Fenster und blickte zu den Bergen hinauf. Auf der weißen Wand unterhalb des Ziegensattels war keine Spur von einem Menschen zu sehen. Er mußte den längeren und weniger steilen Weg eingeschlagen haben, den Maultierpfad, der zuerst neben dem Bach herlief und dann in großen Windungen zum Paß hinaufstieg.

»Wenn er wenigstens etwas gegessen hätte«, sagte Matalena schluchzend. »Wenn er wenigstens etwas Warmes angezogen hätte. Aber er hat alles im Schrank zurückgelassen.«

Der Bach war am Ende des Tales von Felsblöcken und dichten Sträuchern verdeckt, so daß Cristina nicht erkennen konnte, bis zu welcher Stelle der Flüchtling inzwischen gelangt war. Außerdem fing es an zu dämmern.

»Bald wird es dunkel«, klagte Matalena. »Ehe er den Paß erreicht, wird er in einen Schneesturm geraten.«

Cristina stand immer noch am Fenster und starrte auf den Berg. Dieses Abenteuer konnte ihn das Leben kosten, bei seinem Gesundheitszustand und noch dazu ohne Stärkung und warme Kleider. Außerdem kannte er die Gegend nicht.

Plötzlich schien Cristina einen Entschluß zu fassen.

»Gehen Sie nach Hause«, sagte sie zu Matalena.

Sobald sie allein war, versteckte sie das Tagebuch unter ihrem Kopfkissen. Sie öffnete einen Schrank im Korridor und entnahm ihm einige warme Sachen, einen dicken Pullover, wollene Strümpfe, Handschuhe und einen warmen Schal. Dann lief sie hinunter in die Küche, ergriff ein Brot, ein Stück Käse, eine Flasche Rotwein, wickelte alles in die Wollsachen und band den Schal darum. Um nicht bemerkt zu werden, verließ sie mit ihrem schweren Bündel das Haus durch die kleine Hintertür, durch die Matalena hereingekommen war. Sie ging hinter der Kirche am Friedhof vorbei und erreichte den Weg, der am Bach entlang in die Höhe führte. Als sie sicher war, daß niemand sie gehört oder gesehen hatte, fing sie an zu laufen. Sie hatte keine Zeit zu verlieren, wenn sie den Flüchtling einholen wollte.

Auf dem Schnee, der den Weg bedeckte, waren verschiedene Fußspuren zu sehen, und sie versuchte zu erraten, welche von Pietro herrühren könnten. Allmählich wurden die Spuren seltener, und keine einzige entfernte sich vom Bach. Das war ein sicheres Zeichen dafür, daß Pietro nicht den steilen Fußweg eingeschlagen hatte, sondern den Saumpfad, den die Maultiertreiber benutzten.

Cristina blickte an der Felswand hoch. Dort hinaufzuklettern war schon im Sommer ein Unternehmen, das den Ziegen und einigen tollkühnen Hirtenjungen vorbehalten blieb. Im Winter war es fast unmöglich. Aber nur auf diese Weise konnte sie seinen Vorsprung einholen. So begann sie den Aufstieg. Sie kletterte auf allen vieren und klammerte sich an Sträuchern und Felsvorsprüngen, die aus dem Schnee herausragten. Mehrmals stolperte sie, fiel aufs Gesicht und glitt ein Stück zurück. Wo der Abhang besonders steil war, hatte der Wind glücklicherweise den Schnee zum Teil fortgeblasen. Aber zwischen den Felsspitzen versank Cristina oft so tief in die zusammengewehten, noch weichen Schneemassen, daß sie sich lange abmühen mußte, um sich wieder zu befreien. Ihr schwerer Rock und das unförmige Bündel behinderten sie bei jedem Schritt. An einer Stelle hatte ein großer vorspringender Felsen eine schneefreie Grotte gebildet, und sie warf sich atemlos und erschöpft auf den Boden. Aus dem Tal stieg Nebel auf. Weiche, graue Schwaden bedeckten Häuser und Felder und füllten die Schluchten. Das Tal war wie unbewohnt und hatte Form und Umrisse verloren. Cristina erhob sich und setzte ihren Aufstieg fort. Weiter oben war der Schnee härter, und sie kam besser vorwärts, aber dafür glitt sie leichter aus. Sie war schweißgebadet, und ihre Hände bluteten, denn mehr als einmal hatte sie sich an Dornensträuchern festhalten müssen, um nicht in die Tiefe zu stürzen. Das Herz schlug ihr so stark, daß sie immer wieder die Hände gegen die Brust drückte, als wollte sie es festhalten. Als sie endlich den oberen Rand der Steilwand erreicht hatte, befand sie sich auf einem geräumigen, fast rechteckigen Platz, der sogenannten Hexenwiese. Jenseits dieser Stelle stieg der Berg langsam weiter an. Ringsum war der Schnee unberührt. Niemand war hier gegangen. Es war sinnlos, den Aufstieg weiter fortzusetzen. Christina beschloß, in gleicher Höhe am Abhang entlangzugehen, um Pietros Weg zu kreuzen. Bald hatte sie das Tal von Pietrasecca aus den Augen verloren und sah vor sich und um sich nur noch die weißen Gipfel und Abhänge der Berge. Es wurde dunkel, und ein eisiger Wind schnitt ihr ins Gesicht. Ein leichtes Schneetreiben setzte ein. Sie erreichte den Einschnitt, der den Bergrücken in zwei Buckel teilte. Auf dem Schnee waren keine Fußspuren zu sehen. Der Boden war sehr uneben durch Felsbrocken und tiefe Spalten, die seinerzeit bei Überschwemmungen entstanden waren. Cristina sank mehrmals bis zum Gürtel ein. Da sie an dieser Stelle keinen Ausblick hatte, begann sie, zum Paß hinaufzusteigen, wo sie vielleicht Pietro entdecken würde oder sich ihm bemerkbar machen konnte. Aber bald waren ihre Kräfte erschöpft, und sie ließ sich in den Schnee fallen.

Damit er nicht vorbeiging, ohne sie zu bemerken, rief sie von Zeit zu Zeit mit aller Kraft seinen Namen, den neuen, den richtigen Namen:

»Pietro!... Pietro!...«

Nach einer Weile hörte sie aus der Ferne eine Stimme, die Antwort gab, aber es war keine menschliche Stimme. Es klang wie das Heulen eines Hundes, nur schärfer und langgezogen. Cristina glaubte, die Stimme zu erkennen. Es war das Geheul eines Wolfes, der seine im Gebirge verstreuten Brüder zusammenrief. Es war die Einladung zum gemeinsamen Festmahl. Trotz der Dunkelheit sah Cristina durch das Schneegestöber den Wolf, der schnell und stetig auf sie zulief. Manchmal verschwand er in einer Schneewehe, dann tauchte er wieder auf, und in der Ferne erschienen noch andere schattenhafte Gestalten.

Cristina kniete nieder und machte das Zeichen des Kreuzes. Dann schloß sie die Augen.

3. EIN KORPORAL DES FRIEDENS – ERSCHOSSEN IM KRIEG

Zur Einführung

Im Jahre 1987 führt der russische Literaturwissenschaftler Nikolai Anastasjew mit dem Schriftsteller Tschingis Aitmatow ein Gespräch über dessen soeben veröffentlichten Roman »Der Richtplatz« (siehe unsere Einführung zu Aitmatow). Es ist ein Werkstattgespräch über Einflüsse, Anspielungen, Polemiken. Spielte Bulgakows Roman »Der Meister und Margarita« für Aitmatow eine Rolle? Welche? Und andere Schriftsteller der Weltliteratur, die ebenfalls große Jesus-Romane schrieben? *William Faulkner* etwa? Anastasjew war aufgefallen, daß es Parallelen gibt zwischen Faulkners Roman »Eine Legende« und Aitmatows »Der Richtplatz«:

»Derselbe allgemeine Plan: Gegenwart im Licht des durch die Jahrhunderte gefestigten, wie Faulkner sagte, ›individuellen Verhaltenskodex, dank dessen der Mensch besser wird, als das seine Natur ihm abverlangt‹. Dieselbe Transparenz der Entsprechungen: Der Korporal bei Faulkner, Teilnehmer des Ersten Weltkrieges, hat die Soldaten aufgewiegelt, das brudermordende Schlachten einzustellen, und bezahlte dafür mit seinem Leben – das ist derselbe Jesus Christus wie Awdi Kallistratow. Schließlich die wechselseitige Anziehungskraft der

657

Hauptideen. Einer der Helden in A Fable *sagt, der Mensch ist größer als die Gestalt der Unschuldsmoral, die er selbst aus seiner Phantasie geschaffen hat. Das heißt, der Zeitgenosse darf auf niemand die Bürde der Verantwortung für Gegenwart und Zukunft abwälzen. Und ähnlich lauten die Worte Awdis: ›Der Mensch ist selbst Richter und Schöpfer eines jeden Tages von uns...‹« (T. Aitmatow, Karawane des Gewissens, S. 236 f.)*

Doch Aitmatows Reaktion ist enttäuschend, aber nicht untypisch für das weltweite Leserverhalten. Faulkners gewaltiges Werk ist heute weitgehend in den Hintergrund getreten:

»Das ist natürlich alles sehr interessant, nur, sehen Sie, ich habe A Fable *nie gelesen. Ich will mir Mühe geben, den Roman bei Gelegenheit zu lesen.« (S. 237)*

Wir haben uns diese Mühe gemacht, denn dieser Roman gehört nun einmal zu den Schlüsseldokumenten der Weltliteratur dieses Jahrhunderts – was unser Thema betrifft. Faulkner selber war längst ein angesehener Autor, als er 1943 den Ureinfall hatte, einen neuen Roman mit dem Titel »A Fable« zu schreiben. Mit Romanen wie »The Sound and the Fury« (1929; »Schall und Wahn«) sowie »Light in August« (1932; »Licht im August«) hatte er sich als Autor des Südens in die Literaturgeschichte der Vereinigten Staaten bereits unübersehbar eingeschrieben. 1897 in New Albany, Mississippi, geboren (gest. 1962 in Oxford, Miss.), bleibt seine literarische Welt geprägt von den sozialen Konflikten in den von Rassenunruhen erschütterten Staaten des Südens. Urbild seiner Dichtung ist die Gegend um das Städtchen Oxford, Mississippi, wohin Faulkners Eltern 1902 bereits gezogen waren und wo auch der Autor bis zu seinem Tod die meisten Jahre seines Lebens verbringt.

Diese engere Heimat erfährt in seiner Dichtung eine Umwandlung ins Poetische. Faulkner wählt dafür bewußt den indianischen Namen Yoknapatawpha (eine Zusammensetzung aus den zwei indianischen Worten: Yocnoa – Fluß und Petopha – aufgeteiltes Land) und erfindet für dieses Land eine eigene Hauptstadt: Jefferson, Mississippi. Aus Liebe zu diesem Land und aus der genauen Kenntnis seiner Menschen entwirft Faulkner eine eigene *comédie humaine,* ein Gesamtbild menschlichen Daseins und Schicksals. Einzelne Familiengeschichten werden zu einer ganzen »Saga« verknüpft. Faulkner erzählt vom Glanz und Untergang der Compson-

Sartoris, vom »Klan« der Snopes, von den McCaslin, den weißen und schwarzen Abkömmlingen des Gewaltmenschen Carothers McCaslin. Er schreibt einen eigenen Roman über die Baumwollpflücker-Familie Sutpen, ihren Aufstieg und ihren Niedergang... Und wie ein dunkler cantus firmus durchzieht diese Geschichten die Frage nach den Ursachen für all diese tragikomischen Schicksale, für Trieb, Schuld und Gewalt insbesondere beim Zusammenleben der Rassen.

Als die große Gewalt ausbricht und die Vereinigten Staaten nach dem japanischen Überfall auf Pearl Harbour 1942 in den Weltkrieg eingreifen, sieht Faulkner ein großes Desaster kommen. Militärisch kann er sich aus Alters- und Gesundheitsgründen nicht beteiligen. Aber zumindest will er einen Beitrag leisten für die Zeit, die auf den Weltenbrand folgen sollte. Da kommt ihm – während er an Filmprojekten in Hollywood arbeitet, insbesondere an einem Filmskript über den Unbekannten Soldaten – im Jahr 1943 der Grundeinfall für einen neuen Roman. Einem Freund schreibt er am 15. Januar 1944:

»Das Argument (in der Legende) ist: Mitten in diesem Krieg kam Christus (eine Bewegung innerhalb der Menschheit, die dem Krieg für immer ein Ende machen will) wieder und wurde wieder gekreuzigt. Wir wiederholen es, wir sind wieder mitten im Krieg. Angenommen, Christus gibt uns noch eine Chance, wir werden ihn wieder kreuzigen, vielleicht zum letzten Mal. Das ist's in groben Umrissen; zu predigen versuchen will ich überhaupt nicht. Doch das ist das Argument: Wir haben es 1918 getan; 1944 darf es nicht wieder geschehen; es soll nicht wieder geschehen, d. h. wollen wir es wieder geschehen lassen?, jetzt, wo wir uns in einem Krieg befinden und wo uns vielleicht die dritte und allerletzte Chance geboten wird, ihn zu retten.« (Briefe, S. 145; Übersetzung überarbeitet)

Im Kontext des Krieges eine kontrafaktische Christusgeschichte erzählen von der Gegenkraft gegen die Gewalt – darum sollte es gehen. Und wie dringend diese Arbeit war, machte das Kriegsgeschehen deutlich. Um einen langen Feldzug zu vermeiden, setzen die USA 1945 eine neue, grauenhafte Waffe ein. In der japanischen Stadt Hiroshima sterben 100 000 Menschen, 73 000 werden verletzt, viele von ihnen durch die radioaktive Hitzeschockwelle verbrannt und verstümmelt; weitere 70 000 gehen in der Hafenstadt Nagasaki zugrunde. Und wer

kann ermessen, wie sich die Jahre des Mordens und der Brutalität auf das moralische Gefüge der Menschheit ausgewirkt hatten? Faulkner jedenfalls will mit seiner »Legende« Hoffnung auf
geistige Wiederauferstehung machen, und zwar mit einer
Geschichte vom zweiten Erscheinen Christi mitten im Krieg.
Das war ein völlig neuer Stoff: nicht mehr Jefferson, Mississippi,
sondern Europa im Ersten Weltkrieg. Mehr als 10 Jahre braucht
er für diesen Roman, den er sein »magnum o.« nennt, sein »großes Opus«. Der schwierige Schreibprozeß treibt ihn von Zuver-
sicht zur Verzweiflung. Endlich kann das Buch 1954 erscheinen, ohne daß Faulkner selber völlig befriedigt wäre. Auch bei
der Kritik, der amerikanischen wie der deutschsprachigen, löst
es ein zwiespältiges Echo aus (Näheres bei E. Zindel und M. Th.
Inge). In der Zwischenzeit, 1950, hatte Faulkner den *Nobelpreis für Literatur* bekommen.
Hauptfigur des Romans ist ein Korporal namens Stephan, ein
französischer Soldat im Ersten Weltkrieg. Dessen Leben wird
dem von Jesus minutiös nacherzählt. Selbst die einzelnen Kapitel des Romans sind den Tagen der »Karwoche« von Montag bis
Sonntagmorgen nachgebildet. Stephan ist ein schlichter, des
Lesens unkundiger Mann von 33 Jahren. Er war mit seinen
Halbschwestern Marya und Marthe zunächst an die Kleinasia-
tische Küste und von da durch Heirat Marthes mit einem französischen Kolonialsoldaten nach Frankreich gekommen, wo
die vier zusammen ein Bauerngut bei San Mihiel bewirtschaf-
ten, bis der Krieg ausbricht und Stephan nach einer Verbindung
mit dem Bordellmädchen Magdalena in Marseille als Korporal
an die Front kommt. Er fällt auf durch seine Fähigkeit zu unendlicher Geduld, Ertragen von Leiden, einer ungewöhnlichen
Güte und Nachsicht. Zwölf Anhänger sammelt er um sich, von
denen einer ihn verrät, ein anderer ihn verleugnet, ein dritter,
Paul, ihn während vorübergehender Abwesenheit vertritt.
Seine Meuterei wider den Tötungswahnsinn inspiriert englische
und deutsche Soldaten gleichermaßen. Auch sie legen die Waffen
nieder und hören mit dem Morden auf. Für kurze Zeit kommt der
Krieg an allen Fronten zum Erliegen. Die Generalität aller Kriegs-
parteien aber verschwört sich gegen die Meuterer und vereinbart,
den Krieg fortzusetzen. Stephan wird mit seinen Freunden verhaftet, später zusammen mit einem Mörder und Dieb hingerichtet; er

trägt eine Krone aus Stacheldraht. Als der Krieg wieder aufflammt, wird Stephans Leichnam von einem Artilleriegeschoß aus dem Grab gesprengt. Zufällig landet er in den Katakomben unter Fort Valaumont. Die französischen Behörden lassen ihn bergen, ohne zu ahnen, um wen es sich handelt, denn sie brauchen eine Soldatenleiche, die in Paris unter dem Triumphbogen als Frankreichs »Unbekannter Soldat« beigesetzt werden kann...

Höhepunkt des Romans ist die direkte *Konfrontation zwischen dem Korporal und dem obersten Befehlshaber* der alliierten Streitkräfte, der, wie sich herausstellt, in Stephan seinen Sohn vor sich hat. Dieses Gespräch (aus dem Kapitel Donnerstag, Donnerstag Nacht) haben wir hier in voller Länge dokumentiert. Der General läßt durch einen Sergeanten den Korporal aus dem Rathaus des Städtchens holen, wo dieser mit seinen Freunden eingesperrt ist. Im Wagen wartet er bereits, und gemeinsam fahren sie auf die »Zitadelle« über der Stadt. Die Eröffnung des Gesprächs nimmt die neutestamentliche Szene auf, in der Jesus vom Teufel »auf einen sehr hohen Berg« geführt wird und ihm »alle Reiche der Welt mit ihrer Pracht« angeboten werden (Matthäus 4, 8–11). Denn auch der General bietet Stephan die persönliche Flucht in »die Welt« als Gegenleistung für die Preisgabe seiner Friedensrebellion. Doch Stephan, standhaft und wortkarg, weist seinen Vater wie einst Jesus den teuflischen Versucher zurück.

Was ist die *Erzählstrategie des Romans*? Alle ästhetischen Probleme können wir hier nicht behandeln, darüber informiert noch einmal umfassend die neueste *Biographie von R. Gray* (S. 321–335). Wir konzentrieren uns hier auf die Christus-Allegorien. Und da drängt sich die Frage förmlich auf: War Faulkner vor allem daran gelegen, möglichst viele Anklänge an die Jesus-Gestalt der Evangelien in seiner Figur »unterzubringen«? Wollte er zeigen, daß er als Autor des 20. Jahrhunderts einen »Jesus« erfinden kann, der mindestens so interessant ist wie der der Evangelien? Dafür spricht die überquellende allegorische Parallelität zu Personen und Ereignissen der Karwoche. Und genau für diese überbordende Allegorese hat Faulkner von Literaturkritikern schwere Tadel einstecken müssen. *Th. Ziolkowski* spricht hier für viele: »Es ist genau diese Art der überstrapazierten Bemühung, Parallelen einzuführen, selbst wenn diese für den Kontext völlig irrelevant sind, welche die Kraft von Faulk-

ners Roman beeinträchtigt und welche ihn zu einer oft ermü-
denden Allegorie reduziert ... Im Vergleich mit den besten fiktionalen Transfigurationen kommt uns diese wie eine plumpe
allegorische Arbeit vor. Der Autor hat unsere Leichtgläubigkeit
strapaziert, ganz zu schweigen von unseren ästhetischen Sensi-
bilitäten, indem er die Evangelien-Parallelen von außen in auf-
dringlicher Weise überstülpte.« (S. 179)
Diese Kritik aber setzt voraus, daß Faulkner seiner Jesus-Deutung vor allem die Form allegorischer Übertragung habe geben
wollen. Unvorstellbar eigentlich bei einem ansonsten so reflektiert arbeitenden Autor. Denn es wäre in der Tat Ausdruck eines
beinahe kindlich-naiven Imitationsdrangs, wäre es vor allem
darauf angekommen, möglichst viele Jesus-Parallelen im eigenen Roman zu erfinden. Das könnte nur plump und unglaub-
würdig wirken. Hier also kann kaum die Grundabsicht von
Faulkner als einem der größten Romanciers der Weltliteratur
gelegen haben. Eine solche Kritik übersieht schon die schlichte
Tatsache, daß es auch erhebliche *Differenzen* zwischen Faulkners Korporal und der Figur Jesu gibt. Die Ähnlichkeiten betref-
fen im wesentlichen äußere Lebensumstände. Doch schaut
man genau hin, so sind Leben und Person des Korporals gerade
keine *imitationes Christi*. Stephan handelt zwar ähnlich wie
Christus, indem er für Gewaltlosigkeit eintritt, er selber aber
scheint nicht viel von Christus zu wissen. Er stellt sich nicht ausdrücklich in die Nachfolge Christi. Er ist ein schlichter Mensch,
der etwas als gut erkannt hat und danach handelt.
Aber hatte nicht Faulkner den »symbolischen Mythos von Gott
und Jesus als ein Gefäß für vollständig unchristliche Argumente« (Th. Ziolkowski, S. 177) benutzt? Ist dieser Roman nicht
eine einzige »Parodie« (W. Grenzmann, S. 918) auf christliche
Glaubensinhalte? Dafür scheint zu sprechen, daß dieser Autor
zwar die christliche Passionsgeschichte als Folie seinem Roman
unterlegt, ihr zugleich aber keinen Heilsanspruch zuspricht.
Die Unterschiede zu einer christlich-heilsgeschichtlichen Deutung der Passion sind denn auch mit Händen zu greifen. Bei
Faulkner tritt ein »Jesus« auf, der mit seiner Revolte nicht das
Gesetz »erfüllt«, sondern in Frage stellt; der nicht zur Menschheit niedersteigt, sondern aus ihr hervorwächst; der nicht im
Auftrag seines Vaters handelt und duldet, sondern in Aufleh-

nung gegen ihn. Vater – Sohn, das ist bei Faulkner keine harmonische, sondern eine antagonistische Beziehung. Generationskonflikte sind ohnehin ein großes Thema seiner Romane . . .

Auch die Rolle des Vaters ist zwiespältig. Er tritt in seiner ganzen Mächtigkeit auf, gerade weil er weiß, daß der Opfertod seines Sohnes sehr viel gefährlicher für ihn ist als alles das, was mit der Meuterei schon angerichtet wurde. Der allmächtig scheinende Vater zittert auf einmal um den Bestand seiner Herrschaft, fürchtet die Macht der Machtlosen. Und es ist der ihm völlig unterlegene Sohn, der die Angst des Vaters durchschaut und in unerschütterlicher Furchtlosigkeit seine Haltung verteidigt. An einer entscheidenden Stelle des Gesprächs scheint die Hierarchie sogar umzukippen, es ist auf einmal der Sohn, der den Vater beruhigt: »Ihr braucht Euch nicht zu fürchten. Es gibt nichts, wovor man sich fürchten muß, nichts ist es wert«, was eine deutliche Anspielung auf Johannes 16,33 ist, wo der johanneische Christus sagen kann: »In der Welt habt ihr Angst; aber seid getrost, ich habe die Welt überwunden.«

Eingelöst scheint damit das, was Faulkner sich vorgenommen hatte: einen Christus wiederkehren zu lassen, der den Menschen noch eine Chance gibt. Aber auch diese Chance wird verspielt; als Unbekannter wird er verscharrt. Ja, das Christus-Drama erscheint bei diesem Autor als Urbild der Tragödie schlechthin, bei der der Generationskonflikt nur eine Variante ist. Endet also dieses Buch in Fatalismus und Resignation? Mit einer radikalen Absage an die christliche Hoffnung – paradoxerweise gerade mit Hilfe eines Jesus-Romans? Das *Gespräch zwischen dem obersten Befehlshaber und dem Korporal* gibt darauf eine Antwort.

Denn hier treffen ja nicht nur zwei Menschen, sondern *zwei Grundkräfte* aufeinander, zwei Grundeinstellungen, wie man »Welt« sehen kann. Damit ist kein simpler Dualismus gemeint. Zwar wird unübersehbar auf die biblische Geschichte der Versuchung Jesu durch den Teufel angespielt. Aber nicht die Prinzipien Gut und Böse, Gott und Satan, stehen sich hier gegenüber, sondern – wenn man so will – Welt und Nicht-Welt. Die Welt der Faktizität, die sich zynisch als Realismus des »so und nicht anders« ausgibt, und die Nicht-Welt des Untatsächlichen, die sich in der schlichten Geste des Verweigerns und Aussteigens manifestiert und die Kostbarkeit des kleinen Lebens Einzelner gegen die Globalprogramme der Befehlshaber verteidigt.

Man achte bei der Lektüre darauf, wie das Gespräch General – Korporal geführt ist. Man wird sehen, wie die in den beiden Personen verkörperten Grundkräfte in ihrer völligen Unterschiedenheit hervortreten. Die erdrückende Potenz und machtvolle Selbstgewißheit des Generals kommt dadurch zum Ausdruck, daß er ohne Pause redet und einen überquellenden Wortschwall aus sich hervorstößt. Der Korporal dagegen nimmt sich ganz zurück, schweigt oder beschränkt sich auf kleine, karge Sätze. Während der Vater-General ihn sprachlich niederzuwalzen droht, zieht der Sohn sich auf den einen, aber entscheidenden Satz zurück, den er refrainartig wiederholt: »Und die anderen zehn?« Auf vielen Seiten Gespräch wenig mehr als der eine Satz: »There are still that ten?« Gemeint sind damit die »Jünger«-Kameraden, die der Korporal ja im Stich lassen müßte, wenn er sich selber rettete.

Das »*Jesushafte*« an seiner Figur ergibt sich somit gerade nicht durch einen ständigen Rückbezug auf den biblischen Archetyp. Es liegt anderswo. Es liegt in der ergreifenden Schlichtheit des Charakters, in der Kargheit der Rede, in der Armut der Handlung. Dieser »Jesus« ist der personifizierte Niemand, das persongewordene Nichts, die menschgewordene Hohlform und Leere. Der Philosoph *Hans Blumenberg* hat in einer frühen Besprechung des Romans gerade darauf hingewiesen: »Dieser Korporal hat keine Verkündigung, kein Sendungsbewußtsein, keinen Machtanspruch. Indem er das für ihn Nächstliegende tut, entdeckt er gleichsam den anderen – was für sie genauso naheliegend war: aus dem Graben zu steigen und Schluß zu machen. Die Gestalt des Korporals ist keine Kondensation des Guten, Heiligen, Humanen und Überhumanen, sie ist im Gegenteil von einer erschreckenden Armut, ohne Gesicht, ohne Seele. Gerade diese innere Leere, die sture Motivlosigkeit dieser Gestalt läßt den Schritt aus dem Graben als das nackt Elementare erscheinen, die radikal reduzierte Form, in der dem Menschen das bewußt werden kann, was ihm not tut: ›genug damit‹ zu sagen und weiter nichts.« (S. 248)

In unübersehbarer Anspielung auf Dostojewskijs Gleichnis vom »Großinquisitor« besteht also auch bei Faulkner die

»Macht« Jesu in der Ohnmacht des Schweigens; seine Präsenz in der Selbstzurücknahme; seine Kraft in der Kraftlosigkeit; seine Fülle in der Leere. So kann in diesem »Jesus« die Gegenkraft aufleuchten gegen die Mächte, die sich in Militärapparaten verwirklichen und sich in Kriegen auszutoben pflegen. Eine Gegenkraft, welche die Welt-Macht zu beunruhigen vermag, weil sie ihr Spiel nicht mitspielt. Gerade mit der Tötung des Sohnes anerkennt ja dieser mächtige Vater die Unbeugsamkeit des von seinem Sohn vertretenen Prinzips und die Wirkungslosigkeit der eigenen angewandten Möglichkeiten. Er wird vom Diktierenden zum Reagierenden. Ich lese diesen Roman somit als Versuch, die Frage zu beantworten, von welcher Gegenkraft her die Welt des Realen und Faktischen unterlaufen werden kann. Gegen die große Phrase des Vater-Generals »Nimm die Erde!« setzt Faulkner die »kleine« Frage des Sohn-Korporals: »Und die anderen zehn?« Das ist die Proportion des Gegenspiels im Geiste Jesu: die zehn Treugebliebenen gegen die Macht über die Erde; das kleine Leben gegen das menschenverheizende Weltpolitische; das bescheiden Humane gegen »die Versklavung an die dämonische Ausgeburt (der) eigenen technischen Neugierde« des Menschen.

Und die *Frage nach der Hoffnung*? Im Gespräch General – Korporal ist von ihr an zwei entscheidenden Stellen die Rede:

– Der Vater hält den Sohn für den »champion of an esoteric realm of man's baseless hopes and his infinite capacity – no: passion – for unfact«.

– Das Gespräch endet nach einer unheimlichen apokalyptischen Vision des Generals mit der Bemerkung: »Because man and his folly will endure, the corporal said. They will do more, the old General said proudly. They will prevail.«

In beiden Fällen wird die Hoffnung nicht aus einer christlichen Heilsgewißheit, wohl aber aus dem *Vertrauen auf den Menschen* begründet. Insofern wird man sagen können: Von der Gestalt Christi geht bei Faulkner keine Erlösung aus, wohl aber eine spirituelle Gegenkraft und eine unausrottbare Hoffnung. Der Literaturwissenschaftler *Wolf Kindermann* hat in seiner Untersuchung zum Werk Faulkners dazu treffend gesagt: »Die assoziativen Verweise des Romans auf die Passionsgeschichte bei einer gleichzeitigen Aufhebung ihres traditionellen christlichen Bedeutungsgehaltes machen auf den Zerfall des ehemals gültigen Bezugssystems aufmerksam. Die christliche Interpretation der Kreuzigung als Erlösungstat wird umgedeutet als Opferung des die Menschlichkeit begründenden Prinzips der *agape* auf dem Altar der Machtarroganz, von welchem Hintergrund das ›eli, lama, sabakthani‹ zur auflehnenden Anklage wird. Mit dieser Verwandlung der theologischen Tradition erfährt das säkulare Erbe des Korporals im Grab des unbekannten Soldaten, in welches er durch einen Zufall gebettet wird, eine Aufwertung. Er symbolisiert den Willen, die Solidarität der Leidenden auch um den Preis des eigenen Lebens aufrechtzuerhalten und hierdurch den Grundstein für das ›prevail‹ der Menschen sowie für eine neue Basis ihres Zusammenlebens in der Anonymität der Brüderlichkeit zu legen.« (S. 147 f.)

Die Hoffnung aber ist in diesem Roman durchtränkt mit tragischer Ironie. Und wir verstehen nun besser, warum diese Fülle von Jesus-Allegorien im Text nötig war. Sie geben der Geschichte ihre tragikomische Färbung. Man mache sich die Handlungslogik noch einmal klar: Da tritt ein Mann auf, der in jeder Hinsicht an Jesus erinnert, da erscheint ein »Jesus«, wie er deutlicher nicht zu erkennen wäre, und niemand in der christlichen Gesellschaft von heute bemerkt ihn; ja, Vertreter dieser christlich-abendländischen Gesellschaft beseitigen ihn im Zuge eines von ihnen angezettelten völkermörderischen Krieges, wie man den Nazarener vor 2000 Jahren beseitigte. Kurz, die tragische Ironie besteht darin, daß eine christliche Gesellschaft den Christus noch einmal kreuzigt, von dem sie ihre ganze Daseinsberechtigung bezieht.

Und als würde Faulkner mit dieser Gesellschaft sein ironisches »Spiel« bis zum Äußersten treiben, läßt er ausgerechnet den Kriegsdienstverweigerer ins Heldengrab für alle Soldaten geraten. Auf diese Weise »verehrt« die christliche Gesellschaft durch ihre Rituale an diesem Grabmal »Jesus«, ohne daß sie das weiß. Sie verehrt jene geheime »Gegenmacht« gegen die Kräfte der Gewalt und der Zerstörung, die sich in Kriegen auszutoben pflegen. Nur bleibt Jesus auch hier unerkannt, unsichtbar, verborgen. Das Grabmal des *unbekannten* Soldaten als Grabmal »Jesu« ist das Realsymbol einer tragischen Ironie, in der dieser Autor der Gesellschaft die Unsichtbarkeit, Verborgenheit und Unscheinbarkeit Jesu kritisch vorhält: »Christus gibt uns noch eine Chance, wir werden ihn wieder kreuzigen, vielleicht zum letzten Mal.«

Ausgabe: W. Faulkner, A Fable (1954), London 1969 (The Collected Works of W. F.). Eine Legende. Deutsch von K. H. Hansen, Zürich 1955, Diogenes-Taschenbuch, Zürich 1982, S. 399–416.

Literatur zur Vertiefung

1. Zur Lebensgeschichte:
J. Blotner, Faulkner. A Biography, Bd. I–II, New York 1974.
F. Faulkner, Selected Letters, hrsg. v. J. Blotner, New York 1977. Briefe, Auswahl und Deutsch von E. Schnack, Zürich 1980.
S. B. Oates, William Faulkner. Sein Leben. Sein Werk. Deutsch von M. Müller, Zürich 1990.
R. Gray, The Life of William Faulkner. A Critical Biography, Oxford-Cambridge, Mass. 1994.

2. Zur Werkgeschichte:
H. Straumann, William Faulkner, Frankfurt/M. – Bonn 1968.
W. Kindermann, Analyse und Synthese im Werk William Faulkners. Generation und »community« in der Entwicklung seines Denkens, Frankfurt/M. – Bern – New York 1984.
Ph. M. Weinstein, The Cambridge Companion to William Faulkner, Cambridge 1995.
N. Polk, Children of the Dark House. Text and Context in Faulkner, Jackson, Miss. 1996.
D. J. Singal, William Faulkner: The Making of a Modernist, Chapel Hill, N. C. 1997.
E. Glissant, Faulkner, Mississippi. Deutsch von B. Thill, Heidelberg 1997.

3. Zum Text:
E. Franzen, William Faulkners puritanischer Mythos, in: Merkur 5 (1951), S. 629–641.
Ders., Über William Faulkner, in: ders., Aufklärungen. Essays, Frankfurt/M. 1964, S. 101–134.
W. von Einsiedel, Revolte des Menschensohnes. Zu W. Faulkners »Eine Legende«, in: Merkur 10 (1956), S. 282–290.
H. Blumenberg, Mythos und Ethos Amerikas im Werk William Faulkners, in: Hochland 50 (1957/58), S. 234–250.

W. Grenzmann, Nobelpreisträger William Faulkner, sein Weg und seine Dichtung, in: Universitas 14 (1959), S. 909–920.

U. Brumm, Die religiöse Typologie im amerikanischen Denken. Ihre Bedeutung für die amerikanische Literatur- und Geistesgeschichte, Leiden 1963, S. 168–186.

E. Zindel, William Faulkner in den deutschsprachigen Ländern Europas. Untersuchungen zur Aufnahme seiner Werke nach 1945, Hamburg 1972.

Th. Ziolkowski, Fictional Transfigurations of Jesus, Princeton 1972, S. 170–181.

D. J. MacMillan, His »magnum o.«: Stoic Humanism in Faulkners »A Fable«, in: The Stoic Strain in American Literature, hrsg. v. D. J. MacMillan, Toronto 1979, S. 135–154.

N. Polk – K. Privatsky (Hrsg.), »A Fable«: A Concordance to the Novel, Ann Arbor, Mich. 1981.

R. H. King, »A Fable«: Faulkner's Political Novel, in: Southern Literary Journal 17 (1985) Nr. 2, S. 3–17.

S. Opfermann, Der Mythos der Neuen Welt im amerikanischen Europaroman, Erlangen 1985, S. 127–217.

M. Th. Inge (Hrsg.), William Faulkner. The Contemporary Reviews, Cambridge 1995, S. 367–418.

D. Sölle, Ein Beispiel für Realisation: William Faulkner, A Fable, in: dies., Das Eis der Seele spalten. Theologie und Literatur in sprachloser Zeit, Mainz 1996, S. 22–34.

K.-J. Kuschel, Im Spiegel der Dichter. Mensch, Gott und Jesus in der Literatur des 20. Jahrhunderts, Düsseldorf 1998, S. 346–359.

William Faulkner
Eine Legende

Die Tür öffnete sich fast unmittelbar darauf, es war diesmal nur der Sergeant, er war allein, die elf, die noch in der Zelle waren, drehten wie ein Mann die Köpfe und sahen ihn an, als er sich nun über den langgestreckten Tisch hinweg an den Korporal wandte.

»Du«, sagte der Sergeant.

»Ich?« sagte der Korporal.

»Ja«, sagte der Sergeant. Der Korporal rührte sich nicht.

»Sie meinen mich?« sagte er noch einmal.

»Ja«, sagte der Sergeant. »Komm.« Der Korporal erhob sich. Er warf rasch den zehn Männern, die ihn jetzt ansahen, einen Blick zu – schmutzige, unrasierte, übernächtigte Gesichter, deren Augen schon zu lange zu wenig geschlafen hatten, gequält, aber entschlossen, mit dem Ausdruck der Unbedingtheit, und sich einig, eins – nicht gerade in ihrem Vertrauen, ihrer gegenseitigen Abhängigkeit: vielleicht eben nur dieses Eins-sein, dies Alleine.

»Du übernimmst die Aufsicht, Paul«, sagte er zu dem Bretonen.

»Ja«, sagte der Bretone. »Bis du zurückkommst.« Der Gang draußen war jetzt leer – der Sergeant selbst schloß die Tür hinter ihnen zu, er zog den schweren Schlüssel ab und steckte ihn in die Tasche.

Es war niemand zu sehen, hier, wo er – der Korporal – schwerbewaffnete Wachen erwartet hatte, bis schließlich die in dem weißschimmernden Raum im *Hôtel de Ville* sie endgültig abrufen würden. Der Sergeant löste sich von der Tür, und nun merkte er – der Korporal –, daß es sogar etwas eilig zu sein schien: sie machten sich keineswegs heimlich oder verstohlen davon, sie schritten rasch, aufrecht, den Gang hinunter, den er nun schon zum drittenmal entlangging – zum erstenmal gestern morgen, als die Wache sie vom Lastwagen zur Zelle gebracht hatte, dann gestern nacht, als sie zum *Hôtel de Ville* und zurück gebracht worden waren; ihre schweren Stiefel hallten nicht laut durch den Gang, denn der Fußboden war nicht aus Stein (so verhältnismäßig neu die ehemalige Fabrik auch war), sondern vielmehr aus Backsteinen gemauert, ihre Stiefel dröhnten nur dumpf und schwer, ein Geräusch, das um so lauter schien, als sie beide allein und nicht dreizehn Mann, dazu die Wache, den Gang hinunterschritten. So kam es ihm vor, als gäbe es hier keinen anderen Ausgang als nur das eine Tor, am Ende des Ganges, keine Richtung, in die er sich bewegen konnte, als nur den Weg voran, er hatte also schon den schmalen Torweg zu dem verschlossenen Eisentor betreten, als der Sergeant ihn faßte und beiseite schob, auch Leben schien es hier sonst nicht zu geben, so daß er die Silhouette von Helm und Gewehr erst bemerkte, als der Mann das Tor von draußen aufschloß und für sie öffnete.

Auch den Wagen sah er nicht sofort, der Sergeant berührte ihn kaum, als hielte er ihn einfach dadurch, daß er neben ihm ging, im gleichen Schritt, Tempo, und dann durch das Tor in eine Gasse, gegenüber eine fensterlose Wand und am Ende des Bürgersteigs der große schwarze reglose Wagen, den er wegen der Stille bisher nicht bemerkt hatte – nicht die höhlenartige Leere, in der sich gerade noch das Echo ihrer Schritte gebrochen hatte, sondern eine Art Sackgasse der Stille, und darin er selbst und der Sergeant und die beiden Wachen – der eine, der das Gittertor für sie geöffnet und hinter ihnen wieder geschlossen, und der andere, der neben ihm an der anderen Seite des Tores gestanden hatte – die nicht in Haltung, sondern im Rührt-euch dastanden, ihre Gewehre reglos und fremd neben sich, als seien sie von allem, für das sie ihrerseits unsichtbar waren, vergessen, sie alle vier hier inmitten der in der Ferne unaufhörlich raunenden Stadt in ein Vakuum der Stille gestellt. Und dann sah er den Wagen. Er stockte nicht, er schwankte nur einen Augenblick, und der Sergeant brauchte ihn kaum anzustoßen, um ihn zum Weitergehen zu bewegen. Der Fahrer machte keine Anstalten auszusteigen; es war vielmehr der Sergeant, der die Tür öffnete, er fühlte die Schulter, nun auch eine Hand, die ihn fest und energisch vorschob, denn er war stehengeblieben, aufrecht, reglos und unbeweglich, auch noch, nachdem die Stimme im Wagen gesagt hatte: »Steig ein, mein Sohn«; immer noch bewegte er sich nicht, bis er sich dann bückte und einstieg und nun den fahlglänzenden Besatz und über dem dunkel umhüllenden Mantel die Fläche eines Gesichtes sah.

Der Sergeant schloß, während der Wagen schon anfuhr, die Tür, und sie waren allein: der alte Mann, dessen Rang so hoch war, daß er, auch wenn er nicht zu alt dafür gewesen wäre, zu dieser Last nicht auch noch eine tödliche Waffe tragen konnte, und der Fahrer, der mit der Bedienung des Wagens alle Hände voll zu tun hatte, auch nicht, selbst wenn er nicht mit dem Rücken zu ihm gesessen hätte, der er sich nach diesen vier Tagen nicht mehr genau auskannte, in denen es nicht nur ein oder zwei Arme, sondern zwanzig, ja, tausend gewesen waren, die ihre Gewehre auf ihn gerichtet in Anschlag gebracht, den Finger am Abzug gehalten hatten: aus der Gasse heraus, und noch kein Wort – Anweisung oder Befehl – von seiten des alten Mannes, der mit seiner schimmernden Mütze und in seinem nachtfarbenen Mantel in der anderen Ecke saß, nicht zurück zur Stadt, sondern rasch am Stadtrand hin, schneller und schneller, durchfuhr der Wagen in den schmalen Straßen der Vororte sein eigenes Echo, nahm zielstrebig die Kurven, als wüßte die Maschine selber Bescheid, fuhr einen weiten Kreis durch die Ausläufer der Stadt, wo nun die Straßen zu steigen begannen, so daß nun selbst er ahnte, wohin die Fahrt gehen würde, die Stadt begann sich jetzt gegen sie zu neigen, während sie unter ihnen versank; auch jetzt noch kein Wort von seiten des alten Mannes: der Wagen hielt an, und er sah nun an dem unter der gewiß unüberbietbaren Würde und Last der betreßten Mütze vorschauenden, edlen Profil vorbei nicht den *Place de Ville* selbst, dazu waren sie nicht hoch genug über der Stadt, sondern etwas wie die in Glut und Flimmern des Lichts gehüllte Zusammenballung ihrer nicht endenden, schlaflosen Angst.

»Gut, mein Sohn«, sagte der alte General: nicht zu ihm, sondern zu dem Fahrer. Der Wagen fuhr weiter, und jetzt wußte er, wo hin sie fuhren, denn hier oben gab es nichts als die alte römische Zitadelle. Aber wenn er darüber im ersten Augenblick erschrak, so ließ er sich das doch nicht anmerken. Und wenn ihm im gleichen Augenblick die Vernunft sagte: *Unsinn. Wenn sie mich hier heimlich in einem Kerker hinrichteten, würden sie genau das, was sie mit der Beendigung des Krieges und unserer Gefangennahme erreichen wollten, null und nichtig machen,* so war auch das für niemanden hörbar; er saß aufrecht und ein wenig steif da, wie er sich während der ganzen Fahrt nicht richtig zurückgesetzt hatte, ruhig, aufmerksam und gefaßt; der Wagen fuhr jetzt im zweiten Gang, nahm aber die letzte, sich scharf windende Haarnadelkurve noch mit ziemlicher Fahrt, bis schließlich die steinerne Last der Zitadelle sich vorzuneigen und wie ein gewichtiger Schatten auf sie niederzulassen schien, der Wagen bog ein und nahm jetzt die letzte Kurve, dann hielt er, aber nicht er oder der Fahrer, sondern der alte Mann selbst öffnete die Tür, stieg aus und hielt sie, bis er draußen war, er richtete sich auf und wollte um sich schauen, aber der alte General sagte: »Nein, noch nicht«, und machte sich, von ihm gefolgt, auf den Weg den Hang, die letzte Anhöhe hinauf, wo sie zu Fuß gehen mußten, die alte Zitadelle ragte hier nicht vor ihnen auf, sondern hockte breit da, nicht gotisch, sondern romanisch: sie schwebte nicht aus den Bestrebungen der Vergangenheit des Menschen auf zu den Sternen, sondern wandte sich wie eine Gebärde seiner Sterblichkeit, wie eine geballte Faust oder ein Schild, gegen sie.

»Dreh dich jetzt um und betrachte sie«, sagte der alte General. Aber er hatte sich schon gewandt, sah den dunklen Hang hinunter dorthin, wo die Stadt myriadisch erflimmernd in der Schale der Nacht wie eine Streu herbstlich verschwelender Blätter in der wehenden Dunkelheit lag, dichter, gedrängter in Ruhlosigkeit und Qual als die Masse der Sterne, als habe sich alle Finsternis, alles Grauen brandend in einer einzigen Woge in sie ergossen und sich zähmassig und starr auf dem *Place de Ville* gesammelt. »Schau sie dir an. Horch. Erinnere dich an sie. Nur einen Augenblick: dann schließe wieder das Fenster. Tu jene Qual ab. Du brachtest ihnen Furcht und Leiden, aber morgen wirst du sie von beidem befreit haben, und sie werden dich nur hassen: einmal wegen der Wut, die sie dir schulden, weil du ihnen Schrecken brachtest, einmal wegen der Dankbarkeit, die sie dir für die Aufhebung dieser Schrecken schulden werden, und drittens deswegen, weil du über beidem stehst. Schließe also das Fenster und betrachte dich selbst als entlassen. Und nun blicke darüber hinaus in die Weite: die Erde, oder doch die halbe Erde, die Hälfte der Erde bis dorthin, wo der Horizont sie begrenzt. Dunkel natürlich, aber nur von hier aus; aber diese Dunkelheit ist nur wie die Anonymität, die ein Mensch wie ein Vorhang vor seiner Vergangenheit hinter sich zuziehen kann, nicht so sehr, weil er es in Verzweiflung tun muß, sondern weil er es will, um Ruhe und Zurückgezogenheit zu finden. Natürlich kann er auf ihr nur in einer Richtung gehen: nach Westen; nur die eine Hälfte – der Westen – ist jetzt für ihn erreichbar. Aber dort ist Raum genug für ein Jahr der Zurückgezogenheit, denn dieser Zustand wird nur noch ein Jahr dauern, dann wird die ganze Erde für ihn frei sein. Irgendwann in diesem Winter werden sie um eine Zusammenkunft, um Bedingungen, bitten; im nächsten Jahr werden wir sogar – für eine kurze Zeit – haben, was man Frieden nennen wird. Nicht wir werden darum bitten, sondern sie – die Deutschen, die besten Soldaten der Welt, heute oder auch schon seit zweitausend Jahren, denn selbst die Römer konnten sie nicht besiegen – das eine einzige Volk dieser Erde, das nicht so sehr dem Ruhm, sondern dem Krieg selbst leidenschaftlich ergeben ist, das Krieg macht, nicht so sehr um Eroberungen zu machen und sein Gebiet zu erweitern, sondern weil es das als seinen Beruf ansieht, sich dazu berufen fühlt, und das diesen Krieg eben deswegen verlieren wird: weil es die besten Soldaten der Welt sind; nicht wir, Franzosen und Engländer, die den Krieg nur als letzte Zuflucht nehmen, wenn alles andere versagt hat, und uns auch dann noch ohne Vertrauen in ihn begeben; sondern sie, die Deutschen, die keinen Fußbreit zurückgegangen sind, seitdem sie vor vier

Jahren die belgische Grenze überschritten, und jede Entscheidung, die seitdem fiel, war entweder nichtig oder sie ging von ihnen aus, und die auch jetzt noch nicht aufhören werden, obwohl sie wissen, daß noch ein Sieg sie vernichten wird; sie werden vielleicht noch zwei oder gar drei Siege erringen (die Zahl spielt keine Rolle) und sich dann ergeben, denn dem Krieg eingeboren ist das Phänomen seiner Zwitterhaftigkeit: die Prinzipien des Sieges und der Niederlage wohnen beide demselben Körper inne, und ihr notwendiger Gegenspieler, der Feind, ist nur das Bett, auf dem sie einander erschöpfen: ein Laster, das um so verhängnisvoller und furchtbarer ist, als sich zwischen ihnen keine Brust befindet, nichts Trennendes, das sie um ihrer Gesundheit willen aneinander hindern könnte, einfach durch normale Entfernung oder Mangel an Gelegenheit für die Vereinigung, von der sie nicht einmal der Orgasmus freimachen kann; das kostspieligste und verhängnisvollste Laster, das sich der Mensch bislang erfand, und zu dem Hurerei, Trunksucht und Glücksspiel, die, wie törichterweise geglaubt wird, den Menschen zerstören können, sich wie die Lutschstange des Kindes zu Flasche, Hure und Spielkarte verhalten. Ein Laster, dem Menschen so tief eingewurzelt, daß es zu einem der ehrenwerten Grundsätze seines Verhaltens und zum nationalen Altar für seine Lust an Blutvergießen und glorreichen Opferhandlungen wurde. Mehr als das: eine Säule nicht der Überlegenheit, sondern der Lebensdauer der Nation – du und ich, beide haben wir erlebt, wie sich die Politik als letzte Zuflucht den Krieg nahm – ich natürlich nicht, aber du wirst – kannst – ihn noch als letzte Zuflucht vor dem Bankrott erleben – du wirst – kannst, vorausgesetzt, du willst es – den Tag erleben, an dem eine durch Überbevölkerung zahlungsunfähig gewordene Nation an denjenigen möglichst reichen, möglichst sentimentalen Gegner den Krieg erklären wird, den sie am schnellsten zum Sieg über sich selbst überreden kann, um dann ihr Volk aus den Verpflegungslagern des Siegers ernähren zu können. Aber das ist jetzt nicht unser Problem; und selbst wenn es das wäre, wir – Frankreich und England – würden dann einfach dadurch, daß wir mit dem endgültigen Sieger verbündet sind, in der glücklichen Lage sein, durch unseren Sieg fast ebensoviel zu gewinnen wie der Deutsche durch seine Niederlage. Unser – nenn es meins, wenn du willst – Problem liegt näher. Dort ist die Erde. Die Hälfte von ihr wird dir sofort gehören – am Ende des Jahres wirst du sie sehr wahrscheinlich ganz besitzen, in ihrer ganzen Weite, mit Ausnahme dieser winzigen Eiterstelle, die den Namen Europa trägt – und wer weiß? nach einer gewissen Zeit, und wenn man vorsichtig und behutsam genug gewesen ist, vielleicht auch das, wenn du willst. Nimm meinen Wagen – du kannst doch fahren, nicht wahr?«

»Ja«, sagte der Korporal. »Wegfahren?«

»Jetzt sofort«, sagte der alte General. »Nimm meinen Wagen. Wenn du überhaupt fahren kannst, wird dich der Ständer auf seinem Kühler hinbringen, wohin in Europa westlich der deutschen Front du willst – wenn du gut fährst, wird er dich in zwei Tagen zur Küste bringen – nach Brest oder Marseille; die Papiere sind fertig, mit denen du an Bord jedes Schiffes kommst und dem Kapitän Anweisungen geben kannst. Dann Südamerika – Asien – die Inseln im Pazifik; mach das Fenster fest zu; schließe es für immer vor jenem leeren, irrigen Traum. Nein, nein«, sagte er rasch, »denke bitte nicht eine Sekunde, ich schätzte deinen Charakter so niedrig ein oder verstünde dich falsch – du, dem es Montag gelang, den Krieg in fünf Minuten null und nichtig zu machen, den selbst die Deutschen, die besten Soldaten Europas, vier Jahre lang nie ganz aus der Erstarrung lösen konnten. Du bekommst natürlich Geld, aber nur so viel, um dir die Freiheit erhalten zu können, wie der Adler oder der Bandit sich die ihre erhalten. Ich will dich nicht mit Geld bestechen. Ich gebe dir die Freiheit.«

»Um sie im Stich zu lassen«, sagte der Korporal.

»Wen? Sieh noch einmal hin.« Seine Hand bewegte sich rasch und flüchtig in Richtung auf die fahl unter ihnen liegende, schlaflose Stadt – es lag in dieser Geste keine Verachtung, nichts eigentlich: nur ein flüchtiges Vorschnellen, und dann schon wieder unter dem mitternachtfarbenen Mantel verschwunden. »Doch nicht sie. Wo sind sie seit Montag gewesen? Warum haben sie nicht mit ihren bloßen Händen, von denen sie ja genug haben, die Mauern Stein um Stein niedergerissen, die von viel weniger Händen errichtet wurden, oder die eine Tür, die zu verschließen eine einzige Hand genügt, aus den Angeln gehoben und euch, die ihr für sie sterben wolltet, befreit? Wo sind die tausendneunhundertundsiebenundachtzig anderen, die du Montag bei Tagesanbruch auf deiner Seite hattest – oder zu haben glaubtest? Warum legten sie nicht alle die Waffen nieder, als ihr den Draht hinter euch hattet, und folgten dir, wenn auch sie glaubten, du seist gewappnet und mit Rüstzeug versehen

aus dem Arsenal des unverletzlichen menschlichen Hoffens und Glaubens? Warum rissen nicht wenigstens jene dreitausend – ihre Zahl hätte vollkommen ausgereicht – die Mauern nieder und rannten die Tür ein, die sie doch jedenfalls fünf Minuten lang fest genug an dich geglaubt hatten, um mit dir zu wagen, was du ohnehin bewußt als Wagnis auf dich genommen hattest – die dreitausend, das heißt ohne die zwölf, die seither zusammen mit dir zwischen denselben undurchlässigen Mauern eingesperrt sind? Und gar diese selbst? Einer von ihnen, dein Landsmann, Blutsbruder, wahrscheinlich sogar Verwandter, da ihr dort alle irgendwie verwandt seid – ein Zsettlani, der dich verleugnete, und ein anderer, ob nun Zsettlani oder nicht, verwandt oder nicht, der jedenfalls deiner Bruderschaft des Glaubens und der Hoffnung angehört – Polchek, der dich Sonntag schon vor Mitternacht verraten hatte. Verstehst du? Du hast in deiner Bedrängnis sogar einen Ersatz, wie jenes Lamm, das Gott schickte, um Isaak zu retten – wenn man Polchek ein Lamm nennen kann. Ich werde Polchek morgen in aller Form exekutieren lassen; du wirst dann nicht nur deine Rache und für die anderen dreitausend, die er verriet, Vergeltung geübt haben, du wirst die dir von jener Stimme dort unten angeworfene Schande zurückgeben, die in ihrer wilden Wut, dich zu verfluchen, nicht zur Ruhe kommt. Gib mir Polchek und nimm die Freiheit.«
»Dann sind es immer noch zehn«, sagte der Korporal.
»Versuchen wir es. Wir bleiben hier; ich schicke den Fahrer mit dem Befehl zurück, die Tür für alle dort in dem Gebäude öffnen zu lassen, so daß sie verschwinden können, vergessen von allen, für die sie unsichtbar sein werden – leise die Tür aufgeschlossen, leise das Tor, und sie verschwinden. Wie lange wird es dauern, bis diese zehn dich ebenfalls verleugnet – dich verraten haben werden, wenn man eine solche Entscheidung Verrat nennen kann?«
»Ihr seht es nun selbst«, sagte der Korporal. »In zehn Minuten waren es nicht zehn, sondern hundert. In zehn Stunden wären es nicht tausend, sondern zehntausend. Und in zehn Tagen –«
»Ja«, sagte der alte General. »Ich habe das begriffen. Habe ich nicht gesagt, daß ich dich nicht so niedrig einschätze? O ja, sagen wir es ruhig: die Bedrohung, die du darstellst. Warum habe ich sonst angeboten, meine – unsere – Sicherheit mit Dingen zu erkaufen, welche die meisten nicht nur nicht wollen, sondern im Gegenteil aus gutem Grund fürchten und fliehen, Befreiung nämlich und

Freiheit. O ja, ich kann morgen früh dein Leben vernichten und uns – für diesmal – retten. Für die Dauer meines Lebens. Aber nur für eine Zeit. Und wenn ich es muß, werde ich es tun. Denn ich glaube an den Menschen – in seiner Begrenztheit und in seinen Möglichkeiten. Ich glaube nicht nur, daß er die Kraft hat, auszuhalten, und aushalten wird, sondern daß er aushalten muß, so lange jedenfalls, bis er ein besseres Werkzeug als er ist erfindet, hervorbringt, schafft, mit dem er sich selbst ersetzt. Nimm meinen Wagen und die Freiheit, und ich werde dir Polchek geben. Nimm das höchste aller ekstatischen Gefühle: Mitleid, Erbarmen: den Orgasmus der Vergebung für einen, der eben einen tödlichen Schlag gegen dich führte – jenen Leim, Katalysator, der, wie eure Philosophen euch beigebracht haben, die Erde zusammenhält. Nimm die Erde.«

»Und die anderen zehn?« sagte der Korporal.

»Meinst du, ich habe sie vergessen?« sagte der alte General. »Habe ich dir nicht zweimal gesagt, daß ich dich nie falsch einschätzte? Du brauchst mir nicht zu drohen; ich weiß, daß nicht du, daß sie das Problem sind; nicht um dich, um sie geht unser Handel. Denn damit du einen Gewinn hast, muß ich euch alle elf vernichten, um so das Gewicht deines Opfers und deiner Drohung zu verzehnfachen. Damit ich einen Gewinn habe, muß ich auch sie gehen lassen, damit sie vor aller Welt Zeugnis ablegen, daß du sie verließest; denn, sie mögen so laut und so viel und so lange reden, wie sie wollen, wer wird den Glauben, den sie predigen, für wertvoll – wertvoll? gültig – halten, wenn du, der Prophet und Stifter, statt des Märtyrertums die Freiheit wähltest? Nein nein, wir sind nicht zwei griechische oder armenische oder jüdische – oder, was das angeht, normannische – Bauern, die ein Pferd aushandeln: hier stehen sich zwei Ausdrucksweisen gegenüber, selbstgewählt vielleicht, jedenfalls gewählt, vorausgesetzt, nicht so sehr zwei sich entgegengesetzte Seinsbedingtheiten zu verteidigen, als sie zu prüfen, die sich, nicht durch unsere Schuld, sondern einfach wegen der Beschränktheit und Wortarmut der Arena, in der sie aufeinandertreffen, miteinander messen müssen, und von denen eine unterliegen muß: ich, Vertreter dieser weltlichen Erde, die, ob ich ihr zustimme oder nicht, existiert, und in die ich kam, ohne darum gebeten zu haben, der aber ich, da ich nun einmal hier bin, während der mir zubestimmten Zeit, nicht nur ein Halt entgegensetzen, sondern die zum Halten zu bringen ich beabsichtigen muß; du, Vertreter eines esoterischen Reiches der grundlosen Hoffnung des Menschen und seiner unbegrenzten Fähigkeit für – nein: Leidenschaft für – das Untatsächliche. Nein, sie stehen sich in Wirklichkeit nicht feindlich gegenüber, sie bekämpfen sich nicht wirklich; sie können sogar Seite an Seite in dieser Arena existieren, und würden es auch, hätte deine sich nicht eingemischt in meine. Noch einmal also: nimm die Erde. Ich weiß schon, was du antworten wirst: Und die anderen zehn?«

»Und jene anderen zehn?« sagte der Korporal.

»Dann also nimm die Welt«, sagte der alte General. »Ich werde dich als meinen Sohn anerkennen; gemeinsam werden wir dann das Fenster schließen und diesen Irrtum für immer beenden. Ich werde dir dann ein anderes auftun, auf eine Welt hinaus, wie weder Cäsar noch Sultan noch Khan sie jemals sahen, oder Tiberius, Kubla oder einer der Imperatoren des Ostens sie jemals erträumten – kein Rom oder Bayae: bloße Stätten für die Raubtaten von Plünderern und Bordelle für eine letzte, erschöpfende Zuckung der Nervenenden vor der Rückkehr in die Wüsten ihrer Düsternis, um der einen noch mehr zu entpressen, oder sich daheim den gemieteten Messern der Untergebenen gegenüberzusehen, die danach dürsten, sie von der Begierde nach beidem zu kurieren; kein Cathay: Chimäre von Poeten, das so viel wirkliche Erfüllung zu bieten hat wie das Paradies der Mohammedaner – ein Symbol seiner Flucht und eine Rechtfertigung ihrer Notwendigkeit, seiner Flucht aus den übelriechenden Gassen oder der brennenden Sandwüste seiner unentrinnbaren Herkunft; noch Kublas Xanadu, das nicht einmal der ausgereifte, vollkommene Traum eines Dichters war, sondern der Blitzschlag über einem drogensüchtigen englischen Poeten, dessen Glanz ihn so elektrisierte, daß er nicht einmal lange genug standhalten konnte, um das aufs Papier zu bringen – nichts von diesen willkürlichen flüchtigen Sternstellungen am Himmel der Weltgeschichte; sondern Paris, das die Welt ist, wie der Himmel die Summe seiner Sternbilder ist – nicht jenes Paris, in dem jeder sie alle haben kann – Rom, Cathay und Xanadu – vorausgesetzt, er hat ein paar Beziehungen und braucht nicht gerade den Pfennig umzudrehen, denn das willst du nicht: habe ich nicht schon gesagt, daß ich dich nicht falsch einschätze? Sondern jenes Paris, das nur mein Sohn von mir erben kann – jenes Paris, das ich keineswegs mit siebzehn verwarf, sondern einfach nur aufbewahrte für den

Tag, da ich Vater sein würde und es einem Erben, würdig dieses ungeheuren, furchtbaren Erbes, vermachen könnte. Es ist ein Schicksal darin beschlossen: mein und dein eines, untrennbares Geschick. Unabsehbare, unvergleichliche Macht; o nein, ich mißdeute dich nicht – ich, von Geburt an Erbe dieser Macht in ihrem damaligen Ausmaß, ich hielt dieses Erbe zurück, damit es unangefochten und unanfechtbar Hauptbestandteil jenes Bundes würde, der den einzigen dieses Bündnis bedrohenden Gegner schlagen und unterjochen und so vernichten sollte; du, mit der Macht und der Gabe, dreitausend Mann zu überreden, den sofortigen, sicheren Tod einzugehen und ihn einem prozentual zu errechnenden möglichen oder nicht möglichen Tod vorzuziehen, und das, wo du höchstens eine Division von fünfzehntausend Mann, die mitmachen würden, und deine eigenen, leeren Hände zur Verfügung hattest. Was alles kannst du – und wirst du – nicht mit der ganzen, mitmachenden Welt anzufangen wissen und mit dem Erbe, das ich dir übergeben werde? Ein König, ein Herrscher, der die Menschheit leicht und unspürbar in der Macht hat und nicht zupackt, bis ein anderer erscheint, der ihnen mehr und blutigere Spiele und mehr und süßeres Brot zu bieten hat? Du wirst Gott sein und sie für alle Zeit sehr viel fester in der Hand haben als nur durch ihre Begierden und Lüste: durch ihre immer wieder obsiegende, unausrottbare Torheit, durch ihren untötbaren, leidenschaftlichen Wunsch, geführt, mystifiziert und getäuscht zu werden.«

»Wir sind also – Verbündete«, sagte der Korporal. »So sehr fürchtet Ihr mich?«

»Ich habe bereits Achtung vor dir; ich brauche dich nicht zu fürchten. Ich komme ohne dich aus. Ich werde ohne dich auskommen; das ist meine Absicht. In diesem Fall, natürlich, wirst du es nicht erleben – und wie traurig der Kommentar: jene letzte, bitterste Pille des Märtyrertums, ohne die es gar kein Märtyrertum sein könnte, da es dann kein Märtyrertum wäre: selbst wenn du, so unvorstellbar es ist, aus irgendeinem Grund recht gehabt haben solltest, du würdest es nicht einmal erfahren und – paradox genug: nur indem du freiwillig auf das Recht, dies zu erfahren, verzichtetest, könntest du dir möglicherweise Recht verschaffen. Ich weiß, du brauchst es nicht erst zu sagen: wenn ich ohne dich auskommen kann, dann wirst du selbst es auch können; für mich ist dein Tod nur das As, mit dem ich schneide, für dich aber ist es der Trumpf. Aber auch dies nicht: ich sprach vorhin von Bestechung; jetzt bin ich damit gekommen: ich bin ein alter Mann, du bist jung; ich werde in wenigen Jahren tot sein, und du kannst deine Erbschaft benutzen, um morgen den Stich zu gewinnen, den mein As heute geschnitten hat. Denn auch dieses Risiko werde ich auf mich nehmen. Und sage auch nicht –« er schwieg und hob rasch die Hand und sagte: »Einen Augenblick. Sag es noch nicht. – Nimm also das Leben. Und überlege es dir gut, bevor du antwortest. Denn die Börse ist jetzt leer; sie enthält nur noch eins. Nimm das Leben. Du bist jung; selbst noch nach vier Jahren Krieg sind die Jungen fähig, an ihre eigene Unverwundbarkeit zu glauben: daß alle anderen vielleicht noch fallen werden, aber nicht sie selbst. Sie brauchen also das Leben nicht allzuhoch einzuschätzen, denn sie sind nicht imstande, sich das mögliche Ende vorzustellen oder sich damit abzufinden. Aber mit der Zeit wirst du alt, dann siehst du den Tod. Dann begreifst du, daß nichts – nichts – nichts – nicht Macht noch Ruhm, Reichtum, Genuß oder Schmerzlosigkeit soviel wert sind wie die einfache Fähigkeit zu atmen, wie das einfache Am-Leben-sein – bei aller Qual des Sich-erinnern-müssens und allem Leid durch den unwiederherstellbaren, vernutzten Körper; nur zu wissen, daß man am Leben ist – hör zu. Es war in Amerika, in irgendeinem Ort mit einem, glaube ich, indianischen Namen: Mississippi: ein Mann, der aus irgendwelchen niedrigen Motiven gemordet hatte – Geld oder Rache, oder vielleicht auch nur, um sich von einer Frau freizumachen und eine andere zu heiraten; es kommt im einzelnen nicht darauf an – der während des Verhörs schreiend seine Unschuld beteuerte und für schuldig befunden und verurteilt wurde, und der Welt seine Unschuld ins Ohr schrie, auch noch in der vom Galgen überschatteten Todeszelle, bis schließlich ein Priester zu ihm kam; nicht beim ersten Mal, natürlich, auch nicht beim zweiten oder dritten Mal, aber nach einer Weile doch und auch noch zeitig genug gestand der Mörder sein Verbrechen ein und machte so seinen Frieden mit Gott, so daß es nun fast so war, als hätten Mörder und Priester ihre Rollen vertauscht: nicht der Priester, sondern der Mörder war nun der Starke, die Ruhe selbst, er war nicht von banger Hoffnung, sondern von Überzeugung und unerschütterlichem Glauben erfüllt, der feste, ruhige, beharrende Fels, von dem Kraft und Mut ausging, und an dem der Priester Halt finden konnte; so blieb es bis zum Morgen der Hinrichtung, auf die der Mörder jetzt fast mit Ungeduld wartete, als sehnte er sich nach dem

Augenblick, da er die traurige, vergängliche Welt abstreifen könnte, die ihn hierher gebracht, Sühne verlangt hatte und nun sein Verzeihen akzeptierte; bis zu dem Augenblick, als er unter den Galgen trat: der sich, wie ich verstanden habe, in Mississippi draußen unter freiem Himmel im Gefängnishof befindet und zeitweise von hohen Planken umgeben ist, um das Abscheiden des Schuldigen vor den bloß krankhaft Neugierigen zu verhüllen; sie kamen natürlich trotzdem: in Karren und Wagen von weit her, das eingepackte Essen gleich dabei: Männer, Frauen, Kinder und alte Leute, um am Zaun zu stehen, bis die Glocke oder Klingel oder was es war ertönte, das Abscheiden der Seele anzeigte und sie entließ, so daß sie wieder nach Hause fahren konnten; tatsächlich sahen sie sogar noch weniger als der Mann unter der Schlinge, der längst von seinem elenden, sterblichen Körper frei war, von diesem Elend, das allein ihm die Strafe wegnehmen konnte, er stand ruhig und gesammelt und friedlich da, die Schlinge lag nebensächlich schon um seinen Hals, und über sich hatte er einen letzten Ausschnitt des Himmels, in den er, wie seine Religion ihn gelehrt hatte, sogleich eingehen würde, und außerdem den einen Zweig eines nahestehenden Baumes, der sich wie segnend über den Lattenzaun vorstreckte, wie eine letzte, lossprechende Geste der Erde, mit der ihn nichts mehr verband; als plötzlich ein Vogel geflogen kam, sich auf den Zweig setzte, den winzigen Schnabel auftat und zu singen begann – worauf er, der eine Sekunde vorher den Fuß gehoben hatte, um aus Kummer und Qual der Erde den Schritt in den ewigen Frieden zu tun, Himmel, Heil, Unsterblichkeit der Seele und alles von sich warf, wie wild an dem Strick zerrte, mit dem seine Hände gebunden waren, sich die Schlinge vom Hals reißen wollte und ›Unschuldig!‹ schrie, ›ich bin unschuldig! Ich habe es nicht getan!‹ auch noch, als die Klappe und mit ihr Erde, Welt und alles unter ihm wegfiel – alles wegen des einen Vogels, eines kleinen, gewichtslosen, kurzlebigen Geschöpfes, das noch vor Sonnenuntergang ein Habicht zerfetzen, im Leim hängenbleiben oder ein müßig herumstromernder Junge mit einer Schleuder töten konnte, nur daß eben morgen, im nächsten Jahr, wieder ein Vogel dort sein würde, wieder Frühling, wieder Blätter an diesem Zweig, und der Vogel wieder singen würde, wäre er nur dort, bliebe er nur, um den Gesang zu hören – Hörst du mir zu?«

»Ja«, sagte der Korporal.

»Dann nimm den Vogel. Widerrufe, gestehe, sag, daß du unrecht hattest; daß du der Anführer – Anführer? du führtest nichts: du nahmst nur teil – eines Angriffs warst, der steckenblieb. Nimm von mir das Leben; bitte um Gnade und nimm sie an. Ich kann sie gewähren, selbst für ein militärisches Versagen. Der General, dem deine Division untersteht, wird – er hat es schon getan – ein Opfer verlangen, nicht im Namen Frankreichs oder des Sieges, sondern wegen des Makels in seiner Beurteilung. Aber nicht er, ich trage diese Uniform.«

»Und die anderen zehn?« sagte der Korporal.

»Sie werden dich hassen und dann – vergessen. Sie werden dich sogar verfluchen, bis sie vergessen haben, wen sie verfluchten, und warum. Nein, nein: schließe das Fenster und laß diesen leeren Traum fahren. Öffne dies andre Fenster; du wirst – kannst – vielleicht draußen nichts als Grau sehen – mit Ausnahme des einen Zweiges, immer; jenes einzelnen Zweiges, der immer dort sein und auf jene gewichtslose, flüchtige Bürde warten wird. Entscheide dich für den Vogel.«

»Ihr braucht Euch nicht zu fürchten«, sagte der Korporal. »Es gibt nichts, wovor man sich fürchten müßte. Nichts ist es wert.«

Der alte General schien die Worte des Korporals im ersten Augenblick gar nicht gehört zu haben, einen Kopf kleiner, stand er vor ihm, ein wenig gebeugt unter dem Gewicht der blau-und-scharlachroten, goldbetreßten, mit gekreuzten Stäben und schweren goldenen Blättern geschmückten Mütze. »Furcht?« sagte er. »Nein, nein, nicht ich, sondern du fürchtest den Menschen – nicht ich, du glaubst, daß nichts als ein Tod sie retten kann. Ich weiß es besser. Ich weiß, daß er das Etwas in sich hat, das ihn selbst seine Kriege überdauern lassen wird, und das dauerhafter ist als alle seine Laster, selbst als jenes letzte und furchtbarste; so daß er auch diese neue Offenbarung seines Dienertums überdauern wird, der er sich jetzt gegenübersieht: die Versklavung an die dämonische Ausgeburt seiner eigenen technischen Neugier, von der er sich durch jene uralte, bewährte Methode losmachen wird, durch die Sklaven sich schon immer befreit haben: indem sie ihren Herren ihre eigenen Laster eingeimpft haben – in diesem Fall das Laster des Krieges und jenes andere, das damit gar kein Laster ist, sondern Qualitätszeichen und Garantie seiner Unsterblichkeit: seine unsterbliche Torheit. Er hat bereits damit begonnen, seine Terrassen und Veranden auf Räder zu setzen; selbst ich in meinem Alter werde vielleicht noch den Tag erleben, an dem das, was einst sein Haus war, zur Kabine für sein Bett, für Ofen, Rasierzeug und Kleiderstücke geworden sein wird, du, jung wie du bist (denk an den Vogel), könntest es noch erleben, daß er sich sein Privatklima erfindet und es, Ofen, Bett, Badezimmer, Küche und alles in sein Auto verstaut und dann das, was er einst sein Heim nannte, aus den Lexika der Menschen verschwunden sein wird: er wird es dann nicht mehr nötig haben, noch aus seinem Automobil auszusteigen: die ganze Erde ein einziges, lückenlos maschinisiertes, gebirgs- und fluß- los sich dehnendes Betonpflaster, aus dem weder ein Baum noch ein Busch oder ein Haus oder überhaupt etwas hervorstehen wird, das eine Ecke bilden oder eine Gefahr für die Übersehbarkeit darstellen könnte, und der Mensch in Myriaden schildkrötenhaft von Geburt an kleidlos in seiner beräderten, handschuhengen Hülle, mit Schläu- chen und Röhren aus unterirdischen Tanks, die ihm konzentriert einspritzen, was er zu seiner Fortbewegung benötigt, ihn in seinen Gelüsten aufputschen, seine Begierden sättigen und seine Träume befeuern werden; rastlos umherziehend und längst nicht mehr zähl- bar, um am Ende beim klickenden Zeigerausschlag des Tachometers zu sterben, wobei dann, da er schon seit langem nicht mehr über Knochen, Organe und Eingeweide verfügt, nichts zusammenzufe- gen bleibt als eine rostende und geruchlose Hülle – die Hülle, aus der er nicht herauskommt, weil er es nicht nötig hat, die er aber dann eine Zeitlang nicht verlassen wird, weil er es nicht wagt, denn sie wird sein einziger Schutz gegen den eisernen Hagelschlag seiner Kriegsabfälle sein. Denn zu dieser Zeit werden seine Kriege ihn ent- eignet haben, indem sie ihn einfach überholten; sein schwacher, zer- brechlicher Körper wird nicht mehr mithalten, sie nicht mehr tra- gen, nicht mehr teilnehmen, anwesend sein. Er wird es natürlich ver- suchen und für eine kleine Weile auch noch seinen Mann stehen; er wird größere, schnellere, weiterreichende und stärker bestückte Tanks bauen, er wird größere, schnellere, vernichtendere Flugzeuge mit größerer Ladefähigkeit bauen; eine Zeitlang wird er sie beman- nen, lenken und, wie er glaubt, in seiner Macht haben, selbst noch nachdem ihm schließlich klargeworden ist, daß er diesmal nicht wegen einer weiteren, unerheblichen politischen Meinungsverschie- denheit oder eines nationalen Grenzkonfliktes kämpft, sondern daß sein Kampf sich gegen das Monstrum selber richtet, in dem er haust. Nicht jemand, der ihn im Augenblick nicht gern hat und deswegen mit Gewehren beschießt, sondern sein eigener Frankenstein, der ihn bei lebendigem Leibe in der Hitze brät, ihm mit Schnelligkeit die Luft nimmt, ihm in seiner wild niederstoßenden Beutegier die noch lebenden Eingeweide aus dem Leib reißt. So wird er auf die Dauer mit ihm nicht Schritt halten können, läßt es ihm auch noch eine Zeit die Täuschung, als sei er imstande, es vom Boden aus durch Hebel und Knöpfe zu kontrollieren. Und dann wird auch das vorbei sein; Jahre, Jahrzehnte und dann Jahrhunderte werden vergangen sein, seitdem er zuletzt auf seinen Anruf Antwort erhielt; er wird sogar den Ort vergessen haben, an dem es einst errichtet wurde, und sein letzter Kontakt mit ihm wird an jenem Tage sein, da er schlotternd seiner erkaltenden Höhle entkriechend zwischen den zarten Stengeln seiner toten Antennen wie in einer Märchen-Geometrie herumstapfen und sich in einer klirrenden Sturzflut von Scheiben, Meßgeräten, Schaltern und blutlosen Fetzen einer metallischen Epidermis umherbewegen wird, um zuzusehen, wie die letzten Beiden in einem endgültigen, gigantischen Ringen gegen den letzten, ersterbenden Himmel stehen, der selbst seiner Dunkelheit beraubt ist und widerhallt vom Aufruhr der beiden mechanisch blökenden Stimmen, die in vielsilbigen Substantiven patriotischen Unsinn von sich geben. O ja, er wird es überleben, weil er dieses Etwas in sich hat, das selbst noch den letzten, wertlosen, von keiner Flut umspülten und langsam im letzten, roten und glutlosen Sonnenuntergang erkaltenden Felsen überdauern wird, denn schon wird der nächste Sternkörper in der blauen Grenzenlosigkeit des Raumes vom Getöse seiner Landung erdröhnen, und seine winzige, unermüdliche Stimme wird weiter reden und planen; und auch dort wird, nachdem das letzte Ding-Dong der Verdammnis verklungen und tot ist, noch ein Laut am Leben sein: seine Stimme, die weiter Pläne schmiedet, noch Höheres, Schnelleres und Lauteres zu bauen; wirkungsvoller und lauter und schneller denn je zuvor, aber auch ihm wird der eine ureingegebene Fehler innewohnen, so daß es am Ende auch ihm nicht gelingen wird, ihn von der Erde zu tilgen. Ich fürchte den Menschen nicht. Mehr: ich achte und bewundere ihn. Und Stolz: ich bin zehnmal stolzer auf die Unsterblichkeit, die er tatsächlich besitzt, als er jemals auf die Unsterblichkeit seiner Wahnvorstellungen war. Denn der Mensch und seine Torheit —«

»Werden überdauern«, sagte der Korporal.

»Mehr noch«, sagte der alte General. »Sie werden obsiegen. — Fahren wir zurück?«

Sie gingen zurück zu dem wartenden Wagen und stiegen ein; wieder durchfuhren sie die leeren, widerhallenden Gassen, die den fernen, von der Menge besetzten *Place de Ville* umkreisten.

4. EIN BEFREIER VON DEN DÄMONEN DES BÖSEN

Zur Einführung

1911 in Kairo geboren, gehört der Ägypter *Nagib Machfus* zu den bedeutendsten arabischen Erzählern dieses Jahrhunderts. Für sein Gesamtwerk wurde ihm 1988 der Nobelpreis für Literatur verliehen – als erstem Autor der arabisch sprechenden Welt überhaupt. Das war ein bemerkenswerter Vorgang. Die Imaginationskraft arabischer Erzähler war durch religiösen Dogmatismus und moralischen Rigorismus lange Zeit unterdrückt worden. Vom 14. bis zum 19. Jahrhundert hatten sie Zuflucht zu neuen Ausdrucksformen gesucht, vor allem zu einer mündlichen Erzählkultur, und durch diese mündlich tradierte Literatur waren Geschichten von großem Phantasiereichtum entstanden. Sie liefen durch die gesamte arabische Welt und wurden in den Zelten Arabiens genauso weitergegeben wie in den Gebirgen des Jemen, in den Tiefen Ägyptens ebenso wie auf den Straßen Tunesiens und den Plätzen Marokkos.

Hier kommt Machfus als modernem Klassiker und dem seit langem populärsten arabischen Schriftsteller eine große Bedeutung zu. Er gilt als »Vater des arabischen Romans«. Er hat »die arabische Phantasie aus der sprachlichen und religiösen Zwingburg befreit«. Er war es, der »die arabische Imaginationskraft ›literaturfähig‹ gemacht (hat), indem er die Elemente der ›littérature orale‹ – der volkstümlichen Erzählkunst – in sein episches Werk einbezog ... Damit gab er der klassischen arabischen Sprache eine neue, lebendige Ausdruckskraft, mit der allein er die Wirklichkeit der ägyptischen Gesellschaft von heute so faszinierend darstellen konnte.« (H. Mosbahi)

Mit der Nobelpreisverleihung 1988 aber rückte auch ins Licht der Weltöffentlichkeit, daß es gerade um den nur hier interessierenden Roman »Die Kinder unseres Viertels« bereits während dessen Erscheinen im Jahr 1959 religionspolitische Kontroversen gegeben hatte, die bis heute um Werk und Person von Machfus anhalten. Fundamentalistische islamische Kreise hetzten schon früh gegen diesen Autor, stießen Todesdrohungen aus. Einem Mordanschlag ist denn auch der mittlerweile fast 90jährige vor nicht allzulanger Zeit in Kairo nur knapp entronnen.

Der Roman »Die Kinder unseres Viertels« mutet denn auch traditionellen islamischen Ohren einiges zu. Das Nachdenken nämlich darüber, wie es um den Zustand der Welt bestellt ist, obwohl doch mit den Religionen Judentum, Christentum und Islam alles das geoffenbart wurde, was der Welt zum Heile dienen soll. War denn nicht die ganze Welt den Menschen von Gott als Geschenk übergeben worden, damit sie gerecht verteilt werde? Aber warum dann die Ungerechtigkeiten, all die Korruption und Gewalt? Hatten die Menschen die Botschaft nicht verstanden? Hatten die Religionen versagt? Waren die großen Stifter, Moses, Jesus und Mohammed, umsonst gekommen? Die Riesenstadt Kairo mit ihrer faszinierenden Gleichzeitigkeit von Schönheit und Schmutz, Glanz und Elend, Hoffnung und Verzweiflung könnte keine bessere Kulisse für die Thematisierung dieser Fragen sein. Die Megalopolis mit ihren uralten Altstadtvierteln wird denn auch bei Machfus zur Weltmetapher. Erzählt wird alles mit urbanem Witz und humorvoller Überlegenheit. Die allegorische Einkleidung ist bewußt so durchsichtig angelegt, daß der Leser die Spielregeln rasch durchschaut und sie lustvoll genießt.

Die fünf großen Kapitel des Romans (vorangestellt ist ein »Prolog«) halten sich in allegorischer Verkleidung an die vom Islam seit jeher erzählte »Heilsgeschichte«. Im »Prolog« erfahren wir von einem alten Gutsbesitzer namens Gabalawi, der ein großes altes Haus am Ende einer Altstadtgasse bewohnt, am Rand der Wüste. Er hatte aufgrund seines immensen Vermögens eine Stiftung eingerichtet, damit es seinen Söhnen und deren Nachkommen gut ergehen möge. In die Stiftungsurkunde, welcher die näheren Bestimmungen enthält und die er in seinem Haus bewahrt, läßt er jedoch niemanden Einblick nehmen. Doch mit seiner Stiftung erreicht er eher das Gegenteil. Statt Gerechtigkeit herrscht unter den Nachkommen zunehmend Korruption durch Verwalter, die mit Hilfe von Wächtern die Bewohner des Viertels terrorisieren. Schon unter den Söhnen war es zu einem heftigen Streit gekommen, weil Gabalawi den jüngsten Sohn Adham (= Adam) dem ältesten, Idris, vorgezogen hatte. Dieser wehrt sich mit einer Anklagerede gegen den väterlichen Willkürakt, wird aus dem Haus vertrieben, und Adham übernimmt die Verwaltung der Stiftung.

Lange Zeit geht alles gut. Adham verliebt sich in eine junge Magd namens Umaima; sie heiraten, und die Frau wird schwanger. Da bricht das Unheil über beide herein. Idris, der verstoßene Bruder, hat sich eines Tages in die Schlange der wartenden Pächter gereiht, um so heimlich ins Große Haus schleichen zu können. Er stachelt Adham auf, endlich einmal einen Blick ins geheime Buch des Vaters zu werfen, was dieser nach anfänglichem Zögern zusammen mit Umaima auch tut. Da kommt es zur Katastrophe, denn der Vater kehrt zur Unzeit von seinem Morgenspaziergang zurück, erwischt beide und jagt sie aus dem Haus. Ein Leben voll von Mühe, Elend und Armut beginnt nun außerhalb des Großen Hauses. Eine Welt »da draußen« entsteht, und was eine Heilsgeschichte hätte werden können, verwandelt sich in eine Unheilsgeschichte. Denn nach Adhams Tod schaffen es immer wieder einzelne Verwalter und deren Wächter, die Macht an sich zu reißen und, statt die Stiftung gerecht zu verwalten, ihre Habgier zu befriedigen. Die große Mehrheit der Gabalawi-Nachkommen muß in Schmutz und Elend dahinvegetieren, ausgebeutet, mißachtet, von Wächtern terrorisiert. Und in all den folgenden Generationen wagen es nur vier Gestalten, die herrschenden Machtstrukturen in Frage zu stellen, darunter (in allegorischer Verkleidung) Moses, Jesus und Mohammed.

Der Schlangenfänger Gabal (= Moses) steht als erster gegen die etablierten Machthaber auf und empört sich gegen die ungerechten Zustände im Viertel. Doch Gabal kämpft nur für seine eigene Familie; sie allein profitiert vom Stiftungsvermögen. Und Gabal selbst regiert mit eiserner Faust. Nach seinem Tod reißen die alten Zustände wieder ein: »Wie sieht es denn aus, das Leben der Armen? Der Nacken geschwollen von Schlägen, der Rücken brennend von Fußtritten, die Augen gesäumt von Fliegen, der Kopf wimmelnd von Läusen. ›Warum nur hat uns Gabalawi vergessen?‹« (S. 219 f.)

Plötzlich taucht ein Jüngling namens Rifaa (= Jesus) im Viertel auf. Er ist von auffallend zarter Konstitution; seine Gesichtszüge zeugen von Friedfertigkeit und Güte. Er ist von seinem Vater, dem Tischler-Meister Schafii, zum Zimmermanns-Handwerk bestimmt, arbeitet auch in dessen Werkstatt, geht oft aber eigene Wege. Er liebt die Wüste oder einsame Rückzüge auf Berge. Er hat ein von dunkler Leidenschaft gequältes Herz, dessen Tiefen er selber noch nicht kennt. In seiner Weltfremdheit heiratet er sogar eine Frau von zweifelhaftem Ruf, Jasmina, nur weil er sie in seiner Herzensgüte aus einer bedrohlichen Situation retten will. Er liebt sie nicht, oder genauer: Er liebt sie so, wie er alle Menschen lieben wird; später wird sie ihn verraten . . .

Rifaa liebt vor allem eines: die Geschichten von der uralten Stiftung Gabalawis zu hören, welche die Sänger in den Kaffeehäusern erzählen. Die entscheidende Frage seines Lebens wird ihm dadurch bewußt: Wie können Frieden und Liebe in die Herzen der Menschen einziehen, wenn diese in Armut leben, bedrängt von den Knüppeln der Wärter? Insbesondere saugt Rifaa begierig alles in sich hinein, was mit dem Geheimnis der *Dämonenaustreibung* zu tun hat. Von einer Frau, Umm Bichatirha, welche diese exorzistische Kunst beherrscht, kann er nicht genügend hören. Sie bringt ihm bei, daß jeder Mensch einen Dämon hat, daß aber nicht jeder dieser Dämonen ein böser Geist ist, den man austreiben muß. So lernt der junge Mann die Kunst der Unterscheidung der Geister und die Technik der Dämonenbeherrschung. Berufen auf einen eigenen Weg fühlt sich Rifaa durch die Stimme Gabalawis, die er am Großen Haus, angrenzend an die Wüste, gehört haben will. Im Gespräch mit seinem Vater, das wir hier als *ersten Text dokumentieren* (der Großteil von Kapitel 50), muß er sich rechtfertigen, da sein Vater dies für eine »Wahnvorstellung« hält. In diesem entscheidenden Kapitel aber sieht sich Rifaa – im Gegensatz zu seinen Vorgängern Adham und Gabal – zu einem eigenen Weg der Verbesserung der Zustände im Viertel berufen: Es ist der Weg nach innen, eine Befreiung der Menschen von den in ihnen wohnenden Dämonen.

Das also ist Rifaas Bestimmung: nicht wie Gabal-Moses vor

ihm und Kasim-Mohammed nach ihm für die gerechte Vertei-
lung des Stiftungsvermögens zu kämpfen, sondern jeden Menschen innerlich frei zu machen von den Dämonen der Gier und
des Hasses, welche die eigentlich Schuldigen an Not und Armut
der Menschen sind. Das *Böse durch Reinigung des Inneren*
besiegen – das ist sein Ansatz, den er gerade auch bei den Armen
und Kranken konsequent durchführt. Und da er von ihnen kein
Geld nimmt, lieben die Menschen ihn über alles. Die Erfolge
Rifaas sind denn auch verblüffend: Wer früher unter Nervenan-
fällen litt, ist jetzt ein Vorbild an Ruhe und Ausgeglichenheit; wer
früher Zank und Streit liebte, ist auf einmal sanftmütig und geduldig; wer früher als Taschendieb die Menschen betrogen hatte,
verrichtet jetzt ehrliche Arbeit; wer früher ein nörgeliger Gries-
gram war, ein hoffnungsloser Opiumsüchtiger, ein brutaler
Schläger und schlimmer Kuppler, ist jetzt wie umgewandelt...
Und doch gerät auch dieser Gewaltlose in Konflikt mit den
Wächtern des Viertels. Die Armen von den Dämonen befreien
bringt Unruhe in die Machtstrukturen, zumal Rifaa behauptet,
im Namen Gabalawis zu sprechen, was den Alleinvertretungs-
anspruch des Verwalters in Frage stellt. Rifaas Leben ist in
Gefahr, er muß fliehen, wird aber von Jasmina verraten. Hier
setzt der *zweite* von uns *dokumentierte Teil* ein: Es sind ungekürzt die Kapitel 59 bis 63, die den Rifaa-Teil abschließen.
Machfus gestaltet hier nicht nur auf eindrückliche Weise den
Vorgang »der Kreuzigung«, sondern zeigt auch mit aller Ironie,
was aus der Sache Rifaas nach dessen Tod geworden ist. Auch
ihr bleibt die Institutionalisierung nicht erspart und damit die
Erstarrung, die Segmentierung wie bei anderen religiösen
Reformbewegungen auch. Ein gewisser Ali (= Petrus) setzt sich
an die Spitze der Rifaa-Anhänger, und nach Kämpfen gelingt
es, im Viertel eine eigene Gemeinschaft der Rifaaiten zu etablieren. Diese bekommen nun auch Anteil am Stiftungsvermögen, und so ist die weltliche Macht dieser Schar etabliert. Nur:
Wesentlich geändert haben sich die sozialen und politischen
Zustände im Viertel auch durch die Botschaft Rifaas nicht. Dasselbe gilt von den in den folgenden Kapiteln auftretenden zwei
anderen großen Reformern: Kasim (hinter dem sich die Gestalt
Mohammeds verbirgt) und Arafa (die Verkörperung der modernen Wissenschaft), die ebenfalls am Los der Masse der Men-

schen nur wenig ändern. In aller Ironie läßt Machfus seinen Roman so enden:

»Das Viertel lebte in düsterer Furcht und erbittertem Haß. Aber die Menschen ließen alle Ungerechtigkeiten über sich ergehen und faßten sich in Geduld. Sie hielten an ihrer großen Hoffnung fest. Wann immer ihnen ein Leid geschah, sagten sie: ›Wie der Tag die Nacht ablöst, so wird auch die Tyrannei ihr Ende finden. Wahrlich, wir werden noch den Untergang der Gewaltherrschaft erleben. Mit eigenen Augen werden wir den Anbruch der lichten Zeit der Wunder erblicken.‹« (S. 560)

Ist dieser Roman Ausdruck einer *Geringschätzung der Religionen?* Der durchgängig humorvolle Ton, die ironisch inszenierte Durchschauung der Akteure und Handlungen (nicht zu verwechseln mit einem billigen, langweiligen Erzählschema) könnte darauf schließen lassen. Und der Haß der Fundamentalisten auf Machfus ist denn auch entsprechend groß. Grotesker aber könnte eine Fehldeutung kaum sein. Denn Machfus stellt nicht das geistige Programm der Religionsstifter in Frage, sondern die Wirkung der Religionen im gesellschaftlichen und politischen Raum. Gerade von den Religionsstiftern (Moses, Jesus, Mohammed) wird alles in allem ein sympathisches Bild gezeichnet. Alle drei sind angetreten, die Zustände für die Menschen erträglicher zu machen, aber jedesmal scheitern sie an den Machtstrukturen. Machfus' Thema ist also die *Rolle der Religionen* bei der Verbesserung der gesellschaftlichen und politischen Zustände. *Hartmut Fähndrich,* einer der besten Machfus-Kenner im deutschsprachigen Raum, hat dies mit Recht herausgestellt: Denn »erstens ist ›Die Kinder unseres Viertels‹ nicht der Versuch einer historischen Darstellung von Moses, Jesus oder Muhammad, in der Fakten entstellt oder Glaubensinhalte respektlos präsentiert würden; der Autor bedient sich lediglich einiger biblischer, koranischer und volksreligiöser Traditionen, um diese Heilsbringer als solche kenntlich zu machen. Zweitens geraten ja nicht diese Heilsbringer ins moralische Zwielicht, sondern vielmehr die ›Nachfolger‹, diejenigen, die die Lehre nach dem Tod der Religionsstifter entstellen oder mißachten, so daß die Religionen nicht in der Weise in der Welt wirken können, wie es ursprünglich vorgesehen war. Sie können ihr Befreiungspotential nicht zur Geltung bringen. Die Menschen werden weiterhin immer wieder unterdrückt – und was bleibt, sind am Ende die Lieder und die Geschichten der

Barden von einer schönen Zeit und die Hoffnungen und Träume der Menschen von einer besseren Zukunft.« (S. 104)
In der Tat: Nicht um eine respektlose Entstellung der Glaubensinhalte von Judentum, Christentum und Islam ist es Machfus zu tun, sondern um den Aufweis der Diskrepanz zwischen Heilsversprechen und unheiliger Realität. Hier durchzieht ein Grundstrom realistischer Skepsis den Roman, gerade im Blick auf die Leistungen der Religionen, aber auch auf die Leistungen der *Technik der Moderne.* Kurz: Machfus' Roman behandelt die *Frage nach der Religion als Frage nach den Zuständen in der Schöpfung,* den Machtverhältnissen auf Erden, ja auch als Frage nach Gott (Näheres dazu aus arabischer Perspektive von J. Abu-Haidar). Die Religionen werden daran gemessen, was sie zum Wohl der Menschen beitragen.
Damit ist der Roman eine Herausforderung sowohl für die Repräsentanten und Institutionen der Religionen wie auch für die Propagandisten des Zeitgeistes der Moderne (Technologie, Wissenschaft, Säkularismus). Er stellt im innermuslimischen Kontext traditionelle kulturelle Übereinkünfte in Frage, untersucht Gründungsmythen kritisch, vergleicht Ursprung und Gegenwart der großen Religionen. Er betreibt damit das, was im christlichen Kontext Autoren wie Kazantzakis, Faulkner, Saramago und Borges taten.
Schon Machfus hatte damit (vergleichbar heute Salman Rushdie) im kulturellen Kontext des Islam Fragen aufgeworfen, die auf die Agenda des interkulturellen und interreligiösen Dialogs gehören. Heute aber ist dieser Dialog schwieriger zu führen als in den 50er Jahren. Damals gab es, zum Beispiel in Ägypten, noch eine relativ tolerante, lernoffene kulturelle Atmosphäre gegenüber der westlich-christlichen Welt. Der norwegische Islamologe *Oddbjørn Leirvik* hat in einer bewundernswert materialreichen Untersuchung über »Images of Jesus Christ in Islam« (1999) jüngst gezeigt, daß Machfus' Auseinandersetzung mit den abrahamischen Religionen, insbesondere auch mit der Gestalt Jesu, im damaligen kulturellen Kontext Ägyptens gesehen werden muß, »wo die Christenheit nicht ausschließlich als westlicher Gegner, sondern als respektierter Partner im Dialog zwischen den Kulturen« (S. 184) betrachtet wurde. Gerade im ägyptischen Kontext wurden damals »inno-

vative approaches to the person of Christ« möglich, wie die Jesus-Bücher anderer ägyptischer Gelehrter in dieser Zeit eindrucksvoll dokumentieren: die von Abd al-Hamid Gudha, Abbas Mahmud und Fathi Uthman.

Eine kritische Selbstinfragestellung der eigenen kulturellen und religiösen Grundlagen aber ist heute in der islamischen Welt vielfach politisch inopportun. Die Fälle Machfus und Rushdie vergleichend, kommt denn auch der neuseeländische Religionswissenschaftler *William Sheppard* zu der Einschätzung: »Wir könnten sagen, daß beide Autoren das Bedürfnis gemeinsam haben, die Grundgeschichte des Islam neu anzugehen – in Antwort auf zwei Herausforderungen: an die Gewißheit traditioneller islamischer Ideen und Werte sowie an alle Formen der Gewißheit, religiös oder säkular, muslimisch oder westlich. Ich glaube, daß die universale Bedeutung dieser Schriftsteller und ihres Schreibens besonders im Gefühl für den Verlust der Gewißheit liegt und vielleicht sogar des Zusammenhangs in der Welt. Ich sehe dies als den bedeutsamsten Aspekt der gegenwärtigen geistigen Krise an. Es betrifft Menschen in allen Kulturen heute, obwohl Menschen im Westen sich dieser Krise zweifellos mehr bewußt sind. Der Versuch, darauf zu antworten, indem man die Gründungsgeschichte seiner eigenen Kultur neu schreibt, ist eine der interessantesten und bedeutsamsten Antworten.« (S. 110 f.)

Ausgabe: N. Machfus, Awlad Haratina (1959). Die Kinder unseres Viertels. Deutsch von D. Kilias, Zürich 1990, S. 248–252; 288–308.

Literatur zur Vertiefung

1. Zur Lebens- und Werkgeschichte:
   M. Peled, Religion, My Own. The Literary Works of N. Machfus, New Brunswick – London 1983.
   K. Cragg, The Pen and the Faith. Eight Modern Muslim Writers and the Qur'an, London – Boston – Sydney 1985, S. 145–164.
   H. Mosbahi, Die Kunst ist Phantasie und Vorstellung. Die Welt des N. Mahfus, in: Frankfurter Allgemeine Zeitung vom 19. 11. 1988.
   H. Fähndrich, Nagib Machfus, München 1991 (edition text und kritik).

M. Beard – A. Haydar (Hrsg.), N. Machfouz: From Regional Fame to Global Recognition, Syracuse 1993.

2. *Zum Text:*

N. M. Badawi, Mahfuz' Story of Creation and Prophecy, in: Modern Arabic Literature and the West, 1985, S. 167–171.

J. Abu-Haidar, Awlad Haratina by Najib Mahfuz: An Event in the Arab World, in: Journal of Arabic Literature 16 (1985), S. 119–131.

H. Kiesel, Brudermord, Streit. Machfus' Roman über die Religionen, in: Frankfurter Allgemeine Zeitung vom 2. 10. 1990.

H. Fähndrich, Politisches und Religiöses bei N. Machfus, in: Neue Zürcher Zeitung vom 3. 12. 1990.

J. Ch. Bürgel, »Gott ist tot« auf ägyptisch. N. Machfus' Roman »Die Kinder unseres Viertels«, in: ders., Allmacht und Mächtigkeit. Religion und Welt im Islam, München 1991, S. 351–353.

W. Sheppard, Satanic Verses and the Death of God: Salman Rushdie and Najib Mahfuz, in: The Muslim World 82 (1992) Nr. 1–2, S. 99–111.

S. G. Smith, Abraham's Family in »Children of Gebelaawi«, in: Literature and Theology 11 (1997), S. 168–184.

K.-J. Kuschel, Im Spiegel der Dichter. Mensch, Gott und Jesus in der Literatur des 20. Jahrhunderts, Düsseldorf 1997, S. 359–369.

O. Leirvik, Images of Jesus Christ in Islam. Introduction, Survey of Research, Issues of Dialogue, Uppsala 1999, S. 184–194.

Nagib Machfus
Die Kinder unseres Viertels

Gelächter ertönte, gefolgt von lautem Husten. Higasi wurde von einem wahren Anfall gepackt, so daß sein Gesicht fast die rötliche Farbe des Leims annahm. »Damals«, sagte er keuchend, »ging Gabal zum Stiftungsverwalter, um von ihm Gerechtigkeit und Barmherzigkeit einzufordern. Das einzige, was dieser tat, war, Soklot und dessen Banditen loszuschicken. Wenn Gabals Leute barmherzig gewesen wären und nicht zu den Knüppeln gegriffen hätten, wäre die ganze Familie vernichtet worden.«

Meister Schafii zischte warnend: »He, paßt auf! Die Winde haben

Ohren. Wenn sie euch so sprechen hören, findet ihr niemanden, der für euch noch ein gutes Wort einlegt.«

»Der Mann hat recht«, brummte Hanura. »Ihr seid nichts anderes als haschischsüchtige Maulhelden. Wenn Chonfus jetzt hier vorbeikäme, dann würdet ihr euch ehrfurchtsvoll vor ihm verneigen.« Er drehte sich zu Rifaa um. »Nimm es uns nicht übel, mein Sohn, aber einem Haschischraucher ist nichts verwehrt. Hast du es schon mal probiert, Rifaa?«

Meister Schafii schmunzelte. »Er mag die Haschischrunden nicht. Wenn er auch nur mehr als zwei Züge nimmt, fängt er an zu keuchen oder schläft ein.«

»Was für ein zarter junger Mann er ist!« wunderte sich Farhat laut.

»Einige meinen, er sei ein Teufelsaustreiber, weil er sich von Umm Bichatirha gar nicht mehr trennen kann. Andere sagen, er sei ein Sänger, weil er die alten Geschichten so sehr liebt.«

Higasi grinste. »Und die Haschischrunden haßt er genauso wie die Ehe.«

Barhum rief den Gehilfen des Kaffeehauses herüber, damit er ihnen die Pfeife abnähme. Dann standen die Männer auf, grüßten und gingen ihrer Wege. Meister Schafii ließ die Säge sinken und sah Rifaa vorwurfsvoll an. »Laß dich nicht auf Gespräche mit solchen Leuten ein.«

Vor dem Laden tummelten sich Kinder, spielten und machten Lärm. Rifaa ging um den Tisch herum, nahm seinen Vater an die Hand und zog ihn nach hinten, weit genug, um nicht belauscht werden zu können. Er wirkte aufgeregt und verstört, aber die aufeinandergepreßten Lippen zeugten von Entschlußkraft. Seine Augen glänzten seltsam, so daß Meister Schafii ihn fragend ansah. »Ich kann nicht länger schweigen«, erklärte Rifaa.

Der Vater fühlte schon wieder Ärger in sich aufsteigen. Wie anstrengend war doch dieser Sohn, den er eigentlich sehr liebte. Seine kostbare Zeit verschwendete er im Haus von Umm Bichatirha, und obendrein verbrachte er viele Stunden ganz allein bei Hinds Felsen. Wenn er sich dann für eine Stunde im Laden aufhielt, schaffte er mit seinen Reden nur Probleme. »Bist du vielleicht müde?« fragte Meister Schafii kurz.

Rifaa wirkte jetzt gelassen, alle Unruhe schien von ihm abgefallen zu sein. »Ich kann dir einfach nicht länger verheimlichen, was mich bewegt.«

»Was bewegt dich denn?«

Rifaa trat noch dichter heran. »Nachdem ich gestern um Mitternacht Meister Gawads Haus verlassen hatte, fühlte ich das dringende Bedürfnis, noch ein wenig zu laufen. Also ging ich in die Wüste. Ich lief im Dunkeln umher und wurde müde. Ich suchte mir einen Platz in der Mauer des Großen Hauses, von dem aus ich die Wüste betrachten konnte.« Meister Schafii blickte Rifaa aufmerksam an, als wollte er ihn drängen, endlich weiterzusprechen. »Plötzlich hörte ich eine seltsame Stimme, es war, als spräche jemand mit sich selbst. Mich überkam sofort das überwältigende Gefühl, daß es die Stimme unseres Großvaters Gabalawi sein mußte.«

Meister Schafii starrte seinen Sohn an und murmelte verwirrt: »Die Stimme von Gabalawi? Was hat dich denn auf diese Idee gebracht?«

»Es war nicht einfach eine Idee, Vater«, sprach Rifaa erregt auf ihn ein.

»Ich bin nämlich gleich aufgesprungen und ein paar Schritte vorgetreten, um das Große Haus besser zu sehen, aber da war nichts weiter als stockdunkle Finsternis.«

»Allah sei's gedankt.«

»Geduld, Vater! Denn da sprach die Stimme: ›Als Gabal seine Aufgabe übernahm, tat er dies in bester Absicht. Doch alles ist viel schlimmer geworden, als es zu seiner Zeit war.‹«

Dem Vater schien es, als würde ihn die plötzliche Hitze in der Brust verbrennen. Der Schweiß rann ihm von der Stirn. Mit zitternder Stimme sagte er: »Es haben schon so viele an der Mauer des Großen Hauses gesessen, ohne daß sie solch eine Stimme vernommen hätten!«

»Aber ich, Vater, ich habe sie gehört!«

»Vielleicht hat da jemand im Dunkeln gelesen und vor sich hin gesprochen.«

Rifaa schüttelte abwehrend den Kopf. »Die Stimme kam vom Haus!«

»Wie willst du das wissen?«

»Ich rief: ›Großvater, Gabal ist tot! Andere haben seinen Platz eingenommen! Reiche uns also deine Hand.‹«

»Da kann ich Allah nur bitten, daß dich niemand gehört hat«, stammelte Meister Schafii verwirrt.

»Aber unser Großvater hat mich gehört!« rief Rifaa erregt und mit glänzenden Augen. »Ich hörte ihn sagen: ›Nichts ist verwerflicher, als daß ein junger Mann seinen alten Großvater bittet, tätig zu werden.‹ Da fragte ich: ›Was kann ich denn, schwach, wie ich bin, gegen diese starken Männer, gegen die Wächter, ausrichten?‹ Da sprach er: ›Schwach ist nur der Dummkopf, der das Geheimnis seiner Kraft nicht kennt. Ich aber liebe Dummköpfe nicht.‹«

Meister Schafii war entsetzt. »Meinst du wirklich, daß du mit Gabalawi gesprochen hast?«

»Beim Herrn der Himmel, ja!«

Da stöhnte Meister Schafii auf. Schmerz lag in seiner Stimme, als er sagte: »Solche Wahnvorstellungen bringen immer Unglück mit sich!«

»Glaub mir, Vater, das alles war so, wie ich sagte.«

»Laß mir bitte wenigstens die Hoffnung, daß es vielleicht doch nicht stimmt.«

Rifaas Gesicht leuchtete verklärt, als wäre er im Rausch.

»Ich weiß jetzt, was ich zu tun habe.«

Voller Wut schlug sich der Vater an den Kopf und rief: »Was solltest du denn zu tun haben?«

»Ich weiß es genau. Wenn ich auch schwach bin, so bin ich doch kein Dummkopf. ›Der geliebte Sohn ist es, der zur Tat schreiten muß!‹«

Meister Schafii hatte das Gefühl, als risse ihm die große Säge die Brust auf. »Was du auch tust, es wird Unglück bringen! Du wirst vernichtet werden und wir mit dir!«

Rifaa lächelte still vor sich hin. »Sie bringen nur den um, der die Stiftung antasten will.«

»Und du? Willst du sie etwa nicht antasten?«

»Adham erstrebte ein Leben in reinem, sorgenfreiem Glück, das gleiche wollte auch Gabal. Er hatte ja sein Recht auf die Stiftung nur wegen eines heiteren, unbeschwerten Lebens eingefordert. Seitdem sind wir vom Gedanken beherrscht, daß wir nur dann leichter leben können, wenn das Stiftungsvermögen an alle verteilt wird und jeder mit seinem Anteil etwas Gewinnbringendes tut. Dann erst brauchte niemand mehr mühevoll zu arbeiten, und jeder könnte das Leben genießen. Aber die Stiftung ist eine törichte Sache, wir müssen begreifen, daß wir auch ohne sie glücklich und zufrieden sein können. Jeder, der das wirklich will, kann es schaffen. Es liegt in unserer Hand, von Stund an frei von Not und Armut zu sein.«

Erleichtert atmete Meister Schafii auf. »Hat dir das dein Großvater gesagt?«

»Er hat nur gesagt, daß er Dummköpfe nicht liebt. Der Dummkopf, so sagte er, kennt nicht das Geheimnis seiner Kraft. Ich bin wahrlich der letzte, der wegen der Stiftung zum Kampf aufrufen würde. Die Stiftung, Vater, bedeutet überhaupt nichts. Worum es wirklich geht, das ist das Glück eines heiteren, zufriedenen Lebens. Aber den Weg zu diesem Glück versperren uns die Dämonen, die tief in unserem Innern schlummern. Es war also nicht vergeblich, daß ich mich so eifrig mit der Geisterheilkunde beschäftigt habe und mich jetzt gut darauf verstehe. Vielleicht war es der Wille des Herrn der Himmel, der mich zu diesem Handwerk trieb.«

Entspannt ließ sich Meister Schafii auf einem Haufen Sägespäne nieder und streckte die Beine von sich. Nach all der Aufregung fühlte er sich erschöpft. Den Rücken bequem an einen noch zu reparierenden Fensterladen gelehnt, blickte er listig seinen Sohn an und fragte: »Und warum haben wir dieses Leben in Reichtum nicht erreicht, obwohl wir schon lange vor deiner Geburt Umm Bichatirha bei uns hatten?«

Rifaas Antwort kam ganz sicher. »Weil sie immer nur darauf wartete, daß die wohlhabenden Kranken zu ihr kamen. Nie ging sie von sich aus zu den Armen.«

Meister Schafii ließ den Blick schweifen. »Sieh dir doch an, wie gut wir jetzt von unseren Aufträgen leben. Was aber wird auf uns zukommen, wenn du dich mit ganz anderen Dingen beschäftigst?«

»Nur Gutes, Vater«, antwortete Rifaa frohlockend. »Wenn Kranke geheilt werden, dann leiden nur die Dämonen darunter.«

Leuchtender Glanz breitete sich im Laden aus, denn der Spiegel eines an der Tür stehenden Schrankes bündelte die Strahlen der sich neigenden Sonne. [...]

Ganz in Schwarz gehüllt, verließ Jasmina das Gehöft. In den Ohren tönten ihr noch Abdas Abschiedsworte: »Auf Wiedersehen, meine Tochter, der Herr behüte und beschütze dich. Du bist für Rifaa verantwortlich. Ich werde Tag und Nacht für euch beide beten.«

Langsam senkte sich die Nacht herab. In den Kaffeehäusern waren die Lampen angezündet, und die Kinder spielten im verstreuten Licht der Laternen an den Handkarren. Zwischen Hunden und

Katzen brachen, wie immer um diese Zeit, erbitterte Kämpfe um die Müllhaufen aus. Jasmina ging in Richtung Gamalija. In ihrem liebenden Herz war kein Platz für Mitleid. Wenn sie auch nicht zauderte, so war sie doch von der Furcht erfüllt, daß viele Augen sie beobachten könnten. Erst als sie von ad-Darrasa in Richtung Wüste lief, wurde sie etwas ruhiger. Dann endlich war sie in Bajumis Gartenhaus angelangt und fühlte sich endgültig sicher. Als sie den Schleier vom Gesicht nahm, sah er sie besorgt an. »Hast du Angst gehabt?«

Sie atmete heftig. »Ja.«

»Aber nein! Du bist doch nicht feige. Erzähl mir, was du hast.«

»Sie sind über die Dächer zu Karims Haus geflohen«, flüsterte sie leise. »Sie werden bei Morgengrauen das Viertel verlassen.«

»So, so. Bei Morgengrauen, diese Hundsfötter!«

»Die anderen haben ihn überzeugt, daß es besser ist zu verschwinden. Warum solltest du ihn also nicht gehen lassen?«

Bajumi grinste. »Gabal war damals auch gegangen und kam wieder. Dieses Fliegengeschmeiß verdient es nicht zu leben!«

Zerstreut sagte sie: »Er hing nicht am Leben, aber den Tod hat er nicht verdient.«

Bajumi verzog angeekelt den Mund. »Wir haben im Viertel schon genug Verrückte.« Jasmina sah ihn hilfebittend an, dann senkte sie den Blick und flüsterte leise, als spräche sie zu sich selbst: »Er hat mir einmal das Leben gerettet.«

Bajumi lachte höhnisch. »Und nun bist du hier, um ihn dem Untergang preiszugeben! Wie du mir, so ich dir. Der, der angefangen hat, ist eben der größere Übeltäter.«

Unruhe erfaßte sie, die beinahe körperlich weh tat. Vorwurfsvoll sah sie ihn an: »Ich habe getan, was ich tun mußte, denn du bist mir teurer als mein Leben.«

Zärtlich streichelte er ihre Wange. »Es wird bald einfacher für uns. Aber wenn dir alles zu schwer ist, dann hast du hier im Haus einen Platz.«

Ihre Stimmung wurde sichtlich besser. »Wenn mir jemand das Haus des Stifters anbieten würde, du aber nicht da wärst, dann würde ich ablehnen«, erklärte sie froh.

»Du bist ein treues Mädchen.«

Bei dem Wort ›treu‹ zuckte sie zusammen und fühlte sich vor lauter Unruhe wieder krank. Ob er sich über sie lustig machte? Die Zeit reichte nicht für ein längeres Gespräch. Jasmina stand auf, und auch er erhob sich, um sie zu verabschieden. Vorsichtig schlich sie aus dem Garten.

Als sie bei ihrem Mann und seinen Freunden ankam, wurde sie schon von ihnen erwartet. Sie setzte sich neben Rifaa und sagte: »Unser Haus wird überwacht. Es war klug von deiner Mutter, die Lampe am Fenster brennen zu lassen. Wenn ihr bei Morgengrauen flieht, wird es leicht sein.«

Saki sah, daß Rifaa traurig war. »Schau nur, wie bekümmert er ist«, sagte er zu Jasmina. »Als ob es nicht überall Kranke gäbe. Brauchen denn all die anderen nicht auch Heilung?«

»Am meisten bedürfen jene Menschen der Heilmittel, bei denen die Krankheit am verheerendsten ist«, antwortete Rifaa. Jasmina sah ihn mitleidig an. Sie fand, daß es ein großes Unrecht wäre, ihn umzubringen. Wenn er doch nur eine einzige Eigenschaft hätte, die seine Bestrafung rechtfertigte. Dann dachte sie daran, daß er der einzige Mensch auf dieser Welt war, der sie gut behandelt hatte. Als Entgelt sollte er dafür nun sterben. Aber im nächsten Augenblick verfluchte sie schon diese Gedanken, schließlich konnte der, der immer nur Gutes erlebt hatte, auch Gutes tun. Als sie merkte, daß er sie ansah, tat sie, als empfinde sie Mitleid: »Dein Leben ist viel mehr wert als unser verfluchtes Viertel.«

Rifaa lächelte. »So sagst du, aber in deinen Augen lese ich, daß du Kummer hast.«

Jasmina fuhr vor Schreck zusammen. Wehe nur, sagte sie sich, wenn er in den Augen der Menschen genausogut lesen kann, wie er böse Geister aus den Seelen vertreibt. »Ich bin nicht traurig, aber ich habe Angst um dich«, erklärte sie.

Karim stand auf. »Ich werde uns Abendbrot machen.« Wenig später kam er mit einem Tablett herein und bat alle, sich zu setzen. Das Abendessen bestand aus Brot, Käse, Molke, Gurken und Rettich. Auch ein Krug mit Bier stand auf dem Tablett. Karim füllte die Gläser und sagte: »In dieser Nacht brauchen wir Wärme und Ermutigung.« Sie tranken.

Rifaa setzte das Glas ab und sagte lächelnd: »Bier und Wein stacheln die Dämonen an. Aber denjenigen, der von ihnen befreit ist, beleben diese Getränke.« Bedeutungsvoll sah er Jasmina an, und sie verstand. »Morgen kannst du mich von ihnen erlösen, wenn Allah uns so lange leben läßt«, sagte sie.

Rifaa strahlte vor Freude, und die Freunde beglückwünschten sich gegenseitig. Fröhlich aßen sie weiter. Das Brot war gebrochen, die Hände begegneten sich über den Tellern. Es war, als hätten sie vergessen, daß der Tod sie umgab. Da sagte Rifaa plötzlich: »Der Herr der Stiftung wollte, daß seine Kinder wie er seien. Aber sie schlugen es aus und wollten nichts anderes, als den bösen Geistern ähnlich sein. Sie sind dumm, und die Dummen liebt er nicht, wie er mir sagte.«

Karim nickte bedauernd. Nachdem er einen Bissen gegessen hatte, sagte er: »Wenn er noch etwas von seiner alten Kraft hätte, dann würde alles nach seinem Gefallen geschehen.«

»Wenn, wenn, wenn...«, unterbrach ihn Ali verbittert. »Was haben wir schon von diesem Wenn! An uns liegt es, etwas zu tun!«

»Wir waren ja nicht untätig«, erwiderte Rifaa. »Wir haben die Dämonen ohne jede Nachsicht vertrieben, und immer wenn ein Geist eine Leere hinterließ, dann hat sich dort die Liebe eingenistet. Kein anderes Ziel darf es geben.«

Saki seufzte bedauernd: »Wenn sie uns nur weiterarbeiten ließen, würden wir das ganze Viertel mit Gesundheit, Liebe und Frieden erfüllen.«

»Ich wundere mich nur«, sagte Ali vorwurfsvoll, »daß wir fliehen wollen, wo wir so viele Freunde hier haben.«

Rifaa sah ihn lächelnd an. »Ein letzter Rest deines Dämons scheint in deinem Leib noch immer sein Unwesen zu treiben. Vergiß nicht, daß unsere Aufgabe das Heilen, nicht aber das Töten ist. Es ist für einen Menschen besser, getötet zu werden, als selbst zu töten.« Plötzlich wandte er sich an Jasmina: »Du ißt ja gar nicht und hörst auch nicht zu.«

Ihr Herz pochte vor Angst, aber sie zwang sich, sie zu überwinden. »Ich bewundere euch, weil ihr lustig plaudert, als würdet ihr bei einer Hochzeit sitzen.«

»Du wirst diese Fröhlichkeit auch kennenlernen und dich an sie gewöhnen, wenn du morgen von deinem Dämon befreit bist.« Er schaute seine Brüder an. »Einige von euch schämen sich wegen dieser versöhnlichen Haltung. Wir sind eben Kinder unseres Viertels, und dort wird nur die Stärke geachtet. Aber Stärke muß nicht immer rohe Gewalt sein. Es ist zehnmal schwieriger, sich den Dämonen entgegenzustellen, als Schwächere anzugreifen oder den Kampf mit den Wächtern aufzunehmen.«

»Der Lohn für all das Gute, das wir getan haben, ist diese unglückliche Lage, in der wir uns jetzt befinden«, sagte Ali bedauernd.

»Dieser Kampf wird nicht so enden, wie sie es sich vorstellen«, erwiderte Rifaa entschlossen. »Wir sind nicht so schwach, wie sie denken. Wir haben nur den Kampfplatz verändert, und das erfordert von uns noch mehr Mut und noch größere Kraft.«

Die Freunde aßen weiter und dachten über seine Worte nach. Rifaa wirkte völlig ruhig und ausgeglichen. Es ging von ihm ebensoviel Kraft aus wie Güte und Sanftmut. Inmitten des Schweigens konnten sie plötzlich die Stimme des Sängers aus ihrem Straßenteil vernehmen, der gerade von Adham berichtete: »Eines Tages hatte er sich mittags in der Watawit-Gasse hingehockt, um sich ein wenig auszuruhen, und war eingenickt. Als er durch eine Bewegung wach wurde, sah er, wie ein paar junge Burschen seinen Karren stehlen wollten. Erschreckt sprang er auf. Einer der Jungen bemerkte das und warnte die anderen durch grelles Pfeifen. Dann stieß er den Karren um, damit Adham davon abgehalten wurde, sie zu verfolgen. Die Gurken purzelten herunter, und die Jungen stoben auseinander wie ein Heuschreckenschwarm. Adham war so wütend, daß er trotz seiner Wohlerzogenheit die wildesten Flüche ausstieß. Dann hockte er sich auf die Erde und sammelte die Gurken auf, die voller Schmutz waren. Das machte ihn noch wütender, und weil er nicht wußte, wie er seinem Ärger Luft machen sollte, schimpfte er los: ›Warum ist dein Zorn wie Feuer und brennt alles erbarmungslos nieder? Warum liebst du deinen Stolz nicht als dein eigen Fleisch und Blut? Wie kannst du ein Leben in Hülle und Fülle führen, obwohl du doch weißt, daß auf uns wie auf Würmern herumgetreten wird? Gnade, Sanftmut und Güte haben in deinem Großen Haus, du allgewaltiger Riese, keinen Platz!‹ Gerade als er den Karren anheben wollte, um diese verfluchte Gasse zu verlassen, fragte hinter ihm jemand spöttisch: »Wie teuer sind denn heute die Gurken?« Er drehte sich um und sah Idris, der grinsend vor ihm stand...

Der Schrei einer Frau übertönte plötzlich den Sänger. »Ein Kind ist verlorengegangen! Oh, ihr Leute, ein Junge ist verschwunden!«

Die Zeit verging langsam. Die Freunde unterhielten sich, während Jasmina Qualen litt. Husain wollte gern einen Blick hinaus aufs Viertel werfen, aber Karim hinderte ihn daran, weil ihn jemand sehen und sich über das, was da vor sich ging, wundern könnte.

Saki überlegte laut, ob die Wächter schon Rifaas Haus überfallen hätten, aber der meinte, daß außer den Klängen der Rabab und dem Geschrei der Kinder bisher nichts zu hören gewesen war. Das Viertel ging seinem alltäglichen Leben nach, nichts wies darauf hin, daß insgeheim ein Verbrechen vorbereitet wurde. In Jasminas Kopf jagte ein Gedanke den anderen, schon fürchtete sie, ihre Augen könnten verraten, unter welcher Bedrängnis sie litt. Sie hatte nur noch den Wunsch, daß ihr Leiden, gleichgültig wie und zu welchem Preis, endlich ein Ende hätte. Am liebsten würde sie trinken, um alles um sich herum vergessen zu können. Sie sagte sich immer wieder, daß sie nicht die erste Frau in Bajumis Leben sei und auch nicht die letzte sein würde. Ein Haufen Müll zieht ja auch Massen von herumstreunenden Hunden an. Diese Qual sollte endlich um jeden Preis ein Ende finden.

Je weiter die Zeit voranschritt, desto ruhiger wurde es allmählich. Verstummt waren das Geschrei der Kinder und die Rufe der Verkäufer. Nur das Klagen der Rabab war noch zu hören. Auf einmal wurde Jasmina von jähem Haß auf diese Männer gepackt, einfach deshalb, weil sie in ihnen den Grund für ihre Qualen sah.

»Soll ich das Kohlebecken für die Pfeife vorbereiten?« fragte Karim. Aber Rifaa wehrte entschieden ab. »Wir müssen klar denken können.«

»Ich dachte, daß uns das hilft, die Zeit besser zu überstehen.«

»Du bist ein wenig zu ängstlich.«

Karim wollte den Vorwurf nicht auf sich sitzen lassen. »Es gibt doch gar keinen Grund dafür. Warum sollte ich also?«

Das stimmte, denn nichts ereignete sich, auch Rifaas Haus war noch nicht gestürmt worden. Jetzt war der Gesang verklungen, die Sänger gingen nach Hause. Schön hörte man, wie Türen abgeschlossen wurden, und nur noch hier und da drangen Fetzen eines Gesprächs in die Nacht, gefolgt von vereinzeltem Lachen und Husten. Dann herrschte Stille.

Die Freunde warteten bis zum ersten Hahnenschrei. Saki stand auf, ging zum Fenster und schaute auf die Straße hinunter. Als er sich wieder umdrehte, sagte er: »Alles ist ruhig und leer. Das Viertel sieht aus wie an jenem Tag, an dem Idris als Verstoßener hierherkam.«

»Also ist es Zeit zu gehen!« erklärte Karim.

Jasmina war von Entsetzen gepackt. Was würde aus ihr werden, wenn sich Bajumi verspätete oder es sich anders überlegt hatte?

Die Männer erhoben sich und griffen nach ihren Bündeln. »Lebe wohl, höllisches Viertel!« sagte Husain. Er ging als erster. Rifaa drängte Jasmina behutsam, ihm zu folgen. Er legte ihr beide Hände auf die Schultern, als fürchtete er, sie im Dunkeln zu verlieren. Dann kam Karim, dann Ali und zuletzt Saki. Einer nach dem anderen schlichen sie zur Tür hinaus und erklommen vorsichtig die Treppe, wobei sie sich am Geländer festhielten, um in der stockfinsteren Nacht nicht zu stolpern. Oben auf dem Dach war es heller, obwohl kein einziger Stern am Himmel stand. Der Mond versteckte sich hinter einer Wolke, aber ein wenig Licht drang doch hervor und ließ die sich jagenden Wolken erkennen.

»Die Dächer gehen fast ineinander über«, flüsterte Ali. »Wenn Jasmina will, helfen wir ihr.« Als Saki oben auf dem Dach angekommen war, merkte er, daß sich hinter ihm etwas bewegte. Er drehte sich zur Dachtür und sah vier Schatten. Überrascht fragte er: »Wer ist da?« Die anderen blieben wie festgenagelt stehen und drehten sich ebenfalls um. Plötzlich hörten sie Bajumi sagen: »Bleibt stehen, ihr Hundesöhne«

Gabir, Chaled und Handusa verteilten sich nach links und rechts. Jasmina stieß einen kurzen Schrei aus, entschlüpfte der Hand von Rifaa und lief zur Dachtür zurück. Keiner der Wächter stellte sich ihr in den Weg. »Die Frau hat dich verraten!« rief Ali verstört. Im nächsten Augenblick waren sie umzingelt, und Bajumi stellte sich ganz dicht vor sie hin, um sich in aller Ruhe einen nach dem anderen zu betrachten. »Wo ist dieser Teufelsaustreiber?« fragte er. Dann erkannte er Rifaa, packte ihn mit eisernem Griff bei der Schulter und fragte hämisch grinsend: »Wo wolltest du denn hin, du Freund von bösen Geistern?«

Niedergeschlagen antwortete Rifaa: »Unsere Gegenwart schien dich belästigt zu haben, und da hatten wir es vorgezogen wegzugehen.«

Bajumi lachte höhnisch auf und wandte sich an Karim. »Und du fandest es also richtig, sie in deinem Haus zu verstecken?« Karim lief vor Schreck der Speichel im Mund zusammen, er zitterte vor Aufregung. »Ich habe gar nicht gewußt, daß du mit ihnen Streit hast!« Bajumi schlug mit der freien Hand so hart zu, daß Karim niederfiel. Plötzlich sprang dieser aber auf und lief in panischer Angst zum Dach des Nachbargehöfts. Husain und Saki rannten hinterher. Handusa griff sich Ali, trat ihm mit aller Gewalt in den Bauch, so daß er zu Boden ging und vor Schmerz aufschrie. Gabir und Chaled wollten den Entflohenen hinterherlaufen, aber Bajumi winkte verächtlich ab. »Die sind keine Gefahr für uns. Sie wissen genau, daß sie über diese Angelegenheit kein Sterbenswörtchen verlieren dürfen, weil wir sie sonst umbringen.«

Rifaa beugte vor Schmerz den Kopf auf die Seite, wo Bajumis Hand lag. »Sie haben nichts getan, wofür sie Strafe verdienten«, sagte er. Bajumi schlug ihm ins Gesicht und fragte höhnisch: »Na, sag schon, haben sie nicht auch Gabalawis Stimme gehört, so wie du?« Er stieß ihn vor sich her. »Du gehst voran, und halte ja den Mund!« befahl er.

Rifaa ergab sich in sein Schicksal. Vorsichtig stieg er die dunkle Treppe hinunter, gefolgt von den Wächtern mit ihren schweren Schritten. Von Finsternis und Ratlosigkeit überwältigt und in Erwartung dessen, was auf ihn zukam, konnte er kaum daran denken, wer von den Freunden zu fliehen vermochte und wer sie verraten hatte. Es hatte sich eine solche tiefe, wehmütige Trauer über ihn gesenkt, daß er beinahe keine Angst mehr verspürte. Ihm schien, als legte sich nun Finsternis auf die ganze Welt.

Unten angekommen, schritten sie durch den Straßenteil, in dem es dank seiner Hilfe keinen kranken Menschen mehr gab. Handusa ging voraus. Er schlug die Richtung des Gabalschen Straßenteils ein. Als sie am verschlossenen Haus des Sieges vorbeikamen, war es Rifaa, als hörte er seine Eltern atmen. Für einen Augenblick fragte er sich, wie es ihnen wohl ginge. Fast glaubte er, in der Stille der Nacht Abdas Schluchzen zu vernehmen. Wieder befiel ihn das Gefühl der Hoffnungslosigkeit. Er verspürte Angst. Die Häuser der Gabalfamilie erhoben sich vor ihm wie die Schatten gespenstischer Riesen, umhüllt von Finsternis. Wie dunkel hier alles war, und wie tief die Menschen hier schliefen! Nur die Schritte der Henkersknechte zerrissen die Stille der dunklen Nacht, und das Knarren ihrer Stiefel klang wie das Gelächter von Teufeln, die im Dunkeln ihre Späße trieben.

Handusa führte sie in Richtung Wüste. Als sie an der Mauer des Großen Hauses vorbeigingen, hob Rifaa den Kopf. Schwarz wie der Himmel stand es da. Am Ende der Mauer tauchte eine Gestalt aus dem Dunkel auf. »Meister Chonfus?« fragte Handusa. »Ja.« Er schloß sich schweigend den Männern an. Rifaa sah noch immer zum Großen Haus hinüber. Ob sein Großvater wußte, wie es ihm jetzt erging? Ein Wort von ihm genügte, um ihn, Rifaa, aus den Klauen dieser Tyrannen zu erretten und ihren Anschlag von ihm abzuwenden. Gabalawi könnte sie, wie ihn damals an dieser Stelle, seine Stimme hören lassen. Gabal hatte sich auch einmal in solch einer ausweglosen Situation befunden und wurde gerettet und hatte schließlich gesiegt. Aber jetzt war nichts zu hören außer den Schritten dieser Rohlinge und ihrem Atem. Als sie die Wüste erreicht hatten, wurde das Laufen im Sand immer beschwerlicher, und sie kamen nur langsam voran. Rifaa fühlte sich hier plötzlich fremd. Nun fiel ihm wieder ein, daß seine Frau ihn verraten hatte und die Gefährten durch Flucht entkommen waren. Noch einmal wollte er das Große Haus sehen, und so wandte er sich um. Da stieß ihn Bajumi in den Rücken, und er fiel hin. Bajumi hob den Knüppel und rief: »Meister Chonfus?«

Den Stock schwingend, rief der zurück: »Mit dir verbunden, Meister, bis zum Ende!« Rifaa richtete sich auf und fragte verzweifelt: »Warum wollt ihr meinen Tod?«

Bajumis Stock sauste mit aller Kraft auf Rifaas Kopf nieder. Rifaa schrie laut auf und rief aus vollster Seele: »O Gabalawi!« Da traf ihn auch schon der Stock von Chonfus am Hals. Dumpf prasselten die Schläge auf ihn nieder. Dann war es still. Nur Röcheln war zu hören.

Unter Aufbietung aller Kraft arbeiteten die Hände der Wächter emsig daran, im Dunkeln eine Grube auszuheben.

Die Mörder verließen die Stelle und gingen zurück ins Viertel. Wenig später hatte die Dunkelheit sie aufgenommen. Da zeigten sich plötzlich die Umrisse von vier Menschen, die unweit vom Ort des Verbrechens standen. Stöhnen und unterdrücktes Weinen verlor sich in der Stille, bis jäh ein Schrei sich löste: »Ihr Feiglinge! Habt mich festgehalten, bis ich fast von Sinnen war, und er mußte sterben, ohne daß ihn jemand verteidigte!«

Einer der anderen sagte: »Hätten wir auf dich gehört, dann wären wir jetzt alle tot, und zwar ohne ihn retten zu können.«

Ali war in seinem maßlosen Zorn nicht zu bändigen. »Ihr Feiglinge! Was seid ihr doch für erbärmliche Feiglinge!«

Mit weinerlicher Stimme sagte Karim: »Verliert die Zeit nicht mit Reden. Vor uns liegt eine schwierige Arbeit, die wir vollbracht haben müssen, bevor der Morgen kommt.«

Mit Tränen in den Augen sah Husain zum Himmel auf und stammelte leise: »Der Morgen wird bald dämmern, beeilen wir uns also.«

Saki stöhnte: »Die Zeit war so kurz, daß es mir wie ein Traum vorkommt. Wir haben das Beste verloren, das wir je gekannt haben.«

Ali biß sich auf die Lippen und murmelte leise, als er zur Stelle des Verbrechens ging: »Ihr Feiglinge!« Die anderen schlossen sich ihm an. Dort angekommen, knieten sie im Halbkreis nieder und begannen, die Erde vorsichtig abzutasten. Karim rief plötzlich wie von einem Skorpion gebissen: »Hier ist es!« Er roch an seiner Hand und fügte hinzu: »Das ist sein Blut«.

»In diesem weichen Sand haben sie ihn also vergraben!« rief Saki. Sie gingen daran, die Erde mit den Händen abzutragen. Niemand auf der Welt war so verzweifelt wie sie, denn sie hatten verloren, was ihnen das Teuerste war, und hatten untätig zusehen müssen, wie er erschlagen wurde. Als hätte er für einen Moment den Verstand verloren, sagte Karim einfältig: »Vielleicht ist er noch am Leben, wenn wir ihn finden!«

Ali, der verbissen mit den Händen weiterschaufelte, schnaubte verdrossen: »Hör sich einer an, was diese Feiglinge ausspinnen.«

Der Geruch von Blut und Sand stieg ihnen in die Nase. Vom Berg scholl das Heulen eines Hundes herüber. Ali rief plötzlich besorgt: »Langsam, langsam! Hier scheint sein Körper zu sein.«

Die Männer erschraken. Vorsichtig glitten ihre Hände durch den Sand, bis sie traurig ein Stück seines Gewandes berührten. Sie brachen in Weinen aus. Nachdem sie den Leichnam vom Sand befreit hatten, hoben sie ihn behutsam heraus. Schon krähten in den Gassen der Viertel die Hähne. Als Ali merkte, daß die anderen hastig aufbrechen wollten, erklärte er ihnen, daß sie zuerst die Grube wieder mit Sand auffüllen mußten. Nachdem das getan war, legte Karim seinen Gilbab ab und breitete ihn auf dem Boden aus, damit sie den Leichnam darauf legen konnten. Mit Husains Gilbab deckten sie ihn zu und brachen in Richtung Haus des Sieges auf. Über dem Berg lag schon der erste Schein des Morgens, das weichende Dunkel ließ Wolken erkennen. Tau und Tränen machten die Gesichter der Männer feucht. Husain zeigte den Gefährten, wo die Grabstelle seiner Familie lag. Als sie dort angekommen waren, öffneten sie schweigend das Grab. Morgenlicht breitete sich aus, und sie sahen nun den bedeckten Toten, ihre blutigen Hände und ihre vom Weinen geröteten Augen. Sie hoben den Leichnam und legten ihn ins Grab. Demutsvoll verharrten sie. Ein jeder bemühte sich, seine Tränen vor den anderen zu verbergen. Karim setzte zum Sprechen an, die Worte schienen ihn fast zu ersticken.

»Dein Leben war ein kurzer Traum, aber es hat unsere Herzen mit Liebe und Reinheit erfüllt. Niemals hätten wir geglaubt, daß du uns so schnell verlassen wirst. Nie hätten wir gedacht, daß einer dich töten würde – eines der Kinder unseres ungläubigen Viertels, das du so sehr geliebt hast und heilen wolltest. Unser Viertel, das nichts anderes im Sinn hat, als Liebe, Barmherzigkeit und Heilung zu zerstören, diese lauteren Wünsche, deren Verkörperung du warst. So hat denn das Viertel selbst den Fluch für ewige Zeiten auf sich geladen!«

Saki schluchzte laut auf. »Warum müssen immer die guten Menschen gehen? Warum bleiben immer die Bösen übrig?«

Und Husain stöhnte: »Wenn unsere Herzen nicht voll Liebe zu dir erfüllt wären, dann würden wir die Menschen von heute an nur noch hassen.«

Da aber sagte Ali: »Unsere Seelen werden nicht eher Frieden finden, bevor wir nicht unsere Feigheit wiedergutgemacht haben.«

Als sie die Grabstelle verließen und in die Wüste aufbrachen, hatte sich der Himmel mit dem Rot der Rose gefärbt.

Keiner der vier Gefährten kehrte ins Gabalawi-Viertel zurück. Ihre Familien glaubten, daß sie mit Rifaa geflohen waren, um einem Anschlag der Wächterbande zu entgehen. Die vier Freunde aber lebten am Rande der Wüste. Ihre Stimmung war bedrückt und angespannt, rangen sie doch mit aller Kraft darum, dem beklemmenden Schmerz voll Trauer und Reue standzuhalten. Die Trennung von Rifaa war für sie schlimmer, als es ihr eigener Tod hätte sein können. Daß sie ihn missen mußten, bedeutete für sie eine immerwährende mörderische Qual. Ihnen war keine andere Hoffnung geblieben als die, seinem Tod durch die Weitervermittlung seiner Botschaft zu trotzen und seine Mörder der gerechten Strafe zuzuführen. Ali war dazu von Anfang an entschlossen. Sicher, ins Viertel konnten sie nicht mehr zurück. Aber sie hofften darauf, daß sie anderswo zu all denen sprechen könnten, die sie hören wollten.

Eines Morgens schreckte ein Schrei von Abda die Bewohner des

Hauses des Sieges aus dem Schlaf. Eiligst kamen die Nachbarn herbei, um zu wissen, was geschehen sei. Mit heiserer Stimme rief Abda: »Mein Sohn Rifaa ist tot!«

Alle starrten sprachlos Meister Schafii an. Er wischte sich die Tränen und sagte: »Die Wächter haben ihn in der Wüste ermordet.«

Abda brach wieder in lautes Klagen aus. »Mein Sohn, mein armer Sohn! Nie hat er etwas Böses getan!«

Jemand fragte: »Weiß denn unser Wächter Chonfus davon?«

»Chonfus war doch einer der Mörder!« erwiderte Meister Schafii aufgebracht.

»Jasmina hat ihn verraten, sie hat ihn zu ihm geführt!« klagte Abda. Die Leute sahen sich voller Abscheu an. »Deshalb wohnt sie jetzt also bei ihm, nachdem ihn seine Frau verlassen hat!« rief einer empört.

Die Nachricht verbreitete sich schnell im Viertel. So dauerte es auch nicht lange, bis Chonfus zu Meister Schafii kam. »Bist du verrückt geworden, Mann?« schrie er ihn an. »Was erzählst du da über mich?«

Schafii ließ sich nicht einschüchtern, sondern erwiderte schroff: »Du warst dabei, als er getötet wurde, obwohl du als unser Wächter ihn doch hättest beschützen müssen!«

Chonfus tat, als wäre er entrüstet: »Du mußt verrückt sein, Schafii! Du weißt ja nicht, was du sagst. Ich werde lieber gehen, damit ich nicht noch gezwungen bin, dich zu bestrafen.« Er verließ das Gehöft und schäumte innerlich vor Wut.

Die Nachricht erreichte auch den Teil des Viertels, in dem Rifaa zuletzt gewohnt hatte. Die Menschen waren bestürzt, Groll kam auf, und Klagerufe und Weinen erhoben sich. Angesichts der bedrohlichen Lage zeigten sich die Wächter jetzt unentwegt in den Straßen. Mit fester Hand umklammerten sie die Knüppel, und ihre Augen funkelten bösartig.

Schon bald wußten die Leute etwas Neues zu berichten: Westlich von Hinds Felsen wäre der Sand befleckt vom Blute Rifaas. Meister Schafii machte sich mit seinen engsten Freunden auf den Weg, suchte aber vergeblich nach dem Leichnam. Sie konnten nichts entdecken. Aber die Unruhe ließ nicht nach, die Menschen redeten aufgeregt durcheinander, ein Gerücht jagte das andere, und viele sprachen laut von ihrer Befürchtung, daß im Viertel noch Schlimmes geschehen würde. Die Menschen in Rifaas Straßenteil stellten sich die Frage, was denn Rifaa eigentlich getan habe, um mit dem Tod bestraft zu werden. Die Gabalfamilie begann darüber nachzudenken, warum Rifaa tot war, Jasmina aber im Haus von Bajumi lebte. Die Wächter schlichen des Nachts heimlich zu der Stelle, an der Rifaa getötet worden war. Beim Licht einer Laterne hoben sie den Sand dort ab, wo sie ihn vergraben hatten. Vom Leichnam keine Spur. »Ob Schafii ihn weggeschleppt hat?« fragte Bajumi.

»Nein, er hat nichts gefunden. Das haben mir meine Spione berichtet«, antwortete Chonfus.

Bajumi stampfte wütend mit dem Fuß auf. »Dann müssen das seine Freunde gewesen sein! Es war ein Fehler, sie entkommen zu lassen! Jetzt fangen sie an, uns hinterrücks zu bekämpfen!«

Auf dem Rückweg flüsterte Chonfus Bajumi ins Ohr: »Wenn du, Meister, Jasmina noch länger bei dir behältst, kann uns das Ärger einbringen.«

»Keineswegs!« erwiderte Bajumi grob. »Du bist nur zu schwach in deinem Wohnteil.«

Verärgert ging Chonfus weg. Die Lage wurde sowohl im Gabaltal als auch im Rifaateil zusehends schwieriger. Immer häufiger wurden die empörten Bewohner von den Wächtern tätlich angegriffen. Angst und Schrecken herrschten in den Straßen des Viertels, so daß die Menschen ihre Häuser nur noch verließen, wenn es unbedingt notwendig war.

Eines Nachts, als Bajumi in Schaldams Kaffeehaus saß, schlichen einige Männer aus der Familie seiner Frau in sein Haus, um Jasmina zu überfallen. Jasmina aber hatte sie bemerkt und floh, bekleidet mit einem Gilbab, in die Wüste. Die Männer rannten hinterher. Sie eilte durch die Nacht wie eine Wahnsinnige. Ja, sie lief sogar noch weiter, als die Männer die Verfolgung schon aufgegeben hatten. Außer Atem blieb sie stehen. Sie warf den Kopf zurück, schloß die Augen und keuchte heftig. Nach einer Weile ging ihr Atem wieder ruhiger. Sie sah sich um, niemand war ihr gefolgt. Vor dem Gedanken, jetzt in der Nacht ins Viertel zurückzukehren, scheute sie zurück. Sie blickte wieder nach vorn und sah in der Ferne einen schwachen Lichtschein. Von der Hoffnung erfüllt, dort eine Hütte zu finden, in der sie bis zum Morgen unterschlüpfen konnte, machte sie sich auf den Weg. Es war weiter, als sie gedacht hatte. Bei der Hütte angekommen, ging sie zur Tür und machte sich durch Rufe bemerkbar. Als ihr geöffnet wurde, war sie wie vom Schlag getroffen. Vor ihr standen die engsten Freunde ihres Mannes – Ali, Saki, Husain und Karim.

Jasmina stand wie festgenagelt da, ihr Blick ging unruhig von einem zum anderen. Die Männer kamen ihr wie eine Mauer vor, die sich, wenn man in einem Alptraum verfolgt wird, plötzlich vor einem aufrichtet. Voller Abscheu sahen die vier sie an. Alis Blick glänzte vor eiserner Härte. Unwillkürlich rief Jasmina: »Ich bin unschuldig! Beim Herrn der Himmel, ich bin wirklich unschuldig. Ich bin doch mit euch zusammen losgegangen, und als sie uns überfielen, bin ich genau wie ihr geflohen.«
Die Gesichter blieben finster. »Woher willst du denn wissen, daß wir geflohen sind?« fuhr Ali sie mit kalter Wut an.
Als sie antwortete, zitterte ihre Stimme. »Wenn ihr nicht geflohen wärt, würdet ihr jetzt nicht mehr leben. Ich bin unschuldig! Ich habe nichts anderes getan, als auch zu fliehen!«
Ali knirschte mit den Zähnen. »Du bist zu deinem Herrn Bajumi geflohen!«
»Nein! Niemals! Laßt mich nun gehen. Ich bin unschuldig.«
Ali schrie auf: »In den Schlund der Erde wirst du gehen!«
Jasmina wollte weglaufen, aber Ali sprang hinzu und packte sie bei den Schultern. Sie brüllte los: »Laß mich frei um seines Gedenkens willen! Er hat weder das Töten noch Menschen, die töten, geliebt!«
Mit beiden Händen umklammerte er ihren Hals. Aber Karim sagte plötzlich: »Warte, wir müssen erst einmal darüber nachdenken.«
Ali schrie: »Seid ruhig, ihr Feiglinge!« Er packte noch fester zu und legte in den Griff die ganze Kraft der in ihm tobenden Gefühle – Zorn, Haß, Schmerz und Reue. Wieder versuchte sie zu entkommen, vergeblich. Sie griff nach seinem Arm, trat ihn mit den Füßen, schüttelte wie wild den Kopf. Es nützte nichts. Ihre Kraft ließ nach, ihre Augen quollen hervor, und plötzlich schoß Blut aus ihrer Nase. Sie begann zu taumeln, und alles war aus. Ihr Körper glitt Ali aus den Händen, tot fiel sie vor seine Füße.
Am Morgen des nächsten Tages wurde Jasminas Leiche vor Bajumis Haus gefunden. Schnell wie ein Sandsturm verbreitete sich die Neuigkeit. Männer und Frauen liefen zu Bajumis Haus. Lärmendes Geschrei erhob sich, die unterschiedlichsten Meinungen waren zu

hören. Welche Gefühle die Leute wirklich bewegten, sagten sie nicht. Mit einemmal ging die Tür auf, und Bajumi schoß wie ein rasender Stier aus dem Haus. Er schlug auf jeden ein, der ihm zufällig im Weg stand. Erschrocken stürmten die Menschen auseinander und flüchteten sich in die Gehöfte und Kaffeehäuser. Bajumi stand ganz allein im leeren Viertel und schimpfte, fluchte und drohte. Er hieb in die Luft, schlug auf die Mauer und den Boden ein.

Am selben Tag noch verließen Meister Schafii und seine Frau das Viertel. Es schien, daß die Spur von Rifaa sich in nichts aufgelöst hatte.

Aber einige Dinge sollten bleiben und immer an ihn erinnern. Da war das Haus des Sieges, in dem Meister Schafii gewohnt hatte, und der Tischlerladen. Da war das Haus, in dem Rifaa gewohnt hatte und das von nun an »Haus der Heilung« genannt wurde. Es blieb die Stelle bei Hinds Felsen, an der er umgekommen war. Aber vor allem waren da seine treuen Freunde, die Rifaas Verehrer um sich scharten und sie in die Geheimnisse seines Wissens einweihten, in die Geheimnisse der Befreiung der Seelen von Dämonen, damit sie wiederum andere Kranke heilten. Sie glaubten fest daran, daß sie auf diese Weise Rifaa wieder zum Leben erweckten. Nur Ali hatte noch immer nicht den Gedanken aufgegeben, die Mörder zu bestrafen. Husain schalt ihn deshalb mit den Worten: »Du hast nichts mehr von Rifaa in dir.«

Aber Ali hielt ihm entgegen: »Ich kenne Rifaa besser als ihr. Er hat sein Leben lang hart gegen die Dämonen gekämpft.« Da mahnte Karim: »Du willst zur Gewalt zurückkehren, aber die hat er am meisten verabscheut.« Doch Ali ließ sich nicht überzeugen. Begeistert rief er aus: »Er war in Wirklichkeit der Gewaltigste und Mächtigste, ihr habt euch nur von seiner Sanftheit täuschen lassen.«

So machte sich also ein jeder, erfüllt von seinem aufrichtigen Glauben, an die Arbeit. Von nun an wurde die wahre Geschichte von Rifaa erzählt, die vielen ja noch unbekannt war. Berichtet wurde auch, daß der Leichnam von Rifaa lange in der Wüste gelegen hatte und dann von Gabalawi selbst fortgetragen und von ihm in seinem herrlichen Garten begraben worden war.

Fast wäre nun alles zur Ruhe gekommen, wenn nicht plötzlich der Wächter Handusa auf rätselhafte Weise verschwunden wäre. Eines Morgens lag sein verstümmelter Leichnam vor dem Haus des Verwalters Ihab. Für ihn und für Bajumi geriet alles ins Wanken. Wieder erlebte das Viertel eine Zeit des Schreckens. Jeder, der mit Rifaa Beziehungen unterhalten hatte oder von dem dies nur behauptet wurde, mußte genauso mit einem Überfall rechnen wie jene Menschen, die mit den Freunden von Rifaa zu tun hatten. Wie Regentropfen prasselten die Schläge wieder auf die Köpfe der Menschen, in Bäuche wurde getreten, Brustkörbe wurden zerquetscht und Rücken zerfetzt. Es kam so weit, daß manche Menschen sich freiwillig in ihren Häusern einsperrten. Die, die flüchten konnten, taten es. Wer die Gefahr nicht achtete, wurde in der Wüste ermordet. Heulen und Klagen beherrschten das Viertel, schwärzeste Nacht war hereingebrochen. Blutgeruch drang aus allen Ecken und Ritzen. Aber seltsam, die Dinge nahmen trotzdem ihren Lauf. So wurde zum Beispiel der Wächter Chaled getötet, als er einmal vor Morgengrauen Bajumis Haus verließ. Die Folge war, daß nun der nackte Wahnsinn ausbrach und grausamste Verfolgung einsetzte. Aber wieder geschah etwas: Eines Nachts, zu später Stunde, brach im Haus des Wächters Gabir ein Brand aus und vernichtete seine ganze Familie. Da geriet Bajumi außer sich und brüllte: »Rifaas Verrückte haben sich wie die Wanzen verbreitet! Bei Allah, laßt sie uns alle töten, und müßten wir sie in ihren eigenen Häusern aufstöbern!«

In Windeseile verbreitete sich im Viertel die Nachricht, daß man in der Nacht die Häuser überfallen würde. Panische Angst erfaßte die Menschen. In heller Aufregung stürmten sie aus den Häusern, bewaffnet mit Stöcken, Stühlen, Kupferdeckeln, Messern, Holzschuhen und Ziegelsteinen. Bajumi war entschlossen anzugreifen, bevor die Lage ernst wurde, seinen Stock angriffslustig schwingend und umringt von einer Schar von Helfershelfern, trat er aus seinem Haus.

Zum erstenmal zeigte sich Ali an der Spitze der Aufrührer, begleitet von einem Trupp starker Männer. Als er Bajumi kommen sah, befahl er, mit Steinen zu werfen. Wie ein Heuschreckenschwarm ergoß sich über Bajumi und seine Männer ein Steinhagel, und Blut begann zu fließen. Bajumi schrie auf wie ein wildes Tier und wollte zum Angriff übergehen. Da traf ihn mit voller Wucht ein Stein am Kopf, und er mußte trotz aller Wut und Kraft stehenbleiben. Er geriet ins Schwanken und fiel schließlich blutüberströmt zu Boden. Im Handumdrehen machten sich seine Helfershelfer auf und davon. Die tobende Menschenmenge stürmte in das Haus von Bajumi. Das Krachen von Holz, Splittern von Glas und Prasseln von Steinen war selbst im Haus des Verwalters zu hören. Er begriff, daß dort draußen ein Unheil seinen Lauf nahm und die Wächter und deren Helfer ihre Strafe fanden. Ihre Häuser wurden zerstört. Die Gefahr war also groß, daß ihm die Zügel der Herrschaft aus den Händen glitten. Da entschloß sich der Verwalter, nach Ali zu schicken, um ihn zu treffen. Als Alis Männer davon hörten, ließen sie von ihrem Rachezug und ihrer Zerstörungswut ab. Sie wollten warten, was Alis Treffen mit dem Verwalter ergeben würde. So kehrte also wieder Ruhe ins Viertel ein.

Alis Begegnung mit dem Verwalter leitete einen neuen Abschnitt im Leben des Viertels ein, denn der Verwalter bestätigte die Rifaaiten als Bewohner eines eigenen Wohnteils, der mit den gleichen Vorrechten wie der der Gabalfamilie ausgestattet sein sollte. Er setzte Ali als Verwalter ihres Stiftungsanteils ein und machte ihn damit zugleich zum obersten Wächter der Rifaaiten. Er sollte ihren Anteil von der Stiftung entgegennehmen und diesen auf der Grundlage völliger Gleichberechtigung verteilen. Nun kehrten auch die wieder zurück, die damals, während der Herrschaft von Gewalt und Schrecken, geflohen waren. Als einer der ersten ließ sich Meister Schafii mit seiner Frau hier nieder, gefolgt von Saki, Husain und Karim. Dem toten Rifaa wurde aber soviel an Ehrerbietung und Liebe zuteil, wie er es sich nie im Leben hätte träumen können. Überall wurde die herrliche Geschichte seines Lebens erzählt, und jede Rabab stimmte dazu die Musik an. Am schönsten fanden alle den Teil, in dem es hieß, daß Gabalawi seinen Leichnam aufgehoben und in seinem prächtigen Garten begraben hätte. Die Rifaaiten hatten sich auf diese Fassung geeinigt, ebenso hatten sie einmütig beschlossen, Rifaas Eltern als Heilige zu verehren. Aber über einen Punkt konnten sie sich nicht verständigen. Karim, Husain und Saki bestanden nämlich darauf, daß Rifaas Botschaft sich auf die Heilung von Kranken und auf die Verachtung von Gewalt und Macht beschränkte. In diesem Sinne führten sie und ihre Anhänger ihr Leben. Manche übertrieben sogar und lehnten zum Beispiel die Ehe ab, weil sie nur ihm nacheifern wollten. Ali hingegen hielt alle seine Rechte an der Stiftung fest in der Hand. Er heiratete und rief zur Erneuerung der Rifaagemeinschaft auf. Rifaa, so erklärte er, hatte nicht die Stiftung an sich gehabt, sondern hatte beweisen wollen, daß man auch ohne sie wahrhaft glücklich sein kann. Er wollte nur das Böse beseitigen, das aus der Gier entsteht. Wenn also nun das Vermögen gerecht verteilt und

damit Gutes getan würde, dann führten die Menschen das glück-
lichste Leben aller Zeiten.

Jedenfalls erfreuten sich die Menschen nun eines guten Lebens.
Ihre Gesichter strahlten. Zuversichtlich erklärten sie, daß der heutige Tag besser als der gestrige sei und der morgige Tag besser sein
würde als der heutige.

Warum nur ist das Vergessen die Seuche unseres Viertels?

5. EIN CHRISTUSSCHWÄRMER – ALS REBELL IN BRASILIEN

Zur Einführung

Listig, wie er war, hatte Jorge Luis Borges seiner Erzählung
»Drei Fassungen von Judas« eine Fußnote über einen gewissen
Euclides da Cunha beigegeben und dabei angespielt auf einen
»Häresiarchen von Canudos, Antonio Conselheiro« (siehe Einführung zu Borges). Und wer diese Namen für typische Phanta-
sieprodukte des Argentiniers hält, die Anmerkung für das
bekannte Spiel mit falschen Fährten, sieht sich durch diesen
Zauberer einmal mehr getäuscht. Euclides da Cunha, Canudos
und Antonio Conselheiro haben existiert, ja, dieser da Cunha
ist einer der bahnbrechenden brasilianischen Autoren auf der
Wende zum 20. Jahrhundert, dessen Buch »Os Sertões« (»Krieg
im Sertão«) aus dem Jahr 1902 als »Klassiker« der modernen
brasilianischen Literatur gilt. Von Haus aus Ingenieur und
Anhänger eines aufklärerischen Antiklerikalismus und Positi-
vismus, hatte da Euclides da Cunha (1866–1909) in seinem
Buch von einem Ereignis berichtet, das damals buchstäblich
»am Ende der Welt« stattgefunden hatte: in der Provinz Bahia
im Nordosten Brasiliens, wo die Zentralregierung 1897 einen
Aufstand im Städtchen Canudos blutig niederschlagen ließ.
Canudos ist seither eine traumatische Episode der brasilianischen Geschichte, schon von da Cunha in aller Zwiespältigkeit
überliefert, 80 Jahre später vom peruanischen Autor *Mario Var-*

gas Llosa zu einem großen Romanepos neu ausgestaltet: »La guerra del fin del mundo« (»Der Krieg am Ende der Welt«), erschienen 1981.

1936 in Arequipa/Peru geboren und in Lima aufgewachsen, hatte sich Vargas Llosa zu diesem Zeitpunkt bereits zu einem vielbeachteten Vertreter der lateinamerikanischen Gegenwartsliteratur entwickelt. Seine in rascher Folge erschienenen Romane »Die Stadt und die Hunde« (1962), »Das grüne Haus« (1966) und »Gespräch in der Kathedrale« (1969) hatten ihm auch internationale Resonanz verschafft, vergleichbar Autoren wie Márquez, Carpentier, Paz und Fuentes. Doch mehr als andere Kollegen war Vargas Llosa von Anfang an ein hochreflektierter Autor, der – souverän die neuen Schreibtechniken der großen europäischen und amerikanischen Romane nutzend – den Prozeß des Schreibens und die strukturelle Romankomposition selber zum Gegenstand des Erzählens machen kann. Seine Romane sind von daher von großer erzähltechnischer Komplexität, die dieser Autor in Auseinandersetzung mit der Weltliteratur brillant zu rechtfertigen versteht (vgl. Vargas Llosa, Die Wahrheit der Lügen. Essays zur Literatur, Frankfurt/M. 1994). Die Wahl des Erzählmodus ist für ihn keine Manier, sondern spiegelt Welterfahrung wider. Die Vieldimensionalität der Wirklichkeit darf nicht durch den Prozeß des Erzählens reduziert werden, sondern muß im Roman aufscheinen. Und diese Vieldimensionalität kann nicht mehr von einem metaphysischen Standpunkt her gedeutet oder gebündelt werden. Die Ordnung der Welt ist nur durch das Schema des Erzählens herstellbar. In Vargas Llosas Romanen erfolgt denn auch die Präsentierung der Erzählsequenzen gemäß einer festliegenden, von Kapitel zu Kapitel schematisch wiederholten Ordnung. Die abstrakte Syntax dieser »Schnittfolge« ist an die Stelle des Sinnes und einheitsstiftenden traditionellen Erzählens getreten. Ihre Funktion beschränkt sich darauf, einen Rahmen zu bilden, der es den Sequenzen erlaubt, sich gleichsam selbst zu erzählen.

Der Roman »La guerra« ist eines der eindrucksvollsten Dokumente der Kunst dieses Peruaners, Vielstimmigkeit virtuos zu inszenieren und den Vorgang des Erzählens selber zum Thema des Romans zu machen. Vargas Llosa hält denn auch dieses sein Riesen-Opus (über 700 Seiten in der deutschen Ausgabe) für sein bisher bedeutendstes. In einer glänzend geschriebenen Auto-Poetik unter dem Titel »Die Wirklichkeit des Schriftstellers« (1997) bemerkt er dazu:

>*»Wenn ich aus allen Romanen, die ich veröffentlicht habe, einen auswählen sollte, würde ich mich wahrscheinlich für La guerra del fin del mundo – Der Krieg am Ende der Welt – entscheiden, weil ich denke, es ist das anspruchsvollste Vorhaben, auf das ich mich je eingelassen habe. Es ist auch das Buch, an dem ich am längsten gearbeitet habe und das mir die meisten Schwierigkeiten gemacht hat. Das hat verschiedene Gründe. Einmal war es der erste meiner Romane, der nicht in meiner Heimat Peru spielt, sondern in einem fremden Land, in Brasilien. Und zweitens ist dies auch der erste Roman, dessen Handlung nicht in der heutigen Zeit, der Zeit, in der ich lebe, abrollt, sondern gegen Ende des 19. Jahrhunderts; es ist also ein historischer Roman.«* (S. 151)

Aus vier großen Teilen besteht dieses *opus magnum*, und ich habe daraus zwei Stücke entnommen, beide aus dem ersten großen Hauptteil: den ersten Abschnitt aus Kapitel II mit dem Auftritt der zentralen Figur um den Aufstand von Canudos, Antonio Conselheiro, Antonio »der Ratgeber« genannt. Ferner den dritten und vierten Abschnitt aus Kapitel III mit dem Erscheinen einer charismatischen Frauengestalt, Maria Quadrado, sowie der Deutung der Ereignisse von Canudos aus der Perspektive eines europäischen Intellektuellen schottischer Herkunft, *Galileo Gall.* Zum Verständnis des Inhalts muß man wissen: Der Aufstand von Canudos fällt in eine Zeit des politischen Umbruchs Brasiliens. 1888 hatte noch die Monarchie die Sklaverei abgeschafft, bevor sie ein Jahr später selber beseitigt wird. Kaiser Don Petro II. wird durch eine Koalition aus Militärs und Intellektuellen gestürzt, die Republik wird ausgerufen. Ungezählte freigelassene Negersklaven der Zuckerplantagen irren durch das Land. Eine große Dürre in der Provinz Bahia macht viele Menschen zusätzlich heimatlos. Hungersnot und Epidemien entvölkern zahllose Dörfer. Es herrscht Weltuntergangs-Stimmung. Von diesen apokalyptischen Zuckungen profitiert eine Gestalt, ein »hagerer Mann im violetten Gewand«, von allen »der Ratgeber« genannt. Er bringt die Menschen mit Visionen vom bevorstehenden Ende der Welt auf seine Seite, mit Hoffnungen auf den Beginn einer neueren, besseren Zeit, verbunden mit der Rückkehr des legendären portugiesischen

Königs Sebastian, der das Heer der Ungläubigen vernichten und das Land für die Ankunft des Herrn reinigen werde. Seit 1877 war dieser von urchristlichen Idealen und apokalyptischen Bildern getriebene charismatische Wanderprediger bereits durch das verarmte Land gezogen und hatte immer mehr Anhänger unter den Ärmsten der Armen gewonnen, für die er eine *christusähnliche Erlösergestalt* ist: der »Buén Jesús«. Doch die Situation spitzt sich in dem Moment zu, als Antonio 1893 in Canudos, im Nordosten von Bahia, in der unwirtlichen und kargen Steppe des Sertão eine Hazienda besetzt, um dort eine Art neuen Gottesstaat, ein neues Jerusalem zu errichten. Als er mitbekommt, daß die Republik auch in Sachen Religion einschneidende Veränderungen durchgeführt hat (Einführung der Zivilehe etwa), hält er diese für die Erfindung des Antichristen, verweigert Steuerabgaben für sich und seine Anhänger, und damit wird die Katastrophe eingeleitet. Denn die Provinzregierung schickt ein Strafbataillon von 150 Mann nach Canudos, um die »Fanatiker« von dort zu vertreiben. Als dies nicht gelingt, schickt man eine zweite Expedition von 550 Soldaten, aber auch diese scheitert, und die Bewegung des »Ratgebers« ist stärker als je zuvor. Spätestens jetzt weitet sich der Fall zu einem Skandal für die ganze Nation aus. Die politische, intellektuelle und militärische Elite kann nicht begreifen, wieso eine Rotte simpler Bauern so erfolgreich sein kann. Da »erfindet« man eine Erklärung: Es kann sich nur um eine Verschwörung der Feinde der Republik handeln. Und die Feinde der Republik sind die Monarchisten, die ehemaligen Angehörigen des Hofes, die im Exil lebenden monarchistischen Offiziere, die Grundbesitzer in der Provinz Bahia und natürlich ausländische Mächte wie England, mit denen die Monarchie enge Handelsbeziehungen unterhielt. Gerade die fortschrittlichen Intellektuellen des Landes redeten sich immer mehr ein: Der Aufstand ist in Wirklichkeit ein Komplott zur Vernichtung der Republik! Konsequenz: Die Nationalregierung schickt nun ein ganzes Regiment nach Canudos, um dem Spuk ein für allemal ein Ende zu machen. Doch zum dritten Mal scheitert die militärische Maßnahme. Da kommt es zum Äußersten: Eine Truppe von 9000 Mann wird mobilisiert, und diese vierte Strafexpedition »beseitigt« das Problem gründlich: Es kommt zu einem der entsetzlichsten Massaker in der lateinamerikanischen Geschichte. Mindestens 40.000 Menschen werden von der brasilianischen Armee niedergemetzelt. Alle noch stehengebliebenen Häuser von Canudos werden zerstört, alle Spuren des Geschehens getilgt, die wenigen Überlebenden, ein paar Frauen und Kinder, werden vertrieben und über das Land verstreut.

Zeuge dieser vierten und letzten Strafexpedition war Euclides da Cunha. Als fanatischer Republikaner war er von der Überzeugung durchdrungen, daß nur die Republik die Modernisierung Brasiliens und die Herstellung sozialer Gerechtigkeit garantieren könne. Entsprechend geht auch er mit der Verschwörungs-Theorie nach Canudos. Auch er sieht zunächst nur, was er sehen will, was seine Konstruktion von Wirklichkeit ihm wahrzunehmen erlaubt. Doch das konkrete Erlebnis macht diesen Mann zweifeln. Er ist einer der ersten Brasilianer, der begreift, was in Canudos geschehen ist: nicht ein Befreiungskrieg gegen die Feinde der Republik, sondern ein grauenhaftes Gemetzel, bei dem die Ideale der Republik (Freiheit, Gleichheit, Brüderlichkeit) im Blutrausch zerfetzt wurden. Schon da Cunha fragt sich: Wie konnte es zu einer solchen Zuspitzung kommen? Wie konnte die Republik ein Massaker an Menschen exekutieren, die mit dem Ruf »Leben für Jesus« gegen die Armee angestürmt waren? Wie war es möglich, daß ein Land wie Brasilien zu einer solchen Barbarei herabsank?

Vargas Llosa nimmt nun diese Fragen auf und versucht, sie mit Hilfe seiner Roman-Poetik zu verschärfen – in ständiger Auseinandersetzung mit dem brasilianischen »Klassiker«. Ihn integriert der Peruaner in seinen Roman als eine der Perspektiven, indem er da Cunha zu einem journalistischen Beobachter macht, der aber aufgrund von Kurzsichtigkeit auf die Augen anderer angewiesen ist. Es kommt zum Wieder- und Neuschreiben der literarischen Vorlage, denn Vargas Llosas ganze erzählerische Kunst besteht nun darin, die Verabsolutierung einzelner Perspektiven zu überwinden und über die Präsentierung von Polyperspektivität das »Unbegreifliche« der Wirklichkeit bewußt zu machen. So kritisiert Vargas Llosa zum Beispiel die Perspektive da Cunhas, der den Aufstand von Canudos auf religiösen Fanatismus und rassisch bedingte Barbarei reduziert hatte:

»So deutete er (da Cunha) zum Beispiel den Aufstand als Folge einer Entstellung religiöser Ideen, die nach Brasilien importiert und jener Gemeinschaft von Kleinbauern aufgedrängt worden war. Die Menschen waren von fanatischen katholischen ›integristas‹ erzogen worden, Mönchen, die Intoleranz predigten und ein dogmatisches visionäres Wunschbild, das tief eingesaugt wurde von dieser abgeschiedenen Gemeinschaft von ›caboclos‹ im Innern Bahias, Menschen, die in dieser Religion die einzige Quelle der Erleichterung von ihren schrecklichen Leiden fanden.

In einer solchen Atmosphäre können mancherlei naive Abweichungen von etablierten Religionen entstehen. Viele Prediger zogen durch die ›sertões‹ und verwandelten Religion in einen fanatischen Kult. Einer dieser Prediger, Antonio Conselheiro, war der Führer des Aufstandes gewesen ... (er) war ein sehr einsichtiger, gradliniger Mann, und als die Republik gegründet war, reagierte er mit genau der Handvoll Doktrinen und religiöser Ideen, nach denen er immer gelebt hatte. Weil der Antichrist bereits in Brasilien war, mußte das Volk darauf vorbereitet werden, gegen ihn zu kämpfen. Das war ihre Pflicht als Christen. Und das war die treibende Kraft hinter dem Aufstand, die religiöse Idee, daß der Teufel in Brasilien war und daß die Christen, die wahren Christen, gegen seine Geißel zu Felde ziehen mußten. Und die Leute folgten dem Conselheiro, weil sie verstehen konnten, was er ihnen erzählte. Conselheiro war eine charismatische Gestalt; er hatte die Fähigkeit, die Köpfe und Herzen so einfacher Menschen zu erreichen, wie es die Bauern waren. Die positivistischen Gedanken dagegen, die hinter der Republik standen, diese abstrakte Institution Republik und ihre Repräsentanten, konnten sie nicht verstehen.« (Die Wirklichkeit des Schriftstellers, S. 160 f.)

Gegen diese Verkürzung auf Religionskritik schreibt Vargas Llosa an, wie er überhaupt gegen die Verkürzung von Perspektiven anschreibt. Seine Poetik ist die des »totalen Romans«, der gegen die ideologischen Reduktionen die Vielschichtigkeit der Wirklichkeit setzt. Getragen ist dies von der Überzeugung, daß eine Tragödie wie die von Canudos durch Komplexitätsredukti-on ausgelöst wurde: durch eine verhängnisvolle Addition von Halbwahrheiten, Lügen, Angstprojektionen und fanatischer Verblendung. *Thomas M. Scheerer* hat in seiner verdienstvollen Werk-Einführung die Strategie des Romans treffend so umschrieben: »Die wesentliche Triebkraft der Geschichte liegt demnach im Mangel an Informationen, im leichten Glauben an Vorurteile und in der Bereitschaft, ihnen zu folgen. Alle Beteiligten handeln in wirklichkeitsblindem Fanatismus – der Ratgeber ebenso wie die Republik, die Staatsmänner und Militärs ebenso wie die einfachen Leute. Aus diesem Zusammenprall ist die Tragödie von Canudos entstanden. Und da diese nur ein Beispiel für viele ähnliche Tragödien ist, darf man Vargas Llosas Diagnose getrost auf die Geschichte des Kontinents übertragen. Ein ›Krieg am Ende der Welt‹ fand in Lateinamerika häufig statt, und der Roman gestaltet Wut und Trauer über das von blindem Fanatismus verursachte Leiden.« (S. 119)

Der Autor bestätigt dies, indem auch er in der *Verblendung auf allen Seiten,* ob religiös oder antireligiös, die Triebfeder des Konfliktes sieht. Dabei fällt auf, wie sehr Vargas Llosa gerade auch den *antireligiösen Fanatismus* kritisiert. Er selber war nie ein Mann religiöser Überzeugungen. In seiner Autobiographie »Der Fisch im Wasser« (1993), geschrieben nicht zuletzt aufgrund seiner enttäuschenden Erfahrungen beim Präsidentschaftswahlkampf in Peru (Vargas Llosa verlor am 10. 6. 1990 gegen den heute noch amtierenden Staatspräsidenten Alberto Fujimori), läßt er keinen Zweifel daran, daß er sich nicht als »Gläubigen« im kirchlichen Sinn begreift, was ihm seinerzeit Schwierigkeiten im Wahlkampf eintrug. Er sei »nicht gläubig«, führt Vargas Llosa hier aus, »aber auch kein Atheist, sondern Agnostiker«, und präzisiert dies dahingehend:

»Für eine große Anzahl meiner Landsleute war es unmöglich, zwischen Atheismus und Agnostizismus zu unterscheiden, so sehr ich auch ... klarzustellen versucht hatte, daß ein Atheist ebenfalls ein Glaubender ist – jemand, der glaubt, daß Gott nicht existiert –, während ein Agnostiker gleichermaßen ratlos ist, was die Existenz oder Nicht-Existenz eines göttlichen Wesens und eines Lebens im Jenseits betrifft.« (S. 163)

Mit dieser selbstkritischen Relativierung weltanschaulicher Überzeugungen war Vargas Llosa auch an den »Fall Canudos« herangegangen. Er hatte begriffen, daß gerade auch im *antireligiösen Fanatismus* der Republik ein hohes Maß an *Inhumanität* zutage trat. Es waren ja Aufgeklärte, progressiv und demokratisch gesinnte Republikaner, die ein solches Massaker anordneten. Hier stellt Vargas Llosa kritische Fragen gerade auch an die Intoleranz aufgeklärter Intellektueller:

»Was ist der Grund, daß Intellektuelle zum Beispiel zur Intoleranz beigetragen haben, eine der dunkelsten Seiten in unserer Geschichte? Intellektuelle haben die Intoleranz gefördert, religiöse Intoleranz in der Vergangenheit und ideologische und politische Intoleranz der Gegenwart. Sicherlich sind auch Intellektuelle häufig ihre Opfer gewesen; sie wurden verfolgt, eingesperrt, gefoltert, in Diktaturen manchmal getötet. Aber in ihren politischen Erklärungen haben sie in allzu vielen Fällen auf diese Intoleranz mit entsprechender Intoleranz geantwortet, haben eine eifernde und dogmatische Interpretation unserer Gesellschaft und unserer Wirklichkeit unterstützt. Weshalb ist das so? Weshalb haben die gebildeten Menschen unseres Kontinents genauso wie andere Teile unserer Gesellschaft mitgewirkt bei der Schaffung dieses Systems der Intoleranz, dieser Wurzel unserer Probleme?« (Die Wirklichkeit des Schriftstellers, S. 152 f.)

Und doch greift eine Deutung zu kurz, welche die Erzählstrategie des Romans ausschließlich in der Herstellung antiideologischer Polyperspektivität sehen will. Dieser Standpunkt über allen Standpunkten gerät selber unter Ideologieverdacht. Vargas Llosa eine Ästhetik zu unterstellen, die Geschichte nur noch als Metageschichte erzählen und Schreiben nur noch als reflektiertes Schreiben über Konstruktionen von Wirklichkeit verstehen kann, ist seinerseits eine Konstruktion. Das würde die *moralische Leidenschaft* kaum erklären, mit der sich dieser Autor ausgerechnet dem »Fall Canudos« zuwendet. Im Roman gibt es denn auch eine andere Dimension des Erzählens. Man kann sie die *sinnliche, körperliche, humane Dimension* nennen. Die Romanistin *Susanne Kleinert* hat zu Recht herausgestellt, daß neben der kritischen Entlarvung verkürzter Perspektiven eine Dimension der Körperlichkeit und Sinnlichkeit in diesem Roman entdeckt werden kann: »Die körperliche Ebene der Geschichtserfahrung bildet den Gegenpart zur Verweigerung eines Sinnes der Geschichte in der Absage an die von Heilserwartung und Fortschrittsglauben geprägten Ideologien. Daß der Roman darauf angelegt ist, dem körperlichen, konkreten Erleben Raum zu geben, läßt sich auch an der Vielzahl einzelner, teils nur kurz umrissener Lebensläufe der Anhänger des Antonio Conselheiro erkennen ... Die intellektuelle Wirklichkeitsverarbeitung wird gerade durch den Verlust des traditionellerweise mit dem Intellekt assoziierten visuellen Sinnes gestört. An ihre Stelle tritt die Erfahrung von Canudos über das Tastempfinden, über Hunger, Durst, die körperliche Agonie, aber auch durch die Wärme der anderen. Erst dadurch werden die Phänomene der Solidarität in Canudos wahrgenommen.« (S. 47 f.)

»Die Phänomene der Solidarität in Canudos«: Die von uns ausgewählten beiden Textblöcke repräsentieren beide Dimensionen der Erzählstrategie. Die *Strategie der Aufhebung von Perspektivenverkürzung* wird durch denjenigen Text dokumentiert, der aus der Optik des europäischen Aufklärers *Galileo Gall* geschrieben ist. Dieser versucht ja, das Phänomen Canudos mit seinen Kategorien zu deuten, in sein intellektuelles ideologisches Raster einzuzwängen. Es ist das des politisch-revolutionären Schwärmertums im Geist der Pariser Kommune. Gall erweist sich dabei als realitätsferner europäischer Intellektueller, der in Canudos das Modell der kommunistischen Urgemeinschaft verwirklicht glaubt und allen Ernstes der Meinung ist, hier werde sein Jugendtraum von einer nicht auf Ausbeutung beruhenden Gesellschaftsform in die Realität umgesetzt. Damit aber unterschlägt er die apokalyptische Fremdheit des Phänomens Canudos, die befremdliche Mischung aus jesuanischer Liebesgemeinschaft nach innen und fanatischen Gewaltexzessen nach außen.

Die anderen Texte repräsentieren die Strategie der *Sensibilisierung für das Schicksal konkreter Menschen.* Sie spielen in Canudos und kreisen um verschiedene Figuren, mal um den Conselheiro, mal um Maria Quadrado oder andere Gestalten aus der Gemeinde. In allen Hauptteilen durchzieht sich strukturell immer gleich ein Abschnitt über Canudos, und hier offenbart Vargas Llosa einen differenzierten Sensualismus, der konkret die Menschen aus der Bewegung des Conselheiro beschreibt und die Wirkungen festhält, die von diesem Wanderprediger im Geiste Jesu ausgehen.

Intertextuelle Vergleiche zwischen da Cunha und Vargas Llosa zeigen überdies, daß der Peruaner gerade hier seine literarischen Akzente gesetzt hat. Ich folge dabei den äußerst differenzierten Analysen der Romanistin *Sabine Köllmann,* die, aufbauend auf der Arbeit von L. M. Bernucci (1989), *zum einen* herausgearbeitet hat, daß Vargas Llosa gerade den Opfern von Canudos Gesicht und Stimme verleiht. Entgegen den historischen Quellen, die das Selbstverständnis der Anhänger des Conselheiro verschweigen, das Gedächtnis an sie ausmerzen und nur die Perspektive der Sieger kennen, bemüht sich der Peruaner, die Geschichte von Canudos aus der Perspektive der Betroffenen zu schreiben. *Zum andern* zeigt der Roman, daß Vargas Llosa sich um ein differenziertes Bild des Conselheiro bemüht. Während da Cunha den »Ratgeber« auf pathologischen Wahn, rassisch bedingten Barbarismus und abergläubische Verschlagenheit reduziert, bemüht sich Vargas Llosa auch hier um Komplexität des Phänomens. Der Ratgeber ist bei ihm eine vieldeutige Figur, schwankend zwischen Milde und Aggressivität, zwischen Liebesbotschaft nach innen und Feindbild-Projektion nach außen, zwischen sozialer Hingabe und apokalyptischen Drohungen. Gerade so aber behält der Ratgeber bei Vargas Llosa eine Aura des Geheimnisvollen, Unerklärlichen; er entzieht sich »schlüssigen Theorien«, die Phänomene wie ihn ein für allemal wegerklären. Sabine Köllmanns Schlußfolgerung hat denn auch viel für sich: »Aus unserer eigenen vergleichenden Lektüre der beiden Texte ergibt sich eine Akzentverschiebung weg von der eindeutigen Verurteilung, ja Dämonisierung, die da Cunha vornimmt, hin zu einer doppeldeutigen Charakterisierung des ›Conselheiro‹ in *La guerra*..., in dessen Wesen sich Fanatismus, Impulsivität und Irrationalität mit Ernsthaftigkeit, Milde und fatalistischer Ergebenheit in das unausweichliche Ende paaren.« (S. 148) Ja, ihre Analyse kann zeigen, daß bei Vargas Llosa Canudos »als Ort des Stolzes und der Würde, der Solidarität und Nächstenliebe interpretiert« wird (S. 156).

Am 6. Oktober 1996 erhielt Mario Vargas Llosa den *Friedenspreis des deutschen Buchhandels*. Seine Dankesrede in der Frankfurter Paulskirche macht noch einmal bewußt, worum es ihm durch und mit Literatur geht, warum ihn die Beschäftigung zum Beispiel mit Thomas Mann, mit Faulkner, mit Kafka, Joyce oder Proust verändert hat:

»Diese Bücher veränderten mich, formten mich, machten mich zu dem, der ich bin. Und sie verändern und formen mich weiterhin, unaufhörlich, im Rhythmus eines Lebens, mit dem ich sie vergleiche. In ihnen habe ich gelernt, daß die Welt unvollkommen ist und daß sie immer unvollkommen sein wird – was nicht bedeutet, daß wir nicht alles in unserer Macht Stehende tun sollen, damit sie nicht noch schlimmer wird, als sie ist –, daß wir geringer sind als das, was wir in der literarischen Fiktion träumen und leben, und daß es eine Bedingung gibt, die

wir in der menschlichen Komödie teilen, deren Darsteller wir sind, eine Bedingung, die uns in der Vielfalt der Kulturen, Rassen und religiösen Anschauungen gleich macht und uns auch solidarisch und brüderlich machen sollte.« (Friedenspreis des deutschen Buchhandels 1996. Ansprachen aus Anlaß der Verleihung, Frankfurt/M. 1996, S. 53 f.)

Ausgabe: M. Vargas Llosa, La guerra del fin del mundo, Barcelona 1981. Der Krieg am Ende der Welt. Roman. Aus dem Spanischen von A. Botond, Frankfurt/M. 1987, S. 28–35; 58–70 (st 1343).

Literatur zur Vertiefung

1. *Zur Lebensgeschichte:*
   M. Vargas Llosa, La verdad de las mentiras, Barcelona 1990. Die Wahrheit der Lügen. Deutsch von E. Wehr, Frankfurt/M. 1994.
   M. Vargas Llosa, El pez en el aqua, Barcelona 1993. Der Fisch im Wasser. Erinnerungen. Deutsch von E. Wehr, Frankfurt/M. 1998.
   Th. M. Scheerer, Mario Vargas Llosa. Leben und Werk. Eine Einführung, Frankfurt/M. 1991.
2. *Zur Werkgeschichte:*
   M. Vargas Llosa, La verdad de las mentiras, Barcelona 1990. Die Wahrheit der Lügen. Deutsch von E. Wehr, Frankfurt/M. 1994.
   M. Vargas Llosa, A Writer's Reality, New York 1991. Die Wirklichkeit des Schriftstellers. Deutsch von L. Kolanoske, Frankfurt/M. 1997.
   S. Castro-Klarén, Understanding Mario Vargas Llosa, Columbia, S. C. 1990.
   W. Wittig, Nostalgie und Rebellion. Zum Romanwerk von G. García Márquez, Mario Vargas Llosa und Isabel Allende, Würzburg 1991.
   S. Köllmann, Literatur und Politik – Mario Vargas Llosa, Bern – Frankfurt/M. 1996.
   N. Lentzen, Literatur und Gesellschaft. Studien zum Verhältnis zwischen Realität und Fiktion in den Romanen Mario Vargas Llosas, Bonn 1996.
   E. Kristal, Temptation of the Word: The Novel of Mario Vargas Llosa, Nashville, Tenn. 1998.
3. *Zum Text:*
   L. M. Bernucci, Vargas Llosa y la tradición bíblica: »La guerra del fin del mundo«, in: Revista Iberoamericana 53 (1987), S. 965–977.

Ders., Historia de un malentendido. Un estudio Transtextual de
»La guerra del fin in del mundo« de Mario Vargas Llosa, New York
– Bern – Frankfurt/M. 1989.
S. Kleinert, Geschichtserfahrung in Vargas Llosas »La guerra del fin
del mundo«, in: Iberoamericana 11 (1987), Nr. 2/3, S. 39–52.
B. König, Geschichte und Geschichten im Zeichen des Weltendes.
Zur Bedeutung apokalyptischer Elemente bei Umberto Eco und
Mario Vargas Llosa, in: Literaturwissenschaftliches Jahrbuch 29
(1988), S. 307–322.
S. Menton, La guerra de Mario Vargas Llosa contra el fanatismo, in:
Cuadernos americanos (Mexiko) 1991, S. 50–62.

Mario Vargas Llosa
Der Krieg am Ende der Welt

Zur Zeit der großen Dürre im Jahr 1877, in den Monaten der
Hungersnot und der Seuchen, die in dieser Gegend die Hälfte der
Menschen und des Viehs dahinrafften, zog der Ratgeber schon
nicht mehr allein umher, sondern begleitet oder besser, gefolgt von
Männern und Frauen (er schien diesen Anhang von Menschen auf
seiner Spur kaum zu bemerken), die im Stich gelassen hatten, was
sie besaßen, um mit ihm zu gehen, die einen, weil seine Ratschläge
ihre Herzen berührt hatten, andere aus Neugier oder aus bloßer
Trägheit. Manche gaben ihm nur für ein Stück Weg das Geleit,
einige wenige schienen für immer an seiner Seite zu sein. Trotz der
Dürre setzte er seinen Weg fort, obwohl die Felder nun übersät
waren von Kuhgerippen, an denen die Aasgeier hackten, und die
Dörfer, die ihn aufnahmen, halb leer standen.
Daß es in diesem Jahr 1877 nicht mehr regnen wollte, daß die
Flüsse austrockneten und im Busch, auf der Suche nach Wasser
und Nahrung, zahllose Karawanen von Flüchtlingen erschienen,
die auf Karren oder auf den Schultern ihre armselige Habe mit sich
führten, war vielleicht nicht das Schrecklichste an diesem schreck-
lichen Jahr. Das Schlimmste waren vielleicht die Räuber und die
Kobras, die über die Sertões im Norden Brasiliens hereinbrachen.
Leute, die Fazendas überfielen, um Vieh zu stehlen, die sich mit

724

den *capangas* der Gutsbesitzer und den Bewohnern abgelegener Dörfer Schießereien lieferten und zu deren Verfolgung in regelmäßigen Abständen Mobile Einheiten der Polizei geschickt wurden, hatte es immer gegeben. Aber durch den Hunger vermehrten sich die Räuberbanden wie die Brote und Fische in der Bergpredigt. Freßgierig und mörderisch fielen sie in die von der Katastrophe bereits dezimierten Dörfer ein, um die letzten Lebensmittel, Geräte und Kleider mitzunehmen und die Bewohner niederzuschießen, die es wagten, ihnen in den Weg zu treten.

Den Ratgeber aber belästigten sie nie, weder mit Worten noch mit Taten. Sie trafen ihn auf den Pfaden der Wüste, zwischen Kakteen und Steinen unter bleiernem Himmel oder im verfilzten Busch, wo das Laub verdorrt war und die Stämme Risse bekamen. Die Cangaceiros, zehn, zwanzig Männer, bewaffnet mit jeglichem Werkzeug, das schneiden, stechen, bohren, ausreißen konnte, sahen den hageren Mann im violetten Gewand, der eine Sekunde lang in gewohntem Gleichmut seine eisigen und besessenen Augen auf sie richtete und dann fortfuhr zu tun, was er immer tat: beten, meditieren, gehen, Rat geben. Die Pilger erbleichten, wenn sie die Banditen sahen, und drängten sich um den Ratgeber wie Küken um die Henne. Die Räuber, die ihre äußerste Armut sahen, gingen vorbei, blieben manchmal aber auch stehen, wenn sie den Heiligen erkannten, dessen Prophezeiungen ihnen zu Ohren gekommen waren. Sie unterbrachen ihn nicht, wenn er betete; sie warteten, bis er sich herabließ, sie zu sehen. Am Ende sprach er zu ihnen mit seiner tiefen Stimme, die den kürzesten Weg in die Herzen zu finden wußte. Er sagte ihnen, was sie verstehen konnten, Wahrheiten, an die sie glauben konnten. Daß diese Landplage sicher das erste Anzeichen der Ankunft des Antichrist und der Strafen sei, die der Auferstehung der Toten und dem Jüngsten Gericht vorausgingen. Daß sie sich, wenn sie ihre Seelen retten wollten, rüsten müßten für die Kämpfe, die bevorstünden, wenn die Dämonen des Antichrist wie eine Feuersbrunst über die Sertões hereinbrechen würden, und der Antichrist, das sei der Teufel selber, der auf die Erde käme, um Bundesgenossen zu werben. Wie die Viehtreiber, die Feldarbeiter, die Freigelassenen und die Sklaven, dachten auch die Cangaceiros nach. Und einige von ihnen – Pajeú mit dem zerschnittenen Gesicht, der riesenhafte Pedrão und der blutrünstigste von allen: João Satanás – bereuten ihre Verbrechen, bekehrten sich zum Guten und folgten ihm nach.

Und wie die Banditen verschonten ihn auch die Klapperschlangen, die wegen der Dürre auf schreckenerregende Weise zu Tausenden auf den Feldern auftraten. Lang, schlüpfrig, dreieckig, verließen sie ihre Schlupfwinkel, wanderten wie die Menschen ab und töteten auf ihrer Flucht Kinder, Kälber, Ziegen. Auf der Suche nach Flüssigkeit und Nahrung fielen sie am hellen Tag in die Dörfer ein. Sie waren so zahlreich, daß es nicht genügend Geier gab, um mit ihnen fertig zu werden, und es war in diesen verkehrten Zeiten nicht ungewöhnlich, Schlangen zu sehen, die diesen Raubvogel fraßen, statt daß sich wie früher der Geier mit der Beute im Schnabel in die Lüfte erhob. Tag und Nacht mußten die Sertanejos mit Stöcken und Macheten gehen, und manche Flüchtlinge töteten bis zu hundert Klapperschlangen an einem Tag. Doch der Ratgeber schlief weiterhin auf dem Boden, wo immer die Nacht ihn überraschte. Als er eines Abends seine Begleiter über die Schlangen sprechen hörte, erklärte er ihnen, dies geschehe nicht zum erstenmal. Als die Kinder Israels aus Ägypten in ihre Heimat zurückgekehrt seien und sich über das beschwerliche Leben in der Wüste beklagt hätten, habe ihnen der Vater zur Strafe eine Schlangenplage geschickt. Und da Moses sich zum Fürsprecher gemacht, habe der Vater ihm befohlen, eine eherne Schlange herzustellen. Wer sie anblicke, der werde vom Schlangenbiß geheilt. Sollten sie das auch tun? Nein, denn Wunder wiederholten sich nicht. Aber sicher würde es der Vater mit Wohlgefallen sehen, wenn sie das Antlitz seines Sohnes als Schutz mit sich führten. Von da an trug eine Frau aus Monte Santo, Maria Quadrado, in einer Urne das Bild des guten Jesus, das ein Junge aus Pombal, seiner Frömmigkeit wegen Beatinho genannt, auf Stoff gemalt hatte. Dem Vater mußte die Geste gefallen haben, denn kein Pilger wurde von einer Schlange gebissen.
Und auch die Seuchen verschonten den Ratgeber, die aufgrund der Dürre und des Hungers in den folgenden Monaten und Jahren die Überlebenden heimsuchten. Die Frauen hatten Fehlgeburten, kaum daß sie schwanger waren, den Kindern fielen Zähne und Haare aus, und die Erwachsenen hatten plötzlich Blut in Speichel und Kot, wurden aufgebläht von Geschwulsten oder bekamen offene Ausschläge, daß sie sich an den Mauern schabten wie räudige Hunde. Der fadendünne Mann pilgerte weiter durch die Pestilenz und das Sterben, unerschütterlich, unverletzlich, wie ein erfahrener Steuermann, der mit seinem Schiff um die Stürme herum einen festen Hafen ansteuert.

Welchen Hafen steuerte der Ratgeber in seiner unermüdlichen Wanderschaft an? Niemand fragte ihn, und er sagte es nicht und wußte es wahrscheinlich auch nicht. Zu dieser Zeit hatte er schon Dutzende von Gefolgsleuten, die um des Heils willen alles verlassen hatten. Während der Dürremonate arbeiteten der Ratgeber und seine Jünger ohne Unterlaß: sie begruben die Toten, die sie am Wegrand fanden, Menschen, die verhungert oder an der Pest oder aus Angst gestorben waren, verweste, von Tieren und selbst von Menschen benagte Leichen. Sie zimmerten Särge und schaufelten Gräber für diese Brüder und Schwestern. Sie waren eine nach Rassen, Gegenden und Berufen bunt zusammengewürfelte Schar. Männer in Lederzeug gab es unter ihnen, die bei den Gutsbesitzern Viehtreiber gewesen waren, rothäutige Caboclos, deren Vorfahren noch halbnackt herumgelaufen waren und die Herzen ihrer Feinde gegessen hatten; Mestizen, die Vorarbeiter, Spengler, Schmiede, Schuster und Zimmerleute gewesen waren, und wild lebende Mulatten oder Neger, die aus den Zuckerplantagen an der Küste und vor dem spanischen Stiefel und dem Block und den in Salzwasser getränkten Peitschen und anderen für Plantagensklaven ersonnenen Strafen geflohen waren. Und es gab Frauen, alte und junge, gesunde oder verkrüppelte, und sie waren immer als erste ergriffen, wenn ihnen der Ratgeber auf nächtlicher Rast von der Sünde sprach, von den Bosheiten des Teufels und der Güte der Heiligen Jungfrau. Sie waren es, die aus Distelstacheln Nadeln und aus Palmfasern Fäden machten, um sein violettes Gewand zu flicken, und die sich die Köpfe zerbrachen, wie sie ihm ein neues nähen sollten, wenn das alte am Gestrüpp zerrissen war; sie waren es, die ihm neue Sandalen schusterten und sich um die alten stritten, um diese Stücke, die seinen Körper berührt hatten, als Reliquien aufzubewahren. Sie waren es, die jeden Abend, wenn die Männer Feuer gemacht hatten, den Brei aus Reis oder Mais oder Maniok und die Kürbisse zubereiteten, die Kost der Pilger. Um Nahrung brauchten diese sich nicht zu sorgen, da sie genügsam waren und Geschenke erhielten, wo sie vorbeikamen. Sowohl von den Armen, die liefen, um dem Ratgeber ein Huhn oder einen Sack Reis oder frischen Käse zu bringen, als auch von den Grundbesitzern, die ihnen durch ihre Diener frische Milch, Mundvorrat, manchmal auch eine Ziege oder ein Böcklein schickten, wenn der zerlumpte Haufen in den Höfen übernachtete und unaufgefordert die Kapellen der Fazenda saubermachte und auskehrte.

Er war so oft in der Runde gegangen, so viele Male hin und wieder zurück durch die Sertões, er war so viele Hochebenen hinauf- und wieder hinuntergestiegen, daß ihn jedermann kannte. Auch die Pfarrer. Es gab nicht viele, und die wenigen, die es gab, waren wie verloren in der Unermeßlichkeit des Sertão, jedenfalls nicht genug, um die zahlreichen Kirchen zu erhalten, die nur am Tag des Dorfheiligen von Pfarrern besucht wurden. Die Vikare in einigen Ortschaften, wie Tucano und Cumbe, erlaubten ihm, von der Kanzel zu den Gläubigen zu sprechen, und behandelten ihn gut; andere, wie die von Entre Ríos und Itapicurú, verboten es ihm und bekämpften ihn. In den übrigen gestatteten ihm die Vikare, wenngleich widerstrebend, in der Vorhalle Litaneien zu beten und zu predigen, als Lohn für das, was er an Kirchen und Friedhöfen tat oder weil seine Macht über die Seelen der Sertanejos so groß war, daß sie fürchteten, sich mit ihren Gemeinden zu überwerfen.

Wann erfuhren der Ratgeber und seine Gefolgschaft an Büßern, daß die Monarchie 1888 irgendwo in diesen fernen Städten, São Paulo, Rio de Janeiro, deren Namen ihnen fremd vorkamen – selbst Salvador, die Hauptstadt des Bundesstaates, sagte ihnen nichts – die Sklaverei abgeschafft hatte und daß diese Maßnahme Unruhe ausgelöst hatte in den Zuckerfabriken von Bahia, die nun plötzlich keine Arbeitskräfte mehr hatten. Erst Monate nach dem Erlaß kam die Nachricht zu den Sertanejos, so wie Nachrichten immer in diese entferntesten Teile des Kaiserreichs kamen: verspätet, entstellt, manchmal schon überholt, und ließen die Behörden sie auf den Plätzen ausrufen und an der Tür der Rathäuser anschlagen.

Und vermutlich mit der gleichen Verspätung erfuhren der Ratgeber und sein Gefolge im Jahr darauf, daß die Nation, der sie angehörten, ohne es zu wissen, aufgehört hatte, ein Kaiserreich zu sein, und nun eine Republik war. Nie erfuhren sie, daß dieses Ereignis bei der alten Obrigkeit nicht die mindeste Begeisterung hervorrief, so wenig wie bei den ehemaligen Sklavenhaltern (die Herren über Zuckerplantagen und Herden blieben), auch nicht bei den Vertretern der freien Berufe und den Beamten von Bahia, die in diesem Wandel so etwas wie den Gnadenstoß für die bereits unterhöhlte Hegemonie der ehemaligen Hauptstadt sahen, die zweihundert Jahre lang das Zentrum des politischen Lebens und der Wirtschaft Brasiliens gewesen und jetzt nur noch die wehmütige arme Verwandte war, die alles nach dem Süden abwandern sah, was vormals ihr gehört hatte: Prosperität, Macht, Geld, Arbeitskraft, die Geschichte. Und selbst wenn sie es erfahren hätten, hätten sie es nicht verstanden noch wäre es ihnen wichtig gewesen, denn der Ratgeber und die Seinen hatten andere Sorgen. Und was hatte sich auch, abgesehen von einigen Namen, für sie geändert? War diese Landschaft mit der ausgetrockneten Erde und dem bleiernen Himmel nicht dieselbe wie immer? Und heilte das Land nicht noch immer seine Wunden, beweinte seine Toten, versuchte, das Verlorene wiederzugewinnen, obwohl Jahre seit der Dürre vergangen waren? Was hatte sich denn in diesem schwer geprüften Norden Brasiliens geändert, seit es einen Präsidenten statt eines Kaisers gab? Kämpfte der Landarbeiter etwa nicht weiterhin gegen die Unfruchtbarkeit des Bodens und den Geiz des Wassers, damit Mais, Bohnen, Kartoffeln und Maniok wuchsen und Schweine, Hühner und Ziegen am Leben blieben? Waren die Dörfer nicht nach wie vor voll von Arbeitslosen und die Straßen wegen der Banditen gefährlich? Gab es nicht überall Heere von Bettlern als Erinnerung an die Verwüstungen von 1877? Waren die Märchenerzähler nicht dieselben? Fielen nicht immer noch, trotz aller Anstrengungen des Ratgebers, die Häuser des guten Jesus in Trümmer?

Aber doch, etwas hatte sich unter der Republik geändert. Zu Schaden und Verwirrung aller wurde die Kirche vom Staat getrennt, die Religionsfreiheit wurde eingeführt, und die Friedhöfe wurden verweltlicht, für die von nun an nicht mehr die Pfarrer, sondern die Rathäuser zuständig waren. Während die ratlosen Vikare nicht wußten, was sie sagen sollten angesichts dieser Neuerung, die von der hohen Geistlichkeit resigniert hingenommen wurde, wußte der Ratgeber sofort Bescheid: Gottlosigkeiten waren das, unannehmbar für den Gläubigen. Und als er erfuhr, die Zivilehe sei eingeführt worden – als ob die von Gott eingesetzten Sakramente nicht genügten –, war er Manns genug, zur Stunde des Rats laut zu sagen, was die Pfarrer nur hinter vorgehaltener Hand flüsterten: Dieses Ärgernis sei das Werk von Protestanten und Freimaurern. Wie sicherlich auch diese anderen seltsamen und verdächtigen Anordnungen, von denen er in den Dörfern hörte: die Bevölkerungsstatistik, die Volkszählung, das Dezimalsystem. Den verstörten Sertanejos, die zu ihm gelaufen kamen und fragten, was dies alles zu bedeuten habe, erklärte es der Ratgeber, langsam, damit sie es verstanden: Sie wollten die Hautfarbe der Leute wissen, um die Sklaverei wieder einzuführen und die Dunkelhäutigen ihren Herren zurückzugeben, und ihre Religionszugehörigkeit wollten sie wissen, damit sie die Katholiken identifizieren konnten, wenn die Glaubensverfolgung begann. Ohne die Stimme zu heben, ermahnte er sie, auf solche Umfragen nicht zu antworten noch auch den Meter und den Zentimeter statt der Elle und der Handbreit zu übernehmen.

Eines Morgens im Jahr 1893 hörten der Ratgeber und die Pilger, als sie nach Natuba kamen, ein Gesumm wie von wild gewordenen Wespen zum Himmel aufsteigen. Es kam vom Hauptplatz, wo sich Männer und Frauen versammelt hatten, um ein paar frisch angeschlagene Erlasse zu lesen oder sich vorlesen zu lassen. Man würde sie besteuern, die Republik würde Steuern von ihnen einziehen. Was sind Steuern? fragten viele Ortsansässige. So etwas wie der Zehnte, erklärten ihnen andere. So wie ein Bewohner früher von fünfzig Küken, die ihm geboren wurden, fünf der Mission geben mußte, und eine von zehn Aroben alles Geernteten, so verordne der Erlaß, daß ein Teil von allem, was einer erbte oder erzeugte, der Republik gehören solle. Die Leute müßten in den von nun an autonomen Rathäusern erklären, was sie besaßen und was sie verdienten, um zu erfahren, was sie bezahlen sollten. Alles, was versteckt oder zu niedrig veranschlagt worden wäre, würde der Steuereinnehmer für die Republik beschlagnahmen.

Aus Instinkt, aus gesundem Menschenverstand und jahrhundertealter Erfahrung begriffen die Leute, daß dies vielleicht noch schlimmer sein würde als die Dürre, und die Steuereinnehmer noch raffgieriger als Aasgeier und Räuber. Verblüfft, verschreckt, zornig steckten sie die Köpfe zusammen und teilten sich ihre Ängste und ihren Zorn mit, und ihre ineinanderfließenden, verschmelzenden Stimmen ergaben jene kriegerische Musik, die zum Himmel von Natuba aufstieg, als der Ratgeber und seine Zerlumpten auf der Straße von Cipó das Dorf betraten. Die Leute umringten den Mann im violetten Kleid und verstellten ihm den Weg zu der Kirche Nossa Senhora da Conceição, die er in den vergangenen Jahren mehrmals eigenhändig ausgebessert und angestrichen hatte, und berichteten ihm die Neuigkeiten, die er, ernst und durch sie hindurchsehend, kaum zu hören schien.

Und doch, kaum einen Augenblick später leuchteten seine Augen wie von einer inneren Explosion, und er ging, ja lief durch die Menge, die ihm den Weg freigab, zu den Anschlagebrettern mit den

Erlassen und riß diese ungelesen herunter, das Gesicht entstellt von einer Empörung, in der sich die Empörung aller zu verdichten schien. Dann bat er sie mit bebender Stimme, diese verfluchten Schriften zu verbrennen. Und als das Volk dies vor den erstaunten Augen des Gemeinderats tat und auch noch zu feiern begann und, wie auf dem Jahrmarkt, Raketen abschoß und das Feuer die Erlasse und den Schrecken, den sie verursacht, in Rauch auflöste, gab der Ratgeber, ehe er in die Kirche ging, um zu beten, den Menschen in diesem abgelegenen Winkel einen schrecklichen Vorgeschmack: Der Antichrist sei in die Welt gekommen und sein Name sei Republik. [...]

Sie erschien eines regenlosen frühen Morgens auf einer Anhöhe auf dem Weg nach Quijinga, ein schweres Holzkreuz auf der Schulter. Sie war erst zwanzig, aber sie hatte so viel gelitten, daß sie sehr alt wirkte: eine Frau, breitgesichtig, mit zerschundenen Füßen und einem Körper ohne Formen, die Haut rattenfarben.

Sie hieß Maria Quadrado und war von Salvador nach Monte Santo unterwegs, zu Fuß. Schon drei Monate und einen Tag schleppte sie das Kreuz. Auf dem Weg, durch Felsschluchten, über kakteengespickte Steppen, über Wüsten, in denen der Wirbelwind heulte, durch Ortschaften, die nichts weiter waren als eine einzige schmutzige Straße und drei Palmen, durch stinkende Sümpfe, in denen die Kühe untertauchten, um sich vor den Fledermäusen zu schützen, hatte Maria Quadrado bei Wind und Wetter im Freien geschlafen, bis auf die wenigen Male, da irgendein Vagabund oder ein Hirt ihr seinen Unterschlupf anbot, weil er sie für eine Heilige ansah. Ernährt hatte sie sich von Zuckerkruste, die barmherzige Menschen ihr schenkten, und von wilden Früchten, die sie abpflückte, wenn ihr vom Fasten der Magen krachte. Als sie von Bahia aufgebrochen war mit dem Vorsatz, als Buße für ihre Sünden zu dem wundertätigen Kalvarienberg in der Serra de Piquaraçá zu pilgern, wo eine zwei Kilometer lange, zum Gedächtnis an die Stationen des Herrn mit Kapellen gesäumte Straße zu der Kirche Santa Cruz de Monte Santo führte, hatte Maria Quadrado zwei Röcke, eine blaue Bluse und Hanfschuhe angehabt, und ihre zwei Zöpfe waren mit einem Band zusammengebunden gewesen. Doch unterwegs hatte sie ihre Kleider an Bettler verschenkt, und die Schuhe wurden ihr in Palmeira dos Indios gestohlen. So daß sie an jenem frühen Morgen, als sie den heiligen Berg erblickte, barfuß ging, gekleidet in einen Rupfensack mit zwei Löchern für die Arme. Ihr kahler Schädel mit den schlecht gestutzten Stoppeln erinnerte an die Köpfe der Irren im Spital von Salvador. Sie hatte ihn selbst geschoren, nachdem sie zum viertenmal vergewaltigt worden war. Denn viermal seit Beginn ihrer Wanderschaft war sie vergewaltigt worden: von einem Polizisten, von einem Viehtreiber, von zwei Jägern und von einem Ziegenhirten, der sie in seiner Höhle hatte schlafen lassen. Die ersten drei Mal hatte sie, während die Männer sie entehrten, nur Widerwillen empfunden gegen diese Tiere, die da über ihr zuckten, als hätten sie den Veitstanz, und hatte die Prüfung ertragen und zu Gott gebetet, sie möge nicht schwanger werden. Aber das vierte Mal hatte sie Mitleid gespürt mit dem Jungen über ihr, der zärtliche Worte stammelte, nachdem er sie zuerst geschlagen hatte, um sie gefügig zu machen. Um sich für dieses Mitleid zu strafen, hatte sie sich das Haar abgeschoren und sich in ein Wesen verwandelt, so grotesk wie die Monstren, die der Zirkus des Zigeuners in den Dörfern des Sertão zur Schau stellte.

Als Maria Quadrado auf der Anhöhe stand und endlich den Preis so vieler Anstrengungen sah – die weißgrauen Steintreppen, die hoch oben auf dem Kalvarienberg enden, wo in jeder Karwoche Menschenmassen aus allen Ecken und Enden der Provinz Bahia zusammenströmen, und unten, am Fuß des Berges, die Häuser von Monte Santo, eng aneinandergedrängt um einen Platz mit zwei ausladenden Tamarinden, auf dem sich winzige Schatten bewegten –, warf sie sich nieder und küßte die Erde. Dort, in einer Ebene mit sprossender Vegetation und weidenden Ziegen, lag der ersehnte Ort, dessen Name ihr die Kraft verliehen hatte, die Wanderschaft zu überstehen und Müdigkeit, Hunger, Kälte, Hitze und Schrecken zu ertragen. Sie küßte die zwei Balken, die sie selbst zusammengenagelt hatte, und dankte Gott, daß er ihr erlaubt hatte, ihr Gelöbnis zu erfüllen. Dann nahm sie einmal mehr das Kreuz auf die Schulter und trottete nach Monte Santo wie ein Tier, das die Nähe der Beute oder des Verlangens wittert.

Sie betrat das Dorf zu der Stunde, da die Leute aufwachen, und Neugier regte sich von Tür zu Tür, von Fenster zu Fenster, als sie vorüberging. Belustigte oder mitleidige Gesichter kamen hervor, um die schmutzige, häßliche, erschöpfte, eckige Frau anzusehen, und als sie, an der Schlucht entlang, in der die Abfälle verbrannt wurden und Schweine herumschnüffelten, durch die Rua dos Santos Passos ging, die der Anfang des Kreuzwegs war, zog eine ganze Menschenmenge als Prozession hinter ihr her. Auf Knien begann sie den Aufstieg, von Maultiertreibern umringt, die ihre Arbeit im Stich gelassen hatten, von Schustern und Bäckern, von einem Schwarm von Kindern und Kirchgängerinnen, die sich aus der Morgenandacht fortgestohlen hatten. Die Dorfleute, für die sie zu Beginn des Aufstiegs nur ein seltsamer Vogel gewesen war und die sie nun mühsam, immer auf Knien, vorrücken sahen, das Kreuz auf der Schulter, das so schwer wiegen mußte wie sie selbst, und sahen, wie sie nicht zuließ, daß jemand ihr half, und wie sie vor jeder Kapelle anhielt, um zu beten, und den Heiligenbildern in allen Felsnischen mit Augen voll Liebe die Füße küßte, und sahen, wie Stunde um Stunde verging, ohne daß sie einen Bissen aß noch einen Tropfen trank, achteten sie am Abend als eine echte Heilige. Maria Quadrado erreichte die Höhe – eine Welt für sich, wo es immer kalt war und zwischen bläulichen Steinen Orchideen wuchsen –, sie besaß noch die Kraft, Gott für ihr Glück zu danken, dann brach sie ohnmächtig zusammen.

Viele der Leute von Monte Santo, deren sprichwörtliche Gastfreundschaft auch durch die häufige Invasion von Pilgern nicht versiegt war, boten Maria Quadrado Unterkunft an. Doch sie richtete sich in einer Grotte auf halber Höhe des Kreuzwegs ein, in der bis dahin nur Vögel und Nagetiere genächtigt hatten. Es war eine kleine Höhle, so niedrig, daß niemand aufrecht darin stehen konnte, und feucht durch das einsickernde Wasser, das die Wände mit Moos überzog, und mit Sandsteinboden, der zum Niesen reizte. Die Leute dachten, daß sie es an diesem Ort nicht lange machen würde. Aber der Wille, der Maria Quadrado erlaubt hatte, drei Monate lang mit dem Kreuz auf der Schulter zu gehen, gestattete ihr auch, alle Jahre hindurch, die sie in Monte Santo verbrachte, in dieser unwirtlichen Höhle zu leben.

Die Grotte der Maria Quadrado wurde zu einem Ort der Frömmigkeit und neben dem Kalvarienberg der von Pilgern am meisten besuchte Platz. Sie schmückte sie im Lauf der Monate. Aus Pflanzensäften, dem Staub von Mineralen und dem Blut der Koschenillelaus (mit dem die Schneider Kleider färben) stellte sie Farben her. Auf blauem Grund, der das Firmament darstellte, malte sie die Werkzeuge des Leidens Christi: die Nägel, die seine Hände und Füße durchbohrten; das Kreuz, das er trug und an dem er den

Geist aufgab; die Dornenkrone, die in seine Schläfen stach; den Mantel der Verspottung; die Lanze des Hauptmanns, die sein Fleisch durchbohrte; den Hammer, mit dem er ans Kreuz geschlagen wurde; die Peitsche, mit der er gegeißelt wurde; den Schwamm, aus dem er den Essig trank; die Würfel, mit denen die Gottlosen zu seinen Füßen würfelten, und den Beutel, in dem Judas seinen Verräterlohn erhielt. Sie malte auch den Stern, der die heiligen drei Könige und die Hirten nach Bethlehem geführt hatte, und ein von einem Schwert durchbohrtes Herz Gottes. Und sie errichtete einen Altar und höhlte eine Nische, in der die Büßer Kerzen anzünden und Votivtafeln aufhängen konnten. Sie schlief am Fuß des Altars, auf einem Strohsack.

Wegen ihrer Frömmigkeit und Güte liebten sie die Leute von Monte Santo, die sie annahmen, als habe sie ihr Leben lang hier gelebt. Bald fingen die Kinder an, sie Patin zu nennen, und die Hunde ließen sie in Häuser und Höfe, ohne zu bellen. Ihr Leben war Gott und dem Dienst an den Menschen geweiht. Stundenlang saß sie am Bett der Kranken, befeuchtete ihnen die Stirn und betete für sie. Sie half den Hebammen bei den Gebärenden und versorgte die Kinder der Frauen, die zeitweise von zu Hause fortgehen mußten. Sie übernahm die mühsamsten Aufgaben, wie etwa den Alten, die das selber nicht mehr konnten, bei der Verrichtung ihrer Bedürfnisse zu helfen. Die heiratsfähigen Mädchen holten sich bei ihr Rat über ihre zukünftigen Männer, und diese baten sie, bei den Eltern zu vermitteln, wenn sie sich gegen eine Heirat ihrer Kinder sperrten. Sie söhnte Ehepaare wieder aus, und Frauen, die fürchteten, von ihren Männern wegen Faulheit geschlagen oder wegen Ehebruchs getötet zu werden, flüchteten in ihre Grotte, da sie wußten, daß kein Mann in Monte Santo es wagen würde, ihnen ein Leid anzutun, wenn Maria Quadrado für sie eintrat. Sie lebte von milden Gaben und aß so wenig, daß immer noch etwas übrig blieb von dem, was ihr die Getreuen in ihre Grotte brachten, und so sah man sie jeden Abend Essen unter die Armen verteilen. Ihnen schenkte sie auch die Kleider, die sie geschenkt bekam, und nie, weder bei trockenem noch bei regenerischem Wetter, trug sie ein anderes Kleid als den Sack mit den zwei Löchern für die Arme, in dem sie gekommen war.

Hingegen war ihr Verhältnis zu den Missionaren der Mission von Massacará, die nach Monte Santo kamen, um in der Herz-Jesu-

Kirche den Gottesdienst abzuhalten, nicht sonderlich innig. Ständig machten die Missionare auf die falsch verstandene Religiosität aufmerksam, die sich außerhalb kirchlicher Kontrolle entwickelte. Sie erinnerten an die verzauberten Steine in der Gegend von Flores in Pernambuco, die der Häretiker João Ferreira und eine Schar seiner Anhänger mit dem Blut Dutzender von Personen (auch dem seinen) getränkt hatten, weil sie glaubten, damit den König Dom Sebastião entzaubern zu können, der die Geopferten zu neuem Leben erwecken und in den Himmel führen werde. Für die Missionare von Massacará war Maria Quadrado ein Fall von überspannter Frömmigkeit an der Schwelle zur Abtrünnigkeit. Sie ihrerseits hielt einen gewissen Abstand zu ihnen, obwohl sie niederkniete, wenn die Missionare vorbeikamen, ihnen die Hand küßte und sie um ihren Segen bat. Keiner hatte sie je mit diesen langbärtigen Patres, deren Kutten sich wölbten und die eine manchmal schwer verständliche Sprache sprachen, so vertraut und direkt umgehen sehen wie mit den Leuten vom Dorf.

Auch warnten die Missionare in ihren Predigten die Getreuen vor den Wölfen, die sich im Schafspelz in den Pferch schlichen, um die Herde zu reißen. Anders gesagt, vor diesen falschen Propheten, die Monte Santo anzog wie Honig die Fliegen. Sie erschienen in den Gassen, mit Schaffellen angetan wie der Täufer oder in Gewändern, die Ordenskleider imitierten, erklommen den Kalvarienberg und hielten dort oben flammende, unverständliche Predigten. Für die Leute waren sie eine Quelle der Zerstreuung, nicht mehr und nicht weniger als die Wandererzähler oder der Riese Pedrino, die Frau mit Bart oder der Mann ohne Knochen im Zirkus des Zigeuners. Aber Maria Quadrado ging nicht einmal in die Nähe der Menschentrauben, die sich um diese wundersamen Prediger bildeten.

Deshalb waren die Leute überrascht, als sie Maria Quadrado zum Friedhof gehen sahen, um den eine Gruppe Freiwilliger eine Mauer zu ziehen begann, angespornt von den Ermahnungen eines dunkelhäutigen Mannes mit langem Haar und violettem Gewand, der vor ein paar Tagen mit einer Schar von Leuten, darunter ein Wesen, halb Mensch, halb Tier, das auf allen vieren lief, im Ort angekommen war und sie getadelt hatte, weil sie sich nicht einmal die Mühe machten, eine Mauer um die Erde zu errichten, in der ihre Toten lagen. Mußte der Tod, der es den Menschen erlaubte, Gott von Angesicht zu sehen, nicht geehrt werden? Schweigend ging Maria Quadrado zu den Leuten, die Steine schleppten und sie rund um die von der Sonne versengten Kreuze aufeinandersetzten. Schulter an Schulter arbeitete sie mit ihnen bis Sonnenuntergang. Dann saß sie auf dem Hauptplatz unter den Tamarinden in dem Kreis, den die Menschen um den Dunkelhäutigen bildeten, und hörte ihm zu. Obwohl er von Gott sprach und sagte, daß es, um die Seele zu retten, wichtig sei, den eigenen Willen abzutöten – dieses Gift, das jedem die Vorstellung gab, ein kleiner Gott zu sein und größer als die Götter, die um ihn waren – und ihn zu ersetzen durch die Dritte Person, die bauende, die schaffende, die fleißige Ameise, und ähnliche Dinge mehr, sagte er sie in einer klaren Sprache, von der sie jedes Wort verstand. Obwohl religiös und tief, erinnerte seine Rede an die heiter-freundlichen Gespräche, welche die Familien nach Tisch auf der Gasse führten, wenn sie die Abendluft genossen. Zusammengekauert, ohne ihn etwas zu fragen, ohne die Augen von ihm abzuwenden, hörte Maria Quadrado ihm zu. Als es schon spät war und die Leute, die noch zugegen waren, dem Fremden ein Dach zum Schlafen anboten, schlug auch sie ihm – schüchtern, denn alle sahen sie an – ihre Grotte vor. Ohne zu überlegen, folgte ihr der hagere Mann den Berg hinauf.

Die ganze Zeit über, die der Ratgeber in Monte Santo verbrachte, Rat erteilend und arbeitend – er besserte die Kapellen am Berg aus, errichtete Steinmauern zu beiden Seiten des Kreuzwegs –, schlief er in der Grotte der Maria Quadrado. Später hieß es, er hätte dort nicht geschlafen, auch sie nicht, sondern im Gespräch über geistliche Dinge hätten sie die Nacht vor dem kleinen Altar verbracht, und es hieß auch, er hätte auf dem Strohsack geschlafen und sie über seinen Schlaf gewacht. Tatsache war, daß Maria Quadrado keinen Augenblick von seiner Seite wich, tagsüber neben ihm Steine schleppte und ihm nachts mit weit offenen Augen zuhörte. Trotzdem war ganz Monte Santo überrascht, als eines Morgens verlautete, der Ratgeber sei aus dem Dorf aufgebrochen, und unter seinen Gefährten sei auch Maria Quadrado mit ihm fortgezogen.

»Auf einem Platz in der Oberstadt von Bahia steht ein altes Steingebäude, verziert mit weißen und schwarzen Muscheln und eingeschlossen von dicken gelben Mauern, wie ein Gefängnis. Es ist, wie dieser oder jener Leser bereits vermuten wird, eine Hochburg des Obskurantismus: das Kloster Nossa Senhora da Piedade. Es gehört den Kapuzinern, einem jener Orden, die berühmt sind für die Unterdrückung des Geistes und den missionarischen Eifer, der in ihnen praktiziert wird. Warum spreche ich Euch von einer Stätte, die in den Augen jedes Freidenkers ein Symbol der Verhaßten ist? Nun, um Euch zu erzählen, daß ich vor zwei Tagen einen ganzen Abend darin zugebracht habe.

Ich bin nicht hingegangen, um das Terrain zu sondieren im Hinblick auf eine jener Botschaften pädagogischer Gewalt in Kasernen, Klöstern, Präfekturen und überhaupt allen Hochburgen der Ausbeutung und des Aberglaubens, die nach dem Urteil vieler Genossen unumgänglich sind, um die Tabus zu bekämpfen, mit denen die Arbeiter diese Institutionen betrachten, weil man es ihnen so beigebracht hat, und ihnen zu beweisen, daß sie verwundbar sind. (Erinnert Ihr Euch an die Freidenker-Clubs in Barcelona, die dafür eintraten, die Klöster zu überfallen, um die Nonnen durch eine Schwangerschaft dem Frausein zurückzugeben, dem sie durch das Eingesperrtsein entzogen wurden?) Ich war in diesem Kloster, um mich mit einem gewissen Frei João Evangelista de Monte Marciano zu unterhalten, von dem ich – Fügung des Schicksals – einen merkwürdigen Bericht gelesen hatte.

Ein Patient von Doktor José Batista de Sá Oliveira, von dessen Buch über Schädelmessung ich Euch bereits berichtet habe und mit dem ich gelegentlich zusammenarbeite, ist ein Parteigänger des mächtigsten Mannes dieser Region: des Barons de Canabrava. Dieser Mann, Lelis Piedades, ein Rechtsanwalt, erzählte, während ihm Doktor Oliveira ein Purgativ gegen den Bandwurm verabreichte, daß eine Fazenda des Barons de Canabrava seit ungefähr zwei Jahren von ein paar Verrückten besetzt gehalten werde, die ein Niemandsland daraus gemacht hätten. Er sei mit der Klageerhebung vor den Gerichten befaßt, damit der Baron im Namen des Rechts auf Eigentum (für das der Baron ohne jeden Zweifel inbrünstig eintritt) die Fazenda zurückerlange. Daß sich eine Gruppe von Ausgebeuteten der Güter eines Aristokraten bemächtigt, klingt einem Revolutionär immer angenehm in den Ohren, selbst dann, wenn diese armen Kerle – wie der Rechtsanwalt sagte, während er auf der Schüssel saß und drückte, um das von der Chemie hart bedrängte Untier auszustoßen – religiöse Fanatiker sind. Aber was an diesem Bericht sofort meine Aufmerksamkeit auf sich zog, war der Umstand, daß diese Leute die Zivilehe verwerfen und das praktizieren, was Lelis Piedades als Promiskuität bezeichnete, was aber für jeden sozial gebildeten Menschen die Institution der freien Liebe ist. ›Angesichts eines so eklatanten Beweises von sittlicher Verderbtheit hat die Obrigkeit keine andere Wahl, als die Fanatiker von dort zu vertreiben.‹ Und als Beweis galt dem Rechtsverdreher eben jener ›Bericht‹, den er sich dank seiner dicken Freundschaft mit der Kirche, der er ebenfalls Dienste leistet, hatte beschaffen können. Frei João Evangelista de Monte Marciano war als Abgesandter des Bischofs von Bahia, dem Klagen über häretische Umtriebe zu Ohren gekommen waren, auf der Fazenda gewesen. Er war abgereist, um nachzusehen, was in Canudos vorging, und kam erschrocken und verärgert über das, was er gesehen hatte, schleunigst wieder zurück.

So jedenfalls steht es in dem Bericht, und für den Mönch muß die Erfahrung, die er gemacht hat, in der Tat bitter sein. Für ein freies Wesen aber ist das, was Salbaderei in diesem Bericht zwischen den Zeilen erraten läßt, geradezu aufregend. Der Instinkt der Freiheit, den die Klassengesellschaft durch ihre zermalmenden Maschinen – Familie, Schule, Religion und Staat – erstickt, leitet die Schritte dieser Menschen, die sich unter anderem gerade gegen diejenigen Institutionen aufgelehnt zu haben scheinen, die Gefühlen und Wünschen Zügel anlegen wollen. Unter dem Vorwand, sie lehnten die nach dem Sturz des Kaiserreichs in Brasilien eingeführte Zivilehe ab, haben die Leute von Canudos gelernt, sich frei zu vereinigen und wieder zu trennen, sofern beide, Mann und Frau, damit einverstanden sind, und sich über die Vaterschaft der schwangeren Bäuche keine Sorgen zu machen, denn ihr Oberhaupt oder Führer – sie nennen ihn ›Ratgeber‹ – hat sie gelehrt, daß alle Wesen durch die bloße Tatsache ihrer Geburt legitim sind. Klingt Euch nicht manches daran vertraut? Ist es nicht, als ob hier bestimmte zentrale Ideen der Revolution Gestalt annähmen? Die freie Liebe, die freie Vaterschaft, die Aufhebung der Grenze zwischen legitimen und illegitimen Kindern, die Überzeugung, daß Würde oder Würdelosigkeit eines Menschen nichts Ererbtes sind? Hatte ich also nicht recht, einen natürlichen Widerwillen zu überwinden und den Kapuziner aufzusuchen?

Der Winkeladvokat des Barons de Canabrava selbst hat die Begegnung für mich erwirkt, in der Annahme, ich interessierte mich seit Jahren für das Thema des religiösen Aberglaubens (was übrigens zutrifft). Sie fand im Refektorium des Klosters statt, einem Raum, überladen mit Heiligen- und Märtyrerbildern und mit Blick auf einen kleinen, gefliesten Klostergarten und einen Brunnen, an den von Zeit zu Zeit Kapuzenmänner in ihren braunen Kutten und weißen Kordeln kamen und Eimer voll Wasser hochzogen. Der Mönch beantwortete alle meine Fragen, und als er entdeckte, daß wir in seiner Muttersprache, Italienisch, miteinander sprechen konnten, wurde er redselig. Ein noch junger Südländer, klein, das Haar lockig und der Bart üppig. Seine breite Stirn verrät den Phantasten, die fliehenden Schläfen und der gedrungene Nacken deuten auf einen nachtragenden, kleinlichen und leicht reizbaren Geist. Und in der Tat konnte ich im Verlauf des Gesprächs feststellen, daß der Mönch von Haß auf Canudos erfüllt ist, weil die Mission, die ihn dorthin führte, gescheitert ist und ihm der Aufenthalt unter Häretikern Angst eingeflößt haben dürfte. Aber auch abgesehen von dem Übertriebenen und Gehässigen seiner Aussagen ist das, was an Wahrem bleibt, eindrucksvoll genug.

Was ich gehört habe, könnte Stoff für viele Nummern der *Etincelle de la révolte* abgeben. Das Wesentliche ist, daß der Besuch meinen Verdacht bestätigt hat. Es stimmt, daß in Canudos einfache und unerfahrene Menschen kraft ihres Instinkts und ihrer Phantasie vieles von dem in die Praxis umsetzen, von dem wir europäischen Revolutionäre wissen, daß es notwendig ist, um die Gerechtigkeit auf Erden zu verwirklichen. Urteilt selbst. Frei João Evangelista hielt sich eine Woche lang in Canudos auf, in Begleitung zweier Mönche: eines anderen Kapuziners aus Bahia und eines Pfarrers aus einem Canudos benachbarten Dorf, eines gewissen Dom Joaquim, den er, nebenbei bemerkt, verabscheut (er beschuldigt ihn, er sei ein Säufer und unrein und hege Sympathie für die Banditen). Schon unterwegs, auf der mühsamen, achtzehn Tage dauernden Reise, stellten sie ›Anzeichen von Unbotmäßigkeit und Anarchie‹ fest, denn kein Spurenleser war bereit gewesen, ihnen den Weg zu weisen, und drei Meilen vor der Fazenda stießen sie auf eine Vorhut von Männern mit Araberflinten und Macheten, die ihnen feindselig entgegentraten und sie nur auf Fürsprache von Dom Joaquim, den sie kannten, ihren Weg fortsetzen ließen. In Canudos fanden sie in den strohgedeckten Lehmhütten eine Menge abgezehrter, hohlwangiger, in Lumpen gekleideter Menschen, bis an die Zähne bewaffnet, ›um den Ratgeber zu schützen, dem die Obrigkeit schon früher nach dem Leben getrachtet habe‹. Ich höre noch die Worte, mit denen der Kapuziner den unheimlichen Eindruck schilderte, den der Anblick so vieler Waffen auf ihn gemacht hatte. ›Sie legen sie weder zum Essen noch zum Beten ab und protzen selbstgefällig mit ihren Stutzen, Karabinern, Pistolen, Messern und Patronengürteln, als stünden sie im Begriff, einen Krieg zu führen.‹ (Ich konnte ihm nicht die Augen öffnen und ihm erklären, daß sie in diesem Krieg bereits begriffen seien, seit sie gewaltsam das Land des Barons an sich genommen haben.) Er versicherte mir, es gebe unter diesen Männer notorische, wegen ihrer Raubüberfälle berühmte Verbrecher, und erwähnte insbesondere den für seine Grausamkeit berühmt-berüchtigten João Satanás, der sich mit seiner Bande in Canudos niedergelassen habe und einer der Stellvertreter des Ratgebers sei. Diesen, erzählt Frei João Evangelista, habe er folgendermaßen angeherrscht: ›Warum nehmen Sie Verbrecher in Canudos auf, wenn Sie Christen sein wollen?‹ Die Antwort: ›Um aus ihnen gute Menschen zu machen. Wenn sie geraubt und getötet haben, dann haben sie es aus Armut getan. Hier fühlen sie, daß sie zur Familie der Menschen gehören, und sind dankbar dafür und tun alles, um zu sühnen. Würden wir sie abweisen, würden sie neue Verbrechen begehen. Wir verstehen die Barmherzigkeit so, wie Christus sie praktiziert hat.‹ Diese Sätze, Genossen, decken sich mit der Philosophie der Freiheit. Ihr wißt, daß der Räuber ein Rebell im Urzustand ist, ein Revolutionär, der nicht weiß, daß er einer ist, und Ihr werdet Euch erinnern, daß in den dramatischen Tagen der Kommune viele Brüder, die als Verbrecher galten und aus den Gefängnissen der Bourgeoisie freigekommen waren, in den vordersten Reihen standen und Schulter an Schulter mit den Arbeitern kämpften und Beweise von Heldentum und Selbstlosigkeit erbrachten.

Es ist bezeichnend, daß sich die Leute von Canudos selber Jagunços nennen, ein Wort, das soviel wie Aufständische bedeutet. Der Kapuziner, der als Missionar das Landesinnere kreuz und quer bereist hat, kannte diese barfüßigen Männer und Frauen nicht wieder, die früher den Abgesandten der Kirche und Gottes so bescheiden und respektvoll begegnet waren. ›Sie sind wie umgewandelt. Eine Unruhe, ein Aufbrausen ist in ihnen. Sie sprechen laut, sie fallen einem ins Wort, um die übelsten Torheiten zu äußern, die ein Christ hören kann, Ansichten, die Ordnung, Moral und Glauben unterhöhlen. So zum Beispiel, daß jeder, der das Heil erlangen wolle, nach Canudos kommen müsse, da die übrige Welt dem Antichrist anheimgefallen sei.‹ Und wißt Ihr, wen die Jagunços als Antichrist bezeichnen? Die Republik! Ja, Genossen! Die Republik machen sie für alle Übel verantwortlich, darunter zwar einige recht abstrakte, aber auch so reale und konkrete wie den Hunger und die Steuern. Frei Evangelista de Monte Marciano wollte seinen Ohren nicht trauen. Zwar bezweifle ich, daß er, sein Orden oder die Geistlichkeit insgesamt von dem neuen Regime in Brasilien besonders begeistert sind, weil, wie ich Euch schon in einem früheren Brief schrieb, die Republik die Kirche geschwächt hat. Aber sie deshalb für den Antichrist zu halten! Der Kapuziner sagte mir Dinge, die, statt mich, wie er glaubte, zu erschrecken oder zu empören, in meinen Ohren Musik waren: ›Sie sind eine politisch-religiöse Sekte, die sich gegen die verfassungsmäßige Regierung des Landes auflehnt, sie bilden einen Staat im Staate, denn in Canudos werden weder Gesetze noch die Obrigkeit noch auch das Geld der Republik anerkannt.‹ In seiner geistigen Blindheit konnte er nicht begreifen, daß diese Brüder mit sicherem Instinkt gegen den Erzfeind der Freiheit – die Macht – rebellieren. Und welche Macht unterdrückt sie, welche Macht verweigert ihnen das Recht auf Land, auf Bildung, auf Gleichheit? Etwa nicht die Republik? Und daß sie sich bewaffnet haben, um gegen sie zu kämpfen, zeigt, daß sie auch die Methode begriffen haben, die einzige, die den Ausgebeuteten zur Verfügung steht, um ihre Ketten zu brechen: die Stärke. Das ist aber nicht alles, macht Euch auf größere Überraschungen gefaßt. Nicht nur Weibergemeinschaft, versichert Frei Evangelista, sondern auch Gütergemeinschaft sei in Canudos eingerichtet worden. Alles gehört allen. Der Ratgeber soll die Jagunços davon überzeugt haben, daß es eine Sünde sei – hört gut zu –, irgendein Gut, bewegliches oder unbewegliches, als Eigentum zu betrachten. Häuser, Saaten, Tiere gehören der Gemeinschaft, sie gehören allen und keinem. Der Ratgeber hat sie überzeugt, daß einer, je mehr er besitzt, desto weniger Aussichten hat, am Tag des Jüngsten Gerichts unter den Erwählten zu sein. Es ist, als würde er unsere Ideen in die Praxis umsetzen und sie nur aus taktischen Gründen, mit Rücksicht auf den Bildungsstand der armen Menschen, die ihm nachfolgen, mit dem Schleier der Religion tarnen. Ist es nicht beachtlich, daß im hintersten Brasilien eine Gruppe von Aufständischen eine Gesellschaft gründet, in der die Ehe und das Geld abgeschafft sind und das Kollektiveigentum das Privateigentum abgelöst hat?

Diese Gedanken gingen mir durch den Kopf, als mir Frei Evangelista de Monte Marciano sagte, nachdem er sieben Tage lang in einer Atmosphäre der Feindseligkeit in Canudos gepredigt habe, hätten ihn die Jagunços einen Freimaurer und Protestanten geschimpft, weil er sie gedrängt habe, in ihre Dörfer heimzukehren. Und als er von ihnen verlangt habe, sie sollten sich der Republik unterordnen, seien sie so wild geworden, daß er Canudos fluchtartig habe verlassen müssen.

›Die Kirche hat dort jede Autorität eingebüßt, nur wegen eines Wahnsinnigen, der alle Leute den ganzen Tag über am Bau eines Gotteshauses arbeiten läßt.‹ Ich konnte sein Entsetzen nicht teilen, empfand vielmehr Freude und Sympathie für diese Menschen. Denn durch sie, möchte man sagen, entsteht im hintersten Brasilien jene Idee neu aus der Asche, welche die Reaktion in Europa im Blut gescheiterter Revolutionen erstickt zu haben glaubt. Auf ein nächstes oder auf immer.«

6. EINE SCHWARZE FRAU –
ALS HEILERIN IN CINCINNATI

Zur Einführung

Zwei Jahre, bevor ihr Roman »Beloved« (1987; »Menschenkind«) erschien, gab *Toni Morrison* (geb. 1931 als Chloe Anthony Wofford in Lorain, Ohio) in einem Interview den Grundeinfall für ihr neues Buch preis:

»Ich hatte eine Idee, von der ich nicht wußte, daß sie eine Buch-Idee sein würde. Aber ich erinnere mich, daß ich besessen war von zwei oder drei Geschichtsfragmenten, die ich von verschiedenen Seiten gehört hatte. Eine war ein Zeitungsausschnitt über eine Frau namens Margaret Garner im Jahr 1851. Es hieß dort, die Sklavenbefreier hätten aus ihrem Fall eine große Sache gemacht, weil sie aus Kentucky entkommen sei, ich glaube, mit ihren vier Kindern. Sie lebte in einem kleinen Viertel direkt außerhalb von Cincinnati, und sie hatte ihre Kinder umgebracht. Es gelang ihr, eines zu töten, und bei zwei anderen versuchte sie es. Sie schlug sie mit einer Schaufel auf die Köpfe, und sie wurden verwundet, aber starben nicht. Und es gab ein kleineres Kind, das sie an der Brust hatte. Das zusätzlich Interessante war das Interview, das sie gab. Sie war eine junge Frau. Auf den Bildern machte sie einen sehr ruhigen, ernst aussehenden Eindruck, und jeder, der mit ihr sprach, berichtete von ihrer Ernsthaftigkeit und ihrer Ruhe. Sie sagte: ›Ich will nicht, daß diese Kinder so leben müssen, wie ich gelebt habe.‹ Sie war in einen kleinen Holzschuppen gerade außerhalb ihres Hauses gegangen, um die Kinder zu töten, weil sie als Flüchtling wieder gefaßt worden war. Und sie hatte beschlossen, daß die Kinder nicht so leiden sollten wie sie und daß es besser für sie wäre zu sterben. Ihre Schwiegermutter war zur selben Zeit im Haus, und diese sagte: ›Ich beobachtete sie, und ich habe sie weder ermutigt noch entmutigt.‹ Sie steckten sie ins Gefängnis für eine kurze Zeit, und ich bin sogar unsicher, wie ihre Geschichte ausging. Aber dieser Moment, diese Entscheidung war ein Stück, ein Ende von etwas, das immer um mich war.« (Conversations, S. 206 f.)

Als »Beloved« 1987 erscheint, ist es der fünfte Roman dieser Autorin. In rascher Folge waren innerhalb von rund zehn Jahren »The Bluest Eye« (1970), »Sula« (1973), »Song of Solomon« (1977) sowie »Tar Baby« (1981) erschienen. Toni Morrison wird zur führenden Repräsentantin afro-amerikanischer Literatur mit internationaler Ausstrahlung. Und nachdem 1992 noch ein weiterer Roman »Jazz« erscheint, wird diese Autorin 1993 mit dem *Nobelpreis für Literatur* ausgezeichnet.

Ihr gesamtes literarisches und publizistisches Wirken hat Toni Morrison in den Dienst der Bekämpfung eines Doppelsyndroms der amerikanischen Gesellschaft gestellt: des *Rassismus und des Sexismus.* Ausgehend von der Erfahrung, daß die herrschende Geschichtsschreibung weder die Perspektive der Schwarzen noch die der Frauen, erst recht nicht der schwarzen Frauen zuließ, verschreibt sich diese Autorin der Aufgabe, die Geschichte der Schwarzen zum Zweck ihrer Identitätsfindung nicht nur zu dokumentieren, sondern endlich auch poetisch zu imaginieren. Sie selber charakterisiert ihre Arbeit in einem Gespräch aus dem Jahr 1988 so:

»Der Graben zwischen Afrika und Afro-Amerika und der Graben zwischen den Lebenden und den Toten sowie der Graben zwischen der

Vergangenheit und der Gegenwart existiert nicht. Er wird für uns überbrückt, indem wir Verantwortung übernehmen für Menschen, für die bisher niemals jemand Verantwortung übernommen hat. Das sind diejenigen, die auf den Schiffstransporten starben. Niemand kennt ihre Namen, niemand denkt an sie. Hinzu kommt, daß sie niemals in der Überlieferung überlebten. Es gibt keine Gesänge oder Tänze oder Geschichten dieser Menschen. Es gibt überlieferte Geschichten von denen, die angekommen sind. Aber nichts hat von den anderen überlebt.« (Conversations, S. 247)

Um *Bewußtmachen verdrängter Geschichte* geht es auch im Roman »Beloved«. Genauer: um Sichtbarmachung der traumatischen Vergangenheit einer früheren Negersklavin namens Sethe im Cincinnati der siebziger Jahre des vorigen Jahrhunderts. Sethe hatte mit ihrem Mann Halle in der Gefangenschaft auf der Sklavenfarm »Sweet Home« in Kentucky drei Kinder zur Welt bringen können: die Söhne Howard und Buglar sowie die Tochter Denver. Als sie mit dem vierten Kind schwanger ist, wagt sie die Flucht in den sklavenfreien Nordstaat Ohio. Unterwegs bringt sie unter Assistenz einer weißen Frau namens Amy ihr viertes Kind zur Welt, und sie erreicht das »schiefergraue Haus an der Bluestone Road« Nr. 124, wo ihre Schwiegermutter Baby Suggs wohnt, bei der sie Geborgenheit findet. Doch nach nur vier Wochen Freiheit wird sie von Sklavenjägern gestellt; es droht die zwangsweise Rückkehr. In Panik versucht Sethe ihre Kinder umzubringen. Alles ist besser als die Sklaverei, auch der Tod. Die älteren Kinder überleben, das Neugeborene stirbt. Seither leidet Sethe unter einem entsetzlichen Trauma, das ihre Familie auseinandersprengt. Die beiden Söhne sind bereits in jungen Jahren fortgelaufen; die Schwiegermutter an gebrochenem Herzen gestorben, das tote Kind spukt als Poltergeist im Haus.
Diese Vorgeschichte – Sklaverei, Flucht, Geburt, Rettung, Ermordung des Kindes – wird durch die Erzählerin ständig in die Gegenwartshandlung eingespielt. Der Roman ist dadurch im Lesefluß Seite für Seite unterbrochen. Was 18 Jahre nach den schrecklichen Ereignissen geschieht, ist Anlaß, immer wieder neu Erinnerungen an die Vergangenheit hochkommen zu lassen. Immer wieder kommt es zu Sprüngen zwischen Jetzt und Einst, Gegenwart und Vergangenheit, 124 Bluestone Road und Sweet

Home. Die Kritik hat sich deshalb mit der Beurteilung dieses Romans schwer getan. Man hat der Autorin einen Hang zu übertriebener Verrätselung, komplizierten Bildnetzen und symbolschwangerer Detailbetrachtung vorgeworfen. Und in der Tat ist das Buch nicht zu lesen wie die klassische *slave narrative,* die klassische Sklaven-Geschichte à la Harriet Beecher Stowe »Uncle Tom's Cabin« (1851/52), wo die Geschichte linear erzählt ist und der gute Schluß mit der Flucht aus der Sklaverei und dem Erreichen der Freiheit zusammenfällt.

In diesem Roman ist nicht Linearität, sondern *Zirkularität das Strukturprinzip,* und zwar in stets neuen Kreisbewegungen. Der dadurch erzeugte Lesewiderstand scheint mir Teil eines bewußt gewählten Schreibprogramms: Die relativ banale Alltagsstory der Gegenwart (die alltäglichen Sorgen einer Mutter um ihre Familie, ihren Partner, das Essen, das Haus) soll keinen Augenblick vergessen lassen, daß diese Frau einen Abgrund an Entwürdigung und Entpersönlichung hinter sich hat, ja selber mit einem Mord leben muß. Durch den Lesewiderstand werden wir sensibler für den schwierigen Prozeß therapeutischer Trauerarbeit, der sich an der Hauptfigur dieses Romans vollzieht. Wir werden als Leser hineingezogen in eine zirkuläre Suchbewegung der Hauptfiguren, die unter den Nachwirkungen der Sklaverei leiden und diese zu überwinden trachten: »In dieser Geistergeschichte der Sklaverei mischen sich historische Details mit phantastischen Elementen, eine Technik, die in afro-amerikanischer Kultur verankert ist und an den Magischen Realismus erinnert. Das Aufarbeiten dieser Verdrängung traumatischer Vergangenheit geschieht sowohl individuell durch Sethe als auch kollektiv durch die gesamte ›black community‹ und ist Bedingung für ein wirkliches physisches Lösen von der Sklaverei.« (A. Koenen, 1998)

Der Roman setzt in dem Moment ein, als ein ehemaliger Sklave von »Sweet Home«, Paul D, im Haus auftaucht. Eine gemeinsame Zukunft mit Sethe bahnt sich an. Doch nur kurze Zeit später erscheint ein junges Mädchen aus dem Nirgendwo, und Sethe meint in ihr ihre getötete Tochter zu erkennen. Sie nennt sie »Beloved«, was nicht »Menschenkind«, sondern soviel wie »Geliebte«, »Liebling« oder »geliebtes Kind« heißt. Das Mädchen (vom Alter her könnte es Sethes Kind sein) wird ins Haus aufgenommen, findet sofort das Vertrauen von Tochter Denver, sucht immer wieder neue Beweise der Zuwendung Sethes und drängt Paul D zielstrebig aus dem Haus, nachdem sie ihn sexuell verführt hatte. Die Vielgeliebte? Sie »benimmt sich wie ein verdorbenes Kind, dann wieder wie eine gute Schwester und Tochter und schließlich wie ein Inkubus, eine Hexe, die Paul D verführt und von ihm ein Kind erwartet.« (R. A. Stelzmann, S. 488) Paul D verläßt denn auch das Haus fluchtartig, als er erfährt, daß Sethe eine Kindsmörderin ist.

Nach einer Periode familiärer Harmonie kehrt sich auch die Mutter-Tochter-Beziehung allmählich um, und zwar so sehr, daß »Beloved«, mal Gotteskind, mal Teufelskind, Sethe völlig zu beherrschen beginnt. Während die Mutter immer schwächer wird, blüht das junge Mädchen, in der vollen Kraft ihrer neuen Mutterschaft, sichtlich auf. Die traumatisch präsente Vergangenheit ist so stark, daß sie Sethes Lebensenergie abzutöten droht. Auch Denver geht aus dem Haus und findet bezahlte Arbeit. Am Ende des Romans treffen dreißig Nachbarsfrauen in der 124 Bluestone Road ein. Sie wollen den Geist des toten Kindes besänftigen, ja austreiben, und Denvers neuer Arbeitgeber (ein Weißer) ist unter ihnen. Die Frauen sehen Beloved neben Sethe auf der Veranda stehen. In der plötzlichen Angst, daß ihr Kind wieder in die Sklaverei zurückgeholt werden könnte, stürzt sich Sethe auf den Weißen, wird aber von Denver und den Frauen rechtzeitig an einem weiteren Totschlag gehindert. Beloved ist plötzlich für immer verschwunden; der Fluch scheint gelöst. Erschöpft und um Beloved trauernd, hat Sethe kaum noch Lebensmut; da kehrt Paul D zurück und bietet ihr erneut eine gemeinsame Zukunft an.

Deutlich wird, daß dieser Roman auf zwei Ebenen spielt, genauer: zwei *geschichtliche Tiefendimensionen* exploriert. Da ist *zum einen* die Ebene der noch unmittelbar präsenten Sklaven-Vergangenheit. Und da ist *zum anderen* die zeitlich noch tiefer liegende Ebene der schwarzen Volksreligiosität. In der von ihr beherrschten Welt gibt es keinen Dualismus von Geist und Körper, Mensch und Tier, Zivilisation und Natur, belebter Welt und Objektwelt, Leben und Tod. In der von ihr bestimmten Welt ist Totes und Lebendiges miteinander verwoben, vollziehen Geister und Körper intensiven Austausch, und in dieser Welt zählen magische Rituale, Geisterbeschwörungen, Körperberührungen, tranceartige Zustände, heilende Tänze, rauschhafte Gesänge. In einer solchen Welt also kann es durch magische Beschwörung der Geister Heilung der traumatisierten Seelen geben.

Doch zugleich läßt der Roman noch eine dritte, zeitlich noch tiefer liegende Ebene erkennen. Es ist die *Erinnerung an biblische und christliche Traditionen*. Dies ist bei einer Autorin nicht weiter verwunderlich, die schon 1981 in einem Gespräch bekannte: »Die Bibel war nicht Teil meiner Lektüre, sondern Teil meines Lebens« (Conversations, S. 97). Leider geht durch die deutsche Übersetzung viel an sprachlichem Reichtum gerade in dieser Hinsicht verloren. Eine Sensibilität gerade für diese Dimension ist kaum erkennbar. Das beginnt schon mit dem mißlichen Titel. Er klingt zwar in sich gut, ist aber schlecht übersetzt, denn er läßt die bewußt komponierten biblischen Bezüge nicht mehr erkennen. Etwa eine Anspielung auf das »Hohelied der Liebe«, auch »Lied Salomos« genannt (englisch »The Song of Solomon«), was bei einer Autorin doppelt schwer wiegt, die einen ganzen Roman über »Song of Solomon« geschrieben hat. Bewußt spielt ja Toni Morrison durch ihre Titel-Wahl auf einen Satz aus dem »Song of Solomon« an:

»My beloved has gone down to his garden,
to the beds of spices,
to pasture his flock in the gardens,
and to gather lilies.
I am my beloved's and my beloved is mine;
he pastures his flock among the lilies.« (6, 2 f.)

Darüber hinaus geht auch eine Anspielung auf die christliche Liturgie verloren. Wenn Sethe ihre »Tochter« ständig mit »Dearly Beloved« anredet, verbindet dies jeder Leser mit der in amerikanischen Gottesdiensten üblichen Begrüßungsanrede für die Gemeinde zur Eröffnung oder zur Predigt.

Schwerer wiegt noch die Tilgung von *Jesus-Anspielungen* in der deutschen Übersetzung. In der Kritik ist zurecht bemerkt worden, daß die Figur der *Sethe mit Zügen des Gekreuzigten* ausgestattet ist (D. Guth, C. A. Mitchell). Sethe war in der Sklaverei einmal so stark mit Peitschenhieben auf den Rücken geschlagen worden, daß die Haut leblos-faltig wurde und eine Struktur sich abbildete, die an einen Baum erinnert. Diese Frau trägt seither also einen »Baum« auf ihrer Schulter. Als unschuldig Geschlagene, Entwürdigte erinnert sie dadurch an Christi Leiden. Sie trägt ihr »Kreuz« mit sich, da ja in der christlichen Vorstellungswelt das Kreuz assoziativ mit »Holz« und »Baum« verbunden ist.

Charakteristisch ist dafür eine Erinnerung Sethes an ihre Flucht aus der Sklaverei, bei der sie – wie wir hörten – von einer weißen Frau namens Amy unterstützt wird. Als diese ihr den schmerzenden Rücken massieren will, muß sie Sethes Kleid vom Rücken ablösen. Wörtlich heißt es:

> »Amy löste ihr das Kleid vom Rücken und sagte: ›Herrjemine‹, als sie es sah. Sethe nahm an, daß es schlimm sein mußte, denn nachdem Amy Gott den Herrn angerufen hatte, sagte sie eine ganze Weile nichts mehr...
> Das ist ein Baum, Lu (...) Auf deinem Rücken ist 'n ganzer Baum. In voller Blüte. Was hat sich Gott dabei wohl gedacht. Ich hab auch schon ziemlich Prügel gekriegt, aber an so was kann ich mich nicht erinnern.« (S. 112 f.)

Im englischen Original aber liest es sich so:

> »Amy unfastened the back of her dress and said, ›Come here, Jesus‹, when she saw. Sethe guessed it must be bad because after that call to Jesus Amy didn't speak for a while...
> It's a tree, Lu... Your back got a whole tree on it. In bloom. What Got have in mind, I wonder. I had me some whippings, but I don't remember nothing like this.« (S. 79)

Durch die deutsche Übersetzung mit »Herrjemine« und »Gott den Herrn« geht gerade die entscheidende christologische Figuration der Frauenfigur verloren. Und damit die entscheidende Sinndimension einer Erzählerin, die solche Signale aus ihrem eigenen christlichen Kontext heraus bewußt setzt. Die Anspielung auf Jesus als eine das Leiden deutende und zugleich transformierende Kraft ist gerade in der afro-amerikanischen Literatur weit verbreitet. Bei Toni Morrison sind solche Bezüge Teil ihres vieldimensionalen Verweis- und Deutungssystems.

Die Anspielungen auf Christus sind denn auch bei einer anderen zentralen Frauenfigur des Romans mit Händen zu greifen: bei der *Schwiegermutter Baby Suggs.* Eine Szene aus der Mitte des Romans, eine Schlüsselszene für das gesamte Schreibprogramm der Autorin, soll dies verdeutlichen. Im Text wird gleich zu Anfang auf die Ankunft von Paul D in 124 Bluestone Road angespielt. Auch auf den »strafenden Geist« des im Hause herumspukenden getöteten Kindes, auf die Söhne Howard und Buglar, die das Haus verließen, auf Sethes Mann und Vater ihrer Kinder, Halle, der nur in der Erinnerung existiert, in der Gegenwart nicht mehr auftaucht. Und schließlich ist von Baby Suggs die Rede.

Von dieser großartigen Frau bekommen wir nun ein »Schauspiel« besonderer Art geboten, wie dies nur in der »black community« denkbar ist. Denn diese Frau ist vieles zugleich: Heilerin, Erlöserin, Schamanin, Große Mutter. Religiöse Metaphern wie »Heilige«, »Predigerin ohne eigene Kirche« werden direkt erwähnt und werten diese Person »mythisch« auf. Ja, durch Anspielungen auf Christus-Worte wird diese Frau zu einer *figura Christi:* »Lasset die Kinder kommen« (vgl. Matthäus 19,14). Eine Aufforderung, die auch an die Männer und Frauen ergeht.

Unter dem Einfluß dieser Frau verwandelt sich eine Waldlichtung in Cincinnati auf einmal in einen sakralen Ort, ihr Sitzstein wird zur Kanzel, ihre Rede an die Menschen zur »Feldpredigt«, wie Christus sie einst hielt, nach der Überlieferung des Lukas. Die Parallelen sind überdeutlich:

> *»Und viele Menschen ... strömten herbei. Sie alle wollten ihn hören und von ihren Krankheiten geheilt werden. Auch die von unreinen Geistern Geplagten wurden geheilt. Alle Leute versuchten, ihn zu berühren; denn es ging eine Kraft von ihm aus, die alle heilte.« (Lukas 6, 17–19)*

Dieselbe Heil-Kraft geht von dieser schwarzen Frau und ihrer Liebespredigt aus: die Aufforderung an ihre schwarzen Mitbrüder und –schwestern, sich selbst zu lieben und der ihnen eingeimpften Selbstverachtung zu widerstehen. Ihre »Predigt« breitet demnach das ganze Spektrum von Körperlichkeit und Sinnlichkeit aus. Alles soll man lieben: die Augen, die Haut auf dem Rücken, die Hände, den Mund, das Fleisch, die Füße, die Schultern, die Arme, den Hals, Organe wie Leber, Herz und Lunge, Geschlechtsteile:

»Hier [. . .] an diesem Ort hier, sind wir Fleisch; Fleisch, das weint und lacht. Fleisch, das barfuß im Gras tanzt. Liebt es. Liebt es nach Kräften. Dort drüben lieben sie euer Fleisch nicht. Sie verachten es. Sie lieben eure Augen nicht; sie würden sie euch am liebsten auskratzen. Genausowenig lieben sie die Haut auf eurem Rücken. Dort drüben peitschen sie sie aus. Und oh, mein Volk, sie lieben deine Hände nicht. Deine Hände benützen sie nur, sie binden, fesseln sie, schlagen sie ab und lassen sie leer. Liebt eure Hände! Liebt sie. Erhebt sie und küßt sie. Berührt andere damit, klatscht in die Hände, streichelt euer Gesicht damit, denn auch das lieben sie nicht. Ihr müßt es lieben, ihr! Und o nein, sie lieben auch euren Mund nicht. Drüben, da draußen wollen sie sehen, wie er gebändigt wird, und ihn von neuem bändigen. Was ihr mit eurem Mund sagt, wollen sie nicht achten. Was ihr mit ihm herausschreit, hören sie nicht. Was ihr hineinsteckt, um euren Körper zu ernähren, das schnappen sie euch weg und geben euch statt dessen Abfälle. Nein, euren Mund lieben sie nicht. Ihr müßt ihn lieben. Über das Fleisch rede ich hier. Fleisch, das geliebt werden muß. Füße, die ausruhen und tanzen müssen. Rücken, die Unterstützung brauchen; Schultern, die Arme brauchen, und zwar starke Arme, das sage ich euch. Und oh, mein Volk, dort draußen, hört mich, mögen sie auch euren Hals nicht ohne Schlinge und nicht aufrecht. Liebt also euren Hals; legt eine Hand darauf, erweist ihm Gunst, streichelt ihn und haltet ihn hoch. Und all eure Organe, die sie am liebsten den Schweinen vorwerfen würden, ihr müßt sie lieben. Die dunkle, dunkle Leber – liebt sie, liebt sie, und das schlagende, schlagende Herz, liebt auch das. Mehr als die Augen oder die Füße. Mehr als die Lungen, die erst noch freie Luft atmen müssen. Mehr als euren Leben tragenden Schoß und eure Leben gebenden Geschlechtsteile, hört mich an, liebt euer Herz. Denn dies ist der Preis.«

Auch dies ist eine einzigartige Variation und Applikation der jesuanischen Predigt, der Aufforderung zur Feindesliebe (Matthäus 5,44). Denn in der Sklaverei wurden diese Menschen sich selbst zum Feind, lernten sich selbst zu verachten, sich selbst zu hassen. Deshalb kommt aus therapeutischem Grunde alles darauf an, das Selbstlieben und die Selbstachtung einzuüben. In einer Gesellschaft, in der Menschen sich selbst entfremdet wurden, gehört es zur allerersten Sorge, die Selbstentfeindung zu betreiben, Spaltungen in der Seele zu überwinden, die Risse des Selbsthasses zu überbrücken. Aus Nichtmenschen sollen Menschen werden.

Und deshalb ist es für die Gesamtaussage des Romans von

großer Bedeutung, daß Toni Morrison als Motto ein *Zitat aus dem Römerbrief des Apostels Paulus* gewählt hat: »Ich will das mein Volk heißen, das nicht mein Volk war, und meine Liebe, die nicht meine Liebe war.« (Römer 9,25) Dieses Wort ist von *intertextueller Komplexität*. Es ist bereits bei Paulus ein Zitat, stammt vom Propheten *Hosea* (Hosea 2,25) und ist bei diesem Ausdruck seiner bitteren Kritik an der Treulosigkeit des Volkes Israel. Da Israel von Gott abgefallen ist und mit anderen Göttern wie eine Dirne Unzucht zu treiben begann, wendet sich Gott – so droht der Prophet – von einem solchen Volk ab. Gott widerruft seine Zusage an Israel, sein Volk zu sein, und beruft sich ein neues Volk, das bisher nicht »sein« Volk war. Bei Hosea ist dies die äußerst zugespitzte Form der Strafpredigt für Israel. Er konfrontiert das Volk mit der freien Möglichkeit Gottes, sich ein neues Volk zu wählen, ein neues Volk zu lieben.

Bei *Paulus* wird dieses Hosea-Zitat hineingenommen in seine Auseinandersetzung mit innerjüdischen Gegnern um den Status der Menschen aus den nichtjüdischen Völkern, den Heidenchristen. In den Kapiteln 9–11 des Römerbriefes legt ja Paulus eine große theologische Konzeption zu der Frage vor: Welche Zukunft hat das auserwählte Volk noch, nachdem es Jesus als Messias und Gottessohn nicht akzeptiert hat? Ja, warum hat Gott diese Nichtakzeptanz überhaupt gewollt? Wie konnte Gott Jesus als Christus durch Heiden akzeptieren lassen, obwohl dieser doch ursprünglich für Israel gekommen war? In dieser Situation beruft sich Paulus im innerjüdischen Streit ebenfalls auf die Freiheit Gottes – und zwar mit eben dem Zitat aus dem Propheten Hosea. So wie Hosea schon Israel mit der Freiheit Gottes konfrontierte, sich das Volk als »sein Volk« zu wählen, das bisher nicht »sein Volk« war, so auch im Fall der Christus-Verkündigung. Sie macht nun Heiden-Völker zu Erwählten und Geliebten, die vorher Nicht-Volk waren, Nicht-Geliebte Gottes. Eine hohe dialektische Argumentationskunst im Namen der Freiheit Gottes, die in Krisenzeiten Israels immer wieder neue theologische Denkmodelle ermöglichte.

Diese biblisch-christologische Dialektik macht sich auch Toni Morrison befreiungstheologisch zunutze. Was bei Hosea das

Volk Israel, was bei Paulus die Heiden-Völker waren, ist bei ihr das Volk der Schwarzen. Die Autorin beerbt damit das Paulus-Zitat als Kämpferin gegen den Rassismus und Sexismus. Und sie beerbt dabei nicht nur strukturell die dialektische Denkfigur, sondern auch inhaltlich die theologische Pointe. Diese lautet: Mit dem Volk der Schwarzen hat sich Gott nun das Volk erwählt, das als Nicht-Volk verachtet, geschlagen, ja ausgelöscht wurde. Das Volk der Schwarzen ist nun die »Liebe Gottes«, das unter dem Vorzeichen des Rassismus gehaßt und verfolgt war. »Sechzig Millionen und mehr« lautet die Widmung des Buches! 60 Millionen und mehr Opfer der Sklaverei sind damit gemeint...

Hier treffen sich denn nun auch der Titel »Beloved« und das als Motto gewählte Paulus-Zitat. Wir merken, daß »Beloved« keineswegs nur die Mutter-Tochter-Beziehung meint, also nicht individualistisch verengt verstanden werden darf. »Beloved« bezieht sich auch kollektiv auf das Volk der Schwarzen, die durch die Liebe Gottes eine neue Würde, eine neue Identität, einen neuen Stolz gewinnen. Auch deshalb ist es mißlich, daß im Deutschen der Titel so verändert wurde. Denn im englischen Original ist die Beziehung zwischen Titel und Motto noch hörbar, wenn es heißt:

»I will call them my people,
which where not my people;
and her beloved, which was not beloved.«

Ausgabe: T. Morrison, Beloved. A Novel, New York 1987. Menschenkind. Roman. Deutsch von H. Pfetsch, Hamburg 1989, Taschenbuch-Ausgabe Hamburg 1999, S. 121–132.

Literatur zur Vertiefung

1. *Zur Lebensgeschichte:*
   T. Morrison, Conversations, hrsg. v. T. Taylor-Guthrie, Jackson, Miss. 1994.
2. *Zur Werkgeschichte:*
   M. Blunck, Toni Morrison. Eine Studie über die afroamerikanische Autorin und ihr Werk, Hamburg 1984.

A. Koenen, Zeitgenössische Afro-Amerikanische Frauenliteratur. Selbstbild und Identität bei Toni Morrison u. a., Frankfurt/M. – New York 1985.

Dies., Toni Morrison, in: Metzler Autorinnen Lexikon, hrsg. v. U. Hechtfischer u. a., Stuttgart – Weimar 1998, S. 369–371.

H. Bloom (Hrsg.), Toni Morrison, New York – Philadelphia 1990.

W. D. Samuels – C. Hudson-Weems (Hrsg.), Toni Morrison, Boston 1990.

T. Harris, Fiction and Folklore: The Novels of Toni Morrison, Knoxville 1991.

M. Sanders Mobley, Folk Roots and Mythic Wings in S. Orne Jewett and Toni Morrison, Baten Rouge – London 1991.

B. Hill Rigney, The Voices of Toni Morrison, Columbus, Ohio 1991.

P. Bryce Bjork, The Novels of Toni Morrison. The Search for Self and Place Within the Community, Frankfurt/M. – New York 1992.

H. L. Gates – K. A. Appiah (Hrsg.), Toni Morrison. Critical Perspectives. Past and Present, New York 1993.

G. Grewal, Circles of Sorrow, Lines of Struggle: The Novels of Toni Morrison, Baton Rouge 1998.

R. A. Stelzmann, Gott und Mensch in den Romanen Toni Morrisons, in: Stimmen der Zeit 217 (1999), S. 483–495.

3. *Zum Text:*

S. Bowers, Beloved and the New Apocalypse, in: The Journal of Ethnic Studies 18 (1990) S. 59–77.

K. F. C. Holloway, Beloved: A Spiritual, in: Callaloo: A Journal of Afro-American and African Arts and Letters 13 (1990) S. 516–525.

C. A. Mitchell, »I love to tell the Story«. Biblical Revisions in »Beloved«, in: Religion and Literature 23 (1991), S. 27–42.

E. L. Rodrigues, The Telling of »Beloved«, in: The Journal of Narrative Technique 21 (1991), S. 153–169.

J. Pesch, »Beloved«: Toni Morrison's Post-Apocalyptic Novel, in: Canadian Review of Comparative Literature 20 (1993), S. 397 408.

K. B. Payant, Toni Morrison: African-American Women and Men, an Uneasy Alliance, in: dies., Becoming and Bonding. Contemporary Feminism and Popular Fiction by American Women Writers, Westport, Conn. – London 1993.

J. Wyatt, Giving Body to the Word: The Maternal Symbolic in Toni Morrison's »Beloved«, in: Publications of the Modern Language Association of America 108 (1993), S. 474–488.

D. Guth, »Wonder What God Had in Mind«: *Beloved's* Dialogue with Christianity, in: Journal of Narrative Technique 24 (1994), S. 83–97.

D. Taylor-Guthrie, Who Are the Beloved? Old and New Testaments, Old and New Communities of Faith, in: Religion and Literature 27 (1995), S. 119–129.

M. Bonnet, »To Take the Sin Out of Slicing Trees . . .«: The Law of the Tree in »Beloved«, in: African American Review 31 (1997), S. 41–53.

S. Corey, The Religious Dimensions of the Grotesque in Literature: Toni Morrisons's Beloved, in: The Grotesque in Art and Literature, hrsg. von J. Luther Adams, Grand Rapids 1997.

Auch im Fall von Toni Morrison gingen der Verlag und ich davon aus, daß die Abdruckgenehmigung für den gewählten Textausschnitt gewährt würde. Was aber bei allen anderen Texten gestattet wurde, wurde hier verweigert. Die entsprechende Agentur teilte uns in letzter Minute mit, daß die Autorin prinzipiell keinen Abdruck von Teiltexten wünsche. Auch der Hinweis, daß es sich bei diesem Buch nicht um die übliche Anthologie, sondern um eine wissenschaftliche Dokumentation im Sinn einer Jahrhundertbilanz handelt, änderte nichts. So muß ich den Leser in diesem Ausnahmefall leider auf die Buchausgabe von »Menschenkind« verweisen, was deshalb verschmerzbar ist, weil das Buch in der angegebenen Taschenbuch-Edition leicht greifbar ist. Verzichten wollte ich auf das Kapitel über Toni Morrison auf keinen Fall, zumal die Einführung längst abgeschlossen war, als die genannte Auskunft eintraf.

ZU DIESER EDITION

Habent sua fata libelli. Die Bücher haben ihre Geschichte und ihr Geschick, das ist wahr. Aber genauso wahr ist: Bücher können für einen Autor zum Schicksal werden. Bei mir ist es mein erstes Buch geworden, das ich vor gut 20 Jahren, 1978, unter dem Titel »Jesus in der deutschsprachigen Gegenwartsliteratur. Mit einem Vorwort von Walter Jens« vorgelegt habe.

Zur Geschichte

Ich konnte damals nicht ahnen, daß dieses als reine Dissertation entstandene Buch derart meinen Lebensweg bestimmen würde, was konkret heißt: Das Forschungsfeld Theologie und Literatur wurde in den letzten 20 Jahren zu einer meiner Lebensaufgaben. Seit Anfang der 90er Jahre ist der interreligiöse Dialog, insbesondere das Verhältnis von Judentum, Christentum und Islam, dazugekommen: »Streit um Abraham. Was Juden, Christen und Muslime trennt – und was sie eint« (1994), wobei sich auch hier spannende Überschneidungen mit der Literatur ergeben, wie mein 1998 vorgelegtes Buch zu Lessing dokumentiert, das ein großes Forschungsprojekt »Literatur und Weltreligionen« eröffnet: »Vom Streit zum Wettstreit der Religionen. Lessing und die Herausforderung des Islam«.
Wer aber einmal eine große Studie über »Jesus und die Dichter« geschrieben hat, bleibt gepackt von dieser erregenden Thematik. Ein solches Thema entfaltet einen dynamischen Lernwillen, der buchstäblich Grenzen sprengt. Denn wer die deutschsprachige Literatur gründlich kennt, möchte wissen, wie es im nichtdeutschsprachigen Raum aussieht. Was haben große Schriftstellerinnen und Schriftsteller anderer Länder und Kulturen in diesem Jahrhundert zur Gestalt des Nazareners geschrieben? Welche Texte, direkt oder indirekt zu Jesus, sind nicht nur von europäischen Autorinnen und Autoren verfaßt worden, sondern auch von solchen aus den Vereinigten Staaten, aus Südamerika oder aus Kulturräumen, die von nichtchristlichen Religionen, etwa dem Islam, geprägt sind? So machte ich mich in den beiden vergangenen Jahrzehnten immer wieder neu auf

Spurensuche, inspiriert auch durch Reisen und Studienaufenthalte in vielen europäischen und nichteuropäischen Ländern. Erste Spuren enthielt schon meine Anthologie »Der andere Jesus« (1983), die der eingangs erwähnten Studie folgte und dem Leser die dort interpretierten Texte ohne weitere Kommentare bereitstellte. Hier hatte ich schon Texte von Anatole France, Ernest Hemingway, Ilja Ehrenburg und Ignazio Silone aufgenommen. Aber erst in meiner größeren Studie »Im Spiegel der Dichter. Mensch, Gott und Jesus in der Literatur des 20. Jahrhunderts« (1997) habe ich erstmals programmatisch die Jesus-Gestalt im interkulturellen Vergleich darzustellen versucht. »Ecce homo – Gesichter Jesu im Spiegel großer Kulturen« heißt das entsprechende Kapitel in diesem Buch, das zusammengehalten wird von der Frage: Unter welchem Namen lebt er, der Nazarener, bei Autoren in Europa, in den USA, in Rußland, in Lateinamerika, in Ägypten? Welche Gesichter bekommt er in der Poesie großer Kulturen dieser Welt? Kurz: Durch ein über zwanzigjähriges Studium und präzise Vorausexplorationen vorbereitet, kann ich es nun wagen, in umfassender Form zum Thema Jesus im Spiegel der Weltliteratur eine bilanzierende Studie vorzulegen. Dabei sind selbstverständlich auch einem solchen Unternehmen Grenzen auferlegt.

Zur Auswahl

Um die Textflut zu kanalisieren, legt sich eine chronologische, gattungsmäßige und rezeptionsästhetische *Beschränkung* nahe. Das heißt: Aufgenommen wurden Texte des 20. Jahrhunderts, darunter nicht solche aus dem Bereich des Dramas oder der Lyrik, sondern ausschließlich aus dem Bereich der Prosa, vornehmlich aus Romanen, und besonders von solchen Autorinnen und Autoren, die man zur »Weltliteratur« zählen kann oder deren Texte weltliterarisches Niveau haben. Zur Rezeptionskategorie »Weltliteratur« habe ich im Prolog zu diesem Buch das Nötigste zu sagen versucht.

Was die *Textgestalt* angeht, habe ich mich bemüht, möglichst geschlossene Einheiten vorzulegen. In den meisten Fällen wurden ganze Kapitel aus den Romanen ungekürzt ausgewählt

(z. B. James Joyce »Ulysses«) oder ganze Sinn-Einheiten präsentiert (z. B. Max Frisch »Tagebuch«) oder Prosa-Stücke in voller Länge präsentiert (z. B. Dürrenmatt »Pilatus«). Auf diese Weise wollte ich als Herausgeber möglichst wenig »Schnitte« dem Leser zumuten. Die kompositorische Einheit sollte bewahrt werden – aus Respekt vor dem Künstler, der sich nun einmal für diese Länge entschieden hat.

Unter den hier ausgewählten Prosatexten wurden nur solche berücksichtigt, in denen die Gestalt Christi entweder direkt literarisch gestaltet (der Jesus-Roman in all seinen Variationen) oder in denen durch Stellvertreterfiguren oder durch Grundereignisse ein Bezug zur Christusgestalt oder zur Christusüberlieferung eindeutig erkennbar oder wo durch unzweideutige literarische Signale ein jesuanischer oder christologischer Bezug durch den Autor oder die Autorin zum Verständnis des Textganzen vorgegeben ist.

Gerade das riesige Feld der indirekten Jesus-Darstellungen zu dokumentieren konnte hier nicht das Interesse sein. Ich mußte mich auf einige repräsentative Beispiele beschränken, die es in der Weltliteratur dieses Jahrhunderts gibt. Was umgekehrt heißt: Ich lege hier keinen »endgültigen Kanon« überzeitlicher Werke vor, den es zu keinem Thema gibt. Wohl aber lege ich Texte vor, die sich in diesem Jahrhundert durchgehalten, also in Sachen Jesus auch international eine bleibende Rezeption erfahren haben. Insofern ist diese Auswahl nicht kanonisch, aber auch nicht beliebig. Es sind maßgebende Texte maßgebender Autoren in der Literatur des 20. Jahrhunderts. Ergänzungen aus anderer Perspektive und anderen Rezeptionserfahrungen sind dabei nicht nur erlaubt, sondern willkommen. Diese Bilanz ist offen für kreatives Mitdenken.

Zu den Einführungen

Das Besondere dieser bilanzierenden Studie sollen die Einführungen und die Verweise auf vertiefende Literatur sein. In der Regel enthalten Textsammlungen ausschließlich die ausgewählten Stücke, versehen bestenfalls mit einer Quellenangabe. Hier wollte ich bewußt eine andere Form wählen, nicht zuletzt mit Blick auf viele Kolleginnen und Kollegen in der Unterrichtspraxis von Erwachsenenbildung, Akademien, Schulen oder Hochschulen. Gerade von ihnen wurde ich in den letzten 20 Jahren – bei Fortbildungsveranstaltungen in Sachen Theologie und Literatur – immer wieder ermutigt, Texte mit Interpretationshilfen vorzulegen, also eine *Mischform* zu wählen *zwischen Monographie und Anthologie*. Diese Form lege ich hier vor: eine mit ausführlichen Verstehenshilfen versehene Textsammlung.

Die *Einführungen* haben den Sinn, den Leser auf die Lektüre des Textes vorzubereiten. Sie sollen ihn zunächst unabhängig machen von weiteren Quellenwerken. Sie sollen genügend Informationen über Entstehungsbedingungen des Textes, lebens- und werkgeschichtlichen Kontext, Erzählperspektive, konzeptionelle Vorentscheidungen und narrative Strategien enthalten, um den Text besser verstehen zu können. Dabei handelt es sich – aus Raumgründen – um die nötigsten Grundinformationen. Über Autorinnen und Autoren dieses Formats wären gerade zum Jesus-Thema umfangreiche Monographien nötig, die es nur in wenigen Fällen gibt (z. B. zu H. Böll). Die Einführungen beschränken sich auf das Unverzichtbare und berücksichtigen dabei möglichst den neuesten Forschungsstand, wie er sich vornehmlich, aber nicht ausschließlich, in der *deutschsprachigen Forschung* spiegelt. Ein anderes Verfahren hätte den Rahmen dieser Einführungen gesprengt. Ich stütze mich also bei meinen Kommentaren vornehmlich auf die deutschsprachige Forschung und auf die fremdsprachige nur, insofern sie mir unverzichtbar erschien und mir quellenmäßig überhaupt zugänglich war. Von den in »*Literatur zur Vertiefung*« angegebenen Titeln her aber gewinnt der weiter interessierte Leser ohne weiteres Zugang auch zur fremdsprachigen Forschung. Deshalb habe ich in diesen Rubriken eine Mischung aus Grundliteratur und Spezialliteratur vorgelegt. Darüber hinaus habe ich ständig die einschlägige Grundliteratur konsultiert, die ich im folgenden aufführe und zur besseren Transparenz nach Sprachräumen gliedere: literaturgeschichtliche Überblicke und thematische Studien zur Jesus-Figur.

(1) **Lexika**

Kritisches Lexikon zur fremdsprachigen Gegenwartsliteratur, hrsg. v. H. L. Arnold, Bde. I–VIII, München 1984 ff.

G. von Wilpert, Lexikon der Weltliteratur, Bde. I–IV, Stuttgart ³1988, Taschenbuch-Ausgabe München 1997.

Harenberg Lexikon der Weltliteratur, Bde. I–V, Dortmund 1989; überarb. u. akt. Studienausgabe 1994.

Kindlers Neues Literaturlexikon, hrsg. v. Walter Jens, Bde. I–XXII, München 1989–1998.

Metzler Autorinnen-Lexikon, hrsg. v. U. Hechtfischer u. a., Stuttgart – Weimar 1998.

(2) **Zur amerikanischen Literatur**

H. Zapf (Hrsg.), Amerikanische Literaturgeschichte, Stuttgart 1997.

M. Schulze, Geschichte der amerikanischen Literatur. Von den Anfängen bis heute, Berlin 1999.

J. D. Hart (Hrsg.), The Oxford Companion to American Literature, New York ⁶1995.

Th. Ziolkowski, Fictional Transfigurations of Jesus, Princeton 1972.

(3) **Zur europäischen Literatur**

H. U. Seeber (Hrsg.), Englische Literaturgeschichte, Stuttgart – Weimar ²1993.

P. Rogers (Hrsg.), The Oxford Illustrated History of English Literature, Oxford 1987.

J. Grimm (Hrsg.), Französische Literaturgeschichte, Stuttgart ³1994.

C. Pichois (Hrsg.), Littérature française, Bde. I–XVI, Paris 1968–1979.

V. Kapp (Hrsg.), Italienische Literaturgeschichte, Stuttgart – Weimar ²1994.

P. Tzermias, Die neugriechische Literatur. Eine Orientierung, Tübingen 1987.

L. Politis, Geschichte der Neugriechischen Literatur, Köln 1984, Nachdruck 1996.

K.-J. Kuschel, Jesus in der deutschsprachigen Gegenwartsliteratur. Mit einem Vorwort von Walter Jens, Zürich – Gütersloh
1978, Taschenbuch-Ausgabe München 1987.

G. Kaiser, Christus im Spiegel der Dichtung. Exemplarische
Interpretationen vom Barock bis zur Gegenwart, Freiburg/Br.
1987.

G. Langenhorst, Jesus ging nach Hollywood. Die Wiederentdeckung Jesu in Literatur und Film der Gegenwart, Düsseldorf
1998.

H. Schmidinger u. a. (Hrsg.), Die Bibel in der deutschsprachigen Literatur des 20. Jahrhunderts, Bde. I–II, Mainz 1999.

(4) **Zur lateinamerikanischen Literatur**

M. Rössner (Hrsg.), Lateinamerikanische Literaturgeschichte,
Stuttgart – Weimar 1995.

D. Reichardt (Hrsg.), Autorenlexikon Lateinamerika, Frankfurt/
M. 1992, Taschenbuch-Ausgabe Frankfurt/M. 1994 (st 2328).

L. Iñigo Madrigal, Historia de la literatura hispanoamericana,
Bde. I–II, Madrid 1982.

W. Lustig, Christliche Symbolik und Christentum im spanischamerikanischen Roman des 20. Jahrhunderts, Frankfurt/M. –
Bern 1989.

A. Langenhorst, Der Gott der Europäer und die Geschichte(n)
der Anderen. Die Christianisierung Amerikas in der hispano-
amerikanischen Literatur der Gegenwart, Mainz 1998.

(5) **Zur russischen Literatur**

W. Kasack, Lexikon der russischen Literatur des 20. Jahrhunderts. Vom Beginn des Jahrhunderts bis zum Ende der Sowjet-
ära, München [2]1992.

H. B. Weber (Hrsg.), The Modern Encyclopedia of Russian and
Soviet Literatures, Bde. I–X, Academic International Press
(USA) 1977–1991.

E. Waegemans, Geschichte der russischen Literatur von Peter
dem Großen bis zur Gegenwart. Deutsch von Th. Hauth, Konstanz 1998.

W. Kasack, Christus in der russischen Literatur. Ein Gang durch
ihre Geschichte, Stuttgart 1999.

Die Notwendigkeit theologischer Kritik

Die Einführungen verstehen sich streng als Verstehenshilfe, *nicht als Ort der theologischen Auseinandersetzung,* des kritischen Streitgesprächs. Sie wollen den dokumentierten Text immanent besser verstehen lehren, die Motivation der Autorinnen und Autoren transparent machen, die Herausforderung der Texte herausarbeiten und ein Maximum leisten, um die Autorinnen und Autoren von innen heraus zu verstehen. Eine theologische Kritik konnte hier nicht geleistet werden. Ich verstehe mich in diesen Einführungen als Anwalt der Autorinnen und Autoren, nicht als theologischer Diskussionspartner. Eine theologische Auseinandersetzung mit diesen Texten freilich ist nicht nur sinnvoll, sondern dringend geboten. Sie provozieren geradezu eine Antwort des theologischen Gegenüber. Sie aber muß anderswo erfolgen. Eine solche Sammlung versteht sich als erster Schritt zu einer solchen umfassenden Christologie im Gespräch mit den großen Dichtern, wie ich sie schon in »Im Spiegel der Dichter« anvisiert habe. Dieses Buch ist eine weitere Etappe auf dem Weg zu dem dort beschriebenen Endziel. Und dieses Endziel ist »eine umfassende Anthropologie, Theologie und Christologie im Gespräch mit den großen Dichtern – über die deutschsprachige Kultur hinaus. Interkulturalität von Theologie ist angestrebt.«

Ein Wort des Dankes

Daß ich dieses Buch nicht hätte schreiben können ohne vielfache Hilfe, sei auch hier wieder dankbar vermerkt. In erster Linie habe ich meiner *Frau Judith* zu danken, ohne deren liebevolle und partnerschaftliche Unterstützung vor allem in der letzten intensiven Schreibphase ich dieses Buch nicht hätte termingerecht abschließen können. Ich danke meiner Mitarbeiterin *Pascale Jung.* Sie hat nicht nur das Manuskript gelesen, sondern war mir auch in allen technischen Fragen der Literaturrecherche, Bücherbeschaffung und der Druckfahnenkontrolle eine Hilfe. Dieselbe Hilfe bei den Korrekturarbeiten habe ich in großzügiger Weise von zwei wissenschaftlichen Mitarbeitern der »Stiftung Weltethos« (Tübingen) erfahren: *Michel Hofmann* und *Johannes Frühbauer.* Akademischer Rat *Dr. Georg Langen-horst* (Weingarten) hat das Manuskript inhaltlich gelesen und Verbesserungen beigesteuert; auch ihm bin ich zu Dank verpflichtet. Ebenso Frau *Ute Netuschil,* mit der mich nun schon eine 15jährige ungemein produktive und menschlich harmonische Zusammenarbeit verbindet und deren Fähigkeiten bei der technischen Umsetzung der verschiedenen Fassungen des Manuskriptes ich nicht genug loben kann.

Ein besonderes Wort des Dankes gilt dieses Mal drei Personen. Dr. *Paulo Astor Soethe,* dem brasilianischen Germanisten von der Universität Curitiba, mit dem zusammen ich im WS 1998/99 an der Universität Tübingen ein Seminar über »Religiöse Motive in der lateinamerikanischen Gegenwartsliteratur« durchführen konnte und von dem ich viel gerade auch für dieses Buch gelernt habe. Er hat nicht nur ein Buch von mir zu Theologie und Literatur ins brasilianische Portugiesisch übersetzt, das im Herbst 1999 erscheint. Er hat auch im September 1999 eine fast dreiwöchige Vortragsreise durch verschiedene Universitätsstädte Lateinamerikas für mich organisiert. Die hier gewonnenen Erfahrungen sind unschätzbar für meine weitere interkulturelle und interreligiöse Arbeit.

Dank auch an den Slawisten Prof. *Wolfgang Kasack.* Er gewährte mir großzügigerweise Einblick in die entsprechenden Abschnitte seines Buches »Christus in der russischen Literatur«, das ebenfalls in diesem Herbst erscheinen wird. Wir tauschten unsere Kapitel aus, und ich habe von einem international so angesehenen Spezialisten wie Wolfgang Kasack dankbar Anregungen und Korrekturen aufgenommen.

Dank auch – nicht zuletzt – an den Lektor des Patmos Verlags, *Thomas Schmitz.* Hat er nicht nur zu meiner größten Zufriedenheit unsere zwei bisher gemeinsamen Buchprojekte begleitet (»Im Spiegel der Dichter« 1997, »Vom Streit zum Wettstreit der Religionen« 1998), er hat sogar das dritte Projekt, das hier vorgelegte Buch, persönlich angeregt. Ein besonders herzliches Wort des Dankes also an einen Lektor, wie man ihn sich als Autor nur wünschen kann.

Tübingen, im August 1999   *Karl-Josef Kuschel*

NACHWEIS DER TEXTRECHTE

Seiten 38–48: Anatole France. Textrechte frei.

Seiten 66–69: Ernest Hemingway, »Heute ist Freitag« aus: Ernest Hemingway, Die Stories. Gesammelte Erzählungen. Deutsche Übersetzung von Annemarie Horschitz-Horst. © 1966, 1977 by Rowohlt Verlag GmbH, Reinbek bei Hamburg.

Seiten 82–99: André Gide, Gesammelte Werke, Band VII – Erzählende Werke. © 1991 Deutsche Verlags-Anstalt, München in der Verlagsgruppe Random House GmbH.

Seiten 122–146: James Joyce, »Ulysses«, deutschsprachige Übersetzung von Hans Wollschläger. Daraus die ersten 27 Seiten. Aus: »Ulysses«. Für die deutschsprachige Übersetzung © Suhrkamp Verlag Frankfurt am Main 1975.

Seiten 160–183: Thomas Mann, »Der Zauberberg«. © S. Fischer Verlag, Berlin, 1924.

Seiten 197–209: Günter Grass, Die Blechtrommel. Werkausgabe Bd. 3, © Steidl Verlag, Göttingen 1997.

Seiten 225–240: Oscar Wilde, Werke in zwei Bänden. Herausgegeben von Rainer Gruenter. © 1970 Carl Hanser Verlag, München – Wien. Copyright der deutschen Übersetzung von Hedda Soellner © 1966 by Rowohlt Verlag GmbH, Reinbek bei Hamburg.

Seiten 251–261: Max Frisch, »Tagebuch 1946–1949«. Daraus »Über den Puppenspieler Marion« und »Über Marionetten« © Suhrkamp Verlag Frankfurt am Main 1950.

Seiten 271–281: Walter Jens: Der Teufel lebt nicht mehr, mein Herr! Erdachte Monologe – imaginäre Gespräche © 2002 by Radius-Verlag, Alexanderstr. 162, 70180 Stuttgart.

Seiten 293–304: Friedrich Dürrenmatt, Aus den Papieren eines Wärters. © 1998 Diogenes Verlag AG Zürich.

Seiten 320–344: © Michael Bulgakow, Der Meister und sein Margarita, erschienen in deutschsprachiger Übersetzung von Thomas Reschke 1994 im Luchterhand Literatur Verlag, München, einem Unternehmen der Verlagsgruppe Random House GmbH.

Seiten 353–368: Tschingis Aitmatow, »Der Richtplatz« © 1991 by Unionsverlag, Zürich. Aus dem Russichen von Friedrich Hitzer.

Seiten 381–412: José Saramago, »Das Evangelium nach Jeses Christus« [Auszüge]; Deutsche Übersetzung von Andreas Klotsch. © 1993 by Rowohlt Verlag GmbH, Reinbek bei Hamburg.

Seiten 424–441: Norman Mailer, Das Jesus-Evangelium, erschienen in deutschsprachiger Übersetzung von Alfred Starkmann 1998 im C. Bertelsmann Verlag, München, einem Unternehmen der Verlagsgruppe Random House GmbH.

Seiten 453–475: Nikos Kazantzakis, Die letzte Versuchung. © by Herbig in der F. A. Herbig Verlagsbuchhandlung GmbH, München.

BÜCHER VON KARL-JOSEF KUSCHEL
NACH SACHGEBIETEN

Zur Systematischen und Ökumenischen Theologie

Lust an der Erkenntnis. Die Theologie des 20. Jahrhunderts. Ein Lesebuch, München 1986, Neuausgabe München 1994 (Serie Piper 1853).

Wörterbuch des Christentums (Hrsg. zus. mit V. Drehsen, H. Häring, H. Siemers), Gütersloh (Gütersloher Verlagshaus Gerd Mohn) 1988.

Gegenentwürfe. 24 Lebensläufe für eine andere Theologie (Hrsg. zus. mit H. Häring), München (Piper-Verlag) 1988.

Geboren vor aller Zeit? Der Streit um Christi Ursprung, München (Piper-Verlag) 1990 (auch in englischer, amerikanischer und italienischer Ausgabe).

Leben in ökumenischem Geist. Ein Plädoyer wider die Resignation, Ostfildern (Schwabenverlag) 1991.

»Ich schaffe Finsternis und Unheil«. Ist Gott verantwortlich für das Übel? (zus. mit W. Gross), Mainz (Grünewald-Verlag) 1992, [2]1995.

Hans Küng: Denkwege. Ein Lesebuch, München 1992. Erweit. Neuausgabe 1999 (Serie Piper 1670).

Hans Küng. Neue Horizonte des Glaubens und Denkens. Ein Arbeitsbuch (Hrsg. zus. mit H. Häring), München (Piper-Verlag) 1993 (auch in englischer und amerikanischer Ausgabe).

Lachen. Gottes und der Menschen Kunst, Freiburg/Br. (Herder-Verlag) 1994. Neuausgabe Tübingen (Attempto-Verlag) 1998 (auch in englischer und amerikanischer Ausgabe).

Zur Theologie des interreligiösen Dialogs

Weltfrieden durch Religionsfrieden. Antworten aus den Weltreligionen (Hrsg. zus. mit H. Küng), München 1993 (Serie Piper 1862).

Erklärung zum Weltethos. Die Deklaration des Parlaments der Weltreligionen (Hrsg. zus. mit H. Küng), München 1993 (Serie Piper 1958; auch in amerikanischer, englischer, finnischer, spanischer, französischer, türkischer, japanischer, italienischer und chinesischer Ausgabe).

Christentum und nichtchristliche Religionen. Theologische Modelle im 20. Jahrhundert, Darmstadt (Wissenschaftliche Buchgesellschaft) 1994.

Streit um Abraham. Was Juden, Christen und Muslime trennt – und was sie eint. München (Piper-Verlag) 1994 (auch in englischer, amerikanischer, italienischer, spanischer und tschechischer Ausgabe), TB-Ausgabe München 1996 (Serie Piper 2288).

Vom Streit zum Wettstreit der Religionen. Lessing und die Herausforderung des Islam, Düsseldorf (Patmos Verlag) 1998.

Zur Theologie der Kultur

Jesus in der deutschsprachigen Gegenwartsliteratur. Mit einem Vorwort von Walter Jens, Zürich–Gütersloh (Benziger – Gütersloher Verlagshaus Gerd Mohn) 1978, TB-Ausgabe München 1987 (Serie Piper 627).

Stellvertreter Christi? Der Papst in der zeitgenössischen Literatur, Zürich–Gütersloh 1980.

Der andere Jesus. Ein Lesebuch moderner literarischer Texte, Zürich – Gütersloh 1983, TB-Ausgabe München 1987, [2]1991 (Serie Piper 625).

Weil wir uns auf dieser Erde nicht ganz zu Hause fühlen. 12 Schriftsteller über Religion und Literatur, München 1985 (Serie Piper 414; auch in chinesischer Ausgabe).

Theologie und Literatur. Zum Stand des Dialogs (Hrsg. zus. mit W. Jens und H. Küng), München (Kindler-Verlag) 1986.

Und Maria trat aus ihren Bildern. Literarische Texte, Freiburg/Br. (Herder-Verlag) 1990.

Wie kann denn ein Mensch schuldig werden? Literarische und theologische Perspektiven von Schuld (zus. mit U. Baumann), München 1990 (Serie Piper 1292).

»Vielleicht hält Gott sich einige Dichter«. Literarisch-theologische Portraits, Mainz (Grünewald-Verlag) 1991, [2]1996 (auch in brasilianischer Ausgabe).

»Ich glaube nicht, daß ich Atheist bin«. Neue Gespräche über Religion und Literatur, München 1992 (Serie Piper 1561).

Im Spiegel der Dichter. Mensch, Gott und Jesus in der Literatur des 20. Jahrhunderts, Düsseldorf (Patmos Verlag) 1997.
Jesus im Spiegel der Weltliteratur. Eine Jahrhundertbilanz in Texten und Einführungen, Düsseldorf (Patmos Verlag) 1999.